DICTIONNAIRE

DES

CONNAISSANCES GÉNÉRALES

UTILES A LA GENDARMERIE

DICTIONNAIRE

DES

CONNAISSANCES GÉNÉRALES

UTILES A LA GENDARMERIE

Par M. le Général AMADE

ANCIEN INSPECTEUR GÉNÉRAL DE GENDARMERIE
OFFICIER DE LA LÉGION D'HONNEUR, OFFICIER D'ACADÉMIE
COMMANDEUR DU NICHAN-IFTIKHAR

ET POUR LA PARTIE ADMINISTRATIVE

Par M. le Chef d'escadron CORSIN

SECRÉTAIRE DU COMITÉ TECHNIQUE DE LA GENDARMERIE
CHEVALIER DE LA LÉGION D'HONNEUR, OFFICIER D'ACADÉMIE

14e ÉDITION

PARIS
HENRI CHARLES-LAVAUZELLE
Éditeur militaire
10, Rue Danton, Boulevard Saint-Germain, 118

(MÊME MAISON A LIMOGES)

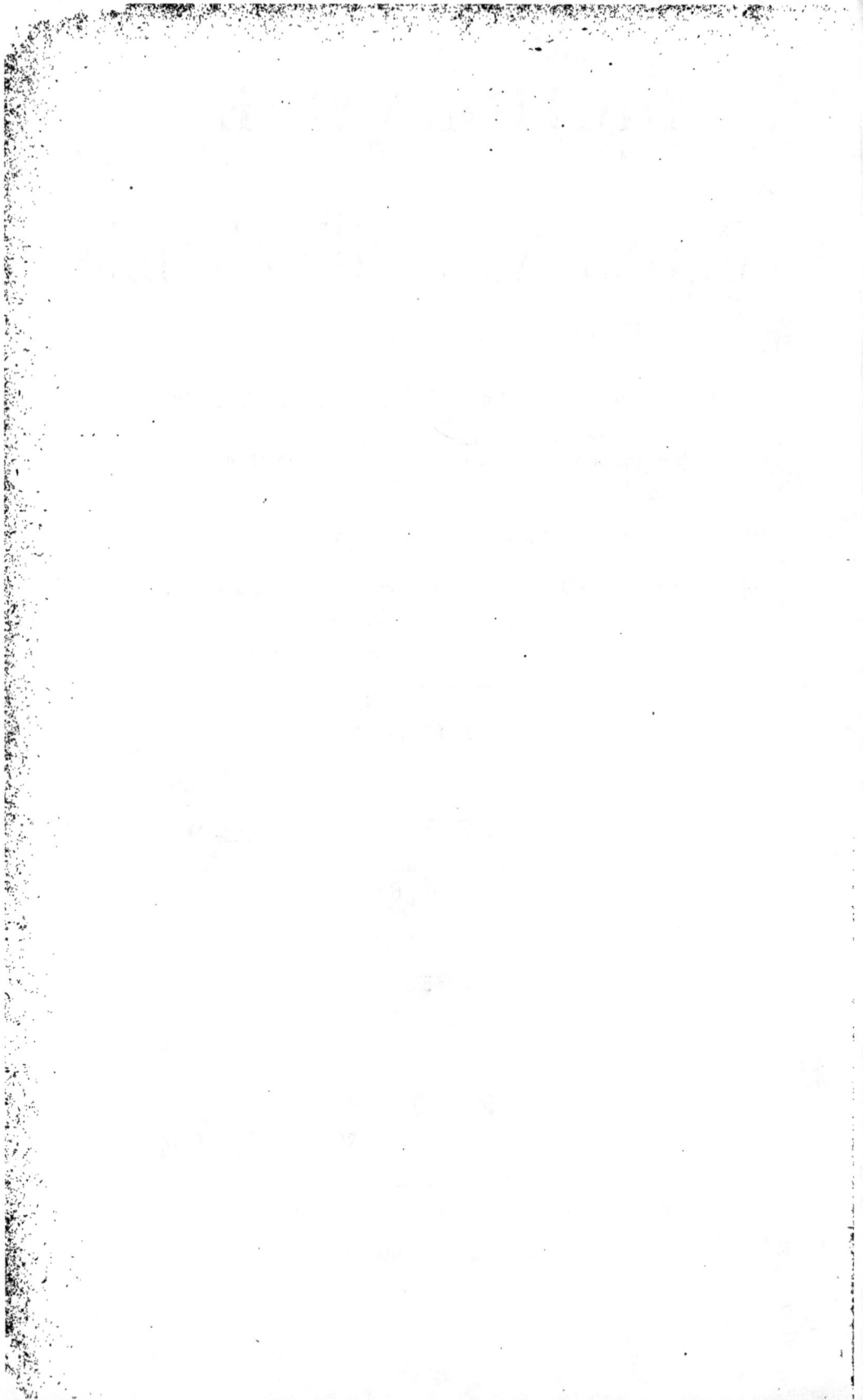

PRÉFACE

Nous n'avons pas à présenter longuement à nos lecteurs l'ouvrage que nous leur offrons aujourd'hui. Il est déjà suffisamment connu par les articles élogieux dont il a été l'objet de la part de la presse militaire et par le témoignage officiel de satisfaction adressé par le Ministre de la guerre aux deux officiers dont les efforts réunis ont produit cette œuvre d'un mérite incontestable. Nous nous bornerons à rappeler ici que le *Dictionnaire des connaissances générales utiles à la gendarmerie* renferme, classés par ordre alphabétique :

1° Le résumé de tous les règlements, décrets, circulaires, décisions, etc., intéressant l'arme ;

2° La définition de tous les faits qualifiés crimes, délits ou contraventions, et, en regard, l'article de la loi qui régit la matière et formule la peine applicable ;

3° L'explication des principaux termes employés dans l'armée et dans la marine ;

4° Des notions complètes d'hippologie ;

5° Une notice sommaire sur chaque département (villes principales, population, productions, etc.; militaires célèbres qui y sont nés) ;

6° Des notions générales sur la géographie des cinq parties du monde et des Etats de l'Europe avec des renseignements sur le recrutement et le service militaire des principales puissances ;

7° L'explication détaillée des mots principaux employés journellement et ayant trait aux connaissances vulgaires (géographie, arithmétique, géométrie, administration, droit usuel, sciences usuelles, etc., etc.).

Comme on le voit, le *Dictionnaire* ne contient pas seulement le résumé de toutes les notions intéressant la gendarmerie; c'est une véritable encyclopédie, un répertoire détaillé de toutes les connaissances indispensables à des hommes occupant un certain rang dans la société et désireux d'être toujours à hauteur de leur position.

Le but du *Dictionnaire* est de rehausser le prestige de la gendarmerie en élevant le niveau intellectuel des sous-officiers, brigadiers et gendarmes qui composent cette arme d'élite, et nous sommes convaincu que ce but si louable sera bientôt atteint.

L'Éditeur.

A

ABANDON, s. m. Action d'abandonner une personne ou une chose, de quitter un poste.

Abandon d'animaux. Ceux qui auront fait ou laissé courir des chevaux, bêtes de charge ou de monture dans l'intérieur d'un lieu habité seront punis d'une amende de 6 à 10 francs. (C. P., art. 475, n° 4.)— Ceux qui auront laissé passer leurs bestiaux ou leurs bêtes de trait, de charge ou de monture sur le terrain d'autrui avant l'enlèvement des récoltes seront punis d'une amende de 1 à 5 francs. En cas de récidive, emprisonnement de 3 jours au plus. (C. P., art. 471, n° 14.) — Une amende de 6 à 10 francs est infligée à ceux qui laissent divaguer des animaux féroces ou malfaisants. En cas de récidive, emprisonnement de 5 jours au plus. (C. P., art. 475, n° 7.) — Les animaux abandonnés ou perdus dont on ne peut trouver le propriétaire sont mis en fourrière sur l'ordre du maire, du juge de paix ou du commissaire de police. (Loi des 2-28 septembre-6 octobre 1891, art. 2.) (V. *Divagation* et *Fourrière* (V. la loi du 21 juin 1898 sur le Code rural, art. 15).

Abandon d'armes. Ceux qui auront laissé dans les rues, chemins, places, lieux publics, ou dans les champs, des coutres de charrues, pinces, barres ou autres machines ou instruments ou armes dont puissent abuser les voleurs ou autres malfaiteurs seront punis d'une amende de 1 à 5 francs. En cas de récidive, emprisonnement de 3 jours au plus. (C. P., art. 471, n° 7. — Décr. du 1er mars 1854, art. 323.) — Les armes abandonnées par les chasseurs doivent être saisies par les gendarmes. (Décr. du 1er mars 1854, art. 328.)

Abandon d'enfant. (Voir au mot *Enfant* la loi du 19 avril 1898 sur la protection de l'enfance.)

Les enfants *moralement abandonnés* sont placés sous la tutelle de l'assistance publique : la loi du 24 juillet 1889 détermine les cas où les parents indignes sont déchus de la puissance paternelle et les mesures à prendre dans l'intérêt des enfants.

Abandon d'instruments aratoires. L'article 323 du décret du 1er mars 1854 prescrit à la gendarmerie de remettre à l'autorité locale les instruments aratoires qu'elle trouve dans les champs et dont pourraient abuser les malfaiteurs. Elle dresse procès-verbal contre ceux auxquels ces objets appartiennent.

Abandon de son poste. Tout militaire qui quitte le poste qui lui a été assigné commet, suivant le cas, un délit ou un crime. — Les articles 211 et 213 du Code militaire édictent les peines qui doivent être prononcées : 1° contre les militaires qui abandonnent leur poste étant en faction ou en vedette ; 2° contre les militaires qui abandonnent simplement leur poste sans être en faction ou en vedette. — Art. 211. Tout militaire qui, étant en faction ou en vedette, abandonne son poste sans avoir rempli sa consigne est puni : 1° de la peine de mort s'il était en présence de l'ennemi ou de rebelles armés ; 2° de 2 ans à 5 ans de travaux publics si, hors le cas prévu par le paragraphe précédent, il était sur un territoire en état de guerre ou en état de siège; 3° d'un emprisonnement de 2 mois à 1 an dans tous les autres cas. — Art. 213. Tout militaire qui abandonne son poste est puni : 1° de la peine de mort si l'abandon a eu lieu en présence de l'ennemi ou de rebelles armés; 2° de 2 à 5 ans d'emprisonnement, si, hors le cas prévu par le paragraphe précédent, l'abandon a eu lieu sur un territoire en état de guerre ou de siège; 3° de 2 mois à 6 mois d'emprisonnement dans tous les autres cas. Si le coupable est chef de poste, le maximum de la peine lui est toujours infligé. — Le militaire qui s'absente sans autorisation de l'écurie où il est de garde se rend coupable d'abandon de poste. L'article 213 n'a pu définir les nombreux cas de nature à constituer ce délit; mais, d'après une jurisprudence qui n'a jamais varié, il suffit d'être préposé à l'exécution d'un ordre ou d'une consigne et obligé d'être présent, à un endroit quelconque désigné, pour qu'il y ait infraction au devoir militaire et abandon du poste, si l'on s'absente sans autorisation. (Lettre minist., 16 décembre 1872.)

Abandon de voitures attelées ou non sur la voie publique. Contravention à l'article 2, § 2, n° 5, à l'article 5 de la loi du 30 mai 1815 et à l'article 14 du décret du 10 août 1852. Amende de 6 à 10 francs. Emprisonnement de 1 à 3 jours. Si l'abandon de voiture est le fait d'un postillon ou cocher chargé de conduire une voiture publique, la contravention est justiciable des tribunaux correctionnels. — Amende de 16 à 200 francs, emprisonnement de 6 à 10 jours. (Loi du 30 mai 1851, art. 2-3, n° 5, art. 6; décr. du 10 août, art. 34.) — La loi du 30 mai 1851 et le décret du 10 août 1852 sur la police du roulage ne s'appliquent qu'aux routes nationales, départementales et aux chemins de grande communication. Si les gendarmes trouvent dans les rues d'une ville, d'un village ou sur un chemin autre qu'un chemin de grande communication, une voiture non attelée et non éclairée, ils devront verbaliser pour contravention à l'art. 471, § 4, du Code pénal. — Si la voiture est attelée, la contravention tombe sous le coup de l'article 475, § 3.

ABATAGE, s. m. Action d'abattre, d'assommer. On abat des bœufs, des chevaux, des chiens. Bien que ce mot soit dérivé du verbe abattre, qui prend deux *t*, l'Académie l'écrit avec un seul *t*. Dès que la morve ou toute autre maladie contagieuse se déclare chez un cheval, le commandant d'arrondissement ordonne qu'il sera placé dans une écurie séparée. Si le vétérinaire déclare, après examen, que l'animal doit être abattu, le commandant d'arrondissement adresse un rapport circonstancié au commandant de la compagnie, qui le transmet au chef de légion, afin d'obtenir son autorisation. — On doit joindre à cette demande le certificat du vétérinaire, et le procès-verbal d'abatage, établi en triple expédition, doit être conforme au modèle n° 78 du Règlement du 12 avril 1893. Par exception, il est procédé immédiatement, sans autorisation préalable, à l'abatage des chevaux atteints de fracture ou d'hydrophobie constatées par un certificat du vétérinaire. (V. Service intérieur, art. 85.)

Abatage des chevaux en campagne et en route. Après une action, les chevaux dangereusement blessés sont abattus. Pendant les marches et les manœuvres, ceux qui sont suspects de maladies contagieuses sont séparés pendant la route et logés à part dans les gîtes d'étapes. S'ils sont atteints de la morve, ils sont abattus sur l'ordre du chef de la colonne. (Décr. du 26 décembre 1876.)

Abatage d'animaux malades. (V. *Epizootie*.)

Abatage d'arbres. Action de couper les arbres qui sont sur pied. — L'article 445 du Code pénal punit de 6 jours à 6 mois de prison, à raison de chaque arbre, quiconque a abattu des arbres qu'il savait appartenir à autrui. — Les peines seront les mêmes à raison de chaque arbre mutilé, coupé ou écorcé de manière à le faire périr. (C. P., art. 446.) — Les peines sont plus fortes si les arbres étaient plantés sur les places, routes, chemins, rues ou voies publiques ou vicinales ou de traverse. (C. P., art. 448.)

ABATIS, s. m. En terme militaire, on appelle abatis une réunion d'arbres abattus et dont les branches, taillées en pointe et élaguées, sont enchevêtrées les unes dans les autres. Les troncs sont solidement fixés au sol au moyen de piquets. Les abatis font partie de ce qu'on appelle les défenses accessoires : ils sont surtout employés contre la cavalerie ; on peut les placer à la gorge des ouvrages, dans des rues, ou enfin en plaine pour protéger l'infanterie contre la cavalerie. — De toutes les fortifications de campagne, les abatis sont, dans un pays couvert, ce qu'il y a de plus prompt, de plus commode et de plus fort. (Bardin.)

ABATTOIR, s. m. Etablissement dans lequel sont abattus et préparés les animaux destinés à la consommation. Les abattoirs, considérés comme établissements insalubres, sont élevés loin des habitations et placés sous la surveillance d'un vétérinaire.

ABEILLE, s. f. Insecte ailé dont le travail produit la cire et le miel. — Les ruches à miel sont rangées dans la catégorie des immeubles par destination. (C. C., art. 524.) Le propriétaire est responsable des accidents causés par ses abeilles comme il le serait des accidents occasionnés par ses chiens. Le vol d'une ruche est puni d'un emprisonnement de 3 mois à 1 an s'il a été commis de jour, et de 6 mois à 2 ans s'il a eu lieu la nuit. Les préfets déterminent, après avis des conseils généraux, la distance à observer entre les ruches d'abeilles et les propriétés voisines ou la voie publique, sauf, en tout cas, l'action en dommage s'il y a lieu. (Loi du 4 avril 1889, art. 8.)

Le propriétaire d'un essaim a le droit de le réclamer et de s'en ressaisir, tant qu'il n'a point cessé de le suivre ; autrement, l'essaim appartient au propriétaire du terrain sur lequel il s'est fixé. Loi du 4 avril 1889, art. 9.) (V. Loi du 21 juin 1898. art. 17).

ABONNEMENT, s. m. Dans l'industrie, on appelle abonnement un marché passé avec un ouvrier qui s'engage à faire certaines réparations moyennant une somme fixe payée soit annuellement, soit par objet réparé. — En administration militaire, on distingue l'abonnement à l'armement spécial aux corps qui ont un chef armurier, tandis que le régime de clerc à maître s'applique à tous les corps qui n'ont pas d'armurier et à toute troupe hors du territoire.

ABORDAGE, s. m. Lutte bord à bord entre les équipages de deux vaisseaux. — Dans une autre acception, ce mot désigne le choc qu'éprouvent deux bâtiments qui se rencontrent par suite d'une fausse manœuvre.

ABREUVOIR, s. m. Lieu où l'on mène boire et abreuver les animaux. — La contenance totale d'un abreuvoir doit être calculée à raison de vingt litres par cheval. — La police des abreuvoirs publics appartient au maire. — Il est défendu d'y laver du linge, d'y conduire des animaux infectés de maladies contagieuses ou d'y jeter des matières pouvant nuire à la santé des animaux (Loi du 21 juin 1898, art. 25.)

ABROGATION, s. f. Se dit de l'abolition d'une loi, d'un décret ou d'une disposition réglementaire.

ABSENCE, s. f. Ce mot exprime l'état d'une personne qui est éloignée, qui n'est pas présente. — Les articles 214 et 215 du Code de justice militaire du 9 juin 1857 prévoient le cas où des militaires ne se rendraient pas à leur poste dans des circonstances données. — Art. 214. En temps de guerre, aux armées, ainsi que dans les communes, les départements et les places de guerre en état de siège, tout militaire qui ne se rend pas à son poste en cas d'alerte, ou lorsque la générale est battue, est puni de six mois à deux ans d'emprisonnement; s'il est officier, la peine est celle de la destitution. Il est à remarquer que cet article vise seulement le cas d'alerte ou lorsque la générale est battue. — Un militaire qui ne se rend pas à son poste alors qu'il est spécialement commandé se rend coupable de désobéissance et est alors puni des peines portées à l'article 218 du Code militaire. — Tout militaire, qui, hors le cas d'excuse légitime, ne se rend pas au conseil de guerre où il est appelé à siéger, est puni d'un emprisonnement de 2 mois à 6 mois. En cas de refus, si le coupable est officier, il peut être puni de la destitution. (C. M., art. 215.) L'article 215 prévoit deux cas différents : le premier est celui où le juge, légalement convoqué, ne se rend pas au conseil sans avoir d'excuse légitime; le second est celui où il y a refus. Les nuances qui différencient les deux cas sont faciles à saisir : dans la première hypothèse, c'est la négligence, peut-être l'abstention, mais ce n'est pas la désobéissance *ouverte* qui se rencontre dans le refus prévu par le second paragraphe.

Absence de la caserne. Les gendarmes ne peuvent s'absenter de la caserne sans en prévenir le commandant de la brigade, et sans lui dire où ils vont, afin qu'on puisse les trouver au besoin : il leur est enjoint d'être constamment dans une bonne tenue militaire. (Serv. int., art. 150.)

Absence de la résidence. Aucun officier, sous-officier, brigadier ou gendarme ne peut s'absenter de sa résidence sans y être régulièrement autorisé. (Service intérieur, article 245.) L'officier n'est déclaré déserteur que lorsqu'il abandonne son corps ou son poste en temps de guerre ou en temps de siège. En temps de paix, l'article 223 du Code militaire punit de 6 mois à 1 an d'emprisonnement tout officier *absent de son corps ou de son poste* sans autorisation depuis plus de six jours ou qui ne se présente pas quinze jours après l'expiration de son congé ou de sa permission. (V. *Désertion.*)

Absence légale. La position d'absence légale est celle de tout militaire en permission, en congé, à l'hôpital, en jugement ou en détention, en captivité à l'ennemi. (Art. 7 du règl. du 30 décembre 1892.)

Absence illégale. La position d'absence illégale est celle de tout militaire qui est absent de son corps sans autorisation, ou qui a dépassé les délais de l'expiration de sa permission ou de son congé, ou qui, par suite d'une absence prolongée, a été déclaré insoumis ou déserteur. La gendarmerie doit rechercher ces militaires et les arrêter. (Art. 336 du décr. du 1er mars 1854.) (V. *Arrestation* et *Déserteur.*)

L'arrestation d'un militaire en absence illégale depuis plus de quarante-huit heures et avant l'expiration des délais de repentir mentionnés au mot *Déserteur* donne droit à une prime de 5 francs, si l'arrestation a eu lieu dans les limites de la garnison, et de 6 francs si elle a lieu hors de ces limites. Cette prime est due quand même des recherches spéciales n'auraient pas été faites en vue de l'arrestation de ces militaires. Ces dispositions sont applicables aux marins du commerce. (Art. 185 du règl. du 12 avril 1893.)

L'officier qui s'absente de son corps sans permission pendant plus de six jours ou qui dépasse de quinze jours le terme d'une permission ou d'un congé, est traduit devant un conseil de guerre pour absence illégale.

Absence des officiers par permission ou par congé à quelque titre que ce soit. Il doit en être rendu compte au Ministre par un bulletin individuel transmis sans lettre d'envoi. (Art. 7 et 8 du décr. du 1er mars 1890.)

Absence des officiers autorisés à aller aux eaux. Le même compte rendu doit être adressé au Ministre dans ce cas. (Note minist. du 6 mai 1852 et art. 7 et 8 du décr. du 1er mars 1890.)

Absence des officiers de tous grades. Dans la position de disponibilité, de congé ou de non-activité, les officiers de tous grades ne peuvent changer de résidence ou s'absenter sans l'autorisation du Ministre et sans en informer l'autorité militaire locale, et lorsqu'ils s'absentent momentanément, ils doivent laisser à leur domicile les renseignements voulus pour que les affaires du service puissent leur parvenir. (Circ. du 22 novembre 1871.)

Solde. Tout militaire rentrant après les délais fixés par sa feuille de route est privé de tout rappel de solde pour les journées d'absence irrégulière, sauf le cas d'empêchement légitime et dûment constaté. (Tableau 1, n° 36 du règl. du 30 décembre 1892.)

Absence des chefs des divers services. Dans les places de guerre et villes de garnison non fermées, le chef de service qui s'absente pour les besoins du service doit donner, par écrit, avis de son départ et de son retour, en faisant connaître l'officier ou l'agent qui le supplée : 1° au commandant de la place dans les places de guerre; 2° au commandant d'armes dans les villes où il n'y a pas de général; 3° au général dans les villes où il y en a un. Cet avis est adressé au commandant d'armes ainsi qu'au général commandant le territoire dans les villes qui sont en même temps place de guerre et chef-lieu d'un commandement territorial. Les commandants de compagnie et les commandants d'arrondissement qui s'absentent pour faire des visites inopinées laissent à leur résidence un pli cacheté indiquant le lieu où ils se sont rendus. (Service intérieur, art. 53.) — L'absence de l'individu au point de vue civil est réglée par les articles 112, 143 du Code civil et 859-860 du Code de procédure civile.

Dans le sens juridique, *l'absence* est la disparition d'un individu qui ne donne plus de ses nouvelles. Pendant quatre ans, l'absence ne peut être que *présumée* : passé ce délai, l'absence peut être *déclarée* et les héritiers de l'absent entrent en possession *provisoire* de ses biens. Trente ans après la déclaration d'absence ou cent ans après la naissance de l'absent, il y a présomption de mort et les héritiers entrent en possession *définitive*.

ABUS, s. m. — **Abus d'autorité. Abus de pouvoir.** Usage excessif, injuste, que les fonctionnaires ou agents de l'autorité font des pouvoirs que la loi a mis entre leurs mains. Le Code pénal divise les abus d'autorité en deux classes : abus d'autorité contre les particuliers, abus d'autorité contre la chose publique.

Abus d'autorité contre les parculiers. Tout acte de la gendarmerie qui trouble les citoyens dans l'exercice de leur liberté individuelle est un abus de pouvoir : les officiers, sous-officiers, brigadiers et gendarmes qui s'en rendent coupables encourent une peine disciplinaire, indépendamment des poursuites judiciaires qui peuvent être exercées contre eux. (Décr. du 1er mars 1854, art. 631.) — Les militaires de la gendarmerie peuvent, en outre, se rendre coupables d'abus de pouvoir ou d'autorité : 1° En n'examinant pas les passeports des voyageurs, suivant les règles posées par les articles 287 et 288 du décret du 1er mars 1854; 2° en ne se conformant pas à la loi et aux formalités qu'elle a prescrites pour entrer dans la demeure d'un citoyen (Décr. du 1er mars 1854, art. 291 et suivants. — C. P., art. 184); 3° en exerçant contre un déserteur ou un insoumis, ou contre toute autre personne qu'ils sont chargés d'arrêter ou dont ils ont la garde, des violences criminelles ou inutiles (Décr. du 1er mars 1854, art. 347 et 415. — C. P., art. 186); 4° en usant ou en faisant user de violences envers les personnes, sans motifs légitimes, dans l'exercice ou à l'occasion de l'exercice de leurs fonctions. (C. P., art. 186.) — La violation du domicile d'un citoyen est punie d'un emprisonnement de 6 jours à 1 an et d'une amende de 16 à 200 francs. — Pour les autres cas d'abus de pouvoir, la peine varie suivant les circonstances et la gravité du fait. Les peines ne cesseront d'être applicables aux fonctionnaires ou préposés qui auraient agi par ordre de leurs supérieurs qu'autant que cet ordre aura été donné par ceux-ci pour des objets de leur ressort, et sur lesquels il leur était dû obéissance hiérarchique; dans ce cas, les peines portées ci-dessus ne seront appliquées qu'aux supérieurs qui les premiers auront donné cet ordre. (C. P., art. 190.)

Abus d'autorité contre la chose publique. Tout fonctionnaire public, agent ou préposé du gouvernement, de quelque état et grade qu'il soit, qui aura requis ou ordonné, fait requérir ou ordonner l'action ou l'emploi de la force publique contre l'exécution d'une loi ou contre la perception d'une contribution légale, ou contre l'exécution soit d'une ordonnance ou mandat de justice, soit de tout autre ordre émané de l'autorité légitime, sera puni de la réclusion. (C. P., art. 188.) « Si cette réquisition ou cet ordre ont été suivis de leur effet, la peine sera le maximum de la réclusion. » (L. du 28 avril 1832. — C. P., art. 189.) — Le Code militaire punit ainsi qu'il suit les abus d'autorité commis dans le service ou à l'occasion du service : Est puni de mort tout chef militaire qui, sans provocation, ordre ou autorisation, dirige ou fait diriger une attaque à main armée contre des troupes ou des sujets quelconques d'une puissance alliée ou neutre. — Est puni de la destitution tout chef militaire qui, sans provocation, ordre ou autorisation, commet un acte d'hostilité quelconque sur un territoire allié ou neutre. (Art. 226.) — Est puni de mort tout chef militaire qui prolonge les hostilités après avoir reçu l'avis officiel de la paix, d'une trêve ou d'un armistice. (Art. 227.) — Est puni de mort tout militaire qui prend un commandement sans ordre ou motif légitime ou qui le retient contre l'ordre de ses chefs. (Art. 228.) — Est puni d'un emprisonnement de 2 mois à 5 ans tout militaire qui frappe son inférieur hors les cas de la légitime défense de soi-même ou d'autrui ou du ralliement des fuyards, ou de la nécessité d'arrêter le pillage ou la dévastation. (Art. 229.)

Abus de confiance. D'après les articles 406 et suivants du Code pénal, on se rend coupable d'abus de confiance : 1° lorsqu'on abuse des faiblesses ou des passions d'un mineur pour lui faire souscrire, à son préjudice, des obligations, quittances ou décharges, pour prêt d'argent ou de choses mobilières, etc. ; 2° lorsqu'on abuse d'un blanc-seing en écrivant frauduleusement au-dessus de la signature une obligation ou décharge pouvant compromettre la personne ou la fortune du signataire ; 3° lorsqu'on détourne, au préjudice du propriétaire, des effets, deniers, marchandises reçus à titre de dépôt ; 4° lorsque, dans une contestation judiciaire, on soustrait quelque titre, pièce ou mémoire. Ces délits sont punis de peines graduées suivant leur gravité.

ACADÉMIE, s. f. Société littéraire, artistique ou scientifique. L'Académie française se compose de quarante membres. — Ce mot sert aussi à désigner la division de l'Université de France ; au point de vue de l'instruction publique, le territoire est divisé en seize académies ; à la tête de chacune de ces divisions se trouve un recteur, et un fonctionnaire, qui porte le nom d'inspecteur d'académie, dirige l'instruction dans chaque département. Les chefs-lieux d'académie sont à Aix, Besançon, Bordeaux, Caen, Chambéry, Clermont, Dijon, Douai, Grenoble, Lyon, Montpellier, Nancy, Paris, Poitiers, Rennes et Toulouse ; Alger est également un chef-lieu d'académie.

ACCAPAREUR, s. m. L'accapareur est celui qui achète de grandes quantités d'une denrée quelconque, surtout de blé, pour la revendre quand elle sera devenue plus chère. — Le Code pénal, art. 420, punit d'un emprisonnement de 2 mois à 2 ans et d'une amende de 1,000 à 20,000 francs ceux qui, par des manœuvres coupables, auront cherché à opérer la hausse ou la baisse sur des grains, farines, substances farineuses, pain, vin ou toute autre boisson.

ACCESSOIRE, s. m. Tout ce qui accompagne la chose principale, tout ce qui s'y rattache. On nomme jeu d'accessoires un certain nombre de pièces nécessaires à l'entretien du fusil. — Le jeu d'accessoires comprend : un nécessaire d'armes (modèle 1874), qui se compose de cinq pièces, savoir : 1° La boîte, dans laquelle on remarque le fond, percé d'une fente pour la lame du tournevis ; 2° l'huilier, comprenant le vase à l'huile, la vis-bouchon et la rondelle en cuir ; 3° la lame du tournevis ; 4° la spatule-curette ; 5° la trousse en drap, présentant un compartiment pour la lame du tournevis. Le soldat doit avoir en outre une ficelle de 2m,50 à 2m,80 pour le fusil et de 2m,20 de longueur pour la carabine, une boîte en fer-blanc renfermant de la graisse, une pièce grasse en drap, une brosse douce à graisser, quelques morceaux de vieux linge, des curettes en bois tendre et une fiole d'huile. (Instruc. prov. du 6 mai 1892.

Les nécessaires d'armes sont emportés aux manœuvres dans les mêmes conditions qu'en campagne. A la résidence, chaque brigade est pourvue d'un nécessaire de chambrée qui comprend : une baguette de nettoyage, une baguette de graissage munie de son écouvillon, deux tournevis-chassoirs identiques entre eux, indépendamment de la ficelle de nettoyage. (Note ministérielle du 13 juillet 1898).

Défenses accessoires. (V. *Défenses.*)

ACCIDENT, s. m. Evénement imprévu qui est pris ordinairement dans le sens d'événement malheureux. — La gendarmerie est chargée de constater tous les accidents, de quelque nature qu'ils soient, qui parviennent à sa connaissance, et d'en dresser procès-verbal. — Quiconque, par maladresse, imprudence, inattention, négligence ou inobservation des règlements, aura commis involontairement un homicide ou en aura involontairement été la cause, sera puni d'un emprisonnement de 3 mois à 2 ans et d'une amende de 50 francs à 600 francs. (C. P., art. 319.) — S'il n'est résulté du défaut d'adresse ou de précaution que des blessures ou coups, le coupable sera puni de 6 jours à 2 mois d'emprisonnement et d'une amende de 16 francs à 100 francs, ou de l'une de ces deux peines seulement. (C. P., art. 320.) — Ceux qui auront occasionné la mort ou la blessure des animaux ou bestiaux appartenant à autrui par l'emploi ou l'usage d'armes sans précaution ou avec maladresse, ou par jet de pierres ou autres corps durs, seront punis d'une amende de 11 à 15 francs. (C. P., art. 419, n° 3.) — Si la mort ou la blessure ont été causées par malveillance, la contravention devient un délit et le procès-verbal doit être envoyé au procureur de la République. — Ceux qui refusent de porter secours, lorsqu'ils en sont requis en cas d'accidents, tumulte, etc., sont passibles d'une amende de 6 à 10 francs. (C. P., art. 475, n° 12.)

Accidents dans le service. Tout accident grave et de nature à altérer la santé ou à compromettre l'activité d'un officier, sous-officier, brigadier ou gendarme, survenu dans un service commandé, doit être constaté immédiatement par un procès-verbal régulier, appuyé de certificats d'officiers de santé indiquant la nature et l'origine de l'accident : Une expédition de ce procès-verbal est adressée au Ministre de la guerre : Une expédition reste dans les archives du corps ou de la compagnie, pour servir en cas de besoin : Une expédition est remise à l'intéressé. (Décr. du 1er mars 1854, art. 40.) — Le commandant de l'arrondissement assure l'exécution des dispositions qui précèdent en transmettant, sans aucun retard, au commandant de la compagnie, avec ses observations, les procès-verbaux et certificats qui lui sont adressés relativement aux blessures et accidents éprouvés par les militaires de l'arme dans l'exécution du service. — En cas de besoin, il se transporte sur le théâtre de l'événement, pour vérifier par lui-même l'exactitude des faits qui lui ont été signalés. (Service int., art. 48.) — Les certificats doivent être conformes au modèle n° 9, prescrit par le règlement du 25 novembre 1889. Un imprimé spécial est destiné à la transmission au Ministre des procès-verbaux relatant des accidents graves survenus dans le service aux militaires de l'arme. — Les procès-verbaux constatant les autres accidents doivent être conservés dans les archives de la légion et suivre l'homme en cas de mutation. — Les procès-verbaux d'accidents survenus aux chevaux des sous-officiers, brigadiers et gendarmes ne sont pas envoyés isolément au Ministre, mais doivent rester dans les archives pour être produits, si besoin est, à l'appui des demandes d'indemnité sur la masse d'entretien et de remonte. (Circ. du 19 août 1878). — Le Service intérieur, art. 319, prescrit de rendre compte au Ministre de tout accident ou maladie qui rend un officier indisponible pendant plus d'un mois. Il lui est rendu compte mensuellement de l'état de santé de l'officier.

Accidents occasionnés aux militaires par des personnes étrangères à l'armée. Lorsqu'un militaire aura été victime, hors du service, d'un accident provenant du fait d'une personne étrangère à l'armée, il appartient à ce militaire de citer cette personne devant les tribunaux, à défaut de règlement amiable, en réparation du préjudice susceptible de lui avoir été causé. La prescription, en pareil cas, est de trois années, et les militaires peuvent demander le bénéfice de l'assistance judiciaire. (V. la circulaire du 4 novembre 1897 qui indique également les mesures à prendre lorsque des accidents auront été causés par des militaires en service commandé à des personnes étrangères à l'armée, ou à des animaux leur appartenant.) — Dans aucun cas, qu'il s'agisse d'accidents de personnes ou de dégâts matériels causés ou subis par le personnel ou le matériel de l'armée, les autorités chargées de l'enquête ne devront engager de pourparlers au sujet de l'indemnité à payer ou à réclamer, afin de laisser au Ministre toute liberté d'action. (Circ. du 12 mars 1902.)

Accidents du travail. Les lois des 9 avril 1898 et 30 juin 1899 concernent les responsabilités des accidents dont les ouvriers sont victimes dans leur travail et fixent le montant des indemnités qui pourront être payées par les chefs d'entreprise après jugement des tribunaux. Une instruction provisoire en date du 25 mai 1899 réglemente l'application dans les établissements militaires de la loi du 9 avril 1898.

La gendarmerie peut être appelée à faire des enquêtes sur les accidents dans le travail survenus à des ouvriers. (Circ. du Ministre de l'intérieur en date du 24 août 1899.)

Accidents sur les chemins de fer. Ils sont constatés par les commissaires de surveillance administrative, et l'autorité locale en est informée par les soins du chef de gare. Si le gendarme de planton est présent, ou dès qu'il en a connaissance, il doit immédiatement rendre compte de l'événement à ses chefs.

ACCOUCHEMENT, s. m. Action d'enfanter, de mettre au monde. Action d'aider une femme à accoucher. — Les femmes qui pratiquent l'art des accouchements doivent être munies d'un diplôme de sage-femme; les hommes doivent être docteurs en médecine. (Loi du 30 novembre 1892.) — La Cour de cassation a décidé (28 février 1835) que l'assistance à un accouchement sans diplôme constituait une infraction justiciable du tribunal correctionnel. (V. *Avortement.*) — En dehors de la grande maison d'accouchement de Paris (la Maternité), il existe dans la plupart des départements un service spécial de maternité destiné à secourir les femmes enceintes et à former en même temps des élèves sages-femmes.

ACCUSATION, s. f. Reproche fait à une personne de quelque fait blâmable. Plainte par laquelle on accuse quelqu'un en justice.

Chambre des mises en accusation. Il y a dans chaque cour d'appel une chambre composée d'un certain nombre de conseillers et qui est chargée de décider si les prévenus seront jugés ou s'il y a lieu de les mettre en liberté.

ACCUSÉ, s. m. Lorsqu'un individu est supposé coupable d'un crime ou d'un délit, il est dit *inculpé.* — Si le ministère public, après avoir reconnu que l'inculpation repose sur des faits exacts, le renvoie devant le juge d'instruction, l'individu devient *prévenu;* et enfin, si le juge d'instruction ou la chambre des mises en accusation décident que cet individu sera jugé, il devient alors *accusé.* — Dans la pratique, on désigne spécialement sous le nom *d'accusé* celui qui est traduit en cour d'assises et sous celui de *prévenu* celui qui est traduit devant un tribunal correctionnel.

ACHAT, s. m. Action d'acheter.

Achat d'effets militaires. Tout individu qui achète, recèle ou reçoit en gage des armes, munitions, effets d'habillement, de grand ou petit équipement, ou tout autre objet militaire, dans des cas autres que ceux où les règlements autorisent leur mise en vente, est puni par le tribunal compétent de la même peine que l'auteur du délit. (C. M., art. 247.) — La peine est de 6 mois à 1 an d'emprisonnement s'il s'agit d'effets de petit équipement; de 1 à 5 ans, dans tous les autres cas. (C. M., art. 244.)

Les gendarmes doivent saisir les objets et les désigner avec soin dans le procès-verbal.

Achat de chevaux, de rations. En campagne, la gendarmerie veille à ce qu'il n'y ait ni vente ni achat de rations et à ce qu'il ne soit pas acheté de chevaux à des personnes inconnues. (Art. 56 et 59 de l'instr. du 18 avril 1890.)

Achat de gibier. La vente et l'achat du gibier sont interdits dans les départements où la chasse n'est pas ouverte. (Loi du 3 mai 1844, art. 4.) — Le gibier saisi est livré à un établissement de bienfaisance sur ordonnance du juge de paix ou du maire : 1° du juge de paix, si la saisie a eu lieu au chef-lieu de canton ; 2° du maire, si le juge de paix est absent ou si la saisie a lieu dans une commune autre que celle du chef-lieu de canton. (V. *Gibier.*) — La vente et l'achat du poisson sont également interdits quand la pêche est défendue. (V. *Poisson.*)

ACIER, s. m. On donne ce nom à la combinaison du fer avec une petite quantité de carbone. L'acier refroidi lentement, après avoir été porté au rouge vif, est plus dur et plus élastique que le fer ; mais ces propriétés s'augmentent considérablement par la trempe, qui consiste à plonger l'acier très chaud dans un liquide très froid. L'acier sert à une foule d'usages dans l'industrie : on l'emploie pour les outils, la coutellerie fine, les ressorts de montre, les rails, les canons, etc. — Le canon et la plupart des pièces du revolver et de la carabine de la gendarmerie sont en acier.

ACQUIT-A-CAUTION, s. m. Imprimé délivré par l'administration des contributions indirectes qui permet de transporter des marchandises d'un lieu à un autre, sous la condition que les droits seront acquittés au bureau du lieu de destination. L'acquit-à-caution doit indiquer le lieu et l'heure du départ, le lieu de destination, le nom de l'expéditeur et celui du destinataire, les qualités, quantités, poids ou nombre des marchandises ou denrées; il fixe en toutes lettres la route à parcourir et le temps nécessaire à son parcours.

ACQUITTEMENT, s. m. Action d'acquitter, de payer ce que l'on doit. En jurisprudence, l'acquittement est le renvoi d'un individu reconnu non coupable.

ACROBATE, s. des deux genres. Celui qui fait des tours de force ou d'adresse, qui danse sur la corde. (V. *Saltimbanque.*)

ACTE, s. m. En langage juridique, le mot acte signifie un écrit constatant qu'une chose a été dite ou faite : acte d'accusation.

Actes authentiques. Actes qui ont été dressés suivant les formes voulues et qui font autorité. — Les folios matricules sont conservés dans les corps ou compagnies jusqu'à l'époque où le Ministre prescrit de lui en faire l'envoi. — Les actes et les titres authentiques concernant l'état civil ou les services des militaires rayés des contrôles par suite de désertion, disparition ou captivité, sont envoyés au Ministre. Ceux qui appartenaient aux décédés sont remis aux familles par les soins du conseil d'administration, ainsi que le livret individuel qui est la propriété de l'homme.

L'*acte authentique* est celui qui est dressé par un notaire; l'*acte sous seing privé* est celui qui est signé par les parties intéressées seulement : ces deux genres d'actes engagent également ceux qui les signent.

Actes de l'état civil. On nomme ainsi les actes destinés à constater les naissances, les mariages, les adoptions, les reconnaissances d'enfants et les décès des personnes (V. *Civil*). — Les fonctions d'officier de l'état civil sont remplies aux armées hors du territoire : 1° par le trésorier et, en cas d'absence, par l'officier chargé de la tenue des contrôles, dans les corps de troupe composés d'un ou de plusieurs bataillons ou escadrons; 2° par le capitaine ou l'officier commandant dans les autres corps; 3° par les intendants et les sous-intendants pour les officiers sans troupe et les employés de l'armée. — Ces actes doivent énoncer le lieu, l'année, le jour et l'heure où ils sont reçus, les noms, prénoms, âge, profession et domicile de tous ceux qui y sont dénommés. — Il est tenu dans chaque corps de troupe un registre coté et paraphé par l'officier commandant pour les actes de l'état civil relatifs aux individus de ce corps, et un autre à l'état-major de l'armée pour les actes relatifs aux officiers sans troupe. (V. la loi du 8 juin 1893 et l'instr. du 23 juillet 1894 relatives aux divers actes de l'état civil dressés aux armées. — V. aussi *Etat civil.*)

Actes de décès : 1° *Sur le territoire français:* Aussitôt qu'un militaire est décédé à la caserne ou dehors, quel que soit le genre de sa mort, la déclaration doit en être faite à l'officier de l'état civil par deux témoins. (C. C., art. 78.) — 2° *A l'armée et hors du territoire français:* L'officier remplissant les fonctions de l'état civil à l'armée est chargé de dresser les actes de décès sur l'attestation de trois témoins. (C. C., art. 96.) Bien que les événements de guerre empêchent souvent de réunir le nombre de témoins nécessaires pour constater les décès, on ne doit pas néanmoins négliger de dresser ces actes, en ayant soin d'indiquer les motifs qui se sont opposés à l'accomplissement des formalités prescrites par la loi. — Si un long intervalle s'est écoulé depuis l'époque où un décès a eu lieu jusqu'au jour où il est possible de le constater, l'officier de l'état civil doit en dresser acte dans la forme voulue et sur l'attestation de trois témoins. (Instr. du 8 novembre 1855.) — A défaut d'actes de décès dressés selon les prescriptions légales, l'officier de l'état civil dresse procès-verbal des déclarations de décès ou de disparition dont les militaires rentrant des prisons de l'ennemi ont été témoins. Ces documents peuvent servir de base aux jugements des tribunaux. (Instr. du 29 mars 1871.) — 3° *En mer:* Les officiers d'administration de la marine sur les bâtiments de l'Etat et les capitaines maîtres ou patrons du navire sur les bâtiments du commerce sont chargés de dresser les actes de décès. — 4° *Des militaires prisonniers de guerre:* Ces actes sont rédigés dans les formes usitées dans les pays où sont décédés les militaires. (Instr. du 23 juillet 1894.) (V. aussi le mot *Décès.*)

Actes de disparition. A l'armée, ces actes sont établis par les membres du conseil d'administration et suivant le modèle donné par la circulaire du 12 juin 1857. Si de fortes présomptions sont acquises au décès, cet acte doit les faire connaître. Les militaires disparus pendant la guerre sont rayés des contrôles annuels, et on inscrit seulement la mention « disparu pendant la guerre de..... » sur le registre matricule.

Acte d'écrou. (V. *Ecrou.*)

Acte d'individualité. Dans le cas où les pièces produites présentent des différences, soit dans l'orthographe des noms ou le nombre des prénoms, soit dans l'indication des dates et lieux de naissance, ces différences sont expliquées dans un acte d'individualité fait sur l'attestation de trois témoins, devant une autorité administrative ou judiciaire, ou devant un notaire, ou devant le sous-intendant.

Actes judiciaires. Ce sont ceux qui émanent directement des magistrats; les *actes extra-judiciaires* sont ceux qui, dus à l'entremise d'un officier ministériel, ne sont pas relatifs à un procès actuellement pendant.

Actes de mariage. Les officiers appelés à remplir les fonctions d'officier de l'état civil hors du territoire français devront bien se pénétrer des formalités exigées dans l'intérieur par les articles 144 et suivants du Code civil. — Les publications de mariage des militaires aux armées sont faites au lieu de leur dernier domicile et sont mises à l'ordre du jour du corps pour les militaires qui appartiennent à un corps, ou du corps d'armée pour les officiers sans troupe, vingt-cinq jours avant la célébration du mariage. — Après inscription de l'acte sur le registre, l'officier en envoie une expédition à l'officier de l'état civil du dernier domicile des époux. (Instr. du 8 mars 1823.)

Actes de naissance. Les déclarations de naissance sont faites : à l'intérieur dans les trois jours qui suivent l'accouchement, aux armées dans les dix jours. Les autres formalités sont les mêmes hors du territoire que dans l'intérieur. — Dans les dix jours qui suivent l'inscription de l'acte de naissance sur ledit registre, un extrait doit être adressé à l'officier de l'état civil du dernier domicile du père de l'enfant, ou de la mère, si le père est inconnu. (Instr. du 8 mars 1823.) — Les actes de naissance dont la production est exigée par les règlements militaires doivent être demandés par les conseils d'administration aux maires des communes du lieu de naissance, qui les délivrent sur papier libre et sans frais. (Note minist. du 17 décembre 1866.) — La signature du maire doit être légalisée par le juge de paix ou par le président du tribunal civil.

Actes de notoriété. En cas d'impossibilité de se procurer l'acte de naissance, il peut y être suppléé par un acte de notoriété délivré par le juge de paix du lieu de naissance ou du dernier domicile. Cet acte, qui contient la déclaration de sept témoins de l'état civil du requérant et des causes qui empêchent de rapporter l'acte de naissance, est signé par le juge de paix et par les témoins, et doit être homologué par le tribunal.

Actes privés de l'état civil. Les procurations, les certificats de vie et les testaments peuvent être reçus aux armées. Ces actes sont inscrits sur un registre d'ordre et envoyés au ministère, en même temps que les registres de l'état civil, lors de la rentrée sur le territoire français. (V. les mots : *Procuration, Certificat de vie, Testament.*)

Actes de courage. (V. le mot *Action.*)

Acte respectueux. Acte qu'un fils ou une fille qui ont atteint l'âge prescrit par la loi (25 ans pour l'homme et 21 ans pour la femme) sont tenus de faire signifier à leur père et à leur mère ou, en cas de décès de ceux-ci, à leur aïeul ou à leur aïeule, pour leur demander l'autorisation de se marier, lorsque cette autorisation leur a été refusée.

Le fils jusqu'à 30 ans, la fille jusqu'à 25, sont tenus de faire à leurs parents un acte respectueux, avant de contracter mariage contrairement à leur volonté. (Loi du 20 juin 1896.)

ACTION, s. f. Ce mot a de nombreuses significations. Il sert à désigner la manifestation extérieure d'un pouvoir. — L'action de la gendarmerie s'exerce toujours en tenue militaire, ouvertement et sans manœuvres de nature à porter atteinte à la considération de l'arme. (Décr. du 1er mars 1854, art. 119.) — L'action des autorités civiles, administratives et judiciaires, sur la gendarmerie, en ce qui concerne son emploi, ne peut s'exercer que par des réquisitions. (Décr. du 1er mars 1854, art. 91.) — En terme militaire, il signifie plus particulièrement un combat ou une petite bataille. — On appelle action d'éclat un acte individuel témoignant de la bravoure et de l'énergie. — Les actions d'éclat sont mises à l'ordre du jour de l'armée et donnent des droits à l'avancement. Les citations pour actions d'éclat sont inscrites sur les livrets et sur les registres matricules. (Décis. minist. du 9 novembre 1845, arrêté minist. du 1er mai 1882 et annexe nº 1 du règl. du 12 avril 1893. — V. aussi la décis. minist. du 23 novembre 1874 et la note minist. du 5 juillet 1884.) — Les militaires de la gendarmerie qui ont accompli des actes de courage et de dévouement sont cités à l'ordre de la légion et peuvent être proposés pour la médaille d'honneur. A moins que l'acte accompli ne paraisse absolument exceptionnel, il doit être demandé des mentions honorables. Les actes de courage et de dévouement (bonnes notes) sont inscrits sur le livret, sur la matricule et sur le folio de punitions.

Les actes de courage et de dévouement pour lesquels il n'est pas demandé de récompense honorifique peuvent être mis à l'ordre de la légion.

Une acte de probité de la part d'un gendarme est un fait tout naturel dont on peut le féliciter mais qui ne justifie pas, en général, la mise à l'ordre. (V. Serv. int., art. 47 et 179.)

En jurisprudence, le mot *action* s'emploie pour désigner le droit que nous avons de réclamer en justice ce qui nous est dû. Lorsqu'on croit avoir souffert d'un dommage, on intente une *action civile. « Intenter une action en diffamation. »*

L'action criminelle ou publique, qui a pour but de poursuivre la punition d'un crime, appartient au ministère public. Il ne faut pas confondre les expressions « intenter une action civile » et « se porter partie civile. » (V. le mot *Partie.*)

On donne aussi le nom *d'action* à un titre qui représente la part d'intérêts qu'une personne a dans une société commerciale. Lorsque des actions ont été volées, les numéros des titres sont quelquefois envoyés à la gendarmerie, qui est chargée de rechercher s'ils ne se trouvent pas chez les banquiers, changeurs ou autres agents d'affaires.

ADDITION, s. f. L'addition est une opération d'arithmétique qui a pour but de réunir plusieurs nombres de la même espèce en un seul qu'on appelle somme ou total. — On fait la preuve de l'addition en recommençant l'opération et en additionnant chaque colonne de bas en haut.

ADJOINT, s. m. Celui qui est joint à une personne pour l'aider dans son travail, dans ses fonctions.

Adjoint au maire. L'adjoint au maire est un officier municipal qui remplace le maire : il est, comme ce dernier, officier de police judiciaire, auxiliaire du procureur de la République, et ses attributions en cette qualité sont établies par les articles 11, 50 et 144 du Code d'instruction criminelle. — Les adjoints sont nommés par les conseils municipaux des communes. (Loi du 5 avril 1884.)

Adjoint à l'intendance. Officier du grade le moins élevé du corps de l'intendance. — La loi sur l'administration de l'armée du 16 mars 1882 n'a plus laissé subsister dans la hiérarchie du corps de l'intendance qu'une classe d'adjoints : ce grade correspond à celui de capitaine.

Adjoint du génie : Cette dénomination, qui servait à désigner autrefois un corps d'employés militaires attaché au service du génie, a été changée par la loi du 2 juillet 1900. Ce personnel est désigné aujourd'hui sous le nom « d'officier d'administration du service du génie ».

Il forme un corps d'employés militaires assermentés se recrutant exclusivement parmi les sous-officiers des troupes de l'arme qui remplissent certaines conditions. Ils sont spécialement chargés de la conservation du domaine militaire de l'Etat, et leurs procès-verbaux font foi jusqu'à inscription de faux. (Ordonn. du 1er août 1821, art. 31.) — Les officiers d'administration du service du génie ont rang d'officier. — Ils sont assimilés. (V. *Assimilation.*) — Ils ne peuvent être punis, en ce qui concerne leur service spécial, que par leurs chefs hiérarchiques directs quel que soit leur grade, et, pour les fautes commises contre l'ordre public et la discipline générale, que par l'intermédiaire des officiers généraux ou des commandants d'armes, selon le poste dans lequel se trouvera l'employé militaire.

Adjoint au trésorier. Celui qui est chargé d'aider le trésorier dans le travail de comptabilité de la compagnie. — Les maréchaux des logis adjoints aux trésoriers sont choisis indistinctement soit parmi les sous-officiers à pied et à cheval, soit parmi les brigadiers des deux armes ayant au moins un an d'exercice dans ce grade, et portés au tableau d'avancement comme réunissant les conditions d'aptitude reconnues nécessaires pour ces fonctions spéciales. (Décr. du 1er mars 1854, art. 48.) — L'adjoint au trésorier, lorsqu'il remplace le trésorier régulièrement absent ou empêché, n'a que voix consultative. (Art. 6 du règl. du 12 avril 1893.)

Les trésoriers doivent initier leurs adjoints aux détails de l'administration et de la comptabilité. (Serv. int., art. 93.) — En raison des fonctions spéciales qu'ils remplissent, les adjoints aux trésoriers reçoivent une indemnité de 151 fr. 20 par an dans la gendarmerie départementale et la légion d'Afrique (tarif du 30 décembre 1892) et une indemnité de 306 fr. dans la gendarmerie coloniale (tarif du 26 août 1880). — L'allocation leur est continuée pendant la durée des absences qui n'exigent pas qu'ils soient remplacés dans leurs fonctions, et elle est due à l'intérimaire lorsqu'il en est désigné un. (Tableau 2, numéro d'ordre 10 du règl. du 30 décembre 1892.) L'adjoint au trésorier est placé sous l'autorité immédiate du trésorier et dispensé de tout autre service. (Art. 71 du règl. du 12 avril 1893.) Il ne peut être détourné de ses fonctions pour un autre service. Il relève pour la tenue et la discipline intérieure de l'autorité du commandant d'arrondissement. Il assiste aux revues périodiques des officiers. S'il est susceptible de devenir maréchal des logis chef ou sous-lieutenant, un cheval de gendarme lui est affecté d'office, par le commandant de la compagnie. (V. Serv. intérieur, art. 106.)

ADJUDANT, s. m. Terme militaire : officier ou sous-officier chargé dans les régiments de divers services spéciaux. — Il y a dans chaque régiment d'infanterie un capitaine adjudant-major par bataillon et un adjudant par compagnie. L'adjudant de bataillon, supprimé par la loi du 25 juillet 1893, a été rétabli par la loi du 6 février 1897. — Dans les régiments de cavalerie, les emplois d'adjudant-major, au nombre de deux, sont remplis en temps de paix par les capitaines en second. — Les adjudants de place sont des officiers chargés des détails du service de la place. — Dans la gendarmerie départementale, il y a un adjudant au chef-lieu de chaque compagnie. — Les adjudants sont choisis exclusivement parmi les maréchaux des logis chefs, excepté dans la garde républicaine où les maréchaux des logis sont admis à concourir pour ce grade. (Décret du 1er mars 1854, art. 47.) — Les adjudants sous-officiers des divers corps de troupe ayant un an de grade au 31 décembre de l'année courante et trois ans de service effectif, peuvent être admis, comme maréchaux des logis, dans la gendarmerie, aux mêmes conditions que les sergents-majors et maréchaux des logis chefs proposés pour le grade de brigadier, c'est-à-dire après examen. — Les adjudants sous-officiers des divers corps de troupe ne peuvent plus être proposés pour l'emploi de maréchal des logis de gendarmerie, s'ils doivent dépasser l'âge de 35 ans au 31 décembre de l'année courante. (Art. 120 de l'instr. sur le service courant du 12 avril 1899.) — Nota. Les propositions à faire en faveur des adjudants sous-officiers, sergents-majors et maréchaux des logis chefs des divers corps de troupe, qui désirent entrer, comme maréchaux des logis et comme brigadiers dans la gendarmerie, doivent être établies dans les premiers jours du mois de janvier. — Les adjudants ont autorité et inspection immédiate sur les sous-officiers et brigadiers du chef-lieu de la compagnie pour tout ce qui a rapport au service, à la tenue et à la discipline. Ils sont placés sous les ordres du commandant de l'arrondissement, qu'ils aident dans ses écritures et qu'ils remplacent en cas d'absence, et à qui ils doivent des rapports journaliers sur tout ce qui est relatif au service intérieur et au bon ordre. — Ils sont spécialement chargés de la direction du service intérieur et extérieur. Les chefs de brigade de la résidence leur rendent compte, immédiatement, de tous les faits qui sont venus à leur connaissance par les hommes rentrant de rencontre ou de tournées de communes. — Ils font tenir, sous leur direction et leur responsabilité, par un des sous-officiers ou brigadiers de la résidence, toutes les écritures des brigades du chef-lieu ; ils s'assurent fréquemment que les registres sont constamment tenus à jour. — A l'expiration des punitions de prison subies au chef-lieu de la compagnie, les adjudants font élargir les sous-officiers, brigadiers et gendarmes punis, et les renvoient à leurs résidences respectives après avoir pris les ordres du commandant d'arrondissement. — Ils remplissent à l'égard des brigades du chef-lieu de la compagnie tous les devoirs de surveillance imposés aux chefs de brigade dans les autres résidences par les articles 111 et suivants du Serv. int. — En cas d'absence même momentanée, l'adjudant est toujours remplacé à la caserne par un des commandants de brigade de la résidence. — L'adjudant fait, au moins une fois chaque mois, dans les cantons soumis à la surveillance des brigades du chef-lieu, des tournées de communes, pour s'assurer auprès des autorités locales que le service de la gendarmerie s'y exécute avec régularité. — Il visite également de temps à autre les points de rencontre des brigades placées sous son commandement. — Sa présence aux points de rencontre est constatée par son visa sur les feuilles de service. — Il est dépositaire et responsable envers le commandant de l'arrondissement de la conservation de tous les registres et documents relatifs au service des brigades de la résidence du chef-lieu de la compagnie. — En cas de remplacement, il remet à son successeur, sur inventaire, toutes les pièces, matériel et archives concernant le service. — L'adjudant remplace de droit, dans le commandement de l'arrondissement du chef-lieu de compagnie, l'officier absent pour service ou pour toute autre cause. Il peut, au besoin, être chargé du commandement temporaire d'un autre arrondissement.

Lorsque l'adjudant remplace ou supplée l'officier commandant, il assure tous les besoins du service ; mais il s'abstient, à moins de cas urgent, de prendre des dispositions de quelque importance et il attend le retour de cet officier. (V. les art. 108 et 110 du Serv. int.)

Adjudants retraités. Aux termes des articles 17 et 18 de la loi du 23 juillet 1881, les adjudants admis à la pension proportionnelle ou de retraite sont, pendant cinq ans, à la disposition du Ministre de la guerre pour le service de l'armée territoriale ; mais ils peuvent en outre être pourvus d'emplois de sous-lieutenant dans cette armée. (V. les circ. des 27 juillet et 30 septembre 1882, pour les pièces à établir lors de la mise à la retraite des adjudants et pour les formalités que ces sous-officiers ont à remplir quand ils sont dans leurs foyers.) Les dispositions ci-dessus ne s'appliquent pas aux adjudants de la gendarmerie, ni à ceux du service de la justice militaire.

ADJUDICATION, s. f. Acte par lequel on adjuge, on donne une chose à une personne. Marché fait avec publicité et concurrence. — L'avis des adjudications à passer est publié, sauf le cas d'urgence, un mois à l'avance, par la voie des affiches et par tous les moyens ordinaires de publicité. (Règl. du 31 mai 1862.) — Les adjudications doivent être constatées par procès-verbal et sont toujours subordonnées à l'approbation du Ministre ou de l'autorité déléguée à cet effet. — Les droits d'enregistrement, les frais de timbre, d'affiches et d'insertion aux feuilles publiques sont à la charge de l'adjudicataire. (Règl. du 3 avril 1869.)

ADMINISTRATION, s. f. Action de diriger les affaires publiques ou privées. — Nul n'est admis dans une administration de l'Etat ou ne peut être investi de fonctions publiques électives s'il ne justifie avoir satisfait aux obligations imposées par la loi du 15 juillet 1889. (Loi du 14 août 1893.) — L'administration est exercée, dans les corps ou compagnies de gendarmerie, par un conseil qui prend le nom de conseil d'administration. — Les militaires de tous grades des corps de gendarmerie détachés hors de leur département près des dépôts et ateliers des condamnés civils ou militaires, ou pour tout autre service, continuent à être administrés par la compagnie dont ils sont titulaires, à moins que leur absence ne doive pas dépasser la durée de trois mois. Dans ce dernier cas, ils sont inscrits avec l'annotation des compagnies auxquelles ils appartiennent, à la suite des militaires de leur arme, dans les feuilles de journées établies par les compagnies des départements où ils sont provisoirement employés. (Art. 68 du règl. du 30 décembre 1892.) Il convient de faire remarquer que l'article 2 du règlement du 12 avril 1893 dispose autrement à cet égard. Les règlements des 30 décembre 1892 et 12 avril 1893 traitent toutes les questions relatives aux conseils d'administration des corps et compagnies de gendarmerie et réglementent leurs attributions et la responsabilité des divers membres qui les composent. Ils ont été rendus applicables à la gendarmerie maritime par décision du 12 décembre 1893. L'administration et la comptabilité de la gendarmerie en campagne font l'objet du décret et de l'instruction du 27 juin 1895 .

Officiers d'administration. — La loi du 2 juillet 1900 comprend sous cette dénomination les officiers d'administration du service d'état-major, du service de la justice militaire, du service de l'intendance et de santé, ainsi que les employés militaires attachés au service de l'artillerie (gardes) et au service du génie (adjoints), et les contrôleurs d'armes. (Loi du 7 mars 1902.)

Les officiers d'administration ont, dans chaque service, une hiérarchie qui leur est propre, et ils sont titulaires de grades qui ont leurs correspondants dans la hiérarchie militaire. (V. *Assimilation.*)

ADMISSION, s. f. Action d'être admis, d'être reçu dans un corps. — Les emplois de gendarme sont donnés à des militaires en activité, ou appartenant à la réserve, ou libérés définitivement du service, quel que soit le corps dans lequel ils ont servi, lorsqu'ils réunissent d'ailleurs les conditions d'âge, de taille, d'instruction et de bonne conduite déterminées par les articles 18 et suivants du décret du 1er mars 1854. — Les conditions d'admission dans la gendarmerie sont : 1° d'être âgé de 25 ans au moins et de 35 ans au plus (les anciens gendarmes seuls peuvent être réadmis jusqu'à 40 ans, pourvu qu'ils puissent compléter à 55 ans le temps de service exigé pour la retraite. En principe, la limite d'âge pour la retraite des sous-officiers, brigadiers et gendarmes est fixée à 55 ans, sans que le maintien en activité jusqu'à cet âge puisse être invoqué comme un droit); 2° d'avoir au moins la taille de 1 mètre 66 centimètres, arme à cheval et arme à pied (pour la garde républicaine à cheval, la taille exigée est de 1 mètre 70 centimètres); 3° d'avoir servi activement sous les drapeaux pendant deux ans et six mois au moins, et de ne pas avoir quitté soit l'armée, soit la gendarmerie depuis plus de trois ans; 4° de savoir lire et écrire correctement; 5° de justifier, par des attestations légales, d'une bonne conduite soutenue. (Décr. du 1er mars 1854, art. 18.) Des élèves peuvent également être admis dans la garde républicaine (arme à pied et arme à cheval) et dans la gendarmerie de l'intérieur, de Corse, d'Algérie et de Tunisie (arme à cheval seulement, à raison d'un élève par brigade au maximum). Ils se recrutent parmi les mêmes éléments que les gendarmes ou gardes titulaires. Ils peuvent être admis dès l'âge de 22 ans.

Les conditions d'admission sont les mêmes pour les militaires de l'armée coloniale. (V. circ. minist. du 17 juin 1901.) — Le service de l'arme étant particulièrement pénible, on ne doit proposer pour la gendarmerie, qu'il s'agisse de la garde républicaine ou de la gendarmerie départementale, que des hommes absolument robustes, ne présentant aucun signe de déchéance ou d'affaiblissement pouvant disposer l'organisme à la tuberculose et exempts de toute prédisposition aux varices. (Serv. courant, 3 janvier 1901.) Les candidats pour la garde républicaine doivent être célibataires, ou veufs sans enfant.

Les militaires qui, étant proposés pour la gendarmerie, rentrent dans leurs foyers avant d'avoir été admis, doivent, s'ils persistent dans l'intention de se faire admettre, se faire proposer à nouveau par le commandant de la compagnie dans la circonscription de laquelle ils se sont retirés. (Décret du 1er mars 1854, art. 19.)

Aussitôt après l'arrivée des militaires venant des autres armes par décis. ministérielle, les commandants de corps ou de compagnie adressent hiérarchiquement des mémoires de proposition fictifs et sans pièces. (Décret du 1er mars 1854, art. 23.) — Tout mémoire de proposition d'admission dans la gendarmerie établi par un commandant de corps ou de compagnie, en faveur d'un militaire rentré dans ses foyers, doit porter les indications suivantes : 1° la position du militaire au moment où il a quitté le service ; 2° les ressources pécuniaires dont il peut disposer pour subvenir aux frais de son équipement ; 3° sa position civile (célibataire, marié, veuf, et, dans ces derniers cas, le nombre de ses enfants, s'il en a); 4° le détail de ses services antérieurs. — On joint toujours au mémoire de proposition dont le postulant est l'objet un certain nombre de pièces dont on trouvera l'énumération au mot *Mémoire*. — Les canonniers conducteurs, les sapeurs conducteurs et les militaires non gradés du train des équipages peuvent être proposés pour l'arme à cheval. (Instr. du 21 mars 1902.)

Le commandant de la compagnie ne doit pas négliger de certifier que la demande du postulant a été écrite en sa présence. (Circ. minist. du 18 février 1849.) Il doit s'assurer que l'instruction hippique est satisfaisante, surtout lorsqu'il s'agit de candidats pour l'arme à cheval venant des ex-canonniers conducteurs ou servants, des sapeurs conducteurs du génie ou des cavaliers ordonnances du train des équipages. (Instr. du 21 mars 1902.) — Pour l'établissement des **mémoires de proposition**, les actes de naissance sont délivrés sans frais sur papier libre (circ. minist. du 17 décembre 1866), et les commandants de compagnie doivent réclamer aux juges de paix les actes de notoriété, s'il y a lieu. (Circ. minist. du 31 décembre 1844.) — Ces officiers doivent également demander les extraits des casiers judiciaires, qui sont délivrés par les greffiers moyennant la somme de 0 fr. 25. La dépense est supportée par la masse d'entretien et de remonte. (Circ. du 15 mars 1902.)

Dans le cas de réadmission, les extraits des casiers judiciaires doivent également être fournis.

Les chefs de brigade doivent signaler les candidats dont la conduite laisserait à désirer ou qui se seraient mariés dans des conditions désavantageuses au point de vue de la considération de l'arme et dont la proposition serait susceptible d'être annulée. (Instr. du 21 mars 1902.) Enfin, lorsqu'un homme désire entrer dans la gendarmerie, les chefs le brigade se conforment à la notice à leur usage, contenue dans l'instruction du 21 mars 1902, et relative aux anciens militaires qui demandent à entrer dans la gendarmerie.

Admission des réservistes et territoriaux. L'état signalétique et des services et le relevé des punitions sont fournis par les soins du corps d'affectation, pour les hommes de la réserve, et, pour les hommes appartenant à l'armée territoriale, ces pièces sont fournies par le bureau de recrutement, les livrets matricules des hommes de l'armée territoriale restant entre les mains du capitaine-major. (Circ. minist. du 7 février 1877.) — Il en est de même pour les demandes formées par les inscrits maritimes non présents sous les drapeaux. (Circ. du Ministre de la marine du 17 juin 1889.)

Les anciens militaires admis dans la gendarmerie peuvent, en certains cas, obtenir des sursis de départ de quinze jours. (V. *Sursis.*)

Admission des gendarmes réservistes ou territoriaux. Lorsqu'il sera nécessaire d'avoir les pièces pour établir des mémoires de proposition en faveur des gendarmes réservistes ou territoriaux, elles seront réclamées aux légions auxquelles ces hommes sont affectés. Si ces légions ne possèdent pas tous les renseignements nécessaires pour l'établissement des pièces réclamées, elles auront à les demander au corps ou à la légion dans laquelle l'homme a servi en dernier lieu. (Circ. minist. du 27 septembre 1881.)

Admission des réservistes de l'armée de mer. Les commandants de compagnie qui auront à examiner des demandes formées par des réservistes de la marine, par des marins du recrutement et de l'engagement volontaire, par des militaires de la marine en congé renouvelable, à l'effet d'être admis dans la gendarmerie, devront mettre les intéressés en demeure de se procurer le consentement des vice-amiraux, préfets maritimes, qui sera joint aux autres pièces composant le dossier des candidats. (Circ. minist. des 8 avril 1876 et 10 février 1877.) — Il en est de même pour les inscrits maritimes non présents sous les drapeaux. (Circ. du 17 juin 1889.)

Admission des gendarmes retraités. Les militaires retraités de la gendarmerie qui seront, après leur retraite, réadmis dans l'arme, ne pourront y entrer que comme simples gendarmes. (Circ. minist. du 7 août 1877.) — Si le militaire réadmis était déjà pourvu d'une pension proportionnelle, le traitement de cette pension est suspendu pendant la durée de l'activité. (Note minist. du 4 avril 1877.) Dans ce cas, la revision de la pension peut être demandée sans condition de durée de service. (Instr. du 7 juillet 1889, art. 5.)

Admission d'élèves gendarmes. Les élèves gendarmes, qui avaient été supprimés en 1892 dans la gendarmerie départementale, ont été rétablis par décision présidentielle du 23 octobre 1896. Pour les conditions d'admission des élèves gendarmes, voir le mot *Admission*. — Les élèves gendarmes et les élèves gardes pourront être titularisés lorsqu'ils réuniront les conditions d'âge déterminées par le décret du 1er mars 1854. Ceux qui, par leur inaptitude, seront reconnus ne pas convenir au service spécial de la gendarmerie, seront réintégrés, s'il y a lieu, dans leurs anciens corps.

Nouveaux admis ne réunissant pas les conditions. Une circulaire ministérielle du 4 janvier 1851 et une décision ministérielle du 24 mars 1852 obligent les commandants de gendarmerie et les chefs de corps à rembourser les frais de route et d'entrée en solde des militaires proposés par eux, et qui, ne remplissant pas les conditions nécessaires pour faire un bon service, sont renvoyés à leurs corps respectifs.

C'est seulement s'il y a matière à interprétation, c'est-à-dire lorsqu'il y a chez le candidat défaut d'instruction, de conduite ou de moralité, que le commandant de compagnie en réfère au Ministre, auquel il appartient de statuer en dernier ressort. Il joint à son rapport la dictée faite par le postulant, son folio de discipline et l'état signalétique et des services.

Si l'instruction du candidat lui semble insuffisante, il peut proposer soit le rejet, soit seulement l'ajournement de la candidature.

Le commandant de compagnie rend compte au Ministre de tout rejet de candidature prononcé directement par lui, dans un rapport sommaire accompagné, selon le cas, de l'état des services, du certificat de toisé ou du certificat médical. (Instr. du 21 mars 1902.)

Nouveaux admis qui renoncent à leur nomination. Afin d'éviter des renonciations tardives et qui nuisent aux intérêts du Trésor, une circulaire ministérielle du 23 août 1881 prescrit de mettre en demeure les candidats, en leur notifiant leur nomination, de faire connaître s'ils acceptent définitivement l'emploi qui leur est confié et s'ils sont en mesure d'effectuer le versement qu'ils ont promis. Dans le cas contraire, une demande d'annulation de nomination doit être immédiatement transmise au Ministre. (Instr. du 21 mars 1902.) — La lettre collective n° 17, du 22 mars 1882, prescrit aux commandants de compagnie de recommander aux candidats d'avoir soin de leur faire connaître dès qu'ils désireront que leur demande ne soit pas suivie d'effet. — Les anciens militaires admis dans les corps et les compagnies de gendarmerie qui demandent l'annulation de leur nomination après avoir rejoint n'ont pas droit à l'indemnité de route pour rentrer dans leurs foyers ; en outre, leur demande doit être accompagnée d'un récépissé constatant le remboursement au Trésor de la solde et de l'indemnité de route qu'ils auraient touchée depuis leur nomination. (Décis. présid. du 24 novembre 1882, et circ. minist. du 7 mars 1883.) Ces hommes seront rayés par les soins des chefs de légion, qui rendent compte ensuite au Ministre. (Lettre du 8 mai 1883, tableau 1 n° 1 du règl. du 30 décembre 1892 et instr. du 21 mars 1902.) — Les commandants de recrutement doivent être prévenus des admissions et réadmissions dans l'arme des hommes de la réserve et de l'armée territoriale. (Circ. minist. du 28 janvier 1876, lettre collective du 1er février 1884 et instr. du 28 décembre 1895, art. 306.) — Il arrive quelquefois que, peu de temps après leur admission, des gendarmes sont déclarés impropres au service de l'arme pour inaptitude physique. Afin de remédier à ces inconvénients, les nouveaux admis doivent, avant leur mise en route, être soumis à une nouvelle visite, surtout si la nomination a tardé de plusieurs mois, certaines affections, à l'état latent, ayant pu se développer pendant ce laps de temps et attaquer assez leur constitution pour les rendre tout à fait incapables de servir dans la gendarmerie. Le nouvel admis reconnu bon au départ, sans avoir eu à passer devant la commission de réforme, est soumis, à son arrivée à destination, à une nouvelle visite médicale. (Instr. du 21 mars 1902.) Les demandes d'annulation de nomination doivent être accompagnées d'un certificat de médecin, d'un certificat de toisé, d'une dictée ou du folio de punitions, suivant le motif du rejet : inaptitude physique, défaut de taille, instruction insuffisante, etc., etc. (Instr. du 21 mars 1902.)

Admission des officiers et des sous-officiers des divers corps de troupe. L'instruction sur le service courant (art. 179) fixe ainsi qu'il suit les conditions d'admission pour les officiers et les sous-officiers des divers corps de troupe y compris ceux de l'armée coloniale. (Circ minist. du 17 juin 1901.) — CONDITIONS D'ADMISSION. — 1° *Officiers.* Limite d'âge : capitaines, 40 ans révolus au 31 décembre de l'année courante : lieutenants, 36 ans. — Tous ces officiers doivent avoir au moins 25 ans d'âge au 31 décembre de l'année courante. — Les sous-lieutenants ne sont pas admis dans la gendarmerie et la candidature des lieutenants est maintenue si leur promotion au grade supérieur survient avant l'époque de leur admission. Ils sont alors rayés du tableau de concours des lieutenants et inscrits, à leur rang d'ancienneté, à la suite du tableau des capitaines. — Les propositions doivent parvenir au Ministre le 1er mars pour les corps stationnés en Corse, en Algérie et en Tunisie, et le 1er avril pour les corps stationnés en France, mais aucun lieutenant ne sera présenté s'il n'a obtenu son dernier grade avant le 31 décembre précédant la proposition. Les capitaines des corps de troupe de toutes armes ne sont admis que dans la gendarmerie départementale. Ils ne sont placés dans la garde républicaine (infanterie ou cavalerie) qu'à défaut de candidats appartenant déjà à la gendarmerie. — 2° *Sous-officiers.* Limite d'âge : adjudants, 35 ans ; maréchaux des logis chefs et sergents-majors, 32 ans au 31 décembre de l'année courante. — Tous les candidats doivent avoir, au 31 décembre de l'année courante, au moins 25 ans d'âge, un an de grade et d'emploi et compter trois ans de services effectifs. — Le minimum de la taille est fixé à 1m,66 et à 1m,70 pour la garde républicaine à cheval. — Les pièces à produire sont les suivantes : — 1° *Pour les officiers* : Acte de naissance ; état signalétique et services ; extraits du feuillet du personnel remontant à cinq ans ; demande de l'intéressé ; certificat d'un médecin du corps constatant l'aptitude à un service actif. — 2° *Pour les sous-officiers :* Acte de naissance ; état signalétique et des services ; relevé des punitions ; demande de l'intéressé ; certificat de toisé ; extrait du casier judiciaire ; une page écrite sous la dictée ; certificat d'aptitude délivré par un médecin du corps. (Instruction sur le service courant.) — Toutes ces propositions doivent être établies exclusivement à la revue trimestrielle de janvier. — Les candidats classés sont dispensés de subir un nouvel examen. — Une décision ministérielle, en date du 1er mai 1884, modifie les conditions d'admission des officiers de l'armée aux emplois de trésorier de gendarmerie. Ces candidats ne sont plus obligés d'avoir été trésoriers dans leur corps, et ils ne sont astreints qu'à subir l'examen spécial prescrit par l'annotation portée à l'art. 59 du décret du 1er mars 1854. Les officiers des troupes à pied nommés dans la gendarmerie doivent faire un stage hippique de six mois, qui a lieu, autant que possible, avant leur admission dans l'arme.

Ceux qui sont appelés à accomplir leur stage dans un corps de troupe stationné hors de leur résidence ont droit aux frais de route. (V. décis. minist. du 9 septembre 1901 et instr. du 15 septembre 1901 sur le service courant.)

Le programme de l'examen oral et écrit que les officiers et sous-officiers doivent passer devant une commission présidée par l'inspecteur de gendarmerie, est fixé par l'article 44 du décret du 1er mars 1854.

Une circulaire en date du 29 août 1901 prescrit qu'à l'avenir, les adjudants, sergents-majors ou maréchaux des logis chefs jugés aptes à être admis dans la gendarmerie, à la suite des examens subis devant la commission instituée au chef-lieu de chaque légion, seront appelés à Paris, dans la première quinzaine d'octobre, pour concourir entre eux, suivant les fonctions qu'ils peuvent être appelés à remplir dans la gendarmerie; le jury d'examen est celui dont la composition est prévue à l'article 16 de l'instruction du 3 janvier 1901.

Le concours a lieu dans les conditions énoncées aux articles 17, 18, 19 et 20 de ladite instruction et conformément aux prescriptions de l'article 21; les listes d'admission établies par la commission de classement de la gendarmerie sont soumises au Ministre qui les arrête définitivement.

Admission des officiers qui demandent à être employés dans une arme autre que leur arme d'origine. (V. note minist. du 6 avril 1887.)

ADOPTION, s. f. Acte légal par lequel l'on choisit un étranger pour en faire son propre enfant; cet acte crée ainsi entre deux individus des liens de paternité et de filiation. — L'adoption confère le nom de l'adoptant à l'adopté en l'ajoutant au nom propre de ce dernier. L'adoptant doit être âgé de plus de 50 ans et remplir en outre certaines conditions énumérées dans les articles 343 et suivants du Code civil.

ADULTÈRE, s. m. Violation de la foi conjugale. — L'adultère de la femme ne pourra être dénoncé que par le mari (C. P., art. 336); cette faculté même cessera s'il est dans le cas prévu par l'article 339, c'est-à-dire s'il a entretenu une concubine dans la maison conjugale. — Le mari qui aura entretenu une concubine dans la maison conjugale, et qui aura été convaincu sur la plainte de la femme, sera puni d'une amende de cent francs à deux mille francs (C. P., art. 339.) — La gendarmerie n'a pas à constater d'office le délit d'adultère; elle devra se borner à dresser procès-verbal des déclarations que pourraient venir lui faire soit le mari, soit la femme. — On appelle enfant adultérin celui qui est le fruit d'un adultère.

AÉROSTAT, s. f. Nom scientifique du ballon. — Le service de l'aérostation militaire a été réglé par décrets des 19 mai 1886, 24 et 25 septembre 1888. — (V. instr. du 14 octobre 1888.) Un établissement central d'aérostation militaire est installé à Chalais.

Les compagnies de sapeurs mineurs affectées au service de l'aérostation sont réunies en un bataillon qui prend le titre de bataillon d'aérostiers. (Loi du 9 décembre 1900.)

AFFECTATION, s. f. Tout homme de la disponibilité ou de la réserve, de l'armée territoriale ou de sa réserve *est affecté*, dès le temps de paix, à un corps de l'arme dans laquelle il a accompli son service d'activité. Ce corps, que l'homme doit rejoindre en cas d'appel, est généralement celui dans la *circonscription de réserve* duquel il est domicilié. — (V. instr. du 28 décembre 1895, art. 73 et suivants.)

Affectations spéciales. Les hommes appartenant à certains services (postes et télégraphes, chemins de fer, douanes, établissements de la guerre, de la flotte, etc.), reçoivent, en cas de mobilisation, des affectations spéciales, c'est-à-dire qu'ils sont désignés pour être employés dans des services spéciaux.

AFFICHE, s. f. Feuille écrite ou imprimée qu'on expose aux yeux du public dans un lieu apparent. Les affiches portant atteinte à la morale publique, celles provoquant à la révolte, au pillage ou à l'assassinat, celles renfermant des injures contre le gouvernement doivent être enlevées et envoyées, avec un procès-verbal détaillé, à l'autorité judiciaire. (V. le mot *Ecrit.*) Certaines affiches sont inscrites sur les murs, ou sur des planches, ou sur toile, au moyen de la peinture ou de tout autre procédé. — Il y a deux sortes d'affiches: 1° les affiches émanant de l'autorité; elles sont sur papier blanc et exemptes de timbre; 2° les affiches placées par les particuliers. Ces dernières, qui ne peuvent être sur papier blanc, sont assujetties à des droits dont le paiement est constaté par l'apposition de timbres mobiles. — Les lois des 8 juillet 1852, 18 juillet 1866, 30 mars 1880, 26 décembre

1890 et 26 juillet 1893 traitent la question des affiches et des droits qu'elles doivent payer suivant leurs dimensions. Nous donnons ci-après les articles les plus importants de ces lois, en faisant remarquer que les différentes lois et décrets qui régissent la matière donnent aux gendarmes le droit de verbaliser en cas de contravention et qu'il est accordé aux verbalisants, à titre d'indemnité, un quart des amendes payées par les contrevenants. — Les amendes sont payées par les soins de l'administration de l'enregistrement entre les mains du conseil d'administration. (V. le décret du 12 avril 1893, art. 201, 202 et 203.) — L'article 30 de la loi du 8 juillet 1852 relatif aux affiches murales a été abrogé par les lois des 26 décembre 1890 et 26 juillet 1893 dont voici les principaux articles : à partir du 1er janvier 1891, le droit édicté par l'article 30 de la loi du 8 juillet 1852, pour toute affiche inscrite dans un lieu public, sur les murs, sur une construction quelconque, ou même sur toile, au moyen de la peinture ou de tout autre procédé, est remplacé par une taxe fixée ainsi qu'il suit (art. 5 de la loi du 26 décembre 1890). — La taxe du timbre à laquelle sont assujetties les affiches visées par l'article 5 de la loi du 26 décembre 1890 cesse d'être annuelle. La quotité en est fixée par mètre carré pour toute la durée de l'affiche : à 1 franc dans les communes dont la population n'excède pas 5,000 habitants, à 1 fr. 50 dans les communes de 5,001 à 50,000 habitants; à 2 francs dans les communes supérieures à 50,001 habitants; à 2 fr. 50 à Paris. — Pour la liquidation du droit toute fraction de mètre carré est comptée pour un mètre carré. — (Art. 19 de la loi du 26 juillet 1893.) Sont exemptées du droit de timbre les affiches manuscrites concernant exclusivement les demandes et les offres d'emploi. (Art. 18 de ladite loi.)

Toute affiche doit porter, à la partie inférieure et à gauche, la date et le n° de quittance de la taxe. (Décret du 18 février 1891, art. 5.)

Lorsque les affiches sont placardées à la diligence d'un entrepreneur, le nom de cet industriel figure au bas et à droite, avec la date et le numéro d'ordre du répertoire qu'il est dans l'obligation de tenir. (Même décret, art. 8.) — *Loi du 18 juillet* 1866 : Art. 4. A partir du 1er janvier 1867, le droit de timbre du papier des affiches est fixé de la manière suivante :

Par feuille de 12 décimètres et demi carrés et au-dessous	0 fr. 05
Au-dessus de 12 décimètres et demi jusqu'à 25 décimètres carrés	0 fr. 10
Au-dessus de 25 décimètres jusqu'à 50 décimètres carrés	0 fr. 15
Au delà de cette dimension	0 fr. 20

Dans le cas où une affiche contiendrait plusieurs annonces distinctes, le maximum ci-dessus fixé sera toujours exigible. Ce maximum sera doublé si l'affiche contient plus de cinq annonces. Les affiches peuvent être imprimées sur papier non timbré, pourvu que le timbre y soit apposé avant l'affichage. Néanmoins, sont maintenues, en cas de contravention aux paragraphes qui précèdent, les amendes et pénalités édictées par l'article 69 de la loi du 16 juin 1824. — *Loi du* 30 *mars* 1880 : Art. 1er. A partir de la promulgation de la présente loi, les timbres mobiles créés en exécution de l'article 6 de la loi du 27 juillet 1870, pour les affiches imprimées, pourront être employées à l'acquittement des droits de timbre des autres affiches passibles des droits fixés par l'article 4 de la loi du 18 juillet 1866. — Art. 2. Le timbre mobile, dont le type est déterminé par le décret du 10 avril 1890, sera collé avant l'affichage au recto de chaque affiche non imprimée. Il sera oblitéré, soit par l'inscription d'une ou plusieurs lignes du texte de l'affiche, soit par l'application, en travers du timbre, de la date de l'oblitération et de la signature de l'auteur de l'affiche, soit enfin par l'apposition, au travers du timbre, d'une griffe faisant connaître le nom et la résidence de l'auteur de l'affiche. — Sont applicables à ces timbres les dispositions pénales des articles 20 et 21 de la loi du 11 juin 1859. — Art. 3. Les contraventions à la présente loi et à celle du 18 juillet 1866 seront constatées conformément aux articles 5 et 6 du décret du 25 août 1852.

La loi de finances du 28 décembre 1895 (art. 9) a autorisé les auteurs des affiches sur papier à les timbrer eux-mêmes après l'impression par l'apposition de timbres mobiles, et un décret en date du 2 janvier 1896 a déterminé ainsi qu'il suit les mesures nécessaires à l'exécution de cet article de loi : « Les timbres mobiles dont il est fait mention dans les conditions spécifiées par l'article 9 de la loi du 28 décembre 1895 sont collés, avant l'affichage, aux risques et périls de l'auteur de l'affiche, et oblitérés soit par l'inscription, en travers du timbre, de la date de l'oblitération et de la signature de l'auteur de l'affiche, soit par l'apposition, en travers du timbre, d'une griffe, à l'encre grasse, faisant connaître le nom de l'auteur de l'affiche ou la raison sociale de sa maison de commerce, ainsi que la date de l'oblitération.

La loi du 29 juillet 1881, sur la liberté de la presse, s'occupe également de la question de l'affichage et pose les principes suivants : Art. 15. Dans chaque commune, le maire désignera, par arrêté, les lieux exclusivement destinés à recevoir les affiches des lois et autres actes de l'autorité publique. — Il est interdit d'y placarder des affiches particulières. — Les affiches des actes émanés de l'autorité seront seules imprimées sur papier blanc. — Toute contravention aux dispositions du présent article sera punie des peines portées en l'article 2. — Art. 16. Les professions de foi, circulaires et affiches électorales pourront être placardées, à l'exception des emplacements réservés par l'article précédent, sur tous les édifices publics autres que les édifices consacrés aux cultes, et particulièrement aux abords des salles de scrutin. — Une circulaire en date du 25 juin 1899 décide qu'en raison des inconvénients signalés, il ne sera plus accordé à l'avenir aucune autorisation d'affichage sur les murs des établissements militaires et de la fortification. — Art. 17. Ceux qui auront enlevé, déchiré, recouvert ou altéré par un procédé quelconque, de manière à les travestir ou à les rendre illisibles, des affiches apposées par ordre de l'administration dans les emplacements à ce réservés, seront punis d'une amende de 5 francs à 15 francs. — Si le fait a été commis par un fonctionnaire ou un agent de l'autorité publique, la peine sera d'une amende de 16 francs à 100 francs et d'un emprisonnement de 6 jours à 1 mois, ou de l'une de ces deux peines seulement. Un arrêt de la Cour de cassation en date du 16 février 1883 décide que la contravention ne peut exister qu'autant que les lieux exclusivement réservés aux affiches administratives ont été préalablement désignés par arrêté du maire. (Circ. du 9 avril 1883). — Seront punis d'une amende de 5 francs à 15 francs ceux qui auront enlevé, déchiré, recouvert ou altéré par un procédé quelconque, de manière à les travestir ou à les rendre illisibles, des affiches électorales émanant de simples particuliers, apposées ailleurs que sur les propriétés de ceux qui auront commis cette lacération ou altération. — La peine sera d'une amende de 16 francs à 100 francs et d'un emprisonnement de 6 jours à 1 mois, ou de l'une de ces deux peines seulement, si le fait a été commis par un fonctionnaire ou agent de l'autorité publique, à moins que les affiches n'aient été apposées dans les emplacements réservés par l'article 15. — Les sous-officiers, brigadiers ou gendarmes qui constatent des contraventions en matière d'affiches peintes reçoivent un quart des amendes payées par les contrevenants. Les procès-verbaux constatant les contraventions sont faits à la requête du ministère public; ils doivent être visés pour timbre et enregistrés en débet. — Les amendes sont payées par les soins de l'administration de l'enregistrement et des domaines entre les mains du conseil d'administration de la compagnie (Règl. du 12 avril 1893, art. 202 et 203). Si, pour une cause quelconque, le receveur n'a pu faire rentrer dans les caisses de l'Etat ce qui est dû par les contrevenants, il ne revient rien aux capteurs, et, dès lors, toute réclamation serait inutile. (Circ. minist. du 13 juin 1881.)

Affiches militaires. Les affiches militaires portent en tête un faisceau de drapeaux tricolores. (Circulaire ministérielle du 18 mars 1895.) — Les affiches qui sont envoyées dans les communes en cas de rassemblement de troupes, pour déterminer l'exercice du droit de réquisition, sont placées par les soins de l'agent chargé de l'affichage des autres actes de l'autorité publique; la gendarmerie est chargée de veiller à cet affichage et d'en dresser procès-verbal. (Circ. minist. des 29 août et 31 octobre 1883.)

AFFILIÉ, ÉE, adj. Se dit d'une personne qui fait partie d'une société, d'une corporation. (V. *Société.*)

AFFIRMATION, s. f. En jurisprudence, l'affirmation est la déclaration sous la foi du serment de la vérité d'un fait. — La loi du 17 juillet 1856 a dispensé de la formalité de l'affirmation les procès-verbaux dressés par les sous-officiers, brigadiers et gendarmes. Les militaires de l'arme sont crus sur parole; ils ne doivent jamais oublier qui si la loi leur témoigne une confiance entière, il faut qu'ils s'en montrent dignes en apportant toujours, dans la rédaction de leurs actes, la plus grande sincérité et la loyauté la plus complète. — Les procès-verbaux des gendarmes de la marine, en ce qui concerne les contraventions à la police de la pêche et de la navigation, restent soumis, comme par le passé, à la formalité de l'affirmation. (Circ. minist. du 17 mars 1857.)

AFFLICTIF, IVE, adj. Terme de jurisprudence qui sert à désigner des châtiments qui atteignent le corps lui-même. Les travaux forcés sont une peine afflictive et infamante. La dégradation civique n'est qu'une peine infamante.

AFFOUAGE, s. m. L'affouage est le droit qu'ont les habitants d'une commune de prendre du bois, pour le chauffage, dans les forêts appartenant à cette commune. — Les lots faits par l'autorité municipale seront distribués ou bien par chef de famille, ou bien par tête d'habitant, moitié par chef de famille et moitié par tête d'habitant. Le conseil municipal détermine chaque année à la session de mai lequel de ces trois modes de partage doit être appliqué. (Loi du 18 avril 1901.)

Il faut, pour être admis à l'affouage, avoir un domicile réel et fixe dans la commune et y posséder la qualité de chef de famille ou de ménage. Les gendarmes y ont droit comme les autres habitants (Cour d'appel de Dijon, 19 février 1873.) — Ceux qui profitent de l'affouage n'ont pas le droit de vendre ou d'échanger la portion de bois qui leur est échue.

AFFUT, s. m. En terme de chasse, l'affût est un endroit où l'on se poste pour attendre le gibier. La chasse à l'affût est permise, mais il ne faut pas qu'elle ait lieu pendant la nuit. Pour que les tribunaux puissent apprécier le fait, les gendarmes doivent avoir soin de bien préciser l'heure où il a été constaté. — En terme d'artillerie, l'affût est une charpente munie de roues destinée à soutenir les bouches à feu dans les manœuvres et dans le tir.

AFRIQUE. L'Afrique est une grande presqu'île triangulaire bornée au nord par la Méditerranée; à l'est par l'isthme de Suez (percé aujourd'hui), la mer Rouge et la mer des Indes; à l'ouest par l'océan Atlantique; au sud par l'océan Austral. — Sa plus grande longueur, du cap de Bonne-Espérance au cap Bon, est de 1,800 lieues, et sa plus grande largeur, du cap Vert au cap Guardafui, est de 1,700 lieues. — L'Afrique, dont la partie centrale a été peu explorée, est habitée par des races très nombreuses et fort peu connues. — Sa population totale est évaluée à plus de 100,000,000 d'habitants. — Les principales divisions politiques de cette contrée sont, en commençant par le nord-est :

1° L'Egypte, traversée dans toute sa longueur par le Nil, qui la fertilise par ses inondations; 6,000,000 d'habitants gouvernés par un vice-roi sous le protectorat momentané de l'Angleterre Le Caire, capitale, sur la rive droite du Nil; villes principales : Alexandrie, Aboukir, Damiette, sur des embouchures du fleuve. — Dans la moyenne Egypte se trouvent les pyramides, au nombre de 21, dont la principale, celle de Chéops, a encore une hauteur de près de 162 mètres, quoique les musulmans en aient enlevé le revêtement;

2° La Nubie s'étend au sud de l'Egypte; elle est située dans la zone torride, et les peuplades qui l'habitent sont indépendantes; villes principales : Kartoum et Sennaar;

3° L'Erythrée possession italienne;

4° L'Abyssinie, pays montagneux habité par des peuplades qui obéissent à un empereur;

5° Le pays de Somal, indépendant;

6° L'Afrique orientale anglaise;

7° L'Afrique orientale allemande;

8° Le Mozambique, vaste possession portugaise;

9° Les républiques de Transvaal et d'Orange;

10° La colonie anglaise du Cap, qui tire son nom du célèbre cap des Tempêtes ou de Bonne-Espérance, doublé pour la première fois en 1497 par Vasco de Gama, navigateur portugais;

11° Au nord de la colonie du Cap s'étendent la Hottentotie et l'Ovampie, pays à peu près complètement inconnus;

12° L'Etat indépendant du Congo, sous la suzeraineté du roi des Belges; le Congo français est à l'ouest de cet État.

13° Les deux Guinées dans lesquelles on remarque le Cameroun, possession allemande, le royaume de Dahomey (France), celui des Achantis (Angleterre), la république de Libéria, la Guinée française et la Guinée portugaise;

14° Le Sénégal, capitale Saint-Louis, et le Soudan, vaste possession française qui s'étend jusqu'à Tombouctou, le point le plus septentrional du Niger;

15° Au nord du Sénégal se trouve le Sahara, immense pays désert qui s'étend de l'Est à l'Ouest, depuis l'Egypte et la Nubie jusqu'à l'océan Atlantique: sa longueur est d'environ 1130 lieues et sa largeur de 350. Le Sahara, qui n'offre presque partout que des plaines couvertes de sables mouvants, est parcouru par des tribus nomades;

16° La Barbarie ou Etats barbaresques est la partie de l'Afrique baignée par la Méditerranée. Elle comprend : l'empire du Maroc, l'Algérie, la régence de Tunis et la régence de Tripoli. — 1° L'empire du Maroc, dont la superficie est un peu plus grande que celle de la France, compte environ 8,000,000 d'habitants. Capitale, Maroc; villes principales : Fez, Tétouan et Tanger à l'entrée du détroit de Gibraltar. — L'Espagne possède sur la côte la place de Ceuta, en face de Gibraltar; — 2° L'Algérie (V. ce mot); — 3° La régence de Tunis, qui renferme environ 2,000,000 d'habitants, est gouvernée par un bey et placée sous le protectorat de la France. La capitale est Tunis, 100,000 habitants. — La régence de Tripoli s'étend depuis la Tunisie jusqu'à l'Egypte; quoique son étendue soit d'environ deux fois celle de la France, on y compte à peine 1,000,000 d'habitants, gouvernés par un pacha qui reconnaît la suzeraineté de la Turquie.

Iles voisines de l'Afrique : dans l'océan Atlantique, les îles Açores, Madère, Canaries, du Cap-Vert, Gorée (à la France), Ascension et Sainte-Hélène; — dans l'océan Indien, la grande île de Madagascar, capitale Tananarive (colonie française); les îles Mascareignes, dans lesquelles nous possédons l'île de la Réunion, qui a environ 60 lieues de circuit et qui renferme 160,000 habitants; chef-lieu Saint-Denis. Le climat de la Réunion est délicieux et passe pour le plus sain de l'univers. Les autres îles de l'océan Indien sont les îles Comores, dans lesquelles nous avons l'île Mayotte; en remontant vers le nord, on trouve les îles Seychelles, et l'île Socotora, grande île indépendante, qui appartient à un prince arabe.

AGE, s. m. Durée ordinaire de la vie humaine; période quelconque de la vie : premier âge, âge adulte, âge mûr, etc. En jurisprudence, l'âge est le temps de la vie humaine auquel un homme devient habile à faire tels ou tels actes, à exercer tels ou tels emplois. — Ainsi, à 21 ans, l'homme est réputé capable de tous les actes de la vie civile et politique; il ne peut se marier avant 18 ans (les filles à 15 ans). — Pour le mariage, il n'est réellement majeur, c'est-à-dire pleinement indépendant, qu'à 25 ans (les filles à 21 ans). L'enfant doit être âgé au moins de 15 ans pour pouvoir témoigner dans une affaire. — Un certain âge est toujours exigé pour exercer les fonctions publiques; ainsi il faut avoir 25 ans pour être député, 40 ans pour être sénateur, 30 ans pour être juré, 25 ans pour être juge de paix, juge dans un tribunal civil ou procureur de la République; 25 ans pour être gendarme. — En matière de crime et de délit, la pénalité est adoucie pour l'enfant au-dessous de 16 ans comme pour le veillard au-dessus de 70 ans; les enfants au-dessous de 16 ans ne doivent pas être arrêtés pour colportage d'allumettes en fraude. (Lettre du directeur général des contributions directes, en date du 3 mars 1884.)

AGENT, s. m. Celui qui agit, celui qu'on charge d'une mission, d'une affaire. Ce mot s'emploie dans un grand nombre d'acceptions; nous nous bornerons à donner les suivantes :

Agent de l'autorité publique. On nomme ainsi ceux qui sont investis d'une portion quelconque du pouvoir. — Les agents de police sont considérés comme agents de l'autorité publique lorsqu'ils exercent la police municipale. — Les injures qui leur sont adressées dans ce cas sont punies plus sévèrement que celles adressées à de simples citoyens.

Agent de la force publique. Celui auquel on a confié une mission coercitive, c'est-à-dire qui est chargé d'agir par lui-même et de prêter main-forte pour assurer l'exécution des lois. — Les gendarmes, les gardes champêtres, les agents de police, etc., sont des agents de la force publique lorsqu'ils prêtent main-forte pour l'exécution des jugements ou qu'ils exécutent eux-mêmes les mandements de justice. (Merlin).

Agents de police. On nomme ainsi ceux qui sont chargés, sous l'autorité des commissaires de police, de veiller au maintien de l'ordre et de la tranquillité dans une ville ou dans une commune. — Les agents de police ne sont pas des fonctionnaires, ils ne sont qu'agents de l'autorité et ils ne sont considérés comme agents de la force publique que lorsqu'ils agissent dans l'exercice de leurs fonctions et pour l'exécution des lois. — La Cour de cassation a décidé que les injures qu'on leur adresse comme agents de l'autorité publique, lorsqu'ils exercent la surveillance à eux confiée par l'autorité municipale, sont punissables d'après le décret du 18 juin 1811 et la loi du 17 mai 1819. — Si les injures leur sont adressées comme agents de la force publique, dans le cas, par exemple, d'une arrestation ou de la mise à exécution d'un mandat, elles sont punissables conformément à l'article 224 du Code pénal. — Les agents de police n'ont pas le droit de dresser des procès-verbaux; les rapports qu'ils peuvent faire ne sont crus que jusqu'à dénégation, les procès-verbaux des commissaires de police seuls sont crus, comme ceux des gendarmes, jusqu'à preuve contraire. — Les agents de police peuvent être chargés de mettre les mandats à exécution. — Dans tous les cas de flagrant délit, la gendarmerie doit son concours aux agents de police; mais ces derniers n'ont aucune qualité pour la requérir : ce droit n'appartient qu'aux commissaires de police. (Circ. minist. du 21 juillet 1858.)

Agent de change. Officier ministériel assermenté qui a seul le droit de servir d'intermédiaire entre les vendeurs et les acheteurs des rentes françaises ou étrangères, des actions, obligations, etc., etc.

Agent voyer, s. m. Agent chargé de veiller au bon entretien des routes, et des chemins vicinaux. — Les agents voyers sont chargés de constater les contraventions à la police du roulage. (Loi du 30 mai 1851, art. 15.)

AGGRAVANT, adj. Ce mot, en droit criminel, s'emploie dans la locution « circonstances aggravantes » et sert à désigner des circonstances qui augmentent la gravité du crime ou du délit. — Ainsi, un vol est accompagné de circonstances aggravantes lorsqu'il est commis la nuit, dans une maison habitée, à main armée, etc., etc. — Dans la rédaction de leurs procès-verbaux, les gendarmes doivent avoir soin de ne pas oublier de relater toutes les circonstances qui peuvent ajouter à la gravité de l'infraction qu'ils constatent.

AGIOTAGE, s. m. Se dit du jeu qui se fait sur les fonds publics. Détourné aujourd'hui de son véritable sens, ce mot s'emploie surtout en mauvaise part pour désigner le jeu qui a lieu en employant des manœuvres clandestines et déloyales, et l'agiotage est justement flétri comme un moyen de s'enrichir rapidement par le mensonge et par l'intrigue. Les articles 421 et 422 du Code pénal édictent des peines contre les agioteurs.

AGRESSEUR, s. m. Dans une dispute violente, dans une rixe, l'agresseur est celui qui attaque ou qui provoque le premier; on doit toujours avoir soin de le signaler dans le procès-verbal. — L'action commise par l'agresseur se nomme agression.

AGRICULTURE, s. f. L'art de cultiver la terre et de lui faire produire la plus grande quantité possible de récoltes. L'agriculture est une des plus grandes richesses de la France et les valeurs qu'elle produit sont évaluées à plus de 5 milliards. Le Code rural de 1791, article 1er, titre II, place la police des campagnes sous la juridiction des juges de paix et des officiers municipaux et sous la surveillance des gardes champêtres et de la gendarmerie nationale. — L'article 322 du décret du 1er mars 1854 charge la gendarmerie de protéger l'agriculture et de saisir tous individus commettant des dégâts dans les champs et les bois, dégradant la clôture des murs, haies ou fossés, lors même que ces délits ne seraient pas accompagnés de vols; de saisir pareillement tous ceux qui sont surpris commettant des larcins de fruits ou d'autres productions d'un terrain cultivé. La gendarmerie dresse procès-verbal des infractions aux arrêtés pris par les préfets pour arrêter ou prévenir les dommages causés à l'agriculture par les insectes, les cryptogames ou autres végétaux nuisibles. (Loi du 24 décembre 1888.) — Les voitures et chariots servant à l'agriculture ne sont point soumis à l'éclairage et sont exempts de plaque; mais ces véhicules ne jouissent de ces privilèges que lorsqu'ils se rendent des champs à la ferme et de la ferme aux champs, ou bien encore lorsqu'ils transportent les récoltes au lieu où elles doivent être conservées ou manipulées, à moins qu'un arrêté du préfet ou du maire ne prescrive l'éclairage. (V. règl. du 10 août 1852, art. 15.)

AIDES, s. f. pl. On appelle aides les moyens que le cavalier doit employer pour faire marcher son cheval, pour le diriger et pour l'arrêter. — On distingue les aides des mains, qui agissent sur l'avant-main au moyen du mors, et les aides des jambes, qui agissent sur l'arrière-main. — Pour bien conduire un cheval, il faut que les aides soient toujours en accord parfait. — Les articles 222 et suivants du règlement du 28 mai 1900 donnent les explications nécessaires pour arriver à cet accord.

AIGUILLETTE, s. f. Tresse en laine, en or ou en argent ferrée par les deux bouts et qui est portée comme marque honorifique par les officiers d'état-major, par les officiers de marine et par la gendarmerie. — La gendarmerie porte l'aiguillette sur l'épaule gauche, et la manière de l'ajuster est décrite dans l'instruction du 9 juin 1895, article 54.

AIGUISAGE, s. m. Action d'aiguiser, de rendre pointu, tranchant. L'aiguisage des sabres est réglé par la circulaire du 14 août 1885.

AIN (Département). Pop., 350,416 hab., 5 arrondissements, 36 cantons (7e corps d'armée, 7e légion de gendarmerie); chef-lieu Bourg, 18,968 hab., à 416 kil. S.-E. de Paris, sur la Reyssousse. S.-P. : Belley, Gex, Nantua, Trévoux. Département frontière. — Pays montagneux et agricole. (Elève considérable de chevaux, de gros bétail et de moutons. — Patrie du général Joubert, tué à Novi.

AISNE (Département). Populat. 535,583 hab., 5 arrondissements, 37 cantons (2e corps d'armée, 2e légion de gendarmerie); chef-lieu Laon, 14,129 hab., à 129 kil. N.-E. de Paris, bâti au sommet d'une montagne. S.-P. : Château-Thierry, Saint-Quentin, Soissons, Vervins. Département frontière. — Pays de plaines ondulées, agricole et manufacturier. — Elève de chevaux et de moutons. — Patrie des généraux Caulaincourt, Schérer, Bonnaire, Foy, et du maréchal Sérurier.

AJOURNÉ, adj. Remis à un autre jour, à une autre époque. Les jeunes gens qui, au moment de la réunion du conseil de revision, sont reconnus d'une complexion trop faible pour le service armé, peuvent être ajournés deux années de suite à un nouvel examen du conseil de revision. Les jeunes gens ajournés reçoivent, pour justifier de leur situation, un certificat qu'ils sont tenus de représenter à toute réquisition des autorités militaires, judiciaires ou civiles. (Loi du 15 juillet 1889, art. 27.)

Le défaut de taille n'est plus une cause d'ajournement. (Loi du 2 avril 1901.)

Les jeunes gens ajournés de classes précédentes, désirant se faire visiter par le conseil de revision de leur résidence, devront en faire la demande au préfet du département où ils ont tiré au sort.

Cette demande ne sera autorisée qu'avec la plus grande réserve; elle sera toujours refusée dans les cas suivants : 1° quand elle aura été faite après la date du tirage au sort; 2° quand le réclamant invoquera son état de santé en s'appuyant sur des infirmités mal définies ou prêtant à la simulation; 3° lorsque l'intéressé résidera dans le département où il a tiré au sort.

Les ajournés ne sont point tenus aux déclarations de changement de domicile et de résidence. L'homme convoqué pour une période d'instruction peut obtenir un ajournement ou même plusieurs ajournements successifs, s'il en fait la demande basée sur une situation digne d'intérêt. (V. pour les diverses questions relatives à l'ajournement les articles 212, 214, 215 et 216 de l'instr. du 28 décembre 1895.)

AJUSTEMENT, s. m. Action d'ajuster une chose, de la rendre propre à sa destination.

Quand il s'agit d'effets, on doit dire *ajustement* et non *ajustage* : ce dernier mot s'emploie en mécanique pour désigner l'arrangement de diverses pièces d'un appareil. La manière dont les effets doivent être ajustés a été réglée par l'instruction sur l'uniforme.

ALARME, s. f. Ce mot sert à exprimer une grande inquiétude au sujet d'un danger dont on est menacé; c'était autrefois le cri militaire (à l'arme), qui avertissait de prendre les armes. — Le pluriel a été substitué au singulier et on crie aujourd'hui : « Aux armes ». — Ce mot sert aussi à désigner un bruit alarmant répandu dans le public, qui inquiète les populations et trouble leur tranquillité.

ALERTE, s. f. Mouvement occasionné dans un camp ou dans une garnison par une nouvelle ou par l'ordre de prendre les armes. — En temps de guerre, aux armées, ainsi que dans les communes, les départements et les places de guerre en état de siège, tout militaire qui ne se rend pas à son poste en cas d'alerte, ou lorsque la générale est battue, est puni de six mois à deux ans d'emprisonnement; s'il est officier, la peine est celle de la destitution. (C. M., art. 214.)

ALEZAN, adj. (de l'arabe *al-le hazam*, beau, élégant). — Le cheval alezan est celui qui a une robe d'un rouge jaunâtre avec les crins et les extrémités de la même couleur. — L'alezan est dit clair quand il est presque jaune; doré quand il a les couleurs de l'or; foncé quand il tire sur le roux, et brûlé quand il a une teinte foncée, pareille à celle du café torréfié.

ALGERIE. L'Algérie, bornée à l'est par la Tunisie, et à l'ouest par l'empire du Maroc, occupe, le long de la Méditerranée, une longueur d'environ 225 lieues, et elle s'avance jusqu'à plus de 300 lieues dans l'intérieur de l'Afrique. — Quoiqu'elle soit presque aussi grande que la France, elle ne renferme qu'environ 4,700,000 habitants non compris l'armée (350,000 Français, dont 48,500 israélites naturalisés, 4,300,000 indigènes sujets français, 20,000 Marocains ou Tunisiens et 250,000 étrangers européens. L'Atlas et ses rameaux, le Jurjura, le Mouzaïa et le Petit-Atlas en couvrent une grande partie. — Les principaux fleuves qui l'arrosent sont, en commençant par l'ouest : la Tafna, qui reçoit sur sa gauche l'Isly; le Chélif, qui arrose Orléansville et qui séparait autrefois, pendant une partie de son cours, la province d'Alger de la province d'Oran; l'Oued-Sahel, qui se trouve sur la limite des provinces d'Alger et de Constantine; le Rummel, qui finit près de Djidjelli et arrose Constantine; la Seybouse, qui passe près de Guelma et qui finit à Bône. — La colonie est divisée en trois provinces : celle d'Oran, à l'ouest; celle d'Alger, au milieu, et celle de Constantine, à l'est. — Chaque province, considérée comme un territoire civil, forme un département; considérée comme territoire militaire, elle constitue une division.

Le département d'Oran a cinq arrondissements : Oran, préfecture et place forte importante (75,000 hab.); à côté se trouve l'excellent port de Mers-el-Kébir; — Mostaganem, sous-préfecture, au sud de l'embouchure du Chélif; non loin de Mostaganem se trouve Mazagran (1840); — Mascara, sous-préfecture, ancienne résidence d'Abd-el-Kader; — Tlemcen, sous-préfecture, ancienne capitale du royaume de même nom, sur un affluent de la Tafna; — Sidi-bel-Abbès, sous-préfecture. — Les autres villes importantes de cette province sont Arzew, sur le golfe du même nom, en face de Mostaganem; Nemours, près de la frontière du Maroc, sur les bords de la mer; au sud se trouve Sidi-Brahim.

Le département d'Alger a cinq arrondissements : Alger, préfecture, capitale de la colonie, 83,000 habitants; au sud de cette ville s'étend la grande et fertile plaine de la Mitidja, au delà de laquelle on trouve, au pied de l'Atlas, la ville de Blida, 10,000 habitants. — Un peu plus loin, on voit Médéa, sous-préfecture, et, à l'ouest, dans la vallée du Chélif, Miliana et Orléansville, sous-préfectures. — A l'ouest d'Alger se trouve la rade de Sidi-Ferruch, où les Français débarquèrent le 14 juin 1830 (comte de Bourmont, amiral Duperré). — Cherchell et Ténès, villes maritimes, sont situées à l'ouest d'Alger; à l'est, on remarque Tizi-Ouzou, sous-préfecture, le Fort National, et c'est dans le nord-est de cette province que se trouve la région montagneuse qu'on appelle la Grande-Kabylie (1857, Fort Napoléon).

Le département de Constantine est divisé en sept arrondissements : le chef-lieu est Constantine, grande ville (45,000 habitants) dans une position très forte sur le Rummel (prise en 1837). — Les autres arrondissements sont Bône, sur le golfe du même nom, à l'embouchure de la Seybouse, avec un port vaste et commode (ancienne Hippone, saint Augustin); — Philippeville, port très fréquenté; — Bougie, remarquable par son port près de l'embouchure de l'oued Sahel; — Guelma, au sud de Bône, près de la Seybouse; — Sétif, au sud-ouest de Constantine, dans la grande plaine de la Medjana; — Batna, poste militaire important au sud de la province; plus au sud se trouve Biskra, dans l'oasis des Zibans. — A l'extrémité nord-est de cette province, sur la frontière de Tunisie, se trouve la Calle, port de mer (pêche du corail). — La loi du 25 juin 1890, relative à l'indigénat, a prorogé pour sept ans les droits particuliers que possèdent les administrateurs des communes mixtes pour la répression de certaines infractions commises par les indigènes.

Indemnité pour résidence en Algérie. L'indemnité représentative de vivres et les suppléments d'indemnité de logement et d'ameublement qui étaient attribués aux officiers en Algérie ont été supprimés et remplacés par une indemnité pour résidence en Algérie fixée comme suit : colonel, lieutenant-colonel et chef d'escadron, 1 fr. 35; capitaine, lieutenant et sous-lieutenant, 1 fr. 05. (Art. 13, tableau 2, indemnité nº 7 du règl. du 30 décembre 1892.) — L'indemnité est allouée pour toutes les journées de présence passées sur le sol de la Tunisie ou dans les garnisons ou postes du territoire militaire de l'Algérie. Elle est due également pour les deux premiers mois de l'absence, lorsque celle-ci est motivée par le service, et pour le premier mois seulement quand l'absence résulte de toute autre cause. (V. le règl. du 30 décembre 1892, tableau 2, nº 7.) — Lorsque, exceptionnellement, il est délivré des rations de vivres en nature aux officiers pour résidence en Algérie, ces rations ne sont perçues par eux qu'à charge de remboursement.

Précautions hygiéniques à prendre en Algérie. — Pour se garantir des influences du climat de ce pays et éviter les maladies qui règnent habituellement en Algérie, il faut avoir soin de prendre les précautions hygiéniques suivantes : 1º les hommes doivent éviter de se découvrir imprudemment par des temps froids et humides; 2º ne jamais rester en chemise la nuit, placer sur soi ses vêtements, et, lorsqu'on couche en plein air ou sous la tente, avoir soin de se couvrir la tête, le haut du visage et le cou pour éviter les maux d'yeux et d'oreilles; 3º quand on fait une halte et qu'on est en sueur, comme il arrive presque toujours après une marche dans ce pays, se bien garder de se découvrir et aussi de se reposer sur un endroit frais et humide; 4° imiter, pour se maintenir en santé, la sobriété des habitants du pays. Lorsqu'on y arrive, l'excès de la chaleur fait éprouver de la faiblesse, que l'on combat en buvant du vin modérément. L'eau-de-vie, mêlée avec quinze parties d'eau, est une boisson salutaire, très bonne pour désaltérer dans les marches et les travaux, mais on ne doit point boire d'eau-de-vie pure, ni de liqueurs; 5° prendre du café léger, selon l'usage du pays : cette boisson est favorable à la santé; 6° éviter de boire de l'eau stagnante. — Si, privé de toute ressource pour étancher la soif, on ne trouvait que de cette eau, on devrait, dans un besoin impérieux, se borner à s'en rincer la bouche, et rejeter ensuite ce liquide insalubre au lieu de l'avaler. — L'eau des mares, en Afrique, contient souvent des sangsues qui ne dépassent pas en volume la grosseur d'un cheveu, et qu'il est difficile d'apercevoir. Pour ne point en avaler, il est nécessaire de passer cette eau à travers un linge avant de la boire. — Si, en route, et lorsqu'on a chaud, on trouve une source de bonne eau, il serait nuisible d'en boire une trop grande quantité; 7° éviter tout excès dans la nourriture. — S'il arrivait que, pour aliments, on n'eût que de la viande ou du poisson salés, on devrait les dessaler avec soin en les laissant séjourner pendant quelques heures au moins dans l'eau, qu'on renouvellerait de temps en temps. Ensuite, on les mêlerait, autant que possible, avec beaucoup de légumes. — La viande du cheval et celle du chameau ne sont pas malsaines. On pourrait en manger sans danger si les circonstances de la guerre y forçaient. La tortue de terre est commune en Afrique; sa chair est bonne à manger, et l'on fait avec elle d'excellent bouillon; 8° ne manger les fruits, ainsi que les melons et les pastèques, que lorsqu'ils sont bien mûrs ; mais, alors même, n'en user que modérément et s'en abstenir tout à fait quand ils ne sont pas arrivés à maturité. La figue de Barbarie est un fruit dont l'usage doit être subordonné aux recommandations qui précèdent, mais il faut remarquer qu'étant hérissé d'une multitude d'aiguillons imperceptibles, il ne doit être saisi qu'avec précaution et porté à la bouche qu'après avoir été dépouillé de sa pellicule et autant que possible de ses nombreux pépins, pour éviter la constipation. — L'orange est un excellent fruit lorsqu'elle est bien mûre, et d'usage salutaire quand on n'en fait pas abus; 9° ne se servir de piment, ou poivre rouge, que dans le cas où le poivre noir viendrait à manquer; la force de ce piment exige qu'on ne l'emploie qu'en très petite quantité; 10° éviter l'abus des liqueurs spiritueuses, causes de fréquentes maladies. Chez un grand nombre de jeunes soldats, cet abus entretient les organes digestifs dans un état d'excitation qui les prédispose à l'inflammation, ou bien il les altère si profondément que la plus légère affection dont ils sont occasionnellement le siège résiste aux efforts de l'art et peut devenir mortelle; 11° ne pas négliger les soins de propreté, afin d'éviter les maladies de la peau, qui sont communes en Afrique. Se laver les mains et le visage plusieurs fois le jour, si les circonstances le permettent et lorsque le corps n'est pas en sueur; 12° se tenir proprement les pieds, tout en se gardant bien de les laver à l'eau froide quand on est en transpiration; 13° les bains de rivière sont d'un très bon usage; mais il faut éviter de les prendre pendant la grande chaleur du jour. Il faut surtout bien se garder de se plonger dans les eaux stagnantes ou dans les mares; 14° faire un usage constant de la ceinture de flanelle et surtout ne point la quitter quand on est en sueur; 15° réclamer les conseils des officiers de santé dès les premiers symptômes de la plus légère indisposition. — *Fruits vénéneux :* Les fruits de l'arbuste le redoul, appelé aussi coriaire à feuilles de myrte, sont vénéneux et occasionnent la mort par empoisonnement. Cet arbuste se trouve en Algérie ; il a une hauteur d'environ 1 mètre et demi ; les fruits sont des baies disposées en grappe, et, par leur forme, leur couleur et leur saveur, ils ont une certaine ressemblance avec les mûres ou fruits de la ronce sauvage. — Il ne faut donc manger d'aucune plante ou d'aucun fruit dont l'innocuité n'est pas parfaitement reconnue. (Note minist. du 16 décembre 1851.)

ALIBI, s. m. En jurisprudence, on appelle alibi la présence d'une personne dans un endroit autre que celui où on la croyait au moment où un fait se passait. — Les individus accusés d'un crime ou d'un délit cherchent souvent à invoquer un alibi, c'est-à-dire à faire croire qu'ils n'étaient pas dans le lieu où on les supposait quand le fait s'est accompli. — C'est un moyen de défense souvent invoqué, et, dans leurs procès-verbaux, les gendarmes doivent relater avec les plus grands détails les explications données à ce sujet par ceux qu'ils interrogent.

ALIÉNÉ, adj. Etat de celui qui a perdu la raison. — Il est défendu de laisser divaguer des fous et des furieux. (C. P., art. 475, nº 7.) — *Transfèrement des aliénés.* Il arrive parfois que les maires requièrent la gendarmerie d'avoir à transférer au chef-lieu du département un aliéné ou un fou furieux. Cette réquisition n'est pas légale. La loi du 30 juin 1838 donne aux préfets *seuls* le droit de faire transférer un aliéné, et la gendarmerie n'a pas le droit de se charger de la conduite d'un aliéné sans qu'au préalable le préfet ait ordonné ou approuvé sa translation. — Les maires peuvent requérir la gendarmerie pour arrêter l'aliéné et le mettre dans l'impossibilité de nuire. Puis ils en rendent compte au préfet, qui prononce. — L'article 24 de la loi de 1838 dit que, dans les lieux où il n'existe pas d'hôpitaux, les maires doivent pourvoir momentanément au logement des aliénés, soit dans une hôtellerie, soit dans un local loué à cet effet. Dans aucun cas, les aliénés ne pourront être déposés dans une prison, ni conduits avec les condamnés ou prévenus. — Ce texte exclut implicitement le concours de la gendarmerie, qui n'est nommée dans aucun des articles de la loi de 1838, ni dans aucune des circulaires ministérielles qui l'ont interprétée. (Dalloz; *Jurisprudence générale,* Aliénés.) — «... Il n'est pas douteux que, dans quelques circonstances exceptionnelles, lorsqu'il s'agit, par exemple, d'un individu dangereux, le maire pourra toujours réclamer le concours de la gendarmerie; mais, une fois le danger conjuré ou l'arrestation faite, le *malade devra être remis à l'autorité civile, qui requerra, pour la conduite à l'hospice le plus voisin, un ou plusieurs habitants de la commune.* » (Circ. du Ministre de l'intérieur aux préfets du 24 mai 1872 et lettre du 21 mai 1877.) — *Transport dans des établissements spéciaux des militaires atteints d'aliénation mentale.* (Décis. min. du 29 juin 1843). — Les établissements publics ou privés consacrés aux aliénés sont sous la surveillance des préfets, qui doivent les visiter à l'improviste au moins une fois par trimestre pour constater les conditions dans lesquelles se trouvent les malades. (Art. 4 de la loi du 30 juin 1838 et circ. du 1er août 1887.)

ALIGNEMENT, s. m. Action de mettre plusieurs objets sur une même ligne. — En terme militaire, c'est l'action d'aligner ou de s'aligner en parlant d'une troupe. — En terme de voirie, on donne le nom d'alignement à la ligne déterminée par l'autorité compétente pour séparer les voies publiques des propriétés particulières. — Nul ne peut réparer sa maison ou en construire une nouvelle sans s'être assuré que son immeuble est sur l'alignement et sans avoir obtenu la permission du maire, si les travaux qu'il veut exécuter sont sur des chemins de petite voirie, et du préfet, s'ils bordent des chemins de grande voirie. — Une amende de 1 à 5 francs est prononcée contre les contrevenants. (C. P., art. 471, nº 5.)

ALIMENT, s. m. Toute substance qui peut servir à la nourriture du corps. — En jurisprudence, on désigne sous le nom d'aliments non seulement la nourriture, mais aussi le logement, les vêtements et toutes choses nécessaires à la vie. — Les enfants doivent des aliments à leurs père, mère, grand-père, grand'mère, aïeul, aïeule, et réciproquement ceux-ci en doivent à leurs enfants s'ils sont sans ressources. Les époux doivent mutuellement se fournir des aliments. (C. C., art. 203 et 205.) La succession de l'époux prédécédé en doit également à l'époux survivant. (Loi du 9 mars 1891.) — Lorsque les parties n'ont pu se mettre d'accord, la pension alimentaire est fixée par un jugement.

Vol d'aliments. Le vol d'aliments, qui n'était pas prévu dans l'ancienne législation, tombe aujourd'hui sous le coup de la loi des 30 mai, 3 et 26 juillet 1873. — L'article unique de cette loi est ainsi conçu : « La disposition suivante sera insérée à la fin de l'article 402 du Code pénal : « Quiconque » sachant qu'il est dans l'impossibilité » absolue de payer se sera fait servir » des boissons ou des aliments qu'il » aura consommés en tout ou en partie » dans des établissements à ce destinés, sera puni d'un emprisonnement » de six jours au moins et de six » mois au plus et d'une amende de 16 » à 200 francs. » — *Falsification d'aliments.* Seront punis de l'emprisonnement pendant trois mois au moins et un an au plus, et d'une amende qui ne pourra être au-dessous de 50 francs : 1° ceux qui falsifieront des substances ou denrées alimentaires ou médicamenteuses destinées à être vendues, ceux qui vendront ou mettront en vente des substances ou denrées alimentaires ou médicamenteuses qu'ils sauront être falsifiées ou corrompues. — Si la marchandise renferme des mixtions nuisibles à la santé, l'amende sera de 50 à 500 francs et l'emprisonnement de trois mois à deux ans. — Enfin, ceux qui, sans motifs légitimes, auront dans leurs magasins des substances alimentaires ou médicamenteuses qu'ils sauront être falsifiées ou corrompues seront punis d'une amende de 16 à 25 francs et d'un emprisonnement de six à dix jours. (C. P., art. 423; loi du 29 mars-1er avril 1851.)

ALIMENTATION DU CHEVAL. (V. l'art. 309 du règlement du 10 juillet 1897.)

ALLEMAGNE. L'Allemagne forme, depuis la guerre de 1870, un immense empire d'environ 56,000,000 d'habitants, répartis sur une surface de 540,792 kilomètres carrés. Cet empire est borné : à l'ouest, par la France, la Belgique et la Hollande; au nord, par la mer du Nord, le Danemark et la mer Baltique; à l'est, par la Russie; au sud, par l'Autriche et par la Suisse. L'Allemagne est couverte au sud par les Vosges, les Alpes septentrionales et les monts de Bohême. La plus grande partie de cet empire ne forme qu'une immense plaine qui s'étend, depuis la région montagneuse dont nous venons de parler, jusqu'à la mer du Nord et à la mer Baltique. Cette plaine est arrosée : par le Rhin qui reçoit le Necker, le Mein et la Moselle; par l'Ems, le Weser, l'Elbe, l'Oder, la Vistule et le Niémen sur la frontière russe. Politiquement, cet empire est aujourd'hui divisé en 26 Etats qui ont conservé, au point de vue administratif, une certaine indépendance, et qui reconnaissent pour leur chef suprême le roi de Prusse, empereur d'Allemagne depuis 1871. — Si l'on considère leur importance, ces Etats peuvent être rangés de la manière suivante : 1° Le royaume de Prusse, qui comprend, depuis 1866, un vaste territoire s'étendant sans interruption depuis la Russie jusqu'à la France; la population de ce royaume est d'environ 28,000,000 d'habitants et sa superficie de 350,000 kil. carrés. La capitale de la Prusse et de l'empire d'Allemagne est Berlin, sur la Sprée (1.800,000 hab.) — Les autres villes principales sont, en commençant par l'est : Kœnigsberg, place forte sur la frontière de Russie ; Dantzig, port de mer à l'embouchure de la Vistule ; Stettin, place forte à l'embouchure de l'Oder; Breslau, sur l'Oder; Kiel, port sur la Baltique; Stralsund, port important sur la Baltique; Magdebourg, place forte sur l'Elbe; Hanovre, ancienne capitale du royaume du même nom; Francfort-sur-le-Mein; Cologne et Aix-la-Chapelle, sur le Rhin; Coblentz, place forte à l'embouchure du Rhin et de la Moselle ;

2° Le royaume de Bavière (5,500,000 hab.), cap. Munich, sur l'Isar, affluent de droite du Danube ; v. pr. Ratisbonne et Passau, sur le Danube ; Wurtzbourg, sur le Mein;

3° Le royaume de Saxe (3,000,000 d'hab.), cap. Dresde, sur l'Elbe ; v. pr. Leipsick (bataille de 1813);

4° Le royaume de Wurtemberg (1,900,000 hab.), cap. Stuttgard sur le Necker, affluent de droite du Rhin ; v. pr. Ulm, sur le Danube (prise par les Français en 1805);

5° Le grand-duché de Bade (1,600,000 hab.), pays long et étroit qui se prolonge sur la rive droite du Rhin depuis le Mein jusqu'au lac de Constance; cap. Karlsruhe; v. pr. Manheim, Bade et Constance, à l'endroit où le Rhin sort du lac de ce nom;

6° Le grand-duché de Hesse-Darmstadt (900,000 hab.), cap. Darmstadt; v. pr. Mayence, ville forte au confluent du Rhin et du Mein;

7° Le grand-duché de Mecklembourg-Schwerin, sur les bords de la mer Baltique, cap. Schwerin;

8° Le grand-duché de Mecklembourg-Strélitz, cap. Strélitz;

9° Le grand-duché d'Oldenbourg, sur les bords de la mer du Nord, cap. Oldenbourg;

10° Le duché de Brunswick, cap. Brunswick;

11° Le duché d'Anhalt;

12° Le grand-duché de Saxe-Weimar;

13° Le duché de Saxe-Meiningen;

14° Le duché de Saxe-Cobourg-Gotha;

15° Le duché de Saxe-Altenbourg;

16° La principauté de Schwarzbourg-Sondershausen;

17° La principauté de Schwarzbourg-Rudolstadt;

18° et 19° Les deux principautés de Reuss;

20° La principauté de Waldeck;

21° et 22° Les deux principautés de Lippe (Schaumbourg et Detmold);

23° La ville libre de Lubeck (70,000 hab.), sur la Trave, non loin de la mer Baltique;

24° La ville libre de Brême, sur le Weser (120,000 hab.);

25° La ville libre de Hambourg, sur la rive droite de l'Elbe (560,000 hab.);

26° Le pays d'empire d'Alsace-Lorraine comprenant l'Alsace presque entière, excepté Belfort, et la Lorraine dite allemande, comprenant une grande partie du département de la Moselle, le nord-est de celui de la Meurthe et une petite partie du nord-est du département des Vosges. — Les villes principales de cette portion de la France cédée à l'Allemagne à la suite de la guerre désastreuse de 1870-1871, sont : Strasbourg, Saverne, Schelestadt, Haguenau, Colmar, Mulhouse, Metz, Thionville, Sarrebourg, Phalsbourg, Schirmeck, etc.

L'armée allemande, qui est formée des contingents des 26 Etats qui viennent d'être énumérés, est partagée en 23 corps d'armée. Elle comprend :

1° L'armée permanente :

Pendant la durée du service dans l'armée active, les hommes de la cavalerie et de l'artillerie à cheval restent 3 ans, ceux des autres armes, 2 ans sous les drapeaux, sans interruption. Les hommes de la cavalerie et de l'artillerie à cheval qui sont restés 3 ans sous les drapeaux ne sont astreints qu'à 3 ans de service (au lieu de 5) dans la landwehr du premier ban.

2° La réserve, dans laquelle on fait 5 ans, pendant lesquels chaque réserviste est astreint à une période d'instruction dont la durée ne doit pas excéder huit semaines;

3° La landwehr dans laquelle on sert pendant 5 ans;

4° Le landsturm, qui comprend tous les hommes valides de 32 à 45 ans et les jeunes gens de 17 à 20 ans.

La dernière loi votée en Allemagne a fixé l'effectif de paix de l'armée à 502.000 hommes auxquels doivent s'ajouter 24.000 officiers, 80.000 sous-ciers et 10.000 volontaires d'un an. Depuis le 1er avril 1899, l'armée allemande se compose de 624 bataillons d'infanterie, 483 escadrons de cavalerie, 974 batteries de campagne, 53 bataillons d'artillerie à pied, 23 bataillons de pionniers, 7 bataillons de troupes de chemins de fer, 21 bataillons du train. — Avec les augmentations votées par la dernière loi, l'Allemagne peut disposer d'environ quatre millions d'hommes instruits et mobilisables.

Voyages en Allemagne. — Le Ministre de la guerre a décidé (janvier 1901) qu'à l'avenir, par réciprocité avec les mesures arrêtées récemment par le gouvernement impérial allemand, les officiers qui se rendent en Allemagne devront, lors de leur arrivée dans une place de guerre ou une ville de garnison, en rendre compte en donnant leur nom et leur adresse au commandant de place ou à l'officier le plus ancien dans le grade le plus élevé, selon le cas.

Ce compte rendu se fera soit verbalement, soit par écrit, dans les vingt-quatre heures de l'arrivée.

S'il n'existe aucune autorité militaire dans la ville où résideront nos officiers, ils devront se présenter à l'autorité civile locale.

Ces dispositions ne sont pas applicables aux officiers séjournant en Alsace-Lorraine, pour lesquels les dispositions antérieures restent en vigueur.

ALLIER (Département). Populat. 422,024 habitants, 4 arrondissements, 28 cantons (13e corps d'armée, 13e légion de gendarmerie), chef-lieu Moulins, 22,665 habitants, à 288 kilomètres S.-S.-E. de Paris, sur l'Allier. S.-p. : Gannat, Montluçon, La Palisse. — Pays de montagnes et de bruyères, agricole. Eaux minérales de Vichy, Bourbon-l'Archambault et Néris. — Patrie du maréchal de Villars, qui a sauvé la France à la bataille de Denain ; du maréchal Chabannes de la Palisse et du connétable de Bourbon.

ALLOCATION, s. f. Prestation en argent, en vivres ou en fournitures donnée aux militaires. Des allocations supplémentaires peuvent être accordées par le Ministre aux militaires en mission ou détachés pour des services spéciaux. (Décr. du 30 décembre 1892, tableau 2. n° 15.)

ALLUMETTE, s. f. Petit morceau de bois dont un des bouts a été trempé dans une pâte de soufre et de phosphore et qu'on allume par le frottement. — Depuis le 1er janvier 1890, le monopole de la fabrication et de la vente des allumettes chimiques est exploité directement par l'Etat. (Décr. du 30 décembre 1889.) La loi du 28 juillet 1875, modifiée par celle du 16 avril 1895, traite de la répression de la fraude dans la vente et la fabrication. Elle a assimilé la fraude sur les allumettes à la fraude sur les tabacs et déclaré que les articles 217, 218. 222, 223 et 237 de la loi du 28 avril 1816 étaient applicables à la constatation des contraventions. — Voici le texte de ces articles : — Art. 217. Nul ne peut avoir en sa possession des tabacs en feuilles s'il n'est cultivateur dûment autorisé. — Art. 218. Les contraventions à l'article précédent seront punies de la confiscation et, en outre, d'une amende de 10 francs par kilogramme de tabac saisi. Cette amende ne pourra excéder la somme de 3,000 francs ni être au-dessous de 100 francs. — Art. 222. Ceux qui seront trouvés vendant en fraude du tabac à leur domicile, ou ceux qui en colporteront, qu'ils soient ou non surpris à le vendre, seront arrêtés et constitués prisonniers et condamnés à une amende de 300 francs à 1,000 francs, indépendamment de la confiscation des tabacs saisis, de celle des ustensiles servant à la vente et, en cas de colportage, de celle des moyens de transport. — Art. 223. Les employés des contributions indirectes, des douanes ou des octrois, les gendarmes, les préposés forestiers, les gardes champêtres, et généralement tout employé assermenté, pourront constater la vente des tabacs en contravention à l'article 172, le colportage, les circulations illégales, et généralement les fraudes sur les tabacs; procéder à la saisie des tabacs, ustensiles et mécaniques prohibés par la présente loi ; à celle des chevaux, voitures, bateaux et autres objets servant au transport, et constituer prisonniers les fraudeurs et colporteurs dans le cas prévu par l'article précédent. — NOTA. Les contraventions prévues par la présente loi ne peuvent être constatées à domicile qu'avec l'assistance d'un officier de police judiciaire dûment requis. — Elles ne comportent pas l'arrestation préventive des contrevenants, qui ne s'applique qu'au colportage et à la vente en fraude. — Tout individu convaincu de fabrication frauduleuse d'allumettes chimiques est puni d'une amende de 300 à 1,000 francs. — Les allumettes, ainsi que les instruments, ustensiles et matières servant à la fabrication, sont saisis et confisqués. — En cas de récidive, le contrevenant sera condamné à un emprisonnement de 6 jours à 6 mois. — La détention des ustensiles, instruments ou mécaniques affectés à la fabrication des allumettes chimiques, et en même temps des matières nécessaires pour cette fabrication, ou la détention des pâtes phosphorées propres à la fabrication des allumettes chimiques est punie des mêmes peines.

La loi de finances pour l'exercice 1895, promulguée à la date du 16 avril, a modifié ainsi qu'il suit les articles 3 de la loi du 28 janvier 1875, 2 et 3 de la loi du 28 juillet de la même année :

Art. 19. — Les dispositions de l'article 225 de la loi du 28 avril 1816 sont applicables à la vente à domicile, au colportage et à la fabrication frauduleuse des allumettes chimiques.

Le transport des allumettes pour le compte des fraudeurs et contrebandiers est puni d'une amende de 100 à 1.000 fr., de la confiscation des allumettes et des moyens de transport.

Les transporteurs pourront invoquer le bénéfice des dispositions de l'article 13 de la loi du 21 juin 1873.

Seront condamnés comme co-auteurs directs de l'infraction et punis comme tels, les parents ou surveillants naturels du mineur âgé de moins de seize ans, s'il est établi qu'ils ont incité celui-ci à commettre une contravention en matière d'allumettes chimiques.

Art. 20. — Tout individu convaincu de fabrication frauduleuse d'allumettes chimiques sera immédiatement arrêté, constitué prisonnier et puni d'une amende de 300 à 1.000 francs, et d'un emprisonnement de six jours à six mois. En cas de récidive, l'amende ne pourra être inférieure à 500 francs.

Les allumettes, ainsi que les instruments et ustensiles servant à la fabrication, seront saisis et confisqués.

La simple détention des pâtes phosphorées propres à la fabrication des allumettes chimiques, sera punie des mêmes peines que la fabrication frauduleuse.

La simple détention, sans déclaration préalable au bureau de la régie, des ustensiles, instruments ou mécaniques affectés à la fabrication des allumettes, des bois d'allumettes blanches ou soufrées, ayant moins de 10 centimètres de longueur, de mèches d'allumettes de cire ou de stéarine, de matières propres à la préparation de pâtes chimiques, de boîtes vides et cartonnages destinés à contenir des allumettes, sera punie d'une amende de 100 à 1.000 francs, indépendamment de la confiscation des objets saisis.

En cas de déclaration au bureau de la régie, la fabrication sera soumise à la surveillance des employés.

Art. 21. — La fabrication, la circulation, la vente et l'emploi du phosphore sont soumis à la surveillance de l'administration des contributions indirectes.

Un décret déterminera les conditions dans lesquelles s'exercera cette surveillance, ainsi que les formalités à remplir par les industriels, les importateurs et les négociants.

Les contraventions aux dispositions de ce décret seront passibles des mêmes pénalités que les contraventions en matière d'allumettes.

Le décret du 10 août 1875, qui s'occupe de la prime allouée aux capteurs, est ainsi conçu : Les préposés dénommés en l'article 223 de la loi du 28 avril 1816 qui arrêteront les individus vendant en fraude des allumettes à leur domicile, ou qui en colporteront, qu'ils soient ou non surpris à les vendre, recevront une prime de 10 francs par chaque personne arrêtée, quel que soit le nombre des saisissants (1). — En outre, les saisissants ont droit à la moitié du produit net soit des condamnations recouvrées en vertu des jugements rendus sur des contraventions aux lois concernant les allumettes, soit des transactions consenties par les directeurs de la régie. — Il est alloué en outre aux saisissants 0 fr. 10 par mille allumettes saisies, en bois, et 0 fr. 30 par mille allumettes en cire, sous la déduction de la part d'un tiers réservée aux indicateurs. (Circ. du 18 février 1890.) — Les parts revenant aux gendarmes seront toujours versées dans la caisse de l'officier-trésorier. (Circ. minist. du 4 août 1875; circ. du directeur général des contributions indirectes du 13 août 1875.)

Une lettre du directeur général des contributions indirectes, en date du 3 mars 1884, autorise à revenir, pour la fraude des allumettes, à l'application de la circulaire n° 1073, du 14 octobre 1867, qui porte qu'on devra s'abstenir de mettre en état d'arrestation les individus âgés de moins de 16 ans contre lesquels il aurait été verbalisé, soit pour colportage de tabac, soit, etc., car l'arrestation des contrevenants n'est que l'exécution anticipée de la contrainte par corps. Par le fait même de la mise en pratique de ces dispositions, il n'y aura plus de prime à payer, puisqu'il n'y aura plus d'arres-

(1) Les dispositions du décret du 10 août 1875 portant allocation d'une prime de 10 francs, sont applicables à l'arrestation des fabricants frauduleux d'allumettes chimiques. (Décret du 6 août 1895.)

tation de mineurs de 16 ans. Il est toutefois entendu que si, en cas de doute sur l'âge réel du contrevenant, l'arrestation est opérée, la prime restera due, quand même on reconnaîtrait plus tard que celui-ci est âgé de moins de 16 ans et qu'il ne peut, dès lors, être légalement maintenu en état d'arrestation. — Il résulte de la loi du 28 juillet 1875 et du décret du 10 août de la même année que les gendarmes doivent conduire les délinquants devant le directeur des contributions indirectes ou devant le représentant de la compagnie concessionnaire du monopole le plus voisin du lieu de l'arrestation. — Si les délinquants ne fournissent pas une caution ou ne sont pas admis à transaction, ils devront alors être conduits devant le procureur de la République, qui les fera incarcérer. — Les allumettes saisies, quelles qu'en soient la nature et la qualité, seront immédiatement détruites par les saisissants, sous réserve que des échantillons mis sous le cachet des parties seront joints aux procès-verbaux. Cette destruction sera constatée par un procès-verbal administratif dont il y aura lieu de joindre une copie au dossier judiciaire. (Circ. du Ministre des finances en date du 18 février 1890.)

Il résulte de cette prescription que lorsque les gendarmes saisiront des allumettes ils devront les faire porter chez un agent des contributions indirectes pour que la destruction soit faite par un agent de l'administration. — Les gendarmes n'ont pas qualité pour constater dans les maisons particulières les infractions à la loi du 28 janvier et du 28 juillet 1875. — Ce droit est réservé aux employés de la régie qui doivent, en cette circonstance, être accompagnés du maire et d'un de leurs chefs. — La gendarmerie ne doit verbaliser que lorsque les matières sont en circulation ou lorsqu'elles sont exposées dans des lieux ouverts au public.

Allumettes amorphes. Les allumettes au phosphore amorphe (*allumettes suédoises*) sont les seules dont l'usage soit autorisé dans les établissements militaires de toute nature. — L'emploi des autres allumettes est formellement interdit. Toute infraction à ces prescriptions devra être sévèrement réprimée. (Règl. du 9 juillet 1859; circ. minist. du 14 mars 1866, du 16 mars 1876 et Service intérieur, art. 137.)

ALLURES, s. f. pl. On entend par ce mot les différents mouvements que le cheval exécute en marchant. — Toutes les allures naturelles bonnes doivent être modérées, légères, franches et libres.

Le pas. Le pas est l'allure la plus lente. Pour l'exécuter, le cheval avance un pied antérieur, puis un pied postérieur opposé en diagonale; les deux autres pieds suivent dans le même ordre. — Un cheval de gendarme fait environ 110 mètres au pas par minute; il met 9' 5" pour faire un kilomètre.

Le trot. Le trot s'opère de toute autre manière; les pieds agissent par bipèdes diagonaux qui lancent successivement le corps avec assez de force pour que, dans le trot rapide, il reste suspendu un instant à chaque impulsion nouvelle. La preuve irrécusable de ce fait, c'est que les deux pieds du même côté ne font qu'une seule *foulée*. Le trot ne doit donc laisser entendre que deux battues régulièrement espacées. Sa vitesse est de 240 mètres par minute. Un cheval de gendarme doit parcourir 1 kilomètre en 4' 10".

Le galop. Le galop est l'allure la plus rapide et celle qui nécessite le plus d'efforts musculaires. — Le galop s'effectue en trois temps de la manière suivante : si le cheval galope à droite, le pied postérieur gauche s'engage sous le centre de gravité et fait entendre la première battue, le bipède diagonal gauche pose ensuite sur le sol, le membre antérieur droit arrive en troisième lieu. — Un cheval galope à droite lorsque la jambe droite de devant dépasse la jambe gauche de devant et que la jambe droite de derrière dépasse aussi la jambe gauche de derrière. — Un cheval galope à gauche lorsque la jambe gauche de devant dépasse la jambe droite de devant et que la jambe gauche de derrière dépasse aussi la jambe droite de derrière. — La vitesse du galop est de 340 à 440 mètres par minute ; il faut en moyenne 2' 56" ou 2' 16" à un cheval de cavalerie de ligne pour parcourir 1 kilomètre.

Les allures défectueuses sont l'amble, le traquenard, le pas relevé, qui consiste en une sorte de pas précipité qui fait entendre quatre battues distinctes, mais espacées deux à deux : l'aubin, mode de progression disgracieux, dans lequel le cheval semble galoper du devant et trotter du derrière, le galop à quatre temps et le galop désuni.

ALPES-MARITIMES (Département). Populat. 293,213 hab., 3 arrondissements, 26 cantons (15e corps d'armée, 15e légion *bis* de gendarmerie), chef-lieu Nice, 105,109 hab., à l'embouchure du Var, à 880 kil. S.-E. de Paris S.-P. : Grasse, Puget-Théniers. Département frontière. Pays couvert de montagnes dans toute son étendue. Bons vignobles; éducation d'abeilles et de vers à soie. — Patrie de Garibaldi et de Masséna, duc de Rivoli.

ALPES (BASSES-) (Département). Populat., 115,021 hab., 5 arrondissements, 30 cantons (15e corps d'armée, 15e légion *bis* de gendarmerie), chef-lieu Digne, 7,261 habitants, à 755 kil. S.-E. de Paris, sur la Bléone, au pied des Alpes. S.-P. : Barcelonnette, Castellane, Forcalquier, Sisteron. Département frontière. Pays très élevé et presque complètement couvert de montagnes. Beaux pâturages. Eaux minérales à Digne, Gréoux, Dauphin et Manosque. — Patrie de l'amiral Villeneuve, qui fut vaincu à Trafalgar par l'amiral anglais Nelson.

ALPES (HAUTES-) (Département). Populat. 109,510 habitants, 3 arrondissements, 24 cantons (14e corps d'armée, 14e légion *bis* de gendarmerie), chef-lieu Gap, 10,478 hab., sur les ruisseaux de Bonne et de la Luye, à 665 kil. S.-E. de Paris. S.-P. : Briançon et Embrun. Département frontière. Pays montagneux dans toute son étendue. Exportation de bestiaux et de lainages. Patrie du connétable de Lesdiguières.

ALSACE-LORRAINE. Province française momentanément réunie à l'empire d'Allemagne par les traités du 25 février et du 10 mai 1871. (V. *Allemagne.*) — Ces traités nous ont enlevé : le département du Bas-Rhin en entier, 541 communes et 588,970 hab. ; dans le département du Haut-Rhin, 384 communes et 473,314 hab. ; dans le département de la Moselle, 504 communes et 393,753 hab. ; dans le département de la Meurthe, 242 communes et 120,174 hab. ; dans le département des Vosges, 18 communes et 21,017 hab. Soit un total de 1,689 communes d'une superficie d'environ 1,450,000 hectares et 1,597,228 hab.

Les militaires français de tout grade séjournant en Alsace-Lorraine sont assujettis, de même que tout autre étranger, aux prescriptions existantes, quant à la déclaration à faire à la police. D'après lesdites prescriptions, les logeurs ou leurs sous-ordres sont tenus de les déclarer à la police locale (mairie) 24 heures après leur arrivée. Si lesdits militaires ou tenus pour tels sont d'origine alsacienne-lorraine et que leur option ait été reconnue valable à la suite de l'avis émis par la commission d'option, leur reconnaissant le titre d'étranger, ou si, avant d'avoir été d'âge à être tenus au service militaire ils ont obtenu un certificat d'émigration, lesdits auront à faire personnellement leur déclaration de présence et à la renouveler de quatre en quatre semaines. — Dès que la police a connaissance de la présence (du séjour) d'un personnage militaire français, elle a le devoir d'en faire donner connaissance, sans aucun délai et dans chaque cas particulier, au commandant militaire du district.

Les officiers français qui visitent l'Alsace-Lorraine doivent s'annoncer officiellement aux autorités militaires : s'ils séjournent dans le rayon d'une place forte ou d'un lieu de garnison, soit chez le gouverneur ou commandant de place, soit chez le chef de la garnison ; dans tous les autres cas, chez le commandant de landwehr du district. — L'officier doit faire acte de présence en personne ; cependant, les officiers qui ne prendront point domicile dans un lieu de garnison ou dans la résidence d'un commandant de district peuvent annoncer leur présence par écrit au commandant du district dans le délai de vingt-quatre heures. — Les officiers et soldats qui séjournent dans les forteresses ou dans un lieu de garnison ouvert d'Alsace-Lorraine, ou bien au lieu de résidence d'un commandant de district, auront à se présenter individuellement devant le gouverneur ou commandant de place ou de district dans les premières vingt-quatre heures. Les sous-officiers ou soldats qui ne résideront pas dans les lieux de garnison n'ont pas besoin de se présenter militairement. — Les autorités (les agents de l'autorité) ont l'obligation de prévenir les militaires français de tout grade qui, à leur connaissance, séjournent en Alsace- Lorraine, des prescriptions ci-dessus, en leur faisant la remarque qu'en-cas de non observation ils ont à s'attendre à être expulsés de l'Alsace-Lorraine. (Circ. du 18 octobre 1883.) D'après une dernière circulaire en date du 22 janvier 1884, les officiers qui se rendent en Alsace-Lorraine ne sont obligés d'annoncer *personnellement* leur arrivée aux autorités militaires allemandes que dans le cas où ils séjournent soit dans le rayon d'une forteresse, soit dans une ville ouverte ayant une garnison ou étant le siège d'un bureau de recrutement. — Dans tous les autres cas, les officiers peuvent notifier leur arrivée *par écrit* au commandant du bureau de recrutement du district dans lequel ils se trouvent. — Dans l'un et l'autre cas cette notification doit être faite dans le *délai de vingt-quatre heures* à partir du moment de l'arrivée. (V. aussi la circulaire du 3 octobre 1885 du Ministre de l'intérieur au sujet des relations par voie diplomatique avec les autorités de l'Alsace-Lorraine.)

Formalités à remplir pour obtenir l'autorisation de se rendre en Alsace-Lorraine. Tout militaire qui désirera se rendre dans les pays annexés devra :

1° Se faire délivrer un passeport par le sous-préfet ou par le préfet;

2° Envoyer ce passeport à l'ambassadeur d'Allemagne à Paris avec une demande d'autorisation de séjour en Alsace-Lorraine;

3° Quand l'autorisation est revenue de l'ambassade, demander au ministre, par la voie ordinaire, une permission de tant de jours; déclarer dans la demande qu'on est possesseur d'effets bourgeois dont on fera usage en pays étranger.

ALTÉRATION, s. f. Changement, modification.

Altération d'aliments, de boissons, etc. (V. *Falsification.*)

Altération de monnaies. Leur falsification par excès d'alliage. (V. *Monnaie.*)

AMBLE, s. m. Allure défectueuse qui a lieu par l'action alternative des bipèdes latéraux. — Le corps de l'animal est constamment porté par les deux pieds du même côté. — Cette allure est rapide et très douce, mais elle n'est pas naturelle. Les girafes, les ours, les chameaux sont les seuls animaux qui marchent naturellement l'amble. Au moyen âge, les chevaux destinés à porter les châtelaines et les prélats étaient dressés à marcher à cette allure, qui ne fatigue pas le cavalier. Ces chevaux étaient plus spécialement désignés sous le nom de haquenées et de palefrois.

AMBULANCE, s. f. On désigne sous le nom d'ambulance la réunion du matériel et du personnel destinés à recevoir les malades et les blessés. L'ambulance est un véritable hôpital dans lequel on entre avec un billet, comme en temps de paix, sauf dans les cas urgents et pendant les combats. — Un certain nombre de voitures, des médecins, des pharmaciens, des aumôniers et des officiers et soldats d'administration, ainsi que quelques mulets, sont spécialement attachés à ce service; dans une division, le groupe qui forme l'ambulance marche ordinairement après le 4e régiment. Les voitures portent comme signe distinctif un fanion blanc bordé d'écarlate et ayant dans son milieu une croix de même nuance. Les médecins, les aumôniers, les infirmiers et toutes les personnes qui font partie de ce service portent un brassard blanc à croix rouge. La circulaire ministérielle du 12 novembre 1870 exige que ces brassards portent, en outre, l'estampille du fonctionnaire de l'intendance qui les a délivrés. Pendant la nuit, les ambulances se reconnaissent à deux lanternes, dont une à verre rouge et l'autre à verre blanc. (V. *Fanion.*) Lorsque la colonne se déploie en ordre de bataille, les intendants établissent les ambulances divisionnaires aux points qui leur ont été fixés par le commandement et ils indiquent aux ambulances volantes la direction qu'elles doivent prendre pour pouvoir recueillir les blessés le plus rapidement possible. « La gendarmerie doit diriger les militaires blessés sur la formation sanitaire la plus voisine et se renseigner sur l'emplacement de ces formations, de manière à pouvoir en donner avis aux officiers et aux personnes intéressées. (V. Service en campagne, art. 93.) Les hommes légèrement blessés et qui sont en état de marcher se rendent à l'ambulance volante dont la position leur est indiquée; ils y reçoivent un premier pansement et sont ensuite dirigés sur l'ambulance divisionnaire. — « Ceux qui sont légèrement blessés y sont dirigés par groupes, sous la conduite d'un caporal infirmier; les autres y sont transportés par les voitures d'ambulance ou des voitures de réquisition ». (Des marches et des combats.) — Les malades et blessés emportent leurs effets et leurs armes aux ambulances et aux hôpitaux. Les armes des décédés sont versées au parc d'artillerie le plus voisin. Il en est de même des armes des hommes évacués sur les hôpitaux de l'intérieur. — Les hommes évacués d'une ambulance sur un hôpital temporaire, ou d'un hôpital temporaire sur un autre hôpital temporaire, emportent toujours leurs armes. »

AMENDE, s. f. Peine pécuniaire imposée par un jugement pour une infraction aux lois. Elle est quelquefois la peine unique et, dans certains cas, l'accessoire d'une autre peine. — Toutes les parts d'amendes revenant à la gendarmerie pour les constatations des contraventions en matière de roulage, de contrebande, de transport frauduleux de lettres, dans le service des convois militaires, à la loi sur l'affichage, doivent être payées entre les mains des conseils d'administration, qui sont chargés d'en faire la répartition entre les ayants droit, d'après les règles tracées par le règlement du 12 avril 1893.

Amendes des condamnés militaires. Le montant des sommes dues pour amendes et frais de justice par les militaires condamnés par les tribunaux civils doit être inscrit en débet au compte courant des hommes et versé immédiatement au Trésor par un prélèvement qui ne peut excéder 20 francs sur les fonds du corps. Les récépissés délivrés par les agents des finances au moment du remboursement fait par les corps de troupe doivent être conservés dans les archives du corps. — Si le débiteur est un officier, le trésorier-payeur général doit s'entendre avec l'intendant pour appliquer, au recouvrement des amendes et frais de justice dus, le traitement qui peut être acquis à cet officier. (Instr. du 27 août 1878 et du 31 mars 1879.) — (V. les mots *Arrestation, Frais de justice, Partage, Prime, Saisie,* et les mots *Affiche, Lettres, Pêche, Roulage, Timbre, Voirie.*)

AMÉRIQUE. Découverte le 11 octobre 1492, par Christophe Colomb, l'Amérique ne porte pas le nom de celui qui l'a révélée à l'ancien monde : ce fut Améric Vespuce, navigateur florentin, l'auteur de la première relation de voyages dans les pays nouvellement découverts, qui donna son nom au continent américain. Ce continent est composé de deux immenses péninsules : l'une au nord, l'Amérique septentrionale; l'autre au sud, l'Amérique méridionale, reliées entre elles par une langue de terre fort étroite (80 kilomètres), l'isthme de Panama. — L'Amérique est bornée : au nord, par l'océan Glacial arctique; au sud, par l'océan Glacial antarctique; à l'est, par l'océan Atlantique; à l'ouest, par le grand océan Pacifique et le détroit de Behring. L'Amérique du Nord mesure 6,800 kilomètres de longueur et 5,200 kilomètres de largeur; l'Amérique du Sud, 7,343 kilomètres de longueur et 4,861 kilomètres de largeur. — La population totale est évaluée à plus de cent millions d'habitants. — Au nord de l'Amérique se trouve le Groënland (terre verte) ou Amérique danoise, terre âpre et désolée, dont on ne connaît pas les bornes au nord; l'hiver y dure huit ou dix mois et les habitants de ces tristes parages, les Esquimaux, habitent dans des trous de rochers ou dans des cavités couvertes de neige et de glace. Au nord-est du Groënland se trouve le groupe du Spitzberg (montagnes pointues), dont les côtes sont fréquentées par des pêcheurs de baleines et de phoques; le soleil y reste cinq mois sur l'horizon.

Amérique septentrionale. L'Amérique septentrionale proprement dite est traversée dans sa longueur par la grande chaîne des montagnes Rocheuses, qui longe sa côte ouest.

Ses divisions politiques sont :

1° L'Amérique russe, séparée de la Sibérie ou Russie d'Asie par le détroit de Behring ;

2° La Nouvelle-Bretagne, trente fois plus grande que les Iles Britanniques dont elle est une dépendance, capitale Québec, ancienne capitale du Canada, cédée par la France à l'Angleterre en 1763 ;

3° Les Etats-Unis, divisés en trente-sept Etats, dont la population est d'environ 75,000,000 d'habitants, qui forment autant de républiques distinctes ayant leurs lois particulières; mais les grands intérêts de l'Union sont confiés à un gouvernement électif, composé d'un président et de deux Chambres législatives qui siègent à Washington. — Les autres villes remarquables des Etats-Unis sont New-York, Boston, Philadelphie, Cincinnati et la Nouvelle-Orléans.

La superficie de la grande République américaine est de 9 millions 212.300 kilomètres carrés.

L'armée des Etats-Unis a été organisée par la loi du 2 février 1901, elle comprend :

Infanterie, 30 régiments à 3 bataillons. Environ 50.000 hommes.

Cavalerie, 15 régiments à 3 escadrons : 18.000 hommes.

Artillerie, 12 régiments formant 36 batteries de campagne et 126 batteries de côte : 20.000 hommes.

Génie, 3 bataillons à 4 compagnies : environ 2.000 hommes.

Il existe en outre un corps de *signaleurs*, fort de 800 hommes.

4° La république du Mexique, capitale Mexico; villes principales La Vera-Cruz et Puebla. — La partie de l'Amérique comprise entre le Mexique et l'Amérique méridionale porte le nom d'Amérique centrale. Ce territoire est partagé entre cinq républiques : la république de Guatémala, celle de San-Salvador, celle de Honduras, celle de Nicaragua et celle de Costa-Rica.

Amérique méridionale. L'Amérique méridionale est traversée dans sa longueur par la Cordillère des Andes, qui longe sa côte ouest et qui est la continuation des montagnes Rocheuses. Elle est divisée en douze contrées :

1° La Nouvelle-Grenade ou Etats-Unis de Colombie, capitale Bogota ;

2° La république de Vénézuéla, capitale Caracas ;

3° La république de l'Equateur, capitale Quito ;

4° Les Guyanes : la Guyane anglaise, chef-lieu Georgetown ; la Guyane hollandaise, chef-lieu Paramaribo, et la Guyane française, chef-lieu Cayenne. La population coloniale de la Guyane française est d'environ 20,000 individus, la plupart gens de couleur ;

5° La république du Brésil, dont la superficie est égale aux trois quarts environ de celle de l'Europe ; malgré son immense étendue, sa population n'est que de 10 millions d'habitants ; la capitale est Rio-de-Janeiro, grande ville bâtie sur les bords de l'océan Atlantique ;

6° La république du Pérou, cap. Lima ;

7° La confédération Argentine ou de La Plata, capitale Buenos-Ayres ;

8° La république de Bolivie, partagée aujourd'hui en six départements ; villes principales: La Paz et Sucre (nom d'un ancien président de la république) ;

9° La république du Paraguay, capitale Assomption ;

10° La république de l'Uruguay, capitale Montévidéo ;

11° La république du Chili, capitale Santiago ;

12° La Patagonie, longue bande de terre, située à l'extrémité sud de l'Amérique ; c'est un pays froid, sauvage, stérile, peu connu, habité par des peuplades indépendantes. — On donne le nom de Terre de Feu à un amas d'îles montagneuses, froides et stériles, qui sont séparées de la Patagonie par le détroit de Magellan.

Antilles. On donne le nom d'Antilles au vaste archipel qui est situé dans l'océan Atlantique, à l'est du golfe du

Mexique, entre les deux Amériques. — Les possessions françaises dans les Antilles sont : 1° la Martinique (140,000 habitants), capitale le Fort-de-France, ville principale Saint-Pierre; 2° la Guadeloupe (130,000 habitants), capitale la Basse-Terre, ville principale Pointe-à-Pitre; 3° Marie-Galante (12,000 habitants); 4° les Saintes, groupe de quatre petites îles, qui contiennent environ 1,500 habitants; 5° la Désirade, petite île qui renferme 1,200 hab.; 6° l'île St-Barthélemy; 7° l'île de St-Martin, au nord des Antilles, appartient par moitié aux Français et aux Hollandais. — Les autres îles principales des Antilles sont : les îles Lucayes ou de Bahama, possession anglaise. — L'île de Cuba, capitale La Havane, ancienne possession espagnole aujourd'hui sous le protectorat du gouvernement américain (1,400,000 habitants). — La Jamaïque, possession anglaise (400,000 habitants). — L'île d'Haïti ou Saint-Domingue, capitale Port-au-Prince : cette île est indépendante.

AMIRAL, s. m. L'officier du grade le plus élevé dans l'armée de mer. — La dignité d'amiral correspond à celle de maréchal de France. Après l'amiral viennent le vice-amiral, qui a rang de général de division, et le contre-amiral, qui a rang de général de brigade.

AMNISTIE, s. f. Acte de clémence par lequel un gouvernement grâcie toute une catégorie d'individus coupables de certains crimes ou délits comme la rébellion, la désertion, l'insoumission, etc., etc. — Les amnisties ne peuvent être accordées que par une loi. (Loi du 17 juin 1871.) — L'amnistie a pour effet d'effacer un crime ou un délit; elle ne doit pas être confondue avec la grâce, qui ne remet que la peine sans effacer le caractère du crime ou délit auquel elle s'applique. — La dernière loi d'amnistie militaire en faveur des soldats des armées de terre et de mer pour faits d'insoumission et de désertion est du 27 décembre 1900.

AMONT, s. m. Vers le mont, du côté du mont. Le point le plus élevé d'où descend un cours d'eau, par opposition à aval, qui signifie le point le plus bas. — Aller en amont signifie en remontant le cours d'eau, et aller en aval signifie en le descendant. Sur la Garonne, Toulouse est en amont d'Agen et Bordeaux, est en aval de cette dernière ville.

ANALYSE, s. f. Ce mot a diverses acceptions. Il signifie dans certains cas le résumé, l'extrait d'un discours, d'un livre, d'un acte quelconque. L'analyse d'un procès-verbal est le résumé du fait relaté dans le procès-verbal. Elle doit être toujours concise et très claire.

ANARCHISTE, s. m. ou adj. Nom donné à des révolutionnaires qui, pour arriver à une rénovation sociale, n'hésitent pas à conseiller et à employer les crimes de droit commun et les attentats de toute nature contre les personnes et les propriétés. La loi du 28 juillet 1894 a pour objet de réprimer les menées anarchistes. Une circulaire du Ministre de la guerre, en date du 20 janvier 1894, trace les règles à suivre par la gendarmerie pour concourir à la répression de la propagande anarchiste. (V. la note ministérielle n° 34, en date du 13 mars 1894, au sujet de la transmission des signalements d'anarchistes par les commandants d'arrondissement.)

ANCIENNETE, s. f. Longue durée de service. Priorité d'admission dans l'armée ou de réception dans un grade. — A égalité d'ancienneté de grade, la priorité de rang se détermine par l'ancienneté dans le grade immédiatement inférieur. — A égalité d'ancienneté dans le grade inférieur, elle se règle sur l'ancienneté dans le grade précédent, et ainsi de suite jusqu'au grade de caporal ou de brigadier. — La date de nomination à l'emploi de sergent ou de maréchal des logis détermine le rang des sous-officiers promus le même jour au grade de sous-lieutenant. — A égalité d'ancienneté de grade, le rang des brigadiers entre eux est déterminé par la date de l'arrivée sous les drapeaux, ensuite par l'âge, et enfin par le sort. (Ordonn. du 16 mars 1838.)

Le rang d'ancienneté des gendarmes est déterminé par la date de la décision ministérielle portant nomination dans la gendarmerie ou dans la garde républicaine, déduction faite, s'il y a lieu, des interruptions de service.

Les sous-officiers descendus à un

emploi ou à un grade inférieur comptent leur ancienneté dans cet emploi ou ce grade inférieur à partir de l'époque à laquelle ils y avaient été précédemment nommés.

Les militaires qui ont ainsi rétrogradé, les sous-officiers et les caporaux qui, par suite de cassation, sont redevenus soldats, ne peuvent de nouveau obtenir de l'avancement que selon les règles établies. Leur ancienneté dans les grades et emplois qui leur sont conférés ne compte que du jour de leur nouvelle nomination. (Décis. minist. du 7 septembre 1852.)

Toutefois, les sous-officiers et les caporaux volontairement redevenus soldats pour passer d'un corps sur le pied de paix dans un corps sur le pied de guerre, sont aptes à être immédiatement pourvus soit de l'emploi qu'ils occupaient, soit d'un grade et emploi inférieurs, et il n'est fait déduction dans le décompte de leur ancienneté que du temps passé momentanément dans la position inférieure. (Décis. minist. du 31 août 1840.)

Enfin, l'ancienneté des sous-officiers provenant des officiers démissionnaires est déterminée suivant les règles établies par le décret du 26 novembre 1888.

ANGLETERRE. On donne le nom d'Angleterre ou d'îles Britanniques à l'ensemble des îles situées au nord-ouest de la France, dont le Pas-de-Calais et la Manche la séparent. Les deux principales îles sont la Grande-Bretagne et l'Irlande ; les autres îles importantes sont les Orcades et les Hébrides au nord, l'île de Man dans la mer d'Irlande et au sud les îles Sorlingues et les îles normandes, Aurigny, Guernesey et Jersey. Le territoire des îles Britanniques renferme environ 38,000,000 d'habitants et, au point de vue administratif, il est divisé en comtés. La capitale est Londres sur la Tamise (4 millions d'habitants.) — Les autres villes principales sont : Manchester, ville manufacturière; Liverpool, grand port marchand sur la mer d'Irlande; Portsmouth et Plymouth, ports militaires sur la Manche; Edimbourg, capitale de l'Ecosse, et Dublin, capitale de l'Irlande. Le royaume d'Angleterre, qui porte aussi le nom de Royaume-Uni de Grande-Bretagne et d'Irlande, possède dans toutes les parties du monde d'immenses colonies dont la population s'élève à 200 millions d'habitants répandus sur une superficie d'environ 20 millions de kilomètres carrés. C'est, sans en excepter la Russie, le plus vaste empire du monde. Le roi d'Angleterre porte le titre d'empereur des Indes.

L'armée anglaise repose sur l'engagement volontaire : les engagés, qui doivent avoir 18 ans au moins et 35 ans au plus, reçoivent à leur entrée au service une certaine somme d'argent. — L'engagement est de 10 ans pour l'infanterie et de 12 ans pour les autres armes; il peut se renouveler jusqu'à 21 ans de services : au bout de ce temps, le militaire a droit à une pension. Outre cette armée régulière, les troupes anglaises se composent de la milice, dans laquelle un certain nombre de jeunes gens désignés par le sort doivent servir pendant 5 ans : les miliciens ne sont appelés qu'une fois par an pendant 20 à 25 jours comme nos réservistes; les miliciens à cheval fournissent leurs chevaux. En dehors de ces forces, il existe encore un corps de volontaires très important, et, enfin, en cas de guerre, tous les hommes valides de 16 à 60 ans peuvent être appelés sous les armes.

L'armée anglaise dans le Royaume-Uni, en comprenant l'armée permanente, la milice et les volontaires, peut être évaluée à 540,000 hommes. — Les troupes de l'armée permanente dans les colonies sont de 110,000 hommes.

ANIMAL, s. m. On nomme ainsi tout être qui est doué de la faculté de se mouvoir et de ressentir des impressions.

Animaux abandonnés ou perdus. (V. *Abandon d'animaux.*)

Animaux domestiques. On appelle animaux domestiques tous ceux qui habitent avec l'homme et qui lui rendent des services. Les bestiaux, les chiens, les chevaux, etc., sont des animaux domestiques. — La gendarmerie dresse procès-verbal contre ceux qui exercent publiquement et abusivement de mauvais traitements envers les animaux domestiques. — Elle transmet ce procès-verbal au maire ou au commissaire de police chargé de la poursuite, et elle doit avoir soin d'indiquer s'il y a récidive, parce que, dans ce cas, la peine de la prison est toujours appliquée. (Décr. du 1er mars 1854, art. 320.) — Cet article s'appuie sur la loi du 2 juillet 1850, présentée par le général Grammont, et qui punit de 1 à 5 francs d'amende et de 1 à 5 jours de prison, s'il y a lieu, ceux qui auront exercé de mauvais traitements envers les animaux domestiques. — En cas de récidive, l'emprisonnement de 1 à 5 jours est obligatoire. — Il existe en France une *Société protectrice* des animaux dont les membres s'engagent à faire respecter la loi française et à signaler aux agents de l'autorité ceux qui ne s'y conforment pas. — Les articles 452, 453, 454 et 455 du Code pénal punissent de peines correctionnelles, qui varient suivant la gravité du délit, ceux qui auront tué ou blessé volontairement des animaux domestiques appartenant à autrui. — Si l'auteur de la mort ou des blessures n'a eu aucune intention de nuire, il ne commet qu'une contravention prévue suivant le cas par les nos 2, 3 ou 4 du Code pénal, article 479. En ce qui concerne les animaux qui commettent des dommages. (V. *Dommages*.)

Animaux dans les casernes. L'article 51 du Service intérieur interdit formellement aux chefs de brigade d'introduire ou de tolérer dans l'intérieur des casernes des chiens, des lapins, des volailles, pigeons ou d'autres animaux domestiques, à l'exception des chats dont l'existence est jugée nécessaire.

Animaux malfaisants. Ceux qui auront laissé divaguer des fous ou des furieux étant sous leur garde, ou des animaux malfaisants ou féroces; ceux qui auront excité ou n'auront pas retenu leurs chiens, lorsqu'ils attaquent ou poursuivent les passants, quand même il n'en serait résulté aucun mal ni dommage, seront punis d'une amende de 6 à 10 francs. (En cas de récidive, emprisonnement de 5 jours au plus.) (C. P., art. 475, no 7.) — Si les animaux ont été la cause de mort ou de blessures, les articles 319 et 320 du Code pénal (homicides et blessures involontaires) sont applicables au propriétaire.

Le propriétaire d'un animal, ou celui qui s'en sert, pendant qu'il est à son usage, est responsable du dommage que l'animal a causé, soit que l'animal fût sous sa garde, soit qu'il fût égaré ou échappé. (C. C. art. 1385.) — Cet article pose nettement le principe de la responsabilité civile contre les propriétaires ou les détenteurs d'animaux qui ont causé un dommage. (V. la loi du 21 juin 1898, art. 14.)

Animaux féroces. La gendarmerie veille à ce que les conducteurs d'animaux féroces suivent les grands chemins sans jamais s'en écarter; elle leur défend d'aller dans les bourgs et hameaux, d'entrer dans les bois et de se trouver sur les routes avant le lever ou après le coucher du soleil; elle évite que tout danger puisse exister pour la sécurité publique. — En cas de désobéissance, elle les conduit devant le maire de la commune la plus voisine. (Décr. du 1er mars 1854, art. 321.)

Animaux malades. L'article 324 du décret du 1er mars ordonne expressément à la gendarmerie, dans ses tournées, courses ou patrouilles, de porter la plus grande attention à ce qui peut nuire à la salubrité, afin de prévenir, autant que possible, les ravages des maladies contagieuses. — La loi du 21 juillet 1881, qui a abrogé les articles 459, 460 et 461 du Code pénal, punit de peines correctionnelles ceux qui n'auront pas tenu renfermés les animaux atteints de maladies contagieuses et qui n'auront pas averti sur-le-champ le maire de la commune où ils se trouvent. (V. *Epizootie.*)

Animaux morts. Lorsque la gendarmerie trouve des animaux morts sur les chemins ou dans les champs, elle en prévient les autorités locales et les requiert de les faire enfouir; elle se porte, au besoin, de nouveau sur les lieux pour s'assurer que les ordres donnés à cet égard par les autorités ont été exécutés; en cas de refus ou de négligence, les chefs de la gendarmerie, sur le rapport du commandant de brigade, en informent les préfets ou sous-préfets, afin qu'il soit pris des mesures à cet égard. (Décr. du 1er mars 1854, art. 325.) — Les mêmes précautions sont prises par la gendarmerie dans les cantonnements où des épizooties se sont manifestées ; elle veille de plus à ce que les animaux atteints et morts de cette maladie, ainsi que les chevaux morveux qui ont été abattus, soient enfouis avec leur cuir, pour prévenir et arrêter les effets des maladies contagieuses. (Décr. du 1er mars 1854, art. 326). — (V. *Epizootie* et la loi du 21 juin 1898.)

Animaux nuisibles. Les maires peuvent, par des arrêtés, défendre la divagation et même l'élevage d'animaux qui, par les odeurs qu'ils dégagent ou les dégradations qu'ils causent, peuvent nuire aux voisins.

ANNONCES DES JOURNAUX. (V. *Crieur public.*)

ANNULATION, s. f. Action d'annuler, de rendre, de déclarer nul, sans effet. — Les jugements peuvent être annulés pour vice de forme.

ANONYME, adj. Qui n'a pas de de nom. — La lettre anonyme est une lettre qui n'est pas signée. Celui qui écrit une lettre anonyme commet une mauvaise action et une lâcheté. — La lettre anonyme renferme presque toujours des accusations calomnieuses dont on ne doit tenir nul compte.

ANTÉCÉDENT, adj. Qui précède. — Employé substantivement, il exprime ce qui s'est passé précédemment ; au pluriel, il s'applique aux personnes et exprime les faits de leur vie passée. — Avoir de bons ou de mauvais antécédents ; antécédents judiciaires.

Les hommes ayant des antécédents judiciaires sont exclus de l'armée, ou placés dans un bataillon d'infanterie légère d'Afrique. (V. *Exclus* et *Bataillon.*)

ANTICIPATION, s. f. Empiètement. — Un propriétaire commet une anticipation lorsqu'il empiète sur la propriété de son voisin ou sur la voie publique. La gendarmerie doit dresser procès-verbal des anticipations. (Décr. du 1er mars 1854, art. 313).

ANTHROPOMÉTRIE, s. f. — Mensuration de l'homme, système inventé par M. Bertillon, qui consiste à pouvoir, à l'aide d'un signalement particulier, établir l'identité d'un individu. Ce système, appliqué à Paris depuis quelques années, a déjà rendu de très grands services en permettant de découvrir d'une façon à peu près certaine l'individu qui a déjà été l'objet de cette sorte de signalement.

APLOMB, s. m. En hippologie, ce mot s'emploie surtout au pluriel et sert à désigner la direction que doivent avoir les membres du cheval pour supporter son corps de la manière la plus solide et en même temps la plus favorable à la progression. — Comme colonnes de support, les membres sont soumis aux lois des colonnes ordinaires. — De profil, de face ou par derrière, ils doivent suivre la ligne verticale dans leurs parties droites qui sont antérieurement l'avant-bras, le genou et le canon, et postérieurement le canon seul. — Si les membres antérieurs vus de profil sont deviés en arrière, trop engagés sous le centre de gravité, le cheval est dit *sous lui du devant.* Cette disposition défectueuse prédispose l'animal à tomber et à forger. — Lorsque les membres antérieurs sont déviés en avant, le cheval est dit *campé du devant* : cette déviation est ordinairement la conséquence d'une maladie grave des pieds ou des épaules. — Le cheval souffre et cherche à soulager les membres malades en rejetant le centre de gravité sur son arrière-main. — Quand les pieds de devant sont très rapprochés l'un de l'autre, le cheval est dit *serré du devant ;* quand ils sont éloignés avec excès, il est *écarté du devant.* Un cheval est qualifié de *panard du devant* lorsque ses extrémités antérieures vues de face sont tournées en dehors ; et lorsqu'au contraire elles sont tournées en dedans, il est *cagneux du devant.* Lorsque ces vices d'aplomb se remarquent dans les membres postérieurs, on dit que les jarrets sont *clos* ou trop *ouverts,* suivant qu'ils sont rapprochés ou trop éloignés. — Ces défectuosités entraînent, soit antérieurement, soit postérieurement, une irrégularité plus ou moins grave dans la progression.

APPAT, s. m. On appelle ainsi une pâture, un aliment ou une matière quelconque dont on se sert pour attirer et pour prendre le gibier et le poisson. — La noix vomique, la coque du Levant sont des appâts qui tuent le poisson et dont l'usage est interdit. L'article 16 du décret du 10 août 1875 donne aux préfets le droit de déterminer les diverses espèces de poissons avec lesquelles il est défendu d'appâter.

L'article 25 de la loi du 15 avril 1829 est modifié ainsi qu'il suit par la loi du 18 novembre 1899 :

« Art. 25. Quiconque aura jeté dans les eaux des drogues ou appâts qui sont de nature à enivrer le poisson ou à le détruire sera puni d'une amende de trente francs à cent francs (30 fr. à 100 fr.) et d'un emprisonnement d'un mois à trois mois.

» Ceux qui se seront servis de la dynamite ou d'autres produits de même nature seront passibles d'une amende de deux cents francs à cinq cents francs (200 fr. à 500 fr.) et d'un emprisonnement de trois mois à un an. »

L'article 62 de la loi du 15 avril 1829 est modifié ainsi qu'il suit :

« Art. 62. Les actions en réparation de délit en matière de pêche se prescrivent par trois mois à compter du jour où les délits ont été constatés. »

La loi du 3 mai 1844 n'autorisant que la chasse à tir et à courre, et avec des furets et des bourses pour les lapins, il est évident qu'il est défendu de prendre du gibier en se servant d'appâts qui seraient de nature à l'enivrer ou à le détruire. Les contrevenants seront punis d'une amende de 50 à 200 francs et pourront en outre l'être d'un emprisonnement de 6 jours à 2 mois. (Loi du 3 mai 1844, art. 12.)

APPEAU, s. m. Petit instrument dont on se sert pour imiter le cri des oiseaux et pour les attirer dans un piège. — Il y a diverses sortes d'appeaux dont les principaux servent à appeler les alouettes, les perdrix et les cailles. — On se sert parfois d'oiseaux vivants enfermés dans une cage ou attachés au sol ; ces oiseaux, par leur cri ou par leurs mouvements, attirent près d'eux ceux de leur espèce qui se trouvent dans les environs. — Ces appeaux naturels prennent le nom d'appelants ou chanterelles. — La chasse à l'aide d'appeaux est formellement interdite, à moins qu'elle n'ait été autorisée pour certains oiseaux de passage par un arrêté préfectoral. — Ceux qui auront chassé avec appeaux, appelants ou chanterelles, seront punis d'une amende de 50 à 100 francs et pourront, en outre, l'être d'un emprisonnement de 6 jours à 2 mois. (Loi du 3 mai 1844, art. 12.) Le même article punit des mêmes peines ceux qui seront détenteurs ou ceux qui seront trouvés munis ou porteurs hors de leur domicile de filets, engins ou autres instruments de chasse prohibés. — Si des gendarmes apprennent que des engins prohibés se trouvent dans le domicile d'un braconnier, ils doivent dresser procès-verbal des renseignements et le procureur de la République peut alors, sur ordonnance du juge d'instruction, prescrire une visite domiciliaire. — Aucun marchand ne peut mettre en vente des engins de chasse prohibés. — La Cour de cassation a décidé, le 16 juin 1848, que la chanterelle, qui est un appeau vivant, n'était pas un engin prohibé que l'on pût saisir à domicile.

APPEL, s. m. En terme militaire, ce mot signifie l'action d'appeler sous les drapeaux les jeunes gens désignés pour le service. (V. *Ordre d'appel.*) — Tous les ans, les jeunes gens déclarés propres au service actif et qui ne sont pas déjà liés au service sont appelés sous les drapeaux.

Sont considérés comme ayant satisfait à l'appel de leur classe :

1° Les jeunes gens liés au service dans les armées de terre ou de mer en vertu d'un brevet ou d'une commission ;

2° Les jeunes marins portés sur les registres matricules de l'inscription maritime, conformément aux règles prescrites par les articles 1, 2, 3, 4 et 5 de la loi du 25 octobre 1793 (3 brumaire an IV). — (Art. 30 de la loi du 15 juillet 1889.)

Les réservistes et les territoriaux peuvent, sur leur demande dûment motivée, obtenir très exceptionnellement des devancements d'appel. (Instr. du 28 décembre 1895, art. 218.)

Sursis d'appel et d'arrivée. (V. *Sursis.*)

Faire appel, en jurisprudence, signifie se pourvoir, après un jugement, devant une juridiction plus élevée. — *Cours d'appel.* Il y a en France 27 cours d'appel établies à Agen, Aix,

Amiens, Angers, Bastia, Besançon, Bordeaux, Bourges, Caen, Chambéry, Dijon, Douai, Grenoble, Limoges, Lyon, Montpellier, Nancy, Nimes, Orléans, Paris, Pau, Poitiers, Rennes, Riom, Rouen, Toulouse et Alger.

APPELLATION, s. f. Dénomination, titre qualificatif. — Les appellations militaires doivent avoir lieu, dans la correspondance ou dans les relations du service, par le grade précédé du mot « monsieur », jamais par le titre de noblesse. (Circ. du 23 décembre 1830.) L'inférieur parlant à un supérieur l'appelle par son grade, précédé du mot « mon ». Quand il s'adresse à un brigadier ou à un sous-officier autre qu'un adjudant, il l'appelle par son grade. (V. Service intérieur, art. 168.) Tout militaire s'adressant à un fonctionnaire ou à un employé militaire, l'appelle par sa qualification sans distinction de classe précédée des mots « monsieur le ». « monsieur l'intendant » ou « monsieur le sous-intendant », « monsieur le médecin ou pharmacien-major ou inspecteur », « monsieur le vétérinaire », « monsieur l'officier d'administration ». La qualification de « principal » devra toujours être ajoutée à l'appellation ordinaire lorsque les médecins militaires, les officiers d'administration et les vétérinaires auxquels on s'adressera seront en possession de ce grade. (Circ. du 16 février 1880.)

Le Ministre de la guerre, les maréchaux de France, le grand chancelier de la Légion d'honneur, les gouverneurs militaires de Paris et de Lyon, les gouverneurs des places fortes sont toujours désignés par leur titre, précédé des mots : « monsieur le ». (Pour les appellations du personnel de la télégraphie militaire, V. le mot *Télégraphe*.)

APPOINT, s. m. Complément d'une somme en une espèce de monnaie plus petite que les pièces principales qui constituent la somme. (V. le mot *Sou*.)

APPRÉCIATION, s. f. Action de fixer, de déterminer, à l'aide des sens, le poids, la valeur, la distance, etc. : *Appréciation des distances*. Il est très important à la guerre qu'un soldat puisse apprécier à quelle distance se trouve l'ennemi. Voici, à ce sujet, quelques données qui peuvent servir à un homme ayant une vue ordinaire : jusqu'à 200 mètres, on aperçoit à l'œil nu les couleurs de l'habillement, la robe des chevaux et les détails du harnachement ; à 300 mètres, on voit encore, mais un peu confus, les détails du harnachement et de l'habillement ; à 400 mètres on ne voit plus que les parties rouges de l'habillement ; à 500 mètres, les parties brillantes de l'équipement et de l'armement sont seules visibles, et, à 600 mètres, on ne distingue plus que le sens de la marche de la troupe.

Le mot « appréciation » signifie aussi l'action de déterminer par le jugement la partie morale d'un fait, le résultat d'une action. — Dans leurs procès-verbaux, les gendarmes ne doivent jamais donner leur appréciation sur la conséquence des faits qu'ils sont appelés à constater. — Cette obligation découle des termes mêmes de l'article 488 du décret du 1er mars 1854, et la circulaire ministérielle du 15 septembre 1862 dit expressément que la rédaction des procès-verbaux doit être claire, précise et offrir un exposé des faits, dégagé de tout événement ou de toute interprétation étrangère à leur but, qui est d'éclairer la justice sans chercher à l'influencer dans un sens quelconque.

APTITUDE, s. f. Disposition naturelle à quelque chose, capacité, habileté. — L'instruction sur l'aptitude physique au service militaire est du 31 janvier 1902. L'aptitude à l'infanterie comporte : l'aptitude à la marche ; une grande vigueur musculaire pour pouvoir porter un fardeau qui est actuellement de 28 kilogrammes environ ; l'aptitude au tir à longue portée, qui n'est possible qu'à la condition de posséder une acuité visuelle normale.

L'aptitude à la cavalerie comporte l'aptitude physique à l'équitation et l'aptitude physique au service d'exploration, qui exige une excellente vue.

L'aptitude au service de la gendarmerie comporte les mêmes conditions que pour l'infanterie et la cavalerie suivant qu'il s'agit de candidats se destinant à l'arme à pied ou à l'arme à cheval.

ARBRE, s. m. Végétal ligneux dont la tige est appelée tronc et dont les ramifications prennent le nom de branches. Les arbres peuvent se diviser en trois grandes catégories : les arbres forestiers, les arbres fruitiers et les arbres d'ornement. — La loi protège ces différentes espèces d'arbres et l'article 461 du Code pénal punit d'un emprisonnement de 6 jours à 6 mois, à raison de chaque arbre, sans que la totalité puisse excéder 5 ans, quiconque aura abattu un ou plusieurs arbres qu'il savait appartenir à autrui. — Les peines seront les mêmes à raison de chaque arbre mutilé, coupé ou écorcé de manière à le faire périr. (C. P., art. 446.) — S'il y a eu destruction d'une ou de plusieurs greffes, l'emprisonnement sera de 10 jours à 2 mois à raison de chaque greffe, sans que la totalité puisse excéder 2 ans. (C. P., art. 447.) — Le minimum de la peine sera de 20 jours dans les cas prévus par les articles 445 et 446 et de 10 jours dans le cas prévu par l'article 447, si les arbres étaient plantés sur les places, routes, chemins, rues ou voies publiques, ou vicinales, ou de traverse. (C. P., art. 448.) — L'article 315 du 1er mars 1854 prescrit d'arrêter tous ceux qui sont surpris coupant ou dégradant d'une manière quelconque les arbres plantés sur les chemins, promenades publiques, fortifications et ouvrages extérieurs des places. — Les gendarmes agiront sagement en n'arrêtant les délinquants que s'ils sont inconnus et non domiciliés. — Le fait d'attacher des cordes aux arbres plantés le long des routes constitue une contravention de grande voirie. (Ordon. du 2 août 1774.) — Le Code forestier édicte des peines contre ceux qui coupent ou mutilent des arbres appartenant aux forêts de l'État ou aux bois communaux. — Les amendes sont déterminées selon la circonférence de l'arbre et selon son espèce. — Le propriétaire des arbres plantés proche le fonds voisin n'a pas le droit de conserver les branches au-dessus, ni les racines au-dessous de ce fonds.

ARCHEVÊQUE, s. m. Au point de vue de la juridiction spirituelle catholique, la France est divisée en un certain nombre de circonscriptions à la tête desquelles se trouve un prélat qui porte le titre d'archevêque ou d'évêque. Il y a en France 18 archevêchés dont 1 en Algérie, et 72 évêchés dont 2 en Algérie et 3 dans les colonies.

ARCHIVES, s. f. pl. Collection

Nomenclature des règlements, instructions, etc., et du matériel actuellement propre à chacune des fractions de la gendarmerie.

NOTA. — Les documents et le matériel actuellement utiles à chacune des fractions de la gendarmerie figurent seuls dans la présente nomenclature. Les documents abrogés et non remplacés seront rayés et détruits sur l'ordre du chef de légion.

DÉSIGNATION DES RÈGLEMENTS, INSTRUCTIONS, ETC. ET DU MATÉRIEL.	LÉGION.	CONSEIL D'ADMINISTRATION.	COMPAGNIE.	ARRONDISSEMENT.	BRIGADE isolée ou groupe de brigades — à cheval.	BRIGADE isolée ou groupe de brigades — à pied.
Bulletin des lois	1	»	»	»	»	»
Bulletin officiel du ministère de la guerre	1	1	»	»	»	»
Décret sur le service et l'organisation de la gendarmerie, avec cahier de modèles	1	1	1	»	»	»
Décret sur le service et l'organisation de la gendarmerie, sans cahier de modèles	»	»	»	1	1	1
Extrait du cahier des modèles	»	»	»	»	1	1

DÉSIGNATION DES RÈGLEMENTS, INSTRUCTIONS, ETC. ET DU MATÉRIEL.	LÉGION.	CONSEIL D'ADMINISTRATION.	COMPAGNIE.	ARRONDISSEMENT.	BRIGADE isolée ou groupe de brigades. à cheval.	à pied.
Régl. sur les exercices de la gendarmerie à cheval.	1	1	1	1	1	»
Régl. sur les exercices de la gendarmerie à pied.	1	1	1	1	»	1
Règlement sur le service intérieur de la gendarmerie	1	1	1	1	1	1
Règlement sur le service des armées en campagne (1)	1	1	1	1	1	1
Règlement sur le service des places	1	1	1	1	1	1
Règlement sur le service prévôtal aux armées	1	1	1	1	1	1
Règlement sur la solde et les revues	1	1	1	1	»	»
Règlement sur l'administration et la comptabilité	1	1	1	1	»	»
Extrait à l'usage des sous-officiers, brigadiers et gendarmes, des deux décrets qui précèdent (2)	»	»	»	»	1	1
Manuel des pensions militaires avec supplément	1	1	»	»	»	»
Code de justice militaire	1	1	1	1	1	1
La justice prévotale aux armées par M. Champoudry.	»	»	»	1	»	»
Les commissions rogatoires exécutées par la gendarmerie	»	»	»	1	»	»
Règlement sur le service de l'armement	»	1	»	»	»	»
Instruction annexée au règlement qui précède	»	1	»	»	»	»
Règlement sur les transports militaires par chemin de fer	1	1	»	»	»	»
Règlement sur le service des frais de route (Edition de 1888)	»	1	»	»	»	»
Loi du 31 mai 1851 sur la police du roulage	»	»	»	1	1	1
Instruction sur l'administration des hommes de la réserve et de l'armée territoriale dans leurs foyers.	1	»	1	»	»	»
Extrait de l'instruction qui précède (3)	»	»	»	1	1	1
Instruction du 24 décembre 1897 pour le transport des militaires rappelés sous les drapeaux et absents de leur domicile au moment d'une mobilisation	1	»	1	1	1	1
Instruction générale sur le service des postes	1	»	1	1	1	1
Instruction en cas de troubles	1	»	1	»	»	»
Nomenclature des services de l'artillerie, de la remonte générale et du harnachement	»	1	»	»	»	»
Instruction minist. relative au service des secours.	1	»	1	»	»	»
Instruction pour le transport des militaires (disponibilité, réserve et armée territoriale) (V. la note ministérielle du 27 novembre 1893.)	»	»	»	»	1	1
Instruction provisoire du 6 mai 1892, sur la carabine de gendarmerie modèle 1890	1	1	1	1	1	1
Instruction du 12 août 1891, sur la nomenclature, le démontage et le remontage de la carabine modèle 1890	»	»	»	»	1	1
Instruction du 29 mai 1894 sur la nomenclature, le démontage, le remontage et l'entretien du revolver modèle 1892 (26 février 1896)	»	»	»	»	1	1
Dictionnaire de la gendarmerie	1	1	1	1	1	1
Dictionnaire des connaissances utiles à la gendarmerie	1	»	1	1	1	1

(1) Note ministérielle du 6 octobre 1895.
(2) Note ministériolle du 28 février 1991
(3) Note ministérille du 6 mai 1896

DÉSIGNATION DES RÈGLEMENTS, INSTRUCTIONS, ETC. ET DU MATÉRIEL.	LÉGION.	CONSEIL D'ADMINISTRATION.	COMPAGNIE.	ARRONDISSEMENT.	BRIGADE isolée ou groupe de brigades. à cheval.	à pied.
Circonscriptions milit. de la France, par M. Lassalle.	1	1	1	1	1	1
Manuel de l'officier de police judiciaire.	»	»	»	1	1	1
Manuel des contributions indirectes et des douanes.	1	1	»	1	1	1
Annuaire militaire (pour la garde républicaine).	1	»	»	»	»	»
Recueil de médecine vétér. (pour la garde républic.)	1	»	»	»	»	»
Revue militaire de l'étranger.	1	»	»	»	»	»
Mémorial de la gendarmerie.	1	»	1	1	1	1
Cours abrégé d'hippologie à l'usage des sous-officiers, brigadiers et élèves-brigadiers des corps de troupes à cheval.	»	1	»	»	1	»
Carnet aide-mémoire du gendarme.	1	1	1	1	1	1
Commentaire sur le Code de justice militaire.	1	1	1	»	»	»
Livret d'emplacement des troupes.	1	»	1	»	»	»
Carte des étapes (1).	1	1	1	»	»	»
Carte des départements composant la légion.	1	»	»	»	»	»
Carte du département.	»	»	1	»	»	»
Quarts de feuilles de la carte d'état-major.	»	»	»	»	1	1
Tableau statistique des communes, hameaux, etc., de la circonscription respective (2).	1	»	1	1	1	1
Cartes de France.	1	»	1	»	»	»
Carte des chemins de fer.	1	»	»	»	»	»
Bascule avec poids.	»	1	»	»	»	»
Une paire de balances avec poids.	»	»	»	»	1 (2)	»
Romaine à boule.	»	»	»	»	1 (1)	»
Caisse du conseil.	»	1	»	»	»	»
Caisse du trésorier.	»	1	»	»	»	»
Jeux de marques à chaud pour le marquage des chev.	»	1	»	»	»	»
Presse Teillac.	»	»	1	»	»	»
Guide pratique des sous-officiers candidats à des emplois civils. (20 avril 1894.)	»	»	1	»	»	»
La justice prévôtale aux armées, par M. Champoudry	»	»	»	1	»	»
Les commissions rogatoires exécutées par la gendarmerie, par M. Champoudry.	»	»	»	1	»	»
Dictionnaire des communes, par M. Lassalle.	»	»	»	1	1	1

(1) Voir la note ministérielle du 4 septembre 1893 et celle du 15 février 1894. — Un tableau des principaux bienfaiteurs de l'armée française doit se trouver dans chaque caserne de gendarmerie.

(2) Par poste. L'achat, le renouvellement et l'entretien sont imputés sur le produit de la vente des fumiers.

de documents imprimés ou écrits. — Les articles 232 et suivants du règlement du 12 avril 1893 traitent de la conservation et de la composition des archives, ainsi que de la destination à donner aux divers registres et pièces qui les composent. — Chaque fraction de l'arme doit être pourvue des règlements, instructions et du matériel indiqués (annexe n° 4 du règlement du 12 avril 1893) au tableau ci-après. —

Tout document qui n'est réellement pas utile ou prévu par les règlements doit être enlevé des archives, surtout des archives des brigades. (Service intérieur, art. 1er.)

Archives concernant la mobilisation. Les documents confidentiels relatifs à la mobilisation doivent être conservés avec les plus grands soins. — En cas de mutation, le successeur, dès son entrée en fonctions, doit en vérifier l'exactitude, le complet et le bon état, et en donner décharge à son prédécesseur par un reçu.

Les archives historiques du ministère de la guerre peuvent être consultées avec l'autorisation du Ministre. (V. règlement du 26 janvier 1892.)

ARCHIVISTE, s. m. Celui qui est chargé de la tenue des archives. — Le décret du 1er mai 1891 a modifié le mode de recrutement et d'avancement du personnel des archivistes : le grade d'archiviste de 3e classe est donné au concours aux sous-officiers de l'armée ; le quart des places vacantes dans les grades d'archiviste principal de 2e classe et d'archiviste de 1re, est réservé aux lieutenants et capitaines de toutes armes. — Les archivistes ont droit aux mêmes honneurs que les officiers d'administration : ils doivent le salut à tous les officiers jusqu'au grade de capitaine inclusivement. Ils reçoivent le salut de tous les hommes de troupe. — Ils forment un corps ayant une hiérarchie propre, sans assimilation avec les divers grades de l'armée. La loi du 19 mai 1834 sur l'état des officiers leur est applicable.

ARDÈCHE (Département). Populat. 353,564 habitants, 3 arrondissements, 31 cantons (15e corps d'armée, 15e légion de gendarmerie), chef-lieu Privas, 7,312 habitants, à 668 kilomètres S.-S.-E. de Paris, sur une colline à la jonction de trois rivières. S.-P. : Largentière, Tournon. Pays très montagneux. Elève de bétail, surtout de moutons et de chèvres, de vers à soie et d'abeilles. Sources minérales de Vals, Saint-Laurent, etc. — Patrie du général Rampon, célèbre par l'héroïque défense de la redoute de Montelegino.

ARDENNES (Département). Populat. 315,589 habitants, 5 arrondissements, 31 cantons (6e corps d'armée, 6e légion de gendarmerie), chef-lieu Mézières, 6,700 habitants, à 238 kilomètres N.-E. de Paris, sur la Meuse. S.-P. : Rethel, Rocroi, Sedan, Vouziers. Département frontière. Pays traversé par les collines de l'Argonne et de l'Ardenne. Agricole et manufacturier. Elève de gros bétail et d'abeilles. Exploitation minérale très importante (fer, ardoise, marbre, etc.). — Patrie de Turenne, du maréchal Macdonald, des généraux Savary, duc de Rovigo, Berton, Hulot, Condamine et René Moreau, général en chef de l'armée de la Moselle, Chanzy, l'illustre commandant de l'armée de la Loire.

ARE, s. m. Unité des mesures pour les surfaces. — C'est un carré dont chaque côté est égal à 10 mètres. — La superficie de l'are est donc de 100 mètres carrés. — Le seul multiple de l'are est l'hectare qui vaut 100 ares. L'hectare est un carré dont chaque côté est égal à 100 mètres. L'hectare vaut 10,000 mètres carrés.

ARGENT, s. m. Métal blanc dur, brillant est très ductile, c'est-à-dire qu'il a la propriété de pouvoir être tiré, allongé très facilement sans se rompre. Il existe en Europe quelques mines d'argent, mais elles sont peu productives; les mines les plus riches se trouvent au Mexique et au Pérou. — On se sert de l'argent pour faire des monnaies, de l'orfèvrerie et de la bijouterie, mais l'argent n'est jamais employé pur et, pour lui donner une plus grande dureté, on le mêle avec du cuivre; c'est ce qu'on appelle l'alliage. — Les monnaies françaises renferment neuf parties d'argent et une partie de cuivre; elles sont au nombre de cinq :

La pièce de	5f »	qui pèse	25 g.,	diamètre	37mm
—	2 »	—	10	—	27
—	1 »	—	5	—	23
—	0,50	—	2,5	—	18
—	0,20	—	1	—	15

(Pour les monnaies qui ont cours légal, V. *Monnaies*.)

Les lois des 3 septembre 1807 et 19 décembre 1850, dans leurs dispositions relatives à l'intérêt conventionnel, sont abrogées en matière de commerce; elles restent en vigueur en matière civile. (Loi du 12 janvier 1886.)

ARGOT, s. m. Langage particulier qu'emploient entre eux les gens d'une même profession. Les voleurs, surtout ceux qui sont organisés en bandes, se servent d'un argot qui leur permet de se parler entre eux sans être compris de ceux qui peuvent les écouter.

ARIÈGE (Département). Popul., 210,527 habitants, 3 arrondissements,

20 cantons (17e corps d'armée, 17e légion de gendarmerie), chef-lieu Foix, 7,568 habitants, à 752 kilomètres S. de Paris, au pied des Pyrénées. S.-P. ; Pamiers, Saint-Girons. Département frontière. Pays très élevé et très montagneux, agricole et manufacturier. Elève considérable de gros bétail, de moutons mérinos et d'abeilles. Sources minérales à Ax, Andignac, Aulus, Husson, Forcigue, etc. — Patrie du maréchal Clausel, du général Laffite et de Gaston de Foix, tué à la bataille de Ravenne en 1512.

ARME, s. f. Tout ce qui sert à attaquer ou à se défendre. Les armes offensives sont celles qui servent à l'attaque et les armes défensives celles qui servent à la défense.

Armes en service dans la gendarmerie. Les sous-officiers, les brigadiers et les gendarmes à cheval sont armés du sabre de cavalerie légère modèle 1822, de la carabine modèle 1890 avec l'épée-baïonnette et du pistolet-revolver. Toutefois, les adjudants et les maréchaux des logis chefs ne sont pas armés de la carabine. — La carabine modèle 1890 est du calibre de 8 millimètres avec quatre rayures en hélice au pas de $0^m,24$ et le revolver est du calibre de 11 millimètres. La longueur de la carabine sans baïonnette est de $0^m,945$; la longueur de la carabine avec baïonnette est de $1^m,465$; le poids de la carabine sans baïonnette et non chargée est de 3 kil. 100 et avec le chargeur garni de trois cartouches de 3 kil. 195. Le poids de l'épée-baïonnette sans fourreau est de 0 kil. 475, et, avec fourreau de 0 kil. 675 ; le poids du revolver est de 1 kil. 195. Les sous-officiers, brigadiers et gendarmes à pied ont la carabine modèle 1890 avec l'épée-baïonnette et le revolver. (V. *Armement*).

Armes chargées. Les gendarmes doivent toujours avoir leurs armes chargées lorsqu'ils transfèrent des prisonniers ou lorsqu'ils escortent des diligences ou des voitures chargées des fonds de l'Etat. (Déc. du 1er mars 1854, art. 417 et 463. — Les armes sont chargées et déchargées en présence du chef de brigade ou de son suppléant, au départ et au retour. (Service intérieur, art. 145.)

Abandon d'armes. L'article 471, no 7, du Code pénal punit de 1 à 5 francs d'amende tout abandon sur la voie publique d'armes dont peuvent abuser les voleurs. La gendarmerie ramasse ces armes et les dépose à la mairie après avoir dressé procès-verbal du fait et des recherches auxquelles elle s'est livrée pour trouver le propriétaire. — Les armes abandonnées par les chasseurs doivent être envoyées au greffe du tribunal. Le procès-verbal est adressé au procureur de la République. (Décr. du 1er mars 1854, art. 328).

Usage des armes. Les sous-officiers, brigadiers et gendarmes ne peuvent, en l'absence de l'autorité judiciaire ou administrative, déployer la force des armes que dans les deux cas suivants : le premier si des violences ou voies de fait sont exercées contre eux ; le second s'ils ne peuvent défendre autrement le terrain qu'ils occupent, les postes ou les personnes qui leur sont confiés, ou enfin si la résistance est telle qu'elle ne puisse être vaincue autrement que par la force des armes. (Décr. du 1er mars 1854, art. 297.) — Une circulaire du Ministre de la guerre en date du 30 novembre 1853, rappelle aux gendarmes qu'ils ont des armes pour faire exécuter les lois et qu'ils doivent s'en servir dès que leur *sûreté personnelle est sérieusement menacée.* (*V. Attroupement.*).

Arrêt de la Cour de cassation : *Gendarmes ayant fait usage de leurs armes pour leur défense* (*Bulletin des arrêts de la Cour de cassation*, tome XCII, no 6, page 371, du 23 juin 1887) :

» 1o Doit être annulé pour insuffisance de motifs l'arrêt de la Chambre des mises en accusation qui renvoie un gendarme devant la Cour d'assises sous l'accusation de meurtre, alors qu'il résulte des énonciations de cet arrêt que l'accusé s'est servi de ses armes pour sa défense ;

» 2o Est également sujet à cassation l'arrêt de la Chambre des mises en accusation qui, en reconnaissant tout à la fois qu'un gendarme était dans l'exercice de ses fonctions et qu'il a été provoqué par des voies de fait et par la tentative faite par son prisonnier de prendre la fuite et de s'emparer du fusil que portait son camarade, le renvoie devant la Cour d'assises sous l'accusation de meurtre, sans rechercher si l'accusé ne se trouvait pas dans le cas prévu par l'article 327 du Code pénal, et si le fait qui lui est imputé comme ayant un caractère criminel ne rentrait pas dans l'accomplissement des prescriptions des lois et règlements qui régissent le service de la gendarmerie. »

Usage des armes dans les villes. L'article 471, n° 2, du Code pénal punit d'une amende de 10 francs ceux qui auront violé la défense de tirer en certains lieux des pièces d'artifices. De nombreux arrêts ont compris dans cette expression « pièces d'artifices » les fusils et les pistolets. — Il résulte de l'article précité que le fait de tirer un coup de pistolet dans une rue ne constitue pas une contravention s'il n'y a pas eu un arrêt prohibitif.

Armes des hommes absents Les armes et les munitions des sous-officiers, brigadiers et gendarmes allant à l'hôpital, en congé, en permission ou aux eaux ou qui subissent une punition de prison en dehors de la résidence sont remises au chef de brigade, qui est chargé de les faire entretenir en bon état.

Il en est de même pour les effets d'habillement, de harnachement et d'équipement des hommes veufs ou célibataires dont la remise est faite au chef de brigade sur inventaire en même temps que la clef du logement. (Service intérieur, art. 44.)

Fabrication et commerce des armes. — La fabrication et le commerce des armes de toutes espèces, non réglementaires en France, y compris les armes d'affût (canons, mitrailleuses, etc.), et des munitions non chargées employées pour ces armes (douilles de cartouches, projectiles, fusées, etc.), sont entièrement libres.

La fabrication et le commerce des armes de toutes espèces *des modèles réglementaires en France et des munitions non chargées employées pour ces armes* sont libres, sous la réserve des conditions énoncées dans les articles 3 et 4 de la loi du 14 août 1885 (déclaration préalable; tenue de certains registres).

Les armes du modèle réglementaire en France sont celles qui sont en service dans les armées de terre et de mer; elles sont définies par les tables de construction approuvées par le Ministre. (Loi du 14 août 1885, art. 1 et 2.)

Les dispositions indiquées dans ces articles ne sont pas applicables aux armes blanches et aux revolvers, dont la fabrication et le commerce sont entièrement libres.

Armes prohibées. Il n'y a plus d'armes prohibées dans le sens de la loi. La loi du 14 août 1885, en rendant complètement libres la fabrication et le commerce des armes blanches et des revolvers, a permis par cela même le port desdites armes. — Par suite, ne commet plus le délit prévu et puni par l'article 314, tout individu trouvé porteur de l'une de ces armes (ainsi jugé par la cour de Douai, le 29 mars 1886). — Il résulte de ce jugement que le port des cannes à épée est permis, comme la fabrication et la vente en sont également permises ; mais il faut remarquer cependant que cette question très importante a été jugée différemment par certains tribunaux et qu'elle n'a pas encore été tranchée par la Cour de cassation. — Le 19 février 1896, la cour de Dijon décidait que la loi du 14 août 1885 était une loi purement économique et n'avait pas pour effet d'autoriser le port des armes dont elle autorisait le commerce; et elle ajoutait que les pistolets et revolvers ayant moins de 158 millimètres de longueur continueraient à être prohibés. — Les cours d'assises et les tribunaux jugeant correctionnellement peuvent, dans certains cas, interdire le port d'armes. (C. P., art. 28 et 42.)

ARMÉE, s. f. On donne le nom d'armée à la réunion de plusieurs corps d'armée. Dans un sens général, on donne le nom d'armée à l'ensemble des forces militaires d'un pays. L'armée de terre comprend l'ensemble de toutes les troupes destinées à combattre sur terre, et l'armée de mer ou l'armée navale est la réunion des vaisseaux de guerre qui portent les troupes destinées à combattre sur mer. — La loi du 13 mars 1875, modifiée par celles des 25 juillet 1887, 21 juin 1890 et 25 juillet 1893, 29 juin et 13 juillet 1894 a fixé ainsi qu'il suit la composition de l'armée française :

Armée active. *L'infanterie* comprend : 1° 163 régiments : 145 portent le nom de régiments subdivisionnaires (le 145° a été créé par la loi du 23 juillet 1891). Ils sont à 3 bataillons de 4 compagnies; mais la loi du 4 mars 1897 autorise le Ministre de la guerre à constituer progressivement, suivant les nécessités du recrutement et les ressources budgétaires, un 4e bataillon dans chacun de ces régiments. Il existe, en outre, dans chacun d'eux un cadre complémentaire comprenant, dans 72 régiments, 1 lieutenant-colonel et 1 chef de bataillon; dans 73 régiments, 2 chefs de bataillon; dans tous les régiments, 8 capitaines et 4 lieutenants. (Loi du 25 juillet 1893.)

Les 18 autres régiments portent le nom de régiments régionaux. Ils ont la même composition que les premiers. Mais le Ministre est autorisé à verser dans le cadre complémentaire de chacun de ces régiments régionaux le nombre d'hommes nécessaires pour constituer un quatrième bataillon numériquement égal à chacun des trois autres. (Loi du 20 juillet 1891.)

2° 30 bataillons de chasseurs à pied à six compagnies. (Loi du 24 décembre 1888.) Le cadre complémentaire de chacun des bataillons de chasseurs à pied comprend 1 capitaine et 1 lieutenant.

3° L'infanterie comprend, en outre, les troupes suivantes, spéciales au 19e corps, savoir : 4 régiments de zouaves à 5 bataillons de 4 compagnies, plus 2 compagnies de dépôt (cadre complémentaire de chacun des régiments de zouaves : 2 chefs de bataillon, 8 capitaines et 6 lieutenants; dans les 1er et 3e régiments le cadre complémentaire comprend en outre un lieutenant-colonel) (loi du 9 fév. 1899); 4 régiments de tirailleurs algériens à 5 bataillons de 4 compagnies, plus 1 compagnie de dépôt (1); 2 régiments étrangers à 5 bataillons de 4 compagnies et 2 compagnies de dépôt. (Décret du 1er novembre 1891.) (Le nombre des bataillons et des compagnies des régiments étrangers pourra être modifié par décret du Président de la République, suivant les ressources du recrutement); — 5 bataillons d'infanterie légère d'Afrique (le nombre des compagnies de ces bataillons est déterminé par le Ministre de la guerre suivant les nécessités du service (cadre complémentaire de chacun des bataillons d'infanterie légère d'Afrique : 1 capitaine, 1 lieutenant); — 4 compagnies de fusiliers de discipline et une compagnie de pionniers de discipline au Tonkin; 1 bataillon de tirailleurs sahariens et 1 compagnie de cipahis dans l'Inde.

La *cavalerie* comprend (1er janvier 1902) : 1° 89 régiments, savoir : 13 régiments de cuirassiers ; — 31 régiments de dragons ; — 35 régiments de cavalerie légère, dont 21 de chasseurs et 14 de hussards; — 6 régiments de chasseurs d'Afrique ; — 4 régiments de spahis; 1 escadron de spahis sahariens et 1 escadron de spahis soudanais. Tous les régiments de cavalerie sont uniformément constitués à 5 escadrons. Toutefois, le 1er régiment de spahis, qui détache un escadron au Sénégal, reste constitué à 6 escadrons. (Loi du 26 juillet 1893.)

Les 79 régiments de l'intérieur constituent 18 brigades de 2 régiments, à raison de 1 brigade par corps d'armée, et un certain nombre de brigades et de divisions de cavalerie indépendante, placées en dehors des corps d'armée. — 2° 8 compagnies de cavaliers de remonte, à raison de 1 compagnie pour chacune des 4 circonscriptions de remonte, 1 compagnie à Saumur et 3 en Algérie.

L'*artillerie* comprend : 1° 18 bataillons à pied à six batteries chacun. — 2° 40 régiments tous stationnés en France et constituant 19 brigades, à raison de 1 brigade par corps d'armée plus deux régiments de nouvelle création. Le 1er régiment de chaque brigade est à 12 batteries montées, le 2e régiment est à 9 batteries montées et 3 batteries à cheval. — 3° 10 compagnies d'ouvriers d'artillerie chargés de la construction de la partie du matériel de l'artillerie, du génie et du train des équipages militaires dont la confection ne

(1) Le nombre des bataillons des tirailleurs peut être augmenté par décret. (Loi du 9 février 1899.)

serait pas confiée à l'industrie civile. — 4° 3 compagnies d'artificiers. (Lois des 24 juillet 1883 et 25 juillet 1893.) (V. *Batterie*.)

Les troupes du *génie* se composent de sept régiments :

1 régiment de sapeurs de chemins de fer à 3 bataillons, plus une compagnie de sapeurs conducteurs, et 6 régiments de sapeurs mineurs comprenant 5 bataillons à 4 compagnies : dans chacun de ces derniers régiments, un certain nombre d'hommes sont exercés à la manœuvre des ponts.

A chacun des 19 corps d'armée correspond un bataillon de sapeurs-mineurs, qui en porte le numéro, et qui rejoint ce corps en cas de mobilisation et de manœuvres, ou sur un ordre du Ministre de la guerre. Il ne peut être apporté de modification ou de changement dans le personnel des cadres de ces bataillons, si ce n'est pour cause d'avancement ou par ordre du Ministre.

Le *train des équipages militaires* comprend 20 escadrons, tous stationnés en France. — Chaque escadron est à 3 compagnies.

Gendarmerie ; sapeurs-pompiers de la ville de Paris. La gendarmerie comprend : la gendarmerie départementale de l'intérieur, organisée en légions et compagnies ; — la gendarmerie d'Afrique ; — la garde républicaine de Paris ; — la gendarmerie coloniale. — Les sapeurs-pompiers de la ville de Paris constituent un régiment d'infanterie.

Le *service d'état-major*, le *recrutement*, la *remonte*, les *écoles militaires* et les différents services particuliers de l'armée sont assurés par un nombreux personnel, dont les attributions sont définies par les divers règlements.

Les secrétaires d'état-major et du recrutement sont répartis en 20 sections : une par corps d'armée et une à Paris.

Les commis et ouvriers militaires d'administration sont répartis en 25 sections : une dans chacun des 18 corps d'armée ; trois dans le 19e corps d'armée ; trois dans le gouvernement de Paris et une dans le gouvernement de Lyon. Les sections des infirmiers militaires sont également au nombre de 25, réparties de la même manière.

La loi du 5 décembre 1894 a autorisé la création de *troupes sahariennes* composées d'un certain nombre de bataillons de tirailleurs et d'escadrons de spahis qui seront organisés par décret suivant les nécessités du service et les ressources du recrutement.

Régiments de réserve. (V. *Réserve*.)

Armée territoriale. L'armée territoriale comprend des troupes de toutes armes. Elle se compose de :

1° 145 régiments (chaque subdivision de région fournit un régiment, — celle de Marseille en fournit deux). Chaque régiment se compose : 1° d'un nombre de bataillons variable, d'après les ressources du recrutement ; 2° d'un dépôt (loi du 21 juin 1890) et d'un nombre indéterminé de bataillons de chasseurs à pied qui se formeront dans les XIVe et XVe régions.) Il existe actuellement 7 bataillons territoriaux de chasseurs à pied.

2° 31 bataillons de douaniers ;

3° 45 compagnies actives de chasseurs forestiers et un certain nombre de compagnies et de sections territoriales ;

4° 19 groupes et escadrons de cavalerie, comprenant chacun 2 escadrons de dragons et 2 escadrons de cavalerie légère ;

5° Dans chaque région, un nombre d'unités d'artillerie variables d'après les ressources du recrutement (Loi du 8 avril 1897) ;

6° 1 bataillon de canonniers sédentaires à Lille ;

7° 21 bataillons du génie ;

8° 19 escadrons du train des équipages ;

9° 23 sections de commis et ouvriers d'administration ;

10° 23 sections d'infirmiers militaires.

Les numéros des régiments, bataillons, escadrons, groupes ou sections correspondent à ceux des régions de l'intérieur auxquelles ils appartiennent.

Outre les unités d'artillerie et l'escadron du train des équipages constitués dans chaque région, il est formé :

a) Des groupes territoriaux d'artillerie rattachés à la 19e brigade d'artillerie ;

b) Un 19e escadron territorial du train des équipages militaires rattaché au 19e escadron actif ;

c) Si les nécessités de la mobilisation l'exigent, il pourra, en outre, être formé un 20e escadron territorial du train rattaché au 20e escadron actif. (Art. 12 de la loi du 25 juillet 1893.)

11° 19 escadrons d'éclaireurs volontaires qui n'ont pas encore été organisés.

L'*armée territoriale de l'Algérie* comprend :

1° 3 escadrons et un certain nombre de sections de chasseurs forestiers organisés dans chacun des trois départements ;

2° 3 compagnies et 2 pelotons à cheval formés par les douaniers ;

3° 10 bataillons territoriaux de zouaves ;

4° 6 escadrons territoriaux de chasseurs d'Afrique ;

5° 13 batteries d'artillerie territoriale à pied.

L'organisation des différents services administratifs de l'armée territoriale sera déterminée par le Ministre de la guerre.

Armée de mer. Sont affectés à l'armée de mer :

1° Les hommes fournis par l'inscription maritime ;

2° Les hommes qui ont été admis à s'engager ou à contracter un rengagement dans les équipages de la flotte, suivant les conditions spéciales déterminées aux articles 59 et 63 de la loi du 15 juillet 1889. (V. *Engagement volontaire* et *Rengagement*) ;

3° Les jeunes gens qui, au moment des opérations du conseil de revision, auront demandé à entrer dans les équipages de la flotte et qui auront été reconnus aptes à ce service ;

4° A défaut d'un nombre suffisant d'hommes compris dans les trois catégories précédentes, les hommes du contingent auxquels les numéros les moins élevés ont été attribués en vertu de l'article 47 de la loi du 15 juillet 1889, ou sont échus par l'effet du tirage au sort. (Art. 43 de ladite loi.)

Armée coloniale. L'armée coloniale, organisée par la loi du 7 juillet 1900 et rattachée au ministère de la guerre, se recrute ainsi qu'il suit, en ce qui concerne l'élément français :

I. Par l'application des dispositions de la loi du 30 juillet 1893, c'est-à-dire :

1° Par voie d'engagements volontaires pour une durée de trois, quatre ou cinq années. L'engagé volontaire reçoit, immédiatement après la signature de son acte d'engagement, une prime fixée ainsi qu'il suit : pour un engagement de 4 ans, 100 francs ; pour un engagement de 5 ans, 200 francs (décret du 4 août 1894) ;

2° Par voie d'incorporation des jeunes gens qui, au moment des opérations du conseil de revision, auront demandé à entrer dans les troupes coloniales et auront été reconnus aptes à ce service ;

3° Par voie de rengagements contractés conformément aux dispositions spéciales contenues dans les articles 63 et 65 de la loi du 15 juillet 1889 sur le recrutement de l'armée et dans le décret du 4 août 1894 ;

4° En cas d'insuffisance, par l'appel fait, sous forme d'engagements, aux volontaires de l'armée de terre, sous-officiers, brigadiers, caporaux ou soldats ayant plus d'une année de présence sous les drapeaux.

II. Par l'application aux hommes des contingents des diverses colonies, de la loi du 15 juillet 1889 et des lois relatives à l'application du service militaire dans les colonies.

III. Par voie d'incorporation des hommes du contingent métropolitain, qui, toutefois, ne seront pas astreints à servir aux colonies, conformément à la loi du 30 juillet 1893.

Les troupes coloniales à destination des colonies ne doivent comprendre que des hommes ayant au moins six mois de présence sous les drapeaux et vingt et un ans révolus.

Le recrutement des troupes coloniales indigènes est assuré d'après des règles en vigueur dans chacune d'elles.

Les troupes coloniales comprennent : un état-major général, un service d'état-major, un service de recrutement, un service de justice militaire, des services administratifs et de santé, des troupes d'artillerie et d'infanterie, et un corps disciplinaire.

L'infanterie comprend :

1° 19 régiments d'infanterie; ce nombre est variable : il y en a eu 22 pendant la guerre de Chine; tous ces régiments sont à 3 bataillons de 4 compagnies;

2° 1 rég. de tirailleurs annamites;

3° 4 rég. de tirailleurs tonkinois;

4° 3 rég. de tirailleurs sénégalais;

5° 2 rég. de tirailleurs malgaches;

6° 4 bat. de tirailleurs sénégalais;

7° Une compagnie de tirailleurs cambodgiens. De nouvelles compagnies pourront être créées selon les besoins du service. (Décret du 9 mai 1902) ;

8° Un bataillon de tirailleurs chinois. (Décret du 20 juin 1902.)

Le corps disciplinaire comprend :

1° *En France*, un dépôt du corps des disciplinaires des colonies et un dépôt de la compagnie de discipline coloniale.

Deux sections d'activité et un dépôt d'exclus de l'armée.

2° *Aux colonies*, deux compagnies et une section de discipline coloniales stationnées en Indo-Chine, à Madagascar et à la Martinique.

Deux compagnies de disciplinaires des colonies stationnées au Sénégal et à Diégo-Suarez.

Des sections d'exclus coloniaux.

L'artillerie comprend :

1° Stationnés en France, 3 régiments à 12 batteries;

2° Au Tonkin, 1 régiment à 8 batteries;

3° En Cochinchine, 1 régiment à 6 batteries;

4° Un certain nombre de groupes de batteries stationnés dans nos colonies les plus importantes.

Le personnel du génie métropolitain peut être employé pour concourir au service des constructions militaires et des fortifications aux colonies.

Le Ministre de la guerre peut recourir à la légion étrangère, aux bataillons d'infanterie légère d'Afrique et aux régiments de tirailleurs algériens pour les faire coopérer au service colonial.

De même, les compagnies de discipline peuvent être employées en tout temps aux colonies. (V. la loi du 7 juillet 1900 et le décret du 28 décembre 1900.)

Les troupes coloniales stationnées en France sont constituées en un corps d'armée spécial qui prend le nom de corps d'armée des troupes coloniales. (Décret du 11 juin 1901.)

Un certain nombre d'emplois civils et militaires déterminés par un règlement d'administration publique sera exclusivement réservé en France, en Algérie et aux colonies, aux caporaux, brigadiers et soldats ayant accompli quinze années de services dans les troupes coloniales.

Ils pourront s'ils sont mariés, et s'ils en font la demande, recevoir dans l'année qui suit leur libération, un titre de concession sur les terres disponibles en Algérie ou dans les colonies. Cette concession leur sera accordée dans les mêmes conditions que celles qui sont faites aux autres colons. (Art. 2.)

Par dérogation au paragraphe 1er de l'article 60 et au 2e paragraphe de l'article 63 de la loi du 15 juillet 1889, il pourra être alloué aux engagés volontaires de trois, quatre ou cinq ans, et aux rengagés d'un, deux, trois et cinq ans, des primes, gratifications et hautes payes, dont le taux et les conditions de paiement seront déterminés par un décret. (Art. 3.)

Ces primes et ces hautes payes sont fixées par le décret du 4 août 1894; les primes varient de 100 à 600 francs suivant la durée du rengagement. Les rengagements sont valables jusqu'à une durée de quinze ans de services. (V. circ. du 7 septembre 1894.)

Corps forestier; corps des douanes. Conformément aux dispositions de l'article 8 de la loi du 24 juillet 1873, le personnel de l'administration des forêts et le personnel du service actif des douanes entre dans la composition des forces militaires du pays. — Les agents et préposés des forêts sont organisés par conservation des forêts, et, suivant l'effectif disponible, en compagnies ou sections qui prennent la dénomination de compagnies ou sections de chasseurs forestiers. — Chaque inspection de douanes forme pour la mobilisation un bataillon de douanes, ayant un nombre de compagnies égal, en général, à celui des capitaines de l'inspection. (Décr. du 2 avril 1875.)

L'armée française est partagée en 20 corps d'armée, dont un pour l'Afrique. (V. *Corps d'armée.*) Chacun de ces corps renfermant environ 35.000 hommes, il en résulte que l'armée de campagne présenterait une force de 665,000 hommes avec 1,938 canons; mais, si l'on ajoute à ces chiffres les 12 bataillons de chasseurs à pied non embrigadés et les 7 divisions de cavalerie indépendante avec leur artillerie (une batterie par brigade), on voit que l'on arrive à mettre facilement en 1re ligne 700.000 combattants avec 2.046 canons. Il faut remarquer, en outre, que la marine possède en infanterie et en artillerie des ressources suffisantes pour organiser un 21e corps d'armée. — Quant à l'armée territoriale, dont la composition, ainsi qu'on l'a vu plus haut, est à peu près identique à celle de l'armée régulière, elle fournirait pour chaque région un corps d'armée complet. — L'armée française, en temps de paix, se compose d'environ 500,000 hommes et 40,000 marins; en temps de guerre, elle comprend tous les hommes valides de 20 à 45 ans ayant tous passé sous les drapeaux. (Loi du 15 juillet 1889.)

ARMEMENT, s. m. Ensemble des objets qui servent à armer. — Les armes du gendarmes sont : — Arme à cheval, la carabine avec épée-baïonnette et le sabre modèle 1822. — Arme à pied, la carabine avec épée-baïonnette. — Le revolver pour les deux armes. — Chaque arme doit être pourvue d'un numéro d'ordre et d'une lettre de série; les plaques de couche des carabines ne reçoivent plus les numéros et lettres des légions auxquelles elles appartiennent. (Note minist. du 8 février 1888.) — Les adjudants et les maréchaux des logis chefs ne sont pas armés de la carabine. — Les sous-officiers de l'arme à cheval sont dispensés de porter le fusil dans le service ordinaire. (Circ. du 14 mars 1872.)

ARMISTICE, s. m. Convention par laquelle deux armées ennemies s'engagent à s'abstenir pendant un certain temps de tout acte d'hostilité; l'armistice suspendant les hostilités sans mettre fin à la guerre, toutes les choses doivent rester en l'état; ainsi, par exemple, les assiégeants ne doivent pas continuer leurs travaux d'approche et les assiégés ne doivent pas réparer les brèches qui ont pu être faites à leurs retranchements. — Dénoncer l'armistice signifie notifier la reprise des hostilités. — Lorsque la suspension d'hostilités est générale entre deux nations belligérantes, elle prend le nom de trêve, et enfin, si cette suspension n'a lieu que momentanément entre deux armées pour des négociations de courte durée, elle prend le nom de suspension d'armes.

ARMOIRES DE MOBILISATION. Les frais de confection de ces meubles destinés à renfermer les pièces de mobilisation, ainsi que les dossiers et le matériel de réquisition, doivent être imputés à la masse d'entretien et de remonte sur l'autorisation du sous-intendant. (Notes minist. des 27 août 1880 et 20 avril 1891.)

ARPENTAGE, s. m. L'arpentage est l'art de mesurer une portion de terrain. — Si le terrain à mesurer a une forme régulière (carré, triangle, etc.), on n'a qu'à mesurer directement les lignes dont il faut connaître la longueur pour calculer les surfaces. (V. *Surface.*) — Si le terrain affecte une forme irrégulière, il faut alors, au moyen de lignes que l'on trace, le décomposer en surfaces régulières (carrés, triangles, trapèzes, etc.), calculer séparément chacune de ces surfaces, et leur somme exprimera la surface du terrain. — On appelle arpenteur la personne dont la profession est de faire de l'arpentage, de lever des plans, etc. — Cette profession est libre et chacun peut l'exercer sans autorisation.

ARQUÉ, adj. Nous avons vu au mot *Aplomb* que l'avant-bras, le genou et le canon devaient être en ligne droite. — Lorsque le genou ne suit pas cette direction, il est défectueux; s'il est porté en avant par suite du raccourcissement accidentel des tendons, le membre est qualifié *arqué*. Le cheval n'est plus solide, il fléchit facilement sous le poids du cavalier, tombe et se couronne. — Le défaut opposé, que l'on nomme genou creux, est toujours congénital, il n'offre pas d'inconvénients aussi sérieux que le genou arqué. — Le genou en avant existe parfois naturellement chez des poulains nés de parents arqués; dans ce cas, le défaut est beaucoup moins fâcheux et les chevaux ainsi conformés sont dits *brassicourts*.

ARRESTATION, s. f. Action de se saisir d'une personne en vertu d'une loi, d'un jugement, d'un ordre supérieur ou par mesure de police. — L'arrestation d'une personne est toujours une mesure grave qui ne doit pas être accomplie à la légère, et les gendarmes ne sauraient trop connaître les diverses circonstances dans lesquelles la loi leur donne le droit et leur impose le devoir de procéder à une arrestation. — Il y a deux sortes d'arrestations : 1° les arrestations en flagrant délit; 2° les arrestations en vertu de mandats de justice.

Arrestation en flagrant délit. Les arrestations en cas de flagrant délit sont toujours délicates; la responsabilité des gendarmes se trouve en jeu, et une arrestation illégale peut avoir pour eux des conséquences graves. — L'article 106 du Code d'instruction criminelle prescrit à tout dépositaire de la force publique et même à toute personne de saisir le prévenu surpris en flagrant délit ou poursuivi par la clameur publique et de le conduire devant le procureur de la République sans qu'il soit besoin de mandat d'amener, si le crime ou le délit emporte peine afflictive ou infamante. — L'article 41 du même Code et l'article 249 du décret du 1er mars 1854 définissent ainsi qu'il suit le flagrant délit : Il y a flagrant délit lorsque le crime se commet actuellement; lorsqu'il vient de se commettre; lorsque l'individu est poursuivi par la clameur publique; lorsque, dans un temps voisin du délit, le prévenu est trouvé muni d'instruments, d'armes, d'effets ou de papiers faisant présumer qu'il en est auteur ou complice. (C. d'instr. crim., art. 41.) — L'article 249 du décret du 1er mars interdit aux officiers de gendarmerie de commencer l'instruction si le flagrant délit n'est pas un crime, mais elle n'interdit nullement d'opérer l'arrestation lorsqu'il s'agit d'un flagrant délit simple. — Ainsi, dans tous les cas qui viennent d'être définis, qu'il y ait crime ou délit, la loi fait un devoir aux gendarmes d'opérer l'arrestation, « et le mot flagrant délit doit être pris dans son sens général, car il s'applique, non seulement aux crimes et aux délits, mais même à certaines contraventions ». — La loi du 28 germinal an VI et le décret du 1er mars 1854 donnent aux membres de la gendarmerie le droit d'arrêter :

1° Les assassins, les incendiaires et les voleurs trouvés en état de flagrant délit (Décr. du 1er mars 1854, art. 274, 275, 276, 281 et 284);

2° Les vagabonds et les gens sans aveu (Décr. du 1er mars 1854, art. 275);

3° Les condamnés en rupture de ban (Décr. du 1er mars 1854, art. 286);

4° Les étrangers sans passeport (Décr. du 1er mars 1854, art. 287);

5° Ceux qui s'opposent par la violence à la libre circulation des subsistances (Décr. du 1er mars 1864, art. 295);

6° Les émeutiers, ceux qui forment des rassemblements tumultueux et qui refusent de se disperser (Décr. du 1er mars 1854, art. 296 et suivants);

7° Ceux qui portent atteinte à la tranquillité publique en troublant les citoyens dans l'exercice de leur culte, ainsi que ceux qui sont trouvés exerçant des voies de fait ou des violences contre les personnes (Décr. du 1er mars 1854, art. 300);

8° Ceux qui outragent les membres de la gendarmerie dans l'exercice de leurs fonctions ou qui leur font la déclaration mensongère d'un délit qui n'a pas été commis (Décr. du 1er mars 1854, art. 301);

9° Les contrebandiers en matière de douanes ou de contributions indirectes (Décr. du 1er mars 1854, art. 302);

10° Ceux qui sont surpris coupant ou dégradant d'une manière quelconque les arbres plantés sur les chemins, promenades publiques, fortifications et ouvrages extérieurs des places, ou détériorant les monuments qui s'y trouvent.

Elle saisit et conduit immédiatement devant l'officier de police de l'arrondissement quiconque est surpris détruisant ou déplaçant les rails d'un chemin de fer, ou déposant sur la voie des matériaux ou autres objets, dans le but d'entraver la circulation, ainsi que ceux qui, par la rupture des fils, par la dégradation des appareils, ou par tout autre moyen, tentent d'intercepter les communications ou la correspondance télégraphiques (Décr. du 1er mars 1854, art. 315);

11° Les voituriers et les charretiers qui obstruent les passages malgré les injonctions de la gendarmerie (Décr. du 1er mars 1854, art. 318);

12° Ceux qui, par imprudence, par négligence, par la rapidité de leurs chevaux ou de toute autre manière, ont blessé quelqu'un ou commis quelques dégâts sur les routes, dans les rues ou voies publiques (Décr. du 1er mars 1854, art. 319);

13° Les conducteurs d'animaux féroces qui ne se conforment pas aux injonctions que la gendarmerie doit leur faire conformément à l'article 321 du décret du 1er mars 1854;

14° Ceux qui commettent des dégâts dans les champs et les bois en dégradant les murs, haies ou fossés, lors même que ces délits ne seraient pas accompagnés de vol; ceux qui sont surpris commettant des larcins de fruits ou d'autres productions d'un terrain cultivé (Décr. du 1er mars 1854, art. 322);

15° Les chasseurs qui font résistance, qui adressent des menaces, qui refusent de se faire connaître lorsque l'exhibition de leurs papiers leur est demandée; ceux qui donnent de faux noms, et enfin tous ceux qui sont masqués ou qui chassent pendant la nuit (Décr. du 1er mars 1854, art. 329);

16° Ceux qui, dans les foires, fêtes ou marchés, tiennent des jeux de hasard et autres jeux défendus par les lois ou autres règlements de police (Décr. du 1er mars 1854, art. 332);

17° Les mendiants qui ne sont pas connus de l'autorité locale, qui n'ont pas de papiers et surtout ceux qui sont valides : 1° lorsqu'ils mendient avec violences; 2° lorsqu'ils mendient avec armes; 3° lorsqu'ils mendient nuitamment en s'introduisant dans les maisons; 4° lorsqu'ils mendient plusieurs ensemble; 5° lorsqu'ils mendient avec de faux certificats, ou faux passeports, ou infirmités supposées, ou déguisements; 6° lorsqu'ils mendient après être repris de justice; 7° et, enfin, lorsque d'habitude ils mendient hors du canton de leur domicile (Décr. du 1er mars 1854, art. 333);

18° *Les prisonniers évadés.*

Conformément aux articles 318 et 321 du décret du 1er mars, les charretiers, voituriers et conducteurs d'animaux féroces qui sont arrêtés doivent être conduits devant le maire; ceux qui sont arrêtés pour des faits punis de peines de simple police pourront être conduits devant le maire ou le juge de paix chargé d'apprécier la valeur de l'arrestation. — Mais la loi du 20 mai 1863 prescrit expressément que « tout inculpé arrêté en flagrant délit pour un fait puni de peines correctionnelles sera immédiatement conduit devant le procureur de la République, qui l'interroge et, s'il y a lieu, le traduit sur-le-champ à l'audience du tribunal ». — *En ordonnant l'arrestation pour simples contraventions ou pour de petits délits, la loi a eu pour but d'empêcher l'inculpé de se soustraire à la peine. Il est bien évident que si le délinquant est connu et domicilié dans la commune, les gendarmes se conformeront à l'esprit de la loi en n'opérant pas l'arrestation, lorsqu'il s'agira d'une infraction qui ne serait punissable que de peines de simple police.*

Arrestation en vertu de mandats. Les arrestations en vertu de mandats de justice sont entourées de certaines formalités que les gendarmes doivent parfaitement connaître pour que leur responsabilité ne se trouve jamais engagée. — Il y a quatre sortes de mandats : le mandat de comparution; le mandat d'amener; le mandat de dépôt; le mandat d'arrêt; — *Le mandat de comparution* est un ordre à l'inculpé de comparaître librement devant le juge. Ce mandat ne donne pas le droit d'arrestation; les gendarmes se présentent chez la personne objet du mandat, lui en donnent lecture et lui en délivrent copie. — Si l'individu désigné est absent, la même notification est faite à la personne qui le représente; et si personne ne peut le représenter, elle est faite au maire ou à l'adjoint, qui vise l'original de l'acte de notification.

Le mandat d'amener est une réquisition faite à la gendarmerie d'amener l'inculpé devant le juge mandant. — Si l'inculpé ne refuse pas l'entrée de sa maison, les gendarmes lui donnent lecture du mandat, lui en délivrent copie et lui demandent *s'il entend y obéir;* en cas de refus, ils l'arrêtent. Si l'inculpé refuse l'entrée de son domicile, la gendarmerie requiert le maire, l'adjoint, le juge de paix ou le commissaire de police d'avoir à faire ouvrir les portes et d'assister à la notification du mandat. Cette notification a lieu en présence de l'officier de police, qui mettra son visa sur l'original de l'acte de notification. — Si l'inculpé s'est réfugié dans la maison d'un particulier qui en refuse l'entrée, on devra employer les mêmes formalités que ci-dessus. Enfin, si l'inculpé ne peut être trouvé, le mandat sera exhibé au maire, ou à l'adjoint, ou au commissaire de police, qui mettra son visa sur l'original de l'acte de notification. — Si le prévenu qui fait l'objet du mandat d'amener est arrêté hors de l'arrondissement du juge mandant et à plus de 50 kilomètres de distance, et si le mandat a plus de deux jours de date, le prévenu sera conduit, s'il en fait la demande, devant le procureur de la République de l'arrondissement où il a été arrêté. — Mais le mandat sera pleinement exécuté, quels que soient le délai et la distance, si le prévenu est trouvé nanti d'armes, effets ou autres objets qui font présumer qu'il est auteur ou complice du délit pour lequel il est recherché. (C. d'instr. crim., art. 100.)

Le mandat d'arrêt est une réquisition à la gendarmerie d'arrêter un inculpé et de le conduire à la maison d'arrêt désignée sur le mandat, ou, s'il a été arrêté hors de son arrondissement, devant le procureur de la République de l'arrondissement où il aura été arrêté. (V. *Mandat.*) — Les gendarmes remplissent les mêmes formalités que dans le cas précédent, avec cette différence qu'ils n'ont pas à demander à l'inculpé s'il entend obéir au mandat, et que, dans le cas où l'inculpé est absent, ils doivent faire une perquisition dans sa maison. Cette perquisition est faite en présence des deux plus proches voisins du prévenu, qui signent le procès-verbal; s'ils ne savent ou ne veulent pas signer, il en sera fait mention. — Le porteur du mandat d'arrêt fera ensuite viser son procès-verbal par le juge de paix ou son suppléant, ou, à leur défaut, par le maire, l'adjoint ou le commissaire de police du lieu, et lui en laissera copie. (C. d'instr. crim., art. 109.)

Le mandat de dépôt est un ordre de retenir prisonnier le prévenu. Dans ce cas, les gendarmes n'ont qu'à donner lecture du mandat à celui qui en fait l'objet, à lui en laisser copie et à le conduire dans le lieu désigné par le juge mandant.

Arrestation en vertu de jugement ou d'ordonnance de prise de corps. Lorsque les gendarmes ont à mettre à exécution des jugements de police correctionnelle ou de simple police portant condamnation à l'emprisonnement, ils se conforment à ce qui est prescrit pour la mise à exécution du mandat d'arrêt. — Il en est de même quand ils ont à faire exécuter une ordonnance de prise de corps, c'est-à-dire une ordonnance rendue contre un prévenu par la chambre du conseil d'un tribunal ou par la chambre des mises en accusation d'une cour. — Lorsque la gendarmerie est chargée d'exécuter les notifications de jugements, elle doit toujours exhiber les extraits de mandats ou de jugements. (Décr. du 1er mars 1854, art. 292.)

Arrestation pour dettes. La loi du 22 juillet 1867 a abrogé en partie la loi du 17 avril 1832, en supprimant la contrainte par corps en matière commerciale et civile, mais en la maintenant en matière criminelle, correctionnelle et de simple police. Les gendarmes peuvent donc recevoir des réquisitions d'arrestation pour dettes envers l'Etat. — Dans ce cas, et après s'être conformés aux formalités prescrites pour le mandat d'arrêt, ils conduisent le débiteur devant le procureur de la République qui a envoyé le réquisitoire. Si le lieu de résidence du condamné est autre que celui où il doit subir la contrainte, l'ordre de transfèrement est délivré par le percepteur ou, à son défaut, par le maire. (Circ. du Ministre de la justice du 5 mai 1889.) — Mais il arrive fréquemment que les débiteurs, effrayés d'aller en prison, offrent de payer immédiatement la somme qu'ils doivent. Dans ce cas, les gendarmes doivent les conduire devant le percepteur, qui délivre aux gendarmes un acte constatant que le contraignable est libéré de la dette qui motive la contrainte par corps. — L'individu arrêté est alors mis en liberté, et la déclaration du percepteur jointe au procès-verbal est envoyée au procureur de la République. (Circ. du Garde des sceaux en date du 25 avril 1888.) — Les chefs de parquet doivent à l'avenir, ajouter à leurs réquisitoires la mention suivante : « Le présent réquisitoire sera annulé de plein droit lorsque le percepteur attestera que le contraignable est libéré de la dette qui motivait la contrainte par corps ». (Circ. du Garde des sceaux du 25 avril 1888.) — Enfin, le débiteur, dans des cas très rares, peut demander à être conduit devant le président du tribunal de 1re instance. — C'est ce qu'on appelle conduire *en référé*, c'est-à-dire pour qu'il *en soit référé*. — Les gendarmes doivent toujours obtempérer à cette demande et, s'ils s'y refusaient, ils seraient passibles d'une amende de 1,000 francs aux termes de l'article 786 du Code de procédure civile. — Pour la prime à toucher, l'arrestation des faillis et, par analogie, l'arrestation de ceux qui sont débiteurs envers l'Etat a été assimilée à l'exécution d'un mandat d'arrêt par un avis du conseil d'Etat du 30 avril 1827. — La loi du 22 juillet 1867 n'ayant pas expressément abrogé les dispositions particulières de la loi du 17 avril 1832 relatives à l'arrestation des débiteurs, il s'ensuit que les gendarmes devront se conformer, pour ces arrestations, aux prescriptions de l'article 781 du Code de procédure. — Cet article est ainsi conçu : Le débiteur ne pourra être arrêté : 1° avant le lever et après le coucher du soleil ; 2° les jours de fête légale ; 3° dans les édifices consacrés au culte, et pendant les exercices religieux seulement ; 4° dans le lieu et pendant la tenue des séances des autorités constituées ; 5° dans une maison quelconque, même dans son domicile, à moins qu'il n'ait été ainsi ordonné par le juge de paix du lieu, lequel juge de paix devra, dans ce cas, se transporter dans la maison avec l'officier ministériel ou déléguer un commissaire de police. — Le débiteur ne pourra non plus être arrêté lorsqu'il sera muni d'un sauf-conduit délivré dans certaines circonstances énumérées dans l'article 782 du même Code.

Arrestations militaires. Les gendarmes doivent arrêter :

1° Les déserteurs. (Décr. du 1er mars 1854, art. 336.) Si le corps dont ces hommes font partie est parfaitement connu et se trouve plus près du lieu d'arrestation que le chef-lieu du département, ils sont conduits devant leur chef de corps ; dans le cas contraire, ils sont conduits devant le commandant de la compagnie, qui les met entre les mains de l'autorité militaire. (V. art. 339 et 340 du décret du 1er mars 1854);

2° Les insoumis. (Décr. du 1er mars 1854, art. 336.) Ces hommes sont conduits devant le commandant du bureau de recrutement, s'ils sont arrêtés dans la circonscription de recrutement à laquelle ils appartiennent, et ceux qui ont été arrêtés ou qui se sont présentés volontairement dans une autre circonscription de recrutement sont conduits par la gendarmerie au chef-lieu du corps d'armée dans lequel l'arrestation ou la présentation volontaire a eu lieu (Circ. minist. du 13 octobre 1879 et art. 344 du décret du 1er mars 1854);

3° Les militaires qui sont en retard de rejoindre à l'expiration de leurs congés ou permissions. (Décr. du 1er mars 1854, art. 336.) Ces hommes sont, comme les déserteurs, conduits à leur corps, ou devant le commandant de la compagnie, suivant le cas ;

4° Les militaires de l'armée de terre ou de mer qui ne sont pas porteurs de feuilles de route, ou de congés en bonne forme, ou d'une permission d'absence, signés par l'autorité compétente. (Décr. du 1er mars 1854, art. 336.) On leur donne la même destination qu'aux déserteurs ;

5° Les pillards, les maraudeurs et les traînards (V. Service en campagne, art. 91);

6° Les militaires qui commettent des délits ou des crimes. — S'ils sont présents sous les drapeaux, ils sont conduits devant leur chef de corps ou devant le commandant de la compagnie, qui les remet à l'autorité militaire. — S'ils sont en congé ou en permission, l'autorité militaire les remet entre les mains du procureur de la République. Les militaires de tous grades, en congé ou en permission, ne sont justiciables des conseils de guerre que pour les crimes et délits prévus par le titre II du livre IV du Code militaire. (C. M., art. 57.)

Les chefs de brigade ne doivent jamais oublier qu'ils sont officiers de police judiciaire militaire. — Par suite, s'ils se trouvent en présence d'un crime ou d'un délit commis par un militaire justiciable des conseils de guerre, ils doivent, avant de conduire l'inculpé à son corps, procéder rapidement à l'instruction de l'affaire, à moins que les chefs de ce militaire ne soient présents et en mesure d'opérer eux-mêmes.

Arrestation de marins. Les marins des équipages de la flotte arrêtés pour désertion ou pour tout autre motif sont conduits devant l'autorité maritime la plus élevée du lieu où a été opérée l'arrestation. Dans le cas où il n'y aurait pas d'autorités maritimes, les gendarmes doivent télégraphier au chef d'état-major de l'amiral préfet maritime du port auquel appartient le déserteur.

Les marins appartenant aux bateaux de commerce ne sont arrêtés pour désertion que sur réquisition des commissaires de l'inscription maritime ; après arrestation ils sont conduits devant le commissaire de l'inscription maritime, qui délivre un billet d'écrou et les fait déposer à la prison civile. (V. *Réquisition.*)

Observations générales relatives aux arrestations. Lorsque les gendarmes sont appelés à faire des arrestations en vertu de mandats ou de réquisitoires, ils ne doivent pas perdre de vue que leur responsabilité peut être sérieusement engagée s'ils ne se conforment pas aux formalités prescrites par les lois et par les règlements. — Pendant la nuit, aucun mandat ne peut être mis à exécution dans le domicile d'un individu. La loi a décidé que le temps de nuit serait ainsi réglé : du 1er octobre au 31 mars, depuis six heures du soir jusqu'à six heures du matin ; du 1er avril au 30 septembre depuis neuf heures du soir jusqu'à quatre heures du matin. — Les gendarmes qui s'introduiraient illégalement dans le domicile d'un citoyen contre le gré de celui-ci seraient punis d'un emprisonnement de 6 jours à 1 an et d'une amende de 16 fr. à 200 francs. (C. P., art. 184.) — Sur la voie publique, les mandats peuvent être mis à exécution pendant le jour et pendant la nuit, et enfin ils peuvent être notifiés dans tous les endroits ouverts au public jusqu'à l'heure prescrite pour la fermeture par les règlements de police. — Si un individu, recherché à raison d'un crime emportant peine afflictive, se réfugie dans la maison d'un particulier et que ce dernier, après avoir été prévenu qu'il donne asile à un criminel, refuse d'ouvrir sa porte, les gendarmes, lorsque les formalités d'ouverture sont remplies, arrêtent le propriétaire de la maison pour recèlement de criminel, à moins qu'il ne soit parent au 1er ou 2e degré de l'individu auquel il a donné asile. (C. P., art. 248.) — Les agents du gouvernement ne doivent pas être arrêtés sans mandats pour crimes ou délits commis dans l'exercice de leurs fonctions; mais si le crime ou le délit a été commis en dehors de ces fonctions, la loi ne fait aucune différence entre les agents du gouvernement et les simples citoyens. — Les articles 632 et 633 du décret du 1er mars 1854, 341, 342, et 344 du Code pénal prévoient et punissent le cas d'arrestation illégale et de détention arbitraire. — Hors le cas de flagrant délit déterminé par les lois, la gendarmerie ne peut arrêter aucun individu, si ce n'est en vertu d'un ordre ou d'un mandat décerné par l'autorité compétente : tout officier, sous-officier, brigadier ou gendarme qui, en contravention à cette disposition, donne, signe, exécute ou fait exécuter l'ordre d'arrêter un individu, ou l'arrête effectivement, est puni comme coupable de détention arbitraire. (Décr. du 1er mars 1854, art. 632.) — Est puni de même tout militaire du corps de la gendarmerie qui, même dans le cas d'arrestation pour flagrant délit, ou dans tous les autres cas autorisés par les lois, conduit ou retient un individu dans un lieu de détention non légalement et publiquement désigné par l'autorité administrative pour servir de maison d'arrêt, de justice ou de prison. (Décr. du 1er mars 1854, art. 633.) — Lorsque les gendarmes arrêtent un déserteur ils doivent avoir soin de lui faire signer après lecture le procès-verbal d'arrestation. Il arrive parfois que des déserteurs traduits devant le conseil de guerre disent, pour obtenir des circonstances atténuantes, qu'ils se sont rendus volontairement, et que ce n'est que pour toucher la prime que les gendarmes n'ont pas mentionné le fait. S'ils ont signé le procès-verbal après lecture, il leur est difficile de présenter ce moyen de défense. — La circulaire du 25 septembre 1866 recommande aux gendarmes de fouiller minutieusement, avant de les déposer à la chambre de sûreté, les individus qu'ils arrêtent, afin de s'assurer qu'ils n'ont sur eux ni pièces à conviction, ni armes, ni instruments qui puissent servir à favoriser leur évasion.

Les femmes doivent être fouillées par une personne de leur sexe, autant que possible. Si elles allaitent un enfant elles peuvent le garder avec elles.

Primes d'arrestations. Les commandants d'arrondissement adressent au conseil d'administration, dans les premiers jours de chaque trimestre, les mémoires de capture et de constatations de délits donnant droit à des primes. (Art. 69 du Service intérieur.) — Les droits des capteurs à ces primes sont déterminés par les articles 182 et suivants du règlement du 12 avril 1893 et par l'article 157 du Service intérieur, auxquels il y a lieu de se reporter en tenant compte des remarques suivantes : pour les militaires arrêtés en état d'absence illégale, la prime d'arrestation est due alors même que les militaires qui la réclament ne se sont pas mis spécialement à la recherche des hommes absents. (Art. 185 du règlement du 12 avril 1893.) Il en est de même pour l'arrestation des marins du commerce. Le décret du 2 juillet 1877 et l'art. 188 du règl. du 12 avril 1893 disposent en principe que les arrestations de forçats ou de condamnés adultes évadés des établissements pénitentiaires donnent droit à une prime de 50 francs. — Quand les gendarmes opèrent des arrestations sans être porteurs de mandements de justice ou de leurs copies, ils n'ont droit à aucune prime d'arrestation. Les arrestations faites en vertu des feuilles de signalements du ministère de l'intérieur ne donnent droit à aucune prime. (Art. 190 du règl. du 12 avril 1893.) — Les mémoires pour le paiement des primes sont exempts de la formalité du timbre. (Art. 16 de la loi du 13 brumaire an VII et instr. du 20 septembre 1875.) — Ces mémoires sont certifiés par les sous-officiers, brigadiers et gendarmes intéressés et revêtus du réquisitoire et de l'exécutoire des magistrats de l'arrondissement et du visa du procureur général. Ils sont, en outre, appuyés des procès-verbaux de capture et transmis au conseil d'administration, qui, après les avoir revêtus de son acquit, en touche le montant chez l'agent des finances. (Art. 191 du règlem. du 12 avril 1893.)

Les militaires de la gendarmerie, les sous-officiers de recrutement, les préposés des douanes, les agents de police, les gardes forestiers, les gardes champêtres, les portiers-consignes, les agents civils et tous individus étrangers à l'armée qui arrêtent un déserteur ou un insoumis ont droit à la prime d'arrestation de 25 francs. (Décr. du 13 novembre 1857 et instr. du 24 janvier 1858.)

Une prime de 15 francs est accordée à toute personne qui ramène un jeune détenu évadé d'une maison de correction. (Lettres du Ministre de l'intérieur du 7 janvier 1867 et du 19 février 1883) ou d'une colonie privée. (Circ.

du 17 décembre 1863). Mais cette allocation d'une prime de 15 francs doit être considérée comme un maximum réductible, par exemple, lorsqu'un enfant est repris sans difficulté ou lorsque plusieurs pupilles sont arrêtés ensemble. (Déc. du Ministre de l'intérieur en date du 8 août 1891.)

ARRÊT, s. m. En terme de droit, on donne le nom d'arrêt à la décision rendue par une cour d'assises ou une cour d'appel. Les décisions rendues par les autres tribunaux se nomment jugements.

On désigne sous le nom de maison d'arrêt les prisons destinées à recevoir les inculpés, les prévenus et les condamnés à un emprisonnement de moins d'un an. Les condamnés à des peines afflictives ou infamantes sont incarcérés dans les maisons de détention.

ARRÊTÉ, s. m. Décision prise par une autorité administrative. — La loi donne aux préfets et aux maires le droit de faire des règlements qui ne figurent pas dans le Code pénal.

Les arrêtés préfectoraux concernent tout le département et les arrêtés municipaux ne concernent que la commune.

Les gendarmes doivent veiller à l'exécution de ces règlements et de ces arrêtés et dresser procès-verbal aux contrevenants, conformément à l'article 471, n° 15, du Code pénal.

Les arrêtés pris par le maire sont immédiatement adressés aux sous-préfets ou, dans l'arrondissement du chef-lieu du département, au préfet.

Le préfet peut les annuler ou en suspendre l'exécution. (Loi du 5 avril 1884, art. 95.)

Les arrêtés du maire ne sont obligatoires qu'après avoir été portés à la connaissance des intéressés, par voie de publication et d'affiches, toutes les fois qu'ils contiennent des dispositions générales et, dans les autres cas, par voie de notification individuelle. (Loi du 5 avril 1884, art. 96.)

ARRIÈRE-GARDE, s. f. Troupe qui a pour mission d'observer tout ce qui se passe en arrière de la colonne en marche, de la prévenir si elle est menacée, et de résister énergiquement pour lui donner le temps de prendre les dispositions de combat. (V. Décr. du 28 mai 1895, art. 25.)

ARRIÈRE-MAIN, s. f. Dans l'étude de l'extérieur du cheval, on comprend sous le nom d'arrière-main la croupe, la queue, la hanche, la fesse, la cuisse, le grasset, la jambe, le jarret, les canons, les boulets, les couronnes, les pieds, l'anus et les organes de la génération.

ARRONDISSEMENT, s. m. Circonscription administrative, financière et judiciaire. A la tête de l'administration se trouve un sous-préfet ; les finances sont centralisées entre les mains d'un receveur particulier et enfin un tribunal civil siégeant presque partout au chef-lieu est chargé du service de la justice, excepté dans l'arrondissement de Puget-Théniers, où les affaires sont portées devant le tribunal de Nice. Il y a en France 362 arrondissements.

Le commandement et la direction du service de la gendarmerie appartiennent, dans chaque arrondissement administratif, à un officier du grade de capitaine ou de lieutenant. (Décr. du 1er mars 1854, art. 13.)

Certains arrondissements trop importants ont été scindés en deux parties au point de vue du service de l'arme ; l'une de ces parties prend le nom de section et est commandée par un capitaine, un lieutenant ou un sous-lieutenant. Il y a 463 arrondissements ou sections en France, en Algérie ou dans es colonies.

Par *arrondissement d'armée ou d'une unité*, on doit entendre non seulement le territoire occupé militairement, mais encore le terrain qui environne l'armée ou l'unité aussi loin que l'exige la sûreté de ses opération et de son ravitaillement. (V. Service de la gendarmerie en campagne, art. 39.)

ARS, s. m. On donne le nom de ars aux plis de la peau qui sont formés par la jonction de chaque membre antérieur avec la partie inférieure de la poitrine. L'espace compris entre les deux ars s'appelle inter-ars. Si l'on remarque dans l'inter-ars des traces de séton, on peut croire que l'animal a été affecté d'une maladie de poitrine.

ARSENAL, s. m. Bâtiment dans lequel on conserve des armes et des munitions de guerre. — Les arsenaux d'artillerie ou arsenaux de construction réunissent, en outre, dans leur enceinte, les ateliers nécessaires pour fabriquer tout le matériel d'artillerie. — Il y a en France six arsenaux d'artillerie, qui sont placés à La Fère, Douai, Besançon, Lyon, Rennes et Toulouse.

Les arsenaux maritimes dans lesquels les navires de guerre sont construits, réparés et armés, sont installés à Cherbourg, à Brest, à Lorient, à Rochefort et à Toulon.

ARTIFICE (Pièces d'). Ceux qui auront violé la défense de tirer en certains lieux des pièces d'artifice seront punis d'une amende de 1 à 5 francs. (C. P., art. 471, n° 2.) — Il est à remarquer que, pour qu'il y ait contravention, il faut que la défense ait été faite. — Le tir des feux d'artifice dans le voisinage des poudreries et des magasins ou dépôts de poudres à feu ne peuvent avoir lieu que suivant certaines précautions indiquées dans une note ministérielle en date du 28 juin 1887. (V. aussi la circ. minist. du 9 février 1888.) — Les artificiers sont tenus d'avoir sur un registre à ce destiné, et qui sera coté et paraphé par les commissaires de police, à Paris, et par les maires, dans les communes rurales, les nom, prénoms, qualité et demeure de toute personne à laquelle ils vendront des pièces d'artifice. (Ordonn. du 7 juin 1856, art. 91.) — Il existe trois compagnies d'artificiers, qui ont leur installation à Bourges, au Bouchet et à Versailles.

ARTILLERIE, s. f. En terme militaire, on désigne sous le nom d'artillerie le matériel de guerre qui comprend les bouches à feu et les projectiles. — Le personnel nécessaire au fonctionnement de l'artillerie est réparti dans un certain nombre de corps organisés par les lois des 24 juillet 1883, 28 décembre 1888, 25 juillet 1893 et 29 juin 1894. Le 22 septembre 1893, le Ministre a décidé que les bataillons et batteries d'artillerie de forteresse seraient dénommés désormais : bataillons d'artillerie à pied et batteries à pied (V. *Armée.*)

Les bouches à feu en usage dans l'artillerie de terre sont divisées en cinq catégories, suivant le service auquel elles sont destinées. On distingue de la sorte : 1° l'artillerie de campagne ; 2° l'artillerie de montagne ; 3° l'artillerie de siège ; 4° l'artillerie de place ; 5° l'artillerie de côte. Chacun de ces groupes comprend des bouches à feu, des projectiles, des affûts et des accessoires spéciaux. (V. *Batterie.*)

ASCENDANT, ANTE, adj. Qui monte, qui va en montant. En généalogie, les ascendants sont les parents dont on descend ; la plupart des obligations que la nature et la loi imposent aux ascendants et aux descendants sont réciproques : ainsi, ils se doivent des aliments ; ils doivent se secourir, se protéger, etc. etc. Les coups portés et les blessures faites par un enfant à un de ses ascendants (père, mère, grand-père, etc.) constituent un véritable crime puni, par l'art. 312 du Code pénal, de peines qui vont, suivant le cas, de la réclusion aux travaux forcés à perpétuité.

ASIE. L'Asie est bornée : au nord, par l'océan Glacial arctique ; à l'est, par le grand Océan ; au sud, par la mer des Indes ; à l'ouest, par la mer Rouge, l'isthme de Suez, la Méditerranée, la mer Noire, le Caucase, la mer Caspienne, le fleuve Oural, les monts Ourals ou Poyas et le petit fleuve Kara. — La population de l'Asie s'élève à 750 millions d'habitants. Les divisions politiques de l'Asie sont :

1° La Sibérie ou Russie d'Asie, v. pr. : Tobolsk et Irkoust ;

2° La Transcaucasie (pays au delà du Caucase), possession russe, v. pr. : Tiflis ;

3° La Turquie d'Asie, v. pr. : Smyrne, sur la côte de l'Archipel ; Scutari, en face de Constantinople ; Sinope, sur la mer Noire. — Dans la Mésopotamie, qui fait partie de la Turquie d'Asie, on remarque : Bagdad, sur le Tigre ; au sud de Bagdad, sur l'Euphrate, se trouvent les ruines de l'ancienne Babylone. — Dans la Syrie, traversée du nord au sud par les montagnes du Liban, se trouvent Damas, Saint-Jean-d'Acre et Jérusalem, sur le Cédron, affluent de la mer Morte ;

4° La Perse, royaume d'environ 10 millions d'habitants, dont le souverain porte le nom de shah ; la capitale de la Perse est Téhéran ; v. pr. : Ispahan ;

5° L'Arabie, grande presqu'ile divisée en plusieurs Etats dont les principaux sont ceux du chérif de La Mecque, de l'iman de Yémen et du sultan de Mascate; ces Etats sont, nominativement, sous la suzeraineté de la Porte. Les villes principales sont: La Mecque, patrie de Mahomet; Médine, Moka et Aden, place importante qui appartient aux Anglais;

6° Le Béloutchistan, au sud-est de la Perse, région assez mal connue, habitée par des tribus nomades;

7° Au nord du Béloutchistan se trouve l'Afghanistan ou royaume de Kaboul; ce pays est soumis à l'influence anglaise;

8° Au nord de l'Afghanistan se trouve le petit royaume de Hérat et le Turkestan indépendant, habités par des peuplades qui vivent sous des khans ou chefs indépendants les uns des autres;

9° L'Hindoustan est une grande presqu'ile qui s'avance dans l'océan Indien et qui est séparée de la Chine par les monts Himalaya, la plus haute chaîne du globe (8,000 et 8,500 mètres). — L'Hindoustan, qui a été longtemps un puissant empire, dont le souverain était connu sous le nom de Grand-Mogol, est maintenant partagé sous le rapport politique en quatre parties principales: 1° possessions immédiates des Anglais; 2° états hindous tributaires des Anglais; 3° états hindous indépendants; 4° possessions françaises et portugaises. — La capitale des possessions anglaises est Calcutta. — Nous ne possédons plus dans l'Hindoustan que cinq établissements: Pondichéry, cap: Karikal, Mahé, Chandernagor et Yanaon. — La capitale des possessions portugaises est Goa. — L'île de Ceylan, placée au sud de l'Hindoustan, appartient aux Anglais. La population des pays possédés par l'Angleterre ou soumis à son patronage est de 174,000,000 d'habitants.

10° L'Indo-Chine est une vaste presqu'ile située à l'extrémité sud-est de l'Asie; ce pays, dont l'intérieur est très peu connu, renferme l'empire birman, le royaume de Siam, le royaume de Cambodge, placé sous notre protectorat, ainsi que le Laos, le Tonkin et l'Annam, et la Basse-Cochinchine, possession française dont la capitale est Saïgon. La presqu'ile de Malacca est habitée par des peuplades indépendantes; mais les Anglais possèdent la ville de Malacca, ainsi que l'ile et la ville de Singapoor;

11° L'empire chinois, le plus grand après l'empire russe, occupe une superficie de 13 à 14,000,000 de kilomètres carrés et sa population est d'environ 400,000,000 d'habitants. La capitale est Pékin; v. pr.: Nankin, Sanghaï, Canton et Tien-Tsin sur le Peïho; Tien-Tsin est le port de Pékin;

12° A l'est de l'empire chinois se trouve le Japon, composé d'un grand nombre d'iles dont la superficie est à peu près égale à celle de la France et dont la population est évaluée à 35 millions d'habitants. La capitale est Yédo, une des plus belles villes du monde, résidence du mikado ou chef suprême du pays.

ASPHYXIE, s. f. Mort réelle ou apparente causée par une interruption de la respiration. L'asphyxie peut avoir de nombreuses causes, dont les plus communes sont l'asphyxie par le gaz, la submersion et la strangulation. — Si la strangulation a eu lieu par pendaison, il faut avoir soin, après avoir coupé le lien qui entoure le cou, de descendre le corps en le soutenant pour qu'il n'éprouve aucune secousse. — Défaire immédiatement tous les vêtements qui pourraient gêner la respiration ou la circulation du sang. Coucher le malade en maintenant la tête et la poitrine plus élevées que le reste du corps; le placer dans une chambre bien aérée, ni trop chaude ni trop froide; lui faire respirer du vinaigre ou de l'ammoniaque en lui faisant des affusions d'eau froide sur la tête; frictionner avec des flanelles les extrémités inférieures; exercer sur la poitrine et le bas-ventre des frictions intermittentes comme pour les noyés, afin de provoquer la respiration. — Pratiquer la respiration artificielle de bouche à bouche ou à l'aide d'un soufflet. Dès que le malade peut avaler, lui faire prendre de petites quantités de thé ou d'eau tiède mêlée à un peu de vinaigre ou de vin. — Si l'asphyxie a eu lieu par le froid, il faut rétablir graduellement la chaleur et frictionner successivement de la poitrine aux extrémités avec de l'eau glacée; puis avec de l'eau froide, puis enfin avec de l'eau tiède. La partie gelée devra être frottée avec de la neige jusqu'à ce qu'elle ait recouvré la chaleur et le mouvement; alors seulement on pourra l'approcher d'un feu doux. — Une instruction complète relative aux soins à donner aux asphyxiés, quelles que soient les causes de l'asphyxie, est insérée au *Mémorial* à la date du 19 février 1879. — Les chefs de brigade devraient la lire à leurs hommes et ils feraient ainsi une théorie très intéressante et très instructive, et qui pourrait, dans certains cas, être d'une grande utilité.

ASSASSINAT, s. m. L'assassinat est un meurtre commis avec les circonstances aggravantes de préméditation ou de guet-apens. — Il y a préméditation lorsqu'on a formé le dessein d'attenter à la vie d'une personne. — Il y a guet-apens lorsqu'on a attendu pendant plus ou moins de temps, dans un ou divers lieux, une personne pour lui donner la mort ou pour exercer sur elle des actes de violence. (C. P., art. 297 et 298.) — Tout coupable d'assassinat est puni de mort. (C. P., art. 302.) — Les assassinats rentrent dans la catégorie des événements énumérés à l'article 77 du décret du 1er mars 1854 et dont il doit être rendu compte aux autorités compétentes. — En cas d'assassinat, le chef de brigade doit immédiatement prévenir son commandant d'arrondissement et le juge de paix ou le maire; se transporter ensuite sur les lieux, s'emparer si c'est possible de l'assassin et, en attendant l'arrivée de la justice, empêcher qu'on ne touche au cadavre ni aux objets qui l'environnent; prendre le signalement de celui qui a commis le crime et recevoir toutes les déclarations qui lui sont faites, de façon à pouvoir donner le plus de renseignements possible au magistrat chargé de l'instruction.

ASSAUT, s. m. Lorsqu'une brèche a été faite dans les fortifications d'une place de guerre, on essaie de prendre cette place de vive force en faisant entrer des soldats par la brèche pratiquée. C'est ce qu'on nomme donner un assaut. — En terme d'escrime, l'assaut d'arme est un combat simulé au fleuret ou au sabre.

ASSEMBLÉE, s. f. Réunion dans un même lieu d'un nombre plus ou moins considérable de personnes. — La gendarmerie doit toujours se tenir à portée des grands rassemblements d'hommes, tels que foires, marchés, fêtes et cérémonies publiques, pour y maintenir le bon ordre et la tranquillité, et le soir, faire des patrouilles sur les routes et chemins qui y aboutissent, pour protéger le retour des particuliers et marchands. (Décr. du 1er mars 1854, art. 331.) — Les brigades ne rentrent à leur résidence que lorsque leur présence n'est plus jugée nécessaire, et elles se retirent assez lentement pour observer ce qui se passe et empêcher les rixes qui ont lieu fréquemment à la suite de ces assemblées. (Décr. du 1er mars 1854, art. 334.)

Assemblées de troupes. Réunion de troupes. Une sonnerie spéciale avertit les troupes d'avoir à se réunir. — C'est ce qu'on appelle sonner l'assemblée.

Assemblées nationales. — On donne aussi le nom d'assemblée à la réunion des députés du pays. — Ces assemblées ont été nombreuses depuis la Révolution; les principales sont : les Etats-Généraux, qui se réunirent le 1er mai 1789; l'Assemblée nationale constituante; l'Assemblée nationale législative; la Convention; l'Assemblée constituante de 1848; l'Assemblée législative de 1849; l'Assemblée nationale de 1871.

ASSIGNATION, s. f. Sommation faite à une personne d'avoir à comparaître devant la justice pour y déposer comme témoin ou pour être jugée. — La gendarmerie est chargée de faire toutes assignations, citations et notifications en vertu des articles 102 et 183 du Code militaire. (Décr. du 1er mars 1854, art. 133.) En matière criminelle, correctionnelle ou de simple police, l'assignation prend le nom de citation. (V. *Citation*.)

ASSIMILATION, s. f. Certains fonctionnaires appartenant à l'armée, mais n'étant pas officiers, sont cependant, suivant le grade qu'ils occupent dans la hiérarchie qui leur est propre, assimilés à des officiers, c'est-à-dire qu'ils jouissent des mêmes honneurs et, sauf certaines différences de solde, des mêmes prestations.

Les *intendants militaires* sont ainsi assimilés : intendant général inspecteur, au général de division; intendant militaire, au général de brigade; sous-intendant militaire de 1re classe, au colonel; sous-intendant militaire de 2e classe, au lieutenant-colonel; sous-intendant militaire de 3e classe, au chef de bataillon; adjoint à l'intendance militaire, au capitaine.

Les *médecins et pharmaciens militaires* sont ainsi assimilés : médecin inspecteur général, au général de division; médecin ou pharmacien inspecteur, au général de brigade; médecin ou pharmacien principal de 1re classe, au colonel; médecin ou pharmacien principal de 2e classe, au lieutenant-colonel; médecin ou pharmacien-major de 1re classe, au chef de bataillon; médecin ou pharmacien-major de 2e classe, au capitaine; médecin ou pharmacien aide-major de 1re classe, au lieutenant; médecin ou pharmacien aide-major de 2e classe, au sous-lieutenant. (Loi du 16 mars 1882.)

Vétérinaires militaires. Les grades de la hiérarchie des vétérinaires militaires sont assimilés aux grades de la hiérarchie militaire ainsi qu'il suit : vétérinaire principal de 1re classe, au lieutenant-colonel; vétérinaire principal de 2e classe, au chef d'escadron; vétérinaire en 1er, au capitaine; vétérinaire en 2e, au lieutenant; aide-vétérinaire, au sous-lieutenant. (Décr. du 8 juillet 1884.)

Les officiers d'administration sont assimilés. Ils ont des grades qui correspondent à ceux de la hiérarchie militaire, savoir :

Le grade d'officier d'administration de 3e classe à celui de sous-lieutenant;

Le grade d'officier d'administration de 2e classe à celui de lieutenant;

Le grade d'officier d'administration de 1re classe à celui de capitaine;

Le grade d'officier d'administration principal à celui de chef de bataillon.

Cette correspondance de grade ne modifie point la situation, dans la hiérarchie générale et dans le service, qui est faite aux officiers d'administration par les ordonnances, décrets et règlements. (Loi du 28 avril 1900.)

Les *chefs de musique* sont assimilés. (Loi du 7 avril 1902.) V. *Chef de musique.*

Les *interprètes militaires* ne sont pas assimilés, n'ont pas le titre d'officier, mais ont les grades garantis par la loi du 19 mai 1834. (V. *Interprètes.*)

Les *employés des administrations des forêts et des douanes* entrant dans la composition des forces militaires du pays ont été assimilés ainsi qu'il suit; — *Forêts :* conservateur, au lieutenant-colonel de réserve ou de l'armée territoriale; inspecteur, au chef de bataillon; inspecteur adjoint, au capitaine; garde général de 3e, 2e et 1re classe, au lieutenant; garde général stagiaire et garde général de 5e et 4e classe, au sous-lieutenant; les gardes ont rang de soldat de 1re classe. (Décr. des 8 août 1884 et 18 novembre 1890.)

Douanes : directeur, au lieutenant-colonel de réserve et de l'armée territoriale (Décr. du 9 octobre 1886); sous-inspecteur et inspecteur, au chef de bataillon; capitaine de douanes, au lieutenant; lieutenant de douanes, au lieutenant; brigadier, au sous-officier; sous-brigadier, au caporal ou brigadier. Les préposés ont rang de soldat de 1re classe. (Décr. du 23 octobre 1876.)

Aux armées, les *aumôniers* et les *employés du service de la trésorerie, des postes et des télégraphes* n'ont aucune assimilation. Cependant, au point de vue des prestations, ils sont toujours traités suivant la place qu'ils occupent dans leur hiérarchie spéciale : le titre qu'ils portent correspond toujours à un grade.

Manufactures de l'Etat : Les employés de ces manufactures sont ainsi assimilés : élève ingénieur, sous-lieutenant de réserve ou de l'armée territoriale; sous-ingénieur, lieutenant de réserve ou de l'armée territoriale; ingénieur et directeur de 4e classe, capitaine de réserve ou de l'armée territoriale; directeur de 3e et de 2e classe, chef d'escadron de réserve ou de l'armée territoriale; directeur de

1re classe, lieutenant-colonel de réserve ou de l'armée territoriale. (Décr. du 21 décembre 1886.)

Corps des ponts et chaussées et des mines : élève ingénieur, sous-lieutenant de réserve ou de l'armée territoriale ; ingénieur ordinaire de 3e classe, lieutenant de réserve ou de l'armée territoriale ; ingénieur ordinaire de 2e et de 1re classe, capitaine de réserve ou de l'armée territoriale ; ingénieur en chef de 2e classe, chef de bataillon ou d'escadron de réserve ou de l'armée territoriale ; ingénieur en chef de 1re classe, lieutenant-colonel de réserve ou de l'armée territoriale. (Décr. du 21 décembre 1886.)

Sections techniques des chemins de fer : directeur, colonel ; chefs de service, chefs de bataillon ; sous-chefs de service, capitaines ; employés principaux, lieutenants ; employés, sous-lieutenants ; chefs ouvriers, sous-officiers ; sous-chefs ouvriers, soldats de 1re classe ; ouvriers, soldats de 2e classe.

ASSISES, s. f. Ne s'emploie qu'au pluriel en terme de jurisprudence, et sert à désigner la session d'une cour criminelle. Les assises se tiennent au moins tous les trois mois dans chaque département. Elles sont présidées par un membre de la cour d'appel, qui a pour assesseurs deux membres du tribunal du chef-lieu. Dans les départements où siègent les cours d'appel, le tribunal d'assises est composé de trois conseillers, dont un président. — A côté de ce tribunal se trouve un jury composé de douze citoyens dont les noms ont été tirés au sort, et qui est chargé de déclarer, lorsque les débats sont terminés, si l'accusé est coupable ou non. — Les jurés se trouvent ainsi les seuls et véritables juges du fait, le tribunal ne faisant qu'appliquer la loi suivant la réponse qui lui a été donnée par le chef du jury. Tous les individus accusés d'un fait qualifié crime par la loi sont traduits devant la cour d'assises.

Les présidents d'assises peuvent requérir des piquets militaires destinés à concourir, avec la gendarmerie, au maintien de l'ordre. (Lettre minist. du 1er juillet 1886.)

ASSISTANCE, s. f. Aide, secours ; la gendarmerie doit réclamer l'assistance d'un officier de police judiciaire pour s'introduire dans une maison dont l'entrée lui est refusée. Dans les instructions judiciaires, les officiers de gendarmerie peuvent se faire assister d'un greffier. (1er mars 1854. art. 251.)

Assistance judiciaire. Lorsque des indigents sont obligés d'avoir des procès pour se faire rendre justice, ils demandent l'admission à l'assistance judiciaire, et, si elle leur est accordée, ils n'ont à payer aucune somme pour honoraires, droits d'enregistrement, de timbre, de greffe, etc. — La loi qui rend ainsi la justice complètement gratuite pour les malheureux est du 30 janvier 1851 : elle a été modifiée dans un sens plus large par celle du 10 juillet 1901. La demande d'assistance judiciaire doit être adressée sur papier libre au procureur de la République, par l'entremise du maire, qui certifie que le réclamant ne possède aucune ressource.

Un extrait du rôle des contributions est joint à la demande.

Assistance médicale. Une loi en date du 15 juillet 1893 détermine les conditions dans lesquelles l'assistance médicale gratuite sera accordée aux gens sans ressources. Tout Français malade et indigent reçoit gratuitement, de la commune, du département ou de l'Etat, suivant son domicile de secours, l'assistance médicale à domicile, ou, s'il y a impossibilité de le soigner utilement à domicile, dans un établissement hospitalier. Les femmes en couches sont assimilées à des malades.

Assistance publique. Administration publique de secours, comprenant les bureaux de bienfaisance, le service de médecine gratuite, les hospices, les monts-de-piété et tous les services organisés pour secourir l'indigence.

ASSOCIATION, s. f. Réunion de plusieurs personnes ayant un but ou un intérêt commun. — La loi sur les associations qui abroge les articles 291 et suivants du Code pénal, a été promulguée le 4 juillet 1901. — Il est formellement interdit à tout militaire d'entrer dans aucune association, quel qu'en soit le but, à moins qu'elle n'ait été approuvée par le Ministre de la guerre. (Circ. du 6 mars 1889, rappelée par une circulaire du 27 mai 1895.) — Un militaire ne doit contracter d'autre engagement que celui qui l'attache au service. Il ne doit connaître d'autre commandement que celui de ses chefs, d'autre guide que son drapeau. (Circ. du 22 juillet 1880.) La loi du 6 juin 1868 régit les associations.

Association de malfaiteurs. Réunion d'individus organisés en bandes pour attaquer les personnes et les propriétés.

Les articles 265, 266 et 267 du Code pénal ont été abrogés par la loi du 18 décembre 1893 et remplacés par des articles qui édictent des peines plus sévères contre ceux qui feront partie d'une association ayant pour but de préparer ou de commettre des crimes contre les personnes ou les propriétés. Les affiliés sont punis des travaux forcés : la relégation peut leur être appliquée, et ceux qui auront favorisé les auteurs de ces crimes seront punis de la réclusion.

ASSURANCE, s. f. Affirmation, déclaration. Je vous donne l'assurance de ne plus recommencer. — Courage, hardiesse. Parler, agir avec assurance. — Ce mot exprime encore le contrat par lequel une compagnie ou un individu garantit à un autre la possession d'un objet et s'oblige, moyennant une prime convenue, à lui en remettre la valeur en cas de perte. — On s'assure contre l'incendie, contre la grêle, contre les accidents en mer ou en chemin de fer, contre les épizooties, etc., etc. Enfin, on s'assure sur la vie. Les assurances sur la vie se prêtent à de nombreuses combinaisons dont la principale est celle-ci : un père de famille peut, avec ce qu'il gagne, faire vivre les siens d'une façon honorable, mais s'il vient à mourir, les enfants n'ont plus rien; alors, ce chef de famille, pour éviter la misère à ses enfants, paie à une compagnie d'assurances une prime annuelle, et la compagnie, de son côté, s'engage à donner une somme convenue à ses héritiers le lendemain de sa mort. — Ainsi, ce père prévoyant, en se privant tous les ans, pendant sa vie, d'une légère somme, a mis ses enfants à l'abri de la misère. — Les assurances sur la vie ont un but essentiellement moral. On apprend peu à peu à les connaître, et il est à désirer qu'elles prennent, en France, l'importance qu'elles ont prises dans les pays étrangers.

ATELIER, s. m. Endroit, local où des ouvriers travaillent ensemble. Il existe des ateliers de construction indépendants pour le service de l'artillerie à Vernon, à Puteaux, à Tarbes, à Avignon et à Angers. — Les ateliers des condamnés aux travaux publics ont été organisés par le règlement du 23 juillet 1856. — Il existe en Algérie trois ateliers de condamnés aux travaux publics : un dans la province d'Alger (à Orléansville, décret du 25 août 1895), un dans la province d'Oran (à Mers-el-Kebir) et un dans la province de Constantine (à Bougie), l'atelier qui était à Bône a été transféré à Teboursouk (Tunisie). (Circ. du 25 avril 1901.) Chaque atelier est commandé par un chef de bataillon ou un capitaine ayant sous ses ordres un lieutenant, deux comptables et le nombre de sous-officiers et de caporaux nécessaires pour constituer les cadres. — Le commandement des ateliers peut être confié à des officiers provenant de la retraite. (Circ. minist. du 4 mars 1896.)

Les ateliers sont composés de militaires condamnés par les conseils de guerre pour délits prévus par le Code militaire, ainsi que de ceux qui ont obtenu la commutation d'une peine plus grave en celle correctionnelle des travaux publics. Les condamnés portent un vêtement d'étoffe brune et sont employés à des travaux militaires ou civils.

ATTACHÉS MILITAIRES. Officiers qui font partie d'une ambassade près d'une puissance étrangère.

Le mode de recrutement de ces officiers est réglé par l'instruction du 20 mars 1890.

ATTAQUE DE VOITURE PUBLIQUE. Cet événement rentre dans la catégorie de ceux prévus par l'art. 77 du décret du 1er mars 1854, et dont il doit être immédiatement rendu compte au Mnistre de la guerre. L'art. 462 du décret précité indique les mesures à prendre pour pourvoir à la sûreté des diligences et malles chargées des fonds de l'Etat.

ATTENTAT, s. m. Entreprise violente et criminelle dirigée contre un souverain, contre l'état politique d'un pays, contre les personnes ou contre les propriétés.

Attentat contre la sûreté de l'Etat. Les articles 91 et suivants du Code pénal édictent des peines sévères contre ceux qui cherchent à troubler l'Etat par la guerre civile ou l'emploi illégal de la force armée. « L'attentat dont le but sera soit d'exciter à la guerre civile en armant ou en portant les citoyens ou habitants à s'armer les uns contre les autres, soit de porter la dévastation, le massacre ou le pillage dans une ou plusieurs communes, sera puni de mort. » (C. P., art. 91.) La loi sur la procédure à suivre devant le Sénat pour juger toute personne inculpée d'attentat commis contre la sûreté de l'Etat est du 10 avril 1889.

Attentat aux mœurs. L'attentat aux mœurs est un acte commis contre les personnes et ayant pour résultat de nuire aux mœurs et de blesser la pudeur publique. — L'attentat aux mœurs par l'excitation à la débauche de jeunes gens et de jeunes filles âgés de moins de 21 ans est puni d'un emprisonnement de 6 mois à 2 ans et d'une amende de 50 à 500 fr. (C. P., art. 334).

Attentat à la pudeur. L'attentat à la pudeur est un acte ayant pour but de blesser la pudeur d'une personne. Il diffère du viol en ce qu'il n'a pas pour but un rapprochement sexuel. Il ne faut pas confondre l'attentat à la pudeur avec *l'outrage public à la pudeur;* l'acte peut être permis en lui-même, et il ne tombe sous le coup de la loi que parce qu'il a été commis en public. (V. *Outrage.*)

L'attentat sans violence commis sur un enfant âgé de moins de 13 ans est puni de la réclusion. Si l'auteur est un ascendant, la même peine est appliquée, quel que soit l'âge de l'enfant, jusqu'à 21 ans, à moins qu'il ne soit émancipé par le mariage. (C. P., art. 331.) — L'attentat avec violence est puni de la réclusion, quel que soit l'âge de la victime; cependant, si la victime a moins de quinze ans, la peine sera des travaux forcés à temps, et des travaux forcés à perpétuité si le crime a été entouré des circonstances aggravantes énumérées à l'article 333 du Code pénal.

Ce genre de crimes est assez fréquent dans les campagnes; la constatation en est délicate, et, pour guider les gendarmes dans les recherches qu'ils ont à faire en pareil cas, nous ne saurions mieux faire que de citer les excellents conseils donnés par M. le président Bernède, dans son Aide-Mémoire. — Pour ce crime, il n'y a pas généralement de constatations matérielles à faire. Cependant, comme la loi ne distingue pas les actes d'obscénité et la défloration, et que le coupable veut souvent arriver à ce but, il est nécessaire, si on le peut, de faire visiter la victime par un médecin, ou, si on ne le peut pas, par une matrone, par la mère ou toute autre femme, parce que, si l'on attend que cette mesure soit ordonnée par la justice, les traces peuvent disparaître. On doit faire examiner non seulement les parties sexuelles, mais encore les bras, les cuisses, le cou, pour voir s'il n'existe pas des traces de violences. Ces visites doivent avoir lieu avec la plus grande prudence. Les enfants doivent être interrogés avec circonspection; quoiqu'il faille leur faire expliquer l'agression dans les plus minutieux détails pour la relater, il faut éviter d'aller au-devant de leurs déclarations et se garder de toute obscénité dans les paroles et dans les démonstrations, à moins que le besoin de se faire comprendre le nécessite. — Les dires de la victime doivent être contrôlés immédiatement par d'autres témoignages; il faut entendre tous les témoins qui, de près ou de loin, peuvent fournir des éclaircissements et visiter minutieusement le lieu de l'attaque pour s'en rendre bien compte. — Interroger également l'inculpé si on le trouve; lui demander compte de son temps, et, s'il cherche à établir un alibi, ne pas perdre un instant pour le contrôler. — Saisir sa chemise et celle de la victime, ainsi que les vêtements portant des traces de lutte ou de souillure; regarder minutieusement les genoux du pantalon de l'agresseur. — Relater les habitudes et les antécédents de l'agresseur et de sa victime. — Si les faits paraissent exagérés ou mal définis, rechercher s'ils ne seraient pas inventés dans un but de vengeance.

ATTESTATION, s. f. Déclaration, certificat favorable donné par écrit à une personne. — Il est formellement interdit aux conseils d'administration, ainsi qu'à tout commandant de compagnie, d'arrondissement ou de brigade, de jamais délivrer aux hommes démissionnaires ou congédiés aucune attestation particulière de bons services ou de moralité, sous quelque forme et en quelques termes que ce soit. (Service intérieur, art. 285.)

Attestation de repentir. C'est un certificat que l'on délivre à certains militaires des compagnies de discipline pour constater qu'ils ont fait preuve d'un repentir sincère à la compagnie de discipline, et qu'ils n'ont pas mérité une punition. (Instr. du 9 juillet 1890.)

ATTROUPEMENT, s. m. L'attroupement est un rassemblement tumultueux ayant pour but de se livrer à des actes hostiles, soit contre les autorités, soit contre les personnes privées. — L'attroupement est armé : 1° quand plusieurs individus qui le composent sont porteurs d'armes apparentes ou cachées; 2° lorsqu'un seul de ces individus porteurs d'armes apparentes ou cachées n'est pas immédiatement expulsé de l'attroupement par ceux-là mêmes qui en font partie. Sont compris dans le mot armes toutes machines, tous instruments ou ustensiles tranchants, perçants ou contondants. — Les couteaux et ciseaux de poche, les cannes simples ne seront réputés armes qu'autant qu'il en aura été fait usage pour tuer, blesser ou frapper. (C. P., art. 101.)

L'article 296 du décret du 1er mars prescrit à la gendarmerie de disperser tout attroupement armé ou non armé formé pour la délivrance des prisonniers ou condamnés, pour l'invasion des propriétés publiques, pour le pillage ou la dévastation des propriétés particulières. Elle doit, en outre, dissiper les rassemblements de toutes personnes s'opposant à l'exécution d'une loi, d'une contrainte ou d'un jugement et réprimer toutes les émeutes.

Il peut arriver, surtout dans les campagnes, que les gendarmes se trouvent seuls en présence d'un attroupement : ils devront alors agir, surtout dans le début, avec prudence et modération, tout en laissant bien voir qu'ils feront leur devoir avec la plus grande fermeté si les circonstances l'exigent. — Quelques paroles dites à propos peuvent parfois calmer les esprits et empêcher des malheurs. Si la résistance continue, la gendarmerie doit alors, ainsi que le dit l'article 298 du décret du 1er mars, intervenir énergiquement, et, si elle se trouve impuissante pour vaincre la résistance par la force des armes, elle dresse un procès-verbal, dans lequel elle signale les chefs et fauteurs de la sédition; elle prévient immédiatement l'autorité locale, ainsi que le commandant de la compagnie ou de l'arrondissement, afin d'obtenir des renforts des brigades voisines et, suivant le cas, de la troupe de ligne. — Dans aucun cas les brigades ne doivent quitter le terrain ni rentrer à leur résidence avant que l'ordre soit parfaitement rétabli. Elles doivent se rappeler que force doit toujours rester à la loi. Le procès-verbal qu'elles rédigent contient le détail circonstancié des faits qui ont précédé, accompagné ou suivi la formation de ces attroupements. — Quant aux prisonniers qu'elles ont faits, et dont elles ne doivent se dessaisir à aucun prix, ils sont immédiatement conduits, sous bonne escorte, devant le procureur de la République. (Décr. du 1er mars 1854, art. 299.)

Dans ces circonstances graves, les gendarmes doivent agir avec la plus grande vigueur, mais ils ne doivent pas oublier qu'en l'absence de l'autorité judiciaire ou administrative, ils ne peuvent déployer la force des armes que dans les deux cas suivants : le premier, si des violences ou voies de fait sont exercées contre eux; le second, s'ils ne peuvent défendre autrement le terrain qu'ils occupent, les postes ou les personnes qui leur sont confiés, ou enfin si la résistance est telle qu'elle ne puisse être vaincue autrement que par la force des armes. (Décr. du 1er mars 1854, art. 297.)

Dans le cas de soulèvement armé, les commandants de gendarmerie peuvent requérir les agents subalternes de toutes les administrations publiques et des chemins de fer. (Décr. du 1er mars 1854, art. 651.) — La loi donne aux préfets, sous-préfets, maires, adjoints commissaires de police et à tous autres magistrats et officiers civils chargés de la police judiciare, le droit de faire aux attroupements la sommation d'avoir à se disperser, et si la sommation reste sans effet, elle autorise l'emploi des armes. — Si l'attroupement est armé, le magistrat lui fera sommation de se dissoudre et de se retirer. — Cette première sommation restant sans effet, une seconde sommation, précédée d'un roulement de tambour, sera faite par le magistrat. — En cas de résistance, l'attroupement sera dissipé par la force. — Si l'attroupement est sans armes, le magistrat, après le premier roulement de tambour, exhortera les citoyens à se disperser. S'ils ne se retirent pas, trois sommations seront successivement faites. — En cas de résistance, l'attroupement sera dissipé par la force. — Un roulement de tambour annoncera l'arrivée du magistrat, qui devra porter l'écharpe tricolore. (Loi du 7 juin 1848; décr. du 4 octobre 1891, art. 169.) — Lorsque les sommations réglementaires auront été faites, les gendarmes feront usage de leurs armes sans encourir aucune responsabilité. — Les peines sont graduées suivant que l'attroupement est armé ou non armé et suivant que les personnes se sont retirées après la deuxième ou la troisième sommation.

AUBE (Département). Population 246,163 hab., 5 arrondissements, 26 cantons (6e corps d'armée, 6e légion de gendarmerie), chef-lieu Troyes, 47,551 hab., à 150 kil. E.-S.-E. de Paris, dans une vaste plaine. — S.-P. : Arcis-sur-Aube, Bar-sur-Aube, Bar-sur-Seine et Nogent-sur-Seine. Département méditerrané. Pays de plaines légèrement ondulées. Élève de chevaux et de moutons. — Patrie de Danton.

AUBÈRE, adj. Se dit d'un cheval dont la robe est formée de poils blancs et rouges. — L'aubère est dit clair quand la couleur blanche domine ; foncé ou vineux, quand c'est la couleur rouge ; fleur de pêcher si les poils rouges sont disposés en paquets, et mille-fleurs si ce sont les poils blancs.

AUBERGE, s. f. Maison où l'on trouve en payant le logement et la nourriture.

AUBERGISTE, s. m. ou f. Celui ou celle qui tient une auberge. — Les auberges étant des lieux publics, la loi assujettit ceux qui les tiennent à certaines prescriptions faites dans l'intérêt général et à l'observation desquelles la gendarmerie est chargée de veiller. — Seront punis d'une amende de 1 à 5 francs les aubergistes qui, obligés à l'éclairage par un arrêté du maire, l'auront négligé. (C. P., art. 471, nº 3.) — Seront punis d'une amende de 6 à 10 francs les aubergistes, hôteliers, logeurs ou loueurs de maisons garnies qui auront négligé d'inscrire de suite et sans aucun blanc, sur un registre tenu régulièrement, les nom, qualité, domicile habituel, date d'entrée ou de sortie de toute personne qui aurait couché ou passé une nuit dans leur maison, ou qui aurait refusé de représenter ce registre aux agents préposés à cet effet. (C. P., art. 475, nº 2.) — En cas de récidive, l'emprisonnement est obligatoire pendant 5 jours au plus. — Si les individus non inscrits ont commis pendant leur séjour un crime ou un délit, les aubergistes qui les ont reçus sont civilement responsables des indemnités adjugées à ceux à qui ce crime ou ce délit aurait causé quelque dommage. (C. P., art. 73.) — L'article 154 du Code pénal punit d'un emprisonnement de 6 jours à 3 mois les aubergistes qui inscriront sciemment sur leurs registres, sous des noms faux ou supposés, les personnes logées chez eux. — Les gendarmes qui doivent visiter, pour la recherche des personnes signalées, les auberges et autres lieux ouverts au public, se font représenter les registres d'inscription des voyageurs, et, s'ils remarquent des oublis ou négligences dans la tenue de ces registres, ils en dressent procès-verbal. (Décr. du 1er mars 1854, art. 290.) — Les aubergistes sont responsables du vol ou du dommage des effets du voyageur, soit que le vol ait été fait ou que le dommage ait été causé par les domestiques et préposés de l'hôtellerie, ou par des étrangers allant et venant dans l'hôtellerie. (C. C., art. 1953, et loi du 18 avril 1889 qui limite la responsabilité de l'hôtelier à 1,000 francs en ce qui touche les espèces monnayées, valeurs ou titres au porteur de toute nature, si le dépôt n'a pas été effectué entre ses mains.) Cette responsabilité reste entière si le dépôt a été fait.

La Cour de cassation a décidé plusieurs fois que les cabaretiers et hôteliers avaient le droit de refuser de débiter des boissons ou de louer des chambres disponibles dans leur établissement. Ce commerce est complètement libre.

Les aubergistes, comme les cafetiers et cabaretiers, sont soumis aux arrêtés préfectoraux ou municipaux relatifs aux heures de fermeture, et il leur est défendu de donner à boire et à manger à des gens de la localité pendant les heures où les établissements publics doivent être fermés ; mais il faut remarquer qu'ils ont le droit de recevoir et de donner à manger, à toute heure, à toute personne qui voyage et qui vient, soit se reposer momentanément, soit coucher dans leur établissement.

Dans les campagnes, presque tous les aubergistes tiennent également un café ; la loi du 17 juillet 1880 a abrogé le décret du 29 décembre 1851, et aucune autorisation n'est nécessaire aujourd'hui pour ouvrir un café ; il suffit de faire au maire une simple déclaration. (V. *Café*, *Cabaret*.)

AUBIN, s. m. Allure défectueuse dans laquelle le cheval galope du devant et trotte de derrière. Ce mode de progression s'observe chez les chevaux vieux et usés.

AUDE (Département). Population, 313,531 habit., 4 arrondissements, 31 cantons (16e corps d'armée, 16e légion *bis* de gendarmerie), chef-lieu Carcassonne, 28,235 hab., à 765 kil. S. de Paris, divisé par l'Aude en deux parties. S.-P.; Castelnaudary, Narbonne, Limoux. Département maritime. — Pays montagneux, agricole et manufacturier. Très bons vins. Élève étendue de moutons et d'abeilles donnant le miel renommé de Narbonne. — Patrie des généraux Andréossy, Gros, Sabatié, Ramel, etc.

AUDIENCE, s. f. En jurisprudence, on donne ce nom aux séances dans lesquelles les magistrats écoutent les débats d'une affaire et prononcent leur jugement. — Le président a la police de l'audience, et les gendarmes, ainsi que les autres agents de la force publique, sont tenus d'exécuter ses ordres. — Les audiences sont publiques, à moins que les débats ne puissent être dangereux pour les bonnes mœurs ; dans ce cas, après la lecture de l'acte d'accusation, on fait retirer le public, et l'audience a lieu à *huis clos*. Le public est autorisé à entrer pour entendre le jugement. — Tous les militaires (officiers, sous-officiers et soldats) qui paraissent devant la justice civile ou militaire, soit comme témoins, soit comme experts, doivent quitter leurs armes avant de déposer. Ils sont, à plus forte raison, soumis à la même obligation s'ils assistent à l'audience comme simples curieux. (Circ. minist. du 10 décembre 1862.)

AUMONIER, s. m. Ecclésiastique attaché à la personne de quelqu'un ou à un établissement de bienfaisance pour distribuer des aumônes. — En terme militaire, l'aumônier est un ecclésiastique placé près des troupes pour leur faciliter l'accomplissement de leurs devoirs religieux.

La présence des aumôniers dans l'armée remonte à l'an 742, époque où le premier concile de Ratisbonne décida qu'à l'avenir tout général serait accompagné de deux évêques avec un nombre proportionnel de chapelains. (De Chesnel.) — Autrefois, il y avait un aumônier par régiment ; supprimés en 1830, ils furent rétablis en 1854, puis supprimés de nouveau, et, enfin, la loi du 8 juillet 1880 et le décret du 27 avril 1881 règlent aujourd'hui les conditions dans lesquelles les aumôniers doivent être attachés aux troupes. En cas de mobilisation, il est attaché un aumônier catholique à chaque quartier général d'armée, à chacune des diverses ambulances de corps d'armée, à chaque division de cavalerie et à chaque division active de l'armée territoriale. — Il est, en outre, attaché un ministre du culte protestant et un ministre du culte israélite à chaque quartier général de corps d'armée. — Il est nommé un aumônier catholique dans chaque place possédant une garnison de 10,000 hommes et dans chaque fort détaché ayant une garnison de 2,000 hommes. — Il est également nommé un ministre du culte protestant dans chaque place ayant une garnison d'au moins 20,000 hommes et un ministre du culte israélite dans chaque place dont la garnison est d'au moins 30,000 hommes. — Dans les places de guerre dont la garnison dépasse 10,000 hommes, il est nommé un aumônier catholique pour chaque fraction de 10,000 hommes. — Dans la marine, il y a un aumônier par division navale.

AUTEUR, s. m. En droit pénal, ce mot s'emploie pour désigner celui qui a joué le principal rôle dans une infraction. Le *coauteur* est celui qui y a participé directement; le complice est celui qui n'a joué qu'un rôle secondaire. (V. *Complice*)

AUTOMNE, s. m. L'automne est la troisième saison de l'année : il commence le 23 septembre et finit le 22 décembre. Sa durée moyenne est de 89 jours 16 heures 30 minutes. — Au commencement de l'automne, les jours sont égaux aux nuits, puis ils vont en décroissant d'une manière assez sensible.

AUTOMOBILE, s. m. Véhicule à moteurs mécaniques autres que ceux servant à l'exploitation des voies ferrées. Un décret en date du 10 mars 1899 modifié par celui du 10 septembre 1901, réglemente la circulation des automobiles et indique les conditions générales de sûreté auxquelles ils doivent satisfaire.

L'article 29 de ce décret dit : « Indépendamment des prescriptions du présent règlement, les automobiles resteront soumis aux dispositions des règlements sur la police du roulage. » Les militaires de la gendarmerie ont donc le droit de verbaliser contre les conducteurs d'automobiles en ce qui concerne les contraventions à la loi du 30 mai 1851 et au décret du 10 août 1852, mais le décret du 10 septembre 1901 et la lettre ministérielle qui le suit, réservent aux officiers de police judiciaire le droit de dresser des contraventions quant aux détails de construction, desquels résulte la vitesse.

AUTOPSIE, s. f. L'autopsie est une opération chirurgicale qui a pour but d'ouvrir un cadavre pour se rendre compte des causes de la mort. Cette opération étant généralement nécessaire dans les cas d'empoisonnement, d'assassinat ou de meurtre, les officiers de gendarmerie, officiers de police judiciaire, peuvent être appelés à la prescrire dans le cours d'une instruction. Dans ce cas, et conformément à l'article 262 du décret du 1er mars 1854, ils se font assister d'un ou de deux docteurs, qui prêtent serment de faire leur rapport en honneur et conscience. (Art. 44 du C. d'instr. crim.) — Les chefs de brigade, étant officiers de police judiciaire militaire, peuvent également être appelés, mais dans des cas plus rares, à prescrire une autopsie pour compléter une instruction. — Ils devront alors se conformer à ce qui est dit plus haut. — Lorsque le cheval d'un gendarme vient à mourir, son autopsie doit être faite par le vétérinaire, qui doit faire connaître les causes de la mort. Ce certificat est joint au procès-verbal. Il est à remarquer cependant que cette opération n'est pas prescrite par les règlements de l'arme.

AUTORITÉ, s. f. Droit de commander, d'obliger à faire quelque chose.

AUTORITÉS, s. f. pl. On donne le nom d'autorités aux magistrats et aux fonctionnaires publics qui, dans des circonstances données, ont le droit de commander et de se faire obéir. — Les rapports que les commandants de tout grade de la gendarmerie doivent entretenir avec les diverses autorités locales sont déterminés par les articles 91 et suivants du décret du 1er mars 1854. Ces rapports doivent toujours être empreints de la plus grande déférence et de la plus grande loyauté, et les commandants de tout grade ne perdront jamais de vue qu'en alliant le respect dû aux autorités constituées à une fermeté inébranlable dans l'exécution de leurs devoirs, ils seront toujours entourés de l'estime et de la considération générales.

L'article 112 du Service intérieur prescrit aux commandants de brigade de se présenter, en entrant en fonctions, devant les autorités avec lesquelles ils doivent entretenir des relations de service, et, en cas de difficultés, le même article leur commande d'éviter d'engager aucune espèce de polémique et de se borner à en rendre compte au commandant d'arrondissement. Les commandants de brigade doivent obtempérer, en outre, aux réquisitions des autorités compétentes et informer les commandants d'arrondissement des exigences qui paraîtraient mal fondées. — C'est en obéissant à ces sages prescriptions, en agissant toujours avec tact et en ne transigeant jamais avec leurs devoirs, que les chefs de poste éviteront des conflits toujours regrettables.

L'action des autorités civiles, administratives et judiciaires sur la gendarmerie, en ce qui concerne son emploi, ne peut s'exercer que par des réquisitions. (Décr. du 1er mars 1854, art. 91. — V. *Réquisition.*) — Mais sans attendre les réquisitions, la gendarmerie doit encore entretenir avec les diverses autorités certains rapports prescrits par les règlements et dont nous donnons ci-après le résumé. — La gendarmerie doit communiquer sans délai à l'autorité civile les renseignements qu'elle reçoit et qui intéressent l'ordre public. — Les communications écrites entre les magistrats, les administrateurs et la gendarmerie doivent toujours être signées et datées. (Décr. du 1er mars 1854, art. 100.) — Les préfets et les autorités judiciaires peuvent appeler près d'eux, mais toujours par écrit et pour un objet déterminé de service les officiers de gendarmerie (commandant la gendarmerie du département ou commandant d'arrondissement). (Décr. du 1er mars 1854, art. 102 et 103.)

Rapports avec les autorités judiciaires. Les autorités judiciaires doivent être immédiatement informées de tous les événements qui sont de nature à motiver des poursuites judiciaires. Ces autorités sont informées de ces événements par les procès-verbaux qui, depuis la circulaire du 26 novembre 1855, leur sont envoyés directement par les chefs de brigade. — En principe, et pour toutes les relations de service, les autorités doivent toujours s'adresser à l'officier commandant; cependant, la circulaire précitée admet que, lorsqu'il y a *urgence bien constatée*, l'autorité judiciaire peut s'adresser directement au commandant de brigade, à la charge par celui-ci de faire connaître immédiatement à l'officier commandant la gendarmerie de l'arrondissement et les mandats qui lui ont été remis, et les renseignements qui lui ont été demandés, en y ajoutant copie des réponses faites à ces demandes de renseignements.

Rapports de la gendarmerie avec les autorités administratives. Les chefs de légion doivent porter à la connaissance des préfets les mutations et les nominations des officiers et des chefs de brigade. (Service intérieur, art. 3.) — Les commandants de compagnie et les commandants d'arrondissement doivent communiquer aux préfets et aux sous-préfets tous les renseignements pouvant intéresser l'ordre public et qui leur sont fournis par la correspondance des brigades. Ces officiers ne sont pas tenus à des rapports négatifs; mais tous les cinq jours ils doivent envoyer aux mêmes autorités un tableau sommaire des délits commis et des arrestations faites. (Décr. du 1er mars 1854, art. 110, 111, 112.) — Si les rapports de service font craindre quelque émeute populaire ou attroupement séditieux, les préfets, après s'être concertés avec l'officier général commandant le département, s'il est présent, et avec l'officier le plus élevé en grade de la gendarmerie en résidence au chef-lieu du département, peuvent requérir la réunion sur le point menacé du nombre de brigades nécessaires au rétablissement de l'ordre. — Il en est rendu compte sur-le-champ au Ministre de l'intérieur par le préfet, et au Ministre de la guerre par l'officier général ou par l'officier de gendarmerie. (Décr. du 1er mars 1854, art. 113.) — Dans les cas urgents, les sous-préfets peuvent requérir des officiers commandant la gendarmerie de leur arrondissement le rassemblement de plusieurs brigades, à charge d'en informer sur-le-champ le préfet qui, pour les mesures ultérieures, se concerte avec l'officier général et le commandant de la gendarmerie du département, conformément aux prescriptions de l'article 113 ci-dessus. (Décr. du 1er mars 1854, art. 117.)

Lorsqu'on présume que, par suite d'une grande affluence à des assemblées publiques, l'ordre peut être menacé, le commandant de l'arrondissement, après s'être concerté avec le sous-préfet, ou sur sa réquisition, peut réunir et envoyer sur le lieu plusieurs brigades. (Décr. du 1er mars 1854, art. 334.) — Ainsi, cet article autorise, sur une simple présomption de désordre, le commandant d'arrondissement et le sous-préfet à réunir plusieurs brigades sur un point donné. Il est à remarquer, cependant, qu'aujourd'hui que les communications sont pour ainsi dire instantanées, il sera toujours préférable, avant de prendre cette mesure, que le sous-préfet et le commandant d'arrondissement en réfèrent à leurs supérieurs, qui peuvent se concerter avec l'officier général.

Lorsque la tranquillité publique est menacée, les officiers de gendarmerie ne sont point appelés à discuter l'opportunité des mesures que les préfets croient devoir prescrire pour assurer le maintien de l'ordre ; mais il est de leur devoir de désigner les points qui ne peuvent être dégarnis sans danger et de communiquer à ces fonctionnaires tous les renseignements convenables, tant sur la force effective des brigades et leur formation en détachements que sur les moyens de suppléer au service de ces brigades pendant leur absence. (Décr. du 1er mars 1854, art. 114.)

Lorsque les autorités administratives ont adressé leurs réquisitions aux commandants de la gendarmerie, conformément à la loi, elles ne peuvent s'immiscer en aucune manière dans les opérations militaires ordonnées par ces officiers pour l'exécution desdites réquisitions. Les commandants de la force publique sont dès lors seuls chargés de la responsabilité des mesures qu'ils ont cru devoir prendre, et l'autorité civile qui a requis ne peut exiger d'eux que le rapport de ce qui aura été fait en conséquence de sa réquisition. (Décr. du 1er mars 1854, art. 115.) — Ces deux articles sont très importants ; les officiers de gendarmerie ne devront jamais oublier qu'ils sont seuls responsables de l'exécution des réquisitions et que les autorités civiles n'ont en aucune manière le droit de s'immiscer dans les mesures à prendre. Le nombre des hommes à requérir, le lieu où leur présence est nécessaire, le nombre des sentinelles et la nature de leur consigne et toutes autres dispositions sont laissés à la disposition entière du commandant militaire. (Lois des 19 juillet et 3 août 1791, rappelées par la circ. minist. du 24 décembre 1880.)

Les commissaires de police, dans l'exercice de leurs fonctions, peuvent requérir la gendarmerie en se conformant aux articles 91 et suivants du décret du 1er mars 1854. — Une circulaire du Ministre de l'intérieur en date du 16 juillet 1858 recommande aux commissaires de police d'avoir avec la gendarmerie des rapports fréquents et faciles, mais de ne la requérir qu'avec réserve et seulement quand il est nécessaire d'appuyer l'autorité d'une force matérielle.

Dans aucun cas, ni directement, ni indirectement, la gendarmerie ne doit recevoir de missions occultes de nature à lui enlever son caractère véritable. — Son action s'exerce toujours en tenue militaire, ouvertement et sans manœuvres de nature à porter atteinte à la considération de l'arme. (Décr. du 1er mars 1854, art. 119.) — La gendarmerie, depuis de longues années, ne reçoit plus de missions occultes ; mais il peut arriver encore quelquefois que des fonctionnaires, peu au courant des devoirs de l'arme, croient possible de demander des rapports ayant trait à la politique. — Les militaires de la gendarmerie ne doivent jamais donner aucune appréciation ni fournir aucun renseignement se rapportant d'une façon quelconque à une question politique, et de nombreuses circulaires leur interdisent formellement de fournir des rapports sur ce sujet. (Circ. du Ministre de la guerre des 31 août 1879, 29 juillet 1881, 12 juillet 1882 ; circ. du Ministre de l'intérieur du 19 mai 1881.) — La solution de toute affaire de service, quelle qu'en soit la nature, soumise à l'appréciation, à l'étude ou à la sanction de l'autorité militaire par un agent de l'administration civile départementale ou communale, doit être notifiée aux intéressés exclusivement par l'intermédiaire du préfet du département où ils résident et après entente avec ce haut fonctionnaire. (Circ. du 29 janvier 1883.)

L'article 1er du Service intérieur interdit aux officiers de fournir directement, pour quelque motif que ce soit, aux autorités administratives ou judiciaires, des renseignements sur les attributions militaires de leurs subordonnés.

Rapports de la gendarmerie avec les autorités militaires. Les chefs de légion sont tenus d'informer les généraux commandant les corps d'armée des mutations qui surviennent parmi les officiers de tout grade de la gendarmerie employés dans ces divisions. (Décr. du 1er mars 1854, art. 121.) — Ils les informent également des fautes graves qui auraient motivé, pour leurs subordonnés de tout grade, des punitions d'arrêts de rigueur ou de prison. (Décr. du 1er mars 1854, art. 132.) — Chaque fois qu'un officier de gendarmerie s'absente, soit pour jouir d'une permission, soit pour un service, il doit en prévenir le général commandant la subdivision. (Décr. du 1er mars 1854, art. 123. — La gendarmerie n'assiste, en principe, aux revues de la garnison, que dans les circonstances visées par les instructions ministérielles. Elle assiste aux revues passées par l'autorité militaire à l'occasion de la fête nationale. (Service intérieur, art. 228.)

Les chefs de légion informent les généraux commandant les divisions militaires des événements extraordinaires qui peuvent donner lieu, de la part de ces généraux, à des dispositions particulières de service. — Ces événements sont: les émeutes populaires et attroupements armés ou non armés qualifiés séditieux par la loi; les attaques dirigées ou exécutées contre la force armée; les excursions et attaques de malfaiteurs réunis en bande; les arrestations de provocateurs à la désertion, d'embaucheurs ou d'espions employés à lever le plan des places ou à se procurer des renseignements sur la force et le mouvement des troupes; les découvertes de dépôts d'armes et de munitions de guerre; les attaques de convois de munitions de guerre; le pillage des magasins militaires; tous délits ou crimes commis par des militaires, ou dont ils seraient soupçonnés d'être les auteurs ou complices; les rixes des militaires entre eux ou avec des individus non militaires; les insultes et voies de fait de la part des militaires envers les citoyens; enfin, ils leur doivent communication de tout ce qui pourrait intéresser l'ordre et la tranquillité publique.

Les mêmes rapports sont faits aux généraux commandant les subdivisions militaires ou les départements par les commandants de compagnie, qui sont, en outre, tenus de leur adresser journellement l'état des arrestations militaires dont la connaissance leur est parvenue par la correspondance des brigades, ainsi que le résultat de la surveillance exercée par la gendarmerie sur les troupes en marche dans toute l'étendue de leur commandement. (Décr. du 1er mars 1854, art. 126.)

En cas d'émeute populaire ou d'attroupements séditieux, les ordres que les généraux commandant de corps d'armée et de subdivisions ont à donner aux officiers de gendarmerie leur sont adressés directement et par écrit. (Décr. du 1er mars 1854, art. 130). — Toutes les fois qu'un ordre adressé par ces généraux à un officier de gendarmerie paraît à celui-ci de nature à compromettre le service auquel ses subordonnés sont spécialement affectés, il est autorisé à faire des représentations motivées. Si le général croit devoir maintenir son ordre, l'officier de gendarmerie est tenu de l'exécuter, mais il en est rendu compte au Ministre de la guerre. (Décr. du 1er mars 1854, art. 131.)

Si, pour l'exécution d'une réquisition civile, les officiers de gendarmerie reconnaissent qu'une force supplétive leur est nécessaire, ils demandent aux préfets de requérir des troupes. — Dans les cas urgents, ils peuvent eux-mêmes requérir directement l'assistance de la troupe de ligne. (Décr. du 1er mars 1854, art. 136 et 137.)

Le décret du 4 octobre 1891 sur le service des places traite la question du droit au commandement lorsqu'un détachement de troupe agit de concert avec la gendarmerie pour le service spécial de cette arme, et le règlement du 26 octobre 1883 sur le service en campagne dit, article 3, que les officiers chargés d'une mission spéciale ont, à grade égal, le commandement sur tous les autres officiers employés dans la même mission. (V. *Commandement.*) — Les rapports du commandant d'armes avec la gendarmerie sont réglés par les articles 119, 120 et 121 du décret du 4 octobre 1891. — Excepté dans l'état de siège, la gendarmerie n'est pas considérée comme faisant partie de la garnison; le commandant d'armes ne peut la réunir pour des motifs étrangers à ses fonctions en dehors des cas indiqués au mot *Revue.* — Le commandant de la gendarmerie fait connaître au commandant d'armes les événements qui peuvent intéresser l'ordre public dans la place. — Il le prévient toutes les fois qu'il s'opère dans l'intérieur ou à proximité de la place une réunion de la gendarmerie autre que celle de la résidence. — Il lui envoie, deux jours avant la fin de chaque mois, l'état de la situation de la gendarmerie de la place.

Visites à faire aux autorités par les officiers de gendarmerie. (V. *Visites.*)

AUTRICHE. L'empire d'Autriche est borné au nord par le royaume de Prusse et la Pologne; à l'est, par la Russie; au sud, par la Turquie d'Europe, la mer Adriatique et le royaume d'Italie; à l'ouest, par la Suisse et par l'Allemagne intérieure (Bavière et Saxe). — La superficie de ce pays, en y comprenant la Bosnie et l'Herzégovine occupées par l'empire depuis 1878, est de 676,000 kil. carrés, sa population de 43,000,000 d'habitants. — Au nord de l'Autriche se trouve la continuation de la ligne de partage des eaux de l'Europe qui, sous le nom de monts de Bohême, monts de Moravie et monts Sudètes, va se relier aux collines de Pologne. — Au sud courent les Alpes, qui prennent le nom d'Alpes Rhétiques, Carniques, Juliennes et Illyriennes. — L'Autriche est traversée dans sa plus grande largeur par le Danube (de Passau à Semlin, ville forte près de Belgrade), dont les principaux affluents sont : à droite, l'Inn qui reçoit la Salza, la Traun, l'Inn, la Drave et la Save; à gauche, la March, qui reçoit la Schwarsa, et la Theiss. — L'Elbe arrose la Bohême et reçoit la Moldau, qui arrose Prague.

L'empire d'Autriche peut être divisé en trois parties : la partie allemande; la partie italienne; la partie salve, hongroise et roumaine.

Les provinces allemandes sont : 1° Le royaume de Bohême, capitale Prague, sur la Moldau, affluent de l'Elbe; 2° la Moravie, au S.-E. de la Bohême, capitale Brünn (près de cette ville se trouve Austerlitz, victoire du 2 décembre 1805); 3° la Silésie, au nord de la Moravie, chef-lieu Troppau, sur un affluent de l'Oder; 4° l'archiduché d'Autriche, capitale Vienne, sur la rive droite du Danube (1,300,000 habit.). Cette ville est en même temps la capitale de l'empire. Près de Vienne on trouve Essling et Wagram, victoires des Français en 1809; 5° le duché de Salzbourg, sur la Salza, affluent de l'Inn; 6° le comté de Tyrol, qui s'étend du lac de Constance au lac de Garde, capitale Insprück, sur l'Inn; 7° le duché de Carinthie, à l'est du Tyrol, capitale Klagenfurth; 8° le duché de Carniole, au sud du précédent, capitale Laybach, près de la Save.

La partie italienne ne comprend plus aujourd'hui que le littoral illyrien, ville principale Trieste, au fond du golfe du même nom, le port principal de l'empire d'Autriche (145,000 habitants.)

Partie slave, hongroise et roumaine : 1° la Gallicie, au N.-E. de l'empire d'Autriche, cap. Lemberg; 2° le grand-duché de Cracovie, capitale Cracovie, sur la Vistule, réuni à l'Autriche en 1846; 3° le royaume de Hongrie, la plus grande des divisions de l'Autriche (17 millions d'habit.), capitale Bude ou Ofen, sur le Danube; en face, sur la rive gauche, se trouve Pest. Ces deux villes réunies (Budapest) 500,000 habit., forment la capitale du royaume de Hongrie. — Presbourg, ancienne capitale de la Hongrie, se trouve encore sur le Danube, près de la frontière de l'archiduché d'Autriche; 4° au sud de la Hongrie se trouvent l'Esclavonie et la Croatie, capitale Agram, près de la Save; 5° à l'angle S.-E. de l'empire s'étend la grande principauté de Transylvanie, capitale Klausenbourg, ville principale Kronstadt, près de la frontière turque; 6° les confins militaires composent une longue et étroite bande qui s'étend le long des frontières de la Turquie; c'est une espèce de camp perpétuel où tous les habitants sont soldats. — Les villes principales sont : Peterwardein, sur le Danube, une des places les plus fortes de l'Europe ; Semlin, ville très forte, près du confluent de la Save; 7° le royaume de Dalmatie est une contrée longue et étroite qui s'étend entre la mer Adriatique et la Turquie; la capitale est Zara, petit ville maritime; les villes principales sont : Raguse et Spalatro, ports de mer.

Dans le royaume austro-hongrois, le service militaire est personnel et obligatoire pendant une période de douze années, et ceux qui en sont exempts pour une cause quelconque paient une taxe annuelle de 1 à 100 florins. — Les jeunes gens déclarés bons pour le service sont répartis en trois catégories : ceux de la 1re servent trois ans dans l'armée active, sept ans dans la réserve et deux ans dans la landwehr ; ceux de la 2e servent dix ans dans la réserve de remplacement et deux ans dans la landwehr ; et enfin ceux de la 3e sont versés directement pour douze ans dans la landwehr. — En temps de guerre, tous les hommes valides de 19 à 42 ans, dégagés du service militaire, sont incorporés dans le landsturm. — L'armée autrichienne, qui est d'environ 270,000 hommes en temps de paix, peut atteindre, en temps de guerre, 1,260,000 combattants.

AUXILIAIRE, adj. Celui ou celle qui aide, qui vient au secours. — Armée auxiliaire, troupes auxiliaires. — Un décret du 3 octobre 1860 a attaché à la légion de gendarmerie d'Afrique un certain nombre d'auxiliaires indigènes qui sont choisis soit parmi les spahis, soit parmi les tirailleurs ; leur nombre varie suivant les exigences du service, mais il ne peut pas dépasser deux indigènes par brigade.

Services auxiliaires. Les jeunes gens qui, lors du conseil de revision, ont été dispensés du service armé pour défaut de taille ou pour toute autre cause, mais qui ont été reconnus aptes à être utilisés, sont placés dans l'un des huit services auxiliaires. (Loi du 15 juillet 1889, art. 27.) Ces huit services auxiliaires comprennent : la fabrication et l'entretien du matériel, les travaux relatifs aux bâtiments, les télégraphes et les chemins de fer, les hôpitaux, les magasins, les transports et les différents bureaux.

Les hommes des services auxiliaires sont assujettis à répondre à cinq revues d'appel. (V. Instructions du 28 décembre 1895 et du 27 novembre 1901.)

AVAL, s. m. L'opposé d'amont. (V. ce mot.) En langage de banque, l'aval est une garantie donnée à une lettre de change par une tierce personne qui s'engage à en payer le montant dans le cas où il ne serait pas acquitté par celui qui l'a souscrite.

AVANCEMENT, s. m. La loi a déterminé deux modes d'avancement : 1° le choix ; 2° l'ancienneté. — L'avancement au choix est donné à ceux qui en sont jugés dignes par leurs services exceptionnels ou leurs mérites. — L'avancement à l'ancienneté est un droit accordé par la loi aux sous-lieutenants, aux lieutenants et aux capitaines, dans une proportion déterminée. — Du gendarme au grade de sous-lieutenant, l'avancement a lieu au choix. — De même à partir du grade de lieutenant-colonel et pour le grade de major. — Les sous-lieutenants deviennent lieutenants dès qu'ils ont accompli deux années dans leur grade. — *En temps de paix*, les conditions requises pour l'avancement sont déterminées par les articles 43 et suivants du décret du 1er mars 1854.

L'avancement aux grades de brigadier et de sous-officier roule par légion, par corps ou détachement.

Dans la 19e légion, il se fait par compagnie lorsque le département ne forme qu'une seule compagnie, et, dans le cas contraire, par groupe de compagnies ressortissant au même département. (Décis. minist. du 9 mars 1900.) (V. Service intérieur, art. 7, modifié par le décret du 28 septembre 1901.)

De nombreux décrets, successivement abrogés, ont réglementé le mode de présentation aux différents grades d'officiers, ainsi que pour la Légion d'honneur et la médaille militaire. Ce dernier décret dont les dispositions sont actuellement (en 1901) en vigueur date du 15 mars 1901.

En temps de guerre. Le temps de service exigé pour passer d'un grade à un autre est réduit de moitié à la guerre.

Dans une place investie. L'avancement, pendant toute la durée du blocus du siège, appartient exclusivement aux militaires qui concourent à la défense d'une place investie.

Des prisonniers de guerre. Les brigadiers et sous-officiers prisonniers de guerre sont remplacés lorsque les besoins du service l'exigent, et alors ils ne comptent plus que pour mémoire à leur corps. A leur retour, ils sont mis à la suite ou placés dans d'autres corps s'il n'existe pas de vacances. Le temps passé en captivité n'est pas déduit de l'ancienneté. — Les officiers tombés au pouvoir de l'ennemi sont également remplacés lorsque les besoins du service l'exigent impérieusement, sans déduction, pour leur ancienneté, du temps passé en captivité.

Des indigènes en Algérie. L'avancement des indigènes musulmans ou israélites de l'Algérie, dans l'armée, a lieu exclusivement au choix.

Des officiers de réserve et de l'armée territoriale (V. *Réserve*).

Dans la Légion d'honneur. Pour être nommé à un grade supérieur dans la Légion d'honneur, il faut avoir passé : pour le grade d'officier, quatre ans dans celui de chevalier ; pour le grade de commandeur, deux ans dans celui d'officier ; pour le grade de grand-officier, trois ans dans celui de commandeur ; pour le grade de grand-croix, cinq ans dans celui de grand-officier.

Observations générales. Les officiers qui ont perdu leur grade par suite des événements de décembre 1851 ont été réintégrés dans l'armée avec leur grade ou avec le grade immédiatement supérieur. (Décr. des 12 septembre et 14 novembre 1870.) — Les officiers de l'armée du Rhin nommés à divers grades par arrêté du 20 avril 1871 ont pris rang du 27 octobre 1870. (Arrêté du 4 mai 1871.)

AVANCES DE SOLDE. Paiements faits, à titre d'avances, aux militaires voyageant isolément pour subvenir aux frais de leur voyage jusqu'à destination.

Avances de solde aux militaires passant aux colonies. Les militaires qui passent aux colonies reçoivent sur la caisse des corps ou compagnies d'où ils sortent une avance de solde de traversée dont la quotité varie en raison de l'éloignement de la colonie sur laquelle ils sont dirigés. Ces avances sont ainsi fixées : Pour la Martinique, la Guadeloupe, le Sénégal, 15 jours ; pour la Guyane, le Soudan, le Dahomey, Madagascar, la Réunion, l'Inde, la Cochinchine, Saint-Pierre et Miquelon, Taïti, la Nouvelle-Calédonie, l'Annam et le Tonkin, un mois. (Note ministérielle du 29 juillet 1897). Ces avances sont portées en dépenses aux fonds divers ; le remboursement en est effectué par les soins du Ministre de la marine et la recette inscrite aux fonds divers. Des avances peuvent aussi être faites aux militaires se rendant aux grandes manœuvres, aux officiers allant exécuter leurs revues et tournées et aux hommes escortant des militaires et marins. (Art. 129 du règl. du 12 avril 1893.)

Si les officiers, sous-officiers, brigadiers et gendarmes chargés d'une escorte hors du département n'ont pas de fonds suffisants pour faire les frais du voyage, l'officier de gendarmerie chargé de faire exécuter la réquisition doit réclamer à l'autorité compétente la délivrance d'un mandat provisoire d'avances ; mais, s'il y a impossibilité de l'obtenir assez promptement, le conseil d'administration y supplée par les fonds généraux de la caisse. (Art. 220 du même règlement.)

Si le sous-officier, brigadier ou gendarme chargé de l'escorte d'une voiture cellulaire réclame une avance, le conseil d'administration est autorisé à la lui faire sur les fonds généraux de la caisse. Cette avance est inscrite au bas de l'ordre de route et ne peut excéder les deux tiers de l'indemnité présumée.

Lorsque le voyage d'un de ces militaires se prolonge, par suite de nouveaux ordres, les conseils d'administration en résidence dans les villes où il passe sont tenus, sur sa demande, de lui faire de nouvelles avances qui, sur leur avis, sont immédiatement remboursées par la compagnie de gendarmerie à laquelle appartient le militaire.

Il est également fait inscription de ces avances sur les ordres de route. (Art. 224 du même règlement.)

Avances de solde à la mobilisation. Au cas d'une mobilisation, les gendarmes prévôtaux peuvent recevoir une avance pour leur permettre de rejoindre le point de concentration. (Décret du 27 juin 1895.)

Avances de solde aux familles des prisonniers de guerre. Lorsque les militaires de la gendarmerie ont été faits prisonniers de guerre, le Ministre de la guerre peut, dans les cas de nécessité absolue, autoriser leurs familles à recevoir la moitié de la solde d'absence.

Les autorisations accordées en vertu de cette disposition ne peuvent avoir d'effet que pour une année, si elles ne sont pas renouvelées.

Ces payements ont lieu à titre d'avance, et la retenue en est opérée sur le décompte de la solde des militaires, lors de leur retour en France.

En cas de décès d'un prisonnier de guerre, si les avances reçues par la famille jusqu'au jour où elle est officiellement informée du décès dépassent le montant du décompte de la solde d'absence, les payements effectués sont considérés comme définitifs et le trop-perçu ne donne lieu à aucune reprise. (Art. 20 du règlement du 30 décembre 1892.)

Avances de solde en route. Les militaires de la gendarmerie de tous grades voyageant isolément dans une position ne donnant pas droit à l'indemnité de route, peuvent recevoir, dans des cas d'urgence, une avance en argent pour subvenir aux frais de leur voyage jusqu'à destination. Cette avance ne peut être supérieure au montant de l'indemnité de route correspondant au trajet pour lequel elle est réclamée. (Décis. présid. du 4 avril 1887.) — Quant aux hommes de troupe encore présents sous les drapeaux qui, voyageant isolément, ont dissipé l'argent qui leur a été remis par l'Etat pour frais de route, ils reçoivent par les soins de l'intendance militaire de la ville où ils se trouvent de passage l'indemnité kilométrique réglementaire pour la route restant à parcourir, et l'indemnité journalière pour pourvoir à leur subsistance. Ils peuvent, en outre, être punis disciplinairement à leur arrivée au corps, s'ils ne peuvent justifier de motifs de force majeure.

Ceux qui, quittant le service actif, ont dissipé l'argent à eux remis, à leur départ du corps, pour se rendre dans leurs foyers, doivent continuer leur route à leurs frais personnels. S'ils sont dénués de ressources, ils tombent sous l'application des règlements de police et des lois pénales ordinaires.

Un gendarme peut être chargé par l'autorité militaire d'accompagner les isolés à la gare ou à la voiture de départ et de les munir d'un billet payé sur l'argent de leurs frais de route. (Notes minist. des 20 juillet 1885 et 30 avril 1886.)

Au cas d'une mobilisation, les gendarmes prévôtaux peuvent recevoir une avance de 50 francs, au moment de leur départ, pour leur permettre de réjoindre le point de concentration. (Décret du 27 juin 1895).

Avances sur les pensions. (V. *pensions*.)

AVANT-GARDE, s. f. On donne le nom d'avant-garde à la partie d'une troupe qui marche la première et qui est destinée à veiller à la sécurité de la colonne en éclairant le pays, en écartant les obstacles qui se trouvent sur la route et, au besoin, en attaquant et en repoussant l'ennemi ou en lui opposant une résistance qui permette au commandant du corps principal de se préparer au combat. — La force des avant-gardes varie, suivant le terrain et les circonstances, du tiers au sixième de l'effectif de l'infanterie de la colonne : on y joint, en proportion variable, de l'artillerie et du génie. — L'avant-garde s'échelonne en détachements de plus en plus petits qui, en partant du corps principal, prennent le nom de gros, de tête et de pointe d'avant-garde. (V. décret du 28 mai 1895, art. 22 et 23.)

AVANT-MAIN, s. m. Dans l'étude de l'extérieur du cheval, on comprend, sous le nom d'avant-main, la tête, l'encolure, le poitrail, les ars, l'inter-ars, le garrot, les épaules, les bras, les avant-bras, les coudes, les genoux, les canons, les boulets, les paturons, les couronnes et les pieds.

AVANT-POSTE, s. m. L'avant-poste est le poste avancé qui se trouve le plus près de l'ennemi. — En campagne, toute troupe stationnée en présence ou dans le voisinage de l'ennemi pourvoit à sa sûreté au moyen d'avant-postes dont la force varie du quart au sixième de l'effectif total de la troupe. — Les avant-postes ont pour mission : 1° de protéger la troupe qu'ils couvrent contre toute surprise et de lui donner le temps de prendre ses dispositions de combat ; 2° de fournir à cette troupe des renseignements sur la position, les mouvements et les projets de l'adversaire. — Le service des avant-postes se divise en deux parties : l'une fixe, qui comprend trois lignes échelonnées : la ligne des sentinelles, celle des petits postes et celle des grand'gardes; et l'autre mobile, qui comprend les patrouilles et les rondes. Il y a, en outre, *la réserve d'avant-postes* qui constitue en avant de la troupe à couvrir la première force disponible pour soutenir les grand'gardes.

Les distances qui séparent entre elles les différentes fractions des avant-postes sont variables; elles doivent être déterminées par les données suivantes : les fractions doivent pouvoir se prêter un mutuel appui ; leur retraite ne doit pas être compromise; elles doivent protéger le corps principal contre les coups de l'artillerie ennemie en maintenant celle-ci à 3,000 mètres au moins du corps à couvrir; enfin, la troupe couverte doit avoir le temps, pendant que les avant-postes résistent, de se préparer au combat. (V. décret du 28 mai 1895, art. 28 et suivants.)

AVANT-TRAIN, s. m. Le timon et les deux roues de devant d'une voiture ou d'une charrette. — En terme d'artillerie, on donne le nom d'avant-train à un coffre de munition qui est adapté à l'avant d'une bouche à feu. L'avant-train sert de siège à trois artilleurs.

AVERTISSEMENT, s. m. Avis qu'on donne à quelqu'un de quelque chose, afin qu'il y prenne garde. — Lorsque des individus, dans le but de faciliter la fuite des délinquants, chasseurs ou pêcheurs, poussent des cris d'avertissement, tels que : « Gare, voilà les gendarmes », ou « Gare, le loup », ou tous autres cris ayant pour objet d'entraver l'action de la gendarmerie, procès-verbal doit être dressé contre eux, ces cris étant punissables. — La jurisprudence n'a jamais varié sur ce point et a toujours prononcé une peine contre ceux qui étaient reconnus coupables d'avoir poussé de tels cris dans ces circonstances.

AVEU, s. m. Déclaration par laquelle on reconnaît avoir dit ou fait une chose : faire l'aveu d'un crime. — On appelle *homme sans aveu* un homme qui n'a ni feu ni lieu, un vagabond.

AVEYRON (Département). Populat., 382,074 habit., 5 arrondissements, 43 cantons (16e corps d'armée, 16e légion de gendarmerie), chef-lieu Rodez, 16,122 habit., à 733 kil. S.-E. de Paris, bâtie sur une éminence. — S. P. : Espalion, Millau, Saint-Affrique, Villefranche. Département méditerrané. Pays très montagneux. Elève de moutons, de chevaux et de vers à soie. Eaux minérales de Cransac, Andabre, Sylvanès, Prugues et Cassuéjouls. — Patrie du maréchal de Belle-Isle.

AVOCAT, s. m. Les avocats sont ceux qui font profession de défendre les causes devant la justice. — Il y a près de chaque tribunal un certain nombre d'avocats. Nul ne peut porter ce titre s'il n'a obtenu le grade de licencié en droit et prêté serment devant le tribunal. — Les avocats peuvent plaider devant tous les tribunaux où les appelle la confiance des plaideurs.

Avocat général. On donne le nom d'avocats généraux aux premiers substituts du procureur général.

AVOINE, s. f. L'avoine est une plante graminée ; l'hectolitre dépasse rarement le poids de 55 kilogrammes. Toute avoine pesant de 45 à 50 kilog. l'hectolitre est réputée bonne. (Règl. du 26 mai 1866.) — Une instruction en date du 15 janvier 1889, complétée par celle du 20 février de la même année, donne les moyens à employer pour l'examen et l'admission des avoines propres à fournir une bonne alimentation. Dans les terres qui lui conviennent le mieux, son rendement ne

grains est de 35 à 40 hectolitres par hectare. — Les principes nutritifs et les parties résineuses et aromatiques que son écorce renferme en font un aliment très important pour le cheval dans les pays froids et humides.

Il existe plusieurs variétés d'avoines. Les meilleures sont celles dont l'écorce est fine, parce qu'elles contiennent relativement plus de farine. Mais comme il faut se contenter de celle qui croît dans le pays, elle doit toujours, quelle que soit son espèce, peser au moins 45 kilogrammes l'hectolitre, s'échapper facilement lorsqu'on la presse dans la main, être lisse, luisante, entière, sans odeur, d'une saveur agréable. Celle qui est ridée, humide, échauffée, moisie, germée, d'un goût âcre, d'une odeur désagréable, doit être soigneusement rejetée. Une avoine pareille, outre qu'elle nourrit mal les chevaux, porte dans leurs organes les principes délétères que ces altérations ont développés. Elle devient alors, comme le mauvais foin et la mauvaise paille, la source d'un empoisonnement lent et d'autant plus irrémédiable qu'il se traduit à la moindre cause par des maladies incurables. Il faut éviter l'usage de l'avoine trop récemment récoltée, ainsi que de celle qui contient de la poussière, de la terre, des pierres, du plâtre, ou tout autre corps étranger susceptible d'offenser les dents ou de troubler la digestion. Enfin on doit rejeter les avoines à écorce dure et piquante. (Circ. minist. du 19 janvier 1894).

AVORTEMENT, s. m. Accouchement avant terme par suite de moyens criminels. — Si l'accouchement avant terme a eu lieu par des circonstances indépendantes de la volonté de l'accouchée, il porte le nom d'accouchement prématuré et vulgairement de fausse couche. — La femme et la personne qui aura procuré l'avortement seront punies de la réclusion. — Les médecins ou pharmaciens qui auront indiqué ou administré les moyens d'avortement seront punis des travaux forcés à temps, dans le cas où l'avortement aurait eu lieu. (C. P., art. 317.) En cas d'avortement, que la femme soit décédée ou non, les gendarmes devront, immédiatement après avoir prévenu le procureur de la République, rechercher le fœtus et saisir les linges ensanglantés et toutes les drogues qu'ils pourront trouver dans la maison. Ils commenceront ensuite une enquête discrète, mais très sérieuse, en interrogeant les voisins, les connaissances et les amies de la femme, les sages-femmes, les pharmaciens. — Leur procès-verbal devra être très détaillé et devra faire ressortir tous les indices qui pourraient mettre sur la trace des complices s'il y en a. — Mais, comme le dit très bien M. Bernède, les gendarmes ne devront pas exprimer leurs soupçons légèrement et compromettre des personnes jugées plus tard innocentes de pareils actes. — En médecine, on donne le nom d'*abortifs* à des médicaments qui sont propres à favoriser l'avortement. — On appelle *manœuvres abortives* des manœuvres ayant pour but de faire avorter.

AVOUÉ, s. m. Les avoués sont des officiers ministériels qui sont chargés de représenter les parties devant les tribunaux civils. — Chaque fois qu'une personne a un procès devant un tribunal civil, elle doit choisir un avoué pour la représenter; le plaideur qui n'a pas constitué un avoué est censé faire défaut, alors même qu'il serait présent à l'audience. — Les avoués sont nommés par le chef de l'Etat; ils doivent avoir 25 ans au moins et justifier du diplôme de licencié ou d'un brevet de capacité en droit. — Il y a deux classes d'avoués : les avoués près les tribunaux de 1re instance et les avoués près les cours d'appel.

B

BABORD, s. m. Le côté gauche d'un bâtiment quand on regarde de l'arrière à l'avant; le côté droit s'appelle tribord. — Les officiers se tiennent habituellement à tribord; les contremaîtres et les matelots à babord.

BAC, s. m. Grand bateau plat destiné à passer les personnes, les animaux, les voitures, etc., d'un bord de fleuve à l'autre, au moyen d'un câble tendu entre les deux rives. Une poulie reliée au bac glisse le long de ce câble et le courant pousse le bac avec une énergie qui dépend de sa vitesse. — Les bacs, très nombreux autrefois, ont ont été remplacés aujourd'hui presque partout par des ponts suspendus. — Dans les localités où il en existe encore, la gendarmerie doit veiller à l'exécution des règlements sur la police des bacs et bateaux de passage; elle dresse des procès-verbaux de contraventions à ces règlements. (Décr. du 1er mars 1854, art. 314.) — Ces contraventions sont jugées par les conseils de préfecture, et les gendarmes rédacteurs ont droit au tiers des amendes prononcées.

La loi du 6 frimaire an VII sert de base aux règlements préfectoraux qui déterminent aujourd'hui les mesures de police et de sûreté relatives au passage des bacs et des bateaux. — Ces règlements doivent être affichés près des passages dans un endroit apparent.

Les officiers, sous-officiers, brigadiers et gendarmes sont exempts des droits de péage et de passage des bacs ainsi que les voitures, chevaux et personnes qui marchent sous leur escorte. (Décr. du 1er mars 1854, art. 653.)

BACHE, s. f. Pièce de cuir ou de toile goudronnée dont on se sert pour couvrir les voitures et les bateaux, et mettre ainsi le chargement à l'abri de la pluie. — La loi du 30 mai 1851 et le règlement du 10 août 1852, article 22, défendent aux conducteurs de voitures publiques d'attacher des objets en dehors de la bâche. — Les contrevenants peuvent être punis d'un emprisonnement de 6 à 10 jours et d'une amende de 16 à 200 francs.

BACHELIER, s. m. Celui qui a obtenu le premier des grades que confère l'Université. Le diplôme de bachelier est nécessaire pour subir les examens d'admission à l'Ecole de Saint-Cyr. (V. *Ecole.*)

BAGAGES, s. m. pl. Effets, objets que l'on emporte avec soi en voyage et que le militaire emporte en campagne. — Les militaires voyageant isolément en chemin de fer et porteurs d'un titre régulier ont droit au transport gratuit de 30 kilogr. de bagages. L'excédent est taxé au quart ou à la moitié du tarif fixé par le cahier des charges, suivant les lignes sur lesquelles ces réductions ont été stipulées.

L'indemnité de bagages est allouée aux officiers qui changent de garnison ou de résidence, pour le transport de leurs bagages ou de leur mobilier sur les voies ferrées, et, à défaut de voies ferrées, sur les routes ordinaires. Elle est calculée d'après les indications du tableau qui se trouve au titre : *Frais de route.*

L'indemnité fixe pour changement de résidence, ainsi que la quantité de bagages transportés aux frais de l'Etat, sont déterminées d'après le grade de l'officier et sa situation de famille.

L'indemnité pour changement de résidence n'est pas allouée aux officiers qui sont l'objet d'une mutation par convenances personnelles. (Règl. du 18 mars 1901.) V. *Frais de route.*

A l'occasion d'un changement de position (promotion, mariage ou d'une succession) pouvant entraîner un militaire à acheter soit un mobilier, soit un supplément de mobilier, le transport peut en être taxé dans les six mois de la date du mariage, de la promotion ou de la succession, au prix du barème 1, article 58, du traité du 15 juillet 1891, avec un minimum de perception correspondant à un poids de 100 kilogr. pour les militaires n'ayant pas rang d'officier, 200 kilogr. pour les officiers inférieurs, 300 kilog. pour les officiers supérieurs, 500 kilogr. pour les officiers généraux.

Ces transports ne peuvent avoir d'autre destination que la résidence officielle du militaire intéressé.

Les voyageurs n'ont droit au transport gratuit que des bagages qu'ils peuvent conserver avec eux dans les voitures sans gêner leurs voisins.

Les militaires de la gendarmerie ont la faculté de faire transporter leurs bagages aux prix fixés par les barèmes du traité du 15 juillet 1891. — Le transport doit être la conséquence d'un ordre de service, ou, tout au moins, d'une autorisation, telle que l'obtention d'un congé ou la rentrée du militaire dans ses foyers. (V. *Transport.*)

Les mobiliers des militaires décédés peuvent, dans les trois mois qui suivent le décès, être transportés aux mêmes conditions, du lieu de leur dernière résidence à celui qui est désigné par leur famille. — L'expédition du mobilier peut avoir lieu en vrac par wagons complets, dans les conditions déterminées par les règlements des compagnies. — Les formalités à remplir ainsi que les conditions et prix de transport sont contenus dans le traité du 15 juillet 1891 et dans l'instruction ministérielle du 28 mai 1895, auxquels il y a lieu de se reporter. (V. aussi le mot *Effets.*) — Pour les parcours entre la France, la Corse et l'Algérie, les passagers de l'Etat ont droit au transport gratuit de leurs bagages payé à concurrence de :

150 kilogr.	par passager	de 1re classe.
125 kilogr.	—	de 2e classe.
75 kilogr.	—	de 3e classe.
35 kilogr.	—	de 4e classe.

Les excédents sont payés suivant le tarif établi.

Les indemnités allouées aux militaires de la gendarmerie mariés (indemnité fixe de déménagement et indemnité kilométrique pour le transport de bagages) pour changement de résidence prononcé d'office, sont les suivantes :

1° Indemnité fixe destinée à faire face aux frais résultant du déménagement et du transport du mobilier du domicile à la gare, au point de départ, et du transport de la gare au nouveau domicile, à l'arrivée dans la nouvelle garnison : sous-officiers, 20 francs; brigadiers et gendarmes, 10 fr.

2° Indemnité de bagages calculée, pour les parcours effectués en France, sur voies ferrées, au prix du traité des transorts en Afrique, sur voies ferrées, d'après les tarifs commerciaux appliqués par les compagnies algériennes et tunisiennes; pour les parcours effectués en France et en Afrique, sur les routes ordinaires, sur le pied de 0 fr. 60 par tonne et par kilomètre et basée sur le nombre de kilogrammes ci-après :

Sous-officiers, 500 kilogr.

Brigadiers et gendarmes, 250 kilogr.

En outre, le transport par mer ou par voie d'eau côtière, des bagages des sous-officiers, brigadiers et gendarmes est remboursé d'après le tarif appliqué par les compagnies maritimes ou d'après les tarifs locaux de navigation, jusqu'à concurrence du nombre de kilogrammes prévu ci-dessus, déduction faite de la quantité de bagages que les paquebots sont tenus de prendre en franchise.

Toutefois, le montant de l'indemnité attribuée dans ce cas aux militaires utilisant, pour tout ou partie du trajet, la voie d'eau côtière, ne doit jamais être plus élevé que le chiffre d'allocation que donnerait le décompte par voie ferrée au par voie de terre. L'indemnité est, en conséquence, ramenée à ce dernier chiffre s'il y a lieu.

L'indemnité de bagages est attribuée sur la présentation de la lettre de voiture pour les voyages effectués sur voies ferrées et sur routes ordinaires et sur la production du connaissement pour les transports par voie de mer.

On donne le nom de bagages à l'ensemble des objets que chaque soldat doit emporter en campagne. Ces objets, que nous énumérons pour la gendarmerie à l'article « Paquetage », représentent un poids de 25 à 30 kilogrammes

Caisses à bagages. — Les officiers appartenant aux diverses forces publiques doivent être pourvus, à leurs frais, et dès le temps de paix, du nombre de caisses à bagages indiqué ci-après : grand prévôt, 4; prévôt d'un corps d'armée, 3; tous les autres officiers, 1. Le nouveau Service de la gendarmerie en campagne n'indique pas ce que doivent contenir les caisses à bagages des officiers. Il est alloué des cantines à vivres aux officiers prévôtaux. (V. *Cantine.*)

Les officiers prévôtaux reçoivent à titre gratuit une caisse chacun pour le transport de leurs papiers, de leurs archives et de leur comptabilité. Deux caisses à archives sont allouées au grand prévôt d'armée.

Pour le transport des bagages des forces publiques, v. le Service de la gendarmerie en campagne, annexe II.

BAGNE, s. m. Etablissement où l'on enfermait les forçats. Les bagnes, qui étaient installés à Brest, à Rochefort et à Toulon, ont été supprimés par décret du 27 mars 1852 et les forçats sont maintenant envoyés dans des colonies pénitentiaires (Cayenne et la Nouvelle-Calédonie).

BAI, adj. Se dit d'un cheval dont la robe est d'un rouge brun et dont les membres et les crins sont de couleur noire. — Cette robe appartient aux robes composées. — Le bai est dit clair quand il a une teinte jaunâtre; cerise, châtain ou marron quand il présente la couleur de ces fruits; brun quand il est très foncé.

BAIL, s. m. Contrat par lequel le possesseur d'un bien, meuble ou immeuble, en cède la jouissance à de certaines conditions et moyennant un certain prix. Dans le langage légal, le propriétaire s'appelle *bailleur* et le locataire *preneur*. S'il s'agit de la location d'une propriété rurale, le locataire s'appelle *fermier* ou *métayer* suivant les conditions qui ont été faites.

Les casernes de gendarmerie peuvent être divisées en deux classes : celles qui appartiennent aux départements et celles qui sont louées à des communes ou à de simples particuliers.

A moins de conditions exceptionnelles favorables à l'installation d'une caserne de gendarmerie, les baux ne doivent être que de 3, 6 ou 9 années consécutives. (Modèle n° 37 du cahier des modèles.)

Quand le bail d'une caserne doit être renouvelé ou lorsqu'on doit prendre une nouvelle maison à bail, le commandant de l'arrondissement doit, longtemps à l'avance, préparer un état descriptif de l'immeuble, y consigner toutes les réparations et améliorations demandées et le faire signer par le propriétaire, qui accepte ainsi ce qui lui est demandé. Une expédition de cet état descriptif est envoyée à la préfecture pour servir de base à l'établissement du bail et l'autre doit être envoyée au Ministre, et on ne doit pas attendre la passation des baux pour lui faire parvenir les renseignements propres à le fixer sur les ressources que peuvent présenter les résidences pour le casernement de la gendarmerie (V. art. 292 du Service intérieur.)

Les baux sont établis par les soins du préfet en quatre expéditions : une pour le Ministre de la guerre, une pour le propriétaire, une pour les archives de la préfecture et la quatrième pour le commandant de la compagnie. — Ce dernier en envoie ensuite deux expéditions : une au commandant d'arrondissement et une au chef de brigade pour être placées dans les archives.

BAILLON, s. m. Morceau de bois, de linge, etc., qu'on met dans la bouche d'une personne pour l'empêcher de crier.

BAIONNETTE, s. f. Arme pointue, triangulaire, quadrangulaire ou en forme de sabre, qu'on place à volonté au bout du canon du fusil. — On pense généralement que la baïonnette fut inventée à Bayonne pendant le siège que soutint cette ville contre le roi d'Aragon, en 1323. C'était probablement alors une arme offensive assez imparfaite, qui ne consista pendant longtemps que dans un morceau de fer pointu à manche de bois qui s'introduisait dans le canon, et ce ne fut que sous Louis XIV, vers 1690, qu'on fabriqua les baïonnettes à douille qui laissant le canon libre, permettaient de tirer et de charger sans enlever la baïonnette.

La gendarmerie à pied et à cheval est armée de l'épée-baïonnette, dont la longueur est de $0^{m},520$. Son poids. sans fourreau, est de $0^{k},475$ et avec fourreau $0^{k},675$.

BAL, s. m. Réunion où l'on danse au son d'un ou de plusieurs instruments. — La loi du 16 août 1790 met la police des bals publics sous l'autorité des maires ; ils peuvent en défendre l'ouverture, et, jusqu'à présent, la jurisprudence a admis que la loi du 5 avril 1884 n'avait enlevé aux maires aucun des droits qu'ils possédaient au sujet de la police des bals. — Dans le département de la Seine, les bals publics relèvent du préfet de police. Les gendarmes doivent surveiller les bals publics pour y maintenir le bon ordre et la décence ; mais ils doivent éviter d'y stationner trop longtemps ; à Paris, la surveillance des bals est spécialement confiée à la garde républicaine ; les militaires de cette arme reçoivent une indemnité pour ce service.

BALANCE, s. f. Instrument qui sert à faire connaître le poids d'un corps. — Il y a différentes espèces de balances ; les plus répandues sont celles qui se composent de deux bras de leviers égaux supportant deux plateaux à leurs extrémités : ces deux bras doivent rester horizontaux lorsque les plateaux sont vides ou quand on y a placé des poids égaux. — Pour s'assurer qu'une balance est exacte, on place un corps dans l'un des plateaux, et, dans l'autre, un certain nombre de poids pour lui faire équilibre. Puis on intervertit l'ordre de la pesée en mettant le corps dans le plateau où se trouvaient les poids, et les poids dans le plateau où se trouvait le corps. Si l'équilibre existe aussi bien dans le second cas que dans le premier, la balance est exacte. — Les gendarmes peuvent être appelés à vérifier l'exactitude d'une balance, lorsqu'il s'élève des contestations entre un acheteur et le marchand. — La loi du 27 mars 1851, art. 3, punit d'une amende de 16 à 25 francs, et d'un emprisonnement de 6 à 10 jours, ou de l'une de ces deux peines seulement, suivant les circonstances, ceux qui auront dans leurs magasins, boutiques, ou dans les halles, foires et marchés, des poids ou mesures faux ou autres appareils servant au pesage et au mesurage. — Les objets constituant le délit seront saisis. — Il doit exister dans chaque brigade à cheval une balance dite à sel pour peser la ration journalière de l'avoine. — Cette balance est achetée sur le produit de la vente des fumiers. (Service intérieur.) — Une balance romaine (système à boule) doit également se trouver dans chaque brigade à cheval pour le pesage des approvisionnements de fourrages. La dépense de cette romaine a été imputée à la masse d'entretien et de remonte. (V. l'annexe n° 4 du règl. du 12 avril 1899.) — Enfin, il doit y avoir au chef-lieu de chaque compagnie une balance dite bascule, de la force de 150 kilogr. au maximum, destinée à peser les colis qui doivent être envoyés au chemin de fer. Cette bascule a été payée par la masse d'entretien et de remonte. (Note minist. du 31 mars 1879.)

BALAYAGE, s. m. Action de balayer. Le balayage des rues est indispensable pour la salubrité publique. Aussi, dans tous les centres de population un peu importants, des arrêtés municipaux rendent le balayage obligatoire et le propriétaire est responsable de la propreté de la partie de la rue qui se trouve devant sa maison. Les contrevenants sont passibles d'une amende de 1 à 5 francs et d'un emprisonnement de 3 jours en cas de récidive. (C. P., art. 471, n° 3.) — Les gendarmes doivent balayer tous les jours les écuries, les latrines, la cour et les abords de la caserne et les arroser quand il y a nécessité. (Art. 118 du Service intérieur.)

BALLAST, s. m. Mot anglais passé dans la langue française et par lequel on désigne le gravier et les pierres concassées qui servent à assujettir les traverses d'un chemin de fer.

BALLE, s. f. En terme militaire, la balle est un projectile de petites dimensions destiné à être lancé par une arme à feu. — La balle de la carabine modèle 1890 est cylindrique : elle est composée d'un noyau de plomb durci et d'une enveloppe de maillechort ; elle pèse 15 grammes. — La balle du pistolet-revolver pèse 11 gr. 600. — On donne aussi le nom de balle à un gros paquet de marchandises ordinairement enveloppé de toile et destiné à être transporté d'un lieu à un autre.

BALLOTTAGE, s. m. En langage politique, on désigne sous le nom de ballottage le vote qui a lieu, après un scrutin, pour choisir entre des candidats qui n'avaient pas obtenu au premier tour le nombre de voix nécessaire pour être élus.

BALZANE, s. f. En hippologie, on donne ce nom à une tache blanche plus ou moins étendue, située au-dessus du sabot. Si la tache est circonscrite à un point de la couronne, c'est une trace de balzane; si elle fait le tour de la couronne, c'est un principe de balzane; si elle monte à une certaine hauteur, c'est une balzane ; si elle dépasse le boulet, c'est une balzane chaussée ou haut chaussée quand elle arrive au genou ou au jarret. — Lorsqu'il y a plusieurs balzanes, on énumère leur nombre et les membres où elles sont : deux s'énoncent par bipède antérieur, postérieur, latéral ou diagonal, selon leur position. Pour trois, on dit trois balzanes dont une antérieure ou postérieure à tel membre; quatre est le maximum qui n'a pas besoin d'explications.

BAN, s. m. Proclamation, mandement, signification; rompre son ban, sortir du lieu qui a été assigné. — Les individus assujettis à la surveillance qui quittent sans autorisation la commune où ils doivent habiter, ou qui ne suivent pas l'itinéraire porté sur leur feuille de route lorsqu'ils ont été autorisés à changer de résidence, rompent leur ban ; ils sont en rupture de ban et les gendarmes doivent les arrêter.

Ban des vendanges. Dans certaines localités, l'usage s'est conservé de publier le ban des vendanges, qui est une annonce faite au nom de l'autorité fixant le jour où les vendanges doivent s'ouvrir et défendant à tous ceux qui n'ont pas de propriétés closes de vendanger avant cette époque. — Cette disposition, qui tend à disparaître tous les jours, a sa sanction légale dans l'article 475, n° 1, du Code pénal, qui punit de 6 à 10 francs d'amende ceux qui auront contrevenu aux bans des vendanges.

Ban de mariage. Le ban de mariage est une formalité de l'Eglise catholique qui consiste à proclamer en chaire, pendant trois dimanches de suite, qu'il y a promesse de mariage entre deux personnes. — On peut obtenir, moyennant une certaine somme, la dispense d'un ou de deux bans.

BANDAGE, s. m. Appareil qu'on emploie pour bander une plaie ou pour contenir des hernies. — Les bandages herniaires, les jambes de bois, les béquilles, les lunettes, les genouillères, les bas élastiques et autres objets de même nature sont délivrés gratuitement, à titre de première mise ou à titre de remplacement : 1° aux militaires de l'armée active traités dans les hôpitaux, soit pendant leur séjour à l'hôpital, soit au moment de leur sortie, sur des bons nominatifs établis par les médecins traitants; 2° aux sous-officiers, caporaux et soldats présents dans les corps, sur des bons établis par les médecins-majors des corps et visés par le chef de corps; 3° aux militaires isolés, sur des bons établis par le médecin chargé de les visiter et visés par le commandant d'armes. (Art. 225 du règl. du 25 novembre 1889.)

BANK-NOTE, s. f. Billet de banque anglais. — Les bank-notes anglaises représentent en général des sommes assez élevées. Les Anglais n'ont pas, comme nous, des billets de 50 francs, et la plus petite valeur d'une bank-note est de 5 livres sterling, soit 125 francs.

BANNISSEMENT, s. m. Exil à temps ou perpétuel prononcé par jugement contre des individus accusés de certains crimes. — La peine du bannissement est rarement prononcée; elle peut l'être contre des ministres qui auraient attenté à la liberté individuelle (C. P., art. 115), contre des fonctionnaires qui se seraient coalisés pour résister à l'exécution des lois (C. P., art. 124), contre les ministres du culte qui, dans des instructions pastorales, auraient critiqué ou censuré le gouvernement ou les actes de l'autorité. — Les condamnés au bannissement sont conduits à la frontière et il leur est interdit, sous peine d'être condamnés à la détention, de rentrer sur le territoire français.

Les familles des Bourbons, des Bonaparte et des d'Orléans ont été successivement frappées par des lois de bannissement.

BANQUE, s. f. Maison de commerce qui s'occupe d'acheter et de vendre des actions, de recevoir des sommes en dépôt, de prêter sur des titres, etc. — La Banque de France a reçu du gouvernement le privilège d'émettre des billets au porteur payables à vue. — Les billets de banque ont cours légal, c'est-à-dire qu'on ne peut pas plus les refuser que la monnaie nationale. — Les billets de banque aujourd'hui en circulation sont ceux de 1,000 francs, de 500 francs, de 100 francs et de 50 francs.

BANQUEROUTE, s. f. Cessation de paiement de la part d'un commerçant par suite d'insolvabilité réelle ou simulée. — Si l'insolvabilité a été amenée par des événements imprévus et tout à fait en dehors de la volonté du commerçant, qui abandonne tout ce qu'il a pour payer ses créanciers, il n'y a que faillite. — Si le commerçant a commis des imprudences qui ont causé sa ruine, il y a alors banqueroute simple punie d'un emprisonnement d'un mois à deux ans. — Et enfin, le commerçant qui soustrait ses livres, qui détourne ou dissimule une partie de son actif, ou qui commet d'autres actes frauduleux est alors coupable de banqueroute frauduleuse et peut être puni de la peine des travaux forcés à temps. (C. P., art. 402 et suivants.)

BARAQUEMENT, s. m. On appelle baraquement un ensemble de constructions généralement en bois dans lesquelles on installe les troupes lorsqu'elles doivent rester longtemps dans des camps d'instruction. — Des baraquements sont construits dans les camps de Châlons, d'Avord et de Sathonay.

BARATERIE, s. f. On appelle baraterie le préjudice volontaire causé par le capitaine d'un navire à l'équipage ou aux armateurs. Cet acte peut n'entraîner qu'une responsabilité civile ou devenir un crime. Un capitaine qui ferait échouer volontairement son navire serait puni de 20 ans de travaux forcés; s'il y a eu mort d'homme, son crime entraînerait la peine de mort. La loi du 10 avril 1825 et le décret du 24 mars 1852 énumèrent les divers cas de baraterie et édictent les peines dont ils sont passibles.

BARBE, s. f. Ensemble des poils qui poussent sur le visage de l'homme. — Les cheveux des officiers, des sous-officiers, des brigadiers et des gendarmes sont coupés court surtout par derrière. Ils ne forment jamais de touffes ni de boucles. Tous les militaires peuvent porter, à leur gré, les moustaches et la mouche, ou la barbe entière, celle-ci assez courte pour ne pas masquer les grenades du collet. — Le port des favoris seuls est interdit. (Service intérieur, art. 201.)

On donne le nom de cheval barbe à un cheval appartenant à une race particulière, qui existait autrefois dans les Etats barbaresques et que les divers croisements ont fait disparaître à peu près complètement aujourd'hui. Le barbe a les traits généraux du cheval arabe, mais il s'en distingue par sa taille plus petite, son encolure rouée, ses membres plus étoffés et ses formes plus arrondies et plus gracieuses. On trouve encore des chevaux barbes dans le Maroc et en Tunisie; ils sont plus rares dans nos possessions algériennes. — C'est en croisant le cheval barbe avec le cheval anglais qu'on a obtenu les plus beaux produits dans l'espèce chevaline; le cheval barbe est infatigable et un proverbe arabe dit qu'il meurt mais ne vieillit jamais.

BARBOTAGE, s. m. Mélange d'eau, de son et de farine d'orge. Cette préparation, dont on ne doit pas abuser, car elle est très débilitante, se donne aux chevaux qui ont besoin d'être rafraîchis.

BAROMÈTRE, s. m. Instrument dont on se sert pour mesurer la pesanteur ou la pression de l'air.

Cet instrument peut être utile aux cultivateurs en faisant connaître le temps probable qu'il fera. — Le baromètre se compose d'un tube en verre recourbé, formé de deux branches inégales, dans lequel se trouve du mercure: lorsque le temps va se mettre à la pluie, le niveau du mercure baisse dans la grande branche; il s'élève dans le cas contraire; une aiguille qui court sur un cadran indique, suivant le niveau du mercure, le temps probable qu'il fera.

BARRAGE, s. m. Barrière, obstacle quelconque qui coupe une rue, une route, un cours d'eau. — Aucun barrage ne peut être établi sans l'autorisation du préfet sur les cours d'eau classés, c'est-à-dire sur les fleuves, rivières et canaux navigables. (Décr. des 16 décembre 1811 et 10 avril 1812.) — Dans les petits cours d'eau qui appartiennent à des riverains, ces derniers peuvent établir des barrages, mais à la condition de ne porter aucun préjudice aux propriétaires qui sont au-dessus ou au-dessous d'eux. — L'article 24 de la loi du 15 avril 1829 défend de placer dans les rivières navigables ou flottables, canaux ou ruisseaux, aucun barrage, appareil ou établissement quelconque de pêcherie ayant pour objet d'empêcher entièrement le passage du poisson. Ces appareils seront saisis et détruits et les délinquants seront condamnés à une amende de 50 à 500 francs et aux dommages-intérêts. — L'article 11 du décret du 5 sept. 1897 interdit l'usage des filets excédant en longueur ou en largeur les deux tiers de la largeur mouillée des cours d'eau dans les emplacements où on les emploie. (V. *Ecluses*.)

BARRICADE, s. f. Retranchement défensif formé de divers matériaux entassés les uns sur les autres et placés généralement au milieu d'une rue dont il occupe toute la largeur.

Défense des barricades. On défend une barricade au moyen de feux successifs exécutés à tour de rôle par une partie des défenseurs. La paroi extérieure doit être aussi raide que possible pour empêcher l'escalade et on en augmente les difficultés en creusant un fossé en avant. Les défenseurs de la barricade doivent occuper les maisons voisines pour la protéger de leurs feux.

Attaque des barricades. L'attaque de vive force est toujours très meurtrière et l'on ne doit l'entreprendre que si l'on n'a pas d'artillerie pour faire tomber ces retranchements. Avant de lancer les colonnes à l'assaut, il faut chercher à s'emparer des maisons contre lesquelles la barricade s'appuie, de façon à pouvoir diriger des feux plongeants sur les défenseurs. — Dès qu'il y a une certaine hésitation dans la défense, les colonnes sont lancées au pas gymnastique.

Ceux qui, dans un mouvement insurrectionnel, auront fait ou aidé à faire des barricades, des retranchements ou tous autres travaux ayant pour objet d'entraver ou d'arrêter l'exercice de la force publique, seront punis de la détention. (Loi du 24 mai 1834, art. 9.)

BARRIÈRE, s. f. Porte en bois

qui permet de pénétrer dans une clôture. Se dit par extension des portes d'une ville et des bureaux qui sont à côté et où l'on perçoit les droits d'octroi. — Pendant le dégel, la circulation sur certaines routes peut être interdite par des arrêtés spéciaux; ces routes sont fermées par des barrières qui prennent le nom de barrières de dégel et qui sont ouvertes par des employés spéciaux pour les courriers et pour les voitures légères. (V. *Dégel.*)

BASTION, s. m. Ouvrage de fortification à angles saillants et rentrants dans lequel les fossés sont flanqués, c'est-à-dire peuvent être balayés par les feux des défenseurs.

BATAILLE, s. f. On donne le nom de bataille à la lutte de deux armées entières sur le même terrain — Le combat n'est que la lutte entre deux portions plus ou moins importantes de deux armées. Les détachements de gendarmerie qui accompagnent les troupes sont chargés de la police et du maintien de l'ordre en arrière des corps engagés. (V. l'instruction sur le service de la gendarmerie en campagne, art. 93; v. *Prévôté.*)

On donne le nom de bataille navale à celle qui a lieu sur mer entre des flottes.

BATAILLON, s. m. Troupe d'hommes à pied composée de plusieurs compagnies. Les régiments subdivisionnaires et les régiments régionaux peuvent être constitués à 4 bataillons. (Loi du 4 mars 1897.) Chaque bataillon a 4 compagnies et est commandé par un officier supérieur du grade de chef de bataillon, ayant sous ses ordres, pour l'aider dans le détail de certains services, un capitaine adjudant-major.

Chaque bataillon d'infanterie se distingue par la couleur du pompon du képi.

Il est bleu pour le 1er bataillon, garance pour le 2e bataillon, jonquille pour le 3e bataillon et vert pour le 4e bataillon.

De plus, chaque bataillon a un fanion d'alignement mi-parti blanc, mi-parti de la couleur distinctive, à l'exception du 2e bataillon, dont le fanion est tricolore.

Les bataillons de chasseurs à pied ont chacun un fanion mi-parti bleu foncé mi-parti jaune.

Le régiment des sapeurs-pompiers de la ville de Paris ne comporte que 2 bataillons à 6 compagnies.

La garde républicaine a 3 bataillons à 4 compagnies.

Les bataillons de chasseurs à pied, au nombre de 30, ont été créés primitivement à 4 compagnies. Mais ces compagnies seront successivement portées à 6 suivant les ressources budgétaires.

Les bataillons d'infanterie légère d'Afrique, au nombre de cinq, sont composés de jeunes soldats ayant des antécédents judiciaires prévus par l'article 5 de la loi du 15 juillet 1889, c'est-à-dire : des individus reconnus coupables de crimes mais condamnés seulement à la prison; de ceux qui ont été condamnés à trois mois de prison pour vol, escroquerie, abus de confiance, outrage public à la pudeur ou attentat aux mœurs; de ceux qui ont été l'objet de deux condamnations au moins, quelle qu'en soit la durée, pour l'un des délits spécifiés dans le paragraphe précédent. — Le nombre des compagnies de ces bataillons est déterminé par le Ministre de la guerre suivant les besoins du service.

Les bataillons d'artillerie à pied, au nombre de 18, sont spécialement chargés de la défense des places fortes.

En temps de guerre, des bataillons de gendarmerie peuvent être formés pour faire partie des brigades de l'armée active, tant à l'intérieur qu'à l'extérieur.

BATELIER, ÈRE, s. Personne dont la profession est de conduire un bateau. — Les bateliers sont, comme les voituriers, responsables des marchandises et des voyageurs qu'ils transportent. (V. *Voiturier.*)

BATON, s. m. Morceau de bois dont on peut se servir pour s'appuyer en marchant, pour attaquer ou pour se défendre. — Les bâtons sont réputés armes si l'on s'en est servi pour frapper, blesser ou tuer.

BATTERIE, s. f. En artillerie, on donne le nom de batterie soit à l'ensemble de plusieurs bouches à feu et du personnel qui y est attaché, soit à l'emplacement occupé par ces pièces et au retranchement destiné à les protéger. L'artillerie se compose aujourd'hui (1900) de 620 batteries : 104 batteries à pied réparties entre 18 bataillons, 430 batteries montées, 52 batteries à cheval et 14 batteries de montagne. Il existe en outre 8 batteries à pied, 4 montées et 8 de montagne qui tiennent garnison hors de France. Il reste à créer, pour l'exécution de la loi du 25 juillet 1893, un état-major de bataillon et deux batteries à pied.

Une batterie en campagne se compose de 6 pièces, 9 caissons, 1 forge, 1 chariot de batterie, 1 chariot-fourragère; total 18 voitures, toutes à 6 chevaux. — Par extension, on donne le nom de batterie à un lieu préparé pour recevoir un certain nombre de pièces. — Une batterie électrique est une réunion de plusieurs récipients disposés pour dégager de l'électricité. — Une batterie de tambours est une réunion de plusieurs tambours, et aussi la manière de battre le tambour comme annonce ou signal d'exercice, etc.

BATTUE, s. f. Genre de chasse particulière pour détruire les animaux nuisibles. Les battues sont ordonnées par les préfets, sur la demande des agents forestiers ou sur celle des maires. — Ces derniers, qui sont tenus d'assister à la chasse, sont chargés de désigner les tireurs et les rabatteurs qui doivent y prendre part, et une amende de 10 francs est infligée à ceux qui ne se rendent pas à la convocation ou qui quittent la chasse avant qu'elle soit terminée. (Cette pénalité, édictée par d'anciens arrêtés du Conseil du roi, et qui a été maintenue par des arrêts de la Cour de cassation, n'est plus appliquée aujourd'hui, et on ne prend plus pour les battues que des chasseurs de bonne volonté.) La gendarmerie doit toujours assister aux battues pour maintenir le bon ordre et surtout pour veiller à l'exécution de la loi sur la police de la chasse.

BAUDET, s. m. Nom donné généralement à l'âne, mais plus particulièrement à l'âne entier qui sert d'étalon.

BÉGU, adj. On désigne ainsi, en hippologie, un cheval qui continue à marquer, c'est-à-dire dont les dents conservent la cavité du cornet dentaire qui disparait ordinairement vers la huitième année. Si la cavité a disparu, mais que l'émail qui termine le cul-de-sac du cornet dentaire soit encore apparent après l'époque où il doit disparaître, c'est-à-dire après douze ans, le cheval est dit faux bégu.

BELFORT, place forte. Le territoire de Belfort (1 arrondissement, 6 cantons et 106 communes) renferme une population de 92,304 habitants.

BELGIQUE. La Belgique est un petit royaume qui fut formé en 1831 de la partie méridionale de l'ancien royaume des Pays-Bas. — Elle est bornée au sud par la France ; à l'ouest, par la mer du Nord; au nord, par le royaume des Pays-Bas; à l'est, par quelques parties de ce royaume et par les Etats prussiens. Le territoire est divisé en provinces qui renferment environ 6,000,000 d'habitants. La capitale de la Belgique est Bruxelles (470,000 habitants avec les faubourgs); près de Bruxelles se trouve Waterloo. Les autres villes principales sont Anvers, grand port militaire à l'embouchure de l'Escaut; Namur et Liège sur la Meuse.

L'armée belge, recrutée par le tirage au sort, peut atteindre, en temps de guerre, un effectif de plus de 100,000 hommes. Outre cette armée, il existe encore une garde civique active qui compte environ 35,000 hommes et une garde civique non active qui comprend 90,000 hommes.

La durée du service dans l'armée active est de huit ans, mais les soldats sont toujours renvoyés en congé illimité à la fin de la quatrième année. Le service n'étant pas obligatoire, le remplacement est autorisé.

BELLIGÉRANT, ANTE, adj. Qui fait la guerre. Deux nations sont dites belligérantes lorsqu'elles sont en guerre l'une contre l'autre.

BÉRENGER. — Nom d'un sénateur qui a fait voter la loi du 14 août 1885, sur l'atténuation des peines infligées pour une première faute. On désigne souvent cette loi sous le nom de *loi Bérenger* ou de *loi de sursis*. (V. *Peine*.)

BICYCLETTE, s. f. — La bicyclette a été adoptée en principe pour le service de la gendarmerie par une décision du 18 janvier 1901. La question est encore à l'étude. Il existe actuellement (1901) 4 compagnies cyclistes dans les 1er, 2e, 6e et 20e corps.

Pour la réglementation des cycles sur les voies publiques, v. le mot *Vélocipède*.

BIENS, s. m. pl. En jurisprudence on donne le nom de *biens* à tout ce qui est susceptible de devenir une propriété.

Les biens se divisent en *meubles* ou propriétés *mobilières*, c'est-à-dire transportables, susceptibles de déplacement, et en *immeubles* ou propriétés *immobilières*, c'est-à-dire qu'on ne peut ni transporter ni déplacer. Ainsi un arbre est immeuble tant qu'il est debout; il est meuble quand il est abattu.

BIGAMIE, s. f. Etat d'une personne qui est mariée en même temps avec deux personnes. La bigamie est un crime que la loi punit des travaux forcés à temps. (C. P., art. 340.) — On appelle bigame celui qui s'est rendu coupable de ce crime.

BIJOUTIER, IERE, s. Celui ou celle qui fait ou qui vend les bijoux. — La loi du 19 brumaire an VI réglemente la fabrication et la vente de la bijouterie. Elle a fixé trois titres légaux pour les ouvrages d'or : le 1er titre est de 920 millièmes, le second de 840 millièmes, et le troisième de 750 millièmes, c'est-à-dire que dans un objet d'or fabriqué pesant 1 kil., il doit y avoir 920, 840, ou 750 grammes d'or pur. — Il y a pour marquer les ouvrages d'or trois espèces de poinçons : 1° celui du fabricant; 2° celui du titre ; 3° celui du bureau de garantie ou contrôle. Un bureau de garantie ou contrôle existe dans toutes les grandes villes, et les fabricants sont tenus, sous peine d'amende, d'y envoyer toutes leurs pièces pour y être contrôlées. — En outre, tous les trois mois, les contrôleurs, assistés d'un commissaire de police, sont tenus de faire une visite chez tous les fabricants pour y inspecter leurs ateliers, leurs magasins et leurs livres. Un exemplaire de la loi du 19 brumaire an VI doit être affiché chez tous les fabricants dans l'endroit le plus apparent de leurs ateliers ou de leurs magasins. — Il y a pour les ouvrages d'argent deux titres légaux : le 1er est à 950 millièmes et le second à 800 millièmes. Quiconque aura trompé l'acheteur sur le titre des matières d'or ou d'argent, sur la qualité d'une pierre fausse vendue pour fine, sur la nature de toutes marchandises, sera puni d'un emprisonnement de trois mois à un an et d'une amende qui ne pourra être au-dessous de 50 francs ni excéder le quart des restitutions et dommages-intérêts. (C. P., art. 423.)

BILLET, s. m. Petite lettre, écrit dans lequel on prévient sommairement de tel ou tel fait, etc.; billet de part, billet de théâtre, billet de confession, billet de loterie. Ce mot a une infinité d'acceptions ; nous nous bornerons à détailler les suivantes.

Billet de banque. Le billet de banque n'est pas une monnaie, ce n'en est que le signe, et il ne doit sa valeur qu'à la certitude où l'on est de pouvoir l'échanger immédiatement contre des espèces métalliques. (V. *Banque.*) — Ceux qui auront contrefait ou fabriqué des billets des banques autorisés par la loi ou qui en auront fait usage seront punis des travaux forcés à perpétuité. (C. P., art. 139.) — La loi du 11 juillet 1885 interdit de fabriquer des billets ou prospectus de commerce ayant une ressemblance avec les billets de banque.

Billet d'hôpital. Il y a deux sortes de billet d'hôpital; le billet d'entrée et le billet de sortie. Le billet d'entrée, délivré par le médecin traitant et signé par le commandant de compagnie et par le sous-intendant militaire, donne au malade le droit d'être admis à l'hôpital. Ce billet est remplacé pendant le séjour du malade à l'hospice par un billet de salle qui est placé à la tête du lit et sur lequel se trouvent, entre autres renseignements, le nom du malade et celui de sa maladie, et au verso la désignation de tous les objets dont le malade est porteur, en distinguant ceux dont le dépôt doit être fait en magasin de ceux qui sont laissés à sa disposition. Lorsque le malade est guéri, ce billet devient un billet de sortie signé par l'officier comptable et le médecin traitant, et visé par le sous-intendant. Le médecin consigne sur ce billet ses observations sur la marche et le traitement de la maladie. Le militaire doit rapporter à son corps son billet d'hôpital.

Signature des billets d'hôpital. En cas d'absence du commandant d'armes ou de tout officier en remplissant les fonctions, le commandant d'arrondissement ou le sous-officier commandant la gendarmerie de la localité délivre les billets d'entrée à l'hôpital aux militaires voyageant isolément ou en congé après qu'ils ont été visités par un médecin (art. 203 du règl. sur le service de santé et 58 du Service intérieur); il s'assure qu'ils ne séjournent pas dans cet établissement au delà du temps nécessaire à leur guérison. — Une circulaire du Ministre de la marine, en date du 27 mars 1878, autorise les commandants de la gendarmerie, de quelque grade qu'ils soient, à faire visiter les hommes de la marine qui tombent malades en route et à leur délivrer un billet d'hôpital signé par eux et par le médecin, qui constate la nature du mal et la nécessité de le traiter à l'hôpital.

Billet de logement. Ecrit qui enjoint à un citoyen de loger un ou plusieurs militaires. Les billets de logement sont signés par le maire ou par l'adjoint, et ils donnent droit aux soldats qui en sont porteurs, à un lit pour deux hommes, au feu et à la chandelle; chaque sergent-major ou adjudant doit avoir un lit pour lui seul. — Les militaires de la gendarmerie en service extraordinaire, qui sont obligés de passer la nuit hors de leur résidence, ont droit, outre leur indemnité, au logement militaire pour eux et pour leurs chevaux. (Tableau 2, n° 12, du règl. du 30 décembre 1892.)

Le particulier qui refuse de loger un militaire qui lui est envoyé avec un billet de logement régulier commet une contravention punie de 1 à 5 francs d'amende. (C. P., art. 471, § 15.) Les particuliers qui ne peuvent pas loger de militaires chez eux ne doivent les envoyer que dans les auberges désignées par le maire. — La circulaire ministérielle du 17 avril 1845 charge la gendarmerie de veiller à cette prescription et de s'assurer que l'ordre et les bonnes mœurs règnent dans les auberges désignées pour recevoir les militaires. — Si elle constate que des militaires sont logés dans des auberges non désignées, elle dresse procès-verbal de contravention au n° 15 de l'article 471 du Code pénal. — Les hommes et les chevaux appartenant aux mêmes unités constituées doivent, autant que possible, être réunis dans le même quartier, afin d'en faciliter le rassemblement. (Art. 11 de la loi du 3 juillet 1877.) — Les membres du conseil de revision n'ont pas doit à des billets de logement pendant leur tournée. (Circ. du 30 avril 1869.)

Billet à ordre. Billet payable à une personne en faveur de laquelle il a été souscrit ou à une personne à laquelle il aura été transmis par voie d'endossement.

BISCUIT, s. m. Pain très dur et très sec en forme de galettes qu'on fait cuire très longtemps pour lui enlever toute l'eau qu'il peut contenir et qui peut ainsi être conservé pendant près d'une année. — Le biscuit devient très tendre en le plongeant dans l'eau et en l'en retirant presque aussitôt pour l'envelopper pendant quelques heures dans un morceau de toile. — Le biscuit est distribué aux troupes en galettes de 50 grammes, soit douze galettes pour une ration. On distribue également du pain biscuité, moins sec que le biscuit en pain, de 1 kil. 400 (deux rations de table). Le pain biscuité peut se conserver de vingt à vingt-cinq jours. Une note du Ministre de la guerre, en date du 25 novembre 1894, fait connaître qu'à l'avenir l'expression « pain de guerre » devra être substituée à celle de biscuit dans tous les documents où figure cette dernière dénomination.

BISEAUTER. Tailler en biseau. — Les cartes biseautées sont des cartes préparées pour tricher au jeu.

BIVOUAC, s. m. On appelle bivouac les lieux où les troupes s'établissent pour un séjour généralement très court, sous des abris improvisés et en plein air, et, dans certains cas, sous la petite tente.

Les bivouacs sont toujours établis autant que possible dans les endroits secs, abrités et à portée des ressources en eau, en bois et en fourrages. Ils doivent en outre être dérobés aux vues de l'ennemi et situés le plus près possible d'une bonne position de combat. — La distance où l'on est de l'ennemi détermine la manière dont les chevaux sont pansés et conduits à l'abreuvoir; quand il est permis de desseller, on ne le fait qu'une heure après l'arrivée. Les selles restent paquetées; elles sont placées auprès des faisceaux, la couverture pliée et posée sur la selle. Les feux au bivouac sont distribués comme le seraient des tentes ou des baraques: il faut avoir grand soin de placer ces feux à des distances et dans des directions telles que la fumée ne vienne pas du côté des chevaux. Le bivouac d'un bataillon en ligne a environ 350 mètres de front sur 80 mètres de profondeur. — Si le bataillon est en colonne double, il n'occupe qu'une superficie d'environ 136 mètres carrés. — En bataille, un régiment de cavalerie au bivouac occupe un front de 476 mètres sur 85 mètres de profondeur, et, s'il est en colonne par escadron, son développement est de 170 mètres de long sur 135 de large. — Aucun officier ne peut s'établir dans les maisons qui sont à proximité du bivouac, lors même que ces maisons sont vides, à moins toutefois d'une autorisation du commandant du bivouac. — Lorsque la troupe bivouaque, elle reçoit, en remplacement des prestations de paille de couchage, une ration supplémentaire de bois de chauffage. — Le détail des formations de bivouac est indiqué dans les instructions pratiques sur le service des différentes armes en campagne. (V. le décret du 28 mai 1895, art. 78 et suivants.)

Les chefs de brigade font exécuter de temps à autre un exercice de bivouac en se conformant aux prescriptions de l'annexe VII du titre I du règlement sur le service de la gendarmerie en campagne. (Service intérieur, art. 134.)

BLE, s. m. C'est le grain d'une plante de la famille des graminées. Il est exclusivement employé dans la fabrication du pain de la troupe et du biscuit. — Le bon blé est légèrement bombé, bien rempli, d'une forme régulière; la pellicule en est fine, la rainure peu profonde. Sa couleur doit être franche, claire et brillante; soupesé à la main, il doit paraître lourd et être sec. — Un grain allongé, maigre, ridé, à sillon profond, a souffert ou a été saisi sur pied par la chaleur; il est très pauvre en gluten et donne une grande proportion de son. (Instr. du 26 mai 1866.) — Un hectolitre de blé pèse en moyenne de 74 à 77 kilogrammes. Les sacs de farine ou de blé de l'administration sont de 80 ou 100 kilogrammes nets.

100 kilogrammes de farine font de 180 à 200 rations de pain ordinaire.

100 kilogr. de blé font de 140 à 170 rations.

BLEIME, s. f. Contusion, meurtrissure de la sole. — Les chevaux qui ont les pieds plats ou secs, ceux qui n'ont pas l'habitude de travailler, ceux qui marchent longtemps sur les terrains durs ou caillouteux, sont plus sujets que d'autres aux bleimes. Enfin, un fer mal attaché peut occasionner cette maladie dont les talons, surtout ceux des pieds antérieurs, sont principalement le siège. — Le cheval sujet aux bleimes doit être ferré à planche.

BLESSURE, s. f. Toute lésion, plaie ou contusion produite dans les chairs.

Blessures reçues dans le service. Une circulaire ministérielle du 18 septembre 1874 recommande d'établir en temps utile les certificats d'origine de blessures ou d'infirmités qui doivent contenir des renseignements suffisamment précis pour qu'il soit possible d'apprécier plus tard, d'une manière certaine, la position des militaires qu'ils concernent.

Lorsqu'un militaire est blessé ou qu'il a contracté des infirmités le rendant impropre au service, les causes des blessures ou des infirmités doivent être justifiées soit par des rapports officiels et autres documents authentiques qui auront constaté les faits, l'époque et les circonstances de leur origine, soit par les certificats des autorités militaires (officier ou sous-officier commandant de détachement, assisté de deux ou trois témoins), soit enfin par une information ou enquête prescrite et dirigée par les mêmes autorités. (V. *Certificat*). — Les dites justifications spécifieront la nature des blessures, ainsi que l'époque, le lieu et les circonstances soit des événements de guerre, soit du service commandé où elles auront été reçues. (Art. 7 de l'ordonn. du 2 juillet 1831.) — La signature des témoins est certifiée, s'ils sont militaires en activité, par les conseils d'administration de leur corps, et, s'ils ne font pas partie des cadres, par les autorités civiles du lieu de leur résidence. (Instr. du 19 mars 1830. — V. en outre la note ministérielle du 31 janvier 1887.)

Les blessures résultant d'un accident reçues dans un service commandé sont portées sur les registres matricules et les livrets de la manière suivante : « Blessé le... à... » (Indiquer la nature du service commandé, ainsi que les lésions et autres renseignements portés sur le rapport qui a servi à l'établissement du certificat d'origine de blessures.) (Décret du 14 janvier 1889 et annexe nº 1 du règl. du 12 avril 1893.) Cette inscription sera faite, pour les officiers, dans la case et la colonne *Observations ;* pour les hommes de la troupe, à la suite des services et positions diverses. (Circ. du 16 novembre 1876.) — Un procès-verbal appuyé d'un certificat de médecin doit être immédiatement dressé, et le commandant d'arrondissement doit se rendre sur les lieux pour vérifier l'exactitude du fait. (Décr. du 1er mars 1854, art. 40, et Serv. int., art. 48. (V. *Accident*.) — Les procès-verbaux relatant les accidents survenus dans le service aux militaires de l'arme doivent être transmis au Ministre; mais il ne doit lui être transmis que le compte rendu des accidents graves et de nature à altérer la santé ou à compromettre l'activité des militaires de l'arme. — Les procès-verbaux concernant les autres accidents devront être conservés dans les archives de la légion et suivront l'homme en cas de mutation. (Art. 40 du décret du 1er mars 1854).

Une expédition du procès-verbal est remise à l'intéressé.

Lorsqu'un cheval est blessé dans un service commandé, le commandant d'arrondissement fait dresser un procès-verbal, auquel il joint un certificat du vétérinaire qui a été appelé à constater la gravité de la blessure. Ce procès-verbal est établi en double expédition et adressé au commandant de la compagnie. (Service intérieur, art. 82.)

Ainsi qu'on le voit, chaque fois qu'un gendarme éprouve un accident ou reçoit une blessure dans le service, procès-verbal doit être dressé sur le carnet à souches des certificats d'origine de blessure ou de maladie. (Décis. présid. du 19 mars 1902.) Si le cas est grave, une expédition du certificat est envoyée au Ministre. — Les blessures donnent droit à la pension de retraite lorsqu'elles sont graves et incurables et qu'elles proviennent d'événements de guerre ou d'accidents éprouvés dans un service commandé. Les bases d'allocation de la pension varient en raison de la gravité des causes qui la font accorder et sont déterminées par le tableau joint à la circulaire ministérielle du 23 juillet 1887.

Blessures volontaires. La loi varie la graduation des peines encourues par les auteurs de blessures volontaires suivant la volonté des auteurs, la gravité des blessures, les dommages qu'elles ont pu causer et enfin la qualité du blessé. Lorsque les blessures n'auront occasionné qu'une maladie ou incapacité de travail de plus de 20 jours, le coupable sera puni d'un emprisonnement de 6 jours à 2 ans et d'une amende de 16 francs à 200 francs, ou l'une de ces deux peines seulement. — S'il y a eu préméditation ou guet-apens, l'emprisonnement sera de 2 à 5 ans et l'amende de 50 francs à 500 francs. (C. P., art. 311.) — S'il est résulté des blessures une maladie ou incapacité de travail pendant plus de 20 jours, le coupable sera puni d'un emprisonnement de 2 à 5 ans et d'une amende de 16 à 2,000 francs. Si les blessures ont occasionné des infirmités permanentes, le coupable sera puni de la réclusion. Enfin, si les blessures ont occasionné la mort sans que le coupable ait eu l'intention de la donner, la peine des travaux forcés à temps devra être prononcée. (C. P., art. 309.) — Si, dans les cas précédents, il y a eu préméditation ou guet-apens, la peine devra être augmentée conformément à l'article 310 du Code pénal. — Lorsque les blessures ont été faites sur la personne des père, mère légitimes, naturels ou adoptifs ou autres ascendants légitimes, les peines sont élevées d'un degré. — Tout individu qui, même sans armes et sans qu'il en soit résulté des blessures, aura frappé un officier ministériel, un agent de la force publique ou un citoyen chargé d'un ministère du service public, si les violences ont eu lieu pendant qu'ils exerçaient leur ministère ou à l'occasion, sera puni d'un emprisonnement d'un mois à trois ans et d'une amende de 16 francs à 500 francs. (C. P., art. 230.) — La peine est plus forte si les violences ont eu lieu contre un magistrat dans l'exercice de ses fonctions. (C. P., art. 228.) — Il n'y a ni crime ni délit, lorsque l'homicide, les blessures et les coups étaient ordonnés par la loi et commandés par l'autorité légitime ou la nécessité actuelle de la légitime défense de soi-même ou d'autrui. (C. P., art. 327 et 328.) — Sont compris dans les cas de nécessité actuelle de défense les deux cas suivants : 1° si l'homicide a été commis, si les blessures ont été faites, ou si les coups ont été portés en repoussant, la nuit, l'escalade ou l'effraction des clôtures, murs ou entrée d'une maison ou d'un appartement habité, ou de ses dépendances; 2° si le fait a eu lieu en se défendant contre les auteurs de vols ou de pillages exécutés avec violence. (C. P., art. 329.) — Il n'y a ni crime ni délit de la part des gendarmes qui emploient la force des armes dans les cas prévus par les articles 297 et 417 du décret du 1er mars 1854. — Les articles 321 et suivants du Code pénal spécifient les cas où le meurtre et les blessures sont excusables : en cas d'adultère, lorsqu'on repousse pendant le jour l'escalade ou l'effraction des clôtures, etc.; lorsque le fait d'excuse est prouvé, la peine est abaissée.

Blessures involontaires. L'auteur de blessures involontaires sera puni de six jours à deux mois d'emprisonnement et d'une amende de 16 à 100 francs, ou de l'une de ces deux peines seulement. (C. P., art. 320.) — Lorsqu'il y a des circonstances atténuantes, l'article 463 du Code pénal autorise les tribunaux à réduire l'emprisonnement au-dessous de six jours et même à substituer l'amende à l'emprisonnement. — Dans tous les cas, la personne blessée a toujours le droit de réclamer des dommages-intérêts.

Blessures de guerre. La médaille militaire peut être accordée à ceux qui ont reçu une ou plusieurs blessures en combattant devant l'ennemi ou dans un service commandé. (Décr. du 28 février 1852, art. 4.) — En temps de guerre, les actions d'éclat et les blessures graves peuvent dispenser des conditions exigées par les articles 11 et 13 pour l'admission ou l'avancement dans la Légion d'honneur. (Décr. du 16 mars 1852, art. 15).

Blessures volontaires pour se rendre impropre au service. Tout individu reconnu coupable de ce délit est déféré aux tribunaux et puni d'un emprisonnement d'un mois à un an. A l'expiration de sa peine, il est mis à la disposition du Ministre de la guerre et envoyé dans une compagnie de discipline.

BLOCKHAUS, s. m. Petite fortification mobile qu'on emploie dans les colonies pour mettre un détachement à l'abri d'une attaque de vive force. Le blockhaus, qui a la forme d'une petite redoute carrée, est fait avec de fortes pièces de bois juxtaposées, assemblées à tenons et percées de créneaux; ces pièces, numérotées, peuvent être facilement mises en place; une petite porte donne accès dans le blockhaus, qui est entouré d'un fossé. Les blockhaus n'ont généralement qu'un rez-de-chaussée; cependant, on en a construit à un étage qui, débordant sur le rez-de-chaussée, permettait de diriger des feux verticaux dans le fossé.

BLOCUS, s. m. Terme militaire. Opération qui consiste à entourer une place, de façon à ce qu'elle ne puisse avoir aucune relation avec l'extérieur et qu'elle ne puisse recevoir ni renforts, ni vivres, ni munitions. — On fait le blocus d'une place lorsqu'on craint une trop vive résistance à une attaque de vive force ou lorsqu'on ne dispose pas du matériel de siège nécessaire. Généralement, le manque de vivres et de munitions oblige la ville bloquée à se rendre. — Les ports maritimes sont bloqués par des vaisseaux de façon à ce qu'aucun bâtiment ne puisse y entrer ou en sortir.

BOIS, s. m. Ce mot s'emploie dans deux significations différentes : 1° Il signifie la substance dure, compacte et fibreuse qui forme la racine, le tronc et les branches d'un arbre; 2° il signifie un lieu planté d'arbres. Lorsque la superficie du lieu planté est très grande (dans l'administration, quand elle dépasse 5,000 hectares), on emploie plutôt le mot de forêt. — Bois et forêt sont donc deux mots à peu près synonymes. — Les bois et les forêts constituent une des plus grandes richesses du sol : ils occupent en France une superficie de 9.000.000 d'hectares (environ 1/7e du territoire), et appartiennent soit à l'Etat, soit aux communes, soit aux particuliers. — Les bois et les forêts appartenant à l'Etat et aux communes sont régis par le Code forestier du 21 mai 1837, modifié par la loi du 18 juin 1859. — Le soin de faire observer les lois et règlements forestiers appartient à une administration particulière appelée administration des forêts. Les agents et les gardes de l'administration des forêts ont le droit de requérir directement la force publique pour la répression des délits et contraventions en matière forestière ainsi que pour les recherches et pour la saisie des bois coupés en délit, vendus ou achetés en fraude. (C. F., art. 164.) — Les gardes forestiers étant appelés à concourir, au besoin, avec la gendarmerie pour le maintien de l'ordre et de la tranquillité publique, et les brigades de gendarmerie devant les seconder et leur prêter main-forte pour la répression des délits forestiers, les inspecteurs ou sous-inspecteurs des eaux et forêts et les commandants de la gendarmerie se donnent réciproquement connaissance des lieux de résidence des gardes forestiers et des brigades et postes de gendarmerie pour assurer de concert l'exécution des mesures et des réquisitions, toutes les fois qu'ils doivent agir simultanément. (Décr. du 1er mars 1854, art. 640.) — Les agents, arpenteurs et gardes forestiers sont chargés de rechercher et constater les délits et les contraventions dans les bois de l'Etat. (C. F., art. 160.) — Comme la plupart de ces infractions sont des infractions spéciales qui nécessitent des connaissances particulières, la gendarmerie n'aura pas à s'en occuper ; mais conformément à l'art. 322 du décret du 1er mars 1854, elle devra dresser procès-verbal contre tous ceux qui commettront des dégâts dans les bois, et même arrêter les contrevenants. — Le Code forestier défend de prendre du bois mort en se servant de crochet de fer (art. 80) ; d'enlever des arbres marqués pour le service de la marine (art. 133); d'enlever sans autorisation des pierres, du sable, du minerai, de la terre ou du gazon, des bruyères, des genêts, des feuilles, etc. (art. 144) ; de couper et d'enlever des arbres de toute nature (art. 193); d'arracher des plants (art. 195) ; de porter ou d'allumer le feu dans l'intérieur ou à la distance de 200 mètres des bois et forêts (art. 148.) — Telles sont les principales contraventions ou délits que les gendarmes auront à constater le plus habituellement dans les bois et forêts de l'Etat ; mais ils devront toujours informer les gardes de tous les faits qui leur paraîtraient constituer une infraction aux règlements forestiers. — Les bois appartenant aux particuliers ne sont pas soumis au régime forestier et tous les délits et les contraventions sont recherchés dans ces bois par les gardes particuliers, les gardes champêtres et les gendarmes. — Les gendarmes sont autorisés à saisir les bestiaux trouvés en délit, et les instruments, voitures et attelages des délinquants, et à les mettre en séquestre. Ils suivront les objets enlevés par les délinquants jusque dans les lieux où ils auront été transportés, et les mettront également en séquestre. Ils ne pourront néanmoins s'introduire dans les maisons, bâtiments, cours adjacentes et enclos, si ce n'est en présence soit du juge de paix ou de son suppléant, soit du maire du lieu ou de son adjoint, soit du commissaire de police. (Loi du 18 juin 1859, art. 188 et 189. — C. F., art. 161.) — Aucun particulier ne peut user du droit d'arracher ou de défricher ses bois sans en avoir obtenu l'autorisation et sans avoir rempli certaines formalités prescrites par l'art. 219 du Code forestier. La surveillance des exploitations dans les bois particuliers et forêts de l'Algérie incombe aux officiers de police judiciaire comme aux gardes forestiers. (Loi du 9 décembre 1885, art. 9.)

Administration des forêts. Au point de vue des forêts, la France est partagée en 32 conservations, dirigées par 32 conservateurs, ayant sous leurs ordres 153 inspecteurs, 191 sous-inspecteurs, 335 gardes généraux, 45 gardes généraux adjoints, 636 brigadiers, 2,768 gardes domaniaux ou mixtes et 5,500 gardes communaux. — Conformément aux dispositions de l'article 8 de la loi du 24 juillet 1873, le personnel de l'administration des forêts entre dans la composition des forces militaires du pays. — Les agents et préposés des forêts sont organisés par conservation des forêts et, suivant l'effectif disponible, en compagnies, en sections qui prennent la dénomination de compagnies ou sections de chasseurs forestiers.

BOISSON, s f. Le mot boisson s'emploie en général pour désigner tout ce que l'homme boit pour apaiser sa soif. En terme administratif, on désigne sous le nom de boissons tous les liquides soumis à certains droits de circulation, de consommation et d'entrée où la population atteint un certain chiffre (4,000 âmes).

Circulation des boissons. — Le droit de circulation des boissons et les conditions dans lesquelles elle est permise, sont définis par les lois des 28 avril 1816, 28 février 1872, 21 juin 1873 et 29 décembre 1900, et les gendarmes sont classés parmi les agents autorisés à dresser des procès-verbaux en cas de contravention à ces lois. Mais une circulaire ministérielle du 13 mai 1872 dit que les sous-officiers, brigadiers et gendarmes ne devront pas être détournés de l'accomplissement de leurs obligations actuelles pour être employés d'une manière spéciale et exclusive à la recherche des contraventions dont il s'agit. Leur intervention devra se borner à profiter de leurs tournées et de l'exécution des autres parties du service journalier pour concourir à la surveillance à exercer et pour dresser, le cas échéant, des procès-verbaux. — La constatation de ces contraventions pouvant offrir, dans beaucoup de cas, certaines difficultés, le directeur général des contributions indirectes a envoyé, à la date du 20 mars 1872, l'instruction suivante, qu'il est indispensable aux gendarmes de bien connaître pour agir toujours régulièrement lorsqu'ils auront à veiller à l'application de la loi sur la circulation des boissons : « L'art. 5 de la loi du 28 février 1872 donne » à tous les employés de l'administration des finances, à la gendarmerie » et à tous les agents du service des » ponts et chaussées, de la navigation » et des chemins vicinaux, autorisés » par la loi à dresser des procès-verbaux, le pouvoir de verbaliser en » cas de contravention aux lois sur la » circulation des boissons ». — Il est donc nécessaire que, pour la constatation de ces contraventions, les nombreux agents désignés audit article connaissent les diverses espèces de boissons et liquides dont la mise en circulation est soumise à des formalités, et sachent en quoi consistent ces formalités.

Sont soumis aux formalités de la circulation :

1° Les vins râpés et piquetés, les cidres, poirés, hydromels, vermouths, vins cuits, vins de liqueur ;

2° Les esprits, eaux-de-vie, kirschs, rhums, tafias, genièvres, liqueurs, absinthes, fruits à l'eau-de-vie, élixirs ;

3° Les préparations à base alcoolique, telles que parfums, eaux de senteur, vernis, alcools dénaturés, chloroformes, aloëides. — Aux termes de la loi, aucun enlèvement, aucun déplacement de ces boissons, de ces liquides, ne peut être effectué qu'en vertu d'une expédition délivrée par la régie des contributions indirectes pour régulariser le transport. — Suivant la qualité du destinataire et les conditions qui lui sont faites pour le paiement de l'impôt, cette expédition prend le nom de congé, de passavant ou d'acquit-à-caution ; mais, quelle que soit sa dénomination, elle fait connaître : le nombre des fûts, caisses ou paniers, les quantités, espèces et qualité des liquides mis en circulation ; le lieu d'enlèvement et celui de destination ; les noms, professions et demeures des expéditeurs, ceux des voituriers et ceux des destinataires; les modes de transport qui doivent être successivement employés; les principaux lieux de passage qu'ont à traverser les chargements; enfin, le délai dans lequel le transport doit être effectué du lieu de départ au lieu de destination. (1) — Lorsque, par exception, le nom des destinataires n'a pu être déclaré au point de départ, il y a obligation pour le voiturier de faire combler cette lacune par le buraliste du lieu d'arrivée, avant tout déchargement des boissons. — De même si, au moment de l'enlèvement, il n'a pas été possible d'indiquer le mode de transport à employer, ou les lieux de passage à traverser sur telle ou telle partie du trajet, c'est au voiturier à faire compléter à cet égard ses expéditions par le buraliste de l'un des derniers lieux de passage qui ont pu être déclarés. — Il incombe également au voiturier de faire constater, en cours de transport, les accidents qui peuvent apporter quelque modification à son chargement ou les temps d'arrêt qu'il est obligé de subir et qui doivent prolonger d'autant le délai assigné pour le transport à destination. — Ainsi, toujours et partout, pour tous les chargements rencontrés sur la voie publique, les porteurs, conducteurs ou voituriers doivent pouvoir représenter une expédition en tous points applicable à leur chargement, et cette expédition, ils sont tenus, sous peine de contravention, de l'exhiber sans délai, à toute sommation des préposés chargés de la surveillance du mouvement des boissons, etc. — Il ne serait pas possible de mettre immédiatement des instruments de vérification (*jauge, alcoomètre*) à la disposition des agents et préposés dénommés à l'article 5 de la loi du 28 février. Ces agents ne pourront, du moins quant à présent, reconnaître exactement la contenance des fûts ou la force alcoolique des spiritueux; mais il leur sera facile de contrôler le nombre des vaisseaux, la nature et l'espèce des liquides, la voie suivie, les moyens de transport employés, et ils pourront ainsi constater les principales contraventions aux lois sur la circulation des boissons, savoir : les enlèvements et transports sans expédition; les différences dans le nombre des fûts ou dans la nature des chargements; les transports en vertu d'expéditions périmées; les transports par d'autres voies que celles indiquées aux expéditions; les enlèvements de lieux autres que ceux déclarés et les déchargements à une destination autre que celle indiquée. Lorsque, pour la constatation de ces contraventions, les agents et préposés désignés par la nouvelle loi agiront seuls, isolément, ils dresseront les procès-verbaux dans la forme propre à leur service, en ayant soin de bien préciser les faits constitutifs de la contravention, de manière à prévenir des contestations ultérieures de la part des prévenus. S'il s'agit de chargements circulant en vertu d'expéditions irrégulières, ils devront joindre ces expéditions à leurs procès-verbaux, après les avoir paraphées *ne varietur*, et pour la continuation du transport, ils feront délivrer, dans tous les cas, des acquits-à-caution par le buraliste de la localité. En thèse générale, les verbalisants, après avoir déclaré la saisie des chargements, devront en laisser la libre disposition aux contrevenants; ils ne devraient en opérer la saisie réelle, c'est-à-dire retenir les chargements, que s'ils se trouvaient en présence de fraudeurs de profession notoirement insolvables, et alors ils devraient, autant que possible, s'adjoindre, pour la rédaction du procès-verbal, un agent de la régie. Il est à désirer, au surplus, que les employés des contributions indirectes soient le plus souvent appelés à aider de leurs conseils, surtout au début, les fonctionnaires des autres services qui viendraient à découvrir des fraudes; ceux-ci seront d'ailleurs les premiers à réclamer une coopération qu'il leur sera presque toujours facile d'obtenir. Si des contestations s'élevaient de la part des voituriers sur la nature ou l'espèce des boissons saisies, des échantillons devraient être prélevés pour être mis à l'appui des procès-verbaux. Ces échantillons seraient placés sous le cachet des verbalisants,

(1) Ces dispositions ont été rendues applicables à la circulation des boissons en Algérie. (Loi de finances du 13 avril 1898.)

après sommation faite au prévenu d'y apposer le sien.

Les procès-verbaux dressés concurremment avec les agents de la régie devront être établis dans la forme prescrite par la circulaire ministérielle du 20 janvier 1877 :

1° Rédaction des procès-verbaux sur papier libre ;

2° Dépôt ou envoi par la poste de cet acte au receveur de l'enregistrement du canton ;

3° Avis de ce dépôt ou de cet envoi par le verbalisant au receveur des contributions indirectes dans la circonscription duquel la constatation a été faite (*Avis établi sur une formule imprimée*) ;

4° Retrait par le receveur qui aura reçu avis du procès-verbal après acquittement des droits de timbre ou d'enregistrement ;

5° Franchise postale pour les commandants de brigade avec les receveurs de l'enregistrement.

Débit de boissons. — La loi du 17 juillet 1880 a abrogé le décret du 29 décembre 1851 et a autorisé toute personne à ouvrir un débit de boissons (café, cabaret, etc.), à la seule condition d'en faire, quinze jours au moins à l'avance et par écrit, à la mairie de la commune où le débit doit être établi, une déclaration rédigée conformément à l'art. 2. — Les art. 5, 6 et 7 de la même loi énumèrent les catégories des individus qui ne peuvent exploiter les débits de boissons : les mineurs, les interdits, les condamnés pour crimes de droit commun, les condamnés à un emprisonnement d'un mois au moins pour vol, recel, escroquerie, abus de confiance, recel de malfaiteurs, outrage à la pudeur, excitation de mineurs à la débauche, tenue de maison de jeu, vente de marchandises falsifiées et nuisibles à la santé. — Les individus qui, à l'occasion d'une foire, d'une vente ou d'une fête publique, établiraient des cafés ou débits de boissons, ne seront pas tenus à la déclaration prescrite par l'article 2 ; mais ils devront obtenir l'autorisation de l'autorité municipale. — En cas d'infraction à la présente disposition, le débit sera immédiatement fermé, et le contrevenant puni d'une amende de 16 à 100 francs. (Art. 10). — Les infractions à la loi du 17 juillet 1880 sont punies, suivant le cas, d'une amende variant de 16 à 200 francs. — Ceux qui ouvrent des débits sans en avoir le droit peuvent, en cas de récidive, être condamnés à un emprisonnement de 6 jours à 1 mois.

L'obligation de la fermeture d'un café à l'heure réglementaire s'étend non seulement à la salle même du café, mais encore à toutes ses dépendances et même à celles qui peuvent être spécialement affectées à l'habitation.

Lorsque les dispositions de l'arrêté préfectoral sont générales et absolues, les individus trouvés dans le café après l'heure de fermeture réglementaire ne peuvent être relaxés pour le motif qu'ils ne consommaient pas. (Cass., 13 décembre 1889.)

Lorsque l'autorisation d'ouvrir pendant la nuit a été accordée à un débitant, à la charge d'en informer le commissaire de police et la gendarmerie, l'inobservation de cette condition essentielle vicie l'autorisation et ne permet pas au juge de police d'en tenir compte. (Cass., 2 mars 1893.)

La loi du 17 juillet 1880 n'est plus applicable en Algérie. (Décret du 25 mars 1901.)

Boissons falsifiées. La loi du 5 mai 1855 a assimilé la falsification des boissons à celle des aliments ; par suite, toutes les fraudes relatives aux boissons tombent sous le coup de la loi du 27 mars 1851 et de l'article 423 du Code pénal. — Ceux qui vendront ou mettront en vente des boissons falsifiées seront punis d'un emprisonnement de 3 mois à 1 an. — Si le mélange est fait avec des mixtions nuisibles à la santé, l'emprisonnement sera de 2 mois à 3 ans, et l'amende de 50 à 500 francs. (Loi du 27 mars 1851, art. 2.) — L'art. 3 de la même loi punit d'une amende de 16 à 25 francs et d'un emprisonnement de 6 à 10 jours, le fait seul pour un marchand d'avoir des marchandises falsifiées dans les lieux où s'exerce son commerce ou dans leurs dépendances. — La loi ne punit pas les mélanges ou coupages qui ne peuvent être nuisibles à la santé, mais elle réprime toute tentative de fraude ayant pour but de falsifier les vins avec certaines compositions qui peuvent ne pas être nuisibles, mais qui enlèvent aux boissons toutes leurs qualités. — Par arrêt du 11 février 1853, la Cour de cassation a décidé que le fait de vouloir faire passer, à l'aide de manœuvres frauduleuses, du vin de France pour du vin d'Espagne, constituait un délit d'escroquerie puni par l'art. 405 du Code pénal. (Emprisonnement de 1 an à 5 ans. — Amende de 50 francs à 3,000 francs.) — Nul ne pourra expédier, vendre ou mettre en vente sous la dénomination de *vin* un produit autre que celui de la fermentation des raisins frais. — Le produit de la fermentation des marcs de raisins frais avec addition de sucre et d'eau, le mélange de ce produit avec le vin dans quelque proportion que ce soit ne pourra être mis en vente, vendu ou expédié que sous le nom de *vin de sucre*. — Le produit de la fermentation des raisins secs avec de l'eau ne pourra être vendu, expédié ou mis en vente que sous le nom de *vin de raisins secs*. Les contrevenants seront punis d'une amende de 25 à 500 francs et d'un emprisonnnement de 10 jours à 3 mois. (Loi du 4 août 1889.) — Les voituriers, bateliers ou leurs préposés qui auront altéré ou tenté d'altérer des vins ou toute autre espèce de liquides ou marchandises dont le transport leur avait été confié, et qui auront commis ou tenté de commettre cette altération par le mélange de substances malfaisantes, seront punis d'un emprisonnement de 2 à 5 ans et d'une amende de 25 à 500 francs. Ils pourront, en outre, être privés des droits mentionnés à l'art. 42 du Code pénal, pendant 5 ans au moins et 10 ans au plus; ils pourront aussi être mis, par l'arrêt ou le jugement, sous la surveillance de la haute police pendant le même nombre d'années. S'il n'y a pas eu mélange de substances malfaisantes, la peine sera d'un emprisonnement de 1 mois à 1 an, et d'une amende de 16 francs à 100 francs. (Loi du 13 mai 1863.)

Boissons alcooliques. — La vente des boissons à base d'alcool est formellement interdite dans toutes les cantines des établissements dépendant du ministère de la guerre. (Circ. minist. du 3 mai 1900.)

BOITERIE, s. f. La boiterie ou claudication d'un animal consiste dans une irrégularité de la marche déterminée par une faiblesse d'un ou de plusieurs membres. — Quelquefois, la boiterie résulte d'un obstacle mécanique au mouvement d'un membre, comme par exemple un déplacement de la hanche ; mais presque toujours elle a pour cause une douleur que l'animal cherche instinctivement à éviter ou à diminuer autant que possible. — On distingue trois degrés de boiterie, suivant son intensité :

1° Le cheval feint quand l'irrégularité de la progression est légère ;

2° Il boite quand elle est évidente ;

3° Il boite bas quand le membre malade pose péniblement sur le sol.

La boiterie légère est parfois très difficile à constater. Quand la marche fait soupçonner une boiterie, il faut étudier le cheval en station libre ; on remarque alors que l'animal cherche naturellement à soulager le membre qui souffre en ne le faisant pas participer autant que les autres au soutien du corps. Quand c'est un membre antérieur, il le place en avant ; on dit alors qu'il pointe ou, dans le langage des maquignons, qu'il fait des armes et qu'il montre le chemin de Saint-Jacques.

Pour bien examiner un cheval qu'on soupçonne atteint de boiterie, on le fait marcher au pas et trotter monté sur le pavé : on le place de façon à voir l'animal d'abord par devant, puis par derrière, et l'on examine attentivement les oscillations de la tête, qui donne très exactement, par ses mouvements alternatifs d'élévation et d'abaissement, la mesure de l'irrégularité des actions des membres antérieurs. — Pour les membres postérieurs, on peut examiner la croupe ; mais les mouvements de balancement sont moins accusés que ceux de la tête. — La loi du 2 août 1884 a rangé dans la catégorie des vices rédhibitoires, avec neuf jours de garantie pour le cheval, l'âne et le mulet, une variété de boiterie qu'elle qualifie : boiterie intermittente pour cause de vieux mal. — Cette boiterie est souvent très difficile à constater, parce qu'elle peut se faire remarquer soit à chaud, soit à froid. — Dans le premier cas, le cheval ne boite pas en partant, et ce n'est que lorsqu'il a travaillé que la claudication devient apparente; après un repos plus ou moins long, elle reparaît de nouveau. — Lorsque le cheval boite à froid, on s'en aperçoit au commencement de l'exercice; sa boiterie cesse ensuite pour revenir par le repos. On conçoit combien il est facile de tromper l'acheteur en n'exposant le cheval en vente que dans les conditions où, en terme pratique, *il est droit*.

BOMBARDEMENT, s. m. Action d'attaquer une ville avec des bombes ou des obus.

BOMBE, s. f. Projectile creux rempli de poudre à laquelle le feu est mis par une mèche intérieure qui brûle pendant un certain temps. La bombe est lancée par une bouche à feu particulière, appelée mortier, et elle est destinée à incendier les magasins et à détruire en éclatant les blindages et les maisons. — Cet engin de guerre est aujourd'hui employé plus rarement qu'autrefois; il est presque toujours remplacé par l'obus.

BON, s. m. Ce mot a de nombreuses acceptions : en administration, il signifie un billet ou un état qui autorise à toucher des objets en nature, ou qui constate que ces objet sont été touchés.

Bons provisoires de fourrages. Le commandant de brigade doit y inscrire les quantités de rations reçues de l'entrepreneur et signer chacune de ces inscriptions. A l'expiration du trimestre, il y porte les totaux des rations distribuées. Ces bons provisoires sont échangés par l'entrepreneur contre un bon total que lui remet le trésorier, et ils sont conservés et classés au chef-lieu de chaque compagnie.

Bons de tabac. Des poursuites judiciaires pourraient être intentées contre les militaires qui se livreraient au trafic de leurs bons de tabac avec des personnes de l'ordre civil. Les militaires n'ont droit au tabac à prix réduit qu'à la condition de l'employer exclusivement à leur consommation personnelle; ceux qui ne fument pas ne peuvent recevoir de bons de livraison. (Circ. des 28 février 1854 et 13 décembre 1878) (V. *Tabac.*) Il est formellement interdit aux militaires de revendre ou d'échanger les bons de tabac. (Note minist. du 29 août 1888.)

Pour l'établissement des demandes de bons de tabac de cantine et pour la perception de ces bons, V. la note minist. du 23 mai 1879 et la circ. du 31 juillet 1899.

Bons de chemin de fer. Le bon de chemin de fer est la pièce qui sert à assurer le transport, par voies ferrées, des militaires voyageant en détachement avec ou sans matériel et, dans certains cas, des militaires isolés. Les bons de chemin de fer qui autorisent une troupe à voyager gratuitement sont établis par les fonctionnaires de l'intendance, sur le vu de l'ordre de mouvement d'une troupe. Il est délivré autant de bons qu'il y a de réseaux différents, et ils sont remis, avec la feuille de route, au chef de la troupe. (V. le règl. sur les transports militaires par chemin de fer du 18 novembre 1889, et l'instruction ministérielle du 26 janvier 1895.

Les détachements de gendarmerie déplacés d'urgence pour le maintien de l'ordre public peuvent monter dans les trains sans être munis de bons. (V. *Chemins de fer.*)

Bons de convoi. (V. *Convois.*)

BORNE, s. f. Pierre, poteau ou autre marque qui sert à indiquer les limites des champs. — L'article 456 du Code pénal punit d'un emprisonnement de 1 mois à 1 an quiconque aura déplacé ou supprimé des bornes servant à établir les limites entre différents héritages.

On appelle bornes kilométriques les pierres qui servent à indiquer les kilomètres sur les grandes routes.

Bornes militaires. Celles qui déterminent les limites des terrains assujettis à certaines servitudes. — Les bornes d'un pays sont les limites naturelles ou artificielles qui séparent ce pays des pays voisins.

BOUCHER, s. m. Celui qui tue les gros animaux destinés à la nourriture de l'homme et qui vend leur chair au détail. — La liberté de la boucherie existe depuis le 24 février 1858; mais lorsque l'autorité municipale a pris un arrêté fixant une taxe pour le prix de la viande, le boucher qui vend sa viande au-dessus est puni d'une amende de 11 à 15 francs. (C. P., art. 479, nº 6.)

— Les bouchers qui auront mis en vente de la viande qu'ils sauront être falsifiée ou corrompue seront punis d'un emprisonnement de 3 mois à 1 an, conformément à la loi du 27 mars-1er avril 1851 et par application de l'article 423 du Code pénal.

BOUCHERIE, s. f. Endroit où l'on vend en détail la chair du gros et du menu bétail. — Il existe maintenant dans presque toutes les grandes villes des boucheries où l'on débite spécialement de la chair de cheval. — Dans les camps ou garnisons où sont installées des boucheries militaires, un vétérinaire est désigné pour visiter les animaux abattus et examiner la viande distribuée. Il en est de même pour la visite des animaux de boucherie du convoi de subsistances d'un corps d'armée en campagne. (Décr. du 26 décembre 1876.)

BOUCHES-DU-RHONE (Département). Populat., 734,347 hab., 3 arrondissements, 29 cantons (15e corps d'armée, 15e légion de gendarmerie), chef-lieu Marseille, 491,161 hab., à 813 kil. S.-E. de Paris, sur la Méditerranée. S.-P. : Aix, Arles, Dép. maritime. Pays montagneux dans une très grande partie de son étendue à l'est. Vastes plaines le long du Rhône. Pays agricole et manufacturier. Les vignobles donnent de bons vins blancs. Elève de moutons, chevaux peu nombreux. Eaux minérales à Aix. Patrie des généraux Chabert et Gardanne, et de Thiers, le célèbre historien de la Révolution, du Consulat et de l'Empire.

BOUCHONNER, v. a. Bouchonner un cheval, c'est le frotter avec un bouchon de paille ou de foin. Le bouchonnement est une opération indispensable pour sécher l'animal lorsqu'il a été mouillé par la pluie ou par une transpiration abondante. Il faut, dans ce cas, avoir toujours soin de le bouchonner fortement jusqu'à ce qu'il soit sec. Le séchage ainsi obtenu soustrait les animaux à toutes les causes de maladie qui naissent à la suite des arrêts de transpiration. Il faut une demi-heure à un homme vigoureux et exercé pour bien sécher un cheval. (V. Service intérieur, art. 132.)

BOULANGER, s. m. Celui qui fabrique et qui vend du pain, qui tient une boulangerie. — Depuis le décret du 22 juin 1863, le commerce de la boulangerie a été dégagé de toutes les entraves qui l'entouraient et a été rendu libre. Mais l'autorité municipale a conservé le droit d'ordonner le pesage du pain et de publier une taxe pour la vente, et les boulangers qui ne se conforment pas à ces prescriptions sont en contravention à l'article 479, no 6, du Code pénal lorsqu'ils vendent le pain au delà du prix fixé par la taxe légalement faite et publiée, et à l'article 471, no 15, du Code pénal, s'ils contreviennent à un règlement légalement fait par l'autorité administrative, en vue d'ordonner le pesage du pain. — Dans presque toutes les localités, les boulangers sont tenus à peser le pain et doivent ajouter un morceau coupé lorsque le poids n'y est pas. Ils peuvent vendre le prix qu'ils veulent le pain de fantaisie, mais ils ne doivent pas frauder sur le poids. En agissant autrement, ils se rendent coupables de tromperie sur la quantité des choses vendues et peuvent être punis d'un emprisonnement de 3 mois à 1 an. (C. P., art. 423.)

Lorsqu'une taxe a été fixée par arrêté du maire, les boulangers sont tenus de ne pas vendre au-dessus du tarif et ne peuvent se refuser à livrer leurs marchandises au *prix de la taxe*. Mais le boulanger peut se refuser à vendre du pain à un consommateur lorsque son refus ne naît pas de son intention de se soustraire à l'application de la taxe. Il est assimilé alors à un commerçant ordinaire, et il a le droit de défendre l'accès de son magasin à un consommateur pour des motifs de *convenance personnelle*. Cela découle du principe de la liberté commerciale. (Arrêt de la Cour de cassation du 11 janvier 1889.) En résumé, pour que la contravention soit établie, il faut : 1o que la municipalité ait établi une taxe sur le pain; 2o que le boulanger refuse de vendre ses produits en basant *uniquement* son refus sur ce fait que le prix de vente édicté par le maire est trop élevé.

BOULET, s. m. Projectile sphérique plein dont on se servait autrefois pour charger les canons. Le boulet est aujourd'hui remplacé par l'obus.

En hippologie, on désigne sous ce

nom de boulet la région formée par l'articulation de l'os principal du métacarpe ou du métatarse avec le premier phalangien et les deux grands sésamoïdes. C'est à partir du boulet que le poids du corps cesse de tendre verticalement vers le sol et se trouve reporté en avant par l'obliquité du paturon. Aussi le boulet serait rapidement affaissé par le poids qu'il supporte s'il n'était soutenu par les tendons, qui sont d'autant plus forts qu'ils sont plus écartés du métacarpe par les sésamoïdes. La beauté d'un boulet consistera donc à être large d'avant en arrière, cette largeur étant la conséquence de l'épaisseur des sésamoïdes. Le boulet peut être affecté d'exostoses et de molettes. Parfois, il présente en avant des cicatrices qui annoncent que le cheval bronche. Quand ces marques existent à la face interne par suite des atteintes du pied opposé, on dit que le cheval se coupe. La région postérieure du boulet est pourvue d'un bouquet de poils appelé fanon, très développé chez les races communes. Dans les chevaux fins, à peine cache-t-il l'ergot, petite production cornée qui se trouve dans son centre.

BOULETÉ, adj. On dit qu'un cheval est bouleté lorsque, par suite d'usure complète des tendons, le boulet est porté en avant et que l'appui ne se fait plus guère qu'en pince. Les chevaux court-jointés sont plus prédisposés à cette défectuosité, qui rend l'animal incapable de tout service sérieux.

BOURG, s. m. Réunion de maisons plus importantes qu'un village et moins importantes qu'une ville.

BOURSE, s. f. Dans un sens particulier, ce mot s'emploie pour désigner une pension payée par l'Etat, par le département ou par la commune pour l'entretien d'un élève pendant la durée de ses études. — Aux termes des lois des 26 janvier, 3 mai et 5 juin 1850, des bourses ou des demi-bourses peuvent être accordées dans les Ecoles polytechnique et spéciale militaire et dans l'Ecole navale de Brest aux jeunes gens qui auront préalablement fait constater l'insuffisance des ressources de leur famille au moyen d'une délibération motivée du conseil municipal approuvée par le préfet du département. (Instr. du 5 juillet 1850.) Les parents doivent s'engager, par écrit, à rembourser au Trésor le montant des frais de pension et de trousseau dans le cas où leur fils ne servirait pas dix ans dans l'armée. (Instr. du 24 décembre 1892.) Des bourses sont également accordées, pour l'admission dans les écoles vétérinaires, aux jeunes gens qui en font la demande au Ministre. (V. *Ecoles vétérinaires.*) Les enfants de troupe qui obtiennent une bourse entière dans un établissement quelconque d'instruction sont rayés des contrôles. (Art. 19 de l'instr. du 12 avril 1888.) Les conditions d'admission aux bourses dans les lycées et collèges de garçons sont déterminées par le décret du 6 août 1895. Les bourses sont de deux catégories : 1° les bourses d'essai accordées à titre provisoire; 2° les bourses de mérite accordées à titre définitif. Des règlements spéciaux déterminent les conditions dans lesquelles sont passés les examens.

Les enfants de troupe qui veulent jouir de l'exemption des frais d'études doivent, comme tous les autres élèves, subir avec succès un examen destiné à prouver leur aptitude pour les études secondaires. — Les propositions qui les concerneront devront être accompagnées: 1° d'une demande du colonel du régiment; 2° d'une demande des parents faisant connaître le grade et les années de service du père ainsi que les charges de famille; 3° d'un certificat d'examen. (Circ. minist. du 10 novembre 1883.)

Tout père de famille ayant sept enfants vivants peut en désigner un pour être élevé aux frais de l'Etat. (Loi du 29 nivôse an XIII remise en vigueur par la loi de finances du 8 août 1885, art. 27. — V. la circulaire du Ministre de l'instruction publique en date du 28 septembre 1885, *Mémorial.*)

BOUSSOLE, s. f. Petite boîte renfermant une aiguille aimantée qui tourne librement sur un pivot et dont une des extrémités se dirige toujours du côté du nord.

On se sert de la boussole dans les levés topographiques et pour diriger les navires en mer.

BOUTEILLE, s. f. Une circulaire ministérielle en date du 27 août 1880 recommande de remettre aux autorités maritimes toutes les bouteilles renfermant des papiers et qui sont trouvées sur la côte. La circulaire rappelle à ce sujet l'ordonnance de 1681 et le décret du 7 novembre 1866.

BOUTE-SELLE, s. m. Sonnerie de trompette pour avertir les cavaliers de seller et de se tenir prêts à monter à cheval.

BRACONNAGE, s. m. Action de chasse avec des moyens ou en des temps prohibés. La loi ne reconnaît pas le délit de braconnage, le braconnage n'étant que la récidive constante du délit de chasse; mais la peine est doublée en cas de récidive, triplée s'il survient une troisième condamnation et peut aller à deux ans de prison et 1.000 francs d'amende. — Une note ministérielle en date du 18 mai 1896 prescrit aux gendarmes le port de la carabine toutes les fois qu'ils auront à parcourir des terrains ou à traverser des bois habituellement fréquentés par des braconniers. (V. art. 220 du Service intérieur.)

BRANCARDIER, s. m. Soldat chargé de relever les blessés sur le champ de bataille. — Il y a dans chaque corps de troupe un certain nombre de brancardiers qui portent comme signe distinctif un brassard en drap de fond, avec croix de Malte en drap blanc. — Ce personnel, qui reste armé, n'est pas neutralisé. Les médecins, les infirmiers et les brancardiers ont seuls mission de relever les blessés.

BRASSARD, s. m. Signe distinctif que l'on porte au bras. En campagne, les infirmiers, brancardiers et tout le personnel des ambulances portent au bras le brassard de la convention de Genève (blanc à croix rouge avec le cachet de l'intendance et un numéro de série). Ces militaires doivent également être constamment porteurs d'une carte nominative portant le même numéro que le brassard et qui est signée par le délégué régional et par l'intendant. (Décr. du 2 mars 1878.) Les conducteurs des voitures régimentaires portent un brassard en drap du fond avec passepoil distinctif et attribut de l'arme. Les conducteurs de voitures et chevaux de réquisition qui n'appartiennent pas à l'armée reçoivent un brassard en toile cachou, avec plaque métallique portant en exergue: « Réquisitions militaires ». (Décis. minist. des 27 novembre 1879 et 2 juin 1890.) Le port du brassard de la convention de Genève est obligatoire pour les officiers faisant partie du détachement du train rattaché à chaque formation sanitaire. (Décis. minist. du 30 juillet 1890.) — Les hommes qui seront employés pendant la mobilisation à concourir à l'alimentation de l'armée et qui ne recevront pas d'uniforme seront pourvus du même brassard que les conducteurs de voitures de réquisition. (Note minist. du 31 mars 1880.) Enfin, la décision ministérielle du 5 décembre 1886 détermine les brassards que les officiers d'état-major doivent porter en campagne et aux manœuvres et celle du 24 décembre 1887 porte adoption d'un brassard pour les hommes de la réserve de l'armée territoriale affectés, en temps de guerre, à la surveillance des voies ferrées.

BRASSICOURT, adj. Cheval arqué naturellement. (V. *Arqué.*) Les chevaux dont les membres sont brassicourts et qui ne présentent ni des traces d'usure, ni le tremblement particulier aux chevaux dont les membres sont arqués, peuvent encore rendre de bons services.

BRÈCHE, s. f. On nomme brèche, en terme militaire, une ouverture que l'on fait dans les remparts d'une place pour pouvoir donner facilement l'assaut.

BREVET, s. m. Titre, patente, diplôme délivré au nom du gouvernement.

Le brevet d'invention est un titre délivré par le gouvernement, qui donne à un inventeur le droit d'exploiter seul, sous certaines conditions, la découverte qu'il a faite. La loi du 5 juillet 1884 règle les formalités pour la délivrance des brevets et édicte les peines contre ceux qui se rendent coupables de contrefaçons.

On distingue encore les brevets de capacité simples ou supérieurs qui donnent à ceux qui les obtiennent le droit d'enseigner. Les connaissances exigées et le nombre des épreuves à subir sont contenus dans les décrets des 4 janvier et 29 juillet 1881 et dans l'arrêté du 5 janvier de la même année. Voir aussi le décret du 12 mars 1887 déterminant la fixation des droits universitaires à percevoir.

Une circulaire en date du 17 septembre 1900 a créé un *Brevet militaire* de gymnastique et de tir. Ceux qui auront obtenu ce brevet dans les conditions fixées par la circulaire pourront contracter un engagement de trois ans dans un régiment de leur choix.

BRIDE, s. f. Partie du harnais d'un cheval qui s'adapte à la tête et qui sert à le conduire.

La bride comprend :

1° La monture, qui se compose du dessus de tête, du frontal et des montants ;

2° Le mors de bride et le mors de filet ; le mors de bride se divise en embouchure, branches et gourmettes ; le mors de filet se compose de deux canons s'articulant à deux brisures ;

3° Les rênes de bride et les rênes de filet.

Le licol de parade complète la bride; il se compose de deux montants d'inégale longueur formant sous-gorge, d'un dessus de nez et d'une sous-barbe formant muserolle, d'une alliance et d'une longe.

Le règlement du 28 mai 1900, qui donne la description détaillée de la bride, donne également la manière de l'ajuster.

On donne aussi le nom de bride à une bande en drap cousue sur l'épaule d'un vêtement militaire pour maintenir l'épaulette en place.

BRIDON D'ABREUVOIR. Est du modèle dont la description est donnée par l'instruction du 10 octobre 1894.

BRIGADE, s. f. Ce mot a diverses significations. En art militaire, on désigne sous le nom de brigade la réunion de deux régiments, ou de deux régiments et d'un bataillon de chasseurs ; il y a des brigades d'infanterie, de cavalerie et d'artillerie. Les brigades sont commandées par un général qui porte le nom de général de brigade ; deux brigades forment une division. On forme quelquefois, surtout pour opérer isolément, des brigades mixtes composées d'un certain nombre d'hommes appartenant aux trois armes.

Brigade de gendarmerie. La gendarmerie départementale est fractionnée en petits corps qui portent le nom de brigades. Ces brigades sont à cheval ou à pied. L'effectif des brigades à cheval de l'intérieur est de 5 hommes y compris le chef de poste. Cet effectif pourra être augmenté de 1 ou 2 hommes, soit à pied, soit à cheval, selon les nécessités du service. L'effectif des brigades à pied de l'intérieur est de 4, 5, 6 ou 7 hommes y compris le chef de poste, selon l'importance de la circonscription. Les brigades de gendarmerie de l'Algérie sont constituées uniformément à 5 hommes y compris le chef de poste. — Il existe en outre en Algérie un certain nombre d'auxiliaires indigènes, dont le nombre varie suivant les exigences du service, mais qui ne peut pas dépasser deux auxiliaires par brigade. Les brigades de gendarmerie de la 15e légion *ter* (Corse) conservent l'organisation spéciale qui leur a été donnée par le décret du 24 octobre 1851, et celui du 28 mars 1868. (Rapport du Ministre de la guerre, approuvé par le Président de la République, 10 février 1894.) — La gendarmerie départementale et coloniale comprend actuellement 2.282 brigades à cheval, 2.350 brigades à pied et 53 brigades mixtes. Ce nombre augmente tous les ans par suite de créations. — Le personnel des douanes et de l'administration des forêts est également divisé en brigades fortes de trois à six hommes. — On donne le nom de brigade de sûreté à un certain nombre d'agents de police qui sont chargés de la police secrète dans les grandes villes. Ces agents, qui sont toujours habillés en bourgeois, ont une carte destinée à les faire reconnaître. — Ils sont sous la direction immédiate d'un agent supérieur qui porte le nom de chef de la sûreté. Cette brigade, composée en général d'hommes intelligents et résolus, rend les plus grands services pour la découverte des criminels.

BRIGADIER, s. m. Dans la gendarmerie à pied et à cheval, dans la cavalerie et dans l'artillerie, le grade de brigadier correspond à celui de caporal dans l'infanterie. — Nul ne pourra être caporal ou brigadier s'il n'a servi activement au moins six mois comme soldat, dans un des corps d'armée. (Art. 1er de la loi du 14 avril 1832). — Il y a, en temps de paix, dans chaque escadron de cavalerie, douze brigadiers qui commandent une escouade formée de 10 à 12 hommes, plus un brigadier fourrier chargé d'aider le maréchal des logis fourrier à tenir les écritures. Le nombre des brigadiers est porté à 16 en temps de guerre. — Dans les régiments d'artlilerie, chaque batterie montée et à cheval a sept brigadiers.

Brigadiers de gendarmerie. L'avancement au grade de brigadier dans la gendarmerie roule par légion et par corps. — Les emplois de brigadier sont donnés à des gendarmes ayant au moins six mois de service dans la gendarmerie et portés au tableau d'avancement ainsi qu'aux sergents-majors et aux maréchaux des logis chefs des divers corps de l'armée proposés à cet effet et ayant au moins un an d'exercice dans leur emploi. (Décr. du 1er mars 1854, art. 44.) — Toutefois, ces sous-officiers ne pourront être admis dans la gendarmerie qu'après avoir subi un examen d'aptitude devant les inspecteurs généraux de l'arme. — Ils devront, en outre, ne pas avoir plus de 32 ans, avoir au moins 25 ans au 31 décembre de l'année courante, un an de grade dans leur emploi et compter trois ans de services effectifs. Les propositions seront établies exclusivement à la revue trimestrielle de janvier. (Instr. du 12 avril 1899 sur le service courant.)

Brigadiers secrétaires. Créés par décret du 24 février 1854, les brigadiers secrétaires sont placés près des chefs de légion pour être employés à tous les travaux d'ordre et d'écritures que nécessite le service ; ils ne peuvent être astreints aux théories, revues ou exercices qu'avec l'autorisation du chef de légion. (Service intérieur, art. 107.) — Les brigadiers secrétaires ne peuvent être pris que parmi les militaires de l'arme à pied. (Circ. minist. du 10 octobre 1868.)

BRIMADES, s. f. pl. Série d'épreuves, de plaisanteries souvent fort désagréables que les anciens dans les écoles et dans les casernes faisaient subir aux conscrits. Les brimades sont interdites dans l'armée. (Circ. du 10 octobre 1890.)

BRIS, s. m. Rupture, avec violence, de portes, de fenêtres, de clôtures, de scellés, etc. — *Bris de prison*. (V. *Evasion.*) — Bris de fusil. (V. *Fusil.*) — L'article 456 du Code pénal punit le bris de clôture d'un emprisonnement de 1 mois à 1 an. — Lorsque, par suite d'ordres du gouvernement ou d'ordonnances de justice, les scellés ont été apposés sur des portes, celui qui les brise commet un délit que la loi punit de 6 mois à 2 ans de prison. — Si c'est le gardien des scellés qui les a brisés, la peine est de 2 à 5 ans de prison. — La négligence des gardiens en cas de bris des scellés est punie de 10 jours à 2 ans de prison. (C.P., art. 249 et suivants.)

BROCANTEUR, s. m. On appelle brocanteurs ou fripiers les individus qui achètent pour les revendre les vieux habits, les vieux meubles, les vieux harnais, la vieille ferraille, etc. — Le brocantage pouvant si facilement donner lieu à des abus en favorisant l'achat d'objets volés, a dû être soumis à des prescriptions sévères qui sont définies ainsi qu'il suit par la loi du 15 février 1898 :

Art. 1er. Tout brocanteur, revendeur de vieux meubles, linges, hardes, bijoux, livres, vaisselle, armes, métaux, ferrailles et autres objets ou marchandises de hasard, ou qui achète les mêmes marchandises neuves de personnes autres que celles qui les fabriquent ou en font le commerce, est tenu :

1° De se faire préalablement inscrire sur les registres ouverts à cet effet à la préfecture de police, s'il habite Paris ou dans le ressort de la préfecture de police, ou à la préfecture du département qu'il habite. A cet effet, il sera tenu de présenter sa patente ou un certificat de décharge et un certificat d'individualité ; il lui sera remis un bulletin d'inscription qu'il sera tenu de présenter à toute réquisition ;

2° D'avoir un registre coté et paraphé par le commissaire de police ou, à son défaut, par le maire, et sur lequel il inscrira jour par jour et sans blanc ni rature, les noms, surnoms, qualités et demeures de ceux avec qui il contracte, ainsi que la nature, la qualité et le prix desdites marchandises; il devra présenter ce registre, tenu en état, à toute réquisition;

3° En cas de changement de domicile, de faire une déclaration au commissariat de police ou, à défaut, à la mairie, tant du lieu qu'il quitte qu'au commissariat et à la mairie du lieu où il va s'établir.

Toute contravention aux prescriptions ci-dessus énoncées sera puni d'une amende de un franc (1 fr.) à cinq francs (5 fr.) et, en cas de récidive, d'un emprisonnement de un à cinq jours et d'une amende de dix francs (10 fr.) à quinze francs (15 fr.) ou de l'une de ces deux peines seulement.

Art. 2. Il est spécialement défendu aux personnes visées dans l'article 1er d'acheter aucuns meubles, hardes, linges, bijoux, livres, métaux, vaisselle, en un mot tout objet mobilier quelconque, d'enfants mineurs sans le consentement exprès et écrit des père, mère et tuteurs, ni d'acheter d'aucune personne dont le nom et la demeure ne leur seraient pas connus à moins que leur identité ne soit certifiée par deux témoins connus qui devront signer au registre, sous peine d'un emprisonnement de cinq jours à un mois et d'une amende de cinq francs (5 fr.) à deux cents francs (200 fr.).

Art. 3. Le brocanteur n'ayant pas boutique est tenu aux mêmes obligations. Il doit, en outre, porter ostensiblement et présenter à toute réquisition la médaille qui lui sera délivrée et sur laquelle seront inscrits ses nom et prénoms et numéro d'inscription.

Il est, de plus, soumis à toutes les mesures de police prescrites, pour la tenue des foires et marchés, par les arrêtés préfectoraux et municipaux.

En cas de contravention aux dispositions du présent article, les pénalités prévues par l'article 1er seront appliquées.

Art. 4. Les tribunaux pourront appliquer, en cas de circonstances atténuantes, l'article 463 du Code pénal pour toutes les infractions à la présente loi.

Art. 5. La présente loi est applicable en France et en Algérie.

Art. 6. Toutes dispositions et ordonnances antérieures à la présente loi et relatives au brocantage sont et demeurent abrogées.

BRONZE, s. m. Le bronze est un métal composé en général de cuivre et d'étain. — Les monnaies de bronze actuellement en usage se composent de 95 parties de cuivre, 4 d'étain et 1 de zinc. — Elles sont au nombre de quatre :

La pièce de	0 fr.	10 c.	qui pèse	10 gr.
Celle de....	0	05	—	5
Celle de....	0	02	—	2
Et celle de.	0	01	—	1

Les parties bronzées des armes ne doivent jamais être nettoyées qu'avec un linge ou un morceau de drap légèrement gras ; il est formellement défendu pour ce nettoyage de se servir de brosse et à plus forte raison de brique. — Les pièces bronzées fortement rouillées ne doivent être nettoyées que par l'armurier. (V. *Instruction provisoire*, § 5.)

BRUIT, s. m. Son confus. Nouvelle répandue dans le public.

Bruits ou tapages injurieux ou nocturnes. Les auteurs ou complices de bruits ou tapages injurieux ou nocturnes troublant la tranquillité des habitants sont punis d'une amende de 11 à 15 francs. (C. P., art. 479, n° 8.) — La loi défend, après le coucher du soleil, tout bruit causé par des instruments sonores, les huées, les cris, les chants injurieux, les coups frappés aux portes ou aux fenêtres, etc. — Les bruits qui résultent de l'exercice d'une profession ne sont punissables que lorsqu'ils se font entendre à des heures pendant lesquelles l'exercice de cette profession est interdite par arrêté municipal. (Loi des 16-24 août 1790.) (V. *Tapage.*)

BUDGET, s. m. Etat des recettes et des dépenses d'un pays pour l'année qui va suivre. Le budget de l'Etat est voté par l'Assemblée nationale ; le budget départemental est soumis par le préfet à la délibération du conseil général, puis arrêté par décret; le budget communal est voté par le conseil municipal et arrêté par le préfet lorsqu'il ne donne pas lieu à des impositions extraordinaires ; dans le cas contraire, il est arrêté par décret. — Le budget ordinaire de la France dépasse 3 milliards et demi de francs.

Le budget de la guerre pour 1901 s'est élevé à 693 millions et demi.

BUFFET, s. m. Armoire où l'on renferme la vaisselle. Dans les gares de chemin de fer, le buffet est un endroit où les voyageurs trouvent à boire et à manger. — Le buffet d'une gare de chemin de fer n'est pas soumis à l'arrêté qui fixe dans la localité ou dans le département l'heure de fermeture des débits de boissons, mais seulement aux décrets ou arrêtés, approuvés par le Ministre, qui ont pour objet la police des chemins de fer. C'est au commissaire de surveillance administrative qu'il appartient de veiller à ce que les dispositions relatives à l'admission du public dans l'enceinte des chemins de fer soient respectées par le fermier du buffet. (Arrêt de la Cour de cassation du 2 juillet 1870.)

BULGARIE, principauté indépendante bornée au nord par la Roumanie à l'ouest par la Serbie, au sud par la Turquie et à l'est par la mer Noire. — Population 3.300.000 habitants; villes principales : Sophia, Philippopoli, Varna. — En temps de guerre, la Bulgarie peut mettre sur pied 125.000 hommes. — La durée du service est de 25 ans : 8 ans dans l'armée active et 15 ans dans la milice.

BULLETIN DE RECHERCHES. Lorsqu'un homme n'est pas arrivé le 3e jour de la période d'exercices, le commandant du recrutement envoie à la gendarmerie un bulletin de recherches qui doit être signé par l'homme si ce dernier est trouvé. (Instr. du 28 décembre 1895, art. 255.)

BUREAU, s. m. Table pour écrire. Par extension, local où travaillent un ou plusieurs employés attachés à une administration, à une industrie, etc. — *Frais de bureau.* (V. à ce titre.)

Bureau de la gendarmerie. Le service et le personnel de la gendarmerie relèvent directement du Ministre de la guerre et appartiennent à la direction de la cavalerie, 3e bureau. (Décret du 29 juillet 1899.)

Bureaux arabes. Les bureaux arabes sont des bureaux militaires installés sur certains points du territoire algérien et qui ont pour mission de s'occuper de toutes les affaires arabes. — Ces bureaux, dont les attributions sont très nombreuses et très importantes, sont ordinairement dirigés par un officier du grade de capitaine, ayant sous ses ordres un lieutenant ou sous-lieutenant adjoint, un cadi et un certain nombre de cavaliers.

Bureaux de placement. Ces bureaux, qui sont destinés à trouver des places aux employés, aux ouvriers et aux domestiques, sont placés, depuis les décrets des 27 mars et 6 avril 1852, sous la surveillance de la police. Ceux qui les tiennent doivent se munir d'une autorisation municipale; ils sont en outre obligés d'avoir un registre d'inscription, un tarif fixe, et ils ne peuvent recevoir aucune somme à titre d'avance. — Les contraventions aux règlements relatifs aux bureaux de placement sont punies d'une amende de 1 à 15 francs ou d'un emprisonnement de 1 à 16 jours. — L'amende et la prison peuvent être cumulées.

BUT, s. m. On appelle but en blanc d'une arme le point où la trajectoire de cette arme vient couper pour la deuxième fois la ligne de mire. Le but en blanc de la carabine est à 200 mètres et celui du revolver à 50 mètres. — Ce point est celui que l'on s'exerce à atteindre avec les armes à feu, et la hausse a été imaginée pour pouvoir éloigner le but en blanc à telle distance qu'on juge convenable, pourvu pue cette distance ne dépasse pas la limite de portée de l'arme. (2,000 mètres pour la carabine modèle 1890.)

Etre en butte à est une locution qui signifie être livré, être exposé à... « Il est en butte aux railleries de ses camarades ».

C

CABARET, s. m. Lieu public où l'on vend des boissons. Les cabarets, comme les cafés et autres débits de boissons, sont réglementés par la loi du 17 juillet 1880. (V. *Boissons.*)

CABOTAGE, s. m. On donne le nom de cabotage à la navigation qui se fait le long des côtes; celle qui se fait au delà des mers se nomme navigation au long cours. Le commerce fait par le cabotage est important et il a été réglementé par différentes lois et ordonnances.

Le grand cabotage est celui qui se fait de l'Océan dans la Méditerranée et *vice versa;* le petit cabotage se dit des opérations d'un port à l'autre de la même mer.

CABRER (se cabrer), v. On dit aussi *le cabrer*, et l'on désigne sous ce nom l'action par laquelle le cheval, au lieu de se porter en avant, se dresse sur ses parties postérieures et se tient en équilibre sur les jarrets. Cette position exige une grande énergie musculaire, aussi dure-t-elle peu. — Quelques chevaux sont cependant doués d'une assez grande force pour progresser dans cette attitude, mais il est toujours à craindre qu'ils ne se renversent sur le cavalier. Dès que le cavalier sent que le cheval veut se cabrer, il doit le pousser vigoureusement en avant; si le cheval arrive à se dresser, le cavalier doit aussitôt *tout rendre* et porter le corps et les bras en avant. — Les jeunes chevaux se cabrent par gaité, ou parfois parce que leur bouche est trop sensible; dans ce dernier cas, le cavalier doit avoir la main très légère pour ne pas laisser contracter une mauvaise habitude qui cause rapidement la ruine des jarrets.

CACHET, s. m. Sceau gravé qui sert à reproduire une empreinte. — La circulaire du 31 octobre 1870 détermine le type des timbres et cachets des diverses autorités. Les demandes doivent être adressées au Ministre (Service intérieur). (Note minist. du 5 juin 1888.)

Les mandats de paiement délivrés par les fonctionnaires de l'intendance doivent être revêtus d'un timbre sec.

Le sceau de l'Etat porte d'un côté, pour type, la figure de la Liberté, et pour légende : « Au nom du peuple français »; de l'autre côté, une couronne de chêne et d'olivier, liée par une gerbe de blé; au milieu de la couronne : « République française, démocratique, une et indivisible », et pour légende : « Liberté, Egalité, Fraternité ». — Les sceaux, les timbres et cachets des cours, tribunaux, justices de paix et notaires portent pour type la figure de la Liberté, telle qu'elle est déterminée par le sceau de l'Etat; pour exergue : « République française », et pour légende le titre des autorités ou officiers publics par lesquels ils sont employés. (Décr. du 25 septembre 1870.) — Les conseils d'administration doivent, sous leur responsabilité, s'assurer de l'apposition des timbres humides des recettes des finances et des préfectures et sous-préfectures sur toutes les déclarations de versement qui leur sont présentées. (Note minist. du 8 mars 1873.) — Pour les cachets spéciaux à apposer sur les livrets en cas de rectification, V. *Livrets*.

CADASTRE, s. m. On donne le nom de cadastre à un registre sur lequel on indique la grandeur, la qualité et les revenus approximatifs de toutes les propriétés foncières d'un pays. Le cadastre est destiné à fixer le plus équitablement possible le montant de l'impôt que doit payer chaque propriétaire. On compte aujourd'hui en France plus de 8 millions de propriétaires fonciers.

Une loi a été votée le 17 mars 1898 pour permettre de procéder à la revision du cadastre.

CADAVRE, s. m. Corps mort, mais ce mot ne s'applique en général qu'à la dépouille mortelle de l'homme. — La gendarmerie constate, par procès-verbal, la découverte de tous cadavres trouvés sur les chemins, dans les campagnes, ou retirés de l'eau; elle en prévient les autorités compétentes et le commandant de l'arrondissement, qui, dans ce cas, est tenu de se transporter en personne sur les lieux dès qu'il lui en est donné avis. (Décr. du 1er mars 1854, art. 283.) — Elle indique avec soin, dans ce procès-verbal, l'état et la position du cadavre au moment de son arrivée, les vêtements dont il est couvert, la situation et l'état des armes ensanglantées ou d'autres instruments faisant présumer qu'ils ont servi à commettre le crime, les objets ou papiers trouvés près du cadavre ou dans un lieu voisin; elle empêche que qui ce soit n'y touche jusqu'à l'arrivée de la justice ou de l'officier de gendarmerie. — Elle appréhende les individus qui paraissent suspects, et s'en assure, de manière qu'ils ne puissent s'évader, pour les remettre entre les mains de l'autorité compétente. (Décr. du 1er mars 1854, art. 284.) — En attendant l'arrivée de l'officier de police judiciaire ou du commandant de l'arrondissement, les sous-officiers, brigadiers et gendarmes doivent recueillir les déclarations qui leur sont faites par les parents, amis, voisins, ou autres personnes qui sont en état de leur fournir des preuves, renseignements ou indices sur les auteurs ou complices du crime, afin qu'ils puissent être poursuivis. (Décr. du 1er mars 1854, art. 285.) — Les officiers de police judiciaire ont seuls qualité pour faire la levée du cadavre.

On a remarqué que l'article 284 du décret du 1er mars 1854 dit que la gendarmerie empêche que qui que ce soit ne touche au cadavre jusqu'à l'arrivée de la justice ou de l'officier de gendarmerie. Cette prescription n'a évidemment rien d'absolu, et si les gendarmes ne sont pas certains d'être en présence d'un cadavre, si tout espoir ne leur parait pas perdu, ils doivent faire tout leur possible pour donner les premiers soins au malheureux et pour chercher à le rappeler à la vie. La croyance qu'il est défendu, par exemple, de couper la corde d'un pendu est un absurde préjugé qu'il faut faire disparaitre, cette prescription n'existant nulle part dans la loi. Ce n'est que quand la mort parait bien évidente que l'on doit laisser le cadavre dans la position qu'il occupe, et cela dans l'intérêt de la vindicte publique.

Quiconque aura caché ou recélé le cadavre d'une personne homicidée ou morte des suites de coups et blessures sera puni d'un emprisonnement de 6 mois à 1 an et d'une amende de 50 francs à 400 francs, sans préjudice de peines plus graves s'il a participé au crime. (C. P., art. 359.)

Cadavres d'animaux. (V. *Animaux.*)

CAFÉ, s. m. Fruit d'un arbrisseau toujours vert nommé le caféier et que l'on trouve en Arabie, aux Antilles, au Brésil et dans presque toutes les îles de l'Océanie. — Les cafés les plus estimés sont ceux qui viennent de Moka (Arabie), de la Martinique et de Bourbon. — Tout le monde sait que la boisson connue sous le nom de café s'obtient en faisant infuser dans de l'eau bouillante la graine du caféier qu'on a d'abord eu soin de griller et de réduire en poudre. — Par extension, on donne le nom de café à un endroit public où l'on prend du café, des liqueurs et des rafraichissements. Les cafés sont soumis à la même réglementation que les débits de boissons. (V. *Boissons*.)

Les militaires de la gendarmerie faisant partie des prévôtés constituées pour la durée des manœuvres ont droit à une demi-ration journalière de sucre et de café torréfié. (V. *Vivres*.)

Ils peuvent percevoir une demi-ration journalière de sucre et café à charge de remboursement et en sus de celle accordée à titre gratuit. (Art. 35 de l'instr. du 4 mars 1890.) (V. *Force publique*.)

CAGNEUX, adj. Se dit d'un cheval dont les pieds antérieurs et postérieurs sont tournés en dedans. Cagneux est l'opposé de panard.

CAISSE, s. f. Coffre dans lequel on met de l'argent ou des marchandises. Ce mot signifie aussi l'argent qu'on a à sa disposition; c'est ainsi qu'on dit la caisse d'un régiment, la caisse de la compagnie.

Caisse des dépôts et consignations. On désigne sous ce nom une administration qui est chargée de recevoir les consignations et dépôts obligatoires ou volontaires qui lui sont présentés. Le siège de l'administration est à Paris, et, dans les départements, les trésoriers-payeurs généraux et les receveurs particuliers sont les agents de la Caisse des dépôts et sont chargés des recettes et des dépenses qui la concernent. — La solde des militaires décédés est acquise aux héritiers jusqu'au jour inclus de leur décès, et le montant en est versé à la Caisse des dépôts et consignations en y comprenant l'avoir à la masse individuelle et toutes les autres sommes qui peuvent être dues pour primes, gratifications, indemnités, etc., déduction faite de celles qui reviennent à l'Etat ou au corps et, s'il y a lieu, des frais d'inhumation. — Toutes les sommes provenant de successions de militaires décédés sont l'objet de versements distincts et séparés, et le remboursement ne peut en être régulièrement fait aux héritiers qu'après la justification de leurs droits à la Caisse des dépôts et consignations et l'autorisation du directeur de cette caisse. — Pour obtenir de la Caisse des dépôts et consignations le remboursement des sommes provenant de la succession des militaires décédés, il faut adresser à M. le directeur général de la Caisse des dépôts et consignations à Paris une lettre de demande sur papier libre, sans affranchir. On y joindra :

1° Un relevé des services du décédé;

2° Un certificat du juge de paix, sur papier timbré, constatant, sur l'attestation de deux témoins, les nom, prénoms, qualité, l'époque et le lieu du décès du militaire ou de l'employé. Ce certificat doit être enregistré et légalisé par le président du tribunal;

3° Si quelques-uns des héritiers ne peuvent être présents au moment du paiement, les procurations notariées ou sous signatures privées.

Les héritiers doivent avoir soin d'indiquer dans leur lettre de demande le lieu où ils désirent que le remboursement soit effectué et de donner exactement leur adresse. — Lorsque le montant de la succession est de 50 francs ou au-dessous, le maire établit un certificat sur papier libre, et légalisé par le préfet ou le sous-préfet, pour constater le droit du ou des héritiers au recouvrement du montant de la succession.

Dans le but de faciliter aux héritiers la remise des valeurs provenant des successions des militaires décédés et et en vue de diminuer les frais des justifications à produire, le Ministre a décidé, par une circulaire en date du 21 juin 1899, que le remboursement des sommes ne dépassant pas 150 francs serait effectué sur la production d'un certificat d'hérédité (modèle 103) délivré par un maire.

Caisse d'épargne. Les versements à la caisse d'épargne doivent être faits, autant que possible, par les militaires eux-mêmes, l'autorité ne devant intervenir que très exceptionnellement dans ces affaires d'intérêt personnel. (Circ. minist. du 11 août 1850.)

Caisse du gendarme. Cette Caisse, fondée en 1887, par M. le capitaine de gendarmerie Paoli, et dotée par lui d'un fonds de réserve de 201.000 francs, a été reconnue d'utilité publique par décret du 22 août 1896.

Elle a pour but de venir en aide, au moyen de secours et de subventions annuelles, aux sous-officiers, brigadiers, gendarmes et gardes républicains en activité de service, ainsi qu'à leurs familles; de continuer son assistance aux anciens sociétaires mis à la retraite par ancienneté de service ou pour infirmités, et à leurs familles.

Les sociétaires célibataires ou veufs sans enfants payent une cotisation de 1 franc; les sociétaires mariés ou veufs avec enfants une cotisation de 1 fr. 50.

Après deux années de versements, tout sociétaire de la première catégorie, inscrit sur une liste mensuellement dressée par le conseil, a le droit de recevoir : en cas de maladie, un secours journalier; en cas de réforme pour infirmités sans pension ni gratification de l'Etat, un secours immédiat; et, s'il meurt, la Société alloue une indemnité pour ses funérailles.

Outre ces avantages, la Caisse en assure d'autres aux sociétaires mariés ou veufs avec enfants : secours journalier, sous certaines conditions, pour la femme malade : secours immédiat à l'occasion de la naissance d'un enfant; indemnité pour les funérailles de la femme ou des enfants mineurs de dix-huit ans; en cas de décès du sociétaire lui-même, s'il meurt en activité de service sans avoir droit à une pension de l'Etat, subvention annuelle à la veuve; dans le cas contraire, secours immédiat à la veuve ou aux orphelins, etc.

Les commandants de compagnie s'assurent que tous leurs subordonnés comprennent bien le fonctionnement de la Caisse du gendarme. (Serv. intér., art. 10.)

Caisse des offrandes nationales. (V. *Offrandes.*)

Caisses à bagages et à archives. (V. le mot *Bagages.*)

Caisses publiques. Les militaires en activité ne peuvent se présenter aux caisses publiques que dans la tenue réglementaire. (Note minist. du 18 février 1873.)

CALAMITÉ, s. m. Désastre, malheur public. — La destruction des moissons par la grêle ou par les tempêtes est une calamité ou un sinistre qui rentre dans les événements extraordinaires dont on doit rendre compte au Ministre, conformément à l'article 77 du décret du 1er mars 1854.

CALCANEUM, s. m. Le plus grand des os du tarse ou du jarret qui s'élève en arrière pour offrir à un très fort muscle extenseur un puissant bras de levier. — Le calcaneum peut être affecté de tares molles nommées capelets, qui sont dues le plus souvent à un simple épaississement de la peau ou du tissu cellulaire sous-cutané. Ils sont rarement la cause de boiteries et sont seulement disgracieux à l'œil. — Chez l'homme, le calcaneum est l'os essentiel du talon et fournit le point d'appui principal pour soutenir le corps dans la station debout.

CALE, s. f. La partie la plus basse d'un navire. — A fond de cale est un terme employé assez souvent dans la marine et qui signifie dans le fond de la cale, tout au fond du navire.

CALENDRIER, s. m. Le calendrier est le catalogue de tous les jours de l'année; il a pour but de régler la division du temps sur la marche périodique des saisons. — Pour que le calendrier réponde aux besoins pour lesquels il a été créé, il faut évidemment que l'année civile soit égale à l'année tropique, c'est-à-dire au temps que la terre emploie pour faire sa révolution autour du soleil (365 jours 5 heures 48' 49''). — Jules César est le premier qui ait établi un calendrier relativement exact. Cependant, il laissait subsister une erreur de 1 jour en 130 ans, et en 1582 le calendrier était en retard de 10 jours sur la marche du soleil. Le pape Grégoire XII voulut faire disparaître cette erreur et il décida que le 5 octobre serait regardé comme le 15 et qu'on suivrait ainsi en avançant chaque date de dix jours. — Pour empêcher une pareille erreur de se reproduire, il décida que sur quatre années séculaires une seulement serait bissextile. — L'année civile a été divisée en 12 mois de 30 ou 31 jours; un seul (février) est de 28 (années communes) ou de 29 (années bissextiles). — Une année est bissextile, c'est-à-dire qu'elle a un jour de plus que les autres, lorsque les deux derniers chiffres à droite forment un nombre divisible par 4 (1804, 1808, 1812, etc.). — Pour les années séculaires, il n'y a de bissextiles que celles dont les deux premiers chiffres à gauche sont divisibles par 4 (1600, 2000, etc.).

Sous la première République, la Convention, voulant marquer l'ère nouvelle dans laquelle entrait la France, déclara que le calendrier grégorien serait abandonné et remplacé par le calendrier républicain. Nous n'entrerons pas dans les détails assez compliqués de ce calendrier, dans lequel chacun des 12 mois avait 30 jours divisés en trois décades; il y avait en outre, suivant les années, cinq ou six jours complémentaires consacrés à des fêtes. Le commencement de la nouvelle ère fut fixé au 22 septembre 1792, et ce jour prit le nom de 1er vendémiaire an I. Les mois se succédèrent sous les désignations suivantes: vendémiaire, brumaire, frimaire, nivôse, pluviôse, ventôse, germinal, floréal, prairial, messidor, thermidor, fructidor. Le calendrier républicain fut officiellement en vigueur jusqu'au 1er janvier 1806.

CALFAT, s. m. Terme de marine. Ouvrier chargé de calfater le navire, c'est-à-dire de fermer tous les joints et les trous qui pourraient se produire et amener des voies d'eau.

CALIBRE, s. m. Diamètre intérieur d'un tube, d'un fusil, d'un canon. — Le calibre de la carabine modèle 1890 et celui du fusil modèle 1886 est de 8 millimètres.

CALOMNIE, s. f. Imputation mensongère d'un fait pouvant porter atteinte à l'honneur ou à la réputation d'un individu ou d'un corps constitué. La calomnie diffère de la diffamation en ce qu'elle emporte avec soi l'idée de fausseté des faits allégués ou imputés; mais la loi ne fait pas de différence entre la calomnie et la diffamation, et l'imputation d'un vice déterminé ou d'un fait honteux constitue par elle-même un délit, alors même que l'imputation ne porterait pas à faux. Le diffamé ne peut pas plus faire la preuve de son innocence que le diffamateur ne peut prouver que la diffamation est exacte, à moins qu'il ne s'agisse d'un fait relatif aux fonctions. (V. *Diffamation.*)

Quiconque aura fait par écrit une dénonciation calomnieuse contre un ou plusieurs individus aux officiers de justice ou de police administrative ou judiciaire sera puni d'un emprisonnement d'un mois à un an et d'une amende de 100 francs à 3,000 francs (C. P., art. 373.) — La Cour de cassation, cassant un arrêt de la Cour d'appel de Paris, a déclaré, à la date du 29 octobre 1886, que les colonels de gendarmerie sont compétents pour statuer sur les plaintes portées contre les gendarmes placés sous leurs ordres : que, par conséquent, l'appréciation de la fausseté des faits par le chef de corps résulte suffisamment de ce qu'il l'affirme dans une lettre adressée par lui à l'officier chargé de l'instruction en l'invitant à transmettre les pièces au parquet à fin de poursuites.

La dénonciation d'un acte répréhensible faite à un magistrat est un acte licite qui dans certains cas est prescrit par la loi; l'article 30 du Code d'instruction criminelle l'impose comme un devoir à toute personne qui a été témoin d'un attentat contre la sûreté publique, la vie ou la propriété des citoyens. Elle ne prend le caractère d'un délit que lorsqu'elle est faite pour servir non les intérêts de la justice, mais la haine et la passion de son auteur, lorsqu'elle impute à un tiers un fait mensonger. La dénonciation calomnieuse diffère de la diffamation en ce qu'elle suppose nécessairement la fausseté du fait imputé et qu'elle se produit sans publicité. Les conditions essentielles du délit sont: 1° qu'il y ait une dénonciation; 2° que cette dénonciation ait été faite aux officiers de justice ou de police administrative ou judiciaire; 3° enfin qu'elle soit reconnue calomnieuse.

Une dénonciation, pour être réputée calomnieuse, doit réunir deux éléments : la fausseté des faits dénoncés et la mauvaise foi du dénonciateur.

Comment la fausseté des faits doit-elle être constatée? Il y a lieu de distinguer si le fait dénoncé constitue un délit ou un crime qui puisse motiver une action judiciaire ou s'il ne constitue qu'un acte purement administratif. Dans le premier cas, il y a lieu de procéder à une information judiciaire, et le tribunal doit surseoir jusqu'à ce que cette instruction ait consacré le véritable caractère des faits. Cette question préjudicielle est vidée si le juge d'instruction ou la chambre d'accusation déclarent qu'il n'y a pas lieu à suivre ; la fausseté du fait dénoncé est alors considérée comme constatée ; il peut être procédé au jugement de la dénonciation. Si les faits constatés ne constituent qu'un abus de la fonction ou une infraction administrative passible de peines disciplinaires, l'appréciation en appartient au fonctionnaire qui peut prononcer ces peines (Faustin Hélie).

La mauvaise foi résultant de la connaissance de la fausseté des faits dénoncés est un élément constitutif du délit de dénonciation calomnieuse. Si les constatations du débat laissent un caractère douteux de l'intention du dénonciateur et manifestent seulement sa légèreté, le délit n'existe pas, la mauvaise foi, condition essentielle de la dénonciation, reste incertaine. (Arrêt de la Cour de cassation du 28 novembre 1890.)

CALVADOS (Département). Populat. 410,178 hab., 6 arrondissements, 37 cantons (3e corps d'armée, 3e légion de gendarmerie), chef-lieu Caen, 45,201 habitants, à 224 kil. O. de Paris, sur l'Orne. S.-P. : Bayeux, Falaise, Lisieux, Pont-l'Evêque, Vire. Département maritime. Pays de plaines, sillonné de collines seulement au sud. Agricole. Elève renommée de gros bétail et de chevaux normands. Elève importante de moutons, de volailles, de porcs et d'abeilles. Sources minérales à Roques, Brucourt, etc. Patrie de l'amiral de Coligny et de l'amiral Dumont d'Urville.

CALVINISME, s. m. Réforme religieuse, sorte de protestantisme qui se répandit en France vers 1540 et dont le fondateur fut Calvin, né à Noyon en 1509. La suppression complète de toutes les cérémonies du culte et des sacrements et le dogme de la prédestination distinguent la doctrine de Calvin des autres doctrines protestantes.

Le calvinisme se répandit rapidement en France, et les guerres de religion sous François II, Charles IX, Henri III et Henri IV eurent lieu entre les calvinistes et les catholiques. — Le parti protestant fut détruit en France comme parti politique par Richelieu, qui s'empara en 1628 de La Rochelle et des dernières places de refuge qui avaient été laissées aux protestants par l'édit de Nantes, promulgué le 15 avril 1598 ; enfin, cet édit, qui laissait aux protestants la liberté religieuse, fut complètement révoqué par Louis XIV (1685), et à partir de cette époque le calvinisme ne compta plus en France que de rares adhérents. Le protestantisme est aujourd'hui une religion reconnue par l'Etat, et ses ministres sont payés par le gouvernement.

CAMION, s. m. Le camion est une sorte de chariot à roues basses et très solides, qui sert à transporter des marchandises à petites distances. — Celui qui conduit un camion se nomme camionneur.

L'expression de camionnage s'emploie surtout pour distinguer le transport des colis entre les gares de chemin de fer et le domicile de l'expéditeur ou du destinataire. Les Compagnies de chemin de fer ont organisé dans toutes les gares un service de camionnage pour le transport des marchandises qu'elles sont chargées d'expédier.

CAMISOLE, s. f. Camisole de force. Sorte de vêtement dont les manches sont assez longues pour pouvoir être attachées derrière le dos. — On s'en sert pour mettre dans l'impossibilité de nuire les fous ou les prisonniers dangereux.

CAMP, s. m. On entend par camp les lieux choisis et préparés à l'avance, dans un but déterminé, où les troupes doivent faire un séjour de quelque durée sous de grandes tentes ou dans des baraques. — Il y a des camps de manœuvre ou d'instruction dans lesquels on rassemble les troupes pour les instruire, des camps de rassemblement où l'on concentre des troupes avant d'entrer en campagne, et des camps retranchés où l'on se fortifie pour pouvoir se défendre.

On appelle lit de camp un petit lit mobile, facile à démonter, dont les officiers se servent lorsqu'ils sont en campagne. On donne également ce nom à un plancher incliné que l'on met dans les corps de garde pour que les soldats puissent s'y reposer. Il doit exister un lit de camp dans toutes les chambres de sûreté.

CAMPAGNE, s. f. En terme militaire, la campagne est une expédition, une suite d'opérations militaires exécutées contre un ennemi. Faire campagne, c'est faire partie d'une expédition. — Les militaires ayant le temps de service exigé pour la pension d'ancienneté ou pour la pension proportionnelle sont admis à compter en sus les années de campagne. — Dans la supputation des bénéfices attachés aux campagnes, chaque période dont la durée est moindre de douze mois est comptée comme une année accomplie. Néanmoins, il ne peut être compté plus d'une année de campagne dans une période de douze mois. La fraction qui excède chaque période dont la durée a été de plus d'une année est comptée comme une année entière. — Les campagnes hors d'Europe en temps de guerre comptent double; les autres comptent simple, à moins d'un décret spécial.

On inscrit dans les états de services des officiers, outre la campagne (millésime et pays), les affaires auxquelles ils ont pris part et les dates de ces affaires. (Arrêté minist. du 30 mars 1887 et note minist. du 23 septembre 1887.)

A l'intérieur. Lorsqu'une troupe organisée a contribué, par des combats, à rétablir l'ordre sur un point quelconque du territoire, ce service est compté comme campagne. (Décr. du 5 décembre 1851.)

De 1851. Le bénéfice de la campagne de 1851 est déterminé par le décret du 23 avril 1852 et la décision ministérielle du 4 juillet 1852.

Orient. Le service de guerre fait en Orient compte comme campagne double. (Décr. du 4 août 1855.)

De 1870-1871. Le décret du 27 janvier 1872, la décision ministérielle du 20 juillet 1872, la note ministérielle du 21 décembre 1872 et l'instruction du 22 mai 1873 indiquent dans quel cas le bénéfice de la campagne de 1870 et de celle de 1871 peut être accordé et le mode d'inscription de ces campagnes sur les états de services. On consultera aussi utilement, pour l'application du bénéfice de la campagne de 1870-1871, suivant le cas et les localités, les décisions ministérielles des 24 et 30 août 1871, l'instruction du 5 janvier 1872 et la note ministérielle du 20 avril 1872.

De 1871 *à l'intérieur.* La campagne de 1871 à l'intérieur doit être comptée comme campagne de guerre (arrêté minist. du 14 avril 1871); mais elle n'est comptée que pour l'avancement et pour la décoration et pas pour la retraite, aux militaires admis aux bénéfices de la campagne de 1870-1871 contre l'Allemagne et à ceux qui arrivent d'Algérie. (Note minist. du 27 juin 1873.)

Absences. Les militaires qui font partie d'un corps d'armée en campagne, de l'armée d'Afrique ou des corps de troupe stationnés aux colonies et qui rentrent temporairement en France, soit pour cause de maladie, soit pour faire partie du dépôt, n'ont pas droit pendant le temps d'absence au bénéfice de la campagne. (Solution du 11 décembre 1846 et décis. minist. du 26 juillet 1852.)

Conduites de détachements. Les militaires envoyés en dehors du territoire continental à titre transitoire, en conduite de détachement ou pour toute autre mission, ont droit au bénéfice de la campagne. (Arrêté du 19 janvier 1870 et instr. des 11 mars et 29 juin 1879. — V. également les notes minist. des 27 mars 1882 et 10 avril 1893.)

Algérie. A partir du 1er janvier 1862, le service militaire en Algérie est compté comme campagne simple. (Loi du 25 juin 1861.) — Le temps de service accompli en Afrique en temps de paix par les militaires indigènes a cessé, à partir du 1er janvier 1902, de leur être compté comme campagne, sauf dans les cas prévus par le décret du 9 décembre 1894. Le décret du 6 août 1883 a été abrogé par celui du 23 décembre 1901. — Les militaires envoyés d'Europe pour réprimer les mouvements insurrectionnels en Algérie comptent comme double campagne le temps passé en expédition. (Décr. du 2 octobre 1881.) Le bénéfice de cette double campagne a cessé le 31 décembre 1882. (Décis. minist. du 12 juillet 1883.) — Les Français domiciliés en Algérie et appelés sous les drapeaux en vertu de la loi du 15 juillet 1889 ne comptent comme campagne que le temps durant lequel ils exécutent un service de guerre. Mais ceux qui contractent un rengagement comptent comme campagne tout le temps qu'ils ont passé dans un corps stationné en Algérie, y compris l'année qu'ils ont faite en vertu de la loi du 15 juillet 1889. Les notes ministérielles du 5 décembre 1876 et du 11 décembre 1877 n'ont pas été abrogées.

Tunisie. La double campagne est comptée aux militaires qui ont fait partie du corps expéditionnaire en Tunisie jusqu'au 1er avril 1884. Depuis le 1er avril 1884, la campagne en Tunisie n'est plus comptée que simple. (Décis. minist. des 19 mai 1881 et 14 février 1884.)

Corse. Le décret du 18 avril 1887 porte que l'année de service de la gendarmerie en Corse compte en sus comme année de campagne.

Sénégal. Le bénéfice de la campagne de guerre est accordé aux troupes qui ont pris part à l'expédition dans le Taro, en 1869-1870. (Circ. du 31 janvier 1876.) La reconnaissance du Niger, l'expédition de la haute Casamance, celle du Cayor et la campagne de 1882-1883 dans le haut Sénégal et sur le Niger, comptent également comme campagnes de guerre. (Circ. des 29 juin et 15 juillet 1882, 18 mai et 5 décembre 1883.)

Tonkin. La campagne dans le Tonkin compte du 30 novembre au 29 décembre 1873. — Le bénéfice d'une campagne de guerre est attribué aux militaires, marins, fonctionnaires et agents qui ont servi au Tonkin, soit à terre, soit à la mer, depuis le 1er mars 1883 jusqu'à décision contraire. (Arrêté minist. du 23 mars 1887.)

Le bénéfice d'une campagne de guerre est également attribué au personnel qui a servi dans les mers de Chine et du Japon du 1er juillet 1884 au 15 juillet 1885. (Circ. minist. du 14 septembre 1885.)

Au *Cambodge*, la campagne de guerre a pris fin le 3 août 1886. (Circ. minist. du 18 novembre 1886.)

Au Dahomey. Le bénéfice d'une campagne de guerre est attribué à tous les militaires et marins qui ont pris part à l'expédition du Dahomey depuis le 27 mars 1892, jusqu'au 1er mars 1894. (Note minist. du 1er juin 1894.)

A Madagascar. Le bénéfice d'une campagne de guerre a été accordé pour l'expédition de Madagascar du 12 décembre 1894 au......... (Note minist. du 23 février 1895.)

En Chine. Le droit à la campagne de guerre est attribué aux militaires de tous grades ayant pris part aux opérations en Chine, à partir du 30 mai 1900 jusqu'au 6 août 1901.

Diverses. Pour les campagnes du Haut Mékong et du Siam, et pour celle du Soudan, voir les circulaires des 20 juillet, 9 août 1894, 28 février et 30 décembre 1895.

CAMPEMENT, s. m. On entend par campement la réunion du personnel chargé de préparer un cantonnement ou un bivouac. (V. décret du 28 mai 1895, art. 72.) Les commandants des forces publiques devront envoyer avec le campement de leur division un maréchal des logis et un brigadier ou un gendarme pour assurer le logement de la prévôté.

Ce logement doit toujours être à proximité des quartiers généraux.

On donne le nom d'effets de campement aux effets distribués aux troupes qui doivent camper.

CANAL, s. m. On donne le nom de canal à un cours d'eau artificiel que l'on établit soit pour faciliter la navigation, soit pour arroser un pays; dans ce dernier cas, le canal prend la désignation spéciale de canal d'irrigation. — Il y a en France 79 canaux dont la longueur est de plus de 5,000 kil.; nous nous bornerons à indiquer les principaux qui font communiquer entre eux les différents bassins.

Le bassin de la Seine communique : 1° avec celui de la Loire, par le canal du Loing et par le canal du Nivernais; 2° avec celui du Rhône, par le canal de Bourgogne; 3° avec celui du Rhin, par le canal de la Marne au Rhin; 4° avec celui de la Meuse, par le canal de la Sambre, qui unit la Sambre à l'Oise, et par le canal des Ardennes, qui va de l'Aisne à la Meuse; 5° avec ceux de la Somme et de l'Escaut, par les canaux de Crozat et de Saint-Quentin.

Le bassin du Rhône communique : avec celui de la Seine, par le canal de Bourgogne; avec celui de la Loire, par le canal du Centre; avec celui du Rhin, par le canal du Rhône au Rhin et par le canal de l'Est; avec celui de la Garonne, par les canaux de Beaucaire, de la Radelle, des Estangs et du Languedoc.

Il n'y a pas de communication entre le bassin de la Loire et le bassin de la Garonne. — Enfin, l'Océan communique avec la Méditerranée par le canal du Midi ou du Languedoc.

Les canaux navigables ou flottables sont compris dans la grande voirie, et l'article 314 du décret du 1er mars 1854 prescrit à la gendarmerie de surveiller l'exécution des règlements sur la police des canaux de navigation ou d'irrigation. — Le fait de déposer des matériaux sur un chemin de halage constitue une contravention de grande voirie justiciable du conseil de préfecture. — Le droit de pêche dans les fleuves, rivières et canaux navigables ou flottables est exercé au profit de l'Etat. Néanmoins, il est permis à tout individu d'y pêcher à la ligne flottante tenue à la main. (Loi du 15 avril 1829, art. 1er et 51.)

CANON, s. m. En hippologie, on donne le nom de canon à un os qui, dans les membres antérieurs, commence au genou pour finir au boulet et, dans les membres postérieurs, commence au jarret pour finir également au boulet. On désigne aussi cet os sous le nom de métacarpe ou de métatarse, suivant qu'il fait partie des extrémités antérieures ou postérieures. — Vu de face, plus le canon est mince, plus il annonce de distinction dans l'individu; vu de profil, il doit présenter le plus de largeur possible, cette largeur indiquant toujours une grande force d'action dans les tendons fléchisseurs.

En terme d'artillerie, le canon est une bouche à feu qui lance des projectiles. — Les canons employés aujourd'hui dans l'armée sont rayés : ils se chargent par la culasse et ne lancent que des obus à mitraille et des boites à mitraille. Ils sont désignés par leur calibre, c'est-à-dire par le nombre rond de millimètres contenus dans le diamètre de l'arme. — Les pièces actuellement en service sont les canons de 75 millimètres à tir rapide, de 80, 90 et 95 millimètres, 80 de montagne et 120 court. — Les portées maxima avec la hausse varient entre 5,700 mètres pour le 80 de campagne, et 3,200 pour le 120 court. — Les canons destinés à l'armement des places fortes et à opérer comme matériel de siège sont du calibre de 120 et 155 millimètres. Il existe en outre, pour la défense des places, des canons de 138, des mortiers de 220, des canons revolvers, des canons à balles et des canons de petit calibre (5 et 7). Enfin, la marine possède de nombreux types de pièces destinées à l'armement des navires et des batteries de côtes.

CANTAL (Département). Populat., 230,511 habit., 4 arrondissements, 23 cantons (13e corps d'armée, 13e légion de gendarmerie), chef-lieu Aurillac, 15,824 hab., à 557 kil. S. de Paris, dans un large vallon qu'arrose la Jordane. S. P.: Mauriac, Murat, Saint-Flour. Département méditerrané. Pays âpre et montagneux, presque entièrement agricole. Bonne race de chevaux, mulets, ânes, gros bétail et moutons, ainsi que porcs et chèvres. Fromages de Roquefort. Sources minérales : Chaudes-Aigues, Aurillac, Sainte-Marie, Fontanes, Vic-sur-Cère, etc. Patrie du maréchal de Noailles.

CANTINE, s. f. Caisse à compartiments dans laquelle on porte des ustensiles de cuisine ou des provisions de bouche. Il est alloué aux grands prévôts et aux prévôts, pour les officiers de la prévôté qui vivent avec eux, une cantine à vivres garnie de ses ustensiles.

Les cantines à vivres sont allouées pour cinq officiers, bien que parfois ce nombre ne soit pas atteint. Elles renferment le matériel suivant : 1 lanterne, 1 bougeoir, 1 moulin à café, 3 boites carrées, 3 bidons carrés, 1 marmite, 1 gril, 1 poivrière, 1 salière, 1 bouillotte, 1 poêle à frire, 1 écumoire, 1 cuillère à pot, 7 assiettes en fer-blanc, 6 fourchettes, 6 cuillères, 2 couteaux de table, 1 couteau de cuisine et 1 tire-bouchon. Les cantines peuvent recevoir en outre 2 rations de vivres (3 kilog. environ par officier), soit 15 kilog. — Le poids total de la cantine avec les ustensiles et les vivres est de 35 kilog.

Les autres officiers prévôtaux ne reçoivent pas de cantines à vivres; ils prennent leur repas aux tables qui leur sont fixées par le chef d'état-major du quartier général de leur unité. (Art. 117 du Service de la gendarmerie en campagne.)

Les établissements spéciaux dans lesquels les soldats trouvent à boire et à manger portent également le nom de cantines. Il en existe dans toutes les casernes et elles sont sous la surveillance des adjudants-majors et des adjudants. Les militaires qui obtiennent l'autorisation de tenir ces débits s'appellent cantiniers. On donne aussi le nom de cantiniers ou de vivandiers à tous les individus qui suivent les armées en campagne pour vendre aux soldats des aliments ou des boissons. Ces individus sont placés sous la surveillance de la gendarmerie et ils sont justiciables des tribunaux prévôtaux pour tous les cas qui rentrent dans la compétence de ces juridictions. Ils ne peuvent exercer leur métier que quand ils ont obtenu une patente, et, indépendamment d'une plaque qu'ils doivent porter au bras gauche, ils doivent en avoir encore une à leur voiture indiquant leur nom, le numéro de leur patente et le quartier général ou le corps de troupe auquel ils sont attachés. (V. Service de la gendarmerie en campagne, art. 26.) La surveillance sur les cantines militaires des corps est plus spécialement exercée par les chefs de bataillon, adjudants-majors et adjudants de ces corps, qui ont tout intérêt à faire bonne police par eux-mêmes. Les patentes des cantinières des corps de troupe sont délivrées par les conseils d'administration, visées par les commandants des forces publiques. Les patentes doivent être l'objet d'un examen sévère de la part de la gendarmerie qui se les fait représenter fréquemment. (V. les articles 24 et suivants du Service de la gendarmerie en campagne.)

CANTON, s. m. Circonscription territoriale composée de plusieurs communes. Cependant quelques grandes villes sont divisées, suivant leur importance, en deux ou plusieurs cantons. Il y a dans chaque arrondissement un certain nombre de cantons, et dans chaque canton se trouvent un juge de paix et une ou plusieurs brigades de gendarmerie. C'est au chef-lieu de canton qu'ont lieu les opérations du tirage au sort et du conseil de revision. Il y a en France 2,908 cantons.

CANTONNEMENT, s. m. On entend par cantonnement l'ensemble des lieux que les troupes occupent sans y être casernées. La gendarmerie doit exercer sa surveillance dans tous les lieux où les troupes sont cantonnées. (V. instruction sur le service de la gendarmerie en campagne, art. 40.) — Il n'est accordé aucune indemnité aux habitants dans les cas ci-après : 1° pour le logement ou le cantonnement des troupes de passage pendant une durée maximum de trois nuits dans chaque mois ; 2° pour le cantonnement des troupes qui manœuvrent ; pour le logement ou le cantonnement des troupes rassemblées dans les lieux de mobilisation et leurs dépendances pendant la période de mobilisation. (Art. 15 de la loi du 3 juillet 1877.) (V. *Logement*. — V. Décret du 28 mai 1895, art. 73 et suivants.)

CANTONNIER, s. m. Les cantonniers sont des ouvriers chargés, sous la surveillance des agents des ponts et chaussées, de tous les travaux de main d'œuvre relatifs à l'entretien des routes. Leur organisation a été réglée par le décret du 10 janvier 1852.

Les articles 646 et suivants du décret du 1er mars 1854 plaçaient les cantonniers sous la surveillance de la gendarmerie, qui était chargée de constater leur absence. Mais les cantonniers pouvant être très souvent éloignés de leur poste pour le service, la surveillance devenait très difficile à exercer et les articles cités plus haut sont peu à peu tombés en désuétude. Il ne faut pas oublier cependant que les cantonniers sont tenus d'obtempérer à toutes les demandes et réquisitions qui leur sont faites par la gendarmerie (décret du 1er mars 1854, art. 650), et qu'en cas de soulèvement armé, les commandants de la gendarmerie peuvent réquérir tous les cantonniers. (Décret du 1er mars 1854, art. 651.) Ces réquisitions sont adressées aux agents supérieurs des ponts et chaussées (ingénieurs) ou même, si le cas est pressant, aux conducteurs.

CAPELET, s. m. Tumeur molle située à la pointe du jarret (du calcaneum); les capelets, qui proviennent ordinairement de froissements du jarret contre un corps dur, ou d'un simple épaississement de la peau, ou du tissu cellulaire sous-cutané, sont disgracieux à l'œil, mais sont rarement suivis de boiterie. — Le feu mis au début peut arrêter leur développement.

CAPÉTIENS, s. m. pl. On donne ce nom à la dynastie des rois de France fondée par Hugues Capet en 987, et qui donna, jusqu'en 1328, quatorze rois à la France. A cette époque, Philippe VI de Valois commença la souche de la première maison de Valois, qui régna jusqu'à Henri IV (1589). — Entre les deux maisons de Valois, un prince de la maison d'Orléans, Louis XII, avait régné de 1498 à 1515. Henri IV, qui descendait de Robert de Clermont, fils de Saint-Louis, fut la tige de la maison de Bourbon, qui régna jusqu'en 1793. (V. *Roi.*)

CAPITAINE, s. m. Officier inférieur qui commande un certain nombre d'hommes variable suivant l'arme, ou qui remplit les fonctions de comptable. Dans les corps de troupe d'infanterie, d'artillerie et du génie, les capitaines qui remplissent les fonctions de capitaine trésorier et les capitaines d'habillement; dans les troupes de cavalerie, ceux qui remplissent les fonctions de capitaine trésorier, peuvent être maintenus dans ces fonctions après leur admission à la retraite et jusqu'à l'âge de 60 ans. (Loi du 25 juillet 1893.) — Dans l'armée de mer, le capitaine de vaisseau est un officier supérieur qui a le grade de colonel; le capitaine de frégate a le grade de lieutenant-colonel; le *capitaine de port* est un ancien officier de marine qui est nommé par le gouvernement pour faire la police d'un port.— *Le capitaine au long cours* est un officier de la marine marchande qui a le droit de commander un bâtiment pour faire des voyages transatlantiques. — Les *capitaines au cabotage* ou maîtres au cabotage sont des officiers de la marine marchande qui ne peuvent naviguer que sur les côtes.

CAPITULATION, s. f. Acte par lequel un chef militaire livre aux ennemis les troupes qu'il commande ou le poste qu'il défend. — L'article 209 du Code militaire punit de la peine de mort, avec dégradation militaire, tout commandant qui rend la place qui lui est confiée sans avoir épuisé tous les moyens de défense dont il disposait; l'article 210 du même Code punit de la peine de mort avec dégradation, ou de la destitution, suivant le cas, tout chef militaire qui capitule en rase campagne avant d'avoir fait tout ce que lui prescrivaient le devoir et l'honneur.

Lorsque le gouverneur d'une place est obligé de capituler, il ne se sépare jamais de ses officiers ni de ses troupes, et il partage leur sort après comme pendant le siège. — En aucun cas, il ne doit rendre la place avant d'avoir détruit les drapeaux. (Décr. du 4 octobre 1891, art. 196.)

CAPORAL, s. m. Le grade de caporal ou celui de brigadier, qui y correspond, est le premier qu'on obtient dans l'armée française. Nul ne peut être caporal ou brigadier s'il n'a servi activement au moins six mois comme soldat dans un des corps de l'armée. (Décr. du 14 août 1832, art. 1er.)

Sur le pied de paix, il y a huit caporaux dans chaque compagnie d'infanterie.

Sur le pied de guerre, il y en a seize.

CAPTATION, s. f. C'est l'emploi de moyens artificieux dont on se sert pour capter, pour surprendre des héritages ou des donations. — On dit aussi qu'on a capté la confiance de quelqu'un lorsqu'on a obtenu sa confiance à l'aide de ruses, de flatteries ou d'artifices.

CAPTIVITÉ, s. f. Etat de celui qui est retenu par force.

Le temps passé en captivité par les militaires prisonniers de guerre est compté comme s'ils s'étaient trouvés à l'armée active pendant ce temps. Ainsi, pour les militaires qui ont été prisonniers en Allemagne, ou internés à l'étranger, la campagne n'a pris fin que le jour de la rentrée sur le territoire français. Cette disposition s'étend aux militaires qui sont rentrés en France tardivement, et qui ont justifié, par des raisons valables, de la cause de leur rentrée tardive. (Instr. du 22 mai 1873.)

Le temps passé en captivité après libération doit être compté comme service effectif pour le droit à pension. (Solution minist. du 17 mai 1871.)

Solde de captivité. (Nº d'ordre 31 du tableau 1 du règlement du 30 décembre 1892.)

CAPTURE, s. f. Se dit de l'arrestation d'une personne en flagrant délit ou par ordre de justice. Ce mot s'emploie également pour désigner une saisie de marchandises prohibées. Primes de capture. (V. *Primes*.)

CARABINE, s. f. La carabine de gendarmerie modèle 1890 est une arme à répétition du calibre de 8 millimètres pouvant recevoir un chargeur de la contenance de trois cartouches. La description, le montage et le démontage de la carabine se trouvent dans l'instruction provisoire du 6 mai 1892.

CARDINAL, s. m. Haut dignitaire de l'Eglise catholique, l'un des soixante-dix prélats qui composent le Sacré-Collège.

Points cardinaux. On désigne sous ce nom les quatre points de l'horizon qui sont au nord, au sud, à l'est et à l'ouest.

Ces points sont aussi appelés septentrion, midi, orient et occident. (V. *Orientation*.)

Nombres cardinaux. Ceux qui désignent une quantité sans marquer l'ordre ou le rang : un, deux, dix, cent, etc., par opposition aux nombres ordinaux : premier, deuxième, dixième, centième.

CARENCE. s. f. Lorsqu'un huissier ne trouve pas dans le domicile d'un particulier les effets mobiliers qu'il était chargé de saisir, il dresse un procès-verbal qui porte en jurisprudence le nom de procès-verbal de carence.

CARLOVINGIENS, s. m. pl. On désigne sous ce nom la dynastie des rois de France, formée par les descendants de Pépin le Bref et de Charlemagne. — La dynastie carlovingienne a régné en France de 751 à 987. Elle comprend treize rois.

CARNAVAL, s. m. Temps de réjouissances qui commence le jour des Rois et finit le mercredi des Cendres. — En temps de carnaval, les déguisements sont tolérés. La gendarmerie, et plus spécialement la police, doivent veiller à ce que les personnes masquées ne blessent ni les mœurs ni la décence, par leurs gestes, leurs paroles ou leurs travestissements ; à ce qu'elles n'insultent personne, n'occasionnent pas de rixe et ne troublent pas l'ordre et la tranquillité publique. — L'autorité locale a le droit d'interdire les travestissements et, si elle prenait un arrêté dans ce sens, l'article 471, nº 15, du Code pénal serait applicable.

CARRÉ, s. m. Disposition particulière que prend une troupe pour pouvoir faire face en tous sens. Former le carré. Enfoncer le carré. — En géométrie, le carré est une figure plane qui a quatre côtés égaux et quatre angles droits. Pour connaître la surface d'un carré, on n'a qu'à multiplier par lui-même le nombre qui représente la longueur de l'un des côtés du carré.

CARRIÈRE, s. f. Lieu d'où l'on extrait des pierres, du grès, des ardoises, des marbres, etc. L'exploitation des carrières à ciel ouvert a lieu sans permission, sous la simple surveillance de la police et avec l'observation des lois ou des règlements généraux ou locaux. (Loi du 21 avril 1810, art. 81.) Il n'existe pas de législation spéciale pour l'exploitation des carrières et aucune dérogation n'a été faite en ce qui les concerne au principe posé par l'article 552 du Code civil. La propriété du sol emporte la propriété du dessus et du dessous.

CARROUSEL, s. m. Exercice exécuté par des cavaliers partagés en quadrilles. — Une circulaire du 19 juillet 1875 autorise les généraux commandants de corps d'armée à faire exécuter par les troupes à cheval des carrousels ou autres exercices d'ensemble dans les villes de garnison où des concours sont ouverts par la Société hippique française. — Les officiers peuvent prendre part à ces concours, mais entre eux et en uniforme.

CARTE, s. f. On donne le nom de carte à la reproduction, suivant une échelle donnée, d'une certaine partie de terrain ; l'échelle exprime la relation qui existe entre les lignes du terrain et celles portées sur la carte. — Si l'on dit, par exemple, que la carte est à l'échelle de 1/10,000, cela signifie que toutes les lignes de plan sont 10,000 fois plus petites que celles du terrain qu'elles représentent ; si donc, en mesurant une distance sur le plan, on trouve, par exemple, une longueur de $0^m,050$, pour savoir quelle est cette distance réelle sur le terrain, il faudra multiplier par 10,000 et l'on trouvera que cette longueur de $0^m,050$ sur un plan à l'échelle de 1/10,000 correspond à une longueur de 500 mètres. — Les échelles qui sont tracées au bas de chaque carte dispensent de faire ces calculs, et quand on veut connaître la distance qui sépare deux points, on prend exactement cette distance sur la carte et on la porte sur l'échelle. Il faut cependant remarquer que cette distance ainsi obtenue n'est exacte que si le terrain est plat ; s'il est fortement accidenté, il faut, pour avoir une exactitude suffisante, augmenter d'un tiers la distance ainsi obtenue. — Les échelles généralement employées sont au 1/10,000 ou au 1/20,000 et, pour la carte de France, au 1/40,000 et au 1/80,000.

Les diverses formes du terrain sont représentées sur les cartes au moyen de courbes ou de hachures ; les courbes sont cotées et les hachures sont faites de façon à indiquer l'inclinaison plus ou moins grande des pentes ; lorsque ces dernières sont très raides, les hachures sont très rapprochées et elles présentent ainsi une teinte très foncée ; les hachures sont plus éloignées et la teinte est pâle lorsque les pentes sont douces ; on peut ainsi, sans avoir de grandes notions de topographie, apprécier à peu près, à l'inspection des teintes et des cotes, les différences qui peuvent exister entre les diverses pentes du terrain.

Certains signes conventionnels ont été adoptés pour représenter les accidents naturels ou artificiels que l'on rencontre ; voici les principaux : — Routes. Les routes nationales, dont la largeur varie entre 10 et 14 mètres, sont figurées par deux doubles traits parallèles. — Les routes départementales, dont la largeur est de 10 mètres, par deux traits simples parallèles. — Les chemins de grande communication, dont la largeur est de 6 à 8 mètres, par les mêmes traits plus rapprochés. — Les chemins vicinaux, dont la largeur est de 4 à 6 mètres, par un trait plein et une ligne pointillée. — Les chemins d'exploitation, par deux lignes pointillées. — Et, enfin, les sentiers, par un léger trait. — Les chemins de fer sont représentés par un gros trait ; les gares, par un petit trait perpendiculaire à la ligne. — Les rivières sont figurées par deux traits sinueux, plus ou moins espacés, entre lesquels se trouve une flèche indiquant la direction du courant. — Les ruisseaux, par un seul trait. — Les canaux, par trois lignes noires, celle du milieu plus forte que les deux autres. — Les ponts en pierre sont figurés par deux doubles traits perpendiculaires à la rivière ; les ponts en bois, par deux simples traits ; les bacs, par un trait ponctué perpendiculaire au cours d'eau. — Les maisons sont représentées par des carrés ou des rectangles teintés en hachures noires ; les murs, par un fort trait noir ; les arbres, par des points. — Les différentes espèces de cultures sont représentées par des signes particuliers qu'il est moins important de connaître. Des teintes spéciales ont été également adoptées pour figurer les cultures et les accidents de terrain sur les cartes coloriées.

Cartes d'état-major. La revision de ces cartes est faite par des officiers auxquels les chefs de brigade doivent donner communication des statistiques cantonales, si cette communication leur est demandée. La gendarmerie doit, dans la mesure compatible avec son service, prêter en toutes circontances son concours aux officiers chargés de ce travail.

Les brigades de gendarmerie doivent posséder des quarts de feuille de la carte d'état-major se rapportant à leur circonscription et à une partie des circonscriptions voisines. Ces cartes doivent être collées sur carton ou sur bois et rester accrochées au mur dans le bureau du chef de brigade. (Décis. minist. du 15 juin 1901.)

Cartes à jouer. La fabrication des cartes à jouer n'est pas libre.

Les cartes doivent être imprimées sur du papier fourni par la régie et portant l'empreinte de ses moules. La loi du 28 décembre 1895 a fixé ainsi qu'il suit l'impôt à percevoir sur les cartes à jouer : jeux de 36 cartes et au-dessous, 0 fr. 75 et 1 fr. 50 pour les cercles; jeux de plus de 36 cartes, 1 fr. 25 et 2 fr. 50 pour les cercles.

Un décret en date du 30 décembre 1895 prescrit les mesures à prendre pour l'application de cette loi.

Les articles 142 et 143 du Code pénal punissent de 2 à 5 ans ceux qui auront contrefait ou imité les marques apposées au nom du gouvernement sur les diverses espèces de marchandises. — La loi du 28 avril 1816 défend à tout individu de vendre ou de colporter des cartes sans y être autorisé et à tout maître d'établissement public de permettre qu'on se serve chez lui de cartes prohibées. Les contrevenants seront punis d'une amende de 1,000 à 5,000 francs et d'un mois d'emprisonnement. Les objets de fraude seront confisqués. Les articles 169 et 223 de la loi précitée autorisent la gendarmerie à constater les contraventions relatives aux cartes à jouer. L'article 302 du décret du 1er mars 1854 donne les règles à suivre en pareil cas. Les dimensions, figures, etc., des cartes à jouer doivent être approuvées par la régie. D'après le décret du 12 avril 1890 l'as de trèfle des jeux au portrait français doit être frappé d'un timbre spécial. Pour les cartes au portrait étranger, le même timbre est apposé sur une carte désignée par la régie des contributions indirectes. Les cartes timbrées doivent être placées les premières du côté opposé à la bande.

La législation en vigueur sur le continent en matière de cartes à jouer est applicable au département de la Corse. (Loi de finances des 29 mars 1897.)

Des **cartes de circulation** sur les chemins de fer sont accordées aux officiers de gendarmerie, les trésoriers exceptés. (Circ. minist. du 20 mars 1860 et arrêté du 15 juin 1866.)

Cartes d'identité. (V. l'instr. du 26 janvier 1895 modifiée par celle du 13 décembre 1901 et l'annexe n° 3 au règl. sur les transports ordinaires, réglant la délivrance, l'usage et le retrait des cartes d'identité qui donnent aux officiers droit au tarif militaire sur les voies ferrées.)

Cartes de visite. Les cartes de visite affranchies à prix réduit, c'est-à-dire sous enveloppe ouverte, moyennant 5 centimes, peuvent contenir les indications suivantes : vœux, souhaits, compliments de condoléances ou autres formules de politesse *n'excédant pas cinq mots*. L'expéditeur peut choisir la formule qui lui convient le mieux.

CARTOUCHE, s. f. Charge entière d'une arme à feu portative renfermée dans un rouleau de carton ou dans une douille de laiton. — La carabine de gendarmerie modèle 1890 tire la cartouche d'infanterie modèle 1886. Cette cartouche comprend : l'étui en laiton, l'amorce, le couvre-amorce, la charge de poudre B. F., la bourre, la balle composé d'un noyau de plomb durci et d'une enveloppe de maillechort. La cartouche a 75 millimètres de longueur et pèse 29 grammes ; le poids de la balle est de 15 grammes. Les cartouches destinées spécialement au tir des carabines sont réunies d'avance en chargeurs, et ceux-ci sont empaquetés deux par deux, tête-bêche, dans des boîtes en carton. Pour ouvrir une boîte, on enlève le couvercle en tirant fortement sur le ruban de fil dont le bout libre apparaît à la partie supérieure de la boîte.

Cartouches de tir, de sûreté et de mobilisation. (V. *Munitions*.)

CASEMATE, s. f. Chambre voûtée, construite en forte maçonnerie, recouverte de terre et à l'abri de la bombe. Il existe des casemates dans toutes les places fortes; elles servent, pendant le siège, à abriter la partie de la garnison qui n'est pas sur les remparts et à renfermer les munitions, les vivres, etc.

CASERNE, s. f. Bâtiment destiné au logement des troupes.

CASERNEMENT, s. m. Action ou manière de caserner les troupes, de les installer dans des casernes — Effets de casernement. Frais de casernement. — Le casernement est fourni, à l'instar des troupes de ligne, à la légion de la garde républicaine. Le casernement de la garde républicaine est à la charge de la ville de Paris. Les gradés de la garde républicaine qui, étant mariés, sont autorisés à loger en ville, reçoivent annuellement une indemnité de logement allouée par la ville de Paris. Les propositions de cette nature sont faites au moment de l'inspection.

Le casernement des brigades de gendarmerie et des détachements ou postes provisoires est fourni par l'administration départementale. Le logement des officiers est également fourni, autant que possible, et les instructions sur les inspections générales recommandent aux généraux d'insister pour faire placer dans les casernes affectées à la troupe les officiers qui seraient logés en ville, le service ayant toujours à souffrir de cette situation. Toutefois, le logement du trésorier est obligatoire pour le département. (Art. 22 du règl. du 30 décembre 1892.) La composition du logement des militaires de tout grade de la gendarmerie est déterminée suivant leur grade et suivant les besoins du service. — Les brigades sont casernées dans des bâtiments situés, autant que possible, sur les routes les plus fréquentées et à proximité des maisons d'arrêt et de détention. Pour assurer le secret des opérations de l'arme, ces bâtiments doivent être sans communication avec les habitations voisines. — Les casernes doivent être distribuées de manière que le commandant de la brigade ait deux chambres, dont une à feu et un cabinet, et chacun des gendarmes au moins une chambre à feu et un cabinet. Il doit y avoir en outre un bureau dans chaque casernement pour le commandant de brigade. (Art. 23 du règl. du 30 déc. 1892.) (V. *Chambre de sûreté, Ecurie* et *Illuminations*.)

Les logements de la troupe sont distribués de la manière suivante par les commandants d'arrondissement : les sous-officiers et brigadiers prennent invariablement ceux affectés à leur grade ; — les gendarmes choisissent à leur rang d'ancienneté dans l'arme, quels que soient le nombre et l'ordre des brigades auxquelles ils appartiennent, quand il s'agit de l'occupation d'une nouvelle caserne ; mais, dans une caserne déjà occupée, les logements devenus vacants sont donnés par rang d'ancienneté *dans la résidence* aux militaires qui en font la demande hiérarchiquement au commandant de l'arrondissement. Les gendarmes qui changent de logement ne sont pas tenus de changer en même temps de jardin afin de ne pas perdre le fruit de leurs soins et de leurs travaux ; mais un gendarme qui ne change pas de logement ne peut pas prétendre à un jardin devenu vacant. Toutefois, dans l'un ou l'autre cas, l'assiette du casernement doit, en principe, être établie de manière à concilier l'intérêt des hommes et le bien du service et à tenir compte des besoins exceptionnels de famille. A cet effet, un logement devenu disponible n'est donné au gendarme qui en fait la demande qu'après la nomination de celui désigné pour combler la vacance, et examen de sa situation de famille. (Serv. int., art. 296.)

Les sous-officiers, brigadiers et gendarmes dont les femmes ou les enfants habitent les casernes doivent se considérer comme responsables de leur conduite, et, si elle laisse à désirer, ils peuvent être punis. Si elle est un obstacle insurmontable à la bonne harmonie, provoque un scandale, ou porte atteinte à la considération de l'arme, l'expulsion temporaire ou définitive des femmes ou enfants peut être demandée. Le droit de prononcer l'exclusion est exclusivement réservé au chef de légion. (V. article 119 du Service intérieur.)

Les parents des sous-officiers, brigadiers et gendarmes peuvent être autorisés à coucher ou à résider dans les casernes si la capacité des logements est jugée suffisante et s'il ne doit résulter de leur présence aucun inconvénient au point de vue hygiénique ou pour toute autre cause.

Peuvent donner cette autorisation :

Les commandants de brigade pour quatre jours ;

Les commandants d'arrondissement pour huit jours ;

Les commandants de compagnie pour quinze jours ;

Les chefs de légion pour plus de quinze jours.

Il est rendu compte des autorisations accordées. (Service intérieur, art. 119.)

Peuvent entrer dans les casernes après avoir prévenu de leur mission les chefs de brigade :

1° Les huissiers chargés de la remise de citations ou de notifications quelconques (Circ. du 16 décembre 1880) ;

Mais si ces officiers ministériels sont chargés d'opérer une saisie, ils ne peuvent y procéder qu'après avoir obtenu l'autorisation du commandant de la compagnie. Il en est de même quand il s'agit d'une perquisition ou d'une instruction à faire.

2° Les exprès chargés de la distribution d'objets de correspondance d'origine postale (Note ministérielle du 28 octobre 1898), ainsi que les facteurs chargés de l'encaissement de valeurs dont le recouvrement est confié à la poste. (V. Service intérieur, art. 119.)

Lors de la prise de possession d'une caserne, le commandant de brigade reçoit du commandant d'arrondissement une copie de l'état des lieux. Le chef de brigade fait afficher derrière la porte principale du logement de chaque homme un extrait de l'état des lieux pour les locaux qu'il occupe. Cet extrait est signé par le commandant de brigade et par l'intéressé. (Art. 298 du Service intérieur.) Tout commandant de brigade changeant de résidence fait la remise du casernement à son successeur titulaire ou temporaire. Si cette remise est faite au successeur titulaire, ce dernier devient responsable, du jour de sa prise de possession, de toutes les dégradations qu'il n'aurait pas constatées, alors même qu'il déclarerait n'avoir pas vérifié l'état du casernement. Mais, lorsqu'un gendarme doit commander temporairement la brigade, la responsabilité du sous-officier ou brigadier partant reste engagée jusqu'à l'arrivée de son successeur, s'il ne peut produire une décharge donnée par le chef de brigade provisoire ou intérimaire. — Le commandant de brigade se fait rendre le casernement de tout homme rayé des contrôles ou changeant de logement. — Il est responsable des dégradations qu'il aurait négligé de constater au moment de la mutation. Art. 299 du service intérieur.)

Les dégradations du casernement sont de deux sortes : 1° celles qui proviennent des dommages et dégâts faits par les hommes et qui doivent être réparées à leur compte ; 2° celles dites *locatives,* qui résultent de l'usure des choses en service, et dont l'entretien est à la charge du département. — Le commandant de brigade fait réparer immédiatement, au compte de chaque homme, les dégradations provenant de son fait, soit dans son logement, soit même dans les locaux occupés en commun. — Si les dégradations faites dans les locaux occupés en commun n'ont pas d'auteur connu, la réparation en est imputée à tous les hommes de la résidence présents à l'effectif au jour où elles sont constatées. — Quant aux réparations locatives à la charge du département, le commandant d'arrondissement adresse un rapport à ce sujet au commandant de la compagnie, qui le transmet, s'il y a lieu, avec ses observations, à l'autorité préfectorale. (Art. 300 dudit règl.) — Le montant des pertes et dégradations d'effets de casernement, et des dégradations dans les bâtiments servant de casernes, ou chez l'habitant, imputables aux militaires de la gendarmerie, est payé aux ayants droit ou versé au Trésor, selon le cas, au moyen d'un prélèvement sur les fonds de la masse individuelle. (Art. 136 du règl. du 12 avril 1893.)

Les réparations locatives ou de menu entretien dont le locataire est tenu, s'il n'y a clause contraire, sont celles désignées comme telles par l'usage des lieux, et, entre autres, les réparations à faire : aux âtres, contre-cœurs, chambranles et tablettes de cheminées; au recrépiment au bas des murailles des appartements et autres lieux d'habitation, à la hauteur d'un mètre; aux pavés et carreaux des chambres, lorsqu'il y en a quelques-uns de cassés; aux vitres, à moins qu'elles ne soient cassées par la grêle ou autres accidents extraordinaires et de force majeure, dont le locataire ne peut être tenu; aux portes, croisées, planches de cloison ou de fermeture, gonds, targettes, ferrures. (Art. 1754 du C. C.) — Aucune des réparations réputées locatives n'est à la charge des locataires, quand elles ne sont occasionnées que par vétusté ou force majeure. (Art. 1755 du même Code.)

Les réparations à faire au casernement ne doivent être commencées que sur l'ordre du propriétaire ou de l'administration départementale, suivant le cas. Il n'appartient nullement aux chefs de brigade de s'entendre à ce sujet avec les entrepreneurs ou les ouvriers.

Les cheminées des casernes doivent être nettoyées chaque année, avant le 1er novembre, aux frais de l'administration départementale ou, suivant les clauses du bail, à ceux du propriétaire. Cette opération est faite à la requête du chef de brigade. (Service intérieur, art. 300 et 301.)

CASIER, s. m. Casier judiciaire. Il existe depuis 1850, au greffe de chaque tribunal d'arrondissement, un casier mobile, qui porte le nom de casier judiciaire, dans lequel sont recueillis tous les extraits des condamnations portées contre tout individu né dans l'arrondissement.

Ce casier permet ainsi à la justice de connaitre immédiatement les antécédents judiciaires de chaque inculpé.

Une loi en date du 5 août 1899 modifiée par celle du 11 juillet 1900 et les décrets du 12 décembre 1899 et du 13 novembre 1900, réglementent les conditions dans lesquelles les inscriptions doivent être faites sur les casiers judiciaires. (V. *Réhabilitation.*)

Une circulaire ministérielle du 25 novembre 1880 prescrit de joindre aux propositions d'admission dans la gendarmerie un extrait du casier judiciaire du candidat, même quand ce dernier a déjà servi dans la gendarmerie. Cet extrait est délivré sur papier non timbré, moyennant 0 fr. 25 pour les greffiers, d'après la demande qui leur est faite par les chefs de corps ou les commandants de compagnie. (V. la circulaire du 28 novembre 1901, relative au mode de délivrance du casier judiciaire (bulletin n° 2.)

La dépense résultant de la délivrance des extraits du casier judiciaire destinés à être joints aux mémoires de proposition pour l'admission dans la gendarmerie est imputable à la masse d'entretien et de remonte. (Circ. du 15 mars 1902.)

CASSATION, s. f. Acte juridique par lequel on casse, on annule un jugement qui n'a pas été rendu conformément à la loi. — Décision par laquelle le Ministre enlève à un militaire (sous-officier ou brigadier) le grade qui lui avait été donné.

Une Cour suprême, qui prend le nom de Cour de cassation, est chargée de veiller à l'application de la loi, et ce sont les membres de cette Cour qui sont appelés à examiner si les jugements qui leur sont soumis ont été rendus conformément aux formes légales et essentielles. Nous ne pouvons évidemment entrer ici dans les détails relatifs aux pourvois en cassation en matière civile et criminelle. Nous nous bornerons à dire que le ministère public, dans l'intérêt général, et les justiciables, dans leur intérêt particulier, ont le droit de se pourvoir en cassation et que l'effet de la cassation d'un jugement est de renvoyer la cause devant un autre tribunal.

Les articles 274 et suivants du règlement sur le service intérieur donnent les règles à suivre pour demander la cassation d'un sous-officier ou d'un brigadier de gendarmerie. Ces militaires ne peuvent être cassés que par le Ministre, après avis d'un conseil de discipline. Les rapports sont appuyés de la plainte du commandant d'arrondissement visée par le commandant de la compagnie; on y joint le relevé des punitions et un état signalétique et des services du sous-officier ou brigadier. — Si la plainte concerne un adjoint au trésorier pour des faits relatifs à ses fonctions spéciales, le rapport est rédigé par le trésorier et transmis au chef de légion par le commandant de la compagnie, avec l'avis motivé du sous-intendant militaire. — Le sous-officier ou brigadier cassé de son grade est envoyé comme simple gendarme dans une compagnie de la légion autre que celle à laquelle il appartient. — La cassation est mise à l'ordre de la légion.

Un sous-officier ou brigadier de gendarmerie ne peut être proposé à la fois pour être cassé de son grade et réformé par mesure disciplinaire. (Circ. du 29 juin 1901.)

Cassation des gradés de la réserve ou de l'armée territoriale. — Les gradés de la réserve et de l'armée territoriale qui ont subi une condamnation quelconque sont immédiatement l'objet d'un rapport du chef de brigade au commandant d'arrondissement, et de ce dernier au général en chef. Ce rapport est transmis au général avec une plainte en cassation par le commandant de recrutement si l'homme fait partie de la réserve, et par le chef de corps de l'armée territoriale si l'homme appartient à cette armée. (V. l'instruction du 28 décembre 1895, art. 143.)

Le Conseil d'Etat a décidé, à la date du 4 juillet 1885, que tout sous-officier rengagé, condamné à une peine autre que la dégradation ou une de celles énumérées à l'article 189 du Code militaire, ne peut être cassé qu'après avoir été envoyé devant un conseil d'enquête.

CASTRATION, s. f. Opération par laquelle on rend un homme ou un animal incapable de se reproduire. — Toute personne coupable du crime de castration subira la peine de travaux forcés à perpétuité. — Si la mort en est résultée avant l'expiration des quarante jours qui auront suivi le crime, le coupable subira la peine de mort. (C. P., art. 316.) — Le crime de castration, s'il a été immédiatement provoqué par un outrage violent à la pudeur, sera considéré comme meurtre ou blessures excusables. (C. P., art. 325.)

On châtre les animaux pour les rendre plus dociles ou pour faciliter leur engraissement. Le coq qui a subi l'opération de la castration s'appelle chapon; le verrat, cochon; le bélier, mouton; le taureau, bœuf. Le cheval châtré, seul employé dans la cavalerie en France, est dit cheval hongre. Le cheval propre à la reproduction prend le nom d'étalon ou de cheval entier.

CAUTION, s. f. — Garantie donnée en faveur de quelqu'un. Fournir une caution. Servir de caution. Sujet à caution, se dit dans le style familier d'un individu suspect, douteux, auquel on ne peut se fier.

CAVALERIE, s. f. On donne le nom de cavalerie à l'ensemble des troupes à cheval d'une armée.

La cavalerie française comprend (1er janvier 1902) 89 régiments, savoir :

13 régiments de cuirassiers;

31 régiments de dragons;

35 régiments de cavalerie légère, dont 21 de chasseurs et 14 de hussards;

6 régiments de chasseurs d'Afrique;

4 régiments de spahis (loi du 29 juillet 1886);

1 escadron de spahis sahariens,

Tous les régiments de cavalerie sont à 5 escadrons, moins le 1er spahis qui en a 6. Les 79 régiments de l'intérieur constituent 18 brigades de 2 régiments, à raison de 1 brigade par corps d'armée, et un certain nombre de brigades et de divisions de cavalerie indépendante, placées en dehors des corps d'armée. — La composition des cadres des régiments d'Afrique (chasseurs et spahis) est la même que celle des régiments de France. Toutefois, ces cadres ne comportent qu'un colonel ou lieutenant-colonel, et dans les régiments de spahis il n'existe ni capitaine-instructeur ni porte-étendard. (Loi du 25 juillet 1893.)

Lorsque les formations seront terminées, la cavalerie comprendra 91 régiments (14 cuirassiers, 32 dragons, 21 chasseurs, 14 hussards, 6 chasseurs d'Afrique, 4 spahis).

8 compagnies de cavaliers de remonte, à raison de 1 compagnie par chacune des quatre circonscriptions de remonte, 1 compagnie aux écoles et 3 en Algérie.

Enfin un certain nombre de régiments de réserve de cavalerie. — La cavalerie de l'armée territoriale comprend 19 escadrons d'éclaireurs volontaires organisés conformément aux dispositions du décret du 30 juillet 1875, mais qui n'ont jamais été constitués.

Il existe en outre, dans chaque région de corps d'armée, 4 escadrons territoriaux dont les effectifs sont fixés par des décisions ministérielles. (Décision présidentielle du 20 octobre 1891.)

CAVEÇON, s. m. Espèce de licol ayant, au lieu du mors, un demi-cercle en fer qui porte sur le nez du cheval. On se servait autrefois beaucoup de cet instrument pour dresser les chevaux rétifs ou vicieux; mais, dans des mains inhabiles, il était la cause de la ruine prématurée de beaucoup de chevaux, et son usage est aujourd'hui presque complètement abandonné.

CÉDULE, s. f. Ordre écrit émanant d'un officier de police judiciaire. — Les officiers, sous-officiers et commandants de brigade de gendarmerie étant officiers de police judiciaire militaire, peuvent avoir à citer des témoins, soit qu'ils agissent en cas de flagrant délit, soit qu'ils agissent pour mettre à exécution une commission rogatoire. — Les témoins sont cités au moyen d'une cédule du modèle ci-dessous.

CÉDULE
(Art. 102. 103 183 du Code de justice militaire.)

La présente devra être portée en venant déposer.

GENDARMERIE NATIONALE

Nous *(nom, prénoms, grade et résidence)*, officier de police judiciaire militaire, aux termes de l'article 84 du Code de justice militaire, requérons le sieur. ..... de comparaître devant nous le... 189.. à... heure du... pour y déposer en personne sur les faits relatifs au nommé.......

Le témoin requis est prévenu que faute par lui de se conformer à la présente assignation, il y sera contraint par les voies de droit, conformément à l'article 103 du Code de justice militaire.

Donné à.... le.... du mois de... an 189...

L'officier de police judiciaire militaire.

SIGNIFICATION

L'an mil huit cent..... le..... à la requête de M. l'officier de police judiciaire, nous..... soussigné, avons signifié la cédule ci-dessus au sieur..... en son domicile, à ..... parlant à.... ainsi déclaré, et à ce qu'il n'en ignore, nous lui avons laissé la présente.

Dont acte à..... les jour, mois et an que dessus.

La gendarmerie est chargée de faire toutes assignations, citations et notifications en vertu des articles 102 et 183 du Code militaire. (Décr. du 1er mars 1854, art. 137.) elle doit préalablement s'adresser aux chefs de corps, de détachement ou d'établissements militaires (Circ. minist. du 22 juin 1888.)

CELLULAIRE, adj. La prison cellulaire est une prison dans laquelle les détenus, devant vivre complètement isolés les uns des autres, sont enfermés dans de petites chambres qu'on appelle cellules.

Les prisons transformées ou entièrement reconstruites en vue de l'application du système de la séparation individuelle sont actuellement (1901), au nombre de 36. Elles contiennent ensemble 6.000 cellules de détention.

Quinze autres prisons cellulaires sont présentement en cours de transformation.

Les prisonniers qui sont envoyés d'un lieu dans un autre sont transportés dans des wagons ou voitures cellulaires.

CERCLE, s. m. Terme de géométrie. Le cercle est une surface plane limitée par une ligne courbe qu'on appelle circonférence. Pour mesurer la surface d'un cercle, il faut multiplier son rayon par lui-même, et le résultat obtenu par le nombre 3,1416. Dans les calculs, ce nombre est représenté par la lettre grecque π.

Le mot cercle s'emploie également pour désigner une assemblée d'hommes qui se réunissent d'une façon régulière dans un local qu'ils louent ou dont ils sont propriétaires. Les cercles régulièrement autorisés ne sont pas considérés comme des lieux publics, et les arrêtés relatifs à la fermeture des cafés et cabarets ne leur sont pas applicables. Un décret en date du 12 juillet 1886 réglemente la création et l'organisation des cercles d'officiers. et celui du 5 février 1887 l'organisation définitive du cercle national des armées de terre et de mer. Le décret du 17 mars 1891 reconnaît comme établissement d'utilité publique l'œuvre des cercles et bibliothèques des sous-officiers et soldats, dont le siège est à Paris. Les retenues à exercer sur la solde des officiers pour les cercles et bibliothèques militaires font l'objet de la note ministérielle du 14 janvier 1887.

Mettre un cheval en cercle est un exercice de cavalerie qui consiste à faire décrire une circonférence à un cheval pour l'assouplir ou pour l'arrêter s'il est emporté.

CERCUEIL, s. m. Coffre en bois, en plomb, etc., où l'on dépose un corps mort. — Les cercueils ne peuvent être transportés hors du lieu du décès sans l'autorisation du maire, qui règle le mode de transport.

CÉRÉMONIE, s. f. Se dit de la réunion des formalités qu'on observe dans certaines occasions solennelles pour les rendre plus imposantes. Cérémonie religieuse.

Le service de la gendarmerie dans les cérémonies est réglé par les articles 296 et suivants du décret du 4 octobre 1891 sur le service des places. La gendarmerie ne doit jamais assister aux processions comme escorte d'honneur; sa mission doit se borner à remplir le rôle de surveillance, qui lui incombe d'ailleurs en toute circonstance, c'est-à-dire à se porter sur le parcours de la procession et à assurer le maintien de l'ordre. Les officiers et chefs de brigade devront par suite s'abstenir de déférer à toute réquisition qui tendrait à faire intervenir la gendarmerie à tout autre titre dans les processions. (Décis. minist. du 11 juin 1881.)

Il en serait de même s'il s'agissait de prêter leur concours à des érections de monuments commémoratifs ou d'assister aux fêtes ou aux cérémonies d'inauguration : quel que soit le caractère de l'œuvre, les militaires ne peuvent y prendre part que si cette œuvre est régulièrement approuvée par l'administration supérieure. (Note minist. du 11 juin 1894.)

Une circulaire ministérielle en date du 7 mai 1895 réglemente les dispositions à la participation et au concours de l'armée à des fêtes ou cérémonies organisées par les municipalités et les sociétés civiles.

Les gendarmes à pied ne doivent jamais avoir le sac dans les prises d'armes pour escorte d'honneur. Il en est de même lorsque des militaires de l'arme à cheval sont réunis sans leur monture à des militaires de l'arme à pied. (Circ. minist. du 31 août 1872.)

Le rang que doivent occuper les diverses autorités dans les cérémonies publiques et dans les réunions officielles est réglé par le décret du 4 octobre 1891, art. 246, et par la circulaire ministérielle du 31 décembre 1875. (V. *Préséances*.)

L'article 247 du décret du 4 octobre 1891 place tous les officiers de gendarmerie dans le groupe des états-majors des corps d'armée, des divisions ou des brigades, suivant le cas, entre le personnel de la justice militaire et le personnel du recrutement. A défaut, dans la localité de l'état-major où ils doivent prendre place, les officiers, fonctionnaires et employés des armées de terre et de mer se réunissent au plus élevé des états-majors inférieurs.

Classement du personnel des états-majors des corps d'armée, des divisions et des brigades comprenant le personnel du commandement territorial : Le personnel du service d'état-major (section active et section territoriale), — l'état-major particulier de l'artillerie, — l'état-major particulier du génie, — le corps de l'intendance militaire, — le corps des ingénieurs des poudres et salpêtres, — le corps de santé militaire, — les aumôniers, — le personnel de la justice militaire, — les officiers de gendarmerie, — le personnel du recrutement, — le personnel de la remonte, — les vétérinaires, — les archivistes, — les gardes d'artillerie, — les adjoints du génie, — les officiers d'administration, — les interprètes, — le personnel du service des chemins de fer, — le personnel du service télégraphique, — le personnel du service de la trésorerie et des postes.

Etat-major de la place : les officiers et employés militaires d'artillerie et du génie, — les officiers du service de santé, — les aumôniers, — les vétérinaires, — le personnel des services administratifs, — les interprètes attachés au service de la place.

Dans chaque groupe de chaque état-major, les officiers généraux et autres, les fonctionnaires et employés se placent par service, suivant leur grade et leur rang, le plus ancien prenant la droite.

Si les commandants de brigade sont invités par l'autorité locale à assister à une cérémonie, ils prennent les ordres de leurs chefs pour savoir s'ils doivent s'y rendre. Les règlements n'ont pas tranché cette question.

Les officiers de tous grades retirés du service ont le droit d'assister aux cérémonies publiques, et l'article 249 du décret du 4 octobre 1891 fixe la place qu'ils doivent occuper après tous les officiers en activité ou en disponibilité.

CERTIFICAT, s. m. Acte qui sert à rendre témoignage de la vérité d'un fait. Il y a différentes espèces de certificats; nous nous bornerons à citer les principaux.

1° *Certificat d'activité de service ou de présence sous les drapeaux.* Ces certificats sont délivrés par les conseils d'administration. Comme ces pièces peuvent intéresser des tiers aussi bien que les parents des militaires, les conseils ne peuvent se refuser à les délivrer. (V. la note minist. du 18 juin 1835.)

2° *Le certificat de bonnes vie et mœurs,* nécessaire aux candidats pour la gendarmerie rentrés dans leurs foyers depuis plus de six mois, est délivré par le maire. (V. la circ. minist. du 4 janvier 1902.)

3° *Certificat de bonne conduite.* Ils sont accordés directement par le Ministre aux militaires de l'arme et ils sont de deux modèles, n° 1 et n° 2, suivant la nature du témoignage de satisfaction que les hommes ont mérité.

Le certificat de bonne conduite du modèle n° 2 a pour effet l'exclusion définitive de l'arme.

Les hommes admis dans la gendarmerie n'étant plus liés au service actif, et qui sont autorisés à quitter l'arme, avant d'y avoir accompli une année de service, sont rayés purement et simplement des contrôles; le certificat de bonne conduite qu'ils ont obtenu dans leur régiment leur est restitué; à défaut, ils en reçoivent un du modèle général (modèle n° XXVI, et, de plus, il leur est délivré par le conseil d'administration un certificat constatant la durée de leur présence dans l'arme.

Les élèves gendarmes, les élèves gardes, les musiciens, tambours, trompettes, maréchaux ferrants non titularisés, ainsi que les auxiliaires indigènes, reçoivent un certificat de bonne conduite du modèle adopté pour les corps de troupe d'autres armes. Il n'en est pas délivré à ceux qui se mettent dans le cas d'être renvoyés avant leur titularisation. — (V. *Démission.*) — Il est formellement interdit aux conseils d'administration ainsi qu'à tout officier ou commandant de brigade de jamais délivrer aux hommes démissionnaires ou congédiés aucune attestation particulière de bons services ou de moralité sous quelque forme et en quelques termes que ce soit. (Service intérieur, art. 285.)

Il n'est plus fait mention sur le livret de la délivrance ou du refus du certificat de bonne conduite. (Décret du 26 juin 1901.)

4° *Le certificat d'indigence* délivré par le maire ou le commissaire de police constate l'état indigent d'un individu et sert à lui faire obtenir un passeport gratuit, des secours, la remise de certains impôts ou de certains droits d'enregistrement, la délivrance gratuite des actes de l'état civil, l'inhumation sans frais, etc.

5° *Le certificat d'individualité* ou *acte d'individualité* sert à attester les nom, prénoms, âge et qualité d'une personne. Il est délivré par les notaires ou par les juges de paix. Lorsqu'il existe une différence entre les pièces militaires d'un candidat et son acte de naissance, la circulaire ministérielle du 31 décembre 1854 prescrit aux commandants de compagnie chargés d'établir le mémoire de proposition de réclamer au maire ou au juge de paix un acte de notoriété, qui n'est autre qu'un certificat d'individualité constatant que l'individu désigné dans l'acte de naissance est bien le même que celui désigné dans les pièces militaires.

6° *Certificat d'origine de blessures ou infirmités*. Lorsqu'un militaire est blessé ou qu'il a contracté des infirmités le rendant impropre au service, les causes des blessures ou des infirmités doivent être justifiées soit par les rapports officiels et autres documents authentiques qui auront constaté les faits, l'époque et les circonstances de leur origine, soit par les certificats des autorités militaires (officier ou sous-officier commandant de détachement, assisté de deux ou trois témoins), soit enfin par une information ou une enquête prescrite et dirigée par les mêmes autorités. « Lesdites justifications spécifieront la nature des blessures, ainsi que l'époque, le lieu et les circonstances soit des événements de guerre, soit du service commandé, où elles auront été reçues. » (V. le règl. du 25 novembre 1889, art. 38, et le modèle n° 9 annexé au règl. — V. l'article 48 du règl. sur le service intérieur.)

Tout certificat d'origine de blessure ou de maladie concernant les officiers, assimilés et employés militaires doit être établi en triple expédition dont une est remise à l'intéressé, une est déposée aux archives du corps et une est envoyée au Ministre de guerre.

Pour les hommes de troupe, deux expéditions du certificat d'origine sont suffisantes : l'une sera remise à l'intéressé, la seconde sera conservée par le corps. (Note minist. du 24 juin 1893.)

7° *Certificat de vie*. Les pensionnaires de l'Etat ne peuvent toucher les arrérages de leur pension qu'en produisant un certificat de vie, c'est-à-dire un certificat de leur existence. Les certificats de vie sont délivrés par les notaires sur la production de l'acte de naissance et de l'inscription au Trésor de l'intéressé. Il est payé aux notaires, pour la délivrance d'un certificat, une rétribution calculée ainsi qu'il suit :

Lorsque la somme à toucher (pension et traitement de la Légion d'honneur ou de la médaille militaire) est comprise entre :

601 francs et au-dessus, 0,50.
301 francs à 600 francs, 0,35.
101 francs à 300 francs, 0,25.
50 francs à 101 francs, 0,20.
Au-dessous de 50 francs, 0,10.

8° *Certificat d'acceptation de démission*. Le décret du 1er mars 1854 a consacré, pour les militaires de la gendarmerie, un certificat d'acceptation de démission analogue à celui que reçoivent les officiers démissionnaires. (Ce modèle a été complété d'après les dispositions de la loi du 15 juillet 1889.) Il n'est pas délivré de certificat d'acceptation de démission aux militaires de l'arme en activité de service qui ne sont pas complètement dégagés de toute obligation militaire. (V. *Démission*.) Les hommes admis dans la gendarmerie étant libérés et qui sont autorisés à quitter l'arme dans les six mois de leur admission ne reçoivent pas de certificat d'acceptation de démission : ils sont purement et simplement rayés des contrôles, et le conseil d'administration de la compagnie leur délivre un certificat constatant la durée de leur présence dans l'arme. Les hommes libérés après plus de six mois de présence dans la gendarmerie, mais sans avoir accompli plus d'une année de service, reçoivent le certificat qu'ils avaient obtenu dans leur ancien corps, ou, à défaut, un du modèle général;

9° *Certificat de mariage*. Un certificat constatant la célébration du mariage doit être établi par l'officier de l'état civil et remis au conseil d'administration pour que la mention en soit faite sur les registres matricules. Ce certificat doit être envoyé dans les cinq jours qui suivent le mariage.

10° *Certificat de service extraordinaire*. (V. *Service extraordinaire*.)

11° *Certificat de cessation de paiement*. Pièce comptable qui sert à établir jusqu'à quelle date un militaire qui entre dans une position d'absence ou cesse de faire partie d'un corps ou d'une compagnie a été payé de la solde et des diverses prestations ou indemnités. Elle relate également les retenues dont le militaire peut rester passible soit au profit de l'Etat, du corps ou de la compagnie, soit pour dettes contractées envers des particuliers. (Art. 130 du règlement du 12 avril 1893.) Lorsqu'un militaire part en retraite, il reçoit un certificat de cessation de paiement du modèle prescrit par la note ministérielle du 20 juin 1882, pour déterminer la date à partir de laquelle les premiers arrérages de sa pension doivent être payés.

CERTIFICATION, s. f. Assurance par écrit. — Les fonctionnaires de l'intendance militaire et leurs suppléants légaux ont qualité pour certifier conformes les copies des documents délivrés soit par le ministère de la guerre, soit par les autorités militaires, lorsque ces copies leur sont soumises par d'anciens militaires ou des membres de leur famille et qu'elles ne présentent aucune altération. Les orginaux doivent être rendus sur-le-champ aux intéréssés. (Décis. minist. du 9 février 1874.)

CHAINE, s. f. Lien composé d'anneaux en fer, en acier ou en cuivre, entrelacés les uns dans les autres et dont on se sert pour maintenir les prisonniers, les malfaiteurs ou les animaux. — Les articles 415 et 416 du décret du 1er mars 1854 autorisent les gendarmes à prendre toutes les mesures de précaution pour empêcher l'évasion des individus dont ils sont responsables : l'emploi de chaînettes, de gourmettes et même de poucettes est autorisé, mais il est défendu de se servir de grosses chaînes, qui pourraient blesser le prisonnier, ni de fixer à l'une des parties du harnachement le bout du lien qui retient le prisonnier.

En cas d'incendie, les gendarmes doivent faire former la chaîne, c'est-à-dire placer des personnes de façon à ce qu'elles puissent se faire passer rapidement, de main en main, un seau d'eau, des meubles, etc. Ceux qui, en cas d'incendie, refusent de prêter le concours dont ils sont requis sont passibles d'une amende de 6 à 10 francs. (C. P., art. 475, n° 12.)

CHALOUPE, s. f. Petite embarcation qui se trouve sur tous les grands navires et qui est destinée à transporter, du bâtiment aux terres qui sont en vue, des hommes, des colis, etc. Au besoin, la chaloupe peut être armée d'artillerie. A la mer, elle est placée sur le pont, entre le grand mât et le mât de misaine. — Les autres embarcations que l'on trouve à bord de nos navires de guerre sont le canot, la baleinière et le youyou.

CHAMBRE, s. f. Pièce d'un appartement dans laquelle on place ordinairement un lit. — En politique, on désigne sous le nom de Chambre l'assemblée à laquelle est confié le pouvoir législatif.

Chambre de sûreté. Les individus arrêtés en flagrant délit et qui ne peuvent être conduits immédiatement devant l'officier de police judiciaire sont déposés dans la chambre de sûreté de la caserne; mais, sous aucun prétexte, cette conduite ne peut être différée au delà de vingt-quatre heures. Le militaire de la gendarmerie qui aurait retenu le prisonnier plus longtemps sans le faire comparaître devant l'officier de police serait poursuivi comme coupable de détention arbitraire. (V. le décr. du 1er mars 1854, art. 635.) Les articles 341, 342 et 343 du Code pénal punissent les auteurs de la détention arbitraire de la peine des travaux forcés, si la détention a duré plus de dix jours.

Bien qu'aucune peine, même de simple police, ne puisse être subie dans la chambre de sûreté, la Cour de cassation a décidé (28 avril 1836) que ce lieu devait être considéré comme prison dans le sens de la loi et que l'évasion de la chambre de sûreté donnerait lieu à l'application des peines portées par l'article 245 du Code pénal. Lorsqu'un individu enfermé dans la chambre de sûreté a commis des dégâts, les dépenses nécessitées par les réparations doivent évidemment être supportées par le département, qui a toujours recours contre le détenu, si ce dernier est solvable.

La fourniture des aliments et du coucher, l'entretien du mobilier, la propreté, incombent exclusivement à l'entreprise générale des prisons, et les gendarmes ne doivent absolument s'occuper que de la tenue du registre prescrit par la circulaire ministérielle du 7 juillet 1870, qu'il y a lieu de consulter pour tout ce qui se rapporte à cette question.

Toutes les casernes doivent avoir deux chambres de sûreté. (Règl. sur le service intér., art. 293.)

Les chambres et dépôts de sûreté sont placés sous la surveillance du maire, qui doit veiller à leur bon état d'entretien et rendre compte au préfet de tous les faits et incidents utiles à signaler.

Le blanchiment de ces locaux est à la charge des départements et doit être fait tous les ans. (Service intérieur, art. 301.)

Les préfets et sous-préfets sont également tenus de les visiter. L'inspection en est faite par les directeurs aussi souvent qu'il est nécessaire, et ils rendent compte aux préfets, dans les mêmes formes que pour les maisons d'arrêt, de justice et de correction. (Art. 94 du décr. du 16 novembre 1885 sur le service des prisons.)

Les chefs de brigade ont à tenir un registre des dépôts des détenus transférés. A la fin de chaque trimestre, ils adressent au commandant de la compagnie, par la voie hiérarchique, un état des individus ayant séjourné dans la chambre de sûreté de leur caserne. (Circ. minist. du 8 juillet 1870.)

Les individus arrêtés pour ivresse ne doivent pas être incarcérés dans les chambres de sûreté. (V. *Ivresse.*)

Dans le cas où les chambres de sûreté seraient occupées par des prisonniers (hommes), les prisonniers (femmes) devraient être remis à la garde de l'autorité municipale.

CHANFREIN, s. m. Partie de la tête du cheval qui fait suite au front et qui s'étend depuis les yeux jusqu'aux naseaux. Plus il est large et droit, plus il indique d'ampleur dans les cavités nasales qui lui correspondent, et plus il indique, par suite, chez l'animal, le développement des facultés respiratoires et des qualités qui en dérivent. Le chanfrein étroit et convexe révèle toujours des chevaux d'un mauvais type.

CHANGEMENT, s. m. Action de laisser une chose pour en prendre une autre, de quitter un lieu pour en habiter un autre.

Par une note en date du 16 mars 1899, le Ministre a délégué aux chefs de légion de gendarmerie et aux commandants de la gendarmerie de Tunisie et des colonies ses pouvoirs :

1° Pour nommer au grade et aux divers emplois de brigadier, aux divers grades ou emplois de sous-officier;

2° Pour prononcer, dans l'intérieur de la légion ou du détachement qu'ils commandent, les changements de résidence pour convenances personnelles et ceux motivés par des relations de famille, ou d'alliance, nuisant à la liberté d'action des gendarmes, les changements d'arme pour inaptitude physique et les permutations de gradés pour convenances personnelles.

Cette délégation s'applique aussi à la légion de la garde républicaine, en ce qui concerne les promotions et les changements d'arme.

PROMOTIONS.

Les promotions sont faites, le 20 de chaque mois, en suivant strictement l'ordre du tableau d'avancement. Si le chef de légion croit ne pas devoir suivre l'ordre du tableau, il adresse un rapport circonstancié au Ministre, qui statue.

Pour le placement des nouveaux promus, les chefs de légion ou commandants de la gendarmerie de Tunisie et des colonies tiennent compte de l'intérêt du service et des titres que donne l'ancienneté de services pour le choix des résidences; toutes les fois que les circonstances le permettent, les nouveaux promus ne sont pas changés de compagnie.

Tout en observant strictement les proportions établies entre les gradés par le tiercement, le chef de légion a la faculté de maintenir, à titre exceptionnel, sur place, un nouveau promu au grade de brigadier ou de maréchal des logis, si les circonstances et l'intérêt du service justifient cette mesure; par suite, un maréchal des logis peut occuper un poste de brigadier, mais sous la réserve expresse qu'un brigadier occupe, en même temps, un poste de maréchal des logis.

Le chef de légion rendra compte au

Ministre des motifs de sa décision.

Les gradés provenant des colonies, d'Algérie, de Corse et des autres corps de l'armée sont placés dans les légions par les soins du Ministre. Les chefs de légion sont prévenus, en temps utile, des places qu'il y aura lieu de réserver à cette catégorie de militaires.

CHANGEMENTS DE RÉSIDENCE POUR CONVENANCES PERSONNELLES.

Les changements de résidence pour convenances personnelles dans l'intérieur de la légion ne seront plus soumis à l'approbation du Ministre. Les chefs de légion et les commandants de gendarmerie de Tunisie et des colonies statueront directement sur les demandes qui leur parviendront et auront tout pouvoir pour les accepter ou les refuser; les intéressés devront toujours être prévenus de la suite donnée à leur demande.

Les conditions à remplir par les militaires sollicitant leur changement sont : d'avoir deux ans de présence à leur résidence, d'être bien notés et, pour le cas de changement de compagnie, de n'avoir pas de débet à la masse; le Ministre rappelle, à cette occasion, que les changements de résidence constituent une faveur et ne peuvent, en aucun cas, être considérés comme un droit.

Les chefs de légion s'inspireront de l'intérêt du service pour éviter de trop fréquentes mutations qui, en désorganisant les brigades, amèneraient des perturbations dans le service.

Les demandes sont classées en une seule série, par ordre d'ancienneté de date, qu'il s'agisse d'un changement de résidence dans la circonscription de la compagnie, ou d'un changement de résidence dans la circonscription de la légion. Cet ordre est suivi pour prononcer les mutations, et, à égalité d'ancienneté de date, la préférence est donnée aux militaires qui comptent le plus de services dans la gendarmerie.

CHANGEMENTS DE RÉSIDENCE DES OFFICIERS ET ASSIMILÉS.

Une circulaire en date du 1er octobre 1901 porte à quatre ans la durée de présence dans une résidence pour adresser au Ministre une demande de changement pour convenances personnelles. La durée de présence est maintenue à deux ans pour un certain nombre de garnisons indiquées dans la circulaire.

Ces dispositions sont applicables aux sous-officiers rengagés de toutes armes, aux employés militaires de l'artillerie et du génie et aux chefs armuriers.

CHANGEMENTS D'ARME POUR INAPTITUDE PHYSIQUE. — PERMUTATIONS DES GRADÉS POUR CONVENANCES PERSONNELLES. — CHANGEMENTS NÉCESSITÉS PAR LES RELATIONS DE FAMILLE OU D'ALLIANCE.

Ces mouvements sont prescrits par le chef de légion et les commandants de la gendarmerie de Tunisie et des colonies, sans intervention du Ministre, en se conformant aux prescriptions réglementaires actuelles. (V. sur cette question la note explicative du 24 juin 1899.)

COMPTES RENDUS

Le 1er de chaque mois, les chefs de légion et le commandant de la gendarmerie de Tunisie adressent directement au Ministre (2e Direction ; 3e Bureau) l'état de toutes les nominations et mutations prononcées dans le courant du mois précédent, ainsi que la situation des vacances existant à cette date dans la légion pour quelque motif que ce soit.

A l'aide de ces vacances, le Ministre prononcera les changements de légion et les admissions dans l'arme.

Il importe donc, pour éviter l'affectation simultanée de deux militaires à un même poste, que les chefs de légion ne disposent plus des vacances portées sur leur compte rendu; elles seront réservées exclusivement au Ministre.

Par contre, les chefs de légion disposeront seuls, pour les mutations, de toutes les vacances qui viendront à se produire, à un titre quelconque, dans leur légion, depuis l'envoi de l'état mensuel susvisé, jusqu'à la production de la situation du mois suivant.

CHANGEMENT DE LÉGION.

Les chefs de légion et le commandant de la gendarmerie de Tunisie transmettront au Ministre, le premier jour de chaque trimestre, les demandes de changements de légion faites par les militaires sous leurs ordres. Ces demandes sont inscrites conformément aux prescriptions réglementaires et établies sur l'état modèle E.

Ils refuseront directement et ne transmettront pas au Ministre celles qui n'auraient pas obtenu des avis favorables de la part des deux chefs de légion intéressés.

Les demandes de changement de légion seront valables jusqu'au 31 décembre de l'année dans laquelle elles auront été établies, à moins que les intéressés ne fassent connaitre qu'ils renoncent au bénéfice de leur proposition, ou que le chef de légion n'en demande l'annulation dans l'intérêt du service.

Elles seront accompagnées d'un état récapitulatif conforme au modèle nº 2 et établi, sur feuille séparée et distincte, par légion, dans laquelle le militaire demande à passer.

CHANGEMENTS DANS L'INTÉRÊT DU SERVICE OU PAR MESURE DE DISCIPLINE.

Ces changements continueront à être prononcés par le Ministre, sur la proposition du chef de légion et d'après les règles actuelles.

Afin d'éviter des confusions possibles ou des doubles emplois dans les changements qui seront prononcés, soit par le Ministre, soit par les chefs de légion, ces derniers mentionneront, à l'encre rouge, sur l'état fourni le 1er de chaque mois, les vacances qu'ils auront demandé d'affecter, soit à des nouveaux admis, soit à des militaires proposés par eux pour changer de résidence, dans l'intérêt du service, ou par mesure de discipline, et pour lesquelles ils n'auraient pas encore connaissance de la décision ministérielle.

Cette décision reçue, ils seront libres de disposer de la vacance en résultant, pendant le courant du mois dans lequel la notification leur sera parvenue.

Les pouvoirs dévolus aux inspecteurs généraux et aux chefs de légion, en cas de nécessité impérieuse, par l'article 25 du décret du 1er mars 1854, sont maintenus.

Il sera rendu compte immédiatement au Ministre de chaque mutation prononcée dans les conditions de l'article précité; la vacance ainsi produite sera laissée à la disposition du chef de légion.

Les militaires de la gendarmerie mariés ont droit à une indemnités lorsqu'ils changent de résidence d'office. (V. *Bagages.*)

IMPRIMÉS. — FORMULES.

Les imprimés nécessaires aux changements de résidence et aux nominations sont fournis sur leur demande, aux chefs de légion, par les soins de l'administration centrale. (2e Direction; Bureau de la gendarmerie.)

Quant aux imprimés modèles nº 1 et 2, les chefs de légion se les procureront dans les mêmes conditions que les autres imprimés du service de la gendarmerie.

Le protocole à adopter pour la signature du chef de légion, ou des commandants de la gendarmerie de Tunisie et des colonies sera le suivant :

Par délégation du Ministre et par son ordre :

Le (colonel ou le lieutenant-colonel), chef de la e légion, ou, pour les colonies et la Tunisie;

Le commandant (de la compagnie ou du détachement).

Observations. — Les chevaux des gendarmes changeant de résidence d'office sont transportés aux frais de l'Etat lorsque la distance est supérieure à 60 kilomètres; au-dessous de cette distance, le transport pourra encore être effectué par la voie ferrée et au quart du tarif, mais aux frais du militaire.

Les changements de corps des officiers pour motifs de convenance personnelle sont réglés par la note ministérielle du 26 juin 1887.

Les officiers dont le rang d'ancienneté ou d'inscription au tableau d'avancement rend probable la nomination prochaine sont autorisés à soumettre au Ministre une demande indiquant les corps ou établissements auxquels ils désirent de préférence se voir affectés. (V. les circulaires des 20 novembre 1896 et 29 janvier 1900.)

Les changements d'armes pour inaptitude physique sont déférés aux commissions spéciales de réforme. (Instr. du 28 décembre 1895, art. 33.)

Pour les changements de domicile ou de résidence des réservistes, v. *Domicile*.

CHANT, s. m. Suite de sons modulés émis par la voix. — Les chants obscènes constituent un délit d'outrages aux bonnes mœurs, et la gendarmerie doit dresser procès-verbal contre ceux qui s'en rendent coupables. (Art. 28 de la loi du 29 juillet 1881 et loi du 2 août 1882.) Mais le fait de chanter sur la voie publique, lorsque les chants ne sont ni obscènes, ni injurieux, ni séditieux, ne constitue plus un délit. (Arrêt de la cour de Limoges du 29 décembre 1887.)

Chants séditieux. (V. *Cri.*)

CHANTAGE, s. m. Action honteuse qui consiste à faire chanter quelqu'un, c'est-à-dire à le forcer à donner de l'argent en le menaçant de révélations scandaleuses. — L'article 400 du Code pénal punit l'auteur de ce genre de délit d'un emprisonnement d'un an à cinq ans et d'une amende de 50 à 3,000 francs.

CHANTERELLE, s. f. En terme de chasse, la chanterelle est un oiseau qui sert d'appeau pour en appeler d'autres et pour les faire tomber dans les pièges qu'on leur tend. — Cette chasse est des plus meurtrières, surtout pour la caille et pour le perdreau, et la loi du 3 mai 1844 l'interdit d'une façon absolue. La chanterelle n'est pas un engin prohibé que l'on peut saisir à domicile. (Cass., 16 juin 1848.)

CHARENTE (Département). Popul., 350,305 habit., 5 arrondissements, 29 cantons (12e corps d'armée, 12e légion de gendarmerie), chef-lieu Angoulême, 36,690 habit., à 454 kil. S.-O. de Paris, sur un coteau que l'on aperçoit de fort loin. S. P.: Barbezieux, Cognac, Confolens, Ruffec. — Département méditerrané, pays sillonné par de nombreuses chaînes de collines, qui sont les dernières ramifications des montagnes d'Auvergne. Eaux-de-vie recherchées. Elève de bétail et de volailles, récolte importante de truffes. Patrie du roi-chevalier François Ier.

CHARENTE-INFÉRIEURE (Département). Populat., 452,149 habit., 6 arrondissements, 40 cantons (18e corps d'armée, 18e légion de gendarmerie), chef-lieu La Rochelle, 26,608 habit., à 484 kil. S.-O. de Paris, bâtie près de l'Océan. S.-P.: Jonzac, Marennes, Rochefort, Saintes, Saint-Jean-d'Angély. Département maritime, marais sur le littoral. Pays agricole et d'exploitation. Elève de bétail assez considérable. Chevaux, moutons, volailles et abeilles. Pêche d'huitres et de sardines. Eaux minérales à Archingeay, Pons, La Rouillasse, etc. Patrie des amiraux La Galissonnière, Latouche-Tréville et Duperré, qui concourut à la prise d'Alger.

CHARGE, s. f. Ce mot a de très nombreuses acceptions qu'il serait trop long d'énumérer ici. — En art militaire, il signifie l'action d'une troupe qui se précipite pour attaquer l'ennemi: charge à la baïonnette. La cavalerie charge en ligne, en colonnes ou en fourrageurs. — Il signifie aussi fardeau, ce qu'on porte. La charge du soldat d'infanterie, y compris les effets dont il est vêtu, est d'environ 26k,5. Le cheval de dragon, y compris son cavalier, porte en moyenne 115 kilogr.; le cheval du cuirassier, 128 kilogr. Ce poids augmente avec la pluie.

CHARIVARI, s. m. Bruit confus d'instruments criards. Concert ridicule que l'on donne encore dans les campagnes à des individus que l'on veut tourner en dérision. — Le charivari est un tapage injurieux qui tombe sous le coup de l'article 479, n° 8, du Code pénal (amende de 11 à 15 francs). Emprisonnement facultatif de un à cinq jours. — Le charivari donné à un officier ministériel ou à un agent dépositaire de la force publique, ou à tout autre citoyen chargé d'un ministère de service public, dans l'exercice ou à l'occasion de l'exercice de ses fonctions, est un délit que l'article 224 du Code pénal punit de six jours à un mois de prison ou d'une amende de 16 à 200 francs.

CHARLATAN, s. m. Le charlatan est un individu qui vend des drogues sur la place publique et qui débite sa marchandise avec un grand flux de paroles, monté sur une voiture ou sur des tréteaux.

Les charlatans doivent être surveillés par la gendarmerie. Ils ne peuvent vendre leurs drogues qu'avec l'autorisation du maire et ils ne doivent donner aucun conseil médical, ni faire aucune opération chirurgicale sans être munis d'un diplôme de docteur. (Loi du 30 novembre 1892.) — Si les drogues vendues ont occasionné une maladie à autrui, le vendeur sera puni d'un emprisonnement de 1 mois à 5 ans, et il pourra l'être de la réclusion si la maladie a duré plus de vingt jours. (C. P., art. 317.) — Quant aux charlatans qui font métier de deviner ou d'expliquer les songes, ils tombent sous le coup de l'article 479, nº 7, du Code pénal et peuvent être condamnés non seulement à une amende, mais, selon les circonstances, à un emprisonnement de 5 ans au plus. (C. P., art. 480.) — Les instruments, ustensiles et costumes servant ou destinés à l'exercice ou métier de devin, pronostiqueur ou interprète des songes, seront confisqués (C. P., art. 481.) — La loi considère les sorciers, devins, somnambules comme des escrocs qui peuvent encore troubler les imaginations par leurs prédictions fausses et ridicules.

La gendarmerie doit signaler à l'autorité administrative les charlatans ou saltimbanques qui paraissent sur les tréteaux revêtus de décorations (Légion d'honneur, médaille militaire et médailles décernées pour actes de dévouement). L'autorisation de paraître en public doit être retirée à ceux qui n'obéiraient pas immédiatement aux injonctions qui pourraient leur être faites à ce sujet. (Circ. du Ministre de l'intérieur du 17 septembre 1875.)

CHASSE, s. f. Action de chercher à saisir ou à tuer les animaux qui vivent dans l'air ou sur la terre.

La loi ne met pas les gendarmes au nombre des personnes à qui la chasse est défendue ; mais les règlements sur leur service leur prescrivent de s'abstenir de cet exercice. En effet, en s'y livrant, ils autorisent les contraventions par leur exemple et ils dérobent à leurs fonctions un temps précieux qu'ils doivent tout entier à leurs devoirs. (Circ. minist. du 8 septembre 1821. — Dalloz.) — Pour les mêmes raisons, cette défense doit, croyons-nous, s'appliquer à la pêche.

La gendarmerie ne doit pas négliger son service pour s'occuper de la chasse. (Circ. du 27 février 1860.)

LOI DU 3 MAI 1844 SUR LA POLICE DE LA CHASSE.

De l'exercice du droit de chasse.

Art. 1. Nul ne pourra chasser, sauf les exceptions ci-après, et si la chasse n'est pas ouverte et s'il ne lui a été délivré un permis de chasse par l'autorité compétente. — Nul n'aura la faculté de chasser sur la propriété d'autrui sans le consentement du propriétaire ou de ses ayants droit. — Le mot chasse doit s'entendre de tout moyen ou procédé de rechercher, de poursuivre ou d'atteindre un animal sauvage ou un oiseau. — D'après la jurisprudence de la Cour de cassation, doivent être considérés comme délits de chasse : le fait de chasser les oiseaux du pays à l'aide de filets ou gluaux (Cassation, 28 mars et 4 avril 1846, et 23 avril 1847) ; le fait de poursuivre le gibier avec des pierres ou bâtons ; le fait de chasser les oiseaux de passage avec appeaux et appelants, à moins d'un arrêté préfectoral autorisant cette chasse (Cassation, 16 avril 1848) ; le fait de faire quêter un chien avant l'ouverture de la chasse, quand même cette manœuvre n'aurait d'autre but que de dresser le chien (Cassation, 17 février 1853 et 6 juillet 1854) ; le fait d'avoir été trouvé, sur un terrain propre à la chasse, armé et dans l'attitude d'un chasseur. — Mais il n'y a pas délit de chasse : dans le fait d'avoir été rencontré dans le costume et avec tout l'attirail d'un chasseur ; ni dans la circonstance qu'un chien, guidé par son seul instinct et sans y être poussé par son maître, parcourt la campagne en faisant lever le gibier.

Du consentement du propriétaire. Le consentement du propriétaire est toujours présumé exister, excepté dans le cas de chasse sur un terrain clos ou sur des terres non encore dépouillées de leurs récoltes. Hormis ces deux cas, la poursuite d'office ne peut être exercée que sur la plainte du propriétaire, et cette plainte doit être jointe au procès-verbal. — Un fermier n'a pas, de plein droit, la faculté de chasser sur les terres qu'il cultive en vertu de son bail; la permission du propriétaire lui est nécessaire. (Art. 715 du C. C. — Cassation, 12 juin 1828 et 4 juillet 1845.)

Art. 2. Le propriétaire ou possesseur peut chasser ou faire chasser en tout temps, sans permis de chasse, dans ses possessions attenant à une habitation et entourées d'une clôture continue faisant obstacle à toute communication avec les héritages voisins. — Il faut que le terrain soit complètement clos et attenant à une habitation, c'est-à-dire à un bâtiment habité actuellement ou tout au moins destiné à l'habitation. Une cabine destinée à être habitée accidentellement n'est pas une habitation dans le sens de l'article 2. — Dans une propriété close, telle que la définit l'article 2, la chasse est permise en tout temps et à l'aide de tous moyens, à l'exception toutefois des engins prohibés. (Cassation, 25 février et 26 avril 1845.) — Une île dans un fleuve ou rivière navigable n'est pas considérée comme lieu clos. (Cassation, 12 février 1830.) — Un délit de chasse peut être régulièrement et valablement constaté en dehors d'un enclos, pour ne pas attenter à l'inviolabilité du domicile.

Art. 3. Les préfets détermineront, par des arrêtés publiés au moins dix jours à l'avance, les époques des ouvertures et celles des clôtures des chasses, soit à tir, soit à courre, à cor et à cris, dans chaque département. (Loi du 22 janvier 1874.)

Ils pourront dans le même délai, sur l'avis du conseil général, retarder la date de l'ouverture et avancer la date de la clôture de la chasse à l'égard d'une espèce de gibier déterminée. (Loi du 16 février 1898).

Art. 4. Dans chaque département, il est interdit de mettre en vente, de vendre, d'acheter, de transporter et de colporter du gibier pendant le temps où la chasse n'y est pas permise. — En cas d'infraction à cette disposition, le gibier sera saisi et immédiatement livré à l'établissement de bienfaisance le plus voisin, soit en vertu d'une ordonnance du juge de paix, si la saisie a eu lieu au chef-lieu du canton, soit d'une autorisation du maire, si le juge de paix est absent, ou si la saisie a été faite dans une commune autre que celle du chef-lieu. Cette ordonnance ou cette autorisation sera délivrée à la requête des agents ou gardes qui auront opéré la saisie, et sur la présentation du procès-verbal régulièrement dressé. — La recherche du gibier à domicile ne pourra être faite que chez les aubergistes, chez les marchands de comestibles et dans les lieux ouverts au public. — Il est interdit de prendre ou de détruire, sur le terrain d'autrui, des œufs et des couvées de faisans, de perdrix, de cailles. (V. *Oiseaux*.) — Une tolérance de un ou deux jours après la fermeture de la chasse est accordée pour la vente du gibier. (Circ. du Ministre de l'intérieur du 22 juillet 1851.) — Le transport, le colportage, la vente et l'achat du gibier sont permis pendant le temps de neige. — Le récépissé constatant la remise du gibier à un établissement de bienfaisance doit être joint au procès-verbal. — En temps prohibé, la gendarmerie a le droit de saisir le gibier dans les voitures, paniers, colis déposés aux chemins de fer, mais non sur les personnes. — La vente et le transport des conserves de gibier peuvent avoir lieu en tout temps.

Art. 5. Les permis de chasse seront délivrés, sur l'avis du maire et du sous-préfet, par le préfet du département dans lequel sera domicilié ou résidera celui qui en fera la demande. — La délivrance des permis de chasse donnera lieu au paiement d'un droit de 18 francs (loi du 2 juin 1875, art. 6, et loi de finance de 1872) au profit de l'Etat, et de 10 francs au profit de la commune dont le maire aura donné l'avis énoncé au paragraphe précédent. — Les permis de chasse seront personnels ; ils seront valables pour tout le territoire et pour un an seulement. — Les sous-préfets peuvent délivrer des permis de chasse. (Art. 6 du décr. du 13 avril 1861 et circ. du Ministre de l'intérieur des 12 juillet 1860 et 3 août 1861.) — Le défaut de présentation d'un permis de chasse ne constitue pas le délit de chasse, quand il est justifié d'un permis délivré antérieurement au fait de chasse qui a donné lieu à la poursuite. (Cassation, 6 mars 1846.) — La quittance de versement ne peut tenir lieu de permis. (Circ. du Ministre de l'intérieur du 1er juin 1860.) La durée d'un an pendant lequel le permis de chasse est valable court du lendemain de la date apposée sur le permis. Ainsi, un permis délivré le 15 août est encore valable le 15 août de l'année suivante. (Cassation, 22 mars 1850) (1). Une circulaire ministérielle, en date du 5 août 1887, rappelée par celle du 24 juillet 1892, prescrit aux sous-préfets de communiquer à la gendarmerie la liste des personnes auxquelles des permis de chasse auront été délivrés.

Art. 6. Le préfet pourra refuser le permis de chasse : 1° à tout individu qui ne sera point personnellement inscrit, ou bien dont le père ou la mère ne seraient point inscrits au rôle des contributions; 2° à tout individu qui, par une condamnation judiciaire, a été privé de l'un ou de plusieurs des droits énumérés dans l'article 42 du Code pénal, autres que le droit de port d'armes; 3° à tout condamné à un emprisonnement de plus de 6 mois pour rébellion ou violence envers les agents de la force publique; 4° à tout condamné pour délit d'association illicite; de fabrication, de distribution de poudre, armes ou autres munitions de guerre, de menaces écrites ou de menaces verbales avec armes ou sans condition; d'entraves à la circulation des grains; de dévastation d'arbres ou de récolte sur pied, de plants venus naturellement ou faits de main d'homme; 5° à ceux qui auront été condamnés pour vagabondage, mendicité, vol, escroquerie ou abus de confiance. — La faculté de refuser le permis de chasse aux condamnés dont il est question dans les paragraphes 4 et 5 cessera cinq ans après l'expiration de la peine.

Art. 7. Le permis de chasse ne sera pas accordé : 1° aux mineurs qui n'auront pas 16 ans accomplis; 2° aux mineurs de 16 ans à 21 ans, à moins que le permis ne soit demandé par eux avec l'assistance et l'autorisation de leur père ou tuteur, porté au rôle des contributions; 3° aux gardes champêtres ou forestiers des communes et établissements publics, ainsi qu'aux gardes forestiers de l'Etat et aux gardes-pêche; 4° aux interdits. — Les gardes particuliers peuvent obtenir des permis de chasse. — La chasse est interdite aux sous-officiers, brigadiers et gendarmes. (Circ. minist. du 8 septembre 1821.)

Art. 8. Le permis de chasse ne sera pas accordé : 1° à ceux qui, par suite de condamnations, sont privés du droit de port d'armes; 2° à ceux qui n'auront pas purgé les condamnations prononcées contre eux pour l'un des délits prévus par la présente loi; 3° à tout condamné placé sous la surveillance de la haute police. — Celui à qui un permis de chasse a été délivré soit par erreur, soit par surprise, ne peut être poursuivi pour fait de chasse, tant que le retrait du permis prononcé par l'autorité administrative ne lui a pas été notifié.

Art. 9. Dans le temps où la chasse est ouverte, le permis de chasse donne à celui qui l'a obtenu le droit de chasser de jour, soit à tir, soit à courre, à cor et à cris, suivant les distinctions établies par les arrêtés préfectoraux, sur ses propres terres et sur les terres d'autrui, avec le consentement de celui à qui le droit de chasse appartient. Tous les autres moyens de chasse, à l'exception des furets et des bourses destinés à prendre le lapin, sont formellement prohibés. Néanmoins, les préfets des départements, sur l'avis des conseils généraux, et le préfet de police, dans les circonscriptions de sa préfecture, prendront des arrêtés pour déterminer 1° l'époque de la chasse des oiseaux de passage autres que la caille, la nomenclature des oiseaux et les modes et procédés de chaque chasse pour les diverses espèces; 2° le temps pendant lequel il sera permis de chasser le gibier d'eau dans les marais, sur les étangs, fleuves et rivières; 3° les espèces d'animaux malfaisants ou nuisibles que le propriétaire, fermier ou possesseur pourra détruire en tout temps sur ses terres ou les terres d'au-

(1) Malgré cet arrêt de la Cour cassation, certains tribunaux ont décidé que la délivrance d'un permis de chasse donnait le droit de chasser le jour même où il a été délivré et que par suite il ne pouvait pas être utilisé au jour anniversaire de sa délivrance. (Paris, 12 octobre 1876; Soissons, 28 septembre 1880.)

trui, avec le consentement du propriétaire et les conditions de l'exercice de ce droit, sans préjudice du droit au propriétaire ou au fermier de repousser ou de détruire, même avec des armes à feu, les bêtes fauves qui porteraient dommage à ses propriétés. — Ils pourront prendre également des arrêtés : 1° pour prévenir la destruction des oiseaux ou pour favoriser leur repeuplement; 2° pour autoriser l'emploi des chiens lévriers pour la destruction des animaux malfaisants ou nuisibles; 3° pour interdire la chasse pendant le temps de neige.

Des modes de chasse. Des dispositions des deux premiers paragraphes de l'article 9, il résulte que l'emploi de panneaux, filets, lacets, gluaux, collets, etc., est interdit. — L'emploi des appeaux, appelants ou chanterelles pour la chasse aux oiseaux de passage est également interdit à moins qu'il n'ait été spécialement autorisé par arrêté préfectoral. — La chasse de nuit est formellement défendue. La nuit n'est réputée commencer qu'au moment où le crépuscule finit. (Arrêt de la Cour de Lyon du 24 janvier 1861.) — Les traqueurs non armés n'ont pas besoin d'être munis d'un permis. — La chasse au miroir avec fusil n'est pas défendue. Ce n'est qu'un mode particulier de chasse à tir. — La chasse au faucon, à l'épervier, à l'autour ou à l'aide d'un oiseau de proie quelconque n'est guère plus en usage. Ce mode de chasse est prohibé.

Les gendarmes doivent prendre la carabine pour la répression du braconnage. (V. *Braconnage.*)

Oiseaux de passage. La caille n'est pas considérée comme oiseau de passage. (V. *Oiseaux.*)

Animaux malfaisants. L'action de détruire les animaux malfaisants et de repousser les bêtes fauves est un véritable exercice du droit de légitime défense de la part des propriétaires qui cherchent à préserver leurs personnes ou leurs récoltes ; il n'est donc pas nécessaire qu'ils soient munis de permis. — En ce qui touche les animaux nuisibles ou malfaisants, ils ne peuvent être chassés sans délit qu'autant qu'ils sont compris dans la liste des animaux reconnus tels par l'arrêté préfectoral et que le chasseur se conforme aux conditions contenues dans le même arrêté. — Quant aux bêtes fauves, telles que loups, renards, etc., elles peuvent être repoussées en tout temps et par n'importe quel moyen.

Chiens lévriers. L'emploi des chiens lévriers est interdit, à moins que l'arrêté préfectoral l'autorise pour la destruction des animaux nuisibles.

Chasse en temps de neige. La chasse des animaux nuisibles n'est pas défendue en temps de neige. — Par temps de neige, il faut entendre l'état du sol recouvert de neige en quantité suffisante pour qu'on puisse suivre le gibier à la piste.

Poursuite. Les gendarmes n'ont pas le droit de poursuivre un chasseur jusque dans son domicile où il s'est réfugié, bien que ne l'ayant pas perdu de vue; toutefois, s'ils n'ont rencontré ni opposition ni protestation, leur introduction dans son domicile n'est plus qu'une simple irrégularité couverte par le consentement tacite de la partie intéressée. (Arrêt de la Cour de Limoges du 30 avril 1857.)

Vente et importation du gibier. (V. circ. du 22 janvier 1887.) (V. *Gibier.*)

Arme abandonnée. Les armes abandonnées sont saisies pour être déposées au greffe du tribunal correctionnel, et, en cas de découverte des auteurs, ils sont poursuivis conformément aux articles 471, n° 7, et 472 du Code pénal.

Gratifications. Les gratifications dues aux agents verbalisateurs sont fixées à 10 francs par condamnation prononcée en matière de chasse. (Art. 196 du règlement du 12 avril 1893 modifié par le décret du 11 mai 1899.)

Tout jugement définitif prononçant une amende distincte contre plusieurs prévenus compris dans une même poursuite donne droit à autant de gratifications qu'il y a d'amendes prononcées. Le jugement qui condamne plusieurs délinquants solidairement à une seule et même amende ne donne droit, au contraire, qu'à une gratification unique. (Décis. présidentielle du 11 mai 1899.)

La prime est due même en cas de transaction avant le procès, même encore lorsque l'amende a été suspendue par application de la loi du 26 mars

1891 ou lorsque le tribunal s'est borné à condamner le délinquant à l'emprisonnement sans prononcer d'amende. (Circ. du directeur général de la comptabilité publique en date des 8 décembre 1891 et 8 mars 1893, et avis du Conseil d'Etat en date du 6 mars 1895.)

Elle est également due lorsque les contrevenants ont été acquittés, vu leur jeune âge, mais que les frais de justice ont été mis, par jugement, à la charge des parents. (Circ. du directeur général de la comptabilité publique du 27 juillet 1895.)

Le délai pour réclamer la prime est de cinq ans. (Art. 198 du règlement du 12 avril 1893.)

Paiement des gratifications. Une gratification est due par chasseur condamné. Le produit des amendes en principal est réparti comme suit : 20 p. 100 pour l'Etat; 80 p. 100 pour le fonds commun. C'est sur ce fonds que sont prélevés les frais de poursuites, les gratifications dues aux gendarmes et les frais de greffe. Le surplus est attribué : moitié aux communes; un quart au service des enfants assistés, un quart aux communes les plus nécessiteuses. — En cas de transaction ou de remise sur amendes encourues ou prononcées, la gratification due est toujours réservée. (Loi de finances du 26 décembre 1890.) — Lorsque le délit de chasse a été constaté sur la dénonciation d'un des agents désignés dans l'ordonnance du 5 mai 1845, la gratification doit être partagée moitié à la gendarmerie et moitié au garde. (Décis. du Ministre de la justice du 10 février 1879.) — Chaque trimestre, les commandants d'arrondissement établissent des extraits des procès-verbaux justificatifs des droits des militaires qui ont constaté des délits de chasse et les adressent au Procureur de la République. (Art. 97 du règlement du 12 avril 1893.)

Lorsque le tribunal fait application de la loi Bérenger à un individu condamné pour délit de chasse, la prime n'en reste pas moins due aux gendarmes qui ont constaté le délit.

Détention et transport d'engins prohibés. La loi sur la chasse punit ceux qui sont possesseurs ou qui détiennent dans leur demeure des engins de chasse prohibés. — La détention de toutes sortes d'instruments de chasse prohibés constitue un délit, même pour les fabricants ou marchands. — Les visites domiciliaires pour constater la détention des instruments de chasse prohibés ne peuvent avoir lieu que sur la réquisition du ministère public et en vertu d'une ordonnance du juge d'instruction. Les gendarmes ne doivent jamais y procéder d'office. (Circ. du garde des sceaux du 9 mai 1844.) (V. *Engin.*)

Les gendarmes qui constatent des contraventions à la loi sur la police de la chasse doivent donner, dans le corps du procès-verbal, le signalement exact et détaillé des instruments de chasse, pour que les délinquants ne déposent pas au greffe des armes hors de service. — L'arme ne doit être confisquée que lorsque le délit de chasse a eu lieu en temps prohibé, ou que le chasseur n'a pas obtenu de permis. — De nombreux arrêts de la Cour de cassation ont décidé que la chasse en temps de neige devait être considérée comme *chasse en temps prohibé* et que, dans ce cas, l'arme devait être confisquée.

Si un individu trouvé chassant refusait de se faire connaître, s'il était déguisé ou masqué, ou s'il n'avait pas de domicile connu, il faudrait le conduire devant le maire, l'adjoint ou le juge de paix, après lui avoir fait ôter les cartouches ou les capsules de son fusil. S'il faisait des menaces, des injures, des provocations, ou s'il était en état de vagabondage, il faudrait le désarmer et le conduire devant le procureur de la République. (Art. 301, 329 et 333 du décret du 1er mars 1854.)

Les délits de chasse se prescrivent par un délai de trois mois à compter du lendemain du jour où le délit a été commis. (Cassation, 10 janvier 1845.)

Les procès-verbaux de la gendarmerie en matière de chasse ne sont pas soumis à la formalité de l'affirmation. Ils doivent être visés pour timbre et enregistrés en débet, puis adressés au procureur de la République. — Le défaut d'enregistrement n'est pas une cause de nullité du procès-verbal (Cassation, 27 juillet 1827 et 2 août 1828) ; il ne peut que faire encourir une amende de 5 francs aux gendarmes qui omettent ou négligent cette formalité. (Loi des 22 frimaire an VII, art. 34, et 16 juin 1824, art. 10.)

Depuis le 22 avril 1886, une convention existe entre la France et la Belgique pour la répression des infractions en matière de chasse. Les procès-verbaux dressés régulièrement contre les Belges chassant en France sont envoyés par les soins des procureurs de la République aux procureurs royaux, et ces derniers font parvenir aux procureurs de la République les procès-verbaux constatant des infractions à la police de la chasse dressés en Belgique contre des Français.

Il existe également une convention entre la France et la Suisse au sujet de la répression de la chasse sur la frontière. (V. *Mémorial*, 7 août 1885.)

CHAUFFAGE, s. m. Application aux besoins de l'homme de la chaleur produite par la combustion.

Une décision ministérielle du 6 juin 1868 autorise les compagnies ou détachements de gendarmerie s'administrant séparément à se fournir du chauffage à titre remboursable dans les magasins militaires ou dans les gîtes d'étapes.

Le chauffage est accordé gratuitement à la gendarmerie employée aux armées; le nombre des rations varie suivant le grade :

Colonel et lieutenant-colonel.....	6 rations.
Chef d'escadron, capitaine, lieutenant et sous-lieutenant..........	4 —
Sous-officier....................	2 —
Brigadier et gendarme............	1 —

Pendant les manœuvres, il est alloué aux militaires qui en font partie les rations de chauffage déterminées par les tarifs en vigueur pour la cuisson des aliments, augmentées de la ration spéciale pour la préparation du café. — Les distributions de rations de chauffage ont lieu, autant que possible, en bois; à défaut, en charbon de terre ou autre combustible.

Le taux des rations de chauffage est fixé ainsi qu'il suit : ration individuelle d'ordinaire aux troupes en station, logées chez l'habitant, bois, 1 kilog., ou charbon 0 kilog. 50, et un fagot de 500 gr. par 20 rations; station individuelle d'ordinaire aux troupes campées, baraquées ou bivouaquées, bois, 1 kilog. 20, ou charbon 0 kil. 60, et un fagot de 500 gr. par 20 rations; allocation supplémentaire pour la préparation du café, 0 kilog. 05 de bois, ou 0 kilog. 03 de charbon.

CHAUFFEUR, s. m. Le chauffeur est un employé des chemins de fer qui se tient avec le mécanicien sur la machine et qui est chargé de la nettoyer et d'alimenter le foyer ; il doit se tenir debout à côté de la manivelle du frein ou à côté du régulateur, si le mécanicien en est empêché.

CHAUSSURES DE MOBILISATION. Les réservistes et les territoriaux sont engagés à se munir de brodequins de mobilisation se rapprochant autant que possible du modèle réglementaire de l'armée. Pour mieux renseigner les hommes, le Ministre a décidé, le 28 mars 1894, que chaque brigade recevrait en dépôt une paire de brodequins, pour être mise sous les yeux des réservistes et des territoriaux qui désireraient l'examiner.

CHEFFERIE, s. f. Circonscription militaire placée sous les ordres d'un officier du génie.

CHEF DE LÉGION. Officier du grade de colonel ou de lieutenant-colonel qui commande une légion de gendarmerie. Les chefs de légion sont de véritables inspecteurs permanents dont les importantes fonctions sont définies dans les différents décrets et règlements.

Dans les corps d'armée où se trouvent deux légions, la légion *bis* est toujours commandée par un lieutenant-colonel.

CHEF DE MUSIQUE. La loi de finances du 13 avril 1898 a décidé que les chefs de musique ressortissant au ministère de la guerre jouiraient de la loi du 19 mai 1834 et constitueraient un cadre spécial qui sera déterminé par décret.

Les attributions et la situation du personnel des chefs de musique sont réglées par les décrets du 7 juillet 1899 et du 11 mai 1900.)

Le grade de chef de musique de 1re classe correspond à celui d'officier d'administration de 1re classe (capitaine); celui de chef de musique de 2e classe à celui d'officier d'administration de 2e classe (lieutenant); celui de chef de musique de 3e classe au grade d'officier d'administration de 3e classe (sous-lieutenant). (Loi du 7 avril 1902.)

CHEF-LIEU, s. m. Le chef-lieu est la ville principale des divisions administratives du territoire français. Il y a des chefs-lieux de département, d'arrondissement, de canton et de commune.

CHEMIN, s. m. Voie de terre par laquelle on peut aller d'un lieu à un autre.

Ces voies ont été classées en trois grandes catégories : 1° les routes nationales ; 2° les routes départementales ; 3° les chemins vicinaux. Ces derniers se divisent eux-mêmes en trois classes : 1° les chemins vicinaux de grande communication, dont l'entretien est à la charge des communes et du département; 2° les chemins de petite communication, qui sont entièrement à la charge des communes; 3° enfin, les chemins de moyenne communication ou d'intérêt commun, dont l'entretien est supporté par plusieurs communes.

La loi du 30 mai 1851, sur la police du roulage, ne s'occupe que des contraventions commises sur les routes nationales, départementales et chemins vicinaux de grande communication; mais l'article 316 du décret du 1er mars 1854 prescrit à la gendarmerie de dresser des procès-verbaux contre ceux qui commettent des contraventions de petite voirie sur les chemins vicinaux. — Ces contraventions, relatives à la sûreté, à la salubrité et à la commodité de la voie publique, sont visées par divers articles du Code pénal.

Le défaut de direction et le fait de ne pas se ranger devant les autres voitures et de ne pas laisser libre au moins la moitié de la voie est prévu par l'article 475, n° 3.

L'embarras de la voie publique, en y déposant ou en laissant sans nécessité des matériaux ou des choses quelconques qui empêchent ou diminuent la sûreté du passage, rentre dans l'article 471, n° 4.

La détérioration des chemins publics de quelque manière que ce soit ou l'usurpation sur la largeur est prévue par l'article 479, n° 11. Le même article, n° 12, défend l'enlèvement des gazons, terres ou pierres.

Enfin, d'après l'article 34 du décret du 23 juin 1806, se combinant avec l'article 475, n° 4, du Code pénal, toutes les voitures publiques et de roulage doivent être munies d'une plaque. Seulement, si la voiture circule sur un chemin vicinal qui n'est pas de grande communication, il suffira que la plaque porte le nom du propriétaire, et il sera inutile qu'elle renferme les indications exigées par l'article 16 du décret du 10 août 1852.

Les gendarmes pourront donc, en s'appuyant sur les articles du Code pénal cités plus haut et non sur les articles de la loi du 30 mai 1851, constater sur les chemins de petite vicinalité toutes les contraventions intéressant la sûreté de la voie publique. — Le défaut d'éclairage seul n'est pas prévu et la contravention n'existera que si un arrêté municipal prescrit d'éclairer les voitures qui circulent sur ces chemins.

CHEMIN DE FER. — Chemin garni de files parallèles de bandes de fer nommées rails, solidement fixées sur le terrain et sur lesquelles roulent les wagons. Les chemins qui n'ont que deux files de rails sont dits à simple voie, et ceux qui en ont quatre sont dits à double voie : ces derniers sont évidemment ceux sur lesquels la circulation est la plus facile. L'espace compris entre deux voies se nomme entre-voie. Comme il importe à la sécurité publique que la voie soit toujours libre, il est expressément défendu d'y stationner ou de la traverser sans autorisation, et des barrières fixes sont établies tout le long du chemin.

L'ordonnance du 15 novembre 1846, sur la police, la sûreté et l'exploitation des chemins de fer, a été modifiée par le décret du 1er mars 1901.

La surveillance de l'exploitation, de la sûreté et de la police des chemins de fer est confiée à des agents spéciaux qui ont le droit, en cas de résistance des contrevenants, de requérir l'assistance des agents de la force publique. (Art. 63 de l'instruction.)

L'article 315 du décret du 1er mars 1854 charge la gendarmerie de saisir et de conduire immédiatement devant l'officier de police de l'arrondissement quiconque est surpris détruisant ou déplaçant les rails d'un chemin de fer ou déposant sur la voie des matériaux ou autres objets dans le but d'entraver la circulation. — En outre, si la dégradation d'une partie quelconque de la voie d'un chemin de fer est commise en réunion séditieuse, avec rébellion ou pillage, il doit en être rendu compte immédiatement aux Ministres de la guerre et de l'intérieur, conformément aux articles 77 et 83 du décret précité.

Quant aux infractions relatives à la police des chemins de fer prévues par les articles 1 et 3 de la loi du 15 juillet 1845, les sous-officiers, brigadiers et gendarmes n'étant pas officiers de police judiciaire n'ont pas à les constater par procès-verbal; mais ils doivent en informer le Ministre par un rapport spécial. (Circ. minist. du 1er octobre 1859.)

Les contraventions à l'article 1er du règlement relatif à la police des cours des gares (emplacements assignés aux différentes voitures) sont du ressort des commissaires de surveillance administrative; mais la police locale n'en doit pas moins intervenir dans le cas où les mesures prises par ces fonctionnaires occasionneraient des cris, injures, rixes ou autres délits qui doivent être poursuivis ou réprimés. (Circ. du Ministre de l'intérieur du 24 février 1894.)

Les officiers, sous-officiers, brigadiers et gendarmes, dans l'exercice de leurs fonctions et revêtus de leur uniforme, ont le droit de s'introduire dans les enceintes, gares et débarcadères des chemins de fer, d'y circuler et d'y stationner en se conformant aux règlements. (Décr. du 1er mars 1854, art. 652.) Ils doivent s'abstenir de suivre les voies ferrées sans une nécessité absolue. (Circ. minist. du 16 janvier 1865.)

Le service de la gendarmerie dans les gares est des plus importants, et il est défini dans les circulaires ministérielles du 15 décembre 1878, du 23 octobre 1880 et dans les art. 182 et 183 du Service intérieur. Ces circulaires ayant été diversement interprétées, le Ministre de la guerre, par dépêche du 16 janvier 1894, a prescrit les dispositions suivantes : les conditions dans lesquelles doit s'exécuter le service de la gendarmerie dans les gares varient selon la distance qui sépare la caserne de la gare, et les obligations de service du personnel. Par application de ce principe, les brigades éloignées de plus d'un kilomètre ne devront par être astreintes à assurer régulièrement le service de planton à la gare. Il en sera de même de celles qui, se trouvant à une distance moindre, auraient un service très chargé. Dans les deux cas qui viennent d'être visés, un planton ne sera envoyé obligatoirement à la gare que les jours de foire, de marché, de fête publique, etc., ou si des circonstances extraordinaires justifient la présence de la gendarmerie dans l'intérêt du maintien de l'ordre. En temps normal, le planton sera fourni seulement si la mesure est compatible avec les exigences du service de la gendarmerie. Les dispositions ci-dessus ne modifient en rien les dispositions spéciales arrêtées antérieurement en ce qui concerne la surveillance à exercer par la gendarmerie dans les gares voisines de la frontière. — Les gendarmes devront s'assurer parfois de la position régulière des militaires voyageant isolément, et s'adresser de préférence à ceux dont la conduite et la tenue laisseraient à désirer. Ils prendront note de leurs noms, prénoms et du numéro de leur régiment, puis ils les signaleront par un rapport qui sera transmis hiérarchiquement à l'autorité militaire dans le ressort de laquelle est stationné le corps auquel appartient l'individu signalé. — La circulaire du 23 octobre 1880 recommande à la gendarmerie d'intervenir toujours avec circonspection, surtout lorsqu'elle s'adresse aux sous-officiers, et de ne jamais entraver le service des chemins de fer ou retarder le départ des voyageurs. — Enfin, la circulaire du 15 décembre 1878, après avoir recommandé aux gendarmes d'être toujours dans une très bonne tenue, fixe ainsi qu'il suit l'attitude qu'ils doivent avoir :

A l'arrivée des trains et avant l'entrée en gare, le gendarme de service devra, à moins que sa présence ne soit appelée sur un autre point, se porter sur le quai de débarquement, prendre une attitude militaire et conserver l'immobilité, faisant face au train, jusqu'à ce que celui-ci soit arrêté. — Pendant que le train reste en gare, le gendarme de service doit aller et venir de la tête à la queue du train, en conservant toujours une démarche assurée, attentive et correcte. Il s'abstiendra de lier conversation, si ce n'est pour son propre service ou pour répondre brièvement à des demandes de renseignements. — Si l'arrêt du train se prolonge, le gendarme de service peut s'écarter du quai et visiter les salles, mais il ne doit ni s'asseoir, ni s'abandonner, ni fumer, ni être accompagné. — Au moment où le train est en partance, il doit se porter sur le quai de la même manière qu'il a été indiqué à l'arrivée. (V. les art. 182 et 183 du règlement sur le service intérieur.)

Le décret du 5 juillet 1890 organise la garde des voies de communication. (V. *Communication*.)

En temps de mobilisation, les officiers et les brigades de gendarmerie exercent une surveillance constante sur les étrangers et les gens suspects, les suivent au besoin dans leurs déplacements et les signalent, lorsqu'il y a lieu, aux sentinelles et aux chefs de poste chargés de la surveillance des voies ferrées. (Instr. du 12 juillet 1890.)

Un décret en date du 5 février 1889 organise le service militaire des chemins de fer et les sections de chemins de fer de campagne.

Stationnement des prisonniers dans les gares. — Lorsque des prisonniers sont transférés par les gendarmes, il arrive parfois qu'ils sont obligés de stationner assez longtemps dans les gares pour attendre le passage d'un train ; dans ce cas, pour diminuer les chances d'évasion et pour éviter que les prisonniers ne soient mêlés au public, le chef d'escorte prévient par le télégraphe le chef de gare où il doit s'arrêter, afin qu'il mette à sa disposition un local pour pouvoir placer les prisonniers et les gendarmes ; la circulaire ministérielle du 15 octobre 1880, qui prescrit ces dispositions, recommande en outre de n'amener les prisonniers aux gares d'expédition que peu de temps avant l'heure fixée pour le départ des trains. En arrivant, les gendarmes et les prisonniers peuvent monter immédiatement dans le compartiment qui leur est réservé.

Sapeurs du génie détachés sur les voies ferrées. — Lorsque des hommes viendront à quitter le service des administrations de chemins de fer, soit volontairement, soit pour cause de renvoi, ils seront dirigés sur leur régiment d'origine conformément aux dispositions ci-après : dès que l'administration aura pris la décision du renvoi de l'homme, elle adressera au commandant de la gendarmerie du lieu où réside l'ouvrier à renvoyer un bulletin indiquant ses nom et prénoms, ainsi que le régiment d'origine. — La gendarmerie fera immédiatement établir en faveur de cet homme une feuille de route pour rejoindre son corps. — En même temps qu'elle adressera ce bulletin à la gendarmerie, l'administration du chemin de fer fera parvenir au colonel du régiment sur lequel l'homme est mis en route l'avis du renvoi, avec les motifs à l'appui.

Transport en chemin de fer. — Le règlement général pour les transports militaires par chemin de fer porte la date du 26 janvier 1895 et a fait l'objet d'un arrêté du ministre des travaux publics en date du 10 février 1899. Tout militaire, pour obtenir son transport à prix réduit sur les chemins de fer, doit présenter une feuille de route. — La feuille de route peut servir pour un voyage (aller et retour), et chaque visa délivré ultérieurement par l'autorité compétente, en exécution d'un ordre ou d'une permission de l'autorité militaire, constitue une feuille de route nouvelle donnant droit à un nouveau voyage. — La feuille de route peut être suppléée par les sauf-conduits, congés, permissions, ordres de service, ordres d'appel ou ordres de route délivrés par l'autorité compétente. — Il est fait exception à cette règle en faveur des sous-officiers et commandants de brigade de gendarmerie qui, voulant voyager sur les chemins de fer pour affaires de service, sont admis au bénéfice de la réduction de taxe sur leur déclaration écrite qu'ils voyagent pour cause de service. — Les gendarmes sont transportés à prix réduit sur la présentation d'un titre régulier.

La feuille de route ou le titre qui la supplée sont considérés comme nuls lorsqu'ils sont périmés et ne donnent pas droit, dans ce cas, à la réduction du tarif.

Les compagnies des chemins de fer sont autorisées à demander en route, aux porteurs de billets militaires, l'exhibition de leur feuille de route lorsque ceux-ci ne sont pas en uniforme; mais elles ne peuvent exiger cette exhibition en route lorsque les porteurs de billets militaires sont en uniforme.

Les sous-officiers, brigadiers et gendarmes en uniforme ne peuvent voyager dans les voitures de 1re classe que lorsque l'autorisation en est mentionnée sur la feuille de route ou le titre qui la supplée par l'autorité militaire. Ces mêmes militaires, en habit bourgeois, sont admis dans des voitures de 1re classe.

Les compagnies de chemins de fer reconnaissent aux sous officiers et soldats et assimilés autorisés à voyager en uniforme, en 1re classe, la faculté d'emprunter les trains express composés de voitures de toutes classes, lorsque ces express ne prennent que des voyageurs de 1re pour la destination indiquée sur la feuille de route ou le titre qui y supplée. (Dépêche du ministre des travaux publics du 26 décembre 1896.)

Tout sous-officier, caporal, brigadier, soldat ou assimilé, autorisé à voyager en civil, sera tenu de présenter, sur la demande des agents des compagnies de chemins de fer préposés à la distribution et au contrôle des billets, en même temps que son titre de permission portant mention de l'autorisation dont il s'agit, une pièce d'identité, qui sera le livret individuel pour les hommes de troupe, la commission dont ils sont détenteurs pour les assimilés. (Note ministérielle du 6 février 1896.)

Les militaires voyageant isolément et porteurs d'un titre régulier ont droit au transport gratuit de 30 kilogr. de bagages par homme. L'excédent est taxé au prix de 0 fr. 125 de 0 à 40 kilogr. et de 0 fr. 10 par tonne et par kilomètre au-dessus de 40 kilogr. (V. *Bagages* et *Transport.*) — La réduction de taxe n'est applicable qu'à l'armement personnel et aux effets d'habillement ou autres menus objets à l'usage des militaires. (Pour le transport du mobilier des gendarmes à prix réduit, en cas de changement de résidence, V. *Bagages* et *Transport.* — Pour le transport des chevaux, V. *Chevaux.*)

Les militaires ne peuvent réclamer le droit de monter dans un train de plaisir en payant le quart du tarif. Leur admission dans ces trains, à des conditions autres que celles imposées au public, est facultative, au gré des compagnies de chemins de fer.

Dans les cas urgents, qui ne laissent pas les délais nécessaires pour l'établissement des bons de chemin de fer, les détachements de gendarmes porteurs de leurs armes et déplacés pour le maintien de l'ordre public sont autorisés à monter dans les trains, sans payer préalablement le prix de leurs places. En cas de nécessité, et notamment lorsque le déplacement a pour but de répondre à une réquisition urgente des autorités civiles, l'ordre de mouvement, dont une copie doit être remise au chef de la gare de départ, est établi par l'officier ou le chef de brigade à qui la réquisition a été adressée. (Instr. du 26 janvier 1895.) (V. Service intérieur, art. 324, et *Ordre de mouvement.*)

Tout voyageur qui ne peut présenter son billet à l'arrivée doit solder, avant de quitter la gare, le prix de la place qu'il a occupée au tarif militaire pour le plus grand parcours du train, à moins qu'il ne puisse justifier de son point de départ, soit par son bulletin de bagages, soit par le timbre apposé sur la feuille de route. — Si des militaires isolés se trouvent en dehors de la direction indiquée sur leur feuille de route par suite d'une erreur commise par eux de bonne foi, que le commissaire et le chef de gare apprécient, la Compagnie les remet gratuitement à l'embranchement où l'erreur a été commise, ainsi qu'elle le fait pour les voyageurs civils, et le commissaire constate l'incident par une annotation sur la feuille de route, afin d'expliquer le retard qui pourrait résulter du changement de direction. — Si cette situation provient du fait intentionnel de l'homme, ou si le militaire déclare ne pas avoir l'argent nécessaire pour vivre et voyager jusqu'à destination, le commissaire le remet, après examen, entre les mains de la gendarmerie ou de l'autorité militaire locale. (V. *Avances en route* et *Feuilles de route.*)

Les militaires qui changent de résidence pour des motifs de service peuvent obtenir pour leur famille des réductions de tarif sur les chemins de fer. (Note minist. du 27 février 1892.) A cet effet, ils établissent une demande distincte pour chacun des réseaux sur lesquels le voyage doit s'effectuer : ces demandes, conformes au modèle n° 5 annexé à l'instruction du 26 janvier 1895, sont adressées directement au Ministre de la guerre par le chef hiérarchique local du signataire (c'est ainsi que les demandes d'un militaire faisant partie d'une brigade de gendarmerie doivent être transmises directement au Ministre par le commandant de la brigade, quel que soit son grade). Cette transmission s'opère au moyen d'un bordereau d'envoi énonçant le nom et le grade du militaire qui a fait les demandes, le nombre de celles-ci et leur date. Les intéressés sont autorisés à attendre à leur poste les bons délivrés par les compagnies de chemins de fer, sauf autorisation du chef de légion qu'ils doivent immédiatement prévenir des demandes qu'ils ont faites. (V. la circulaire du 11 avril 1894 pour la règle à suivre par les militaires des colonies pour obtenir une réduction de demi-place sur les voies ferrées).

Les compagnies de chemins de fer accordent ordinairement une réduction de tarif aux veuves et aux orphelins des militaires décédés en activité de service pour se rendre de la résidence de ces militaires à la localité où se retirent les intéressés. (Note ministérielle du 27 avril 1900.)

Lorsqu'ils y sont obligés par leur service, les agents de la force publique peuvent conserver avec eux, dans les voitures, des armes à feu chargées, à condition de prendre place dans des compartiments réservés. (Décret du 1er mars 1901, art. 60.)

Le transport des enfants de militaires a lieu dans les conditions ordinaires : au-dessous de trois ans, ils ne paient rien; de trois à sept ans, ils paient demi-place ; au-dessus de sept ans, ils paient place entière.

Les enfants de troupe voyageant en vertu d'une feuille de route ou d'un ordre d'une autorité militaire sont transportés gratuitement au-dessous de trois ans et au quart du tarif à partir de trois ans. Il leur est délivré une feuille de route sans indemnité sur la demande des parents ou tuteurs, adressée au commandant d'armes le plus voisin; la mention « accordée » portée sur ladite demande et signée par ce commandant d'armes remplace l'invitation de délivrance de feuille de route. (Note minist. du 22 février 1885.)

Les militaires en retraite, quel que soit leur grade, ne peuvent revendiquer le bénéfice des tarifs militaires.

Les anciens militaires dont les blessures ou les infirmités contractées au service nécessitent l'emploi des eaux sont transportés et hospitalisés aux frais de l'Etat. (V. *Eaux thermales.*) Une décision ministérielle en date du 12 août 1886 règle les dispositions à prendre pour le transport des isolés et des détachements voyageant dans les trains de vitesse, et les généraux commandant de corps d'armée ont le droit d'ordonner, sur le territoire de leur région, la mise en route, par les voies ferrées, des détachements dont l'effectif n'est pas supérieur à vingt hommes. (Note minist. du 15 octobre 1887.)

Chef de gare. Un chef de gare assermenté ne peut requérir un gendarme de service d'aller chercher des gendarmes pour constater une infraction en matière d'exploitation. Les chefs de gare ont qualité pour ces sortes de constatations, tandis que l'article 23 de la loi du 15 juillet 1845 et la circulaire du 1er octobre 1859 refusent ce droit aux gendarmes. — Les chefs de gare n'ont aucune autorité sur la gendarmerie ; ils peuvent la requérir pour leur prêter main-forte, mais non pour en user comme bon leur semble. L'article 64 du cahier des charges annexé au décret du 11 juin 1869 est ainsi conçu :

« Les agents et gardes que la compagnie établira soit pour opérer la perception, soit pour la surveillance et la police du chemin de fer, seront assimilés aux gardes champêtres. »

Le chef de gare n'est pas un fonctionnaire public (Jugement du tribunal de la Seine du 18 novembre 1845) ; il y aurait, de sa part, erreur à supposer que c'est pour faire, sous sa direction et sa responsabilité, la police de la gare qu'un gendarme est envoyé en service dans l'enceinte de celle-ci. — En cas d'infraction, le gendarme agit soit spontanément, soit sur la réquisition du chef de gare, que celui-ci a le droit de lui adresser comme chef de maison, mais en observant, comme pour les commissaires de police, de ne pas se servir des expressions « voulons » ou « ordonnons ».

Voyageur sans billet. Un voyageur qui n'est pas muni d'un billet pourrait être arrêté préventivement, s'il y avait présomption d'escroquerie ; mais, en dehors de cette supposition, il est tenu de faire connaître son identité et de payer le prix de sa place depuis le plus long parcours du train, sans préjudice des poursuites qui peuvent être exercées contre lui par la compagnie.

Commissaire de surveillance administrative. (V. à ce titre.)

Chemins de fer français. Paris est le centre des chemins de fer français. Six lignes principales en partent.

1° Le chemin de fer du Nord, sur Amiens, Arras, Douai, Lille, et, avec ses rameaux, sur Boulogne, Calais et Dunkerque, vis-à-vis de l'Angleterre, et sur Gand, Bruxelles, Liége, en Belgique ; Cologne, en Allemagne.

2° et 3° Les deux lignes des chemins de fer de l'ouest, ayant leur point de départ à la rive droite et à la rive gauche de la Seine, à Paris, et se portant, d'une part, sur Rouen et le Havre, sur Caen et Cherbourg ; de l'autre, sur Versailles, Chartres, Le Mans, Rennes et Brest.

4° Le chemin de fer d'Orléans, qui, à Orléans, se sépare en deux grandes branches : l'une sur Tours, Angers, Nantes et Saint-Nazaire, avec l'embranchement de Tours, Poitiers et Bordeaux ; l'autre sur Vierzon, Bourges, Moulins, Clermont, etc., avec le rameau de Limoges et Périgueux.

5° Le chemin de fer de Paris à Lyon, par deux directions : l'une par Dijon et Mâcon, c'est-à-dire par la Bourgogne, avec des embranchements sur Besançon, Neuchâtel en Suisse, Genève, Chambéry et Turin (en traversant les Alpes) ; l'autre par Nevers, Moulins, Roanne et Saint-Etienne, ou, par une voie plus courte, Tarare, c'est la ligne du Bourbonnais. — Le chemin de fer de Lyon à la Méditerranée est la continuation de la ligne de Paris à Lyon, et se rend à Marseille par Avignon ; il dirige ses rameaux sur Grenoble, sur Nîmes et Montpellier, sur Toulon, Nice, etc.

6° Le chemin de fer de l'Est, sur Strasbourg, par Châlons-sur-Marne, Bar-le-Duc, Nancy, avec embranchements sur Troyes, Mulhouse et Bâle, sur Reims et les Ardennes, sur Metz et Mayence (en Allemagne.)

Les chemins du Midi touchent d'un côté à la ligne de Lyon à la Méditerranée ; de l'autre, à celle d'Orléans à Bordeaux ; la ligne principale va de Cette à Bordeaux, en passant par Narbonne, Carcassonne, Toulouse, Montauban, et elle envoie des rameaux en Espagne par Perpignan et par Bayonne.

En cas de mobilisation, les compagnies de chemins de fer sont tenues de mettre à la disposition du ministère de la guerre toutes les ressources en personnel et en matériel qu'il juge nécessaires pour assurer les transports militaires. (Loi du 8 juillet 1877 sur les réquisitions.) La longueur totale des chemins de fer français dépasse aujourd'hui 44.000 kilomètres.

CHEMINEE, s. f. Appareil de chauffage dont le foyer est découvert et dont le tuyau est caché dans la muraille.

On désigne sous le nom de feu de cheminée un incendie concentré dans le tuyau. On éteint rapidement ces feux en bouchant la cheminée par en haut et par en bas. — Les feux de cheminée proviennent presque toujours du défaut d'entretien et peuvent donner naissance à de violents incendies; aussi l'article 471, n° 1, punit d'une amende de 1 à 5 francs ceux qui auraient négligé d'entretenir, réparer ou nettoyer les fours, cheminées ou usines où l'on fait usage du feu. En cas de récidive, l'emprisonnement de trois jours au plus est obligatoire.

Les maires ont le droit de prendre des arrêtés pour ordonner l'entretien et le ramonage des cheminées, conformément à la loi des 16-24 août 1790, qui confie spécialement à l'autorité municipale le soin de prévenir les incendies.

Les cheminées des casernes doivent être nettoyées chaque année au 1er novembre à la requête du chef de brigade. (V. Service intérieur, art. 301.)

CHENILLE, s. f. Les chenilles, que tout le monde connaît, sont des larves qui, après être devenues chrysalides, donnent naissance à des papillons. Ces animaux, qui dévorent toutes les substances végétales, causent parfois de si grands préjudices à l'agriculture que le Code pénal punit de 1 à 5 francs d'amende (§ 471, n° 8) ceux qui auront négligé d'écheniller dans les campagnes où ce soin est prescrit par la loi et les règlements. En cas de récidive, l'emprisonnement pour trois jours est obligatoire. — C'est la loi du 26 ventôse an IV qui prescrit l'échenillage et, pour que cette opération donne des résultats, il faut qu'elle soit faite avant le 20 février. (V. *Echenillage*.)

CHEPTEL, s. m. Le cheptel est un contrat très usité dans les campagnes et par lequel un individu donne à un autre des bestiaux à garder, à nourrir et à soigner, à la condition de partager avec lui la moitié des produits et la moitié des pertes. — Les conditions des baux à cheptel peuvent varier suivant ceux qui les font et suivant les usages du pays.

CHÈQUE, s. m. Mot nouveau venant de l'anglais. — Le chèque est une sorte de mandat par lequel celui qui le signe donne ordre à un banquier, dépositaire de son argent, de remettre tout ou partie de cet argent à la personne désignée dans le chèque.

CHER (Département). Population, 345,543 habit.; 3 arrondissements, 29 cantons (8e corps d'armée, 8e légion de gendarmerie), chef-lieu Bourges, 45,342 habit.; à 232 kilomètres S. de Paris, sur les deux versants d'un coteau, au confluent de l'Auron, de l'Yèvre et de l'Yèvrette. S.-P. : Saint-Amand, Sancerre. Dép. méditerrané. — Pays plat en général, agricole et d'exploitation. Elève importante de bétail et d'abeilles. Patrie du roi Louis XI.

CHEVAL, s. m. Le cheval est un animal de la famille des solipèdes, qui est caractérisé par l'existence d'un seul doigt apparent et d'un sabot à chaque pied. Le cheval a 40 dents : il est herbivore et granivore, mais il ne rumine pas; son corps est couvert d'un poil ordinairement ras et court en été, sa queue est garnie de longs poils et son cou est surmonté de poils également longs dont l'ensemble s'appelle crinière.

On ignore l'origine du cheval; aussi loin que l'on puisse remonter dans l'histoire, on le trouve réduit à l'état domestique et l'on n'a rencontré nulle part de chevaux sauvages; les chevaux libres vivant à l'état sauvage qui existent en Amérique descendent des chevaux amenés par les conquérants espagnols; avant la conquête de ce pays, le cheval y était inconnu. Les chevaux libres errent en troupes de vingt à trente individus; on s'en empare au moyen du lazzo et leur dressage se fait sans difficultés. La voix du cheval s'appelle hennissement; le cheval hongre et la jument hennissent rarement, et leur voix est plus brève et moins éclatante que celle du cheval entier. — Le cheval dort peu : il paraît dormir debout et certains chevaux se couchent très rarement; il saisit ses aliments avec les lèvres et les dents incisives et les divise en petites parcelles avant de les avaler; un cheval met en moyenne une heure et quart pour manger 2 kilogrammes de foin sec. — La jument porte de onze à douze mois; elle met bas presque toujours debout. Le cheval peut se reproduire à 2 ans 1/2; la jument est encore plus précoce et les mâles restent féconds jusqu'à un âge assez avancé. On cite des chevaux qui ont fait des poulains à 14, 16 et même 20 ans. La durée moyenne de la vie du cheval est d'environ 25 ans. — Le produit du cheval et de l'ânesse est le bardeau ; celui de l'âne et de la jument est le mulet : l'un et l'autre sont incapables de se reproduire. — Après avoir donné les caractères généraux du cheval, nous allons entrer dans quelques détails aussi concis que possible sur l'extérieur et sur le squelette.

Squelette. L'assemblage de tous les os d'un même animal dans l'ordre et la position que la nature leur a assignés a reçu le nom de squelette. — On divise le squelette en deux grandes portions : le tronc et les membres. La première contient et protège dans ses cavités tous les organes essentiels à la vie ; la seconde sert à la première de colonne de support et de levier de déplacement.

Os du tronc. Les os du tronc sont la tête, la colonne vertébrale, le sternum et les côtes.

Os des membres ; os des membres antérieurs. Les os des membres antérieurs sont : 1° le scapulum ou os de l'épaule ; — 2° l'humérus ou os du bras ; — 3° le cubitus ou os de l'avant-bras ; — 4° le carpe ou os du genou (cet os est formé par sept os rangés en deux couches superposées) ; — 5° le métacarpe ou os du canon ; — 6° les phalangiens ; on désigne sous ce nom trois os succédant au canon et se faisant suite entre eux ; le premier phalangien se nomme os du paturon, le second os de la couronne et le troisième os du pied.

Les os des membres postérieurs sont. 1° le coxal ou os de la hanche ; — 2° le fémur ou os de la cuisse ; — 3° la rotule ou os du grasset ; — 4° le tibia ou os de la jambe ; — 5° le tarse ou os du jarret (formé de 6 ou 7 petits os superposés comme le carpe) ; — 6° le métatarse ; — 7° les phalangiens, qui comprennent trois os comme dans les membres antérieurs.

Extérieur. Par le mot extérieur, en hippologie, on entend l'étude de toutes les parties externes du cheval sous le rapport de leur belle conformation, de leurs défectuosités et des accidents qui peuvent y survenir. — L'étude extérieure du cheval peut être divisée en trois parties : 1° l'avant-main ; 2° le corps ; 3° l'arrière-main.

L'avant-main comprend :

1° *La tête.* La tête est la partie du corps qui permet le mieux d'apprécier le cheval, de juger de son intelligence, de son origine et de son caractère moral. Le type de sa beauté se trouve dans le cheval oriental ; chez lui, elle représente à peu près une pyramide quadrangulaire tronquée, ce qui fait dire qu'elle est carrée ; le front est large, en ligne droite, avec un chanfrein bien développé ; les ganaches sont écartées ; les naseaux grands et bien ouverts, aux ailes mobiles qui se détachent largement pour laisser passer l'air ; les yeux vifs, doux et à fleur de tête ; les oreilles petites, droites, bien plantées et très mobiles aux impressions.

2° *L'encolure.* L'encolure est avec la tête un véritable balancier qui concourt à l'exécution de tous les mouvements. L'encolure doit être en harmonie avec le reste du corps et avec le genre de service propre au cheval ; l'encolure du cheval de course ne peut pas être la même que celle du cheval de trait. Lorsque l'encolure présente une courbe gracieuse qui permet à la tête de se ramener, elle est dite rouée. Cette position est peu propre aux allures rapides. L'encolure droite, au contraire, qui appartient aux chevaux de course, est très favorable à la rapidité des allures, mais elle n'a pas la souplesse nécessaire pour le cheval d'armes. Il faut, pour ce dernier, choisir une encolure moyenne, et si elle est sèche, musclée et bien sortie, elle sera toujours légère.

3° *Le poitrail,* situé au-dessous de l'encolure, entre les pointes des épaules. Il doit être large et haut, mais surtout haut pour les chevaux de selle, car son excès de largeur ralentit les allures en déterminant un bercement désagréable.

4° *Les ars et l'inter-ars.* On appelle ars les plis de la peau résultant de la jonction de chaque membre antérieur avec la partie inférieure de la poitrine ; l'inter-ars est l'espace compris entre les deux ars.

5° *Le garrot,* placé entre l'encolure et le dos. Il doit être élevé et incliné en arrière : par sa hauteur et son inclinaison, il favorise le développement d'une belle épaule et le port élégant de l'encolure et de la tête, conditions indispensables de légèreté et de sûreté dans l'avant-main.

6° *L'épaule,* qui a pour base le scapulum et les forts muscles qui s'y fixent; sa beauté dépend de deux conditions: sa largeur et son obliquité. Plus une épaule est longue et horizontale, plus le cheval a de facilité pour se porter en avant et plus il offre de sécurité au cavalier.

7° *Le bras,* qui a pour base l'humérus; sa beauté tient aux mêmes conditions que celle de l'épaule, avec laquelle il fait un angle. Ces deux régions se confondent en extérieur.

8° *L'avant-bras,* situé après le bras, a pour base le cubitus; il doit être vertical, large et fortement musclé. Tous les bons trotteurs ont l'avant-bras long et, par suite, le genou bas et le canon court; ces conditions sont les meilleures pour la rapidité des allures.

9° *Le coude,* qui a pour base l'apophyse olécrane de cubitus; il sert de levier aux muscles extenseurs de l'avant-bras et il doit être très proéminent. Les chevaux qui se couchent en vache ont ordinairement aux coudes une tumeur connue sous le nom d'éponge causée par la pression réitérée des extrémités du fer.

10° *Le genou,* qui doit être disposé pour réunir l'avant-bras au canon en ligne droite; il ne doit être ni porté en avant (arqué), ni porté en arrière (creux), ni saillant en dehors ou en dedans comme chez les bœufs. Sa face antérieure doit être large, sèche, unie, légèrement arrondie d'un côté à l'autre.

11° *Le canon,* qui fait suite au genou; ainsi que nous l'avons dit, il doit être court pour faciliter la rapidité des allures. Vu de face, il doit être mince, et, regardé de profil, il doit présenter le plus de largeur possible.

12° *Le boulet,* qui est formé par l'articulation du métacarpe avec le premier phalangien et deux os particuliers appelés les deux grands sésamoïdes. Ses fonctions importantes sont très compliquées, tant pour porter le corps avec la douceur nécessaire à sa conservation que pour le projeter en avant. Le boulet se trouvera dans les meilleures conditions possibles s'il est très large d'avant en arrière.

13° *Le paturon,* qui a pour base le premier phalangien; il ne doit être ni trop court ni trop long; un paturon court est une condition de force pour le cheval, mais les réactions sont alors très dures; un paturon long amène l'usure rapide des tendons et des boulets. Un cheval ne devra donc être ni court-jointé ni long-jointé. Son paturon devra avoir une position intermédiaire, et il formera avec le sol un angle de 45 degrés. Si cet angle est très ouvert le cheval est dit bouleté; il est dit pied-bot si le boulet est entièrement porté en avant, et enfin, si au contraire le boulet tend à se rapprocher du sol, il est dit bas-jointé.

14° *La couronne,* deuxième phalangien, présente à son union avec le pied un petit bourrelet circulaire qui est le foyer de sécrétion de l'ongle.

15° *Le pied* est la région sur laquelle réagissent tous les efforts. Ses moindres altérations sont graves et se traduisent immédiatement par une incertitude ou une irrégularité dans les allures. — Le pied est sans contredit la partie la plus curieuse à étudier dans le cheval; nous nous bornerons à donner ici une description sommaire du sabot, qui se subdivise naturellement par les trois sortes de corne qui le forment en : 1° muraille; 2° sole, et 3° fourchette. La muraille est la portion cornée apparente lorsque le pied pose à terre; on appelle pince sa convexité antérieure, mamelles les deux parties qui suivent, quartiers celles qui sont sur les côtés, et talons le point où elle s'infléchit pour former les arcs-boutants. — La sole est une plaque cornée irrégulière qui ferme intérieurement l'espèce de boîte formée par la muraille. C'est une voûte qui résiste énergiquement à la pression de l'os du pied. La fourchette en forme de V est une sorte de coussin élastique qui ressemble à du caoutchouc; au moment où le pied pose à terre, elle cède à la pression pour reprendre sa forme aussitôt après. Par cette propriété, elle est le complément de l'élasticité générale du sabot. Plus elle est forte quand sa substance est de bonne nature, mieux elle remplit son office. Lorsqu'elle présente un suintement noirâtre, elle est dite échauffée, et pourrie si elle est molle et filandreuse. — Les pieds doivent être grands tout en restant en rapport avec le corps. Les pieds plats dans lesquels la sole est abaissée prédisposent aux oignons et aux bleimes. Les pieds rampins dans lesquels la paroi est presque perpendiculaire et les talons très hauts sont plutôt disgracieux que nuisibles : c'est le pied de l'âne. — Les pieds sont dits encastelés lorsque les talons sont très resserrés et passent même quelquefois l'un sur l'autre. Ce vice a toujours des conséquences très graves. — Les pieds pinçards sont ceux qui n'appuient que sur la pince; ils sont les conséquences de douleurs permanentes dans les tendons suspenseurs. — Les sabots antérieurs ne sont pas absolument semblables aux sabots postérieurs; chez ces derniers, la pince est plus saillante, et les talons, plus serrés, sont moins susceptibles d'expansion.

Corps. 1° *Le dos* a pour base les vertèbres dorsales. C'est sur lui que la selle est placée pour supporter le cavalier, et il réunit les conditions de résistance nécessaires à ses pénibles fonctions quand il est droit, court et bien musclé. — S'il dévie en bas, il est dit ensellé, et le cheval ainsi conformé manque de résistance et est sujet aux contusions d'une selle mal ajustée. Si le dos présente le défaut contraire, on le nomme dos de carpe ou de mulet; dans ce cas, le cheval est plus apte à supporter sans fatigue le poids de grands fardeaux, mais ses réactions sont dures et fatigantes. — Le dos est dit double quand sa ligne médiane est noyée dans les muscles qui ressortent de chaque côté.

2° *Le rein*, en arrière du dos, dont il est la continuation, a pour base les vertèbres lombaires, et il doit réunir les mêmes conditions que le dos, c'est-à-dire être court et bien musclé; il se termine à la croupe, avec laquelle il doit s'unir insensiblement. S'il est long et qu'il ait une ligne de déviation prononcée entre lui et la croupe, il est dit mal attaché ou plongé. Ce défaut prédispose à une maladie très grave, appelée effort de reins. La compression de la selle cause souvent aux reins une plaie rebelle nommée mal de rognon. — La souplesse du rein est un signe de santé; on s'en assure en le pinçant légèrement à son point de jonction avec le dos.

3° *Les côtes*, lorsqu'elles sont écartées et hautes, indiquent la grande capacité de la poitrine; les côtes aplaties ont l'avantage d'offrir une plus grande surface à l'appui de la selle. Les côtes arrondies sont souvent la cause d'indurations appelées cors. — Les côtes plates sans exagération sont préférables aux côtes arrondies.

4° *Le passage des sangles* a pour base le sternum, sur lequel on sangle le cheval.

5° *Le ventre* a pour base les muscles qui soutiennent les intestins : il ne doit être ni trop développé ni trop déprimé. Dans ce dernier cas, il indique un cheval mauvais mangeur ou un cheval trop nerveux, dont les digestions sont facilement troublées.

6° *Les flancs* sont les parties supérieures du ventre entre les côtes et les hanches : ils doivent être aussi courts que possible; les chevaux épuisés ou malades ont les flancs creux.

Arrière-main. — 1° *La croupe* a pour base le sacrum et s'étend du rein à la queue. — La croupe doit être longue et moyennement oblique : ces deux conditions sont les meilleures pour obtenir à la fois la vitesse et la résistance. La croupe trop oblique, dite avalée, est très défectueuse pour la progression. « Le cheval dont la croupe est aussi longue que le dos et le rein réunis, disent les Arabes, prends-le les yeux fermés, c'est une bénédiction. » — La croupe tranchante est causée par des éminences osseuses très développées : elle indique en général une grande énergie. La croupe est dite double lorsque les muscles font saillie de chaque côté du sacrum; comme la croupe trop large, elle diminue la vitesse des allures. La croupe en cul de poule est celle qui est caractérisée par un fort amas de graisse à la naissance de la queue.

2° *La queue* a pour base les os coccygiens : dans les races nobles, elle est soyeuse et son attache est élevée par un tronçon bien détaché. — La queue de rat est celle qui se trouve dépourvue de ses crins; disgracieuse à l'œil, elle est souvent l'indice de bonnes qualités.

3° *La hanche* a pour base l'angle antérieur externe du coxal; elle doit être développée; quand le développement est très prononcé, on dit que le cheval est hanchu, cornu ou ossu. Cet excès, qui choque l'œil inexpérimenté, indique toujours un bon cheval.

4° *La fesse* a pour base l'extrémité postérieure du coxal : elle doit être très développée en tous sens; le cheval est dit alors bien culotté.

5° *La cuisse* a pour base le fémur; elle correspond au bras et, comme lui, elle doit avoir la plus grande largeur et la plus grande inclinaison possible. Elle doit, en outre, être bien musclée et bien descendue. Les cuisses maigres sont nommées cuisses de grenouille.

6° *Le grasset* a pour base la rotule et sert de poulie à tous les muscles extenseurs de la jambe.

7° *La jambe* a pour base le tibia et, comme l'avant-bras, elle doit être longue pour favoriser les allures.

8° *Le jarret* est formé par l'union du tibia, des os tarsiens et des métatarsiens. C'est l'articulation qui joue le rôle le plus important dans la locomotion. Il doit être épais et large; son épaisseur annonce la solidité des os qui le constituent et sa largeur témoigne de la longueur du calcanéum, qui s'élève en arrière pour offrir aux muscles extenseurs un puissant bras de levier. — Les fonctions si importantes du jarret l'exposent à être le siège de différentes tares généralement très graves : courbes, jardes, éparvins, vessigons, capelets. Nous les étudierons dans des articles séparés.

9° *L'anus* est l'orifice postérieur du canal digestif; il doit former un petit bourrelet serré et n'être ni lâche ni volumineux.

10° *Les organes de la génération* sont, dans le cheval, le fourreau, le pénis et le scrotum; dans la jument, la vulve et les mamelles. — Il nous paraît inutile d'entrer dans des détails sur ces organes, peu importants au point de vue des qualités du cheval.

Nous terminerons cette étude rapide par un dicton arabe qui donne le moyen de retenir facilement les principales qualités que doit posséder un bon cheval : — « Pour que le cheval soit bon, disent les Arabes, il faut qu'il ait quatre choses larges, quatre choses longues et quatre choses courtes. — Les quatre choses larges sont : le front, la poitrine, la croupe et les membres; les quatre choses longues sont : l'encolure, les rayons supérieurs de l'avant-main, le ventre ou les côtes et les hanches; les quatre choses courtes sont : les reins, les paturons, la queue et les oreilles. A l'exception des oreilles, qui peuvent être longues et appartenir à un bon cheval, toutes les autres conditions sont indispensables.

De l'âge du cheval. — La connaissance de l'âge du cheval est un problème difficile, qui demande des études théoriques spéciales et surtout une grande expérience. Notre cadre ne nous permettant pas d'entrer dans de grands détails, nous nous bornerons à donner quelques renseignements généraux sur cette importante question. — Les dents incisives du cheval, c'est-à-dire celles qui servent à couper les aliments, sont au nombre de douze, six en haut et six en bas, et elles sont distinguées par paires, en pinces placées au centre, en mitoyennes implantées sur les côtés des précédentes et en coins formant les deux extrémités. — En naissant, le poulain est dépourvu d'incisives; lorsqu'il a huit ou dix jours, les pinces paraissent; à quarante ou cinquante jours poussent les mitoyennes, et deux ou trois mois après poussent les coins. Ces premières dents sont dites caduques, parce qu'elles tomberont et seront remplacées par d'autres qu'on appelle dents de remplacement. Vers trente mois, les pinces de remplacement chassent les caduques; un an après, les mitoyennes font comme les pinces, et de quatre ans et demi à cinq ans viennent les coins; à cet âge, le cheval n'a plus de dents de lait. Vers cette époque, paraissent également les crochets, mais seulement chez le cheval; les juments qui en ont sont appelées *bréhaignes*, vieux mot français qui veut dire stérile. — Comme on le voit, jusqu'à cinq ans révolus, l'âge est très facile à reconnaître. — Au delà, la question se complique et, sans entrer dans l'étude du rasement, nous dirons simplement qu'à six ans on remarque sur la table des pinces et des mitoyennes deux anneaux d'émail séparés par une zone d'ivoire et qu'à sept ans les coins offrent les mêmes anneaux que les pinces et les mitoyennes. En outre, on remarque en général, à cet âge, sur le coin supérieur, une sorte d'échancrure appelée vulgairement queue d'hirondelle et qui est un indice très sûr quand il existe. — A huit ans, toutes les incisives sont ovales et, à partir de cet âge, elles vont changer de forme et devenir rondes; à neuf ans, les pinces s'arrondissent; à dix ans, les mitoyennes et, à douze ans, les coins. A douze ans commence un nouveau changement de forme. Vers cet âge, les pinces deviennent anguleuses, puis triangulaires, et à seize ans la triangularité est complète dans toutes les dents. A partir de cet âge, les dents deviennent de plus en plus droites et serrées les unes contre les autres et les modifications sont trop tranchées pour pouvoir être facilement définies. Telles sont les idées sommaires et générales sur la connaissance de l'âge par l'examen des dents; mais, comme nous l'avons dit plus haut, ce n'est que par l'étude et par l'expérience que l'on peut arriver à donner réellement l'âge d'un cheval au delà de sept ans.

Le nombre de chevaux employés dans l'armée en temps de paix varie entre 112,000 et 143,000. Au budget de 1891, le nombre de chevaux dont l'entretien est prévu est de 142,870, dont 20,970 chevaux d'officiers. Le budget de la même année fait ressortir pour la gendarmerie et la garde républicaine 12,188 chevaux, dont 741 chevaux d'officiers.

Chevaux des gendarmes. Les sous-officiers, brigadiers et gendarmes sont tenus de pourvoir à leurs frais à l'achat de leurs chevaux. Ils se remontent dans les régiments de cavalerie et d'artillerie; mais, à défaut de chevaux provenant des régiments, ils ont la faculté de présenter eux-mêmes aux conseils d'administration les chevaux qu'ils désirent faire recevoir et, dans tous les cas, ils doivent assister à l'achat des montures qui leur sont destinées et en discuter la qualité et le prix. (V. *Remonte*).

Les chevaux des gendarmes ne peuvent être employés que pour le service: les gendarmes qui contreviennent à cette défense sont sévèrement punis. Ils encourent la réforme quand il y a récidive. (Serv. intérieur, art. 134.) Un cheval de gendarme, désigné d'office, est mis à la disposition du trésorier et, s'il y a lieu, de son adjoint pour les exercices et manœuvres. Ces militaires sont responsables en cas d'accidents imputables à leur négligence. (Service intérieur, art. 88 et 106.)

Les gendarmes ne peuvent, en quittant l'arme, disposer de leurs chevaux qu'avec l'agrément du conseil d'administration. Ces chevaux sont reçus jusqu'à l'âge de douze ans et même au delà, s'ils sont reconnus propres à faire encore un bon service. — Un cheval ayant moins de douze ans venant d'un régiment, refusé par le conseil d'administration, ne peut être laissé à l'homme qu'après l'approbation du général commandant le corps d'armée, qui juge s'il y a opportunité de le faire présenter à une commission de remonte régimentaire. Circ. du 1er juillet 1879, note minist. (du 4 avril 1883, circ. du 16 juin 1883 et art. 144 du règlement du 12 avril 1893.)

Les pièces à joindre à la demande sont : 1° la copie de la délibération du conseil indiquant les motifs du refus; 2° l'extrait de la matricule des chevaux; 3° le certificat du vétérinaire qui aura examiné le cheval.

Lorsqu'un militaire est sous le coup d'une mesure qui doit entraîner sa radiation des contrôles, le conseil d'administration statue, à l'avance, sur le sort réservé à son cheval, et, si cette monture ne doit pas être conservée pour la remonte de la gendarmerie, le propriétaire doit être invité à rechercher, sans attendre l'époque de sa radiation, les moyens de s'en défaire dans le commerce, afin de pouvoir faire la livraison au moment de la radiation. Dans ce cas aussi, les rations de fourrages peuvent être allouées pendant le délai d'un mois, si la livraison n'a pu avoir lieu le jour de la radiation du cavalier, afin de donner à celui-ci le temps de vendre sa monture dans le commerce. (Tabl. 5, n° d'ordre 6 du règl. du 30 décembre 1892.)

Ces dispositions sont applicables aux militaires décédés pour les chevaux dont ils étaient détenteurs laissés aux corps après leur radiation de l'effectif. (Tabl. 5, n° d'ordre 6, du même règl.)

Echange de chevaux. — Lorsqu'un échange de chevaux entre deux hommes de troupe a été autorisé régulièrement, la différence de prix entre les deux chevaux échangés, fixée en présence du conseil d'administration, à l'amiable ou à dire d'expert, est portée d'une masse à l'autre. — Les échanges qui auront lieu lors de la mobilisation feront l'objet d'une décision spéciale. (Règl. du 12 avril 1893, art. 142.)

Chevaux des hommes passant aux colonies, en Algérie et en Tunisie. Lorsqu'un sous-officier, brigadier ou gendarme passe aux colonies, en Corse, en Algérie ou en Tunisie, le prix de la vente ou de cession de sa monture doit être versé à sa masse individuelle.

Si la monture n'est pas reprise pour la remonte de la compagnie, le conseil fait procéder à la vente par les soins du commissaire-priseur. (Art. 143 du même règlement.)

Chevaux des hommes passant de la garde républicaine dans la gendarmerie départementale. Ces chevaux ne peuvent être emmenés par leur propriétaire que s'ils ont plus de neuf ans, ou s'ils ont été jugés impropres à faire un bon service dans la garde. (Circ. minist. du 20 février 1901.)

Chevaux conservés pour la remonte des militaires démontés. Lorsque le conseil d'administration conserve pour la remonte des militaires démontés les chevaux des sous-officiers, brigadiers et gendarmes décédés, déserteurs, retraités, quittant le corps ou la compagnie ou passant aux colonies, ayant un avoir à leur masse individuelle, la valeur réelle de ces chevaux est réglée à l'amiable ou à dire d'expert.

Quand les parties contractantes ne s'en rapportent pas à un seul expert, il y a lieu d'en désigner deux, un pour chaque partie. S'ils ne tombent pas d'accord, on doit en prendre un troisième. Ces experts doivent être pris, autant que possible, dans la localité. Ils sont choisis par les parties; chacune d'elles désigne le sien, sauf, en cas de partage, à en faire nommer un troisième, à leur gré.

Les frais d'expertise doivent être payés par la partie dont les prétentions sont repoussées. Le montant de la vacation varie selon les localités et les circonstances.

Le gendarme démonté n'est tenu à prendre un cheval disponible au prix d'estimation qu'autant qu'il est démonté depuis plus d'un mois. Si le gendarme est démonté depuis moins d'un mois, on ne peut l'obliger à prendre le cheval et, le cas échéant, les frais de l'expertise sont supportés comme il est dit ci-dessus.

Les chevaux de moins de 12 ans provenant des corps de troupe antérieurement au mode actuel de remonte par les corps, qui ne sont pas repris pour la remonte de l'arme ne peuvent être vendus dans le commerce qu'après avoir été présentés à une commission de remonte d'un corps de cavalerie avec l'autorisation du commandant de corps d'armée.

Les chevaux qui ne peuvent être utilisés pour la remonte des militaires démontés sont laissés à leur propriétaire.

La valeur des chevaux conservés est versée à la masse individuelle du vendeur par imputation à la masse individuelle du preneur. (Art. 144 du même règl.)

Lorsqu'il y a lieu de reprendre le cheval d'un militaire rayé des contrôles et que des difficultés se présentent entre le vendeur et l'acquéreur, il est bon de consulter les solutions contenues dans la lettre ministérielle du 4 juin 1880. — Les chevaux des militaires quittant le service avec un débet sont vendus par les soins des conseils d'administration. (Règl. du 12 avril 1893, art. 140.)

Les militaires des corps de troupe à cheval passant dans la gendarmerie sont autorisés à emmener les chevaux dont ils sont détenteurs au régiment. Dans ce cas, les annuités de possession viennent en déduction du prix d'acquisition. (Arrêté du 2 mai 1870 et circ. des 1er août 1879 et 16 juin 1883.)

Les vétérinaires militaires doivent gratuitement leurs soins aux chevaux des officiers et gendarmes de la localité dans laquelle ils tiennent garnison. (Décr. du 26 décembre 1876 et art. 60 du règl. sur le service intérieur.) Les médicaments sont, dans ce cas, fournis par le corps ou service auquel appartient le vétérinaire chargé des soins. Le prix en est remboursé par les propriétaires des chevaux. (Même article.)

Vente des dépouilles des chevaux morts de maladies contagieuses. — La vente ou la mise en vente des animaux atteints ou soupçonnés d'être atteints de maladies contagieuses est interdite. — La chair des animaux morts de maladies contagieuses quelles qu'elles soient, ou abattus comme atteints de la peste bovine, de la morve, du farcin, du charbon et de la rage, ne peut être livrée à la consommation. Les cadavres des animaux morts de la peste bovine ou du charbon, ou abattus comme atteints de ces maladies, doivent être enfouis avec la peau tailladée, à moins qu'ils ne soient envoyés à un atelier d'équarrissage régulièrement autorisé. (Loi du 21 juillet 1881.)

Chevaux qui tombent malades en route. Lorsqu'un cheval appartenant à un dépôt de remonte tombe malade en route, le commandant de détachement le fait placer, autant que possible, dans l'écurie affectée à la brigade de gendarmerie de la localité. Si l'écurie est insuffisante, ou si, en raison de la maladie du cheval, il y a convenance à ne pas le réunir avec les chevaux des gendarmes, il est remis directement au vétérinaire civil chargé de lui donner ses soins et placé sous la surveillance de la brigade de gendarmerie. Cette surveillance a particulièrement pour objet de s'assurer que le cheval malade n'est pas soumis, par le vétérinaire, à des travaux ou à des marches qui soient de nature à compromettre sa guérison. (Note minist. du 27 août 1848.) — Quant aux chevaux des corps de troupe qui tombent malades pendant les marches ou les manœuvres et qui ne peuvent supporter le voyage pour être dirigés sur leur corps, si le cheval est dans l'impossibilité de continuer sa route et doit être dirigé par les voies ferrées sur sa garnison, après le départ du détachement dont il fait partie, il est, à défaut de garnison dans la localité, confié, ainsi que l'homme qui doit l'accompagner, à la surveillance de la brigade de gendarmerie la plus proche. Le cheval peut être mis en subsistance dans cette brigade. Le commandant de la brigade demande sans retard un bon de chemin de fer au sous-intendant militaire en vue du renvoi immédiat de l'homme et de l'animal dans leur garnison.

Si l'animal a besoin de soins avant sa mise en route et s'il n'y a ni garnison, ni gendarmerie dans la localité, l'homme et le cheval sont confiés au maire qui prévient immédiatement la brigade de gendarmerie dans le ressort de laquelle se trouve la commune.

Dès que l'animal est rétabli, le commandant de la brigade demande un bon de chemin de fer au sous-intendant militaire, en vue du renvoi immédiat de l'homme et de l'animal dans leur garnison.

Il rend compte au général commandant la subdivision de la date à laquelle l'homme et l'animal doivent être remis en route pour rejoindre leur garnison.

Les hommes laissés en arrière pour soigner des chevaux blessés et confiés à la surveillance d'une brigade de gendarmerie reçoivent d'un corps de troupe, ou, à défaut, du sous-intendant militaire voisin, à la diligence du commandant de cette brigade, les mandats et indemnités de route auxquels ils ont droit.

Afin d'assurer l'exécution de ces dispositions, les commandants de corps d'armée doivent donner aux commandants de brigade de gendarmerie une délégation permanente dans les conditions prévues à l'article 6 du décret du 18 novembre 1889. (Instruction du 30 décembre 1899.)

Quand un cheval malade ou blessé, pendant les marches ou manœuvres, a été laissé en dépôt dans une localité où il n'y a pas de garnison de troupes à cheval et que l'aggravation de son état le rend susceptible d'être abattu, un vétérinaire militaire, pris dans la garnison la plus proche, sera envoyé avec mission de visiter l'animal.

Si ce vétérinaire reconnaît que l'abatage est nécessaire, il y procédera lui-même, sans qu'au préalable, ou ultérieurement, la commission dite d'abatage, ait été réunie ou consultée. (Décret du 10 février 1901.)

Longueur de la queue. Dans les régiments de cavalerie, la queue étant tendue verticalement, les crins en seront coupés à quatre travers de doigt au-dessus de la pointe du jarret. (Circ. du 26 juillet 1880 et art. 79 du Service intérieur.)

Signalement. Le signalement sous lequel les chevaux ont été compris dans le procès-verbal de réception qui constate leur achat doit toujours être reproduit avec le plus grand soin ; toutefois, rien ne s'oppose à ce qu'une addition fasse connaître les changements survenus dans le signalement primitif. (Note minist. du 25 septembre 1857.)

Transport des chevaux. Le transport des chevaux ne peut être ordonné par les voies ferrées que lorsque le trajet, effectué par voie de terre, dépasse 60 kilomètres. Cette réserve s'applique à tous les transports de chevaux quels qu'ils soient, lorsque la dépense est à la charge de l'Etat.

Les chevaux dont les officiers sont régulièrement pourvus suivant leurs grades ou leurs fonctions, y compris le cheval qu'ils sont autorisés à posséder à titre supplémentaire, sont transportés au compte de l'Etat lorsque le déplacement a lieu en vertu d'un ordre de service.

Les officiers qui se remontent à titre gratuit dans le corps de troupe ou l'établissement le plus voisin de leur résidence, parmi ceux désignés pour leur fournir une monture, ont droit au transport de cette monture, aux frais de l'Etat, du lieu de réception à destination.

Les chevaux achetés dans le commerce par les officiers subalternes et reçus par la commission de remonte la plus voisine de la résidence de ces officiers, sont également transportés aux frais de l'Etat, du lieu de réception à destination.

Les officiers mis en non-activité, en réforme, titulaires d'un congé en attendant la liquidation d'une pension de retraite, ou admis à la retraite, peuvent faire transporter au tarif militaire, mais à leurs frais, de leur garnison au lieu où ils fixent leur résidence, les chevaux qu'ils possèdent à titre onéreux. S'ils sont dans l'obligation de présenter préalablement ces chevaux à une commission de remonte, les frais de transport (aller et retour) pour cette présentation sont à la charge de l'Etat.

Les dispositions très importantes de ce paragraphe sont applicables aux militaires de la gendarmerie dont les chevaux sont transportés aux frais de l'Etat, lorsque le déplacement a lieu en vertu d'un ordre de service.

Les chevaux livrés par les corps de troupe aux militaires de la gendarmerie et ceux que ces militaires se procurent dans le commerce sont transportés, au compte de l'Etat, jusqu'à la résidence des détenteurs, à partir du lieu de livraison, dans le premier cas, et à partir du chef-lieu de la compagnie où les chevaux ont été reçus, dans le second.

Le cavalier admis dans la gendarmerie, et autorisé à amener un cheval du corps auquel il appartient, a également droit au transport de ce cheval jusqu'à la brigade à laquelle il est affecté. (V. l'instr. minist. du 26 janvier 1895).

Les chevaux des militaires sont transportés au prix de 0 fr. 05 par tête et par kilomètre et ils ne doivent jamais voyager sans être accompagnés.

(Voir, pour l'embarquement et le débarquement, ainsi que pour les soins hygiéniques à donner pendant le transport, la circulaire ministérielle du 31 janvier 1864.)

Pour le transport des chevaux auxquels les officiers de réserve et de l'armée territoriale ont droit en cas d'appel pour les exercices et les manœuvres, voir l'instruction du 7 mai 1891 et celle du 26 janvier 1895

Cession et rétrocession des chevaux de l'Etat âgés de plus de neuf ans. (V. les notes minist. des 4 avril et 13 août 1885.)

Classement des chevaux. (V. à ce titre.)

Ferrure, marquage, tonte des chevaux. (V. à ces titres.)

Indemnités pour perte de chevaux. (V. *Perte.*)

Prime de conservation. (V. à ce titre.)

Réforme et réintégration de chevaux. (V. *Réforme et réintégration.*)

Indemnité de monture. Le tarif nº 5 du règlement du 30 décembre 1892 attribue une indemnité de monture de 15 francs par mois aux officiers subalternes possédant un ou plusieurs chevaux à titre gratuit ; de 30 francs aux officiers supérieurs possédant un cheval à titre onéreux ; de 45 francs aux officiers supérieurs possédant deux chevaux et plus à titre onéreux.

Chevaux mis en dépôt chez les cultivateurs. — Ils sont visités par la gendarmerie. (Circ. des 23 avril 1875, 2 mars et 9 novembre 1901, 4 avril 1883. (V. *Reproduction.*)

CHEVRON, V. *Haute paye.*

CHIEN, s. m. Le chien est un quadrupède carnivore ou plutôt omnivore que l'homme a réduit depuis longtemps à l'état domestique, et dont il a fait son compagnon intelligent et dévoué. Il se divise en un grand nombre de races et en un nombre infini de diversités qui ne peuvent être classées.

L'agglomération des chiens dans les villes, les mauvais instincts de certaines races, et surtout le danger de la rage, maladie terrible qui se développe chez ces animaux, a imposé le devoir aux autorités de prendre des précautions et de faire des règlements pour protéger la sécurité publique. — Tout chien circulant sur la voie publique en liberté ou même tenu en laisse doit être muni d'un collier portant, gravés sur une plaque de métal, les nom et demeure de son propriétaire. Sont exemptés de cette prescription les chiens courants portant la marque de leur maître. (Décr. du 22 juin 1882, art. 51.) — En outre, il est défendu dans beaucoup de localités de laisser vaguer les chiens non muselés, d'avoir dans les magasins ou autres lieux publics des chiens non attachés et non muselés, de conduire sur la voie publique des chiens bouledogues, alors même qu'ils seraient tenus en laisse et muselés, d'attacher des chiens aux voitures traînées à bras, etc., etc. Ces règlements peuvent être très nombreux ; ils varient suivant les localités, et les gendarmes doivent veiller à leur application.

L'article 475, nº 7, du Code pénal punit d'une amende de 6 à 10 francs ceux qui auront excité ou n'auront pas retenu leurs chiens lorsqu'ils attaquent et poursuivent les passants, quand même il n'en serait résulté aucun mal ou dommage. — Ceux qui auront occasionné la mort ou la blessure d'animaux appartenant à autrui seront punis d'une amende de 11 à 15 francs (C. P., art. 479, nºs 1, 2, 3, et 4); l'emprisonnement pendant cinq ans au plus pourra être prononcé suivant les circonstances. (C. P., art. 480. — V. également les articles 452, 453, 454 et 455 du C. P.) Enfin, la loi du 2 juillet 1850 protège les chiens contre l'abus des mauvais traitements. — Une note ministérielle du 8 avril 1888 interdit de tolérer ou de laisser pénétrer des chiens dans l'intérieur des casernes. (V. l'art. 51 du règlement du 3 février 1899.)

La loi du 2 mai 1855 a établi au profit des caisses municipales une taxe sur les chiens. Cette taxe varie de 1 à 10 francs, et tous les propriétaires des chiens doivent faire, avant le 15 janvier de chaque année, à la mairie de leur commune, une déclaration indiquant le nombre d'animaux qu'ils possèdent et l'usage auquel ils sont destinés.

CHLOROFORME, s. m. Le chloroforme est un liquide qui jouit de la propriété, lorsqu'on le respire, de produire l'insensibilité. — On s'en sert dans les opérations chirurgicales pour supprimer la douleur.

CHOLÉRA, s. m. Maladie épidémique caractérisée par des vomissements, des crampes d'estomac, des selles abondantes et un refroidissement considérable.

Nous donnons ci-après un résumé d'une instruction ministérielle en date du 23 juillet 1883, au sujet des précautions à prendre en prévision d'une épidémie de choléra. Cette instruction recommande d'abord de tenir les logements et les différentes parties des casernes dans le plus grand état de propreté, renouveler plusieurs fois par jour l'air des appartements et, si le temps est froid, faire du feu dans toutes les chambres pour détruire l'humidité et faciliter l'aération. Entretenir continuellement l'aération des latrines; verser sur le sol et dans les fosses une solution de sulfate de fer à 30 grammes de sel phénique par litre d'eau. Placer dans les latrines et dans tous les lieux où l'infection peut se produire de larges terrines pleines d'eau chlorurée obtenue d'après cette formule:

Hypochlorite de chaux sec.........	1 partie.
Eau	12 parties.

Laisser déposer et décanter. Renouveler la solution toutes les fois que les médecins le jugeront convenable. — Faire opérer l'enlèvement immédiat des immondices ou en faciliter l'écoulement dans les égouts, fossés, canaux, cours d'eau qui se trouvent dans le voisinage des logements militaires. Recommander aux hommes l'entretien de la plus grande propreté individuelle, tant par le changement fréquent de linge que par les lotions des diverses parties du corps. Leur rappeler les dangers de l'intempérance et insister d'autant plus sur ce point que l'expérience a démontré que le plus léger excès peut devenir l'occasion de la maladie. — Se tenir suffisamment vêtu pour éviter le froid et l'humidité et éviter toute fatigue excessive.

Telles sont les principales recommandations de l'instruction du 23 juillet 1883. Nous ajouterons en terminant qu'en temps d'épidémie il ne faut rien changer à son régime de vie ordinaire et qu'il faut surtout s'abstenir de tout excès et de toutes ces drogues excitantes que la mode met en usage et qui sont des plus pernicieuses.

CIBLE, s. f. But sur lequel on s'exerce à l'étude du tir du fusil et du revolver. (V. les art. 103 et suivants du règlement du 28 mai 1900.)

L'achat et le renouvellement des cibles se font au compte de la masse d'entretien et de remonte.

Pour la détermination des zones dans les exercices de tir de la gendarmerie, voir l'article 172 du règl. du 28 mai 1900.

CIMETIÈRE, s. m. Terrain où l'on enterre les morts. — La police des cimetières appartient aux autorités locales, sous la surveillance des préfets. Le décret du 7 mars 1808 et l'ordonnance du 6 décembre 1843 défendent d'établir des cimetières à moins de 35 mètres de toute habitation. — Chaque fosse doit avoir au moins 1 mètre 50 de profondeur sur 0 mètre 80 de largeur; elle doit être séparée des autres de 0 mètre 30 à 0 mètre 40; il est défendu de creuser des puits à moins de 100 mètres des cimetières; l'ouverture des fosses pour de nouvelles sépultures ne peut avoir lieu que tous les cinq ans; un permis du maire est nécessaire pour placer une inscription sur une tombe; enfin, aucune inhumation ne peut se faire que vingt-quatre heures après le décès. — Le maire doit donner une autorisation écrite, et l'article 77 du Code civil oblige ce magistrat à se transporter lui-même près de la personne décédée pour s'assurer du décès. — Dans les villes, un médecin est chargé de remplacer le maire pour faire cette constatation.

Lorsqu'il y a plusieurs cultes dans la localité, la loi du 14 novembre 1881 prescrit le partage du terrain affecté au cimetière. — L'autorité ecclésiastique peut se refuser de procéder à l'inhumation; dans ce cas, l'autorité civile reste chargée de ce soin.

Quiconque se sera rendu coupable de violation de tombeaux ou de sépultures sera puni d'un emprisonnement de 3 mois à un an et de 16 à 200 francs d'amende. (C. P., art. 360.)

CIRCONFÉRENCE, s. f. La circonférence est la ligne courbe qui renferme le cercle. Pour mesurer une circonférence, il faut multiplier deux fois son rayon par le nombre 3,1416.

CIRCONSCRIPTION, s. f. Etat de ce qui est circonscrit, limité. — Circonscriptions par département, par arrondissement, etc. Au point de vue militaire, la France est divisée en 18 circonscriptions de région. Les officiers de police judiciaire ne peuvent exercer hors de leur circonscription, si ce n'est lorsqu'il s'agit de constater un crime de fabrication, de distribution de faux billets de banque, de fausse monnaie ou de contrefaçon des sceaux de l'Etat. (Art. 48 et 464 du Code d'instr. crim.)

Un gendarme en uniforme peut verbaliser sur tout autre territoire que celui de sa circonscription.

CIRCONSTANCE, s. f. Particularité qui accompagne un fait. — La législation criminelle reconnaît deux espèces de circonstances : les circonstances aggravantes et les circonstances atténuantes.

Les *circonstances aggravantes* augmentent la gravité du fait : le vol, qui n'est qu'un délit, devient un crime lorsqu'il est commis la nuit, à main armée, dans une maison habitée, etc.

Les *circonstances atténuantes*, au contraire, diminuent la culpabilité de l'auteur du crime ou du délit ; si un individu vole un pain et qu'il soit prouvé que cet individu allait mourir de faim, il est évident qu'il y a là une circonstance atténuante qui plaidera pour lui. — Dans les assises, lorsque le jury déclare qu'il y a des circonstances atténuantes en faveur de l'accusé, les juges doivent abaisser la peine d'un degré.

La loi du 19 juillet 1901 rend applicable, mais seulement en temps de paix, l'article 463 du Code pénal, relatif aux circonstances atténuantes, à tous les crimes et délits réprimés par les codes de justice militaire de l'armée de terre et de l'armée de mer.

CIRCULAIRE, s. f. Instruction écrite adressée par des chefs à leurs subordonnés pour leur servir de règle de conduite. — Les chefs de légion donnent tous les ordres et instructions qu'ils jugent propres à assurer la meilleure direction aux brigades.

Lorsque le commandant de compagnie estime que l'exécution des règlements nécessite, pour des raisons particulières, des instructions de détail, il prend les ordres du chef de légion. (Serv. int., art. 1er et 14.)

CITATION, s. f. En jurisprudence, la citation est un acte par lequel on appelle quelqu'un devant un magistrat.

La gendarmerie ne peut être employée à porter des citations aux témoins appelés devant les tribunaux civils que dans les cas d'une nécessité urgente et absolue. (Décr. du 1er mars 1854, art. 107.) Ainsi, quand il n'y a pas d'huissier dans le canton, la gendarmerie désignée pour le remplacer (loi du 5 pluviôse an XIII, art. 1er) doit faire les significations requises par le ministère public, bien qu'il ne lui soit accordé ni allocation, ni indemnité.

Les citations à témoin ou à prévenu, ainsi que les mandats de comparution et d'arrestation concernant des militaires présents sous les drapeaux seront notifiés dans la forme ordinaire. Mais le chef du parquet devra, 24 heures au moins avant la notification, sauf dans le cas où, en raison de l'extrême urgence, il serait nécessaire d'abréger ce délai, en informer le chef du corps auquel appartient le militaire susvisé. (Circ. minist. du 25 janvier 1901.)

La notification des citations adressées aux jurés appelés à siéger dans les hautes cours de justice et dans les cours d'assises est une des attributions essentielles de la gendarmerie ; cette notification a lieu sur la réquisition de l'autorité administrative. (Décr. du 1er mars 1854, art. 108.) — En cas d'absence du juré et s'il ne se trouve personne à son domicile, la copie est laissée au maire ou à l'adjoint qui vise l'original. — La gendarmerie peut également être chargée de la remise des citations aux membres des jurys d'expropriation. (Note ministérielle du 7 février 1887.)

La gendarmerie est chargée de faire toutes assignations, en vertu des articles 102 et 183 du Code militaire.

Lorsque le militaire auquel doit être faite la citation est absent de la caserne, les gendarmes laissent la copie à l'adjudant, qui vise l'original. (Décr. du 1er mars 1854, art. 133.)

Les militaires qui se sont distingués par des actes de courage ou par des actions d'éclat sont cités, suivant le cas, à l'ordre du régiment ou de la légion du corps d'armée ou de l'armée. (V. *Action.*)

Ces citations sont ajoutées au décompte des années de service et de campagnes, pour les propositions pour la médaille militaire, si elles sont d'une réelle importance.

CIVIL, E, adj. Qui a rapport aux citoyens : société civile, lois civiles. Se dit par opposition à militaire : emploi civil, autorités civiles. Civil signifie aussi poli, honnête, bien élevé.

Etat civil. Condition des individus en ce qui touche la naissance, la filiation, le mariage et le décès. Les actes constatant l'état civil des personnes sont inscrits sur des registres spéciaux, qui sont tenus par les maires ou les adjoints, qui prennent alors le nom d'officiers de l'état civil. (V. *Acte.*)

La *mort civile* est la privation légale des droits que possède tout citoyen.

En jurisprudence, civil se dit par opposition à criminel : Code civil, procès civil, tribunal civil. — En matière criminelle, on donne le nom de partie civile à celle qui agit en son nom contre un accusé pour obtenir des dommages-intérêts. Se porter, se constituer partie civile.

CLAMEUR, s. f. Cris tumultueux, plaintes, réclamations. On donne le nom de clameur publique à l'expression tumultueuse du mécontentement public, à la manifestation, de quelque manière que ce soit, de l'indignation générale. (V. *Rumeur.*)

Il y a flagrant délit lorsqu'un individu est poursuivi par la clameur publique. Pour qu'un individu soit poursuivi par la clameur publique, il n'est pas nécessaire que des cris soient poussés contre lui dans les rues : la clameur publique existe par le fait seul que l'opinion générale s'est manifestée ; mais, dans ce cas, les gendarmes, avant de recourir à des mesures de rigueur, feront toujours sagement d'examiner avec calme les faits dénoncés, afin de ne pas confondre l'erreur avec la vérité.

CLASSE, s. f. Rang, division, catégorie. En administration, la totalité des jeunes gens appelés à tirer au sort ou faits soldats dans une même année. On appelle *classe de recrutement* l'ensemble des jeunes gens qui ont eu 20 ans la même année : cette classe porte le millésime de l'année qui précède le tirage au sort. On appelle *classe de mobilisation* l'ensemble des jeunes gens dont le service militaire a commencé ou est censé avoir commencé la même année : elle porte le millésime de l'année qui précède l'incorporation. Ainsi un jeune homme né en 1874 s'engage le 15 juillet 1892 : il est de la classe de recrutement de 1894 et de la classe de mobilisation de 1891. Celui qui, né en 1874, tire au sort en 1895 appartient à la classe de recrutement de 1894 et à la classe de mobilisation de 1894.

CLASSEMENT, s. m. Action de ranger par catégories.

Classement des archives. Il doit être fait avec le plus grand soin dans toutes les brigades. L'article 72 du règlement sur le service intérieur prescrit au commandant d'arrondissement de s'en assurer.

Classement des tireurs. (V. *Tir.*)

Classement des chevaux susceptibles d'être requis en cas de mobilisation. Pour assurer l'exécution de la loi du 1er avril 1874, sur la conscription des chevaux, celle du 3 juillet 1877 et le décret du 2 août de la même année, sur les réquisitions militaires, deux militaires de la gendarmerie doivent toujours assister aux opérations de la commission. (Circ. minist. du 12 décembre 1874.) — A la fin de la séance, le président de la commission, après avoir constaté l'absence des animaux au moment de l'appel des propriétaires de la commune convoqués et avoir de nouveau appelé les manquants, établit une déclaration (modèle n° 5) et requiert la gendarmerie de dresser un procès-verbal collectif de non-comparution : ce procès-verbal est adressé le même jour au procureur de la République, après avoir été soumis à la formalité de l'enregistrement. — La gendarmerie fait ensuite les recherches nécessaires, et, qu'une excuse ait été ou non donnée, établit un procès-verbal individuel qu'elle adresse au procureur de la République. (Ce dernier procès-verbal n'est pas soumis à l'enregistrement.)

Après l'inspection des animaux de chaque commune, les commissions examinent ceux qui leur sont amenés par les propriétaires habitant d'autres communes, et qui, pour un motif quelconque, ne peuvent les présenter dans la localité de leur résidence habituelle. — A la suite de cet examen, le président de la commission établit un procès-verbal (modèle n° 4 *bis*) et l'envoie le jour même au commandant de la brigade de gendarmerie dans le ressort de laquelle se trouve cette commune. — Si le classement n'est pas encore fait dans cette dernière commune, le commandant de la brigade fait remettre cette pièce au président de la commission le jour où elle opère dans la localité. Dans le cas où le classement a déjà eu lieu dans la commune à laquelle appartiennent les animaux et où un procès-verbal de non-comparution a été établi contre le propriétaire, le commandant de la brigade de gendarmerie adresse un procès-verbal modèle n° 6, constatant que des animaux ont été présentés hors de la commune à laquelle ils appartiennent, au procureur de la République, afin que ce magistrat puisse arrêter les poursuites contre les propriétaires qui ont fait examiner les animaux en dehors de leurs communes. — Le procès-verbal (modèle n° 4 *bis*) est ensuite adressé, par les soins du même commandant de brigade, au commandant du bureau de recrutement, qui le conserve.

La gendarmerie dresse, sur la réquisition du président de la commission, des procès-verbaux individuels contre les propriétaires qui présentent à la commission des animaux déjà refusés au lieu et place d'autres animaux aptes au service, contre les propriétaires qui présentent des animaux qu'ils n'ont pas déclarés à la mairie de leur commune. — Il est établi un procès-verbal différent pour chaque espèce de délit. — Ces procès-verbaux sont soumis à l'enregistrement.

La gendarmerie doit déférer aux réquisitions qui pourraient lui être adressées par le président de la commission pour le maintien de l'ordre. (Circ. minist. du 12 décembre 1874.)

Les sous-officiers, brigadiers et gendarmes accompagnant les commissions de classement des chevaux ont droit, hors de leur résidence, à une indemnité journalière exceptionnelle de : 4 francs pour les adjudants; 3 francs pour les autres sous-officiers; 2 fr. 50 pour les brigadiers et les gendarmes. (Règl. du 18 mars 1901.)

Classement des passagers à bord d'un bâtiment de l'Etat. (V. *Traversée*.)

CLÉ ou CLEF, s. f. Ce mot s'écrit généralement aujourd'hui tel qu'il se prononce : clé. — Petit instrument qui sert à ouvrir et à fermer une serrure.

Sont qualifiés fausses clefs tous crochets, rossignols, passe-partout, clefs imitées, contrefaites, altérées ou qui n'ont pas été destinées par le propriétaire, locataire, aubergiste ou logeur, aux serrures, cadenas, ou aux fermetures quelconques auxquelles le coupable les aura employées.

Quiconque aura contrefait ou altéré des clefs sera condamné à un emprisonnement de 3 mois à 2 ans et à une amende de 25 à 150 francs ; si le coupable est un serrurier de profession, il sera puni de 50 à 500 francs. (Art. 398 et 399 du C. P.)

Une clef du clocher est déposée entre les mains du titulaire ecclésiastique et une autre entre les mains du maire. Si l'entrée du clocher n'est pas indépendante de celle de l'église, une clef de la porte de l'église sera déposée entre les mains du maire. (Loi du 5 avril 1884, art. 100.)

Lorsqu'un officier détenteur de l'une des deux clefs de la caisse du conseil d'administration s'absente momentanément de sa résidence, sans être remplacé, il remet au trésorier, sous scellé, la clef dont il est responsable. (Décis. présidentielle du 16 juillet 1899 modifiant le 2e paragraphe du règl. du 12 avril 1893.)

CLOCHE, s. f. Instrument creux et sonore fait en métal et au milieu duquel se trouve suspendu un battant.

Dans les églises, la garde et l'usage des cloches sont remis au curé et au maire. (Loi du 5 avril 1884, art. 100.) Les sonneries qui doivent appeler les fidèles sont déterminées par les règlements prévus par la loi organique du 18 germinal an X. En dehors de ces cas prévus, les curés ne peuvent ordonner de sonneries qu'avec l'autorisation du maire ou du préfet. La permission d'employer les cloches dans un but temporel (pour convoquer par exemple les conseillers municipaux) peut être donnée par le préfet d'accord avec l'évêque. Le maire peut toujours défendre de sonner les cloches en temps d'orage. (V. le décr. du 30 novembre 1809, l'ordonn. du 12 janvier 1825 et l'art. 484 du C. P.)

CLOTURE, s. f. Enceinte de murailles, de haies vives ou mortes. — Les dégradations de haies et de toute clôture quelconque constituent un délit punissable de peines correctionnelles (Art. 456 du C. P.) et la gendarmerie doit les constater.

COALITION, s. f. En terme de droit, on appelle coalition toute association d'ouvriers ayant pour but d'obtenir une augmentation de salaire, ou de patrons ayant pour but d'abaisser ce même salaire. En France, on donne à ces coalitions le nom de grève, du nom de la place sur laquelle se réunissaient autrefois les ouvriers sans travail.

Depuis la loi du 25 mai 1864, le simple fait de coalition ne constitue plus un délit; l'accord est permis, et il ne devient délictueux que lorsqu'il est accompagné de menaces, de violences et d'intimidation. L'article 414 du Code pénal punit d'un emprisonnement de 6 jours à 3 ans et d'une amende de 16 à 3,000 francs ceux qui se rendent coupables de ce délit. — Tous ouvriers, patrons, entrepreneurs d'ouvrages qui, à l'aide d'amendes, défenses, prescriptions, interdictions, prononcées par suite d'un plan exécuté, auront porté atteinte au libre exercice de l'industrie ou du travail seront punis d'un emprisonnement de 6 jours à 3 mois et d'une amende de 16 à 300 francs, ou de l'une de ces deux peines seulement. (C. P., art. 416.)

CODE, s. m. On donne le nom de code à l'ensemble des lois qui régissent une matière déterminée.

Outre de nombreuses lois qui n'ont pas encore été réunies en code, la législation française renferme huit codes principaux : le Code civil, le Code de procédure civile, le Code de commerce, le Code d'intruction criminelle, le Code pénal, le Code forestier, le Code de justice militaire du 9 juin 1857 et le Code de justice pour l'armée de mer promulgué en 1858. (Code rural, V. *Rural.*)

COLIS POSTAL. La dénomination de colis postal s'applique à tout colis ne dépassant pas le poids de 10 kilogrammes.

Le décret du 5 septembre 1897, relatif aux colis postaux de 5 à 10 kilogrammes, contient les dispositions suivantes :

Les colis peuvent mesurer 1m,50 dans un sens quelconque.

Tarifs. — FRANCE CONTINENTALE.

	EN GARE.	A DOMICILE.
De 0 à 3 kilog........	0 60	0 85
De 3 à 5 kilog........	0 80	1 05
De 5 à 10 kilog........	1 25	1 50

L'affranchissement est obligatoire au départ. — La *taxe d'assurance* pour valeur déclarée jusqu'au maximum de 500 francs est de 10 centimes par colis. — La *livraison par exprès* aussitôt après l'arrivée, se paye 50 centimes en plus. — Un colis peut être soumis à la formalité du *remboursement* jusqu'à 500 francs. Dans ce cas, la taxe supplémentaire est de 60 centimes en gare et de 95 centimes à domicile.

CORSE, ALGÉRIE, TUNISIE.

LIVRAISON.			De 0 à 3 k.	De 3 à 5 k.	De 5 à 10 k.	CONTRE REMBOURSEMENT.	Avec déclaration de valeur.
Corse.	Port.	à l'ag. m^me	0 85	1 05	1 75	»	
		à domicile	1 10	1 30	2 »	»	0 20
	Inté.	en gare . .	1 10	1 30	2 30	»	par
		à domicile	1 35	1 55	2 55	»	300 fr.
Algérie.	Port.	à l'ag. m^me	0 85	1 05	1 75	Ret. en	ou,
		à domicile	1 10	1 30	2 »	gare 0 60.	frac-
	Inté.	en gare . .	1 10	1 30	2 30	Ret. à do-	tion
		à domicile	1 35	1 55	2 55	mic. 0 85.	de
Tunisie.		Poste rest.	1 10	1 30	2 30	0 20 par	300 fr.
		à domicile	1 35	1 55	2 55	20 fr.	

COLONIES ET ÉTABLISSEMENTS FRANÇAIS.

Annam et Tonkin, 5 kil. En gare, 4 fr. 10.

Cambodge, Cochinchine, Nouvelle-Calédonie, Saint-Pierre et Miquelon, 5 kil. En gare, 4 fr. 10.

Congo français, Guadeloupe, Martinique, Guyane française, Indes françaises, Madagascar, Sainte-Marie, Mayotte, Nossi-Bé, la Réunion, les Rivières du S., 5 kil. En gare, 3 fr. 10.

Obock, Sénégal et Soudan, 5 kil. En gare, 2 fr. 10.

Tahiti, 5 kil. En gare, 6 fr. 10.

En cas de perte, les colis ordinaires seront remboursés au tarif de : 15 francs, de 0 à 3 kilos ; 25 francs, de 3 à 5 kilos ; 40 francs, de 5 à 10 kilos.

Les colis déclarés seront remboursables à la valeur du billet, mais en cas de déclaration frauduleuse les contrevenants seront poursuivis correctionnellement.

Les colis de Paris pour Paris, livrables à domicile ou au bureau restant, coûtent : de 0 à 5 kil., 0 fr. 25 ; de 5 à 10 kil., 0 fr. 40. — Maximum de dimension, 1^m,50.

Contre remboursement, ils acquitteront un prix fixe supplémentaire de 0 fr. 30

COLLÈGE, s. m. Etablissement public pour l'enseignement secondaire. — On donne le nom de collèges électoraux à l'ensemble des électeurs d'une circonscription électorale. (V. *Election.*)

COLLET, s. m. En terme de chasse, le collet est une sorte de lacet qui sert à prendre des oiseaux et de petits quadrupèdes comme le lièvre et le lapin. — La chasse au collet est interdite par l'article 9 de la loi du 3 mai 1844, mais elle peut être autorisée par des arrêtés préfectoraux.

COLONIE, s. f. On donne le nom de colonie à un établissement fondé par une nation dans un pays étranger.

Les colonies actuelles de la France sont :

En *Afrique* : au nord, l'Algérie ; sur la côte ouest, le Sénégal, la Guinée française, la côte d'Ivoire, le Bénin, le Congo français, le Gabon et le Soudan francais. A l'entrée de la *mer Rouge*, Obock et Tadjourah. Dans l'*océan Indien* : l'île de la Réunion, Madagascar et toutes ses dépendances. Sous notre protectorat, la Tunisie, le Dahomey et l'archipel des Comores.

En *Asie* : dans l'Indoustan, les territoires de Chandernagor, Pondichéry, Karikal, Mahé et Yanaon. Dans l'*Indo-Chine* : la Cochinchine, capitale Saïgon, et le Tonkin, chef-lieu Hanoï. Sous notre protectorat, l'Annam, le Cambodge et le Laos (région du Mékong).

Dans l'*Amérique septentrionale* : les îles Saint-Pierre et Miquelon ; aux Antilles : la Martinique, la Guadeloupe, Marie-Galante, les Saintes, la Désirade et la moitié de l'île Saint-Martin.

Dans l'*Amérique méridionale* : la Guyane, capitale Cayenne.

En *Océanie* : la Nouvelle-Calédonie, capitale Nouméa ; les îles Marquises, les îles de la Société, dont la principale est Tahiti, les Iles-sous-le-Vent de Tahiti, les îles Pomotou, les îles Toubouaï, l'île de Rapa, l'archipel Gambier, les îles Wallis et Fotouna, et les îles Clipperton et Kerguelen qui sont inhabitées.

La population de nos colonies, en y comprenant l'Algérie, est d'environ 41 millions d'habitants. Au point de vue de l'importance coloniale, la France vient au second rang, après l'Angleterre, qui compte dans ses immenses territoires 278 millions d'âmes.

Armée coloniale. — Voir *Armée.*

Militaires de la gendarmerie aux colonies. — Les gendarmes qui demandent à servir aux colonies doivent toujours être soumis, avant d'être proposés, à une visite médicale individuelle des plus attentives qui devra être pasées surtout au point de vue de l'existence d'affections organiques, chroniques ou autres, devant mettre, dans un avenir prochain, ceux qui en sont atteints dans l'impossibilité absolue de faire un bon service. (Circ. minist. du 28 mai 1883.) Cette même circulaire rappelle que les demandes de toute nature faites par les militaires de la gendarmerie coloniale présents en France, à l'exception des autorisations de mariage, sur lesquelles les conseils d'administration de la gendarmerie départementale peuvent statuer directement. (Note minist. du 21 octobre 1887. — V. *Mariage*), doivent être d'abord adressées au Ministre des colonies. (V. les circ. des 24 mars, 25 et 28 mai, 24 novembre 1883 et 21 octobre 1887.) Une note ministérielle en date du 12 juin 1886 dispose que les militaires de la gendarmerie coloniale proposés pour la gendarmerie métropolitaine devront, avant d'y être placés, être examinés par une commission de réforme. (V. une circ. du Ministre de la Marine en date du 12 janvier 1887 au sujet des gendarmes coloniaux qui déclarent, à leur débarquement, ne plus vouloir retourner aux colonies ou demander leur retraite; — V. encore la circ. du 19 mars 1887, le décret du 19 mars 1899 sur la concession des congés aux gendarmes coloniaux, et l'instr. du 21 mars 1902, qui a pour objet de définir toutes les situations d'absence de la gendarmerie coloniale.

Les militaires de la gendarmerie désignés pour servir aux colonies, ou rejoignant leur poste à la suite d'un congé, doivent se rendre directement au port d'embarquement et y arriver la veille du jour fixé pour leur départ; ils se présentent au chef du service colonial chargé d'assurer leur passage et de leur payer les allocations auxquelles ils ont droit. (Note minist. du 8 août 1896.)

Ils ont droit à l'indemnité de route du port de débarquement au lieu de leur résidence lorsqu'ils rentrent en France en vertu de congés de convalescence ou porteurs de congés administratifs. (Décis. présidentielle du 23 janvier 1901.)

Avances de solde à faire aux militaires qui sont aux colonies. (V. le mot *Avances*.)

La loi du 15 juillet 1889 est applicable aux colonies, sauf certaines restrictions énumérées aux articles 81 et suivants de la loi. Le bénéfice de la taxe intérieure métropolitaine est étendu aux lettres que les militaires d'origine coloniale, présents sous les drapeaux, reçoivent des colonies françaises ou expédient à destination des mêmes colonies. (V. décret du 20 mars et note minist. du 6 août 1884.)

COLPORTAGE, s. m. Action de colporter, de transporter dans les villes et les campagnes, des livres, des marchandises, etc.

La loi du 29 juillet 1881 autorise le colportage sur la voie publique des livres, écrits, brochures, journaux, dessins, gravures, lithographies et photographies, à la seule condition que le colporteur en fasse la déclaration à la préfecture. — S'il ne s'agit que de journaux ou autres feuilles périodiques, la déclaration peut être faite soit à la mairie de la commune dans laquelle doit se faire la distribution, soit à la sous-préfecture. (Art. 18.) — Il est délivré immédiatement et sans frais au déclarant un récépissé de sa déclaration. (Art. 19.) — La distribution et le colportage accidentels ne sont assujettis à aucune déclaration. (Art. 20.) — L'article 21 est ainsi conçu : L'exercice de la profession de colporteur ou de distributeur sans déclaration préalable, la fausseté de la déclaration, le défaut de présentation à toute réquisition du récépissé constituent des contraventions. — Les contrevenants seront punis de 5 à 15 francs d'amende et pourront l'être, en outre, d'un emprisonnement de 1 à 5 jours. — Les colporteurs ou distributeurs pourront être poursuivis conformément au droit commun s'ils ont sciemment colporté ou distribué des livres, écrits, journaux, dessins, gravures, etc., présentant un caractère délictueux. (Art. 22.) — Les colporteurs de journaux ne peuvent les annoncer que par leur titre, leur prix, l'indication de leur opinion et les noms de leurs rédacteurs. (Loi du 19 mars 1889.) (V. *Crieur public*.)

Le colportage des marchandises est complètement libre depuis la loi du 2 mars 1791. Seulement, les colporteurs des ouvrages d'or et d'argent sont tenus d'être porteurs du bordereau des orfèvres qui leur ont vendu les objets : les maires doivent faire examiner par des experts les marques de ces ouvrages. — Les colporteurs sont soumis à la patente.

Colportage de gibier. (V. *Gibier.*)

COMBAT, s. m. Action par laquelle on attaque ou on se défend. On donne généralement le nom de combat à une action engagée entre deux troupes peu nombreuses ; lorsque les forces des deux partis sont importantes, l'action prend plutôt le nom de bataille.

Les articles 51 et 52 de l'instruction du 18 avril 1890 indiquent les devoirs à remplir par la gendarmerie pendant et après le combat.

COMBATTANT, adj. On désigne sous le nom de combattants ou de belligérants toutes les personnes qui prennent part à des opérations militaires et qui se conforment aux lois de la guerre.

Les francs-tireurs, les corps francs, les guérillas, s'ils font la guerre ouvertement et s'ils sont munis d'un signe fixe et reconnaissable à distance, sont considérés comme combattants. Mais les lois de la guerre ne tolèrent pas qu'on surprenne la confiance de l'adversaire en se faisant passer, suivant les circonstances, tantôt pour un habitant paisible, tantôt pour un ennemi.

Les gendarmes, les aérostiers, les employés du télégraphe ou du chemin de fer, les vivandiers, les convoyeurs, bien qu'ils ne combattent pas, n'en constituent pas moins des adversaires dont on a intérêt à supprimer l'action. Les usages de la guerre autorisent à s'emparer de leurs personnes.

Le personnel des hôpitaux et des ambulances, ainsi que les aumôniers, sont considérés comme non-combattants et sont protégés par la convention de Genève.

Sont également considérés comme non-combattants tous les habitants d'un pays conquis ou occupé, pourvu qu'ils se tiennent tranquilles et qu'ils remplissent toutes les obligations qui leur sont imposées.

COMITE, s. m. — Réunion de personnes chargées de s'occuper de certaines questions. Chaque arme est représentée au ministère de la guerre par un comité composé d'un certain nombre de généraux appelés à donner leur avis sur les questions spéciales qui leur sont posées par le Ministre.

COMMANDANTS D'ARRONDISSEMENT. Les arrondissements de gendarmerie correspondent aux arrondissements administratifs et sont commandés par des officiers du grade de capitaine, de lieutenant ou de sous-lieutenant.

Lorsque des arrondissements administratifs sont trop importants, ils sont partagés en deux au point de vue du service de la gendarmerie, et la partie la plus importante prend le nom de section : elle est commandée par un capitaine, un lieutenant ou un sous-lieutenant. Nous donnons ci-après le résumé des principaux devoirs des commandants d'arrondissement.

Devoirs généraux. Le commandant d'arrondissement doit, par son exemple, ses conseils et le bon usage qu'il fait de son autorité, inspirer aux militaires sous ses ordres le zèle et l'amour pour le service. Il veille à leur bien-être et s'attache à connaître le caractère et le degré d'intelligence de chacun d'eux, surtout en ce qui concerne les chefs de brigade. (Service intérieur, art. 28.) Il exige que les commandants de brigade soient convenables envers leurs subordonnés et qu'ils ne soient pas familiers avec eux (Service intérieur, art. 29); qu'ils commandent le service avec impartialité (Service intérieur, art. 30); qu'ils établissent leurs rapports journaliers avec régularité et tiennent eux-mêmes tous les registres de service et qu'ils initient à leur tenue les candidats à l'avancement (Service intérieur, art. 38) ; que les nouveaux admis soient promptement instruits par leur chef de brigade de tous les détails du service et s'assure de leurs progrès (Service intérieur, art. 36); qu'ils soient l'objet d'une surveillance exacte de la part de leur chef de brigade (Service intérieur, art. 37); que les enfants de troupe maintenus chez leurs parents, en raison de leur âge, reçoivent tous les soins que réclame leur éducation. (Service intérieur, art. 49.)

Le commandant d'arrondissement dirige et surveille tous les détails du service des brigades de son arrondissement, il est responsable de la police, de la discipline, de la tenue et de l'instruction de ces brigades et il doit, au point de vue de la sécurité publique, profiter de toutes les occasions pour se mettre en rapport avec tous les maires des communes de son arrondissement. (Service intérieur, art. 30.) — Les chefs de brigade lui rendent promptement compte de tout ce qui intéresse la police intérieure des brigades (Service intérieur, art. 34), et de tous les faits qui pourraient intéresser la tranquillité publique. (Décr. du 1er mars 1854, art. 278, 283 et 298.) Il se transporte immédiatement sur les lieux, prend les mesures nécessitées par les circonstances et s'empresse de rendre compte au commandant de la compagnie. (Service intérieur, art. 32.) Il adresse des rapports aux ministres et aux diverses autorités sur tous les événements qui peuvent être de nature à compromettre la tranquillité publique; (Décr. du 1er mars 1854, art. 76 et 77), il peut requérir, après en avoir conféré avec le sous-préfet, les employés salariés par l'Etat ou par les communes. (Service intérieur, art. 55.) — Lorsqu'il a fait le rapport d'un événement, il doit rendre compte successivement des opérations qui en sont la suite (Décr. du 1er mars 1854, art. 101); il peut être appelé par écrit pour objet de service auprès du sous-préfet et du procureur de la République (Décr. du 1er mars 1854, art. 102); il adresse tous les cinq jours au sous-préfet un tableau sommaire de tous les délits et de toutes les arrestations (Décr. du 1er mars 1854, art. 111 et 112); il peut être requis par le préfet et le procureur de la République de faire, en sa qualité d'officier de police judiciaire, tous les actes nécessaires à la constatation des crimes, délits et contraventions (Décr. du 1er mars 1854, art. 116, et C. d'instr. crim., art. 52), et par le sous-préfet, de réunir plusieurs brigades. (Décr. du 1er mars 1854, art. 117.) Il est subordonné aux officiers généraux commandant les corps d'armée et les subdivisions de région (Décr. du 1er mars 1854, art. 121), et aux commandants d'armes (Décr. du 1er mars 1854, art. 122); il fait connaître à ces derniers les événements qui sont de nature à compromettre la sûreté de la place (Décr. du 1er mars 1854, art. 127); il reçoit directement et par écrit les ordres donnés par les généraux commandant les corps d'armée et les subdivisions. (Décr. du 1er mars 1854, art. 130 et 131.) Les rapporteurs près les conseils de guerre peuvent lui envoyer des commissions rogatoires. (Décr. du 1er mars 1854, art. 133.)

Le commandant d'arrondissement transmet au commandant de la compagnie ou au conseil d'administration toutes les demandes établies par les sous-officiers, brigadiers et gendarmes et les apostille (Service intérieur, art. 39); il adresse au commandant de compagnie, dans les dix jours qui suivent la célébration du mariage ou le prononcé du jugement, les extraits des actes de mariage et de divorce et copie des jugements prononçant le divorce des sous-officiers, brigadiers et gendarmes. Il fait sur le folio mobile individuel et fait faire par les chefs de poste sur le livret de l'homme les modifications et les rectifications nécessaires. (Serv. int., art. 40.)

Il rend compte au commandant de la compagnie, par son rapport journalier, de toutes les mutations et des naissances, mariages, divorces et décès survenus dans les familles des sous-officiers, brigadiers et gendarmes. (Service intérieur, art. 41.) Il lui adresse les folios individuels et de discipline des sous-officiers, brigadiers et gendarmes décédés ou qui quittent l'arme pour un motif quelconque (Service intérieur, art. 43); il adresse des rapports circonstanciés au conseil d'administration pour lui demander des secours d'urgence en faveur des militaires sous ses ordres qui se trouvent dans une position nécessiteuse (Service intérieur, art. 45); il transmet au conseil d'administration les procès-verbaux de détérioration d'effets dans le service, et y joint son avis (Service intérieur, art. 46); il signale, par un rapport circonstancié, au commandant de la compagnie les actes de courage et de dévouement accomplis par les militaires sous ses ordres, se transporte au besoin sur les lieux pour examiner les faits. (Service intérieur, art. 47.) Il en est de même en cas de blessures ou accidents survenus aux sous-officiers, brigadiers et gendarmes, et il transmet sans retard au commandant de la compagnie, avec ses observations, les procès-verbaux et certificats qui lui sont adressés. (Service intérieur, art. 48; décr. du 1er mars 1854, art. 40.) Il tient la main à ce qu'il ne soit admis dans les écuries des casernes aucun cheval étranger à l'arme (Service intérieur, art. 50), sauf les chevaux de troupe qui tombent malades en route, s'il y a de la place et si la nature de la maladie le permet; il ne tolère dans les casernes aucun animal domestique à l'exception des chats (Serv. intérieur, art. 51); il fixe le prix de la pension et le prix du vin dans les cantines autorisées par le commandant de la compagnie (Service intérieur, art. 52); il signe les billets d'hôpital des militaires isolés ou en congé, en l'absence du commandant d'armes ou de tout autre officier en remplissant les fonctions (Service intérieur, art. 58.)

Le commandant d'arrondissement s'assure de l'exactitude des inscriptions portées sur les livrets. (Service intérieur, art. 61.) Il reçoit les effets d'habillement, de harnachement et d'équipement et de chaussure et s'assure de leur bien aller et de leur ajustage. (Service intérieur, art. 62); il distribue ces effets aux sous-officiers, brigadiers et gendarmes, convoqués au chef-lieu de l'arrondissement et les leur fait essayer en sa présence (Service intérieur, art. 63), signale au commandant de la compagnie ceux de ces effets qu'il n'a pas cru devoir mettre en service pour défectuosités (Service intérieur, art. 64), veille à ce qu'il ne soit acheté, en effets d'occasion, que ceux réglementaires et après avoir été essayés en sa présence, et qu'aucun effet compris dans les marchés ne soit acheté directement par les hommes de troupe, même chez le fournisseur (Service intérieur, art. 66), rend les chefs de brigade responsables de la bonne tenue et de l'entretien de tous les effets (Service intérieur, art. 67), exige que les écuries soient constamment pourvues des ustensiles réglementaires et de paillassons (Service intérieur, art. 73), transmet au commandant de compagnie avec son avis motivé les demandes de substitutions fourragères (Service intérieur, art. 76), établit l'état des chevaux auxquels il juge que le régime du vert est nécessaire et l'adresse au commandant de la compagnie accompagné des certificats des vétérinaires (Service intérieur, art. 77), veille à l'ajustage du harnachement, surtout pour les jeunes chevaux (Service intérieur, art. 78), exige que les crins soient faits réglementairement, conformément à l'article 79, que la ferrure soit bien ajustée et convenablement entretenue (Service intérieur, art. 81).

Lorsqu'un cheval est blessé, il fait dresser procès-verbal et l'adresse au commandant de la compagnie avec le certificat du vétérinaire (Service intérieur, art. 82), propose pour la réforme les chevaux incapables de faire le service (Service intérieur, art. 83), fait procéder à la vente des chevaux réformés et y assiste (Service intérieur, art. 84), veille à ce que les chevaux atteints de maladies contagieuses soient placés dans une écurie séparée (Service intérieur, art. 85) et à la désinfection ou à la destruction des effets qui ont servi à soigner les chevaux morveux ou farcineux. (Service intérieur, art. 87.) En cas de mort ou d'abatage d'un cheval hors du chef-lieu de la compagnie, il fait procéder à la vente de la dépouille et en adresse le produit au trésorier. (Service intérieur, art. 86.)

Le commandant d'arrondissement fait inscription sur le livret et le folio mobile de la prestation de serment des nouveaux admis et en rend compte au commandant de la compagnie au rapport journalier (Service intérieur, art. 33 et 61); veille, lorsqu'un sous-officier, brigadier ou gendarme entre à l'hôpital, va en congé, en permission ou aux eaux ou subit une punition en dehors de sa résidence, à ce que ses armes et ses munitions soient remises au chef de brigade chargé de les faire entretenir. Il en est de même des effets d'habillement, d'équipement et de harnachement des hommes veufs ou célibataires qui se trouvent dans les cas ci-dessus et dont la remise est faite au chef de brigade sur inventaire (Service intérieur, art. 44); il établit les ordres de conduite pour le transfèrement des prévenus ou condamnés (*dans les arrondissements autres que celui du chef-lieu de compagnie*), détermine la composition de l'escorte et inscrit sur l'ordre de conduite le nombre d'hommes employés et le nom du chef de brigade ou gendarme qui en a le commandement (Décr. du 1er mars 1854, art. 368), donne des instructions pour que, dans les escortes de prisonniers, les militaires qui ont droit au transport ne montent pas dans les voitures avec les prévenus ou condamnés civils et encore moins avec des femmes (Service intérieur, art. 56); il tient la main à ce que les chefs de brigade remplissent les devoirs que leur imposent les instructions sur la mobilisation et sur l'administration des réserves (Service intérieur, art. 57), transmet chaque mois la solde aux chefs de brigade (Service intérieur, art. 70), tient les registres réglementaires (Service intér., art. 71), adresse tous les mois les feuilles de service au commandant de la compagnie (Décr. du 1er mars 1854, art. 199), et tous les trimestres, au conseil d'administration, les mémoires des captures et gratifications. (Service intérieur, art. 69.)

Les commandants d'arrondissement font annuellement deux tournées pour la revue de leurs brigades, en février et en octobre, et visitent à l'improviste, au moins deux fois par an, chacune des brigades de leur arrondissement (Service intérieur, art. 53 et 243); ils visitent aussi les points de correspondance (Décr. du 1er mars 1854, art. 197); ils ne peuvent quitter leur résidence sans prévenir l'officier général commandant la subdivision. (Décr. du 1er mars 1854, art. 123.)

Les obligations diverses imposées aux commandants d'arrondissement dans leur tournées sont détaillées dans l'art. 244 du règl. du 3 février 1899.

Le commandant d'arrondissement est chargé d'établir et d'adresser au commandant de compagnie, les états descriptifs des bâtiments proposés ou désignés pour le casernement des brigades. (Service intérieur, art. 292.)

Lorsque le commandant d'arrondissement est chargé du commandement provisoire ou intérimaire de la compagnie, il se conforme, pour la correspondance, aux formules annexées au règlement sur le service intérieur.

COMMANDANTS DE BRIGADE. Dans la gendarmerie, les brigades sont commandées par des brigadiers, par des maréchaux des logis, par des maréchaux des logis chefs ou par des adjudants.

Les devoirs des commandants de brigade sont des plus importants et leur responsabilité est continuelle; ils doivent connaître de la façon la plus complète tous les règlements et toutes les lois qu'ils sont chargés de faire appliquer, afin de ne jamais être embarrassés dans l'exercice de leurs fonctions; ils doivent avoir du tact, du sang-froid, de la discrétion et être toujours actifs, calmes, prudents, fermes et justes; enfin, ils doivent avoir au plus haut degré l'*esprit militaire*, qui seul leur permet de bien diriger leurs subordonnés en leur montrant toujours l'exemple de l'obéissance, du respect des lois, de l'amour du devoir et l'esprit d'abnégation et de sacrifice. Le chef de poste qui possède ces éminentes qualités les communique à ses hommes, et alors on voit ces magnifiques brigades qui font l'admiration de tous, parce que tous sont forcés de reconnaître dans les membres qui les composent de véritables hommes d'élite dont la vie privée et militaire, qui se passe au grand jour, ne peut jamais être l'objet d'*aucune critique, ni d'aucun soupçon.*

Les devoirs des chefs de brigade sont longuement détaillés dans le service intérieur; nous ne pouvons les citer en entier, et nous nous bornerons à donner ci-après un résumé sommaire des principales obligations imposées aux chefs de poste, afin que ces derniers puissent se les rappeler facilement et se reporter, s'ils le désirent, pour plus de détails, aux articles qui les intéressent.

Le règlement sur le service intérieur impose aux chefs de brigade les obligations suivantes :

Donner le bon exemple à leurs subordonnés et les commander toujours avec fermeté, mais sans brusquerie; leur inculquer l'amour de leurs devoirs par leur ascendant moral, et user au besoin des moyens de répression que les règlements leur donnent (111). Régler tous les jours le service et se rendre à l'ordre chez l'officier (110 et 115). Rendre compte à leur chef immédiat de l'exécution du service par un rapport journalier et, dans les cas urgents, correspondre directement avec le commandant de la compagnie (113). Veiller à la propreté des casernes (120). Faire panser les chevaux à la même heure (132). Défendre aux gendarmes de prêter leurs chevaux (134). Faire soigner les chevaux des hommes absents (134). Inspecter les hommes de service (145) Marcher avec les gendarmes pour les tournées, escortes, conduites et correspondances de jour et de nuit des patrouilles, sauf pour les adjudants qui ont un service tout spécial et pour les maréchaux des logis chefs qui prennent part aux tournées et aux rencontres (art. 108, 109 et 115). Préparer les pièces pour les transfèrements ; régler le service et donner connaissance aux gendarmes de tout ce qui peut les intéresser (115). Tenir tous les registres à jour (124 et 156). Inscrire chaque jour sur la feuille de service le service qui a été fait (114). S'occuper de l'instruction élémentaire de leurs hommes (191). En cas d'absence, remettre sur inventaire les registres, documents, etc., à leur successeur (156). Viser les congés et permissions des militaires et en faire inscriptions sur le registre n° 9 pour les militaires en congé et sur le carnet n° 12 pour ceux en permission. S'assurer que ces militaires rejoignent à l'expiration (348 et 349 du décret du 1er mars 1854).

Le règlement sur le service intériur détaille encore les obligations du chef de brigade dans de nombreux articles dont voici le résumé :

Surveiller la conduite des gendarmes et veiller à tous les détails du service, de la tenue, de la police et de la discipline (111). Eviter tout conflit avec les autorités et, en cas de difficultés, rendre compte au commandant d'arrondissement (112). Envoyer des rapports spéciaux dans tous les cas prévus par l'article 77 du décret (113). Commander le service suivant les règles données (115). Faire faire des patrouilles de nuit (116). Régler l'itinéraire des hommes envoyés en tournée de communes (117). Surveiller l'exécution des corvées (118). Inspecter les logements une fois par semaine et tout le casernement une fois par mois (120). Surveiller la propreté personnelle des hommes (121). Passer, du 25 au 30 de chaque mois, une revue détaillée des effets (122). Payer la solde aussitôt qu'il l'a reçue (123). Tenir avec soin le registre des comptes (124). Veiller à ce que les gendarmes malades ne prolongent pas abusivement leur exemption de service (125). Surveiller les nouveaux admis d'une façon toute particulière (128). Ne jamais tolérer le moindre désordre dans les casernes (129). Fournir des rapports sur les jeunes filles qui désirent épouser des gendarmes (130). Surveiller la manière dont les enfants de troupe sont traités chez leurs parents (131). Faire faire le pansage à la même heure pour tous les chevaux et commander le service la veille, à l'heure fixée par le commandant d'arrondissement (115 et 132). Faire soigner et promener les chevaux des hommes absents par tous les gendarmes à tour de rôle, à moins que l'un d'eux n'en soit chargé exclusivement (134). Veiller à ce que l'écurie ne soit éclairée pendant la nuit que pour les besoins du service (137). Assister toujours à la réception des fourrages, et, s'ils sont de mauvaise qualité, les refuser et en rendre compte au commandant d'arrondissement (138). Autoriser, en cas d'urgence et sur l'avis du vétérinaire, les substitutions fourragères et rendre compte immédiatement au commandant d'arrondissement (139). Peser toujours lui-même l'avoine, conserver entre ses mains la clef du coffre et assister à tous les repas des chevaux (140). Veiller à ce que les chevaux malades soient visités immédiatement et placer à part tout cheval atteint de maladie contagieuse (143). Empêcher de desseller trop tôt les chevaux qui rentrent de service et faire sécher les selles et bouchonner les chevaux (144). Inspecter les hommes de service au départ et à l'arrivée (145). Veiller à la conservation des étiquettes et des tableaux réglementaires affichés dans les casernes (146 et 147). Ne jamais se commettre avec un gendarme en état d'ivresse, le faire conduire dans sa chambre par ses camarades (148). Faire vendre le fumier en commun et acheter avec le produit de cette vente les ustensiles d'écurie (153). Tenir la main à ce que les portes des casernes soient fermées à 9 heures en hiver et à 11 heures en été (154). Se tenir prêt à répondre pendant la nuit à toute demande de service ou de secours (155). Tenir exactement à jour les registres et toutes les écritures de la brigade. (156) Ne jamais accepter ni pour lui ni pour ses hommes aucune espèce de rémunération à l'occasion du service (158).

COMMANDANTS DE COMPAGNIE. Les commandants de compagnie ont tous le grade de chef d'escadron : ils sont spécialement chargés de la direction et des détails du service ; ils entretiennent des relations directes avec les autorités civiles et militaires et rendent compte chaque jour au chef de légion de tous les faits portés à leur connaissance par les commandants d'arrondissement. (Règl. sur le service intérieur, art. 10.)

Ils doivent inspirer aux officiers, sous-officiers, brigadiers et gendarmes sous leurs ordres la connaissance et l'amour des devoirs qu'ils sont appelés à remplir, leur faciliter la pratique de leur service et s'attacher à connaître le caractère et l'intelligence de chacun d'eux. Ils sont responsables de la police, de la discipline, de l'hygiène, du service, de la tenue, de l'instruction militaire et spéciale de leur compagnie (Service intérieur, art. 11), et rappellent directement à leurs subordonnés les dispositions des règlements généraux. (Service intérieur, art. 14.)

Lorsqu'ils prennent possession de leur emploi, ils doivent faire leur visite dans les vingt-quatre heures, en grande tenue, aux diverses autorités civiles et militaires. (Règl. sur le service intérieur, art. 171. V. le mot *Visites.*)

Le commandant de la gendarmerie du département adresse chaque jour au préfet le rapport de tous les événements qui peuvent intéresser l'ordre public et lui communique les renseignements fournis par les commandants de brigade (Décr. du 1er mars 1854, art. 110); il n'est pas tenu à des rapports négatifs. (Décr. du 1er mars 1854, art. 112.) Il adresse au préfet, tous les cinq jours, le tableau sommaire de tous les délits et de toutes les arrestations (Décr. du 1er mars 1854, art. 111); il lui adresse également des rapports sur la conduite des gardes champêtres (Décr. du 1er mars 1854, art. 642) et donne connaissance de ce qu'il a appris sur le zèle et la moralité de chacun d'eux.

En cas d'émeute ou d'attroupements séditieux, il peut être requis par le préfet de réunir le nombre de brigades nécessaires au maintien de l'ordre. (Décr. du 1er mars 1854, art. 113.) Il ne discute pas l'opportunité des mesures prises par le préfet, mais peut présenter des observations sur le déplacement des brigades et les moyens de les suppléer pendant leur absence (Décr. du 1er mars 1854, art. 114); peut être requis par le préfet pour faire, en sa qualité d'officier de police judiciaire, tous les actes nécessaires à la constatation des crimes, délits et contraventions (Décr. du 1er mars 1854, art. 116; Code d'instr. crim., art. 10); peut être appelé par écrit par les présidents des Hautes-Cours de justice, les premiers présidents de cour d'appel, les procureurs généraux, les préfets, les présidents de cour d'assises et les procureurs de la République près les mêmes cours, pour conférer sur des objets de service. (Décr. du 1er mars 1854, art. 102.)

Le commandant de compagnie se concerte avec le préfet et l'officier général commandant la subdivision lorsqu'un sous-préfet a requis, d'un commandant d'arrondissement, le rassemblement de plusieurs brigades. (Décr. du 1er mars 1854, art. 117.)

Il adresse aux diverses autorités civiles et militaires et au chef de légion des rapports sur tous les faits intéressant l'ordre et la tranquillité publique et les mesures prises par la gendarmerie (Décr. du 1er mars 1854, art. 76 et 77 ; Service intérieur, art. 19), et successivement des opérations qui en sont la suite (Décr. du 1er mars 1854, art. 101); au général commandant la subdivision et au chef de légion, des rapports sur les rixes des militaires entre eux ou avec des individus non militaires, ainsi que l'état des arrestations militaires. (Décr. du 1er mars 1854, art. 126 ; Service intérieur, art. 19.)

Il rend compte au général commandant la subdivision des fautes graves commises par ses subordonnés (Décr. du 1er mars 1854, art. 132), lui adresse les états de situation numérique de la gendarmerie comprise dans l'étendue de son commandement (Décr. du 1er mars 1854, art. 121) ; l'état nominatif des membres de la Légion d'honneur et des décorés de la médaille militaire décédés (Service intérieur, art. 16) et le prévient lorsqu'il doit quitter sa résidence pour un motif quelconque. (Décr. du 1er mars 1854, art. 123.)

Il rend compte aux autorités compétentes des évasions ou des décès des prisonniers transférés, en y joignant les pièces concernant ces prisonniers (Décr. du 1er mars 1854, art. 407 et 412); adresse au procureur général des rapports accidentels et spéciaux sur les événements majeurs qui sont de nature à donner lieu à des poursuites judiciaires et au procureur de la République pour les événements survenus dans l'arrondissement du chef-lieu de préfecture. (Décr. du 1er mars 1854, art. 104.)

Il transmet au chef de légion les demandes des sous-officiers, brigadiers et gendarmes et leurs réclamations (Service intérieur, art. 286 et 287) ; se conforme à l'article 75 du règlement du 30 décembre 1892 et à l'article 288 du service intérieur pour les réclamations formulées au sujet des allocations de solde ou autres ; lui transmet les copies des rapports relatifs aux punitions et fait connaître en même temps son opinion personnelle (Service intérieur, art. 25), les demandes de substitutions fourragères (Service intérieur, art. 27 et 139), l'état descriptif des bâtiments destinés ou désignés pour le casernement des brigades de gendarmerie (Service intérieur, art. 292), annuellement, un tableau sommaire du service judiciaire fait par les officiers de l'arme et mensuellement un rapport des opérations de cette nature (Décr. du 1er mars 1854, art. 87.)

Le commandant de la compagnie fait connaître chaque jour au trésorier les mutations dont il lui a été rendu compte (Service intérieur, art. 20) ; il tient les registres réglementaires (Service intérieur, art. 17) ; donne les ordres de conduite pour le transfèrement des prisonniers civils et militaires (Décr. du 1er mars 1854, art. 368) et fait établir les mémoires de proposition en faveur des hommes qui sollicitent leur admission dans la gendarmerie. (Service intérieur, art. 26.) Il a droit à un gendarme secrétaire (Service intérieur, art. 18.)

Les commandants de compagnie sont subordonnés aux généraux commandant les divisions et les subdivisions (Décr. du 1er mars 1854, art. 121), et, pour les cérémonies, ils prennent rang, suivant l'article 247 du décr. du 4 octobre 1891, dans les états-majors des corps d'armée, des divisions et des brigades, ou, à défaut de ces états-majors, dans l'état-major de la place. (V. *Cérémonie*.)

Lors des voyages du Ministre de la guerre, les commandants des compagnies se portent au-devant de lui avec cinq brigades. Cette escorte n'est fournie que lorsqu'elle est demandée (Décr. du 4 octobre 1891, art. 297.)

Ils font une tournée annuelle pour l'inspection de leurs brigades et des visites inopinées (Service intérieur, art. 241) ; s'assurent, dans leurs tournées, que les registres des brigades sont à jour et visent ceux qui ont reçu de nouvelles inscriptions ; vérifient les feuilles de service et les visent ; visitent le casernement. (Service intérieur, art. 242), voient les chevaux (Service intérieur, art. 21 et 242) et la ferrure (Service intérieur, art. 23), proposent pour la réforme les chevaux qui ne peuvent faire aucun service (Service intérieur, art. 22), examinent l'habillement, l'équipement et l'armement et consignent sur le registre des correspondances et rapports le résultat de leurs observations (Service intérieur, art. 242) ; s'assurent si la solde parvient régulièrement aux brigades et s'il n'y a pas de réclamations (même art.) ; si les commandants d'arrondissement et de brigade surveillent les enfants de troupe laissés chez leurs parents (Service intérieur, art. 24.)

COMMANDANT DE DÉTACHEMENT. Un brigadier de gendarmerie, lors même qu'il n'est accompagné que d'un seul gendarme, est considéré comme commandant de détachement. (Lettre minist. du 3 avril 1876. — V. *Détachement*.)

COMMANDANT D'ARMES. Le service de garnison est dirigé dans les places de guerre, comme dans les villes ouvertes, par l'officier le plus ancien dans le grade le plus élevé, quelles que soient son arme et ses fonctions. Cet officier prend le titre de commandant d'armes. — En raison de leurs attributions spéciales, les officiers de gendarmerie n'exercent pas les fonctions de commandant d'armes. (Art. 4 du décr. du 4 octobre 1891.)

COMMANDEMENT, s. m. Ordre de celui qui commande. — Dans les manœuvres, le commandement est l'ordre donné par le chef. Il y a trois sortes de commandements : le commandement d'avertissement, qui sert de signal pour prêter attention ; le commandement préparatoire, qui indique le mouvement qu'on va faire ; le commandement d'exécution.

On donne aussi le nom de commandement à l'ensemble des attributions exercées par un chef militaire.

Le commandement d'une brigade de gendarmerie est exercé par un brigadier ou un sous-officier, celui d'un arrondissement par un officier du grade de sous-lieutenant, de lieutenant ou de capitaine, celui d'une compagnie par un chef d'escadron et celui d'une légion par un colonel ou un lieutenant-colonel.

Le commandement est intérimaire dans le cas de vacance d'emploi (décès, retraite, démission, appel à d'autres fonctions). Dans les autres cas (congé, permission ou maladie du titulaire), le commandement est provisoire. (Service intérieur, art. 63.)

Droits au commandement. — A égalité d'ancienneté de grade, le droit au commandement est déterminé par l'ancienneté dans le grade immédiatement inférieur; à égalité d'ancienneté dans le grade immédiatement inférieur, par l'ancienneté dans le grade précédent, et ainsi de suite jusqu'au grade de brigadier.

Entre gendarmes, le commandement est exercé par le plus ancien de service dans la gendarmerie, à compter de la date de la titularisation; à égalité d'ancienneté, par le plus ancien de service dans l'armée.

Les mêmes règles s'appliquent entre élèves gendarmes.

L'élève gendarme est toujours subordonné au gendarme.

A grade égal, les officiers, fonctionnaires et agents de l'armée active ont le commandement sur les officiers, fonctionnaires et agents de réserve et sur ceux de l'armée territoriale. Toutefois, l'officier retraité, classé avec son grade dans la réserve, a le commandement sur les officiers du même grade de l'armée active promus à une date postérieure à celle de sa nomination à ce grade.

L'officier retraité classé dans l'armée territoriale conserve les mêmes droits au commandement, mais à l'égard des officiers de l'armée territoriale seulement.

Les officiers de l'armée active ont le commandement sur les officiers de réserve du même grade provenant des officiers retraités plus anciens qu'eux, mais qui sont arrivés à ce grade par avancement dans la réserve.

Les anciens officiers de l'armée active revêtus, dans la réserve, du grade qu'ils possédaient dans l'armée active, ont, à égalité de grade, le commandement sur les autres officiers, même plus anciens, qui n'ont pas servi dans l'armée active avec ce grade.

Les officiers démissionnaires, à qui il est tenu compte du temps qu'ils ont passé comme officiers dans l'armée active, ne conservent pas les droits au commandement que leur conférait leur ancienneté au moment où ils ont quitté l'armée.

Tout militaire exerçant, provisoirement ou par intérim, les fonctions d'un grade supérieur au sien, se trouve investi, à l'égard de la troupe près de laquelle il les exerce, de tous les droits et de toute la responsabilité du titulaire, sauf les restrictions indiquées par le présent règlement.

Même hors du service, les supérieurs ont droit à la déférence et au respect de leurs subordonnés. (Serv. int., principes généraux.)

Lorsque, en conséquence de l'organisation de l'armée ou de dispositions éventuelles émanant soit du commandant en chef, soit d'un commandant d'aile, de centre, de réserve, de corps d'armée ou de division, des troupes de cavalerie sont attachées à un corps ou détachement d'infanterie, le commandant de la cavalerie est, même à grade égal et quelle que soit son ancienneté, sous les ordres du commandant de l'infanterie ; il ne prend le commandement qu'autant qu'il est supérieur en grade. Le commandant d'une troupe d'infanterie attachée à un corps ou détachement de cavalerie est soumis, sauf la même exception, aux ordres du commandant de la cavalerie.

Lorsqu'un détachement de troupes est appelé à agir de concert avec la gendarmerie, le commandement appartient à l'officier des deux troupes le plus élevé en grade ou le plus ancien dans le grade. Pour un officier venant d'un autre corps, son ancienneté dans le grade remonte à sa nomination dans son ancien corps. Si, d'après cette règle, c'est l'officier de troupe qui a le commandement et qu'il s'agisse d'un service spécial à la gendarmerie, il doit obtempérer aux demandes écrites de l'officier de gendarmerie, qui demeure responsable de l'exécution de son mandat, conformément au règlement sur le service de la gendarmerie. (Décr. du 4 oct. 1891, art. 120.) — L'officier vaguemestre d'une division a toujours, à grade égal, le commandement du train régimentaire de la division sur les officiers d'approvisionnement. (Décr. du 28 mai 1895, art. 123.)

Le commandement des troupes à bord appartient à l'officier de troupe le plus élevé en grade, ou, à égalité de grade, au plus ancien, quelle que soit son arme. (Circ. du Ministre de la marine du 14 mars 1887.)

Officiers étrangers. Les officiers étrangers ne peuvent exercer ni titulairement, ni provisoirement, le commandement en chef d'une armée ou d'un corps d'armée. Ils ne peuvent exercer le commandement d'un poste de guerre ou d'une place forte qu'à défaut d'officier français. Ils peuvent exercer provisoirement le commandement des détachements dans lesquels des troupes des régiments français et des troupes des corps étrangers se trouvent réunies, mais seulement à raison de la supériorité de grade et jamais d'après leur ancienneté. (Extrait de l'ordon. du 18 février 1844.)

En législation, le commandement d'un huissier est un exploit signifié par cet officier ministériel à un débiteur d'avoir à satisfaire à la condamnation prononcée contre lui. (Art. 583 et suivants du Code de procédure.)

COMMERCE, s. m. Aucun sous-officier, brigadier ou gendarme ne peut faire commerce, tenir cabaret ni exercer aucun métier ou profession ; les femmes ne peuvent également, dans la résidence de leur mari, tenir auberge, café ou cabaret, faire aucun commerce, soit dans la résidence, soit même dans la circonscription de la brigade, ni occuper aucun emploi dont la nature puisse diminuer l'indépendance de leur mari dans l'exécution de leur service. Elles peuvent exercer une profession ne comportant qu'un travail personnel sans l'emploi d'aucune ouvrière. Cette profession ne doit, à aucun titre, motiver d'allées et venues de personnes étrangères dans les casernes. (Art. 149 du règl. sur le serv. int.) La liberté de commerce existe en France pour toutes les professions. (V. *Boulanger* et *Boucher*.)

Le commerce qui consiste à introduire en France des marchandises étrangères s'appelle *commerce d'importation;* celui qui consiste à porter au dehors les marchandises françaises s'appelle *commerce d'exportation*.

COMMISSAIRE, s. m. Terme juridique qui sert à désigner celui qui est commis à des fonctions particulières.

Commissaire de police. Officier ministériel dont les attributions sont très nombreuses et qui dirige le service de police d'une ville. Dans les grandes villes, le commissaire central est celui qui a la surveillance et la direction de tous les autres commissaires. Il doit y avoir un commissaire de police dans toutes les communes qui comptent plus de 5,000 habitants. Les commissaires de police, dans l'exercice de leurs fonctions, peuvent requérir la gendarmerie, en se conformant aux dispositions des articles 91 et suivants du décret du 1er mars 1854 (art. 118.) Une circulaire du Ministre de l'intérieur, en date des 16-21 juillet 1858, recommande à ces fonctionnaires de n'user de ce droit de réquisition qu'avec réserve et seulement quand il est nécessaire d'appuyer l'autorité d'une force matérielle. La même circulaire leur défend, en outre, de s'immiscer, en aucune manière, dans les opérations militaires, en suite de la réquisition. Cette défense résulte des termes mêmes de l'article 115 du décret du 1er mars 1854, qui ajoute que les commandants de la force publique, lorsqu'ils ont été requis, sont seuls chargés de la responsabilité des mesures qu'ils ont cru devoir prendre, et l'autorité civile qui a requis ne peut exiger d'eux que le rapport de ce qui aura été fait en conséquence de sa réquisition.

Les commissaires de police sont officiers de police judiciaire auxiliaires du procureur de la République et font, en cette qualité, tous les actes énoncés dans les articles 25, 32 et suivants du Code d'instruction criminelle, jusques et y compris l'article 46, et cela dans le cas seulement de flagrant délit ou de réquisition d'un maitre de maison.

Les commissaires de police font les sommations aux attroupements (Loi du 10 avril 1831, art. 1er); ils assistent, concurremment avec les maires, les officiers ministériels, agents de la force publique, employés des contributions et des douanes, quand ils veulent s'introduire dans les maisons. (C. de proc. civ., art. 587 ; C. d'instr. crim., art. 16; C. F., art. 161 ; lois du 20 avril 1826, art. 237 ; 19 brumaire an VI, art. 101 ; 22 août 1791, art. 36.)

Les commissaires de police remplissent les fonctions de ministère public près des tribunaux de simple police et, dans ce cas, c'est à eux que doivent être adressés les procès-verbaux constatant des contraventions justiciables de ces tribunaux. Dans les grandes villes, il y a un commissaire central qui est sous l'autorité du préfet et qui a sous ses ordres les commissaires de police de la ville où il est établi.

Par arrêté du Ministre de l'intérieur en date du 20 décembre 1885, nul ne peut être appelé aux fonctions de commissaire de police ou d'inspecteur spécial de la police des chemins de fer :

1° S'il est âgé de plus de 40 ans ;

2° S'il n'a atteint sa vingt-cinquième année ;

3° S'il n'a été agréé par le Ministre de l'intérieur ;

4° S'il n'a été porté sur la liste d'admissibilité dressée à la suite d'un examen.

Les sous-officiers des armées de terre et de mer qui se trouvent dans les conditions prescrites par la loi du 18 mars 1889, modifiée par celle du 6 janvier 1892, pour obtenir des emplois civils, subissent les examens suivant le mode déterminé par l'instruction du 11 avril 1891.

Les candidats bacheliers ès lettres ou bacheliers ès sciences sont dispensés de l'examen. (V. l'arrêté du 15 juillet 1896.)

Commissaires de la marine. Officiers qui remplissent dans la marine, outre certaines fonctions spéciales, les fonctions attribuées aux sous-intendants militaires dans l'armée de terre. Ces fonctionnaires peuvent requérir la gendarmerie. (V. *Réquisition.*)

Dans les troupes coloniales, le corps du commissariat a les attributions administratives de l'intendance militaire. (Décret du 11 juin 1901.)

Commissaires du gouvernement. Officiers qui remplissent les fonctions de ministère public près les conseils de guerre.

Commissaires priseurs. Ce sont des officiers ministériels qui ont le monopole des ventes mobilières dans la ville où ils résident. Ils sont propriétaires de leurs charges, qu'ils peuvent vendre ; mais leurs successeurs doivent être agréés par le Ministre de la justice, et ils sont nommés par le Président de la République.

Commissaires spéciaux des chemins de fer. — Il existe dans certaines gares et dans les gares frontières, des commissaires spéciaux qui relèvent directement de la sûreté générale et qui, outre des attributions particulières, ont la surveillance de l'espionnage.

Commissaires de surveillance administrative. Ce sont les fonctionnaires nommés par l'Etat et qui sont placés près des compagnies de chemins de fer pour recevoir les réclamations des voyageurs et pour veiller à l'exécution des lois et des règlements relatifs à la circulation sur les voies ferrées.

Les commissaires de surveillance sont nommés au concours et les anciens officiers des armées actives de terre et de mer peuvent concourir s'ils n'ont pas dépassé 50 ans. Un décret en date du 2 juillet 1894, modifié par décret 15 mars 1899, détermine les conditions du concours et le mode d'avancement de ces fonctionnaires.

Les commissaires de surveillance administrative, en vertu des droits qui leur sont conférés par les règlements sur le service de marche, ont autorité sur les militaires isolés qui auraient perdu la direction indiquée sur leur feuille de route, ou qui ne seraient porteurs d'aucune pièce. — Ils ont, suivant les cas, à prendre à l'égard de ces militaires les mesures ci-après : si des militaires isolés se trouvent en dehors de la direction indiquée sur leur feuille de route, par suite d'une erreur commise par eux de bonne foi, que le commissaire et le chef de gare apprécient, la Compagnie les remet gratuitement à l'embranchement où l'erreur a été commise, ainsi qu'elle le fait pour les voyageurs civils, et le commissaire constate l'incident par une annotation sur la feuille de route, afin d'expliquer le retard qui pourrait résulter du changement de direction.

Si cette situation provient du fait intentionnel de l'homme, ou si le militaire déclare ne pas avoir l'argent nécessaire pour vivre et voyager jusqu'à destination, le commissaire le remet, après examen, entre les mains de la gendarmerie ou de l'autorité locale militaire.

Dans le cas où le militaire déclare au commissaire de surveillance avoir perdu sa feuille de route, celui-ci le remet, comme il a été dit plus haut, entre les mains de l'autorité militaire, à moins que, d'après les résultats de l'examen auquel il s'est livré, il ne juge préférable de lui délivrer un sauf-conduit valable jusqu'à la résidence de la sous-intendance la plus voisine dans la direction que le militaire déclare avoir à suivre. (Règl. du 18 novembre 1889, sur les transports militaires en chemin de fer, art. 26.)

COMMISSION, s. f. Ce mot a différentes acceptions. Il signifie, en général, une réunion d'hommes chargés d'étudier une question ou de remplir des fonctions spéciales.

Commission de classement. Une commission d'officiers généraux désignés par le Ministre est chargée de procéder, dans chaque arme, au classement des officiers proposés pour l'avancement aux divers grades et pour l'avancement dans la Légion d'honneur.

Un décret en date du 29 septembre 1899 règle les conditions dans lesquelles seront proposés les colonels et les généraux.

Commissions de classement et de réquisition. Elles ont été instituées pour faire exécuter les prescriptions de la loi du 3 juillet 1877 et le décret du 2 août de la même année sur les réquisitions militaires. (V. *Classement.*) — Ces commissions sont composées d'un officier, président, d'un membre civil et d'un vétérinaire ; les officiers de la réserve et de l'armée territoriale appartenant à des corps de troupes à cheval et ayant servi antérieurement comme officiers dans l'armée active peuvent, lorsqu'ils y consentent, être désignés comme présidents de commissions. (Instr. minist. du 1er avril 1879.)

Deux militaires de la gendarmerie au moins assistent aux opérations et maintiennent l'ordre sous l'autorité du président de la commission. — L'un de ces deux militaires tient la toise qu'il remet au vétérinaire au moment de toiser chaque animal. — Il est alloué aux militaires de la gendarmerie, pour le temps qu'ils prêtent leur concours aux commissions de classement, l'indemnité journalière exceptionnelle de 4 francs pour les adjudants; 3 francs pour les autres sous-officiers ; 2 fr. 50 pour les brigadiers et les gendarmes. (Tarif général du règlement du 18 mars 1901 sur le service des frais de route.)

Commission extraordinaire spéciale de réforme. Aux termes de la circulaire du 24 décembre 1864 et de la note ministérielle du 12 mars 1885, les titulaires d'une gratification renouvelable subissent tous les deux ans, à l'époque des opérations des conseils de revision dans les différents cantons, une visite médicale passée en présence des membres de ces conseils de revision, qui se constituent, à cet effet, en commission spéciale extraordinaire de réforme pour déterminer : 1° les titulaires qui, étant déclarés incurables, ne devront plus se déplacer à l'avenir ; 2° ceux qui doivent être proposés pour le renouvellement de la gratification pendant deux nouvelles années ; 3° ceux auxquels la gratification doit être supprimée.

Sont exceptés de cette convocation les titulaires de gratification permanente.

Les intéressés qui n'auraient pu se présenter le jour de la session extraordinaire sont examinés par la commission de réforme au chef-lieu de la subdivision. (V. *Gratification*.)

Commission ordinaire de réforme. Les hommes de la réserve de l'armée active, de l'armée territoriale et de la réserve de ladite armée qui deviennent impropres au service doivent en faire la déclaration au commandant de la brigade de gendarmerie, qui la transmet, avec une enquête sommaire appuyée d'un certificat médical, au commandant du bureau de recrutement. Cet officier invite les hommes qui lui paraissent susceptibles d'être réformés à se présenter à la première séance de la commission spéciale qui se réunit, à des dates fixées à l'avance, au chef-lieu de subdivision de région. (V. les circ. des 24 décembre 1864, 6 novembre 1875, 27 février et 25 octobre 1877.) —Lorsque les anciens militaires sont convoqués devant les commissions de réforme appelées à statuer sur le renouvellement des gratifications dont ils jouissent, ils voyagent à prix réduit : au quart du tarif sur le réseau de l'Etat; au demi-tarif sur tous les autres réseaux. Ils sont porteurs d'un ordre de convocation qu'ils font viser au départ par le chef de gare. Ils payent alors demi-place ou place entière, à l'aller, suivant qu'ils voyagent sur le réseau de l'Etat ou sur les autres. Au retour, l'ordre de convocation, visé par le président de la commission, tient lieu de billet gratuit. (Décis. minist. du 12 février 1890.)

Commission rogatoire. Invitation adressée par un magistrat à un autre magistrat d'avoir à faire quelque acte de procédure dans l'étendue de son ressort. — Les officiers rapporteurs près les conseils de guerre peuvent donner des commissions rogatoires aux *officiers, sous-officiers et commandants de brigade de gendarmerie*, à l'effet d'entendre des témoins, de recueillir des renseignements et d'accomplir tous les actes inhérents à leur qualité d'officier de police judiciaire, conformément aux dispositions de l'article 84 du Code de justice militaire. (Décr. du 1er mars 1854, art. 133.) Mais les sous-officiers et commandants de brigade de gendarmerie, n'étant pas officiers de police judiciaire civile ne peuvent recevoir ni mettre à exécution des commissions rogatoires envoyées par des magistrats civils.

Les juges d'instruction peuvent envoyer des commissions rogatoires aux officiers de gendarmerie, qui ne peuvent se refuser à les exécuter, sauf à en rendre compte au Ministre s'ils les trouvent irrégulières.

Des commissions rogatoires peuvent également être envoyées aux chefs de brigade de gendarmerie auxquels différents décrets ont conféré la qualité d'officier de police judiciaire (en Algérie, en Tunisie, à la Guyane, à la Nouvelle-Calédonie et en Indo-Chine). V. *Police judiciaire*. —

V. les circulaires du 31 décembre 1897 et du 4 octobre 1900.

Les commissions rogatoires indiquent généralement les questions qui doivent être posées aux témoins ainsi que les constatations diverses qui peuvent être faites, et les militaires qui seront chargés de les mettre à exécution devront avoir soin de ne jamais s'écarter des règles tracées, afin que leurs opérations soient toujours régulières. — Ils devront se faire assister d'un greffier auquel ils feront prêter serment. — Citer les témoins (V. *Cédule*) et recevoir leurs dépositions conformément aux articles 102 et 183 du Code militaire, 73, 74, 75, 76, 78, 79, 82. 83 et 85 du Code d'instruction criminelle. — Allouer la taxe aux témoins civils qui la réclameront. — Les personnes non militaires reçoivent, quand elles sont appelées en témoignage, une indemnité qui est fixée par le rapporteur ou par le président du conseil de guerre et qui ne peut être moindre de 1 franc ni au-dessus de 2 fr. 50 par jour soit de séjour, soit de voyage. — Ces dispositions sont applicables aux sous-officiers et soldats en congé sans solde et aux hommes de la réserve appelés en témoignage. (Décr. du 13 novembre 1837, art. 14.)

Si les témoins ont été taxés, il faut joindre au procès-verbal d'information un bordereau indiquant les sommes allouées. — Le président ou le rapporteur enverra ensuite un mandat de paiement sur le receveur de l'enregistrement du lieu où l'information aura été faite. On admet presque toujours dans la pratique que l'officier de police judiciaire chargé de la commission rogatoire établisse lui-même ce mandat conformément au modèle donné par le Code de justice militaire.

Si le témoin est détenu dans une prison, l'officier de police judiciaire requiert son extraction en employant, après y avoir fait les modifications nécessaires, la formule n° 4 du Code militaire.

S'il est en traitement dans un hôpital et qu'il ne puisse en sortir sans inconvénient, l'officier de police s'y transporte accompagné de son greffier et en se conformant aux articles 89 et 90 du Code militaire.

S'il s'agit de faire constater des blessures, l'officier de police requiert un médecin de procéder à cet examen après lui avoir fait prêter le serment exigé par l'article 44 du Code d'instruction criminelle. Le rapport de l'homme de l'art est joint au procès-verbal d'information.

S'il doit être fait un constat des lieux, l'officier de police s'y transporte assisté de son greffier et dresse procès-verbal; si le constat doit avoir lieu dans un établissement public, l'officier de police se conforme aux articles 89 et 90 du Code militaire. — L'information terminée, le greffier rassemble les pièces du dossier, dresse du tout un inventaire signé par lui, et l'officier de police judiciaire militaire qui a mis à exécution la commission rogatoire envoie ce dossier au rapporteur.

Telles sont les règles générales à suivre pour mettre à exécution une commission rogatoire. — Les commissaires rapporteurs font toujours connaître les questions de détail qui doivent être posées.

Commission de gendarme. En administration, la commission est un mandement de l'autorité qui confère une charge ou un emploi. — Les sous-officiers, brigadiers et gendarmes sont nommés par le Ministre et commissionnés par lui. (Décr. du 1er mars 1854, art. 4.) — Les commissions délivrées aux militaires de la gendarmerie ont pour effet de soumettre aux lois et règlements militaires ceux qui en sont pourvus. — Les commissionnés peuvent être maintenus en activité après 25 ans de service et jusqu'à 55 ans, tant qu'ils sont en état de rendre de bons services. (Décr. du 1er mars 1854, art. 18.)

Les gendarmes réservistes et territoriaux ne reçoivent pas une commission nouvelle au moment d'une mobilisation. (Décr. du 1er mars 1854, art. 6.) La commission dont ils sont détenteurs au moment de leur passage dans la réserve leur est retirée pour être conservée par les soins du chef de légion, au chef-lieu de la région dans laquelle ils fixent leur domicile.

Les commissions des gendarmes congédiés avec un certificat de bonne conduite n° 2, ou réformés par mesure de discipline ou pour cause de santé, sont envoyées au Ministre en même temps que leur demande de démission ou de proposition de réforme, et elles sont annulées.

Les gendarmes réadmis ne reçoivent pas de commission nouvelle, mais seulement une lettre d'avis les prévenant qu'ils sont pourvus d'un emploi, et la commission qui leur a été primitivement délivrée leur est restituée. (Circ. du 16 juin 1883.)

Commissionnés. D'après l'article 68 de la loi du 15 juillet 1889, les sous-officiers de toutes armes et les caporaux et les brigadiers appelés à certains services peuvent être commissionnés et rester sous les drapeaux jusqu'à l'âge de 50 ans. — Toutefois, les militaires de la gendarmerie et de la justice militaire pourront rester en activité au delà de cette limite : ceux de la gendarmerie jusqu'à 55 ans. (Décr. du 1er mars 1854, art. 18.) — Une note ministérielle en date du 18 novembre 1889 détermine les catégories de caporaux, brigadiers et soldats qui pourront être maintenus sous les drapeaux jusqu'à l'âge de 50 ans.

Les sous-officiers commissionnés peuvent être mis à la retraite ou révoqués après avis d'un conseil d'enquête. (Loi du 2 juillet 1894.) (V. *Conseil.*) — Ils peuvent être admis à se rengager dans les mêmes conditions que les autres sous-officiers.

COMMUNAL, adj. Qui concerne la commune. On donne le nom de biens communaux à des propriétés qui appartiennent à la commune, qui s'afferment ou se louent, ou dont la jouissance est laissée en nature aux habitants. Ceux-ci y envoient paitre leurs bestiaux et reçoivent chacun leur part d'affouage. — Les gendarmes ont droit à l'affouage. (V. ce mot.)

COMMUNE, s. f. Division administrative et territoriale à la tête de laquelle se trouve un maire assisté d'un conseil qui porte le nom de conseil municipal, — Il y a actuellement en France 36,192 communes ; nous en avons perdu 1,689 après la guerre de 1870-71.

COMMUNICATION, s. f. — *Voies de communication.* Le décret du 5 juillet 1890 a établi un service de garde de voies de communication en temps de guerre.

Ce service a pour but d'assurer la sécurité des lignes de chemins de fer, canaux, réseaux télégraphiques et téléphoniques nécessaires aux besoins des armées. Le personnel de garde formé par les hommes de la réserve de l'armée territoriale et par des volontaires qui ne sont plus assujettis aux obligations militaires, est organisé par subdivision de région. Le général commandant la subdivision, après s'être concerté avec différents chefs de service et avec le commandant de la gendarmerie, règle le concours que cette *arme doit apporter à cette surveillance.*

Les hommes de la réserve de l'armée territoriale affectés à la garde des voies de communication en cas de guerre, peuvent être, en temps de paix, astreints à des services spéciaux dont la durée totale, pendant le temps qu'ils passent dans ladite réserve, n'excédera pas neuf jours. (Loi du 2 juillet 1890.)

COMMUTATION, s. f. Changement, commutation de peine, changement d'une peine en une autre moins grave. Ce droit, comme celui de grâce, appartient au Président de la République. (Loi du 17 juin 1871, art. 2.)

COMPAGNIE, s. f. La gendarmerie répartie dans un département prend le nom de compagnie de gendarmerie de ce département. Le département de la Corse seul a deux compagnies. — Les compagnies se subdivisent en arrondissements ou sections, et un certain nombre de compagnies forment une légion.

Il y a en France 87 compagnies : il y en a 5 en Algérie, 1 en Tunisie, 6 dans les colonies (Martinique, la Guadeloupe, la Réunion, la Nouvelle-Calédonie, l'Indo-Chine et Madagascar.

A la tête de chaque compagnie se trouve un officier du grade de chef d'escadron. Dans les colonies où les gendarmes sont trop peu nombreux pour former une compagnie, ils constituent un détachement.

Dans les régiments d'infanterie, les compagnies sont numérotées de 1 à 12;

dans les régiments de réserve, les bataillons prennent les numéros à la suite des bataillons actifs et les compagnies sont numérotées de 13 à 24; la 1re compagnie du dépôt prend le numéro 25.

Compagnie de discipline. (V. *Discipline*.)

COMPÉTENCE, s. f. C'est le droit qu'a un tribunal de connaître de telle ou telle affaire. Ainsi les tribunaux correctionnels ne sont pas compétents pour juger les crimes. Les tribunaux militaires sont seuls compétents pour connaître des crimes, délits et contraventions commis par des militaires non en congé ou en permission. Cependant, si des militaires en congé ou en permission commettent des crimes ou des délits prévus par le titre II du livre IV du Code militaire, le conseil de guerre est compétent pour les juger. (C. M., art. 57.)

COMPLICE, s. m. Celui qui participe, qui prend part à un crime ou à un délit ; la loi n'admet pas la complicité en matière de contraventions. — Les complices d'un crime ou d'un délit seront punis de la même peine que les auteurs mêmes de ce crime ou de ce délit, sauf les cas où la loi en aurait disposé autrement. (C. P., art. 59.)

Seront punis comme complices d'une action qualifiée crime ou délit, ceux qui, par dons, promesses, menaces, abus d'autorité ou de pouvoirs, machinations ou artifices coupables, auront provoqué à cette action, ou donné des instructions pour la commettre : ceux qui auront procuré des armes, des instruments ou tout autre moyen qui aura servi à l'action, sachant qu'ils devaient y servir; ceux qui auront, avec connaissance, aidé ou assisté l'auteur ou les auteurs de l'action, dans les faits qui l'auront préparée ou facilitée, ou dans ceux qui l'auront consommée. (C. P., art. 60. — V. également les articles 61 et 62 du même Code.)

En cas de crime ou de délit, les gendarmes ne devront pas hésiter à arrêter, avec le principal auteur, les complices que l'enquête aura fait découvrir.

COMPLOT, s. m. Ce mot s'emploie généralement pour désigner un dessein formé entre deux ou plusieurs individus, et dont le but est d'attenter à la sûreté de l'Etat.

Les articles 89 et 91 du Code pénal punissent de la déportation, de la détention ou de l'emprisonnement, suivant le cas, ceux qui auront formé un complot ayant pour but soit d'exciter la guerre civile en armant ou en portant les citoyens à s'armer les uns contre les autres, soit de porter la dévastation, le massacre ou le pillage dans une ou plusieurs communes. — Si le complot a été suivi d'un commencement d'exécution, il y a alors attentat, et les coupables sont punis de mort. (C. P., art. 91.)

CONCORDAT, s. m. En législation commerciale, on appelle concordat un traité passé entre le failli et ses créanciers, par lequel ces derniers lui font remise d'une partie de ses dettes. Ce mot s'emploie également pour désigner un traité passé entre le Pape et des souverains pour régler des intérêts religieux.

CONCILIATION, s. f. Tentative d'arrangement que les parties sont obligées de faire avant d'entamer un procès devant un juge de paix, qui remplit alors le rôle de conciliateur et non celui de juge. (V. l'art. 48 du C. de proc. civ.)

CONCUBINAGE, s. m. Etat d'un homme et d'une femme qui, n'étant point mariés, vivent comme s'ils l'étaient. (V. *Adultère*.)

CONCUSSION, s. f. La concussion est un crime commis dans l'exercice de ses fonctions par un fonctionnaire ou un officier ministériel qui exige ou reçoit ce qu'il sait ne pas lui être dû, ou qui opère des malversations dans le maniement des deniers publics. (V. C. P., art. 174.)

Un garde champêtre étant fonctionnaire public, commet un crime de concussion s'il reçoit de l'argent pour ne pas faire un procès-verbal. Il n'en est pas de même des gendarmes : la Cour de cassation a décidé, le 4 janvier 1836, que les gendarmes ne sont pas des fonctionnaires publics dans le sens déterminé par l'article 174 du Code pénal et qu'ils ne peuvent se rendre coupables de concussion. Les gendarmes qui recevraient de l'argent ou des cadeaux pour ne pas dresser procès-verbal d'un fait dont ils auraient été témoins ou qui aurait été porté à leur connaissance se rendraient coupables de corruption et seraient punis conformément à l'article 261 du Code militaire. (V. *Corruption.*)

Tout sous-officier, brigadier ou gendarme convaincu d'avoir accepté ou reçu, à quelque titre que ce soit, de l'argent ou des effets des prévenus ou condamnés civils dont le transfèrement lui a été confié est réformé, sans préjudice des peines qui peuvent être prononcées contre lui et qui sont déterminées par les lois. (Décr. du 1er mars 1854, art. 425.) Ces peines sont celles appliquées dans les cas prévus par les articles 401 et 405 du Code pénal (larcin, filouterie, escroquerie). Dans ce cas, les gendarmes ayant un complice civil ne seraient pas justiciables des tribunaux militaires.

CONDAMNATION, s. f. Sentence qui déclare la culpabilité d'un individu et qui indique la peine à laquelle il est condamné.

La condamnation par contumace est celle qui est portée en matière criminelle contre un individu qui ne s'est pas présenté. En toutes les autres matières, la condamnation prononcée contre un individu absent s'appelle condamnation par défaut.

Les sous-officiers et brigadiers condamnés à une peine correctionnelle de 3 mois de prison ou au-dessous peuvent être cassés ou proposés, par exception, pour conserver leur grade, mais ceux condamnés à une peine correctionnelle de plus de 3 mois de prison perdront toujours leur grade. (Décis. minist. du 16 janvier 1873.)

Une décision ministérielle, en date du 10 avril 1890, indique la destination à assigner, à l'expiration de leur peine, aux militaires condamnés, et délègue à l'autorité militaire supérieure le droit de statuer sur cette question. (V. la circulaire du 25 juillet 1893, relative aux transports, par voies de fer, des hommes voyageant sous escorte, à destination d'Algérie. Un modèle de feuilles de tranfèrement et un modèle d'ordre de conduite sont joints à la circulaire.)

Quand un militaire de la gendarmerie est condamné à une peine n'entraînant pas exclusion de l'armée, le conseil de discipline doit toujours être convoqué, sans attendre l'ordre du Ministre, pour statuer sur la question du maintien dans la gendarmerie, conformément aux dispositions de la loi du 13 mars 1875, modifiée par celle du 15 décembre de la même année. V. règl. sur le service intérieur, art. 278.)

La gendarmerie doit rendre compte des condamnations subies par les gradés des réserves ou de l'armée territoriale pour que l'autorité militaire puisse apprécier s'il y a lieu de les maintenir dans leur grade. (Circ. du 1er juin 1877 et art. 143 de l'instr. du 28 décembre 1895.)

Elle doit également prévenir l'autorité militaire lorsqu'elle apprend qu'un grade a été obtenu par un individu ayant été condamné antérieurement.

Toutes les condamnations, même celles ne donnant pas lieu à déduction de services et celles antérieures à l'incorporation, doivent figurer au registre matricule au titre de l'homme qui en a été l'objet. *Aucune condamnation* ne doit être inscrite sur le livret individuel, même lorqu'elle affecte un homme en activité de service. (V. Instruct. du 28 décembre 1895, art. 34.)

Condamné à mort. Les gendarmes commandés de service pour une exécution militaire ne doivent pas être chargés de bander les yeux aux condamnés. (V. *Exécution.*)

Condamné pour faits politiques. Tout condamné pour faits politiques qui se trouve jouir d'une pension civile ou militaire est privé de tout ou partie de sa pension de retraite pendant un temps déterminé. Il en est de même pour toute condamnation à une peine afflictive ou infamante, ou pour la perte de la qualité de Français. (Loi du 11 avril 1831.)

CONDUITE, s. f. Action de conduire, de mener. Conduite de prisonniers. (V. *Transfèrement.*)

Se dit encore de la manière d'agir, de se comporter : avoir une bonne conduite, une mauvaise conduite. Certificat de bonne conduite. (V. *Certificat.*)

CONFISCATION, s. f. Attribution au Trésor et, dans quelques cas, aux parties lésées, de tout ou partie des biens d'un individu condamné pour certaines infractions à la loi.

La confiscation générale qui frappait tous les biens des condamnés a été définitivement supprimée par l'article 66 de la charte du 4 juin 1814.

La confiscation spéciale ou particulière, qui ne frappe que certains biens, est établie pour les crimes et délits prévus par l'article 11, et pour les contraventions de police par l'article 417 du Code pénal. L'article 11 dit: « La confiscation spéciale, soit du corps du délit quand la propriété en appartient au condamné, soit des choses produites par le délit, soit de celles qui ont servi ou qui ont été destinées à le commettre, sont des peines communes aux matières criminelle et correctionnelle. » L'article 470 est ainsi conçu: « Les tribunaux de police pourront aussi, dans les cas déterminés par la loi, prononcer la confiscation, soit des choses saisies en contravention, soit des matières ou des instruments qui ont servi ou qui étaient déstinés à la commettre. »

La confiscation spéciale est aussi prononcée pour des contraventions spéciales; dans ce cas, elle porte toujours sur le corps du délit. Voici quelques-uns des objets dont la confiscation est prononcée: 1° Pour les crimes et délits: les choses données par le corrupteur aux fonctionnaires publics qu'il aura corrompus (C. P., art. 180); les exemplaires saisis des ouvrages, écrits, dessins, etc., incriminés par les lois (Art. 286 et 287 du C. P.); les armes prohibées (C. P., art. 314); les boissons falsifiées (C. P., art. 318); les fonds ou effets trouvés au jeu prohibé ou mis en loterie et les meubles de ces maisons (C. P., art. 410); les marchandises à l'égard desquelles ont été violés les règlements d'administration (Art. 413); les objets sur la nature ou le titre desquels l'acheteur a été trompé, les faux poids et fausses mesures employés pour tromper l'acheteur (Art. 423); les ouvrages contrefaits et les instruments de contrefaçon (Art. 427); les recettes produites par la représentation de pièces théâtrales prohibées par les lois et règlements relatifs à la propriété des auteurs (Art. 428);

2° Pour les simples contraventions de police: les pièces d'artifice tirées dans des lieux prohibés, les coutres, instruments ou armes laissés sur les lieux publics dont les malfaiteurs pourraient abuser (Art. 471 et 472); les boissons falsifiées trouvées en possession du vendeur ou du débitant (Art. 477, 2°); les écrits ou gravures contraires aux mœurs (Art. 477, 3°); les comestibles gâtés, corrompus ou nuisibles (Art. 477, 4°); les instruments, ustensiles et costumes servant à l'exercice du métier de devin, pronostiqueur et interprète des songes (Art. 481);

3° Pour infraction à des lois spéciales: les armes, instruments et engins ayant servi à commettre l'infraction (Loi du 24 avril 1790, art. 5; loi du 15 avril 1829, loi du 3 mai 1844, art. 16); les marchandises et objets introduits contrairement aux lois de douanes, ainsi que les moyens de transport (Décr. des 17 décembre 1814, 28 avril 1816 et 21 avril 1818); les objets reconnus contrefaits et les instruments ayant servi à leur fabrication (Loi du 5 juillet 1884, art. 49); les sels, tabacs, boissons, poudres, etc., fabriqués, débités, introduits ou transportés contrairement aux lois sur les contributions indirectes et les octrois (Lois des 28 avril 1816, 25 mars 1817); les scies, haches, etc., dont les auteurs de délits forestiers ont été trouvés nantis (C. forestier, art. 198); les poudres et munitions de guerre saisies. (Loi du 24 mai 1834).

La chose confisquée appartient à l'Etat, sauf les cas où elle profite aux parties lésées. Lorsque la confiscation profite au Trésor, le recouvrement en est poursuivi au nom du procureur de la République par le percepteur (C. d'instr. crimin., art. 197; loi du 30 décembre 1873, art. 25), ou par l'administration qui a dirigé l'action.

CONFLIT, s. m. Choc, combat, contestation, difficulté. Les conflits ne sont pas tous de la même nature. Ceux qui surviennent entre les militaires de la gendarmerie et ceux d'une autre arme doivent nécessairement avoir pour juge l'autorité militaire. En conséquence, les rapports sur les conflits sont adressés au Ministre par l'intermédiaire des généraux commandant les divisions. Mais, pour ceux qui se produisent entre la gendarmerie et les autorités administratives ou judiciaires à l'occasion du service spécial de l'arme, il doit toujours en être rendu compte au Ministre, directement, sauf à en informer le même jour les généraux. (Circ. minist. du 3 août 1866.) — Aujourd'hui, ces comptes rendus ne sont plus adressés directement au Ministre de la guerre, mais bien aux généraux commandant les corps d'armée.

CONGÉ, s. m. En administration, le congé est une autorisation donnée par la régie pour transporter d'un lieu dans un autre des marchandises qui ont acquitté les droits. Les congés doivent indiquer la qualité et la quantité des marchandises, la route qu'elles doivent suivre, les délais pendant lesquels elles peuvent circuler et les noms de l'expéditeur et du destinataire. (V. *Boissons.*) — Terme militaire employé pour désigner une permission de plus de trente jours.

Le décret du 19 mars 1899 admet quatre espèces de congés pour les militaires de la gendarmerie coloniale :

1° Les congés pour affaires personnelles;

2° Les congés administratifs;

3° Les congés de convalescence;

4° Les congés spéciaux accordés aux militaires de la gendarmerie coloniale en expectative de réintégration dans la gendarmerie métropolitaine. (Serv. int., art. 247.) (V. aussi le décret du 9 février 1902.)

Le décret du 1er mars 1890, modifié par le décret du 7 mars 1895, a réuni en un seul document, en les modifiant dans plusieurs de leurs parties, toutes les décisions antérieures relatives aux congés et aux permissions. Nous donnons ci-après un résumé des principales dispositions de ce décret.

Les absences dont la durée doit dépasser 30 jours sont autorisées sous forme de congé. (Art. 27 du décr. du 1er mars 1890. V. également les art. 246 et 247 du service intérieur.)

Le Ministre statue seul sur les demandes de congé formées par les officiers généraux et par les chefs de corps. (Art. 28.)

Les congés sont accordés aux militaires dans les conditions suivantes (Art. 29) :

Des congés pour affaires personnelles et de leur prolongation. — Les congés pour affaires personnelles sont accordés, par délégation du Ministre, dans la limite de trois mois, par les gouverneurs militaires et les généraux commandant les corps d'armée; au delà de trois mois, ils sont accordés par le Ministre. (Art. 30.)

Les congés pour affaires personnelles sont accordés avec solde d'absence aux officiers et aux sous-officiers rengagés ou commissionnés; sans solde à tous les autres militaires. (Art. 32.)

Les demandes de prolongation de congé pour affaires personnelles sont adressées au général commandant la subdivision territoriale, qui les transmet, avec son avis motivé, au général commandant le corps d'armée dont le militaire relève normalement. (Art. 33.)

Congés de convalescence. Les généraux de brigade commandant les subdivisions de région statuent, par délégation des commandants de corps d'armée, sur les propositions de congé de convalescence. (Art. 34.)

Ces congés sont accordés dans la limite de trois mois pour les officiers et de six mois pour les hommes de troupe. Ils peuvent être prolongés dans les mêmes conditions de durée. (Art. 35.)

Les demandes de congé et de prolongation de congé de convalescence sont appuyées des certificats de visite et de contre-visite délivrés par les médecins traitants et les médecins-chefs des hôpitaux militaires ou, à leur défaut, par ceux des hospices civils (Art. 36) et adressées au général commandant la subdivision de région, qui statue.

Les généraux de brigade peuvent accorder la solde de présence pour une durée d'un mois. La solde de présence pour une durée plus longue peut être accordée par les généraux commandant les corps d'armée. (Art. 37.)

Les militaires en congé de convalescence signalés comme ayant une inconduite caractérisée doivent être rappelés sous les drapeaux avant l'expiration de leur congé. (Note minist. du 2 juin 1891.)

Les militaires en congé de convalescence ne sont tenus de rejoindre, en cas de mobilisation, qu'à l'expiration de leur congé. (V. note minist. du 9 novembre 1889.)

Congés pour aller faire usage des eaux. Ces congés, dont la durée ne peut dépasser deux mois, sont délivrés par les généraux commandant les corps d'armée; les demandes sont accompagnées de certificats de visite individuels. (Art. 42.) (V. *Solde de congé.*)

Les délais de route et de tolérance sont compris dans la durée du congé. (Note minist. du 31 décembre 1892.)

Congés administratifs. Les gendarmes coloniaux peuvent obtenir des congés administratifs de six mois à solde entière d'Europe après un séjour de trois ans au Sénégal, à la Guyane, en Indo-Chine et à Madagascar, et de six ans dans les autres colonies. (Art. 6 du décret du 19 mars 1899.) Les frais de leur passage (aller et retour) ainsi que celui de leur famille sont supportés par l'Etat. (Décis. présidentielle du 18 septembre 1896.)

Congés pour aller à l'étranger. Ces congés ne sont accordés que par le Ministre, qui en règle les conditions au point de vue de la solde. (Art. 44.)

Les demandes de cette nature faites par les officiers ou assimilés doivent, autant que possible, faire connaître les itinéraires qu'ils ont l'intention de suivre à l'étranger. (Note minist. du 28 février 1893.)

Les permissions pour aller à l'étranger sont accordées par les généraux commandant les corps d'armée (Décr. du 1er mars 1890, art. 11, 20 et 44.)

Congés aux militaires de la gendarmerie en instance de retraite. Ces congés sont accordés aux hommes de troupe par le Ministre. Quant aux officiers sollicitant eux-mêmes leur admission à la pension de retraite et qui désirent quitter leur poste tout de suite, ils doivent être proposés, autant que possible, pour la non-activité. (Service intérieur, art. 247.)

Les militaires de la gendarmerie obtiennent des permissions et des congés dans les mêmes conditions que les militaires des autres armes. (Art 45 du décret du 1er mars 1890.)

Les militaires proposés pour la retraite, à titre d'infirmités contractées dans le service, ont droit à la solde de présence pendant la durée du congé concédé pour attendre la liquidation de la pension. (Décision présidentielle du 23 octobre 1897.)

Observations. — Les généraux commandant les subdivisions de région peuvent accorder aux militaires, en congé dans l'étendue de leur commandement, l'autorisation de se rendre dans des localités autres que celles désignées sur leur titre d'absence. (Art. 3 du décret du 1er mars 1890.)

Ils peuvent aussi autoriser les militaires de tous grades en instance de prolongation à attendre dans leurs foyers la décision à intervenir. (Art. 3.)

Les officiers de tous grades en position d'absence, qui désirent changer de résidence peuvent le faire sans autorisation préalable. Ils en informent par écrit l'autorité militaire supérieure de laquelle ils relèvent, en lui faisant connaître leur nouvelle adresse. Ils portent eux-mêmes, sur leur titre d'absence, les changements successifs de résidence qu'ils ont pu faire. (Art. 4.)

Les demandes formées par les militaires en congé sont transmises au commandant de la subdivision de région par l'intermédiaire du commandant d'armes, et, à défaut, par la gendarmerie. — Les officiers adressent directement leurs demandes au général commandant la subdivision. (Art. 9.)

Il n'est accordé de congés, pour en jouir à Paris, dans le département de la Seine et dans celui de Seine-et-Oise, qu'aux hommes de troupe qui justifient y avoir leur famille, ou qui peuvent certifier qu'ils y ont des moyens d'existence. (Art. 12.)

Les hommes de troupe qui, pour se rendre à leur destination, ont à passer par Paris ne peuvent y séjourner plus de quarante-huit heures. (Art. 13.)

Les permissions et les congés accordés aux militaires employés en Afrique ou en Corse ne commencent que du jour du débarquement. Ces militaires sont considérés comme rentrés à leur poste s'ils sont rendus au port d'embarquement au jour fixé pour l'expiration de leur titre d'absence. (Art. 14.) (V. la décis. présid. du 12 janvier 1883, rappelée par la note minist. du 12 avril 1890.)

Congés sans solde. Le Ministre de la guerre est autorisé à accorder jusqu'à concurrence du chiffre fixé chaque année par la loi de finances des congés de longue durée sans solde ne pouvant dépasser trois années aux officiers qui en feront la demande et qui compteront au moins huit ans de services, dont quatre de grade d'officier.

Le montant de la retenue de 5 p. 100 sur la solde budgétaire de ces officiers continuera à être versé au Trésor, sur les crédits du budget de la guerre.

L'officier titulaire d'un congé de longue durée sans solde ne sera pas remplacé.

Il restera à la disposition du Ministre de la guerre.

Il pourra être réintégré dans les cadres, sur sa demande, avant l'expiration de son congé.

Il sera soumis aux règles générales de la discipline et de la subordination militaire.

Le temps passé dans cette position sera compté comme service effectif pour la réforme et la retraite seulement.

Le nombre des congés sans solde que le Ministre de la guerre peut accorder en 1902 est fixé au nombre maximum de 200.

CONNAISSEMENT, s. m. Etat des marchandises embarquées et des conditions de transport. Cet état est assujetti au timbre comme la lettre de voiture. (V. ce mot.)

CONNEXITÉ, s. f. On dit que des faits sont connexes, ou qu'il y a connexité, lorsqu'ils ont entre eux un rapport intime et qui doit être décidé par un seul et même jugement; tel est le cas, par exemple, d'un délit de chasse commis par plusieurs individus dans les mêmes circonstances de lieu, de fait et de temps. On doit alors comprendre tous les délinquants dans un procès-verbal unique.

CONNIVENCE, s. f. Complaisance coupable que l'on a pour quelqu'un en l'aidant ou, du moins, en ne l'empêchant pas de commettre une action coupable. La connivence ne suppose pas, comme la complicité, une part réelle prise à la faute commise.

CONSCRIPTION, s. f. (V. *Recrutement.*)

CONSCRIT, s. m. Jeune homme faisant partie de la classe qui doit tirer au sort dans l'année.

Tout individu qui, pour se soustraire aux obligations imposées par la loi sur le recrutement, est prévenu de s'être rendu impropre au service militaire, ou qui aura usé de manœuvres ou de fraudes pour être omis sur les tableaux de recensement ou sur les listes du tirage, est déféré aux tribunaux et puni d'un emprisonnement d'un mois à un an. (Loi de finances de 1902 et circ. du 5 mai 1902.)

CONSEIL, s. m. Avis que l'on donne à quelqu'un pour diriger sa conduite. — Assemblée de personnes réunies pour délibérer.

Conseil d'administration. L'administration est exercée dans les corps ou compagnies de gendarmerie par un conseil qui prend le nom de conseil d'administration. Les conseils d'administration des compagnies départementales sont composés de trois membres :

Le commandant de la compagnie, président ;

L'officier commandant l'arrondissement du chef-lieu ;

Le trésorier secrétaire et rapporteur.

Dans la garde républicaine, le conseil est composé de sept membres désignés annuellement et alternativement. (V. pour plus de détails et pour les attributions des conseils les articles 5, 14 et suivants du règlement du 12 avril 1893.) — Aucun militaire en activité, quel que soit son grade, ne peut faire partie du conseil d'administration d'une société industrielle ou financière. (Circ. des 24 décembre 1869 et 9 décembre 1878.)

Conseil de discipline. Les conseils de discipline sont établis pour examiner la mauvaise conduite des hommes de troupe et pour proposer au Ministre la réforme de ceux qui auraient commis des infractions aux devoirs professionnels, qui se seraient rendus coupables de faits graves dans le service, d'actes d'indiscipline, etc., etc. Ils ont encore pour mission de se-

prononcer sur la nécessité de proposer pour la retraite proportionnelle d'office les militaires qui ont plus de 15 ans de service et sur les demandes de rétrogradation et de cassation. — Le conseil de discipline de chaque compagnie ne peut être convoqué que par le chef de légion, et il est composé ainsi qu'il suit :

Le chef d'escadron, commandant, président ;

Le capitaine commandant l'arrondissement du chef-lieu ;

Le trésorier, ayant voix délibérative, ou, à défaut, le plus ancien officier du grade correspondant ;

Deux sous-officiers pris parmi les plus anciens de la compagnie. (Serv. interieur, art. 282.)

Cet article indique la marche à suivre et les pièces à fournir pour traduire un homme devant un conseil de discipline. Si l'avis du conseil est favorable, le chef de légion rend compte de cette décision au général commandant le corps d'armée. S'il est défavorable, le chef de légion adresse sans retard au Ministre, par l'intermédiaire du général commandant le corps d'armée, le procès-verbal de la séance avec les pièces à l'appui et la proposition de réforme. Les gradés de la gendarmerie qui se sont mis dans le cas d'être proposés pour la rétrogradation ou la cassation doivent être traduits devant ces conseils. (Service intérieur, art. 273 et 274.)

Mais ces conseils ne peuvent, pour le même fait, proposer la cassation et la réforme des sous-officiers ou brigadiers. (Circ. minist. du 29 juin 1901.)

Conseil d'enquête. Il y a deux sortes de conseils d'enquête :

Les conseils d'enquête pour officiers et les conseils d'enquête pour les sous-officiers rengagés ou commissionnés.

Conseils d'enquête pour officiers. — Ils sont appelés à émettre leur avis pour savoir si un officier doit être réformé. — La loi du 19 mai 1834 définit la réforme la position de l'officier sans emploi qui, n'étant plus susceptible d'être rappelé à l'activité, n'a pas de droits acquis à la pension de retraite. — La réforme est prononcée :

1° Pour infirmités incurables ;

2° Par mesure de discipline.

Les avis du conseil d'enquête ne pourront être modifiés qu'en faveur de l'officier. (V. la loi du 19 mai 1834, art. 10 et suivants.) — Le décret du 29 juin 1878 a abrogé l'ordonnance du 21 mai 1836 et a réglementé la composition des conseils d'enquête et les formes de l'enquête. — Il y a trois espèces de conseils d'enquête :

1° Le conseil d'enquête de régiment ou de corps de troupe formant bataillon ou escadron ;

2° Le conseil d'enquête de région ou de corps d'armée ;

3° Le conseil d'enquête spécial pour les généraux de division et les fonctionnaires qui leur sont assimilés. — Les officiers de gendarmerie passent devant les conseils d'enquête de corps d'armée : chaque conseil d'enquête est composé de cinq membres désignés par le général commandant en chef. — Deux membres au moins doivent être de l'arme ou du service militaire auquel appartient l'officier objet de l'enquête ; le rapporteur doit être d'un grade plus élevé que cet officier. — Aucun officier ne peut être envoyé devant un conseil d'enquête sans l'ordre du Ministre. (V., pour les formes de l'enquête, le règl. du 3 février 1899, art. 280.) — L'enquête terminée, le procès-verbal contenant l'avis du conseil est signé par tous les membres et envoyé, avec toutes les pièces à l'appui, au Ministre de la guerre.

Conseils d'enquête pour les sous-officiers. — Ces conseils, dont la composition est déterminée par les tableaux annexés au décret du 25 janvier 1896, sont appelés à émettre un avis sur la rétrogradation ou la cassation des sous-officiers rengagés, la mise à la retraite d'office ou la révocation des sous-officiers commissionnés. — Les causes pouvant motiver l'envoi des sous officiers ou assimilés devant des conseils d'enquête, sont les suivantes :

1° Inconduite habituelle; 2° faute grave dans le service; 3° faute grave contre la discipline ; 4° faute contre l'honneur; 5° condamnation à une peine autre que la dégradation militaire ou que celles énumérées à l'article 189 du Code de justice militaire, si cette condamnation est de plus de trois mois de prison.

Conseil de guerre. Les conseils de guerre sont institués pour juger les crimes et les délits commis par les militaires ou les personnes qui leur sont assimilées. — Il y a un conseil de guerre permanent au chef-lieu de chacune des circonscriptions militaires territoriales formées à l'intérieur sous le titre de région de corps d'armée ou de commandement supérieur, en Algérie sous le titre de division militaire. — Si les besoins du service l'exigent, d'autres conseils permanents peuvent être établis dans la circonscription par un décret du chef de l'Etat, qui fixe le siège de chacun de ces conseils et en détermine le ressort. (C. M., art. 2, et loi du 18 mai 1875.) — Il existe aujourd'hui en France vingt-trois conseils de guerre, un au chef-lieu de chaque corps d'armée, y compris Grenoble pour le 14e corps, deux à Paris et un à Lyon; il y en a quatre en Algérie et un en Tunisie. Le nombre de ces conseils peut varier. — Le conseil de guerre permanent est composé d'un colonel ou lieutenant-colonel, président, et de six juges, savoir :

Un chef de bataillon, ou chef d'escadrons, ou major;

Deux capitaines;

Un lieutenant;

Un sous-lieutenant ou, à défaut, un autre lieutenant. (Loi du 21 avril 1892.)

Un sous-officier.

Il y a près de chaque conseil de guerre un commissaire du gouvernement, un rapporteur et un greffier. — Il peut être nommé un ou plusieurs substituts du commissaire du gouvernement et du rapporteur et un ou plusieurs commis-greffiers. — Les commissaires du gouvernement et leurs substituts remplissent près des conseils de guerre les fonctions du ministère public. — Les rapporteurs et leurs substituts sont chargés de l'instruction. — Les greffiers et commis-greffiers font les écritures. — Les présidents et les juges sont pris parmi les officiers et sous-officiers en activité dans la division : ils peuvent être remplacés tous les six mois, et même dans un délai moindre s'ils cessent d'être employés dans la division. — Les com-

GRADE DE L'ACCUSÉ.	GRADE DU PRÉSIDENT.	GRADES DES JUGES.
Sous-officier, caporal ou brigadier, soldat.	Colonel ou lieutenant-colonel.	1 chef de bataillon ou chef d'escadrons ou major, 2 capitaines, 1 lieutenant, 1 sous-lieutenant, 1 sous-officier.
Sous-lieutenant.	Colonel ou lieutenant-colonel.	1 chef de bataillon ou chef d'escadrons ou major, 2 capitaines, 1 lieutenant, 2 sous-lieutenants.
Lieutenant.	Colonel ou lieutenant-colonel.	1 chef de bataillon ou chef d'escadrons ou major, 3 capitaines, 2 lieutenants.
Capitaine.	Colonel.	1 lieutenant-colonel, 3 chefs de bataillon ou chefs d'escadrons ou majors, 2 capitaines.
Chef de bataillon, chef d'escadrons, major.	Général de brigade.	2 colonels, 2 lieutenants-colonels, 2 chefs de bataillon ou chefs d'escadrons ou majors.
Lieutenant-colonel.	Général de brigade.	4 colonels, 2 lieutenants-colonels.
Colonel.	Général de division.	4 généraux de brigade, 2 colonels.
Général de brigade.	Maréchal de France.	4 généraux de division, 2 généraux de brigade.
Général de division.	Maréchal de France.	2 maréchaux de France, 4 généraux de division.
Maréchal de France.	Maréchal de France.	3 maréchaux de France ou amiraux, 3 généraux de division.

missaires du gouvernement et les rapporteurs sont pris parmi les officiers supérieurs, les capitaines, les sous-intendants militaires ou adjoints, soit en activité, soit en retraite. — Les substituts sont pris parmi les officiers en activité dans la circonscription. — Le président et les juges des conseils de guerre sont nommés par le général commandant la division. — La nomination est faite par le Ministre de la guerre, s'il s'agit du jugement d'un colonel, d'un officier général ou d'un maréchal de France. — Les commissaires du gouvernement et les rapporteurs sont nommés par le Ministre de la guerre. — Lorsqu'ils sont choisis parmi les officiers en activité, ils sont nommés sur une liste de présentation dressée par le général commandant la division où siège le conseil de guerre. — Les substituts sont nommés par le général commandant la division. — Un règlement d'administration publique détermine les conditions et les formes de la nomination des greffiers et commis greffiers. — La composition des conseils de guerre, déterminée par l'article 3 du Code de justice militaire, est maintenue ou modifiée suivant le grade de l'accusé, conformément au tableau ci-après.

En cas d'insuffisance dans la division d'officiers ayant le grade exigé pour la composition du conseil de guerre, le général commandant la division appelle à siéger au conseil de guerre des officiers d'un grade égal à celui de l'accusé ou d'un grade immédiatement inférieur, sans que plus de deux juges puissent être pris dans cette catégorie. — La composition des conseils de guerre est variable; les grades des juges doivent être, en règle générale, au moins égaux à celui de l'accusé, d'après ce principe que nul ne peut être jugé par son inférieur. L'organisation des conseils de guerre maritimes est réglée par le décret du 23 janvier 1889.

Lorsqu'un corps d'armée est appelé ou que plusieurs corps d'armée réunis sont appelés à opérer, soit sur le territoire, soit au dehors, un ou deux conseils de guerre sont établis sur l'ordre du Ministre de la guerre dans chaque division active, ainsi qu'au quartier général de l'armée et, s'il y a lieu, de chaque corps d'armée. — Si une division active ou un détachement de troupes de la force d'un bataillon au moins sont appelés à opérer isolément, un ou deux conseils de guerre peuvent être formés dans la division ou dans le détachement. (C. M., art. 33 nouveau. Loi du 18 mai 1875.)

Aux armées, le nombre des juges est réduit à cinq, y compris le président, et la composition du conseil varie comme en temps de paix suivant le grade de l'accusé. Cependant, l'article 35 nouveau (loi du 18 mai 1875) autorise, quand il y a impossibilité de trouver un nombre suffisant d'officiers du grade requis, à descendre dans la hiérarchie même jusqu'au grade inférieur à celui de l'accusé, mais sans que plus de deux juges puissent être pris dans cette catégorie. — L'article 33 nouveau charge à l'armée le même officier de remplir les fonctions de magistrat instructeur et de ministère public. Cet officier prend le titre de commissaire du gouvernement rapporteur.

La procédure à suivre devant les tribunaux militaires est réglée par le livre III du Code militaire. Nous n'entrerons pas dans des détails sur cette grande question et nous nous bornerons à faire remarquer que la majorité de cinq voix contre deux est nécessaire pour la prononciation de la peine. Si aucune peine ne réunit cette majorité, l'avis le plus favorable sur l'application de la peine est adopté.

On donne encore le nom de conseil de guerre à une assemblée que tiennent pendant la guerre ou dans les circonstances graves des officiers généraux ou supérieurs, pour délibérer sur le parti qu'il convient de prendre.

Conseil de revision. Le conseil de revision est une véritable cour de cassation militaire instituée pour reviser les jugements des conseils de guerre sur la demande du condamné ou sur celle du commissaire du gouvernement. — Le président est un général de brigade assisté de quatre juges, dont deux colonels ou lieutenants-colonels et deux chefs d'escadrons, de bataillon ou majors. — Il y a près de chaque conseil de revision un commissaire du gouvernement et un greffier. (C. M., art. 27.) — Il n'existe actuellement qu'un seul conseil de revision pour les 21 conseils de guerre répartis sur le territoire de la France. Ce conseil siège à Paris. Un conseil de revision siège à Alger pour les conseils établis dans les trois divisions de l'Algérie.

Le droit de recours en revision peut être temporairement suspendu aux armées par un décret du chef de l'Etat, ou par une décision du gouverneur, si on est dans une place assiégée ou investie. (C. M. art. 71.)

L'organisation des conseils de revision maritimes est réglée par le décret du 23 janvier 1889.

Nous avons dit plus haut que les conseils de guerre étaient appelés à juger les crimes et les délits commis par tous les militaires et assimilés. Les militaires de la gendarmerie ne doivent pas perdre de vue que les conseils de guerre sont leurs juges naturels et que ce n'est que dans des cas exceptionnels qu'ils peuvent avoir à répondre de leurs actes devant une autre juridiction. — L'article 59 du Code militaire est ainsi conçu : « Les officiers de la gendarmerie, les sous-officiers et les gendarmes ne sont pas justiciables des conseils de guerre pour les crimes et les délits commis dans l'exercice de leurs fonctions relatives à la police judiciaire et à la constatation des contraventions en matière administrative. » (V. *Justiciable.*)

Conseils de revision cantonal et de recrutement. — Les conseils de revision et de recrutement ont pour mission d'examiner l'aptitude au service des hommes qui ont tiré au sort dans l'année, et de prononcer sur les réclamations et les demandes d'exemption ou de dispenses qui peuvent être faites.

Il y a, dans chaque département, un conseil de revision qui se transporte dans tous les chefs-lieux de canton, à des jours fixés par un itinéraire : un décret fixe le commencement des opérations. — Le conseil, présidé par le préfet, est composé ainsi qu'il suit :

Un membre du conseil de préfecture ;
Un membre du conseil général ;
Un membre du conseil d'arrondissement ;
} choisis par le préfet.

Un officier supérieur ou un officier général désigné par l'autorité militaire.

On joint à ces membres :

Un fonctionnaire de l'intendance remplissant les fonctions de commissaire du gouvernement;

Le commandant du recrutement;

Un médecin militaire chargé d'examiner et de constater les infirmités. (V. art. 18 de la loi du 15 juillet 1889.)

Les séances du conseil sont publiques.

Un officier de gendarmerie et, suivant les circonstances, une ou deux brigades de cette arme doivent, sur la réquisition du préfet, se rendre au lieu de la réunion du conseil.

La circulaire du 15 juillet 1879 et l'instruction du 28 mars 1890 précisent le service à faire par la gendarmerie près des conseils de revision ; ce service ne consiste que dans des opérations d'ordre intérieur, et, pour cela, les gendarmes doivent, dès que le conseil entrera en séance, déposer le fusil ou la carabine et se rendre individuellement sur les emplacements qui leur sont assignés, soit à l'extérieur, soit à l'intérieur de la salle. Un gendarme peut être chargé de faire l'appel des jeunes gens et de les toiser. (Art. 27 de l'instr. du 28 mars 1890.) — A l'arrivée ainsi qu'au départ des autorités, ils sont réunis en troupe pour rendre les honneurs militaires prévus par l'article 284 du décret du 4 octobre 1891.

La circulaire précitée ajoute qu'il demeure entendu que, conformément à l'article 340 du décret du 4 octobre 1891, les officiers ou fonctionnaires remplaçant un supérieur à titre intérimaire ou provisoire n'ont pas droit aux honneurs attribués au titulaire qu'ils suppléent. — Il suit de là que si le préfet ou le général n'assistent pas au conseil, les honneurs ne doivent pas être rendus à ceux qui les remplacent.

Lorsqu'un jeune homme malade ne peut se présenter devant le conseil, il est visité à domicile par un médecin militaire, en présence de l'officier de gendarmerie ; mais cette faculté ne doit être accordée par le conseil de revision que sur le vu de certificats constatant l'impossibilité matérielle absolue de se présenter après délais, soit dans un canton voisin, soit au chef-lieu. (Instr. du 28 mars 1890.) Ce dernier devra dresser un procès-verbal de la visite et l'envoyer au préfet pour être soumis au conseil de revision.

L'indemnité journalière qui est due aux militaires de la gendarmerie qui sont déplacés pendant plus de douze heures pour faire le service près des conseils de recrutement ou de revision est de 4 francs pour les adjudants, 3 francs pour les autres sous-officiers et 2 fr. 50 pour les brigadiers et les gendarmes. (Règl. du 18 mars et instr. du 30 mai 1901.)

Conseil de défense. Le conseil de défense d'une place, d'un fort isolé ou d'un poste militaire en état de siège est composé :

Du gouverneur, président;

De son adjoint, s'il y a lieu ;

De l'officier commandant l'artillerie;

De l'officier commandant le génie ;

Des deux plus anciens colonels des troupes de la garnison ;

A défaut de colonels, des deux officiers les plus anciens dans le grade le plus élevé, mais appartenant à des corps différents.

Le chef du service de l'intendance et le chef du service de santé assistent aux séances du conseil avec voix consultative.

Il existe, en outre, dans chaque place, une commission de défense dont la composition est réglée par l'article 13 du décret du 4 octobre 1891.

Conseil supérieur de la guerre. Le conseil supérieur de la guerre est composé de douze membres au maximum, savoir :

Deux membres de droit, et, au maximum, dix membres titulaires nommés par décret.

Les membres de droit sont :

Le Ministre de la guerre, président;

Le chef d'état-major général de l'armée, rapporteur permanent des affaires soumises par le Ministre au conseil.

Les membres titulaires nommés par décret sont pris parmi les généraux de division que leurs services désignent pour exercer des commandements importants en temps de guerre.

Le sous-chef d'état-major général chargé du bureau des opérations militaires est attaché au conseil, en qualité de secrétaire, avec voix consultative.

Les présidents des comités techniques peuvent, par décision spéciale du Ministre de la guerre, être appelés à faire momentanément partie du conseil pour la discussion des affaires intéressant l'arme ou le service qui ressortit au comité. Ils siègent avec voix délibérative.

Les directeurs des services du ministère de la guerre peuvent être admis au conseil, à titre consultatif, dans les mêmes circonstances. (Décr. du 1er mars 1898.)

Ce conseil se réunit sur la convocation du Ministre de la guerre ; il délibère et émet son avis sur toutes les questions relatives à l'armée dont l'étude lui est confiée par le Ministre. Ces questions ont généralement pour objet les mesures d'ensemble qui intéressent l'armée sous les divers points de vue du personnel et du matériel et spécialement l'armement des troupes, des ouvrages de défense, l'administration militaire et les marchés.

Conseil d'Etat. Le Conseil d'Etat a été organisé par la loi du 24 mai 1872 et celle du 13 juillet 1879. Il se compose d'un certain nombre de membres, qui, suivant le rang qu'ils occupent, prennent les noms de conseillers d'Etat, maîtres des requêtes et auditeurs. Ils sont nommés par le Président de la République en conseil des Ministres. Les attributions du Conseil d'Etat sont très nombreuses et très importantes; leur résumé, même succinct, ne saurait trouver place ici. Nous nous bornerons à dire qu'il statue sur les réclamations contre les élections des membres des conseils généraux et sur les recours formés en matière contentieuse contre les décisions des tribunaux administratifs (Conseils de préfecture). Il prononce également sur les recours pour excès de pouvoir portés devant lui contre les autorités administratives.

Conseil général. Le conseil général est une assemblée départementale composée d'autant de membres qu'il y a de cantons dans le département. Ces membres, qui doivent être âgés de 25 ans au moins, sont nommés pour six ans et rééligibles. Ils élisent chaque année leur président et les secrétaires. Toutes les questions d'administration départementale sont soumises par le préfet aux délibérations du conseil général. Les conseils généraux se réunissent deux fois par an : au mois d'août pour régler le budget, et à une époque qui est fixée par le conseil général lui-même à sa session d'août.

Si l'Assemblée nationale venait à être illégalement dissoute ou empêchée de se réunir, les conseils généraux s'assemblent immédiatement de plein droit et pourvoient d'urgence au maintien de la tranquillité publique et de l'ordre général. (Loi du 15 février 1872.)

Conseil d'arrondissement. C'est un conseil qui, ainsi que son nom l'indique, existe dans chaque arrondissement et qui est appelé à donner son avis deux fois par an sur toutes les questions intéressant l'arrondissement et qui doivent être soumises aux délibérations du conseil général. Les conseils d'arrondissement sont composés d'autant de membres qu'il y a de cantons, et les membres, qui doivent avoir 25 ans au moins, sont nommés pour six ans et rééligibles. Ils nomment chaque année leur président et leur secrétaire. Nul ne peut être à la fois membre du conseil général et du conseil d'arrondissement.

Conseil municipal. Les conseils municipaux, nommés également à l'élection et dans les mêmes conditions d'âge que les autres conseils, sont appelés à délibérer sur les questions intéressant la commune. Ils se réunissent quatre fois par an en session ordinaire et peuvent être autorisés par les sous-préfets à se réunir en session extraordinaire lorsque les circonstances l'exigent. — Ils sont présidés par le maire ou par l'adjoint qui le remplace. — Le nombre des conseillers municipaux varie suivant l'importance des communes : il varie de dix membres à trente-six. (V. la loi du 5 avril 1884, art. 10.) — Ils sont nommés pour cinq ans et rééligibles.

Conseil de préfecture. Il se compose, suivant l'importance du département, de trois ou de cinq membres nommés par le pouvoir exécutif. — Ces conseillers remplissent des fonctions administratives et judiciaires. — Dans un grand nombre de cas, ils sont délégués pour remplacer les préfets ou les sous-préfets ; ils aident les préfets dans les détails de l'administration départementale ; et, enfin, réunis en tribunal, ils sont appelés à juger un grand nombre d'affaires, dites contentieuses, qu'il serait trop long d'énumérer ici. Nous citerons comme exemples les réclamations relatives au classement des immeubles dans les opérations du cadastre ; les difficultés qui existent entre l'administration et les entrepreneurs des travaux publics ; les demandes d'autorisation de plaider faites par les villes ou villages ; les demandes en réduction d'impôt, etc., etc.

Enfin, les conseils de préfecture sont appelés à juger les contraventions de grande voirie, telles que anticipation, dépôt de fumiers et d'autres matériaux, et toutes espèces de détériorations commises sur les grandes routes et sur les arbres qui les bordent, sur les fossés, ouvrages d'art et matériaux destinés à leur entretien, sur les canaux, fleuves et rivières navigables, chemins de halage, fossés et ouvrages d'art. — En outre, la loi du 30 mai 1851 sur la police du roulage a laissé à ces conseils le droit de connaître de toutes les contraventions prévues par les nos 1, 2, 3, 5 et 6 du premier paragraphe de l'article 2, par les nos 1, 2 et 3 du deuxième paragraphe du même article, et par l'article 9. (V. *Roulage*.)

Conseil judiciaire. Lorsqu'une personne est atteinte d'aliénation mentale ou lorsque sa prodigalité amènerait rapidement sa ruine, la loi autorise les tribunaux à donner à cette personne un conseil judiciaire, dont le consentement est nécessaire pour emprunter, vendre, recevoir un capital, etc. — La nomination des membres composant ce conseil est provoquée par les parents.

Conseil de famille. Le conseil de famille est un véritable tribunal domestique, une assemblée de parents présidée par le juge de paix, instituée pour veiller sur les intérêts des mineurs et pour délibérer sur ce qui les concerne.

CONSIGNE, s. f. Ordre précis et déterminé donné à un soldat qui se trouve momentanément chargé d'un service. La consigne d'une sentinelle est une chose très grave, et des peines sévères sont infligées à ceux qui la violent. Si la conseigne est violée par la force, la sentinelle ne doit pas hésiter à se servir de ses armes.

La consigne est la punition la plus légère infligée aux sous-officiers, brigadiers et gendarmes : elle consiste à ne pas sortir de la caserne ou de la chambre. Les militaires consignés ne sont dispensés d'aucun service. (Service intérieur, art. 267.)

CONSTITUTION, s. f. En politique, on désigne sous ce mot l'ensemble des lois qui déterminent la nature et les fonctions des divers pouvoirs et l'ensemble des droits et des devoirs des citoyens.

CONSUL, s. m. Nom donné à certains magistrats sous la République romaine. En 1799, on créa en France trois consuls qui étaient chargés du pouvoir exécutif, et l'on appelle Consulat le système de gouvernement qui fut inauguré à cette époque. En 1804, Bonaparte qui était alors premier consul, prit le titre d'empereur et termina la période du Consulat.

On donne aujourd'hui le nom de consul à des fonctionnaires qui résident dans les ports et dans les grandes villes de l'étranger, et qui sont revêtus de certaines attributions qui leur permettent de protéger leurs nationaux et de sauvegarder leurs intérêts.

CONTINGENT, s. m. En administration, on entend par contingent la part qui incombe à chacun dans la répartition d'un impôt ou d'une charge quelconque. — Le contingent militaire est fourni par un tirage au sort qui a lieu entre tous les Français qui ont eu 20 ans dans le courant de l'année précédente.

Le contingent annuel moyen est de 300.000 hommes, sur lesquels, défalcation faite des exclus, des exemptés, des ajournés et des absents, il reste 240.000 hommes à incorporer. — Pendant ces dernières années, la moyenne des hommes à incorporer pour 2 ou 3 ans, a été de 141.000 hommes; la moyenne des hommes à incorporer pour un an a été de 69.000 hommes; 30.000 jeunes gens environ sont, en général, sous les drapeaux au moment du conseil de revision. — Il faut ajouter à ces nombres une moyenne de 20.000 jeunes gens placés dans les services auxiliaires et qui peuvent être utilisés à la mobilisation. (V. *Recrutement.*)

CONTRAINTE, s. f. En terme judiciaire, la contrainte est un acte qui a pour but de forcer quelqu'un à faire quelque chose.

La contrainte par corps est l'acte qui prive de sa liberté un débiteur pour le contraindre à payer. — La loi du 22 juillet 1867 a aboli la contrainte par corps dans l'intérêt des particuliers, et elle ne l'a plus maintenue que pour le recouvrement des amendes ou des restitutions dues à l'Etat et pour les dommages-intérêts adjugés à des particuliers par une juridiction quelconque. Le recouvrement des frais se poursuit conformément aux articles 120 et 355 du Code d'instruction criminelle et aux articles 174 et 175 du décret du 18 juin 1811. (Loi du 19 décembre 1871.) La durée de la contrainte par corps est graduée suivant l'importance des amendes.

Les réquisitions pour les contraintes par corps sont adressées à la gendarmerie par les procureurs de la République et sont mises à exécution comme les mandats d'arrêt. — Il faut remarquer, cependant, que si le débiteur demande à payer, il doit être conduit devant le percepteur, qui a le droit de le faire mettre en liberté après paiement. (Circ. du Ministre de la justice du 25 avril 1888.) (V. *Arrestation pour dettes.*) — Le droit de mettre en liberté appartient au président du tribunal devant lequel l'individu peut demander à aller en référé, sans que l'on puisse le lui refuser, sous peine de 1,000 francs d'amende, et au procureur de la République qui a requis l'arrestation et devant lequel l'individu doit être conduit s'il n'a pas été relaxé par le président du tribunal ou par le percepteur. (Loi du 17 avril 1832, art. 22.)

Lorsque le débiteur, au moment de son arrestation, consent à se libérer, il doit acquitter, outre le principal de sa condamnation, les frais de capture, bien qu'il n'y ait pas eu d'incarcération. (Art. 219 de l'instr. du 20 septembre 1875.)

La circulaire du 13 décembre 1858 interdit aux gendarmes de payer, soit de leurs propres deniers, soit au moyen d'une collecte faite dans la localité, les sommes dues par les individus insolvables.

En outre, et bien que la loi de 1867 ne fasse aucune recommandation au sujet de l'application des articles 781 et 782 du Code de procédure, il paraît évident que les débiteurs envers l'Etat doivent bénéficier de ces articles comme en bénéficient les débiteurs des particuliers. — Les gendarmes feront donc bien de se conformer à l'article 781 du Code de procédure et de ne pas procéder à l'arrestation d'un débiteur: 1° avant le lever et après le coucher du soleil; 2° les jours de fêtes légales; 3° dans les édifices consacrés au culte et pendant les exercices religieux seulement; 4° dans le lieu et pendant la tenue des séances des autorités constituées; 5° dans une maison quelconque, même dans son domicile, à moins qu'il n'ait été ordonné ainsi par le juge de paix du lieu, lequel juge de paix devra, dans ce cas, se transporter dans la maison avec l'officier ministériel ou déléguer un commissaire de police; 6° lorsque, appelé comme témoin, il est porteur d'un sauf-conduit. (C. de procéd., art. 781 et 782, et loi du 26 mars 1855: V aussi la circ. du Ministre de la justice en date du 13 décembre 1887, et celle du 25 avril 1888.)

Lorsqu'un individu arrêté en vertu d'une contrainte par corps est dans le cas d'être transféré soit en voiture, soit en chemin de fer, la réquisition doit être délivrée par le percepteur des contributions directes ou, à son défaut, par le maire de la commune. (Circ. du Ministre de la justice du 5 mai 1889.) Les frais de transport et ceux d'escorte sont payés, sauf recouvrement ultérieur sur les condamnés, par les receveurs des finances. (Circ. de la comptabilité publique du 31 janvier 1890, § 5.) Toutefois, si le condamné appréhendé a refusé de marcher, les frais de transfèrement occasionnés par ce refus ne sont avancés par le receveur des finances qu'autant que la réquisition est appuyée d'un certificat du médecin ou d'une attestation de la personne qui a signé la réquisition, exposant les motifs valables pour lesquels le contraignable n'a pu être conduit à pied à la maison d'arrêt. (Circ. du Directeur général de la comptabilité publique en date du 30 décembre 1890.) (V. *Frais de justice*, pour les droits à la prime d'arrestation.)

CONTRAT, s. m. Le Code civil, article 1101, définit le contrat une convention par laquelle une ou plusieurs personnes s'obligent envers une ou plusieurs autres à faire ou à ne pas faire quelque chose. Nous ne nous occuperons pas évidemment des obligations multiples auxquelles la loi assujettit les diverses espèces de contrats; nous dirons seulement deux mots du contrat de mariage, qui doit préoccuper à juste titre les gendarmes qui désirent se marier.

Contrat de mariage. On donne ce nom aux conventions faites devant notaire par les futurs époux, en vue de leur mariage. — Ce contrat doit être rédigé avec réflexion parce qu'il est immuable et ne peut être modifié après le mariage, même avec le consentement de toutes les personnes qui ont concouru à sa formation. (Art. 1393 du C. C.) — On distingue quatre régimes:

1° La communauté légale ou conventionnelle;

2° Le régime dotal;

3° La séparation de biens;

4° L'exclusion de communauté.

A défaut de conventions spéciales des parties relativement à l'association conjugale quant aux biens, c'est le régime de la communauté qui forme le droit commun. (Art. 1387 et 1393 du C. C.) — Les époux peuvent apporter les modifications au régime adopté et faire toutes conventions qu'ils jugent à propos, pourvu qu'elles ne soient contraires ni aux bonnes mœurs ni aux prohibitions de la loi.

Sous le régime dotal, les biens de la femme sont divisés en deux espèces: les uns, appelés dotaux, sont administrés par le mari et frappés d'inaliénabilité à moins de stipulations contraires; les autres, appelés paraphernaux, sont administrés par la femme et aliénables avec l'autorisation du mari ou de la justice. (Art. 1576.)

Sous le régime de la séparation des biens, la femme conserve l'entière administration de ses biens meubles et immeubles et la jouissance libre de ses revenus, mais elle ne peut aliéner ni hypothéquer ses immeubles sans autorisation. Ces deux régimes, qui ne conviennent qu'à des situations exceptionnelles, sont peu adoptés aujourd'hui.

Sous le régime exclusif de communauté, la femme a ses biens parfaitement distincts de ceux du mari, mais l'administration et la jouissance et la disposition du mobilier appartiennent à ce dernier.

Sous le régime de la communauté soit légale, soit conventionnelle, le mari administre seul les biens dépendant de la communauté et ceux qui restent personnels à la femme ; il ne peut aliéner les immeubles personnels de cette dernière sans son consentement.

L'actif de la communauté se compose :

1° De tout le mobilier appartenant aux époux au moment du mariage, de celui qui peut leur advenir durant leur mariage, à titre de succession ou de donation, si le donateur n'a exprimé le contraire;

2° Des fruits, revenus, intérêts et arrérages de toute nature ;

3° Des immeubles acquis pendant le mariage. Lorsque les époux sont majeurs, ils peuvent faire entrer en communauté tout ou partie de leurs immeubles présents ou futurs.

Le passif de la communauté se compose :

1° De toutes les dettes mobilières dont les époux étaient grevés au jour de la célébration du mariage ou dont se trouvent chargées les successions qui leur échoient durant le mariage, sauf la récompense pour celles relatives aux immeubles propres à l'un ou à l'autre des époux ;

2° Des dettes contractées par le mari pendant la communauté ;

3° Des arrérages et intérêts seulement des rentes ou dettes passives qui sont personnelles aux deux époux ;

4° Des réparations usufruitières des immeubles qui n'entrent point en communauté ;

5° Des aliments des époux, de l'éducation et de l'entretien des enfants et de toute autre charge du mariage.

Les dettes de la communauté sont pour moitié à la charge de chacun des époux ou de leurs héritiers ; mais la femme qui renonce ne peut être recherchée ; elle perd toute espèce de droits sur les biens de la communauté et même sur le mobilier qui y est entré de son chef ; les linges et hardes à son usage restent seulement sa propriété. Toutefois, si l'obligation a été contractée solidairement, la femme peut être obligée personnellement au delà de son émolument et pour l'entier montant de la dette.

La femme peut stipuler qu'en cas de renonciation à la communauté elle reprendra tout ou partie de ce qu'elle y aura apporté, ou qu'en cas de décès, ses héritiers ne pourront exercer la reprise que sous déduction d'une somme déterminée qui reste acquise au mari. Cette stipulation devrait être généralement insérée dans les contrats de mariage des gendarmes ; ils n'apportent d'ordinaire en mariage que leur position, et la dot de la femme sert à combler le débet à la masse et à payer les dépenses de noces et de premier établissement. — Son utilité s'explique surtout lorsque la femme meurt sans postérité après une longue maladie qui a occasionné des dépenses bien supérieures aux revenus. — Il suit de ce qui précède que le régime qui convient le mieux aux gendarmes est celui de la communauté légale.

Lorsque les circonstances les obligeront à le modifier ou à accepter un autre régime, les gendarmes devront s'assurer par une donation contractuelle qu'au cas de prédécès de la femme, une somme déterminée, dépendant de la dot de cette dernière, leur appartiendra en toute propriété ou en jouissance seulement. (V. *Mariage.*)

CONTRAVENTION, s. f. La contravention est une violation des lois et des règlements de police ; c'est une faute légère, commise le plus souvent sans intention de nuire, et qui est jugée par le tribunal de simple police.

— Nul n'étant censé ignorer la loi, la contravention est toujours punissable lorsqu'elle a été commise, et le juge n'a le droit d'accorder au contrevenant que le bénéfice des circonstances atténuantes. — Le Code pénal punit les contraventions d'une amende de 1 à 15 francs, d'un emprisonnement de 1 à 5 jours, et, dans certains cas, de la confiscation des objets saisis.

Les officiers de gendarmerie ne peuvent, à raison de leur qualité d'officiers de police judiciaire, recevoir les plaintes ou les dénonciations de ces sortes d'infractions ; ils doivent renvoyer les plaignants ou les dénonciateurs par-devant le commissaire de police, le maire ou l'adjoint au maire, qui sont les officiers de police chargés de recevoir les plaintes et les dénonciations de cette nature. (Décr. du 1er mars 1854, art. 242.)

Les tribunaux de simple police sont incompétents pour connaître des contraventions commises par des militaires en activité de service. Ce principe, consacré par de nombreux arrêtés, découle des lois des 9 juin, 4 août 1857 et 4-5 juin 1858 constitutives du Code de justice militaire.

CONTRE-AMIRAL, s. m. Officier général dont le grade correspond à celui de général de brigade dans l'armée de terre.

CONTREBANDE, s. f. Introduction clandestine de marchandises soumises à certains droits. Ce délit, qui a pour conséquence de frustrer le Trésor des sommes qui lui sont dues, s'exerce sur la frontière et à l'intérieur. — La loi du 28 avril 1816 prononce contre les contrebandiers de fortes amendes et un emprisonnement qui peut varier de 3 jours à 3 ans. Si les contrebandiers sont armés ou s'ils font rébellion contre les agents de l'autorité, ils sont traduits devant la cour d'assises.

La gendarmerie réprime la contrebande en matière de douanes et de contributions indirectes et saisit les marchandises transportées en fraude : elle dresse des procès-verbaux de ses saisies, arrête et conduit devant les autorités compétentes les contrebandiers et autres délinquants de ce genre, en précisant les lieux où l'arrestation a été faite, les moyens employés et la résistance qu'il a fallu vaincre. (Décr. du 1er mars 1854, art. 302.)

On entend par contrebande en matière de contributions indirectes la fraude qui consiste à faire circuler et à vendre des marchandises prohibées, ou des marchandises non prohibées qui n'ont pas acquitté les droits de régie imposés par les lois. (V. *Allumettes, Douane, Tabacs, Poudres, Cartes à jouer, Contributions indirectes,* etc. — V. aussi *Prime* et *Amende.*) Les délits de contrebande commis par les militaires sont déférés à la justice civile. (Arrêt de la Cour de cassation du 18 septembre 1829.)

CONTREFAÇON, s. f. C'est l'imitation frauduleuse, la copie de tout ou partie d'une œuvre d'autrui. Cet acte, qui est une véritable spoliation, est considéré comme un délit et tombe sous le coup de la loi du 25 juin 1857. La contrefaçon de la marque de fabrique est punie par cette loi d'une amende de 50 à 3,000 francs et d'un emprisonnement de 3 mois à 3 ans. Ces deux peines peuvent être appliquées ensemble ou séparément.

La contrefaçon des sceaux de l'Etat, des billets de banque, des timbres nationaux, des poinçons, marteaux servant aux marques forestières, porte le nom de *contrefaction.* Cet acte, considéré comme un crime, est puni, suivant les circonstances, des travaux forcés, de la réclusion ou de la prison, conformément aux articles 139 et suivants du Code pénal. (V. *Falsification.*)

CONTRESCARPE, s. f. Terme de fortification qui sert à désigner la paroi du fossé du côté de la campagne. Celle qui se trouve du côté de la ville se nomme escarpe.

CONTRESEING, s. m. Signature de celui qui contre signe. Les lettres, paquets, etc., qui doivent être expédiés en franchise par la poste, doivent être contresignés. (V. *Franchise.*)

CONTRIBUTION, s. f. C'est la part que chacun doit donner pour payer des charges communes. Il y a, en France, deux sortes de contributions : les contributions directes et les contributions indirectes. Les contributions directes ou impôts directs sont ainsi appelés parce qu'ils atteignent directement les personnes et qu'ils sont perçus d'après un rôle nominatif des contribuables.

Les **contributions directes** sont au nombre de quatre : 1° la contribution foncière, qui frappe les revenus du sol ; 2° la contribution personnelle et la taxe mobilière, qui est levée sur tous les citoyens non indigents. La contribution personnelle, qui représente trois journées de travail, varie suivant les localités. Le prix de la journée de travail ne peut être inférieur à 0 fr. 50, ni supérieur à 1 fr. 50 ; 3° la contribution des portes et fenêtres, qui frappe toutes les ouvertures qui donnent sur la voie publique, sur les cours ou sur la campagne ; 4° la contribution des patentes, qui frappe tous les individus qui exercent un commerce, une industrie, une profession quelconque.

Les **contributions indirectes** sont celles qui ne sont pas prélevées ordinairement directement sur les citoyens et qui sont établies sur des objets de consommation dont le besoin est éventuel. Les droits sur les boissons, sur les cartes à jouer, sur les sels, sur les tabacs, sur les sucres, sur la poudre, sur les voitures particulières, etc., sont des impôts indirects. (V. ces mots.)

La gendarmerie doit obtempérer aux réquisitions qui lui sont faites par les inspecteurs, receveurs des deniers de l'Etat et autres préposés pour la rentrée des contributions directes et indirectes. (Décr. du 1er mars 1854, art. 459.)

Conformément à la loi du 21 avril 1832 et à divers arrêts du Conseil d'Etat (V. ceux des 30 mai et 31 décembre 1866), les officiers de gendarmerie logés gratuitement dans les bâtiments de l'Etat ou des départements et ceux logés dans des habitations particulières doivent être imposés : 1° pour la contribution sur les portes et fenêtres, à raison du logement servant à leur habitation personnelle ; 2° pour la contribution mobilière, d'après la valeur locative desdits bâtiments affectés à leur habitation personnelle, et non pas seulement à raison de l'indemnité de logement qui leur est affectée. — Quant à la contribution personnelle, qui a été réunie à la contribution mobilière par la loi du 21 avril 1832, elle est également due par les officiers de gendarmerie. (Arrêt du 8 février 1878.) Enfin, ces officiers, se trouvant portés au rôle des contributions directes, doivent, par cela même et conformément à la loi du 21 mai 1836, acquitter les prestations pour les chemins vicinaux. Ces prestations, qui sont exigées en cas d'insuffisance de ressources ordinaires, sont fixées au maximum à trois journées de travail et peuvent être converties, à la demande du contribuable, en un certain nombre de centimes qui sont ajoutés aux autres contributions. Si le contribuable n'a pas opté dans les délais prescrits, la prestation est de droit exigée en argent.

Les pères et mères de sept enfants vivants légitimes ou reconnus sont exempts de la contribution personnelle et mobilière. (Loi du 17 juillet 1889, art. 3.)

Une circulaire en date du 26 novembre 1901 détermine les bases de la contribution mobilière des officiers avec troupe et des sous-officiers de troupe non casernés.

CONTROLE, s. m. Vérification, surveillance, examen de certains actes et de certains faits.

La loi du 16 mars 1882, sur l'administration de l'armée, a décidé la création d'un corps de contrôle de l'administration de l'armée. Ce corps a pour objet de sauvegarder les intérêts du Trésor et les droits des personnes et de constater dans tous les services l'observation des lois, ordonnances, décrets, règlements et décisions ministérielles qui en régissent le fonctionnement administratif. Les contrôleurs sont les représentants immédiats du Ministre et chacun d'eux personnifie au même degré la délégation ministérielle, quel que soit d'ailleurs l'échelon occupé par lui dans la hiérarchie propre à son corps. Les contrôleurs reçoivent une commission signée du Ministre et, conformément à l'article 26 de la loi du 16 mars 1882, ils doivent, à leur arrivée dans la place où ils doivent remplir leur mission, se présenter à l'autorité militaire locale pour se faire reconnaître d'elle par la présentation de leur commission.

La hiérarchie du corps du contrôle

est ainsi réglée : contrôleur adjoint (rang de chef de bataillon); contrôleur de 2e classe (rang de lieutenant-colonel); contrôleur de 1re classe (rang de colonel); contrôleur général de 2e classe (rang de général de brigade); contrôleur général de 1re classe (rang de général de division). (V. pour les honneurs et préséances attribués au corps du contrôle la note minist. du 9 avril 1883.)

Le mode d'exécution des missions des fonctionnaires du corps du contrôle est déterminé par la note ministérielle du 9 mars 1887.

Une loi en date du 2 mars 1902 a créé dans la marine un corps de contrôle semblable à celui de l'armée de terre.

CONTROLEURS D'ARMES. Employés d'artillerie chargés de travaux spéciaux.

Ils sont désignés aujourd'hui sous le nom « d'officiers d'administration contrôleurs d'armes ». Ils sont divisés en cinq classes : trois classes de contrôleurs et deux classes de principaux. (V. la loi du 7 mars 1902.)

CONTUMACE, s. f. C'est l'état d'un individu qui, mis en accusation pour un fait qualifié crime, ne s'est pas présenté pour être jugé. Cet individu est dit en contumace ou contumax. Si le fait ne constitue qu'un délit, l'individu est dit en défaut ou défaillant. Nul défenseur ne peut se présenter pour l'accusé contumax ou défaillant. Les rapports, procès-verbaux, dépositions des témoins et autres pièces de l'instruction sont simplement lus en entier à l'audience et le jugement est rendu dans la forme ordinaire.

La contumace produit trois effets principaux : la suspension de l'exercice des droits de citoyen, l'interdiction de toute action judiciaire et le séquestre des biens.

CONVALESCENCE, s. f. Etat d'une personne qui vient de faire une maladie. (V. *Congé.*)

Les officiers en convalescence peuvent être admis pendant un ou deux mois dans une villa située à Nice et donnée à l'armée par Mme Furtado-Heine. (V., pour les conditions d'admission, l'instr. ministérielle du 19 janvier 1896.)

CONVENTION DE GENÈVE. C'est un accord établi en 1864 entre les principales puissances pour l'amélioration du sort des militaires blessés dans les armées en campagne. — D'après cette convention, le soldat mis hors de combat échappe aux lois de la guerre ; ce n'est plus qu'un homme malade qu'on doit secourir, et tout le personnel organisé pour lui porter secours est couvert par la neutralité. — Les insignes des sociétés fondées à la suite de cette convention sont : le drapeau blanc écartelé de la croix rouge de Genève.

Convention de la Haye. — Une convention destinée à régler pacifiquement, par la médiation et par l'arbitrage, les différends internationaux et à atténuer les maux de la guerre, a été signée à La Haye, le 29 juillet 1899, par les représentants de presque toutes les nations.

Cette convention a été promulguée par décret du 28 novembre 1900.

Ce décret est ainsi conçu :

Article 1er. — A la suite de la conférence internationale de la paix réunie à La Haye, différents actes internationaux ayant été signés en cette ville le 29 juillet 1899, savoir : 1° une convention pour le règlement pacifique des conflits internationaux; 2° une convention concernant les lois et coutumes de la guerre sur terre; 3° une convention pour l'adaptation à la guerre maritime des principes de la convention de Genève du 22 août 1864; 4° une convention interdisant de lancer des explosifs et des projectiles du haut des ballons; 5° une convention concernant l'emploi de projectiles qui ont pour but unique de répandre des gaz asphyxiants ou délétères; 6° une déclaration concernant l'interdiction de l'emploi de balles qui s'épanouissent ou s'aplatissent facilement dans le corps humain; 7° un acte final de la conférence internationale de la paix; et les ratifications de ces actes ayant été déposées au ministère des affaires étrangères de La Haye, lesdits convention, déclaration, acte final, dont la teneur suit, recevront leur pleine exécution entre la France et les puissances contractantes.

CONVERSION, s. f. En terme militaire, la conversion est un mouvement qui amène une troupe à prendre une direction opposée après avoir pivoté autour de l'une de ses extrémités. Il y a deux sortes de conversions : la conversion à pivot fixe et la conversion à pivot mouvant.

CONVICTION, s. f. Croyance, opinion arrêtée, état d'une personne convaincue. *Pièces de conviction*, ou *à conviction*, preuves matérielles d'un fait criminel. (V. *Pièces*.)

CONVOI, s. m. Réunion de voitures ou de chariots qui suivent la même route. — La loi du 30 mai 1851 et le décret du 10 août 1852 fixent le nombre des voitures qui peuvent être réunies en convois sur les routes et chemins de grande communication.

Lorsque plusieurs voitures marchent à la suite les unes des autres, elles doivent être distribuées en convois de quatre voitures au plus si elles sont à quatre roues et attelées d'un seul cheval, de trois voitures au plus si elles sont à deux roues et attelées d'un seul cheval et de deux au plus si l'une d'elles est attelée de plus d'un cheval. — L'intervalle d'un convoi à l'autre ne peut être moindre de 50 mètres. (Décr. du 10 août 1852, art. 13.) — Il est interdit de faire conduire par un seul conducteur plus de quatre voitures à un cheval si elles sont à quatre roues et plus de trois voitures à un cheval si elles sont à deux roues. Chaque voiture attelée de plus d'un cheval doit avoir un conducteur. Toutefois, une voiture dont le cheval est attaché derrière une voiture attelée de quatre chevaux au plus n'a pas besoin d'un conducteur particulier. — Aucune voiture marchant isolément ou en tête d'un convoi ne pourra circuler pendant la nuit sans être pourvue d'un falot ou d'une lanterne allumée. (Décr. du 10 août 1852, art. 14 et 15.)

Convois de poudre, de munitions de guerre, de dynamite ou autres explosifs voyageant par terre. Tout convoi de poudre, de munitions de guerre, de dynamite ou autres explosifs, transportés par roulage, sera accompagné d'une escorte lorsque le poids de l'envoi atteindra : 100 kilog. pour la poudre ou les munitions, 20 kilog. pour la dynamite ou le coton-poudre, s'ils sont encartouchés ; 200 kilog. de cartouches de tir ordinaire non amorcées ; 100 kilog. de cartouches de tir ordinaire amorcées ; 500 kilog. de cartouches de tir dites de sûreté ; 200 kilog. de pièces d'artifice non amorcées, chargées de poudres nitratées ; 500 kilog. de mèches de sûreté pour mineurs ; 10 kilog. de poudres fulminantes ; 50 kilog. de capsules fulminantes pour armes portatives ; 20 kilog. d'amorces fulminantes ou détonateurs. (Les quantités ci-dessus indiquées doivent être considérées comme poids brut, enveloppe et emballage compris.)

L'escorte sera réclamée par l'agent expéditeur dans la forme indiquée au modèle B ; elle sera composée d'un gendarme (Art. 460 du décr. du 1er mars 1854), chef d'escorte nécessaire pour qu'il puisse être dressé procès-verbal en cas de besoin (Décis. minist. du 18 juin 1855), et d'un ou deux hommes de troupe, qui sont demandés par le chef d'escorte au commandant d'armes de la garnison locale ou la plus voisine.

S'il n'y a pas de brigade de gendarmerie dans la localité d'où part un convoi voyageant par voie de roulage, l'agent expéditeur ou le chef de gare remet la réquisition d'escorte au maire de la localité, qui, en vertu des instructions de M. le Ministre de l'intérieur, transmet cette réquisition par la voie la plus prompte au commandant de la brigade de gendarmerie la plus voisine, chargé de fournir le gendarme chef d'escorte. (Art. 467 à 476 du décr. du 1er mars 1854.)

Le convoi n'est mis en route qu'à l'arrivée du chef d'escorte. Au départ du convoi, l'agent expéditeur (agent de l'Etat ou de la compagnie du chemin de fer) remet en outre au gendarme chef d'escorte une autre réquisition d'escorte, également du modèle B, pour servir, en cours de route, lorsqu'il y a lieu ; cet agent joint à cette réquisition une note prévenant le chef d'escorte qu'il devra laisser la réquisition entre les mains du chef de la gare où le convoi prendra la voie ferrée pour continuer sa route. La réquisition sera annexée alors par l'agent du chemin de fer aux lettres de voiture du service de la guerre ou aux acquits-à-caution du service des finances accompagnant le convoi de poudre, de munitions, de dynamite ou autres explosifs. Cette réquisition sera utilisée à la gare d'arrivée par le chef de gare, pour obtenir soit une escorte, si le convoi continue sa route par voie de roulage, soit une garde, dans les cas prévus par les règlements de 1877 et 1879, c'est-à-dire si les poudres, munitions, la dynamite ou les explosifs composant le convoi ne sont pas enlevés trois heures après leur arrivée en gare.

Dans le cas où il n'y a pas de garnison dans la localité même d'où part le convoi (expédition ou réexpédition), ou tout à fait à proximité de cette localité, le gendarme chef d'escorte accompagne seul le convoi jusqu'à la première ville de garnison ; il se présente alors, muni de la réquisition dont il est porteur, au commandant d'armes, qui désigne le ou les soldats destinés à former, sous le commandement du gendarme, l'escorte du convoi.

Le gendarme chef d'escorte est remplacé par un autre gendarme à la première brigade, dans des conditions qui seront déterminées, par analogie avec ce qui est prescrit par les articles 366 et 367 du décret précité pour le relèvement des gendarmes chargés du transfèrement des prisonniers; et ainsi de suite jusqu'à l'arrivée du convoi, soit à destination (magasin, entrepôt), soit à une gare de chemin de fer où le chef de gare le prend en charge. (Règl. du 20 mars 1877 et du 10 janvier 1879.) — Le gendarme chef d'escorte touche 1 fr. 25 pour tout trajet occasionnant une absence de dix heures hors de sa résidence ; si, pour le retour, il voyage par la voie ferrée, il a droit, en outre, à une indemnité de 0 fr. 017 par kilomètre parcouru. (Circ. des 27 janvier et 22 octobre 1882, 13 septembre 1883 et 19 août 1887.)

Le commandant de l'escorte d'un convoi de poudre se conformera aux articles suivants du décret du 1er mars 1854.

Art. 468. Le commandant de l'escorte affecte un homme de sa troupe à chaque voiture et visite fréquemment toutes les voitures pour s'assurer si tout est en bon état, s'il n'y a aucun accident à craindre et si l'on prend toutes les précautions nécessaires pour les éviter.

Art. 469. Il fait marcher autant que possible le convoi sur la terre, jamais plus vite que le pas et sur une file de voitures. — Il ne souffre auprès du convoi aucun fumeur, soit de la troupe d'escorte, soit étranger. Il est responsable des accidents qui peuvent provenir de cette cause, et de tous autres qui peuvent être attribués à sa négligence.

Art. 470. Le commandant de l'escorte empêche que rien d'étranger aux poudres ne soit sur les voitures, particulièrement des métaux et des pierres, qui, par leur choc, peuvent produire du feu ; que personne n'y monte qu'en cas de dérangement ou de réparations indispensables à faire à un baril (ce qui doit avoir lieu très rarement et avec les plus grandes précautions, en descendant, à cet effet, le baril de la voiture et se servant d'un maillet en bois) ; que toutes les voitures étrangères à celles du convoi n'approchent pas de celles-ci ; il les fait au besoin détourner et arrêter.

Art. 471. Il ne laisse approcher personne du convoi et veille à ce qu'il ne soit pas fait de feu dans les environs. — Il fait passer les convois en dehors des communes lorsqu'il y a possibilité, et, quand on est forcé de les faire entrer dans les villes, bourgs et villages, il requiert la municipalité de faire fermer les ateliers et les boutiques d'ouvriers dont les travaux exigent du feu, et de faire arroser, si la route est sèche, les rues par où l'on doit passer.

Art. 472. Le convoi n'est jamais arrêté ni stationné dans les villes, bourgs ou villages, et on le fait parquer au dehors, dans un lieu isolé des habitations, sûr, convenable et reconnu à l'avance. (V. *Poudre*.)

Le chef d'escorte, qui doit toujours accompagner les convois de poudre suivant la voie de terre, est tenu d'établir un certificat constatant que cette voie a été réellement suivie de tel point à tel point. Ce certificat est adressé par les soins de la gendarmerie au service local de l'intendance. (Note minist. du 15 septembre 1890.)

Convois aux armées. La gendarmerie aux armées est chargée presque toujours de la surveillance des convois et, d'après l'article 2 du Service de la gendarmerie en campagne, il y a, dans chaque corps d'armée, un capitaine de gendarmerie vaguemestre qui a pour mission de réunir et de former le train régimentaire d'après les ordres du chef d'état-major, et d'en assurer la police et la direction. Il est adjoint à cet officier un certain nombre de gendarmes et deux maréchaux des logis à cheval qui prennent le titre de maréchaux des logis vaguemestres adjoints.

L'officier d'approvisionnement ou, en son absence, le sous-officier qui le remplace est placé sous l'autorité du prévôt ou commandant de la force publique et devient, à l'égard de ce dernier, responsable de la conduite de son train particulier. (Service de la gendarmerie en campagne, art. 8.)

Il pourra arriver pendant la guerre que des convois seront formés en entier au moyen de voitures et de voituriers de réquisition ; que les hommes et les voitures soient réquisitionnés ou qu'ils soient payés comme auxiliaires, ils n'en devront pas moins être l'objet de la plus grande surveillance, et une discipline des plus sévères pourra seule les forcer à obéir et à exécuter rapidement les ordres qui leur seront donnés.

L'article 167 de l'ancien règlement sur le service en campagne autorisait les vaguemestres, ainsi que la gendarmerie, à employer les moyens coercitifs envers les charretiers récalcitrants, et il est évident que si, au moment d'une attaque, des habitants réquisitionnés cherchaient à fuir ou à se joindre aux assaillants, ils seraient à la disposition absolue de ceux qui sont chargés de défendre le convoi. Il faut remarquer cependant que ces dispositions n'ont pas été reproduites dans les articles 68 et 69 du décret du 28 mai 1895.

Si l'on dispose d'un nombre suffisant de gendarmes, on devra donner à chacun d'eux la surveillance de quatre ou cinq voitures : les gendarmes prendront exactement les nom, prénoms, âge, profession et domicile de chaque conducteur, ainsi que la nature du chargement ; ils veilleront constamment à ce que les voituriers se conforment à toutes les prescriptions qui auront été ordonnées et ils seront rendus responsables de leur exécution.

Les voitures seront numérotées de la droite à la gauche, et 15 à 20 voitures formeront une section dirigée par un brigadier ou un sous-officier. Si l'on peut distraire de l'escorte un certain nombre de soldats, on les disposera le long de la colonne pour augmenter la surveillance dont les charretiers doivent être l'objet; on ne saurait prendre trop de précautions pour empêcher tout désordre de se produire parmi les hommes en général mal intentionnés, et, en pays ennemi, on ne devra pas hésiter à faire des exemples sévères pour réprimer toute tentative de fuite ou de rébellion.

Convois de prisonniers. L'escorte des prisonniers exige une vigilance spéciale et beaucoup de fermeté. Les officiers prisonniers sont séparés de leurs soldats. L'officier ou le sous-officier chargé de conduire des prisonniers les place en colonne par deux ou par quatre, en faisant devancer, suivre et flanquer cette colonne qui marche en ordre serré. Il défend toute conversation entre les hommes de l'escorte et les prisonniers, et il empêche ces derniers de communiquer avec les habitants. Au départ, l'escorte charge ses armes en présence des prisonniers, qui sont prévenus que toute tentative de résistance sera réprimée avec la dernière sévérité. Plus l'escorte est faible, plus la répression doit être rigoureuse. En présence d'indices de résistance ou de complot, les meneurs sont mis à part et soumis à la plus stricte surveillance. Il est, autant que possible, pourvu aux besoins des prisonniers, et l'on doit leur éviter toute insulte. Les malades, surtout, sont traités avec ménagement, mais toujours surveillés. Pour le repos ou pour l'emplacement du bivouac, on recherche des terrains découverts et éloignés des habitations, des bois, des grands blés, etc.

Si le convoi doit être cantonné, on choisit des localités contenant de grands bâtiments où les prisonniers puissent être gardés en sûreté. Des factionnaires sont placés à l'intérieur des bâtiments, qui sont toujours éclairés. Une porte seule reste ouverte et une garde y est établie. Le reste de l'escorte est réparti, très à proximité, dans les maisons voisines.

Si le convoi est attaqué, on oblige les prisonniers à se tenir couchés; une partie de l'escorte reste auprès d'eux et fait feu sur quiconque se relève avant d'en avoir reçu l'ordre; l'autre partie se porte à la rencontre de l'ennemi. (V. le décret du 18 avril 1890, art. 104, et les articles 23 et suivants du règlement du 21 mars 1893, sur les prisonniers de guerre.)

Convois de blessés. Les blessés sont transportés soit sur des mulets, soit dans des voitures d'ambulance. Ces voitures sont de deux espèces : l'une, dite voiture d'ambulance légère, est traînée par un cheval et peut recevoir deux blessés couchés et trois assis; l'autre, dite voiture d'ambulance omnibus, est attelée de deux chevaux et peut recevoir quatre blessés couchés et trois assis, ou onze assis. Un mulet de cacolet porte deux blessés. Les convois de blessés doivent toujours marcher à une allure lente, de façon à ne pas augmenter les souffrances de ceux qui sont transportés. Ils sont, suivant leur importance, accompagnés d'un ou de plusieurs médecins.

Pour l'organisation, la marche, les haltes et la défense d'un convoi, voir les articles 115 et suivants du décret du 28 mai 1895 sur le service des armées en campagne.

Convois par chemins de fer. Des détachements de gendarmerie pourront être chargés, concurremment avec la troupe de ligne, d'escorter des prisonniers en chemin de fer. Dans ce cas, l'escorte, scindée en trois parties, devra prendre place dans le wagon de tête, dans le wagon de queue et dans celui qui se trouve au milieu du train. Les armes devront être toujours chargées et, dès que le train s'arrêtera, les hommes de l'escorte descendront et se tiendront à droite et à gauche de la voie pour empêcher toute tentative d'évasion. Les prisonniers seront prévenus que tous ceux qui chercheraient à s'enfuir seront immédiatement passés par les armes.

Pendant tout le temps que le train sera arrêté, la surveillance devra être des plus sérieuses, et les prisonniers seront toujours escortés par une force suffisante lorsqu'ils auront à satisfaire des besoins naturels.

Convois militaires. — *But du service.* Le service des convois militaires a pour objet d'assurer le transport par chemin de fer, par terre ou par eau, des militaires voyageant en corps, isolément ou sous escorte de la gendarmerie, dans toutes les positions où des moyens de transport doivent leur être fournis en nature.

Objet des convois par voie de terre. Le service des convois par voie de terre a pour objet de fournir, de gîte en gîte, les moyens nécessaires pour assurer le transport :

1° Des menus bagages (caisses, papiers, archives, effets d'un usage journalier) et des hommes éclopés, à la suite des corps et détachements voyageant par étapes ;

2° Des militaires ou marins voyageant sous escorte de la gendarmerie, en dehors des voies ferrées, lorsque la maladie, la saison ou l'état de viabilité des routes ou des raisons d'ordre public s'opposent au voyage à pied ;

3° Des militaires ou marins isolés voyageant librement, en dehors des voies ferrées, lorsque, reconnus incapables, pour cause de maladie, de faire la route à pied, ils ne peuvent recevoir l'indemnité kilométrique en diligence (1).

Les gîtes sont déterminés, entre le point de départ et le lieu de destination, par l'ordre de mouvement, la feuille de route ou le titre qui en tient lieu, et, à défaut, d'après le livret et la carte des étapes. (Art. 3 du règl. du 27 février 1894.)

---

(1) Dans le cas prévu à cet alinéa, on utilise les voitures publiques pour le transport des isolés voyageant librement, toutes les fois que les circonstances le permettent.

Nature des prestations. Les prestations se composent, savoir :

1° De voitures non suspendues, pour les deux premiers cas visés à l'article précédent sous la réserve indiquée ci-après à l'article 9 ;

2° De chevaux de trait fournis éventuellement aux corps ou détachement, pour compléter ou constituer l'attelage de leurs propres voitures ;

3° De voitures suspendues pour le transport des militaires ou marins isolés;

4° D'animaux de bât, pour les transports effectués sur des routes inaccessibles ou devenues impraticables aux voitures,

Les voitures (1) sont à un ou plusieurs colliers. Une voiture à deux, trois, quatre colliers, équivaut à deux, trois, quatre voitures à un collier. On compte cinq mulets pour un collier, lorsqu'il y a lieu de substituer aux voitures des animaux de bât. (Art. 4.)

Organisation du service. En principe, la fourniture des moyens de transport fait l'objet d'une entente verbale, au moment du besoin, avec les voituriers ou propriétaires de voitures (2); les prix sont débattus directement, lorsqu'il s'agit de militaires isolés ou escortés, par le sous-intendant militaire ou son suppléant.

Pour cet objet, le chef de corps ou de détachement, ou le sous-intendant militaire, consulte les listes des voituriers disposés à fournir les moyens de transport, qui sont tenues par les maires. (Instr. des 30 décembre 1899 et 27 août 1900.)

Le service peut, sur certains trajets fréquemment parcourus par des troupes en marche, être assuré, d'après les ordres du Ministre, au moyen de marchés d'entreprise passés par les fonctionnaires de l'intendance, lorsque l'utilité d'une organisation permanente a été reconnue et que la passation d'un marché de quelque durée permet d'obtenir des conditions de prix avantageuses.

Il en est ainsi, autant que possible, pour les trajets à parcourir entre les hôpitaux thermaux éloignés des voies ferrées et les gares qui les desservent. (Art. 5.)

Bons de convoi. Le droit au moyen de transport est toujours établi par un bon de convoi portant désignation de la partie prenante collective ou individuelle et spécifiant le lieu de fourniture et l'étape à franchir ainsi que l'espèce et le nombre des moyens de transport alloués (1). (Art. 6.)

Militaires escortés par la gendarmerie. Les allocations relatives aux militaires et marins voyageant sous escorte de la gendarmerie ont lieu sur la constatation de la maladie ou du cas de force majeure qui empêche le voyage à pied.

La maladie est constatée par le certificat d'un médecin militaire, ou, à défaut, d'un médecin civil désigné par le maire ; cependant, en cas d'urgence, le commandant de l'escorte est autorisé à passer outre à cette formalité, en signant d'office le certificat de visite. Il n'est alloué de voiture suspendue que si la gravité de la maladie l'exige; cette nécessité doit être mentionnée au certificat.

Le cas de force majeure pouvant résulter de la saison, de l'état de viabilité des routes ou de raisons d'ordre public est certifié par le commandant de la gendarmerie du gîte, ou, à défaut, par le chef de l'escorte.

Les voitures sont allouées à raison d'un collier par cinq hommes ou nombre inférieur. Lorsque deux ou plu-

(1) Les voitures employées peuvent être de modèles très divers, suivant les régions. Les voitures non suspendues sont, autant que possible, aménagées de manière que l'on puisse s'y asseoir commodément, garnies de nattes ou de paille fraîche en quantité suffisante, et pourvues d'une bâche imperméable pouvant à volonté s'enlever ou abriter les hommes et les effets contre le soleil ou le mauvais temps. Les chevaux d'attelage et animaux de bât doivent réunir les conditions de force et d'allure nécessaires pour pouvoir suivre, avec la charge réglementaire, une colonne d'infanterie en marche. Les voitures suspendues doivent être couvertes, munies de banquettes et garnies de paille dans les temps froids; l'allure de route dépend de l'état des malades transportés.

Enfin, dans la mauvaise saison, le voiturier sera invité à fournir une couverture pour chaque homme transporté.

(2) On tient compte, pour les conditions de la fourniture, des indications données par le renvoi de l'article précédent.

(1) L'heure et le point de réunion sont fixés en temps utile et portés sur le bon de convoi par le chef de corps ou de détachement et le chef d'escorte, et, pour les militaires isolés, par le sous-intendant ou son suppléant.

sieurs escortes, partant de points différents et venant à se rencontrer en un gîte, doivent suivre la même route, les commandants de ces escortes sont tenus, sous leur responsabilité, de s'entendre pour réunir les convois, afin de diminuer la dépense ; s'ils étaient déjà munis de bons de convoi, ces bons sont remplacés par un bon unique pour chaque étape à parcourir en commun ; les bons annulés sont renvoyés immédiatement à l'autorité qui les avait délivrés. (Art. 9.)

Militaires isolés. — Anciens militaires envoyés aux eaux. Les allocations de convoi ne sont faites aux militaires ou marins isolés que s'il est impossible de leur allouer l'indemnité kilométrique en diligence, soit parce que leur état de santé ne leur permet pas de prendre place dans les voitures publiques, soit parce que l'incapacité de marcher survient dans une localité où le suppléant du sous-intendant militaire est un maire.

Elles sont subordonnées à la constatation de la maladie par le certificat d'un médecin militaire ou, à défaut, d'un médecin civil désigné par le maire, sauf, toutefois, en ce qui concerne les militaires ou marins envoyés aux eaux thermales, ou en revenant, qui ont toujours droit au transport entre l'hôpital thermal éloigné des voies ferrées et la gare qui le dessert.

En principe, les allocations sont individuelles ; mais, toutes les fois que plusieurs hommes peuvent être réunis pour voyager ensemble, le nombre des voitures allouées est réduit en conséquence. Les bons individuels dont ils seraient déjà pourvus sont remplacés, annulés et renvoyés à qui de droit, comme il est dit à l'article précédent.

Les anciens militaires envoyés aux eaux thermales, aux frais de l'Etat, par application de la loi du 12 juillet 1873, reçoivent sur les fonds du service des convois, pour les parcours ou fins de parcours par voie de terre, une indemnité égale au prix des voitures publiques indiqué au Livret-Chaix. Ce prix est, pour les anciens officiers, celui de la place la meilleure, et, pour les anciens sous-officiers et soldats, celui des autres places d'intérieur (1). A défaut de voitures publiques, il leur est délivré un bon de convoi portant allocation d'une voiture suspendue. (Art. 10.)

Distinction de bons. Les bons de convoi sont établis distinctement :

1o..............................;

2o Pour les militaires escortés ;

3o Pour les militaires isolés voyageant librement.

La même distinction est observée pour les bons de convoi établis soit au titre de la marine (service marine et service colonies), soit au titre de la ville de Paris (sapeurs-pompiers et garde républicaine).

Toutefois, lorsqu'une voiture est louée pour être occupée en même temps par des hommes de l'armée de terre ou de l'armée de mer, par des militaires de la garde républicaine ou du régiment de sapeurs-pompiers de Paris, le bon de convoi est délivré et acquitté au titre du département de la guerre, et des extraits dudit bon (un pour chaque service avec indication de la portion de dépense qui lui incombe) sont ultérieurement préparés. (Art. 11.)

Délivrance des bons de convoi. Les bons de convoi sont délivrés par les sous-intendants militaires et leurs suppléants, sur la production de l'ordre de mouvements, de la feuille de route ou du titre qui en tient lieu, et, suivant le cas, des justifications prévues aux articles 8, 9 et 10.

Sauf pour les allocations supplémentaires, qui ne sont accordées que d'un gîte d'étape au suivant, les fonctionnaires de l'intendance et leurs suppléants militaires délivrent aux parties prenantes collectives ou individuelles autant de bons de convoi qu'il y a d'étapes à franchir jusqu'à destination ou jusqu'à la plus prochaine résidence de sous-intendant, s'il s'en trouve une sur la route à parcourir. Le sous-intendant de cette ré-

(1) Pour le trajet de Céret à Amélie-les-Bains et *vice versa*, dont le prix n'est pas indiqué au Livret-Chaix, les anciens officiers reçoivent une indemnité de 1 franc par voyage. Les anciens sous-officiers et soldats effectuent ce même trajet, ainsi que celui de Pierrefitte à Barèges et retour, dans les voitures d'un entrepreneur chargé du service par traité avec l'administration de la guerre.

sidence délivre de nouveaux bons jusqu'à la suivante, et ainsi de suite jusqu'au lieu où la fourniture doit cesser.

Les maires ne peuvent délivrer de bons de convoi aux corps ou détachements que pour une seule étape. Ils en délivrent, pour le transport des militaires escortés ou voyageant librement, jusqu'à destination ou jusqu'à la plus prochaine résidence de sous-intendant ou de suppléant militaire de sous-intendant, s'il s'en trouve une sur la route à parcourir.

Les bons de convoi délivrés sont toujours mentionnés sur la feuille de route ou le titre qui en tient lieu. (Art. 12.)

Transport des militaires escortés ou voyageant librement. Pour le transport des militaires escortés par la gendarmerie ou voyageant librement, les mesures d'exécution incombent au sous-intendant militaire ou à son suppléant, quel qu'il soit.

Lorsque le service est organisé par entreprise, notamment entre les hôpitaux thermaux et les gares qui les desservent, l'entrepreneur est tenu de se faire représenter, dans chaque gare, par une personne chargée de recevoir les militaires porteurs de bons de convoi et de leur procurer, sur place, les voitures que comportent ces bons. La fourniture a lieu alors sans intervention du maire. (Art. 14.)

Certificat d'exécution ou de vu-arriver. A l'arrivée dans chaque gite, l'exécution du service est certifiée par le chef de corps ou de détachement, s'il est officier, et, dans tout autre cas, par le sous-intendant militaire ou son suppléant, ou, à défaut, par un membre du conseil municipal, par un officier, un sous-officier ou un brigadier de gendarmerie, ou enfin par deux notables de la localité (1). (Art. 15.)

Fournitures faites aux militaires escortés ou isolés. Le paiement des fournitures faites pour le transport des militaires ou marins escortés ou voyageant librement est effectué par mandat du sous-intendant militaire de l'arrondissement administratif de la manière suivante :

Rentré au lieu de sa résidence, le convoyeur remet au maire, pour le faire parvenir au sous-intendant militaire, le bon de convoi revêtu du certificat d'exécution et timbré, s'il y a lieu, du timbre de dimension, mais non acquitté.

Le sous-intendant vérifie le bon, l'arrête et en mandate le montant au nom du convoyeur.

Le bon est mis à l'appui du mandat si la dépense excède 10 francs. Si la dépense est égale ou inférieure à 10 francs, le bon est conservé par le sous-intendant, qui se borne à donner sur le mandat de paiement le détail du service fait (1). (Art. 18.)

Convois par eau. — *Objet et organisation du service.* L'organisation des convois par eau est assurée, autant que posible, d'une manière permanente, au moyen de marchés d'entreprise dont les clauses varient suivant les circonstances locales, et qui sont passés par les fonctionnaires de l'intendance, sauf approbation du Ministre. A défaut d'organisation permanente, chaque fourniture donne lieu à une entente verbale entre le batelier et le sous-intendant militaire ou son suppléant.

Les parties prenantes sont toujours munies de bons de convoi, à moins que le service ne fasse l'objet d'un abonnement annuel. (Art. 20.)

Les bons de convoi sont distincts pour les militaires isolés ou escortés, les hommes de l'armée de mer et ceux des troupes à la charge de la ville de Paris. (Art. 21.)

Exécution du service. Les bons de convoi sont délivrés par le sous-intendant militaire ou son suppléant, sur la production de la feuille de route ou du titre qui en tient lieu.

Ils sont remis par les parties prenantes au capitaine ou patron du bateau qui effectue le transport dans les conditions fixées par le marché ou la convention verbale. (Art. 22.)

Le remboursement des dépenses auxquelles donne lieu le service des convois est effectué par mandats des

(1) Dans aucun cas, le vu-arriver ne doit être signé par une partie prenante isolée qui serait homme de troupe.

(1) Art. 179 du règlement du 3 avril 1869.

fonctionnaires de l'intendance pour les militaires, et par les ministères compétents pour les autres transfèrements : soit par le Ministre des finances, s'il s'agit d'un contrebandier ; par le Ministre de l'agriculture, s'il s'agit d'un délit forestier ; par le Ministre des travaux publics, s'il s'agit d'un délit de pêche ; par le département, s'il s'agit d'un vagabond.

Le convoyeur ou conducteur de la diligence qui a effectué le transport se fait rembourser des frais par les administrations auxquelles incombe la dépense.

Amendes. Tout rachat de bons, constaté par un procès-verbal de la gendarmerie, donne lieu, en outre, à une retenue de 25 francs et à la destitution du préposé qui s'en serait rendu coupable. Les infractions relatives au service des convois sont constatées par des procès-verbaux dressés par la gendarmerie ou par les maires. — Il revient aux gendarmes qui ont constaté un rachat de bons une prime de 25 francs, laquelle peut être portée à 50 francs s'il y a récidive. (Règl. du 12 avril 1893, art. 209 et 210.)

Fraudes. Les sous-officiers, brigadiers et gendarmes se font présenter les feuilles de route des militaires marchant sans escorte ; à l'égard de ceux auxquels il est accordé des transports, ils s'assurent, par l'examen des feuilles de route et des mandats de fournitures dont les conducteurs de convois doivent être porteurs, s'il n'a pas été donné ou reçu de l'argent en remplacement des fournitures.

Tout militaire auquel il a été accordé un transport en est privé s'il est rencontré faisant sa route à pied sans être précédé ou suivi de près de la voiture ou du cheval destiné à son transport ; à cet effet, le commandant de la brigade lui retire les mandats dont il est porteur et annote sur la feuille de route qu'il doit être privé du convoi. — Ces mandats sont transmis aussitôt au commandant de la compagnie, et adressés par lui au sous-intendant militaire qui les a délivrés.

Dans le cas où un militaire ayant droit au transport ne serait porteur d'aucun coupon, il est à présumer qu'il en a fait la vente au préposé des convois ; cette circonstance est mentionnée sur la feuille de route, et il en est rédigé procès-verbal, qui est transmis par le commandant de la compagnie au sous-intendant militaire. (Décr. du 1er mars 1854, art. 355, et règl. du 12 avril 1893, art. 209.)

Convois civils. L'entrepreneur est tenu d'effectuer les translations de prévenus et accusés civils et le transport des objets pouvant servir de pièces à conviction ou à décharge, aux mêmes prix que ceux qui sont consentis pour le ministère de la guerre. Il organise à cet effet le service des convois dans tous les gîtes d'étapes et passe des marchés avec les procureurs généraux.

Le préfet, agissant au nom du département, assure le transport des aliénés et des indigents.

Les maires ou les adjoints ne délivrent les bons de convoi que pour une seule étape, et ainsi de suite jusqu'à la résidence du sous-intendant militaire ou du suppléant légal.

Le transport des détenus et condamnés civils, des aliénés et indigents, appartenant au ministère de la justice et de l'intérieur, a lieu sur la présentation d'ordres délivrés par les autorités compétentes. (Art. 10 du cahier des charges du 17 avril 1874.)

Les bons de convois doivent être distincts s'il s'agit de prévenus, détenus ou condamnés et indiquer le motif de la prévention, détention ou condamnation, les dépenses ressortissant dans ce cas à des ministères différents. Ils sont justifiés par le certificat d'un médecin désigné par le maire, constatant la nécessité du transport. En cas d'urgence, le commandant de l'escorte peut signer d'office le certificat de visite.

COQUE DU LEVANT. Fruit d'un arbre de l'Inde qui a la propriété d'enivrer le poisson. (V. *Appât.*)

CORDON SANITAIRE. Le cordon sanitaire est une mesure extraordinaire prise sur les frontières ou dans l'intérieur, pour empêcher toute communication avec les pays infectés d'une épidémie ou d'une épizootie, en vue d'enrayer le mal ou d'en empêcher le développement. — Ce service est plus spécialement confié aux troupes de ligne et aux douaniers.

CORNAGE, s. m. Le cornage chez le cheval est la conséquence d'un obstacle au libre passage de l'air dans les voies respiratoires, notamment pendant l'exercice. Le cornage n'est pas une maladie, mais un symptôme commun à plusieurs affections qui, par suite, peut disparaître avec la cause qui le produit. Mais si le cheval corne par suite d'un défaut de conformation des cavités nasales, du larynx ou de la trachée, il est affecté du cornage chronique, classé, d'après la loi du 2 août 1884, avec neuf jours de garantie, au nombre des vices réputés rédhibitoires.

CORPS, s. m. Ce mot a un grand nombre d'acceptions. En jurisprudence, il s'emploie pour désigner, dans l'expression *corps de délit*, la preuve matérielle et directe du délit. Ainsi, dans une effraction, la serrure brisée est le corps du délit; on doit toujours saisir le corps du délit.

Par corps signifie en se saisissant de la personne; mettre à exécution une contrainte par corps.

L'expression *prise de corps* s'emploie dans le sens d'un jugement qui ordonne l'incarcération d'un débiteur. *Levée de corps*. (V. *Levée*.)

En terme militaire, le mot corps signifie une réunion de troupes, ou l'ensemble des officiers et des soldats appartenant à une arme spéciale : *corps d'armée; chef de corps; corps de la gendarmerie; corps du génie; corps de santé*.

Cette expression : *esprit de corps* s'emploie pour désigner la bonne entente qui existe entre les membres d'un même régiment ou d'une même arme.

Corps de garde. C'est un lieu dans lequel se trouvent un certain nombre de soldats destinés à monter la garde à tour de rôle.

Une instruction en date du 5 septembre 1901 indique les conditions que doivent remplir les corps de garde au point de vue de l'hygiène.

Corps d'armée. En exécution de la loi du 24 juillet 1873, modifiée par celle du 5 décembre 1897, le territoire de la France a été divisé en dix-neuf corps d'armée, de la façon suivante :

Commandement du gouvernement militaire de Paris : Seine, Seine-et-Oise.

1er *corps d'armée, à Lille :* Nord, Pas-de-Calais.

2e *corps d'armée, à Amiens :* Somme, Aisne, Oise.

3e *corps d'armée, à Rouen :* Seine-Inférieure, Calvados, Eure.

4e *corps d'armée, au Mans:* Sarthe, Eure-et-Loir, Mayenne, Orne.

5e *corps d'armée, à Orléans :* Seine-et-Marne, Loiret, Loir-et-Cher, Yonne.

6e *corps d'armée, à Châlons:* Marne, Ardennes, Meurthe-et-Moselle (arrondissement de Briey), Meuse.

7e *corps d'armée, à Besançon :* Doubs, Jura, Haute-Marne, Haute-Saône, territoire de Belfort.

8e *corps d'armée, à Bourges :* Cher, Côte-d'Or, Nièvre, Saône-et-Loire.

9e *corps d'armée, à Tours :* Indre-et-Loire, Deux-Sèvres, Indre, Maine-et-Loire, Vienne.

10e *corps d'armée, à Rennes :* Ille-et-Vilaine, Côtes-du-Nord, Manche.

11e *corps d'armée, à Nantes :* Loire-Inférieure, Finistère, Morbihan, Vendée.

12e *corps d'armée, à Limoges :* Haute-Vienne, Charente, Corrèze, Creuse, Dordogne.

13e *corps d'armée, à Clermont-Ferrand :* Puy-de-Dôme, Allier, Cantal, Haute-Loire, Loire.

Commandement du gouvernement militaire de Lyon et 14e corps d'armée, à Lyon : Rhône, Ain, Isère, Drôme, Hautes-Alpes, Savoie, Haute-Savoie.

15e *corps d'armée, à Marseille :* Bouches-du-Rhône, Alpes-Maritimes, Ardèche, Basses-Alpes, Gard, Var, Vaucluse, Corse.

16e *corps d'armée, à Montpellier :* Hérault, Tarn, Aveyron, Lozère, Pyrénées-Orientales, Aude.

17e *corps d'armée, à Toulouse :* Haute-Garonne, Ariège, Gers, Lot, Lot-et-Garonne, Tarn-et-Garonne.

18e *corps d'armée, à Bordeaux :* Gironde, Charente-Inférieure, Basses-Pyrénées, Landes, Hautes-Pyrénées.

20e *corps d'armée à Nancy :* Aube, Meurthe-et-Moselle (arrondissements de Nancy, Toul et Lunéville) et Vosges.

Les troupes spéciales à l'Algérie constituent un corps d'armée distinct, qui porte le no 19. (V. *Armée*.)

Enfin, les troupes coloniales

stationnées en France sont constituées en un corps d'armée spécial, qui prend le nom de corps d'armée des troupes coloniales. (Décret du 11 juin 1901.)

Chaque corps d'armée comprend huit régiments d'infanterie de ligne, un bataillon de chasseurs à pied, deux régiments (une brigade) d'artillerie, deux régiments de cavalerie, un bataillon du génie et les troupes accessoires (train, prévôté, service de santé, des postes, du télégraphe, etc.). La force de chaque corps d'armée est d'environ 35,000 hommes, 25,000 d'infanterie, chaque bataillon étant de 1,000 hommes, 3,000 artilleurs avec 120 pièces de canon réparties dans 20 batteries, 12 à 1,300 cavaliers, 800 hommes du génie. Les états-majors, le train et les services accessoires comprennent environ 5,000 hommes.

Le corps d'armée est commandé par un général commandant en chef ayant sous ses ordres deux généraux de division et 4 généraux de brigade d'infanterie; l'artillerie et la cavalerie sont commandées par des généraux de brigade.

Chaque corps d'armée possédant deux divisions d'infanterie, quatre brigades et huit régiments on obtient le numéro de la dernière division et de la dernière brigade d'un corps d'armée en multipliant par 2 ou par 4 le numéro du corps d'armée.

CORRECTION, s. f. Maison de correction. Ce sont des établissements dans lesquels le père de famille peut faire enfermer son enfant âgé de moins de 16 ans lorsqu'il s'est montré incorrigible. Dans ce cas, le père adresse une demande au Président du tribunal et ce dernier prononce sans autre formalité l'incarcération pendant un mois. Si l'enfant a plus de 16 ans et jusqu'à sa majorité, le père peut demander l'incarcération pendant six mois; il est tenu à fournir les aliments. Ce droit résulte des articles 375 et suivants du Code civil.

Les maisons de correction servent encore à enfermer les enfants âgés de moins de 16 ans qui, convaincus d'un crime ou d'un délit, sont acquittés comme ayant agi sans discernement. Le tribunal ou la Cour peuvent alors ordonner que l'enfant sera détenu dans une maison de correction jusqu'à une époque qui ne peut pas dépasser sa 20e année. (C. P., art. 66.)

Une prime de 15 francs est accordée pour la capture de chaque enfant évadé d'une maison de correction. (Règl. du 12 avril 1893, art. 188.)

CORRECTIONNEL, ELLE, adj. Les tribunaux correctionnels sont ceux qui sont appelés à juger les actes qualifiés délits par la loi (police correctionnelle). — Il y a un tribunal correctionnel dans chaque chef-lieu d'arrondissement.

CORRESPONDANCE, s. f. Nous ne nous occuperons dans cet article du mot correspondance qu'au point de vue de lettres ou rapports échangés entre les autorités et lorsqu'il signifie les communications établies entre les brigades.

En dehors des cas prévus par les articles 75 et 77 du décret du 1er mars, les chefs de légion seuls peuvent correspondre avec les ministres. (Décr. du 1er mars 1854, art. 78 et 84.) Une circulaire du Ministre de la guerre, en date du 19 août 1878, simplifie la correspondance des chefs de légion en adoptant des imprimés pour remplacer, dans certains cas, les lettres manuscrites.

Une note ministérielle, en date du 30 janvier 1886, a décidé que toute la correspondance de service devait, afin que rien n'échappât à la connaissance des gouverneurs militaires et des commandants de corps d'armée, passer par l'intermédiaire de ces officiers généraux.

Il est fait exception cependant pour le relevé des emplois vacants; l'état des hommes proposés pour la gendarmerie et dont la candidature doit être annulée; les situations d'effectif et les feuilles supplémentaires. (Note minist. du 3 mars 1891.)

Les chefs de brigade peuvent correspondre seulement dans des cas urgents avec les commandants de compagnie, mais ils doivent rendre immédiatement les mêmes comptes à leur commandant d'arrondissement. (Service intérieur, art. 113.)

A moins de cas tout à fait exceptionnels, les commandants de brigade ne doivent jamais correspondre avec les autorités civiles (sous-préfets, procureurs de la République, etc.). Les officiers seuls (Décr. du 1er mars 1854, art. 104 et 110) doivent informer ces magistrats de tout ce qui peut les intéresser au point de vue de l'ordre, de la sûreté publique et de la justice. Si cependant des renseignements sont demandés directement aux chefs de brigade par l'autorité judiciaire, ils peuvent être fournis directement lorsque l'urgence est bien constatée ; mais les chefs de brigade doivent, sans aucun retard, envoyer à leur commandant d'arrondissement la copie des réponses qu'ils ont faites. (Circ. minist. du 29 novembre 1855.)

Les demandes ou réclamations au Ministre de la guerre ne peuvent lui être adressées par les intéressés que par la voie hiérarchique. (Serv. int. art. 291). Une note en date du 7 mars 1897 interdit aux autorités militaires de correspondre directement avec des particuliers résidant à l'étranger.

Une circulaire du Ministre de la guerre, en date du 28 mai 1880, supprime les formules de salutation dans les lettres et rapports de service, et elle donne des modèles de dépêches, rapports et bordereaux établis d'après les nouvelles dispositions ; mais elle ajoute que dans la correspondance officielle avec les autorités civiles, on continuera à se servir des formules de salutation en usage. — Ces formules ont été réglementées ainsi qu'il suit par la circulaire du 28 février 1881 et par les modèles nos 24 et 25 annexés au service intérieur.

MONSIEUR LE PRÉFET,
OU MONSIEUR LE PROCUREUR GÉNÉRAL,

Veuillez agréer, monsieur le Préfet, *ou* monsieur le Procureur général, l'expression de ma respectueuse considération.

Le chef de légion,
ou *Le commandant de compagnie,*

MONSIEUR LE SOUS-PRÉFET,
OU MONSIEUR LE PROCUREUR DE LA RÉPUBLIQUE,

Agréez, monsieur le Sous-Préfet, *ou* monsieur le Procureur de la République, l'expression de ma considération la plus distinguée.

Le chef de légion,
ou *Le commandant de compagnie,*

MONSIEUR LE SOUS-PRÉFET,
OU MONSIEUR LE PROCUREUR DE LA RÉPUBLIQUE,

Veuillez agréer, monsieur le Sous-Préfet, *ou* monsieur le Procureur de la République, l'expression de ma respectueuse considération.

Le commandant de l'arrondissement
ou *Le chef de brigade,*

La circulaire du 21 mars 1901 indique ainsi qu'il suit la manière de désigner les hommes de troupe dans la correspondance et les pièces officielles :

Il y a lieu, en ce qui concerne la manière de désigner, dans la correspondance et les pièces officielles, les sous-officiers, caporaux ou brigadiers et soldats, de se conformer aux dispositions suivantes :

Les expressions : « Le sieur, le nommé » ne doivent pas être employées.

On doit dire :

« L'adjudant X....., le sergent X.... », etc.

« Le caporal X..., le brigadier X..., le soldat X..., le cavalier X..., le dragon X... », etc.

En parlant des personnes étrangères à l'armée, ne pouvant pas être désignées par leur ancien grade ou leur ancienne fonction, on dira : « Monsieur ».

La correspondance entre les chefs de corps et les militaires de tous grades de l'armée active, de la réserve ou de l'armée territoriale ne doit pas avoir lieu par l'entremise de la gendarmerie (V. la circ. du 15 octobre 1880); mais cette dernière reste chargée de faire parvenir à tous les militaires dans leurs foyers à un titre quelconque les pièces qui leur sont envoyées par les commandants de recrutement. Les commandants de recrutement, dans leur correspondance avec les brigades, ne doivent employer le mot *urgence* qu'avec la plus extrême réserve. (Instr. du 28 décembre 1895, art. 71.) (V. *Recrutement.*)

Correspondance en franchise. (V. *Franchise.*)

Il est recommandé de ne pas traiter des questions différentes dans un même rapport et d'en établir un spécial pour chaque affaire soumise au Ministre, à moins qu'il ne s'agisse d'un travail d'ensemble demandé. (Circ. du 13 novembre 1873.)

Les lettres et rapports envoyés au Ministre doivent porter l'indication du bureau d'où émane la pièce qui provoque la réponse ou du bureau que concernent les affaires dont traitent ces pièces. (Circ. du 25 septembre 1858 et note minist. du 11 février 1862.)

Les conseils d'administration doivent correspondre avec le Ministre par l'intermédiaire des chefs de légion pour toutes les affaires relatives à l'administration et à la comptabilité, ainsi que pour le personnel, l'organisation et le service. (Circ. du 7 août 1863.) — Les communications que les chefs de légion ont à faire au Ministre relativement au service général, à la discipline générale, aux conflits, et la correspondance concernant le personnel de l'arme, doivent lui parvenir par l'intermédiaire du général commandant le corps d'armée. (Circ. des 20 juin et 3 août 1866.) — V. Note minist. du 3 mars 1891, donnant la nomenclature des pièces qui peuvent être adressées directement au Ministre.)

Toutes les pièces destinées à des autorités d'Alsace-Lorraine doivent être adressées au Ministre pour être transmises par la voie diplomatique. (Note minist. du 7 février 1875.)

Correspondance des brigades. Une des fonctions ordinaires des brigades de gendarmerie est de correspondre entre elles à des jours et sur des points déterminés par les chefs de l'arme.

Ce service, qui est des plus importants au point de vue de la surveillance des campagnes, est désigné sous le nom de *Service des rencontres*.

Ces rencontres ont lieu de jour et de nuit.

Les dates, heures et lieux de réunion des brigades sont fixés par les commandants d'arrondissement de manière que le nombre des rencontres varie, pour chaque brigade, entre trois et six par mois. Les commandants de compagnie surveillent ce service, sans toutefois paralyser l'initiative des premiers, qui sont mieux placés pour en régler le détail. Ces dates, heures, et lieux de réunion sont changés soit partiellement ou d'une manière successive, soit par des dispositions d'ensemble, en s'inspirant de l'expérience acquise depuis deux années dans la mise en pratique, à titre provisoire, du nouveau système, et les indications nécessaires seront portées assez à temps à la connaissance des brigades intéressées pour qu'il n'y ait pas à redouter de malentendus. Il conviendra de choisir de préférence, autant que possible, les jours de foires, marchés, fêtes patronales et, en général, les circonstances qui, en attirant sur un point donné une plus grande affluence de personnes, peuvent rendre nécessaire la présence de la force publique à ce point même ou sur les routes y conduisant.

Les commandants d'arrondissement doivent se porter aux points où les brigades se rencontrent entre elles, afin de s'assurer si ce service se fait avec ponctualité. — « Ces visites des points de rencontre ont lieu au moins six fois par an dans chaque arrondissement, trois de jour, trois de nuit. » — La présence des officiers aux points de rencontre est constatée par l'apposition de leur signature sur les feuilles de service et sur les carnets de rencontre. (V. Service intérieur, art. 54.)

Le nombre des rencontres de jour et de nuit devra être mentionné d'une manière distincte sur l'état du service fait et des opérations exécutées par les brigades de chaque compagnie pendant le mois. Quand les points de rencontre, au lieu de n'être communs qu'à des brigades du même arrondissement, seront communs à des brigades d'arrondissements divers de la même compagnie ou à des arrondissements de compagnies différentes, les commandants d'arrondissement intéressés se concerteront en temps utile pour régler ce service. L'intervention des commandants de compagnie, et au besoin des chefs de légion, lèvera les difficultés qui pourraient se produire dans ces cas. Il ne sera d'ailleurs apporté aucune modification aux relations de service qui existent entre les brigades françaises situées aux frontières et les brigades limitrophes étrangères.

Enfin, en Algérie, où le grand nombre de prisonniers à transférer rendrait presque journalier l'emploi des correspondances extraordinaires, le chef de légion sera chargé de fixer ce service; il en sera de même en Corse, où il n'existe pas de voies ferrées.

CORRÈZE (Département). Populat., 318,422 habit., 3 arrondissements, 29 cantons (12e corps d'armée, 12e légion de gendarmerie); chef-lieu Tulle, 18,964 habit., à 461 kil. S. de Paris, au confluent de la Corrèze et de la Solane. S.-P. : Brive, Ussel. Département méditerrané. Pays montagneux, surtout au nord et à l'est, agricole; élève étendue de gros bétail, porcs, chevaux de la race estimée dite limousine, mulets et ânes; source minérale à Bétailles. Patrie du général d'Espanac et du maréchal Brune.

CORRUPTION, s. f. En droit criminel, ce mot sert à désigner le crime commis par un fonctionnaire qui se laisse détourner de ses devoirs, qui trafique du pouvoir qu'il a entre les mains.

L'article 261 du Code militaire punit de la dégradation tout militaire, tout administrateur ou comptable militaire coupable de l'un des crimes de corruption ou de contrainte prévue par les articles 176 et 179 du Code pénal.

S'il existe des circonstances atténuantes, le coupable est puni de 3 mois à 2 ans d'emprisonnement.

Le corrupteur est puni des mêmes peines que la personne corrompue. Toutefois, si la tentative de contrainte ou de corruption n'a eu aucun effet, la peine est de 3 à 6 mois d'emprisonnement. (C. P., art. 179, et C. M., art. 261.)

L'article 261 du Code militaire modifie les articles 177 et 179 du Code pénal sous deux rapports :

1° En ce qu'il les déclare applicables non seulement à tout administrateur ou comptable militaire, mais encore à tout militaire, tranchant ainsi la question qu'avait soulevée la définition des fonctionnaires, agents ou préposés auxquels l'article 177 était applicable ;

2° En substituant la dégradation militaire à la dégradation civique et en supprimant les peines d'amende qui sont, dans le droit commun, le corollaire des peines pour crime de corruption.

Le 1er paragraphe de l'article 177 du Code pénal s'applique au cas où le fonctionnaire agrée des offres ou promesses, ou reçoit des dons pour faire un acte de ses fonctions, même juste, mais non sujet à salaire ; le second paragraphe prévoit le cas où la corruption tend à porter le fonctionnaire à s'abstenir d'un acte qui rentre dans l'ordre de ses devoirs. (*Commentaires* de V. Foucher.)

Il suit de là que si un gendarme reçoit de l'argent ou des cadeaux pour ne pas dresser un procès-verbal, il se rend coupable du crime de corruption et tombe sous le coup de l'article 261 du Code militaire.

CORSE (Département). Populat., 295,589 habit., 5 arrondissements, 62 cantons (15e corps d'armée, 15e légion *ter* de gendarmerie) ; chef-lieu Ajaccio, 20,197 habit., à 875 kil. S.-E. de Paris, au fond du golfe de ce nom. S.-P. : Bastia, Calvi, Corte, Sartène. Département maritime, coupé du nord au sud par un puissant massif de montagnes ; eaux thermales sulfureuses à Piétrapola, Guragno et Guitara. Patrie de Charles Bonaparte et de Lætitia Ramolino, qui eurent pour enfants Joseph, Napoléon, Lucien, Elisa, Louis, Pauline, Caroline, Jérôme ; du cardinal Fesch, oncle de Napoléon ; du maréchal Sébastiani, des généraux Tiburce Sébastiani et Arrighi, duc de Padoue.

CORVÉE, s. f. En terme militaire ce mot désigne certains travaux que font les soldats.

L'art. 118 du règlement sur le service intérieur distingue pour la gendarmerie deux sortes de corvées : celles qui se font à tour de rôle et les corvées générales.

COSTUME, s. m. Se dit particulièrement des vêtements qui servent de marque distincte à ceux qui occupent des professions, des fonctions, des dignités, etc. Toute personne qui aura publiquement porté un costume, un uniforme ou une décoration qui ne lui appartiendrait pas, sera punie d'un emprisonnement de 6 mois à 2 ans. (C. P., art. 259.)

COTE-D'OR (Département). Populat., 361,626 habit., 4 arrondissements, 36 cantons (8e corps d'armée, 8e légion de gendarmerie); chef-lieu Dijon, 65,424 habit., à 305 kil. S.-E. de Paris, au milieu d'une plaine fertile. S.-P.: Beaune, Châtillon, Semur. Départ. méditerrané. Pays agricole, vins en grande abondance. Les crus les plus célèbres sont ceux de Nuits, de Beaune, de Chambertin et du Clos-Vougeot. Elève étendue de chevaux, de moutons et d'abeilles. Patrie de Carnot, qui organisa les victoires de la République, et des maréchaux Junot, duc d'Abrantès, et Marmont, duc de Raguse.

COTES-DU-NORD (Département). Populat. 609,349 habit., 5 arrondissements, 48 cantons (10e corps d'armée, 10e légion de gendarmerie), chef-lieu Saint-Brieuc, 19,948 habit., à 446 kil. N.-O. de Paris, sur le Gouet. S.-P.: Dinan, Guingamp, Lannion, Loudéac. Départ. maritime. Pays peu élevé, traversé de l'est à l'ouest par les monts d'Ahrès et les montagnes Noires; agricole et très fertile sur le littoral. Elève de chevaux et de gros bétail. Pêche très active sur les côtes (sardines, harengs, maquereaux). Sources minérales à Dinan, Paimpol, Saint-Brieuc, Tréguier, etc. Patrie du maréchal de Guébriant de Beaumanoir, l'intrépide chef des chevaliers bretons au combat des Trente, et du marin Mahé de la Bourdonnaye, qui releva dans l'Inde le prestige de nos armes (1740).

COUP, s. m. Effet produit par un corps qui en frappe un autre; par extension, blessures. (V. *Blessures.*) Coups portés par un supérieur à un inférieur et réciproquement. (V. *Voies de fait.*)

COURAGE, s. m. Force d'âme qui fait qu'on affronte les dangers, qu'on ne se laisse pas abattre par les revers et qu'on supporte avec calme les souffrances physiques ou morales.

Les militaires de la gendarmerie qui se sont distingués par un acte de courage ou de dévouement sont signalés au chef de légion, qui peut demander pour eux une récompense honorifique ou pécuniaire. (V. les art. 69 et 72 du décr. du 1er mars 1854 et 47 du règl. sur le service intérieur. — V. l'annexe n° 3 du règl. du 30 décembre 1892. Le mémoire de proposition pour la médaille d'honneur ou de sauvetage fait l'objet du modèle n° 8 annexé au décret du 1er mars 1854. Le candidat doit être mis en demeure d'opter pour la médaille d'honneur ou pour une récompense pécuniaire. (Circ. minist. du 6 décembre 1858.)

Il est fait mention sur le folio de discipline, sur les matricules, et par suite sur les états de services, des mentions honorables et médailles d'honneur accordées à titre de récompenses civiles pour les traits de courage et de dévouement et pour les actes de sauvetage. (V. Service intérieur, art. 47. — V. aussi le décret et le règlement du 16 novembre 1901, relatif aux propositions de distinctions honorifiques pour actes de courage et de dévouement, et la circulaire du 16 janvier 1902.) Pour les sous-officiers et soldats, ces inscriptions doivent figurer aux colonnes « services et positions diverses » et pour les officiers elles se portent dans la colonne des observations générales.

COURSES MILITAIRES. Les programmes des courses doivent, au préalable, être soumis par les diverses sociétés aux commandants de corps d'armée, qui accordent les autorisations d'y figurer aux officiers et sous-officiers.

La circulaire du 2 avril 1900 réglemente ainsi qu'il suit la participation des officiers aux concours hippiques et aux courses militaires :

1° Les officiers ne pourront prendre part qu'à des courses militaires, à des courses de gentlemen et aux concours hippiques;

2° Ils seront toujours en tenue militaire;

3° Ils ne participeront jamais aux courses et épreuves comportant exclusivement des prix en argent;

4° Ils pourront monter des chevaux non inscrits sur les contrôles de l'armée, lorsque ces courses ou épreuves le comporteront.

En conséquence, toute disposition contraire à ces principes est abrogée dans la circulaire du 4 juillet 1899, le règlement sur les courses militaires du 8 février 1898 et la lettre du 21 février 1892, faisant envoi de ce règlement.

Les courses auxquelles des sous-officiers pourront être autorisés à prendre part sont toujours des steeple-chase dans lesquels ils monteront leurs propres chevaux. (Règl. du 1er sept. 1880.)

Les jeux et les paris auxquels les courses donnent lieu sont réglementés par les lois des 2 février 1891 et 1er avril 1900.

L'article 4 de la loi du 2 juin 1891 est modifié ainsi qu'il suit :

« Quiconque aura, en vue des paris à faire, vendu des renseignements sur les chances de succès des chevaux engagés, ou qui, par des avis, circulaires, prospectus, cartes, annonces, ou par tout autre moyen de publication, aura fait connaître l'existence soit en France, soit à l'étranger, d'établissements, d'agences ou de personnes vendant ces renseignements. »

COURSES DE TAUREAUX. La question de l'application de la loi Grammont aux courses de taureaux, restée longtemps sans solution, a été tranchée, à la date du 18 février 1895, par la Cour de cassation, qui a décidé : 1° que les taureaux, comme les chevaux, vivant et étant élevés par les soins de l'homme, devaient être, par suite, rangés dans la catégorie des animaux domestiques ; 2° que, les arènes étant des lieux publics, la loi du 2 juillet 1850 devait être appliquée si des mauvais traitements étaient exercés sans utilité contre ces animaux.

COUTRE, s. m. Morceau de fer épais qui se trouve en avant du soc de la charrue.

La gendarmerie fait enlever, pour les remettre à l'autorité locale, les coutres de charrue qui seraient abandonnés dans les champs, routes ou chemins; elle dénonce ceux à qui ils appartiennent, afin qu'ils soient poursuivis. (V. le décr. du 1er mars 1854, art. 323, et le C. P., art. 471, n° 7.)

COUTUME, s. f. Dans un sens général, le mot coutume désigne un usage, et le Code civil, dans ses articles 663, 671, 674, 1135, 1159, 1736, 1758 et 1759, accorde une certaine part d'influence aux usages des localités.

COUVÉES. Dans tous les départements, des arrêtés préfectoraux interdisent de prendre ou de détruire sur le terrain d'autrui des œufs ou des couvées d'oiseaux. Mais la vente et le colportage en sont autorisés dans le but de faciliter la multiplication du gibier.

CRAVATE, s. f. La cravate n'est plus portée dans la gendarmerie qu'en campagne. (Note minist. du 30 juillet 1889 et art. 222 du Service intérieur.)

La cravate de sabre est une pièce de buffle taillée à l'emporte-pièce, entourant le talon de la lame et débordant à l'entrée du fourreau de 3 millimètres environ. La cravate est placée la chair en dehors; elle ne doit jamais être blanchie, ni jaunie, ni lavée. (Instr. du 9 juin 1895, art. 72.)

CRÉANCIER, IÈRE, s. Personne à laquelle il est dû de l'argent ou quelque chose qui peut être évalué à prix d'argent.

CRÉNEAU, s. m. Les créneaux sont des ouvertures faites dans un mur ou dans une muraille en bois, comme dans les blockhaus, et par lesquelles on peut faire feu sur l'assaillant. On désigne aussi sous le nom de créneau l'intervalle que les pelotons laissent entre eux dans l'ordre de bataille. Le créneau est rempli par un officier, ayant derrière lui un sous-officier.

CREUSE (Département). Populat., 277,831 habit., 4 arrondissements, 25 cantons (12e corps d'armée, 12e légion de gendarmerie); chef-lieu Guéret, 7,799 habit., à 428 kil. S. de Paris. S.-P.: Aubusson, Bourganeuf, Boussac. Département méditerrané. Pays très montagneux, sol peu fertile, culture arriérée. Elève importante de bétail, de moutons et de porcs; exploitations minérales assez considérables ; houille, granit, pierres de taille, mines de plomb ; source thermale à Evaux.

CRI, s. m. Cris séditieux. On désigne sous le nom de cris séditieux des paroles proférées publiquement dans l'intention de troubler l'ordre et de diriger des attaques contre le gouvernement. — Tous cris ou chants séditieux proférés dans des lieux ou réunions publics seront punis d'un emprisonnement de six jours à un mois et d'une amende de 16 à 500 francs ou de l'une de ces deux peines seulement. (Loi du 29 juillet 1881, art. 24). — La Cour de cassation a décidé, le 2 décembre 1880, que le fait de chanter sur un chemin public une chanson dont le refrain se terminait par les mots : « Vive Napoléon » constitue le délit de cris séditieux.

Ceux qui, par des cris séditieux, auront provoqué l'auteur ou les auteurs à commettre une action qualifiée crime ou délit seront punis comme complices de cette action. Si la provocation n'a pas été suivie d'effet, ils seront punis de 3 mois à 2 ans de prison et de 100 à 3,000 francs d'amende. (Loi du 29 juillet 1881, art. 23 et 24.) — Les crieurs de journaux ne peuvent les annoncer autrement que par leur titre, leur prix, l'indication de leur opinion et les noms de leurs rédacteurs. (Loi du 19 mars 1889.)

CRIEUR PUBLIC. Les crieurs publics ne peuvent annoncer les journaux ou autres écrits qu'ils vendent qu'en indiquant leur titre, leur prix, leur opinion et les noms des rédacteurs. Aucun titre obscène ou concernant des imputations injurieuses pour une ou plusieurs personnes ne peut être annoncé sur la voie publique. (Amende de 15 à 16 francs et, en cas de récidive, emprisonnement de 1 à 5 jours. — Loi du 19 mars 1889.)

Dans les gares, aucun crieur ou distributeur d'objets quelconques ne peut être admis par les compagnies de chemins de fer à exercer sa profession sans une autorisation spéciale du préfet du département. (V. décret du 1er mars 1901, art. 66.)

CRIME, s. m. Le Code pénal définit le crime une infraction que les lois punissent de peines afflictives ou infamantes. (Art. 1er.) — Le crime est toujours une infraction grave à la morale, à la loi sociale ou à la loi politique que le législateur a voulu frapper de peines sévères. — La tentative de crime est considérée comme le crime même. (C. P., art. 2.) — Les individus accusés de crimes sont traduits devant la cour d'assises.

Les officiers, les sous-officiers, brigadiers et gendarmes sont, comme les autres militaires de l'armée, justiciables des conseils de guerre, si ce n'est pour les crimes et délits commis dans l'exercice de leurs fonctions relatives à la police judiciaire et à la constatation des contraventions en matière administrative. (Art. 59 du C. de just. milit.) (V. *Justiciable.*)

Si l'officier, sous-officier, brigadier ou gendarme est accusé tout à la fois d'un délit ou crime militaire et de tout autre délit ou crime de la compétence des tribunaux ordinaires et des cours d'assises, il est procédé à son égard conformément à l'article 60 du Code de justice militaire. — L'article 60 est ainsi conçu : Lorsqu'un justiciable des conseils de guerre est poursuivi en même temps pour un crime ou un délit de la compétence des conseils de guerre et pour tout autre crime ou délit de la compétence des tribunaux ordinaires, il est traduit d'abord devant le tribunal auquel appartient la connaissance du fait emportant la peine la plus grave, et renvoyé ensuite, s'il y a lieu, pour l'autre fait, devant le tribunal compétent. — En cas de double condamnation, la peine la plus forte est seule subie. — Si les deux crimes ou délits emportent la même peine, le prévenu est d'abord jugé par le fait de la compétence des tribunaux militaires.

Les crimes commis dans l'intérieur des prisons sont punis de peines qui sont subies dans la prison même où le crime a été commis. (Loi du 25 décembre 1880.) (V. *Prison.*)

CRIN, s. m. Poil long et raide qui vient sur le corps de certains animaux. — Dans le cheval, on rencontre les crins à la queue, sur l'encolure, au sommet de la tête où ils forment le toupet, à la partie postérieure des boulets où ils forment le fanon, autour des lèvres, à la surface externe des paupières et à l'entrée des oreilles. — Faire les crins, c'est les couper lorsqu'ils sont devenus trop longs. — Les crins doivent être faits conformément à l'article 79 du règlement sur le service intérieur. — La queue étant tendue verticalement, les crins en sont coupés à quatre travers de doigt au-dessus de la pointe des jarrets.

CRINIÈRE, s. f. Tous les crins qui sont sur le bord supérieur de l'encolure. La crinière est un ornement qui donne à l'encolure un aspect gracieux. — Si elle est trop fournie de crins, elle dénote peu de race et en outre elle exige de grands soins pour être entretenue dans un parfait état de propreté.

CROIX, s. f. Symbole de la foi chrétienne. — Insigne en forme de croix que portent les membres d'un ordre de chevalerie. — Les plus grands dignitaires de l'ordre de la Légion d'honneur portent le titre de « grand-croix ». Ils reçoivent une allocation annuelle de 3,000 francs. (V. *Décorations.*)

En fortification, on désigne sous le nom de croix de Saint-André une défense accessoire formée de pièces de bois aiguës, disposées de telle sorte que sur six pointes, trois soient toujours en l'air.

Croix-Rouge. Des sociétés de la Croix-Rouge ont été organisées chez les nations qui ont adhéré à la convention de Genève, pour secourir les blessés en temps de guerre et pour organiser des ambulances et des hôpitaux. La France compte trois de ces sociétés. (V. *Société.*)

CROUPE, s. f. Partie du cheval qui s'étend des reins à la queue, entre les hanches et les cuisses. (V. *Cheval.*)

CRYPTOGRAPHIE, s. f. Ecriture secrète au moyen d'abréviations ou de signes convenus entre deux personnes. Les commandants de corps d'armée et les principaux chefs de service ont un chiffre secret pour correspondre entre eux et avec le Ministre de la guerre.

CUBE, s. m. Corps solide ayant six faces égales et carrées. En arithmétique, le cube d'un nombre est le produit de trois facteurs égaux à ce nombre, le produit de ce nombre par son carré, exemple : le carré de 3 est 9 ; son cube est 27. Le volume d'un cube s'obtient en multipliant trois fois par elle-même la longueur de ses arêtes.

CULASSE, s. f. Pièce de fer qui sert à fermer l'orifice postérieur d'une arme à feu. — Le démontage et le remontage de la culasse mobile sont détaillés dans l'instruction provisoire du 6 mai 1892.

CULTE, s. m. Hommage religieux rendu à Dieu. — La législation protège l'exercice des cultes autorisés ainsi que la liberté et la sûreté de ses ministres, et les articles 260 et suivants du Code pénal édictent des peines diverses contre toute personne qui aura porté des entraves au libre exercice du culte, qui aura outragé les objets destinés à son exercice, ou qui aura frappé un de ses ministres dans l'exercice de ses fonctions. — L'arrestation d'un débiteur peut être opérée dans les édifices consacrés au culte, sauf pendant les exercices religieux. (C. de proc., art. 781.) — Il est défendu de mettre des affiches sur les édifices consacrés au culte. (Loi du 29 juillet 1881, art. 16.)

La liberté des cultes est entière en France ; mais les cultes sont divisés en deux catégories : les cultes reconnus et les cultes non reconnus. — La seule différence qui existe entre ces deux cultes, c'est que les ministres des cultes reconnus (culte catholique, culte protestant et culte israélite) sont payés par l'Etat, tandis que les ministres des autres n'ont droit à aucun traitement.

Les ministres des cultes qui prononceraient dans l'exercice de leurs fonctions des discours contenant la critique des actes du gouvernement seraient passibles d'un emprisonnement d'un mois à deux ans. (V. C. P., art. 201 et 202.)

CULTIVATEURS qui emploient des militaires aux travaux agricoles. (V. *Travaux militaires.*)

CUMUL, s. m. Réunion chez une même personne de plusieurs fonctions ou de plusieurs traitements.

Aucune solde d'activité ou de non-activité ne peut être cumulée avec une pension civile ou militaire, accordée à quelque titre que ce soit, ni avec un traitement quelconque à la charge de l'Etat ou des communes. Cette interdiction s'applique également au traitement afférent à un emploi obtenu par les sous-officiers en dehors des conditions établies par la loi du 10 juillet 1874, modifiée par la loi du 19 mars 1875 et la loi du 18 mars 1889. — Ne sont pas soumis aux dispositions prohibitives du cumul des traitements, de la solde et des pensions, les traitements de la Légion d'honneur, les rentes viagères attribuées à la médaille militaire, ainsi que la solde et les prestations attribuées pendant les exercices et manœuvres aux militaires de la réserve et de l'armée territoriale et les pensions proportionnelles concédées aux sous-officiers retraités avant la promulgation de la loi du 23 juillet 1881 et qui ont obtenu des emplois militaires dans les conditions de la loi du 22 juin 1878. (Art. 12 du règl. du 30 décembre 1892.)

Le cumul de deux pensions est autorisé dans la limite de 6,000 francs, pourvu qu'il n'y ait pas double emploi dans les années de service présentées pour la liquidation. (Décr. du 31 mai 1862.)

Les pensions de retraite pour services militaires ne peuvent se cumuler avec un traitement civil d'activité, lorsque des services civils ont été admis comme complément du droit à ces pensions. (Décr. du 31 mai 1862.)

L'article 31 de la loi du 26 décembre 1890, concernant le cumul des pensions militaires concédées depuis le 1er janvier 1891 à des officiers et assimilés avec des traitements civils payés par l'Etat, les départements, les communes ou les établissements publics, ne sera désormais applicable que dans le cas où le montant du traitement civil et de la pension dépassera la somme de six mille francs (6.000 fr.), ou la dernière solde d'activité si elle est supérieure à ce chiffre.

Lorsque le montant dépassera ce maximum, il y sera ramené par la suspension d'une partie de la pension.

Lorsque le traitement civil sera égal ou supérieur au maximum fixé par le premier paragraphe, la totalité de la pension sera suspendue tant que le titulaire jouira de ce traitement.

Les sous-officiers de l'armée active qui jouissent d'une pension proportionnelle peuvent cumuler le traitement de cette pension avec celui afférent à un des emplois civils qui leur est réservé en vertu des dispositions de la loi du 18 mars 1889.

Les militaires de la réserve et de l'armée territoriale autres que ceux mentionnés à l'article 53 de la loi du 13 mars 1875, cumulent en temps de paix, les traitements ou pensions dont ils jouissent avec la solde et les prestations qui leur sont attribuées pendant les exercices ou manœuvres auxquels ils sont convoqués. (Loi du 1er juin 1878.)

Les militaires retraités par application de la loi du 13 mars 1875 ayant obtenu un emploi en dehors des conditions établies par la loi du 24 juillet 1873 ne peuvent cumuler leur pension de retraite avec un traitement militaire d'activité. (Note minist. du 20 juillet 1885.

CURATEUR, s. m. Celui qui est chargé par un tribunal d'assister un mineur émancipé dans certaines opérations et de veiller sur les intérêts d'une succession vacante. — La fonction que remplit le curateur se nomme curatelle. — Une tutelle, comme une curatelle, demande des soins nombreux, un temps disponible et un séjour constant au lieu de la résidence des mineurs ou de la succession échue. — Aussi l'article 428 du Code civil dispense de tutelle et de curatelle certaines catégories de personnes, parmi lesquelles sont compris les militaires en activité de service.

D

DANEMARK. Depuis l'année 1866, où il a été écrasé par les armées austro-prussiennes, qui lui ont pris les duchés de Schleswig, de Holstein et du Luxembourg, le royaume du Danemark ne se compose plus que du Jutland et des îles situées dans la mer Baltique. La population ne s'élève qu'à 2 millions 100,000 âmes réparties sur une superficie de 38,000 kilomètres carrés. La capitale est Copenhague (313,000 hab.), dans l'île de Seeland. L'Islande, grande île volcanique située dans l'océan Atlantique, au N.-O. de l'Angleterre, appartient au Danemark.

L'armée danoise se recrute par le tirage au sort et se divise en armée active, réserve et milice du 1er et du 2e ban. La durée du service est variable, mais les hommes valides peuvent être appelés jusqu'à l'âge de 38 ans. L'armée active comprend environ 40.000 soldats et la mobilisation pourrait réunir 150.000 hommes.

DARD, s. m. Arme de jet garnie d'une pointe en fer qu'on peut lancer avec la main. — Dans le sabre des gendarmes à cheval, on donne le nom de dard à la partie arrondie qui termine le fourreau.

DÉBANDADE, s. f. Ne s'emploie guère que dans la locution, *à la débandade*: on dit qu'une troupe marche à la débandade lorsqu'elle marche en confusion et sans ordre.

DÉBARQUEMENT, s. m. Action de quitter un navire et de descendre à terre. — Les troupes de débarquement sont celles qui sont destinées à faire une descente dans un pays ennemi. — Ce mot s'emploie aussi pour exprimer l'action de descendre d'un train de chemin de fer. (V. *Embarquement.*

DÉBAT, s. m. Discussion entre deux ou plusieurs personnes

En jurisprudence criminelle, on donne le nom de débats à la partie de l'instruction qui se fait publiquement et qui comprend la lecture de l'acte d'accusation, les interrogatoires, les plaidoiries, etc. — On dit que les débats ont lieu à huis clos, c'est-à-dire les portes fermées, lorsque, dans l'intérêt de la morale, l'affaire est jugée sans que le public soit admis.

DÉBAUCHE, s. f. Dérèglement de mœurs, libertinage. — L'article 334 du Code pénal punit d'un emprisonnement de 6 mois à 2 ans et d'une amende de 50 à 500 francs ceux qui auront excité ou favorisé la débauche de la jeunesse de l'un ou de l'autre sexe, au-dessous de l'âge de 21 ans. La peine est de 2 à 5 ans de prison si la débauche a été favorisée par les pères, mères ou tuteurs.

Les maisons de débauche tolérées dans les villes ne sont pas placées sous la surveillance de la gendarmerie, qui ne doit y entrer que pour un motif bien déterminé de service.

DÉBET, s. m. Ce qui reste dû après un arrêté de compte. — Le débet des hommes décédés, désertés, réformés, disparus, prisonniers de guerre, est imputé à la masse d'entretien et de remonte, après autorisation du Ministre.

Pour les hommes décédés, le montant de la solde restant due et le produit de la vente des effets militaires, à l'exclusion des objets mobiliers, qui sont remis aux héritiers ou aux ayants droit, sont employés à l'extinction du débet, et si, après ces versements, la masse reste en déficit, le conseil d'administration demande au Ministre l'autorisation d'imputer la différence à la masse d'entretien. (Art. 149 et suivants du règl. du 12 avril 1893.)

Les militaires de la gendarmerie ne peuvent être proposés pour la réforme sans que les conseils d'administration aient préalablement constaté leur situation financière, ainsi que les moyens d'assurer, au besoin, le remboursement de leur débet.

Ceux qui se conduiraient mal afin d'échapper par la réforme à l'obligation de rembourser à l'Etat les sommes dues, sont constitués débiteurs et poursuivis par l'agent judiciaire du Trésor dans toutes les positions qu'ils pourront occuper dans la vie civile.

Pour le mode de recouvrement des débets mis à la charge de militaires retraités, il faut se reporter à la circulaire ministérielle du 18 avril 1874, complétée par celle du 14 janvier 1888, qui indique les différentes formalités à remplir. — Les certificats de cessation de paiement doivent indiquer si les sommes à retenir sont dues aux corps ou à l'Etat. (Art. 150 du règl. du 12 avril 1893.)

DÉBIT, s. m. Vente de marchandises et, par extension, lieu où on les vend.

Les débits de boissons (V. *Boissons*) sont, comme les cafés et les cabarets, régis par la loi du 17 juillet 1880. Pour ouvrir un débit de boissons à l'occasion d'une foire ou d'une fête publique, il suffit d'obtenir l'autorisation du maire.

Pour ouvrir un débit permanent il faut faire, 15 jours avant, la déclaration prescrite par l'article 2 de la loi du 17 juillet 1880. Celui qui tient un débit s'appelle débitant.

La loi sur l'ivresse punit d'une amende de 1 à 5 francs les cafetiers et autres débitants qui auront donné à boire à des gens manifestement ivres ou qui les auront reçus dans leurs établissements, ou qui auront servi des liqueurs alcooliques à des mineurs âgés de moins de 16 ans accomplis. Les débitants sont en outre tenus d'afficher, dans une de leurs salles, le texte de la loi sur l'ivresse.

Débits de poudre. (V. *Poudre.*)

Débits de tabac. (V. *Tabacs.*)

DÉBITEUR, TRICE, s. Celui ou celle qui doit. — Une circulaire ministérielle du 13 décembre 1858 défend aux gendarmes de payer, de leurs propres deniers ou au moyen d'une collecte faite dans la localité, les sommes dues par des individus insolvables qu'ils sont chargés d'arrêter.

Débiteurs envers l'Etat. (V. *Débet.*)

DÉBLOQUER, v. a. Faire lever le blocus, forcer l'ennemi à s'éloigner d'une ville qu'il entourait.

DÉBOISEMENT, s. m. Action de déboiser, de couper ou d'arracher les arbres. Les inondations qui, depuis quelques années se reproduisent si fréquemment, sont attribuées en partie aux nombreux déboisements qui ont été faits. — Le déboisement inconsidéré des montagnes a pour résultat l'entraînement de la terre végétale, la stérilité de ces montagnes, la diminution des eaux de source, l'augmentation des eaux superficielles, la formation des torrents et des avalanches qui bouleversent les terrains inférieurs, les couvrent d'énormes débris, et qui, se renouvelant chaque année, changent bientôt en déserts sauvages des vallées populeuses et florissantes. (*Dictionnaires d'agriculture.*)

DÉBOUTER, v. a. Ce mot s'emploie pour désigner qu'une demande faite en justice n'a pu être accueillie. « Cet homme avait demandé des dommages-intérêts ; on l'a débouté de sa demande. »

DÉBRIDER, v. a. Oter la bride à un cheval, à un mulet, etc. Sans débrider, signifie parcourir à cheval, sans s'arrêter, une distance plus ou moins grande. — La manière réglementaire de débrider est décrite dans les bases de l'instruction. (Règl. du 28 mai 1900.)

DÉCADE, s. f. Période de dix jours adoptée dans le calendrier de la République pour remplacer la semaine. (V. *Calendrier.*)

DÉCAGRAMME, s. m. Poids de 10 grammes ; dans le commerce, on emploie des poids de 1, 2 et 5 décagrammes.

DECALITRE, s. m. Mesure de capacité égale à 10 litres. Le décalitre que l'on emploie pour mesurer les grains est un vase cylindrique en bois, d'une hauteur égale à son diamètre.

DÉCAMETRE, s. m. Mesure de longueur égale à 10 mètres. Le décamètre est particulièrement employé pour l'arpentage.

DECASTÈRE, s. m. Mesure pour les solides, égale à 10 stères ou à 10 mètres cubes. Le décastère s'emploie pour mesurer le bois de construction et de chauffage.

DÉCÈS, s. m. Mort naturelle d'une personne ; ce mot ne s'emploie pas pour désigner la mort violente.

Décès des décorés et des médaillés. Ils doivent être signalés mensuellement au Ministre, et les maires doivent être engagés à fournir à la gendarmerie les renseignements de cette nature concernant des militaires retirés du service. (Circ. minist. du 9 janvier 1873 et service intérieur, art 16.)

Décès des officiers. Les chefs de corps ou de service doivent aviser directement le Ministre par télégramme de tout décès ou événement grave survenu dans le personnel des officiers ou assimilés sous leurs ordres. — Ce compte rendu ne dispense pas de la transmission par voie hiérarchique du bulletin d'avis prescrit par la circulaire ministérielle du 2 juillet 1839. (Note minist. du 6 mai 1886.) La note ministérielle du 25 mai 1893 prescrit en outre aux commandants de corps d'armée d'informer le Ministre, chaque fois qu'il y a lieu, de l'état des officiers supérieurs et généraux ou assimilés signalés comme ayant été victimes d'un accident grave ou sérieusement atteints d'une maladie dangereuse. (V. les notes explicatives des 11 mai et 27 novembre 1888.)

Décès d'un militaire appartenant à la gendarmerie. Lorsqu'un militaire de l'arme vient à décéder, il en est rendu compte au Ministre en lui envoyant l'acte de décès. (Circ. du 4 mai 1866 et du 16 août 1878.) En outre, conformément à l'instruction du 8 mars 1823, le juge de paix, immédiatement prévenu, doit mettre les scellés sur les effets du décédé et les lever sous le plus bref délai en présence d'un officier chargé par le conseil d'administration d'y assister et de signer le procès-verbal de désignation des effets. La vente en est ensuite faite comme il est dit à l'article 140 du règlement du 12 avril 1893.

Les familles des militaires décédés doivent être immédiatement averties. (Circ. du 6 novembre 1880 et note minist. du 19 mars 1886), et le Ministre a décidé, le 11 février 1881, que les avis de décès seraient adressés par le télégraphe aux maires des communes où sont domiciliés les parents des militaires décédés. (V. pour le modèle des dépêches le règlement du 25 novembre 1889 sur le service de santé.) Le Ministre, sur la demande qui lui en est faite, peut accorder le transport dans leur famille des militaires décédés en France en activité de service. (V. l'instruction du 25 janvier 1898 et les circulaires du 5 décembre 1899 et du 7 juin 1901.)

Décès d'un militaire dans un hôpital. Lorsqu'un militaire vient à décéder dans un hôpital, l'infirmier-major de la salle, en présence de l'officier d'administration ou de l'infirmier-major de garde et du sous-officier de planton, dresse un inventaire de l'argent et des menus objets dont les décédés sont personnellement porteurs et qui n'auraient pas fait l'objet d'un dépôt antérieur. — Le comptable adresse immédiatement à la famille l'avis du décès, par l'intermédiaire du maire de la commune du dernier domicile du décédé, et, avec l'extrait du registre des décès, un inventaire de tout ce qui appartient à la succession. Il fait en même temps connaître aux héritiers les formalités à remplir et les justifications à produire pour le recouvrement de la succession. (Règl. du 25 novembre 1889 sur le service de santé.)

Décès des militaires dans leurs foyers. Les décès des militaires dans leurs foyers, que ces militaires soient en congé ou en permission, doivent être signalés immédiatement à l'autorité militaire par procès-verbal de la gendarmerie. — L'acte de décès (en double expédition) doit toujours être joint au compte rendu.

Par analogie avec l'article 409 du décret du 1er mars 1854, l'inventaire des effets, signé par un des parents du décédé, doit être dressé en triple expédition : la famille en garde une, la deuxième suit les effets, et sur la troisième le comptable de l'hôpital donne un reçu pour la décharge du gendarme qui a apporté les effets. Dans la pratique, le reçu est donné sur le carnet de correspondance et la troisième expédition de l'inventaire est envoyée au sous-intendant avec une expédition du procès-verbal.

Pour la destination à donner aux effets des militaires décédés dans leurs foyers ou à l'hôpital, voir le mot *Effet*.

Pour les militaires appartenant aux différentes réserves, la gendarmerie ne doit fournir au commandant du bureau de recrutement qu'un avis de mutation : les maires sont chargés de fournir un avis de décès pour tout individu âgé de 20 à 46 ans (en Algérie de 20 à 50 ans) ; à cet effet, tout maire qui reçoit la déclaration du décès d'un homme âgé de 20 à 46 ans doit remplir, au moment où il dresse l'acte de décès, un bulletin extrait d'un registre à souche et l'envoyer au commandant du bureau de recrutement. (Instr. du 28 décembre 1895, art. 31.)

Ce même article prescrit à la gendarmerie de vérifier dans les mairies deux fois par an et à des époques indéterminées, à l'aide des registres de l'état civil et du registre à souche spécial, si les décès des hommes de 20 à 46 ans (en Algérie de 20 à 50) ont été notifiés et de signaler immédiatement les irrégularités au préfet. Cette vérification n'est pas exigée dans les villes chefs-lieux de département ou d'arrondissement, le service du secrétariat de la mairie y étant assuré de telle façon que l'administration supérieure peut exercer elle-même une surveillance assidue.

Décès d'un militaire dans une maison de détention. Lorsqu'un militaire est décédé dans une maison de détention, le commandant de la gendarmerie du canton dresse un procès-verbal auquel il joint l'inventaire exact de l'argent et des effets laissés par le prévenu : les effets et l'argent sont transportés à l'hôpital militaire le plus voisin. (Décr. du 1er mars 1854, art. 409.) — Si le prisonnier décédé n'a rien laissé lui appartenant, le commandant de la gendarmerie dresse procès-verbal de la déclaration faite par le concierge de la maison de détention.

Décès d'un prisonnier civil entre les mains des gendarmes. Si un prisonnier meurt entre les mains des gendarmes de l'escorte, ou à la chambre de sûreté, ils doivent en prévenir immédiatement le maire de la commune dans laquelle ce prisonnier est décédé, et l'inviter à faire procéder à son inhumation après les délais voulus par la loi ; ils signent l'acte de décès, dont ils se font délivrer une copie, et la joignent au procès-verbal qu'ils dressent pour constater cet événement ; ils y joignent également l'ordre de conduite et les pièces concernant le prisonnier ; ils font l'envoi du tout au commandant de l'arrondissement, qui transmet ces pièces au commandant de la compagnie, lequel les fait parvenir au Ministre de l'intérieur si l'individu était condamné à plus d'un an de prison ; mais si le prisonnier était simplement prévenu d'un délit de la compétence des cours d'appel ou des tribunaux de première instance, il les adresse à l'officier de police judiciaire qui a décerné le mandat d'amener, de dépôt, d'arrêt, ou qui a requis le transfèrement, et si c'était un condamné, au procureur de la République près la cour ou le tribunal qui a prononcé la condamnation.

Il est également donné connaissance de l'évasion ou du décès d'un prisonnier à l'autorité devant laquelle il devait être conduit. (Décr. du 1er mars 1854, art. 389 et 394.)

Décès d'un militaire entre les mains des gendarmes. Si un militaire vient à décéder entre les mains de la gendarmerie, lorsqu'il marche sous escorte, il y a lieu de remplir les mêmes formalités que dans le cas de décès dans une maison de détention. Mais le procès-verbal n'est dressé qu'en deux expéditions signées par l'autorité locale. — Cet inventaire est toujours indépendant du procès-verbal qui doit constater cet événement et qui doit être envoyé au commandant de la compagnie avec toutes les pièces concernant le militaire décédé. (Décr. du 1er mars 1854, art. 412.)

Vérification des décès. Conformément à l'article 77 du Code civil, la vérification des décès doit être faite par un officier de l'état civil; mais, dans presque toutes les villes, ce sont des médecins spéciaux qui sont chargés de ce service. — Aux termes des articles 77 et suivants du Code civil, les actes de décès sont dressés sur papier libre et sans frais, par les officiers de l'état civil, sur la déclaration de deux témoins qui doivent être, s'il est possible, les deux plus proches parents ou voisins. — En cas de mort violente dans les prisons ou d'exécution à mort, il ne doit être fait sur les registres aucune mention de ces circonstances. (C. C., art. 85.)

Pour les militaires qui étaient décorés ou médaillés, un état des décédés accompagné d'un extrait de l'acte de décès sur papier libre doit être envoyé au commandement à la fin de chaque mois par les chefs de corps ou de service. (Circ. du 24 février 1838 et du 9 janvier 1873.) (V. art. 16 du règl. sur le service intérieur.)—Au titre « Caisse des dépôts et consignations » se trouvent indiquées les formalités à remplir pour le recouvrement de la succession des gendarmes décédés.

La gendarmerie doit rendre compte du décès des officiers et des adjudants retraités pourvus d'emploi dans la réserve de l'armée active ou dans l'armée territoriale. (Circ. minist. du 14 février 1879 et du 20 juillet 1882.)

Décès aux armées. Les actes de décès sont rédigés, sur l'attestation de deux témoins, par les officiers désignés pour remplir les fonctions d'officiers de l'état civil. — Le prévôt ou l'officier qui en remplit les fonctions est officier de l'état civil pour les *personnes non militaires* employées à la suite des armées.

DÉCHARGE, s. f. En jurisprudence, on désigne sous les noms de témoins à décharge ceux qui déposent en faveur de l'accusé; les autres prennent le nom de témoins à charge.—Ce mot sert aussi à désigner un acte par lequel on libère quelqu'un d'une chose dont il était chargé. — Demander décharge; obtenir quittance et décharge.

En art militaire, on appelle décharge l'action de tirer à la fois plusieurs armes à feu : une décharge d'artillerie.

DÉCIARE, s. m. Mesure de superficie qui est égale au dixième de l'are ou à dix mètres carrés. Ce mot est peu employé. Dans un hectare il y a 1,000 déciares.

DÉCIGRAMME, s. m. Mesure de pesanteur qui vaut la dixième partie du gramme; on s'en sert, ainsi que des poids de 1, 2 et 5 décigrammes, pour les pesées pharmaceutiques; ces poids ont la forme de petites plaques carrées.

DÉCILITRE, s. m. Mesure de capacité qui vaut la dixième partie du litre : dans le commerce, le décilitre est un vase d'étain cylindrique d'une hauteur double du diamètre intérieur; on se sert également de mesures analogues qui valent 1, 2 et 5 décilitres.

DECIMAL, adj. Qui procède de dix en dix. — Une fraction décimale est une fraction qui a pour dénominateur des puissances entières de dix. Exemple :

$$\frac{5}{10},\ \frac{3}{100},\ \frac{4}{1000}.$$

Le système métrique est basé sur le système décimal.

DECIME, s. m. La dixième partie du franc. Ce mot n'est pas usité : on dit 10 centimes, 20 centimes, ou, plus ordinairement, 2 sous, 4 sous.

DÉCIMER, v. a. Mettre à mort un sur dix. — Dans les armées romaines, lorsqu'une légion s'était révoltée ou avait fui devant l'ennemi, on tirait tous les noms des soldats au sort et le 10e, le 20e, le 30e, etc., qui sortaient étaient mis à mort. Ce mot s'emploie par extension pour exprimer que beaucoup de gens ont péri : la population de cette ville a été décimée par le choléra.

DÉCIMÈTRE, s. m. Mesure de longueur égale à la dixième partie du mètre. Le décimètre vaut 10 centimètres et 100 millimètres. Le décimètre carré (carré d'un décimètre de côté) est la centième partie du mètre carré. Le décimètre cube (cube d'un décimètre de côté) est la millième partie du mètre cube.

DÉCISTÈRE, s. m. Mesure de volume égale à la dixième partie du stère.

DÉCLARATION, s. f. Action de déclarer, de porter un fait à la connaissance de l'administration, d'un fonctionnaire ou d'un simple citoyen.

Tout individu qui fait aux militaires de la gendarmerie la déclaration mensongère d'un délit qui n'a pas été commis doit être immédiatement arrêté. (Déc. du 1er mars 1854, art. 301.) — On ne doit pas confondre la déclaration avec la plainte et la dénonciation qui ont pour but de réclamer justice pour soi ou pour autrui.

Les sous-officiers ou les gendarmes n'étant pas officiers de police judiciaire n'ont pas qualité pour recevoir des plaintes ou des dénonciations; ils ne peuvent recevoir que des *déclarations* qui n'ont que le caractère d'un simple renseignement propre à éclairer la justice. — Ils engagent les témoins à signer leurs déclarations, sans cependant pouvoir les y contraindre. (Déc. du 1er mars 1854, art. 274.)

Toute naissance doit être déclarée dans le délai de trois jours à l'officier de l'état civil; cette déclaration doit être faite par le père, le médecin, la sage-femme ou toute autre personne qui aurait assisté à l'accouchement. (C. C., art. 55 et 56.) — La non-déclaration est punie d'un emprisonnement de six jours à six mois et d'une amende de 16 à 300 francs. (C. P., art. 344.) — Une déclaration doit être également faite à l'officier de l'état civil toutes les fois qu'un décès vient à se produire. (C. C., art. 78.)

On donne encore le nom de déclaration à un manifeste que le gouvernement adresse à la nation pour lui expliquer la politique qu'il compte suivre.

DE COMMODO. Certains établissements, notamment les établissements insalubres, ne peuvent être installés que lorsqu'une enquête a prouvé qu'ils ne présentent pas d'inconvénient. C'est cette enquête qui prend le nom *de commodo et d'incommodo*, mots latins qui signifient de l'avantage et du désavantage.

DÉCOMPTE, s. m. Ce qu'il y a à déduire sur une somme que l'on paie. En administration militaire, faire le décompte de solde, c'est établir le doit et l'avoir des militaires.

Décompte de la solde. — La solde des officiers et des gendarmes, les indemnités autres que celles ci-après et les masses se décomptent par mois, à raison de la douzième partie de la fixation annuelle, et par jour, à raison de la 360e partie de la même fixation. Les journées à ajouter au mois de février pour compléter le nombre 30 se décomptent sur le pied de la solde fixée pour la position dans laquelle se trouve l'intéressé au dernier jour de ce mois.

Se décomptent par jour : l'indemnité aux troupes en marche, l'indemnité en remplacement de vivres, l'indemnité représentative de fourrages, l'indemnité de service extraordinaire, la haute paie d'ancienneté. (Art. 26 du règl. du 30 décembre 1892.)

Décompte des services. Les services donnant droit à pension se décomptent :

Pour les jeunes soldats appelés, du jour de leur mise en route pour rejoindre leur corps;

Pour les engagés volontaires, du jour de la signature de leur engagement;

Pour les substituants ou les remplaçants, par les conseils de revision, du jour de leur incorporation ou de leur mise en route dûment constatée;

Pour les remplaçants par voie administrative, du jour de la signature de l'acte.

S'ils ne sont pas arrivés à leurs corps dans les délais fixés, les services ne comptent que du jour de l'immatriculation au corps. Pour les hommes ayant servi dans l'armée de mer, les services se décomptent du jour de l'incorporation, si elle a eu lieu après l'âge de 16 ans, ou de cet âge si elle a eu lieu plus tôt. Le temps passé dans les dépôts d'instruction par les jeunes soldats de la 2e portion compte comme service militaire, mais le temps passé sous les drapeaux par les militaires de la réserve et de l'armée territoriale convoqués pour les exercices ou manœuvres n'entre pas dans la supputation des services militaires donnant droit à pension (loi du 1er juin 1878), et il en est ainsi des périodes d'instruction accomplies avant l'époque de la promulgation de cette loi. (Conseil d'Etat, 1er décembre 1885.) Le temps passé en captivité après libération est compté comme service effectif. (Circ. minist. du 17 mai 1871.) Les services dans la gendarmerie sont décomptés du jour de la décision ministérielle portant nomination dans l'arme. (Dép. minist. du 30 octobre 1875. — V. aussi la lettre du 6 juin 1876 et la circ. du 28 février 1878). Les militaires de la classe 1871 qui ont servi pendant la guerre sont admis à compter pour la durée de leur service légal le temps qui s'est écoulé depuis l'époque où ils ont été autorisés à se retirer dans leurs foyers jusqu'à celle de leur réadmission comme jeunes soldats. (Circ. du 18 mars 1876.)

Le temps que les militaires renvoyés dans leurs foyers par anticipation passent dans cette position, en attendant leur libération du service actif, compte comme service effectif pour les droits à la retraite. (Note minist. du 12 avril 1886 et jurisprudence constante du Conseil d'Etat. — Avis du 25 septembre 1861.)

Les militaires rentrant d'outre-mer ne sont rayés des contrôles de leur corps qu'à la date du jour de leur débarquement en France et la campagne à laquelle ils ont droit est arrêtée à la même date. (Note minist. du 10 janvier 1887.)

L'article 40 de la loi du 15 juillet 1889 fixe au 1er novembre le point de départ du service de chaque classe.

Le temps passé par les mousses au service de l'Etat doit être compté pour l'obtention de la Légion d'honneur et de la médaille, mais seulement à partir de l'âge de 10 ans. Les services ainsi rendus à la mer doivent, comme les services à terre, être admis seulement pour la durée effective. (Note minist. du 22 mars 1890.)

DÉCORATION, s. f. Insigne donné par le chef de l'Etat à titre de distinction ou de récompense dans l'ordre civil et dans l'ordre militaire.

Toutes les nations, sauf la République américaine, ont leurs décorations. Nous ne nous occuperons ici que des décorations françaises.

Légion d'honneur. La Légion d'honneur a été instituée par Bonaparte, premier consul, le 29 floréal an X; elle comprend, d'après le décret organique du 16 mars 1852, 80 grands-croix, 260 grands-officiers, 1,000 commandeurs, 4,000 officiers et un nombre illimité de chevaliers.

La décoration de la Légion d'honneur est, comme sous l'empire, une étoile à cinq rayons doubles surmontée d'une couronne de chêne et de laurier; seulement, le centre de l'étoile, entouré de branches de chêne et de laurier, présente aujourd'hui d'un côté l'effigie de la République avec cet exergue : « République Française, 1870 », et de l'autre côté deux drapeaux en croix avec la devise : « Honneur et Patrie ». (Décr. du 8 novembre 1870.)

Les chevaliers portent la décoration attachée par un ruban rouge sur le côté gauche de la poitrine.

Les officiers ajoutent une rosette au ruban.

Les commandeurs portent la décoration au moyen d'un ruban plus large qui fait le tour du cou. Les grands-officiers portent la croix d'officier et ajoutent sur le côté droit de la poitrine une plaque en argent en forme d'étoile à cinq rayons doubles ayant au centre la tête de la République avec cet exergue : « République Française, 1870 », et de l'autre deux drapeaux tricolores avec cet exergue : « Honneur et Patrie ».

Les grands-croix portent la décoration attachée à un grand ruban rouge formant écharpe et passant sur l'épaule droite. De plus, ils portent la même plaque que les grands-officiers, mais sur le côté gauche de la poitrine.

Tous les militaires ou marins nommés ou promus dans l'ordre de la Légion d'honneur reçoivent, selon leur grade, l'allocation annuelle suivante : les légionnaires, 250 francs; les officiers, 500 francs; les commandeurs, 1,000 francs; les grands-officiers, 2,000 francs et les grands-croix, 3,000 francs. La valeur des décorations est imputée sur la première annuité. (Décr. du 16 mars 1852, art. 33.)

Médaille militaire. La médaille militaire a été créée par le décret du 22 janvier 1852 : elle donne droit à 100 francs de rente viagère en faveur des soldats et des sous-officiers des armées de terre et de mer auxquels elle est conférée. La médaille est en argent, d'un diamètre de 28 millimètres; son modèle a été modifié par décret du 8 novembre 1870; elle est surmontée d'un faisceau d'armes et entourée d'une couronne de chêne. Le centre de la médaille présente d'un côté la tête de la République avec cet exergue : « République française, 1870 », et de l'autre, au centre du médaillon : « Valeur et discipline ». Le ruban qui supporte la médaille est jaune avec un liséré vert

Au 1er janvier 1901, le nombre des médaillés s'élevait à 52.262.

Médaille d'honneur. Lorsqu'un militaire de la gendarmerie s'est signalé par un acte de courage ou de dévouement, il y a lieu de demander pour lui une médaille d'honneur ou de sauvetage. Cette demande, établie conformément à la circulaire du 11 juin 1844, doit être accompagnée d'un certificat du médecin si le militaire a été blessé, et des attestations des personnes qui ont assisté à l'événement. (V. *Diplôme*.) La circulaire du 6 décembre 1858 prescrit en outre de joindre au dossier une déclaration du candidat faisant connaître qu'il a opté entre une récompense pécuniaire et une récompense honorifique et qu'il a choisi cette dernière. (Service intérieur art. 47.) La médaille d'honneur est supportée par un ruban tricolore; elle est en argent et porte : d'un côté, l'effigie de la République avec l'exergue : « République française »; de l'autre côté, deux figures allégoriques représentant le Courage et l'Humanité; dans le haut, les mots : « Récompenses nationales », et, au centre, un cartouche dans lequel se trouvent les mots : « Ministère de l'intérieur; actes de dévouement » et au-dessous le nom du titulaire et le millésime de l'année où il a obtenu cette distinction.

Un décret en date du 29 juin 1899 fixe ainsi qu'il suit les récompenses qui peuvent être accordées à l'occasion des traits de courage et de dévouement :

Art. 1er. — Les récompenses honorifiques décernées par le Président de la République, sur la proposition du Ministre de l'intérieur, pour traits de courage et de dévouement accomplis en Algérie, sont les suivantes :

Témoignagne officiel de satisfaction.
Mention honorable.
Médaille de bronze.
Médaille d'argent de 2e classe.
Médaille d'argent de 1re classe.
Médaille d'or de 2e classe.
Médaille d'or de 1re classe.

Art 2. — La médaille est d'un module de 27 millimètres avec bélière en argent pour les médailles d'argent et d'or de 2e classe et bélière d'or pour les médailles d'argent et d'or de 1re classe.

Art. 3. — La médaille est supendue à un ruban tricolore de 3 centimètres dont les bandes sont verticales et égales entre elles.

Pour les médailles d'or de 2e et de 1re classe, le ruban porte une rosette tricolore d'un diamètre de 1 centimètre.

Médaille de Sainte-Hélène. Un décret du 12 août 1857 a créé la médaille de Sainte-Hélène, qui a été donnée à tous les militaires ayant servi de 1792 à 1815. Le ruban de cette médaille est vert et rouge.

Palmes académiques. Le Ministre de l'instruction publique accorde aux personnes qui se sont distinguées dans les lettres et dans les sciences une décoration académique qui consiste en deux palmes croisées supportées par un ruban bleu. Ceux qui les obtiennent ont, suivant le rang qu'ils occupent dans l'ordre, le titre d'officier d'académie ou d'officier de l'Instruction publique.

Mérite agricole. Un décret du 9 juillet 1883, modifié par ceux des 18 juin 1887, 27 juillet 1896 et 3 août 1900, a institué un ordre du Mérite agricole destiné à récompenser les services rendus à l'agriculture. Cet ordre se compose de 2.000 chevaliers, de 1.500 officiers et d'un certain nombre de commandeurs (on peut en nommer 30 par an). La décoration de chevalier de l'ordre du Mérite agricole consiste dans une étoile à cinq rayons doubles, surmontée d'une couronne en feuilles d'olivier; le centre de l'étoile, entouré d'épis, présente d'un côté l'effigie de la République avec la date de la fondation de l'ordre ; de l'autre côté, la devise : « Mérite agricole ». L'étoile émaillée de vert est en argent : son diamètre est de 40 millimètres. Celle d'officier consiste dans une étoile d'or émaillée de blanc à six rayons et en tous points conforme à celle de chevalier, mais avec une rosette sur le ruban. Les chevaliers du Mérite agricole portent la décoration attachée par un ruban moiré vert, bordé d'un liséré de couleur amarante, sans rosette, sur le côté gauche de la poitrine. Les officiers et les commandeurs portent la rosette. Le ruban peut être porté sans la décoration.

Médaille commémorative. On désigne sous ce nom les médailles qui sont décernées en souvenir d'une expédition. (V. *Médailles.*)

Décorations coloniales. Un décret en date du 12 janvier 1897 règle les conditions à remplir pour recevoir ces décorations. — Les ordres coloniaux reconnus jusqu'à présent par l'Etat sont au nombre de cinq : ordre royal du Cambodge; ordre du Dragon de l'Annam; ordre du Nichan Iftikhar de Tunis; ordre du Nichan El Anouar de Tadjourah; ordre de l'Etoile Noire du Bénin; ordre de l'Etoile d'Anjouan des Comores.

Les nominations dans les ordres coloniaux sont accordées par une décision présidentielle sur le rapport du Ministre des colonies.

Les couleurs des rubans des décorations coloniales sont les suivantes :

Ordre du Cambodge. — Fond blanc bordé de chaque côté d'un liséré orange de deux onzièmes de la largeur du ruban.

Ordre du dragon de l'Annam — Fond vert bordé de chaque côté d'un liséré orange de deux onzièmes de la largeur du ruban. (Sans distinction pour les civils et les militaires.)

Ordre du Nichan-el-Anouar. — Fond bleu foncé, bande verticale blanche au centre du tiers de la largeur du ruban. (Sans distinction pour la section extérieure et la section intérieure.)

Ordre de l'Etoile noire. — Bleu pâle.

Ordre de l'Etoile d'Anjouan. — Fond bleu pâle bordé de chaque côté de deux liserés orange de un vingtième de la largeur du ruban. Le premier liséré à un vingtième du bord du ruban, le deuxième à un vingtième du premier. (Décret du 5 décembre 1899.)

Remise de décorations. La décoration de la Légion d'honneur est remise au titulaire conformément au cérémonial prescrit par les règlements de l'ordre, en présence de l'effectif disponible au chef-lieu, à la condition que cet effectif comprenne au moins trente sous-officiers, brigadiers et gendarmes.

Si l'effectif disponible au chef-lieu est insuffisant, le commandant de la compagnie fait venir des postes voisins le nombre de gendarmes nécessaire.

Les médailles militaires sont remises au chef-lieu d'arrondissement ou de section, par l'officier commandant l'arrondissement ou la section, en présence de l'effectif disponible au chef-lieu, à la condition que cet effectif comprenne au moins quinze sous-officiers, brigadiers ou gendarmes.

Si l'effectif disponible au chef-lieu est insuffisant, le commandant d'arrondissement fait venir des postes les plus voisins le nombre de gendarmes nécessaire.

Les médailles d'honneur ou de sauvetage sont remises en présence de deux brigades. (Art. 176, 177, 178 et 179 du règlement sur le service intérieur, modifiés par le décret du 28 septembre 1901.)

Le décret du 10 mai 1886 règle le cérémonial à observer pour la remise de leurs insignes aux militaires nommés ou promus dans la Légion d'honneur et aux nouveaux décorés de la médaille militaire ou de la médaille d'honneur. (V. les art. 178 et 179 du régl. sur le service intérieur.)

Ce décret, qui abroge les articles

du règlement (infanterie, cavalerie et artillerie) relatifs à ce cérémonial, ne vise pas les articles 173, 174, 175 et 176 du règlement sur le service intérieur. Il s'ensuit que, dans beaucoup de cas, les décorations pourront être remises aux militaires de l'arme conformément aux dispositions du règlement précité.

Honneurs à rendre aux décorés et aux médaillés. Les sentinelles portent les armes aux chevaliers et officiers de la Légion d'honneur, et les présentent à tous les autres membres. Elles gardent l'immobilité, la main dans le rang et l'arme au pied, pour les médaillés porteurs de leur médaille. (Décr. du 4 octobre 1891, art. 292, 293 et 294.) Il est à remarquer que les honneurs sont rendus alors même que le titulaire serait revêtu d'un habillement civil : la seule condition est qu'il porte la décoration réglementaire. (V. le décr. du 22 mai 1875.) — Les honneurs funèbres à rendre aux membres de la Légion d'honneur sont déterminés par les articles 310 et suivants du décret du 4 octobre 1891. — Pour les grands-croix, la moitié de la garnison prend les armes. — Pour les grands-officiers, le tiers de la garnison. — Pour les commandeurs, un bataillon d'infanterie ou deux escadrons de troupes à cheval commandés par un colonel. — Pour les officiers, une compagnie ou un peloton commandé par un capitaine. — Pour les chevaliers, une section ou un demi-peloton commandé par un sous-lieutenant.

Les militaires décorés de la Légion d'honneur reçoivent des marques extérieures de respect (salut), de la part des militaires du même grade ou du grade inférieur non décorés.

Les militaires non légionnaires ne sont pas astreints à des marques extérieures de respect (salut), à l'égard des légionnaires qui portent les décorations réglementaires sur un habit civil ou sur un costume étranger à l'armée. (Décr. du 17 février 1876.)

Les militaires médaillés ont droit au salut de la part de tous les militaires qui, étant du même grade ou d'un grade inférieur, ne sont pas décorés de la médaille. — Lors de leur décès, ils ont droit, à titre d'honneurs funèbres, à un quart de peloton ; enfin, le caporal ou le brigadier décoré de la Médaille militaire ne peut être cassé de son grade que par le Ministre de la guerre. (Décis. impér. du 2 mars 1853.)

Les militaires de la gendarmerie non décorés ou médaillés doivent saluer les militaires des autres armes du même grade qu'eux et du grade supérieur qui sont *décorés* ou *médaillés*. — Ils doivent, par contre, être salués dans les *mêmes conditions* s'ils sont décorés ou médaillés. (Règl. sur le service intérieur, art. 164.)

Les sentinelles rendent aux médaillés rentrés dans la vie civile et porteurs de la médaille réglementaire les honneurs prescrits par la décision impériale du 8 mars 1853 et l'article 294 du décret du 4 octobre 1891 (les sentinelles gardent l'immobilité, la main dans le rang et l'arme au pied).

Les militaires non médaillés ne sont pas tenus à des marques extérieures de respect à l'égard des médaillés revêtus d'un habillement civil ou d'un costume étranger à l'armée. (Décr. du 22 mai 1875.)

L'exclusion de la Légion d'honneur ou la suspension des droits ou prérogatives, ainsi que du traitement attaché à la qualité de membre, sont prononcées par le chef de l'Etat, sur la proposition du grand chancelier (perte de la qualité de Français, condamnation à une peine afflictive ou infamante, mise en retrait d'emploi pour inconduite habituelle ou pour faute contre l'honneur, envoi dans une compagnie de discipline). — Les mêmes peines peuvent être prononcées contre les décorés de la médaille militaire. — La suspension des droits et prérogatives attachés à la qualité de membre de la Légion d'honneur ou de décoré de la médaille militaire emporte la suspension de l'autorisation de porter les insignes d'un ordre étranger quelconque. — Tout individu qui aura encouru la suspension ou la privation des droits et prérogatives attachés à la qualité de membre de la Légion d'honneur ou de décoré de la médaille militaire et qui en portera les insignes ou ceux d'un ordre étranger sera puni, conformément à l'article 259 du Code pénal, d'un emprisonnement de 6 mois à

2 ans. (Décr. du 16 mars et du 24 novembre 1852.)

Port des décorations. Les décorations et médailles françaises et étrangères se portent sur le côté gauche de la poitrine, le ruban ou la rosette posés :

1° Sur l'uniforme militaire (tunique, dolman, veste, capote, habit ou redingote), à la hauteur de la deuxième rangée de boutons ;

2° Sur le costume officiel civil (frac, robe, soutane, etc.), à la hauteur du sein gauche ;

3° Sur l'habit ou la redingote de ville, à la première boutonnière.

La croix de la Légion d'honneur, la médaille militaire et tous les insignes à l'effigie de la République doivent présenter la face sur laquelle se trouve l'effigie.

Les décorations françaises sont placées les premières et dans l'ordre suivant, de droite à gauche, sur le côté gauche de la poitrine :

Légion d'honneur,
Médaille militaire,
Médailles commémoratives,
Décorations universitaires,
Décorations du Mérite agricole,
Médailles d'honneur.

Les décorations étrangères viennent à la suite, et à gauche des décorations et médailles françaises.

Sur l'uniforme, en costume officiel militaire ou civil, dans la petite tenue en armes, toutes les décorations et médailles françaises et étrangères doivent être portées avec leurs insignes réglementaires ; le port des rubans ou rosettes seuls à la boutonnière est formellement interdit.

Les personnes en tenue de ville sont seules autorisées à porter à la boutonnière des rubans ou des rosettes sans insignes, excepté s'il s'agit des décorations étrangères qui contiennent du rouge en quantité plus ou moins notable, et dont le port a été réglementé par les décisions présidentielles des 11 avril 1882, 8 juin 1885 et 10 juin 1887. (Décr. du 10 mars 1891.)

Par tolérance, il est permis dans les relations privées et sur l'habit de ville de porter un simple ruban ou des croix d'un diamètre différent de celui prescrit; mais en uniforme on ne doit porter que les insignes réglementaires.

Les croix, médailles ou insignes décernés par des sociétés de sauveteurs ou de sauvetage, ne peuvent être portés. (Circ. du 26 juin 1891 du Ministre de la marine.)

Décorations étrangères. Les décorations d'ordres de puissances étrangères ne peuvent être portées sans l'autorisation du chef de l'Etat. — Toutes décorations ou tous ordres étrangers qui n'auront pas été conférés par un gouvernement sont déclarés illégalement et abusivement obtenus, et ne pourront être portés, (décorations données par les chapitres, confréries, corporations, etc.). — Une circulaire du 16 juillet 1839, rappelée par la note ministérielle du 14 avril 1869, interdit aux militaires de solliciter des décorations étrangères autrement que par l'intermédiaire de leurs chefs et de leur gouvernement.

Un grand nombre de titulaires d'ordres étrangers transformant les rubans qu'ils sont autorisés à porter en ruban de la Légion d'honneur, le Président de la République a décidé, le 11 avril 1882, que tous les titulaires des ordres dont le ruban renferme du rouge devront suspendre à leur ruban ou rosette une croix d'un diamètre au moins égal à celui de la rosette ou à la largeur du ruban. Pour toute contravention aux mesures précitées, le conseil de l'ordre privera les titulaires du droit de porter la décoration, et, en cas de récidive, l'article 259 du Code pénal leur sera applicable.

Voici la liste des ordres étrangers dont le ruban ne peut être porté sans la croix :

AUTRICHE : ordre de François-Joseph, *ruban rouge ;* ordre du Mérite, *ruban rouge ;* ordre de Léopold, *rouge, liséré blanc.*

BELGIQUE : ordre de Léopold, *rouge lie de vin ;* croix civique, *rouge lie de vin, liséré jaune et noir.*

BULGARIE : ordre de Saint-Alexandre, *rouge.*

BRÉSIL : ordre du Christ, *rouge, liséré bleu.*

CAMBODGE : croix de Cambodge, *rouge, liséré vert.*

ESPAGNE : ordre du Mérite naval, *rouge, bande verticale jaune.*

HAWAÏ : ordre de Kaméhanicha, *rouge, liséré blanc.*

Hesse : ordre de Philippe-le-Magnanime, *rouge, lisérés bleus.*

Honduras : ordre de Santa-Rosa, *rouge, bandes verticales bleues et blanches.*

Italie : ordre de la Couronne, *rouge et bande verticale blanche au centre.*

Monaco : ordre de Saint-Charles, *rouge et blanc.*

Pérou : médaille d'honneur, *rouge, bande verticale bleue.*

Portugal : ordre du Christ, *rouge.*

Roumanie : ordre de l'Etoile, *rouge, liséré bleu.*

Russie : ordre de Sainte-Anne, *rouge, liséré jaune*; ordre de St-Stanislas, *rouge, liséré blanc*; ordre d'Alexandre-Newski, *rouge.*

Saint-Siège : ordre de Saint-Grégoire-le-Grand, *rouge, liséré jaune;* ordre du Christ, *rouge.*

Serbie : ordre de Takowo, *rouge, liséré bleu et blanc*; ordre de l'Aigle blanc, *rouge, liséré bleu.*

Siam : ordre de l'Eléphant-Blanc, *ruban rouge, liséré vert, jaune et bleu.*

Suède : ordre de Saint-Olaff, *rouge, liséré bleu et blanc.*

Tunisie : ordre du Nichan, *vert, liséré rouge.*

Turquie : ordre du Medjidié, *rouge, liséré vert.*

Zanzibar : ordre de l'Étoile brillante *rouge, liséré blanc.*

La note ministérielle du 9 février 1842 donne la marche à suivre pour la transmission des demandes de décorations étrangères. (V. aussi les circ. des 16 juillet 1839 et 14 avril 1869.)

Les demandes en autorisation de porter une décoration étrangère doivent être adressées hiérarchiquement au grand chancelier de la Légion d'honneur, par l'intermédiaire du Ministre dont relève le demandeur par ses fonctions ou son emploi et par le préfet de son département, si le demandeur n'exerce aucune fonction publique ou n'a que des fonctions gratuites. (Décr. du 10 juin 1853, art. 4.) Lorsque le postulant n'est pas membre de la Légion d'honneur, sa demande doit être accompagnée d'un extrait régulier de son acte de naissance. (Art. 6.) La grande chancellerie exige en outre la production : 1° du titre ou brevet original de l'ordre dont on sollicite l'autorisation; 2° de la traduction authentique de ce brevet ou titre; 3° d'un récépissé de la somme due pour droits de chancellerie, laquelle est versée à la Caisse des dépôts et consignations pour les personnes qui résident à Paris et dans les caisses des receveurs particuliers des finances pour celles qui habitent dans les départements; 4° d'un rapport du chef de corps sur les circonstances qui ont valu les décorations. (Circ. du 14 avril 1869.) Ces droits sont fixés à 100 francs pour les décorations portées à la boutonnière; 150 francs pour les décorations portées en sautoir; 200 francs pour les décorations avec plaques sur la poitrine; 300 francs pour les décorations avec grand cordon en écharpe. Les officiers en activité de service, jusques et y compris le grade de capitaine, qui sont autorisés à accepter et à porter des décorations étrangères, versent une somme de 10 francs pour prix du brevet qui leur est délivré. Les sous-officiers et soldats sont exempts de tous droits pour le brevet sans insigne et ne sont astreints à payer les droits que lorsqu'ils demandent à recevoir la décoration : dans ce cas, les droits sont de 15 francs pour le Nichan-Iftikhar, de 32 fr. 50 pour l'ordre royal du Cambodge et de 38 francs pour l'ordre du Dragon de l'Annam et pour celui du Nichan-el-Ahouar (Obock). (Note minist. du 18 août 1890. — Décr. du 10 juin 1853, art. 10 et 12, modifiés par les décr. des 22 mars 1875 et 8 novembre 1883.) — L'autorisation de porter une décoration étrangère d'un certain grade ne dispense pas celui auquel elle a été accordée de demander une autorisation nouvelle pour chaque promotion ultérieure. (Circ. du Ministre de l'intérieur en date du 14 janvier 1854. — V. aussi la circ. du 17 décembre 1887 et celle du 29 juillet 1891.)

Légion d'honneur. Propositions. Peuvent être proposés pour le grade d'officier de la Légion d'honneur les officiers supérieurs ayant au moins quatre ans d'ancienneté comme chevaliers, et pour chevaliers les militaires ayant au moins vingt ans de service, campagnes comprises, ou qui, se trouvant dans un des cas prévus par les articles 15, 16 et 17 du décret organique du 16 mars 1852, ont été proposés pour ladite récompense depuis la dernière inspection générale, soit pour une action d'éclat, soit pour une blessure grave reçue à la guerre ou dans un service commandé. L'action d'éclat doit être de la nature de celles qui sont déterminées par le règlement du 3 mai 1832. Une campagne et une année de service comptent pour deux années dans l'évaluation du temps exigé. Par suite, dans la supputation des services, celles des campagnes qui comptent double pour la retraite ne comptent que simple pour la décoration. La campagne de 1871 à l'intérieur, qui n'est pas comptée pour la retraite aux militaires admis déjà au bénéfice de la campagne contre l'Allemagne ou qui arrivaient d'Algérie, est comptée pour la décoration.

Médaille militaire. Propositions. Les candidats proposés pour la médaille militaire doivent remplir une des conditions ci-après, déterminées par le décret du 29 février 1852 et la décision impériale du 10 avril 1869 :

1° Se trouver dans leur huitième année de service actif ou compter quatre campagnes effectives;

2° Avoir été cités à l'ordre de l'armée, quelle que soit leur ancienneté de service;

3° Avoir reçu une ou plusieurs blessures en combattant devant l'ennemi ou dans un service commandé;

4° S'être signalé par un acte de courage ou de dévouement méritant une récompense militaire.

Brevets. Des brevets établis sur parchemin sont délivrés aux membres de la Légion d'honneur et aux décorés de la médaille militaire. La valeur des décorations et du brevet est imputée sur le premier paiement, d'après les prix ci-après. Toutefois, les hommes de troupe sont exempts des frais d'expédition du brevet.

	Décoration. fr.	c.	Brevet. fr.	c.
Médaille militaire	8	50	»	
Chevalier	15	»	25	»
Officier	74	»	50	»
Commandeur	169	»	80	»
Grand-officier	»	»	120	»
Grand-croix	»	»	200	»

Décès. A la fin de chaque mois, les corps font connaître aux généraux commandant les corps d'armée et, ceux-ci au Ministre, les extinctions survenues parmi les membres de la Légion d'honneur. (Circ. minist. du 24 février 1838.) Les maires signalent de même à la gendarmerie ou au général commandant la subdivision ceux de leurs administrés décorés de la Légion d'honneur ou médaillés qui viennent à décéder. (Circ. minist. du 9 janvier 1873. V. le règl. sur le service intérieur, art. 16.)

Retenues sur le traitement. A part les imputations déterminées pour la valeur du brevet et de la décoration, le traitement de la Légion d'honneur n'est passible d'aucune retenue; il est incessible et insaisissable du vivant du légionnaire, sauf dans les cas de débet envers l'Etat, la caisse de la Légion d'honneur et les corps de troupe, ou dans les circonstances prévues par les articles 203, 205 et 214 du Code civil. Le traitement est payé par semestre à terme échu, le 1er juin et le 1er décembre, du jour de la nomination jusqu'à celui du décès inclusivement. (Loi du 29 juillet 1881.)

Discipline. La qualité de membre de la Légion d'honneur se perd par les mêmes causes que celles qui font perdre la qualité de Français. (Art. 17, 18 19, 20 et 24 du Code civil.) Les décorés condamnés à une peine afflictive ou infamante emportant la dégradation militaire sont également rayés des matricules de l'ordre. L'exercice des droits et prérogatives des membres de la Légion d'honneur, ainsi que le traitement, sont suspendus : 1° par les mêmes causes que celles qui font perdre les droits de citoyen français; 2° pendant la durée de la peine à l'égard des condamnés aux travaux publics ou à l'emprisonnement, et l'exclusion de la Légion d'honneur peut même être prononcée par le chef de l'Etat lorsque la nature du délit et la gravité de la peine prononcée correctionnellement rendent cette mesure nécessaire. Lorsque les légionnaires ont commis des actes portant atteinte à l'honneur, sans pour cela être l'objet de poursuites devant les tribunaux, les peines disciplinaires qui peuvent être prononcées sont : la censure; la suspension totale ou partielle de l'exercice des droits, prérogatives et du traitement attachés à la qualité de membre de la Légion d'honneur ; l'exclusion de la Légion. Les officiers de police judiciaire qui, dans leurs fonctions, sont informés de faits graves à la charge des légionnaires civils, sont tenus d'en rendre compte au grand chancelier de la Légion d'honneur. (V. le décr. du 14 avril 1874.) Les militaires exclus de la Légion d'honneur ou rayés des contrôles de la médaille militaire doivent remettre leurs brevets; ceux privés définitivement du droit de porter des décorations ou des médailles étrangères doivent restituer leurs insignes et leurs brevets. (Circ. du 30 avril 1859.)

Le règlement du 14 avril 1874 sur la discipline des membres de la Légion d'honneur est applicable aux décorés de la médaille militaire, aux titulaires des médailles commémoratives, ainsi qu'aux Français autorisés à porter des ordres étrangers. (Décr. du 9 mai 1874.)

Faillite. L'état de faillite emporte la suspension légale des droits et prérogatives attachés à la qualité de membre de la Légion d'honneur ; ceux des légionnaires qui se trouvent dans cette position doivent immédiatement quitter les insignes de l'ordre jusqu'au moment de leur réhabilitation prononcée par arrêt judiciaire, sous peine d'être poursuivis conformément à l'article 259 du Code pénal. (Instr. du 23 juin 1853.)

Députés. Les députés ne peuvent être nommés ou promus dans l'ordre de la Légion d'honneur, excepté pour faits de guerre. (Loi du 25 avril 1872, art. 5.)

Veuves. La loi de finances du 29 décembre 1873 admet les veuves des légionnaires à participer aux secours réservés exclusivement jusqu'alors aux membres et orphelins de la Légion d'honneur. (Décr. du 22 mars 1875.)

Industriels décorés. La croix de la Légion d'honneur ne peut, dans aucun cas, servir de réclame à une maison de commerce ; elle ne doit pas conséquemment figurer sur des produits dont elle a récompensé l'inventeur, ni être suspendue à la devanture des magasins. (Circ. minist. du 10 février 1879.)

Saltimbanques. Les saltimbanques ne doivent pas se montrer sur les tréteaux porteurs d'une décoration. (Circ. du Ministre de l'intérieur du 17 septembre 1875.)

Médaille d'honneur. (V *Médaille.*)

Port illégal. L'article 259 du Code pénal punit d'un emprisonnement de six mois à deux ans toute personne qui aura publiquement porté une décoration qui ne lui appartiendrait pas. — Le port illégal du ruban de la Légion d'honneur constitue un délit, comme le port illégal de la décoration elle-même. (Cassation, 27 janvier 1834.)

DÉCOUCHER, v. n. Coucher hors de chez soi. — Les sous-officiers, brigadiers ou gendarmes logés dans les casernes ou dans les maisons qui en tiennent lieu ne peuvent découcher que pour objet de service. (Décr. du 1er mars 1854, art. 557. — V. *Service extraordinaire.*)

DÉCRET, s. m. Ordre, décision. — Le décret a moins de force que la loi : la loi émane de la puissance législative ; elle est l'expression de la volonté souveraine et elle est absolue. Les principes qu'elle émet sont développés dans des *décrets,* actes émanant du pouvoir exécutif.

Le règlement d'administration publique est un décret contenant les règles d'application et les mesures d'exécution d'une loi. Il est rendu le conseil d'Etat entendu, et s'applique à plusieurs départements ministériels.

Le règlement ordinaire est un décret rendu sur le rapport d'un ministre et prescrivant les mesures nécessaires à l'exécution d'un service.

Le règlement ministériel ne contient que des dispositions d'un ordre secondaire relativement aux prescriptions des lois et des décrets.

L'instruction indique les règles à suivre et les formalités à observer dans un service.

La circulaire ministérielle est une lettre qui interprète les dispositions d'une loi, d'un décret ou d'un règlement dans le but d'éclairer les agents qui ont à en faire l'application.

La décision ministérielle sert à résoudre les questions qui se présentent dans l'exécution d'un service.

La décision présidentielle est un acte

émanant du Président de la République sur une question qui se trouve en dehors des pouvoirs attribués au Ministre.

Enfin, une *solution* est une décision intervenue sur une question particulière.

L'insertion de ces documents au *Bulletin officiel* du ministère de la guerre tient lieu de notification ; mais quand leur publication dans le *Journal officiel* précède celle de ces documents dans le *Bulletin officiel*, l'insertion à l'*Officiel* peut tenir lieu de notification si la mention en est faite. (Note minist. du 14 mai 1886.)

DÉFAITE, s. f. Perte d'une bataille : lorsque la défaite est complète et que les troupes fuient en désordre, elle prend le nom de déroute. — Ce mot s'emploie aussi comme synonyme de prétexte, d'excuse sans valeur : l'homme qui a commis une faute cherche souvent une défaite pour s'excuser.

DÉFAUT, s. m. Manque, privation, absence. Les vagabonds qui n'ont pas de papiers sont arrêtés pour défaut de papiers. Le défaut de plaque à une voiture servant au transport des marchandises constitue une contravention aux articles 3 et 7, 20 et 22 de la loi du 30 mai 1851.

Lorsqu'un individu prévenu d'un fait qualifié délit ne se présente pas pour être jugé, il est jugé *par défaut*. — Lorsqu'il s'agit d'un fait qualifié crime, l'accusé qui fait défaut est jugé *par contumace*.

DÉFENSE, s. f. Les coups et les blessures, même suivis de mort, sont excusables lorsqu'ils ont été portés dans le cas de *légitime défense*, c'est-à-dire lorsque des menaces, des violences ou une attaque imprévue peuvent faire craindre à celui qui en est l'objet que ses jours sont en danger.— Pour que celui qui a porté les coups soit acquitté, il faut évidemment que le cas de légitime défense soit bien prouvé, et les procès-verbaux faits à ce sujet doivent relater avec soin les plus petits détails de l'agression et de la lutte qui l'a suivie.

Il n'y a ni crime ni délit lorsque l'homicide, les blessures et les coups étaient commandés par la nécessité actuelle de la légitime défense de soi-même ou d'autrui. (C. P., art. 328.)

Sont compris dans les cas de nécessité actuelle de défense les deux cas suivants : 1° Si l'homicide a été commis, si les blessures ont été faites ou si les coups ont été portés en repoussant pendant la nuit l'escalade ou l'effraction des clôtures, murs ou entrée d'une maison ou d'un appartement habité ou de leurs dépendances; — 2° Si le fait a eu lieu en se défendant contre les auteurs de vols ou de pillage exécutés avec violence. (C. P., art. 329.)

Le parricide et le meurtre d'un conjoint ne sont pas excusables sous prétexte de violences, si graves qu'elles soient, pourvu qu'elles ne mettent pas la vie en péril. — Mais la jurisprudence admet le cas de défense légitime, lorsqu'il s'agit de violences exercées par un fils sur son père.

En art militaire, on nomme défense l'action de défendre une position : « la défense de Belfort »; « mettre une ville en état de défense », c'est-à-dire en état de résister.

Défenses accessoires. En fortification, on appelle défenses accessoires des obstacles artificiels dont on entoure une place ou une position pour retenir les assaillants le plus longtemps possible sous le feu des défenseurs. Les principales défenses accessoires qu'on emploie sont : les palissades, les fraises, les palanques, les chevaux de frise, les abatis, les croix de Saint-André, les chausse-trapes, les trous-de-loup, les fougasses et les réseaux de fil de fer.

On appelle défenses les longues dents qui font saillie hors de la bouche de certains animaux, tels que l'éléphant, le sanglier, le morse, le narval, etc.

Enfin, la défense d'un cheval est la manière dont il résiste à ce qu'on lui demande : les défenses d'un cheval peuvent être causées par l'ignorance, par la souffrance ou par la méchanceté.

DÉFENSEUR, s. m. Avocat qui se charge de défendre une cause devant un tribunal. — Lorsqu'un accusé n'a pas choisi d'avocat, le président lui donne un défenseur d'office.

DEFENSIVE, s. f. Être sur la défensive signifie être prêt à se défendre : c'est l'opposé d'offensive. Une armée est sur la défensive lorsqu'elle est réduite à se défendre continuellement en rase campagne ou lorsqu'elle occupe une forte position à l'abri de laquelle elle attend l'ennemi.

DÉFICIT, s. m. Perte de fonds par suite d'événements de force majeure ou de circonstances extraordinaires. (V. l'annexe n° 2 du règl. du 12 avril 1893.)

DÉFILÉ, s. m. Un défilé est un passage étroit situé entre deux hauteurs; on donne également le nom de défilé à une manœuvre qui consiste à faire passer devant un chef militaire les troupes qu'il vient d'inspecter. Pour défiler, la gendarmerie se forme en colonne, suivant les indications données dans le règlement du 2 mai 1883. (Bases de l'instruction.)

Les membres de l'intendance n'ont pas droit au défilé d'honneur lorsqu'ils passent la revue administrative d'effectif d'un corps. (Décis. du 25 avril 1839 et note minist. du 17 mai 1873.) L'article 280 du décret du 4 octobre 1891 donne la liste des autorités militaires auxquelles les honneurs du défilé sont exclusivement réservés.

DÉFILEMENT, s. m. En fortification, le défilement est l'art de soustraire le défenseur d'un ouvrage aux coups de l'ennemi. — Défiler un ouvrage, c'est le construire de telle manière que le soldat placé sur le terre-plein soit abrité de tous les coups provenant des terrains avoisinants dans la limite de la portée des armes.

DÉFRICHEMENT, s. m. Action de défricher un terrain, de le mettre en culture. — Le défrichement des bois et des forêts pouvant porter atteinte à la propriété publique (V. *Déboisement*), ne peut être opéré qu'après avoir obtenu l'autorisation du Ministre. Conformément à l'article 219 du Code forestier, le propriétaire doit faire à la sous-préfecture la demande de défrichement quatre mois à l'avance, et l'opération ne peut commencer que lorsque l'autorisation a été obtenue. Les maires et les adjoints doivent dresser les procès-verbaux constatant les défrichements non autorisés, et les contrevenants sont passibles d'une amende de 500 francs à 1,500 francs par hectare de bois défriché. La gendarmerie n'a pas à s'occuper de ces sortes de contraventions.

DÉGAT, s. m. Destruction, dégradation ou détérioration de choses utiles, de plantations, de monuments publics : dommage causé à la propriété d'autrui dans des terres ensemencées par le passage d'hommes ou d'animaux.

La gendarmerie arrête tous ceux qui sont surpris coupant ou dégradant d'une manière quelconque les arbres plantés sur les chemins, promenades publiques, fortifications et ouvrages extérieurs des places, ou détériorant les monuments qui s'y trouvent.

Elle saisit et conduit immédiatement devant l'officier de police de l'arrondissement quiconque est surpris détruisant ou déplaçant les rails d'un chemin de fer, ou déposant sur la voie des matériaux ou autres objets dans le but d'entraver la circulation, ainsi que ceux qui, par la rupture des fils, par la dégradation des appareils ou par tout autre moyen, tentent d'intercepter les communications ou la correspondance télégraphique. (Décr. du 1er mars 1854, art. 315.)

La gendarmerie est chargée de protéger l'agriculture et de saisir tous individus commettant des dégâts dans les champs et les bois, dégradant la clôture des murs, haies ou fossés, lors même que ces délits ne seraient pas accompagnés de vols; de saisir pareillement tous ceux qui sont surpris commettant des larcins de fruits ou d'autres productions d'un terrain cultivé. (Décr. du 1er mars 1854, art. 322.) — L'article 257 du Code pénal punit d'un emprisonnement d'un mois à deux ans et d'une amende de 100 francs à 500 francs quiconque aura dégradé des monuments publics. — Les articles 434 et suivants du même Code puissent de peines qui, suivant le cas, varient de la prison à la mort, ceux qui auront détruit ou dégradé les propriétés, de quelque nature qu'elles soient, appartenant à l'Etat, aux communes ou à des particuliers. — L'article 479, nos 11 et 12, du Code pénal punit d'une amende de 1 à 15 francs ceux qui auront dégradé les chemins publics, ou ceux qui auront enlevé sur les chemins publics des gazons, de la terre, des pierres ou des matériaux.

Il est interdit de passer sur un terrain préparé ou ensemencé, sans le consentement du propriétaire. (C. P., art. 471, n° 13). — Les prairies sont toujours considérées comme des terrains ensemencés.

Les gendarmes peuvent entrer dans des champs recouverts de leur récolte lorsqu'ils sont à la poursuite d'un délinquant pris en flagrant délit. Si des dégâts ont été commis, le maire les constate par procès-verbal et les dommages sont payés soit par le délinquant, s'il est retrouvé, soit par l'autorité militaire supérieure, à laquelle sont adressés, par le maire, le procès-verbal et la demande de l'intéressé.

Les dégâts causés aux propriétés privées ou aux propriétés des communes par le passage ou le stationnement des troupes pendant les manœuvres donnent droit à des indemnités qui doivent, à peine de déchéance, être réclamées par les ayants droit, à la mairie de la commune, dans les trois jours qui suivent le passage ou le départ des troupes. (V. la loi du 17 avril 1901, art. 54.)

Une commission, dans laquelle se trouve presque toujours un officier de gendarmerie, est chargée de procéder à l'évaluation des dommages. Si cette évaluation est acceptée, le montant de la somme fixée est payé sur-le-champ. En cas de désaccord, la contestation est introduite en jugement. (Lois du 3 juillet 1877 et du 17 avril 1901.) Les membres militaires des commissions pour le règlement des dommages causés aux propriétées pendant les manœuvres reçoivent, sans distinction de grade, une allocation spéciale de 6 francs par jour pour frais de déplacement, à l'exclusion de toute autre indemnité sur d'autres fonds. (Instr. du 1er mai 1897.)

Les dégâts causés par un incendie dans une caserne de gendarmerie sont à la charge du département lorsqu'il ne peut être prouvé que la cause est due aux locataires. (Cassation, 14 novembre 1853.)

Les dégâts occasionnés par des sinistres de toute sorte sont toujours l'objet d'un compte rendu.

Dégâts causés par des animaux non gardés. (V. *Abandon d'animaux.*)

Dégâts occasionnés par les troupes dans les logements et cantonnements. Les troupes sont responsables des dégâts occasionnés par elles dans leurs logements ou cantonnements. Les habitants qui ont à se plaindre à cet égard doivent adresser leurs réclamations, par l'intermédiaire de la municipalité, au commandant de la troupe, afin qu'il y soit fait droit si elles sont fondées. — Ces réclamations doivent être adressées et les dégâts constatés, à peine de déchéance, avant le départ de la troupe, ou, en temps de paix, trois heures après au plus tard ; un officier est laissé à cet effet par le commandant de la troupe. — (Art. 14 de la loi du 3 juillet 1877, et art. 29 du décret du 2 août 2877.) V. *Dommages.*

DÉGEL, s. m. Fonte des neiges et des glaces par suite de l'élévation de la température. — Dans l'intérêt de la conservation des routes, les préfets déterminent, à l'époque du dégel, les routes et les chemins sur lesquels des barrières pourront être établies pour restreindre la circulation. — Un décret du 29 août 1863 fixe l'espèce de voitures qui seront seules admises à circuler pendant la fermeture des barrières. — Les contraventions aux mesures qui réglementent la circulation sont jugées par le conseil de préfecture et l'amende est de 5 à 30 francs. (Art. 2, § 1er, n° 6, et art. 4 et 9 de la loi du 30 mai 1851, et art. 7 du règl. du 10 août 1852.)

DÉGRADATION, s. f. Action d'endommager. (V. *Dégât.*) — Peine infamante. — Exclusion d'un grade, perte de certains droits.

La dégradation civique consiste dans l'exclusion de tout emploi public et dans la perte de certains droits énumérés dans l'article 34 du Code pénal. Cette peine est perpétuelle et ne cesse qu'avec la réhabilitation. (C. d'instr. crim., art. 633.)

La dégradation militaire est la conséquence des effets déterminés par le Code pénal ordinaire pour les militaires condamnés à la peine des travaux forcés, de la déportation, de la détention, de la réclusion et du bannissement. — Tout militaire qui doit subir la dégradation militaire, soit comme peine principale, soit comme accessoire d'une peine autre que la mort, est conduit devant la troupe sous les armes. Après la lecture du jugement, le commandant prononce ces mots à haute voix : « N*** N*** (nom et prénoms du condamné), vous êtes indigne de porter les armes ; au nom du peuple français, nous vous dégradons. » Aussitôt après, tous les insignes militaires et les décorations dont le condamné est revêtu sont enlevés ; et, s'il est officier, son épée est brisée et jetée à terre devant lui.

La dégradation militaire entraîne : 1° la privation du grade et du droit d'en porter les insignes et l'uniforme ; 2° l'incapacité absolue de servir dans l'armée, à quelque titre que ce soit, et les autres incapacités prononcées par les articles 28 et 34 du Code pénal ordinaire ; 3° la privation du droit de porter aucune décoration, et la déchéance de tout droit à pension et à récompense pour les services antérieurs. (C. M., art. 190.) — La dégradation de la Légion d'honneur doit avoir lieu chaque fois qu'une peine infamante est prononcée. — Le président, après lecture du jugement, prononce la formule suivante, prescrite par l'arrêté du 24 ventôse an XII : « Vous avez manqué à l'honneur ; je déclare au nom de la Légion que vous avez cessé d'en être membre. »

DÉGUISEMENT, s. m. Action de prendre d'autres vêtements que ceux qu'on porte habituellement. Le service de la gendarmerie étant permanent, les sous-officiers, brigadiers et gendarmes sont toujours en uniforme, de manière à pouvoir remplir à tout instant les fonctions de leur emploi. Il ne leur est permis en aucun cas de recourir à des déguisements. (Serv. int., art. 197.)

Dans aucun cas, ni directement ni indirectement, la gendarmerie ne doit recevoir de missions occultes de nature à lui enlever son caractère véritable. Son action s'exerce toujours en tenue militaire, ouvertement et sans manœuvres de nature à porter atteinte à la considération de l'arme. (Décr. du 1er mars 1854, art. 119.) — Hors du service, la tenue de ville est permise à tous les officiers, ainsi que dans les circonstances où leur présence n'a aucun caractère officiel. (Service intérieur, art. 197.) Il est interdit aux militaires de tous grades de franchir en uniforme la frontière d'Alsace-Lorraine. (Circ. des 30 décembre 1873 et 17 janvier 1874.) — Les officiers doivent s'abstenir d'aller à l'étranger en uniforme. (Circ. du 9 juin 1881.)

DELAI, s. m. Temps accordé pour faire une chose.

On donne le nom de **délai de repentir** au temps qui s'écoule entre la disparition d'un militaire et le terme fixé par la loi pour sa rentrée au corps avant que la désertion ne soit prononcée. (V. *Désertion.*)

Délais de recours en revision. Un délai de vingt-quatre heures est accordé au condamné pour se pourvoir en revision. Ce délai court à partir de l'expiration du jour où le jugement lui a été lu.

Délais de route. (V. *Frais de route.*)

Délais de tolérance. Les officiers et les sous-officiers commissionnés qui se déplacent isolément par suite de changement de résidence ont droit à un délai de tolérance de quatre jours pleins, qui s'ajoute à la durée du voyage, à moins d'indication contraire portée sur la lettre de service ou l'ordre de mouvement. (Instr. sur le service courant.)

DÉLATION, s. f. Dénonciation. Mais la délation emporte toujours avec elle une idée défavorable. Elle est faite généralement dans un but intéressé et il ne faut pas la confondre avec la dénonciation, qui, dans certains cas, est obligatoire à tout citoyen. — Celui qui fait une délation s'appelle délateur.

DÉLÉGATION, s. f. Autorisation donnée à quelqu'un d'agir au nom d'un autre. Partie de la solde qu'un militaire en campagne abandonne à sa famille. — La quotité de la solde susceptible d'être déléguée est portée à la moitié.

La faculté de délégation est accordée aux militaires de la gendarmerie qui se trouvent dans une place de guerre investie, ainsi qu'à ceux qui sont détachés dans les colonies françaises ou pays de protectorat. (Décret du 29 octobre 1898.)

Tout militaire a le droit de révoquer une délégation qu'il a souscrite.

Il lui est fourni des imprimés spéciaux pour établir sa demande.

Lorsque des officiers ou gendarmes ont été faits prisonniers de guerre, le Ministre peut autoriser, d'année en année, leurs familles à recevoir la moitié de leur solde d'absence. Cette avance est retenue sur la solde lors du retour en France des prisonniers de guerre. — En cas de décès, le trop payé à la famille ne donne lieu à aucune reprise. (Art. 20 du règl. du 30 décembre 1892.)

Les militaires de la gendarmerie en témoignage et aux hôpitaux dans la circonscription de leur compagnie, qui voudraient faire toucher leur solde à leur résidence, pendant leur absence, doivent en faire la demande au conseil d'administration. Cette demande est appuyée soit d'un certificat du président du tribunal constatant qu'ils sont légalement retenus à cette époque, soit d'un certificat de présence à l'hôpital délivré par le comptable ou l'économe. Au bas de l'une ou l'autre de ces pièces, le militaire absent désigne la personne qu'il charge de toucher son traitement et d'en donner quittance. Cette pièce et la quittance du mandataire restent à l'appui de l'état d'émargement, s'il s'agit d'un officier, et de l'état émargé de la brigade, s'il s'agit d'un homme de troupe. (Art. 125 du règl. du 12 avril 1893.)

Les délégataires sont payés par mois et à terme échu des sommes qui leur ont été déléguées. (V. les articles 17, 18 et 19 du règl. du 30 décembre 1892.)

DÉLIBÉRATION, s. f. Discussion orale entre plusieurs personnes sur une question à résoudre. — Acte par lequel le conseil d'administration, réuni en séance, consigne ses opérations et ses décisions sur un registre destiné à en recevoir l'inscription. — Les conseils ne peuvent délibérer qu'en séance et lorsque tous les membres sont présents. (Art. 28 du règl. du 12 avril 1893.)

DÉLIT, s. m. Le délit est une infraction moins grave que le crime, mais plus grave que la contravention, et que la loi punit d'une peine correctionnelle. Les délits sont jugés par les tribunaux correctionnels siégeant dans chaque chef-lieu d'arrondissement. Les peines appliquées aux délits varient de six jours à cinq ans d'emprisonnement. Le délit qui se commet actuellement ou qui vient de se commettre est un flagrant délit. Seront aussi réputés flagrants délits le cas où le prévenu est poursuivi par la clameur publique, et celui où le prévenu est trouvé nanti d'effets, armes, instruments ou papiers faisant présumer qu'il est auteur ou complice, pourvu que ce soit dans un temps voisin du délit. (C. d'instr. crim., art. 41.)

Le Code d'instruction criminelle, dans ses articles 35, 36, 43 et 46, emploie indifféremment les mots *flagrant délit* pour désigner une infraction punissable de peines correctionnelles ou de peines supérieures.

Le décret du 1er mars 1854, au point de vue du service spécial de l'arme, et surtout au point de vue des devoirs des officiers comme officiers de police judiciaire, a cru devoir poser en principe, dans son article 250, que toute infraction qui, par sa nature, était seulement punissable de peines correctionnelles ne pourrait constituer un flagrant délit, et il l'a défini ainsi qu'il suit :

Il y a *flagrant délit* : lorsque le crime se commet actuellement; lorsqu'il vient de se commettre; lorsque le prévenu est poursuivi par la clameur publique; lorsque, dans un temps voisin du délit, le prévenu est trouvé muni d'instruments, d'armes, d'effets ou de papiers faisant présumer qu'il en est auteur ou complice. (Décr. du 1er mars 1854, art. 249.)— Toute infraction qui, par sa nature, est seulement punissable de peines correctionnelles ne peut constituer un flagrant délit.

Les officiers de gendarmerie ne sont point autorisés à faire des instructions préliminaires pour la recherche de ces infractions. *Le flagrant délit doit être un véritable crime, c'est-à-dire une infraction contre laquelle une peine afflictive ou infamante est prononcée.* (Décr. du 1er mars 1854, art. 250.)

Lorsqu'il y a flagrant délit, les officiers de gendarmerie se transportent sans retard sur le lieu pour y dresser les procès-verbaux à l'effet de constater le corps de délit, son état, l'état des lieux, et pour recevoir les déclarations des habitants, des voisins et même des parents et domestiques, enfin, de toutes les personnes qui ont des renseignements à donner. (C. d'instr. crim.) Ils informent aussitôt de leur transport le procureur de la République de l'arrondissement. (C. d'instr. criminelle.) — Ils peuvent se faire assister d'un écrivain, qui leur sert de greffier; ils lui font prêter serment d'en bien et fidèlement remplir les fonctions. Leur procès-verbal en fait mention. (C. d'instr. crim., art. 48 et suivants. — Décr. du 1er mars 1854, art. 251.) Les articles 252 et suivants du décret du 1er mars 1854 tracent les règles à suivre par les officiers de gendarmerie agissant comme officiers de police judiciaire.

Crimes et délits commis par la gendarmerie. Les officiers, sous-officiers, brigadiers et gendarmes sont, comme les autres militaires de l'armée, justiciables des conseils de guerre, si ce n'est pour les crimes et délits commis dans l'exercice de leurs fonctions relatives à la police judiciaire et à la constatation des contraventions en matière administrative. (V., pour plus de détails, le mot *Justiciable.*) Si l'officier, sous-officier, brigadier ou gendarme est accusé tout à la fois d'un délit ou crime militaire et de tout autre délit ou crime de la compétence des tribunaux ordinaires et des cours d'assises, il est procédé à son égard conformément à l'article 60 du Code de justice militaire. (Service intérieur, art. 277 et 278.)

DEMANDE, s. f. (V. *Pétition.*)

DÉMISSION, s. f. Acte par lequel on se démet d'un emploi, d'une fonction. — Les militaires de la gendarmerie qui ne sont plus liés au service peuvent donner leur démission s'ils ont des motifs sérieux qui les forcent à se retirer. (Décr. du 1er mars 1854, art. 31.) — La formule de démission doit être écrite tout entière de la main du postulant et dans les termes suivants :

« Je soussigné, ..., à la résidence de ......, compagnie de....., offre ma démission du grade et de l'emploi dont je suis pourvu dans l'armée et dans la gendarmerie. Je déclare, en conséquence, renoncer volontairement à tous les droits acquis par mes services, et demande à me retirer à ...., département de......

» A......, le....... 18.. »

La lettre qui accompagne la formule de démission doit expliquer les motifs qui la font donner, et être apostillée hiérarchiquement. — Les apostilles doivent faire ressortir si le postulant mérite un certificat de bonne conduite nº 1 ou nº 2 (mod. nº 6 annexé au décret du 1er mars 1854). — Il n'est délivré de certificat nº 1 qu'aux hommes ayant au moins un an de service dans l'arme. (V. Service intérieur, art. 285.) V. le mot *Certificat.*

Il est accordé par le Ministre de la guerre, aux sous-officiers, brigadiers et gendarmes démissionnaires, des certificats d'acceptation de démission. (Décr. du 1er mars 1854, art. 33.) — Il n'est pas délivré de certificat d'acceptation de démission aux militaires de l'arme en activité de service qui ne sont pas complètement dégagés de toute obligation militaire en vertu de l'article 37 de la loi du 15 juillet 1889. (V. *Libération.*) Le Ministre autorise seulement leur passage dans la réserve de l'armée active, dans l'armée territoriale ou sa réserve, suivant le cas. (Circ. du 16 juin 1883 et décret du 1er mars 1854, art. 33.)

Les hommes admis dans la gendarmerie après libération du service, et qui sont autorisés à quitter l'arme avant d'y avoir accompli une année de service, sont rayés purement et simplement des contrôles; le certificat de bonne conduite qu'ils ont obtenu dans leur régiment leur est restitué; à défaut, ils en reçoivent un du modèle général.

et, de plus, il leur est délivré, par le conseil d'administration, un certificat constatant la durée de leur présence dans l'arme. Les élèves gendarmes ou gardes, ainsi que les auxiliaires indigènes de la 19e légion et du détachement de Tunisie qui quittent l'arme avant d'avoir été titularisés, reçoivent un certificat de bonne conduite du modèle adopté pour les corps de troupe.

Ceux qui, par leur inconduite ou leur mauvaise manière de servir, se mettent dans le cas d'être renvoyés de l'arme avant l'époque de leur titularisation, peuvent être privés du certificat de bonne conduite du modèle général. Mention en est alors faite sur le livret individuel de ceux qui sont venus directement d'un corps de troupe. En tout cas, avis en est toujours donné au commandant du bureau de recrutement dont ils relèvent comme réservistes (Service intérieur, art. 285.) Les démissions peuvent être données à toute époque de l'année. Mais, en cas de guerre, les démissions ne sont jamais acceptées. (Loi du 15 juillet 1889, art. 68, et art. 31 du décret du 1er mars 1854.)

Les militaires de l'arme qui donnent leur démission ne peuvent quitter le corps avant que leur démission ne soit acceptée. (Décr. du 1er mars 1854, art. 36). — Après 15 ans de services, les démissionnaires doivent être proposés pour la retraite proportionnelle. (Circ. minist. du 31 mai 1880.)

L'homme qui offre sa démission ne doit pas ignorer que sa rentrée dans l'arme devient impossible s'il a plus de 40 ans et s'il ne peut pas compléter à 55 ans le temps de service exigé pour la retraite (décr. présid. du 14 avril 1893) ou s'il mérite seulement un certificat de bonne conduite no 2. (Art. 18 du décret du 1er mars 1854.)

Les commissions des gendarmes qui seraient congédiés avec des certificats de bonne conduite no 2 ou qui seraient réformés devront être envoyées au Ministre en même temps que leur demande de démission ou la proposition de réforme les concernant. — Elles seront annulées. (Circ. du 16 juin 1883 et instr. du 28 décembre 1895.)

Le militaire qui, étant en congé ou à l'hôpital, reçoit l'avis de l'acceptation de sa démission, a droit à la solde jusqu'au jour de sa radiation des contrôles. (Décis. présid. du 21 juillet 1883 et décret du 30 décembre 1892.)

Tout démissionnaire qui, avant sa réadmission dans l'arme, jouissait d'une pension de retraite proportionnelle, reprend ses droits à cette pension. (V. *Pension.*)

Les gendarmes qui démissionnent n'ont pas droit aux frais de route. (Note minist. du 22 février 1899.)

DÉMONTAGE, s. m. Action de démonter. — Le démontage et le remontage des armes de la gendarmerie sont indiqués dans les règlements spéciaux.

DÉNICHER, v. a. Enlever du nid. — Il est défendu de dénicher les oiseaux. (Circ. des 29 juillet 1874 et 15 mai 1876.) (V. *Oiseau.*)

DÉNOMINATION, s. f. Désignation par un terme d'une personne ou d'une chose. — La circulaire du 16 février 1880 indique la dénomination qui doit être employée par les hommes de troupe en s'adressant aux adjudants, ainsi qu'aux employés militaires qui n'ont pas effectivement le grade d'officier. (V. *Appellation.*)

DÉNONCIATION, s. f. Déclaration secrète, officielle ou officieuse d'un fait, d'un acte quelconque.

DÉNONCIATEUR, TRICE, s. Celui ou celle qui fait une dénonciation, qui accuse publiquement ou secrètement. — La dénonciation calomnieuse faite par écrit est un délit prévu par l'article 373 du Code pénal (emprisonnement d'un mois à un an; amende de 100 à 3.000 francs). (V. *Calomnie.*) Toute autorité constituée, tout fonctionnaire ou officier public qui, dans l'exercice de ses fonctions, acquerra la connaissance d'un crime ou d'un délit, sera tenu d'en donner avis sur-le-champ au procureur de la République. (C. P., art. 29.) — Toute personne qui aura témoin d'un attentat soit contre la sûreté publique, soit contre la vie ou la propriété d'un individu, sera pareillement tenue d'en donner avis au procureur de la République. (C. P., art. 30.)

Les officiers de gendarmerie, en leur qualité d'officiers de police judiciaire, reçoivent les dénonciations qui leur sont faites pour toutes les infractions punissables de peines correctionnelles, afflictives ou infamantes. (Décr. du 1er mars 1854, art. 243.) Les dénonciations sont rédigées par le dénonciateur, par le fondé de pouvoir ou par l'officier de gendarmerie, s'il en est requis. Elles doivent être signées à chaque feuillet par l'intéressé et par l'officier, et les renvois et ratures doivent être paraphés. Les dénonciations sont immédiatement envoyées par les officiers de gendarmerie au procureur de la République. (V. décr. du 1er mars 1854, art. 244 et suivants.)

DENRÉE, s. f. Marchandise destinée à nourrir l'homme et les chevaux.

Denrées falsifiées. (V. *Falsification.*)

Les denrées distribuées au soldat en campagne consistent en pain ordinaire, pain biscuité, biscuit, viande fraîche, conserves, salaisons, riz, légumes secs, sel, sucre, café, vin, eau-de-vie et fourrages (avoine, paille et foin). (V. *Rations* et *Vivres.*)

Voici quelques renseignements extraits du *Manuel d'état-major* sur les denrées distribuées en campagne.

Vivres-pain. Pain ordinaire, pain de 1^k,500 (2 rations de table); on le transporte en vrac ou par vingt pains dans des sacs dont la tare est de 1^k,100. Il doit se conserver cinq jours en été et huit en hiver.

Pain biscuité. Pain de 1^k,400 (2 rations de table); on le transporte comme le pain ordinaire. Il doit se conserver de 20 à 25 jours.

Biscuit. Galettes de 0^k,200 en moyenne (3 1/2 à 4 galettes font une ration de 0^k,735 comprenant le biscuit de table et celui de soupe); on le transporte en caisses dont la tare est de 14 kilog. et la contenance de 66 rations de 0^k,735 en moyenne. Poids d'une caisse de biscuits pleine : 62^k,500 en moyenne.

Farines et blés. Les sacs de farine ou de blé de l'administration sont ordinairement réglés à 80 ou 100 kilog. nets : tare, 1^k,100.

Rendement des farines en pain ordinaire : 186, 193 ou 200 rations de 0^k,750 par 100 kilog. de farine de blé tendre, mitadin ou dur. — Rendement des blés : 144, 156 ou 172 rations par 100 kilog. de blé tendre, mitadin ou dur. — Le rendement des farines et des blés en pain biscuité est plus faible de 4 à 5 rations que le rendement en pain ordinaire. — Avec des meules de 1^m,50 de diamètre on peut moudre, par 24 heures et par paire de meules, de 20 à 24 quintaux métriques de blé. — Un hectolitre de blé pèse de 73 à 77 kilog., suivant l'espèce.

Viande fraîche. On ne distribue ordinairement que du bœuf, de la vache ou du mouton; la viande de taureau doit être exclue en règle générale.

Rendement des bestiaux : au plus 45 p. 100 du poids brut constaté après six heures de jeûne soit, pour un bœuf de 300 kilog. environ, 450 rations de 0^k,300, et pour un mouton de 25 kilog. environ, 37 rations.

Conserves. Boîtes cylindriques dont la tare est 0^k,230, contenant 1 kilog. de viande nette (5 rations de 0^k,200, y compris la gelée ou le bouillon). Les boîtes sont réunies par 36 (180 rations), dans des caisses dont la tare est de 12^k,400 et qui, pleines, pèsent 56^k,500.

Salaisons. Barils pesant en moyenne 150 kilog., et contenant 95 kilog. de viande distribuable.

Vivres de campagne. Ils sont habituellement en sacs (tare, 1^k,100) réglés à 80 kilog. nets pour le riz (2,666 rations), les légumes secs (1,333 rations), le sel (5,000 rations) et le sucre (3,810 rations); et à 40 kilog. nets pour le café torréfié en grains (2,500 rations). — Le sucre peut aussi être en pains sans emballage ou renfermé dans des caisses. — Les sacs de café sont des sacs doubles formés de deux moitiés de sac cousues ensemble. On emballe quelquefois le café torréfié dans des caisses garnies de papier. — Un hectolitre de riz pèse de 81 à 86 kilog., un hectolitre de légumes pèse de 75 à 78 kilog. pour les haricots, de 78 à 85 kilog. pour les lentilles et de 78 à 80 kilog. pour les pois.

Liquides. L'eau-de-vie est transportée en barils de 50 litres (800 rations), le vin en bordelaises de 225 litres (900 rations) ou en pipes de 500 litres (2,000 rations). — La tare des récipients est de 9 kilog., 25 kilog. ou 40 kilog.

Fourrages. L'avoine est transportée en sacs (tare, 1k,100) réglés à 70 kilogr. nets (12 rations de cavalerie de réserve, 12 1/2 d'artillerie, 14 1/2 de cavalerie de ligne, 14 3/4 de cavalerie légère). — Un hectolitre d'avoine pèse de 45 à 50 kilog.; 10 litres représentent donc à peu près une ration de cavalerie de ligne et 12 litres une ration de cavalerie de réserve. Un mètre cube de paille en bottes pèse en moyenne 62 kilog.; de foin, 65 kilog. Pour transporter le foin, on le comprime de manière à lui donner une densité de 250 à 300 kilog. par mètre cube et l'on en forme des balles de 75, 125 ou 150 kilog.

DENT, s. f. Sorte de petit os recouvert d'émail enchâssé dans la mâchoire. — Chez l'homme, le nombre de dents varie avec l'âge; l'enfant n'a que vingt dents qui tombent à des époques variables; l'adulte possède, en général, trente-deux dents, seize à chaque mâchoire. — Ces dents portent le nom d'incisives, au nombre de huit; de canines, au nombre de quatre, et de molaires, au nombre de vingt.

Le cheval a de trente-six à quarante dents : elles se distinguent en incisives, crochets et molaires. Les incisives sont au nombre de six à chaque mâchoire : celles du milieu prennent le nom de pinces; celles qui sont à côté sont les mitoyennes et les deux dernières, les coins. Les incisives sont très importantes à étudier pour juger de l'âge du cheval. (V. *Cheval.*) Les crochets sont au nombre de quatre, deux à chaque mâchoire : ils ne se rencontrent que chez le cheval adulte et les juments n'en ont généralement pas. — Celles qui en ont étaient autrefois regardées comme stériles et on les appelait *bréhaignes*. — Les molaires ou mâchelières sont au nombre de vingt-quatre, douze à chaque mâchoire.

Il existe de nombreuses locutions familières dans lesquelles entre le mot dent : être sur les dents signifie être harassé de fatigue; on dit dans le même sens : mettre quelqu'un sur les dents. — Avoir une dent contre quelqu'un signifie lui en vouloir. — Montrer les dents à quelqu'un veut dire qu'on ne le craint pas, etc., etc. — Lorsqu'un cheval s'emporte, on dit qu'il a pris le mors aux dents, non qu'il prenne réellement le mors avec les dents, mais parce que sa bouche est tellement échauffée qu'elle devient insensible et que le mors n'a plus d'action sur les barres.

DENTISTE, s. m. Celui qui fait profession d'arracher et de soigner les dents. Nul ne peut exercer la profession de dentiste s'il n'est muni d'un diplôme de docteur en médecine ou de chirurgien-dentiste. (Loi du 30 novembre 1892, art. 2.)

DÉPARTEMENT, s. m. En administration, on appelle département la plus grande des subdivisions administratives de la France qui sont : le département, l'arrondissement et la commune; le canton n'est qu'une subdivision judiciaire.

Nous donnons ci-après, classés par bassins, les noms et les chefs-lieux des quatre-vingt-six départements; on trouvera, à leur place alphabétique, les renseignements les plus importants sur chacune de ces subdivisions territoriales.

Bassin du Rhin : Vosges, chef-lieu Epinal. Meurthe-et-Moselle, chef-lieu Nancy. Meuse, chef-lieu Bar-le-Duc, Ardennes, chef-lieu Mézières. Nord, chef-lieu Lille. Pas-de-Calais, chef-lieu Arras. Somme, chef-lieu Amiens.

Bassin de la Seine: Aube, chef-lieu Troyes. Seine-et-Marne, chef-lieu Melun. Seine, chef-lieu Paris. Seine-et-Oise, chef-lieu Versailles. Eure, chef-lieu Evreux. Seine-Inférieure, chef-lieu Rouen. Haute-Marne, chef-lieu Chaumont. Marne, chef-lieu Châlons. Aisne, chef-lieu Laon. Oise, chef-lieu Beauvais. Yonne, chef-lieu Auxerre. Eure et-Loir, chef-lieu Chartres. Orne, chef-lieu Alençon. Calvados, chef-lieu Caen. Manche, chef-lieu Saint-Lô. Côtes-du-Nord, chef-lieu Saint-Brieuc. Finistère, chef-lieu Quimper. Morbihan, chef-lieu Vannes. Ille-et-Vilaine, chef-lieu Rennes.

Bassin de la Loire : Haute-Loire, chef-lieu Le Puy. Loire, chef-lieu Saint-Etienne. Nièvre, chef-lieu Nevers. Loiret, chef-lieu Orléans. Loir-et-Cher, chef-lieu Blois. Indre-et-Loire, chef-lieu Tours. Maine-et-Loire, chef-lieu Angers. Loire-Inférieure, chef-lieu Nantes. Sarthe, chef-lieu Le Mans. Mayenne, chef-lieu Laval. Allier, chef-lieu Moulins.

Puy-de-Dôme, chef-lieu Clermont-Ferrand. Creuse, chef-lieu Guéret. Indre, chef-lieu Châteauroux. Haute-Vienne, chef-lieu Limoges. Vienne, chef-lieu Poitiers. Cher, chef-lieu Bourges. Deux-Sèvres, chef-lieu Niort. Vendée, chef-lieu La Roche-sur-Yon. Charente, chef-lieu Angoulême. Charente-Inférieure, chef-lieu La Rochelle. Dordogne, chef-lieu Périgueux. Cantal, chef-lieu Aurillac. Corrèze, chef-lieu Tulle.

Bassin de la Garonne: Haute-Garonne, chef-lieu Toulouse. Tarn-et-Garonne, chef-lieu Montauban. Lot-et-Garonne, chef-lieu Agen. Gironde, chef-lieu Bordeaux. Ariège, chef-lieu Foix. Tarn, chef-lieu Albi. Lozère, chef-lieu Mende. Aveyron, chef-lieu Rodez. Lot, chef-lieu Cahors. Gers, chef-lieu Auch. Hautes-Pyrénées, chef-lieu Tarbes. Basses-Pyrénées, chef-lieu Pau. Landes, chef-lieu Mont-de-Marsan. Pyrénées-Orientales, chef-lieu Perpignan. Aude, chef-lieu Carcassonne. Hérault, chef-lieu Montpellier.

Bassin du Rhône: Ain, chef-lieu Bourg. Rhône, chef-lieu Lyon. Ardèche, chef-lieu Privas. Gard, chef-lieu Nîmes. Haute-Savoie, chef-lieu Annecy. Savoie, chef-lieu Chambéry. Isère, chef-lieu Grenoble. Drôme, chef-lieu Valence. Vaucluse, chef-lieu Avignon. Bouches-du-Rhône, chef-lieu Marseille. Jura, chef-lieu Lons-le-Saunier. Doubs, chef-lieu Besançon. Haute-Saône, chef-lieu Vesoul. Côte-d'Or, chef-lieu Dijon. Saône-et-Loire, chef-lieu Mâcon. Hautes-Alpes, chef-lieu Gap. Basses-Alpes, chef-lieu Digne. Var, chef-lieu Draguignan. Alpes-Maritimes, chef-lieu Nice. Corse, chef-lieu Ajaccio.

DÉPÊCHE, s. f. Lettre concernant des affaires publiques ou des affaires particulières.

L'article 99 du décret du 1er mars 1854 recommande expressément aux autorités de ne faire porter des dépêches par la gendarmerie que dans des cas extrêmement urgents. — Dans ces cas, la gendarmerie obtempère aux réquisitions, mais elle en rend compte immédiatement aux Ministres de la guerre et de l'intérieur. — Deux circulaires du Ministre de l'intérieur aux préfets (5 août 1852 et 25 février 1874) recommandent à ces hauts fonctionnaires de ne faire porter des dépêches par la gendarmerie que dans des circonstances tout à fait exceptionnelles.— Enfin, une circulaire du Ministre de la guerre, en date du 15 octobre 1880, prescrit aux généraux et aux chefs de corps de ne jamais employer la gendarmerie pour porter des plis cachetés des médailles, des mandats et autres pièces pouvant entraîner leur responsabilité pécuniaire. Ces missions, dit le Ministre, sont contraires aux dispositions de l'article 90 du décret du 1er mars 1854, d'après lesquelles les militaires de l'arme ne peuvent être distraits de leur service pour porter les dépêches des diverses autorités; mais ces recommandations, dit la circulaire du 13 janvier 1881, ne sauraient s'appliquer aux communications qui doivent exister entre les commandants de recrutement et la gendarmerie, ces communications ont été réglées par la note ministérielle du 6 mars 1895, qui allège le service de la gendarmerie au point de vue du recrutement. L'instruction du 28 décembre 1895, art. 71, renvoi 1, recommande aux commandants de recrutement de n'employer le mot *urgence* qu'avec la plus extrême réserve dans leur correspondance avec les brigades.

Dépêche télégraphique. (V. *Franchise.*)

DÉPENS, s. m. Frais, dépenses. Ce mot s'emploie fréquemment dans l'expression « frais et dépens ». On dit qu'un individu est condamné aux frais et dépens, lorsqu'il est condamné à payer toutes les dépenses occasionnées par le procès.

DÉPLACEMENT, s. m. Action de changer de lieu, de place, de fonctions. — En ce qui concerne les indemnités qui sont dues pour la troupe en vertu de l'annexe n° 1 du règlement du 30 décembre 1892, pour tout déplacement d'une durée de plus de douze heures, V. le titre *Service extraordinaire;* V. aussi *Changement de résidence* et *Frais de route.* — Les indemnités de déplacement auxquelles ont droit les officiers de gendarmerie, et, le cas échéant, les intérimaires, pour leurs revues, tournées, visites et tous autres services sont déterminées par la décision présidentielle du 18 juin 1895 complétée par la note ministérielle du 30 avril 1899 qui a modifié l'indemnité n° 11 du tableau 2, art. 13, du décret du 30 décembre 1892, et qui a adopté un nouveau tarif d'indemnité de déplacement en remplacement du tarif n° 15 annexé audit décret.

Le droit aux indemnités est justifié par un état indicatif des arrondissements ou des postes visités, certifié par l'intéressé.

Ces indemnités sont acquises aux officiers pour la tournée du tirage au sort et du conseil de revision, quel que soit le nombre de jours effectivement employés à ce service. (Circ. du 1er septembre 1896.)

Une *indemnité de séjour*, fixée à 8 francs pour les officiers supérieurs, 6 francs pour les capitaines, 4 fr. 50 pour les lieutenants et sous-lieutenants et 3 fr. 50 pour les sous-officiers, est allouée lorsqu'ils sont détachés de leur résidence pour remplir les fonctions du grade supérieur. (Tabl. 2, n° 16, du règl. du 30 décembre 1892 et tarif n° 19.)

Enfin, les officiers de gendarmerie voyageant par ordre hors de la circonscription de leur commandement reçoivent, sur les fonds du service de l'indemnité de route, les allocations déterminées par le règlement sur ce service. — Il en est de même des sous-officiers commandant provisoirement un arrondissement.

Une décision présidentielle en date du 18 novembre 1901 fixe ainsi qu'il suit les indemnités journalières à attribuer aux militaires de la gendarmerie déplacés pour le maintien de l'ordre.

Officier supérieur, 7 francs.

Officier subalterne, 5 francs.

Adjudant, 4 francs.

Maréchal des logis chef, maréchal des logis et fourrier, 3 fr.

Brigadier, gendarme ou garde, 2 fr. 50.

Ces indemnités sont dues pour chaque journée de route ou de séjour employées à ce service.

Aux colonies, l'indemnité de tournée allouée pour chaque poste visité et pour tout trajet de 40 kilomètres au moins d'un poste à un autre est de 13 francs. (Circ. du Ministre de la Marine du 10 septembre 1880.)

Déplacement des militaires de la gendarmerie dans un but d'apaisement ou de conciliation. (V. *Fonds spécial.*)

DÉPLOIEMENT, s. m. Terme militaire. Le déploiement consiste à faire passer une troupe de l'ordre en colonne à l'ordre en bataille. — Ce mot signifie aussi l'action de manifester : déployer un grand luxe, et de faire usage de.... : déployer la force des armes.

En l'absence de l'autorité judiciaire ou administrative, les sous-officiers, brigadiers et gendarmes ne peuvent déployer la force des armes, c'est-à-dire faire usage de leurs armes, que dans les deux cas suivants : le premier, si des violences ou voies de fait sont exercées contre eux ; le second, s'ils ne peuvent défendre autrement le terrain qu'ils occupent, les postes ou les personnes qui leur sont confiés, ou enfin si la résistance est telle qu'elle ne puisse être vaincue que par la force des armes. (Décr. du 1er mars 1854, art. 297.)

DÉPORTATION, s. f. Exil perpétuel dans un lieu déterminé. La peine de la déportation existe à l'article 7 du Code, mais elle n'est plus guère appliquée que comme exécution de la peine des travaux forcés. (V. ce mot.)

La déportation dans une enceinte fortifiée est réglée par l'article 1er de la loi des 22 avril et 8 juin 1850. Elle remplace la peine de mort dans les cas où cette peine est abolie par la Constitution de 1848 (en matière politique). La Nouvelle-Calédonie et les îles du Salut (Guyane) sont désignées comme lieux de déportation.

DEPOSITION, s. f. Signifie, en jurisprudence, le récit qu'un témoin fait devant la justice. (V. *Témoin* et *Taxe.*)

DEPOT, s. m. Les acceptions de ce mot sont très nombreuses ; nous donnerons ci-après les principales.

Dépôt de corps. Les dépôts de corps ont été supprimés par la loi du 25 juillet 1887, en même temps que les quatrièmes bataillons.

Les régiments de zouaves et de tirailleurs ont encore chacun une compagnie de dépôt, et les régiments étrangers, deux compagnies.

Dépôt de remonte. Les dépôts de

remonte sont des établissements spéciaux dirigés par des officiers de cavalerie qui sont chargés d'acheter des chevaux au compte de l'État. Tous les ans, à certaines époques, un comité d'achat, composé de l'officier commandant l'établissement et de deux autres officiers, parcourt les départements de la circonscription et achète les chevaux qui lui paraissent aptes au service de l'armée.

Les notes ministérielles des 28 janvier 1891 et 23 février 1892 fixent la nouvelle division administrative et territoriale des établissements de remonte de l'intérieur.

En Afrique, il existe des dépôts à Blida, Mostaganem, Constantine et Tunis et une jumenterie à Tiaret. — Le service de ces établissements est assuré par 8 compagnies de cavaliers de remonte. (Décis. minist. des 31 mai 1886, 30 septembre 1887 et 4 décembre 1888.)

Dépôt de mendicité. Ce sont des établissements dans lesquels on garde et on nourrit les indigents sans asile et incapables de travailler.

Dépôt de la préfecture de police. Lieu où l'on détient, à Paris, tous les individus arrêtés, en attendant qu'on ait pris une décision sur leur compte. Il existe encore un grand nombre d'établissements qui portent le nom de dépôt : *Dépôt de la Guerre. Dépôt des fortifications. Dépôt de la Marine.*

Dépôts de matériaux. L'article 471, nº 4, du Code pénal, punit d'une amende de 1 à 5 francs ceux qui auront embarrassé la voie publique en y laissant sans nécessité des matériaux ou des choses quelconques qui empêchent ou diminuent la liberté du passage.

La contravention d'embarras de la voie publique par le dépôt de matériaux ne peut être excusée par le motif d'une autorisation expresse ou tacite de l'autorité municipale. (Cassation, 25 mai 1882.)

Dépôts et consignations. (V. le titre : *Caisse des dépôts et consignations*, en ce qui concerne le recouvrement des sommes provenant de la solde et de l'avoir à la masse des gendarmes décédés.)

DÉPOUILLEMENT, s. m. Action d'enlever à quelqu'un ses biens, ses vêtements. — Est puni de la réclusion tout militaire qui dépouille un blessé. Le coupable est puni de mort si, pour dépouiller un blessé, il lui fait de nouvelles blessures. (C. M., art. 149.)

DÉPUTÉ, s. m. Celui qui est élu pour prendre part aux délibérations d'une assemblée législative.

Il y a en France un député par arrondissement : les arrondissements ayant plus de 100.000 habitants ont deux députés ; ceux qui en ont plus de 200.000 en ont trois, et ainsi de suite. Le nombre des députés est en 1902 de 591. Ils sont nommés pour 4 ans par le suffrage universel. Tout électeur est éligible à l'âge de vingt-cinq ans.

Aucun militaire ou marin faisant partie des armées actives de terre ou de mer ne pourra, quel que soit son grade ou ses fonctions, être élu membre de la Chambre des députés. (Loi du 30 novembre 1875, art. 7.)

Nul ne peut être membre du parlement s'il n'a satisfait définitivement aux prescriptions de la loi militaire concernant le service actif. (Loi du 20 juillet 1895, art. 1er.)

Aux termes de l'art. 2 de la même loi, les membres du Parlement ne peuvent faire aucun service militaire pendant les sessions, si ce n'est sur la demande du Ministre de la guerre, de leur propre consentement, et après décision favorable de l'assemblée à laquelle ils appartiennent.

DESAVEU, s. m. Déclaration ou acte par lequel on nie avoir dit ou fait une chose. Le désaveu de paternité est l'acte par lequel un mari refuse de se reconnaître pour père d'un enfant de sa femme. — En cas de séparation de corps prononcée ou même demandée, le mari pourra désavouer l'enfant qui sera né trois cents jours après l'ordonnance du président rendue aux termes de l'article 878 du Code de procédure civile, et moins de cent quatre-vingts jours depuis le rejet définitif de la demande ou de la réconciliation. — L'action en désaveu ne sera pas admise s'il y a eu réunion de fait entre les époux. (*Bulletin des lois*, 6 décembre 1850 ; art. 312 du Code civil et instruction du 8 mars 1823.)

DESCENDANT, adj. Qui descend. La garde descendante est celle qui a fini son service et qu'on relève. — Les descendants de quelqu'un sont ceux qui sont issus de lui, par opposition à ascendants, qui sont ceux dont il descend ; on dit aussi ligne descendante et ligne ascendante. (V. *Ascendant.*)

DESCENTE, s. f. En terme judiciaire, on entend par *descente sur les lieux* le transport d'un magistrat dans un lieu quelconque en vue d'y recueillir des renseignements, d'y faire des constatations, etc. — Tous les officiers de police judiciaire auxiliaires du procureur de la République sont, en l'absence de celui-ci, compétents pour faire des descentes sur les lieux, en cas de flagrant délit ou sur la réquisition d'un chef de maison. — Les officiers de police judiciaire militaire ne peuvent s'introduire dans une maison particulière, si ce n'est avec l'assistance soit du juge de paix, soit de son suppléant, soit du maire, soit de son adjoint, soit du commissaire de police. (C. M., art. 91.)

DÉSERTION, s. f. Action d'abandonner son poste ou de se soustraire au service militaire. — Celui qui est en état de désertion se nomme déserteur. Le Code militaire définit et punit ainsi qu'il suit le crime de désertion :

Désertion à l'intérieur.

Art. 231. Est considéré comme déserteur à l'intérieur : 1° six jours après celui de l'absence constatée, tout sous-officier, caporal, brigadier ou soldat qui s'absente de son corps ou détachement sans autorisation ; néanmoins, si le soldat n'a pas trois mois de service, il ne peut être considéré comme déserteur qu'après un mois d'absence ; 2° tout sous-officier, caporal, brigadier ou soldat voyageant isolément d'un corps à un autre, ou dont le congé ou la permission est expiré, et qui, dans les quinze jours qui suivent celui qui a été fixé pour son retour ou son arrivée au corps, ne s'y est pas présenté.

Art. 232. Tout sous-officier, caporal, brigadier ou soldat coupable de désertion à l'intérieur en temps de paix est puni de deux à cinq ans d'emprisonnement, et de deux à cinq ans de travaux publics, si la désertion a eu lieu en temps de guerre ou sur un territoire en état de guerre ou de siège. La peine ne peut être moindre de trois ans d'emprisonnement ou de travaux publics, suivant les cas, dans les circonstances suivantes : 1° si le coupable a emporté une de ses armes, un objet d'équipement ou d'habillement, ou s'il a emmené son cheval ; 2° s'il a déserté étant de service, sauf les cas prévus par les articles 211 et 213 du Code militaire ; 3° s'il a déserté antérieurement.

Art. 233. Est puni de six mois à un an d'emprisonnement tout officier absent de son corps ou de son poste sans autorisation depuis plus de six jours, ou qui ne s'y présente pas quinze jours après l'expiration de son congé ou de sa permission, sans préjudice de l'application, s'il y a lieu, des dispositions de l'article 1er de la loi du 19 mai 1834, sur l'état des officiers. — Tout officier qui abandonne son corps ou son poste sur un territoire en cas de guerre ou de siège est déclaré déserteur après les délais déterminés par le paragraphe précédent et puni de la destitution avec emprisonnement de deux à cinq ans.

Art. 234. En temps de guerre, les délais fixés par les articles 231 et 233 précédents sont réduits des deux tiers.

Désertion à l'étranger.

Art. 235. Est déclaré déserteur à l'étranger, en temps de paix, trois jours et, en temps de guerre, un jour après celui de l'absence constatée, tout militaire qui franchit sans autorisation les limites du territoire français, ou qui, hors de France, abandonne le corps auquel il appartient.

Art. 236. Tout sous-officier, caporal, brigadier ou soldat coupable de désertion à l'étranger est puni de 2 à 5 ans de travaux publics, si la désertion a eu lieu en temps de paix ; il est puni de 5 ans à 10 ans de la même peine, si la désertion a eu lieu en temps de guerre ou sur un territoire en état de guerre ou de siège. La peine ne peut être moindre de 3 ans de travaux publics dans le cas prévu par le paragraphe 1er et de 7 ans dans le cas du paragraphe 2e, dans les circonstances suivantes : 1° si le coupable a emporté une de ses armes, un objet d'habillement ou d'équipement, ou s'il a emmené son cheval ; 2° s'il a déserté étant de service, sauf les cas prévus par les articles 211 et 213; 3° s'il a déserté antérieurement.

Art. 237. Tout officier coupable de désertion à l'étranger est puni de la destitution avec emprisonnement de 1 an à 5 ans, si la désertion a eu lieu en temps de paix, et de la détention si la désertion a eu lieu en temps de guerre ou sur un territoire en état de guerre ou de siège.

Désertion à l'ennemi ou en présence de l'ennemi.

Art. 238. Est puni de mort, avec dégradation militaire, tout militaire coupable de désertion à l'ennemi.

Art. 239. Est puni de la détention tout déserteur en présence de l'ennemi. (V. *Insoumis*).

Dispositions communes aux sections précédentes. Art. 240. Est réputée désertion avec complot toute désertion effectuée de concert par plus de deux militaires.

Art. 241. Est puni de mort : 1° le coupable de désertion avec complot en présence de l'ennemi; 2° le chef du complot de désertion à l'étranger. Le chef du complot de désertion à l'intérieur est puni de 5 ans à 10 ans de travaux publics s'il est sous-officier, caporal, brigadier ou soldat, et de la détention, s'il est officier. Dans tous les autres cas, le coupable de désertion avec complot est puni du maximum de la peine portée par les dispositions des sections précédentes, suivant la nature et les circonstances du crime ou du délit.

Art. 242. Tout militaire qui provoque ou favorise la désertion est puni de la peine encourue par le déserteur, selon les distinctions établies au présent chapitre. Tout individu non militaire ou non assimilé aux militaires qui, sans être embaucheur pour l'ennemi ou pour les rebelles, provoque ou favorise la désertion, est puni par le tribunal compétent d'un emprisonnement de 2 mois à 5 ans.

Art. 243. Si un militaire reconnu coupable de désertion est condamné par le même jugement pour un fait entraînant une peine plus grave, cette peine ne peut être réduite par l'admission de circonstances atténuantes.

Les gendarmes ne doivent jamais oublier qu'ils sont complètement soumis aux lois militaires et que tous les articles du Code leur sont applicables. L'article 36 du décret du 1er mars 1854 dit que les militaires de l'arme qui désirent quitter le service doivent attendre, pour se retirer dans leurs foyers, sous peine d'être déclarés déserteurs, que leur titre de libération leur ait été remis. Tout sous officier, brigadier ou gendarme qui n'a pas rejoint à l'expiration de son congé ou de sa permission et qui ne justifie pas de son retard, est puni sévèrement suivant les circonstances; s'il n'a pas rejoint dans les quinze jours qui suivent celui qui a été fixé pour son retour, il est considéré comme déserteur à l'intérieur et poursuivi comme tel, lors même qu'il a accompli le temps de service voulu par la loi de recrutement. Tout sous-officier, brigadier ou gendarme qui s'absente sans autorisation est puni sévèrement suivant les circonstances. Six jours après celui de l'absence constatée, il est considéré comme déserteur à l'intérieur. (Service intérieur, art. 257.)

Comme pour les gendarmes décédés, les effets des gendarmes déserteurs sont vendus par les soins du conseil d'administration en présence du sous-intendant militaire qui en dresse procès-verbal, et le produit est versé à leur masse. Quant aux effets mobiliers, leur remise aux héritiers ou aux ayants droit est effectuée en se conformant aux dispositions du Code civil rappelées au titre III de l'instruction ministérielle du 8 mars 1823. (Règl. du 12 avril 1893, art. 140 et 149. — V. les art. 112, 113 et 114 du C. civ.) Si le déserteur est débiteur envers l'État, le conseil d'administration pourra former opposition sur les objets mobiliers de l'absent, et si ce dernier est insolvable, le conseil, conformément à l'article 149 du règlement du 12 avril 1893, aura à se pourvoir auprès du Ministre pour se couvrir de ses avances au moyen d'une imputation sur la masse d'entretien et de remonte.

La prescription contre l'action publique résultant de la désertion ne commence à courir que du jour où le déserteur a atteint l'âge de 47 ans ainsi qu'en dispose l'article 184 du Code de justice militaire. Or, la prescription contre l'action publique étant de trois ans (art. 638 du Code d'instruction criminelle), ce n'est qu'à l'âge de 50 ans accomplis que, la prescription étant définitivement acquise, les déserteurs recherchés infructueusement doivent être rayés des contrôles de la désertion. (Instruction du 6 septembre 1897, art. 31.) A quelque époque que le déserteur soit arrêté, il est mis à la disposition du Ministre de la guerre pour compléter, s'il y a lieu, le temps de service qu'il doit à l'Etat. (C. M., art. 184.) Tous les déserteurs ayant atteint l'âge de 50 ans devront être rayés des contrôles de la désertion.

Les déserteurs, à dater du moment où ils sont déclarés tels, jusqu'à celui où ils sont arrêtés et reconnus déserteurs, ou se rendent volontairement en se déclarant déserteurs, ne sont pas justiciables des tribunaux militaires, mais bien des tribunaux ordinaires pour tous les crimes ou délits commis par eux (excepté tous les crimes et délits prévus au titre II du livre IV du Code militaire). D'après l'article 56 du même Code, les militaires doivent être en activité de service et portés présents sur les contrôles pour être justiciables des conseils de guerre.

Le registre n° 4, tenu par le commandant de compagnie, sur lequel étaient inscrits les signalements des déserteurs et des insoumis, a été supprimé par le décret du 20 décembre 1901; mais ce même registre a été conservé dans les arrondissements et dans les brigades, et les gendarmes doivent rechercher avec soin et arrêter, partout où ils sont rencontrés, les militaires de l'armée de terre et de mer qui se trouvent dans une position irrégulière d'absence. Les articles 336 et suivants du décret du 1er mars 1854 traitent longuement des devoirs que la gendarmerie est appelée à remplir au sujet de la police militaire. (V. également l'instruction du 6 septembre 1897 relative à la désertion.)

Une expédition des signalements nos 1 et 2 des déserteurs et insoumis doit toujours être adressée au préfet de police. (Décis. minist. du 28 juillet 1889.)

Le déserteur arrêté par la gendarmerie est ramené à son corps, après s'être assuré qu'il en fait réellement partie, soit par un signalement officiellement notifié, soit par les papiers trouvés en sa possession, soit par tous autres documents probants. (Art. 14 et 16 de l'instruction du 6 septembre 1897.)

Déserteurs étrangers. Ils doivent être l'objet d'une surveillance toute particulière de la part de la gendarmerie. Il leur est interdit de s'établir dans un département limitrophe de la frontière, et, pour se rendre dans la résidence qu'ils ont choisie, ils sont munis d'un laissez-passer. S'ils veulent, en cours de route, s'établir dans une localité autre que celle où ils avaient déclaré vouloir se rendre, ils doivent immédiatement donner avis de leur présence à l'autorité locale ou à la gendarmerie, et effectuer sans retard la déclaration de résidence prescrite. (Circ. du 29 octobre 1889 et du 9 janvier 1893.) (V. *Etranger.*)

Les déserteurs étrangers qui se présentent aux autorités civiles ou militaires sont d'abord remis à la gendarmerie qui les interroge en leur posant les questions énumérées dans la circulaire du ministre de l'intérieur en date du 25 février 1897 et à laquelle il y a lieu de se reporter pour les autres formalités à observer; ils sont ensuite conduits le plus tôt possible devant le commandant d'armes. Aux armées, les déserteurs ennemis sont interrogés dès leur arrivée par le commandant de la gendarmerie; ils sont ensuite conduits au quartier général. (Instr. du 18 avril 1890, art. 55.)

Prime d'arrestation. L'arrestation par la gendarmerie des déserteurs des troupes de terre et de mer donne droit à une prime de 25 francs, payable sur les fonds du ministère de la guerre ou de celui de la marine, suivant qu'ils appartiennent à l'un ou à l'autre de ces ministères. (Règl. du 12 avril 1893, art. 182.) Les délais nécessaires pour assurer les droits des capteurs sont déterminés par les articles 231, 232, 233, 234 et 235 du Code militaire modifié par la loi du 18 mai 1875. La prime n'est due qu'autant que les personnes qui la réclament se sont mises spécialement à la recherche des déserteurs dont elles ont opéré l'arrestation. Il faut aussi que les individus arrêtés se trouvent réellement en état d'insoumission ou de désertion ou qu'ils aient dépassé les délais de grâce déterminés par les articles du Code militaire cités plus haut. (Art. 37 et 38 de l'instr. du 24 janvier 1858.)

Les fonctionnaires de l'intendance, chargés de s'assurer que les droits à la prime sont bien justifiés, doivent exiger que le procès-verbal d'arrestation soit revêtu du visa du rapporteur du conseil de guerre auquel a été déféré l'individu arrêté, ou, lorsqu'il y a eu refus d'informer, du chef d'état-major du corps d'armée où il a été conduit. (Art. 48 de l'instr. du 12 août 1896.)

Les primes doivent être réclamées, sous peine de déchéance, dans le délai d'un an, à partir du premier jour du trimestre dans lequel les arrestations ont été opérées. (Règl. du 12 avril 1893, art 187.)

DESINFECTION, s. f. La désinfection a pour but de détruire certains gaz malsains appelés miasmes qui vicient l'air et peuvent occasionner des maladies contagieuses. Les matières qui servent à désinfecter se nomment désinfectants; les principaux sont le chlore et l'acide azotique en fumigation.

Désinfection des écuries. Après avoir nettoyé toutes les parties solides de l'écurie, on place au centre l'appareil d'où l'acide peut se dégager. On peut encore brûler du soufre sur une plaque de fer rougie au feu. Les effets de pansage, les couvertures, le harnachement qui ont servi à un cheval atteint d'une maladie contagieuse doivent être lavés à différentes reprises dans de l'eau chlorurée. La place occupée par le cheval sera grattée, lavée à l'eau bouillante et blanchie ensuite à la chaux. (V., pour les précautions à prendre et les soins à donner, les art. 85 et 313 du Service intérieur.)

Une circulaire en date du 2 mars 1883 prescrit annuellement la désinfection des écuries et ordonne que la désinfection sera pratiquée d'après les indications suivantes : 1° tout d'abord la litière sera enlevée entièrement et jetée au fumier, ainsi que tous les débris alimentaires qui restent dans les mangeoires ou râteliers. Le sol de l'écurie sera ensuite lavé à grande eau et fortement balayé avant de commencer aucune opération de désinfection; 2° les murs, mangeoires, râteliers et bat-flancs seront lavés à l'eau de potasse et frottés ensuite soit avec des brosses en chiendent, soit avec des bouchons de paille : 3° on passera comme précédemment à l'aide d'un pinceau, de l'eau phéniquée (10 grammes d'acide phénique liquide pour 100 grammes d'eau) sur les murs, mangeoires, râteliers, bat-flancs et sur le sol; 4° toute l'écurie, ainsi que le matériel qu'elle contient, sera blanchie à l'eau de chaux, laquelle sera mélangée à un dixième de son poids de chlorure de chaux sec; 5° enfin, la désinfection ne sera considérée comme complète qu'après un dégagement d'acide sulfureux pendant 24 heures au moins dans chaque écurie close, opération facile à obtenir en jetant de la fleur de soufre sur un réchaud rempli de charbons ardents (200 grammes de fleur de soufre suffisent pour les écuries de 10 chevaux dont les portes et fenêtres resteraient hermétiquement fermées pendant 24 heures au moins); 6° toutes les fois qu'un cheval entrera à l'infirmerie pour n'importe quelle cause, sa stalle et celle de ses deux voisins seront désinfectées ainsi qu'il vient d'être dit. Dans la gendarmerie la dépense de désinfection des écuries est supportée par la masse d'entretien et de remonte. (Règlem. du 12 avril 1893, annexe n° 2.)

DESORDRE, s. m. Les militaires en route qui commettent des désordres, soit dans les marches, soit dans les lieux de gîte ou de séjour, doivent être arrêtés par la gendarmerie et remis au commandant du corps. (Décr. du 1er mars 1854, art. 352.) Dans cet article du décret, le mot désordre signifie dégât, pillage, tout acte irrégulier, contraire aux lois.

DESSEIN, s. m. Intention, projet, résolution. Cet homme a de mauvais desseins. A dessein veut dire avec intention.

DESSELLER, v. a. Oter la selle

à un cheval. La manière réglementaire de desseller est décrite dans les bases de l'instruction du règlement du 28 mai 1900.

Desceller signifie briser un sceau, un cachet, enlever de son scellement. Desceller une dalle, une grille, etc.

DESSIN, s. m. Art de représenter par des traits la forme apparente des objets.

DESTITUTION, s. f. Action de priver quelqu'un d'une fonction, d'un emploi, d'un grade. L'officier perd son grade lorsqu'il est destitué par jugement d'un conseil de guerre. Indépendamment des cas prévus par les autres lois en vigueur, la destitution est prononcée pour l'une des causes ci-après déterminées : 1° à l'égard de l'officier en activité pour absence illégale de son corps après 3 mois ; 2° à l'égard de l'officier en activité, en disponibilité ou en non-activité pour résidence hors du territoire français, sans autorisation, après 15 jours d'absence. (Loi du 19 mai 1834, art. 1er) L'officier destitué ne peut obtenir ni pension, ni récompenses en raison de ses services antérieurs.

DESTRUCTION, s. f. Action de détruire, de démolir, d'abattre, de faire disparaître. Le Code militaire (art. 252, 253, 254, 255) prononce les peines suivantes dans le cas de destruction volontaire d'objets nécessaires à l'armée :

Destruction volontaire d'édifices, bâtiments, ouvrages militaires, magasins, chantiers, vaisseaux, navires, bateaux à l'usage de l'armée : travaux forcés de 5 à 20 ans. En cas de circonstances atténuantes, réclusion de 5 à 10 ans, ou emprisonnement de 2 à 5 ans. — Destruction, en présence de l'ennemi, des moyens de défense, de tout ou partie d'un matériel de guerre, des approvisionnements en armes, vivres, munitions, effets de campement, d'habillement et d'équipement : mort avec dégradation militaire. — Destruction hors de la présence de l'ennemi : détention de 5 à 20 ans. — Destruction ou bris volontaire d'armes, d'effets de campement, de casernement, d'équipement ou d'habillement appartenant à l'Etat : de 2 à 5 ans de travaux publics. En cas de circonstances atténuantes, emprisonnement de 2 mois à 5 ans. — Destruction de minutes, registres ou actes originaux de l'autorité militaire : réclusion de 5 à 10 ans. En cas de circonstances atténuantes, emprisonnement de 2 à 5 ans.

DÉTACHEMENT, s. m. Fraction d'un corps de troupe agissant momentanément en dehors du corps principal.

Lorsqu'un détachement de troupes est appelé à agir de concert avec la gendarmerie, le commandement appartient à l'officier des deux troupes le plus élevé en grade ou le plus ancien dans le grade. Si, d'après cette règle, c'est l'officier de troupe qui a le commandement et qu'il s'agisse d'un service spécial à la gendarmerie, il doit obtempérer aux demandes écrites de l'officier de gendarmerie, qui demeure responsable de l'exécution de son mandat, conformément au règlement sur le service de la gendarmerie. (Décret du 4 octobre 1891, art. 120). (V. *Commandement.*)

(Pour le droit au commandement dans les trains régimentaires, V. *Vaguemestre.*)

Des détachements extraordinaires de gendarmerie dans l'intérieur peuvent être formés soit pour la surveillance particulière des frontières, soit pour la police des camps et cantonnements de troupe en temps de paix, d'après les ordres du Ministre de la guerre. — Ils peuvent aussi être formés conformément aux dispositions des articles 113 et 129 du décret du 1er mars 1854, sur la demande des préfets et par ordre des généraux commandant les corps d'armée et les subdivisions de région ou en vertu de réquisitions des autorités administratives et judiciaires, dans le cas d'émeutes populaires ou d'attroupements séditieux. Il peut encore être formé des détachements de gendarmerie lors des voyages du chef de l'Etat dans les départements en vertu d'ordres particuliers adressés à ce sujet par le ministre aux chefs de légion. (Service intérieur, art. 322.)

En ce qui concerne l'administration, pour former un détachement il faut au moins six hommes réunis du même corps; cependant, le détachement qui est réduit, en route, au-dessous de six hommes, n'en reste pas moins constitué. (Règl. du 30 décembre 1892, tableau 2, n° 2.) — Le commandant d'un détachement doit être muni d'un ordre de mouvement, d'une instruction par écrit sur l'objet et le service de son détachement, d'une feuille de route collective si le détachement est au moins de six hommes, et d'une feuille de route individuelle pour chaque officier, sous-officier brigadier et gendarme, si le détachement est de moins de six hommes.

Quand un détachement doit voyager sur plusieurs réseaux de chemins de fer, le billet collectif est établi à la gare du départ pour tout le trajet. (Circ. du 31 juillet 1885.)

Dans les cas urgents, les gendarmes porteurs de leurs armes, et déplacés pour le maintien de l'ordre public, sont autorisés à monter dans les trains de chemins de fer, sans être tenus d'effectuer le paiement préalable du prix de leur place.

Le chef de détachement remet simplement au chef de gare une copie de l'ordre de mouvement, ou, en cas de réquisition, l'ordre de mouvement qu'il a établi lui-même. (V. Service intérieur, art. 324.)

DÉTAILLANT, ANTE, adj. Un marchand détaillant est celui qui vend au détail, en petites quantités, par opposition à celui qui vend en gros.

DÉTENTION, s. f. Action de détenir, de garder en sa possession ; celui qui détient un objet en sa possession en est le détenteur.

Détention d'engins prohibés. La loi du 3 mai 1844, article 12, punit d'une amende de 50 à 200 francs et, dans certains cas, d'un emprisonnement de 6 jours à 2 mois, ceux qui seront détenteurs ou ceux qui seront trouvés munis ou porteurs, hors de leur domicile, de filets, engins ou autres instruments de chasse prohibés.

Détention arbitraire. Action de retenir quelqu'un prisonnier. — Hors le cas de flagrant délit, déterminé par les lois, la gendarmerie ne peut arrêter aucun individu, si ce n'est en vertu d'un ordre ou d'un mandat décerné par l'autorité compétente ; tout officier, sous-officier, brigadier ou gendarme qui, en contravention à cette disposition, donne, signe, exécute ou fait exécuter l'ordre d'arrêter un individu ou l'arrête effectivement est puni comme coupable de détention arbitraire. (Décr. du 1er mars 1854, art. 632.) La peine est des travaux forcés si la détention a duré plus de 10 jours. (V. les art. 341, 342 et 343 du C. P.)

Détention préventive. C'est l'état dans lequel se trouve une personne arrêtée pour un crime ou pour un délit et qui est retenue en prison jusqu'après le jugement.

La détention préventive doit être déduite de la peine prononcée, à moins que les juges n'en aient ordonné autrement (loi du 2 août 1901), et la circulaire du 22 mai 1901 fait connaître à quel moment doit remonter la prison préventive.

On entend aussi par *détention* une peine afflictive et infamante qui consiste (C. P., art. 20) à être renfermé dans une forteresse pendant 5 ans au moins et 20 ans au plus. — Le Code pénal (art. 78, 81, 89, 90, 91) applique surtout cette peine aux fonctionnaires coupables de crimes contre la chose publique. — Dans la pratique, les condamnés ne sont généralement pas enfermés dans une forteresse ; ils subissent leur peine dans des établissements particuliers appelés maisons centrales ou de détention.

Maisons de détention. Il y a en France vingt-trois maisons de détention, qui se trouvent à Albertville, Aniane, Auberive, Beaulieu, Belle-Isle, Cadillac, Clairvaux, Clermont (Oise), Doullens, Embrun, Eysses, Fontevrault, Gaillon, Landerneau, Loos, Melun, Montpellier, Nîmes, Poissy, Rennes, Riom, Thouars, et l'île Sainte-Marguerite. — Ces maisons spéciales sont destinées à renfermer les condamnés à la détention, ceux qui sont condamnés à plus d'un an et un jour de prison, les condamnés à la réclusion et les femmes ainsi que les hommes âgés de plus de 70 ans qui sont condamnés aux travaux forcés. — (V. le tableau 1 n° 28 du règl. du 30 décembre 1892, en ce qui concerne la solde des militaires en jugement ou en détention.)

DÉTENU, E, adj. Celui qui est retenu prisonnier.

Le service d'extraction des détenus ne doit être fait par les gendarmes que lorsqu'il s'agit de prisonniers dangereux, pour l'extraction desquels les huissiers seraient obligés de demander main-forte. Les femmes, les enfants, les vieillards et les prisonniers non dangereux doivent toujours être extraits par les huissiers. (Circ. du Ministre de la justice du 12 septembre 1877.) Les réquisitions abusives adressées pour des extractions devront être immédiatement signalées au Ministre de la guerre par la voie hiérarchique. (Circ. du 20 décembre 1877.) — Nourriture des détenus à la chambre de sûreté. (V. *Chambre de sûreté.*)

Il existe à Paris une prison dite des jeunes détenus, appelée vulgairement la Roquette, dans laquelle on met les enfants qui ont été condamnés à être détenus jusqu'à l'âge de 20 ans et ceux dont les parents demandent la détention pour quelques mois, à cause de leur mauvaise conduite.

L'arrestation d'un jeune détenu évadé d'une maison d'éducation correctionnelle appartenant à l'Etat donne droit à une prime de 15 francs. (Dép. du Ministre de l'intérieur en date du 7 janvier 1867 et art. 188 du règl. du 12 avril 1893.) Mais les directeurs des colonies privées sont libres de fixer eux-mêmes le montant de la gratification à accorder aux capteurs. (V. lettre minist. du 5 novembre 1895.)

DETÉRIORATION, s. f. Action de faire perdre de la valeur à des effets, à des armes. — La perte ou la détérioration des effets qui entrent dans la tenue peut donner lieu à une proposition d'indemnité sur la masse d'entretien et de remonte, si elle a lieu dans l'exécution du service et par une circonstance indépendante de la volonté des sous-officiers, brigadiers et gendarmes. (V. l'annexe nº 2 du règl. du 12 avril 1893.) (V. *Perte d'effets.*)

DÉTOURNEMENT, s. m. Action de soustraire frauduleusement. — Détournement de papiers, de fonds, etc. — Acte par lequel on enlève à leur famille, dans un but de débauche, des jeunes gens et des jeunes filles encore mineurs. — Les articles 354 et suivants du Code pénal punissent de la réclusion ou des travaux forcés, suivant le cas, quiconque aura commis ou fait commettre le crime d'enlèvement ou de détournement de mineurs.

DETROIT, s. m. Bras de mer resserré entre deux terres. Canal naturel, qui fait communiquer deux mers.

Les principaux détroits d'Europe sont : le détroit du Pas-de-Calais, qui fait communiquer la mer du Nord avec la Manche ; les détroits du Sund, du Grand Belt, du Petit Belt, du Cattégat et du Skager-Rack, qui font communiquer la mer Baltique avec la mer du Nord ; le détroit de Gibraltar, qui fait communiquer l'Atlantique avec la Méditerranée ; le canal d'Otrante, qui fait communiquer la mer Adriatique avec la mer Ionienne ; le détroit des Dardanelles, qui fait communiquer l'Archipel avec la mer de Marmara ; le canal de Constantinople, qui fait communiquer la mer de Marmara avec la mer Noire ; le détroit d'Iénikaleh, qui fait communiquer la mer Noire avec la mer d'Azow.

DETTE, s. f. Somme d'argent que l'on doit à quelqu'un. Les militaires de la gendarmerie qui contractent des dettes sont sévèrement punis. — Les dettes ayant pour objet les dépenses courantes de subsistance ou d'entretien peuvent être payées au moyen d'une retenue opérée par ordre du chef de légion sur le traitement des débiteurs. Cette retenue ne peut excéder le dixième du montant net de la solde proprement dite à payer aux officiers et aux sous-officiers, brigadiers et gendarmes, prélèvement fait, pour ces derniers, de la portion qui doit être versée à la masse individuelle. Les dettes contractées pour d'autres motifs ne peuvent être payées qu'au moyen de retenues exercées sur la solde en vertu d'opposition juridique ou sur l'ordre du Ministre. (V. les art. 315 à 318 du Service intérieur ; 58 et suivants du règl. du 30 décembre 1892. — V. aussi la circ. du 10 mars 1884 au sujet du mode de procéder en cas de réclamations pécuniaires formulées contre des officiers ou fonctionnaires du département de la marine et des colonies.) — Arrestation pour dettes. (V. *Arrestation, Opposition* et *Saisie-arrêt.*)

Les retenues pour dettes ne doivent jamais être exercées sur la masse individuelle d'un militaire rayé des contrôles. (Dép. minist. du 23 janvier 1882.)

Les retenues pour secours alimentaires peuvent être du tiers. (Art. 203, 205 et 214 du C. civ. et Service int., art. 317.)

DEUIL, s. m. Douleur qu'on éprouve de la perte de quelqu'un. — Marque extérieure que l'on porte pour témoigner cette douleur. Les militaires en deuil de famille peuvent porter un crêpe au bras gauche. (Service intérieur, art. 223.)

Le deuil militaire se porte par un crêpe à l'épée. Tous les officiers portent pendant un mois le deuil de leur chef de corps. Le drapeau ou étendard d'un corps de troupe prend le deuil du chef de corps et le garde jusqu'à ce qu'il soit remplacé. Le deuil du drapeau consiste en un crêpe noué à la lance. Tous les drapeaux et étendards de l'armée prennent le deuil à la mort du Président de la République et le gardent jusqu'à l'entrée en fonctions de son successeur. (Règl. du 4 octobre 1891, art. 330 et suivants.)

DEVIN, s. m. Les devins, sorciers, magiciens, etc., sont ceux qui font métier de découvrir les choses cachées, de prédire l'avenir et d'expliquer les songes. La loi les considère à bon droit comme des escrocs qui ne peuvent que faire des dupes en troublant les imaginations faibles, et elle les punit d'une amende de 11 à 15 francs. Ceux qui expliquent les songes peuvent être punis de cinq jours de prison et les instruments, ustensiles et costumes qui leur servent à exercer leur métier doivent être confisqués. En cas de récidive, la peine de l'emprisonnement est toujours prononcée. (C. P., art. 479, nos 480, 481 et 482.)

DEVIS, s. m. Etat détaillé d'un travail projeté avec les prix estimatifs.

DEVOIR, s. m. Ce qu'on doit faire; ce à quoi chacun est obligé par la raison, par la morale et par la loi. Tout homme a des devoirs généraux à remplir vis-à-vis de lui-même et vis-à-vis de ses semblables et il a, en outre, les devoirs spéciaux qui découlent de la position qu'il occupe dans la société. Les devoirs spéciaux des militaires de la gendarmerie sont tracés dans les règlements de l'arme que chacun doit connaître pour pouvoir les observer : les gendarmes doivent avoir au plus haut degré le sentiment du devoir, c'est-à-dire cette grande idée morale qui fait que l'homme accomplit sans hésitation toutes les obligations qui lui sont imposées et qu'il meurt à son poste si le devoir lui commande de mourir.

DÉVOUEMENT, s. m. Acte par lequel on s'expose à un danger certain, même à la mort, par patriotisme ou pour sauver son semblable. Des médailles d'honneur et de sauvetage ou des diplômes sont donnés aux militaires qui se sont signalés par des actes de courage et de dévouement. (V. les art. 69 du décr. du 1er mars 1854, et 47 du règl. sur le service intérieur. (V. *Diplôme* et *Médaille*.)

DIAGNOSTIC, s. m. Partie de la médecine qui a pour objet de distinguer les différentes maladies, par la connaissance des symptômes et des signes particuliers de chacune d'elles. — En hippiatrique, le diagnostic est souvent très difficile, les animaux ne pouvant exprimer ce qu'ils éprouvent.

DIAMÈTRE, s. m. Ligne droite qui passe par le centre d'une figure géométrique, d'un cercle, par exemple, et qui se termine de part et d'autre à la circonférence.

DIFFAMATION, s. f. La loi du 29 juillet 1881 définit, dans son article 29, la diffamation et l'injure, et édicte dans les articles suivants les peines qui seront infligées à ceux qui se rendraient coupables de ces délits.

Art. 29. Toute allégation ou imputation d'un fait qui porte atteinte à l'honneur ou à la considération de la personne ou du corps auquel le fait est imputé est une diffamation. — Toute expression outrageante, terme de mépris ou invective qui ne renferme l'imputation d'aucun fait, est une injure.

Art. 30. La diffamation commise par l'un des moyens énoncés en l'article 23 et en l'article 28, envers les cours, les tribunaux, les armées de terre ou de mer, les corps constitués et les administrations publiques, sera punie d'un emprisonnement de huit jours à un an et d'une amende de 100 francs à 3,000 francs, ou de l'une de ces deux peines seulement. — (Les moyens énoncés dans les articles 23 et 28 sont les discours, écrits, placards, affiches, dessins, peintures, etc., etc.)

Art. 31. Sera punie de la même peine la diffamation commise par les mêmes moyens, à raison de leurs fonctions ou de leur qualité, envers un ou plusieurs membres du ministère, un ou plusieurs membres de l'une ou de l'autre Chambre, un fonctionnaire public, un dépositaire ou agent de l'autorité publique, un ministre de l'un des cultes salariés par l'Etat, un citoyen chargé d'un service ou d'un mandat public temporaire ou permanent, un juré ou un témoin, à raison de sa déposition.

Art. 32. La diffamation commise envers les particuliers par l'un des moyens énoncés en l'article 23 et en l'article 28 sera punie d'un emprisonnement de cinq jours à trois mois et d'une amende de 25 francs à 2,000 francs ou de l'une de ces deux peines seulement.

Art. 33. L'injure commise par les mêmes moyens envers les corps ou les personnes désignés par les articles 30 et 31 de la présente loi, sera punie d'un emprisonnement de six jours à trois mois et d'une amende de 28 francs à 500 francs, ou de l'une de ces deux peines seulement. — L'injure commise de la même manière envers les particuliers, lorsqu'elle n'aura pas été précédée de provocation, sera punie d'un emprisonnement de cinq jours à deux mois et d'une amende de 16 francs à 300 francs, ou de l'une de ces deux peines seulement. — Si l'injure n'est pas publique, elle ne sera punie que de la peine prévue par l'article 471 du Code pénal.

Art. 34. Les articles 29, 30 et 31 ne seront applicables aux diffamations ou injures dirigées contre la mémoire des morts que dans les cas où les auteurs de ces diffamations ou injures auraient eu l'intention de porter atteinte à l'honneur ou à la considération des héritiers vivants. — Ceux-ci pourront toujours user du droit de réponse prévu par l'article 13.

Art. 35. La vérité du fait diffamatoire, mais seulement quand il est relatif aux fonctions, pourra être établie par les voies ordinaires, dans le cas d'imputations contre les corps constitués, les armées de terre ou de mer, les administrations publiques et contre toutes les personnes énumérées dans l'article 31. — La vérité des imputations diffamatoires et injurieuses pourra être également établie contre les directeurs ou administrateurs de toute entreprise industrielle, commerciale ou financière, faisant publiquement appel à l'épargne ou au crédit. — Dans les cas prévus aux deux paragraphes précédents, la preuve contraire est réservée. Si la preuve du fait diffamatoire est rapportée, le prévenu sera renvoyé des fins de la plainte. — Dans toute autre circonstance et envers toute autre personne non qualifiée, lorsque le fait imputé est l'objet de poursuites commencées à la requête du ministère public ou d'une plainte de la part du prévenu il sera, durant l'instruction qui devra avoir lieu, sursis à la poursuite et au jugement du délit de diffamation.

La loi du 11 juin 1887 punit la diffamation et l'injure commises par les correspondances postales ou télégraphiques circulant à découvert. (Emprisonnement de 5 jours à 6 mois; amende de 25 à 3,000 francs.)

DILIGENCE, s. f. La diligence est une voiture publique montée sur quatre roues, divisée en deux ou trois compartiments et faisant un service régulier. Le propriétaire d'une diligence doit, avant de la mettre en circulation, la soumettre à l'examen de l'autorité compétente, pour la faire visiter et constater qu'elle est assez solide pour porter un nombre de voyageurs proportionné à la grandeur de la voiture. Pour assurer la sécurité des voyageurs, les voitures publiques doivent remplir certaines conditions énoncées par la loi du 30 mai 1851, et les infractions commises par les conducteurs des voitures publiques sont poursuivies devant le tribunal correctionnel et punies plus sévèrement.

A la diligence de... est une expression judiciaire qui signifie : à la requête de... — Poursuivre quelqu'un à la diligence du procureur de la République.

DIOCÈSE, s. m. Circonscription territoriale administrée sous le rapport ecclésiastique par un évêque ou un archevêque. — La France est divisée en 86 diocèses qui sont administrés par 17 archevêques et 69 évêques. Il y a, en outre, en Algérie un archevêque et deux évêques et dans les colonies trois évêques.

DIPLOME, s. m. Pièce authentique qui confère un droit ou un privilège, qui reconnaît la capacité, le courage, etc., de quelqu'un. — Des mentions honorables (anciens diplômes d'honneur) sont délivrées aux militaires qui se sont distingués par des actes de courage et de dévouement. Les propositions pour la médaille d'honnneur ne doivent être faites qu'à la suite d'un acte tout à fait exceptionnel dans lequel son auteur aura couru, pour sauver son semblable, des dangers d'une extrême gravité ou reçu des blessures sérieuses, ou à la suite d'actes moins éclatants, mais ayant déjà valu à leur auteur le diplôme d'honneur. (V. Service intérieur, art. 47.) — Les mentions honorables, de même que les médailles d'honneur et de sauvetage, obtenus pour traits de courage, doivent être inscrits sur les folios de punitions, les matricules et états de services.

DIRECTOIRE, s. m. On donne ce nom au gouvernement qui succéda en France à celui de la Convention. — Le Directoire commença le 4 brumaire an IV (27 octobre 1795), et finit le 18 brumaire an VIII (11 novembre 1799). — Il fut remplacé par le Consulat.

DISCIPLINE, s. f. Ensemble des lois et des règlements qui prescrivent l'obéissance aux ordres des supérieurs. L'obéissance militaire doit être absolue.

Pour beaucoup d'hommes, la discipline ne repose que sur la crainte des punitions et l'espoir des récompenses; pour des hommes d'élite, ces considérations ne doivent pas exister: leur seule préoccupation doit être d'accomplir leur devoir pour le devoir lui-même. « Il faut, dit le maréchal Marmont dans son ouvrage sur l'*Esprit des institutions militaires*, que la discipline, c'est-à-dire la soumission à la règle et à la volonté du chef légal, soit observée sans relâche, et que chacun, au degré de la hiérarchie où il est placé, ait sans cesse à la pensée qu'il ne commande à ses subordonnés qu'à titre de l'obéissance qu'il doit à ses supérieurs. » — Une bonne discipline doit être impartiale, calme, mais prompte, ferme et jamais avilissante. Elle doit plutôt chercher à prévenir les fautes qu'à les réprimer; dans tous les cas, toujours sévère pour manquement grave, elle doit être mesurée dans son application.

Fautes contre la discipline. (V. *Faute* et *Indiscipline.*)

Compagnie de discipline. Les militaires qui ont une inconduite soutenue, qui donnent le mauvais exemple et que les punitions les plus sévères n'ont pu corriger, sont envoyés, après avis d'un conseil de discipline, dans des compagnies spéciales qui portent le nom de compagnies de discipline. Sont également envoyés dans ces compagnies, à l'expiration de leur peine, les jeunes gens condamnés par les tribunaux pour s'être volontairement rendus impropres au service militaire (Loi du 15 juillet 1889, art. 70) et les militaires qui se sont mis dans les cas énumérés dans le décret du 23 novembre 1894.

L'envoi à une compagnie de discipline ne doit être demandé, en principe, que pour des hommes ayant déjà six mois de présence sous les drapeaux et auxquels il reste moins de six mois de service à faire avant d'atteindre l'expiration de la période intégrale pour laquelle ils sont liés au service.

Ces hommes ne peuvent, en aucun cas, bénéficier des mesures de congédiement anticipé qui peuvent être prises à l'égard des hommes du service général. (Instr. du 30 août 1901.)

Ces compagnies, qui sont au nombre de quatre, ont été réorganisées par le décret du 5 juillet 1890 et par l'instruction du 9 juillet de la même année.

Chacune est commandée par un capitaine, ayant sous ses ordres deux lieutenants et un sous-lieutenant.

Ces officiers ont le droit d'infliger une durée double de punitions de celles que des militaires des mêmes grades ont le droit d'infliger dans les régiments; les commandants de ces compagnies ont les mêmes droits que les colonels. —

Les soldats, employés à des travaux pénibles, sont soumis à une discipline des plus sévères, et une circulaire du 26 septembre 1874 prescrit de nouvelles mesures répressives destinées à aggraver le régime et la situation des disciplinaires. Les hommes incorrigibles des sections soumises au régime des pionniers dans les compagnies de discipline sont envoyés dans les compagnies disciplinaires des colonies. (Décr. du 31 mars 1895.)—Les gendarmes, lorsqu'ils sont encore liés au service en vertu de la loi sur le recrutement, peuvent, comme les autres militaires, être dirigés sur les compagnies de discipline. Ceux qui ne sont plus liés au service et que leur mauvaise conduite rend indignes de rester dans l'arme sont réformés après avis d'un conseil de discipline. (Règl. sur le service intérieur, art. 281 et 282.) (V. *Conseil de discipline*).

Les militaires envoyés aux compagnies de discipline sont conduits, par les soins de leur corps, la veille du jour fixé pour l'escorte, soit à la prison de leur localité, soit, à défaut, à la chambre de sûreté de la caserne de gendarmerie.

Ils sont alors, suivant le cas, nourris par le service de la prison ou par les soins de la gendarmerie.

Les gendarmes ne doivent, en aucun cas, aller chercher les hommes dans les casernes.

L'usage des menottes est interdit, à moins que les militaires ne soient signalés comme dangereux, qu'ils cherchent à s'évader ou que leur attitude en route soit de nature à causer du scandale. (Décret du 1er mars 1854, art. 401.)

La durée minimum du service restant à accomplir par les militaires envoyés aux compagnies disciplinaires des colonies est fixée à 12 mois. (Note minist. du 20 novembre 1890 et décr. du 2 février 1891.)

Les auxiliaires indigènes de la 19e légion et du détachement de Tunisie doivent être proposés pour la révocation par application de l'article 68 de la loi du 15 juillet 1889 et non pour la réforme. S'ils sont révoqués étant encore liés au service, ils sont renvoyés dans leur ancien corps (ils ne peuvent être dirigés sur les compagnies de discipline). (Règl. sur le service intérieur, art. 282.)

Les compagnies de discipline sont toutes stationnées en Afrique, dans les localités suivantes : 1re compagnie de fusiliers à Gafsa (Tunisie) ; 2e, à Biskra (Constantine) ; 3e, à Méchéria (Oran) ; 4e, à Aumale (Alger).

Le dépôt de la compagnie de discipline des troupes coloniales qui, aux termes du décret du 28 décembre 1890, doit exister en France, est installé au château d'Oléron.

Les deux compagnies de discipline et la section de discipline prévues aux colonies, sont stationnées :

1° Une compagnie en Indo-Chine, en un ou plusieurs points désignés par le général commandant en chef les troupes de l'Indo-Chine;

2° Une compagnie stationnée à Madagascar, en un ou plusieurs points désignés par le général commandant en chef le corps d'occupation;

3° Une section stationnée à Fort-de-France, à la Martinique. (Instruction du 30 août 1901.)

DISCOURS, s. m. Harangue, sermon. Paroles prononcées en public par un orateur. — Les ministres des cultes qui prononceront dans l'exercice de leur ministère, et en assemblée publique, un discours contenant la critique ou censure du gouvernement, d'une loi, d'un décret ou de tout autre acte de l'autorité publique, seront punis d'un emprisonnement de 3 mois à 2 ans. (C. P., art. 201.) — Si le discours contient une provocation directe à la désobéissance aux lois ou autres actes de l'autorité publique, ou s'il tend à soulever une partie des citoyens contre les autres, le Ministre des cultes qui l'aura prononcé sera puni d'un emprisonnement de 2 à 5 ans, si la provocation n'a été suivie d'aucun effet, et du bannissement, si elle a donné lieu à la désobéissance, autre toutefois que celle qui aurait dégénéré en sédition ou révolte. (C. P., art. 202.)

DISCRETIONNAIRE, adj. Ce mot n'est généralement employé que dans l'expression : *pouvoir discrétionnaire*. C'est la faculté donnée par la loi aux présidents des cours d'assises d'agir en certaines circonstances, pendant la durée des débats, selon leur volonté.

DISPARITION, s. f. Se dit d'un militaire dont le sort est inconnu et qui n'a pas reparu après une expédition ou après un combat. — Les militaires rentrant de captivité doivent faire la déclaration des décès ou des disparitions dont ils auraient été les témoins. — Les actes de disparition sont dressés par les conseils d'administration suivant le modèle donné par la décision ministérielle du 12 juin 1857. (V. aussi la circ. du 29 mars 1871.)

DISPENSE, s. f. Autorisation qui permet de se soustraire à la règle ordinaire ou à une loi.

Les dispenses telles qu'elles existaient dans la loi de 1872 n'existent plus. La loi du 15 juillet 1889, articles 21 (modifié par les lois des 20 juillet 1895 et 13 mars 1896), 22 et 23, dispense seulement certaines catégories de rester 3 ans sous les drapeaux.

L'article 21 énumère les dipenses de droit résultant des positions de famille; l'article 22, les dispenses de faveur accordées aux soutiens de famille; enfin, l'article 23 s'occupe des dispenses conditionnelles résultant de l'obtention de certains diplômes, titres ou prix, de l'engagement décennal dans l'enseignement, des études littéraires, etc., etc.

En temps de paix, après un an de présence sous les drapeaux, sont envoyés en congé dans leurs foyers, sur leur demande, jusqu'à la date de leur passage dans la réserve :

1° L'aîné d'orphelins de père et de mère, ou l'aîné d'orphelins de mère dont le père est légalement déclaré absent ou interdit ;

2° Le fils unique ou l'aîné des fils, ou à défaut de fils ou de gendre, le petit-fils unique ou l'aîné des petits-fils d'une femme actuellement veuve ou d'une femme dont le mari a été légalement déclaré absent ou interdit, ou d'un père aveugle ou entré dans sa soixante-dixième année ;

3° Le fils unique ou l'aîné des fils d'une famille de 7 enfants au moins.

Dans les cas prévus par les trois paragraphes précédents, le frère puîné jouira de la dispense si le frère aîné est aveugle ou atteint de toute autre infirmité incurable qui le rende impotent ;

4° Le plus âgé de deux frères inscrits la même année sur les listes de recrutement cantonal ou faisant partie du même appel;

5° Celui dont un frère sera présent sous les drapeaux au moment des opérations du conseil de revision, soit comme officier, soit comme appelé pour deux ans au moins, soit comme engagé volontaire pour trois ans au moins, soit comme rengagé, breveté ou commissionné après avoir accompli cette durée de service, soit enfin comme inscrit maritime levé d'office, levé sur sa demande, maintenu ou réadmis au service, quelle que soit la classe de recrutement à laquelle il appartient (1).

Ces dispositions sont applicables aux frères des officiers mariniers des équipages de la flotte appartenant à l'inscription maritime et servant en qualité d'officiers mariniers du cadre de la maistrance.

Si les deux frères servent comme appelés, le dispensé qui en fera la demande ne sera incorporé qu'après l'expiration du temps obligatoire de service de l'autre frère. (Loi du 26 mars 1898.)

6° Celui dont le frère sera mort en activité de service ou aura été réformé ou admis à la retraite pour blessures reçues dans un service commandé ou pour infirmités contractées dans les armées de terre ou de mer (2).

La dispense accordée conformément aux paragraphes 5 et 6 ci-dessus ne sera appliquée qu'à un seul frère pour un même cas, mais elle se répètera dans la même famille autant de fois que les mêmes droits s'y reproduiront.

Les demandes, accompagnées de do-

---

(1) Les jeunes soldats de la deuxième portion du contingent, n'ayant fait qu'un an de service, sont admis à conférer à leur frère le bénéfice de la dispense prévue par le paragraphe 5 de l'article 21 de la loi du 15 juillet 1889 (arrêt du Conseil d'Etat en date du 7 août 1897).

(2) Le Conseil d'Etat a décidé que les frères de jeunes gens liés au service par l'engagement spécial que l'article 28 impose aux élèves des Ecoles polytechnique, centrale, forestière, seraient admis au bénéfice de la dispense.

cuments authentiques justifiant de la situation des intéressés, sont adressées, avant le tirage au sort, au maire de la commune où les jeunes gens sont domiciliés. Il est donné récépissé.

L'appelé ou l'engagé qui, postérieurement soit à la décision du conseil de revision, soit à son incorporation, entre dans l'une des catégories prévues ci-dessus, est, sur sa demande, et dès qu'il compte un an de présence au corps, envoyé en congé dans ses foyers jusqu'à la date de son passage dans la réserve.

Le jeune homme omis, qui ne s'est pas présenté ou fait représenter par ses ayants cause devant le conseil de revision, ne peut être admis au bénéfice des dispenses indiquées par le présent article, si les motifs de ces dispenses ne sont survenus que postérieurement à la décision de ce conseil.

Le présent article n'est applicable qu'aux enfants légitimes. Les enfants naturels reconnus par le pére ou par la mère ne pourront jouir que de la dispense organisée par l'article suivant et dans les conditions prévues par cet article. (Art. 21 de la loi du 15 juillet 1889, modifié par la loi du 20 juil. 1895.)

Les enfants naturels reconnus par le père et par la mère ne peuvent être renvoyés en congé dans leurs foyers, sur leur demande, après un an de présence sous les drapeaux, qu'à titre de soutiens de famille. Les enfants légitimés ont droit, comme les enfants légitimes, au bénéfice de la dispense. Il en est de même des enfants adoptifs. — Pour les dispenses conférées de frère à frère, il n'y a pas de distinction a établir entre les frères germains, consanguins et utérins. Ils forment une seule et même famille. — L'enfant naturel légalement reconnu, lors même qu'il ne le serait que par un de ses auteurs, entre en ligne de compte pour ouvrir, en faveur de l'enfant légitime, la dispense à titre de frère de militaire présent ou mort sous les drapeaux. — La dispense est également due au frère de l'homme classé dans l'armée territoriale qui meurt pendant qu'il accomplit sa période d'instruction. — Quand les causes de dispense viennent à cesser, les jeunes gens qui en bénéficiaient sont soumis à toutes les obligations de la classe à laquelle ils appartiennent. — L'appelé déclaré apte au service après un premier ajournement confère la dispense. Mais il n'en est pas de même de celui qui a été ajourné deux fois. — De deux frères jumeaux, l'aîné est celui qui est venu au monde le premier. (Instr. du 28 mars 1890.)

A la date du 3 juin 1893, le Conseil d'Etat a décidé que lorsque deux frères font partie du même appel, l'un comme ajourné d'une classe antérieure reconnu propre au service, l'autre comme jeune soldat de la classe en formation, c'est toujours au plus âgé (eût-il été ajourné deux ans de suite) que doit être accordée la dispense du service d'activité en temps de paix.

Les droits dont il n'est pas justifié devant le conseil de revision ne peuvent plus être utilement invoqués à une époque ultérieure. (Circ. du 13 décembre 1890.)

En temps de paix, après un an de présence sous les drapeaux, sont envoyés en congé dans leurs foyers, sur leur demande, jusqu'à la date de leur passage dans la réserve :

1° Les jeunes gens qui contractent l'engagement de servir pendant dix ans dans les fonctions de l'instruction publique, dans les institutions nationales des sourds-muets ou des jeunes aveugles, dépendant du Ministre de l'intérieur, et y rempliront effectivement un emploi de professeur, de maître-répétiteur ou instituteur.

Les instituteurs laïques ainsi que les novices et membres des congrégations religieuses vouées à l'enseignement et reconnues d'utilité publique qui prennent l'engagement de servir pendant dix ans les écoles françaises d'Orient et d'Afrique subventionnées par le gouvernement français ;

2° Les jeunes gens qui ont obtenu ou qui poursuivent leurs études en vue d'obtenir :

Soit le diplôme de licencié ès lettres, ès sciences, de docteur en droit, de docteur en médecine, de pharmacien de 1re classe, de vétérinaire, ou le titre d'interne des hôpitaux nommé au concours dans une ville où il existe une faculté de médecine ;

Soit le diplôme délivré par l'Ecole

des chartes, l'Ecole des langues orientales vivantes et l'Ecole d'administration de la marine;

Soit le diplôme supérieur délivré aux élèves externes par l'Ecole des ponts et chaussées, l'Ecole supérieure des mines, l'Ecole du génie maritime;

Soit le diplôme supérieur délivré par l'Institut national agronomique, l'Ecole des haras du Pin aux élèves internes, les Ecoles nationales d'agriculture de Rennes, de Grignon et de Montpellier, l'Ecole des mines de Saint-Etienne, les Ecoles des maîtres ouvriers mineurs d'Alais et de Douai, les Ecoles nationales des arts et métiers d'Aix, d'Angers et de Châlons, l'Ecole des hautes études commerciales et les Ecoles supérieures de commerce reconnues par l'Etat;

Soit l'un des prix de Rome, soit un prix ou médailles d'Etat dans les concours annuels de l'Ecole nationale des beaux-arts, du Conservatoire de musique et de l'Ecole nationale des arts décoratifs;

3° Les jeunes gens exerçant les industries d'art qui sont désignés par un jury d'état départemental formé d'ouvriers et de patrons. Le nombre de ces jeunes gens ne pourra en aucun cas dépasser 1/2 p. 100 du contingent à incorporer pour trois ans;

4° Les jeunes gens admis, à titre d'élèves ecclésiastiques, à continuer leurs études en vue d'exercer le ministère dans l'un des cultes reconnus par l'Etat.

En cas de mobilisation, les étudiants en médecine et en pharmacie et les élèves ecclésiastiques sont versés dans le service de santé.

Tous les jeunes gens énumérés ci-dessus seront rappelés pendant quatre semaines dans le cours de l'année qui précédera leur passage dans la réserve de l'armée active. Ils suivront ensuite le sort de la classe à laquelle ils appartiennent. (Art. 23 de ladite loi. — V. le décret du 23 novembre 1889 et la circ. du 28 mai 1890. qui fixe les conditions de conduite et d'instruction militaire que devront remplir les jeunes gens pour pouvoir être renvoyés dans leurs foyers après un an de présence sous les drapeaux.)

La loi dispense encore (art. 22), après un an ou deux de service effectif, certains jeunes gens désignés comme soutiens de famille. (V. ce mot.) Enfin, sont *dispensés de tout service* les jeunes gens qui se sont fixés à l'étranger, hors d'Europe, avant l'âge de 19 ans, sous la condition d'y demeurer jusqu'à l'âge de 30 ans et de ne pas venir résider en France plus de trois mois pendant ce laps de temps. La même dispense existe pour les Français qui sont dans une colonie où il n'y a pas de troupes françaises. Si ces hommes rentrent en France avant l'âge de 30 ans, ils devront accomplir leur service actif prescrit par la loi du 15 juillet 1889, sans toutefois pouvoir être retenus sous les drapeaux au-delà de l'âge de 30 ans. Ils sont alors soumis à toutes les obligations de la classe à laquelle ils appartiennent. S'ils restent après l'âge de 30 ans, ils ne seront soumis qu'aux obligations de leur classe. (Art. 50.)

Les commandants de brigade signalent au recrutement les dispensés qui cessent d'avoir droit à la dispense. (V. la note ministérielle du 18 juillet 1895 et celle du 19 mars 1895 qui prescrit aux commandants de recrutement d'envoyer tous les six mois à la vérification des chefs de brigade le contrôle des jeunes gens de leur canton dispensés en vertu des articles 21 et 22.

Les jeunes gens visés au § 1er de l'article 23 qui, dans l'année qui suivra leur année de service n'auraient pas obtenu un emploi de professeur, de maître répétiteur ou d'instituteur, ou qui cesseraient de le remplir avant l'expiration du délai fixé;

Ceux qui n'auraient pas obtenu avant l'âge de vingt-six ans les diplômes ou les prix spécifiés aux alinéas du § 2;

(En ce qui concerne les étudiants en droit et en médecine, la limite pour l'obtention des diplômes est portée de 26 à 27 ans. Loi du 13 juillet 1895.)

Les jeunes gens visés au § 3, qui ne fourniraient pas les justifications professionnelles prescrites;

Les élèves ecclésiastiques mentionnés au § 4 qui, à l'âge de vingt six ans, ne seraient pas pourvus d'un emploi de ministre de l'un des cultes reconnus par l'Etat;

Ceux qui ne poursuivraient pas régulièrement les études en vue desquelles la dispense a été accordée, seront tenus d'accomplir les deux années de services dont ils avaient été dispensés. (Loi du 15 juillet 1889, art. 24.)

Les dispensés en vertu de l'article 23 ayant perdu les droits à cette dispense ou y ayant renoncé, seront désormais rappelés à l'activité à l'effet d'accomplir deux années de service complémentaires, avec le grade dont ils sont en possession au moment dudit rappel (officier, sous-officier, caporal ou brigadier), lors même que ce grade leur aurait été conféré soit dans la disponibilité, soit dans la réserve. (Note minist. du 21 avril 1898.)

Service dans les réserves. — Les hommes de la réserve de l'armée active sont assujettis, pendant leur temps de service dans ladite réserve, à prendre part à deux manœuvres chacune d'une durée de quatre semaines

Les hommes de l'armée territoriale sont assujettis à une période d'exercices dont la durée sera de deux semaines.

Peuvent être dispensés de ces manœuvres ou exercices, comme soutiens indispensables de famille, et s'ils en remplissent effectivement les devoirs, les hommes de la réserve et de l'armée territoriale qui en font la demande.

Le maire soumet les demandes au conseil municipal, qui opère comme il est prescrit à l'article 22 de la loi du 15 juillet 1889.

Les lettres de demande annotées sont envoyées par les maires aux généraux commandant les subdivisions, qui statuent.

Ces dispenses peuvent être accordées par subdivision de région, jusqu'à concurrence de 6 p. 100 du nombre des hommes appelés momentanément sous les drapeaux; elles n'ont d'effet que pour la convocation en vue de laquelle elles sont délivrées.

La loi du 23 février 1901 dispose que les instituteurs publics peuvent être dispensés de l'un des deux appels auxquels ils sont assujettis pendant leur temps de service dans la réserve de l'armée active.

Les intéressés doivent adresser leur demande par l'intermédiaire de la gendarmerie après la réception de l'ordre d'appel les convoquant pour une période. (Circulaire ministérielle du 1er mars 1901.)

(Pour les dispenses accordées au personnel compris dans les tableaux A. B. C., v. *Réserve.*)

Renseignements sur les pièces à produire au conseil de revision par les jeunes gens qui se trouvent dans un ou plusieurs des cas de dispense prévus par les articles 21, 22, 23, 50 et 82 de la loi du 15 juillet 1889 sur le recrutement de l'armée.

AVIS TRES IMPORTANT.

1° Tout cas de dispense qui existait avant les opérations du conseil de revision et dont il n'est pas justifié devant cette assemblée est périmé.

2° Les jeunes gens doivent faire connaître au maire et au sous-préfet tous leurs cas de dispense et produire le dossier justificatif réglementaire pour chacun de ces cas. Ils doivent réclamer un récépissé de leur demande et de leurs dossiers. Ce récépissé devra être joint à toute réclamation faite au Ministre de la guerre par les intéressés relativement à leurs cas de dispense.

Article 21.

§ 1er.

Aîné d'orphelins de père et de mère, ou aîné d'orphelins de mère, dont le père est légalement déclaré absent ou interdit. — Acte de mariage des père et mère; actes de décès des père et mère; certificat de trois pères de famille, approuvé par le maire, visé par le sous-préfet et conforme au modèle A ci-annexé. (En cas d'absence ou d'interdiction du père, remplacer l'acte de décès de ce dernier par une copie du jugement déclarant l'absence ou prononçant l'interdiction et remplacer le certificat modèle A par le certificat de trois pères de famille, modèle B.)

§ 2.

Fils unique ou aîné des fils d'une femme actuellement veuve. — Acte de mariage des père et mère; acte de décès du père; certificat de trois pères de famille, modèle C.

Petit-fils unique ou aîné des petits-fils d'une femme actuellement veuve. — Acte de mariage des aïeuls; acte de mariage des père et mère; actes de décès des père et mère (2); acte de décès de l'aïeul; certificat de trois pères de famille, modèle D.

Fils unique ou aîné des fils d'une femme dont le mari est légalement déclaré absent ou interdit. — Acte de mariage des père et mère; copie du jugement déclarant l'absence ou prononçant l'interdiction; certificat de trois pères de famille, modèle E.

Petit-fils unique ou aîné des petits-fils d'une femme dont le mari est légalement déclaré absent ou interdit. — Acte de mariage des aïeuls; acte de mariage des père et mère; acte de décès des père et mère; copie du jugement déclarant l'absence ou prononçant l'interdiction; certificat de trois pères de famille, modèle F.

Fils unique ou aîné des fils d'un père aveugle. — Acte de mariage des père et mère; certificat de trois pères de famille, modèle G (1).

Petit-fils unique ou aîné des petits-fils d'un grand-père aveugle. — Acte de mariage des aïeuls; acte de mariage des père et mère; actes de décès des père et mère (2); certificat de trois pères de famille, modèle H (1).

Fils unique ou aîné des fils d'un père entré dans sa soixante-dixième année. — Acte de mariage des père et mère; acte de naissance du père; certificat de trois pères de famille, modèle I.

Petit-fils unique ou aîné des petits-fils d'un grand-père entré dans sa soixante-dixième année. — Acte de mariage des père et mère; actes de décès des père et mère (2); acte de naissance de l'aïeul; certificat de trois pères de famille, modèle J.

§ 3.

Fils unique ou aîné des fils d'une famille de sept enfants au moins. — Acte de mariage des père et mère; acte de naissance des enfants; certificats de vie des enfants; certificat de trois pères de famille, modèle K.

5e ALINÉA.

Puîné (1) d'orphelins de père et de mère ou puîné d'orphelins de mère dont le père est légalement déclaré absent ou interdit (l'aîné des orphelins étant aveugle ou impotent). — Acte de mariage des père et mère; actes de décès des père et mère; certificat de trois pères de famille, modèle L (3). (En cas d'absence ou d'interdiction du père, remplacer l'acte de décès de ce dernier par une copie du jugement déclarant l'absence ou prononçant l'interdiction, et produire, au lieu du certificat modèle L, le certificat modèle M.)

Fils puîné d'une femme actuellement veuve (lorsque l'aîné des fils est aveugle ou impotent). — Acte de mariage des père et mère; acte de décès du père; certificat de trois pères de famille, modèle N (1).

Petit-fils puîné (4) d'une femme actuellement veuve (lorsque

(1) Dans ce cas, le conseil de revision ne statue qu'après avoir constaté lui-même ou fait constater l'état physique du père aveugle.

(2) L'acte de décès de la mère n'est évidemment pas exigible quand, cette dernière étant encore vivante, le réclamant fonde son droit sur son aïeule paternelle veuve, ou sur son aïeul paternel septuagénaire, aveugle, etc.

(3) Dans ce cas, le conseil de revision ne statue qu'après avoir constaté lui-même ou fait constater l'état physique du frère.

(4) Le puîné est celui des fils qui est né immédiatement après celui qui aurait été dispensé s'il n'avait pas été aveugle ou impotent c'est-à-dire incapable de gagner sa vie.

l'aîné des petits-fils est aveugle ou impotent). — Acte de mariage des aïeuls; acte de décès de l'aïeul; acte de mariage des père et mère; actes de décès des père et mère (1); certificat de trois pères de famille, modèle O (2).

Fils puîné d'une femme dont le mari est légalement déclaré absent ou interdit (lorsque l'aîné des fils est aveugle ou impotent). — Acte de mariage des père et mère, copie du jugement déclarant l'absence ou prononçant l'interdiction; certificat de trois pères de famille, modèle P (2).

Petit-fils puîné d'une femme dont le mari est légalement déclaré absent ou interdit (lorsque l'aîné des petits-fils est aveugle ou impotent). — Acte de mariage des aïeuls; acte de mariage des père et mère; actes de décès des père et mère (1); copie du jugement déclarant l'absence ou prononçant l'interdiction; certificat de trois pères de famille, modèle Q (2).

Fils puîné d'un père aveugle ou entré dans sa soixante-dixième année (lorsque l'aîné des fils est lui-même aveugle ou impotent). — Acte de mariage des père et mère; acte de naissance du père; certificat de trois pères de famille, modèle R (3).

Petits-fils puîné d'un grand-père aveugle ou entré dans sa soixante-dizième année (lorsque l'aîné des petits-fils est lui-même aveugle ou impotent). — Acte de mariage des aïeuls; acte de mariage des père et mère; actes de décès des père et mère; acte de naissance de l'aïeul; certificat de trois pères de famille, modèle S (4).

Puîné d'une famille de sept enfants au moins (lorsque l'aîné des fils est aveugle ou impotent). — Acte de mariage des père et mère; actes de naissance des enfants; certificat de trois pères de famille, modèle T (2).

§ 4.

Aîné de deux frères inscrits la même année sur les listes du recrutement cantonal ou faisant partie du même appel. — Acte de mariage des père et mère; actes de naissance des deux frères; certificat de trois pères de famille, modèle U.

§ 5.

Jeune homme dont un frère sera présent sous les drapeaux à la date d'ouverture des opérations du conseil de revision, soit comme officier, soit comme appelé pour deux ans au moins, soit comme rengagé, breveté ou commissionné après avoir accompli cette durée de service, soit comme inscrit maritime levé d'office, levé sur sa demande, maintenu ou réadmis au service, quelle que soit la classe de recrutement à laquelle il appartient, soit enfin comme officier marinier des équipages de la flotte appartenant à l'inscription maritime et servant en qualité d'officier marinier du cadre de la maistrance. — Acte de mariage des père et mère; acte de naissance des deux frères; certificat de trois pères de famille, modèle V; certificat de présence modèle W. (Si le frère est inscrit maritime, on produira, au lieu du certificat précédent, un certificat du commissaire de la marine (modèle X.)

§ 6 et dernier.

Frère d'un militaire mort en activité de service ou réformé n° 1 ou admis à la retraite pour blessures reçues dans un service commandé ou infirmités contractées

---

(1) L'acte de décès de la mère n'est évidemment pas exigible quand cette dernière étant encore vivante, le réclamant fonde son droit sur son aïeule paternelle veuve sur son aïeul paternel septuagénaire, aveugle, etc.

(2) Dans ce cas, le conseil de revision ne statue qu'après avoir constaté lui-même ou fait constater l'état physique du frère.

(3) Le conseil de revision constate lui-même ou fait constater l'état physique de l'aïeul aveugle, ainsi que celui du petit-fils aîné.

(4) Le conseil de revision constate lui-même ou fait constater l'état physique du père aveugle, ainsi que celui du fils aîné.

dans les armées de terre et de mer. — Acte de mariage des père et mère; actes de naissance des deux frères; certificat de trois pères de famille, modèle Y. (Indépendamment de ce certificat, le décès, les blessures, la réforme ou l'admission à la retraite du frère seront justifiés par l'acte de décès, ou le congé de réforme ou le titre ou la copie certifiée du titre de pension de ce frère ou par tout autre document authentique faisant connaître les droits à la dispense.)

ARTICLE 22.

Jeunes gens qui, sans être dans un des cas prévus à l'article 21, sont soutiens indispensalbes de famille (1). — 1° Le relevé des contributions payées par la famille et certifié par le percepteur; 2° l'avis motivé de trois pères de famille, modèle n° 5, annexé au décret du 1er mars 1890; 3° l'avis motivé du conseil municipal.

ARTICLE 23.

Dans tous les cas, une demande de dispense écrite et signée par l'intéressé (2).

§ 1er.

Engagés décennaux. — 1° Copie de l'engagement décennal et de l'acceptation; 2° certificat de l'autorité compétente indiquant l'emploi dont est pourvu l'intéressé.

§ 2.

Candidats à la licence ès lettres ou ès-sciences; étudiants en droit, en médecine, en pharmacie de 1re classe; élèves des écoles vétérinaires; candidats à l'internat des hôpitaux. — Certificat du doyen de la faculté ou du directeur de l'école à laquelle ils appartiennent.

Licenciés ès lettres et ès sciences. — Copie certifiée du diplôme, ou certificat de diplôme délivré par le doyen de la faculté.

Elèves de l'Ecole des chartes ou de l'Ecole des langues orientales vivantes. — Certificat du directeur constatant l'admission à l'Ecole.

Elèves externes de l'Ecole des ponts et chaussées, de l'Ecole supérieure des mines, de l'Ecole du génie maritime. — Certificat du directeur constatant l'admission et la présence à l'Ecole.

Elèves de l'Institut national agronomique, de l'Ecole des haras du Pin, des écoles nationales d'agriculture, de l'Ecole des mines de Saint-Etienne, des écoles des maîtres ouvriers mineurs, des écoles nationales d'arts et métiers, de l'Ecole des hautes études commerciales, des écoles supérieures de commerce reconnues par l'Etat. — Certificat du directeur de l'Ecole constatant l'admission et la présence à l'Ecole.

Elèves diplômés de l'Institut national agronomique, de l'Ecole des haras du Pin, des écoles nationales d'agriculture, de l'Ecole des mines de Saint-Etienne, des écoles des maîtres ouvriers mineurs, et des écoles nationales d'arts et métiers. — Copie certifiée du diplôme.

Elèves diplômés de l'Ecole des hautes études commerciales et des écoles supérieures de commerce reconnues par l'Etat. — Certificat de diplôme délivré par le directeur de l'Ecole.

CANDIDATS AUX PRIX DE ROME.

Elèves de l'Ecole nationale des Beaux-Arts, du Conservatoire de musique et de l'Ecole nationale des Arts décoratifs. — Certificat délivré par le directeur de l'Ecole ou du Conservatoire, suivant le cas.

§ 3.

Ouvriers d'art. — Certificat dé-

(1) Les dispenses au titre de l'article 22, accordées par le conseil départemental de revision dans la proportion de 5 p. 100 du contingent à incorporer pour 3 ans, sont essentiellement distinctes de celles prévues par l'article 21, qui résultent de situations particulières de famille et sont accordées par le conseil cantonal.

(2) Les certificats produits doivent être revêtus du visa de l'autorité compétente (ministre, recteur de l'académie, préfet), dans les conditions indiquées par le décret du 23 novembre 1889.

livré par le président du jury départemental.

§ 4.

Elèves ecclésiastiques. — Certificat délivré par l'évêque diocésain, le consistoire protestant ou le consistoire central israélite.

ARTICLE 50 DE LA LOI.

Jeune homme fixé avant l'âge de dix-neuf ans à l'étranger hors d'Europe et y occupant une situation régulière. — Acte de naissance du jeune homme; certificat du consul, légalisé par le Ministre des affaires étrangères, modèle Z.

ARTICLE 82 DE LA LOI.

Jeune homme fixé avant l'âge de dix-neuf ans dans une colonie ou un pays de protectorat ne possédant pas de troupes françaises, et y occupant une situation régulière. — Acte de naissance du jeune homme; certificat du gouverneur, ou du résident, légalisé par le Ministre des colonies, modèle Z.

Dispense pour contracter mariage. Dans l'ordre du droit privé, aux termes des articles 145 et 164 du Code civil, le Président de la République peut lever par des dispenses les empêchements qui, pour le mariage, résultent soit de l'âge, soit entre beaux-frères et belles-sœurs, de l'alliance, soit entre oncle et nièce, tante et neveu, de la parenté.

DISPENSÉS. Catégorie de militaires qui ne font qu'un an de service en temps de paix. (V. *Dispense.*)

DISPONIBILITÉ, s. f. Situation d'un militaire qui, quoique faisant toujours partie de l'armée, n'a pas actuellement de service actif. La disponibilité est la position spéciale de l'officier général ou d'état-major appartenant au cadre constitutif et momentanément sans emploi. (Loi du 19 mai 1834.)

Pour les hommes de troupe, la disponibilité comprend ceux qui sont envoyés en congé dans leurs foyers :

1° Par application de la loi du 15 juillet 1889 :

Art. 21. Aînés d'orphelins, fils de veuves, etc.;

Art. 22. Soutiens de famille;

Art. 23. Dispensés universitaires, élèves ecclésiastiques, élèves des différentes écoles, etc.;

Art. 27 et 33. Hommes classés dans les services auxiliaires pendant leurs trois premières années de service;

Art. 29. Hommes de la 2ᵉ portion du contingent;

Art. 40. Hommes de la classe à libérer le 1ᵉʳ novembre de l'année courante, renvoyés en congé après les grandes manœuvres;

Art. 46. Hommes en excédent de l'effectif à entretenir en temps de paix;

2° Par application de la loi du 6 novembre 1890 : jeunes gens dont l'appel à l'activité a été suspendu sur leur demande jusqu'à l'expiration du temps obligatoire de service d'un frère sous les drapeaux.

Ces hommes sont désignés sous le nom de *disponibles.*

Non-disponibles. (V. ce mot.)

DISSIPATION, s. f. Action de détruire, de détourner, de faire disparaitre. — L'article 245 du Code militaire punit de six mois à deux ans de prison la dissipation ou le détournement d'armes, de munitions, d'effets ou autres objets remis pour le service.

DISTANCE, s. f. Espace qui sépare les lieux, les objets. — L'appréciation des distances est très importante à la guerre. (V. *Télémètre* et *Appréciation.*)

DISTRIBUTION, s. f. Action de distribuer, de répartir. Distribution de fourrages. (V. *Fourrages.*)

Distributions d'effets. On ne doit faire venir au chef-lieu d'arrondissement, lors des distributions d'effets, que les gendarmes qui ont des effets d'habillement et de chaussure à recevoir. (Service intérieur, art. 63.) (V. *Effets.*)

Les chefs de brigade, dans les brigades externes, et le trésorier pour les brigades du chef-lieu de la compagnie inscrivent sur les livrets individuels les effets distribués aux hommes. Le livret est ensuite signé par le commandant du poste et l'intéressé, qui certifient en outre sur le compte qui leur a été envoyé par le trésorier la corrélation des inscriptions faites sur ces deux documents. (Règl. du 12 avril 1893, art. 156.)

Les distributions d'effets aux hommes ne doivent jamais être exagérées. (Circ. du 16 février 1874.)

Les administrateurs ou comptables qui feraient distribuer aux troupes des substances, denrées ou liquides avariés, corrompus ou gâtés seraient punis de 5 à 10 ans de réclusion. (C. M., art. 265.)

Distribution de livres, journaux, etc. Ceux qui voudraient exercer la profession de distributeur ou colporteur de livres, journaux, brochures, dessins, gravures, etc., devront en faire la déclaration à la préfecture ou à la mairie. Il leur sera donné reçu de cette déclaration. Le catalogue des objets destinés à la vente sera coté, visé et paraphé par le préfet ou par le sous-préfet. La distribution ou le colportage accidentels ne sont assujettis à aucune déclaration. Les colporteurs et distributeurs peuvent être poursuivis, conformément au droit commun, s'ils ont sciemment colporté ou distribué des livres, écrits, etc., présentant un caractère délictueux, c'est-à-dire défendus, comme contraires aux bonnes mœurs ou contenant des provocations à des crimes ou à des délits. Le colportage ou la distribution sans autorisation; la vente ou la distribution de marchandises non cataloguées; le refus de présenter à toute réquisition le récépissé de la déclaration et du catalogue, constituent des contraventions punies d'une amende de 5 à 15 francs et d'un emprisonnement de 1 à 5 jours. (V. *Colportage.*) (Loi du 17 juin 1880; circ. minist. du 10 août 1880; loi du 29 juillet 1881.)

DIVAGATION, s. f. Action d'errer, de courir çà et là.

Seront condamnés à une amende de 6 à 10 francs, et, en cas de récidive, à un emprisonnement de cinq jours au plus, ceux qui auront laissé divaguer des fous ou des furieux étant sous leur garde, ou des animaux malfaisants ou féroces; ceux qui auront excité ou n'auront pas retenu leurs chiens lorsqu'ils attaquent ou poursuivent les passants, quand même il n'en serait résulté aucun mal ni dommage. (C. P., art. 475, n° 7.) Mais s'il en était résulté un dommage, il y aurait lieu à des peines plus fortes. Ainsi, le paragraphe 2 de l'article 479 du même Code punit d'une amende de 11 à 15 francs inclusivement ceux qui ont occasionné la mort ou la blessure des animaux ou bestiaux appartenant à autrui, par l'effet de la divagation des fous furieux ou d'animaux malfaisants ou féroces; et cet article n'exige même pas que le propriétaire de l'animal blessé s'en plaigne, ni que les personnes sous la garde desquelles étaient placés les fous ou les animaux les aient excités ou eussent pu les empêcher de blesser ou tuer les animaux appartenant à autrui. (V. *Abandon d'animaux.*) (V. la loi du 21 juin 1898.)

Le mot divagation s'emploie aussi pour désigner l'action d'un esprit qui s'écarte du sujet en question: cet homme divague continuellement, c'est-à-dire que ses pensées ne sont jamais bien suivies.

DIVISION, s. f. La division est une opération d'arithmétique qui a pour but de partager un nombre appelé dividende en autant de parties égales qu'il y a d'unités dans un autre nombre appelé diviseur, ou bien de chercher combien de fois le diviseur est contenu dans le dividende. Le résultat de l'opération s'appelle quotient. Pour faire la preuve de la division, on multiplie le diviseur par le quotient, on ajoute le reste, s'il y en a un, et l'on doit retrouver le dividende.

Le territoire de la France était autrefois divisé, au point de vue militaire, en un certain nombre de parties qu'on appelait divisions. Cette répartition a cessé d'exister; le territoire est aujourd'hui divisé en 20 régions et en subdivisions de régions, et la dénomination division militaire n'est plus employée. (Lois des 24 juillet 1873, 5 janvier 1875, décr. du 10 août 1874 et circ. du 2 juin 1875.) On désigne aujourd'hui sous le nom de division la réunion de quatre régiments.

La division d'infanterie se compose de deux brigades, dont la première comprend un bataillon de chasseurs à pied et deux régiments d'infanterie; la seconde, deux régiments d'infanterie.

La division de cavalerie comprend deux ou trois brigades de cavalerie, deux batteries à cheval de 80^{mm} et des services accessoires. A chaque division d'infanterie sont attachés, en campagne, six batteries montées d'artillerie, une compagnie du génie, un escadron de cavalerie, du train, des ambulances, des gendarmes prévôtaux, etc.

DIVORCE, s. m. Rupture du lien conjugal. — Le divorce a été rétabli en France par la loi du 27 juillet 1884. Les dispositions du Code civil qui avaient été abolies par la loi du 18 mai 1816 sont rétablies, à l'exception de celles qui sont relatives au consentement mutuel, et avec certaines modifications apportées à différents articles. L'une des plus importantes est que la femme peut demander le divorce pour cause d'adultère du mari, en quelque lieu que l'adultère ait été commis.

Le divorce peut être encore demandé pour sévices, excès ou injures graves, ou à la suite de la condamnation de l'un des époux à une peine afflictive et infamante. — Avec la nouvelle loi la séparation de corps est maintenue; mais, lorsque la séparation aura duré trois ans, le jugement pourra être converti en jugement de divorce sur la demande formée par l'un des époux. Il doit être donné avis au Ministre de la guerre des divorces prononcés à l'égard des officiers ou assimilés (Note minist. du 17 avril 1886).

En cas de divorce et même de séparation de corps, la femme ne peut prétendre à aucune pension : les enfants, s'il en existe, sont considérés comme orphelins.

Il est fait inscription du divorce au folio mobile individuel de l'homme et au livret de l'homme. (Règl. sur le service intérieur, art. 40.)

DOCUMENT, s. m. Titre, pièce authentique. Les fonctionnaires de l'intendance sont autorisés à certifier les copies de documents délivrés, soit par le Ministre de la guerre, soit par les autorités militaires, lorsque ces copies leur sont soumises par d'anciens militaires ou des membres de leurs familles. (Décis. minist. du 9 février 1874.) Les documents confidentiels et importants de service expédiés par la poste doivent être chargés. (Circ. du 17 décembre 1877.)

DOMESTIQUE, s. m. Serviteur à gages. En campagne, les domestiques des officiers et des employés de l'armée sont tenus d'avoir une attestation signée de leur maître et visée dans les corps par les colonels et dans les états-majors et les services par les prévôts. S'ils obtiennent des permissions, elles doivent être visées de la même manière.

Ils doivent en outre porter, d'une manière ostensible, une plaque, un brassard ou un insigne cousu sur la manche, indiquant leur nom et celui de la personne près de laquelle ils sont employés.

Tous les domestiques qui ne peuvent pas représenter l'une de ces deux pièces sont immédiatement arrêtés. Le domestique qui abandonne son maître pendant la campagne doit être arrêté comme vagabond. (V. instr. sur le service de la gendarmerie en campagne, art. 23.) Les militaires de la gendarmerie ne peuvent être dispensés de leurs fonctions pour être employés à des services personnels auprès des autorités civiles ou militaires. (Serv. int., art. 159.) — Aucun militaire de l'arme ne peut être autorisé à aller travailler en ville ou à exercer un emploi quelconque dans une maison particulière. (Décis. minist. du 8 octobre 1868.)

Les maîtres et commettants sont responsables du dommage causé par leurs domestiques et préposés dans les fonctions auxquelles ils les ont employés. (C. C., art. 1384.) — Le vol commis par un domestique, même envers des personnes qu'il ne servait pas, mais qui se trouvaient dans la maison de son maître ou dans celle où il l'accompagnait, est puni de la peine de la réclusion. (C. P., art. 386.)

DOMICILE, s. m. Le domicile est le lieu où une personne réside habituellement et où elle a établi le siège principal de ses affaires. Par extension, ce mot s'emploie souvent pour désigner la maison dans laquelle on demeure.

Le domicile de secours est le lieu où l'homme nécessiteux a droit aux secours publics.

Le domicile ou la maison de chaque citoyen est un asile inviolable dans lequel la gendarmerie ne peut pénétrer sans se rendre coupable d'abus de pouvoir, sauf dans certains cas définis dans le décret du 1er mars 1854. Les officiers de gendarmerie agissant comme officiers de police judiciaire peuvent entrer dans la maison d'un citoyen :

1° En cas de flagrant délit, mais seulement aux termes des articles 250 et 251 du décret du 1er mars 1854, lorsque le flagrant délit est un crime, c'est-à-dire une infraction contre laquelle une peine afflictive ou infamante est prononcée. — En outre, il leur est formellement défendu d'y entrer pendant la nuit. (Décr. du 1er mars 1854, art. 253.) — Ils ne peuvent non plus s'introduire dans une maison autre que celle où le prévenu a son domicile, à moins qu'elle ne soit un lieu public ; dans ce cas, ils peuvent y entrer jusqu'à l'heure où ces lieux doivent être fermés d'après le règlement de police. (Décr. du 1er mars 1854, art. 255.) — Enfin, ils ne peuvent s'introduire dans le domicile d'un prévenu, si ce domicile est situé hors de leur arrondissement ; ils se bornent à informer, comme dans le cas précédent, le procureur de la République. (Décr. du 1er mars 1854, art. 257) ;

2° Lorsqu'ils sont requis par un chef de maison d'avoir à constater un crime ou un délit même non flagrant, commis dans l'intérieur d'une maison. (Décr. du 1er mars 1854, art. 263 ; C. P., art. 49.)

Les militaires de la gendarmerie ne peuvent s'introduire dans le domicile d'un citoyen, malgré la volonté de ce dernier, que dans les cas suivants :

1° En cas de flagrant délit (Décr. du 1er mars 1854, art. 292), c'est-à-dire lorsque le crime se commet actuellement, lorsqu'il vient de se commettre, lorsque le prévenu est poursuivi par la clameur publique, lorsque dans un temps voisin du délit le prévenu est trouvé nanti d'instruments, d'armes, d'effets ou de papiers faisant présumer qu'il en est auteur ou complice (Décr. du 1er mars 1854, art. 249) ;

2° Pendant le jour, ils peuvent y entrer pour un motif formellement exprimé par une loi ou en vertu d'un mandat spécial de perquisition décerné par l'autorité compétente (V. *Perquisition*) ;

3° Pendant la nuit, ils peuvent y pénétrer dans le cas d'incendie, d'inondations ou de réclamations venues de l'intérieur de la maison. — Dans tous les autres cas, ils doivent prendre seulement, jusqu'à ce que le jour ait paru, toutes les mesures nécessaires pour cerner la maison et empêcher d'échapper l'individu qu'ils sont chargés d'arrêter. (Décr. du 1er mars 1854, art 291 et 292.) (V. *Arrestation.*)

Les gendarmes qui s'introduiraient illégalement dans le domicile d'un citoyen pourraient être condamnés à un emprisonnement de six jours à un an et à une amende de 16 à 500 francs. (C. P., art. 184.)

Le délit que punit l'article 184, § 2, du Code pénal est l'introduction violente et contre le gré du propriétaire dans le domicile d'un citoyen, soit que celui-ci soit présent ou absent et non représenté.

Aux termes de l'article 13, § 3, de la loi du 3 juillet 1877, sur les réquisitions militaires, le maire ne peut envahir le domicile des absents hors le cas de mobilisation, et cette prescription s'applique aussi bien pour le cantonnement que pour le logement des troupes.

Au point de vue spécial du recrutement et des obligations des réservistes, la différence qui existait autrefois entre les changements de domicile et de résidence n'existe plus : mais il est cependant nécessaire que les hommes connaissent la différence qui existe entre le changement de domicile et le changement de résidence. — Le *changement de domicile* est l'abandon du lieu que l'on habite, sans esprit de retour, pour se fixer définitivement ailleurs. Le *changement de résidence* n'est qu'une absence plus ou moins prolongée du domicile qui reste le même.

Tout homme inscrit sur le registre matricule est astreint, s'il se déplace, aux obligations suivantes :

1° S'il se déplace pour changer de domicile ou de résidence, il fait viser, dans le délai d'un mois, son livret individuel par la gendarmerie dont relève la localité où il transporte son domicile ou sa résidence ;

2° S'il se déplace pour voyager pendant plus d'un mois, il fait viser son livret avant son départ par la gendarmerie de sa résidence habituelle;

3° S'il va se fixer en pays étranger, il fait de même viser son livret avant son départ, et doit, en outre, dès son arrivée, prévenir l'agent consulaire de France, qui lui donne récépissé de sa déclaration et en envoie copie dans les huit jours au Ministre de la guerre.

A l'étranger, s'il se déplace pour changer de résidence, il en prévient, au départ et à l'arrivée, l'agent consulaire de France, qui en informe le Ministre de la guerre.

Lorsqu'il rentre en France, il se conforme aux prescriptions du paragraphe 1er ci-dessus. (Loi du 15 juillet 1889, art. 55 et art. 111 de l'instr. du 28 décembre 1895.)

L'homme qui change d'adresse à Paris ou dans une ville de plus de 20.000 habitants, en fait la déclaration à la gendarmerie.

Les hommes qui se sont conformés aux prescriptions de l'article précédent ont droit, en cas de mobilisation ou de rappel de leur classe, à des délais supplémentaires pour rejoindre, calculés d'après la distance à parcourir.

Ceux qui ne s'y sont pas conformés sont considérés comme n'ayant pas changé de domicile ou de résidence. (Art. 56 de ladite loi.)

Les officiers de réserve et les officiers de l'armée territoriale qui quittent leur résidence sans en faire la déclaration peuvent être suspendus de leurs fonctions pendant un an, par application de l'article 14 du décret du 31 août 1878. (Décr. du 20 mars 1890.)

DOMICILIAIRE, adj. Qui se fait dans le domicile. — Visite domiciliaire. (V. *Visite*.)

DOMMAGE, s. m. Préjudice fait à une personne soit volontairement, soit involontairement. — On nomme *dommages-intérêts* l'indemnité due pour un dommage causé.

Chacun est responsable du dommage qu'il a causé non seulement par son fait, mais encore par sa négligence ou son imprudence. Lorsque des animaux non gardés ou dont le gardien est inconnu ont causé du dommage, le propriétaire lésé a le droit de les conduire sans retard au lieu de dépôt désigné par le maire qui, s'il connait la personne responsable du dégât, aux termes de l'art. 1385 du Code civil, lui en donne immédiatement avis. Si les animaux ne sont pas réclamés, et si le dommage n'est pas payé dans la huitaine du jour où il a été commis, il est procédé à la vente sur ordonnance du juge de paix, qui évalue les dommages. (Loi du 4 avril 1889, art. 1.) La loi du 4 avril 1889 donne le droit au propriétaire ou fermier de tuer les volailles qui viennent causer du dommage à ses champs, mais il n'a pas le droit d'emporter les animaux tués, sauf cependant les pigeons qui sont tués pendant le temps de la clôture des colombiers. (V. *Pigeon*.) On est encore responsable du dommage causé par le fait des personnes dont on doit répondre ou des choses qu'on a sous sa garde (enfants, domestiques, animaux, bâtiments dont on est propriétaire et qui causeraient du dommage en s'écroulant, etc.) (V. les articles 1382 et suivants du Code civil) — Ceux qui auraient involontairement causé du dommage à autrui seront punis d'une amende de 11 à 15 francs. (C. P., art. 479.)

Tous les fonctionnaires et agents du gouvernement peuvent être poursuivis en dommages-intérêts pour des faits relatifs à leurs fonctions. (Décr. du 19 septembre 1870.) — Les militaires de la gendarmerie sont donc responsables de leurs actes; mais s'ils justifient qu'ils ont agi par ordre de leurs supérieurs pour des objets du ressort de ceux-ci, sur lesquels il leur était dû obéissance hiérarchique, ils seront exempts de la peine, conformément au 2e paragraphe de l'article 114 du Code pénal, et cette peine sera appliquée seulement aux supérieurs qui auront donné l'ordre.

Lorsque des gendarmes sont à la poursuite d'un délinquant, ils peuvent traverser les champs sans commettre de contravention. — Si le propriétaire réclame des dommages-intérêts pour les dégâts causés, il doit faire estimer ces dégâts par un expert et joindre ce rapport à sa demande, qui est transmise par le maire à l'autorité militaire.

Les dommages-intérêts sont payés, s'il y a lieu, soit par le délinquant, soit, s'il n'a pu être saisi, par le Ministre de la guerre.

Les accidents ou dommages causés soit à des propriétés, soit à des particuliers, dans le service ou à l'occasion du service, peuvent donner droit à l'allocation d'une somme fixe une fois payée pour chaque dommage. (Décis. minist. du 2 mai 1877 et note minist. du 10 mai 1886.)

Les dommages causés aux récoltes par le gibier peuvent être l'objet de demandes de réparation qui sont portées devant le juge de paix si la demande n'excède pas trois cents francs. (V. la loi du 19 avril 1901.)

Dommages causés pendant les manœuvres. Le chef de détachement a la faculté d'arrêter séance tenante, après débat avec la partie lésée, le montant de l'indemnité à accorder.

Lorsque le propriétaire ne veut pas accepter l'indemnité offerte par le chef de détachement qui a causé le dommage, la gendarmerie locale dresse procès-verbal des dégâts causés, en présence d'un membre civil faisant partie, autant que possible, de la municipalité.

Ce procès-verbal, qui constate le refus de l'offre faite ainsi que de son montant, est destiné à éclairer ultérieurement la commission d'évaluation des dégâts. (V. *Dégâts.* — V. l'instr. du 1er mai 1897.)

Les tribunaux prévôtaux sont les seuls tribunaux militaires compétents pour allouer des dommages-intérêts ; ils peuvent statuer sur ces demandes lorsqu'elles ne dépassent pas la somme de 150 francs. (C. M., art. 75. — Instr. minist. du 28 juillet 1857.)

DON, s. m. Présent, cadeau, libéralité qu'on fait, sans y être obligé. Il est défendu aux militaires de la gendarmerie d'accepter des dons en récompense de services rendus. (Service intérieur, art. 158.) (V. *Legs.*)

La *donation* est un acte par lequel une personne cède gratuitement et irrévocablement un bien à une autre personne. Cet acte entre-vifs, que la loi a entouré de certaines garanties, doit être passé devant un notaire. (V. *Legs.*)

DORDOGNE (Département). Pop., 452,951 hab., 5 arrondissements, 47 cantons (12e corps d'armée, 12e légion de gendarmerie), chef-lieu Périgueux, 31,439 hab., à 472 kil. S.-S.-O. de Paris, divisée en deux parties par l'Isle. S.-P. : Bergerac, Nontron, Ribérac, Sarlat. — Département méditerrané. Pays très montagneux, agricole et manufacturier. Elève importante de gros bétail et surtout de moutons et de porcs. — Commerce de vins et de truffes. — Patrie du général Daumesnil, célèbre par sa belle défense de Vincennes en 1814.

DOT, s. f. Le bien que la femme apporte au mari pour supporter les charges du mariage. (C. C., art. 540.) (V. *Mariage.*)

L'arrêté ministériel du 17 décembre 1843, qui stipulait que la personne recherchée en mariage par un officier devait apporter en dot un revenu non viager de 1.200 francs, a été abrogé par la circulaire ministérielle du 1er octobre 1900.

Le chiffre de la dot n'a pas été fixé pour le mariage des gendarmes : il peut varier suivant les localités, suivant la profession de la future et suivant les avantages que sa position de famille lui assure. Il est prescrit seulement aux conseils d'administration de s'assurer que la future possède des ressources suffisantes pour ne pas être à la charge du militaire qui désire l'épouser. (Service intérieur, art. 321.) (V. *Contrat.*)

DOUANE, s. f. Administration qui est chargée de percevoir les droits auxquels sont assujetties certaines marchandises à leur entrée ou à leur sortie du territoire.

Le personnel de la douane, réparti en 25 directions y compris l'Algérie, est partagé en deux grands services : le service administratif et de perception et le service actif. Ce dernier, qui comprend environ 25,000 hommes, entre dans la composition des forces militaires du pays, conformément aux dispositions de l'article 8 de la loi du 24 juillet 1873.

Chaque inspection de douanes forme, pour la mobilisation, un bataillon de douanes ayant un nombre de compagnies égal, en général, à celui des capitaineries de l'inspection. (Décr. du 2 avril 1875.) — Un décret du 22 septembre 1882, modifié par un décret du

15 mars 1890, réorganise le corps militaire des douanes sur de nouvelles bases en utilisant les agents sur leurs terrains d'action de temps de paix au lieu de les rassembler sur des points éloignés du territoire dont ils ont la surveillance.

L'assimilation suivante est observée pour les différents grades ;

DOUANES :	ARMÉE :
Sous-brigadier,	Caporal.
Brigadier,	Sous-officier.
Lieutenant,	Lieutenant.
Capitaine,	Capitaine.
Sous-inspecteur ou Inspecteur,	Chef de bataillon.
Directeur,	Lieut.-colonel de réserve ou de l'armée territoriale. (Décr. du 9 octobre 1886.)

Les gendarmes doivent le salut aux officiers des douanes, les sentinelles doivent leur rendre les honneurs. (Circ. du 3 janvier 1878.)

La gendarmerie réprime la contrebande en matière de douanes et de contributions indirectes, saisit les marchandises transportées en fraude et conduit devant l'autorité compétente les contrebandiers et autres délinquants. (Décr. du 1er mars 1854, art. 302. — V. la loi du 28 avril 1816 et l'ouvrage *Droits et attributions de la gendarmerie en matière de douanes et de contributions indirectes.*)

En matière de douanes, il est attribué aux saisissants la moitié du produit net des amendes et confiscations. (Arrêtés des 27 mai 1875 et 6 juin 1848 et art. 213 du règlement du 12 avril 1893). Pour dénonciation ou saisie faite concurremment avec les préposés, chaque militaire de la gendarmerie a droit à une part et le commandant du détachement à une part et demie. (Même art.) L'arrestation d'un fraudeur donne droit à une prime de 15 francs. (Art. 211 du même règl.) Lorsque la gendarmerie est appelée seulement pour assister à une saisie (v. ce mot), elle n'a droit qu'à une gratification réglée d'après l'importance de son service. (Art. 214.) Ces primes sont payées par l'administration des douanes ou des contributions indirectes, suivant le cas. (Art. 215.)

Le conseil d'administration fait la distribution aux ayants droit du produit des amendes et saisies dans les proportions suivantes :

Si un ou plusieurs officiers ont concouru personnellement à la saisie, un tiers de la somme reçue leur est acquis et, s'il y a lieu, est partagé entre eux par égales portions.

Les deux autres tiers sont distribués d'une manière égale entre les sous-officiers, brigadiers et gendarmes qui ont coopéré à la saisie.

Dans le cas où aucun officier n'a concouru personnellement à la saisie, la totalité de la somme est partagée entre les sous-officiers, brigadiers et gendarmes saisissants. Le commandant du détachement qui a opéré la saisie a droit à part et demie. Le brigadier de gendarmerie est considéré comme commandant de détachement, même quand il n'est accompagné que d'un gendarme.

Le commandant de la brigade qui aurait fourni le détachement et n'aurait pu assister à la saisie entre également en partage, mais seulement comme simple saisissant. Il a aussi droit au partage, bien que n'ayant pu participer au service, quand un détachement a été commandé pour procéder à une saisie d'un transport frauduleux dénoncé ou pressenti. (Art. 216.)

L'article 224 de la loi du 28 avril 1816 autorise les douaniers à remettre les contrebandiers qu'ils arrêtent à la gendarmerie, qui reste alors chargée de les conduire devant le procureur de la République.

A la date du 17 février 1898, le ministre de la guerre, afin de prévenir toute difficulté entre l'autorité militaire et l'administration des douanes, a porté à la connaissance de tous les intéressés l'avis important ci-dessous, de la direction générale des douanes, rappelant les obligations respectives des brigades des douanes et des personnes qui circulent dans le rayon frontière.

Le rôle essentiel imposé par la loi aux brigades des douanes, est de s'opposer aux importations et exportations en contrebande. Leur action répressive s'exerce dans un rayon de 20 kilomètres de profondeur à partir de la limite frontière. La circulation des personnes et des marchandises y est, dès lors, soumise à leur contrôle au point de vue de la recherche de la fraude.

En conséquence, toutes personnes civiles ou militaires, piétons, cyclistes, cavaliers, conducteurs de véhicules quelconques ou d'animaux, etc., sont tenues de s'arrêter, de jour comme de nuit, à la première sommation de : « Halte-là, la douane! » qui leur est faite dans ledit rayon.

En cas d'insoumission ou de résistance, les agents, tout en répétant leur injonction, peuvent faire respecter leur consigne par la force et même faire usage de leurs armes à feu et autres contre les montures et les attelages aux risques et périls des contrevenants. Ceux-ci seront, d'ailleurs, déférés à la justice pour s'entendre condamner à l'amende de 500 francs (décimes, demi-décime et dépens en sus), du chef d'opposition aux fonctions des préposés des douanes, et, en outre, à des peines plus sévères, s'ils se sont rendus coupables de violences, ou s'il s'agit de transports frauduleux.

DOUBS (Département). Populat., 298,864 habit., 4 arrondissements, 27 cantons (7e corps d'armée, 7e légion de gendarmerie), chef-lieu Besançon, 55,362 habit., à 396 kil. S.-E. de Paris, divisée par le Doubs en deux parties inégales. S.-P. : Baume, Montbéliard, Pontarlier. — Département frontière, pays de montagnes et très élevé. Agricole et manufacturier. Elève étendue de chevaux et de gros bétail. Exploitations minérales, eaux sulfureuses de Guillon, deux marais salants. — Patrie du maréchal Moncey, duc de Conegliano, des généraux Pajol et Morand.

DRAGONNE, s. f. Cordon double formant nœud coulant en soie, en buffle et en cuir, attaché à la poignée du sabre ou de l'épée et dans lequel on passe le poignet quand on met le sabre ou l'épée à la main. — L'instruction du 9 juin 1895 (art. 18 et 106) indique la manière de porter la dragonne d'épée.

DRAPEAU, s. m. Pièce d'étoffe qu'on attache à une hampe de façon qu'elle puisse flotter et faire ainsi reconnaître la nation qui l'arbore. Le drapeau national est tricolore (bleu, blanc, rouge) et la hampe est surmontée d'une pique.

Le drapeau des casernes de gendarmerie, en étamine de laine, n'est hissé que les dimanches et jours fériés et dans quelques circonstances particulières : quand un officier général se trouve en service dans la localité, quand les officiers de l'arme inspectent la brigade, et lors du tirage au sort et du conseil de revision. (Service intérieur, art. 303.)

Tous les régiments de l'armée ont un drapeau, et une décision impériale du 14 juin 1859 autorise les corps de troupe qui prennent un drapeau ennemi à porter la croix de la Légion d'honneur attachée au drapeau. — Depuis la guerre d'Italie, dix régiments ont été décorés de la Légion d'honneur. Le 57e de ligne, le dernier décoré, est le seul qui l'ait été pendant la guerre de 1870-1871.

L'article 196 du décret du 4 octobre 1891 prescrit formellement aux gouverneurs de détruire tous les drapeaux avant de rendre la place qui leur est confiée.

Chaque caserne de gendarmerie doit être pourvue d'un drapeau placé au-dessus de la porte principale. Les drapeaux sont fournis et entretenus aux frais du département (Règl. du 10 juillet 1889, art. 278.)

Voici pour terminer cet article, les couleurs des drapeaux des principales nations de l'Europe.

Allemagne. Le drapeau de l'empire est noir, blanc, rouge : les couleurs perpendiculaires à la hampe; le blanc chargé de l'aigle impérial, au milieu.

Angleterre. Ecartelé, le premier et le quatrième quartiers rouges, le deuxième jaune et le troisième bleu; le pavillon royal chargé des armes d'Angleterre.

Autriche. Jaune, bordé d'une dentelure noire, rouge et blanche; au centre, le double aigle noir, portant en abime les armes autrichiennes; le pavillon de guerre et de commerce est à trois bandes horizontales, une blanche entre deux rouges.

Belgique. Noir, jaune et rouge.

Danemark. Rouge, chargé d'une

croix blanche, le pavillon royal chargé des armes.

Egypte. Rouge, avec trois croissants et trois étoiles.

Espagne. Jaune entre deux bandes rouges.

Grèce. Bleu, chargé d'une large croix blanche; les armes au centre sur le pavillon royal; le pavillon de guerre et de commerce est à bandes bleues et blanches horizontales portant le pavillon royal en carré.

Hollande. Rouge, blanc, bleu horizontalement; le pavillon royal aux armes.

Italie. Vert, blanc et rouge.

Portugal. Bleu et blanc, pavillon rouge aux armes.

Prusse. Blanc, avec l'aigle royal noir.

Russie. Les couleurs sont les mêmes que celles du drapeau français, seulement elles sont disposées perpendiculairement à la hampe. Le drapeau particulier de l'empereur est jaune, chargé au centre de l'aigle à deux têtes portant les armes en abîme.

Suède. Bleu, chargé d'une croix jaune.

Suisse. Rouge, traversé par une croix blanche.

Tunis. Rouge, avec croissant et étoile dans un cercle blanc.

Turquie. Vert, rayé de rouge; grand étendard rouge chargé d'une pleine lune blanche; pavillon de guerre rouge, chargé du croissant et d'une étoile.

Etats-Unis d'Amérique. Rayé horizontalement rouge et jaune, franc quartier bleu semé de trente-quatre étoiles blanches.

DRESSAGE, s. m. Art d'élever le cheval de façon à l'habituer au harnachement, au travail, aux différentes allures et à tous les exercices qui peuvent être utiles à l'homme.

Le dressage ou plutôt l'éducation du cheval demande du savoir, du calme, de la douceur et une grande patience. Le règlement du 28 mai 1900, annexe n° 1, donne toutes les instructions nécessaires pour dresser le cheval et pour l'amener à rendre tous les services qu'on peut attendre de lui.

DROGUE, s. f. Nom des substances végétales, minérales ou animales qui sont employées dans la médecine ou dans l'industrie.

Nous rappelons en passant qu'on donne dans l'armée le nom de drogue à un jeu dans lequel le perdant est obligé de mettre sur son nez un morceau de bois fourchu, qu'il garde jusqu'à ce qu'il ait gagné.

DROGUISTE, s. m. Celui qui vend des drogues. — Un diplôme n'est pas nécessaire pour exercer la profession de droguiste; mais la loi du 21 germinal an XI défend à ces commerçants de livrer au public aucune composition ou préparation pharmaceutique sous peine de 500 francs d'amende; ils ne peuvent vendre qu'en gros et ne peuvent pas débiter leur marchandise au poids médicinal. — L'arrêté du 25 thermidor an XI les assujettit à des visites annuelles.

DROIT, s. m. Ce mot a une infinité d'acceptions qu'il serait trop long d'énumérer ici : nous nous bornerons à donner les définitions suivantes :

Le droit civil est l'ensemble des lois destinées à régler les rapports réciproques des citoyens entre eux.

Le droit politique consiste dans la faculté de participer soit à l'établissement, soit à l'exercice de la puissance et des fonctions publiques. Les droits politiques n'appartiennent qu'aux citoyens qui remplissent les conditions exigées par les lois spécialement relatives au droit civil et au droit politique.

Le droit criminel est l'ensemble des lois qui définissent les diverses infractions et qui règlent la manière de les réprimer.

Le droit canon est l'ensemble des lois et règlements de l'Eglise.

Le droit des gens est l'ensemble des règles qui régissent les rapports entre les nations; ces règles sont destinées en partie à atténuer les maux de la guerre. — Il est contraire au droit des gens, par exemple, de se servir de balles explosibles ou d'armes empoisonnées. Les gouvernements qui ont adhéré à la convention de Genève pour les secours aux blessés commettraient un acte contraire au droit des gens s'ils n'observaient pas cette convention.

Le droit commun est le droit qui s'applique à la généralité des citoyens.

Les *droits civils* sont ceux qui découlent de la qualité de citoyen et qui ne se rapportent qu'à l'intérêt privé (droit de tester, de faire des donations, de recevoir, etc.). Certaines condamnations entraînent la privation de ces droits. (V. la loi du 3 mai 1854.)

Le droit des pauvres est un impôt établi sur les revenus des spectacles, concerts et autres établissements de ce genre où l'on entre en payant, et dont les produits sont affectés aux besoins des hospices ou des bureaux de bienfaisance.

On donne le nom de *droits acquis* à des droits qu'un homme s'est donnés ou qu'on lui a accordés par convention. — Ce mot entre encore dans un grand nombre de locutions : à bon droit signifie avec raison; de droit, de plein droit signifie qu'il ne peut y avoir de contestations. — Qui de droit signifie celui qui a autorité : s'adresser à qui de droit. De quel droit? signifie pour quel motif? pour quelle raison?

DROME (Département). Populat., 297,321 hab., 4 arrondisements, 29 cantons (14e corps d'armée, 14e légion de gendarmerie), chef-lieu Valence, 25,283 habit., à 560 kil. S.-S.-E. de Paris, sur le Rhône. S.-P. : Die, Montélimar, Nyons. Département méditerrané. Pays de montagnes élevé à l'Est, agricole et manufacturier. Elève étendue de vers à soie, volailles et abeilles; commerce de vins. Exploitations minérales, sources minérales à Dieu-le-Fit, Propiac et Allan.

DUEL, s. m. Combat d'homme à homme à l'épée, au pistolet, etc. Le duel, condamné par la morale, ne l'est pas par la loi : cependant, comme cet acte peut être la cause de blessures graves et même d'homicides, la gendarmerie doit faire tous ses efforts pour l'empêcher, et, en cas de blessures ou de mort, elle ne doit pas hésiter à arrêter les combattants, conformément à l'article 276 du décret du 1er mars 1854, et à les conduire devant le procureur de la République. — Il est évident, en effet, que s'il y a mort ou blessures, celui qui en est l'auteur tombe, suivant le cas, sous le coup des articles 296, 302 ou 309 du Code pénal. La jurisprudence actuelle traduit devant la cour d'assises celui qui a tué son adversaire en duel et devant le tribunal correctionnel celui qui a fait de simples blessures.

La Cour de cassation a décidé que, conformément aux articles 1382 et suivants du Code civil, l'individu qui en tue un autre en duel pourrait être condamné à payer des dommages-intérêts à la famille de celui qu'il a tué. Elle a également décidé que les témoins d'un duel pourraient, dans certains cas, être considérés comme complices. — Mais, nous le répétons, la loi ne s'occupe pas du duel et toutes les questions qui s'y rattachent ne sont réglées que par la jurisprudence. — Par suite, en dehors des cas de mort ou de blessures graves, la gendarmerie ne doit procéder à aucune enquête, et elle doit se borner à rendre compte à ses chefs de l'incident qu'elle n'a généralement appris que par la rumeur publique.

On nomme duelliste celui qui se bat souvent en duel. — En duel, un militaire ne peut être mis dans la nécessité de donner satisfaction successivement pour le même fait à plusieurs de ses adversaires. (Circ. du 21 juillet 1858.)

DUPLICATA, s. m. Le double d'une dépêche, d'un ordre, d'un écrit quelconque; au pluriel : duplicatas.

DYNAMITE, s. f. Matière explosible dont on se sert pour détruire des ouvrages de campagne, des bateaux, des voies de chemins de fer, etc. La dynamite est un poison qu'on ne peut absorber sans danger de mort. Elle dégage des vapeurs qui provoquent de fortes migraines et des vomissements. Son simple contact sur les doigts et particulièrement sous les ongles peut produire un violent mal de tête, heureusement de courte durée. Il faut éviter de la toucher quand on a des écorchures parce qu'elle pourrait les envenimer d'une façon très grave. (V. pour l'emploi de la dynamite la note I de l'instruction du 16 juillet 1884. Service de la cavalerie en campagne.)

Le transport de la dynamite, qui exige de grandes précautions, a été réglementé par de nombreuses circulaires : la dernière, datée du 18 mars 1899, est du ministre de l'intérieur et elle est ainsi conçue :

« Par une instruction du 16 juillet dernier, M. le ministre des travaux publics a fixé, conformément aux dispositions de l'article 47 du règlement du 12 novembre 1897, les moyens d'exécution pour la mise en pratique des règles prévues par les articles 144, 145 et 146 de ce règlement relatifs à la surveillance à exercer dans les gares de départ et d'arrivée sur les expéditions d'explosifs.

» Cette instruction fait en outre connaître les diverses prescriptions arrêtées de concert entre les départements des travaux publics, de la guerre et des finances en ce qui concerne les escortes militaires qui doivent accompagner les convois d'explosifs en provenance ou à destination des établissements de l'Etat empruntant la voie du roulage.

» Il appartient plus spécialement au département de l'intérieur de compléter les dispositions dont il s'agit pour le cas où les expéditeurs ou les destinataires de chargements de dynamite sont non plus des établissements de l'Etat, mais des fabriques, des dépôts et des débits.

» J'ai décidé, en conséquence, que, quelle que soit d'ailleurs l'importance de l'expédition, la dynamite devra être escortée dans les mêmes conditions que celles auxquelles sont soumis les convois de poudre et sous l'entière responsabilité de l'expéditeur ou du destinataire, savoir :

» 1° Au départ, du lieu d'expédition à la gare, par des employés de l'expéditeur;

» 2° A l'arrivée, de la gare au lieu de destination définitive, par des employés du destinataire, ceux-ci, dûment avisés de l'arrivée du chargement, devant se rendre immédiatement à la gare pour en prendre livraison.

» De ces dispositions, combinées avec celles de l'instruction susvisée émanant de M. le ministre des travaux publics, il résulte que pour les expéditions de dynamite, et quel que soit le poids, l'escorte est :

» 1° Militaire au départ comme à l'arrivée lorsqu'il s'agit d'un chargement dirigé d'un établissement de l'Etat sur un autre établissement de l'Etat;

» 2° Militaire au départ puis civile et fournie par le destinataire à l'arrivée pour les chargements d'un établissement de l'Etat destinés à l'industrie privée ou aux particuliers;

» 3° Civile au départ et fournie par l'expéditeur, puis militaire à l'arrivée si l'envoi a lieu d'un particulier ou de l'industrie privée à un établissement de l'Etat;

» 4° Enfin civile, tant au départ qu'à l'arrivée et fournie au départ par l'expéditeur et à l'arrivée par le destinataire quand l'industrie privée ou des particuliers se trouvent seuls intéressés.

» Il y a lieu de remarquer qu'à l'arrivée en gare de destination, la dynamite est gardée par un agent du chemin de fer; mais, si passé un délai de trois heures le chargement n'est pas enlevé, il est dû par le destinataire une rémunération de 0 fr. 50 par heure indivisible, à moins que la responsabilité du retard apporté à l'enlèvement n'incombe au service de la gare. »

Aux termes d'une circulaire, en date du 21 octobre 1882, les convois de dynamite ou autres explosifs doivent être gardés par la gendarmerie locale lorsque les gares sont éloignées des villes de garnison et si le chargement n'est pas enlevé dans le délai de trois heures après l'arrivée du train. Dans ce cas, toute absence de 10 heures hors de la résidence donne droit à une indemnité de 1 fr. 25 pour les brigadiers et les gendarmes. (Instr. du 28 mai 1895, art. 53.) (V. *Poudre.*) — Les attentats contre les personnes ou les choses au moyen de la dynamite sont prévus par la loi du 18 mars 1892.

DYNASTIE, s. f. Série de rois ou d'empereurs qui se succèdent dans un pays, suivant un certain ordre d'hérédité. — Il y a eu en France quatre dynasties : celle des Mérovingiens, celle des Carlovingiens, celle des Capétiens et celle des Napoléons. (V. *Roi.*)

E

EAU, s. f. Liquide sans odeur, sans saveur, qui jouit de la propriété de se volatiser par la chaleur et de se solidifier par le froid.

L'eau que l'on rencontre dans la nature n'est jamais pure : pour qu'elle puisse servir de boisson aux hommes et aux animaux, c'est-à-dire pour qu'elle soit potable, il faut qu'elle soit limpide, aérée, incolore, sans saveur ni odeur sensibles ; en outre, il faut, autant que possible, qu'elle dissolve facilement le savon. Lorsqu'elle le fait tourner en flocons d'un blanc grisâtre, c'est qu'elle renferme une grande quantité de sels calcaires : on dit alors qu'elle est crue ou dure ; et, dans ce cas, elle est très difficile à digérer. Quand on la fait boire aux chevaux, on corrige en partie ce défaut avec du son ou de la farine d'orge. Les eaux stagnantes qui renferment en suspension un grand nombre de matières organiques ne doivent pas servir pour la boisson avant d'avoir été passées ou filtrées sur une couche de sable ou de charbon.

Il faut 5 litres d'eau en été et 3 litres en hiver, par jour et par homme, pour boire et faire la soupe et 40 litres par cheval en toute saison.

La température de l'eau que l'on boit ne doit jamais être très basse : pendant l'été, les abreuvoirs doivent être remplis au moins une heure avant qu'on y conduise les chevaux ; pendant l'hiver, on fait boire à l'écurie. Les baquets doivent être remplis assez à temps pour que l'eau soit à peu près à la température des écuries.

L'eau distillée est de l'eau parfaitement pure qu'on a d'abord réduite en vapeur et qu'on a ensuite fait retourner à l'état liquide par le refroidissement.

La qualité de l'eau de boisson doit être l'une des préoccupations constantes du commandement. Il est recommandé de la soumettre à l'ébullition toutes les fois qu'elle n'est pas irréprochable, surtout pendant la saison des chaleurs et en temps d'épidémie et de provoquer son analyse bactériologique pour peu qu'elle soit suspecte. (Service intérieur, art. 306.) Une loi en date du 8 avril 1898 fixe le *régime des eaux* et indique pour les cours d'eau non navigables et non flottables, ainsi que pour les rivières et pour les fleuves, les droits et les servitudes des riverains.

Eaux thermales ou minérales. On donne ce nom à des eaux chargées de principes solides ou gazeux qui exercent sur l'économie générale une action salutaire. Les eaux les plus chaudes que nous ayons en France sont les eaux de Chaudes-Aigues (Cantal), dont la thermalité arrive à 81°.

Envoi des militaires aux eaux thermales. Les militaires malades admis à recourir à l'emploi des eaux minérales sont dirigés sur différents établissements dont les principaux sont : Amélie-les-Bains, Barèges, Bourbonne, Bourbon-l'Archambault, Plombières et Vichy, et y sont traités suivant les mêmes règles que dans les hôpitaux militaires ordinaires. (V. *Solde*.) Lorsque, faute de place dans ces établissements, des officiers sont obligés de se faire traiter à leurs frais, ce qui doit être constaté par un certificat du sous-intendant militaire, ils conservent la solde de présence. (V. les notes des 31 août 1889, 6 janvier 1891 et 10 juillet 1892 relatives aux conditions dans lesquelles les officiers de tous grades peuvent être admis aux eaux de Cauterets, de Chatel-Guyon et de Royat.)

Les congés pour aller faire usage des eaux sont accordés, dans la limite de deux mois, par les gouverneurs militaires et les généraux commandant les corps d'armée, aux officiers, aux fonctionnaires, aux assimilés et employés militaires de tous grades; la solde de présence est acquise pour toutes les journées passées aux eaux, mais la note ministérielle du 31 décembre 1892 fait connaître que les congés ne comportent ni délai de route ni délai de tolérance et que par suite, pour ceux délivrés pour aller aux eaux, les délais de route et de tolérance sont toujours compris dans la durée du congé.

Les militaires de tous grades qui ne rejoignent pas à l'expiration de leur congé après avoir fait usage des eaux sont privés de tout rappel de solde seulement pour le temps excédant la durée de leur congé. (Décis. présid. du 21 juillet 1883.) (V. *Solde*.)

Les commandants de corps d'armée peuvent accorder des congés avec solde de présence aux officiers, sous-officiers, brigadiers et gendarmes qui ont besoin d'aller prendre les eaux dans les lieux où il n'existe pas d'établissement militaire et qui en justifient par un certificat des officiers de santé de l'hôpital militaire ou, à défaut, de l'hospice civil le plus voisin du lieu de leur résidence. Le rappel de solde a lieu sur la présentation d'un certificat du médecin en chef de l'établissement, visé par le sous-intendant ou par le maire.

Les établissements minéraux de l'Algérie sont Hammam-Rira, Hammam-Melouan, le Bain de la Reine et Hammam-Meskoutine.

Chaque année, au 1er mars et au 1er mai, pour la saison d'été des différents établissements, au 1er octobre et au 1er décembre, pour les saisons d'hiver d'Amélie-les-Bains, les médecins des corps de troupes, des établissements militaires, des hospices civils, et les médecins qui sont chargés du personnel sans troupe, désignent, à la suite d'une visite dont les résultats sont consignés en tête d'un certificat individuel, les militaires autres que les officiers supérieurs auxquels ils jugent que les eaux minérales sont utiles. La contre-visite est faite soit par le directeur du service de santé, soit par les médecins qu'il désigne. (Art. 337 et 338 du décret du 25 novembre 1889.)

Les dates d'ouverture des saisons thermales dans les hôpitaux d'eaux minérales sont fixées de la manière suivante par la circulaire du 1er juillet 1899 :

ÉTABLISSEMENTS.	1re SAISON.	2e SAISON.	3e SAISON.	4e SAISON.	5e SAISON.	HIVER.	
						1re SAISON.	2e SAISON.
Amélie-les-Bains	15 avril au 31 mai.	15 juin au 31 juillet.	15 août au 30 septembre.	»	»	1er novembre au 1er janvier.	15 janvier au 15 mars.
Barèges	12 juin au 11 juillet.	14 juillet au 12 août.	15 août au 15 septembre.	»	»		»
Bourbonne	15 mai au 23 juin.	26 juin au 3 août.	6 août au 15 septembre.	»	»	»	»
Bourbon-l'Archambault.	15 mai au 23 juin.	26 juin au 3 août.	6 août au 15 septembre.	»	»	»	»
Plombières	15 mai au 14 juin.	15 juin au 14 juillet.	15 juillet au 14 août.	15 août au 15 septembre.	»	»	»
Vichy	14 mai au 5 juin.	8 juin au 30 juin.	3 juillet au 25 juillet.	28 juillet au 19 août.	22 août au 13 septembre.	»	»
Hammam-Rira	15 avril au 23 mai.	26 mai au 30 juin.	15 septembre au 31 octobre.	»	»	»	»
Hammam-Melouan	1er mai au 15 juin.	1er septembre au 15 octobre.	»	»	»	»	»
Les Bains-de-la-Reine ..	15 avril au 23 mai.	26 mai au 30 juin.	15 septembre au 31 octobre.	»	»	»	»

Nota. — Les deux derniers jours de chaque saison seront employés à la mise en état des locaux, aux travaux d'entretien et de propreté, etc. En conséquence le départ des malades devra s'effectuer au plus tard dans la matinée du jour qui précède la clôture de chaque saison, sauf pour les malades qui auront obtenu une prolongation de séjour dans les conditions de l'article 350 du règlement.

En outre, au moment du départ, la nécessité de l'usage des eaux doit être de nouveau constatée par un médecin militaire au moyen d'une annotation, aussi explicite que possible, apposée au bas de la première page du certificat. (Décr. du 25 novembre 1889, art. 344.)

Les militaires retraités peuvent être envoyés aux eaux thermales aux frais de l'Etat. Ils sont dirigés, par voie ferrée, sur les stations d'eau à l'aide d'un bon spécial de chemin de fer et obtiennent le même moyen de transport pour le retour dans leurs foyers. (V. l'instr. minist. du 26 janvier 1895.) La demande doit être adressée au général de brigade avant le 15 février pour les premières saisons et avant le 15 avril pour les dernières. Elle est accompagnée d'un certificat du médecin et de l'état des services. Ces militaires sont convoqués devant une commission de réforme. S'ils ne peuvent se déplacer, la gendarmerie est chargée de faire une enquête approfondie sur la position du pétitionnaire.

Le bon spécial de chemin de fer (modèle n° 4 de l'instr. du 26 janvier) peut être accordé, même sur un seul réseau, à la demande des intéressés, lorsque l'état de leur santé ne leur permet pas d'accomplir un seul trajet d'une seule traite, sous la réserve que les arrêts intermédiaires soient limités au maximum à 24 heures. (Même instr.)

Bains de mer. — Les militaires auxquels un traitement par l'eau de mer est reconnu nécessaire sont dirigés sur les hôpitaux militaires du littoral ou sur des corps en garnison dans ces régions. La durée de leur séjour est fixée à six semaines, de façon à partager en deux saisons la période de l'année favorable à ce traitement (juillet, août et septembre) sur le littoral de la Méditerranée. Elle est fixée à deux mois (une saison juillet et août) sur le littoral de la Manche et de l'Océan. Les malades exigeant des soins et un régime particuliers sont dirigés sur les hôpitaux de Marseille et de Nice pour la région de la Méditerranée, de la Rochelle pour celle de l'Océan, de Dunkerque et de Calais pour la Manche. Les militaires débiles chez lesquels on n'aurait d'autre but que de stimuler l'organisme, les convalescents, etc., sont envoyés dans les villes de garnison du littoral et mis en subsistance dans les corps de la garnison, et leur traitement est assuré par les corps.

Une note ministérielle en date du 11 septembre 1887 donne la nomenclature des effets ou objets à emporter par les militaires qui se rendent aux bains de mer et aux eaux thermales.

Chaque année, le 1er juin, les médecins militaires ou les médecins chefs des hospices civils établissent des certificats individuels pour les militaires de la gendarmerie qu'ils jugent dans le cas d'être envoyés aux bains de mer. (Art. 354 du décr. du 25 novembre 1889.)

Les hôpitaux militaires du littoral qui peuvent recevoir des militaires auxquels l'usage des bains de mer a été reconnu nécessaire, sont ceux de :

1re saison, du 1er juillet au 14 août. 2e saison, du 15 août au 30 septembre.	Marseille et Nice pour la région de la Méditerranée.
Saison unique du 2 juillet au 30 août.	La Rochelle pour la région de l'Océan. Dunkerque et Calais pour la région de la Manche.

On trouve dans le décret du 25 novembre 1889, pages 322 et suivantes, une instruction très intéressante sur les propriétés générales des eaux et sur leur emploi.

EAU-DE-VIE, s. f. Produit de la distillation de liqueurs fermentées. Il y a des eaux-de-vie de grains, de pommes de terre, de bière, de cidre, etc. — Ce mot s'emploie surtout pour exprimer la liqueur que l'on retire du vin par la distillation. — La vente de l'alcool est interdite dans les casernes et établissements militaires (Circ. du 3 mai 1900) et une décision en date du 5 mai 1901 a supprimé en temps de paix les allocations d'eau-de-vie aux militaires de toutes armes.

ÉBROUEMENT, s. m. Espèce de ronflement que font entendre certains chevaux lorsqu'ils sont effrayés ou surpris. A la guerre, dans beaucoup de petites opérations, on ne prend pas de chevaux qui s'ébrouent et qui peuvent ainsi indiquer à l'ennemi la présence de la troupe.

ÉCART, s. m. Action de s'écarter

brusquement de son chemin. Les chevaux peureux font souvent des écarts. — En hippiatrique, on donne le nom d'écart à une boiterie dont le siège est dans la région de l'épaule et du bras ; c'est, en général, en faisant un grand effort que le cheval contracte cette affection qui est toujours assez grave. Les écarts sont aussi désignés sous le nom d'efforts: effort d'épaule, effort de boulet, effort de reins, etc.

ECCHYMOSE, s. f. Lorsque les gendarmes sont appelés à dresser des procès-verbaux dans le cas de coups et blessures, il leur arrive souvent d'avoir à dire dans leur procès-verbal que le corps était couvert de taches livides, noirâtres ou jaunâtres, provenant de froissements, de contusions ou de coups. — Ces taches, qui proviennent de l'extravasion du sang dans le tissu cellulaire, sont désignées sous le nom d'ecchymoses.

ÉCHARPE, s. f. Bande d'étoffe que l'on porte en sautoir ou autour de la ceinture. — L'écharpe que portent les maires et les commissaires de police est tricolore, et ces magistrats doivent la porter toutes les fois qu'ils remplissent un devoir public. — Les lois du 10 avril 1831 et du 7 juin 1848 leur recommandent expressément d'être toujours ceints de leur écharpe lorsqu'ils font les sommations réglementaires aux attroupements.

On donne le nom de tir d'écharpe à un tir qui se fait obliquement, en biais.

ÉCHELLE, s. f. Instrument bien connu en bois ou en fer dont on se sert pour monter ou pour descendre. — Les échelles abandonnées pouvant servir aux malfaiteurs, les gendarmes doivent s'en emparer pour les remettre à l'autorité locale et dresser procès-verbal de cette contravention. (Décr. du 1er mars 1854, art. 323. — C. P., art. 471, n° 7.)

En topographie, on donne le nom d'échelle à une figure construite suivant certaines règles et qui est destinée à indiquer la relation qui existe entre les lignes du terrain et celles portées sur la carte. — Si l'on dit, par exemple, que la carte est à l'échelle de 1/10,000e, cela signifie que toutes les lignes du plan sont 10,000 fois plus petites que celles du terrain qu'elles représentent; si donc, en mesurant une distance sur le plan, on trouve, par exemple, une longueur de 0m,050, pour savoir quelle est cette distance réelle sur le terrain, il faudra la multiplier par 10,000 et on trouvera que cette longueur de 0m,050 sur un plan à l'échelle de 1/10,000, correspond à une longueur de 500 mètres. — Les échelles qui sont tracées au bas de chaque carte dispensent de faire ces calculs, et, quand on veut connaître la distance qui sépare deux points, on prend exactement cette distance sur la carte et on la porte sur l'échelle. Il faut cependant remarquer que cette distance, ainsi obtenue, n'est exacte que si le terrain est plat ; s'il est fortement accidenté, il faut, pour avoir une exactitude suffisante, augmenter d'un tiers la distance ainsi obtenue. — Les échelles généralement employées sont au 1/10,000 ou au 1/20,000 et pour la carte de France au 1/40,000 et au 1/80,000.

ECHENILLAGE, s. m. Action de détruire les chenilles et leurs nids.

Seront punis d'une amende de 1 à 5 francs et de 3 jours de prison, en cas de récidive, ceux qui auront négligé d'écheniller dans les campagnes ou jardins où ce soin est prescrit par la loi ou les règlements. (C. P., art. 471, n° 8.) — La gendarmerie dresse procès-verbal contre les contrevenants. (Décr. du 1er mars 1854, art. 327.) L'obligation d'écheniller est prescrite et réglée par la loi du 26 ventôse an IV. Cette loi, sanctionnée aujourd'hui par l'art. 471, n° 8, du Code pénal, prescrivant que l'échenillage ait lieu avant le mois de mars, est générale et s'impose à tous sans qu'il soit besoin, pour la rendre exécutoire, d'un arrêté préfectoral ou municipal.

L'obligation d'écheniller n'existe d'ailleurs que pour les arbres épars, haies et buissons : elle n'existe pas pour les bois et forêts. (Décis. du Ministre de l'intérieur du 11 avril 1821 et arrêt de la Cour de cassation du 19 juillet 1851.) Cependant l'obligation existe pour les arbres réunis en groupe dans un verger. (Cass., 3 décembre 1858. — V. la loi du 24 décembre 1888 concernant la destruction des insectes, des cryptogames et autres végétaux nuisibles à l'agriculture, et la loi du 21 juin 1898.

ÉCLAIRAGE, s. m. Action d'éclairer, de répandre une lumière artificielle. — Les aubergistes doivent éclairer la porte de leurs maisons; mais, pour qu'il y ait contravention, un arrêté du maire prescrivant l'éclairage est nécessaire. (C. P., art. 471, nº 3.) Amende de 1 à 5 francs. En cas de récidive, emprisonnement pour 3 jours au plus. Ceux qui négligent d'éclairer les matériaux par eux entreposés ou les excavations par eux faites dans les rues et places sont punis d'une amende de 1 à 5 francs et, en cas de récidive, d'un emprisonnement de 3 jours au plus. (C. P., art. 471, nº 4.)

Aucune voiture marchant isolément ou en tête d'un convoi ne pourra circuler, pendant la nuit, sans être pourvue d'un falot ou d'une lanterne allumée. Cette disposition pourra être appliquée aux voitures d'agriculture par des arrêtés des préfets ou des maires. (L'amende est de 6 à 10 francs et la peine de 1 à 3 jours de prison. En cas de récidive, 15 francs d'amende et 5 jours de prison. — V. art. 2, § 2, nº 5, de la loi du 30 mai 1851 et art. 15 du règl. du 10 août 1852.) Cette disposition ne s'applique qu'aux voitures servant au transport des marchandises et elle peut être appliquée, par des arrêtés préfectoraux ou municipaux, aux voitures servant à l'agriculture et aux voitures particulières. (V. art. 2 du décr. du 24 février 1858.) (V. *Lanterne*.) — Les conducteurs des voitures publiques non éclairées sont passibles d'une peine correctionnelle qui varie de 16 francs à 200 francs d'amende et de 6 à 10 jours de prison. (V. art. 2, § 3, nos 2 et 5, et art. 28 du règl. du 10 août 1852.)

Eclairage des casernes. Pendant la nuit, les écuries, les corridors et les escaliers des casernes ne sont éclairés que suivant les besoins du service. Les dépenses de l'éclairage sont payés en commun à moins qu'il n'y soit pourvu aux frais de l'administration départementale ou communale.

L'emploi du pétrole dans les écuries est interdit. On ne doit employer dans les casernes que des allumettes dites amorphes. (Art. 137 du règl. sur le service intérieur.)

ÉCLIPSE, s. f. Il y a deux sortes d'éclipses : l'éclipse de soleil et l'éclipse de lune. — Lorsque la lune, dans son mouvement de rotation autour de la terre, vient se placer entre la terre et le soleil, elle nous cache tout ou partie de cet astre, et on dit alors qu'il y a *éclipse de soleil*. — Lorsqu'au contraire la terre se trouve entre le soleil et la lune, elle empêche cette dernière de recevoir les rayons du soleil; la lune, n'étant pas lumineuse par elle-même, devient obscure, et alors il y a *éclipse de lune*. Les éclipses sont totales ou partielles suivant que l'astre est obscurci en totalité ou en partie. Ces phénomènes, aujourd'hui parfaitement connus et annoncés à l'avance dans tous les almanachs, étaient autrefois un sujet de terreur.

ÉCLUSE, s. f. Les écluses sont des barrières en bois ou en fer qui se lèvent ou s'abaissent, s'ouvent ou se ferment pour permettre aux bateaux de circuler dans les canaux et de passer d'un niveau supérieur d'eau à un niveau inférieur, et réciproquement. — Il est interdit de pêcher dans l'intérieur des écluses autrement qu'à la ligne flottante tenue à la main. (Décr. du 10 août 1875 sur la pêche, art. 15).

ECOLE, s. f. Etablissement public dans lequel on donne l'instruction élémentaire ou secondaire, ou dans lequel on enseigne soit les arts, soit les sciences, soit d'autres connaissances humaines. — Il existe en France un grand nombre d'écoles; nous nous bornerons, dans cet article, à donner quelques notions sommaires sur les plus importantes.

Ecoles civiles. — *Ecole normale supérieure*, à Paris. Elle est destinée à former des professeurs pour les lycées. Les instituteurs et les institutrices appelés à donner l'instruction élémentaire sortent des écoles *normales primaires* établies dans un grand nombre de départements.

L'Ecole des ponts et chaussées et des mines, à Paris, est destinée à former des ingénieurs spéciaux. Ceux qui sortent de cette école portent le nom d'ingénieurs ordinaires, et l'Etat leur assure une position à leur sortie de l'école.

L'Ecole centrale des arts et manufactures, à Paris, est un établissement public qui forme des ingénieurs civils indépendants de l'Etat.

L'Ecole forestière, à Nancy, est instituée pour former des employés de l'administration des forêts. Les élèves de l'Ecole en sortent avec le titre de garde général.

Les Ecoles des arts et métiers à Aix, à Angers, à Châlons-sur-Marne et à Lille, forment des ouvriers experts dans tous les arts mécaniques.

L'Ecole des chartes, à Paris, forme des élèves habiles à déchiffrer les anciennes écritures et les vieux parchemins (paléographie).

L'Ecole des langues a été créée pour l'enseignement des langues de l'Orient.

L'Ecole des *hautes études commerciales* à Paris. En outre, des écoles supérieures de commerce ont été créées dans un certain nombre de villes de France.

L'Ecole coloniale, à Paris, est destinée à préparer des jeunes gens pour des emplois dans les diverses administrations des colonies. (V. le décret du 4 juin 1901.)

L'Institut agronomique, à Paris, prépare des ingénieurs pour les services agricoles.

Des *Ecoles spéciales d'agriculture* existent à Grignon (Seine-et-Oise), à Rennes (Ille-et-Vilaine) et à Montpellier (Hérault). Des bourses et des demi-bourses y sont exclusivement attribuées aux élèves internes. — Enfin, dans plusieurs villes se trouvent des *Ecoles de droit et de médecine*, destinées à l'enseignement du droit et des sciences nécessaires pour acquérir le diplôme de docteur-médecin.

Ecoles primaires. Les écoles primaires sont destinées à donner l'instruction première à tous les enfants : cette instruction est gratuite et obligatoire. (V. la loi du 16 juin 1881.) — L'instruction secondaire est donnée dans les lycées et dans les collèges. Les parents peu fortunés peuvent obtenir pour leurs enfants des bourses, des demi-bourses, des trois quarts de bourse, qui sont donnés par l'Etat, par le département ou par la commune; mais aucun élève ne peut être nommé boursier s'il n'a d'abord satisfait à des examens déterminés.

La loi du 21 décembre 1880 a autorisé la création de collèges de jeunes filles.

Ecole polytechnique, à Paris. L'Ecole polytechnique, réorganisée par les décrets des 15 avril 1873, 13 mars 1894 et 22 avril 1901, est spécialement destinée à former des élèves pour les services ci-après, savoir : l'artillerie de terre, l'artillerie de mer, le génie militaire, le génie maritime, la marine nationale, le corps des ingénieurs hydrographes, les ponts et chaussées et les mines; les poudres et salpêtres, les lignes télégraphiques, l'administration des tabacs; enfin, pour tous les services publics qui exigent des connaissances étendues dans les sciences mathématiques, physiques et chimiques. Il est compté quatre années de service effectif, à titre d'études préliminaires, aux élèves de l'Ecole polytechnique, au moment où ils entrent comme officiers dans les armes spéciales. (Loi du 11 avril 1831.)

Les conditions d'admission à l'Ecole polytechnique ont été modifiées au point de vue de la limite d'âge par l'art. 1er de la loi du 2 mars 1894 qui est ainsi conçu : « Ne pourront se présenter à l'examen d'admission à l'Ecole polytechnique que des Français âgés de 17 ans au moins et de 21 ans au plus au 1er janvier de l'année du concours. »

Ecole supérieure de guerre. L'Ecole militaire supérieure, à Paris, créée par décret du 15 juin 1878, est destinée à développer les hautes études militaires dans l'armée. — Seront admis, par voie de concours, à suivre cet enseignement les sous-lieutenants, lieutenants et capitaines de toutes armes. Les conditions d'admission sont les suivantes : avoir au 31 décembre de l'année du concours au moins 5 ans de grade d'officier, 32 ans d'âge au maximum, et, au 1er février de la même année, trois ans de services effectifs dans un corps de troupe. — La durée des cours est de deux ans et à la fin de la seconde année il est délivré à ceux qui ont satisfait aux concours de sortie un brevet de capacité, et les officiers munis de ce brevet sont ensuite répartis par le Ministre, suivant les besoins du service, dans les corps et les états-majors.

Ecole supérieure de l'intendance. Créée par décret du 23 mars 1897, la durée des cours de cette école est fixée à un an. En outre de l'enseignement technique donné par les professeurs militaires, les officiers élèves sont astreints à suivre les cours de l'école des sciences politiques et à subir les examens de sortie de cette école.

Ecole d'application de l'artillerie et du génie. Les élèves de l'Ecole polytechnique qui sortent de cette Ecole dans l'artillerie ou dans le génie passent deux ans à l'Ecole d'application de Fontainebleau pour compléter les études spéciales à ces deux armes. (V. le décret du 28 octobre 1881.)

Ecole de Saint-Cyr. L'Ecole spéciale militaire de Saint-Cyr a été réorganisée par différents décrets et en dernier lieu par celui du 25 septembre 1900. Cette Ecole fournit des officiers à l'infanterie, à la cavalerie et à l'infanterie de marine. Le nombre des élèves à admettre chaque année est fixé par le Ministre de la guerre ; nul ne peut être admis au concours s'il n'a préalablement justifié : 1° qu'il est Français ou naturalisé ; 2° qu'il a eu 17 ans au moins et 20 ans au plus (décret du 18 mars 1901) au 1er janvier de l'année du concours. L'exécution de ce décret a été retardée jusqu'en 1904.

L'un des diplômes de bachelier ès lettres (1re partie), de bachelier ès sciences ou bachelier de l'enseignement secondaire spécial est nécessaire pour subir les examens d'admission à Saint-Cyr. A partir du concours de 1893 les candidats sont admis à concourir sur la présentation du certificat d'aptitude à la première partie du baccalauréat de l'enseignement secondaire classique ou de l'enseignement secondaire moderne. (Instr. pour l'admission à l'Ecole spéciale militaire du 24 décembre 1892.)

Tous les élèves de première année à l'Ecole spéciale militaire sont fantassins et reçoivent les mêmes leçons d'équitation. Les élèves de 2e division qui désirent entrer dans la cavalerie sont examinés par une commission dont les membres sont désignés par le Ministre. Cette commission se borne à constater l'aptitude générale au service de la cavalerie, sans faire de classement, et désigne ceux d'entre les candidats qui paraîtront devoir être éliminés en raison d'une inaptitude bien justifiée. Les examens ont lieu le 1er août de la première année. Les élèves nommés sous-lieutenants de cavalerie à la fin de la seconde année sont envoyés à l'Ecole de Saumur où ils suivent un cours de onze mois pour y compléter et perfectionner leur instruction militaire et équestre. (Circ. minist. du 9 février 1901.) Les élèves d'infanterie continuent, en 1re division, à être exercés à l'équitation.

Ecoles des hautes études de la marine. Cette Ecole, réorganisée en en 1896 et en 1898, a pour but de permettre l'étude des problèmes qui se rattachent à la guerre navale moderne et d'initier le plus grand nombre d'officiers possible aux devoirs et aux responsabilités du commandement qu'ils peuvent être appelés à exercer. Elle est installée à Paris.

Ecole navale. L'Ecole navale, destinée à former des officiers de marine, est établie sur un vaisseau appelé *le Borda*, qui se trouve dans la rade de Brest. Après deux ans d'études, les élèves qui ont satisfait aux examens ont le grade d'aspirant de seconde classe (sous-lieutenant). Ils sont alors embarqués sur un vaisseau spécial avec lequel il font un voyage de circumnavigation, et, après deux ans d'embarquement, ils sont nommés aspirants de 1re classe (lieutenants).

Les candidats à l'Ecole navale doivent justifier qu'ils ont accompli leur quinzième année avant le 1er janvier de l'année du concours et qu'à cette même date ils n'ont pas encore atteint 18 ans. (Décret du 27 novembre 1895.)

Ecole de Saumur. L'Ecole de cavalerie de Saumur a été réorganisée par le décret du 25 mai 1883. Le titre Ier de ce décret détermine ainsi qu'il suit l'objet des cours de l'Ecole : — L'Ecole de cavalerie est plus spécialement instituée : 1° en vue de compléter et de perfectionner l'instruction d'un certain nombre de lieutenants de cavalerie ou d'artillerie, de lieutenants et de sous-lieutenants du génie désignés pour en suivre les cours; 2° de compléter l'instruction des élèves de la section de cavalerie de l'Ecole spéciale militaire; 3° de perfectionner et d'uniformiser l'instruction des sous-officiers reconnus susceptibles d'être nommés sous-lieutenants; 4° de compléter l'instruction technique des aides-vétérinaires stagiaires nouvellement promus, de leur enseigner l'équitation et de les initier au service régimentaire. — Il est ainsi formé à l'Ecole de Saumur les catégories d'élèves suivantes : division d'officiers d'instruction de cavalerie, d'artillerie et du génie; division d'officiers élèves; division de sous-officiers élèves officiers; division d'aides-vétérinaires stagiaires.

L'Ecole reçoit, en outre : des élèves télégraphistes, qui viennent s'exercer au maniement des appareils de télégraphie électrique et optique; des élèves maréchaux ferrants provenant des corps de troupes à cheval.

Sous-officiers élèves officiers. Les sous-officiers élèves officiers sont envoyés à Saumur à la suite d'un concours subi dans les conditions déterminées par le Ministre de la guerre — L'enseignement qu'ils reçoivent à l'Ecole est dirigé en vue de compléter leur instruction équestre et de leur faire acquérir les connaissances générales et professionnelles exigibles de tout officier. — Tous les sous-officiers élèves officiers sont remis, à leur arrivée à l'Ecole, dans l'emploi de maréchal des logis. Ils sont remplacés à leur corps dans les emplois spéciaux (adjudant, maréchal des logis chef, maréchal des logis fourrier), dont ils peuvent y être pourvus et placés comme maréchaux des logis dans un escadron. — Ceux qui seraient libérables pendant leur séjour à l'Ecole devront contracter, avant d'y entrer, un rengagement. — Tous les sous-officiers élèves officiers qui satisfont aux examens de sortie sont promus au grade de sous-lieutenant et prennent rang dans ce grade d'après leur numéro de classement aux examens de sortie. (V. décr. du 25 mai 1883.)

Ecole des sous-officiers d'infanterie. Les écoles des sous-officiers d'infanterie ont été instituées par décret du 4 décembre 1874 : l'Ecole d'essai du camp d'Avord, la seule établie jusqu'à présent, a été transférée à Saint-Maixent. Cette Ecole a pour objet de compléter l'instruction militaire des sous-officiers de cette arme susceptibles d'être proposés pour le grade de sous-lieutenant, de permettre l'appréciation comparative de leur intelligence, de leur savoir et de leur aptitude militaire, afin de les classer en conséquence. A l'avenir, nul sous-officier ne pourra être promu sous-lieutenant s'il n'a suivi les cours de cette Ecole. Il ne sera fait d'exception à cette disposition de principe que pour des cas spéciaux, tels que : actions d'éclat, services hors ligne, et qui seront d'ailleurs justifiés par des rapports particuliers. Tous les sous-officiers proposés pour le grade de sous-lieutenant sont envoyés à l'Ecole pour y suivre des cours qui durent douze mois. A l'expiration de ce temps, ils passent un examen et ceux qui y satisfont sont nommés sous-lieutenants. — Nul ne peut être admis à l'Ecole s'il n'a deux années de grade de sous-officier au 31 décembre de l'année de la proposition. — (Pour l'admission des élèves, V. le décret du 19 juin 1886 et l'instruction du 17 mai 1891.)

Ecole des sous-officiers de l'artillerie et du génie à Versailles. Elle est destinée à compléter l'instruction des sous-officiers de ces deux armes susceptibles de devenir officiers. (Décr. du 10 janvier 1884.)

Ecole des sous-officiers de gendarmerie. Créée par décret du 3 janvier 1901, cette Ecole a pour but de compléter l'instruction des sous-officiers de gendarmerie signalés comme aptes à devenir sous-lieutenants, de se rendre compte s'ils remplissent réellement les conditions voulues pour ce grade, et de les classer entre eux.

Le Ministre fixe, chaque année, suivant les besoins du service, le nombre des candidats à admettre à l'Ecole. Le nombre peut dépasser d'un cinquième celui des sous-officiers à inscrire au tableau d'avancement pour le grade de sous-lieutenant.

L'Ecole est installée à Paris sous la direction du colonel de la garde républicaine.

L'ouverture des cours a lieu chaque année le deuxième lundi du mois de janvier; leur clôture à la fin du mois de juin de la même année. Les sous-officiers élèves officiers subissent un examen devant un jury spécial et sont ensuite envoyés dans leurs résidences. (Voir, pour les conditions de l'admission à l'Ecole, le décret et le règlement du 3 janvier 1901.)

Par décision en date du 10 décembre 1901, le Ministre de la marine a rendu applicable à la gendarmerie maritime le décret du 3 janvier.

Ecole de la Flèche. L'Ecole de la Flèche, réorganisée par décret du 11 mai 1888, qui porte le nom officiel de Prytanée militaire, a été instituée pour donner l'éducation gratuite aux fils d'officiers servant encore ou ayant servi dans les armées françaises et aux fils d'employés titulaires de l'administration centrale de la guerre. — Il existe 300 places gratuites, 120 demi-gratuites et 80 places de pensionnaires. — Le prix de la pension est de 850 fr.; celui de la demi-pension de 425 fr., celui du trousseau de 390 fr. — L'âge d'admission est de 9 à 16 ans. — (Pour les pièces à produire, les formalités, les examens et autres conditions, V. les instructions particulières; la dernière parue est du 8 janvier 1902.

Ecoles de tir. Le décret du 29 avril 1898 a rétabli les deux écoles de tir au camp du Ruchard et au camp de la Valbonne, et a institué une école normale de tir au camp de Châlons.

Ecole normale de gymnastique. L'Ecole normale de gymnastique est installée à Joinville-le-Pont, près de Vincennes. Elle est destinée à former des instructeurs pour le gymnase et pour l'escrime. Des officiers, des sous-officiers, des caporaux et des élèves-caporaux sont envoyés tous les ans par un certain nombre de régiments désignés par le Ministre. La durée des cours est d'une année. (V. les circ. des 3 mai 1874, 31 janvier 1875, 13 mai 1879, 4 décembre 1880.)

Ecole d'administration de Vincennes. Cette Ecole a été établie pour former, par un enseignement spécial, le personnel nécessaire au recrutement des officiers d'administration. Elle reçoit les sous-officiers de toutes armes. Les conditions d'admission sont fixées par le décret du 20 mars 1890, modifié par ceux du 4 août 1895, du 31 juillet 1900 et du 12 décembre 1901. Le programme des connaissances exigées des candidats est du 10 novembre 1890.

Ecole du service de santé militaire. Destinée à former des médecins militaires, cette Ecole, dont le siège est à Lyon, a été réorganisée par la loi du 14 décembre 1888. L'instr. du 9 déc. 1892 règle les conditions d'admission.

Ecole de médecine et de pharmacie. Cette Ecole est établie à l'hôpital du Val-de-Grâce, à Paris. Les élèves suivent les cours comme externes et, au bout d'une année, s'ils ont satisfait aux examens de sortie, ils reçoivent des brevets de médecin aide-major ou de pharmacien aide-major de deuxième classe. Cette Ecole a été réorganisée par décret du 29 octobre 1898.

Ecole du service de santé de la marine. Créée par la loi du 10 avril 1890, cette Ecole est établie à Bordeaux et a trois succursales : à Brest, à Rochefort et à Toulon. L'Ecole a pour objet d'assurer le recrutement des médecins et pharmaciens tant de la marine que des colonies. — Les élèves se recrutent par voie de concours.

Ecole de pyrotechnie. L'Ecole de pyrotechnie, créée par décret du 16 avril 1870, installée d'abord à Metz et aujourd'hui à Bourges, a été instituée pour former des praticiens habiles destinés à porter dans les corps de troupe un mode d'enseignement et des méthodes uniformes en ce qui concerne la confection et l'emploi des artifices de guerre.

L'Ecole des poudres et salpêtres, installée à Paris, est destinée à former des ingénieurs militaires spéciaux qui suivent pendant deux ans les cours de cette Ecole en sortant de l'Ecole polytechnique.

Ecoles des enfants de troupe. La loi du 19 juillet 1884 a créé six écoles militaires préparatoires, dont quatre pour l'infanterie, une pour la cavalerie et une pour l'artillerie et le génie, dans lesquelles sont admis les enfants de troupe âgés de 13 ans au moins et de 14 ans au plus à la date du 1er août de l'année courante.

Chaque année, au mois d'avril, les conseils d'administration, après avoir recherché sur les contrôles des corps les enfants de troupe de la série appelée à entrer au mois d'octobre dans les écoles militaires préparatoires, mettent les parents ou tuteurs de ces enfants en demeure de produire la déclaration prescrite par l'article 5 de la loi du 19 juillet 1884. A cette déclaration, qui doit être adressée au corps avant le 15 mai, les familles joignent un certificat d'aptitude physique établi par un médecin militaire exclusivement et le certificat d'études primaires élémentaires. (Art. 23 de l'instr. du 10 octobre 1901.)

En cas de refus par les familles de produire ces pièces, ou faute de les avoir produites à la date du 15 mai, les enfants de troupe seront rayés des contrôles. Toutefois, comme quelques-uns de ces enfants sont orphelins ou dans une situation de tutelle mal définie, les généraux commandant les corps d'armée ne prononcent aucune radiation sans avoir fait préalablement constater, par une enquête locale, les motifs réels du refus ou de la non-production des pièces, et ils prennent les ordres du Ministre lorsqu'ils croient qu'il n'y a pas lieu de prononcer la radiation. (Art. 24.)

Les fils de militaires non enfants de troupe qui remplissent les conditions énumérées à l'article 2 du règlement du 10 octobre 1901 peuvent être admis dans les écoles militaires préparatoires. (Art. 25.)

A l'âge de 18 ans les élèves des écoles militaires préparatoires reconnus aptes au service militaire sont appelés à contracter un engagement de 5 ans. A l'expiration de cet engagement, s'ils ne se rengagent pas, ils restent 5 ans dans la réserve et passent ensuite dans l'armée territoriale où ils complètent le temps de service fixé par la loi du recrutement. (Loi du 15 avril 1892, modifiant l'art. 5 de la loi du 19 juillet 1884.)

L'élève engagé entre dans l'armée comme soldat.

Celui qui refuse de s'engager est immédiatement rendu à ses parents, et le Ministre est autorisé à exercer, soit sur leur traitement, soit sur les ressources personnelles de l'enfant, une répétition égale à la moitié des frais d'entretien payés par l'Etat. Le prélèvement opéré dans ces conditions sur le traitement des parents (solde d'activité ou pension de retraite) ou les ressources personnelles de l'enfant ne peut excéder, par an, le dixième du montant de ce traitement ou de ces ressources. (Art. 5 de la loi du 19 juillet 1884.)

Quel que soit le moment du retrait ou du renvoi de l'enfant, le recouvrement des frais ne peut s'exercer que lorsque l'enfant, ayant atteint dix-huit ans, refuse de s'engager, ou n'obtient pas le consentement de ses parents.

Répartition des enfants de troupe entre les diverses écoles. En principe, les enfants de troupe de l'infanterie et des sections administratives sont dirigés sur l'une des quatre écoles suivantes :

ECOLE DE RAMBOUILLET.

Enfants de troupe appartenant aux 8e, 13e, 14e, 18e corps et gouvernement de Paris.

ECOLE DE MONTREUIL-SUR-MER.

Enfants des 1er, 2e, 5e, 6e, 7e et 20e corps.

ECOLE DE SAINT-HIPPOLYTE-DU-FORT.

Enfants des 15e 16e, 17e, 19e corps et Tunisie.

ECOLE DES ANDELYS.

Enfants des 3e, 4e, 9e, 10e, 11e et 12e corps.

Tous les enfants de troupe de la cavalerie seront dirigés sur l'*Ecole d'Autun* et ceux de l'artillerie, du génie et du train sur l'*Ecole de Billom.*

Quant aux enfants de troupe de la gendarmerie, ils seront répartis, autant que possible, dans les écoles de l'arme d'origine de leur père.

Lorsque le nombre des places disponibles dans les écoles rendra cette mesure nécessaire, le Ministre pourra modifier l'affectation d'un enfant de troupe. (Art. 29.)

Mise en route. Le Ministre fait connaître en temps utile à MM. les généraux commandant les corps d'armée l'école à laquelle doivent être affectés les enfants de troupe ayant atteint l'âge fixé pour entrer dans les écoles militaires préparatoires, ainsi que la date du jour où ils devront se présenter aux commandants de ces établissements.

Il en est de même pour les candidats, non enfants de troupe, désignés par le Ministre pour entrer dans les écoles militaires préparatoires. Ceux-ci seront, en outre, immatriculés dans un corps à la date fixée pour leur mise en route. (Art 30.)

Les enfants admis dans les écoles militaires préparatoires ont droit, à dater du jour de leur mise en route, à la solde et aux prestations allouées aux soldats de 2e classe de l'infanterie. Les conseils d'administration informent les familles des mesures qu'elles ont à prendre pour que ces enfants rejoignent les écoles auxquelles ils ont été affectés. (Art. 31.)

Leurs dossiers sont transmis aux commandants des écoles auxquelles ils sont affectés, mais ils continuent à figurer sur les contrôles des corps de troupe jusqu'au jour de leur engagement volontaire dans l'armée ou de leur radiation des écoles militaires, pour y participer au bénéfice des legs et fondations attribués à ce corps. (Art. 32.) (V. *Enfants de troupe* et *Orphelinat Hériot*.)

Ecoles nationales vétérinaires. Il existe trois écoles nationales vétérinaires, établies à Alfort, Lyon et Toulouse. Ces écoles admettent des élèves internes, demi-pensionnaires ou externes. Le prix de la pension est de 600 francs par an.

140 bourses d'internat, pouvant être fractionnées, sont réparties entre les trois écoles par le Ministre de l'agriculture. Les conditions d'admission et les pièces à produire sont déterminées par l'instruction du 12 avril 1892.

Ecoles régimentaires. Dans chaque région, il existe une école d'artillerie pour l'enseignement spécial des militaires de cette arme, et enfin dans chaque régiment se trouvent des écoles régimentaires destinées à donner aux soldats l'instruction élémentaire et à permettre aux sous-officiers d'acquérir certaines connaissances indispensables pour qu'ils puissent suivre les cours de l'Ecole de Saint-Maixent.

Sous le titre de masse des écoles, il existe, dans la garde républicaine, un fonds spécial chargé d'acquitter les dépenses de l'école régimentaire, de l'entretien de la presse autographique, de la salle de lecture, de l'école des tambours et clairons et de l'enseignement de l'escrime.

Le taux de cette masse est fixé à 3,564 francs par an. (Décr. du 27 novembre 1887.)

Ecole des mousses. L'Ecole des mousses est établie sur le vaisseau *La Bretagne*, en rade de Brest.

Conditions d'admission : présenter les meilleures garanties d'aptitude physique, de conduite et de moralité ; savoir lire, écrire et connaître les quatre règles ; avoir 14 ans 1/2 accomplis et ne pas avoir 15 ans avant le jour de l'admission qui a lieu le 1er janvier et le 1er juillet. Les demandes d'admission doivent être adressées au préfet maritime du port le plus rapproché de la résidence de l'enfant, dans les dix premiers jours de mai et de novembre.

Écoles des mécaniciens. Organisées l'une à Brest, l'autre à Toulon. Elles reçoivent des jeunes gens âgés de 16 à 18 ans, après concours qui a lieu au mois de juin de chaque année dans les ports de Cherbourg, Brest, Lorient, Rochefort et Toulon. Les demandes des candidats doivent être adressées du 1er au 15 avril au préfet maritime du port où ils désirent concourir.

ÉCOUTILLE, s. f. Terme de marine. Les écoutilles sont des ouvertures faites dans le pont d'un bâtiment pour permettre de descendre dans l'intérieur.

ECOUVILLON, s. m. L'écouvillon est un bâton à l'extrémité duquel se trouve une brosse dont on se sert pour nettoyer l'intérieur des canons.

ÉCREVISSE, s. f. Petit animal de la famille des crustacés, c'est-à-dire couvert d'écailles, comme le homard, la langouste, etc., et qui se rencontre dans beaucoup de cours d'eau de France. — Le décret du 5 septembre 1897 interdit la pêche de tous les poissons autres que le saumon, la truite, l'ombre-chevalier, le lavaret, du lundi qui suit le 15 avril inclusivement au dimanche qui suit le 15 juin exclusivement : si le lundi qui suit le 15 avril est un jour férié, l'interdiction est retardée de 24 heures. — Les écrevisses ne peuvent être pêchées et doivent être rejetées à l'eau lorsqu'elles n'ont pas les dimensions suivantes, mesurées de l'œil à l'extrémité de la queue déployée : pour les écrevisses à pattes rouges, huit centimètres ; pour les écrevisses à pattes blanches, six centimètres.

ÉCRIT, s. m. Ce qui est exprimé par l'écriture ; lettre, brochure, ouvrage, etc.

Il est interdit aux militaires de tous grades de faire paraître aucun écrit, soit imprimé, soit autographié même sous un pseudonyme, sans en avoir, au préalable, obtenu l'autorisation du Ministre. — Cette mesure s'applique également, en cas de réimpression de l'ouvrage, à toute nouvelle édition modifiée. (Règl. du 10 juillet 1897, art. 258.)

La découverte d'écrits séditieux, d'affiches et de placards incendiaires provoquant à la révolte, à l'assassinat et au pillage donne lieu, conformément aux articles 76, 77 et 83 du décret du 1er mars 1854, à des rapports aux Ministres de la guerre et de l'intérieur. Ces écrits pouvant influer sur la tranquillité publique, les commandants d'arrondissement doivent se transporter sur les lieux pour faire une enquête. (Règl. sur le service intérieur, art. 32.)

ÉCRITURE, s. f. Art de représenter les idées par des signes convenus. — Les gendarmes dont l'instruction est insuffisante tiennent, sous la direction de leur chef de brigade, des cahiers d'écriture. En sont dispensés de droit les gendarmes portés au tableau d'avancement pour le grade de brigadier, et ceux pourvus du certificat d'études primaires supérieures. (V. art. 191 du règl. sur le service intérieur.)

On donne le nom d'écritures à l'ensemble des écrits nécessaires à la bonne tenue d'une maison d'affaires, d'un établissement de commerce, d'une administration, etc. — En l'absence du brigadier, les écritures de la brigade peuvent être tenues par un jeune gendarme si le plus ancien, qui commande, n'est pas capable de les tenir. (Décr. du 1er mars 1854, art. 236. — V. aussi l'art. 38 du règl. sur le service intérieur.) Les commandants de compagnie ont le droit de disposer d'un gendarme à pied (Circ. du 10 octobre 1868) de l'une des brigades du chef-lieu, pour les travaux d'écritures de la compagnie. (Décr. du 1er mars 1854, art. 655 ; service intérieur, art. 18.)

ÉCROU, s. m. En terme juridique, on entend par écrou un acte qui constate un emprisonnement. — Il y a dans chaque prison un ou plusieurs registres d'écrou sur lesquels le gardien inscrit, en présence de ceux qui lui remettent un individu, le nom de cet individu, le jour où il a été arrêté et par l'ordre de qui s'est faite l'arrestation. — Les agents de la force publique qui ont amené le prisonnier font inscrire devant eux, sur le registre d'écrou de la maison d'arrêt, la remise des prisonniers et signent avec le gardien qui leur délivre copie. (Art. 107 et 111 du Code d'instr. crim., 371 et 378 du D.) (V. décret du 1er mars 1854, art. 371 ; C. d'instr. crim., art. 607 et 608.)

Écrouer quelqu'un signifie, par extension, l'emprisonner, et lever l'écrou signifie lui rendre la liberté ou le remettre entre les mains d'agents porteurs d'une réquisition régulière. Dans ce cas, le chef d'escorte signe l'acte constatant la remise qui lui est faite.

ÉCURIE, s. f. Lieu destiné à loger des chevaux, des mulets, etc.

La circulaire du 23 septembre 1840 donne le détail de toutes les conditions que doivent remplir les écuries pour être bien installées : une des principales est la bonne aération, et la circulaire précitée prescrit l'ouverture de nombreuses fenêtres pour qu'une ventilation régulière soit toujours facile ;

les fenêtres seront placées à une hauteur assez grande pour que les courants d'air, qu'il faut du reste avoir soin de toujours éviter, ne tombent pas directement sur les chevaux. Ceux-ci doivent être espacés de 1m,70 (Décis. minist. du 15 janvier 1887); la circulaire du 28 juin 1864 adopte définitivement les stalles fixes, dont la hauteur doit être de 1m,50. — La partie inférieure des stalles devra être garnie de paillassons destinés à prévenir les tares des membres postérieurs. La confection de ces paillassons, étant facile et peu dispendieuse, est laissée aux soins des gendarmes. Les écuries ne doivent être éclairées pendant la nuit que suivant les besoins du service, et l'éclairage au pétrole est formellement interdit. Le balayage des écuries est une corvée générale faite par tous les gendarmes présents, à la suite de chaque pansage et de chaque repas des chevaux. (V. les art. 73, 135 et suiv. du Service intérieur. — Dans les résidences où se trouvent réunies plusieurs brigades à cheval, il est commandé chaque jour un garde d'écurie qui est chargé du maintien de la propreté dans l'intervalle des pansages et repas. (Art. 185 et suivants du Service intérieur. (V. *Désinfection.*) *Ustensiles d'écurie.* (V. *Ustensiles.*)

EDIFICE, s. m. Ce mot s'emploie généralement en parlant de grands bâtiments, de grandes constructions. — Cependant le Code pénal, art. 471, n° 5, l'emploie pour désigner une maison quelconque lorsqu'il dit que « ceux qui auront refusé d'obéir à la sommation émanée de l'autorité administrative, de réparer ou de démolir les édifices menaçant ruine, seront punis d'une amende de 1 à 5 francs. — Il est évident que le mot édifice signifie, dans ce cas, une maison grande ou petite. — Si le propriétaire refuse d'obéir malgré la condamnation, la loi des 16 et 24 août 1790 autorise le maire, dans l'intérêt de la sécurité générale, à faire réparer ou démolir l'immeuble aux frais du contrevenant.

EFFECTIF, s. m. Nombre réel des soldats d'une troupe. — L'effectif des officiers de gendarmerie (y compris la garde républicaine et les colonies) et celui de la troupe se décomposent ainsi qu'il suit pour l'année 1902 :

Colonels	15
Lieutenants-colonels	15
Chefs d'escadron et major	105
Capitaines	289
Lieutenants ou s.-lieutenants	332
Emplois spéciaux, médecins, vétérinaires, pharmaciens et chef de musique	10
Total des officiers	766

Adjudants	à cheval	100
	à pied	16
Maréchaux des logis chefs	à cheval	366
	à pied	22
Maréchaux des logis et fourriers	à cheval	651
	à pied	892
Maréchaux des logis adjoints aux trésoriers et secrétaires		97
Brigadiers et fourriers	à cheval	1.335
	à pied	1.835
Gendarmes ou gardes	à cheval	10.060
	à pied	10.651
Chefs armuriers, sous-chef de musique, tambours, clairons, trompettes, maréchaux ferrants		76
Total de la troupe		26.101

RÉSUMÉ

Troupe à cheval	12.536
— à pied	13.565
	26.101
Officiers	766
Total général	26.867

plus un nombre d'auxiliaires indigènes variable et qui est de 175 en 1902.

Le nombre des enfants de troupe n'est pas fixé et varie tous les ans.

Un décret en date du 17 septembre 1899 crée dans la cavalerie de la légion de la garde républicaine 100 emplois de garde ou élève-garde et supprime 157 emplois de garde ou d'élève garde dans l'infanterie du corps.

La composition des cadres et effectifs de l'armée est réglée par les lois des 13 mars 1875, 25 juillet 1887 et 25 juillet 1893. Nous nous contenterons de donner ci-après la composition des cadres et effectifs sur le pied de paix d'un régiment d'infanterie et d'un régiment de cavalerie. Les dix-huit régiments régionaux d'infanterie ont la même composition que les régiments subdivisionnaires. (Loi du 20 juillet 1891.) Il existe, en outre, dans les 145 régiments subdivisionnaires un cadre complémentaire qui a été fixé par la loi du 25 juillet 1893. (V. *Armée*.)

RÉGIMENT SUBDIVISIONNAIRE D'INFANTERIE

Officiers supérieurs.........	8
Officiers des autres grades..	54
Sous-officiers, caporaux et hommes des cadres.......	295
Effectif total des cadres du régiment................	357
Soldats..................	1.296
Effectif total du régiment...	1.653
Chevaux d'officiers (intérieur)	31
Chevaux d'officiers (Afrique).	36

RÉGIMENT DE CAVALERIE A 5 ESCADRONS

	Hommes.	Chevaux.
Officiers supérieurs...........	3	7
Officiers des autres grades....	34	34
Sous-officiers, brigadiers et hommes des cadres.........	182	161
Cavaliers.....................	610	520
Effectif total du régiment.....	829	722

Effectif de l'armée en 1900 :

Le budget de la guerre pour 1900 prévoit les effectifs suivants :

Officiers...........	29.740
Troupe........ ...	586.735

Ces effectifs varient peu d'une année à l'autre.

En faisant le calcul des forces que chaque année de recrutement met à la la disposition du pays, on trouve qu'en cas de guerre la France pourrait mettre sous les armes environ 5.380.000 hommes dont 4.430.000 instruits et 935.000 non instruits.

EFFET, s. m. Ce qui est produit par une cause soit physique soit morale : les effets de la foudre sont terribles; la réponse que cet homme a faite a produit un mauvais effet. On donne le nom d'*effet de commerce* à un engagement écrit de payer une somme à une certaine date : la lettre de change et le billet à ordre sont des effets de commerce. — En administration militaire, on appelle effets d'uniforme ce qui sert à l'habillement, au harnachement et à l'équipement des hommes ou des chevaux.

Une circulaire en date du 9 juin 1902 interdit formellement d'acheter, en dehors des adjudicataires, les effets dont il est fait usage dans la gendarmerie.

Effets des gendarmes décédés. Le traitement acquis aux militaires de la gendarmerie décédés et le produit de la vente des effets et des chevaux leur appartenant sont versés, sous la déduction des sommes qu'ils peuvent devoir à l'Etat, au corps ou à la compagnie, et, s'il y a lieu, des frais de nourriture, de maladie ou d'inhumation, entre les mains des receveurs des finances ou des payeurs de l'armée, au titre de la Caisse des dépôts et consignations. (Règl. du 12 avril 1893, art. 131.) (V. *Caisse des dépôts et consignations*.)

Les effets mobiliers sont remis aux héritiers.

Effets des gendarmes déserteurs. (V. *Désertion*.)

Effets réformés. Les commandants d'arrondissement, dans leurs tournées, passent une revue détaillée de tous les effets d'habillement, d'équipement et de harnachement. Ils prononcent la réforme des effets hors de service et donnent des ordres aux chefs de brigade pour qu'ils soient vendus ou détruits dans le plus bref délai. (Serv. int., art. 244.) Un tableau du prix des effets doit exister dans les bureaux des brigades. (Instr. du 12 avril 1899 sur le service courant, art. 131.)

Effets des hommes absents. En cas d'absence des militaires de la gendarmerie (permission, congé, entrée à l'hôpital, etc.), les armes et munitions sont remises au chef de brigade, qui est chargé de les faire entretenir en bon état. Il en est de même pour les effets d'habillement, de harnachement et d'équipement des hommes veufs ou célibataires. (Art. 44 du Service intérieur.)

Distribution des effets. — Les militaires de la gendarmerie se rendent au chef-lieu d'arrondissement, où ils sont appelés par l'officier commandant pour recevoir les effets d'habillement et de chaussure qui doivent être essayés et ajustés en sa présence. (Règl. du 12 avril 1893, art. 178 et 179.)

Les hommes qui se déplacent plus de deux fois pour essayer ou recevoir des effets retournés pour cause de mal aller ont droit à une indemnité au compte du fournisseur. (Circulaire du 6 août 1900.)

Quant aux effets de petit équipement, de harnachement, de pansage et en général tous ceux qui n'ont pas besoin d'être ajustés ou essayés, ils sont envoyés dans les brigades par les commandants d'arrondissement. La remise de tous les effets distribués est constatée par un bordereau établi par le commandant d'arrondissement et que le chef de brigade fait émarger. (Art. 63 du Service intérieur.)

A la fin de chaque trimestre, ces effets sont inscrits sur le livret par les soins du chef de brigade, qui certifie, avec l'homme, la corrélation existant entre le livret et la pièce envoyée par le trésorier. (Règl. du 12 avril 1893, art. 156.)

Les effets sont envoyés au chef-lieu d'arrondissement par les transports de la guerre ou par le service de correspondance lorsque le volume, le nombre et le poids des colis le permettent. (Règl. du 12 avril 1893, art. 177.)

Effets d'occasion. Aucun effet d'occasion ne doit être acheté sans l'autorisation du commandant d'arrondissement qui les fait essayer en sa présence. Si ces effets ne sont pas conformes aux modèles en vigueur, ils ne peuvent être repris dans aucun cas. Le prix des effets d'occasion dont la reprise est autorisée est toujours acquitté de la main à la main. (Serv. int., art. 66.)

Effets des hommes décédés. Les effets et armes laissés dans un hôpital externe et ceux des hommes décédés ou maintenus dans leurs foyers reçoivent la destination assignée par le sous-intendant militaire de la subdivision territoriale. (Art. 248 du décr. du 1er mars 1880.) Aux termes du décret du 24 février 1896, les effets des militaires décédés ou maintenus dans leurs foyers reçoivent la destination indiquée par le sous-intendant militaire auquel un inventaire est adressé. Ce fonctionnaire les fait expédier soit sur le corps d'origine du militaire, soit sur un autre corps, aux frais de l'Etat ou sans frais. Leur transport n'a lieu, le cas échéant, par la gendarmerie, que si leur poids et leur volume le permettent. Ces effets doivent être transportés par les voitures accordées aux prisonniers toutes les fois que cela est possible. (Art. 3 de l'instr. minist. du 28 mai 1895 sur les transports ordinaires de la guerre.)

Quant aux effets d'habillement des militaires décédés dans leurs foyers par suite de maladies contagieuses ou épidémiques, ils sont incinérés sur place, quelle que soit leur valeur, par les soins de la gendarmerie, qui dresse un procès-verbal et en envoie une copie au corps par l'intermédiaire du sous-intendant militaire. (Décret du 24 février 1896 modifiant l'art. 63 du règlement du 16 novembre 1887-18 mars 1889.) Cependant, les parents des militaires décédés dans leurs foyers des suites de blessures ou de maladies contractées sous les drapeaux, sont autorisés à les faire inhumer avec leurs effets d'uniforme, mais ils doivent en informer la gendarmerie dans le délai de quarante-huit heures à compter du lendemain du jour du décès du militaire. Dans ce cas, comme dans celui d'incinération d'effets, une copie du procès-verbal est adressée au corps par l'intermédiaire du sous-intendant militaire. (Décret du 24 février 1896.)

Les chefs de brigade doivent dresser un inventaire en triple expédition des armes et des effets d'habillement et d'équipement des militaires décédés, disparus, déserteurs ou maintenus dans leurs foyers. Cet inventaire est signé par les rédacteurs et par le maire ou l'adjoint, pour un militaire de passage ; par le concierge de la prison, pour un détenu, et enfin par la personne chez laquelle il est mort, pour un militaire en congé. Les effets des marins appartenant aux équipages de la flotte étant leur propriété exclusive, ces dispositions ne leur sont pas applicables. (Circ. du 6 juillet 1875, *Mémorial*, 10e volume, page 802.) Quant aux effets provenant des militaires de l'infanterie de marine maintenus dans leurs foyers ou décédés, ils doivent être dirigés sur les corps de troupe de l'armée de mer dont faisaient partie ces détenteurs, à moins que le degré de conservation desdits effets ne réponde point à la dépense à résulter de l'expédition. (Circ. du 2 juin 1886.)

Effets des gendarmes quittant le service. Les militaires de la gendarmerie qui quittent le service pour passer dans la réserve ou dans l'armée territoriale de la gendarmerie emportent une tenue en très bon état, comprenant les effets dont le détail suit, qu'ils sont chargés de conserver et d'entretenir jusqu'à leur radiation des contrôles de l'armée et de représenter à chaque convocation, savoir : un manteau ou capote-manteau, suivant l'arme ; une tunique avec trèfles, aiguillettes et ferrets ; un pantalon avec bretelles, un képi. En cas de décès, ces effets ne sont pas repris par l'Etat. L'indemnité représentant la valeur et les frais d'entretien des effets repris est fixé à 33 p. 100 de la valeur des effets neufs. Elle est payée aux ayants droit au moment de leur radiation des contrôles de l'activité et remboursée sur les crédits du service de l'habillement. (Lettre minist. du 10 septembre 1887.)

Effets vendus par des militaires. Est puni de 1 an à 5 ans d'emprisonnement tout militaire qui vend son cheval, ses effets d'armement, d'équipement ou d'habillement, des munitions ou tout autre objet à lui confié pour le service. Est puni de la même peine tout militaire qui, sciemment, achète ou recèle lesdits effets. La peine est de 6 mois à un an d'emprisonnement s'il s'agit d'effets de petit équipement. (Art. 244 du Code de justice militaire.) Est puni de 6 mois à 2 ans d'emprisonnement tout militaire qui dissipe ou détourne les armes, munitions, effets et autres objets à lui remis pour le service. (Art. 245 du Code de justice militaire.) Est puni de 6 mois à 1 an d'emprisonnement tout militaire qui met en gage tout ou partie de ses effets d'armement, de grand équipement, d'habillement ou tout autre objet à lui confié pour le service. La peine est de 2 à 6 mois d'emprisonnement s'il s'agit d'effets de petit équipement. (Art. 246 du Code de justice militaire.) Tout individu qui achète, recèle ou reçoit en gage des armes, munitions, effets d'habillement, de grand ou de petit équipement, ou tout autre objet militaire, dans des cas autres que ceux où les règlements autorisent leur mise en vente, est puni par le tribunal compétent de la même peine que l'auteur du délit. Le militaire en congé qui achète ou recèle des effets de grand ou de petit équipement est justiciable des conseils de guerre. (Art. 247 du Code de justice militaire.)

Pertes d'effets. (V. *Pertes.*)

Transport d'effets (V. *Transport.*)

Effet rétroactif. C'est l'application d'une disposition législative ou réglementaire à des faits antérieurs à cette disposition. Il a été reconnu de tout temps que les lois ne disposent que pour l'avenir et n'ont pas d'effet rétroactif. Ce principe est contenu dans l'article 2 du Code civil.

EFFIGIE, s. f. Empreinte d'une monnaie qui représente soit la tête d'un prince, soit une figure allégorique.

On cherche parfois à faire passer des pièces d'argent doré pour des pièces d'or ; pour découvrir la fraude, il suffit de remarquer que dans les pièces d'or le buste de l'empereur ou l'effigie de la République sont tournés à droite, tandis que dans les pièces d'argent ou de bronze, ils sont tournés à gauche.

Autrefois, les criminels qu'on n'avait pu saisir étaient exécutés en effigie, c'est-à-dire qu'on faisait subir à un mannequin représentant le personnage la peine capitale à laquelle ce dernier avait été condamné. Aujourd'hui, lorsqu'un contumax a été condamné, l'extrait du jugement de condamnation, conformément à l'article 472 du Code d'instruction criminelle, est affiché à la porte de son dernier domicile, de la maison commune du chef-lieu d'arrondissement où le crime a été commis, et enfin à la porte du prétoire de la cour d'assises : c'est ce que l'on appelle l'exécution en effigie.

EFFRACTION, s. f. Le Code pénal, articles 393 et suivants, définit l'effraction ainsi qu'il suit :

Est qualifié effraction tout forcement, rupture, dégradation, démolition, enlèvement de murs, toits, planchers, portes, fenêtres, serrures, cadenas, ou autres ustensiles ou instruments servant à fermer ou à empêcher le passage, et de toute espèce de clôture quelle qu'elle soit. Les effractions sont extérieures ou intérieures.

Les effractions extérieures sont celles à l'aide desquelles on peut s'introduire dans les maisons, cours, basses-cours, enclos ou dépendances, ou dans les appartements ou logements particuliers.

Les effractions intérieures sont celles qui, après l'introduction dans les lieux mentionnés en l'article précédent, sont faites aux portes ou clôtures du dedans, ainsi qu'aux armoires ou autres meubles fermés. — Est compris dans la classe des effractions intérieures, le simple enlèvement des caisses, boîtes, ballots sous toile et corde, et autres meubles fermés qui contiennent des effets quelconques, bien que l'effraction n'ait pas été faite sur le lieu. L'effraction est une circonstance aggravante : si elle accompagne un délit, elle en fait un crime ; si elle accompagne un crime, elle lui donne un caractère plus grave.

Les gendarmes doivent apporter le plus grand soin dans la constatation des effractions ; ils ne doivent pas craindre de les décrire longuement, de bien expliquer les traces qu'ils remarquent et de relever les indices, quelque petits qu'ils soient, qui peuvent éclairer la justice sur la manière dont l'effraction a été opérée et sur les instruments dont on s'est servi. — Si les instruments sont restés sur le lieu du crime, ils doivent être saisis comme pièces à conviction et leur description sera faite dans le procès-verbal.

EGLISE, s. f. Ce mot signifie l'ensemble des personnes qui professent les même croyances : il s'applique, par extension, au temple dans lequel les catholiques se réunissent pour prier. La police de l'église, au point de vue du bon ordre et du respect dû à la religion, appartient évidemment à l'autorité ecclésiastique, et l'autorité locale ne doit intervenir que dans le cas où un crime ou un délit aurait été commis.

L'article 261 du Code pénal punit d'une amende de 16 francs à 300 francs et d'un emprisonnement de six jours à trois mois, ceux qui auraient interrompu les exercices d'un culte par des troubles ou désordres causés dans le temple ou autre lieu servant à ces exercices ; et l'article 300 du décret du 1er mars 1854 ordonne à la gendarmerie de saisir tous ceux qui portent atteinte à la tranquillité publique en troublant les citoyens dans l'exercice de leur culte. Toute personne, qui aura, par paroles ou gestes, outragé les objets d'un culte dans les lieux destinés ou servant actuellement à son exercice, ou les ministres de ce culte dans leurs fonctions, sera punie d'une amende de 16 francs à 500 francs et d'un emprisonnement de 15 jours à six mois. (C. P., art. 262.) Quiconque aura frappé le ministre d'un culte dans ses fonctions sera puni de la dégradation civique. (C. P., art. 263.) (V. *Culte*.) Sera puni des travaux forcés à temps tout individu coupable de vol commis dans une église ou dans tout autre édifice consacré aux cultes légalement établis en France. (Art. 385 du C. P., modifié par la loi du 13 mai 1863.)

Si les gendarmes avaient à procéder à l'arrestation d'un individu réfugié dans une église ils devraient évidemment attendre, à moins de cas extraordinaire, que les services religieux fussent terminés.

ELARGIR, v. a. Rendre plus large. — Ce mot, employé par extension, signifie rendre la liberté. — Elargir un prisonnier.

ÉLECTEUR, s. m. Citoyen qui a le droit de voter toutes les fois que le peuple est convoqué pour faire une élection ou pour faire connaître sa volonté. — Sont électeurs, sans condition de cens, tous les Français âgés de 21 ans accomplis jouissant de leurs droits civils et politiques. (Décr. du 2 février 1852. art. 12.) Pour être inscrit sur les listes électorales d'une commune, il faut l'habiter depuis six mois au moins. (Art. 13.) Les articles 15 et 16 désignent les individus que la loi déclare indignes d'être inscrits sur les listes.

La loi du 23 janvier 1898 autorise

les femmes qui remplissent les conditions voulues à voter pour l'élection des membres des tribunaux de commerce.

Les militaires et assimilés de tous grades et de toutes armes des armées de terre et de mer ne prennent part à aucun vote quand ils sont présents à leur corps, à leur poste ou dans l'exercice de leurs fonctions. Ceux qui, au moment de l'élection, se trouvent en résidence libre, en non-activité ou en possession d'un congé régulier peuvent voter dans la commune sur les listes de laquelle ils sont régulièrement inscrits. Cette dernière disposition s'applique également aux officiers et assimilés qui sont en disponibilité ou dans le cadre de réserve. (Note minist. du 7 février 1873 et loi du 30 novembre 1875.) — Par militaires en congé régulier, on doit entendre les militaires qui sont pourvus d'une autorisation régulière d'absence de plus de trente jours. Les autorisations d'absence de cette durée présentent seules, aux termes du décret du 27 novembre 1868, les conditions d'un congé.

Les militaires en congé régulier de plus de trente jours, ceux appartenant à la réserve ou à l'armée territoriale ne peuvent prendre part au vote autrement qu'en habit bourgeois. — Il leur est également défendu d'assister en uniforme à des réunions électorales. (Circ. du 10 octobre 1877.)

Les officiers de l'armée territoriale qui font un stage volontaire dans un corps de troupe peuvent voter pendant la durée de ce stage. (Conseil d'Etat, avis du 7 février 1877.) — Les officiers ou assimilés du cadre de réserve ne peuvent prendre part à aucun vote lorsqu'ils sont présents au corps ou service auquel ils sont régulièrement affectés. (Art. 20 du décr. du 15 juillet 1875. — V. art. 9 de la loi du 15 juillet 1889.)

ÉLECTION, s. f. Action d'élire ou d'être élu. Nomination par le suffrage des députés, des sénateurs, des conseils municipaux, etc.

Aucun militaire ou marin faisant partie des armées actives de terre ou de mer ne pourra, quels que soient son grade et ses fonctions, être élu membre de la Chambre des députés; mais cette disposition ne s'applique pas à la réserve de l'armée active ni à l'armée territoriale. (Loi du 30 novembre 1875, art. 7.) — Les militaires des armées de terre et de mer, sauf les officiers généraux maintenus sans limite d'âge dans la 1re section et les officiers généraux du cadre de réserve, ne peuvent pas être élus sénateurs. (Loi du 9 décembre 1884, art. 5.) (V. *Sénat*.)

La circulaire ministérielle du 29 juillet 1881 rappelle de nouveau à la gendarmerie le rôle qu'elle doit remplir pendant les élections : « Comme toujours, dit cette circulaire, la gendarmerie doit se tenir soigneusement en dehors de la lutte électorale; son devoir est d'assurer le maintien de l'ordre et le respect de nos institutions au milieu de la libre pratique du suffrage universel. » — Dans aucun cas, et sous quelque prétexte que ce soit, les gendarmes ne doivent se faire agents électoraux ou distributeurs de bulletins de vote. Ils doivent également s'abstenir de toute pression à l'égard des électeurs. (Circ. minist. des 13 janvier 1876 et 7 octobre 1877. — V. aussi la loi du 15 juillet 1889.)

Aux termes de l'article 11 du décret du 2 février 1852, aucune force armée ne peut entrer dans la salle où a lieu l'élection, ni stationner aux abords sans une réquisition du président du collège électoral. — Les gendarmes devront donc, tout en veillant au maintien de l'ordre, s'abstenir de s'approcher de la salle de vote et ils n'interviendront dans l'intérieur que sur une réquisition écrite du président.

La gendarmerie est chargée de transporter, s'il y a lieu, sur la réquisition des autorités compétentes, les résultats soit des scrutins, soit des procès-verbaux de vote (circ. du 29 juillet 1881); mais elle ne doit jamais être requise pour centraliser les bulletins de renseignements établis par chaque maire ni pour rédiger elle-même les dépêches télégraphiques relatives au résultat de vote. — Les gendarmes ne doivent être que de simples agents de transmission. (Circ. du Ministre de l'intérieur aux préfets, 19 mai 1881.)

ÉLECTRICITÉ, s. f. L'électricité est la propriété qu'ont certains corps d'attirer puis de repousser les petits corps qui les environnent, de lancer des étincelles, de causer des commotions chez les animaux : l'ambre, le soufre, le verre, la résine sont des corps essentiellement électriques, c'est-à-dire qu'ils dégagent facilement de l'électricité lorsqu'on les chauffe ou qu'on les frotte vivement.

Le fluide qui se dégage des corps électrisés se nomme fluide électrique ; il se propage avec une vitesse prodigieuse et les expériences qui ont pu être faites ont prouvé que sa vitesse pouvait atteindre 200,000 kilomètres par seconde. Nous ne pouvons donner ici plus de détails sur ce fluide, qui n'est connu que par ses effets merveilleux; la science, l'industrie, la médecine en font tous les jours de nouvelles applications. (V. *Télégraphe.*)

La foudre n'est autre chose qu'une masse de fluide électrique qui se dégage d'un nuage pour se porter sur un autre nuage ou sur le sol. Ce dégagement est accompagné d'une vive lueur qu'on nomme éclair et d'un bruit particulier appelé tonnerre. Le tonnerre ne s'entend guère à plus de 25 kilomètres (le son parcourt 340 mètres par seconde); mais l'éclair peut être vu à une distance de près de 200 kilomètres du foyer de l'orage. (V. *Foudre.*)

ELÉPHANT, s. m. Le plus grand et le plus fort de tous les animaux connus. Son principal caractère distinctif est sa trompe, qui se termine par une sorte de doigt qui lui permet de saisir les plus petites choses et de les porter à sa bouche. L'éléphant n'a qu'une ou deux dents molaires à chaque mâchoire : sa mâchoire supérieure est, en outre, pourvue de deux longues incisives recourbées auxquelles on donne le nom de défenses. — L'éléphant, dont la croissance est fort lente, peut vivre de 150 à 200 ans; il s'apprivoise facilement et rend, à l'état domestique, de très grands services. Les Carthaginois, les Egyptiens et les Romains s'en servirent à la guerre. — A l'état sauvage, l'éléphant vit en troupes; on ne le trouve qu'en Asie, au Sénégal, dans la Guinée et au cap de Bonne-Espérance.

ÉLIGIBLE, adj. Celui qui est dans des conditions légales pour être élu.

Aucun militaire ou marin faisant partie des armées actives de terre ou de mer ne pourra, quels que soient son grade ou ses fonctions, être élu membre du Sénat ou de la Chambre des députés. — Cette disposition s'applique aux militaires et marins en disponibilité ou en non-activité; mais elle ne s'étend ni aux officiers placés dans la seconde section du cadre de l'état-major général, ni à ceux qui, maintenus dans la première section comme ayant commandé en chef devant l'ennemi, ont cessé d'être employés activement, ni aux officiers qui, ayant des droits acquis à la retraite, sont envoyés ou maintenus dans leurs foyers en attendant la liquidation de leur pension. — La décision par laquelle l'officier aura été admis à faire valoir ses droits à la retraite deviendra, dans ce cas, irrévocable.

La disposition contenue dans le premier paragraphe du présent article ne s'applique pas à la réserve de l'armée active ni à l'armée territoriale. (Lois du 30 novembre 1875, art. 7 et du 9 décembre 1884.)

EMANCIPATION, s. f. Action d'émanciper, c'est-à-dire de mettre par un acte légal un enfant hors de la tutelle ou de la puissance paternelle. L'émancipation donne au mineur une partie des droits d'une personne majeure. Un père peut faire émanciper son fils dès l'âge de 15 ans.

EMBARQUEMENT, s. m. Action d'embarquer, c'est-à-dire de faire monter des troupes dans un navire. Ce mot signifie aussi l'action de faire monter des troupes en chemin de fer.

Lorsqu'un détachement de gendarmerie est embarqué, les maréchaux des logis sont admis, de même que les maréchaux des logis chefs, à la table des maîtres chargés. — Les brigadiers de gendarmerie ayant le rang effectif de sergent dans l'armée doivent être classés avec les sous-officiers et officiers mariniers de ce grade, sans toutefois pouvoir être admis à la table des maîtres chargés, attendu qu'ils n'ont droit qu'à la ration. (Circ. minist. du 29 mai 1873.) Les brigadiers de gendarmerie ont le droit de prendre place à la table des seconds maîtres, mais la circulaire du 3 juillet 1882 refuse ce droit aux simples gendarmes. (V. *Traversée*.)

L'embarquement des troupes en chemin de fer est une opération délicate qui doit être faite avec le plus grand ordre, qui nécessite de la part de ceux qui la dirigent une certaine habitude ou, à son défaut, une connaissance approfondie du règlement du 1er juillet 1874, modifié par la circulaire du 27 janvier 1877, et principalement des appendices I et II, qui indiquent les règles militaires relatives à l'exécution des transports. Dans les villes de garnison, les officiers assistent et font assister les gendarmes de la résidence aux exercices d'embarquement et de débarquement en chemin de fer. (Serv. int., art. 4.)

EMBARRAS, s. m. Obstacle quelconque qui empêche ou gêne la circulation. — L'article 471, nº 4, du Code pénal, punit d'une amende de 1 à 5 francs et, en cas de récidive, d'un emprisonnement de 3 jours, ceux qui auront embarrassé la voie publique en y déposant ou en y laissant sans nécessité des matériaux ou des choses quelconques qui gênent ou diminuent le passage, ou qui auront négligé d'éclairer ces matériaux. Par ces mots : choses quelconques, il faut entendre les voitures, même attelées (Cass., 6 février 1858) ; les chevaux qu'un maréchal ferre devant sa porte (Cass., 30 novembre 1878) ; les caisses, les ballots, les tables et les bancs, etc. — Il faut remarquer que la loi parle de choses laissées *sans nécessité ;* le dépôt n'est donc punissable que quand il n'est pas nécessaire, et c'est au juge de décider si le dépôt a été fait par ou sans nécessité et s'il a réellement embarrassé la voie publique. La Cour de cassation a tranché la question dans ce sens. (Arrêt du 12 décembre 1878.)

EMBAUCHAGE, s. m. Ce mot a trois acceptions principales : il signifie l'acte par lequel on engage des ouvriers pour faire certains travaux ; cet acte n'est nullement répréhensible ; il signifie, en outre, l'acte par lequel, dans le but de nuire à l'industrie française, on fait passer à l'étranger des ouvriers français ; celui qui se rend coupable de cet embauchage est puni d'un emprisonnement de 6 mois à 2 ans et d'une amende de 50 à 300 francs. (C. P., art. 417.) Enfin, est considéré comme embaucheur et puni de mort tout individu convaincu d'avoir provoqué des militaires à passer à l'ennemi ou aux rebelles armés, de leur en avoir sciemment facilité les moyens ou d'avoir fait des enrôlements pour une puissance en guerre avec la France. Si le coupable est militaire, il est, en outre, puni de la dégradation militaire. (C. M., art. 208.)

EMBLÈME, s. m. Figure symbolique qui, par la représentation d'un objet connu, fait penser à un autre. — Un calice avec une hostie est l'emblème de la religion catholique ; l'aigle est l'emblème de l'empire ; la fleur de lis est l'emblème de la royauté, etc.

L'outrage aux bonnes mœurs commis par la mise en vente, la distribution ou l'exposition de dessins, gravures, emblèmes ou images obscènes, est puni d'un emprisonnement de 1 mois à 2 ans et d'une amende de 16 francs à 2,000 francs. (Loi du 29 juillet 1881, art. 28.) Emblèmes séditieux. (V. *Sédition*.)

EMBOUCHURE, s. f. En géographie, l'embouchure d'un cours d'eau est le point où ce cours d'eau se jette dans la mer ou dans un autre cours d'eau : l'embouchure de la Loire ; l'embouchure de la Garonne.

EMBRASURE, s. f. Ouverture pratiquée dans le terre-plein d'un ouvrage de fortification pour laisser passer la volée d'une pièce d'artillerie.

EMBUSCADE, s. f. Embûche, piégé, troupe armée qui se cache pour surprendre l'ennemi. Se mettre en embuscade, tomber dans une embuscade. —Lorsque la gendarmerie doit pourvoir à la sûreté des diligences et malles chargées de fonds de l'Etat, les officiers ont à se concerter avec les autorités qui font la réquisition pour remplacer par des patrouilles ou embuscades, dans l'intérêt de la conservation des chevaux, les escortes qui ne sont pas indispensables et qui dérangent le service habituel des brigades. Ces patrouilles ou embuscades, qui ont lieu plus particulièrement la nuit, sont combinées suivant la longueur du trajet que parcourent les diligences ou malles, et 1er suivant les dangers prévus. (Décr. du mars 1854, art. 462.)

ÉMERI, s. m. L'émeri est le minéral le plus dur, après le diamant; réduit en poudre, on s'en sert pour polir les métaux. — Les pièces de l'armement non bronzées qui sont fortement rouillées doivent être nettoyées en les frottant avec des curettes en bois tendre ou des brosses sur lesquelles se trouve de l'émeri délayé dans de la graisse.

ÉMEUTE, s. f. L'émeute est un attroupement tumultueux, par lequel une partie de la population exprime son mécontentement, soit par des cris menaçants, soit par des actes de violence. Les individus qui prennent part à une émeute s'appellent émeutiers.

La loi du 24 mai 1834 punit de la détention ou des travaux forcés à temps ceux qui, dans un mouvement insurrectionnel, auront porté des armes apparentes ou cachées; ceux qui auront pillé des armes ou des munitions ou qui auront envahi à l'aide de violences ou de menaces une maison habitée ou servant à l'habitation; ceux qui auront construit des barricades, etc. (Art. 5, 6, 7, 8 et 9.)

Les articles 296 et suivants du décret du 1er mars 1854 tracent à la gendarmerie la conduite qu'elle doit tenir en cas d'émeute ou d'attroupement, et cette question a été traitée en détail à ce dernier mot. (V. *Attroupement.*) — Nous rappellerons ici que la gendarmerie doit réprimer toute émeute, qu'elle doit s'opposer à tout attroupement armé ou non armé, qu'elle doit montrer au début de la rébellion beaucoup de calme et de sang-froid, mais qu'elle ne doit pas hésiter à agir de la façon la plus énergique lorsque l'émeute prend de l'accroissement et que tout moyen de conciliation a échoué.

Les gendarmes n'oublieront pas qu'en l'absence de l'autorité judiciaire ou administrative ils peuvent déployer la force des armes dans les deux cas suivants : le premier, lorsque des violences ou des voies de fait sont exercées contre eux; le second, lorsqu'ils ne peuvent défendre autrement le terrain qu'ils occupent, les postes ou les personnes qui leur sont confiés, ou enfin lorsque la résistance est telle qu'elle ne puisse être vaincue que par la force des armes. (Décr. du 1er mars 1854, art. 297.)

Dans le cas de soulèvement armé, les commandants de la gendarmerie peuvent mettre en réquisition les agents subalternes de toutes les administrations publiques et des chemins de fer; ces réquisitions sont adressées aux chefs de ces administrations, qui sont tenus d'y obtempérer, à moins d'impossibilité dont ils devront justifier sous leur responsabilité. (Décr. du 1er mars 1854, art. 651.) — Les émeutes populaires donnent évidemment lieu, conformément aux articles 77 et 83 du décret du 1er mars 1854, à des rapports immédiats aux Ministres de la guerre et de l'intérieur. — Une instruction en cas de trouble (18 avril 1874) se trouve déposée dans les archives des chefs de légion et des commandants de compagnie.

Voir le mot *Déplacement* pour les indemnités allouées aux militaires de la gendarmerie détachés de leur résidence pour le maintien de l'ordre.

EMIGRANT, TE, adj. pris souvent substantivement. Celui ou celle qui quitte son pays pour aller habiter un autre lieu. L'Angleterre et l'Allemagne fournissent tous les ans, pour l'Amérique, un grand nombre d'émigrants.

Le mot émigré sert plus particulièrement à désigner les personnes qui quittèrent volontairement la France au commencement de 1790 et qui organisèrent, avec l'étranger, des corps d'armée pour combattre la Révolution. — L'action d'émigrer, de quitter son pays, se nomme émigration.

EMISSAIRE, s. m. Personne qu'on envoie pour remplir une mission secrète, pour faire des propositions, pour espionner.

EMISSION, s. f. Répandre au dehors; mettre en circulation. L'émission de fausse monnaie d'or ou d'argent est punie des travaux forcés à perpétuité. L'émission de fausse monnaie de billon ou de cuivre est punie des travaux forcés à temps. (C. P., art. 132.) — L'émission de monnaies étrangères fausses est punie des travaux forcés à temps. (C. P., art. 133.)

EMMENOTER, v. a. Mot peu usité qu'on trouve cependant dans les grands dictionnaires et qui signifie mettre les menottes.

EMPHYSÈME PULMONAIRE, s. m. Maladie du poumon (appelée vulgairement pousse) : vice rédhibitoire.

EMPIRIQUE, s. m. Charlatan qui exerce illégalement la médecine. (V. *Charlatan.*)

EMPLOI, s. m. Ce mot a diverses acceptions : il s'emploie pour désigner une charge, une fonction.

La loi du 18 mars 1889 donne aux anciens sous-officiers des armées de terre et de mer le droit d'occuper, suivant certaines conditions d'admissibilité, un certain nombre d'emplois civils et militaires. Pour être nommés titulaires de ces emplois, les sous-officiers doivent, à l'exception de ceux réformés pour infirmités, compter 10 années de service dont 4 avec le grade de sous-officier; ils doivent avoir une moralité irréprochable et un âge qui leur permette de rendre encore à l'Etat, *dans la carrière nouvelle qu'ils embrasseront, d'utiles services.* (Instr. du 11 avril 1891.)

La limite d'âge, qui varie suivant les emplois et qui ne dépasse pas 40 ans, est indiquée dans la liste des emplois attribués aux sous-officiers ; cette liste, beaucoup trop longue pour trouver place ici, est insérée à la suite de l'instruction du 11 avril 1891.

Les militaires de la gendarmerie qui n'ont pas perdu les droits à la retraite de sous-officier sont admis à concourir pour ces emplois s'ils ont rempli effectivement, pendant 4 ans, l'emploi de sous-officier. (Circ. minist. du 26 février 1885.) — Le décret du 4 juillet 1890, l'instruction du 11 avril 1891 et les décrets du 18 février 1900 et du 29 mai 1902 fixent les conditions d'aptitude auxquelles doivent répondre les candidats, ainsi que les pièces à produire et les examens à subir.

La loi du 15 juillet 1889 (art. 84) dispose, en outre, que nul ne peut être admis à exercer certains emplois salariés par l'Etat ou les départements, si, n'ayant pas été déclaré impropre au service militaire, il ne compte pas au moins cinq années de service actif, dont deux comme gradé, et le décret du 28 janvier 1892 donne la liste de ces emplois.

Une décision ministérielle, en date du 24 mai 1892, réglemente le mode d'admission des sous-officiers dans les emplois de la justice militaire. (V. le règlement d'administration du 4 juillet 1890 et le décret du 17 juin 1898.)

EMPOISONNEMENT, s. m. Action d'empoisonner quelqu'un. Résultat de cette action. — L'article 301 du Code pénal définit l'empoisonnement tout attentat à la vie d'une personne par l'effet de substances qui peuvent donner la mort plus ou moins promptement, de quelque manière que ces substances aient été employées ou administrées, et quelles qu'en aient été les suites.

Tout coupable d'empoisonnement sera puni de mort. (C. P., art. 302.)

Le crime d'empoisonnement est parfois très difficile à constater, et les militaires de la gendarmerie qui sont appelés à opérer dans ce cas ne doivent rien négliger pour recueillir tous les indices qui pourront plus tard mettre la justice sur la voie de la vérité.

Les recherches à faire et les précautions à prendre sont très minutieuses et elles sont parfaitement résumées dans l'excellent *Aide-Mémoire* de M. le président Bernède, qui trace ainsi qu'il suit la marche à suivre : « Rechercher les aliments empoisonnés, les vases qui les ont renfermés, les enveloppes du poison et les mettre sous clef. Si des déjections, des urines existent encore, les conserver avec soin. Si les vomissements ont eu lieu par terre, soit sur un plancher, soit sur la terre même, se faire indiquer la place, la préserver de tout contact et la montrer aux magistrats. Si des animaux étaient morts après avoir mangé, soit des aliments empoisonnés, soit des déjections, il faudrait s'emparer de leurs restes. Dans les campagnes, les empoisonnements ont lieu à l'aide du sulfate de cuivre, qu'on emploie pour le chaulage des blés, de l'arsenic, du phosphore, de certaines plantes qui croissent dans les champs ; en un mot, des poisons que les paysans ont à leur portée.

» Faire raconter aux témoins tous les symptômes éprouvés par le malade. S'il est enterré, entendre ceux qui l'ont assisté pendant sa maladie et l'ont enseveli. Rechercher si la mort de la victime procure des avantages pécuniaires à quelqu'un, anéantit des haines ou des rivalités, assouvit une vengeance. Faire des recherches sur les registres des pharmaciens, épiciers et droguistes. »

L'article 452 du Code pénal s'occupe de l'empoisonnement des animaux. — « Quiconque, dit cet article, aura empoisonné des chevaux ou autres bêtes de voiture, de monture ou de charge, des bestiaux à cornes, des moutons, chèvres ou porcs, ou des poissons dans des étangs, viviers ou réservoirs, sera puni d'un emprisonnement de 1 an à 5 ans et d'une amende de 16 francs à 300 francs.

» Les coupables pourront être mis, par l'arrêt ou le jugement, sous la surveillance de la haute police pendant deux ans au moins et cinq ans au plus. »

Ainsi qu'on le voit, cet article, qui énumère certains animaux domestiques, ne s'occupe ni des volailles, ni des chats, ni des chiens, qui sont cependant assez souvent empoisonnés, surtout dans les campagnes. Mais les auteurs de ce délit tombent alors sous le coup de l'article 454, ainsi conçu : « Quiconque aura, sans nécessité, tué un animal domestique dans un lieu dont celui à qui cet animal appartient est propriétaire, locataire, colon ou fermier, sera puni d'un emprisonnement de 6 jours au moins et de 6 mois au plus. S'il y a eu violation de clôture, le maximum de la peine sera prononcé. Le propriétaire des animaux morts peut encore demander des dommages-intérêts, conformément aux articles 1382 et 1383 du Code civil. »

ENCAN, s. m. Vente publique faite aux enchères et au plus offrant. — La vente ne peut être faite qu'en présence d'officiers ministériels (notaires, huissiers, commissaires-priseurs). — La personne qui ferait vendre ses meubles sans l'assistance de ces officiers serait passible d'une amende de 50 à 1,000 francs. Il est interdit de vendre des marchandises neuves dans un encan à moins que ces marchandises ne proviennent d'une faillite ou que la vente en soit faite après décès. (V. la loi du 25 juin 1841.) — Les employés de la régie sont chargés de dresser procès-verbal des contraventions.

ENCASTELURE, s. f. L'encastelure est une défectuosité du sabot du cheval qui consiste en ce que les talons sont très resserrés et passent même quelquefois l'un sur l'autre. — De nombreuses causes peuvent donner naissance à cette affection, qui ne s'observe guère que dans les membres antérieurs, mais qui est presque toujours accompagnée de boiterie ; parmi ces causes, nous citerons le repos prolongé à l'écurie, une ferrure vicieuse et la mauvaise habitude de trop râper le sabot après la ferrure. — On traite l'encastelure en ferrant les chevaux de façon que les talons s'écartent ; on se sert aussi de certains instruments auxquels on donne le nom de désencasteleurs.

ENCAUSTIQUE, s. m. Préparation dans la composition de laquelle entre de la cire et qu'on applique sur des meubles, sur les parquets ou sur du cuir.

L'encaustique pour les cuirs fauves se prépare de la manière suivante : on râpe la cire jaune, on la met dans un vase et l'on verse dessus assez d'essence de térébenthine pour qu'elle soit couverte entièrement puis on bouche le vase pendant quinze heures afin de donner à la cire le temps de se dissoudre. On remue le tout avec une spatule en bois en versant de l'essence peu à peu jusqu'à ce que le tout soit à l'état d'onguent un peu liquide. (Instr. du 10 octobre 1894.)

ENCHAINER, v. a. Attacher avec une chaine. — Les gendarmes ayant, en cas d'évasion, une responsabilité qu'il importe essentiellement de ne pas leur ôter, ont la latitude d'enchaîner les prisonniers avec des chainettes en corde de fil de fer ou avec des gourmettes fermant à cadenas ; s'il y a tentative d'évasion, ils peuvent mettre les poucettes ; mais il leur est interdit de se servir de grosses chaines, qui pourraient blesser le prisonnier, et de fixer à l'une des parties du harnachement le bout du lien qui retient le prisonnier. (Décr. du 1er mars 1854, art. 416.)

ENCHÈRE, s. f. Dans les ventes publiques, on nomme enchère toute offre supérieure à la mise à prix. Dans les ventes faites par autorité de justice, comme il doit y avoir le plus grand nombre possible d'acheteurs, la loi a édicté des peines (15 jours à trois mois prison; 100 fr. à 5.000 fr. d'amende; C. P., art 412) pour réprimer les manœuvres qui pourraient tendre à entraver la libre concurrence des offres.

ENCHEVÊTRURE, s. f. Blessure que le cheval se fait au pied en s'enchevêtrant, c'est-à-dire en engageant l'une de ses jambes dans la longe de son licou. Lorsque le tendon a été mis à nu, la plaie est parfois très longue à se cicatriser. Pour prévenir cet accident, il faut toujours attacher les chevaux avec une longe munie à son extrémité d'un poids qui lui permet de glisser dans l'anneau.

ENCLAVE, s. f. Terrain enclavé dans un autre, c'est-à-dire enfermé, entouré de toutes parts. — Lorsqu'un champ est enclavé, le propriétaire de ce champ peut traverser ceux de ses voisins, sauf à payer des dommages-intérêts s'il commet des dégâts. (C. C., art. 682 et suivants.)

ENCLOS, s. m. Est réputé parc ou enclos tout terrain environné de fossés, de pieux, de claies, de planches, de haies vives ou sèches, ou de mur de quelque espèce de matériaux que ce soit, quelles que soient la hauteur, la profondeur, la vétusté, la dégradation de ces diverses clôtures, quand même il n'y aurait pas de porte fermant à clef ou autrement, ou quand la porte serait à clairevoie et ouverte habituellement. (C. P., art. 391.)

La loi sur la chasse, en autorisant la chasse dans les enclos, ne s'est pas appuyée sur la définition de ce mot faite dans l'article 391. Pour pouvoir chasser sans permis et en tout temps, il faut d'abord que le terrain sur lequel on chasse soit attenant à une habitation et que ce terrain soit entouré d'une clôture continue faisant obstacle à toute communication avec les héritages voisins. (V. *Chasse*.)

ENCLOUER, v. a. Enfoncer la pointe d'un clou dans la chair au lieu de l'enfoncer dans la corne en ferrant le cheval. — Un cheval s'encloue lorsqu'un corps pointu s'enfonce dans le pied et y reste.

A la guerre, dans certaines circonstances, on est obligé d'enclouer les pièces pour que l'ennemi ne puisse pas s'en servir si elles tombent entre ses mains. Pour cela, on introduit dans la lumière un clou qu'on enfonce avec un marteau et qu'on rive à l'intérieur d'un coup de refouloir. On peut encore faire éclater la pièce en la chargeant très fortement et en la remplissant de terre damée ; ou bien tirer deux pièces bouche contre bouche. Enfin, pour les pièces se chargeant par la culasse, on brise les fermetures à coups de marteau.

ENCOLURE, s. f. L'encolure, qui est la partie du cheval comprise entre les épaules et la tête, a pour base les vertèbres cervicales, les muscles qui les meuvent et le ligament qui la soutient. Sur le bord supérieur se trouve la crinière, dont les crins sont d'autant plus fins que le cheval est de race plus distinguée. — L'encolure est un véritable balancier qui concourt à l'exécution de tous les mouvements, et sa forme devra être choisie en raison du genre de service qu'on désire obtenir. — L'encolure courte et épaisse, accompagnée presque toujours d'un large poitrail et de fortes épaules, sera recherchée pour les chevaux de trait qui n'ont pas besoin d'obéir rapidement et avec souplesse à l'action du mors. — L'encolure longue et maigre supportant une tête lourde rend le cheval pesant à la main. — La longueur de l'encolure doit toujours être en harmonie avec le reste du corps; pour le service de selle, il est bon de prendre une encolure moyenne. — L'encolure droite annonce des chevaux vites, mais faciles à s'emporter ; elle se remarque chez les chevaux de course. Lorsqu'elle décrit une courbe prononcée, on la nomme rouée; elle est dite renversée quand elle se rapproche par sa configuration de celle du cerf : dans ces encolures, une dépression plus ou moins grande, désignée sous le nom de coup de hache, existe en avant du garrot. — On appelle encolure de cygne celle qui, renversée à sa base, est rouée à son sommet.

ENDOSSEMENT, s. m. Action qui consiste à passer à un tiers un billet à ordre ou une lettre de change, en écrivant au dos du billet la formule de transfert.

ENERGIE. s. f. On entend par énergie la vigueur morale dont fait preuve, dans des circonstances sortant de l'ordinaire, un militaire de la gendarmerie, pour assurer le respect de la loi et des règlements, la sécurité des citoyens et l'ordre partout où il est menacé.

Il ne faut pas confondre l'énergie avec la brusquerie et la brutalité.

ENFANT, s. des deux genres. Garçon ou fille en bas âge.

L'enfant, à tout âge, doit honneur et respect à ses père et mère. Il reste sous leur autorité jusqu'à sa majorité ou son émancipation. (C. C., art. 371 et 372.) Il leur doit des aliments.

L'**enfant légitime** est celui qui a été conçu ou qui est né pendant le mariage des parents.

L'**enfant naturel** est celui qui est né d'un père et d'une mère qui ne sont pas unis par le mariage.

L'**enfant adultérin** est celui qui est né d'un commerce adultérin. (V. *Adultère.*)

On désigne sous le nom d'**enfants assistés** trois catégories d'enfants : 1° les enfants trouvés dont les père et mère sont inconnus; 2° les enfants abandonnés dont les parents ont disparu, et enfin, 3° les orphelins qui n'ont aucun moyen d'existence. — Les enfants assistés recueillis dans des hospices y restent jusqu'à un certain âge ou sont placés dans des familles qui se chargent de les élever. Il y a dans chaque département un inspecteur des enfants assistés qui est chargé de s'assurer, par des inspections fréquentes, que les enfants placés dans les familles reçoivent tous les soins auxquels ils ont droit. Un médecin et le maire de la commune doivent également visiter les enfants, et tout refus de les leur laisser voir est puni d'une amende de 5 à 15 francs. (Loi du 23 décembre 1874 et décr. du 27 février 1877.)

Enfants employés dans les manufactures. La loi du 19 mai 1874 s'est occupée de réglementer le travail des enfants dans les manufactures et a décidé qu'aucun enfant ne pourrait être admis dans les usines, ateliers ou chantiers avant l'âge de 12 ans révolus; dans certaines industries spécialement déterminées par un règlement d'administration publique, ils peuvent être employés à l'âge de 10 ans. (V. le décr. du 22 mai 1875 et celui du 5 mars 1877.) — Jusqu'à 12 ans, ils ne peuvent pas travailler plus de 6 heures par jour et, à partir de 12 ans, plus de 12 heures. Le travail de nuit leur est interdit jusqu'à l'âge de 16 ans. Nous ne pouvons donner ici plus de détails sur cette loi très importante, mais que la gendarmerie n'est pas chargée de faire observer. Pour assurer son exécution, la France a été divisée en 15 inspections : à la tête de chacune de ces inspections se trouve un inspecteur divisionnaire, qui a le droit d'entrer dans tous les établissements manufacturiers, ateliers et chantiers pour inspecter le travail des enfants et constater les contraventions. Les procès-verbaux de ces fonctionnaires font foi, jusqu'à preuve contraire.

La loi du 2 novembre 1892 modifiée par celle du 30 mars 1900 et le décret du 13 mai 1893 indiquent les différents genres de travaux qui sont interdits aux enfants et aux femmes, ainsi que le nombre d'heures de travail auquel ils peuvent être assujettis. Ces dispositions sont applicables dans les établissements militaires. (Note minist. du 31 octobre 1894.) Enfin, la loi du 31 juillet 1894 indique le poids maximum de la charge qui peut être traînée ou poussée par les ouvriers ou ouvrières âgés de moins de 18 ans.

Enfants employés par les saltimbanques. La loi du 19 mai 1874 veille sur la santé des enfants en empêchant de les livrer à un travail prématuré; celle du 7 décembre 1874 s'occupe de protéger l'existence de ceux qui sont employés par les saltimbanques, et défend de leur donner des habitudes de paresse en les obligeant à mendier. Cette loi est très importante et la gendarmerie doit veiller avec soin à son exécution. Nous la donnons ci-après en entier, en faisant remarquer qu'en cas de contravention, les autorités municipales doivent être immédiatement prévenues, parce que, seules, elles ont le droit d'interdire la représentation et de demander aux délinquants l'extrait de naissance des enfants. — Chaque fois que le délit est constaté, la gendarmerie doit dresser procès-verbal.

Loi du 7 décembre 1874. — Art. 1er. Tout individu qui fera exécuter par des enfants de moins de 16 ans des tours de force périlleux ou des exercices de dislocation; tout individu, autre que les père et mère, pratiquant les professions d'acrobate, saltimbanque, charlatan, montreur d'animaux ou directeur de cirque, qui emploiera dans ses représentations des enfants âgés de moins de 16 ans, sera puni d'un emprisonnement de 6 mois à 2 ans et d'une amende de 16 à 200 francs. — La même peine sera applicable aux père et mère exerçant les professions ci-dessus désignées, qui emploieraient dans leurs représentations leurs enfants âgés de moins de 12 ans. — Art. 2. Les pères, mères, tuteurs ou patrons qui auront livré, soit gratuitement, soit à prix d'argent, leurs enfants, pupilles ou apprentis, âgés de moins de 16 ans, aux individus exerçant les professions ci-dessus spécifiées, ou qui les auront placés sous la conduite de vagabonds, de gens sans aveu ou faisant métier de la mendicité, seront punis des peines portées en l'article 1er. — La même peine sera applicable à quiconque aura déterminé des enfants âgés de moins de 16 ans à quitter le domicile de leurs parents ou tuteurs pour suivre des individus des professions susdésignées — La condamnation entraînera de plein droit, pour les tuteurs, la destitution de la tutelle; les pères et mères pourront être privés des droits de la puissance paternelle. — Art. 3. Quiconque emploiera des enfants de moins de 16 ans à la mendicité habituelle, soit ouvertement, soit sous l'apparence d'une profession, sera considéré comme auteur ou complice du délit de mendicité en réunion, prévu par l'article 276 du Code pénal, et sera puni des peines portées audit article. — Dans le cas où le délit aurait été commis par des pères, mères ou tuteurs, ils pourront être privés des droits de la puissance paternelle ou être destitués de la tutelle. — Art. 4. Tout individu exerçant l'une des professions spécifiées à l'article 1er de la présente loi, devra être porteur de l'extrait des actes de naissance des enfants placés sous sa conduite et justifier de leur origine et de leur identité par la production d'un livret ou d'un passeport. — Toute infraction à cette disposition sera punie d'un emprisonnement de un mois à 6 mois et d'une amende de 16 à 50 francs. — Art. 5. En cas d'infraction à l'une des dispositions de la présente loi, les autorités municipales seront tenues d'interdire toutes représentations aux individus désignés en l'article 1er. — Cesdites autorités seront également tenues de requérir la justification, conformément aux dispositions de l'article 4, de l'origine et de l'identité de tous les enfants placés sous la conduite des individus susdésignés A défaut de cette justification, il en sera immédiatement donné avis au parquet. — Toute infraction à la présente loi, commise à l'étranger à l'égard de Français, devra être dénoncée, dans le plus bref délai, par nos agents consulaires aux autorités françaises ou aux autorités locales, si les lois du pays en assurent la répression. — Ces agents devront, en outre, prendre les mesures nécessaires pour assurer le rapatriement en France des enfants d'origine française. — Art. 6. L'article 463 du Code pénal est applicable aux délits prévus et punis par la présente loi. Un décret en date du 3 novembre 1882 interdit d'employer les garçons de 12 à 14 ans et les filles de 12 à 16 ans à traîner des fardeaux sur la voie publique.

Ce même décret interdit aux couvreurs et aux plombiers d'employer des enfants à des travaux qui sont effectués sur les toits.

Enfants abandonnés. (V. *Abandon.*) L'enfant abandonné trouvé par la gendarmerie est remis au maire. Un procès-verbal relatant le fait, est envoyé au procureur de la République. La loi du 23 janvier 1873 sur l'ivresse défend de recevoir dans les cafés, cabarets et autres lieux du même genre des enfants au-dessous de 16 ans, et de leur servir des boissons alcooliques. (V. *Ivresse.*)

Loi du 19 avril 1898 sur la répression des violences, voies de fait, actes de cruauté et attentats commis envers les enfants.

Art. 1er. Les dispositions suivantes sont ajoutées à l'article 312 du Code pénal :

« Quiconque aura volontairement fait des blessures ou porté des coups à un enfant au-dessous de l'âge de quinze ans accomplis, ou qui l'aura volontairement privé d'aliments ou de soins au point de compromettre sa santé, sera puni d'un emprisonnement de un an à trois ans et d'une amende de seize à mille francs (16 à 1.000 fr.).

» S'il est résulté des blessures, des coups et de la privation d'aliments ou de soins une maladie ou incapacité de travail de plus de vingt jours, ou s'il y a eu préméditation ou guet-apens, la peine sera de deux à cinq ans d'emprisonnement et de seize à deux mille fr. (16 à 2.000 fr.) d'amende, et le coupable pourra être privé des droits mentionnés en l'article 42 du présent Code pendant cinq ans au moins et dix ans au plus à compter du jour où il aura subi sa peine.

» Si les coupables sont les père et mère légitimes, naturels ou adoptifs, ou autres ascendants légitimes ou toutes autres personnes ayant autorité sur l'enfant ou ayant sa garde, les peines seront celles portées au paragraphe précédent, s'il n'y a eu ni maladie ou incapacité de travail de plus de vingt jours ni préméditation ou guet-apens, et celle de la réclusion dans le cas contraire.

» Si les blessures, les coups ou la privation d'aliments ou de soins ont été suivis de mutilation, d'amputation ou de privation de l'usage d'un membre, de cécité, perte d'un œil ou autres infirmités permanentes, ou s'ils ont occasionné la mort sans intention de la donner, la peine sera celle des travaux forcés à temps, et si les coupables sont les personnes désignées dans le paragraphe précédent, celle des travaux forcés à perpétuité.

» Si des sévices ont été habituellement pratiqués avec intention de provoquer la mort, les auteurs seront punis comme coupables d'assassinat ou de tentative de ce crime. »

Art. 2. Les articles 349, 350, 351, 352 et 353 du Code pénal sont modifiés ainsi qu'il suit :

« Art. 349. Ceux qui auront exposé ou fait exposer, délaissé ou fait délaisser, en un lieu solitaire, un enfant ou un incapable, hors d'état de se protéger eux-mêmes, à raison de leur état physique ou mental, seront, pour ce seul fait, condamnés à un emprisonnement de un an à trois ans et à une amende de seize à mille francs (16 à 1,000 fr.)

» Art. 350. La peine portée au précédent article sera de deux ans à cinq ans et l'amende de cinquante à deux mille francs (50 à 2,000 fr.) contre les ascendants ou toutes autres personnes ayant autorité sur l'enfant ou l'incapable, ou en ayant la garde.

» Art. 351. S'il est résulté de l'exposition ou du délaissement une maladie ou incapacité de plus de vingt jours, le maximum de la peine sera appliqué.

» Si l'enfant ou l'incapable est demeuré mutilé ou estropié, ou s'il est resté atteint d'une infirmité permanente les coupables subiront la peine de la réclusion.

» Si les coupables sont les personnes mentionnées à l'article 350, la peine sera celle de la réclusion dans le cas prévu au paragraphe 1er du présent article, et celle des travaux forcés à temps au cas prévu par le paragraphe 2 ci-dessus dudit article.

» Lorsque l'exposition ou le délaissement dans un lieu solitaire aura occasionné la mort, l'action sera considérée comme meurtre.

» Art. 352. Ceux qui auront exposé ou fait exposer, délaissé ou fait délaisser en un lieu du solitaire un enfant ou un incapable hors d'état de se protéger eux-mêmes à raison de leur état physique ou mental, seront, pour ce seul fait, condamnés à un emprisonnement de trois mois à un an et à une amende de seize à mille francs (16 à 1,000 fr.)

» Si les coupables sont les personnes mentionnées à l'article 350, la peine sera de six mois à deux ans d'emprisonnement et de vingt-cinq à deux cents francs (25 à 200 fr.) d'amende.

» Art. 353. S'il est résulté de l'exposition ou du délaissement une maladie ou incapacité de plus de vingt jours, ou une des infirmités prévues par l'article 309, paragraphe 3, les coupables subiront un emprisonnement de un à cinq ans et une amende de seize à deux mille francs (16 à 2,000 fr.)

» Si la mort a été occasionnée sans intention de la donner, la peine sera celle des travaux forcés à temps.

» Si les coupables sont les personnes mentionnées à l'article 350, la peine sera, dans le premier cas, celle de la réclusion et, dans le second, celle des travaux forcés à perpétuité. »

Art. 3. L'article 2 de la loi du 7 décembre 1874 est modifié comme il suit :

« Art. 2. Les pères, mères, tuteurs ou

patrons, et généralement toutes personnes ayant autorité sur un enfant ou en ayant la garde, qui auront livré, soit gratuitement, soit à prix d'argent, leurs enfants, pupilles ou apprentis âgés de moins de seize ans aux individus exerçant les professions ci-dessus spécifiées (1), ou qui les auront placés sous la conduite de vagabonds, de gens sans aveu ou faisant métier de la mendicité, seront punis des peines portées en l'article 1er (2).

» La même peine sera applicable aux intermédiaires ou agents qui auront livré ou fait livrer lesdits enfants et à quiconque aura déterminé des enfants, âgés de moins de seize ans, à quitter le domicile de leurs parents ou tuteurs pour suivre des individus des professions susdésignées.

» La condamnation entraînera de plein droit, pour les tuteurs, la destitution de la tutelle. Les père et mère pourront être privés des droits de la puissance paternelle. »

Art. 4. Dans tous les cas de délits ou de crimes commis par enfants ou sur des enfants, le juge d'instruction commis pourra, en tout état de cause, ordonner, le ministère public entendu, que la garde de l'enfant soit provisoirement confiée, jusqu'à ce qu'il soit intervenu une décision définitive, à un parent, à une personne ou à une institution charitable qu'il désignera, ou enfin à l'Assistance publique.

Toutefois, les parents de l'enfant jusqu'au cinquième degré inclusivement, son tuteur ou son subrogé-tuteur et le ministère public pourront former opposition à cette ordonnance; l'opposition sera portée, à bref délai, devant le tribunal, en chambre du conseil, par voie de simple requête.

Art. 5. Dans les mêmes cas, les cours ou tribunaux saisis du crime ou du délit pourront, le ministère public entendu, statuer définitivement sur la garde de l'enfant.

Art. 6. L'article 463 du Code pénal est applicable aux infractions prévues et réprimées par la présente loi.

Enfants de troupe. L'instruction du 10 octobre 1901 réglemente ainsi qu'il suit les conditions d'admission aux places d'enfant de troupe.

(1) Acrobates, saltimbanques, charlatans, montreurs d'animaux ou directeurs de cirques (art. 1er de la loi du 7 décembre 1874).

(2) Six mois à deux ans d'emprisonnement et 16 fr. à 200 fr. d'amende.

Conditions d'admissibilité. — Art. 2. Ne peuvent être admis en qualité d'enfants de troupe ou dans les écoles militaires préparatoires que les fils des soldats, caporaux ou brigadiers, sous-officiers, officiers jusqu'au grade de capitaine inclusivement ou assimilés, et les fils d'officiers supérieurs ou assimilés décédés.

Les fils de militaires retirés du service ne sont aptes à concourir qu'autant que leur père est, ou a été, en possession d'une pension de retraite intégrale ou proportionnelle, d'une pension de réforme pour infirmités ou blessures, ou qu'il a contracté un rengagement de cinq ans au moins.

Sont admis à concourir aux places d'enfants de troupe, sans conditions d'ancienneté de service, les fils des militaires de la réserve de l'armée active, de l'armée territoriale et de la réserve de cette armée, tués à l'ennemi ou morts des suites de leurs blessures.

Ces enfants doivent être âgés de 2 ans au moins et de 13 ans au plus au 1er août pour pouvoir être proposés pour enfants de troupe; ils doivent être âgés de 13 ans au moins et de 14 ans au plus, à la même date, pour être admis dans les écoles militaires préparatoires.

Transmission des demandes. — Art. 3. Les demandes d'admission sont formées par les parents ou tuteurs des enfants. Elles sont adressées, chaque année, avant le 1er juillet:

1° Pour les fils de militaires appartenant à un corps de troupe, au président du conseil d'administration de ce corps;

2° Pour les fils de militaire ne faisant pas partie d'un corps de troupe, hiérarchiquement au général commandant le corps d'armée par l'intermédiaire du chef du service auquel ils appartiennent;

3° Pour les militaires des troupes de terre ayant quitté le service, directement à MM. les généraux commandant les corps d'armée sur le territoire desquels ils résident ou par l'intermédiaire de l'autorité militaire locale ou de la gendarmerie;

4° Pour les militaires des troupes de mer directement aux corps de la marine intéressés.

Ces demandes doivent être conformes au modèle ci-après :

Instruction ministérielle du 10 octobre 1901. (Art. 4 et 23.)

MODÈLE N° 4.

Format 21/32.

EXTRAIT

de la loi du 19 juillet 1884, modifiée par les lois du 15 avril 1892 et 19 juillet 1892.

ARTICLE 5.

A l'âge minimum fixé par la loi sur le recrutement de l'armée pour l'admission des engagés volontaires, les élèves des écoles préparatoires reconnus aptes au service militaire sont appelés à contracter un engagement de 5 ans.

L'élève engagé entre dans l'armée comme soldat.

Celui qui refuse de s'engager est immédiatement rendu à ses parents, et le Ministre est autorisé à exercer, soit sur leur traitement, soit sur les ressources personnelles de l'enfant, une répétition égale à la moitié des frais d'entretien payés par l'Etat.

Le prélèvement opéré dans ces conditions à exercer sur le traitement des parents (solde d'activité ou pension de retraite) ou sur les ressources de l'enfant ne pourra excéder par an le dixième du montant de ce traitement ou de ces ressources.

DEMANDE d'admission d'un enfant dans une école militaire préparatoire.

Le soussigné (1)
demande l'admission dans une école militaire préparatoire du jeune (2)
son (3)

Il déclare que :

1° Il consent à l'engagement ultérieur de l'enfant dans les conditions stipulées par l'article 5 de la loi du 19 juillet 1884 reproduit ci-contre :

2° Il a pris connaissance de la clause dudit article qui autorise le Ministre de la guerre à faire exécuter contre lui, ou sur la fortune personnelle de l'enfant, le recouvrement de la moitié des frais payés par l'Etat (allocations d'enfant de troupe et frais d'entretien dans les écoles cumulés) dans le cas où l'enfant serait retiré ou expulsé de l'école, refuserait de s'engager pour cinq ans ou n'obtiendrait pas de ses parents le consentement nécessaire ;

3° Il s'engage, si le jeune quitte l'école militaire préparatoire avant dix-huit ans, pour toute autre cause que pour inaptitude physique, à adresser au conseil d'administration du corps auquel il est inscrit comme enfant de troupe, la justification qu'il a contracté un engagement volontaire de cinq ans au moment où il a atteint dix-huit ans ;

4° Il est prévenu que, quel que soit le moment du retrait ou du renvoi de l'enfant, le recouvrement des frais ne pourra s'exercer que lorsque l'enfant ayant atteint dix-huit ans refusera de s'engager pour cinq ans.

A , le 190 .

(4)

demeurant à (5)

(1) Nom et prénoms du signataire.
(2) Nom et prénoms de l'enfant.
(3) Fils ou pupille.
(4) Signature du père ou tuteur.
(5) Domicile du signataire.

Vu pour la légalisation,

Art. 4. Ces demandes doivent être accompagnées des pièces ci-après :

1° Une déclaration (modèle n° 1) par laquelle la famille ou le tuteur du candidat s'engage à reverser au Trésor la moitié des indemnités perçues par eux dans le cas où l'enfant ne contracterait pas, à 18 ans, un engagement volontaire de cinq ans ;

2° Un certificat délivré par le maire de la localité où est domiciliée la famille, énonçant exactement les moyens d'existence, le nombre d'enfants et les autres charges des parents. Ce certificat doit, en même temps, donner des renseignements sur la moralité de la famille. Il est délivré par le conseil d'administration, lorsque le père de l'enfant fait partie d'un corps de troupe (mod. n° 2) ;

3° L'acte de naissance de l'enfant, revêtu des formalités prescrites par la loi (1) ;

4° Un état authentique des services du père de l'enfant ;

5° L'acte de mariage des parents ;

6° Une déclaration d'un médecin militaire, ou, à son défaut, d'un médecin civil, dûment légalisée, faisant connaître que l'enfant a eu la petite vérole ou qu'il a été vacciné (modèle n° 3);

7° Un certificat d'études primaires élémentaires pour les candidats aux écoles militaires préparatoires. (Circ. du 12 mars 1897.)

Le médecin constatera, dans ce certificat, que l'enfant n'est atteint d'aucune infirmité pouvant l'empêcher plus tard de contracter un engagement volontaire.

Lorsque le candidat aura l'âge voulu pour entrer dans une école militaire préparatoire, la déclaration à produire par les parents devra être conforme au modèle n° 4. (V. *Écoles*).

Instruction des demandes. — Art. 5. MM. les gouverneurs de Paris et de Lyon et MM. les généraux commandant les corps d'armée font instruire, par les conseils d'administration des corps de troupe placés sous leur commandement, les demandes qui leur sont adressées directement ou par la voie hiérarchique et celles qui leur sont transmises par le Ministre.

Ils désignent, de préférence, les conseils d'administration de l'arme dans laquelle le père du candidat a servi et, autant que possible, celui qui est le plus à proximité de la résidence de la famille.

Dans les corps d'armée où il n'existe pas de régiment du génie, les demandes formées par des anciens militaires de cette arme seront instruites par un régiment d'artillerie.

Quant aux demandes formées par des anciens militaires résidant en Algérie ou en Tunisie et dont l'arme d'origine n'y serait pas représentée, elles seront examinées par un des conseils d'administration des corps stationnés sur ces territoires (1).

Art. 6. Les conseils d'administration s'assurent que les formalités sont remplies et que les pièces sont au complet; ils réclament celles qui pourraient manquer et établissent un mémoire de proposition (modèle n° 5) qu'ils adressent hiérarchiquement, le 1er juillet, au général commandant le corps d'armée avec toutes les pièces énumérées à l'article 4 pour être remises à la commission régionale (2).

Les dossiers concernant les candidats dont le père ne remplirait pas les conditions prescrites par l'article 2 de la présente instruction seront retournés dans le plus bref délai, avec un rapport du président du conseil d'administration, à MM. les généraux commandant les corps d'armée, auxquels il appartiendra de renvoyer à la famille les pièces qu'elle aura produites et de lui faire connaître les motifs pour lesquels il n'est pas possible de faire classer sa demande.

(1) Les pièces n° 3 et n° 5 pourront être établies sur papier libre au titre du service militaire.

(1) Les demandes formées par les anciens militaires de l'armée de terre domiciliés dans les colonies seront instruites par les conseils d'administration des compagnies ou détachements de la gendarmerie coloniale, auxquels elles seront adressées directement par les intéressés.

(2) Les dossiers des demandes instruites par les conseils d'administration des compagnies ou de détachements de la gendarmerie coloniale, qu'ils soient établis en faveur d'un militaire en activité de service dans la compagnie ou d'un ancien militaire, sont adressés au Ministre de la guerre par l'intermédiaire du Ministre des colonies, de manière à lui parvenir le 1er juillet au plus tard.

Les demandes transmises tardivement seront ajournées à l'année suivante.

Classement des demandes par la commission régionale. — Art. 7. Les demandes d'admission sont examinées et classées, dans chaque corps d'armée, par une commission nommée par le général commandant le corps d'armée et composée de : un colonel ou lieutenant-colonel d'infanterie, président, et quatre membres du grade de commandant ou assimilés, choisis dans toutes les armes et désignés, autant que possible, parmi les officiers supérieurs résidant au chef-lieu de la région.

Cette commission sera convoquée vers le 15 juillet par les soins des généraux commandant les corps d'armée.

Art. 8. Les titres des candidats sont appréciés et résumés par chacun des membres de la commission au moyen d'une cote numérique représentée par un nombre entier pris dans l'échelle de 0 à 20.

Le total des cotes attribuées à chaque proposition déterminera l'ordre de mérite sur la liste de classement. Lorsque plusieurs enfants obtiendront le même nombre de points, la priorité sera déterminée par l'âge des candidats.

Art. 9. Les classements relatifs au recrutement des écoles militaires préparatoires et à la nomination des enfants de troupe n'ont lieu qu'une seule fois par an.

Le travail de la commission est adressé chaque année au Ministre (*Direction de l'Infanterie*, 2e *Bureau*) par les soins de M. le général commandant le corps d'armée, avant le 1er septembre, terme de rigueur.

Les dossiers des candidats ne sont jamais joints à cet envoi.

Nominations. — Art. 10. Le Ministre prononce les admissions dans les écoles militaires préparatoires et aux places d'enfant de troupe d'après l'ordre du classement des commissions régionales.

Toutefois, les nominations aux places d'enfant de troupe ne peuvent avoir lieu qu'autant qu'il existe des vacances dans la série à laquelle les candidats appartiennent par leur âge.

Le Ministre désigne les corps de troupe dans lesquels les candidats seront immatriculés.

Art. 11. Les commandants de corps d'armée notifient les décisions du Ministre aux conseils d'administration intéressés (1).

Les dossiers des enfants dont l'admission comme enfants de troupe ou dans une école militaire a été prononcée sont adressés au conseil d'administration du corps désigné par le Ministre pour procéder à l'immatriculation de ces enfants.

Les conseils d'administration donnent avis de cette mesure aux familles et les informent qu'à partir de la date fixée par le Ministre elles auront droit, selon l'âge de l'enfant, s'il s'agit d'une nomination d'enfant de troupe, à l'allocation annuelle fixée par la loi du 19 juillet 1884.

Les dossiers des enfants non admis sont rendus aux familles par les soins des conseils d'administration qui les ont instruits. Ceux-ci leur font connaître qu'il n'a pu être donné suite à leur demande, mais qu'elles pourront la renouveler ultérieurement si l'enfant remplit encore les conditions d'admission.

Art. 12. Ces diverses communications et transmissions de pièces sont faites par l'intermédiaire des maires

ADMINISTRATION DES ENFANTS DE TROUPE LAISSÉS DANS LEUR FAMILLE.

Paiement de l'indemnité. — Art. 13. Les enfants de troupe sont laissés dans leur famille jusqu'au moment de leur mise en route sur les écoles militaires préparatoires, qui, en principe, a lieu, chaque année, dans le courant du mois d'octobre. Ils ne touchent aucune ration de vivres; mais les familles reçoivent les allocations annuelles suivantes :

Cent francs pour les enfants de 2 à 5 *ans ;*

Cent cinquante francs pour les enfants de 5 *à* 8 *ans ;*

Cent quatre-vingts francs pour les enfants au-dessus de 8 *ans.*

(1) Les commandants des compagnies ou détachements de la gendarmerie coloniale sont informés, par l'intermédiaire du Ministre des colonies, de la décision du Ministre de la guerre.

Art. 14. Ces allocations sont payées sur les fonds de la solde par les soins du conseil d'administration des corps de troupe, pour tous les enfants inscrits sur les contrôles des corps.

Le paiement en est effectué aux parents ou tuteurs par trimestre et à terme échu, directement chez les trésoriers des corps ou au moyen de mandats délivrés par les trésoriers-payeurs généraux ou les receveurs particuliers et transmis aux ayants droit par l'intermédiaire des maires.

Les familles ont le choix entre ces deux modes de paiement; toutefois, le premier mode est toujours applicable dans le cas où l'enfant est fils d'un militaire appartenant à un corps de troupe et lorsque la famille réside dans la localité où se trouve stationné le corps de troupe dans lequel l'enfant est inscrit.

L'indemnité à payer à la fin de chaque trimestre aux enfants de troupe doit être décomptée à raison d'un quart de l'indemnité annuelle, pour les enfants qui figurent sur les contrôles d'un corps pendant tout le trimestre, et sur le pied de 1/360 par jour, pour ceux qui ont été portés sur les contrôles ou en ont été rayés pendant le cours du trimestre, ou qui ont acquis, pendant cette période, des droits à une allocation plus élevée.

Art. 15. Le paiement de l'indemnité de 180 francs, allouée aux enfants de troupe laissés chez leurs parents et et qui atteignent l'âge de 13 ans, doit être continué sans interruption jusqu'au jour fixé pour la mise en route de ces enfants sur les écoles militaires préparatoires.

A l'âge de 18 ans, les élèves des écoles préparatoires sont appelés à contracter un engagement de 5 ans. (V. *Ecoles d'enfants de troupe* et *Orphelinat Hériot.*)

Ils peuvent s'engager à toute époque de l'année et pour n'importe quel corps. (V. aussi le décret du 25 mai 1891.)

Voyage en chemin de fer. — Art. 16. Afin de permettre aux enfants de troupe laissés dans leur famille et voyageant en chemin de fer de profiter des réductions de prix accordées aux militaires, il peut être délivré, sur la demande des parents ou tuteurs, une feuille de route sans indemnité.

Les demandes devront être adressées au commandant d'armes le plus voisin; la mention « accordé », portée sur ces demandes et signée par ce commandant d'armes, remplacera l'invitation de feuille de route.

Hospitalisation des enfants de troupe. — Art. 17. Les enfants de troupe laissés dans leur famille sont admis dans les hôpitaux à la charge du département de la guerre, conformément aux dispositions de l'article 196 du décret du 25 novembre 1889 sur le service de santé et de la note ministérielle du 10 novembre 1885.

Mutations et radiations. — Art. 18. En cas de changement de domicile, les familles ou le tuteur informent les maires de l'ancienne et de la nouvelle demeure, lesquels en donnent, sans retard, avis aux conseils d'administration intéressés.

Les décès des enfants ou de leurs parents, les changements qui peuvent survenir dans la tutelle de ces enfants sont également portés à la connaissance des conseils d'administration par les maires.

Art. 19. Sont rayés des contrôles et cessent d'avoir droit aux allocations :

1° Les enfants qui ont obtenu une bourse entière dans un établissement quelconque d'instruction;

Ceux qui ont obtenu une bourse d'externat, une demi-bourse d'externat, ou d'autres exemptions particulières de frais d'études dans un établissement quelconque d'instruction sont maintenus sur les contrôles jusqu'à l'âge de treize ans révolus et conservent leurs droits aux allocations. A ce moment, ils peuvent, sur la demande des familles, être rayés des contrôles et cessent, dès lors, de recevoir l'indemnité spéciale;

2° Les enfants signalés par leur mauvaise conduite et ceux qui seraient condamnés à une peine en matière criminelle ou correctionnelle;

3° Les enfants auxquels surviendraient, après leur admission, des infirmités les rendant impropres au service militaire.

Les radiations, lorsqu'il y a lieu,

sont prononcées par les généraux commandants de corps d'armée, lesquels sont, suivant le cas, renseignés par les conseils d'administration ou les maires.

Art. 20. A la fin de chaque trimestre, un bulletin de mutation est établi par chaque corps de troupe et adressé au commandant du corps d'armée. Les corps dans lesquels il n'y a pas eu de mutation parmi les enfants de troupe produisent un état négatif.

Art. 21. Tous ces bulletins, réunis dans un bordereau unique par les soins de MM. les généraux commandant les corps d'armée, sont adressés au Ministre dans la quinzaine qui suit le trimestre auquel ils se rapportent.

Art. 22. Au 1er juillet de chaque année, les conseils d'administration des corps de troupe de toutes armes, y compris les compagnies de gendarmerie, adressent à MM. les généraux commandant les corps d'armée une situation nominative, à la date de ce jour, de tous les enfants de troupe immatriculés sur les contrôles du corps, portant la récapitulation des mutations d'effectif survenues depuis le 1er juillet de l'année précédente.

Ces situations, accompagnées d'un état numérique récapitulatif pour tout le corps d'armée, sont transmises au Ministre le 15 juillet au plus tard.

Les gendarmes doivent faire élever leurs enfants âgés de plus de 8 ans, lorsqu'ils sont enfants de troupe, dans des établissements d'intruction publique entretenus par l'Etat ou subventionnés par les communes, dans toutes les localités où existent ces établissements. (Circ. minist. du 14 novembre 1900.)

Enfants de troupe blessés ou infirmes. — Des secours permanents ou éventuels sont accordés aux enfants de troupe blessés ou infirmes et rendus définitivement à leurs familles après que tous les moyens curatifs ont été employés. (Décis. minist. du 19 janvier 1887.)

ENGAGEMENT, s. m. En terme militaire, l'engagement est l'acte par lequel on s'engage à servir l'Etat pour un temps fixé.

Engagement volontaire. Tout Français ou naturalisé Français, ainsi que les jeunes gens qui doivent être inscrits sur les tableaux de recensement ou qui sont autorisés par les lois à servir dans l'armée française, et les jeunes gens nés en pays étranger d'un Français qui aurait perdu la qualité de Français, peuvent être admis à contracter un engagement volontaire dans l'armée active, aux conditions suivantes :

L'engagé volontaire doit :

1° S'il entre dans l'armée de mer, avoir 16 ans accomplis.

S'il entre dans l'armée de terre avoir 18 ans accomplis.

2° N'être ni marié ni veuf avec enfants ;

3° N'avoir jamais été condamné pour vol, escroquerie, abus de confiance, attentat aux mœurs et n'avoir subi aucune des peines prévues par l'article 5 de la loi du 15 juillet 1889, à moins qu'il ne veuille contracter son engagement pour un bataillon d'infanterie légère d'Afrique ;

4° Jouir de ses droits civils ;

5° Etre de bonnes vie et mœurs ;

6° S'il a moins de 20 ans, être pourvu du consentement de ses père, mère ou tuteur ; ce dernier doit être autorisé par une délibération du conseil de famille. Le consentement du directeur de l'Assistance publique dans le département de la Seine, et du préfet dans les autres départements, est nécessaire et suffisant pour les enfants moralement abandonnés.

L'engagé volontaire est tenu, pour justifier des conditions prescrites aux paragraphes 3°, 4° et 5° ci-dessus, de produire un extrait de son casier judiciaire et un certificat de moralité délivré par le maire de son dernier domicile.

S'il ne compte pas au moins une année de séjour dans cette commune, il doit également produire un autre certificat du maire de la commune où il était antérieurement domicilié.

Le certificat doit contenir le signalement du jeune homme qui veut s'engager et mentionne la durée du temps pendant lequel il a été domicilié dans la commune.

La faculté de contracter l'engagement volontaire cesse dès que le jeune homme est inscrit par le conseil de revision sur la liste de recrutement cantonal, c'est-à-dire le jour même des opérations du conseil de revision dans le canton. (Dép. minist. du 7 mars 1891.)

Toutefois, il peut devancer l'appel pour entrer dans la marine ou dans les troupes coloniales.

Les hommes exemptés ou classés dans les services auxiliaires peuvent, jusqu'à l'âge de 32 ans accomplis, être admis à contracter des engagements volontaires, s'ils réunissent les conditions d'aptitude physique exigées.

Les conditions relatives soit à l'aptitude physique et à l'admissibilité dans les différents corps de l'armée, soit aux époques de l'année où les engagements peuvent être contractés, sont déterminées par des décrets insérés au *Bulletin des lois*. (V. *Aptitude.*)

Il ne pourra être reçu d'engagements volontaires que pour la marine et les troupes coloniales, et pour les corps d'infanterie, de cavalerie, d'artillerie et du génie.

La durée de l'engagement volontaire est de trois, quatre ou cinq ans.

Les engagements volontaires de trois ans ne sont admis que du 1er février au 31 mars et du 1er octobre au 30 novembre, sauf pour les compagnies d'ouvriers d'artillerie, les compagnies d'artificiers, le régiment de sapeurs-pompiers de Paris, et les divers ateliers de l'Ecole d'application de cavalerie, où les admissions peuvent s'effectuer à toute époque de l'année au fur et à mesure des vacances. (Décret du 30 août 1900.)

L'engagé volontaire qui remplira l'une quelconque des conditions fixées par l'article 23 (loi du 11 juillet 1892 modifiant l'avant-dernier alinéa de l'art. 59 de la loi du 15 juillet 1889) (*cet article est reproduit presque en entier au mot* Dispense) pourra bénéficier des dispositions dudit article, après un an de présence sous les drapeaux, à la condition que la demande ait été formulée au moment de l'engagement.

Le service militaire fixé par l'article 37 de la loi du 15 juillet 1889, compte du jour de la signature de l'acte d'engagement. (Art. 59 de ladite loi, modifié par celle du 11 juillet 1892.)

Les jeunes gens remplissant les conditions stipulées ci-dessus peuvent être admis à contracter, dans les troupes coloniales, des engagements volontaires d'une durée de trois, quatre ou cinq ans. La durée des rengagements est de 1, 2, 3 ou 5 ans. Mais les engagements ne sont reçus que dans les limites suivantes :

A partir de 18 ans révolus pour les engagements de 5 ans ;

A partir de 19 ans révolus pour les engagements de 4 ou 5 ans ;

A partir de 20 ans révolus pour les engagements de 3, 4 ou 5 ans.

Le consentement du chef de corps n'est pas exigé pour ces engagements.

En outre, un certain nombre de jeunes gens, âgés de moins de vingt ans, peuvent être admis à contracter des engagements volontaires de 3 ans, s'ils justifient d'une spécialité professionnelle (tailleurs, bourreliers, cordonniers, maréchaux ferrants, musiciens, etc.). (Voir décret du 4 août 1894 et loi du 7 juillet 1900.) Les rengagements sont renouvelables jusqu'à une durée totale de 15 ans de services. Le décret du 4 août 1894 fixe les primes et les hautes payes allouées aux rengagés. (V. circ. du 2 septembre 1894. — V. *Armée coloniale.*)

Les jeunes gens remplissant les conditions déjà stipulées peuvent être admis à contracter, dans les équipages de la flotte, soit des engagements à long terme dans les conditions de la loi du 22 juillet 1886, soit des engagements de cinq ans, soit enfin des engagements de trois ans.

Ces derniers engagements ne donnent droit à aucune prime.

Les jeunes gens du contingent affectés aux équipages de la flotte, qui contractent l'engagement de servir pendant cinq ans, ont droit, pendant les deux dernières années, à une prime de cent francs par an.

Le Ministre de la marine aura la faculté d'allouer des hautes paies, dans la limite des crédits prévus à cet effet par la loi de finances, aux hommes des professions ou spécialités utilisables dans la marine et dont le recrutement, dans les conditions ordinaires, s'opère difficilement. (Art. 60 de ladite loi.)

En cas de guerre, tout Français ayant accompli le temps de service prescrit pour l'armée active, la réserve de ladite armée et l'armée territoriale, est admis à contracter dans un corps de son choix un engagement pour la durée de la guerre.

Cette faculté cesse pour les hommes de la réserve de l'armée territoriale, lorsque leur classe est rappelée à l'activité. (Art. 61 de ladite loi.) (V. le décret du 28 septembre 1889, relatif aux engagements volontaires et aux rengagements pour les équipages de la flotte. — V. le décr. du 24 décembre 1889.)

L'engagement que les élèves des écoles d'enfants de troupe sont admis à contracter en vertu de l'art. 5 de la loi du 19 juillet 1884 peut avoir lieu pour un corps de leur choix, sans avoir à produire au commandant de recrutement qui les visite le consentement du chef de corps. (Note minist. du 11 septembre 1886 et décr. du 25 mai 1891.)

Engagement des Français dans la légion étrangère. Aucun Français ne peut s'engager dans la légion si ce n'est à titre exceptionnel en vue du recrutement des cadres et en vertu d'une autorisation spéciale du Ministre de la guerre. (Circ. minist. du 31 janvier 1890.) Aux termes de la circulaire ministérielle du 10 février 1892 (*Bulletin officiel*, partie supplémentaire, n° 9), les Français appartenant à la réserve de l'armée active ou à l'armée territoriale peuvent contracter, au titre étranger, des engagements volontaires de cinq ans pour la légion étrangère, en produisant, outre le certificat d'aptitude physique, les pièces suivantes :

1° Livret militaire ou relevé de services constatant la position militaire ;

2° Un extrait du casier judiciaire ;

3° Certificat d'identité délivré par le maire du dernier domicile.

Cette dernière pièce devra désormais indiquer la situation de famille de l'intéressé (célibataire, marié ou veuf) et, le cas échéant, le sexe et l'âge de chacun de ses enfants. (Circ. du 24 mars 1899.)

Engagement des indigènes dans les troupes indigènes. Les indigènes qui veulent s'engager dans les troupes indigènes doivent être âgés de 18 ans au moins et de 32 ans au plus et avoir au moins la taille de $1^{m},54$ pour les tirailleurs algériens et $1^{m},59$ pour les spahis. (Décret du 28 septembre 1889.)

ENGIN, s. m. On donne le nom d'engin à divers instruments, armes, machines, pièges, etc. Nous ne nous occuperons ici que des engins prohibés, c'est-à-dire de ceux dont la loi défend de se servir pour capturer le gibier ou pour prendre le poisson.

En matière de chasse, les filets, les panneaux, les lacets et les collets sont des engins prohibés. Non seulement il est défendu de s'en servir, même dans une propriété close (Cass.. 26 février 1845, 26 avril 1845, 16 juin 1866), mais la loi punit encore ceux qui en sont détenteurs ou qui les portent hors de leur domicile. (Loi du 3 mai 1844, art. 12.) Les marchands qui auraient dans leurs magasins des engins prohibés commettraient un délit.

Les gendarmes n'ont pas le droit d'entrer dans une maison pour rechercher des engins prohibés ; ils ne peuvent s'y introduire pour ce motif qu'avec une ordonnance du juge d'instruction. Mais s'ils en trouvaient pendant qu'ils opèrent une perquisition légale, ils devraient les saisir et dresser procès-verbal.

Ils ne peuvent non plus s'introduire dans une propriété close pour constater un délit de chasse avec engins prohibés ; mais leur procès-verbal sera valable s'ils ont pu constater le délit du dehors sans atteinte à l'inviolabilité du domicile et sans avoir recours à aucune investigation illégale. (Cass. 7 mars 1868.)

Les oiseaux dont on se sert comme appeaux, appelants et chanterelles, étant interdits, pourraient être considérés comme engins et saisis comme tels ; mais la jurisprudence a décidé qu'ils ne seraient réputés engins que lorsqu'il en serait fait usage à la chasse. On ne doit donc pas les saisir à domicile.

En matière de pêche, la forme et la dimension des engins non prohibés sont déterminées par des règlements. D'après le décret du 18 mai 1878, les mailles des filets, mesurées de chaque côté, après leur séjour dans l'eau, et l'espacement des verges, des bires, nasses et autres engins employés à la pêche des poissons, doivent avoir les dimensions suivantes : 1° pour les saumons, 40 millimètres au moins ; 2° pour les grandes espèces autres que les saumons et pour l'écrevisse, 27 millimètres au moins ; 3° pour les petites espèces, telles que goujons, loches, vérons, ablettes et autres, 10 millimètres. La mesure des mailles et de l'espacement des verges est prise avec une tolérance d'un dixième. Il est interdit d'employer simultanément à la pêche des filets ou engins de catégories différentes. Sont prohibés tous les filets traînants, à l'exception du petit épervier jeté à la main et manœuvré par un seul homme. Sont réputés traînants tous les filets coulés à fond au moyen de poids et promenés sous l'action d'une force quelconque. Est pareillement prohibé l'emploi de lacets ou collets.

La pêche étant libre avec toute espèce d'engins prohibés ou non dans les étangs, viviers et pièces d'eau ne communiquant pas avec des cours d'eau, il s'ensuit qu'on peut vendre des engins de pêche prohibés et en avoir dans son domicile ; mais la loi en défend le transport, et si le pêcheur en est trouvé nanti, ce sera à lui de prouver qu'ils étaient destinés à la pêche dans un étang ou dans un réservoir.

La gendarmerie peut saisir en cas de flagrant délit les filets prohibés et autres instruments de pêche, ainsi que le poisson pêché en délit. Mais elle ne doit pas les saisir de vive force ; en cas de refus de la part des délinquants de remettre le filet prohibé, ils seront condamnés à une amende de 50 francs. La gendarmerie ne pourra, sous aucun prétexte, s'introduire dans les maisons pour la recherche des filets prohibés sans une ordonnance du juge d'instruction. (Loi du 29 avril 1829, art. 39, 40 et 41.)

ENLÈVEMENT, s. m. Action d'enlever, d'emporter. — L'enlèvement de mineurs est puni, par les articles 354 et suivants du Code pénal, suivant le cas, de la réclusion ou des travaux forcés. Si la fille au-dessous de 16 ans a consenti à son enlèvement et si le ravisseur n'avait pas encore 21 ans, il sera puni d'un emprisonnement de 2 à 5 ans. (C. P., art. 356.) Dans le cas où le ravisseur aurait épousé la fille qu'il a enlevée, il ne pourrait être condamné que si la nullité du mariage venait à être prononcée. (C. P., art. 357.) (V. *Détournement.*) Les coupables d'enlèvement, de recel ou de suppression d'enfant sont punis de peines variables de un mois de prison à la réclusion. (V. art. 345 du C. P.)

ENQUÊTE, s. f. Information. — Recherche qui se fait par l'audition de témoins ou par d'autres moyens pour vérifier la véracité de certains faits. — Conseil d'enquête. (V. *Conseil.*) Enquête *de commodo*. (V. *De commodo.*)

ENRAYER, v. a. Action d'arrêter une roue au moyen d'une machine ou d'un sabot. — Toutes les voitures publiques doivent être munies d'une machine à enrayer. (Décr. du 10 août 1852, art. 27.)

ENREGISTREMENT, s. m. On appelle enregistrement, en terme administratif, une formalité qui consiste à inscrire sur un registre un acte ou une déclaration de mutation de propriété. — L'enregistrement a pour but de donner plus de garantie aux actes authentiques et d'assurer au Trésor un revenu qui s'élève annuellement à plus de 300 millions. Certains actes sont enregistrés en débet, c'est-à-dire sans qu'il soit nécessaire de payer immédiatement les droits, qui seront recouvrés plus tard ; d'autres sont enregistrés gratis.

Les procès-verbaux des sous-officiers, brigadiers et gendarmes sont faits sur papier libre ; ceux de ces actes qui sont de nature à donner lieu à des poursuites judiciaires sont visés pour timbre et enregistrés en débet ou gratis, suivant les distinctions établies par les lois de finances ou règlements spéciaux. — Ils sont présentés à cette formalité par les gendarmes dans le délai de trois ou quatre jours, suivant le cas, lorsqu'il se trouve un bureau d'enregistrement dans le lieu de leur résidence ; dans le cas contraire, l'enregistrement a lieu à la diligence du ministère public chargé des poursuites. (Décr. du 1er mars 1854, art. 491.)

Les procès-verbaux constatant des contraventions du ressort des tribunaux de simple police sont essentiellement soumis à la double formalité du timbre et de l'enregistrement en débet. — Il en est de même de ceux constatant des faits intéressant l'Etat, les communes et les établissements publics, enfin de ceux rédigés pour mort violente, lorsqu'ils contiennent l'inventaire des effets trouvés sur le décédé ou près de lui.

Sont également soumis aux droits de timbre et d'enregistrement les procès-verbaux de contravention en matière de douanes et de contributions indirectes. (Décr. du 1er mars 1854, art. 492.) Pour ce genre de procès-verbaux, on doit suivre les formalités prescrites par la circulaire ministérielle du 20 janvier 1877. — 1° Rédaction comme pour tous les procès-verbaux sur papier libre ; — 2° Dépôt ou envoi par la poste de cet acte au receveur d'enregistrement du canton ; — 3° Avis de ce dépôt ou de cet envoi par le verbalisant au receveur des contributions indirectes dans la circonscription duquel la constatation a été faite (avis établi sur une formule imprimée) ; — 4° Retrait par le receveur qui aura reçu avis du procès-verbal après acquittement des droits de timbre et d'enregistrement ; — 5° La franchise postale est accordée aux commandants de brigade avec les receveurs de l'enregistrement.

Le délai pour l'enregistrement est : 1° De trois jours lorsqu'il s'agit d'infractions aux règlements sur la police du roulage ou la grande voirie (loi du 30 mai 1851) ; 2° De quatre jours dans tous les autres cas, et il court de la date des procès-verbaux. (Note minist. du 16 janvier 1857.)

Si ces délais sont dépassés, les gendarmes peuvent être condamnés à 5 francs d'amende par procès-verbal non enregistré. (Art. 10 de la loi du 16 juin 1824.) La note du 16 janvier exemptait de cette amende les gendarmes qui, n'ayant pas de bureau d'enregistrement dans leur localité, étaient autorisés à les transmettre au ministère public sans avoir rempli cette formalité. Mais une circulaire du 2 mars 1857 dit que les commandants d'arrondissement doivent faire enregistrer les procès-verbaux rapportés en matière de roulage. — Dans la pratique, les chefs de brigade qui n'ont pas de bureau d'enregistrement dans leur résidence font enregistrer leurs procès-verbaux par le chef d'une brigade voisine. — En Corse, les procès-verbaux ne sont pas enregistrés.

La Cour de cassation a décidé (2 août 1828) que le défaut d'enregistrement n'entraînait pas la nullité du procès-verbal.

ENSEIGNE, s. f. ou m. Marque, indice, inscription ou tableau que les marchands mettent sur leurs maisons pour indiquer leur profession. — Ce mot s'emploie aussi comme synonyme de drapeau.

Enfin, le mot enseigne, dans la marine, sert à désigner un grade. L'enseigne de vaisseau a le rang de lieutenant en premier : après deux ans de service, l'enseigne peut être promu au rang de lieutenant de vaisseau.

ENSEIGNEMENT, s. m. Précepte, instruction, méthode particulière d'enseigner. — Il y a en France trois sortes d'enseignements : 1° L'enseignement primaire, qui enseigne les premiers éléments des lettres et des sciences et qui se donne dans les écoles primaires. — L'enseignement primaire est gratuit et obligatoire (Loi du 16 juin 1881) de six à treize ans. Lorsqu'un enfant manque à l'école quatre fois dans le mois sans motifs suffisants, les parents sont regardés comme responsables et punis d'abord par l'inscription de leur nom, pendant quinze jours, à la porte de leur mairie ; puis, s'il y a récidive, par l'amende et par la prison ;

2° L'enseignement secondaire, qui se donne dans les lycées et collèges ;

3° L'enseignement supérieur, qui se donne à l'Ecole normale supérieure et dans les facultés de droit, de médecine, de sciences, de lettres, etc.

ENSELLÉ, adj. Se dit d'un cheval dont le dos est creux : les chevaux ainsi conformés sont peu propres à la fatigue et se ruinent facilement ; ils sont recherchés par les personnes qui ne demandent au cheval ni résistance ni force, et qui ne veulent que la souplesse et la douceur des allures.

ENTÉRINEMENT, s. m. Terme de jurisprudence. Vérification par l'autorité judiciaire de certains actes qui n'ont de valeur qu'après l'exécution de cette formalité. Les lettres de grâce ou de commutation de peines, les lettres de noblesse, sont entérinées par les cours d'appel. Les officiers de gendarmerie ne peuvent pas être requis pour assister à l'entérinement des lettres de grâce, mais il est convenable qu'ils assistent à cette cérémonie s'ils y sont conviés. (Circ. du 28 février 1855.)

ENTRAINEMENT, s. m. En hippologie, ce mot signifie l'opération qui a pour but d'habituer les chevaux à la fatigue, de les débarrasser de la graisse inutile et d'affermir leurs muscles de façon à les mettre dans les meilleures conditions possibles pour exécuter facilement tous les exercices pénibles. L'entraînement particulier des chevaux de course est une véritable science qui est arrivée à créer une race toute particulière de chevaux qui ne sont aptes qu'à figurer dans les courses, et qui ne sont ni assez souples, ni assez corsés, ni assez maniables pour être utilisés dans le service.

ENTRÉE, s. f. Lieu par lequel on entre. Commencement. Entrée en possession signifie l'action de commencer à posséder une chose. Une armée est mise sur le pied de guerre lorsqu'elle est sur le point d'entrer en campagne, de marcher à l'ennemi.

Indemnité d'entrée en campagne. — L'indemnité d'entrée en campagne est fixée par le tarif n° 21 du règlement du 30 décembre 1892 comme il suit :

	Arme à cheval.	Arme à pied.
Colonel	1,800f	1,200f
Lieutenant-colonel	1,200	1,000
Chef d'escadron et major	1,000	900
Capitaine	700	600
Lieutenant et sous-lieutenant	500	400

L'officier de gendarmerie qui reçoit l'ordre de se rendre à une armée active stationnée dans l'intérieur ou hors du territoire français, et qui exécute cet ordre a droit à cette indemnité. Tout sous-officier promu au grade de sous-lieutenant étant à une armée active a droit à l'indemnité d'entrée en campagne s'il reste employé dans son nouveau grade ou s'il passe à une autre armée. — Dans la même position, l'officier qui avance en grade sans cesser de faire partie d'une armée active reçoit le complément de l'indemnité affectée à son nouveau grade ou à sa nouvelle position.

Tout officier rentré d'une armée active autrement que par congé ou mission, et qui reçoit l'ordre d'y retourner ou de se rendre à une autre armée, après avoir séjourné plus d'un an dans l'intérieur, a droit à une nouvelle indemnité d'entrée en campagne, selon le grade dont il est pourvu. Dans les mêmes circonstances, les officiers montés reçoivent, s'ils ont séjourné moins d'un an dans l'intérieur, la moitié de l'indemnité attribuée à leur grade. Ceux de ces officiers qui auraient été promus depuis le retour de l'armée ont droit, indépendamment de la demi-indemnité sur le pied de leur ancien grade, au complément de celle du grade supérieur.

Ces dispositions sont applicables aux officiers passant d'Algérie ou de Tunisie à une armée mobilisée et ayant déjà reçu l'entrée en campagne, au titre de ces colonies, allouée autrefois.

L'indemnité ne peut être payée que sur l'autorisation du Ministre. (N° d'ordre 18 du régl. du 30 décembre 1892.)

ENTREPOSEUR, s. m. Celui qui est commis à la garde d'un entrepôt, c'est-à-dire d'un lieu où certaines marchandises ont été déposées. Un entreposeur de tabacs.

ÉPAULETTE, s. f. Patte garnie de franges que les militaires portent sur l'épaule et qui sert à différencier les grades. — Les officiers de gendarmerie et les adjudants sont autorisés à faire leur service sans épaulettes ni aiguillettes. (Décis. minist. du 12 mars 1883.) Il en est de même pour les gendarmes. (Circ. du 6 juin 1902.) V. *Tenue.*

ÉPAVE, s. f. Epave signifie toute chose égarée ou abandonnée. Un objet perdu est une épave et celui qui le trouve est obligé d'en faire immédiatement la déclaration au greffe du tribunal civil, ou, comme il est d'usage, au commissaire de police.

Aucun texte de loi n'oblige l'inventeur à déposer l'objet qu'il a trouvé, et la jurisprudence, conformément à divers jugements et à un arrêt de la Cour de cassation, en date du 5 décembre 1876, admet aujourd'hui, par application de l'article 2279 du Code civil, que celui qui a trouvé une chose en devient possesseur au bout de trois ans s'il a fait la déclaration et si les circonstances démontrent bien qu'il n'a pas eu l'intention de se l'approprier. — Dans le cas contraire, ce dernier commettrait un vol et serait passible, conformément à l'article 401 du Code pénal, d'un emprisonnement d'un an à cinq ans. (V. *Objet trouvé.*)

Les ballots, colis, etc., confiés aux entreprises de transport et non réclamés par leur propriétaire sont vendus six mois après au profit de l'Etat. Cependant, les propriétaires ont deux ans pour réclamer le prix de la vente, sous déduction des frais de régie. (Décr. du 10 août 1810.)

Les épaves provenant des naufrages sont également vendues par le Domaine : un tiers du produit de la vente est donné à celui qui a trouvé ces épaves, et les deux autres tiers reviennent à l'Etat. (Loi du 9 août 1891. — V. les lois des 6 et 22 août 1791 relatives aux objets échoués ou naufragés.) (V. aussi le mot *Bouteilles* pour ce qui a trait aux bouteilles trouvées sur le littoral.)

ÉPÉE, s. f. Arme d'estoc, c'est-à-dire destinée à percer, tandis que le sabre est destiné à couper. Le port de l'épée a été supprimé par la note ministérielle du 30 juillet 1889, excepté dans la garde républicaine. Il n'a été conservé que pour les sous-officiers et les brigadiers à pied.

ÉPERON, s. m. Tige en acier nickelé terminée par une rondelle appelée molette que le cavalier adapte au talon de sa botte pour pouvoir aiguillonner son cheval. L'éperon sert à la fois comme aide et comme moyen de châtiment. (V. règl. sur les exercices de la gendarmerie.)

ÉPERVIER, s. m. Oiseau de proie, genre faucon, appelé vulgairement mouchet ou émouchet. — Sorte de filet garni de plomb à son extrémité et destiné à prendre le poisson. La pêche avec le petit épervier jeté à la main et manœuvré par un seul homme est autorisée par le décret du 18 mai 1878.

EPIDÉMIE, s. f. Maladie qui, sous l'influence d'une cause accidentelle, attaque, dans la même localité, un grand nombre de personnes à la fois. — Les épidémies peuvent ne pas être contagieuses. La loi du 5 avril 1884 recommande aux maires, en cas d'épidémie, d'avertir immédiatement l'autorité, qui envoie sur les lieux un médecin spécial, et bien que les règlements soient muets sur cette question, il est bon que les chefs de brigade avertissent leurs chefs des épidémies graves qui viendraient à se déclarer dans leur circonscription.

Il doit être rendu compte des épidémies qui se déclarent dans les casernes. (Service intérieur, art. 304.) (V. *Maladie.*) Des médailles d'honneur peuvent être données par le Ministre de l'intérieur aux personnes qui se sont signalées par leur dévouement pendant les épidémies. (Déc. du 5 janvier 1889.)

ÉPINGLETTE, s. f. Petite aiguille en fer dont le soldat se servait autrefois pour déboucher la lumière du fusil. — Dans chaque compagnie de gendarmerie, les meilleurs tireurs à la carabine et au revolver reçoivent un cor de chasse épinglette d'honneur en argent et une somme de 50 francs à titre de gratification. Lorsqu'un prix est remporté par un militaire en ayant déjà obtenu un, il consiste en un cor de chasse-épinglette en argent doré accompagné d'une gratification de 60 francs. Si ce même tireur est encore classé premier à la fin d'une nouvelle année de tir, il reçoit un cor de chasse-épinglette en argent doré accompagné d'une gratification de 100 francs et il est alors classé hors concours pour le tir à la carabine ou au revolver. (V. *Tir.*)

ÉPIZOOTIE, s. f. Ce mot se prononce en général avec le son doux, comme s'il était écrit épizoosie. — L'académie ne tranche pas la question. Les épizooties sont des maladies épidémiques ou contagieuses dont les causes sont peu connues et qui tuent en très peu de temps des quantités considérables d'animaux utiles. L'aurité militaire doit donner avis à l'administration préfectorale des épizooties qui se déclarent parmi les chevaux appartenant à l'armée. (Note minist. du 18 novembre 1886.) — Un décret en date du 22 juin 1882, inséré au *Mémorial*, prescrit les mesures spéciales à employer lorsque des maladies contagieuses se déclarent parmi les animaux. (V. *Désinfection*.) (V. également l'art. 85 du règl. sur le service intérieur.)

Les préfets et les maires prennent des arrêts relatifs à l'abatage, à l'enfouissement et à toutes les mesures spéciales à prendre pour chacune des maladies contagieuses. Ces maladies sont : la peste bovine, la péripneumonie contagieuse, le charbon emphysémateux symptomatique et la tuberculose dans l'espèce bovine, la fièvre aphteuse, la clavelée, la gale, la morve, le farcin, la dourine, le rouget et la pneumo-entérite dans l'espèce porcine, la rage et le charbon. Des indemnités peuvent, dans certains cas, être accordées aux propriétaires d'animaux abattus. (V. la loi du 21 juin 1898 sur le Code rural.)

ÉPONGE, s. f. Tumeur qui se développe à la pointe du coude chez les chevaux qui se couchent en vache. — Cette tumeur peut entraîner la carie de l'os et il faut chercher à faire perdre cette mauvaise habitude en changeant les membres antérieurs de position quand le cheval est couché : il faut ferrer très court et enfin mettre un bourrelet autour du paturon. — En maréchalerie, on appelle éponge l'extrémité de chaque branche du fer près du talon. — Enfin, l'éponge est l'instrument de pansage bien connu dont on se sert pour laver les yeux, les naseaux, le fourreau, etc., des chevaux.

ÉQUARRISSAGE, s. m. On appelle clos ou chantier d'équarrissage des établissements où l'on abat les chevaux hors de service et les animaux qui ne sont pas destinés à la nourriture de l'homme. On y porte également ceux qui sont morts naturellement ou par accident. Ces animaux sont écorchés et les débris qui peuvent être utilisés sont livrés à l'industrie. Celui qui travaille dans ces chantiers porte le nom d'équarrisseur.

EQUATEUR, s. m. On appelle équateur un grand cercle qui est censé couper la terre perpendiculairement à son axe et à égale distance des deux pôles. — On suppose que la terre tourne autour d'une ligne appelée axe et les pôles sont les deux extrémités de cette ligne. — Dans les pays situés à l'équateur, les jours sont, pendant toute l'année, égaux aux nuits.

ÉQUERRE, s. f. Instrument en bois ou en métal qui sert à tracer des angles droits ou à tirer des perpendiculaires sur une ligne. — Les tailleurs de pierre se servent d'une équerre évidée à l'intérieur, et ce sont les côtés intérieurs qui servent à vérifier si la taille a été bien faite.

ÉQUESTRE, adj. Qui a rapport aux chevaux. On l'emploie surtout dans l'expression « statue équestre », pour désigner une personne qui est représentée à cheval.

ÉQUINOXE, s. m. Epoque de l'année où le soleil passant à l'équateur, les jours sont égaux aux nuits pour toute la terre. Il y a deux équinoxes : l'équinoxe de printemps, qui a lieu le 20 ou le 21 mars, et l'équinoxe d'automne, qui a lieu le 22 ou le 23 septembre.

ÉQUIPAGE, s. m. On comprend sous le nom général d'équipages tout ce qui est nécessaire pour un voyage ou une expédition : voitures, chevaux, armes, effets, etc.

Le train des équipages militaires est destiné à fournir des moyens de transport aux divers services de la guerre. La loi du 13 mars 1875 a fixé à 20 le nombre des escadrons, tous stationnés en France, du train des équipages. Chaque escadron a trois compagnies. Le service de l'Algérie est assuré par un certain nombre de compagnies mixtes rattachées pour l'administration aux escadrons de l'intérieur. Le cadre des officiers supérieurs peut comprendre un colonel et trois lieutenants-colonels. Les soldats ordonnances des officiers sans troupe sont rattachés à l'escadron du train des équipages militaires du corps d'armée. — Des parcs de construction pour les équipages militaires sont établis à Vernon, à Châteauroux et à Alger. — (V. *Convois et trains régimentaires*.)

On donne le nom d'équipage de pont au matériel destiné au passage des rivières.

Dans la marine, on donne en général le nom d'équipage aux marins et aux officiers qui font le service sur un navire. — Réglementairement, ce mot sert à désigner spécialement l'ensemble des hommes du bord qui ne font pas partie de l'état-major. (V. *Marin.*)

ÉQUIPEMENT, s. m. On désigne sous ce nom certains effets d'uniforme propres aux militaires.

ÉQUITATION, s. f. L'équitation est l'art de monter à cheval à toutes les allures, de soumettre sa monture à l'obéissance et de développer en elle toutes les qualités qui lui sont propres. Les officiers de gendarmerie sont autorisés à prendre part aux cours d'équitation suivis par les officiers d'infanterie. (Circ. minist. du 29 octobre 1878 et annotation de l'art. 88 du Service intérieur.)

ERGOT, s. m. (V. *Fanon.*)

ERRATUM, s. m. Faute dans l'impression d'un ouvrage. Au pluriel, on dit des errata.

ERREUR, s. f. Une loi en date du 8 juin 1895 modifie le chapitre III du livre II, titre III du code d'instruction criminelle et autorise les victimes des *erreurs judiciaires* à demander la revision du procès ainsi que des dommages-intérêts à raison du préjudice que leur aurait causé la condamnation.

ESCADRE, s. f. Réunion de vaisseaux de guerre. En terme de marine, on donne le nom spécial d'escadre à l'une des trois parties dont se compose la flotte.

ESCADRON, s. m. Troupe de cavalerie composée de quatre pelotons. Tous les régiments de cavalerie sont à cinq escadrons. Toutefois, le 1er spahis, qui détache un escadron au Sénégal, est constitué à six escadrons. Les cadres des escadrons ont la composition déterminée par la loi du 13 mars 1875. (Loi du 25 juillet 1893.)

Les couleurs distinctives des escadrons sont :

Bleu foncé pour le 1er escadron, cramoisi pour le 2e, vert foncé pour le 3e, bleu de ciel pour le 4e jonquille pour le 5e et orangé pour le 6e dans les corps où cet escadron est formé.

La gendarmerie peut être organisée en bataillons, escadrons, régiments ou légions pour faire partie des brigades de l'armée active, tant à l'intérieur qu'à l'extérieur. (Décr. du 1er mars 1854, art. 553.)

ESCALADE, s. f. L'article 397 du Code pénal définit en termes très nets le mot escalade : est qualifiée escalade, toute entrée dans les maisons, bâtiments, cours, basses-cours, édifices quelconques, jardins, parcs et enclos, exécutée par-dessus les murs, portes, toitures ou autres clôtures. L'entrée par une ouverture souterraine autre que celle qui a été établie pour servir d'entrée, est une circonstance de même gravité que l'escalade. L'escalade, qui est toujours un moyen de faciliter le délit ou le crime, constitue une circonstance aggravante.

Il n'y a ni crime ni délit quand un citoyen a tué ou blessé un individu qui cherchait à s'introduire chez lui pendant la nuit par escalade ou effraction des clôtures ou des murs. — Si la tentative d'escalade, si l'escalade ont lieu pendant le jour, le meurtre ainsi que les blessures faites pour la repousser sont excusables. (V. C. P., art. 322, 328 et 329.)

ESCARMOUCHE, s. f. Combat sans importance entre deux petits détachements de troupes.

ESCARPE, s. f. Terme de fortification qui sert à désigner la paroi du fossé qui se trouve du côté de la ville. — Celle qui se trouve du côté de la campagne se nomme contrescarpe.

En argot, on donne le nom *d'escarpe* à un assassin qui tue pour voler.

ESCOMPTE, s. m. Retenue faite sur le montant d'un billet dont on veut être payé avant l'échéance.

ESCORTE, s. f. Détachement d'hommes armés qui accompagne quelqu'un ou quelque chose.

Les escortes d'honneur que la gendarmerie est appelée à fournir sont réglées par les articles 296 et suivants du décret du 4 octobre 1891. — Art. 296. Lorsque le Président de la République fait son entrée dans une ville, toute la gendarmerie et les troupes à cheval vont au-devant de lui et l'escortent jusqu'à sa résidence. A son départ, la gendarmerie et les troupes à cheval le reconduisent. Pour l'entrée du Président de la République dans un camp à l'intérieur, l'escorte est composée de la gendarmerie formant la prévôté et d'une brigade de troupes à cheval.

Ministres, maréchaux et amiraux, etc. — Art. 297. Une escorte d'honneur va également au-devant des ministres, maréchaux et amiraux, etc., et des autorités civiles désignées ci-après. Elle n'est fournie que sur leur demande et se compose :

Pour le Ministre de la guerre, pour le Ministre de la marine, dans les places qui sont ports militaires : de cinq brigades de gendarmerie commandées par un chef d'escadron, et de deux escadrons de troupes à cheval commandés par un chef d'escadrons.

Pour les autres ministres, pour les maréchaux et amiraux, pour les généraux de division commandant en chef une ou plusieurs armées et les vice-amiraux pourvus d'un commandement d'amiral dans les places qui sont ports militaires, le jour de leur prise de possession ou de leur première entrée : de cinq brigades de gendarmerie commandées par un capitaine et d'un escadron de troupes à cheval commandé par un capitaine.

Pour les généraux de division commandant un corps d'armée ; pour les vice-amiraux commandant en chef à la mer, ou préfets maritimes dans les places qui sont ports militaires, et les généraux de division commandant la région après la mobilisation, le jour de leur prise de possession ou de leur première entrée : de trois brigades de gendarmerie commandées par un lieutenant et de deux pelotons de troupes à cheval commandés par un lieutenant.

Pour les généraux de division commandant un groupe de subdivisions de région, le jour de leur prise de possession ou de leur première entrée : de deux brigades de gendarmerie commandées par un lieutenant et de deux pelotons de troupes à cheval commandés par un lieutenant.

Pour les généraux de division commandant les divisions actives, les généraux de division et les vice-amiraux, inspecteurs généraux, la première et la dernière fois qu'ils voient les troupes: de deux pelotons de troupes à cheval commandés par un lieutenant.

Pour les généraux de division et généraux de brigade, inspecteurs généraux de gendarmerie : de trois brigades de gendarmerie à cheval commandées par un lieutenant.

Pour les généraux de brigade commandant une ou plusieurs subdivisions de région, les contre-amiraux majors généraux de la marine, les généraux de brigade commandant une brigade active, les généraux de brigade et contre-amiraux inspecteurs généraux, le jour de leur prise de possession ou de leur première entrée, ou la première et la dernière fois qu'ils voient les troupes : d'un peloton de troupes à cheval commandé par un lieutenant ou un sous-lieutenant.

Pour les préfets, le jour de leur prise de possession : de deux brigades de gendarmerie à cheval commandées par un lieutenant ou un sous-lieutenant, et, à leur défaut, par un adjudant ou par un maréchal des logis chef. (Circ. du 4 février 1884.)

Pour les présidents de cour d'assises le jour de leur entrée : d'une brigade de gendarmerie.

Art. 298. Cérémonies publiques. Pour les préfets : de deux brigades de gendarmerie à cheval commandées par un lieutenant, par un adjudant ou par un maréchal des logis chef. (Circ. du 4 février 1884.) En outre, pendant leurs tournées dans le département, mais seulement lorsqu'ils font ces tournées en costume officiel, les préfets peuvent être escortés par deux gendarmes.

La gendarmerie remplace les troupes de ligne. — Art. 300. A défaut de troupes de ligne, la gendarmerie fournit une escorte d'honneur : de deux brigades aux cours d'appel, d'une brigade aux cours d'assises, de deux gendarmes aux tribunaux de première instance. La gendarmerie est toujours en grande tenue pendant les honneurs à rendre.

Il est expressément défendu à la gendarmerie de rendre d'autres honneurs que ceux déterminés plus haut (Règl. du 4 octobre 1891, art. 348) et dans les cas qui y sont spécifiés, ni de fournir des escortes personnelles sous quelque prétexte que ce soit. En général, et sauf les cas déterminés par les règlements, les gardes et escortes d'honneur pour les autorités ne sont fournies par la gendarmerie qu'à défaut de troupe de ligne, et en ayant d'ailleurs toujours égard aux besoins du service de sûreté publique. (Décret du 4 octobre 1891, art. 342.) Dans le cas où les réquisitions pour cet objet paraissent mal fondées, les chefs de corps font les représentations convenables avec tous les égards dus aux autorités constituées. — Toutefois, si leurs représentations ne sont pas écoutées, ils obtempèrent aux réquisitions, sauf à rendre compte au Ministre de la guerre des irrégularités qui ont pu avoir lieu. (Décr. du 1er mars 1854, art. 131; service intérieur, art. 112.)

Il n'est pas dû d'escorte aux membres de la magistrature se rendant en corps à la messe du Saint-Esprit. (Circ. des 24 octobre 1883 et 23 juillet 1884.)

Lorsque les processions sont autorisées à parcourir la voie publique, les gendarmes n'auront pas à prendre place dans le cortège comme escorte d'honneur. Leur mission devra se borner à remplir le rôle de surveillance qui leur incombe d'ailleurs en toute circonstance, c'est-à-dire à se porter sur le parcours de la procession et à assurer le maintien de l'ordre; les officiers et chefs de brigade devront, par suite, s'abstenir de déférer à toute réquisition qui tendrait à faire intervenir la gendarmerie à tout autre titre dans les processions. (Circ. du 11 juin 1881.)

Escorte de prisonniers. Les escortes sont toujours faites par deux hommes au moins. (Service intérieur, art. 115.) Le nombre d'hommes d'escorte est fixé par la gendarmerie, qui est responsable des évasions. (Décision du 1er mars 1854, art. 368). — Les jeunes détenus ne doivent pas être enchaînés; quand il n'y en a qu'un à transférer, il est convenable de ne le faire escorter que par un seul gendarme. (Circ. minist. du 14 mars 1855.) — Les commandants de corps d'armée décident s'il y a lieu de faire voyager librement ou sous escorte de la gendarmerie les jeunes soldats détenus dans l'étendue de leur commandement et devant, lors de leur élargissement, être dirigés isolément sur les bataillons d'infanterie légère d'Afrique. (Note minist. des 3 juin 1885 et 4 février 1886.) Il est défendu à la gendarmerie d'escorter des prisonniers militaires marchant isolément ou en détachement, s'ils ne sont pas munis de feuilles individuelles portant indication des fournitures qu'ils doivent recevoir en route. En conséquence, toutes les fois que les commandants de brigade ont à faire de ces sortes d'escortes, le sous-intendant militaire, ou, à son défaut, le fonctionnaire, le suppléant au lieu de départ, doit préalablement délivrer aux militaires des feuilles de route portant les indications ci-dessus. Le signalement de ces militaires doit toujours être inscrit sur leur feuille de route. (V. *Transfèrement.*) (Décr. du 1er mars 1854, art. 395.) Il est interdit aux militaires conduits sous escorte de recevoir ou de solliciter des secours de la charité publique. (Note minist. du 23 juin 1843.)

Indemnité pour escorte de prisonniers militaires. — 1° *Hors du département.* Les militaires de la gendarmerie sortant de leur département, d'après un ordre, pour escorter des prisonniers, accusés ou condamnés militaires ou marins, et des militaires passant aux compagnies de discipline ou ramenés à leur corps, ont droit, pour l'aller, à l'indemnité journalière fixée à :

6 francs pour les sous-officiers;
5 — pour les brigadiers;
4 — pour les gendarmes.

Cette indemnité est due pour le nombre de jours réellement employés à l'escorte, y compris les séjours. Ces militaires ont droit au logement militaire pour eux et leurs chevaux. (N° d'ordre 13, tableau 2 du règl. du 30 décembre 1892 et tarif n° 17 du même règl.) — Au retour, les militaires de la gendarmerie sont traités comme isolés, et ont droit à l'indemnité de route et à l'indemnité journalière fixées par le tarif n° 1 du règlement du 12 juin 1867, modifié par le décret du 12 octobre 1871 et par l'article 31 du décret du 25 décembre 1875. (V. *Frais de route.*)

La même règle est appliquée pour les escortes de prisonniers civils sauf qu'au retour le voyage des militaires est assuré par le ministre qui a requis l'escorte (intérieur ou justice) et qu'il est alloué en outre une indemnité de service extraordinaire égale à celle du service extraordinaire. (Règl. du 12 avril 1893, art. 217.)

Paiement des indemnités. L'indemnité journalière de déplacement de 6, 5 ou 4 francs est payée aux intéressés par les soins du trésorier, avec la solde du mois, sur la production de la feuille de route pour les prisonniers militaires et par le receveur d'enregistrement, sur la présentation d'un mémoire pour les prisonniers civils. Ce mémoire, du modèle n° 72 du règlement du 12 avril 1893, comprend, outre les indemnités journalières, les dépenses de frais de voiture et de nourriture et autres, pour les prisonniers. (Art. 217 et suivants du règlement du 12 avril 1893.) — Les gendarmes doivent accomplir le plus long trajet possible sans excéder 360 kilomètres. (Note minist. du 12 décembre 1884.) Dans ce cas, ils n'ont pas à faire viser leur feuille de route à l'arrivée à destination, et celle-ci doit être établie par le sous-intendant militaire pour l'aller et le retour. (Circ. du 27 septembre 1861.)

2° *Par mer.* Les militaires de la gendarmerie chargés d'escorter des prisonniers militaires ou civils de Marseille en Corse ou en Algérie, et *vice versa*, et ceux exécutant ce même service entre deux ports du littoral de la Corse, de l'Algérie et de la Tunisie, reçoivent : 1° pendant la traversée, outre les vivres de bord, la moitié de l'indemnité de 6, 5 ou 4 francs ; 2° pour les séjours forcés à terre, même après la remise des prisonniers, l'indemnité entière. (N° d'ordre 13, tableau 2, du règl. du 30 décembre 1892 et art. 217 du règl. du 12 avril 1893.)

3° *Dans le département.* Les militaires de la gendarmerie chargés d'opérer la translation de prévenus, accusés ou condamnés militaires ou civils dans la circonscription de leur département, soit en voitures cellulaires, soit par les voies de fer, ont droit aux allocations prévues par le numéro d'ordre 13, tableau 2, du règlement du 30 décembre 1892 et fixés à 3 francs pour les adjudants, 1 fr. 75 pour les autres sous-officiers et 1 fr. 25 pour les brigadiers et gendarmes. (Tarif n° 17 du même règl. et art. 221 du règl. du 12 avril 1893.) (V. *Transfèrement.*)

Les indemnités d'escorte aux colonies font l'objet du décret du 22 sept. 1890.

Escorte de fonds. La gendarmerie fournit les escortes légalement demandées pour la sûreté des voitures chargées des fonds du gouvernement. (Décr. du 1er mars 1854, art. 460.) — Les escortes peuvent être remplacées, après entente avec l'autorité civile, par des embuscades ou des patrouilles. (Décr. du 1er mars 1854, art. 462 et suivants.)

Escorte de poudre, de dynamite. (V. *Poudre.*)

Escorte d'un convoi de prisonniers. (V. *Convoi.*)

Escorte de fonds en campagne. (V. décr. du 24 mars 1877.)

ESCOUADE, s. f. Subdivision d'une compagnie d'infanterie ou d'un peloton de cavalerie. L'escouade se compose d'un certain nombre d'hommes, 8 à 10 en général, et est commandée par un caporal dans l'infanterie et par un brigadier dans la cavalerie.

ESCRIME, s. f. Exercice par lequel on se forme au maniement de l'épée et du sabre. L'escrime est gratuite et obligatoire dans l'armée. (Décis. du 27 décembre 1879 ; règl. du 28 avril 1872 ; circ. du 7 décembre 1872.)

ESCROQUERIE, s. f. Vol commis à l'aide de manœuvres frauduleuses. — L'article 405 du Code pénal définit l'escroquerie et indique d'une manière générale les éléments constitutifs de ce délit : Quiconque, soit en faisant usage de faux noms ou de fausses qualités, soit en employant des manœuvres frauduleuses pour persuader l'existence de fausses entreprises, d'un pouvoir ou d'un crédit imaginaire, ou pour faire naître l'espérance ou la crainte d'un succès, d'un accident ou de tout autre événement chimérique, se sera fait remettre ou délivrer des fonds, des meubles ou des obligations, dispositions, billets, promesses, quittances ou décharges, et aura, par un de ces moyens, escroqué ou tenté d'escroquer la totalité ou partie de la fortune d'autrui, sera puni d'un emprisonnement d'un an au moins et de 5 ans au plus, et d'une amende de 50 francs au moins et de 3.000 francs au plus. Le coupable pourra être, en outre, à compter du jour où il aura subi sa peine, interdit pendant 5 ans au moins et 10 ans au plus des droits mentionnés en l'article 42 du présent Code ; le tout sauf les peines plus graves s'il y a eu crime de faux. (Loi du 18 mai 1863.)

Ainsi, pour que le délit d'escroquerie soit bien caractérisé, il faut la réunion des trois conditions suivantes : 1° qu'on ait employé des moyens frauduleux ; 2° qu'on se soit fait remettre des valeurs par ce moyen ; 3° qu'on ait détourné ou dissipé ces valeurs, ce qui constitue le préjudice causé.

Nous empruntons à M. le président Bernède les exemples qu'il donne pour bien faire comprendre ce qu'on doit entendre par fausses entreprises, crédit imaginaire, événements chimériques, etc. « Un individu se présente chez un particulier comme le fondateur d'un établissement industriel avantageux : il lui en vante les bénéfices, il lui en exhibe les plans quoique cette entreprise n'existe pas, et il se fait remettre une somme ou une obligation par son crédule auditeur devenu son actionnaire. Voilà tout à la fois la remise des fonds, les manœuvres frauduleuses, la persuasion de l'existence d'une fausse entreprise ; l'escroquerie est complète. — Si l'escroc, à l'aide de semblables moyens, persuade à sa dupe qu'il a le pouvoir de le guérir avec des amulettes, des sortilèges, etc., d'une maladie grave et sans avoir recours à aucun remède, il s'arroge le pouvoir imaginaire dont parle le Code ; il y a encore escroquerie. — De même si, au jeu, il emploie des cartes préparées d'avance, ou biseautées, ou fait usage de dés pipés, il fait naître chez son adversaire de bonne foi l'espérance d'un événement chimérique, c'est-à-dire du gain de la partie, qui est assuré à l'escroc, l'enjeu de la dupe constitue la remise des fonds, etc. — Il en est de même pour le saltimbanque, le bateleur, qui, avec ses gobelets, ses tarots ou son porte-voix, persuade à l'habitant de la campagne, pris au piège, qu'il lui fera trouver un trésor, et se fait compter le prix de cette prétendue révélation; pour le filou qui, en contrefaisant un étranger, demande à échanger à perte de l'or pour de l'argent, mai qui, en réalité, au lieu de l'or ne donne que du cuivre. (Cette espèce d'escroquerie est connue depuis longtemps sous le nom vulgaire de vol au charriage, à l'américaine ou à la polonaise.) — Pour celui enfin qui, par le récit de ses prétendues relations avec l'autorité supérieure, persuade à un père de famille qu'il fera obtenir à son fils, moyennant une certaine somme, un numéro qui l'exemptera du service militaire ou un certificat constatant des infirmités supposées et de nature à l'en dispenser également. » (Bernède.)

ESPAGNE. L'Espagne forme, avec le Portugal, une grande presqu'île située à l'extrémité S.-O. de l'Europe, bornée au nord par la France, dont elle est séparée par les Pyrénées, entourée des autres côtés par la Méditerranée et l'océan Atlantique. Le détroit de Gibraltar, qui unit ces deux mers, sépare l'Espagne de l'Afrique.

La superficie de toute la presqu'île est de 590,000 kilomètres carrés (499 pour l'Espagne et 91 pour le Portugal).

La population est de 22,000,000 d'habitants, dont 17,600,000 pour l'Espagne seule. Cette contrée est couverte de montagnes généralement très élevées ; les Pyrénées se continuent jusqu'au cap Finistère, à l'extrémité N.-O. de l'Espagne, sous le nom de monts des Asturies et de Galice.

Les principaux fleuves de ce pays sont : dans le versant de l'Atlantique, le Minho, le Douro, le Tage, la Guadiana et le Guadalquivir; dans le versant de la Méditerranée, l'Ebre.

Sous le rapport politique, le royaume d'Espagne est divisée en 13 capitaineries dont les principales sont, sur la frontière de France :

1° Les provinces basques (Biscaye et Guipuzcoa; chefs-lieux Bilbao et Saint-Sébastien, place forte);

2° La Navarre, chef-lieu Pampelune, place forte sur l'Argo, affluent de l'Ebre;

3° L'Aragon, chef-lieu Saragosse, sur l'Ebre, 70,000 habit.; célèbre par le siège qu'elle soutint contre les Français en 1800.

4° La Catalogne, qui s'étend au pied des Pyrénées le long de la mer Méditerranée; le chef-lieu est Barcelone, place forte maritime, 250,000 habit.

Les autres capitaineries importantes sont : La Nouvelle-Castille, centre de l'Espagne ; elle renferme la capitale, Madrid, sur le Mançanarès, affluent du Tage, 390,000 habit., la capitale la plus élevée de l'Europe, 680 mètres. Tolède, sur le Tage, 20,000 habit.

Au sud de l'Espagne se trouve l'Andalousie, une des provinces les plus belles de la Péninsule, chef-lieu Séville, sur le Guadalquivir, 140,000 habit. Les autres villes importantes de cette province sont : Grenade, 70,000 habit. ; Cordoue, sur le Guadalquivir, 40,000 habit. ; Malaga, port de mer ; Cadix, place très forte sur les bords du golfe du même nom, défendue par le Trocadéro ; Xérès au nord de Cadix.

Au sud de l'Andalousie est Gibraltar, ville réputée imprenable et qui appartient aux Anglais depuis 1704. — L'Espagne possède dans la Méditerranée les cinq îles Baléares, dont les principales sont Ivica, chef-lieu Ivica ; Majorque, chef-lieu Palma, et Minorque, chef-lieu Port-Mahon.

Le principe de l'obligation du service personnel a prévalu en Espagne, comme dans tous les grands Etats de l'Europe. D'après la loi de 1882, tous les Espagnols, sauf ceux légalement exemptés ou dispensés, doivent le service militaire pendant douze années à partir de celle où ils atteignent l'âge de 20 ans.

Les contingents annuels, vu l'impossibilité budgétaire de les incorporer en totalité, sont divisés, par le sort, en deux portions.

La première portion sert six ans dans l'armée active, passant deux à trois ans sous les drapeaux et le temps complémentaire en situation de congé illimité ou réserve active ; elle fait les six autres années dans l'armée de réserve en qualité de réserve supplémentaire (remplazo de la reserva).

Les substitutions ne sont permises qu'entre frères. Les jeunes gens que le sort place dans la première portion peuvent être versés dans la deuxième moyennant paiement d'une somme de 1,500 pesetas (1,530 fr.).

Les troupes d'outre-mer sont recrutées par des engagements volontaires et, à défaut de ceux-ci, par un nouveau tirage au sort entre les jeunes gens de la première portion du contingent, de chaque circonscription de recrutement.

Les dispositions de la loi précitée permettent à l'Espagne de disposer d'une armée de première ligne de 400,000 hommes instruits et facilement mobilisables.

ESPION, ONNE, s. Agent de la police secrète qui est chargé d'épier les gestes et les paroles de certaines personnes. Ces agents sont désignés généralement sous le nom de *mouchards*.

En art militaire, l'espion est celui qui se glisse au milieu des troupes ennemies pour étudier leur situation et pour chercher à connaître les intentions de leurs chefs. Le service d'espionnage est un des services les plus importants à l'armée. Son organisation et sa direction peuvent être confiées à un officier de gendarmerie, et il faut que celui qui sera appelé à remplir cette mission délicate connaisse les principales règles qui ont été données sur ce sujet par les auteurs militaires les plus compétents. Ce sont ces règles, posées par de Lavarenne, de La Pierre, de Brach, Bugeaud, etc., qui sont résumées ci-après :

Il existe des espions de plusieurs sortes : les uns font ce métier par l'effet des passions personnelles, d'autres par dévouement, d'autres par intérêt, d'autres par métier, d'autres enfin par crainte. Il est bon d'en avoir de toutes les catégories pour pouvoir contrôler leurs dires, et, s'il faut les payer, on ne saurait trop employer d'argent pour les avoir bons. — Il faut les prendre intelligents et adroits et en disperser partout : chez les officiers, chez les généraux, chez les cantiniers, chez les marchands. Ces espions, choisis en général dans le pays où l'on fait la guerre, ne doivent pas se connaître les uns les autres, et il faut toujours les interroger séparément.

Lorsque des hommes se dévouent à jouer le rôle d'espion volontaire, il faut y attacher une grande importance, car, en général, leurs renseignements sont exacts. — Pour les trouver, il faut les chercher parmi des hommes froissés par quelque injustice, aigris par la jalousie ou entraînés par des passions politiques. On aura d'autant plus de confiance en eux que les motifs qui les portent à jouer ce triste rôle sont plus excusables.

Il est très difficile de donner une instruction pour les espions; il faut consulter surtout les facultés intellectuelles de l'individu qu'on veut employer, pour ne pas lui donner une mission au-dessus de ses forces qui n'amènerait qu'à un rapport incertain et confus. Il ne faut pas surcharger son attention; comme il lui est impossible de tout examiner, il pourrait arriver qu'il négligeât précisément ce qu'il importe le plus de connaitre. — Il convient donc, en général, de détacher plusieurs espions à la fois en chargeant chacun d'eux d'une mission particulière, mais en prenant ses dispositions pour pouvoir toujours contrôler leurs nouvelles, surtout si elles sont d'une certaine importance. On enregistre avec soin les renseignements donnés. Quant aux questions, elles sont évidemment suggérées par les circonstances.

La direction de l'espionnage exige une profonde connaissance de l'homme et une certaine perspicacité dans l'appréciation de divers renseignements. Il est évident qu'en cela, le concours des dispositions naturelles est d'un grand secours. Il n'existe pas de règles à cet égard, sinon peut-être la règle générale que l'on ne doit y ajouter foi que quand ils sont confirmés par d'autres, émanant, autant que possible, d'une source différente.

En campagne, toutes les permissions et patentes délivrées en exécution des règlements aux individus qui suivent les armées, doivent être l'objet d'un examen sévère de la part de la gendarmerie, qui se les fait représenter fréquemment afin de constater en même temps l'identité des individus qui en sont détenteurs. Cette mesure est de la plus haute importance pour empêcher ou réprimer l'espionnage. (Inst. du 18 avril 1890, art. 36.)

ESPIONNAGE, s. m. Une loi très importante, en date du 18 avril 1886, rendue applicable à l'Algérie par un décret en date du 18 juin 1886, établit des pénalités contre l'espionnage. La gendarmerie est chargée de veiller à son application et nous donnons ci-après les articles qui peuvent l'intéresser plus particulièrement.

Art. 5. Sera puni d'un emprisonnement de 1 à 5 ans et d'une amende de 1,000 à 5,000 francs :

1° Toute personne qui, à l'aide d'un déguisement ou d'un faux nom ou en dissimulant sa qualité, sa profession ou sa nationalité, se sera introduite dans une place forte, un poste, un navire de l'Etat, ou dans un établissement militaire ou maritime ;

2° Toute personne qui, déguisée ou sous un faux nom ou en dissimulant sa qualité, sa profession ou sa nationalité, aura levé des plans, reconnu des voies de communication ou recueilli des renseignements intéressant la défense du territoire ou la sûreté extérieure de l'Etat.

Art. 6. Celui qui, sans autorisation de l'autorité militaire ou maritime, aura exécuté des levés ou opérations de topographie dans un rayon d'un myriamètre autour d'une place forte, d'un poste ou d'un établissement militaire ou maritime, à partir des ouvrages avancés, sera puni d'un emprisonnement de 1 mois à 1 an et d'une amende de 100 à 1,000 francs.

Art. 7. La peine d'un emprisonnement de 6 jours à 6 mois et d'une amende de 16 à 100 francs sera appliquée à celui qui, pour reconnaître un ouvrage de défense, aura franchi les barrières, palissades ou autres clôtures établies sur le terrain militaire, ou qui aura escaladé les revêtements et les talus des fortifications. (V. circ. explicative du 9 octobre 1886.)

Pour réprimer l'espionnage à l'armée, la gendarmerie doit exercer une surveillance incessante dans l'intérieur et aux abords des camps et des cantonnements. (Service de la gendarmerie en campagne, art. 34.)

ESSAI, s. m. Epreuve que l'on fait de quelque chose. Les effets distribués aux gendarmes sont essayés en présence du commandant d'arrondissement. Les gendarmes ne doivent être appelés au chef-lieu d'arrondissement que lorsqu'ils ont à recevoir des effets qui doivent être essayés et ajustés en présence de l'officier. (Service intérieur, art. 63.) Aucun essai, de quelque nature qu'il soit, ne doit avoir lieu dans l'armée sans l'autorisation préalable du Ministre. (Circ. du 19 novembre 1864.)

ESSIEU, s. m. Pièce de bois ou de fer qui passe dans le moyeu des roues d'une voiture et sur laquelle porte toute la charge. Les essieux ne doivent pas avoir plus de $2^m,50$ de longueur ni dépasser à leurs extrémités le moyeu de plus de 6 centimètres. (Décr. du 10 août 1852, art. 1er.)

EST, s. m. Est, levant ou orient. — Ces trois mots s'emploient indistinctement pour désigner le côté où le soleil se lève.

ESTAFETTE, s. f. Courrier qui est chargé de porter un ordre, une dépêche. La gendarmerie ne doit jamais être chargée, à moins de cas extraordinaires et dont il est rendu compte aux Ministres de la guerre et de l'intérieur, de porter les dépêches des autorités civiles. (Décr. du 1er mars 1854, art. 99.) En campagne, elle ne doit jamais être employée au service d'estafette que dans le cas de la plus absolue nécessité. (Décr. du 1er mars 1854, art. 519, et instr. du 18 avril 1890 sur le service prévôtal, art. 21.)

ESTAMPILLE, s. f. Ce mot est employé dans la loi sur la police du roulage pour désigner une marque particulière qui doit être apposée sur toutes les voitures publiques. Avant que ces voitures ne soient mises en circulation, elles sont vérifiées et, après vérification, la régie leur donne une estampille qui doit être placée à l'extérieur, dans un endroit apparent. (Décr. du 10 août 1852, art. 29.) L'entrepreneur n'a pas le droit de faire passer l'estampille d'une voiture à une autre. (Loi du 25 mars 1817, art. 117.) — La loi sur la liberté de la presse du 29 juillet 1881 a aboli l'estampille dont devaient être revêtus autrefois les ouvrages autorisés à être colportés.

ESTER, v. n. Terme de jurisprudence. Paraître en justice pour suivre une action comme demandeur ou comme défendeur. La femme ne peut ester en justice sans l'autorisation de son mari.

ÉTABLISSEMENT, s. m. Action de fonder, d'instituer, d'établir. — Les établissements publics sont ceux qui ont été élevés et qui sont entretenus aux frais de l'Etat, comme les musées, les églises, les prisons, les casernes, etc.

Les établissements privés ou particuliers sont affectés à l'installation d'un commerce, d'une industrie. Parmi ces établissements on distingue ceux qui sont dangereux, comme les fabriques de poudre ou de gaz détonants, et ceux qui sont incommodes ou insalubres, c'est-à-dire qui dégagent de mauvaises odeurs ou des miasmes nuisibles à la santé. Ces établissements ne peuvent être créés qu'après enquête et avec l'autorisation du préfet. Les contraventions aux lois et décrets concernant les établissements dangereux, incommodes ou insalubres, sont punies d'une amende de 1 à 5 francs et d'un emprisonnement de 3 jours en cas de récidive. (Décr. du 15 octobre 1810 et du 31 décembre 1866.)

ÉTALAGE, s. m. Exposition de marchandises. L'étalage ne doit jamais être fait de façon à embarrasser la voie publique, sous peine de tomber sous le coup de l'article 471, n° 4, du Code pénal. (V. *Embarras.*) — C'est au maire qu'il appartient d'en réglementer l'usage. (Loi du 5 avril 1884, art. 97.)

ÉTALON, s. m. En hippologie, on donne le nom d'étalon au cheval entier destiné à la reproduction.

Nous donnons ci-après la loi du 14 août 1885, relative à la surveillance des étalons, et à l'exécution de laquelle la gendarmerie est chargée de veiller. (Art. 6 de la loi.)

Art. 1er. Tout étalon qui n'est ni approuvé ni autorisé par l'administration des haras ne peut être employé à la monte des juments appartenant à d'autres qu'à son propriétaire, sans être muni d'un certificat constatant qu'il n'est atteint ni de cornage, ni de fluxion périodique.

Art. 2. Ce certificat, valable pour un an, sera délivré gratuitement après examen de l'étalon par une commission nommée par le Ministre de l'agriculture.

Art. 3. Tout étalon employé à la monte, qu'il soit approuvé, autorisé ou muni du certificat indiqué ci-dessus, sera marqué au feu sous la crinière.

En cas de retrait de l'approbation, de l'autorisation ou du certificat, la lettre R sera inscrite de la même manière, au-dessus de la marque primitive.

Art. 4. En cas d'infraction à la présente loi, le propriétaire et le conducteur de l'étalon seront punis d'une amende de cinquante à cinq cents francs (50 à 500 fr.).

En cas de récidive, l'amende sera du double.

Art. 5. Seront passibles d'une amende de seize à cinquante francs (16 à 50 fr.), les propriétaires qui auront fait saillir leurs juments par un étalon qui ne serait ni approuvé, ni autorisé, ni muni de certificat.

ETANG, s. m. Amas d'eau retenu par des chaussées et dans lequel on élève toujours des poissons. Ces poissons, appartenant aux propriétaires des étangs, peuvent être pêchés en toute saison et avec toute espèce de filets. — Le vol ou l'empoisonnement de poissons dans un étang constitue un délit passible, suivant le cas, d'un emprisonnement d'un an à cinq ans et d'une amende de 15 francs à 500 francs. (C. P., art. 388 et 452.)

ETAPE, s. f. Gîte dans lequel les troupes en route s'arrêtent après une journée de marche. En France, les étapes varient de trente à quarante kilomètres; le livret des gîtes d'étapes, publié par ordre du Ministre de la guerre et arrêté à la date du 17 novembre 1888, a été complété par des décisions postérieures. Une carte des gîtes d'étapes, à l'échelle de 1/800,000, a été publiée en 1893.

Le service des étapes d'une armée a pour but d'assurer la continuation des transports du personnel et du matériel entre cette armée et le territoire national.

Le chef de service est un officier supérieur ou un capitaine de gendarmerie qui prend le nom de prévôt d'étapes.

La gendarmerie du service des étapes ne relève que de ses chefs directs, du directeur des étapes et de son chef d'état-major, qui seuls ont le droit de punir, de changer la nature des punitions, et de faire cesser celles qui sont commencées. Dans les commandements d'étapes, les commandants de brigade de gendarmerie relèvent en outre du commandant d'étapes au point de vue du service de police dans l'étendue du commandement d'étapes. (V. le Service de la gendarmerie en campagne, art. 99 et suivants, et l'instruction du 25 avril 1900, annexe VI.)

ÉTAT, s. m. Ce mot a de nombreuses acceptions ; il signifie : manière d'être : état de santé, état sauvage ; — position sociale, profession : état militaire, état de tailleur. — Pays administré par un gouvernement : servir l'Etat. — Etat des lieux : état constatant dans quel état se trouve un logement à l'entrée du locataire. (V. *Casernement.*) — Le mot état s'emploie aussi pour désigner les listes ou les tableaux sur lesquels sont fournis certains renseignements.

Etat de paix. C'est la situation d'un pays qui n'est pas en guerre avec d'autres. Une nation est en *état de guerre* lorsque les hostilités sont ouvertes avec une autre nation. Enfin, on donne le nom d'*état de siège* à une mesure de sûreté publique qui est prise lorsqu'on a à redouter une invasion de l'ennemi ou une insurrection intérieure.

Lorsque l'état de siège est proclamé, tous les pouvoirs de l'autorité civile pour le maintien de l'ordre passent à l'autorité militaire, qui a le droit de juger tous les crimes et tous les délits qui intéressent l'ordre et la sûreté publique : l'autorité militaire peut faire des perquisitions de jour et de nuit dans le domicile des citoyens; elle peut interdire toute espèce de réunion; enfin, elle a le droit d'ordonner la remise des armes et des munitions et d'éloigner des lieux en état de siège tous les individus qui n'y sont pas domiciliés. (Loi du 10 août 1849.)

L'état de siège ne peut être déclaré que par une loi, en cas de péril imminent résultant d'une guerre étrangère ou d'une insurrection à main armée. — En cas d'ajournement des Chambres, le Président de la République peut déclarer l'état de siège, de l'avis du Conseil des Ministres ; mais alors les Chambres se réunissent de plein droit deux jours après. En cas de dissolution de la Chambre des députés, l'état de siège ne pourra, même provisoirement, être déclaré par le Président de la République, si ce n'est dans le cas d'une guerre étrangère. (Loi du 3 avril 1878.)

Etat civil. L'état civil d'une personne est la situation qu'elle occupe comme enfant légitime, naturel ou adoptif, mariée ou non mariée, vivante ou morte naturellement ou civilement. Il y a dans chaque commune des registres spéciaux appelés registres de l'état civil, sur lesquels sont inscrits les naissances, les mariages et les décès qui ont eu lieu dans la commune. Ces registres sont tenus par le maire ou, à son défaut, par l'adjoint, ou enfin par un conseiller municipal pris dans l'ordre du tableau. Les magistrats chargés de ces fonctions portent le nom d'officiers de l'état civil. Les mariages, les naissances et les décès sont soumis à certaines formalités énumérées au mot *Acte*. On peut toujours se faire délivrer des extraits des registres de l'état civil ; ces extraits sont légalisés par le président du tribunal dans le canton où se trouve le tribunal de 1re instance, et par le juge de paix ou par le président du tribunal pour les cantons externes.

Les modifications intéressant l'état civil des sous-officiers, brigadiers et gendarmes s'effectuent sur l'avis et l'autorisation du Ministre seul, qui statue sur le vu des pièces justificatives conformément à l'annexe n° 1, § 3, du règlement du 12 avril 1893.

Etat de services. Certificat délivré à un militaire constatant le nombre d'années qu'il a passées sous les drapeaux. — Lorsque les conseils d'administration adressent une demande au Ministre pour réclamer les états de service d'un militaire, ils doivent toujours faire connaître les motifs sur lesquels repose cette demande. (Circ. minist du 21 octobre 1869.) — Le conseil d'administration d'un corps dans lequel un militaire a terminé sa carrière ne peut pas se refuser à délivrer une copie des états de service de ce militaire. (Notes minist. des 19 juillet 1877 et 23 juillet 1891.)

Etat-major. On comprend sous le nom d'état-major l'ensemble du personnel qui dirige une armée, un corps d'armée, une division, une brigade, un régiment ou les services particuliers de l'artillerie et du génie. — L'état-major général de l'armée se compose aujourd'hui de 110 généraux de division et de 220 généraux de brigade appartenant à la 1re section, c'est-à-dire se trouvant en activité ou en disponibilité. (Loi du 25 juillet 1893.) — La seconde section comprend les généraux de division et de brigade placés dans le cadre de réserve comme ayant atteint, les premiers 65 ans d'âge, et les seconds 62. — Pourront être maintenus sans limite d'âge dans la première section du cadre de l'état-major général, en vertu d'un décret du Président de la République, délibéré en Conseil des ministres et inséré au *Bulletin des lois*, et pourvus d'emploi en temps de paix jusqu'à l'âge de 70 ans, les généraux de division qui, munis de lettres de commandement, auront rendu des services éminents en exerçant avec distinction, devant l'ennemi, l'une des fonctions ci-après désignées : « 1° commandant en chef d'une armée composée de plusieurs corps d'armée ; 2° commandant en chef d'un corps d'armée composé de plusieurs divisions de différentes armes ; 3° major général, commandant en chef de l'artillerie ou du génie dans une armée composée de plusieurs corps d'armée. — Les généraux de division compris dans les catégories ci-dessus désignées qui seront pourvus d'emplois en temps de paix, seront comptés numériquement dans le cadre de la première section de l'état-major général ; ceux non pourvus d'emplois seront placés hors cadres. » (Loi du 13 mars 1875.) — Le nombre des maréchaux, ainsi que les conditions de leur nomination, seront réglés par une loi spéciale. (Loi du 13 mars 1875.) — Les états-majors particuliers de l'artillerie et du génie ont pour mission d'assurer aux armées le service des états-majors de ces deux armes et, à l'intérieur, le fonctionnement des établissements et services de ces mêmes armes. — La composition des cadres de ces états-majors est réglée par la loi du 13 mars 1875. — On donne le nom d'état-major à un certain nombre d'officiers sans troupe placés près des généraux commandant les armées, les corps d'armée et les divisions pour assurer la marche des différentes parties du service. — Auprès du général en chef se trouve l'état-major général, qui se compose d'un chef d'état-major du grade de général ou de colonel et d'un certain nombre de chefs d'escadron et de capitaines. — Dans les divisions, les chefs d'état-major sont colonels, lieutenants-colonels ou chefs d'escadron. — Font aussi partie de l'état-major d'une armée tous les officiers chefs de service qui, pourvus d'un commandement militaire supérieur, reçoivent directement des ordres du général en chef (intendants, directeurs de l'artillerie et du génie, colonels ou chefs d'escadron de gendarmerie, etc.).

Le service spécial d'état-major auprès des généraux est assuré : 1° par 640 officiers (30 colonels, 40 lieutenants-colonels, 170 chefs d'escadron et 400 capitaines); 2° par 24 capitaines, lieutenants et sous-lieutenants auxiliaires. (Loi du 24 juin 1890, modifiant celle du 20 mars 1880.) — Tous ces officiers, à l'exception des archivistes, doivent sortir de l'Ecole supérieure de guerre et avoir obtenu le brevet supérieur d'état-major.

Etat-major des régiments. L'état-major des régiments se compose des officiers remplissant certaines fonctions spéciales.

Outre l'état-major, il existe encore dans chaque régiment ce qu'on appelle le petit état-major, qui se compose des adjudants et de sous-officiers, de brigadiers et de soldats chargés de différents services.

Etat des officiers. La loi du 19 mai 1834 sur l'état des officiers est trop importante pour que nous ne la citions pas en entier, moins la partie relative à la solde.

Art. 1er. Le grade est conféré par le chef de l'Etat; il constitue l'état de l'officier. L'officier ne peut le perdre que pour l'une des causes ci-après : 1° démission acceptée par le chef de l'Etat; 2° perte de la qualité de Français prononcée par jugement; 3° condamnation à une peine afflictive ou infamante; 4° condamnation à une peine correctionnelle pour délits prévus par la section 1re et les articles 402, 403, 405, 406 et 407 du chapitre II du titre II du livre III du Code pénal; 5° condamnation à une peine correctionnelle d'emprisonnement, et qui, en outre, a placé le condamné sous la surveillance de la haute police et l'a interdit des droits civiques, civils et de famille; 6° destitution prononcée par jugement d'un conseil de guerre. — Indépendamment des cas prévus par les autres lois en vigueur, la destitution sera prononcée pour les causes ci-après déterminées : 1° à l'égard de l'officier en activité, pour absence illégale de son corps après trois mois; 2° à l'égard de l'officier en activité, en disponibilité ou en non-activité, pour résidence hors du territoire, sans l'autorisation du chef de l'Etat, après quinze jours d'absence.

Des positions de l'officier. Art. 2. Les positions de l'officier sont : l'activité et la disponibilité, la non-activité, la réforme, la retraite.

De l'activité. Art. 3. L'activité est la position de l'officier appartenant à l'un des cadres constitutifs de l'armée pourvu d'emploi et de l'officier hors cadre employé temporairement à un service spécial ou à une mission. — La disponibilité est la position spéciale de l'officier général ou d'état-major, appartenant au cadre constitutif et momentanément sans emploi.

De la non-activité. Art. 4. La non-activité est la position de l'officier hors cadre et sans emploi.

Art. 5. L'officier en activité ne peut être mis en non-activité que pour une des causes ci-après: licenciement de corps; suppression d'emploi; rentrée de captivité à l'ennemi, lorsque l'officier prisonnier de guerre a été remplacé dans son emploi; infirmités temporaires; retrait ou suspension d'emploi.

Art. 6. La mise en non-activité par retrait ou suspension d'emploi a lieu par décision présidentielle, sur le rapport du Ministre de la guerre.

Art. 7. Les officiers en non-activité par licenciement de corps, suppression d'emploi ou rentrée de captivité à l'ennemi, sont appelés à remplir la moitié des emplois de leur grade vacants dans l'arme à laquelle ils appartiennent. Le temps passé par eux en non-activité leur est compté comme service effectif pour les droits à l'avancement, au commandement, à la réforme et à la retraite.

Art. 8. Les officiers en non-activité pour infirmités temporaires et par retrait ou suspension d'emploi sont susceptibles d'être remis en activité. Le temps passé par eux en non-activité leur est compté comme service effectif pour la réforme et la retraite seulement.

Art. 9. *De la réforme*. La réforme est la position de l'officier sans emploi qui, n'étant plus susceptible d'être rappelé à l'activité, n'a pas de droits acquis à la pension de retraite.

Art. 10. La réforme peut être prononcée : 1° pour infirmités incurables; 2° par mesure de discipline.

§ 1er. *De la réforme pour maladies incurables*. Art. 11. La réforme pour infirmités incurables sera prononcée dans les formes voulues par la loi du 11 avril 1831 sur les pensions de l'armée de terre.

§ 2. *De la réforme par mesure de discipline*. Art. 12. Un officier ne peut être mis en réforme, pour cause de discipline, que pour l'un des motifs ci-après : inconduite habituelle; fautes graves dans le service ou contre la discipline; fautes contre l'honneur; prolongation au delà de trois ans de la position de non-activité, sauf les restrictions énoncées en l'article suivant.

Art. 13. La réforme par mesure de discipline des officiers en activité et des officiers en non-activité sera prononcée par décision présidentielle, sur le rapport du Ministre de la guerre, d'après l'avis d'un conseil d'enquête dont la composition et les formes seront déterminées par un règlement d'administration publique. — La réforme à raison de la prolongation de la non-activité pendant trois ans ne pourra être prononcée qu'à l'égard de l'officier qui, d'après l'avis du même conseil, aura été reconnu non susceptible d'être rappelé à l'activité. — Les avis du conseil d'enquête ne pourront être modifiés qu'en faveur de l'officier.

De la retraite. Art. 14. La retraite est la position définitive de l'officier rendu à la vie civile et admis à la jouissance d'une pension, conformément aux lois en vigueur.

Les dispositions de la loi du 19 mai 1834 sont applicables : 1° au corps du contrôle; 2° au corps de l'intendance; 3° au corps de santé militaire; 4° au corps des ingénieurs des poudres et salpêtres; 5° au corps des archivistes des bureaux d'état-major; 6° aux officiers d'administration des différents services; 7° aux gardes d'artillerie; 8° aux adjoints du génie; 9° aux vétérinaires militaires; 10° aux interprètes militaires; 11° aux contrôleurs d'armes.

L'état des officiers de réserve et de l'armée territoriale est réglé par le décret du 31 août 1878. Ces officiers peuvent perdre leur grade par les mêmes motifs que ceux de l'armée active, et, en outre, pour les motifs suivants :

Radiation des cadres. Art. 2. *Les officiers de réserve* sont rayés des cadres de l'armée active lorsqu'ils sont appelés par leur âge à passer dans l'armée territoriale, à moins qu'une décision du Ministre de la guerre, rendue sur leur demande, ne les admette à rester dans les cadres des officiers de réserve, conformément à l'article 44 de la loi du 13 mars 1875. Les officiers maintenus malgré leur âge dans le cadre des officiers de réserve, et les officiers de l'armée territoriale, sont rayés des cadres à l'expiration du temps de service exigé par la loi de recrutement, à moins qu'une décision du Ministre de la guerre, rendue sur leur demande, ne les admette à rester soit dans la réserve, soit dans l'armée territoriale, conformément aux articles 44 et 56 de la loi du 13 mars 1875.

Art. 3. Les officiers de tout grade, retraités par application de la loi du 22 juin 1878, sont rayés des cadres de l'armée lorsqu'ils sont restés à la disposition du Ministre de la guerre pendant cinq ans à partir de leur mise à la retraite, conformément à l'article 2 de ladite loi, à moins qu'une décision du Ministre de la guerre, rendue sur leur demande, ne les maintienne dans la réserve ou dans l'armée territoriale, s'ils n'ont pas atteint la limite d'âge fixée par l'article 56 de la loi du 13 mars 1875.

Art. 4. Sont également rayés des cadres les officiers de réserve et ceux de l'armée territoriale qui ont atteint l'âge fixé par l'article 56 de la loi du 13 mars 1875.

Art. 5. La radiation des cadres des officiers de réserve ou des officiers de l'armée territoriale peut encore être prononcée par décret du Président de la République, sur les certificats des médecins désignés à cet effet par l'autorité militaire et après avis du conseil de santé des armées : 1° pour tout officier reconnu atteint d'infirmités incurables ; 2° pour tout officier placé hors cadre pour raison de santé depuis trois ans.

De la révocation. Art. 6. La révocation est prononcée par décret du Président de la République : 1° contre tout officier de réserve ou contre tout officier de l'armée territoriale déclaré en état de faillite ; 2° contre tout officier possédant une charge d'officier ministériel qui est destitué par jugement ou révoqué par mesure disciplinaire.

Art. 7. La révocation peut être prononcée par décret du Président de la République, sur l'avis conforme d'un conseil d'enquête : 1° pour révocation d'un emploi civil par mesure disciplinaire ; 2° pour faute contre l'honneur, à quelque époque qu'elle ait été commise ; 3° pour inconduite habituelle ; 4° pour fautes graves dans le service ou contre la discipline ; 5° pour condamnation à une peine correctionnelle, lorsque la nature du délit et la gravité de la peine paraissent rendre cette mesure nécessaire ; 6° contre tout officier qui, ayant été l'objet d'une condamnation pour avoir manqué aux prescriptions des articles 2 et 3 de la loi du 18 novembre 1875, n'a pas, au bout de trois mois, fait connaître officiellement sa résidence ou commet une nouvelle infraction à ces dispositions ; 7° contre tout officier qui, en dehors de la période d'activité, adresse à un de ses supérieurs militaires ou publie contre lui un écrit injurieux, ou commet envers l'un d'eux un acte offensant ; 8° contre tout officier qui publie ou divulgue, dans des conditions nuisibles aux intérêts de l'armée, des renseignements parvenus à sa connaissance, en raison de sa position militaire ; 9° contre tout officier suspendu de son grade par mesure disciplinaire dans les conditions prévues par l'article 16 ci-après.

De la suspension. Art. 14. Tout officier, durant la période d'activité ou en dehors de cette période, peut être suspendu disciplinairement de ses fonctions par décision du Président de la République sur le rapport du Ministre de la guerre, pendant trois mois au moins et un an au plus.

Art. 15. L'officier suspendu pour un an est remplacé dans son emploi. — Tout officier suspendu ne peut porter l'uniforme, ni prendre part à aucune réunion. Le temps de la suspension ne compte pas pour la fixation du rang d'ancienneté.

Art. 16. En cas de mobilisation, tout officier suspendu pour moins d'un an est réintégré dans ses fonctions ; celui qui est suspendu pour un an est, dans le même cas, envoyé devant un conseil d'enquête ; il peut être révoqué sur avis conforme de ce conseil, sinon il est réintégré dans un emploi de son grade. (Décis. minist. du 1er septembre 1878.)

ÉTÉ, s. m. L'une des quatre saisons : l'été commence au solstice de juin, le 21 ou le 23, pour finir le 22 ou le 23 septembre, à l'équinoxe.

ÉTENDARD, s. m. Signe de ralliement ; s'emploie plus spécialement pour désigner le drapeau des régiments de cavalerie ; le lieutenant ou le sous-lieutenant auquel il est confié s'appelle le porte-étendard.

ÉTIQUETTE, s. f. Écriteau que l'on place sur des marchandises, sur des liasses de papiers, au-dessus des portes, et sur lequel sont inscrites certaines indications. Les étiquettes des chambres et des écuries sont mobiles et établies conformément au modèle réglementaire (modèles 20, 21, 22 et 23). Les chefs de brigade et les gendarmes sont tenus de s'en pourvoir à leurs frais. — Les étiquettes des chambres sont placées à la porte d'entrée de chaque logement, et celles des écuries à la tête des chevaux, au-dessus du râtelier. (Service intérieur, art. 147.)

ÉTOILE, s. f. Corps céleste, lumineux par lui-même, dont la lumière scintille et qui nous paraît occuper toujours la même place dans le ciel. Les étoiles sont de véritables soleils qui sont à des distances tellement grandes qu'aucun instrument ne peut les grossir ; la lumière ayant une vitesse de 77,000 lieues par seconde, on a calculé que la lumière qui vient de l'étoile la plus rapprochée met trois ans et huit mois pour arriver jusqu'à nous. Si cette étoile venait donc un jour à s'éteindre, nous la verrions encore pendant plus de trois ans. Le nombre des étoiles est innombrable ; 5,000 environ sont visibles à l'œil nu. Le télescope nous en montre plusieurs millions, et les progrès de l'optique en feront certainement découvrir un plus grand nombre.

Il ne faut pas confondre l'étoile avec la planète : la planète n'est pas lumineuse par elle-même ; elle reçoit la lumière du soleil ; elle ne scintille pas, et enfin elle peut être grossie par les télescopes.

ÉTOUPILLE, s. f. Petit tube renfermant une préparation destinée à enflammer la charge des bouches à feu. Les étoupilles sont fabriquées à l'Ecole de pyrotechnie militaire, à Bourges.

ÉTRANGER, ÈRE, adj. Qui n'est pas du même pays, du même lieu, qui n'appartient pas au même corps. — Une circulaire en date du 15 octobre 1894 rappelle que l'entrée des casernes et autres établissements militaires est formellement interdite à tout étranger qui n'est pas muni d'une autorisation régulière. (V., au mot *Français,* la loi du 26 juin 1889, qui fixe la situation des étrangers et de leurs enfants au point de vue de la naturalisation.)

En principe, les étrangers ne doivent pas être reçus dans les casernes sans avoir été autorisés par le chef de brigade.

Sont seuls admis à y coucher ou à y résider exceptionnellement les parents des sous-officiers, brigadiers et gendarmes qui en ont obtenu l'autorisation. (Service intérieur, art. 119.) V. le mot *Casernement.*

Les étrangers sans passeport et sans papiers doivent être arrêtés et conduits devant le procureur de la République ; ce dernier peut alors les mettre, s'il y a lieu, entre les mains de l'autorité administrative, qui peut provoquer contre eux un arrêté d'expulsion en vertu de l'article 7 de la loi du 3 décembre 1849. — L'uniforme ne peut être porté à l'étranger que sur une autorisation du Ministre de la guerre, qui, seul, accorde les congés pour s'y rendre. (V. Serv. intérieur, art. 255.)

Le Ministre de l'intérieur a le droit d'expulser les étrangers du territoire français. (V. circ. du 15 octobre 1885.) Un décret en date du 2 octobre 1888 indique les formalités auxquelles sont assujettis les étrangers qui veulent établir leur résidence en France. Un état nominatif des étrangers demeurant dans les communes doit être tenu dans toutes les mairies, et un contrôle contenant le relevé de tous ces noms est établi dans les sous-préfectures et dans les préfectures.

Les étrangers peuvent s'engager pour 5 ans dans les *régiments étrangers* qui sont en Algérie et qui ne doivent être employés que hors du territoire continental de la France. Les Français ne peuvent s'engager dans ces corps qu'à titre exceptionnel et en vertu d'une autorisation spéciale du Ministre. (V. décret du 14 septembre 1864 et circ. minist. du 31 janvier 1890.)

Les étrangers arrivant en Algérie sont soumis à une déclaration concernant leur identité et leur nationalité. Cette déclaration doit être faite à la mairie dans les trois jours à partir de leur arrivée. Les étrangers venant hiverner en Algérie sont exempts de cette formalité. (Décr. du 21 juin 1890.)

En outre, la loi du 8 août 1893 édicte les dispositions suivantes :

Art. 1er. Tout étranger non admis à domicile, arrivant dans une commune pour y exercer une profession, un commerce ou une industrie, devra faire à la mairie une déclaration de résidence en justifiant de son identité dans les huit jours de son arrivée. Il sera tenu, à cet effet, un registre d'immatriculation des étrangers, suivant la forme déterminée par un arrêté ministériel.

Un extrait de ce registre sera délivré au déclarant dans la forme des actes de l'état civil, moyennant les mêmes droits.

En cas de changement de commune, l'étranger fera viser son certificat d'immatriculation, dans les deux jours de son arrivée, à la mairie de sa nouvelle résidence.

Art. 2. Toute personne qui emploiera sciemment un étranger non muni du certificat d'immatriculation sera passible des peines de simple police.

Art. 3. L'étranger qui n'aura pas fait la déclaration imposée par la loi dans le délai déterminé, ou qui refusera de produire son certificat à la première réquisition, sera passible d'une amende de 50 à 200 francs.

Celui qui aura fait sciemment une déclaration fausse ou inexacte sera passible d'une amende de 100 francs à 300 francs et, s'il y a lieu, de l'interdiction temporaire ou indéfinie du territoire français.

L'étranger expulsé du territoire français et qui y serait rentré sans l'autorisation du gouvernement sera condamné à un emprisonnement de 1 à 6 mois. Il sera, après l'expiration de sa peine, reconduit à la frontière.

L'article 463 du Code pénal est applicable aux cas prévus par la présente loi.

En temps de mobilisation, les officiers et les brigades de gendarmerie exercent une surveillance constante sur les étrangers et les gens suspects, les suivent au besoin dans leurs déplacements et les signalent, lorsqu'il y a lieu, aux sentinelles et aux chefs de postes chargés de la surveillance des voies ferrées. (Instr. du 12 juillet 1890.)

ÉTRIER, s. m. Les étriers en service dans la gendarmerie doivent porter un évidement rectangulaire qui sert de clé lors de la pose et de l'enlèvement des crampons à vis de la ferrure à glace. (Note minist. du 11 août 1891 et instr. du 10 octobre 1894.)

ÉTRILLE, s. f. Instrument bien connu dont la description et les dimensions réglementaires sont données par l'art. 239 de la description de l'uniforme du 9 juin 1895. — Les militaires de la gendarmerie ont exceptionnellement la faculté de faire emploi cumulativement, selon les circonstances et les exigences du service, de l'étrille, de la brosse en crin, et enfin de la brosse en chiendent, jugée si utile pour les soins à donner aux chevaux irritables ou impressionnables. (Circ. du 19 février 1875.)

ÉTRIVIÈRE, s. f. Courroie par laquelle un étrier est suspendu à la selle. Dans la gendarmerie, elles sont en cuir jaune.

ÉTUI, s. m. Petite boîte servant à contenir un ou plusieurs objets. La trousse doit renfermer un étui en buis garni d'un dé à coudre et de six aiguilles placées sur un morceau de drap ou lisière et d'une alène emmanchée. — L'autre extrémité de l'étui, creusée en forme de bobine, reçoit trois écheveaux de fil noir, blanc et écarlate. (Art. 252 de la description de l'uniforme du 9 juin 1895.)

Etuis métalliques provenant des cartouches tirées. Tous les étuis vides provenant du tir des cartouches métalliques de carabine et de revolver doivent être recueillis après le tir pour être ensuite versés à l'artillerie. (V. les notes minist. des 24 juillet 1886 et 12 mars 1887.) Dans les cas exceptionnels où il est impossible de recueillir toutes les douilles vides, il doit être établi des procès-verbaux de perte. Chaque homme est pécuniairement responsable du prix des étuis qu'il ne peut représenter.

Le transport des étuis de cartouches doit avoir lieu, autant que possible, par la voie de la correspondance des brigades. (Art. 3 du traité du 15 juillet 1891.)

Etui de revolver. La circulaire du 16 juillet 1874 dispose que le revolver doit être porté dans un étui muni d'une case pouvant contenir quelques cartouches. Cet effet est fourni par l'Etat au compte de la masse d'entretien et de remonte qui en supporte la dépense, ainsi que celles des réparations ou du remplacement, en cas de dégradation, de réforme ou de perte ne provenant pas de la faute des hommes. (Circ. du 6 février 1875.) — L'étui de revolver doit être porté à gauche par la troupe. (Instruction du 9 juin 1895, art. 68.) A droite par les officiers. (Circ. du 25 mai 1876.) Le modèle d'étui actuel contient 12 cartouches.

EURE (Département). Populat., 334,781 habit., 5 arrondissements,

36 cantons (3e corps d'armée, 3e légion de gendarmerie), chef-lieu Evreux, 16,932 habit., à 104 kil. ouest de Paris, sur l'Iton. S.-P. : Les Andelys, Bernay, Louviers, Pont-Audemer. Département méditerrané, pays bas et formé de plateaux ou de plaines dans lesquels coulent des rivières. Agricole et manufacturier. Elève importante de chevaux et de bestiaux. Exploitations minérales. Sources minérales à Hardouville et Vieux-Conches. Patrie du général Blammont.

EURE-ET-LOIR (Département). Populat., 275,433 habit., 4 arrondissements, 24 cantons (4e corps d'armée, 4e légion de gendarmerie), ch.-l. Chartres, 23,108 habit., à 90 kil. S.-O. de Paris, sur l'Eure. S.-P. : Châteaudun, Dreux, Nogent-le-Rotrou. Département méditerrané. Pays de plaines légèrement ondulées. Agricole. Elève importante de moutons, chevaux, volailles. Exploitations minérales. Patrie du général Marceau, mort à 26 ans.

EUROPE. L'Europe est une presqu'île bornée au nord par l'océan Glacial arctique; à l'ouest, par l'océan Atlantique; au sud, par la Méditerranée, l'Archipel, la mer de Marmara, la mer Noire et les monts Caucase; à l'est, par la mer Caspienne, le fleuve Oural, les monts Ourals ou Poyas et le petit fleuve Kara.

La longueur de l'Europe, du N.-E. au S.-O., depuis le fleuve Kara, en Russie, jusqu'au cap Saint-Vincent, en Portugal, est de 5,400 kilomètres; du nord au sud, on compte 4,000 kilomètres (du cap Nord au cap Matapan). Sa superficie est de 10,150,000 kil. carrés.

Les principales mers qui baignent les côtes de l'Europe sont : la mer Blanche, la mer Baltique, la mer du Nord, la Manche, la mer de Gascogne, la mer Adriatique, la mer Méditerranée, la mer de Marmara, la mer Noire, la mer d'Azow et la mer Caspienne.

La ligne de partage des eaux de l'Europe commence au détroit de Gibraltar et se continue jusqu'aux monts Ourals : les principaux noms qu'elle prend sont ceux de : sierras espagnoles, montagnes de France, Alpes de Souabe, montagnes de Bohême, collines de Pologne et mont Waldaï; cette ligne partage l'Europe en deux grands versants : le versant de l'Atlantique et celui de la Méditerranée.

Les principaux fleuves de l'Europe sont : La Dwina, le Niémen, la Vistule et l'Oder, tributaires de la mer Baltique; l'Elbe, le Weser, le Rhin, la Meuse, l'Escaut et la Tamise, qui se jettent dans la mer du Nord; la Seine, qui se jette dans la Manche; la Loire et la Garonne, qui se jettent dans la mer de Gascogne; le Minho, le Douro, le Tage, la Guadiana et le Guadalquivir qui se jettent dans l'Océan; l'Ebre, le Rhône et le Tibre, qui se jettent dans la Méditerranée; le Pô et l'Adige, qui se jettent dans la mer Adriatique; le Danube, le Dniester et le Dniéper qui se jettent dans la mer Noire; le Don, qui se jette dans la mer d'Azow, et le Volga, dans la mer Caspienne.

L'Europe renferme environ 357 millions d'habitants. — La Russie européenne est la contrée qui contient la plus grande population (100 millions). — Viennent ensuite l'Allemagne (50 millions), l'Autriche (42), la France (38), l'Angleterre (37).

Sous le rapport politique, l'Europe est divisée en 19 pays ou gouvernements principaux qui peuvent être ainsi répartis :

6 au nord : l'Angleterre, capitale Londres; — la Belgique, capitale Bruxelles; — les Pays-Bas, capitale La Haye; — le Danemark, capitale Copenhague; — la Suède et la Norwège, qui ne forment qu'un seul royaume, capitales Stockholm et Christiania, — et la Russie, capitale Saint-Pétersbourg.

4 au centre : la France, capitale Paris; — la Suisse, république composée de 22 cantons confédérés dont 3 divisés en demi-cantons formant 25 petites républiques ou Etats indépendants avec un gouvernement central siégeant à Berne; — l'empire d'Autriche, capitale Vienne; — l'empire d'Allemagne, capitale Berlin. L'Allemagne, qui comprenait autrefois 39 Etats réunis sous le nom de Confédération germanique, forme aujourd'hui un empire dont la capitale est Berlin, et qui se compose de la Prusse et de 25 Etats qui ont conservé plus ou moins une certaine indépendance. — (V. *Allemagne*.)

9 au midi : le Portugal, capitale Lisbonne; — l'Espagne, capitale Madrid; — l'Italie, capitale Rome; — la Grèce, capitale Athènes; — la Turquie, capitale Constantinople; — la Roumanie, capitale Bucharest; — la Bulgarie, capitale Sofia; — la Serbie, capitale Belgrade, et la petite principauté de Monténégro, capitale Cettigne.

Il y a encore en Europe trois petits pays indépendants : la principauté de Monaco (14.000 habitants), la république de Saint-Marin (8.000 habitants) et la république d'Andorre (6.000 habitants).

ÉVASION, s. f. Action de s'évader d'un lieu où l'on était retenu prisonnier. L'évasion n'est punissable que lorsqu'elle est accompagnée de violences ou de bris de prison.

Les détenus qui se seront évadés ou qui auront tenté de s'évader par bris de prison ou par violence seront punis de six mois à un an d'emprisonnement. (C. P., art. 245.)

La Cour de cassation a décidé, le 28 avril 1836, que les chambres de sûreté étaient considérées comme prisons dans le sens de la loi et que l'évasion de ces chambres donnerait lieu à l'application des peines portées à l'article 245 du Code pénal. Mais le militaire puni disciplinairement ne peut être considéré comme prévenu dans le sens de la loi : s'il s'évade en brisant les barreaux de la fenêtre, les vitres ou la porte, il faudra avoir recours à l'article 456 du Code pénal, qui réprime le bris de clôture, et non à l'article 245, évasion par bris de prison. (Revision, 17 juin 1881.)

Les gendarmes ne doivent pas oublier que la loi punit de peines sévères ceux qui sont préposés à la garde ou à la conduite des détenus et qui les laissent évader par leur négligence.

En cas d'évasion d'un prisonnier prévenu d'un délit, la peine est de six jours à deux mois de prison; si le prisonnier est prévenu d'un crime, la peine est de deux mois à six mois; si le prisonnier est prévenu d'un crime emportant la peine capitale ou les travaux forcés à perpétuité, la peine est de un an à deux ans de prison. Toutes ces peines s'aggravent lorsqu'il y a connivence, et si l'évasion avec bris de violence a été favorisée par transmission d'armes, les gardiens et conducteurs qui y auront participé seront punis des travaux forcés à perpétuité. (C. P., art. 237 et suivants.) On remarquera, dans ces articles, que les individus non chargés de la garde ou de la conduite des détenus qui facilitent leur évasion sont punis de peines plus fortes que les gardiens.

Les peines d'emprisonnement établies contre les conducteurs ou les gardiens, mais en cas de négligence seulement, cessent lorsque les évadés sont repris dans les quatre mois de l'évasion. (C. P., art. 247.)

Les dispositions des articles 237 et suivants du Code pénal sont applicables aux militaires qui laissent évader des prisonniers de guerre ou d'autres individus arrêtés, détenus ou confiés à leur garde. (C. M., art. 210. — V. circ. minist. du 14 août 1871.)

De nombreux articles du décret du 1er mars 1854 tracent aux gendarmes la ligne de conduite qu'ils doivent suivre en cas d'évasion. — Les art. 386 et 387 leur prescrivent d'enlever aux individus qu'ils doivent transférer les instruments ou autres objets qui pourraient faciliter leur évasion et leur recommandent la plus grande surveillance pendant la route.

L'article 392 prévoit le cas où un prévenu ou un condamné s'est évadé de l'infirmerie, d'une maison de détention ou d'un hôpital : le chef de brigade doit faire rechercher l'individu et se rendre sur le lieu de l'évasion pour dresser procès-verbal du fait et rechercher s'il y a eu connivence ou négligence de la part des gardiens.

L'article 406 s'occupe de l'évasion de l'hôpital militaire d'un prisonnier transféré. — Dans ce cas, et s'il n'y a pas de sous-intendant militaire dans la place, le procès-verbal d'évasion est dressé par la gendarmerie.

L'article 407 traite de l'évasion d'un militaire des mains de la gendarmerie. Le procès-verbal d'évasion est rédigé avec tous les détails nécessaires, et si, dans les cinq jours qui ont suivi l'évasion, l'arrestation n'a pas eu lieu, le commandant de la gendarmerie transmet le procès-verbal au Ministre de la guerre (Bureau de la justice militaire), et lui fait connaître en même temps s'il a été fait des poursuites contre les fauteurs de l'évasion et quel en a été le résultat.

Les articles 415 et suivants s'occupent spécialement de la responsabilité de la gendarmerie pendant les transfèrements de prisonniers. Prendre toutes les mesures de précaution pour empêcher les évasions tout en évitant toute rigueur inutile, mais ne pas hésiter à employer la force des armes, s'il y a résistance, rébellion ou voies de fait. — L'article 417 est ainsi conçu : Dans le cas où il y a rébellion de la part des prisonniers et tentative violente d'évasion, le commandant de l'escorte, dont les armes doivent toujours être chargées, leur enjoint, au nom de la loi, de rentrer dans l'ordre, en leur déclarant que, s'ils n'obéissent pas, ils vont y être contraints par la force des armes. Si cette injonction n'est pas écoutée et si la résistance continue, la force des armes est déployée à l'instant même pour contenir les fuyards, rebelles et révoltés.

Si, par suite de l'emploi des armes, des prisonniers transférés sont restés sur place, prévenir immédiatement le juge de paix ou tout autre officier de police judiciaire et le commandant d'arrondissement; rédiger un procès-verbal détaillé, requérir le maire de la commune d'avoir à dresser l'acte de décès et de pourvoir à l'inhumation : compte rendu de l'événement est immédiatement envoyé par le commandant de l'arrondissement aux Ministres de la guerre, de l'intérieur, de la justice, et au chef de légion.

Si des prisonniers en route viennent à s'évader, continuer la conduite de ceux qui restent, commencer immédiatement les recherches en requérant les agents de l'autorité et les citoyens et envoyer le signalement aux brigades voisines. Le commandant d'arrondissement recherche s'il y a connivence ou négligence de la part des gendarmes et rend compte au Ministre de la guerre. (Décr. du 1er mars 1854, art. 422.) En cas d'évasion de détenus par suite de négligence, les gendarmes chargés de la conduite sont passibles de peines proportionnées à la nature des crimes ou délits dont sont accusés les prévenus, ou des peines auxquelles ils sont condamnés; il est donc indispensable, dans l'espèce, de rédiger les procès-verbaux avec exactitude et d'entrer dans tous les détails pour préciser la responsabilité attachée à ces évasions. Une circulaire ministérielle du 25 septembre 1866 leur prescrit de fouiller avec soin les individus qu'ils arrêtent ou qu'ils incarcèrent, afin de bien s'assurer qu'ils n'ont pas sur eux des pièces à conviction, des armes ou des instruments qui puissent servir à favoriser leur évasion.

Les gendarmes qui laissent évader des prisonniers militaires peuvent être mis dans l'obligation de rembourser les effets d'habillement ou autres dont leurs prisonniers étaient détenteurs. (Art. 6 de l'instr. minist. du 15 août 1858.)

Primes d'arrestation d'un évadé. La capture d'un évadé des ateliers de travaux publics ou d'un pénitencier donne droit à une prime de 25 francs, quel que soit le temps de l'absence. (Règl. du 12 avril 1893, art. 183.)

La capture d'un forçat évadé d'un établissement pénitentiaire dépendant du ministère de la marine donne droit à une prime de 50 francs. (Même règl., art. 188.)

L'arrestation d'un forçat ou de tout autre condamné adulte évadé d'un des établissements pénitentiaires dépendant du ministère de l'intérieur donne également droit à une prime de 50 francs, quel que soit le lieu de la détention et de l'arrestation. La même prime de 50 francs est accordée dans le cas où l'évasion a eu lieu pendant le transfèrement opéré sous la conduite des agents du service des transports cellulaires. Le paiement de ces primes s'effectue d'après les formalités prescrites par l'article 189 du même règlement.

Il y a lieu de remarquer que les dispositions de l'article 188 du règlement du 12 avril 1893, ne sont applicables qu'au cas où le forçat a été repris soit en France, soit dans une colonie autre que celle de son internement. Le montant de la prime de capture due pour l'arrestation des forçats et transportés de toutes catégories, repris dans la colonie pénitentiaire où ils sont internés, continue à être déterminé par les arrêtés locaux rendus par les gouverneurs.

de la Guyane et de la Nouvelle-Calédonie. (Arrêté du 5 mai 1881.)

L'arrestation d'un jeune détenu évadé d'une maison d'éducation correctionnelle appartenant à l'Etat donne droit à une prime de 15 francs. (Règl. du 12 avril 1893, art. 188.) — Une circulaire du 17 décembre 1863 met également à la charge du directeur des colonies privées les frais de réintégration des jeunes détenus évadés, mais il leur appartient de fixer le montant de la prime à payer. (V. circ. des 7 janvier 1867 et 5 novembre 1895.)

ÉVENEMENT, s. m. Se dit de tout fait ayant une certaine importance. — En cas d'événements extraordinaires, de sinistres ou de faits quelconques ayant un caractère grave et pouvant compromettre la sécurité publique, les commandants d'arrondissement, après avoir averti le commandant de la compagnie, se transportent immédiatement sur les lieux. — Un rapport succinct sur ces événements doit être envoyé le plus tôt possible aux Ministres de la guerre et de l'intérieur, ainsi qu'aux généraux, aux procureurs généraux et aux préfets. Ces rapports sont faits, pour les événements qui surviennent dans les arrondissements des chefs-lieux de préfecture, par les commandants de compagnie et, pour ceux qui ont lieu dans l'arrondissement de chaque sous-préfecture, par le commandant de la gendarmerie de cet arrondissement. (Décr. du 1er mars 1854, art. 76.)

Une circulaire confidentielle en date du 31 mars 1889 rappelle que la gendarmerie ne doit de rapports qu'aux seules autorités civiles et militaires mentionnées au décret du 1er mars 1854. (Art. 104, 110 et 126.)

L'article 77 du décret du 1er mars indique les principaux événements qui doivent donner lieu à des rapports immédiats : les vols avec effraction commis par des malfaiteurs, au nombre de plus de deux ; les incendies, les inondations et autres sinistres de toute nature et les assassinats ; les attaques des voitures publiques, des courriers, des convois de deniers de l'Etat ou de munitions de guerre ; l'enlèvement et le pillage des caisses publiques et des magasins militaires ; les arrestations d'embaucheurs, d'espions employés à lever le plan des places et du territoire ou à se procurer des renseignements sur la force et les mouvements des troupes ; la saisie de leur correspondance et de toutes pièces pouvant donner des indices ou fournir des preuves de crimes ou de complots attentatoires à la sûreté intérieure ou extérieure de la République ; les provocations à la révolte contre le gouvernement ; les attroupements séditieux ayant pour objet le pillage des convois de grains ou de farine ; les émeutes populaires ; les découvertes d'ateliers et instruments servant à fabriquer la fausse monnaie ; l'arrestation des faux-monnayeurs ; les assassinats tentés ou consommés sur les fonctionnaires publics ; les attroupements, armés ou non armés, qualifiés séditieux par les lois ; les distributions d'argent, de vin, de liqueurs enivrantes, et les autres manœuvres tendant à favoriser la désertion ou à empêcher les militaires de rejoindre leurs drapeaux ; les attaques dirigées contre la force armée chargée des escortes et des transfèrements des prévenus ou condamnés ; les rassemblements, excursions et attaques de malfaiteurs réunis et organisés en bandes, dévastant et pillant les propriétés ; les découvertes de dépôts d'armes cachées, d'ateliers clandestins de fabrication de poudre, de lettres comminatoires, de signes et mots de ralliement, d'écrits, d'affiches et de placards incendiaires provoquant à la révolte, à la sédition, à l'assassinat et au pillage ; l'envahissement, avec violence, d'un ou de plusieurs postes télégraphiques, et la destruction, par des individus ameutés, des appareils de télégraphie, soit électrique, soit aérienne ; la dégradation d'une partie quelconque de la voie d'un chemin de fer, commise en réunion séditieuse, avec rébellion ou pillage ; et généralement tous les événements qui exigent des mesures promptes et décisives, soit pour prévenir le désordre, soit pour le réprimer. (Décr. du 1er mars 1854, art. 77.)

En outre, deux notes ministérielles, en date des 27 novembre 1888 et 30 avril 1893, prescrivent aux généraux chefs de corps ou de service, etc., de porter immédiatement, par télégramme, à la connaissance du Ministre, sans préjudice du rapport détaillé à lui faire parvenir, par la voie hiérarchique, tous les faits ayant une importance réelle au point de vue des intérêts généraux de l'armée ou du pays qui se produisent dans l'étendue de leur commandement. Indépendamment des faits indiqués dans ces notes, le Ministre a intérêt à connaître rapidement certains événements ou incidents d'une importance moindre, tels que accidents, rixes, etc., auxquels sont mêlés des militaires.

ÉVÊQUE, s. m. Prélat catholique (V. *Archevêque.*)

EXACTION, s. f. L'exaction est une véritable escroquerie qui consiste à se faire donner de l'argent en employant des manœuvres frauduleuses telles que celles définies par l'article 405 du Code pénal.

Les gendarmes qui, en employant des manœuvres frauduleuses pour persuader de l'existence d'un pouvoir ou d'un crédit imaginaire ou pour faire naître l'espérance ou la crainte d'un succès, d'un accident ou de tout autre événement chimérique, se feraient remettre de l'argent, des meubles, des obligations, etc., commettraient une exaction et seraient passibles, conformément à l'article précité, d'un emprisonnement d'un an à cinq ans et d'une amende de 50 à 3,000 francs.

EXAMEN, s. m. Epreuve que l'on fait subir à un candidat pour juger de sa capacité. — Les grades de brigadier, de caporal et de sous-officier ne se donnent qu'aux militaires qui ont prouvé qu'ils étaient complètement à hauteur de leurs devoirs. — Le grade de sous-lieutenant n'est conféré qu'à celui qui possède non seulement une grande aptitude militaire, mais encore une somme de connaissances générales nécessaires à tout homme qui occupe une certaine position sociale.

Aux termes du décret du 1er mars 1854, les sous-officiers de l'arme proposés pour officiers doivent subir des examens dont le programme fait l'objet de l'annotation portée à l'article 55. L'article 59 du même décret fixe le programme des examens à subir par les officiers des autres armes qui demandent à passer dans la gendarmerie.

Les officiers classés ne sont plus assujettis chaque année aux épreuves de l'examen. (Note minist. du 20 décembre 1879.)

Les adjudants sous-officiers, sergents-majors et maréchaux des logis chefs des divers corps de troupes proposés pour entrer dans la gendarmerie en qualité de maréchaux des logis et de brigadiers doivent également satisfaire à des examens dont les programmes sont détaillés dans l'annotation portée aux articles 44 et 45 du décret du 1er mars 1854. — Le programme des connaissances exigées des lieutenants et des capitaines proposés pour l'avancement a été fixé par les décisions ministérielles du 6 juin et du 15 juillet 1873.

Les déplacements pour aller subir les épreuves d'un concours donnent droit à l'indemnité journalière de route. (Règlem. du 15 décembre 1898.)

EXCÉDENT D'ATTELAGES. (V. *Roulage.*)

EXCÉDENT DE BAGAGES. Au delà de 30 kilos, l'excédent de bagages, en chemin de fer, est taxé au quart du tarif, mais dans la limite de 70 kilos pour les sous-officiers et soldats, 200 kilos pour les officiers subalternes et 300 kilos pour les officiers supérieurs et généraux. (Décr. du 12 juin 1867.)

EXCITATION, s. f. Action de pousser quelqu'un à faire quelque chose de nuisible. — *Excitation à la débauche.* Elle est punie d'un emprisonnement de six mois à deux ans et d'une amende de 50 à 500 francs. (C. P., art. 334 et suivants.) (V. *Attentats aux mœurs.*)

Excitation à la guerre civile. (V. *Provocation.*)

Excitation d'animaux. Ceux qui auront excité ou n'auront pas retenu leurs chiens lorsqu'ils attaquent ou poursuivent les passants, lors même qu'il n'en serait résulté aucun mal ou dommage, seront punis d'une amende de 1 à 5 francs. (C. P., art. 475, nº 7.)

EXCLUSION, s. f. Action de repousser, d'éloigner.

Sont exclus de l'armée, mais mis, soit pour leur temps de service actif, soit en cas de mobilisation, à la disposition du Ministre de la guerre.

ou du Ministre des colonies, suivant qu'ils se trouvent en France ou dans les colonies : 1° les individus qui ont été condamnés à une peine afflictive ou infamante ; 2° ceux qui, ayant été condamnés à une peine correctionnelle de deux ans d'emprisonnement et au-dessus, ont, en outre, été frappés de l'interdiction, en tout ou en partie, des droits civiques, civils ou de famille ; 3° les relégués collectifs. — Les relégués individuels sont incorporés dans les corps de disciplinaires coloniaux. (Loi du 15 juillet 1889, art. 4.)

Le décret du 28 décembre 1900 détermine les conditions de service aux colonies des hommes de l'armée exclus du service actif à la suite de condamnations. Ces hommes ne sont pas armés. Pendant la durée de leur service actif, ils sont affectés en Algérie ou dans les colonies à des travaux d'intérêt militaire. En cas de mobilisation, ils sont affectés aux travaux de défense. (V. les arrêtés des 23 octobre 1895, 22 mai 1896, 10 février 1899 et 13 mars 1901, relatifs à l'administration, à l'appel et à la mise en route des exclus métropolitains.)

La loi du 24 mars 1897 renferme des dispositions particulières relatives aux exclus qui commettent des crimes ou des délits pendant leur période d'activité après leur renvoi dans leur foyers.

EXCUSABLE, adj. En jurisprudence, on dit qu'un crime est excusable lorsqu'il a été commis dans des circonstances telles que la loi a cru devoir lui appliquer une pénalité diminuée de plusieurs degrés. Sont excusables : les crimes et délits commis en repoussant pendant le jour l'escalade ou l'effraction des clôtures, murs ou entrée d'une maison ou d'un appartement; le meurtre commis par l'époux sur son épouse ainsi que sur le complice à l'instant où il les surprend en flagrant délit dans la maison conjugale; le crime de castration, s'il a été provoqué par un outrage violent à la pudeur. Le parricide n'est jamais excusable. (V. les articles 321 et suivants du Code pénal.)

EXÉCUTIF, IVE, adj. Le pouvoir exécutif est celui qui est chargé de faire exécuter les lois ; en France, le Président de la République et les Ministres représentent le pouvoir exécutif ; le pouvoir législatif appartient à l'Assemblée et au Sénat.

EXÉCUTION, s. f. Action d'exécuter, c'est-à-dire de faire, dans l'ordre physique ou moral, une chose qui a été prescrite, ordonnée, décidée. — Exécution d'une loi, d'un jugement, d'un plan, d'une idée. — On nomme exécution capitale l'action de mettre à mort un condamné. En matière criminelle civile, tout condamné à mort aura la tête tranchée. Aucune condamnation ne pourra être exécutée les jours de fêtes nationales ou religieuses, ni les dimanches. (C. P., art. 12 et 25.)

Les détachements de gendarmerie requis lors des exécutions des criminels condamnés par les cours d'assises sont uniquement préposés pour maintenir l'ordre, prévenir ou empêcher les émeutes et protéger, dans leurs fonctions, les officiers de justice chargés de mettre à exécution les arrêts de condamnations. (Décr. du 1er mars 1854, art. 109.)

Tout individu condamné à mort par un conseil de guerre est fusillé. (C. M., art. 187.)

Cette exécution aura lieu militairement comme il suit :

Art. 2. Le commandant de place ou le commandant d'armes fait commander pour l'exécution un adjudant sous-officier, quatre sergents ou maréchaux des logis, quatre caporaux ou brigadiers et quatre soldats pris à tour de rôle, en commençant par les plus anciens, dans le corps auquel appartenait le condamné, et, lorsque le condamné n'appartiendra pas à un des corps de la garnison, le peloton d'exécution sera fourni à tour de rôle par les corps qui se trouvent dans la place, en commençant par le plus bas numéro.

Art. 3. Il est commandé, en même temps que le peloton d'exécution, un cinquième sergent ou maréchal des logis pris également parmi les plus anciens et dont le rôle sera déterminé ci-après.

Art. 4. Un poteau, muni d'un crochet, sera planté au lieu fixé pour l'exécution ; un sillon tracé à six mètres en avant de ce poteau indiquera la distance à laquelle le peloton, composé de douze hommes, devra se ranger devant le condamné. L'adjudant, auquel un officier de l'état-major de la place fera connaitre le moment de l'exécution, fera charger les armes avant l'arrivée du condamné.

Art. 5. Le condamné est amené sur le terrain par un détachement de 50 hommes; il n'est pas porteur de ses insignes. Lorsqu'il arrive au centre des troupes, elles portent les armes, les tambours battent aux champs.

Art. 6. Le condamné sera adossé au poteau; pendant la lecture de l'extrait du jugement, conformément à la loi, un soldat, désigné à l'avance, lui bandera les yeux et le fera mettre à genoux. — Dans ce moment, le peloton formé sur deux rangs prendra place à la distance indiquée, et le condamné étant laissé seul, l'adjudant placé à quatre pas sur la droite et à deux pas en avant du peloton, lèvera son épée. A ce signe, les 12 hommes mettront en joue; chacun visera à la poitrine, sur une ligne qui joindrait les deux bras, c'est-à-dire entre le coude et les deux épaules; l'adjudant gardant son épée élevée, laissera au peloton le temps d'assurer son tir, puis il prononcera distinctement le commandement « Feu! » qui sera immédiatement suivi d'exécution.

Art. 7. Un médecin militaire choisi, soit dans le corps de troupe qui aura fourni les tireurs, soit à tour de rôle parmi les plus anciens de la garnison, devra assister à l'exécution. Aussitôt après le feu du peloton, il s'approchera du corps du condamné pour décider s'il faut ou non donner le coup de grâce.

Art. 8. S'il y a nécessité de donner le coup de grâce, le sous-officier commandé en même temps que le peloton d'exécution, ainsi qu'il est dit à l'article 3, dont l'arme sera chargée d'avance et qui se tiendra à côté du médecin militaire, placera l'extrémité du canon à cinq centimètres de l'oreille du supplicié et fera ainsi feu à bout portant.

Art. 9. Les exécutions multiples seront toujours simultanées. Les condamnés seront placés sur une même ligne et séparés par une distance de dix mètres. Un seul adjudant commandera le feu.

Art. 10. Le médecin militaire qui a assisté à l'exécution examinera le cadavre du supplicié; il indiquera dans un rapport médico-légal le nombre et le siège des blessures et appréciera, s'il y a lieu, les circonstances majeures qui auraient, en faisant varier le procédé d'exécution, rendu le coup de grâce nécessaire. Ce rapport, indépendant de celui par lequel le décès est médicalement constaté, sera immédiatement remis à l'autorité militaire supérieure qui a ordonné l'exécution du jugement.

Art. 11. Toutes les dispositions antérieures relatives au mode d'exécution militaire des condamnés à mort sont abrogées. (Décr. du 25 octobre 1874 et décr. du 4 octobre 1891, art. 127.) — Les articles 189 et suivants du Code militaire règlent les formalités à observer pour l'exécution des jugements entraînant la dégradation ou la peine des travaux publics. (V. ces mots.)

Lors de l'exécution des jugements des tribunaux militaires, soit dans les divisions de l'intérieur, soit dans les camps ou armées, la gendarmerie, s'il y en a, ne peut être commandée que pour assurer le maintien de l'ordre, et reste *étrangère à tous les détails de l'exécution*. (Décr. du 4 octobre 1891, art. 122.) — Un détachement de troupes de ligne est toujours chargé de conduire les condamnés au lieu de l'exécution, et si la peine que doivent subir ces condamnés n'est pas capitale, ils sont, après que le jugement a reçu son effet, remis à la gendarmerie, qui requiert qu'une portion du détachement lui prête main-forte pour assurer le transfèrement et la réintégration des condamnés dans la prison. (V. instr. du 18 avril 1891, art. 95.)

EXEMPTION, s. f. Droit, privilège qui exonère d'une charge commune. — La loi du 15 juillet 1889 (art. 20) n'accorde l'exemption du service militaire qu'à ceux que leurs infirmités rendent impropres à tout service actif ou auxiliaire dans l'armée.

L'instruction du 31 janvier 1902 énumère les maladies, infirmités ou vices de conformation qui rendent impropre au service militaire.

Les exemptés sont pourvus d'un certificat qu'ils doivent présenter à toute réquisition. (Loi du 15 juillet 1889, art. 20.)

EXERCICE, s. f. Action d'exercer, de s'exercer. Ce mot a de nombreuses significations. — En administration, on entend par *exercice* la visite que les agents de la régie font chez les marchands et débitants de boissons pour assurer le payement des droits. — On appelle *assujettis* ceux qui sont soumis à cette surveillance.

La loi du 29 décembre 1900 a supprimé l'exercice des débits de boisson avec cependant cette restriction contenue dans l'article 5 :

Dans les communes où il n'existe pas de surveillance effective et permanente aux entrées, toute personne qui vend en détail des boissons reste seulement assujettie, dans ses caves, magasins et autres locaux affectés au commerce, aux visites des employés de la régie qui pourront effectuer les vérifications et prélèvements nécessaires pour l'application des lois concernant les fraudes commerciales et les fraudes fiscales.

Le chef de légion fixe chaque année la marche de l'instruction et la durée des exercices. Les gendarmes suffisamment instruits peuvent être dispensés d'y assister par le commandant d'arrondissement. (Service intérieur, art. 4.)

Exercice illégal de la médecine. (V. *Médecin.*)

EXHUMATION, s. f. Action de déterrer un cadavre. — Les maires peuvent autoriser les parents à faire exhumer un corps pour le transporter dans un autre lieu. — L'article 360 du Code pénal punit d'un emprisonnement de 3 mois à un an et de 16 francs à 200 francs d'amende quiconque s'est rendu coupable de violation de tombeaux ou de sépultures, sans préjudice des peines contre les crimes ou délits qui se seraient joints à celui-ci. L'autorité judiciaire peut ordonner l'exhumation lorsqu'il s'agit de rechercher les traces d'un crime ; elle est faite, autant que possible, en présence de l'accusé.

EXILER, v. a. Contraindre un citoyen à quitter son pays. Envoyer en exil est synonyme de bannir. (V. *Bannissement.*)

EXONERER, v. a. Décharger, libérer. Exonérer d'un impôt, d'une amende. L'exonération du service militaire au moyen d'une prestation en argent, dont le taux était fixé chaque année par le Ministre de la guerre, n'existe plus aujourd'hui.

EXPÉDITION, s. f. Action d'expédier, d'envoyer. — Les expéditions d'effets sont faites par les soins des fournisseurs. Ce mot signifie également la copie littérale d'un acte, d'un procès-verbal. — Une expédition des procès-verbaux est toujours envoyée au commandant d'arrondissement. Enfin, en terme militaire, ce mot s'emploie pour désigner l'ensemble des opérations effectuées par une armée en pays étranger. L'expédition d'Egypte eut lieu en 1798.

EXPERT, E, adj. Habile par expérience. En jurisprudence, on donne le nom d'experts à des personnes qui sont choisies pour donner leur avis sur des questions que les magistrats ne peuvent apprécier, parce qu'elles exigent des connaissances spéciales.

Lorsque les officiers ou les chefs de brigade de gendarmerie agissent comme officiers de police judiciaire, ils peuvent appeler près d'eux des experts. — Dans ce cas, et conformément à l'article 262 du décret du 1er mars 1854, ils leur font prêter serment de faire leur rapport et de donner leur avis en honneur et conscience. (V. la note minist. du 7 mai 1863. — J. M., 10e vol., page 238.)

EXPLOIT, s. m. Action de guerre mémorable. Fait d'armes prouvant un grand courage. — En procédure civile, le mot exploit signifie l'acte d'un huissier contenant une assignation ou une notification faite à quelqu'un. — Les exploits des huissiers doivent être écrits sur papier timbré et remis par eux à la personne assignée ou à l'un des siens.

EXPLOSIF, VE, adj. Peut être employé substantivement et signifie alors un engin qui éclate par commotion, accompagnée de détonation ou à l'aide d'un mécanisme intérieur. La loi du 18 décembre 1893 punit d'un emprisonnement de six mois à cinq ans et d'une amende de 50 à 3.000 francs tout fabricant ou détenteur sans autorisation et sans motifs légitimes de machines ou engins meurtriers agissant par explosion.

EXPOSITION D'ENFANT. (V. *Abandon.*)

EXPULSION, s. f. (V. *Saisie.*) L'expulsion des femmes de gendarmes de la caserne ne peut être prononcée que par le chef de légion. (V. Service intérieur, art. 119.)

EXPROPRIATION, s. f. Terme de jurisprudence qui signifie dépossession par voie légale. — Lorsque la loi a déclaré que certains travaux étaient d'utilité publique, un arrêté du préfet désigne les immeubles auxquels la loi d'expropriation est applicable, et les propriétaires de ces immeubles sont alors obligés de les céder à l'Etat moyennant un prix fixé à l'amiable ou par un jury. La gendarmerie peut être chargée de la remise des significations et notifications prévues par la loi du 3 mai 1841, en matière d'expropriation. (Note minist. du 7 février 1887.)

EXTORSION, s. f. Celui qui obtient par force la signature ou la remise d'un titre, d'un acte, d'un écrit quelconque portant obligation ou décharge commet le crime d'extorsion de signature, que le Code pénal, article 400, punit de la peine des travaux forcés à temps.

EXTRACTION, s. f. Action d'extraire, de retirer, en parlant d'un objet enfoui, de faire sortir momentanément un prisonnier de sa prison.

L'extraction des prévenus qui doivent être conduits à l'audience ou devant le juge d'instruction doit toujours être faite par les huissiers, à moins que les prisonniers à extraire soient valides et dangereux. (V. *Huissier.*)

Lorsque les magistrats jugent qu'il peut y avoir danger à confier ce service aux huissiers, ils adressent leurs réquisitions à la gendarmerie, qui doit y obtempérer, sauf à signaler au Ministre, par la voie hiérarchique, les réquisitions qui ne lui paraîtraient pas suffisamment justifiées. (V. les circ. des 12 septembre et 20 décembre 1877, et 1er juillet 1884.)

EXTRADITION, s. f. Action de remettre à un gouvernement un condamné ou un prévenu qui lui appartient. Il existe entre les divers pays des traités d'extradition ayant pour but de livrer aux autorités de chacun des pays contractants les individus accusés de crimes. Il est admis par presque tous les gouvernements que l'extradition n'est jamais accordée pour les prévenus de crimes ou de délits politiques, pour les auteurs de simples délits et pour les militaires déserteurs. — Les chevaux et les effets d'armement, d'équipement et d'habillement doivent seulement être rendus. — Quant aux matelots, toutes les puissances se sont entendues pour faire rechercher et arrêter, sur la simple demande des consuls, tous ceux qui désertent pendant que le bâtiment se trouve dans un port. (Circ. du Ministre de la justice du 5 avril 1841.)

EXTRAIT, s. m. Copie tirée d'un livre, d'un ouvrage, d'un écrit quelconque.

Extraits de jugement. — Les extraits de jugement qui, aux termes de l'article 1er du décret du 16 octobre 1882, devaient être fournis à l'appui des mémoires pour toucher les gratifications en matière de chasse et de pêche, sont remplacés par un état des extraits des procès-verbaux dressés. Cet état est établi par le commandant d'arrondissement. (Règl. du 12 avril 1893, art. 197, et mod. n° 71.)

Le salaire dû aux greffiers chargés de compléter ces états est fixée à 0 fr. 15 par extrait, mais dans le cas seulement où le procès-verbal sera suivi de condamnation. L'avance de ces frais est faite par le commandant d'arrondissement. (Lettre manuscrite du Ministre de la guerre en date du 12 janvier 1894 et circulaire du Ministre de la justice en date du 5 mars 1894, qui réglemente la question pour tous les agents verbalisateurs.)

EXTRA JUDICIAIRE, adj. Ce mot s'emploie pour désigner un acte judiciaire qui n'est point relatif à un procès actuellement pendant devant la justice.

F

FABRIQUE, s. f. Endroit où l'on transforme des matières premières en produits destinés au commerce.

Fabrique d'armes. (V. *Manufacture.*)

Travail des enfants dans les fabriques et les manufactures. (V. *Enfants.*)

On désigne aussi sous le nom de fabrique la réunion d'un certain nombre de personnes chargées d'administrer les biens et les revenus des églises.

La *marque de fabrique* est un signe que les commerçants peuvent mettre sur les produits qu'ils fabriquent pour s'en assurer la propriété; le dépôt de cette marque se fait au greffe du tribunal de commerce ou du tribunal civil, et ceux qui se seraient servis d'une marque de fabrique qui ne leur appartient pas peuvent être poursuivis.

FACTEUR, s. m. Fabricant d'instruments de musique. — Employé des postes chargé de porter les lettres. Avant d'entrer en fonctions, les facteurs prêtent serment devant le tribunal civil; ils sont nommés et peuvent être révoqués par le directeur général des postes. — Nul ne peut être nommé facteur s'il n'a 18 ans au moins et 40 ans au plus. — Un facteur qui ouvrirait ou qui supprimerait une lettre à lui confiée tomberait sous le coup de l'article 187 du Code pénal et serait puni d'un emprisonnement de trois mois à cinq ans et d'une amende de 16 à 500 francs.

Les facteurs des postes sont admis à présenter et à recevoir directement dans les casernes et autres établissements militaires, les effets de commerce et autres valeurs commerciales payables par des militaires. (V. Service intérieur, art. 119, et le mot *Caserne.*)

FACTIONNAIRE, s. m. Soldat en faction, c'est-à-dire chargé de veiller à la sécurité d'un poste quelconque. La sentinelle est le factionnaire à pied; la vedette est le factionnaire à cheval. La durée de la faction est en général de deux heures.

Tout militaire qui, étant en faction ou en vedette, abandonne son poste sans avoir rempli sa consigne, est puni : 1° de la peine de mort, s'il était en présence de l'ennemi ou de rebelles armés; 2° de deux à cinq ans de travaux publics, si, hors le cas prévu par le paragraphe précédent, il était sur un territoire en état de guerre ou en état de siège; 3° d'un emprisonnement de deux mois à un an dans tous les autres cas.

Tout militaire qui, étant en faction ou en vedette, est trouvé endormi, est puni : 1° de deux à cinq ans de travaux publics, s'il était en présence de l'ennemi ou de rebelles armés; 2° de six mois à un an d'emprisonnement si, hors le cas prévu par le paragraphe précédent, il était sur un territoire en état de guerre ou en état de siège; 3° de deux mois à six mois d'emprisonnement, dans tous les autres cas. (Code de justice militaire, art. 211 et 212.) — Les devoirs des sentinelles sont définis dans les articles 85 et suivants du décret du 4 octobre 1891.

FACTURE, s. f. Les règlements

particuliers à chaque service, en précisant les dépenses, ont, en outre, fixé la nature des documents propres à les justifier. Ces documents prennent le nom de facture et, dans certains cas, celui de mémoire lorsqu'ils concernent des dépenses de livraisons, fournitures, achats, travaux, etc.

FACULTE, s. f. On donne le nom de faculté à des corps de professeurs chargés de donner dans certaines villes l'enseignement supérieur. Il existe en France cinq ordres de facultés : les facultés de théologie, les facultés de droit, les facultés des sciences, les facultés des lettres et les facultés de médecine.

On appelle aussi facultés les aptitudes naturelles de l'âme : telles sont l'intelligence ou la faculté de connaître, la volonté ou la faculté d'agir, la mémoire, etc., etc.

FAILLITE, s. f. Lorsqu'un commerçant ne peut pas payer ses dettes à l'échéance, il est dit en état de faillite. Lorsque la faillite a été prononcée par un tribunal de commerce, le failli ne peut plus s'occuper de l'administration de ses biens. (Code de commerce, art. 443.) — Si la faillite a été amenée à la suite d'imprudences ou de fraudes, la faillite prend le nom de banqueroute simple ou frauduleuse, suivant le cas. — Le banqueroutier simple est puni d'un emprisonnement d'un mois à deux ans, et le banqueroutier frauduleux est puni de la peine des travaux forcés à temps. (C. P., art. 402.)

La faillite d'un entrepreneur des fournitures d'effets d'habillement, d'équipement et autres, à la gendarmerie, entraîne de droit la résiliation du marché, sauf le cas où les héritiers ou ayants cause offriraient de continuer l'exécution du service et seraient agréés par le Ministre.

Une circulaire récente du grand chancelier rappelle aux membres de l'ordre que, l'état de faillite emportant la suspension légale des droits et prérogatives attachés à la qualité de membre de la Légion d'honneur, aux termes de l'arrêté du 24 ventôse an XII, de l'article 39 du décret organique du 16 mars 1852, et de l'article 2 du décret du 24 novembre suivant, ceux des légionnaires qui se trouvent dans cette position doivent immédiatement quitter les insignes de l'ordre, jusqu'au moment de leur réhabilitation prononcée par arrêt judiciaire, sous peine d'être poursuivis conformément à l'article 259 du Code pénal.

La prime due pour l'arrestation d'un failli est la même que celle accordée pour la mise à exécution d'un mandat d'arrêt, soit 12, 15 ou 25 francs, suivant l'importance de la population de la localité dans laquelle l'arrestation a eu lieu. (Circ. aux procureurs généraux, sur l'avis du Conseil d'Etat, du Ministre de la justice, en date du 30 avril 1827.) — Si le syndic déclare que la faillite a les fonds nécessaires pour le paiement du montant de la prime, celle-ci est ordonnancée par le président du tribunal et payée au conseil d'administration par le syndic; dans le cas contraire, le mémoire des frais de capture est acquitté par le receveur d'enregistrement. (Décis. du Ministre de la justice du 16 mars 1876; circ. du Garde des sceaux en date du 8 juin 1838 et article 461 du Code de commerce.)

FAISCEAU, s. m. Réunion de fusils dont les baïonnettes sont entrecroisées les unes dans les autres par leursquillons.

FAIT, s. m. Action, acte, événement, chose constatée. On donne le nom de fait d'armes, fait de guerre, à un événement accompli par des troupes en campagne. Ce mot donne lieu à un grand nombre de locutions. Prendre quelqu'un sur le fait, c'est le surprendre en flagrant délit. — Les voies de fait sont des violences physiques auxquelles on se porte contre quelqu'un. — Etre sûr de son fait, c'est être certain de ce que l'on dit ou de ce que l'on fait. — Etre au fait de quelque chose, c'est être instruit de cette chose. — Prendre fait et cause pour quelqu'un, c'est se ranger de son avis, se mettre de son côté, etc.

FALSIFICATION, s. f. Action d'altérer, de dénaturer une chose dans l'intention de tromper. Lorsque la falsification est faite sur des denrées alimentaires, le résultat est d'abord de donner une chose d'une valeur moindre que celle qu'on croit acheter et, dans beaucoup de cas, de livrer au consommateur un produit dangereux pour sa santé. Il peut donc y avoir à la fois, dans la falsification, vol et empoisonnement, et la loi du 27 mars-1er avril 1851 s'est occupée de réprimer ce délit, qui intéresse au plus haut degré la santé publique. Cette loi punit d'un emprisonnement de trois mois à un an et d'une amende qui ne peut être inférieure à 50 francs ceux qui auront falsifié des denrées alimentaires ou médicamenteuses, ainsi que ceux qui les auront vendues ou mises en vente. Si ces denrées ont été falsifiées avec des mixtions nuisibles à la santé, l'emprisonnement ira jusqu'à 3 ans et l'amende jusqu'à 500 francs. — Enfin l'article 3 de la loi du 27 mars punit d'un amende de 16 à 25 francs et d'un emprisonnement de 6 à 10 jours le fait seul d'avoir, sans motifs légitimes, dans les magasins, boutiques, halles, marchés, etc., exposé des substances alimentaires ou médicamenteuses qu'on sait être falsifiées ou corrompues. Les dispositions de la loi du 27 mars 1851 sont applicables aux boissons. (Loi du 5-9 mai 1855.)

Si, dans les cas prévus par les paragraphes 1 et 2 de l'article 1er de la loi du 27 mars 1851, il s'agit de vin additionné d'eau, les pénalités édictées par l'article 423 du Code pénal et par la loi du 27 mars 1851 seront applicables même dans le cas où la falsification par addition d'eau serait connue de l'acheteur ou du consommateur.

Toutes les dispositions contenues dans l'article précédent s'appliqueront lorsqu'il s'agira de vin additionné d'alcool. (Loi du 24 juillet 1894, art. 1 et 2.)

Si la falsification ou l'altération des boissons a été faite par un voiturier ou par tout autre individu chargé du transport de ces boissons, l'emprisonnement sera de un mois à un an et l'amende de 16 à 100 francs. Mais s'il a été mélangé aux boissons des substances malfaisantes, l'emprisonnement sera de 2 à 5 ans et l'amende de 25 à 500 francs. (C. P., art. 387.) (V. *Boisson*.) — Cette législation sur les falsifications est-elle suffisante? Il est permis d'en douter en présence des falsifications et des fraudes plus nombreuses chaque jour. — Les marchandises constituant le délit seront confisquées, et, suivant le cas, versées au bureau de bienfaisance ou détruites aux frais du condamné.

La loi du 14 mars 1887 réprime les fraudes commises dans la vente des beurres.

Seront punis d'un emprisonnement de 6 jours à 6 mois et de 50 à 3,000 francs d'amende ceux qui auront exposé, mis en vente ou vendu, importé ou exporté sous le nom de beurre de la margarine, de l'oléo-margarine et d'une manière générale toute substance destinée à remplacer le beurre, ainsi que les mélanges de margarine, de graisse, d'huile ou d'autres substances avec le beurre, quelle que soit la quantité qu'en renferment ces mélanges.

Lorsque les gendarmes croient qu'un marchand livre de la marchandise falsifiée, ils doivent autant que possible la faire examiner par un expert, par un pharmacien par exemple, et, si la fraude existe, dresser immédiatement procès-verbal et prévenir le juge de paix ou le commissaire de police, pour que des perquisitions soient faites dans les magasins du délinquant.

Le Code militaire, article 265, punit de la réclusion tout militaire, tout administrateur ou comptable militaire qui falsifie ou fait falsifier des substances, matières, denrées ou liquides confiés à sa garde ou placés sous sa surveillance, ou qui, sciemment, distribue ou fait distribuer lesdits liquides, substances, matières ou denrées falsifiés. — La peine de la réclusion est également prononcée contre tout militaire, tout administrateur ou comptable militaire qui, dans un but coupable, distribue ou fait distribuer des viandes provenant d'animaux atteints de maladies contagieuses, ou des matières, substances, denrées ou liquides corrompus ou gâtés. — S'il existe des circonstances atténuantes, la peine de la réclusion est réduite à celle de l'emprisonnement de 1 an à 5 ans, avec destitution si le coupable est officier.

Celui qui falsifie un permis de chasse, un passeport ou une feuille de route est passible d'un emprisonnement de 6 mois à 3 ans. Si le porteur de la feuille de route a touché de l'argent, il pourra être puni d'un emprisonnement de 4 ans, s'il a touché moins de 100 francs, et de 5 ans, s'il a touché plus de 100 francs. (V. C. P., art. 153 et suivants.)

La falsification des permissions délivrées par les corps doit être assimilée à celle des passeports ou feuilles de route prévue par l'article 153 du Code pénal, et elle doit être réprimée par cet article. (Lettre minist. du 24 août 1861.)

FAMILIARITÉ, s. f. Grande liberté de discours et de manières. Pour conserver le respect qui leur est dû, les supérieurs, tout en étant toujours très bons pour leurs subordonnés, doivent éviter de se familiariser avec eux. (V. Règl. sur le serv. int., art. 2‹.)

FAMILLE, s. f. On entend par famille un groupe d'individus issus du même sang. Dans son sens le plus restreint, ce mot signifie une société composée du père, de la mère et des enfants. — Les femmes et les enfants des militaires de la gendarmerie peuvent habiter les casernes ; ils doivent y tenir une conduite régulière, sous peine d'être renvoyés d'après les ordres du chef de légion. (V. le Règl. sur le serv. int., art. 119. V. *Casernement*.)

FANION, s. m Petit drapeau. — Chaque bataillon d'infanterie a un fanion qu'on porte au bout d'un fusil et qui sert pour aligner les troupes. Les généraux en chef, les généraux de division et les généraux commandant des brigades de cavalerie et d'artillerie ont également un fanion qui est porté par un sous-officier de leur escorte. Les fanions sont destinés à marquer l'emplacement des quartiers généraux pendant le jour. Ces indications sont remplacées la nuit par des lanternes de marine. Des accessoires de cette nature sont également attribués aux ambulances et aux arbitres.

Les signaux en usage pendant les campagnes et manœuvres sont réglés ainsi qu'il suit par la décision ministérielle du 29 juin 1892 reproduite dans l'annexe V du Service de la gendarmerie en campagne.

Général commandant en chef un groupe d'armées. — Fanion tricolore en forme de pavillon, mesurant 0m,90 de largeur sur 0m,70 de hauteur, avec cravate blanche à franges d'or nouée au fer de lance de la hampe. Le fer de lance et la hampe jusqu'à la partie inférieure du pavillon sont dorés. Lanterne à 4 faces planes garnies d'un verre blanc sur lequel se trouve dessinée une étoile bleue inscrite dans une bande circulaire rouge.

Major général d'un groupe d'armées. — Fanion tricolore en forme de pavillon bordé sur trois de ses côtés (celui de la hampe excepté) par une bande blanche de 0m,05, puis par une bande écarlate de même largeur. Largeur de la partie tricolore, 0m,65; hauteur 0m,50. Largeur totale du fanion : 0m,75 ; hauteur totale, 0m,70. Cravate tricolore nouée au fer de lance de la hampe. Lanterne avec verre blanc ou incolore.

Général commandant d'armée. — Fanion tricolore en forme de pavillon mesurant 0m,65 de largeur sur 0m,50 de hauteur, avec une cravate tricolore nouée au fer de lance de la hampe. Lanterne avec verre blanc ou incolore.

Général commandant l'artillerie ou le génie d'une armée. — Fanion en forme de pavillon mesurant 0m,65 de largeur sur 0m,50 de hauteur, écarlate et bleu de ciel assemblés en diagonale, le rouge au sommet et le bleu à la base. Lanterne avec verre rouge.

Général commandant un corps d'armée. — Fanion tricolore en forme de pavillon, mesurant 0m,65 de largeur sur 0m,50 de hauteur. Lanterne avec verre blanc ou incolore.

Général commandant la 1re division d'infanterie d'un corps d'armée. — Fanion écarlate en forme de pavillon, mesurant 0m,65 de largeur sur 0m,50 de hauteur, divisé sur son milieu et verticalement par une bande blanche. Lanterne avec verre rouge.

Général commandant la 2e division d'infanterie d'un corps d'armée. — Fanion écarlate en forme de pavillon, mesurant 0m65 de largeur sur 0m,50 de hauteur, divisé verticalement par deux bandes blanches. Lanterne avec verre rouge.

Général commandant la 3e division d'infanterie d'un corps d'armée. — Fanion écarlate en forme de pavillon, mesurant 0m,65 de largeur sur 0m,50 de hauteur, divisé verticalement par trois raies blanches. Lanterne avec verre rouge.

Général commandant la brigade

d'artillerie d'un corps d'armée. — Fanion en forme de flamme, mesurant $0^m,65$ de largeur sur $0^m,50$ de hauteur, mi-parti écarlate et bleu de ciel, l'écarlate au sommet, le bleu de ciel à la base. Lanterne avec verre de couleur verte.

Général commandant la brigade de cavalerie d'un corps d'armée. — Fanion en forme de flamme, mesurant $0^m,65$ de largeur sur $0^m,50$ de hauteur, mi-parti bleu de ciel et blanc, le bleu au sommet, le blanc à la base. Lanterne avec verre de couleur verte.

Général commandant une division d'infanterie non comprise dans un corps d'armée. — Fanion écarlate en forme de pavillon, mesurant $0^m,65$ de largeur sur $0^m,50$ de hauteur, divisé horizontalement par une raie blanche. Lanterne avec verre rouge.

Général commandant un groupe de divisions de cavalerie. — Fanion en forme de pavillon, mesurant $0^m,65$ de largeur sur $0^m,50$ de hauteur, écarlate et blanc, assemblés en diagonale, l'écarlate au sommet, le blanc à la base. Lanterne avec verre blanc ou incolore.

Général commandant une division de cavalerie. — Fanion en forme de pavillon, mesurant $0^m,65$ de largeur sur $0^m,50$ de hauteur, bleu de ciel et blanc, assemblés en diagonale; le bleu du sommet, le blanc à la base. Lanterne avec verre rouge.

Section de munitions d'infanterie. 1re, 2e et 3e sections du parc d'artillerie, caissons de bataillon. — Fanion en forme de pavillon, de couleur jaune, mesurant $0^m,65$ de largeur sur $0^m,50$ de hauteur. Lanterne avec verre jaune.

Il n'est pas attribué de fanion ni de lanterne de distinction aux voitures de compagnie.

Sections de munitions d'artillerie. 4e section du parc d'artillerie. — Fanion en forme de pavillon de couleur bleue, mesurant $0^m,65$ de largeur sur $0^m,50$ de hauteur. Lanterne avec verre bleu.

Ambulances et hôpitaux de campagne. — Deux fanions en forme de pavillon, l'un tricolore, l'autre fond blanc, bordé écarlate, avec croix de même nuance sur son milieu. Deux lanternes, dont une à verre blanc et l'autre à verre rouge.

Les hôpitaux de campagne temporairement immobilisés, destinés à l'isolement et au traitement des hommes atteints de maladies épidémiques ou contagieuses, sont signalés par un fanion jaune.

Postes télégraphiques. — Fanion en forme de pavillon, mesurant $0^m,65$ de largeur sur $0^m,50$ de hauteur, fond blanc, bordé bleu de ciel, avec T de même nuance sur son milieu. Lanterne avec verre blanc, portant un T bleu et une bordure de même couleur.

Poste aux armées. — Fanion en forme de pavillon, bordure vert olive sur fond blanc, P vert olive en son milieu. Lanterne avec verre blanc portant un P vert olive et une bordure de même nuance.

Aux manœuvres, les arbitres ont un fanion en forme de pavillon, mesurant $0^m,65$ de largeur sur $0^m,50$ de hauteur, fond blanc bordé écarlate. Pas de lanterne.

FANON, s. m. Petit bouquet de poils situé en arrière du boulet du cheval et cachant une petite production cornée appelée ergot. Le fanon est d'autant moins grand que le cheval a plus de race. — On donne aussi le nom de fanons aux lames cornées qui garnissent l'intérieur de la bouche des baleines; leur nombre dans chaque animal varie de 1,600 à 1,800, et ces lames sont employées dans l'industrie sous le nom bien connu de baleines.

FARCIN, s. m. Maladie qui attaque le cheval et dont les causes sont encore inconnues; elle se reconnaît à de nombreux boutons qui se développent sous la peau, à des tumeurs et à des engorgements, surtout aux membres. (V. l'art. 313 du règl. sur le service intérieur.) — Le farcin est compris dans les vices rédhibitoires énumérés dans l'article 2 de la loi du 2 août 1884, et le délai pour intenter l'action est de neuf jours. Cette grave affection est contagieuse, non seulement pour les animaux, mais aussi pour l'homme, et les individus qui sont appelés à soigner des animaux farcineux doivent prendre certaines précautions pour éviter cette maladie qui se produit principalement par inoculation; les hommes qui ont des écorchures aux mains ou à la figure devront éviter de panser les animaux malades et même de trop s'approcher d'eux.

FARINE, s. f. Produit de la mouture de diverses céréales : blé, seigle, orge, avoine, etc., débarrassée par le blutage de leur enveloppe corticale, que l'on désigne sous le nom de son. — La farine de froment est la seule employée pour faire le pain de la troupe; 100 kilog. de farine donne en moyenne 190 rations de 0 kilog. 750 grammes. La bonne farine doit être bien fleurante, c'est-à-dire que lorsqu'on en presse une partie dans la main, la fleur de farine y reste adhérente; elle ne doit avoir aussi qu'une faible odeur, et, en la goûtant, laisser dans la bouche une saveur approchant de celle de la colle fraîche. Le taux de l'extraction du son est de 12 pour 100 pour les blés durs, de 16 à 18 pour 100 pour les blés mitadins (blés du Languedoc) et de 20 pour 100 pour les blés tendres.

FASCICULE, s. m. En langage administratif ce mot signifie feuillet.

Les livrets des hommes de la disponibilité, de la réserve de l'armée active, de l'armée territoriale et de la réserve de cette armée, ainsi que des hommes classés dans les services auxiliaires, sont pourvus d'un fascicule, fixé en tête et au verso de la couverture du livret, portant un ordre de route pour le cas de mobilisation et un procès-verbal d'échange de ce document, pour le cas où l'homme change d'affectation.

Les fascicules se distinguent à la vue l'un de l'autre par leur couleur en quatre modèles : modèle A (rose), ou A I (vert) pour les hommes qui doivent simplement rejoindre leur corps; modèle S (blanc, rayé de rose) ou S I (blanc, rayé de vert) pour les hommes affectés à un service spécial, le rose étant réservé aux hommes qui rejoignent par chemin de fer, le vert à ceux qui rejoignent par voie de terre. (Notes min. des 5 juillet et 17 novembre 1897.)

FAUSSAIRE, s. m. Celui ou celle qui fabrique des titres faux ou des pièces fausses, ou qui altère des titres ou des pièces véritables. Celui qui, dans un but frauduleux, imite la signature de quelqu'un est un faussaire. (V. *Faux.*)

FAUTE, s. f. Acte répréhensible, manquement à un devoir, à une règle, à une loi.

Sont réputés fautes contre la discipline :

De la part du supérieur : tout acte de faiblesse, tout abus d'autorité, tout propos injurieux, toute punition injustement infligée;

De la part de l'inférieur : tout murmure, signe de mécontentement, mauvais propos ou défaut d'obéissance, quelque raison qu'il croie avoir de se plaindre; l'infraction aux punitions, l'ivresse dans tous les cas, même quand elle ne trouble pas l'ordre; le dérangement de conduite; les dettes; les querelles entre militaires ou avec des citoyens; le manque aux appels, à l'instruction, aux différents services; les contraventions aux ordres et aux règles de police; enfin, toute faute contre le devoir militaire provenant de négligence, de paresse ou de mauvaise volonté.

Est également réputée faute contre la discipline la publication d'un écrit, quel qu'il soit, même sous un pseudonyme, sans l'autorisation préalable du Ministre de la guerre. (V. *Ecrit.*)

Les fautes deviennent plus graves quand elles sont réitérées, et surtout habituelles ou collectives quand elles ont lieu pendant la durée du service, particulièrement devant les inférieurs, ou lorsqu'il s'y joint quelque circonstance qui peut porter atteinte à l'honneur ou entraîner du désordre.

Les officiers, sous-officiers, brigadiers et gendarmes sont soumis, chacun en ce qui le concerne aux règlements de discipline militaire et aux peines que les supérieurs sont autorisés à infliger à leurs inférieurs pour les fautes et négligences dans le service. (Règl. sur le service intérieur, art. 258.)

FAUX, s. f. Instrument composé d'une lame d'acier emmanchée au bout d'un bâton, et dont on se sert pour couper l'herbe.

FAUX, s. m. Acte qui a pour but d'altérer la vérité, soit par l'affirmation d'un fait qui n'existe pas, soit en falsifiant des pièces ou des actes authentiques. — Le faux, suivant l'écriture dont il s'agit, est un crime ou un délit.

Le faux en écriture authentique ou publique et de commerce ou de banque est puni des travaux forcés à perpétuité s'il est commis par un fonctionnaire ou un officier ministériel, et des travaux forcés à temps s'il est commis par un simple particulier. Celui qui aura fait usage d'un acte faux sera puni des travaux forcés à temps. (C. P., art. 145, 147 et 148.)

Le faux en écriture privée est puni de la réclusion. (C. P., art. 150.) Un individu qui vendrait une propriété qui ne lui appartiendrait pas commettrait un faux. — Quiconque commettra un faux dans les passeports, feuilles de route, permis de chasse ou qui se servira de ces pièces falsifiées, sera puni d'un emprisonnement variant, suivant le cas, de six mois à trois ans. (C. P., art. 153 et suivants.) (V. *Falsification.*)

Les officiers publics qui commettraient sciemment un faux dans la délivrance de ces pièces seraient punis, suivant le cas, d'un emprisonnement d'un an à cinq ans et même de la réclusion. (C. P., art. 155 et 158.)

Tout médecin, chirurgien ou autre officier de santé, qui, pour favoriser quelqu'un, certifiera faussement des maladies ou infirmités propres à dispenser d'un service public, sera puni d'un emprisonnement d'un an à trois ans, et, s'il y a eu dons ou promesses, la peine pourra aller jusqu'à quatre ans. Les corrupteurs seront punis des mêmes peines. (C. P., art. 160.)

Celui qui falsifiera ou qui fabriquera, sous le nom d'un fonctionnaire ou d'un officier public, des certificats de bonne conduite ou d'indigence sera puni d'un emprisonnement de six mois à deux ans. (C. P., art. 161.)

Dans tous ces cas, le premier soin des gendarmes doit être de se saisir de la pièce fausse pour la joindre au procès-verbal, qui devra donner le plus de détails possible sur les circonstances dans lesquelles le faux a été commis.

Faux en matière d'administration militaire. — Est puni des travaux forcés à temps tout militaire ou tout administrateur ou comptable militaire qui porte sciemment sur les rôles, les états de situation ou de revue, un nombre d'hommes, de chevaux ou de journées de présence au delà de l'effectif réel, qui exagère le montant des consommations, ou commet tout autre faux dans ses comptes. — S'il existe des circonstances atténuantes, la peine est la réclusion ou un emprisonnement de deux à cinq ans. — En cas de condamnation, l'officier coupable est, en outre, puni de la destitution. (C. M., art. 257.)

On dit qu'un procès-verbal est cru jusqu'à inscription de faux lorsqu'il est nécessaire, pour l'annuler, de produire un acte qui prouve que la pièce est fausse et falsifiée. (V. *Inscription.*)

FAUX, FAUSSE, adj. Qui n'est pas véritable ; qui est contraire à la vérité, à la règle. — Faux témoignage. — Fausse monnaie. — Faux poids. — Fausses clefs. — Fausses nouvelles. — (V. ces mots.)

FEMME, s. f. Personne du sexe féminin. — Les femmes prisonnières doivent toujours être enfermées à part dans la chambre de sûreté qui leur est affectée. S'il n'y a pas de chambre de sûreté spéciale, elles seront remises à l'autorité locale. Elles sont toujours transférées séparément. (Décr. du 1er mars 1854, art. 368 et 372.) — La gendarmerie prévôtale est chargée d'écarter de l'armée les femmes de mauvaise vie. (Instr. sur le service de la gendarmerie en campagne, art. 36.)

Les femmes et les enfants des sous-officiers, brigadiers et gendarmes peuvent habiter les casernes ; ils doivent y tenir une conduite régulière, sous peine d'être renvoyés d'après les ordres du chef de légion. (Service intérieur, art. 119.)

Les femmes des militaires de la gendarmerie ne peuvent, dans la résidence de leur mari, ni dans la circonscription de la brigade, tenir café, billard, cabaret ou tabagie, ni faire aucun commerce apparent dans l'intérieur de la caserne. (V. Art. 149 du règl. sur le service intérieur. V. *Commerce.*)

Une lettre ministérielle, en date du 12 octobre 1888, adressée au chef de la 11e légion, fait exception en faveur des sages-femmes, sous la réserve qu'il n'existe dans la localité aucune personne de la même profession.

Les femmes ne jouissent en France d'aucun droit politique. Cependant la loi du 23 janvier 1898 autorise les femmes qui remplissent les conditions voulues à voter pour l'élection des membres du tribunal de commerce et la loi du 7 décembre 1897 accorde aux femmes le droit d'être témoins dans les actes de l'état civil et les actes instrumentaires en général. — Elles peuvent également servir de témoins pour les actes d'engagement et de rengagement. (Décis. minist. du 15 octobre 1898.) Elles peuvent être médecin, pharmacien; enfin, elles peuvent, lorsqu'elles ont le diplôme de licencié en droit, se faire inscrire dans un barreau et plaider devant les tribunaux. (Loi du 1er déc. 1900.) La loi du 9 avril 1881 autorise la femme mariée à déposer de l'argent à la caisse d'épargne et à le retirer sans le concours ou la présence de son mari. La jeune fille, même au-dessous de seize ans, peut également prendre un livret à la caisse d'épargne.

La loi du 29 décembre 1900 fixe les conditions du travail des femmes employées dans les magasins, boutiques et autres locaux qui en dépendent. L'article 1er est ainsi conçu :

Les magasins, boutiques et autres locaux en dépendant, dans lesquels des marchandises et objets divers sont manutentionnés ou offerts au public par un personnel féminin, devront être, dans chaque salle, munis d'un nombre de sièges égal à celui des femmes qui y sont employées.

Les inspecteurs du travail sont chargés d'assurer l'exécution de la présente loi.

Enfin, la loi du 2 novembre 1892, modifiée par celle du 30 mars 1900, indique les différents genres de travaux qui sont interdits aux femmes et aux enfants dans les établissements industriels.

La femme mariée doit habiter le domicile conjugal : si elle le quitte, le mari a le droit de demander à la justice de la faire rentrer en employant, si c'est nécessaire, la force publique. La gendarmerie peut être chargée de l'exécution de ce jugement.

FÉODALITÉ, s. f. Nom donné au régime qui, vers le xe siècle, se substitua aux différentes formes de pouvoir créées par les barbares, et qui dura jusqu'au xve siècle. Pendant l'époque féodale, l'Europe est couverte d'une infinité de souverainetés particulières, qui disparaissent peu à peu pour laisser seule debout l'autorité royale. Il est convenu de faire terminer la période féodale à l'année 1453 (année de la prise de Constantinople par les Turcs) et de faire commencer, à partir de cette date, l'époque moderne.

FER, s. m. Le fer est un métal dur et malléable qui se trouve répandu dans toute la nature, mais rarement à l'état pur. On l'extrait des minerais auxquels il est mélangé en traitant ces minerais par la chaleur dans des appareils appelés hauts fourneaux. — Le produit immédiat du minerai de fer traité dans les hauts fourneaux s'appelle fonte : on se sert de cette fonte de première fusion pour faire des objets de moulage grossiers, comme des colonnes, des tuyaux, etc. — Pour faire des objets plus petits, comme des plaques, des grilles, etc., la fonte doit subir une seconde fusion; enfin, pour convertir la fonte en fer ductile, c'est-à-dire qui puisse s'allonger sans se rompre et se prêter à toutes les combinaisons, il faut encore la soumettre à une haute température et lui faire subir certaines préparations qui portent le nom d'affinage.

La peine des fers, qui existait autrefois dans le Code civil et dans le Code militaire, n'existe plus aujourd'hui que dans le Code maritime. Les commandants de bâtiments peuvent appliquer cette peine pendant 3 jours au plus comme châtiment disciplinaire; au delà de 3 jours, la peine ne peut être prononcée que par un tribunal régulier. Les hommes aux fers sont assis en face d'une barre dans laquelle sont passés des anneaux qui entourent les pieds de chacun des condamnés à hauteur des chevilles. — L'usage des fers est également autorisé dans les établissements pénitentiaires. — Chemin de fer. (V. *Chemin*.)

FERMETÉ, s. f. Au point de vue moral, la fermeté est la qualité des militaires de la gendarmerie qui constamment, sans faiblesse ni défaillance, exigent et assurent l'exécution de la loi et des règlements.

FERRURE, s. f. La ferrure est une opération qui consiste à fixer sous les pieds des chevaux une bande de fer destinée à préserver l'ongle d'une usure trop rapide. — Cette opération est très délicate, et si elle est mal faite par des ouvriers inintelligents ou maladroits, elle peut être la cause des maladies les plus graves. — La ferrure est un mal nécessaire, et, comme l'a dit le vétérinaire anglais Bracy-Clark, « celui qui le premier inventa la ferrure, il y a treize siècles, n'a pas soupçonné alors de quels maux elle allait être la source ». Il faut donc qu'un cavalier connaisse les principales causes de ces maux pour pouvoir surveiller la manière dont on ferre sa monture et faire les observations nécessaires à l'ouvrier auquel il la confie. Sans entrer dans les nombreux détails de la ferrure, nous allons passer rapidement en revue les principales opérations qu'elle comporte, en signalant les défauts qu'il faut chercher à éviter.

Pour ferrer un cheval, l'ouvrier doit avoir : 1° des clous spéciaux ; 2° un brochoir, petit marteau pour les implanter ; 3° des tricoises, tenailles propres à les arracher et à couper la pointe ; 4° un repoussoir, poinçon qui en facilite l'extirpation ; 5° un boutoir, instrument tranchant destiné à diminuer l'excès de longueur du sabot ; 6° un rogne-pied, lame qui vient en aide au boutoir ; 7° une râpe, qui sert à unir la paroi. Lorsqu'on ferre un cheval, on doit se proposer non seulement de prévenir l'usure de ses pieds, mais encore de conserver leurs formes, la rectitude de leurs aplombs et la liberté de leurs mouvements.

Après avoir enlevé le vieux fer, le maréchal coupe l'exubérance de corne, et, pour cette opération, il se place en face de la pince et pousse son boutoir à droite et à gauche ; le boutoir, dont le tranchant est taillé en biseau, enlève une épaisseur d'ongle d'autant plus grande qu'il avance davantage et il arrive alors que les talons sont proportionnellement abaissés beaucoup plus que la pince. — La conséquence forcée de cette mauvaise manière d'opérer est une flexion exagérée du boulet, et le poids du corps se trouve ainsi rejeté outre mesure sur les tendons suspenseurs. Pour que la ferrure soit rationnelle, il faut donc, dans cette première opération, que la surface plantaire soit parfaitement plane et que les talons ne soient pas abattus. S'ils l'ont été trop à une précédente ferrure, l'appui a eu lieu principalement en pince, cette dernière a été naturellement plus usée et alors le maréchal routinier, au lieu de chercher à ramener l'aplomb en laissant croître les talons, renforcera encore la partie du fer qui s'est usée, et le cheval ne marchera bientôt plus que sur la pince. De là, des distensions tendineuses, des boiteries sans siège appréciable et, finalement, des membres arqués. — Comme le dit M. Le Michel, dans l'excellent cours professé à l'école de Saint-Cyr, et dont nous résumons ici la théorie : « Un cheval n'est d'aplomb et bien ferré, pour la conservation de ses membres comme pour la durée de la ferrure, que quand il use très également un fer égal dans toutes les parties. »

Après cette première opération, certains maréchaux ont la mauvaise habitude de parer le pied à fond, c'est-à-dire d'amincir autant qu'ils le peuvent la sole et la fourchette ; ici se présente encore un danger. Le pied est élastique ; tandis que la paroi tend à le resserrer, la sole et la fourchette, en combinant leurs efforts avec le poids du corps, tendent à s'opposer à ce resserrement. Si donc on diminue ces deux parties qui s'opposent à la force de rétraction de la paroi, cette force deviendra de plus en plus grande, le sabot diminuera sensiblement et l'on arrivera à l'encastelure ; alors l'animal cherchera à éviter les douleurs en reportant l'appui en pince ; ses tendons fléchisseurs, constamment relâchés, se raccourciront et il deviendra arqué. En outre, si la sole est trop amincie, elle ne pourra plus protéger les tissus vivants contre les aspérités du sol, et de graves boiteries, causées par des bleimes, arriveront bientôt. Il ne faudra donc jamais toucher à la sole et à la fourchette et se contenter de faire tomber les parties de la corne qui se détachent naturellement. (V. *Service intérieur*, art. 311.)

Le maréchal chauffe ensuite le fer pour procéder à l'ajusture, c'est-à-dire pour lui donner la concavité qui se trouve à la partie supérieure ; — cette concavité doit être peu développée, car elle gêne l'expansion du pied et elle diminue ses points de contact avec le sol. — Le fer ne doit pas être posé trop juste et il doit dépasser légèrement le sabot du côté externe. — Cette partie du fer qui déborde porte le nom de garniture. L'ajusture terminée, le fer est essayé : il doit être appliqué très peu chaud et rester sur le pied le moins longtemps possible. S'il n'est pas bien modelé sur le pied, on corrige les défauts qu'il peut présenter et enfin on le fixe. Le fer est fixé au moyen de clous qui passent dans des trous nommés étampures, et l'action de planter un clou dans la corne s'appelle brocher un clou. — La dilatation des sabots ayant lieu principalement en talons, les clous devront surtout être implantés en pinces, en mamelles et dans la moitié antérieure des quartiers. Ils ne doivent pas être brochés trop haut, car ils pourraient attaquer des parties sensibles; ni trop bas, car alors la ferrure ne serait pas solide. S'ils sont sortis à des distances différentes, tantôt haut, tantôt bas, cela provient de la maladresse de celui qui ferre; ils sont dits alors brochés en musique.

Quand le fer est attaché, beaucoup de maréchaux râpent le pied pour lui donner une tournure de fantaisie; en agissant ainsi, ils enlèvent le vernis protecteur de la paroi, la corne se dessèche, devient cassante, et les clous ne tiennent plus qu'avec la plus grande difficulté. — Le fer ordinaire, comme le pied, se divise en quatre parties, qui sont : la pince, les mamelles, les quartiers et les éponges. On appelle branches chacune des moitiés du fer, et épaisseur, la distance qui se trouve entre la face supérieure et la face inférieure. Le fer de devant a, comme le pied de devant, une forme demi-circulaire, et le fer de derrière a la forme d'un U.

La ferrure doit être inspectée le plus souvent possible par les officiers, qui doivent s'assurer qu'elle est convenablement entretenue et d'un poids toujours proportionné à la nature du cheval. (Règl. sur le service intérieur, art. 23, 81 et 311.)

La circulaire ministérielle du 27 avril 1870 et la décision ministérielle du 18 octobre 1877 ont fixé les dimensions maxima que doivent avoir les fers, sans poids déterminé : fers de devant : largeur, 21 millimètres ; épaisseur, 11 millimètres; fers de derrière : largeur, 24 millimètres ; épaisseur, 12 millimètres. — Une note ministérielle du 16 mars 1891 a rendu applicables à la gendarmerie les dispositions de la décision ministérielle du 26 octobre 1889, portant adoption du crampon d'acier à vis tronconique et à tête carrée pour la ferrure à glace des chevaux dans les corps de cavalerie.

Chaque brigade ou groupe de brigades à cheval sera pourvu d'une clef à visser et d'un taraud. Les frais d'acquisition de la clef seront supportés par la masse d'entretien et de remonte ; il en sera de même pour le taraud. (Notes minist. des 11 août 1891 et 3 juin 1897.)

Quant aux crampons, ils seront, comme les ferrures et les frais de taraudage de huit trous, laissés à la charge des parties prenantes. Ils seront achetés en gros par les compagnies et fournis tout prêts à être posés, ce qui dispensera de l'achat d'une filière. On les renfermera dans les sachets, qui pourront être confectionnés à peu de frais avec de la toile provenant de bourgerons réformés, et on les placera dans le paquetage. L'article 208 du service intérieur prescrit de les placer dans la sacoche droite.

Les militaires de la gendarmerie sont autorisés à faire ferrer leurs chevaux par les maréchaux ferrants des corps de troupe à cheval. (Service intérieur, art. 23.)

Tous les gendarmes doivent être pourvus, dès le temps de paix, d'une ferrure de rechange avec clous et crampons à glace. L'emploi du pétrole est prescrit pour leur conservation. (Note ministérielle du 17 juillet 1894.)

Des caisses, destinées à contenir les demi-ferrures (avec leurs clous) qui ne sont pas placées dans le paquetage, sont déposées au lieu de mobilisation de chaque prévôté à cheval.

En campagne, les caisses à ferrures sont placées dans les voitures des prévôtés. (Service de la gendarmerie en campagne, annexe II.)

Les officiers désignés pour faire partie des prévôtés doivent, ainsi que leurs suppléants, être pourvus, dès le temps de paix, des ferrures de rechange avec accessoires pour leurs chevaux. (Serv. de la gendarmerie en campagne, art. 222.)

Nous terminerons cet article en donnant la description succincte de quelques fers qui ne s'emploient que dans des circonstances exceptionnelles. *Fer à planche*: celui dont les branches sont réunies au moyen d'une traverse. On l'emploie pour soulager les talons dans le cas d'encastelure et pour protéger la fourchette. — Le *fer couvert*, dont les branches ont plus de largeur que dans le fer ordinaire : il sert à protéger la sole dans le cas de pieds plats, de bleimes, d'oignons, etc. — *Le fer à croissant* ou *à lunette*, dont les branches sont très courtes et dont les étampures sont très rapprochées de la pince afin de laisser aux talons toute leur liberté. On s'en sert pour les pieds à talons serrés ou encastelés. — Le *fer à fourchette artificielle* est un fer désencasteleur auquel on adapte un ressort en acier qui a la forme d'une fourchette et qui agit sur les arcs-boutants en les écartant lentement mais d'une façon continue. — Le *fer à la turque* a une de ses branches courte, épaisse, taillée en biseau ; la branche externe porte souvent six étampures, tandis que la mamelle interne n'en a que deux. Ce fer est employé pour les chevaux qui se coupent.

La dépense pour la ferrure des chevaux d'officiers fournis par l'Etat ou par abonnement, ou appartenant aux officiers qui ont renoncé à la remonte à titre gratuit, est imputée à la masse d'entretien et de remonte. Il en est de même des frais de tonte, de traitement et de médicament. (Annexe n° 2 du règlement du 12 avril 1893.)

Les gendarmes détachés à la prévôté pendant les grandes manœuvres reçoivent une indemnité de 4 francs pour ferrure de leurs chevaux. (Décis. minist. du 18 mars 1901.) La même indemnité a été accordée aux gendarmes détachés à la force publique en Tunisie. (Annexe n° 2 du règl. du 12 avril 1893.) Ces indemnités sont payées sur la masse d'entretien et de remonte.

Il est loisible aux officiers de faire entretenir la ferrure des chevaux qui sont leur propriété par les maréchaux ferrants des corps.

Dans les villes où il existe une garnison de cavalerie, les officiers sont autorisés à faire ferrer leurs chevaux par un maréchal civil, à la condition de ne pas dépasser le taux d'abonnement déterminé par les règlements en vigueur pour les chevaux des corps de cavalerie de la garnison. (Circ. du 19 avril 1902.)

FÊTE, s. f. Jour d'assemblée et de réjouissances, jour de repos. — La fête de la République est fixée au 14 juillet, anniversaire de la prise de la Bastille. (Loi du 6 juillet 1880.) — Les fêtes catholiques sont particulièrement consacrées à des actes de religion.

Les jours de fêtes légales reconnus par l'Etat sont les dimanches, Noël, l'Ascension, l'Assomption, la Toussaint, le premier jour de l'an, le lundi de Pâques et le lundi de la Pentecôte.

Les chefs, à tous les degrés, s'abstiennent de passer les revues les dimanches et jours de fêtes légales, sauf les cas de force majeure. (Service intérieur, art. 233.)

Voir la circulaire du 7 mai 1895 au sujet de la participation de l'armée aux fêtes, cérémonies, etc,. non réglementaires.) — Les contraintes par corps ne devront pas être mises à exécution les jours de fêtes légales. (Code de procédure, art. 781.)

Paiement de la solde les jours fériés. — Les trésoriers-payeurs généraux doivent pourvoir à l'acquittement de la solde due aux corps de troupe en station, lorsque cette solde est exigible un dimanche ou jour férié et que les caisses des corps n'offrent pas les ressources suffisantes pour l'assurer. (Art. 168 du règl. du 3 avril 1869.) Par les mots « corps de troupe », en matière de paiement de solde, il faut entendre la troupe proprement dite, à l'exclusion des officiers. Ceux-ci peuvent être payés de leur solde le dernier jour du mois, lorsque cette date ne se trouve pas être un dimanche où un jour férié. (Note minist. du 9 décembre 1896.)

Indemnité à l'occasion de la fête nationale. — Une indemnité est allouée aux troupes à l'occasion de la fête nationale ; elle est déterminée pour les militaires de la gendarmerie par le tarif nº 8 du règlement du 30 décembre 1892.

	fr. c.
Adjudant	4 50
Sous-officier	3 50
Brigadier, gendarme, élève gendarme	2 50
Enfants de troupe	» 30

(V. aussi *Liquides*, pour l'indemnité représentative de vin allouée à cette occasion.)

FEU, s. m. Le feu est l'ensemble des causes et des effets qui produisent la combustion. Ce mot s'emploie pour désigner un amas de bois, de charbon ou d'autres matières qui brûlent. — L'article 458 du Code pénal inflige une amende de 50 à 500 francs à ceux qui auront causé du dégât en allumant du feu dans les champs à moins de 100 mètres des maisons, jardins, bruyères, vergers, etc. — L'article 148 du Code forestier défend d'allumer des feux à moins de 200 mètres des bois et forêts.

Feux de cheminée. Ceux qui les ont causés par leur négligence sont punis de 1 à 5 francs d'amende. (C. P., art. 471, nº 1.) — Si des propriétés voisines ont été incendiées, l'article 458 du Code pénal cité plus haut leur est applicable.

Enfin ceux qui, malgré la défense faite, auront tiré des feux d'artifice ou des pièces d'artifice, c'est-à-dire des feux composés de divers combustibles dans lesquels entre toujours la poudre, seront condamnés de 1 à 5 francs d'amende, par application de l'article 471, nº 2, du Code pénal. (V. *Artifices.*)

Le feu grisou est une combustion de gaz suivie d'explosion qui se produit dans les mines et qui fait tous les ans de nombreuses victimes.

Le mot feu entre dans une foule de locutions très connues et qu'il est inutile de rappeler ici. — Nous citerons seulement les locutions militaires suivantes : feu de peloton, feu de file, feu de salve, feux croisés, aller au feu, voir le feu, avoir place au feu et à la chandelle, etc., etc. — Dans l'art vétérinaire, mettre le feu signifie appliquer sur les tissus vivants un instrument de fer ou d'acier qu'on a fait rougir et qui porte le nom de cautère. — La cautérisation s'emploie, comme un remède des plus énergiques, dans certaines maladies des chevaux : elle se fait soit en traçant des raies sur la partie malade, soit en appliquant la pointe du cautère sur la peau à des distances plus ou moins rapprochées. Dans certains cas, on se contente d'approcher le cautère rouge du point malade; la cautérisation a alors lieu par rayonnement. — On désigne sous le nom de feu anglais une composition de poudre de cantharide et de poudre d'euphorbe qui donne à peu près les mêmes résultats que le feu par cautères et qui n'a pas l'inconvénient de laisser des traces ineffaçables.

FEUILLE, s. f. Partie du végétal qui tient à l'extrémité des rameaux et qui est, en général, verte, plate et mince.

Feuille de service. — Le service de chaque brigade est relaté par un journal ou feuille de service établi en simple expédition qui est adressée le premier jour de chaque mois, au commandant de l'arrondissement, avec un état récapitulatif du service fait par la brigade pendant le mois précédent. Les commandants de brigade y indiquent succinctement, avec ordre, précision et clarté, le service de toute nature fait chaque jour par les hommes de la résidence; ils y font mention des crimes, délits, contraventions et événements graves qui ont été constatés, des arrestations opérées, des notifications qui ont été faites aux électeurs, témoins et jurés; enfin, de tout le service exécuté par la brigade dans les vingt-quatre heures. La gendarmerie fait certifier son service dans les communes par la signature des maires, adjoints ou notables; le cachet de la mairie doit être apposé au bas de la signature du fonctionnaire, à moins d'impossibilité constatée et dont il est rendu compte sur la feuille de service. Les officiers visent ces feuilles chaque fois qu'elles leur sont présentées dans le service. (V. Service intérieur, art. 114.)

Feuille de route. En principe, la feuille de route est nécessaire à tout militaire qui se déplace isolément pour raisons de santé, pour cause de service ou par ordre.

Les maires ne délivrent pas de feuilles de route, mais seulement des sauf-conduits pour aller jusqu'à la résidence la plus rapprochée d'un sous-intendant militaire ou d'un suppléant militaire sur la route à suivre. (Art. 26 du règl. du 18 mars 1901.)

Sont considérés comme feuilles de route et en tiennent lieu les titres ci-après :

1° L'ordre d'appel individuel;

2° L'ordre de mouvement rapide;

3° La lettre de service pour les officiers de la réserve et de l'armée territoriale en temps de paix et pour tous les officiers en cas de mobilisation;

4° L'ordre de convocation devant la commission spéciale de réforme. (Art. 27.)

La feuille de route ou la pièce qui en tient lieu est nécessaire pour justifier du droit :

1° Au transport à prix réduit sur les chemins de fer, sans s'écarter toutefois de la direction tracée par l'itinéraire;

2° Au transport gratuit de 30 kilogrammes de bagages lorsque le voyage est effectué en chemin de fer; l'excédent est taxé au prix réduit fixé par le cahier des charges (V. *Bagages*);

3° Au logement du titulaire chez l'habitant dans les localités fixées par son titre de marche et dans toutes autres où des incidents de route l'obligent à s'arrêter.

Les officiers ne doivent recourir au logement chez l'habitant que lorsqu'ils y sont obligés par des circonstances exceptionnelles; ils sont tenus, dans ce cas, de faire, dès leur rentrée à leur poste, une déclaration mentionnant les conditions et les localités dans lesquelles ils ont demandé le logement en nature, ainsi que le nombre de jours pendant lesquels ils n'ont pas eu droit à l'indemnité afférente au découcher.

Cette déclaration est adressée à l'autorité militaire qui a établi la feuille de route. (Art. 28.)

Les feuilles de route sont délivrées aux militaires de la gendarmerie, par le sous-intendant militaire (art. 30), sur production de l'un des titres ci-après :

1° Une lettre de service émanant du Ministre;

2° Un ordre du général commandant le corps d'armée;

3° Une commission;

4° Un congé;

5° Un billet d'hôpital (Art. 35);

6° La citation à comparaître comme témoin devant un tribunal civil. (Art. 31.)

Tout officier qui perd sa feuille de route en fait la déclaration au sous-intendant militaire, qui lui en délivre une nouvelle sur laquelle il mentionne les allocations perçues depuis le départ, d'après la déclaration et sous la responsabilité de l'officier.

S'il s'agit d'un sous-officier ou soldat et que le sous-intendant militaire n'ait aucun doute sur son identité, il lui délivre une feuille de route en y mentionnant qu'elle ne confère aucun droit à l'indemnité de route.

Si l'identité du militaire ne peut être établie, le sous-intendant militaire le remet à l'autorité militaire, qui le place en subsistance dans un corps de la garnison.

Tout sous-officier ou soldat qui a perdu sa feuille de route et en même temps dissipé l'argent qui lui avait été remis par l'Etat pour frais de route est mis à la disposition de l'autorité militaire. (Art. 34.)

Il est expressément fait mention sur les feuilles de route des mandats d'indemnité de route délivrés aux titulaires desdites feuilles de route (Art. 46.) (Pour les militaires ayant perdu ou dissipé leurs indemnités de route, V. le mot *Avance*.)

Lorsqu'un militaire séjourne en route par une circonstance indépendante de sa volonté, il s'adresse à l'autorité militaire et, à défaut, au commandant de la gendarmerie, qui constate sur la feuille de route la nécessité du séjour et en fixe la durée. A défaut de l'autorité militaire, cette constatation peut être faite par l'autorité civile. — Un militaire qui a perdu sa feuille de route doit en faire la déclaration au sous-intendant militaire ou à son suppléant, qui prend toutes les mesures nécessaires pour s'assurer de la véracité de cette assertion. Si cette déclaration est faite au maire d'une commune dans laquelle il ne réside ni sous-intendant ni tout autre suppléant, le militaire est renvoyé avec un sauf-conduit devant celle de ces autorités la plus à proximité sur la route à suivre. (V. *Avance* et *Chemins de fer.*)

A son arrivée à destination, le militaire doit présenter sa feuille de route au visa du sous-intendant ou de son suppléant, et, à défaut, à celui du commandant de la gendarmerie. Si le militaire doit rejoindre, il fait viser de nouveau sa feuille de route pour le retour et se présente au sous-intendant militaire à son arrivée. (V. *Frais de route.*)

Tout militaire qui ne rapporte pas sa feuille de route ou son titre d'absence ne peut prétendre à aucun rappel de solde avant l'expiration d'un délai de trois mois à partir de sa rentrée à son poste. (Tableau n° 1, n° 36, du règl. du 30 décembre 1892.)

FIL, s. m. Petit brin long et délié qu'on fabrique avec des matières textiles, avec des poils d'animaux, etc., etc. Ce mot s'emploie aussi pour désigner le tranchant d'un instrument coupant. On ne donne et l'on n'ôte le fil aux lames de sabre que d'après un ordre spécial des généraux, qui seuls sont aptes à juger de l'opportunité de cette mesure. (Règl. du 1er janvier 1857.)

FILET, s. m. Tissu à mailles nouées, fabriqué avec de la ficelle et qui sert à prendre les poissons et les oiseaux. L'emploi des filets pour la chasse est interdit, à moins qu'un arrêté spécial du préfet ne l'autorise pour la capture de certains oiseaux de passage. (V. au mot *Pêche* le décret du **5** septembre **1897** qui fixe les dimensions que doivent avoir les mailles des filets.)

Il est interdit d'employer simultanément, à la pêche, des filets ou engins de catégorie différente. Les préfets peuvent, sur l'avis des conseils généraux, prendre des arrêtés pour réduire les dimensions des mailles des filets et l'espacement des verges et des engins employés uniquement à la pêche de l'anguille, de la lamproie et de l'écrevisse. Les filets et engins à mailles ainsi réduites, ne peuvent être employés que dans les emplacements déterminés par ces arrêtés. Les préfets peuvent aussi, sur l'avis des conseils généraux, déterminer les emplacements limités en dehors desquels l'usage des filets à mailles de dix millimètres n'est pas permis.

Les filets fixes ou mobiles et les engins de toute nature ne peuvent excéder, en longueur ni en largeur, les deux tiers de la largeur mouillée des cours d'eau dans les emplacements où on les emploie. Plusieurs filets ou engins ne peuvent être employés simultanément sur la même rive ou sur deux rives opposées qu'à une distance au moins triple de leur développement.

Lorsqu'un ou plusieurs des engins employés sont en partie fixes et en partie mobiles, la distance entre les parties fixées à demeure sur la même rive ou sur les rives opposées doit être au moins triple du développement total des parties fixes et mobiles mesurées bout à bout.

Les filets fixes employés à la pêche seront retirés de l'eau et déposés à terre pendant trente-six heures de chaque semaine du samedi à six heures du soir au lundi à six heures du matin.

Sont prohibés tous les filets traînants, à l'exception du petit épervier jeté à la main et manœuvré par un seul homme. Sont réputés traînants tous filets traînés à fond au moyen de poids et promenés sous l'action d'une force quelconque. Est pareillement prohibé l'emploi des lacets ou collets. Toutefois, des arrêtés préfectoraux, rendus après avis des conseils généraux, peuvent autoriser, à titre exceptionnel, l'emploi de certains filets traînants, à mailles de 40 millimètres au moins, pour la pêche d'espèces spécifiées, dans les parties profondes des lacs, des réservoirs de canaux et des fleuves et rivières navigables. Ces arrêtés désignent spécialement les parties considérées comme profondes dans les lacs, réservoirs de canaux, fleuves et rivières navigables. Ils indiquent aussi les noms locaux des filets autorisés et les heures auxquelles leur manœuvre est permise. (Déc. du 5 septembre 1897, art. 10, 11, 12 et 13.)

Les gendarmes sont autorisés à saisir les filets et autres instruments de pêche prohibés, ainsi que le poisson pêché en délit. Les filets et engins de pêche qui auront été saisis comme prohibés ne pourront, dans aucun cas, être remis sous caution; ils seront déposés au greffe et y demeureront jusqu'après le jugement pour être ensuite détruits. Les filets non prohibés dont la confiscation aurait été prononcée en exécution de l'article 5 de la loi du 15 avril 1829, seront vendus au profit du Trésor. En cas de refus de la part des délinquants de remettre immédiatement le filet déclaré prohibé, après la sommation du garde-pêche, ils seront condamnés à une amende de 50 francs. (Loi sur la pêche fluviale, art. 39 et 41.)

En terme de manège, on donne le nom de filet à un petit mors brisé, dépourvu de branches, garni d'un montant en cuir, qui accompagne la bride et dont on se sert pour reposer et pour rafraîchir la bouche du cheval.

FILOUTERIE, s. f. Action du filou. Le filou est celui qui vole avec adresse. Le vol qui ne remplit pas les conditions nécessaires pour constituer l'escroquerie ou qui n'est pas spécifié dans les articles 379 et suivants jusqu'à l'article 401 du Code pénal est une filouterie. L'article 401 punit la filouterie ou la tentative de filouterie d'un emprisonnement de 1 à 5 cinq ans et d'une amende de 16 à 500 francs.

FINISTÈRE (Département). Populat. 773,014 habit., 5 arrondissements, 43 cantons (11e corps d'armée, 11e légion de gendarmerie), ch.-l. Quimper, 17,406 habit., à 624 kil. O. de Paris, au confluent de l'Odet et du Steyr. S.-P.: Brest, Châteaulin, Quimperlé, Morlaix. Département maritime. Pays peu élevé, traversé par deux chaînes basses dites « les monts d'Arrée et les montagnes Noires ». Agricole. Elève très importante de chevaux, gros bétail, abeilles. Exploitations minérales. Patrie du connétable Tanneguy du Châtel, de La Tour d'Auvergne, surnommé le premier grenadier de France, du général Moreau, de l'amiral Romain des Fossés.

FLAGRANT, TE, adj. Qui est certain, qui est évident. — Le mot flagrant délit a été défini au mot *délit,* et nous avons vu que, dans ce cas, les officiers de police judiciaire auxiliaires du procureur de la République doivent eux-mêmes procéder immédiatement à l'instruction. Nous ajouterons ici que, d'après la loi du 20 mai 1863, tout individu arrêté en état de flagrant délit, pour un fait puni de peines correctionnelles, doit être conduit immédiatement devant le procureur de la République, qui doit l'interroger, décerner un mandat de dépôt, s'il y a lieu, et, dans ce cas, le traduire immédiatement à l'audience du tribunal ou à l'audience du lendemain. Si l'inculpé le demande, le tribunal lui accorde un délai de trois jours au moins pour préparer sa défense.

En cas de flagrant délit, les agents de la force publique ont le droit de requérir les citoyens de leur prêter main-forte. (C. P., art. 475, § 12.) La Cour de cassation (21 novembre 1865) a réformé un jugement qui avait acquitté des citoyens poursuivis pour avoir refusé de prêter main-forte à un agent qui ne pouvait contenir un homme ivre se livrant à des violences contre les personnes.

FLANC-GARDES. Les flanc-gardes sont destinées à protéger les flancs ou le flanc découvert d'une colonne en marche contre des partis ennemis qui essaieraient de la tourner ou d'y jeter du désordre. (Décr. du 28 mai 1895, art. 24.)

FLANQUER, v. a. Terme de fortification et d'art militaire ; soutenir, appuyer. Un ouvrage de fortification est flanqué par un autre ouvrage ; une troupe est flanquée par une batterie d'artillerie ou par une autre troupe qui se trouve sur l'un de ses flancs.

Les *flancs-gardes* sont des troupes destinées à protéger les flancs ou le flanc découvert d'une colonne en marche contre des partis ennemis qui essayeraient de la tourner et d'y jeter le désordre. (V. décret du 26 octobre 1883, art. 126.)

FLÈCHE, s. f. Arme formée d'un morceau de bois terminé par une pointe et qui se lance avec un arc ou avec une arbalète. En fortification, la flèche est un petit ouvrage formé de deux faces formant un angle.

FLEUVE, s. m. Cours d'eau considérable qui se jette dans la mer. — La source d'un fleuve est le point où il commence, et son embouchure le point où il se jette dans la mer. Le bassin d'un fleuve est la partie du territoire arrosée par ce fleuve et par ses affluents ; chaque bassin est entouré d'une série de hauteurs plus ou moins élevées qui le séparent des bassins voisins. — Les principaux fleuves sont :

1° En Europe : l'Èbre, le Rhône, le Tibre, le Pô, l'Adige, le Danube, le Don et le Dnieper, qui se jettent dans la Méditerranée ; le Volga, qui se jette dans la mer Caspienne ; la Tornéa, la Dwina, le Niémen, la Vistule, l'Elbe, le Rhin, la Tamise, la Meuse, la Seine, la Loire, la Garonne, le Douro, le Tage, la Guadiana et le Guadalquivir, qui se jettent dans l'océan Atlantique et dans ses dépendances.

2° En Asie : l'Obi, l'Iénisséi, la Léna, qui se jettent dans la mer Glaciale ; l'Amour et le Cambodge, qui se jettent dans l'océan Pacifique ; la Brahmapoutra, le Gange, l'Indus et l'Euphrate, qui se jettent dans la mer des Indes.

3° En Afrique : le Nil, qui se jette dans la Méditerranée ; le Sénégal, la Gambie et le Niger, qui se jettent dans l'océan Atlantique.

4° En Amérique : le Saint-Laurent, le Missouri, le Mississipi, le Rio-Grande, l'Orénoque, le fleuve des Amazones, le Parana et le Rio-de-la-Plata, qui se jettent dans l'océan Atlantique ; l'Orégon et le Rio-Colorado, qui se jettent dans l'océan Pacifique.

FLOTTE, s. f. Ce mot signifie l'ensemble des forces navales d'un pays et, en tactique navale, la réunion d'un nombre plus ou moins grand de bâtiments de guerre. La flotte se compose généralement de trois escadres ; elle est commandée par un amiral ou par un vice-amiral. La flotte française comprend environ 500 navires. (V. *Marine.*)

FLUX, s. m. Il se produit chaque jour sur les bords de l'Océan un double mouvement : pendant six heures, la mer s'avance vers le rivage : c'est ce qu'on appelle le flux ; puis, après un instant de calme, elle se retire : c'est ce qu'on appelle le reflux. La mer monte pendant six heures et met à se retirer le même laps de temps. Il y a deux flux et deux reflux dans une période d'environ 25 heures.

FLUXION, s. f. Congestion, engorgement. — La fluxion de poitrine est le nom vulgaire sous lequel on désigne la pneumonie ou l'inflammation des poumons. La fluxion de poitrine est assez fréquente chez les chevaux et elle est due ordinairement à un arrêt de transpiration. Cette maladie sévit le plus souvent au printemps et à la fin de l'automne, époques où les changements de température sont les plus brusques.

La fluxion périodique des yeux est une maladie qui se développe chez le cheval d'une façon lente et intermittente, mais qui finit toujours par faire perdre la vision. Les causes n'en sont pas parfaitement connues ; mais on a remarqué que cette affection sévissait surtout dans les contrées marécageuses. La fluxion périodique des yeux est un vice rédhibitoire, et la loi du 2 août 1884 a fixé à 30 jours la garantie pour le cheval, l'âne et le mulet.

FŒTUS, s. m. Commencement d'un corps animé ; enfant qui n'est point né.

FOIN, s. m. Le foin est l'herbe des prairies naturelles fauchée et desséchée de manière à pouvoir se conserver ; l'herbe des prairies artificielles est plutôt désignée sous le nom de fourrages. Le foin se compose d'un grand nombre de plantes, parmi lesquelles dominent les graminées et les légumineuses. — Le meilleur foin, celui qui donne le plus de force aux animaux, est celui qui vient dans des prairies sèches situées à mi-côte : il est doux à la main, odoriférant et d'un vert grisâtre. Celui qui vient dans des prairies trop humides est rude au toucher, d'un vert mat ; il exhale souvent une odeur marécageuse et, enfin, il renferme des plantes nuisibles. Ce dernier peut convenir à l'engraissement du bétail, mais le premier est le seul qui donne à l'animal la force musculaire dont il a besoin pour travailler. — Le foin enfermé humide se moisit ou s'échauffe : dans le premier cas, il se recouvre d'une espèce de champignon blanchâtre qui empoisonne l'organisme et peut déterminer à la longue des maladies graves ; dans le second cas, sa teinte est d'un brun foncé, son odeur âcre ; il est cassant et ne peut qu'être très mauvais pour l'alimentation.

On reconnaît le bon foin aux qualités suivantes : le bon foin est d'un vert jaunâtre foncé, composé en majeure partie de plantes dont les tiges sont souples, garnies de leurs feuilles ou de leurs fleurs. Son odeur est agréable, son goût légèrement sucré. Enfin, lorsqu'on partage une botte, elle ne doit pas faire de poussière. (Voir l'annexe n° 1 du règl. du 3 septembre 1897 sur le service des fourrages dans les brigades de gendarmerie et le règl. sur le serv. intérieur, art. 309.)

FOIRE, s. f. Les foires sont de grands marchés qui se tiennent dans un même lieu à certaines époques fixes et dans lesquels on vend des animaux et toutes sortes de denrées. Les foires et marchés à bestiaux sont créés, après avis des communes, par les conseils généraux. (Loi du 10 août 1871, art. 46.) Le maire a la surveillance des foires et des marchés : c'est lui qui fixe les emplacements à occuper, l'heure de l'ouverture et de la fermeture, de la vente, etc.

La gendarmerie doit toujours se rendre dans les foires comme dans tous les grands rassemblements d'hommes pour y maintenir le bon ordre et la tranquillité et, sur le soir, faire des patrouilles sur les routes et chemins qui y aboutissent pour protéger le retour des particuliers et marchands. (Décr. du 1er mars 1854, art. 331.) — Lorsqu'on présume que, par suite d'une grande affluence à des assemblées publiques, l'ordre peut être menacé, le commandant de l'arrondissement, après s'être concerté avec le sous-préfet, ou sur sa réquisition, peut réunir et renvoyer sur le lieu plusieurs brigades : il les commande lui-même si sa présence est jugée nécessaire, et il en est toujours ainsi dans les diverses circonstances où plusieurs brigades sont réunies pour un service de ville ou de campagne. Les brigades ne rentrent à leur résidence que lorsque leur présence n'est plus jugée nécessaire, et elles se retirent assez lentement pour observer ce qui se passe et empêcher les rixes qui ont lieu fréquemment à la suite de ces assemblées. (Décr. du 1er mars 1854, art. 334.)

Les militaires en service extraordinaire qui sont obligés de passer la nuit hors de leur résidence, ont droit au logement militaire pour eux et pour leurs chevaux. (N° d'ordre 12 du tableau 2 du règl. du 30 décembre 1892.) — Il est évident que, bien que cet article ne vise que le cas où le militaire découche, les chevaux des gendarmes qui sont obligés d'assister à une foire doivent recevoir le logement. Il est, du reste, toujours assuré par les soins du maire.

FOLIE, s. f. Aliénation d'esprit, dérangement du cerveau. La gendarmerie peut être requise pour mettre les fous furieux dans l'impossibilité de nuire. (V. *Aliéné*.)

FOLIO, s. m. Feuillet d'un registre non numéroté.

Folios mobiles de punitions. Ces folios sont destinés à recevoir l'inscription des actions remarquables, ainsi que des libellés de punitions infligées aux militaires de la légion ; il y est fait mention également à l'encre rouge des changements de résidence par mesure de discipline et de ceux prononcés dans l'intérêt du service, mais ayant le caractère d'une punition.

Les folios de discipline des sous-officiers, brigadiers et gendarmes décédés, retraités, démissionnaires, réformés ou réintégrés dans une autre arme ou service sont classés et conservés dans les archives de la compagnie. (V. Service intérieur, art. 43.) Ils ne doivent être détruits qu'après quinze ans. (Règl. du 12 avril 1893, art. 236.)

Le spécimen annexé au règlement sur le service intérieur indique de quelle manière ils doivent être tenus. La circulaire du 31 octobre 1880 indique les formalités à observer pour l'établissement des extraits du registre de discipline. Lorsqu'un homme passe d'une brigade dans une autre du même arrondissement, son folio sera retiré de l'assemblage et transmis, par l'intermédiaire de l'officier, au nouveau commandant de brigade, après que la mutation aura été portée par le premier. Si l'homme change en même temps d'arrondissement, le folio d'arrondissement, pareillement arrêté, sera transmis de la même manière. S'il y a changement de compagnie, il y aura transmission de trois folios, et de quatre s'il y a changement de légion. (Circ. du 29 novembre 1855.) — Les feuillets de punition sont conservés : 1° par le corps auquel appartient l'intéressé, jusqu'à son passage dans la réserve; 2° par le corps auquel l'intéressé est affecté comme réserviste, jusqu'à son passage dans l'armée territoriale; 3° par le bureau de recrutement, depuis son passage dans l'armée territoriale jusqu'à sa libération définitive du service militaire. A cette époque, ces feuillets sont détruits, sauf s'ils mentionnent des punitions de prison au moins (circ. du 12 décembre 1882) et joints aux feuillets matricules pour être versés aux archives de la guerre. (Circ. du 16 novembre 1882; note minist. du 15 mars 1884.)

Lorsqu'un changement de résidence a lieu par mesure de discipline, il en est fait mention, à l'encre rouge, sur les folios de punitions du militaire, avant qu'il soit envoyé à sa nouvelle destination. (V. Service intérieur, art. 43.)

Folios mobiles matricules. — Les folios mobiles matricules destinés à remplacer le registre n° 9 sont établis par les trésoriers; ils sont ensuite remis aux commandants d'arrondissement, qui les tiennent au courant jusqu'au moment où l'homme passe dans un autre arrondissement. Dans ce cas, le folio, revêtu des notes du commandant d'arrondissement et des observations auxquelles la conduite a pu donner lieu depuis l'inspection, est adressé par la voie hiérarchique au commandant de l'arrondissement sous les ordres duquel est passé le militaire qu'il concerne. En cas de retraite, démission, réforme, etc., le folio est conservé dans les archives pour être détruit après dix ans. (Circ. du 30 décembre 1879. — V. art. 43 du règl. sur le service intérieur.)

FONCTIONNAIRE, s. m. Personne qui exerce une charge, qui remplit une fonction publique, qui occupe un emploi dépendant du gouvernement. Au point de vue légal, cette dénomination n'appartient cependant pas à tous les employés qui sont rattachés à l'Etat d'une manière plus ou moins directe; ainsi, le Code pénal, dans ses articles 174, 175 et 177, emploie, à côté de la dénomination de fonctionnaire, les dénominations d'agent, de commis, de préposé. Le mot fonctionnaire doit être réservé aux personnes revêtues d'un titre officiel. Les officiers de terre et de mer sont des fonctionnaires.

Le décret du 19 septembre 1870, qui a abrogé l'article 75 de la constitution de l'an VIII, autorise les poursuites contre les fonctionnaires pour des faits relatifs à leurs fonctions, non seulement au criminel, mais encore au civil.

FONDS, s. m. Propriété foncière, terrain de rapport. Etre riche en fonds de terre. Etablissement commercial avec tout ce qui le compose, marchandises et matériel : fonds d'épicier, de boulanger, etc. Enfin, ce mot s'emploie pour désigner des sommes d'argent et principalement celles qui entrent dans les caisses publiques ou qui en sortent.

Fonds spécial. Un fonds spécial compris chaque année au budget de la gendarmerie est destiné à récompenser les sous-officiers, brigadiers et gendarmes qui ont le plus efficacement contribué au progrès des diverses parties de l'instruction spéciale et militaire, ou qui ont fait eux-mêmes des progrès dignes d'encouragement. Chaque année, des gratifications de cette nature sont accordées, sur le fonds spécial, par l'inspecteur général; elles sont réparties entre les deux armes dans une proportion qui doit correspondre, autant que possible, à l'effectif de chacune d'elles. Elles sont attribuées, pour les deux tiers, aux sous-officiers et brigadiers, et, pour l'autre tiers, aux simples gendarmes. Leur quotité ne peut être ni au-dessus de 70 francs ni au-dessous de 50 francs par homme. Ce fonds sert également à donner aux officiers supérieurs des indemnités pour perte de chevaux ou d'effets. (V. *Pertes.*) Les veuves d'officiers de gendarmerie peuvent aussi recevoir sur ce fonds des allocations exceptionnelles lorsque l'officier qui vient à décéder laisse une veuve ou des orphelins sans resssources. (Annexe n° 3 du règl. du 30 décembre 1892.)

Lorsque des officiers, des chefs de brigade ou des gendarmes sont déplacés dans un but d'apaisement des esprits ou de conciliation, il peut leur être alloué une indemnité sur le fonds spécial, destinée à les couvrir de leurs frais de déplacement. (Circ. des 4 avril 1878 et 8 mars 1880.)

Des gratifications spéciales, prélevées sur les fonds des écoles régimentaires, sont en outre accordées par l'inspecteur général aux maîtres, prévôts et élèves prévôts d'escrime dans la garde républicaine. Le montant en est fixé à 340 francs. La moitié de ces gratifications doit être répartie entre les élèves prévôts qui ne reçoivent aucune indemnité mensuelle. — Le budget de la gendarmerie comprend depuis quelque temps, à l'article « Fonds spécial », une somme de 90,000 francs, qui se répartit de la manière suivante : 67,000 francs pour la gendarmerie départementale; 3,000 francs pour la gendarmerie d'Afrique; 20,000 francs pour la garde républicaine. (V. *Gratifications, Action, Veuves d'officiers, Instruction, Tir à la cible.*)

FONDERIE, s. f. Etablissement dans lequel on fond et l'on coule les métaux. Les fonderies de canon en France étaient autrefois au nombre de trois (Strasbourg, Toulouse et Douai). Aujourd'hui, il n'y en a plus qu'une seule, installée à Bourges (Cher), et les canons en fonte de la marine sont fondus dans un établissement particulier, à Ruelle (Charente).

FONTE, s. f. (V. *Fer.*)

FORAIN, AINE, adj. — Qui n'est pas du lieu. Ne s'emploie guère que dans la locution de marchand forain pour désigner un marchand nomade qui parcourt les foires et les marchés. L'autorité municipale peut prendre toutes les mesures qu'elle juge nécessaires relativement à l'arrivée, au séjour et à la vente des marchands forains sur les marchés et dans les rues. Les forains sont, en outre, soumis à la surveillance de la police, qui a le droit d'examiner leurs poids et mesures, le titre des matières d'or et d'argent qu'ils vendent et d'exiger la représentation de leur patente.

FORÇAT, s. m. Nom donné aux individus condamnés aux travaux forcés à temps ou à perpétuité. (V. *Bagne.*) La capture d'un forçat évadé d'un établissement pénitentiaire dépendant du ministère de la marine donne droit à une prime de 50 francs. Cette prime n'est due qu'autant que le forçat a été repris soit en France, soit dans une colonie autre que celle de son internement. La même prime est due pour l'arrestation d'un forçat ou de tout autre condamné adulte évadé d'un des établissements pénitentiaires dépendant du ministère de l'intérieur, quel que soit le lieu de la détention et de l'arrestation. (Art. 188 du règl. du 12 avril 1893 et décr. du 2 juillet 1877.)

Le montant de la prime due pour l'arrestation des forçats et transportés de toutes catégories, repris dans la colonie pénitentiaire où ils sont internés, continue à être déterminé par les arrêtés locaux rendus par les gouverneurs de la Guyane et de la Nouvelle-Calédonie. (Arrêté minist. du 5 mai 1881.)

FORCE, s. f. Vigueur chez l'homme ou chez l'animal ; par extension, puissance d'agir, pouvoir de contraindre malgré les obstacles. Ce mot a un grand nombre de significations.

Force armée. Se dit de tout corps de troupe qui peut être requis pour faire exécuter la loi.

La **force publique** est la réunion des forces destinées à assurer l'exécutiondes lois. Les agents de la force publique sont couverts d'une protection spéciale contre ceux qui les outragent (V. *Outrage*), mais ils sont punis de peines exceptionnelles s'ils exercent sans motifs des violences contre les particuliers. (V. C. P., art. 186.)

La force publique aux armées est celle qui est chargée de veiller à l'exécution des lois et règlements, lorsque les troupes sont en marche ou en station. (V. *Prévôté* et l'instr. sur le service de la gendarmerie en campagne.)

La force d'un bataillon, d'un régiment est le nombre d'hommes que le bataillon ou le régiment peuvent mettre sous les armes.

On donne le nom de *forces d'un pays* à l'ensemble des armées et de tous les moyens que ce pays peut organiser pour se défendre.

En temps de paix, les forces de la France sont d'environ 580.000 hommes (proportion de 15 militaires pour 1.000 habitants). L'armée allemande ne compte que 10 militaires pour 1.000 habitants.

La **force supplétive** est une force provisoire installée sur un point non occupé par la gendarmerie : les hommes envoyés pour suppléer à l'insuffisance reconnue d'une brigade constituent la force supplétive. — L'article 27 du décret du 1er mars 1854 donne au Ministre, seul, le droit de placer des forces supplétives. — Mais l'envoi momentané d'un gendarme dans une brigade incomplète ne constitue pas la force supplétive, et les chefs de légion ont le droit de détacher sur certains points des hommes appartenant aux résidences dont le service est moins chargé. Il en est de même du remplacement, après trois mois, des militaires qui occupent un poste provisoire. (Décr. du 1er mars 1854, art. 27.) V. *Poste*.

Les hommes détachés aux forces supplétives doivent être relevés tous les trois mois. Passé ce délai, l'indemnité ne peut leur être allouée qu'avec l'autorisation du général commandant le corps d'armée. (Décis. présid. du 27 novembre 1887 et annexe n° 1 du règl. du 30 décembre 1892.)

Force majeure. Evénement imprévu et qu'il n'est pas possible d'empêcher. La force majeure est une cause d'excuse dans le cas où l'on n'aurait pas agi comme on aurait dû le faire : elle a pour effet d'annuler la responsabilité. Les inondations, les incendies, les révolutions, les naufrages, etc., sont des cas de force majeure.

Camisole de force. Gilet spécial avec lequel on attache les fous furieux et les condamnés dangereux pour les mettre dans l'impossibilité de nuire.

S'emparer de quelqu'un de vive force, c'est s'en emparer avec une violence manifeste. — A force de... est une locution qui signifie avec beaucoup : à force de peines, à force de soins, signifie avec beaucoup de peines, avec beaucoup de soins.

Force publique. *Allocations*. Les militaires de la gendarmerie détachés aux forces publiques dans l'intérieur ont droit à l'indemnité de service extraordinaire. (N° d'ordre 12 du tableau 2 du règl. du 30 décembre 1892.) — S'ils font partie des rassemblements et des forces publiques pour la surveillance des frontières ou pour le service de police près des corps de troupe réunis sur des points de l'intérieur, ils reçoivent gratuitement les rations de pain, sur le pied de paix, ou une indemnité équivalente si le pain ne peut leur être fourni en nature. (N° d'ordre 1 du tableau 5 du règl. du 30 décembre 1892.) Ils ont droit, en outre, à titre gratuit, à une demi-ration de sucre et café et aux rations extraordinaires de liquides qui pourront être allouées aux hommes de troupe. (Instr. du 4 mars 1890, art. 35.) — Le logement militaire leur est dû. — Les officiers, sous-officiers, brigadiers et gendarmes faisant partie des prévôtés constituées pour la durée des manœuvres, reçoivent la solde en station, et de plus l'indemnité en marche fixée comme suit :

	fr.	c.
Officiers supérieurs	5	»
Officiers inférieurs	3	»
Adjudants sous-officiers	1	50
Autres sous-officiers	1	25
Brigadiers et gendarmes	1	»

(Décis. minist. du 29 septembre 1879 rappelée dans les instr. sur les manœuvres d'automne.) — Les sous-officiers, brigadiers et gendarmes reçoivent en outre, à titre gratuit, le pain, une demi-ration de sucre et de café et les rations extraordinaires de liquides qui peuvent être allouées aux hommes de troupe. Ces dernières sont touchées soit en nature, soit sous la forme d'indemnité représentative. Ils peuvent percevoir, en outre, une demi-ration journalière de sucre et de café à charge de remboursement et en sus de celle accordée à titre gratuit. (Instr. annuelles sur les manœuvres.) (V. *Ferrure* pour l'indemnité de 4 fr. allouée pendant les manœuvres.)

FORESTIER, IÈRE, adj. Qui concerne les forêts. — Ecole forestière. (V. *Ecole*.)

Agent forestier. Les bois sont gardés par des gardes forestiers. Le Code forestier a pour but de réglementer l'exploitation des bois et de s'opposer aux dilapidations dont ils pourraient être l'objet.

Conformément aux dispositions de l'article 8 de la loi du 24 juillet 1873, le personnel de l'administration des forêts entre dans la composition des forces militaires du pays. Les agents et préposés des forêts sont organisés par conservation des forêts et, suivant l'effectif disponible, en compagnies ou sections qui prennent la dénomination de compagnies ou sections de chasseurs forestiers. (V. le décr. du 22 septembre 1882, la loi du 15 juillet 1889 et le décr. du 18 novembre 1890.) — Le corps forestier forme, en France et en Algérie, un certain nombre de compagnies, sections ou détachements qui, à dater du jour de l'appel à l'activité, font partie intégrante de l'armée et jouissent des mêmes droits, honneurs et récompenses que les corps de troupe qui la composent. Les dispositions du décret du 18 novembre 1890 réorganisant le corps des chasseurs forestiers ont été rendues applicables à l'Algérie par décret du 2 avril 1892. (V. *Assimilation*.)

FORÊT, s. f. Bois qui embrasse une vaste étendue de terrain. — L'administration des forêts est chargée de la surveillance et de l'exploitation des forêts qui appartiennent à l'Etat. La France est divisée en 32 conservations forestières. (Décr. du 29 décembre 1888.) — Le personnel de l'administration des forêts entre dans la composition des forces militaires du pays, et est organisé par conservation en un certain nombre de compagnies et de sections. (V. *Bois* et *Armée*.)

Délits forestiers. La capture d'un condamné à une amende pour un délit forestier donne droit, en faveur des sous-officiers, brigadiers et gendarmes, à la même prime que celle fixée pour les frais de justice : 3, 4 ou 5 francs, selon la population des villes déterminée au tableau de l'article 190. (Règl. du 12 avril 1893, art. 193.) (V. ce titre.) — Ces primes sont payées trimestriellement par le receveur de l'enregistrement. — Le délai de l'échéance, pour le droit à réclamer la prime, est fixée à 5 ans à partir de la capture des délinquants.

FORFAIT, s. m. Ce mot a deux significations qui n'ont entre elles aucun rapport. Le mot forfait s'emploie pour désigner un grand crime commis généralement avec audace et cruauté. — En langue d'affaires, il signifie un marché dans lequel l'une des deux parties s'engage à faire quelque chose, à exécuter un travail, moyennant un prix fait, sans avoir égard au gain ou à la perte.

FORFAITURE, s. f. Tout crime commis par un fonctionnaire public dans l'exercice de ses fonctions est une forfaiture. (C. P., art. 166.) Les simples délits ne constituent pas les fonctionnaires en forfaiture. (C. P., art. 168.) Les articles 121, 126, 127 et suivants du Code pénal énumèrent les divers cas spéciaux de forfaiture. Toute forfaiture pour laquelle la loi ne prononce pas de peine plus grave est punie de la dégradation civique. (C. P., art. 167.)

La soustraction des deniers de l'Etat par ceux qui en sont comptables, la concussion, la corruption des fonctionnaires, les abus d'autorité contre la chose publique sont des crimes qui entraînent forcément avec eux la forfaiture et qui sont prévus par les articles 169 et suivants, 174 et suivants, 177 et suivants, 188 et suivants du Code pénal.

FORGE, s. f. Usine dans laquelle on travaille le fer après l'avoir séparé du minerai. Les fers et les aciers destinés aux arsenaux sont fabriqués dans des forges spéciales appartenant au commerce, mais dirigées par des lieutenants-colonels ou des chefs d'escadron d'artillerie ayant sous leurs ordres un certain nombre de capitaines.

Forge de campagne. Voiture qui accompagne les régiments de cavalerie et d'artillerie, et qui porte une forge avec son outillage.

En terme de manège, on dit qu'un cheval forge lorsque le fer des pieds de derrière atteint au pas ou au trot le fer des pieds de devant. Ce défaut est causé soit par la mauvaise conformation de l'animal, soit par la maladresse du cavalier qui ne sait pas tenir son cheval en bride ou qui force l'allure.

FORME, s. f. En hippologie on donne le nom de forme à une tumeur molle d'abord, puis osseuse, qui se produit à la couronne du pied du cheval et qui provient souvent d'une contusion ou d'un effort. Lorsqu'elle est développée, elle gêne le jeu de l'articulation du pied et fait boiter le cheval. Dans le principe, on peut résoudre la forme au moyen de cataplasmes ou d'emplâtres d'onguent de Vigo; on peut arrêter le développement au moyen du feu; mais la guérison complète est toujours très difficile.

FORMULE, s. f. Modèle dont les termes sont précis et qui doit être suivi dans la rédaction de certains actes, dans la correspondance avec les autorités civiles, etc. (V. la circ. du 28 février 1881.) Formules à employer dans la correspondance. (V. *Correspondance.*) Formule de signature en cas de commandement provisoire ou intérimaire. (Circ. du 10 mai 1853.) (V. *Commandement* et les modèles 24 et 25 du cahier des modèles annexés au Service intérieur.) — Le décret du 2 septembre 1871 règle la formule de promulgation des lois.

Une décision présidentielle en date du 22 juin 1880 modifie la formule de réception des militaires gradés et décide qu'à l'avenir elle commencera ainsi : « De par le Président de la République. »

FORT, s. m. En art militaire, on donne le nom de fort à un ouvrage composé d'au moins quatre fronts bastionnés. Le mot forteresse s'emploie pour désigner un ensemble de fortifications permanentes ayant généralement une étendue considérable. Un petit fort s'appelle un fortin.

FORTIFICATION, s. f. La fortification est l'art qui enseigne à élever et à organiser des obstacles derrière lesquels les défenseurs peuvent résister à un ennemi supérieur en nombre.

La fortification se divise en deux parties: 1° *La fortification passagère,* qu'on emploie pour fortifier une position qui ne doit être occupée que temporairement et qui doit pouvoir être élevée rapidement et avec les moyens dont on dispose en campagne; 2° *la fortification permanente,* qui a pour but d'occuper une position pendant un temps indéfini et qui, par suite, doit être construite avec les matériaux les plus résistants et en se servant de toutes les ressources de l'art. *La fortification passagère* n'est employée que pour protéger éventuellement des troupes de campagne. *La fortification permanente* est l'ensemble des ouvrages destinés à donner dans certains cas aux armées un appui solide, à mettre à l'abri les ressources de l'Etat, et enfin à protéger la patrie contre une invasion inopinée.

Lorsque les nations ne sont pas séparées des nations voisines par des frontières naturelles, c'est-à-dire par de grands fleuves ou par de hautes montagnes, elles sont obligées d'élever des défenses artificielles qui forcent l'ennemi à rester devant elles, et qui l'empêchent d'envahir le pays avec une trop grande facilité. Tel est le cas de la France depuis la malheureuse guerre de 1870. — Nos frontières naturelles étaient perdues, la voie de l'invasion était toute grande ouverte et il fallait songer à la fermer au plus vite. Aussi, vers 1874, l'Assemblée nationale s'empressa de voter les crédits nécessaires à cette œuvre patriotique, et aujourd'hui, grâce au zèle, à l'activité et au savoir de nos ingénieurs militaires, notre frontière est couverte par un formidable système de forts, de places et de camps retranchés qui la rendent plus difficile à franchir que si elle était bornée par des frontières naturelles. Le sujet est trop important et il y a trop d'intérêt pour tous pour que nous ne donnions pas ici un résumé succinct des fortifications actuelles de notre pays.

La France est bornée au nord et au nord-est par la Belgique et le Luxembourg hollandais; la ligne de démarcation est toute conventionnelle, et pendant ses 300 kilomètres de développement, de Dunkerque à Longwy, elle ne suit aucune ligne naturelle. La Belgique et le Luxembourg sont des territoires neutres; mais cette neutralité peut être un jour violée, et il ne faut pas oublier que le chemin d'invasion le plus sûr et le plus rapide passe précisément par la Belgique, et qu'une armée allemande réunie à Aix-la-Chapelle peut, en sept étapes, arriver sur la frontière et, huit jours après, en descendant la vallée de l'Oise, se trouver sous les murs de Paris.

Les places fortes qui sont destinées soit à arrêter directement l'ennemi, soit à permettre la concentration d'une puissante armée qui menacerait son flanc droit, sont: Dunkerque, place aujourd'hui très forte; Gravelines, Calais, Aire, Lille, entourée d'une enceinte bastionnée et couverte par de nombreux forts qui lui permettent de résister à un siège en règle, entrepris par une armée entière; Arras et Douai, sur la Scarpe; Cambrai, Bouchain, Valenciennes et Condé, sur l'Escaut; Le Quesnoy, Landrecies et enfin Maubeuge, sur la Sambre; cette dernière place, entourée de forts, est devenue un excellent camp retranché. En arrière de ces places, le cours de la Somme est défendu par la citadelle d'Amiens et par Péronne.

De la Sambre à la Meuse se trouve la trouée de l'Oise, qui n'est défendue que par le fort d'Hirson et par la petite place de Guise; en arrière se trouve la formidable position de La Fère-Laon. — En suivant la frontière, nous trouvons les places de Rocroi, Mézières, le fort des Ayrelles, Montmédy et Longwy; les forêts des Ardennes couvrent presque tout le pays et les communications sont rares et difficiles.

Frontières de l'Est. — La nouvelle frontière militaire de la France s'étend de Longwy à Montbéliard, du Luxembourg à la frontière suisse, sur une longueur d'environ 280 kilomètres, et elle est défendue au nord par les petites places de Montmédy et de Longwy, qui commandent le chemin de fer de Thionville à Sedan. — De Montmédy à Verdun se trouve une trouée d'environ 30 kilomètres, qui n'a aucune défense artificielle et qui n'est protégée que par les côtes de la Meuse, le cours de ce fleuve et l'Argonne occidentale.

La trouée est fermée au sud par Verdun, place forte de premier ordre, protégée par quinze forts, qui forment un immense camp retranché d'un périmètre de 40 kilomètres. — Entre Verdun et Toul, c'est-à-dire sur un espace d'environ 80 kilomètres, on a construit une série de forts auxquels on a donné le nom de *forts d'arrêt,* qui tiennent toutes les routes et tous les chemins importants sous le feu de leurs canons, et qui rendent ainsi cette partie de la frontière complètement impraticable à une armée ou à un corps d'armée suivis de leurs *impedimenta.* Ces forts, dont les plus importants sont Génicourt, Troyon, Camp des Romains, Liouville et Gironville, complètement indépendants les uns des autres, armés d'une puissante artillerie, pourvus de casemates à l'abri des plus gros projectiles, sont organisés de façon à forcer l'assaillant à faire un siège en règle. Derrière eux se trouvent le cours de la Meuse et les défilés de l'Argonne.

A l'extrémité sud de ce formidable front défensif, qu'on désigne sous le nom de front des côtes de Meuse, s'élève la place de Toul, sur la Moselle, entourée de 12 forts, et qui, comme Verdun au nord, forme un grand camp retranché destiné à servir de point de concentration à une armée française qui, placée sur l'aile droite d'une armée se dirigeant de Strasbourg vers le bassin de la Seine, menacerait constamment de couper ses communications.

En arrière de Nancy, qui n'a pas été fortifié, se trouvent le fort de Frouard, au confluent de la Meurthe et de la Moselle, et plus au sud, sur la Moselle, le fort de Pont-Saint-Vincent. Après ce fort et jusqu'à Epinal, sur une distance d'environ 45 kilomètres, on ne trouve plus d'obstacles artificiels, et la Moselle seule protège cette trouée, par laquelle doit forcément passer une armée envahissante partie de Strasbourg. Cette trouée, fermée au nord par les forts de Toul, est limitée au sud par Epinal, position stratégique de premier ordre, de laquelle une armée française pourra, comme du camp de Toul, déboucher avec la plus grande facilité sur les flancs et sur les derrières de l'envahisseur. — Le camp retranché d'Epinal, qui a plus de 40 kilomètres de développement, est protégé par 15 forts. Au sud de cette place, le cours de la Moselle est défendu par les forts d'Arches, de Parmont, de Rupt et de Château-Lambert. Au delà, se trouve le fort de Servance et en arrière d'Epinal, près de Neufchâteau, on a construit le fort de Bourlémont.

Entre les Vosges et le Jura, en face de Bâle, se trouve une vaste dépression de terrain qui forme une trouée d'environ 45 kilomètres de large et qui était autrefois un des points les plus vulnérables de la France; cette trouée est complètement fermée aujourd'hui par le camp retranché de Belfort. On sait qu'en 1870 cette place résista héroïquement à 108 jours de siège et à un bombardement de 73 jours et qu'elle n'ouvrit ses portes, le 14 janvier 1871, que sur l'ordre du gouvernement. Les anciennes fortifications ont été refaites et agrandies, et une ceinture d'ouvrages d'une importance considérable font de Belfort une place de premier ordre qui, bien approvisionnée et bien défendue, peut offrir une résistance illimitée.

Au sud de Belfort, la trouée est fermée par les ouvrages de Montbéliard et par les forts de la Chaux, du mont Bart et du mont Lomont.

Ainsi qu'on le voit, notre nouvelle frontière, que l'ennemi nous avait laissée béante, est aujourd'hui protégée depuis Montmédy jusqu'à Montbéliard par une série d'ouvrages qui ne peuvent être enlevés qu'après un siège en règle, et elle a été rendue infranchissable, excepté sur deux points: au nord, entre Verdun et Montmédy, et au sud, entre Toul et Epinal. Ces deux trouées, qui ont été évidemment laissées à dessein par le comité de défense, obligent l'envahisseur à passer par ces voies, à diviser ainsi ses forces en deux grandes masses séparées par un intervalle de près de 100 kilomètres et à accepter le champ de bataille que nous aurons choisi. — L'œuvre si patriotique, conçue si habilement par le comité de défense, sous la présidence du général du génie Séré de Rivière, est aujourd'hui à peu près complètement terminée; et si un jour la France venait à être attaquée, elle pourrait attendre l'assaillant avec la plus grande confiance sous la protection de ses remparts.

En arrière de cette ligne de défense, il existe encore des places de seconde ligne destinées à arrêter l'ennemi qui serait parvenu à franchir victorieusement l'une ou l'autre des deux trouées, ou les deux à la fois; ces places sont, en commençant par le nord: La Fère, Laon, Reims, Langres, Dijon et Besançon. Entourées de forts puissants, elles constituent autant de grands camps retranchés, dont l'ennemi sera toujours obligé de tenir grand compte dans sa marche en avant et qui pourront, à l'occasion, servir de points de ralliement à des armées en retraite.

De Montbéliard au sud de Genève, la frontière est protégée par le massif du Jura, d'une défense très facile, par le cours du Doubs, par Besançon et enfin par la neutralité de la Suisse. « On peut se demander, dit M. Eugène Ténot dans son excellent ouvrage sur *la Frontière démembrée,* si la Belgique aurait la volonté et la résolution nécessaires pour défendre énergiquement sa neutralité violée par l'Allemagne; mais le doute n'est pas permis en ce qui concerne la Suisse contemporaine. La vaillante population helvétique n'hésiterait certainement pas à courir aux armes et son gouvernement ne se bornerait pas à de platoniques protestations ou à de vains simulacres de résistance. La défense de sa neutralité violée par l'Allemagne serait pour le peuple suisse le combat sacré pour son indépendance et ses libertés séculaires, la lutte pour l'existence de sa patrie. On n'ignore pas, en Suisse, que les docteurs du pangermanisme revendiquent Berne et Zurich au même titre qu'ils revendiquaient Strasbourg et Mulhouse : on y parle allemand; et que les théoriciens italiens du principe des nationalités basé sur le dialecte professent de même que le canton du Tessin compte à ce titre au nombre des provinces du domaine italien. »

Les principaux passages du Jura sont fermés par les forts de Morteau, de Pontarlier, de Joux, de Larmont, des Rousses et de l'Ecluse. Du fort de l'Ecluse au col de Tende, la frontière est marquée par les Alpes, excellente barrière naturelle coupée par des cols dont la défense est des plus faciles. Des forts ont été élevés sur les points principaux. Nous citerons ceux de

Pierre-Châtel, Barraux, Tamié, Mont-Gilbert, Briançon, place de premier ordre qui interdit complètement le passage par le col Mont-Genèvre, Mont-Dauphin, Tournoux, Saint-Vincent, Colmars et Entrevaux. A l'extrémité de la ligne, se trouve Nice, mise à l'abri de toute attaque par de nombreuses batteries élevées sur différents points.

En arrière de cette belle ligne de défense, nous trouvons Grenoble, Toulon et Lyon. Grenoble, qui commande les débouchés de la Maurienne, est entouré d'ouvrages détachés qui en font une position des plus importantes ; Toulon, notre grand port de la Méditerranée, est à l'abri de toute attaque par terre et par mer ; et enfin Lyon, grâce aux nouveaux forts qui viennent d'être construits, est devenu un formidable camp retranché d'un périmètre de 60 kilomètres et qui ne pourrait être investi que par une armée de 200,000 hommes.

Frontière des Pyrénées. — La France est séparée de l'Espagne par les Pyrénées, admirable frontière naturelle qui forme au centre un rempart infranchissable à une armée et qui ne peut être franchie qu'à ses deux extrémités, sur les bords de la Méditerranée par Perpignan et sur les bords de l'Océan par Bayonne. De ce côté, nous avons le fort d'Urdos, la citadelle de Saint-Jean-Pied-de-Port et enfin la place de Bayonne, entourée d'une enceinte et protégée par des ouvrages retranchés qui obligeraient l'envahisseur à passer par toutes les lenteurs d'un siège.

Du côté de Perpignan, la frontière est couverte par les forteresses de Mont-Louis, de Bellegarde et de Prades, par les ouvrages de Port-Vendres et de Collioures, et enfin par la place de Perpignan, dont les fortifications, quoique anciennes, seraient encore susceptibles d'une longue défense. Il faut remarquer, en outre, que les invasions par les deux extrémités des Pyrénées ne seraient jamais bien redoutables, les objectifs naturels des armées ennemies, Lyon, d'un côté, Toulouse et Bordeaux, de l'autre, étant très éloignés de la frontière.

Nous ne pouvons pas terminer le résumé de l'étude de nos frontières sans parler des fortifications de Paris.

Fortifications de Paris. En 1840, sous le ministère de M. Thiers, on entoura Paris d'une enceinte fortifiée et on construisit en avant de cette enceinte un certain nombre de forts qui faisaient de la capitale une place d'armes de premier ordre. — Au nord, s'élevaient les ouvrages de Saint-Denis et le fort d'Aubervilliers : à l'est, les forts de Noisy, de Romainville, de Nogent, de Vincennes et les redoutes de la Faisanderie et de Gravelle ; au sud, le fort de Charenton, au confluent de la Marne et de la Seine, et les forts d'Ivry, de Bicêtre, de Montrouge, de Vanves et d'Issy ; enfin le cercle de défense était fermé à l'ouest par la puissante forteresse du mont Valérien. La ligne bastionnée avait 36 kilomètres de tour et la ligne des forts extérieurs 53.

Etant donnée la portée efficace des canons de l'époque, cette place était formidable, et, comme le dit M. Eugène Ténot dans son excellent ouvrage sur les *Nouvelles défenses de la France,* « elle a glorieusement supporté l'épreuve ; car, défendue en 1870-71 par quelques débris à peine de troupes régulières et par des levées improvisées ; attaquée par un ennemi formidable, victorieux et muni d'une artillerie d'une puissance inconnue en 1840, Paris n'a néanmoins cédé qu'à la famine. Le vrai siège commençait à peine, quand la faim fit, après quatre mois et demi de blocus, tomber les armes des mains de ses défenseurs. » Malheureusement, la puissance de l'artillerie nouvelle avait permis aux Prussiens, établis sur des hauteurs relativement éloignées, de répondre avec le plus grand avantage aux feux de nos forts et même de couvrir d'obus toute la partie de Paris située au sud de la Seine. On chercha donc, immédiatement après nos désastres, à reculer le plus loin possible les défenses de la capitale en occupant toutes les hauteurs dominantes, et on décida de faire de Paris un immense camp retranché à l'abri de toute tentative d'investissement et qui devait être le boulevard de la Patrie. Tous les anciens forts furent conservés et les nouveaux furent construits en avant d'eux et la plupart sur les positions occupées pendant le siège par les batteries prussiennes.

Les nouvelles défenses de Paris sur le front nord sont les forts de Cormeilles, de Montlignon, de Montmorency, de Domont, d'Ecouen et de Stains. A l'est, dans le bassin de la Marne, les forts de Vaujours, de Chelles, de Villers, de Champigny et de Sucy. Le front sud est protégé par les forts de Villeneuve, de Palaiseau, de Villeras, du Haut-Buc, de Saint-Cyr et par de nombreuses batteries fermées et casematées établies sur tous les points importants. Enfin, à l'ouest, en arrière de la Seine et du mont Valérien, se trouvent les ouvrages de Marly, qui se composent d'un fort principal et de sept batteries fermées.

Tous ces forts, établis sur des positions excellentes, dont les feux se croisent et qui peuvent envoyer leurs obus jusqu'à 30 kilomètres du centre de Paris, forment autour de cette ville un cercle de feux formidable. — L'ennemi qui voudrait aujourd'hui faire le blocus de la capitale de la France serait obligé d'occuper une ligne d'investissement de plus de 150 kilomètres (les lignes allemandes, en 1870, n'en atteignaient pas la moitié), et cette gigantesque opération, qui nécessiterait le concours de dix-sept corps d'armée, ne serait possible que dans le cas d'une coalition générale ; en dehors de cette hypothèse, on peut affirmer hautement aujourd'hui que Paris est complètement inabordable.

FOUDRE, s. f. Fluide électrique qui se dégage soit entre deux nuages, soit entre un nuage et la terre : la foudre est accompagnée d'une vive lueur, que l'on nomme éclair, et d'un grand bruit, qu'on appelle tonnerre. — L'éclair et la détonation ont toujours lieu en même temps ; mais comme le son ne parcourt environ que 340 mètres par seconde et que la vitesse de la lumière est presque inappréciable tant elle est rapide, il s'ensuit qu'on peut observer un temps assez long entre l'éclair et le bruit. On peut ainsi calculer approximativement la distance à laquelle se trouve l'orage. Si, par exemple, un intervalle de dix secondes s'écoule entre l'apparition de l'éclair et le coup de tonnerre, on pourra en conclure qu'on se trouve à 3,400 mètres de la foudre. Il est évident que dès qu'on a aperçu l'éclair on n'a plus rien à craindre de la foudre ; la crainte du tonnerre n'est pas excusable chez une personne qui raisonne et le danger qu'elle peut faire courir n'est pas assez sérieux pour qu'on s'en préoccupe.

Cependant, quand on se trouve au milieu d'un violent orage, on peut prendre certaines précautions : si l'on est dans un appartement, empêcher les courants d'air, ne pas s'approcher de la cheminée ni des murs et rester au milieu de la chambre. Si l'on est en rase campagne, ne jamais se mettre sous un arbre isolé, et, si l'on porte un fusil, le mettre de côté ou, du moins, diriger le bout du canon vers la terre. Les édifices sont protégés de la foudre par de longues tiges en fer communiquant avec le sol, auxquelles on donne le nom de paratonnerres.

Le mot foudre, employé au masculin, sert à désigner de grands tonneaux qui peuvent contenir plusieurs barriques de vin. — On l'emploie aussi dans l'expression un *foudre de guerre*, pour désigner un grand capitaine.

FOUGASSE, s. f. La fougasse est une défense accessoire que l'on place aux pieds des glacis d'un ouvrage et sur les routes que doit suivre l'ennemi ; c'est un petit puits au fond duquel se trouve une boite de poudre recouverte de pierres. Lorsque l'assaillant arrive sur la fougasse, on y met le feu au moyen d'une mèche ou au moyen de l'électricité.

FOUR, s. m. Des *fours portatifs* en fer ou en tôle suivent les troupes en marche. Leur contenance est de 180 à 200 rations par fournée. Il existe aussi des *fours roulants* pour le service en marche : on peut, en station, y cuire en vingt-quatre heures 14 et même 16 fournées, soit 2.400 rations ; en marche, la production est moitié moindre.

FOURBURE, s. f. La partie interne du pied du cheval est formée de nombreux feuillets parallèles qui la mettent en contact avec la chair du pied. Lorsque ces lamelles se gorgent de sang, se déchirent et se disjoignent, elles donnent naissance à une grave affection, qu'on appelle la fourbure. —

Cette maladie a de nombreuses causes : les principales sont un excès de travail ou un repos trop prolongé ; les fers essayés trop chauds, surtout si les pieds ont été trop parés. Enfin, les animaux d'un tempérament sanguin et qui ont le sabot étroit ou les pieds plats sont prédisposés à la fourbure. Les symptômes de cette maladie sont une grande chaleur et une grande sensibilité dans le pied, une attitude vacillante et parfois un tremblement dans les membres. En attendant l'arrivée du vétérinaire, qui doit être immédiatement appelé, il faut déferrer les pieds malades, les mettre dans un bain d'eau très froide et les recouvrir de cataplasmes de terre glaise qu'on délaye avec du vinaigre.

FOURCHETTE, s. f. En hippologie, on donne le nom de fourchette à la partie du pied du cheval située dans l'échancrure de la sole ; c'est une sorte de coussin élastique qui ressemble à du caoutchouc et qui, comme lui, cède à la pression pour reprendre ensuite sa forme primitive, complétant ainsi l'élasticité du sabot ; plus elle est forte, mieux elle remplit son office. — Si la fourchette présente un léger suintement noirâtre et fétide, on la dit échauffée, et cet état est dû presque toujours à la malpropreté dans laquelle on laisse les pieds du cheval. Si la fourchette est molle, filandreuse et si elle se désorganise, elle est dite pourrie, et elle se décompose alors rapidement par suite d'une affection très rebelle, appelée crapaud.

FOURGON, s. m. Charrette couverte, à deux ou quatre roues, dont on se sert à l'armée pour porter des vivres, des munitions, des bagages, des blessés.

FOURNITURE, s. f. En administration militaire, on appelle fourniture les objets qui composent la literie du soldat. — La fourniture se compose d'un châlit, d'une paillasse, d'un matelas, d'une couverture de laine, d'une paire de draps et d'un traversin. La demi-fourniture ne comprend qu'un sac de toile, deux bottes de paille et deux tréteaux supportant trois planches.

Les fournitures de subsistance et de couchage qui doivent être fournies aux détenus séjournant dans la chambre de sûreté sont réglées par le cahier des charges, qui varie avec les départements ou plutôt avec les circonscriptions pénitentiaires. Les gendarmes doivent avoir connaissance de ce cahier des charges, afin de tenir la main à ce que les prisonniers reçoivent intégralement toutes les fournitures qui leur sont allouées. Ils ne doivent, sous aucun prétexte, les fournir eux-mêmes, à moins que le maire ne se refuse à remplacer momentanément l'entrepreneur ; dans ce cas, conformément au dernier paragraphe de l'article 372 du décret du 1er mars 1854, la gendarmerie fournit les aliments déterminés et dresse procès-verbal.

FOURRAGE, s. m. Ce mot s'emploie dans des acceptions très diverses : il sert à désigner ordinairement les végétaux, à l'exception des grains, que les animaux mangent à l'écurie.

Un décret en date du 18 février 1889 réglemente le mode de fonctionnement du système d'achat direct des fourrages par les corps de troupe. Les compagnies passent des marchés annuels, pour chaque brigade, en vue d'assurer la fourniture périodique, au fur et à mesure des besoins, de chaque espèce de denrées livrables dans les casernes. Une masse dite de fourrages, destinée à pourvoir au payement de ces fournitures, est alimentée au moyen d'une prime journalière dont le taux, déterminé annuellement et par compagnie, est perçu pour toutes les journées de présence de cheval. (Règl. du 23 octobre 1895.)

Ce système n'a pas encore été appliqué à la 19e légion et au détachement de Tunisie.

Le registre n° 11 des fourrages est précédé d'un spécimen contenant des opérations fictives, de manière à permettre aux chefs de brigade de le tenir sans difficulté. Il se compose de deux parties distinctes : la première (tableau n° 1, compte trimestriel) est destinée à reproduire toutes les opérations d'entrée et de sortie des rations et à recevoir les observations des officiers et les procès-verbaux auxquels auront donné lieu de leur part les différences constatées en plus ou en moins. — La seconde partie (tableau n° 2, feuille numérique de consommations journalières) est destinée à recevoir l'inscription des rations distribuées chaque jour, soit aux hommes de la brigade, soit aux gendarmes de passage ou aux officiers en tournée. Les totaux de chacun de ces tableaux sont reportés aux sorties du compte trimestriel. — Les entrepreneurs ou comptables des services des fourrages reçoivent des commandants de brigade des bons provisoires dont le modèle est également placé en tête du registre nº 11 et qui ne sont autre chose que la reproduction du tableau nº 1. Ceux-ci y inscrivent, au fur et à mesure, comme sur le compte trimestriel du registre des fourrages, les quantités de rations reçues et signent chacune de ces inscriptions. (Circ. du 14 juillet 1865.)

L'officier chargé de précéder le régiment est autorisé à se faire assister, pour la reconnaissance des denrées fourragères dans les gîtes où il existe des brigades de gendarmerie, par un sous-officier ou brigadier de ce corps. Ce dernier doit se mettre à sa disposition et lui fournir tous les renseignements désirables sur la provenance des denrées fourragères et sur leur qualité par rapport à celles du pays; après que ces denrées ont été reconnues et jugées bonnes, il veille à ce que, jusqu'à l'arrivée du régiment, elles ne soient l'objet d'aucune substitution.

Dans le cas où elles seraient refusées par l'officier préposé à la distribution, il seconde celui-ci dans les démarches et réquisitions à faire pour assurer leur remplacement immédiat par des denrées de meilleure qualité. (Circ. du 15 juillet 1856.)

Composition de la ration. Les denrées dont se compose la ration ordinaire de fourrages sont : le foin, la paille de froment, l'avoine à l'intérieur, l'orge en Algérie. Les denrées de substitution sont : les fourrages artificiels, luzerne et sainfoin, première coupe (la deuxième coupe peut être admise si elle est assez nutritive); les pailles de seigle, d'avoine et d'orge : l'orge à l'intérieur, l'avoine en Algérie; le son, la farine d'orge, les fourrages verts dans la saison de la mise au vert, et à l'arrière-saison, si ce régime est reconnu nécessaire; les carottes, les panais. (V. le titre *Ration.*) — L'entrepreneur ne peut faire aucune substitution sans y être formellement autorisé.

La décision ministérielle du 12 octobre 1887, modifiée par la décision ministérielle du 2 juin 1888, règle la composition des rations de fourrages et les bases d'après lesquelles s'opèrent les substitutions.

Substitutions fourragères. La composition des rations de fourrage est invariable et réglementaire, et ce n'est qu'exceptionnellement que des substitutions de denrées sont autorisées par le conseil d'administration dans les cas de pénurie des denrées, de l'état de santé des chevaux ou de toute autre circonstance, dans les proportions indiquées au cahier des charges pour les brigades pour lesquelles il est passé des marchés spéciaux.

Dans les places de garnison, le commandant de compagnie, d'après l'avis du vétérinaire, peut ordonner des substitutions pour quelques chevaux et pour une période de courte durée, à la condition qu'il n'en résulte aucun excédent de dépense. S'il s'agit d'une substitution générale, pendant un temps plus ou moins long, la décision est prise par le commandant de corps d'armée qui en rend compte au Ministre. Dans ce cas, la demande est transmise au chef de légion.

En cas de maladie et sur l'avis du vétérinaire, le chef de brigade peut autoriser d'urgence la modification proposée. Il établit en même temps un état auquel est annexé un certificat du vétérinaire indiquant la nature de la maladie, sa durée probable et le régime diététique à observer. Cet état est adressé au conseil d'administration qui approuve le régime, s'il y a lieu. Pendant toute la durée de ce régime, le cavalier nourrit son cheval à ses frais, si l'approvisionnement de la brigade ne présente pas les ressources nécessaires. Dans ce cas, il reçoit une indemnité spéciale dont le taux variable est fixé périodiquement par le Ministre. (Serv. int., art. 139.)

Qualité des denrées. — Les denrées à fournir, tant pour le service courant que pour la réserve, doivent être de bonne qualité et propres à procurer aux chevaux une alimentation saine et substantielle; toutefois, il y a lieu de tenir compte des accidents atmosphériques qui ont plus ou moins altéré les produits des récoltes. (V. les mots *Avoine, Paille*, et l'art. 309 du Service intérieur.)

Vérification du poids. — La vérification du poids a lieu de la manière suivante : foin et paille : dix bottes sont mises à la fois sur la balance ; on fait trois pesées successives dont on prend le taux moyen; avoine et son : la livraison est soumise en totalité au pesage et on déduit le poids des sacs.

Livraisons. — L'entrepreneur est informé, en temps utile, par le conseil d'administration, de l'effectif des chevaux à nourrir. Il donne récépissé des notifications qui lui sont faites à ce sujet.

Les livraisons sont toujours faites au pied du magasin du quartier de chaque brigade, une ou deux fois au plus par mois. Si la capacité des locaux le permet, l'entrepreneur peut être astreint ou autorisé à faire des livraisons pour une période plus longue et même pour un trimestre au maximum. De toute façon, les existants aux époques des livraisons périodiques et lors de la remise du service, doivent toujours représenter les quantités fixées pour l'approvisionnement : trente jours pour le foin, la paille et l'avoine.

Les denrées fourragères peuvent être livrées non rationnées, c'est-à-dire en bottes du poids admis par les usages locaux ou d'un poids uniforme quelconque sans qu'il soit nécessaire de les manutentionner à un poids correspondant à la ration journalière; en aucun cas les fourrages ne peuvent être livrés en vrac.

Les trois denrées peuvent ne pas être livrées simultanément; mais la fourniture doit toujours être complétée dans un délai de trois jours. La vérification du poids s'opère au moyen de balances à plateaux et à bras égaux et de poids satisfaisant aux prescriptions légales. L'emploi des balances bascules, romaines, à double levier, avec curseurs, peut être autorisé. (Art. 8 du cahier des charges du 10 mai 1899.)

Les denrées présentées en livraison sont soumises à une visite ou reconnaissance préalable de la partie prenante.

Elles doivent remplir les conditions exigées à l'annexe n° 1.

En cas de contestation sur la qualité des denrées présentées en livraison ou de celles formant l'approvisionnement, deux échantillons sont prélevés sur lesdites denrées par le maire, suppléant du sous-intendant militaire, en présence du commandant de la brigade et de l'entrepreneur ou de son représentant : l'un de ces échantillons est envoyé au sous-intendant militaire dans un sachet en toile, scellé et étiqueté, par colis postal aux frais de l'entrepreneur.

Une commission, composée d'un membre de la chambre de commerce et de deux membres idoines, procède à l'examen des échantillons prélevés sur les denrées en litige.

Cette commission a pour objet de prononcer sur l'acceptation ou le refus des denrées.

Les denrées refusées sont remplacées immédiatement par l'entrepreneur, et, à son défaut, le remplacement en est fait à ses risques et périls, à la diligence du conseil d'administration de la compagnie de gendarmerie.

En attendant la décision de la commission et si la situation des approvisionnements de la brigade l'exige, le service est assuré par l'entrepreneur ou, à son défaut, et à ses risques et périls, à la diligence du maire, suppléant du sous-intendant militaire.

En cas d'urgence, et s'il y a impossibilité de remplacer immédiatement les denrées, le commandant de la brigade peut ordonner qu'il soit donné suite à la distribution. (V. Service intérieur, art. 138.)

Visites inopinées des magasins à fourrages. — Les commandants d'arrondissement doivent passer l'inspection des magasins à fourrages lors de leurs visites inopinées. (Service intérieur, art. 244.)

Un tarif en date du 16 mai 1894 indique le nombre de rations de fourrages à allouer aux officiers de tous grades pour les chevaux dont ils doivent être pourvus; en outre, la décision présidentielle du 30 avril 1878 autorise l'allocation d'une seconde ration de fourrages aux chefs d'escadron de gendarmerie à l'intérieur, s'ils sont pourvus d'une deuxième monture. Toutefois, ces derniers ne sont pas obligés de se pourvoir de deux chevaux. (Circ. du 28 mars 1881.)

Une décision ministérielle du 29 décembre 1874 autorise les officiers à percevoir, sur le pied de paix, des rations de fourrages à charge de remboursement, pour un seul cheval appartenant en propre aux parties prenantes en sus du complet réglementaire. Les officiers en congé en attendant la liquidation de leur pension de retraite ont droit à l'allocation des rations de fourrages pendant la durée d'un mois. (Tableau 5, nº d'ordre 6 du règl. du 30 décembre 1892. — V. l'*erratum* du 27 février 1893.)

Les chevaux des militaires rayés des contrôles n'ont droit aux fourrages pendant trente jours que dans les conditions prévues par la circulaire du 13 février 1874, mais ils doivent rester dans les écuries de la caserne. (Nº d'ordre 6, tableau 5 du règl. du 30 décembre 1892.)

Indemnité représentative de fourrages. — L'indemnité représentative de fourrages est allouée aux officiers, sous-officiers, brigadiers et gendarmes, pour le nombre de chevaux attribués à leurs grades et dont ils sont réellement pourvus, dans les cas ci-après : 1º en route isolément : aux officiers, pendant toute la route, s'il leur convient de nourrir leurs chevaux à leurs frais ; aux militaires de tout grade, dans les gîtes où le service des fourrages n'est pas organisé ; 2º aux militaires de tout grade pour les chevaux soumis à un régime particulier pour cause de maladie, dans les cas d'urgence prévus par l'article 139 du règlement sur le service intérieur ; 3º pour tous les chevaux soumis au régime du vert, dans les brigades où il ne peut être fourni en nature par l'entrepreneur ; 4º aux officiers pendant leurs tournées, et aux sous-officiers, toutes les fois qu'ils n'ont pu prendre, pour nourrir leurs chevaux, des rations dans les brigades ; 5º aux officiers allant en congé ou aux eaux, pour les chevaux qu'ils emmènent, lorsqu'ils n'ont pu percevoir les rations en nature ; 6º aux militaires de tout grade, dans tous les cas non spécifiés ci-dessus, en justifiant qu'ils n'ont pu toucher les fourrages en nature. (Nº d'ordre 24 du tableau 2 du règl. du 30 décembre 1892.) Le taux de l'indemnité est fixé périodiquement et distinctement pour l'intérieur, la Corse, l'Algérie, la Tunisie et les armées, d'après les prix arrêtés par le Ministre pour le remboursement des rations de fourrages en nature perçues en trop (Même règlement.) Pour les militaires en route isolément, l'indemnité représentative de fourrages est fixée uniformément à 2 francs par cheval. (Règl. du 18 mars 1901 sur le service des frais de route.) — Les quantités de fourrages perçues en trop ou ditribuées à titre onéreux aux officiers pour leurs chevaux en excédent du complet réglementaire, sont remboursées aux prix fixés pour chaque nature de denrées, appliqués aux quantités réellement distribuées. (Décis. du 5 janvier 1884 et tableau 2 nº 24 du règl. du 30 décembre 1892.) La valeur des rations s'obtient en appliquant les prix du tarif aux quotités de chaque espèce de denrées qui sont allouées, dans les diverses positions, par les règlements en vigueur.

Aux colonies, l'indemnité de fourrages allouée aux officiers, sous-officiers, brigadiers et gendarmes est de 2 francs par jour. (Tableau nº 13 du tarif du 26 août 1880.)

FOURRIER, s. m. Sergent ou maréchal des logis fourrier, caporal ou brigadier fourrier. C'est celui qui est spécialement chargé de tenir à jour les écritures de la compagnie ou de l'escadron, de faire la répartition des vivres et des effets et d'assurer en route le logement des soldats.

FOURRIÈRE, s. f. Lieu où l'on place les animaux et les voitures saisis par suite de contravention, de délit ou de crime. La loi du 18 septembre 1791 charge le maire de désigner le lieu de fourrière de sa commune. S'il n'y a pas d'endroit spécial, les animaux ou les voitures saisis peuvent être déposés chez un aubergiste. Du reste, cette formalité, à moins de cas urgent, doit toujours être remplie par le maire, par le juge de paix ou par le commissaire de police, à la disposition desquels la gendarmerie remet les animaux ou les objets qui doivent être mis en fourrière. Les frais sont toujours payés par les contrevenants, soit volontairement, soit sur le prix de vente des objets déposés. — Le temps de mise en fourrière ne peut excéder cinq jours pour les délits forestiers (C. F., art. 169), et huit jours dans tous les autres cas. Passé ce délai, les animaux ou les objets sont restitués à leur propriétaire ou mis en vente. (Loi du 18 juillet 1811.) — Le délai de huit jours peut être prolongé, avec l'autorisation du procureur, s'il est nécessaire à une instruction criminelle. (Décis. minist. du 18 février 1833.)

FRACTION, s. f. La fraction, en arithmétique, est un nombre qui représente une ou plusieurs parties de l'unité divisée en un certain nombre de parties égales. La fraction est représentée par deux nombres séparés par une barre; le nombre qui se trouve au-dessous s'appelle dénominateur et représente en combien de parties l'unité a été divisée, et celui qui se trouve au-dessus, le numérateur, indique combien on prend de ces parties. Ainsi la fraction $\frac{3}{7}$, par exemple, signifie que l'unité a été divisée en sept parties égales et qu'on prend trois de ces parties.

Quand une fraction a pour dénominateur le nombre 10 ou une puissance de 10, comme 100, 1,000, 10,000, etc., elle prend le nom de fraction décimale. $\frac{5}{10}$, $\frac{3}{100}$, etc., sont des fractions décimales. — Les opérations sur les fractions sont trop nombreuses et trop importantes pour que même leur résumé puisse trouver place ici.

FRAI, s. m. Acte de la génération chez les poissons. On donne également ce nom à l'époque où ces animaux déposent leurs œufs. Au point de vue de l'alimentation publique, la loi a dû se préoccuper de protéger la reproduction du poisson, et elle a ainsi fixé les époques pendant lesquelles la pêche, même celle à la ligne flottante tenue à la main, est interdite :

1° Du 30 septembre exclusivement au 10 janvier inclusivement est interdite la pêche du saumon ;

2° Du 20 octobre exclusivement au 10 janvier inclusivement est interdite la pêche de la truite et de l'ombre-chevalier ;

3° Du 15 novembre exclusivement au 31 décembre inclusivement est interdite la pêche du lavaret ;

4° Du lundi qui suit le 15 avril inclusivement au dimanche qui suit le 15 juin exclusivement ; si le lundi qui suit le 15 avril est un jour férié, l'interdiction est retardée de 24 heures. (Décr. des 27 décembre 1889, 9 avril 1892 et 5 septembre 1897.)

Les préfets peuvent, par des arrêtés rendus après avoir pris l'avis des conseils généraux, soit pour tout le département, soit pour certaines parties du département, soit pour certains cours d'eau déterminés : 1° interdire exceptionnellement la pêche de toutes les espèces de poissons pendant l'une ou l'autre période, lorsque cette interdiction est nécessaire pour protéger les espèces prédominantes ; 2° augmenter, pour certains poissons désignés, la durée desdites périodes, sous la condition que les périodes ainsi modifiées comprennent la totalité de l'intervalle de temps fixé par l'article 1er ; 3° excepter de la troisième période la pêche de l'alose, de l'anguille, de la lamproie, ainsi que des autres poissons vivant alternativement dans les eaux douces et les eaux salées ; 4° fixer une période d'interdiction pour la pêche de la grenouille. (Décr. du 10 août 1875.) — *Huîtres*. (V. ce mot.)

FRAIS, s. m. Ne s'emploie qu'au pluriel. Ce que coûte une chose. Dépense occasionnée pour une cause quelconque.

Frais de service. Les chefs de légion ont droit à une indemnité pour frais de service, dont la quotité annuelle est fixée par le tarif n° 12 du règlement du 30 décembre 1892, savoir (déduction faite de la somme de 40 francs, montant de l'abonnement au *Journal officiel*) :

Colonel ou lieutenant-colonel chef d'une légion départementale	1,170 fr.
Colonel chef de la légion de la garde républicaine	4,212 fr.

Les officiers généraux, supérieurs et autres et les assimilés en activité de service pourvus de commandements, ou remplissant des fonctions à l'exercice desquelles est attribuée l'indemnité pour frais de service, y ont droit pour le temps de présence à leur poste, et pendant les deux premiers mois de leur absence, si le déplacement est occasionné par le service; dans le cas où l'absence est motivée pour toute autre cause, elle est allouée pour un mois seulement, à charge par lui, dans les deux cas, de pourvoir aux dépenses de bureau. Le rappel de l'indemnité due au titulaire dans ces limites n'est pas subordonné au retour au poste.

Le titulaire ne recouvre ses droits à l'indemnité qu'à partir du jour où il reprend sa fonction.

Le chef de légion qui remplace provisoirement un général de brigade dans le commandement de sa subdivision reçoit les frais de service attribués à cette fonction, et seulement le 1/5 de ceux prévus au tarif pour la fonction dont il est titulaire. (N° d'ordre 6 du tableau 2 du règl. du 30 décembre 1892.) — L'indemnité affectée à un emploi est acquise à l'officier qui est chargé de remplir cet emploi soit comme titulaire, soit en qualité d'intérimaire, quel que soit son grade. Dans le cas où le titulaire a conservé la jouissance de l'indemnité dans la limite spécifiée au paragraphe précédent, elle n'est due à l'intérimaire qu'à l'expiration de ces délais. — L'indemnité pour frais de service attribuée aux chefs de corps leur est allouée lorsqu'ils commandent une partie quelconque de leur corps. (V. la circ. minist. du 28 août 1880.)

Frais de route. Le service des frais de route a pour objet de pourvoir aux dépenses occasionnées par les déplacements des militaires de tous grades voyageant isolément pour cause de service ou de santé. (Art. 1er du règlem. du 18 mars 1901. — Ces dépenses sont : l'indemnité de route, l'indemnité de séjour et l'indemnité kilométrique en chemin de fer ou en diligence. Les officiers ont, en outre, droit, dans certains cas, à une indemnité fixe de transport, ou pour changement de résidence.

Les officiers voyageant isolément sont transportés par chemin de fer et en voiture publique, ou en break, ou voyagent à cheval. (Art. 3.)

Les sous-officiers et soldats sont, en principe, transportés par chemin de fer lorsqu'ils ont à effectuer un trajet d'au moins 37 kilomètres. Dans les autres cas, ils voyagent à pied. Il est dérogé à ces principes dans certains cas exceptionnels déterminés par le Ministre. (Art. 4.)

Le délai résultant de tout déplacement en chemin de fer ou en voiture n'est pas proportionné à la distance à franchir, mais il découle de la durée effective du voyage telle qu'elle résulte des renseignements donnés par les barêmes. (Art. 5.)

Les sous-officiers et soldats isolés voyageant à pied et percevant des allocations de route, reçoivent une indemnité journalière par 24 kilomètres parcourus. Toute fin de parcours en plus de 24 kilomètres donne droit à une indemnité journalière si elle atteint 13 kilomètres.

Il est fait exception à ces règles dans des cas d'absolue nécessité à déterminer par l'autorité militaire. (Art. 6.)

Tout déplacement qui entraîne l'emploi combiné de modes de transport différents donne droit à un délai de route qui découle de la durée effective de l'ensemble du trajet, telle qu'elle est fixée par les barêmes d'indemnité de route. (Art. 7.)

Les officiers et les sous-officiers commissionnés qui se déplacent isolément par suite de changement définitif de résidence ont droit à un délai de tolérance de quatre jours pleins qui s'ajoute au délai de route, à moins d'une indication contraire portée à la lettre de service ou à l'ordre de mouvement. (Instr. sur le service courant.) Les employés militaires sous-officiers, ainsi que les sous-officiers rengagés ou commissionnés, sont également admis à profiter des délais de tolérance. (Art. 8.)

L'indemnité de route a pour objet, quant à l'officier et aux militaires de la gendarmerie, de leur fournir les moyens de subvenir, conjointement avec leur solde, à la dépense de leur transport et aux autres frais de déplacement. (Art. 8.)

L'indemnité de route comprend les indemnités de transport, les indemnités journalières et les indemnités spéciales de repas ou de découcher. (Art. 9.)

L'indemnité de transport comprend : l'indemnité kilométrique, l'indemnité fixe et l'indemnité de bagages.

L'*indemnité kilométrique* est destinée à assurer le transport des militaires isolés, et est allouée en raison des distances à parcourir en chemin de fer ou en voiture publique.

Il y a deux sortes d'indemnité fixe : l'indemnité fixe pour déplacement temporaire et l'indemnité fixe pour déménagement.

L'*indemnité fixe* pour déplacement temporaire est allouée aux officiers pour pourvoir à leur transport et à celui de leurs bagages de leur domicile à la gare de chemin de fer, au quai d'embarquement et aux bureaux de la voiture, et vice versa, tant au point de départ qu'au lieu de destination.

L'allocation est subordonnée à la nécessité, pour l'officier, de passer au moins une nuit en route.

Elle n'est allouée qu'une seule fois pour chaque voyage (aller et retour), quels que soient le nombre et la durée des arrêts en route.

L'*indemnité fixe* pour changement de garnison ou de résidence est destinée à pourvoir aux frais de déménagement des officiers, y compris les frais pour le transport du mobilier du domicile à la gare de départ, et de la gare d'arrivée au nouveau domicile.

L'*indemnité de bagages* est allouée aux officiers qui changent de garnison ou de résidence, pour le transport de leurs bagages ou de leur mobilier sur les voies ferrées, et, à défaut de voies ferrées, sur les routes ordinaires.

L'indemnité de bagages, sur routes ordinaires, n'est attribuée que si la distance à franchir est supérieure à 4 kilomètres, tout parcours inférieur rentrant dans les frais compris dans l'indemnité fixe.

L'indemnité pour changement de garnison n'est pas allouée aux officiers qui sont l'objet d'une mutation par convenances personnelles. (Art. 10.)

L'indemnité journalière est destinée à pourvoir à toutes les dépenses de déplacement des militaires en route, autres que les frais de transport personnels. (Art. 11.)

Il est alloué aux officiers une indemnité journalière par déplacement de 24 heures, la durée de 24 heures constituant la journée de route.

Pour les déplacements d'une durée inférieure à 24 heures, les officiers reçoivent une indemnité spéciale qui correspond, soit à chaque repas pris hors de la résidence, soit au découcher.

Les officiers qui effectuent un déplacement entre deux repas n'ont droit à aucune fraction de l'indemnité journalière; ceux qui au cours d'un déplacement reçoivent le logement en nature ne perçoivent que l'indemnité spéciale afférente à chaque repas.

L'indemnité journalière entière est toujours attribuée quelle que soit la durée du trajet :

1° Aux officiers de tous grades qui changent de garnison ;

2° Aux hommes de troupe obligés également de prendre au moins un repas en route.

L'indemnité journalière n'est pas attribuée aux officiers qui changent de garnison pour convenances personnelles. (Art. 1 et 12.)

Les règles d'indemnités de transport, cumulativement avec les indemnités journalières ou spéciales, sont déterminées par les articles 10 et suivants du règlement du 18 mars 1901 sur les frais de route.

L'indemnité de route ne peut se cumuler avec aucune autre indemnité de déplacement.

Toute fourniture de vivres en nature exclut également le droit à l'indemnité de route. (Art. 14.)

L'indemnité de séjour n'est autre que l'indemnité journalière afférente au grade.

Elle est allouée :

1° En cours de route, pour chaque journée de séjour obligé dans une localité par suite de circonstances de force majeure ou fortuites, constatées par l'autorité militaire ou, à son défaut, par le commandant de la gendarmerie qui mentionne sur la feuille de route la nécessité du séjour et sa durée ;

2° En cas de mission ou de séjour temporaire dans une localité autre que la garnison ou la résidence normale.

L'indemnité de séjour n'est acquise que jusqu'à concurrence des dix premiers jours de déplacement pour les militaires célibataires et, pour les militaires mariés, veufs ou divorcés avec enfant, ou vivant avec leur mère veuve, pour la moitié en sus de la durée du déplacement au-delà des dix premiers jours. (Art. 17.)

L'indemnité de séjour ne peut se cumuler ni avec l'indemnité aux troupes en marche, ni avec toute autre allocation de déplacement.

Elle ne peut non plus se cumuler, pour l'officier en séjour ou en mission temporaire dans une place où une indemnité de résidence ou en rassemblement est attribuée, avec les allocations afférentes à cette place.

Mais l'indemnité de séjour se cumule avec les indemnités de résidence ou en rassemblement qui sont attribuées au point de départ et qui sont maintenues aux intéressés en position d'absence dans les conditions du règlement sur le service de la solde. (Art. 18.)

Les sous-intendants ou leurs suppléants militaires ordonnancent les indemnités de route qui peuvent être dues aux militaires des compagnies de gendarmerie.

En principe, l'indemnité est ordonnancée par anticipation au départ.

Si, au point de départ, le sous-intendant militaire est suppléé par un maire, l'indemnité peut être ordonnancée dans la résidence du sous-intendant militaire ou du suppléant militaire la plus rapprochée.

L'intéressé reçoit alors, en même temps, par voie de rappel, l'indemnité qui lui est due pour se rendre à cette résidence. (Art. 49.)

Les mandats sont payés par les payeurs des départements et, à défaut, par les receveurs d'arrondissements ou les percepteurs, et seulement par ceux des fonctionnaires qui sont désignés sur les mandats. (Art. 51.)

Les mandats sont présentés au payeur ou à ses suppléants le jour même ou, au plus tard, le lendemain du jour de leur délivrance aux parties prenantes. Ils sont payables les dimanches et jours fériés. (Circ. minist. du 19 février 1884.) (Art. 53).

Les indemnités qui n'ont pas été perçues au point de départ peuvent être touchées en route et même à l'arrivée à destination. Elles doivent être réclamées dans un délai de 45 jours après l'arrivée à destination ou après l'expiration de la mission. Passé ce délai, l'autorisation du général commandant le corps d'armée est nécessaire.

Les militaires de l'armée d'Afrique libérés du service, retraités ou réformés, conserveront, pendant six mois à partir de leur radiation du cadre d'activité ou des contrôles, le droit de recevoir une feuille de route avec indemnité pour rejoindre leurs foyers en France. (Note ministérielle du 26 décembre 1895.)

L'indemnité de route n'est pas due aux militaires de la gendarmerie démissionnaires, destitués ou révoqués pour rentrer dans leurs foyers. (Règl. sur le service des frais de route.)

L'indemnité de transport en diligence n'est allouée en principe qu'aux officiers ; cependant, les sous-officiers, brigadiers et gendarmes sont, par exception, transportés en diligence dans les cas ci-après : 1° lorsqu'ils voyagent d'urgence d'après un ordre de l'autorité militaire ; 2° lorsqu'ils sont appelés devant un tribunal comme témoins (V. au mot *Transfèrement* les circ. du 29 novembre et du 9 décembre 1884) ; 3° lorsque, en état de maladie, ils ne peuvent voyager à pied et que l'officier de santé a constaté, par une mention sur le billet d'hôpital ou le certificat de visite, qu'une voiture suspendue spéciale n'est pas nécessaire.

Les militaires de tous grades de la gendarmerie accompagnant les commissions de classement des chevaux, ou déplacés pour faire le service d'ordre lors des opérations du tirage au sort et des conseils de revision, ont droit à l'indemnité journalière exceptionnelle fixée ainsi qu'il suit par le règlement du 18 mars 1901 sur le service des frais de route.

Règles générales d'alloc

GRADES.	INDEMNITÉ journalière de route ou de séjour.	INDEMNITÉ journalière exceptionnelle.	INDEMNITÉ FIXE. Déplacements temporaires.	INDEMNITÉ FIXE pour CHANGEMENT DE RÉSIDENCE.	
	fr. c.	fr. c.	fr. c.	fr. c.	
Général de division membre du conseil supérieur de la guerre ou commandant de corps d'armée...........	24 »	»		80 »	
Général de divis. autre que ceux indiqués ci-dessus..	20 »	»		80 »	
Général de brigade.........	16 »	»		80 »	
Colonel..................	12 »	»		Marié, veuf ou divorcé avec enfant ou vivant avec sa mère veuve..	70 »
				Célibataire	30 »
Lieutenant colonel et chef de bataillon.............	10 »	»	3 »	Marié, veuf ou divorcé avec enfant ou vivant avec sa mère veuve..	70 »
				Célibataire	30 »
Capitaine..................	8 »	»		Marié, veuf ou divorcé avec enfant ou vivant avec sa mère veuve..	60 »
				Célibataire	25 »
Lieutenant et sous-lieut....	8 »	»		Marié, veuf ou divorcé avec enfant ou vivant avec sa mère veuve..	60 »
				Célibataire...........	20 »
Adjudant	3 »	4 »		»	
Sergent-major ou maréchal des logis chef, sergent ou maréchal des logis.......	1 75	3 »		»	
Caporal ou brigadier, soldat.	1 50	2 50		»	
Jeunes sold. appelés à l'activité, hommes de troupe, gradés ou non libérés autrement que pai retraite ou par congé de réforme nº 1, hommes des réserves convoqués.	1 25	Indemnité kilométrique sur voies ferrées .... » 016 (Les hommes de ces catégories voyagent toujours à pied sur les routes ordinaires.)			
Officiers................	Indemnité kilométrique sur voies ferrées......				» 03
	Indemnité kilométrique sur les routes où il existe des services de voitures publiques....				» 15
	Indemnité kilométrique sur les routes où il n'existe pas de services de voitures publiques.				» 30
Adjudants	Indemnité kilométrique sur voies ferrées......				» 021
	Indemnité kilométrique sur les routes où il existe des services de voitures publiques....				» 125
Sous-officiers autres que les adjudants, caporaux ou brigadiers, soldats.	Indemnité kilométrique sur voies ferrées.....				» 016
	Indemnité kilométrique sur les routes où il existe des services de voitures publiques....				» 125

ions. — **Tarif général.**

INDEMNITÉ DE BAGAGES DANS LES CAS DE CHANGEMENT DE RÉSIDENCE.	
INTÉRIEUR.	ALGÉRIE.

L'indemnité de bagages est basée sur le nombre de kilogrammes transportés, ans que ce nombre puisse dépasser celui indiqué au tarif. Elle est basée :

Pour les parcours effectués en France, sur voies ferrées, au prix du traité des ransports de la guerre (barème n° 2);

Pour les parcours effectués en Afrique, sur voies ferrées, d'après les tarifs com- nerciaux appliqués par les compagnies algériennes et tunisiennes;

Pour les parcours effectués en France et en Afrique, sur les routes ordinaires, ur le pied de 0 fr. 60 par tonne et par kilomètre.

INTÉRIEUR.	ALGÉRIE.
6.000 k.	4.000 k.
6.000	4.000
6.000	4.000
4.000	2.000
1.000	750
4.000	2.000
1.000	750
3.000	1.500
750	500
2.000	1.000
250	250

Le transport par mer ou par voie d'eau côtière des bagages des officiers est rem- oursé d'après le tarif appliqué par les compagnies maritimes, ou d'après les tarifs ocaux de navigation, jusqu'à concurrence du nombre de kilogrammes prévu au arif, déduction faite de la quantité de bagages que les paquebots sont tenus de rendre en franchise.

Toutefois, le montant de l'indemnité pour les officiers utilisant, pour tout ou par- ie du trajet, la voie d'eau côtière, ne devra jamais être plus élevé que le chiffre 'allocation que donnerait le décompte par voie ferrée ou par voie de terre. L'in- emnité sera, en conséquence, ramenée à ce dernier chiffre, s'il y a lieu.

L'indemnité de bagages est attribué sur la présentation de la lettre de voiture our les voyages effectués sur voies ferrées et sur routes ordinaires et sur la pro- uction du connaissement pour les transports par voie de mer.

Adjudants	4 fr. »
Sous-officiers autres que l'adjudant	3 fr. »
Brigadiers et gendarmes	2 fr. 50

Les militaires sortant de l'hôpital et allant en congé de convalescence ont droit à l'indemnité de route calculée en raison du trajet à accomplir pour se rendre directement, et par la voie la plus économique, du point de départ à la localité la plus éloignée, et de celle-ci au poste à rejoindre à l'expiration du congé. (Notes minist. des 3 novembre 1882 et 23 septembre 1885.) Il peut aussi être fait application aux gendarmes qui se déplacent pour recevoir la solde des dispositions de la décision du 20 novembre 1882. (V. le tableau n° 1, § 2, position 25, du règl. du 15 décembre 1898. — Les militaires de la gendarmerie allant se remonter isolément à l'intérieur ont droit à l'indemnité de route pour l'aller et le retour. (Note minist. du 14 août 1883 et circ. du 11 octobre 1890.)

(Pour les officiers allant prendre livraison de chevaux dans un régiment de cavalerie, V. le tableau n° 1, § 10, du règlem. du 15 décembre 1898.)

En ce qui concerne les isolés qui déclarent manquer des ressources nécessaires pour continuer leur route (note minist. du 30 avril 1886), V. les mots *Avances* et *Isolé*, ainsi que la note ministérielle du 20 juillet 1885.

Frais de bureau. Des indemnités pour frais de bureau sont personnellement accordées aux commandants de compagnie ou d'arrondissement, aux majors, aux trésoriers, aux officiers d'habillement, aux officiers ou sous-officiers commandant les forces publiques aux armées, aux commandants et officiers payeurs des détachements à l'intérieur ou sur le pied de guerre ayant une administration distincte, enfin aux commandants de brigade de gendarmerie. — Le taux de ces diverses indemnités est fixé ainsi qu'il suit :

1° Gendarmerie de l'intérieur, d'Afrique et de Tunisie.

Chef d'escadron commandant la compagnie de la Seine, par an	666 »
Chef d'escadron commandant une compagnie départementale	216 »
Commandant d'arrondissement (1)	72 »
Trésorier, y compris celui du détachement en Tunisie (1)	918 »
Chef de brigade commandant une brigade dans Paris	54 »
Chef de brigade commandant une brigade hors de Paris	36 »
Commandant de la gendarmerie du territoire de Belfort	565 20
Commandant de détachement de gendarmerie de Tunisie	216 »

(Décis. présid. du 26 mai 1886.)

2° Garde républicaine.

Chef d'escadron, major	1.008 »
Capitaine trésorier	5.220 »
Capitaine d'habillement	810 »

(Tarif n° 13 du règl. du 30 décembre 1892.)

3° Détachements de l'intérieur.

Officier payeur d'un détachement administré par un conseil (2)	504 »
Officier administrant le détachement qu'il commande	306 »

4° Détachements aux armées.

Officier payeur d'un détachement administré par un conseil	504 »
Officier administrant le détachement qu'il commande	306 »
Officiers commandant les forces publiques	72 »
Sous-officiers ou brigadiers commandant les forces publiques	36 »

5° Gendarmerie coloniale.

Commandant de compagnie	302 40
Officier commandant de détachement s'administrant séparément	604 80
Trésorier (3)	1.836 »
Commandant d'arrondissement	180 »
Sous-officier commandant de détachement s'administrant séparément	302 40
Commandant de brigade	50 40

Les frais de bureau des trésoriers et des officiers d'habillement qui résident dans une place où ils perçoivent l'indemnité de résidence dans Paris sont augmentés de 0 fr. 30 pour les premiers et de 0 fr. 20 pour les seconds, lorsqu'il ne leur est pas fourni de local pour l'emplacement de leur bureau. — L'indemnité des frais de bureau est allouée aux intérimaires pendant les vacances d'emploi. — Les officiers et

(1) Avec accroissement de 1 franc par poste et par mois au-dessus de 10 postes.

(1) Avec un accroissement de 1 franc par homme et par an pour les compagnies dont l'effectif dépasse 150 hommes, en y comprenant les officiers et les enfants de troupe chez leurs parents.

Le paiement a lieu sur l'effectif réglementaire. (Circ. du 16 janvier 1857.)

(2) Avec augmentation de 0 fr. 50 par an et par homme dépassant l'effectif de 150, y compris les officiers.

(3) Avec un accroissement de 2 francs par homme et par an pour les compagnies dont l'effectif dépasse 150 hommes, en y comprenant les officiers et les enfants de troupe, conformément au tableau n° 6 du tarif en date du 26 août 1880. (Circ. du 10 septembre suivant.)

les commandants de brigade ont la faculté de conserver l'indemnité de frais de bureau pendant leurs absences légales, à la charge pour eux de pourvoir aux dépenses de leur bureau. (N° d'ordre 9 du tableau 2 du règl. du 30 décembre 1892.)

Dépenses à la charge des chefs de brigade et des gendarmes. Les indemnités de frais de bureau des chefs de brigade supportent les dépenses suivantes :

Imprimés de procès-verbaux à l'usage de toute la brigade.

Rapports journaliers, certificats de service extraordinaire, imprimés et achat de papier, plumes, encre et autres fournitures de bureau pour son usage personnel.

Les gendarmes se procurent à leurs frais les cahiers d'écritures, les papiers, plumes et encre nécessaires à la rédaction des minutes de leurs procès-verbaux et rapports ainsi que les imprimés relatifs à leurs demandes personnelles.

Dans les résidences où plusieurs brigades sont réunies, les dépenses faites pour frais de bureau sont réparties entre tous ces chefs de brigade d'après les mémoires arrêtés par l'officier lors de sa tournée. (Annexe n° 5 du règl. du 30 décembre 1892.)

Il est alloué au trésorier chef du bureau de la comptabilité des prévôtés et aux commandants des forces publiques des indemnités de frais de bureau déterminées par des tarifs spéciaux. (V. le décr. du 19 octobre 1887 et l'instr. qui y fait suite.)

Frais de justice. Les arrestations opérées hors de la présence des huissiers, en vertu de mandements de justice, donnent droit aux primes énoncées au tableau ci-après.

Ces primes ne sont dues qu'autant que les gendarmes sont porteurs, au moment de l'arrestation, des mandements de justice ou de leurs copies, et qu'ils peuvent justifier des recherches faites préalablement à l'arrestation, sans lesquelles le délinquant n'aurait pu être découvert, circonstance qui doit être relatée dans le procès-verbal. — Les arrestations opérées en vertu des signalements du Ministre de l'intérieur ne donnent pas droit à la prime d'arrestation. (Règl. du 12 avril 1893, art. 190.) — Les primes d'arrestation pour contraintes par corps sont toujours

	Villes au-dessous de 40,000 âmes.	Villes de 40,000 âmes et au-dessus.	Ville de Paris.
	fr.	fr.	fr.
1° Pour exécution d'un jugement de simple police, sans qu'il puisse être alloué aucun droit de perquisition, ou pour exécution de tout mandat, jugement ou arrêt n'emportant pas une peine d'emprisonnement de plus de cinq jours. Pour arrestation en vertu d'une contrainte par corps, en matière criminelle, correctionnelle et de simple police, pour dettes envers l'Etat, quel que soit le chiffre à recouvrer. Pour arrestation, en vertu d'un jugement, d'un mineur placé dans une maison de correction........	3	4	5
2° Pour exécution d'un mandat d'arrêt ou d'un jugement ou arrêt en matière correctionnelle emportant une peine d'emprisonnement de six jours au moins.	12	15	18
3° Pour exécution d'une ordonnance de prise de corps ou arrêt portant la peine de réclusion............	15	18	21
4° Pour exécution d'un arrêt de condamnation aux travaux forcés ou à une peine plus forte...........	20	25	30

acquises à la gendarmerie si des perquisitions ou recherches spéciales ont été effectuées, alors même que l'arrestation aurait été opérée dans la commune du condamné. (Circ. du 8 décembre 1891.) — Les frais de justice sont payés par les receveurs de l'enregistrement et la dépense en est imputée sur les crédits du budget du ministère de la justice. (Art. 1er de l'instr. du 20 septembre 1875 du Ministre des finances.) — A la fin de chaque trimestre, les commandants de brigade établissent un mémoire en double expédition des frais de capture dus aux militaires de leur résidence, qui ont agi en vertu d'ordres émanés des autorités compétentes. — Ces mémoires sont certifiés par les sous-officiers, brigadiers et gendarmes intéressés, et revêtus du réquisitoire et de l'exécutoire des magistrats de l'arrondissement et du visa du procureur général. Ils sont, en outre, appuyés des procès-verbaux de capture et transmis au conseil d'administration, qui, après les avoir revêtus de son acquit, en touche le montant. — Ces mémoires sont exempts de la formalité du timbre, d'après les dispositions non abrogées de l'article 16 de la loi du 13 brumaire an VII. (Instr. du 13 août et du 20 septembre 1875.)

Les mémoires qui n'auraient pas été présentés à la taxe du juge dans le délai d'un an à partir de la capture, ou dont le paiement n'aurait pas été réclamé dans les six mois de leur date, ne pourraient être acquittés qu'autant qu'il serait justifié que les retards ne sont pas imputables à la partie prenante. — Cette justification n'est admise que par le Ministre de la justice. (Art. 191 et 192 du règl. du 12 avril 1893.) (V. *Contrainte par corps.*)

Les primes, lorsqu'elles ne sont pas payées intégralement aux signataires des procès-verbaux, doivent être partagées en parties égales entre tous les hommes comptant à l'effectif du poste au jour de la rédaction du procès-verbal, à l'exception de ceux qui se trouvent absents ou détachés dans d'autres postes depuis plus d'un mois. (Art. 181 du règlement du 12 avril 1893.)

FRANC, s. m. Unité monétaire en argent au titre de 9/10 et du poids de cinq grammes. Le franc se divise en dix parties appelées décimes et chaque décime en dix parties appelées centimes. Le franc se compose donc de 100 centimes.

FRANÇAIS, AISE, adj. On naît Français ou on le devient.

On devient Français de trois manières différentes : 1° par le bienfait de la loi ; 2° par la naturalisation ; 3° par l'annexion de son pays au territoire de la France.

Sont Français :

1° Tout individu né d'un Français en France ou à l'étranger.

L'enfant naturel dont la filiation est établie pendant la minorité, par reconnaissance ou par jugement, suit la nationalité de celui des parents à l'égard duquel la preuve a d'abord été faite. Si elle résulte pour le père ou la mère du même acte ou du même jugement, l'enfant suivra la nationalité du père ;

2° Tout individu né en France de parents inconnus ou dont la nationalité est inconnue ;

3° Tout individu né en France de parents étrangers dont l'un y est lui-même né ; sauf la faculté pour lui, si c'est la mère qui est née en France, de décliner dans l'année qui suivra sa majorité la qualité de Français.

L'enfant naturel pourra, aux mêmes conditions que l'enfant légitime, décliner la qualité de Français quand le parent qui est né en France n'est pas celui dont il devrait, aux termes du paragraphe 1er, deuxième alinéa, suivre la nationalité. (Loi du 22 juillet 1893.)

4° Tout individu né en France d'un étranger et qui, à l'époque de sa majorité, est domicilié en France, à moins que, dans l'année qui suit sa majorité, telle qu'elle est réglée par la loi française, il n'ait décliné la qualité de Français et prouvé qu'il a conservé la nationalité de ses parents par une attestation en due forme de son gouvernement, laquelle demeurera annexée à la déclaration, et qu'il n'ait en outre produit, s'il y a lieu, un certificat constatant qu'il a répondu à l'appel sous les drapeaux, conformément à la loi militaire de son pays, sauf les exceptions prévues aux traités ;

5° Les étrangers naturalisés.

Peuvent être naturalisés :

1° Les étrangers qui ont obtenu l'autorisation de fixer leur domicile en France, conformément à l'article 13 de la loi du 26 juin 1889, après trois ans de domicile en France, à dater de l'enregistrement de leur demande au ministère de la justice;

2° Les étrangers qui peuvent justifier d'une résidence non interrompue pendant dix années;

Est assimilé à la résidence en France le séjour en pays étranger pour l'exercice d'une fonction conférée par le gouvernement français;

3° Les étrangers admis à fixer leur domicile en France, après un an s'ils ont rendu des services importants à la France, s'ils y ont apporté des talents distingués ou s'ils y ont introduit soit une industrie, soit des inventions utiles, ou s'ils ont créé soit des établissements industriels ou autres, soit des exploitations agricoles, ou s'ils ont été attachés, à un titre quelconque, au service militaire dans les colonies ou les protectorats français;

4° L'étranger qui a épousé une Française, aussi après une année de domicile autorisé.

Il est statué par décret sur la demande de naturalisation, après une enquête sur la moralité de l'étranger. (Loi du 26 juin 1889, art. 8.)

Tout individu né en France d'un étranger et qui n'y est pas domicilié à l'époque de sa majorité pourra, jusqu'à l'âge de vingt-deux ans accomplis, faire sa soumission de fixer en France son domicile, et, s'il l'y établit dans l'année à compter de l'acte de soumission, réclamer la qualité de Français par une déclaration qui sera enregistrée au ministère de la justice.

S'il est âgé de moins de vingt et un ans accomplis, la déclaration sera faite en son nom par son père; en cas de décès, par sa mère; en cas de décès du père et de la mère ou de leur exclusion de la tutelle, ou dans les cas prévus par les articles 141, 142 et 143 du Code civil, par le tuteur autorisé par délibération du conseil de famille.

Il devient également Français si, ayant été porté sur le tableau de recensement, il prend part aux opérations de recrutement sans opposer son extranéité. (Art. 3 de la loi du 22 juillet 1893.)

Tout individu né en France ou à l'étranger de parents dont l'un a perdu la qualité de Français pourra réclamer cette qualité à tout âge, aux conditions fixées par l'article 9, à moins que, domicilié en France et appelé sous les drapeaux lors de sa majorité, il n'ait revendiqué la qualité d'étranger. (Art. 10 de la loi du 26 juin 1889.)

L'étrangère qui aura épousé un Français suivra la condition de son mari.

La femme mariée à un étranger qui se fait naturaliser Français et les enfants majeurs de l'étranger naturalisé pourront, s'ils le demandent, obtenir la qualité de Français, sans condition de stage, soit par le décret qui confère cette qualité au mari ou au père ou à la mère, soit comme conséquence de la déclaration qu'ils feront, dans les termes et sous les conditions de l'article 9 de la loi du 26 juin 1889.

Deviennent Français les enfants mineurs d'un père ou d'une mère survivants qui se font naturaliser Français, à moins que, dans l'année qui suivra leur majorité, ils ne déclinent cette qualité, en se conformant aux dispositions de l'art. 8, paragraphe 4 ci-dessus. (Art. 12 de ladite loi.)

L'étranger qui aura été autorisé par décret à fixer son domicile en France y jouira de tous les droits civils.

L'effet de l'autorisation cessera à l'expiration de cinq années, si l'étranger ne demande pas la naturalisation, ou si la demande est rejetée.

En cas de décès avant la naturalisation, l'autorisation et le temps de stage qui a suivi profiteront à la femme et aux enfants qui étaient mineurs au moment du décret d'autorisation. (Art. 13 de ladite loi.)

Perdent la qualité de Français :

1° Le Français naturalisé à l'étranger ou celui qui acquiert sur sa demande la nationalité étrangère par l'effet de la loi.

S'il est encore soumis aux obligations du service militaire pour l'armée active, la naturalisation à l'étranger ne fera perdre la qualité de Français que si elle a été autorisée par le gouvernement français;

2° Le Français qui a décliné la nationalité française dans les cas prévus au paragraphe 4 de l'article 8 et aux articles 12 et 18 de la loi du 26 juin 1889;

3° Le Français qui, ayant accepté des fonctions publiques conférées par un gouvernement étranger, les conserve nonobstant l'injonction du gouvernement français de les résigner dans un délai déterminé;

4° Le Français qui, sans autorisation du gouvernement, prend du service militaire à l'étranger, sans préjudice des lois pénales contre le Français qui se soustrait aux obligations de la loi militaire. (Art. 17 de la loi du 26 juin 1889.)

Le Français qui a perdu sa qualité de Français peut la recouvrer pourvu qu'il réside en France, en obtenant sa réintégration par décret. La qualité de Français pourra être accordée par le même décret à la femme et aux enfants majeurs s'ils en font la demande. Les enfants mineurs du père ou de la mère réintégrés deviennent Français à moins que, dans l'année qui suivra leur majorité, ils ne déclinent cette qualité, en se conformant aux dispositions de l'article 8, paragraphe 4 précité. (Art. 18 de ladite loi.)

La femme française qui épouse un étranger suit la condition de son mari, à moins que son mariage ne lui confère pas la nationalité de son mari, auquel cas elle reste Française. Si son mariage est dissous par la mort du mari ou par le divorce, elle recouvre la qualité de Française, avec l'autorisation du gouvernement, pourvu qu'elle réside en France ou qu'elle y rentre en déclarant qu'elle veut s'y fixer.

Dans le cas où le mariage est dissous par la mort du mari, la qualité de Français peut être accusée par le même décret de réintégration aux enfants mineurs, sur la demande de la mère ou par un décret ultérieur, si la demande en est faite par le tuteur avec l'approbation du conseil de famille. (Art. 19 de ladite loi.)

Les individus qui acquerront la qualité de Français dans les cas prévus par les articles 9, 10, 18 et 19 de la loi du 26 juin 1889 ne pourront s'en prévaloir que pour les droits ouverts à leur profit depuis cette époque. (Art. 20 de ladite loi.)

Le Français qui, sans autorisation du gouvernement, prendrait du service militaire à l'étranger, ne pourra rentrer en France qu'en vertu d'une permission accordée par décret et recouvrer la qualité de Français qu'en remplissant les conditions imposées en France à l'étranger pour obtenir la naturalisation ordinaire. (Art. 21 de ladite loi.)

FRANCE. Nous nous bornerons à donner ici un aperçu de la géographie physique du pays; on trouvera à leur place alphabétique des détails sur chaque département.

La France est bornée au nord par la Manche et le Pas-de-Calais, à l'ouest, par l'océan Atlantique; au sud, par la Bidassoa, les Pyrénées et la Méditerranée; à l'est, par les Alpes, la Suisse et les nouvelles provinces allemandes; au nord-est par le grand-duché de Luxembourg et par la Belgique. — Du nord au sud, de Dunkerque au cap Cerbère dans les Pyrénées-Orientales, on compte 980 kil., et 875 de l'ouest à l'est, de la pointe de Corsen aux Vosges; de la frontière du Luxembourg à l'embouchure de la Bidassoa, il y a 900 kil. et 1,100 de la pointe de Corsen à l'embouchure de la Roia, dans les Alpes-Maritimes. La superficie de la France, qui était de 543,000 kilom. carrés avant le traité de Francfort, n'est plus aujourd'hui que de 536,408 kilom. carrés, sa population au dernier recensement (24 mars 1901) était de 38,961,945 habitants.

La ligne de partage des eaux de la France, qui la divise en deux grands versants, le versant de l'océan Atlantique et celui de la Méditerranée, commence au pic de Corlitte, dans les Pyrénées, et finit au mont Saint-Gothard, dans les Alpes; elle comprend les Corbières, les Cévennes, les monts de la Côte-d'Or, le plateau de Langres, le ballon d'Alsace, le Jura, le Jorat ou Yurth et les Alpes Bernoises. Cette ligne détache vers l'ouest trois grands rameaux qui séparent entre eux les bassins de la Garonne, de la Loire et de la Seine; le bassin de la Garonne est séparé de celui de la Loire par les monts d'Auvergne, les monts du Limousin, les collines du Poitou et le plateau de Gatines. Celui de la Loire est séparé de celui de la Seine par les monts du Morvan, les collines du Nivernais, le plateau d'Orléans, les collines de Normandie et les collines de Bretagne. Enfin, le bassin de la Seine est séparé du bassin du Rhin par les Argonnes et les Ardennes occidentales, les collines de l'Escaut et les collines de l'Artois.

La Garonne, qui prend sa source en Espagne, reçoit à droite l'Ariège, le Tarn grossi de l'Aveyron, le Lot et la Dordogne; à gauche, le Gers et la Baïse : les cours d'eau secondaires qui se trouvent dans le bassin de la Garonne sont : la Bidassoa, l'Adour, la Charente et la Sèvre Niortaise, qui reçoit la Vendée.

La Loire, qui prend sa source au mont Gerbier-des-Joncs, dans les Cévennes, reçoit à droite : le Furens, la Nièvre et le Maine formé de la Mayenne, de la Sarthe et du Loir; à gauche, l'Allier, le Cher, l'Indre, la Vienne grossie de la Creuse et la Sèvre Nantaise; les cours d'eau secondaires de ce bassin sont : la Vilaine, le Blavet et l'Odet.

La Seine, qui prend sa source dans les montagnes de la Côte-d'Or, reçoit à droite : l'Aube, la Marne et l'Oise grossie de l'Aisne ; à gauche, l'Yonne, le Loing et l'Eure; les cours d'eau secondaires de ce bassin sont : la Vire, l'Orne et la Somme.

Le bassin du Rhône, dont les eaux se jettent dans la Méditerranée, est formé par la ligne de partage des eaux depuis le pic de Corlitte jusqu'au mont Saint-Gothard, et, à partir de cette montagne, par les Alpes, qui prennent les noms de Pennines, Grées, Cottiennes et Maritimes. Le Rhône prend sa source en Suisse, traverse le lac de Genève, et reçoit à droite : l'Ain, la Saône, l'Ardèche et le Gard; à gauche : l'Isère, la Drôme et la Durance; les cours d'eau secondaires de ce bassin sont : le Tet, l'Aude, l'Hérault, le Var et la Roia.

FRANCHISE, s. f. Ce mot signifie loyauté, sincérité : parler avec franchise. Il signifie également exemption : franchise postale.

La loi du 29 décembre 1900 a accordé la franchise de deux lettres simples par mois aux hommes en activité de service des armées de terre et de mer et de l'armée coloniale. (V. le décret du 23 mars, l'instruction du 25 mai 1901 et celle du 3 mai 1902.)

EXTRAIT DE L'ORDONNANCE DU 17 NOVEMBRE 1844.

Dispositions générales. — Art. 1er. La correspondance des fonctionnaires publics exclusivement relative au service de l'Etat est admise à circuler en franchise par la poste. — Art. 2. Les fonctionnaires et les personnes désignées dans le tableau annexé à la décision de M. le sous-secrétaire d'Etat des finances, en date du 20 décembre 1878 (*Mémorial*, 9e volume, page 738), sont seuls autorisés à correspondre entre eux en franchise, sous les conditions exprimées audit tableau. — Art. 3. Il est défendu de comprendre, dans les dépêches expédiées en franchise, des lettres, papiers et objets quelconques étrangers au service de l'Etat. — Art. 4. Dans les cas de suspicion, de fraude ou d'omission d'une seule des formalités prescrites par la présente ordonnance, les préposés des postes sont autorisés à taxer en totalité les dépêches ou à exiger que le contenu de celles de ces dépêches qui seront revêtues d'un contreseing quelconque soit vérifié en leur présence par les fonctionnaires auxquels elles sont adressées, ou, en cas d'empêchement de ces fonctionnaires, par leurs fondés de pouvoir. — Art. 5. Si, de la vérification prescrite par l'article précédent il résulte qu'il y a fraude, les préposés des postes en dresseront un procès-verbal dont ils enverront un double au directeur de l'administration des postes, qui en rendra compte à notre Ministre des finances. — Art. 6. Les fonctionnaires qui recevront en franchise, sous leur couvert, des lettres ou des paquets étrangers au service, devront les renvoyer au directeur des postes de leur résidence, en lui faisant connaître le lieu d'origine de ces lettres ou paquets et le contreseing sous lequel ils leur sont parvenus. — Art. 7. Les lettres et paquets mentionnés dans les articles 5 et 6 seront immédiatement envoyés, frappés de la double taxe, aux destinataires. En cas de refus de paiement de cette double taxe, ils seront transmis au directeur de l'administration des postes, qui les fera envoyer au fonctionnaire contresignataire, lequel sera tenu d'en acquitter le double port.

Objets qui sont assimilés à la correspondance de service. — Certains documents sont assimilés à la correspondance de service et peuvent circuler gratuitement lorsqu'ils sont expédiés sous le couvert et le contreseing d'un fonctionnaire civil : tels que les actes de l'état civil concernant les militaires sous les drapeaux, les certificats de présence sous les drapeaux, les extraits mortuaires des militaires, etc., etc. (V. annexe à l'ordonn. du 17 novembre 1844 en date du 19 mai 1889.)

Contreseing. — Art. 13. Le contreseing consiste dans la désignation des fonctions de l'envoyeur suivie de sa signature. La désignation des fonctions peut être imprimée sur l'adresse ou indiquée par un timbre; mais les militaires de la gendarmerie seront tenus d'apposer, de leur main, sur l'adresse des lettres et paquets qu'ils expédient, leur signature au-dessous de la désignation de leurs fonctions (2).

Aucun fonctionnaire n'a le droit de déléguer à d'autres personnes le contreseing qui lui est attribué. Toute dépêche contresignée en contravention du paragraphe précédent sera assujettie à la taxe. — Art. 16. Lorsqu'un fonctionnaire sera hors d'état de remplir ses fonctions par absence, maladie ou pour toute autre cause légitime, le fonctionnaire qui le remplacera par intérim contresignera les dépêches à sa place ; mais, en contresignant chaque dépêche, il énoncera qu'il remplit par intérim les fonctions auxquelles le contreseing est attribué.

Du mode de fermeture des lettres et paquets relatifs au service. — Art. 21. Les lettres et paquets relatifs au service de l'Etat s'expédient de deux manières : 1° par lettres fermées ; 2° sous bandes. (V. à ce sujet le tableau annexé à la décision de M. le sous-secrétaire d'Etat des finances, en date du 20 décembre 1878, *Mémorial*, 9° volume, page 738.) — Art. 23. Les fonctionnaires qui sont autorisés éventuellement, mais seulement en cas de nécessité, à expédier leur correspondance de service par lettres fermées, doivent, indépendamment de leur contreseing, déclarer sur la suscription, par une note signée d'eux, qu'il y a nécessité de fermer la dépêche. Cette note sera ainsi conçue : « Nécessité de fermer » (1). — Art. 25. Les lettres et paquets contresignés qui devront être mis sous bande, conformément aux indications des tableaux annexés à la décision du 20 décembre 1878, ne pourront être reçus ni expédiés en franchise lorsque la largeur des bandes excédera le tiers de la surface de ces lettres ou paquets (2). — Art. 26. Les lettres ou paquets quelconques expédiés sous pli cacheté, sous enveloppe ou sous bande, ne devront être intérieurement fermés d'aucune manière que ce soit. Toutefois, afin de préserver un paquet volumineux des avaries auxquelles il pourrait être exposé dans le transport, le fonctionnaire expéditeur pourra lier ce paquet par une ficelle, à la condition expresse que cette ficelle, placée extérieurement, soit nouée par une simple boucle et puisse être facilement détachée, si les besoins de la vérification l'exigent.

Du dépôt de la correspondance de service dans les bureaux de poste. Des lettres et paquets ordinaires. — Art. 28. Les lettres et paquets relatifs au service devront être remis, savoir : dans les départements, aux directeurs des postes, et, à Paris, au bureau de l'expédition des dépêches, à l'hôtel des postes (3). Lorsqu'ils auront été jetés à la boîte, ils seront assujettis à la taxe, à l'exception, toutefois, des let-

(1) Une circulaire du 13 avril 1861 recommande de ne faire usage de la correspondance de service par enveloppes fermées qu'en cas d'absolue nécessité.

Une note ministérielle du 7 février 1876 autorise les commandants de brigade à correspondre sous pli fermé, en cas de nécessité, avec les commandants de recrutement, en ayant soin que chaque lettre porte la suscription : « Nécessité de fermer. »

(2) Les fonctionnaires publics sont autorisés à faire emploi, pour leur correspondance officielle expédiée en franchise, de cartes simples destinées à circuler à découvert et fournies et fabriquées par les divers départements ministériels ou par les fonctionnaires eux-mêmes. (Décr. du 1er décembre 1888.)

(3) Article modifié pour Paris par la décision du 19 juin 1853.

tres et paquets trouvés dans les boîtes des bureaux de poste, qui seront adressés à des fonctionnaires ou à des personnes jouissant de la franchise à raison de leur qualité et sans condition de contreseing.

Des lettres chargées ou recommandées. — Art. 46. Les lettres et paquets contresignés qui seront dans le cas d'être chargés ne pourront être reçus ni expédiés en franchise que lorsqu'ils seront accompagnés d'une réquisition signée des autorités ou fonctionnaires qui les adresseront (1).

Des chargements d'objets assimilés à la correspondance de service. — Art. 51. Les décorations et médailles d'honneur décernées par le gouvernement devront être présentées aux directeurs des postes à découvert et renfermées, en leur présence, dans une boîte qui sera ficelée, puis scellée du cachet de l'envoyeur et du cachet du bureau des postes. La présentation à découvert ne sera point exigée pour les décorations et médailles expédiées de Paris sous le cachet d'un Ministre secrétaire d'Etat ou du grand chancelier de la Légion d'honneur.

Du transport des correspondances circulant en franchise. — Art. 60. Sauf les exceptions ci-après, le maximum du poids des paquets expédiés en franchise est fixé comme il suit : 1° à 5 kilogrammes, lorsque le transport de ces paquets devra être opéré jusqu'à destination soit par un service en malle-poste ou en bateau à vapeur, soit sur un chemin de fer ou par un service d'entreprise en voiture (2); 2° à 2 kilogrammes, lorsqu'ils seront dirigés sur une route desservie, en quelque point que ce soit, par un service d'entreprise à cheval ; 3° à 1 kilogramme, lorsqu'ils devront être transportés sur une portion quelconque du trajet à parcourir, par un service d'entreprise à pied. — Art. 61. Seront acheminés sans limitation de poids : 1° les paquets revêtus du contreseing ou expédiés à l'adresse des personnes et des fonctionnaires jouissant de la franchise illimitée ; 2° les listes électorales et les listes du jury. — Art. 68. Les fonctionnaires ci-après désignés peuvent faire retirer leur correspondance particulière et administrative avant la distribution générale. Ils doivent faire connaître par écrit, au directeur des postes, la personne qu'ils chargent de retirer leur correspondance. — Ces fonctionnaires sont : les présidents des cours d'appel et tribunaux de première instance ; les procureurs généraux et de la République ; les sous-préfets ; les généraux de brigade commandant les subdivisions ; les intendants et sous-intendants militaires ; les commandants de gendarmerie ; les commandants de place et les chefs de corps ; les maires ; les trésoriers-payeurs généraux et les receveurs particuliers. Une circulaire en date du 7 août 1883 rappelle les dispositions suivantes : Ont qualité pour adresser en franchise des correspondances officielles à des fonctionnaires à l'étranger : 3° les officiers et commandants de brigade de gendarmerie française pour leur correspondance avec les officiers et commandants de brigade de gendarmerie, à 80 kilomètres de la frontière en deçà et à 60 kilomètres au delà ; 4° les chefs de gendarmerie de la frontière franco-belge avec les chefs de la gendarmerie belge (pour la correspondance à échanger relativement à la remise des étrangers extradés ou expulsés du territoire de la République).

Les chefs de la gendarmerie de la frontière franco-luxembourgeoise ont la franchise pour la correspondance à échanger avec les chefs des gendarmeries luxembourgeoises, relativement à la remise des étrangers extradés du territoire de la République. (Décret du 13 décembre 1897.)

Aux termes du règlement du 10 décembre 1875, ces correspondances officielles ne peuvent parvenir en exemp-

(1) Les documents importants et confidentiels de service doivent être expédiés sous chargement. (Note minist. du 17 décembre 1877.)

(2) Les livrets individuels, les livrets matricules et les plaques d'identité jointes aux livrets ; les modèles-types d'effets, es objets ou accessoires d'habillement de petite dimension expédiés par le dépôt des modèles du ministère de la guerre ; les échantillons de pain, de farines et autres denrées du service des subsistances militaires (les viandes et les produits graisseux exceptés) sont assimilés à la correspondance de service. (Note minist. du 22 juillet 1885.) Les paquets de service ne doivent pas dépasser chacun le poids maximum de 5 kilog., et leur dimension en hauteur, longueur ou largeur. 0m,45. (V. la note minist. du 24 octobre 1896.)

tion de port qu'autant qu'elles sont déposées aux bureaux de poste et inscrites sur un bordereau spécial pour être affranchies gratuitement en timbres-poste.

Les commandants des bureaux de recrutement ont la franchise postale avec les maires de toutes les communes de France, d'Algérie et de Tunisie, et avec tous les hommes dont ils ont l'administration à un titre quelconque et domiciliés ou en résidence en France, en Algérie ou en Tunisie. Réciproquement les hommes auxquels une réponse est demandée ont la franchise avec le recrutement. (Note minist. du 6 mars 1895 et décret du 20 avril 1899.)

Franchise télégraphique. — *Arrêté du Ministre des postes et télégraphes, relatif aux franchises télégraphiques de la gendarmerie, en date du 24 mai 1897.*

Chefs de légion de gendarmerie. — Illimitée pour la correspondance administrative urgente.

Commandants des compagnies de gendarmerie. — Limitée à la correspondance échangée :

1° Avec le chef de légion, le général commandant le corps d'armée, les chefs de corps de toutes armes et réciproquement;

2° Avec leurs collègues en France et en Algérie et les officiers de gendarmerie de la compagnie qu'ils commandent.

Les autres officiers de gendarmerie. — Limitée à la correspondance échangée :

1° Avec le commandant de compagnie, le chef de légion, le général commandant le corps d'armée et réciproquement;

2° Avec les officiers de gendarmerie du département et des départements limitrophes, même en dehors de la légion, les chefs de brigade de gendarmerie placés sous leurs ordres.

Officiers et commandants de brigade de gendarmerie. — Limitée à la correspondance urgente de service qu'ils ont à adresser aux préfets et aux sous-préfets de leurs départements respectifs ou de leurs départements limitrophes.

Chefs de brigade de gendarmerie. — 1° Pour les correspondances urgentes adressées aux parquets (dans les seules localités où il y a une brigade de gendarmerie et pas de justice de paix).

Limitée à la correspondance avec le procureur de la République de l'arrondissement judiciaire et avec l'officier de gendarmerie dont ils dépendent (1);

2° Pour toutes les autres correspondances urgentes;

Limitée à la correspondance avec le commandant d'arrondissement, le commandant de compagnie, le chef de légion, le général commandant le corps d'armée, et avec leurs collègues des circonscriptions limitrophes de la leur, même en dehors de la légion.

3° Dans une localité autre qu'un chef-lieu d'arrondissement ou de département.

Limitée aux correspondances de service urgentes échangées avec les maires des communes situées dans la circonscription de leur brigade et pourvues d'un bureau télégraphique et réciproquement;

4° Limitée aux communications destinées à annoncer à leurs collègues des villes où l'escorte des convois de poudre ou de munitions de guerre doit être relevée le soir du départ du convoi qu'ils ont été requis d'escorter.

Chefs de gendarmerie de la frontière franco-belge avec les chefs de gendarmerie belges. — Limitée aux dépêches relatives à la remise des étrangers extradés ou expulsés du territoire de la République.

Chefs de corps de toutes armes. — Limitée à la correspondance de service urgente échangée :

1° Avec les chefs de légion et les commandants de compagnie de gendarmerie, et réciproquement.

ALGÉRIE

Commandant de compagnie de gendarmerie. — Limitée à la correspondance échangée :

(1) Si l'officier ne réside pas au siège du parquet, une même correspondance doit faire l'objet de deux télégrammes distincts : l'un adressé au procureur de la République, l'autre à l'officier. Dans le cas contraire, cette correspondance doit donner lieu à l'envoi d'un seul télégramme multiple, c'est-à-dire à deux destinataires.

1° Avec le chef de légion, le général commandant le corps d'armée, les chefs de corps de toutes armes et réciproquement;

2° Avec leurs collègues en France et en Algérie et avec les officiers de gendarmerie de la compagnie qu'ils commandent.

Les officiers de gendarmerie. — Limitée à la correspondance échangée :

1° Avec le commandant de compagnie, le chef de légion, le général commandant le corps d'armée et réciproquement;

2° Avec les officiers de gendarmerie du département et des départements limitrophes, même en dehors de la légion, les chefs de brigade de gendarmerie placés sous leurs ordres.

Les chefs de brigade de gendarmerie. — Même franchise que pour la métropole.

TUNISIE

Officiers de gendarmerie. — Limitée à la correspondance avec le commandant du détachement, le général commandant la division d'occupation et réciproquement, les chefs de brigade de gendarmerie placés sous leurs ordres.

Chefs de brigade de gendarmerie. — Même franchise que pour la métropole.

Le Ministre de la guerre, dans le but d'empêcher un usage abusif du télégraphe, prescrit de rendre toujours compte, par une mention au rapport journalier, de l'envoi de toute dépêche télégraphique expédiée en franchise. Sont d'ailleurs formellement maintenues les dispositions actuellement en vigueur, d'après lesquelles les généraux commandants de corps d'armée doivent recevoir communication, à la fin de chaque mois, par les soins des chefs de légion, de toutes les dépêches télégraphiques expédiées par les militaires de leurs légions respectives, et punir, au besoin, ceux qui n'auront pas mis dans l'emploi du télégraphe la réserve que comporte ce mode de correspondance.

Franchise avec les juges d'instruction. — Une circulaire du Ministre du commerce en date du 9 mai 1901 accorde la franchise télégraphique illimitée aux juges d'instruction pour correspondre avec les commandants de brigade de gendarmerie. Mais cette franchise n'étant pas réciproque, il est indispensable, pour que les chefs de brigade puissent envoyer télégraphiquement en franchise les renseignements demandés, que les télégrammes émanant des juges d'instruction contiennent explicitement l'invitation de répondre par le télégraphe. (Circ. du 9 mai 1901.)

Franchises avec les maires. (Note minist. du 9 mai 1894.) Les maires des communes rurales sont autorisés à correspondre télégraphiquement en franchise, pour les affaires de service urgentes, avec le chef de la brigade de gendarmerie de la circonscription dans laquelle leurs communes sont situées, sous la réserve que, si ces communes ne possèdent pas de service télégraphique, ils doivent déposer leurs télégrammes officiels au bureau le plus rapproché.

Le chef d'une brigade de gendarmerie, dans une localité autre qu'un chef-lieu de département ou d'arrondissement, est autorisé à correspondre télégraphiquement en franchise, pour les affaires de service urgentes, avec les maires des communes situées dans la circonscription de sa brigade et pourvues d'un bureau télégraphique.

Instruction du Ministre de l'intérieur sur les franchises télégraphiques. (Circ. minist. du 1er juillet 1875, notifiée le 27 septembre 1875.) — Art. 1er. Le droit de franchise télégraphique implique pour la correspondance des fonctionnaires et agents des services publics qui en sont investis, d'une part, l'exonération de la taxe ; de l'autre, la priorité de transmission. Art. 2. Ce droit ne s'applique qu'aux dépêches officielles urgentes, c'est-à-dire aux communications relatives au service et que la poste ne pourrait transmettre en temps utile. — Art. 3. La franchise télégraphique est directe ou indirecte. — Art. 4. La franchise directe n'appartient qu'aux fonctionnaires ou agents auxquels elle a été conférée par décision du Ministre de l'intérieur et dans les limites fixées par la décision. L'état général des franchises contient la désignation des fonctionnaires ou agents qui en sont investis, et précise pour chacun d'eux l'étendue de leur droit. — Art. 5. Les fonctionnaires ou agents investis de la franchise directe ne la conservent que dans le ressort où s'exercent leurs fonctions. Hors de ce ressort, ils doivent recourir au visa de l'autorité compétente ; toutefois, les fonctionnaires ou agents dans le ressort desquels il n'existe pas de bureau télégraphique peuvent s'adresser à un bureau d'une localité voisine. — Art. 6. La franchise indirecte s'obtient par le visa des fonctionnaires ou agents investis de la franchise directe. Le fonctionnaire ou l'agent qui réclame le visa doit le demander à son chef hiérarchique. Si ce dernier ne réside pas dans la localité ou s'il ne jouit pas lui-même du droit de franchise, le visa peut être demandé à une autre autorité. Le visa n'est d'ailleurs valable que dans les limites de la franchise attribuée à l'autorité qui le délivre. — Art. 7. Le droit de franchise ou de visa peut être délégué par tout fonctionnaire ou agent à son substitut, suppléant ou intérimaire régulier. — Art. 8. Tout destinataire d'une dépêche officielle impliquant réponse est admis, sur la présentation de la dépêche, à user du droit de franchise pour la transmission de cette réponse, avec dispense du visa. — Art. 9. Il y a abus de franchise toutes les fois qu'une dépêche présentée comme officielle a trait à des affaires privées, dépasse la limite de la franchise accordée à l'expéditeur, ou ne présente aucun caractère d'urgence. — Art. 10. Les dépêches constituant des abus de franchise sont néanmoins acceptées et transmises gratuitement par les bureaux télégraphiques ; mais elles sont immédiatement signalées, avec copie à l'appui, à l'inspecteur du département. — Chaque trimestre, un état distinct par département ministériel et accompagné des dépêches abusives est adressé par l'inspecteur à l'administration centrale des télégraphes, qui transmet les pièces dans un bordereau unique au ministère dont relèvent les fonctionnaires ou agents expéditeurs. — Art. 11. Lorsqu'un fonctionnaire ou agent présente une dépêche paraissant constituer un abus de franchise, le gérant du bureau doit, sans autre observation, se borner à lui donner connaissance des dispositions des articles 9 et 10. — Art. 12. Les dépêches officielles à destination de l'étranger ou empruntant le réseau étranger, conservent le privilège de la priorité et de la gratuité sur le parcours français. La part étrangère de la taxe est portée au compte du département ministériel intéressé. — Art. 13. Les dépêches officielles dont le destinataire réside au delà des lignes télégraphiques sont expédiées par exprès, à moins que l'expéditeur n'ait demandé, dans la dépêche même, l'emploi de la poste. — Les frais accessoires de transport, exprès ou poste, sont portés au compte du département ministériel intéressé. — Les officiers et les commandants des brigades de gendarmerie des départements frontière ont le droit de correspondre par le télégraphe avec les préfets et les sous-préfets de leurs départements respectifs et des départements limitrophes. (Décis. du Ministre des finances en date du 19 octobre 1888.)

Circulaire ministérielle du 30 *avril* 1878. Le Ministre rappelle à qui de droit qu'aux termes de l'arrêté ministériel du 1er juillet 1875, le droit de franchise télégraphique ne s'applique qu'aux dépêches officielles urgentes, c'est-à-dire aux communications relatives au service et que la poste ne pourrait transmettre en temps utile. — Comme sanction de ces dispositions et attendu que, chaque trimestre, d'après l'article 10 dudit arrêté, l'inspecteur des lignes télégraphiques du département adresse à l'administration centrale (ministère des finances) un état indiquant, par département ministériel, les fonctionnaires dont les télégrammes lui ont paru constituer des abus de franchise, les officiers ou fonctionnaires militaires qui auront été signalés comme ayant abusé de l'emploi du télégraphe seront portés à la connaissance du Ministre de la guerre, qui leur fera rembourser, s'il y a lieu, le montant de la taxe de ces dépêches. (Dispositions rappelées par la circ. minist. du 17 octobre 1880.)

L'exercice du droit de franchise

donne lieu à contravention ou à abus. La note ministérielle en date du 17 juin 1893 explique la différence qu'il y a entre ces deux sortes d'irrégularités.

Correspondance des militaires et marins qui se trouvent hors de France.

Le décret du 11 août 1901 est ainsi conçu :

Article 1er. — Sauf l'application de la loi du 30 mai 1871, qui accorde la franchise à la correspondance des militaires et marins en campagne, sont soumises à la taxe intérieure métropolitaine les lettres expédiées de France, des colonies françaises et des pays de protectorat français à l'adresse des militaires et marins français présents sous les drapeaux ou pavillons, embarqués à bord des navires français ou en station à l'étranger, ainsi que les lettres provenant de ces mêmes militaires et marins, à destination de la France, des colonies françaises, des pays de protectorat français et des navires de guerre français.

Art. 2. — Pour bénéficier de la taxe métropolitaine, les lettres dont il s'agit ne doivent pas être revêtues de mentions impliquant leur transmission à découvert ou leur distribution aux destinataires par un service postal étranger.

L'affranchissement n'est valable que s'il est opéré au moyen de timbres-poste métropolitains, sauf pour les lettres originaires des colonies ou des pays de protectorat, qui doivent être affranchies en timbres de la colonie ou des pays de protectorat dont elles sont originaires.

Art. 3. — Le décret du 20 mars 1888 est abrogé.

FRANC-TIREUR, s. m. Nom donné à des troupes irrégulières créées pendant les guerres de 1815 et de 1870. Ces troupes, composées d'hommes de bonne volonté, agissaient généralement en dehors de l'autorité militaire et avaient pour but de harceler l'ennemi, d'arrêter ses convois, d'inquiéter ses campements, etc. Pour que les francs-tireurs soient reconnus comme belligérants, il faut qu'ils soient revêtus d'un costume distinctif et apparent.

FRATRICIDE, s. m. Meurtre d'un frère ou d'une sœur. Celui qui a commis ce meurtre. — Le fratricide est considéré par le Code comme un homicide ordinaire.

FRAUDE, s. f. Mauvaise foi. — Tromperie : action de ne pas payer les droits de douane et d'octroi pour des choses qui y sont assujetties. — Celui qui fraude porte le nom de fraudeur. (V. *Contrebande* et *Saisie.*)

Fraudes en matière de recrutement. Toutes fraudes ou manœuvres par suite desquelles un jeune homme a été omis sur les tableaux de recrutement sont punies d'un emprisonnement d'un mois à un an. (Loi du 15 juillet 1889, art. 69.)

Fraudes commerciales. (V. *Tromperie.*)

Fraudes en matière artistique. Elles sont réprimées par la loi du 9 février 1895.

FRÈRE, s. m. En jurisprudence, on appelle frères germains deux frères ayant eu le même père et la même mère. Les frères utérins sont ceux qui ont eu la même mère et non le même père ; les frères consanguins sont ceux qui ont eu le même père et non la même mère.

FRET, s. m. On appelle fret le prix de loyer d'un navire ou d'un autre bâtiment de mer. — Ce qu'on appelle fret, dans l'Océan, s'appelle nolis dans la Méditerranée. — Fréter ou noliser un navire, c'est le louer pour faire des transports.

FRIPIER, IÈRE, s. Les fripiers et les brocanteurs sont des marchands qui achètent de vieux habits, de vieux meubles, de vieux linges, enfin toute espèce d'objets ayant servi. C'est chez eux que les voleurs cherchent à se défaire de ce qu'ils ont dérobé. Aussi cette profession a-t-elle été réglementée pour que ceux qui l'exercent soient toujours surveillés. Tout le monde ne peut pas être fripier, et pour exercer ce métier il faut d'abord en faire la déclaration à la police. (V. *Brocanteur.*)

FRIPON, ONNE, s. Celui ou celle qui vole adroitement.

FRONTIÈRE, s. f. Bornes, limites qui séparent un pays d'un autre pays. Les frontières naturelles sont celles qui sont formées par la nature, comme les grands fleuves, les montagnes, etc. Sauf du côté de l'Espagne et de l'Italie, nous n'avons plus nos frontières naturelles, et, pour mettre le pays à l'abri d'une invasion ennemie, on a été obligé de fermer toutes les parties ouvertes par un vaste rideau de défenses artificielles. (V. *Fortification.*)

Notre frontière du côté de la mer est protégée, outre les défenses de nos grands ports militaires, par une série de batteries et de postes munis de puissants appareils électriques avec lesquels il est facile, par un temps clair, d'explorer la mer jusqu'à 8 kilomètres.

Il existe parallèlement à nos frontières une certaine partie de terrain, déterminée par le génie militaire, sur laquelle il est défendu d'ouvrir sans autorisation des routes et de construire des ponts ou d'autres ouvrages qui pourraient faciliter à l'ennemi l'entrée du territoire. Cette partie du terrain, appelée zone frontière, doit être l'objet d'une surveillance minutieuse de la part de la gendarmerie, qui est chargée de rendre compte immédiatement au chef du génie et à l'autorité départementale de tous les travaux qui seraient exécutés. (V. les décr. des 16 août 1853, 8 septembre 1878, et les circ. des 10 août 1854 et 27 mars 1877.) L'état mensuel n° 11 annexé au règlement du 10 juillet 1897 doit faire connaître les travaux qui ont été entrepris sur la zone frontière et dont il a été rendu compte aux officiers du génie. (V. *Zone.*)

Une circulaire en date du 6 juin 1882 défend expressément à tout militaire français de franchir en armes la frontière sans autorisation du Ministre ; cette circulaire ajoute : « En ce qui concerne l'entrée des militaires étrangers en armes sur notre territoire, si ce fait vient à se produire, il y aura lieu simplement de faire remarquer au militaire isolé ou au chef de troupe que les limites de la frontière ont été franchies par eux et de s'assurer, si cela peut se faire sans difficulté, afin d'en rendre compte au Ministre, du corps ou de l'arme auxquels ces étrangers appartiennent. »

FRUIT, s. m. Scientifiquement, le fruit est l'ensemble des organes végétaux qui succèdent à la fleur et qui servent à la reproduction. — En langage ordinaire, on ne donne le nom de fruit qu'à ceux de ces organes qui peuvent servir à la nourriture des hommes ou des animaux. — L'article 471, n° 9, du Code pénal défend le maraudage de fruits cueillis et mangés sur place. Que les fruits soient sur l'arbre ou qu'ils soient tombés, celui qui les cueille est toujours coupable et condamné à une amende de 1 à 5 francs. En cas de récidive, l'emprisonnement de 3 jours est obligatoire. — Si les fruits sont ramassés et mis dans un panier pour être emportés, le maraudage devient vol et est alors justiciable du tribunal correctionnel. — Les fruits suspendus à des branches qui sont au-dessus du champ d'autrui sont la propriété de celui à qui appartient le sol dans lequel l'arbre a ses racines.

FUMEUR, EUSE, s. Qui a l'habitude de fumer. — Dans l'armée, les fumeurs seuls ont droit à des bons de tabac. (V. *Tabac.*) L'article 187 du règlement du 10 juillet 1897 interdit de fumer ou de laisser fumer dans les écuries ou à portée des magasins à fourrages. Les cavaliers de corvée ne doivent jamais être porteurs d'allumettes lorsqu'ils pénètrent dans les magasins à fourrages. Les officiers et les chefs de détachement sont responsables des contraventions à cet égard.

FUMIER, s. m. Paille qui a servi de litière aux animaux, et qui, décomposée par la fermentation, constitue un excellent engrais. — Le fumier de cheval est le plus chaud et le plus actif ; il convient surtout aux terres froides et argileuses. — Le fumier n'est pas une propriété individuelle : il appartient en commun à la brigade ; il est vendu de l'assentiment de tous les hommes ou de la majorité de ceux qui sont présents. En cas de partage des voix, celle du chef de brigade est prépondérante. Les sommes provenant de cette vente sont employées à payer les ustensiles d'écurie, les balances et les poids pour peser les rations d'avoine et autres objets achetés en commun pour l'usage de la brigade. Ce qui en reste est partagé chaque mois entre tous au prorata du nombre des journées de présence des chevaux. Le fumier des chevaux des officiers remontés à titre gratuit, par abonnement ou à titre onéreux, quand ces montures sont logées dans les casernes ou aux frais des départements, est vendu dans les mêmes conditions, au profit de la masse d'entretien et de remonte, qui supporte une part contributive pour ces montures des dépenses d'acquisition et d'entretien des ustensiles d'écurie. (Service intérieur, art. 153.) La masse de remonte bénéficie également du produit de la vente des fumiers des chevaux de troupe dans la garde républicaine. (Article 157 du règl. du 12 avril 1893), qui supporte les dépenses, notamment la ferrure de tous les chevaux de troupe, les frais de médicaments et l'entretien des bat-flancs ainsi que de leurs chaînes de suspension. (V. le règl. du 12 avril 1893, annexe n° 2.)

FUNÉRAILLES, s. f. pl. La loi du 15 novembre 1887 règle la liberté des funérailles; elle expose, dans son article 1er, que toutes les dispositions légales relatives aux honneurs funèbres doivent être appliquées, quel que soit le caractère des funérailles, civil ou religieux. (V. aussi le décr. du 27 avril 1889.)

FURET, s. m. Petit animal carnassier, originaire d'Afrique, qu'on ne rencontre en France qu'à l'état de domesticité et dont on se sert pour faire sortir les lapins de leurs terriers. L'article 9 de la loi du 3 mai 1844 autorise l'emploi des furets et des bourses pour prendre les lapins.

FUSÉE, s. f. En terme d'artillerie, on donne le nom de fusée à un appareil enfermé dans l'intérieur des projectiles et destiné à les faire éclater, soit au bout d'un temps déterminé, soit à la suite du choc que le projectile reçoit quand il rencontre un corps dur. — Dans le premier cas, les fusées sont dites fusantes, et, dans le second cas, percutantes. A la guerre, on se sert également de fusées dans le genre de celles qu'on emploie dans les feux d'artifice et qui sont destinées soit à faire des signaux, soit à éclairer pendant un certain temps les mouvements et les travaux de l'ennemi.

FUSIL, s. m. Arme à feu portative. Le fusil n'est pas une arme prohibée, et tout individu peut en porter en voyage, pour sa défense personnelle.

Le soldat qui brise son fusil est passible de 2 à 5 ans de travaux publics; en cas de circonstances atténuantes, de 2 mois à 5 ans de prison.

FUSILIER, s. m. Soldat armé d'un fusil.

FUSILLADE, s. f. Décharge simultanée de plusieurs fusils. Le tir à volonté constitue également une fusillade.

FUSILLER, v. a. Tuer à coups de fusil.

FUTAIE, s. f. Bois qu'on laisse croître jusqu'à ce qu'il soit arrivé à son maximum de croissance. On désigne sous le nom de jeune futaie le bois qui a moins de 40 ans; de demi-futaie, celui qui a de 40 à 60 ans; de haute futaie, celui qui a de 60 à 100 ans, et de vieille futaie, celui qui a dépassé 100 ans.

FUYARD, s. m. Soldat qui s'enfuit du combat. La loi ne punit pas le supérieur qui frappe des fuyards. (V. C. M., art. 229.) Les gendarmes interpellent les militaires qu'ils rencontrent errant ou s'éloignant du champ de bataille sans motif valable, leur enjoignent de retourner à leur poste ou les arrêtent s'il y a lieu. (Serv. de la gendarmerie en campagne, art. 93.)

G

GABION, s. m. Grand panier ordinairement cylindrique, en clayonnage, qu'on remplit de terre et dont on se sert, en fortification passagère, pour consolider les terres des tranchées et des batteries.

GACHETTE, s. f., ou ressort-gâchette. Pièce de la boite de culasse qui détermine la chute du chien par la pression qu'exerce sur elle la détente. On nomme aussi gâchette une pièce de l'intérieur des serrures de luxe, qui a pour objet de maintenir le pène dans la position où la clé l'a placé.

GAFFE, s. f. Perche en bois terminée par deux branches en fer, l'une droite et l'autre recourbée, et dont on se sert pour pousser les bateaux et pour les éloigner ou les rapprocher du rivage.

GAGE, s. m, Mettre en gage signifie remettre un objet entre les mains d'un créancier comme garantie d'une dette. — Les biens d'un débiteur sont le gage commun de ses créanciers. — Est puni de 6 mois à 1 an d'emprisonnement tout militaire qui met en gage tout ou partie de ses effets d'armement, de grand équipement, d'habillement ou tout autre objet à lui confié pour le service. La peine est de deux mois à six mois d'emprisonnement s'il s'agit d'effets de petit équipement. (C. M., art. 246.) L'article 247 punit de la même peine que l'auteur du délit tout individu qui reçoit en gage les effets ou objets énumérés dans l'article précédent.

GAILLARD, s. m. Terme de marine; les deux extrémités du pont d'un vaisseau. Le gaillard d'avant, qui se trouve à la proue, est destiné aux matelots; le gaillard d'arrière, qui se trouve à la poupe, est exclusivement réservé aux officiers.

GALACTOMÈTRE, s. m. Instrument dont on se sert pour vérifier le lait. C'est une petite éprouvette graduée en 100 divisions que l'on plonge dans le lait à vérifier. Si l'éprouvette s'enfonce jusqu'à la centième division, le lait est pur. Si elle ne s'enfonce, par exemple, que jusqu'à la cinquantième division, il y a moitié eau dans le lait.

GALE, s. f. Maladie contagieuse de la peau se manifestant par une éruption considérable de boutons et une forte démangeaison. La gale est causée par un insecte microscopique qui circule rapidement sous l'épiderme et auquel on a donné le nom d'*acarus;* elle est aujourd'hui guérie rapidement par des frictions faites avec une pommade de soufre et par des bains sulfureux. Cette maladie se transmet très facilement de l'homme à l'homme. La gale du chien, du cheval et du chat est également transmissible à l'homme; la gale de certains animaux (bœuf, mouton, porc) n'est transmissible qu'aux animaux de la même espèce.

GALÈRE, s. f. Nom donné autrefois à des vaisseaux à rames; les condamnés étaient employés à ramer sur ces vaisseaux. De là l'expression « condamné aux galères » et « galérien », qui se dit encore pour désigner un individu condamné aux travaux forcés.

GALOP, s. m. Le galop est l'allure la plus rapide et celle qui nécessite le plus d'efforts musculaires. Pour pouvoir galoper sérieusement, il faut qu'un cheval possède de la vitesse et du fond, et il ne peut réunir ces deux qualités qu'autant qu'il a une grande puissance musculaire, des éminences osseuses saillantes, des tendons très détachés, les membres bien articulés et une forte poitrine. La vitesse du galop ordinaire est de 340 mètres par minute. — Le galop s'effectue en 3 temps et le cheval galope soit sur le pied droit, soit sur le pied gauche. Un cheval galope sur le pied droit lorsque la jambe droite de devant dépasse la jambe gauche de devant et que la jambe droite de derrière dépasse aussi la jambe gauche de derrière. Le mécanisme de cette allure s'opère généralement en 3 temps.

Le premier temps est marqué par la jambe gauche de derrière, qui pose la première à terre ; le deuxième, par le bipède diagonal gauche, et le troisième, par la jambe droite de devant.

Un cheval galope sur le pied gauche lorsque la jambe gauche de devant dépasse la jambe droite de devant et que la jambe gauche de derrière dépasse aussi la jambe droite de derrière.

Le premier temps est marqué par la jambe droite de derrière qui pose la première à terre, le deuxième par le bipède diagonal droit, et le troisième par la jambe gauche de devant. Un cheval galope juste lorsqu'il galope sur le pied droit en travaillant ou tournant à main droite, et sur le pied gauche en travaillant ou tournant à main gauche. Un cheval galope faux lorsqu'il galope sur le pied gauche en travaillant ou tournant à main droite et sur le pied droit en travaillant ou tournant à main gauche. Un cheval est désuni lorsqu'il galope à droite des pieds de devant et à gauche des pieds de derrière, ou lorsqu'il galope à gauche des pieds de devant et à droite des pieds de derrière. Le cavalier doit, sans se pencher, reconnaître sur quel pied son cheval galope par les indices suivants : Dans le galop à droite, tout le côté droit du cavalier est porté en avant, la fesse gauche ressent une réaction plus marquée que la fesse droite ; la jambe droite éprouve un balancement plus sensible que la jambe gauche ; le genou droit frotte sur la selle tandis que le genou gauche reste facilement adhérent et fixe. Dans le galop à gauche, les effets inverses se manifestent. Il est essentiel, pour la sécurité du cavalier et la facilité du mouvement, que le cheval galope sur le pied droit pour tourner à droite et sur le pied gauche pour tourner à gauche.

Dans le galop de course, galop forcé qui ne peut être soutenu que pendant quelques minutes, le cheval peut arriver à parcourir un peu plus de 14 mètres par seconde, soit 840 mètres par minute.

GAMELLE, s. f. Ecuelle en fer-blanc ou en fer battu dans laquelle chaque soldat met sa ration. — En campagne, il est distribué des gamelles individuelles aux gendarmes faisant partie des prévôtés.

GANT, s. m. Partie de l'habillement qui sert à couvrir la main.

Les gants blancs d'ordonnance pour les officiers peuvent être remplacés par des gants en peau de chien de nuance rouge brun, dans les circonstances suivantes :

1° Dans la tenue du matin ;

2° Pour les exercices, le service intérieur, les promenades à cheval, les visites inopinées et les tournées ;

3° Dans les marches.

L'usage des gants de couleur est obligatoire dans les grandes manœuvres.

A cheval, les sous-officiers, brigadiers et gendarmes doivent toujours être gantés ; à pied, le port des gants n'est pas obligatoire dans les services extérieurs. (Service intérieur, art. 223.)

GARANTIE, s. f. Engagement par lequel on garantit une chose, ou on en répond. — Ce mot a diverses acceptions. — En orfèvrerie, la garantie a pour objet de préserver le public des fraudes que pourrait faire naître le commerce de tous les objets dans la composition desquels il entre une certaine quantité d'or et d'argent (V. *Or* et *Monnaie*); elle détermine le titre des ouvrages d'or ou d'argent, c'est-à-dire la quantité d'alliage qui doit entrer dans la fabrication de ces ouvrages. Le titre est garanti à l'aide de poinçons que l'Etat fait appliquer sur tous les ouvrages avant d'être livrés au commerce. (Loi du 19 brumaire an VI, art. 9 et 48.) En règle générale, la garantie a pour but d'assurer, autant que possible, l'exécution des clauses d'un traité.

GARD (Département). Populat., 420,836 habit., 4 arrondissements, 40 cantons (15e corps d'armée, 15e légion de gendarmerie). — Chef-lieu Nimes, 80.605 habit., à 702 kil. S.-E. de Paris, au pied de collines peu élevées. S.-P.: Alais, Uzès, le Vigan. — Département maritime. — Pays très élevé à l'ouest. — Agricole et manufacturier. — Elève importante de chevaux, mulets et gros bétail, moutons, vers à soie. — Exploitations minérales. — Patrie du chevalier d'Assas, qui, tombé dans une embuscade et menacé de mort s'il disait une parole, s'écria : « A moi, Auvergne, voilà l'ennemi ! »

GARDE, s. m. Celui qui est préposé à la surveillance de quelqu'un ou de quelque chose. Ce mot entre dans la composition d'un grand nombre de mots, qui sont en général trop connus pour avoir besoin d'être expliqués ici : garde-barrière, garde-magasin, garde-malade, garde-frein, garde-fou, etc. Nous ferons seulement remarquer, que la plupart des grammairiens ont adopté, pour le pluriel de ce nom, la règle suivante : le mot garde prend toujours l'*s* au pluriel lorsqu'il désigne des individus préposés à une garde quelconque : des gardes-malades, des gardes-magasins, etc. Dans le cas contraire, il est invariable : des garde-fous, des garde-feux, des garde-crotte, etc.

Gardes d'artillerie. Cette dénomination, qui servait à désigner autrefois un corps d'employés militaires attaché au service de l'artillerie, a été changée par la loi du 2 juillet 1900.

Ce personnel est désigné aujourd'hui sous le nom « d'officiers d'administration du service de l'artillerie ». Il est assimilé. (V. *Assimilation.*)

Garde d'écurie. Les articles 185 et suivants du règlement sur le service intérieur tracent les devoirs du gendarme qui est commandé de garde d'écurie. Il est responsable des ustensiles et des objets qui lui sont confiés : il doit entretenir dans l'écurie la plus grande propreté, surveiller attentivement les chevaux, empêcher de fumer, ouvrir les fenêtres en évitant d'établir des courants d'air, et, en cas d'accidents ou d'indisposition subite survenus aux chevaux, prévenir immédiatement le chef de brigade. L'usage des allumettes amorphes est seul autorisé dans les casernes. (Serv. int., art. 137.)

Garde-chiourme. Celui qui est chargé de surveiller les forçats. Les gardes-chiourmes sont supprimés et remplacés par les surveillants militaires.

Garde champêtre. La loi du 28 septembre-6 octobre 1791 définit le garde champêtre un fonctionnaire chargé « *d'assurer les propriétés et de veiller à la conservation des récoltes* ». Ceux qui désirent être nommés gardes champêtres doivent avoir 25 ans au moins et 45 ans au plus ; ils doivent avoir une excellente conduite et savoir lire et écrire. Ils sont nommés par le préfet et ne peuvent être révoqués que par lui ; mais ils peuvent être suspendus par le maire. Avant d'entrer en fonctions, ils prêtent devant le juge de paix du canton un serment professionnel. Le décr. du 1er mars 1854 (art. 641 et suivants) les place sous la surveillance de la gendarmerie, qui doit s'assurer, dans ses tournées, s'ils remplissent bien leurs fonctions, et, dans les cas urgents, les commandants de brigade et les commandants d'arrondissement peuvent requérir les gardes champêtres de leurs circonscriptions respectives. Les gardes champêtres reçoivent des maires les signalements des individus qui doivent être arrêtés, et ils doivent informer l'autorité municipale de tous les délits dont ils ont connaissance et de tous les faits qui peuvent porter atteinte à la tranquillité publique. Enfin, l'article 1er du décret du 11 juin 1806 leur prescrit de se présenter devant l'officier ou le sous-officier de gendarmerie dans les huit jours de leur prestation de serment, afin de leur faire connaître leurs nom, âge et domicile. Les gardes champêtres ne peuvent porter des armes qu'avec l'autorisation du préfet; ils doivent porter au bras une plaque indiquant leur nom, celui de leur commune et le mot *La Loi*. (Loi du 6 octobre 1791.) Les gardes champêtres peuvent être considérés sous trois rapports différents : 1° comme officiers de police judiciaire; 2° comme agents de la force publique; 3° comme agents et auxiliaires de l'administration municipale.

Les gardes champêtres et les gardes forestiers, *considérés comme officiers de police judiciaire*, sont chargés de rechercher, chacun dans le territoire pour lequel ils auront été assermentés, les délits et les contraventions de police qui auront porté atteinte aux propriétés rurales et forestières. Ils dresseront des procès-verbaux à l'effet de constater la nature, les circonstances, le temps, le lieu des délits et des contraventions, ainsi que les preuves et les indices qu'ils auront pu recueillir. Ils suivront les choses enlevées dans les lieux où elles auront été transportés et les mettront en séquestre; ils ne pourront néanmoins s'introduire dans les maisons, ateliers, bâtiments, cours adjacentes et enclos, si ce n'est en presence soit du juge de paix, soit de son suppléant, soit du commissaire de police, soit du maire du lieu, soit de son adjoint; et le procès-verbal qui devra en être dressé sera signé par celui en présence duquel il aura été fait. Ils arrêteront et conduiront devant le juge de paix ou devant le maire tout individu qu'ils auront surpris en flagrant délit ou qui sera dénoncé par la clameur publique, lorsque ce délit emportera la peine d'emprisonnement ou une peine plus grave. Ils se feront donner, pour cet effet, main-forte par le maire ou par l'adjoint du maire du lieu, qui ne pourra s'y refuser. (C. d'instr. crim., art. 16.) Tels sont, bien définis par la loi, les attributions et les pouvoirs des gardes champêtres comme officiers de police judiciaire : ils exercent la police spéciale des campagnes et ils doivent surveiller les nombreux délits et contraventions qui peuvent porter atteinte à la propriété rurale. En outre, la loi du 24 juillet 1867 leur confère, dans son article 20, le droit de rechercher les contraventions aux règlements de police municipale et de dresser des procès-verbaux pour constater ces contraventions. Mais il faut bien remarquer qu'ils ne peuvent constater que les contraventions qui ont fait l'objet d'un arrêté municipal et qu'ils sont sans qualité pour constater les contraventions urbaines prévues soit par le Code, soit par des lois spéciales : ainsi, par exemple, un garde champêtre ne pourrait pas constater les contraventions résultant d'un embarras de la voie publique prévues par l'article 471, n° 4, du Code pénal. (Arrêt de la Cour de cassation du 1er mai 1868.)

Certaines lois confèrent aux gardes champêtres des attributions spéciales; ainsi, ils ont le droit de constater les contraventions en matière de grande voirie. (Art. 3 du décr. du 16 décembre 1881) et celles à la loi sur l'ivresse; de constater les délits relatifs au colportage frauduleux des tabacs et des cartes à jouer et de constituer prisonniers les fraudeurs et les colporteurs (Loi du 28 avril 1816, art. 169 et 233); de rechercher les fabrications clandestines de sel (Ordonn. du 19 mars 1817, art. 7), enfin de constater tous les délits commis en matière de chasse et de pêche. — Les gardes champêtres doivent constater ou faire constater par écrit toutes les contraventions et tous les délits dont ils ont connaissance : l'obligation est formelle, et, si le procès-verbal dressé par le garde ne peut faire foi en justice, ce fonctionnaire peut toujours être appelé comme témoin.

Considérés comme *agents de la force publique*, les gardes champêtres, sauf le cas de flagrant délit, ne peuvent agir que sur les réquisitions des autorités sous la direction desquelles ils sont placés.

Enfin, comme *agents et auxiliaires de l'autorité municipale*, les gardes champêtres doivent avertir les maires de tous les faits qui seraient de nature à compromettre l'ordre public, et ils doivent veiller à l'exécution de tous les arrêtés et règlements municipaux.

Les gardes champêtres communaux mentionnés au tableau B de la loi du

15 juillet 1889 sont dispensés d'office des périodes d'exercices ou de manœuvres auxquelles ils sont astreints. (Instr. du 28 décembre 1895, art. 250.)

Garde civile du Tonkin et de l'Annam. Corps de police indigène spécialement affecté à la garde des résidences des gouverneurs de province, des prisons, des édifices, à la poursuite des malfaiteurs, etc. Les sous-officiers en activité de service, ceux qui appartiennent à la réserve ou qui sont libérés définitivement, peuvent être nommés gardes principaux. L'organisation, le recrutement, l'avancement, les récompenses, la solde et la retraite sont réglementés par le décret du 9 janvier 1895. La tenue est décrite par l'arrêté du 13 juin 1890.

Gardes forestiers. Les gardes forestiers sont des agents préposés à la surveillance des bois et des forêts : étant appelés à concourir, au besoin, avec la gendarmerie pour le maintien de l'ordre et la tranquillité publique, et les brigades de la gendarmerie devant les seconder et leur prêter main-forte pour la répression des délits forestiers, les inspecteurs ou sous-inspecteurs des eaux et forêts et les commandants de la gendarmerie se donnent réciproquement connaissance des lieux de résidence des gardes forestiers et des brigades et postes de gendarmerie, pour assurer de concert l'exécution des mesures et des réquisitions, toutes les fois qu'ils doivent agir simultanément. (Décr. du 1er mars 1854, art. 640.)

Les gardes forestiers prennent les noms de gardes domaniaux, gardes communaux ou gardes particuliers, suivant qu'ils sont chargés de la surveillance des bois de l'Etat, des communes ou des particuliers. Il y a encore des gardes mixtes chargés à la fois de la surveillance des bois appartenant à l'Etat et aux communes. La moitié des emplois des gardes domaniaux et mixtes est donnée aux fils d'agents forestiers ; l'autre moitié est donnée à d'anciens militaires. Les emplois des gardes communaux sont également réservés, jusqu'à concurrence des 3/4 des vacances, à d'anciens militaires. Les gardes domaniaux et mixtes sont nommés par le directeur général des forêts et commissionnés par lui. Les gardes communaux sont nommés par le préfet, sur la proposition du conservateur. Enfin, les gardes particuliers sont nommés par le propriétaire, mais ils doivent être agréés par le sous-préfet et prêter serment, avant d'entrer en fonctions, devant le juge de paix du canton. (C. F., art. 95 et suivants.) Les gardes particuliers comme les gardes champêtres et les gardes forestiers, sont officiers de police judiciaire suivant les articles 9 et 20 du Code d'instruction criminelle ; mais ils ne sont pas officiers de police judiciaire auxiliaires du procureur de la République, et ils ne peuvent, en aucun cas, même en flagrant délit, commencer une instruction judiciaire.

Garde-port. Agent établi pour la police des ports sur les rivières navigables ou flottables. Ces agents sont nommés et commissionnés par le Ministre des travaux publics.

Garde-pêche. Agent chargé spécialement de rechercher et de constater les délits de pêche dans l'arrondissement du tribunal près duquel il est assermenté. Ces agents sont nommés par le Ministre des travaux publics.

Garde des sceaux. On donne ce titre au Ministre de la justice.

GARDE, s. f. Le mot garde employé au féminin signifie la surveillance qu'on exerce dans un but de protection ou de défense. Il signifie aussi un corps de troupe chargé d'un service spécial : garde impériale, garde royale, garde nationale, garde républicaine.

Garde des voies de communication. Ce service, qui a pour but d'assurer en temps de guerre la protection de toutes les voies de communication, est organisé dans chaque subdivision par le général commandant. Le concours de la gendarmerie peut être très utile pour la surveillance de cet important service, qui est confié à des hommes de la réserve de l'armée territoriale. (V. *Communication.*)

La **garde républicaine** est un régiment de gendarmerie caserné à Paris et dont le personnel est soumis aux règles établies pour la police et la discipline de la gendarmerie dont il fait partie intégrante. La force de ce régiment est de 3 bataillons à 4 compagnies chacun et 4 escadrons de cavalerie. La garde républicaine étant spécialement chargée du service de surveillance de la capitale, est placée, pour l'exécution de ce service, sous la direction du préfet de police. Le Ministre de l'intérieur est consulté pour les nominations aux divers grades et emplois d'officiers vacants dans ce corps. Le Ministre de la guerre lui communique les noms des candidats qu'il doit présenter au choix du Président de la République, mais le rôle du Ministre de l'intérieur se borne à donner son avis. (Décr. du 1er mars 1854, art. 67.)

Dans un sens particulier, le mot garde signifie le service que font des soldats pour veiller à la sûreté d'une personne, à la conservation d'un monument, à la sûreté d'un camp ; corps de garde, monter la garde, descendre la garde, relever la garde, sont des expressions connues de tous.

La grand'garde est un détachement de soldats placés en avant des camps ou des bivouacs et destinés à assurer le service de surveillance et à couvrir, en avant des troupes, une certaine étendue de terrain.

On donne le nom de garde à la partie d'une arme blanche qui sépare la poignée de la lame et qui est destinée à protéger la main et à l'empêcher de glisser le long de la lame.

GARDIEN, s. m. Personne qui a la garde de quelqu'un ou de quelque chose. Il existe dans toutes les prisons un gardien-chef qui est chargé de diriger et de surveiller les détails du service.

Gardien de batterie. Sous-officier d'artillerie ayant rang d'adjudant, chargé principalement de la garde du matériel dans les places fortes.

Gardien de la paix. C'est le nom actuel des sergents de ville ou agents municipaux de la sécurité publique de Paris. Ils sont nommés par le préfet de police, et ils sont organisés militairement.

GARE, s. f. Lieu d'embarquement et de débarquement des voyageurs et des marchandises sur les chemins de fer. Service dans les gares. (V. *Chemins de fer.*)

Il existe dans un certain nombre de gares des *commissions de gare* destinées à opérer en temps de guerre; leur organisation et leur fonctionnement sont décrits dans l'instruction du 30 juin 1900.

GARENNE, s. f. Endroit où l'on a placé des lapins et où ils vivent et se propagent en liberté.

GARGOUSSE, s. f. Sac en papier, en parchemin ou en tissu de laine, dans lequel on enferme la charge d'une bouche à feu.

GARNISAIRE, s. m. Individu que le contribuable en retard était autrefois obligé de recevoir chez lui et de nourrir pendant un certain temps, en lui donnant en outre un traitement déterminé. L'usage d'imposer des garnisaires n'existe plus depuis longtemps. La loi du 9 février 1877 a abrogé (art. 1er) les dispositions de l'article 3 de la loi du 17 brumaire an V, en ce qui concerne le mode de poursuites par voie de garnison individuelle, et a prescrit (art. 2) que le mode de poursuites désigné sous la dénomination de garnison collective prendra celle de *sommation avec frais.*

GARNISON, s. f. Ville ou place occupée par des troupes. Se dit aussi des troupes qui occupent une ville ou une place. — Le gouverneur d'une place en état de guerre fixe autour d'elle, et, quand il y a lieu, autour de chacun des forts, camps et cantonnements qui en dépendent, les limites d'une zone que les soldats ne peuvent dépasser sans autorisation. Il leur en est donné connaissance par la voie de l'ordre et par des consignes affichées dans les quartiers. — L'étendue de chacune de ces zones, qui a dû être étudiée à l'avance par le gouverneur désigné, est déterminée en tenant compte des circonstances et des localités. Les limites sont marquées, autant que possible, par des objets faciles à reconnaître, et, au besoin, par des bornes ou poteaux plantés sur les routes, chemins, sentiers, etc., portant l'inscription : « Limites de la garnison. » (Décr. du 4 octobre 1891 art. 182.)

GARONNE (HAUTE-) (Département). Populat., 448,481 habitants, 4 arrondissements, 39 cantons (17e corps d'armée, 17e légion de gendarmerie), chef-lieu Toulouse, 149,791 habit., à 669 kilomètres S. de Paris, sur la Garonne. S. P. : Muret, Saint-Gaudens, Villefranche. Département frontière. Pays entrecoupé par des coteaux et appuyé au sud à la partie culminante des Pyrénées. Agricole, culture avancée. Elève de bétail, mulets, vers à soie, volailles. Source salée à Saliés ; eaux minérales à Bagnères-de-Luchon et à Encause ; carrières de marbre blanc à Saint-Béat. — Patrie du maréchal Niel.

GAZON, s. m. Ce mot s'emploie pour désigner l'herbe peu élevée qui garnit un terrain. L'enlèvement du gazon dans les forêts est puni par le Code forestier (Art. 57 et 144) d'une amende qui varie suivant la quantité enlevée. — L'enlèvement des gazons sur les chemins publics est puni d'une amende de 11 à 15 francs et, en cas de récidive, d'un emprisonnement de cinq jours. (C. P., art. 479, n° 12.)

GENDARME, s. m. Soldat faisant partie d'un corps spécial qui est chargé de veiller à la sûreté et à la tranquillité publiques, de protéger la liberté de tous les citoyens et de prêter main-forte aux autorités civiles et judiciaires. — Les qualités morales et physiques que doit posséder un gendarme sont nombreuses, et ses obligations, qui sont des plus importantes, sont tracées par les lois et les règlements spéciaux. — L'étude de ses devoirs et de ses droits doit être la préoccupation constante du gendarme, qui n'est véritablement digne de ce nom que lorsqu'il connaît parfaitement les uns et les autres. La tâche qu'il a à remplir est lourde, mais elle est glorieuse, car elle permet de faire preuve chaque jour de courage, de sagesse, d'abnégation et de dévouement. — Nous citerons ici, sans commentaires, quelques lignes du général Ambert, ancien inspecteur de l'arme : « Le gendarme, a-t-il dit, est l'expression la plus complète, la plus éloquente, la plus vraie du dévouement, du sacrifice tels qu'ils sont définis par la religion. Le gendarme est l'héritier direct des ordres de chevalerie nés au XIIe siècle. Les chevaliers disaient : « Mourir pour la » foi et défendre les faibles. » Le gendarme dit : « Mourir pour la loi et dé- » fendre la justice. » Leurs casernes sont de petits monastères où se conserve pure la religion du devoir. Au milieu de notre civilisation moderne, l'homme le plus digne de respect est le gendarme, parce qu'il est la sentinelle de la loi. Au milieu de notre armée, si brave, l'homme le plus courageux est le gendarme, parce que son ennemi est invisible, et qu'il est intrépide dans les ténèbres comme au soleil. Au milieu de notre magistrature si vigilante, l'homme le plus clairvoyant est le gendarme, car il voit tout quand tout se cache de lui. Au milieu de nos campagnards si vigoureux, l'homme le plus fort est le gendarme, car, dans le danger, tous l'appellent à leur secours. Pardonnez, hommes simples qui n'avez pas même le secret de votre grandeur... Je ne passe jamais devant vos maisons sans lire au frontispice ces mots mystérieux, invisibles, mais que vous y avez gravés par votre vie entière : « *Sans peur et sans reproche.* »

Elèves gendarmes. Supprimés en 1892, ils ont été rétablis en 1896. (V. *Admission.*)

GENDARMERIE, s. f. La gendarmerie est une force instituée pour veiller à la sûreté publique et pour assurer le maintien de l'ordre et l'exécution des lois. — Une surveillance continue et répressive constitue l'essence de son service. Son action s'exerce dans toute l'étendue du territoire continental et colonial de la République, ainsi que dans les camps et armées. (Décr. du 1er mars 1854, art. 1er.) — Le corps de la gendarmerie est une des parties intégrantes de l'armée ; les dispositions générales des lois militaires lui sont applicables, sauf les modifications et les exceptions que son organisation et la nature mixte de son service rendent indispensables. (Décr. du 1er mars 1854, art. 2.) Le corps de la gendarmerie prend rang dans l'armée à la droite de toutes les troupes de ligne. (Décr. du 4 octobre 1891, art. 250.) — En raison de la nature mixte de son service, la gendarmerie se trouve placée dans les attributions des Ministres de la guerre, de l'intérieur, de la justice, de la marine et des colonies. (Décr. du 1er mars 1854, art. 5.)

La gendarmerie de Tunisie se compose d'une compagnie commandée par un chef d'escadron, ayant sous ses ordres un capitaine, un lieutenant et un lieutenant trésorier.

La **gendarmerie coloniale** se compose de six compagnies placées à la Martinique, à la Guadeloupe, à l'île de la Réunion, à la Nouvelle-Calédonie, dans l'Indo-Chine et à Madagascar; elles sont commandées par des chefs d'escadron. Il y a, en outre, des détachements : à la Guyane, sous les ordres d'un capitaine; à Tahiti et en Crète, sous les ordres d'un lieutenant; aux îles Saint-Pierre et Miquelon, sous les ordres d'un sous-officier, enfin au Sénégal, sous les ordres d'un maréchal des logis à pied.

La **gendarmerie maritime** est un corps affecté au service spécial des ports et des arsenaux. Il y a cinq compagnies, qui ont pour chefs-lieux Cherbourg, Brest, Lorient, Rochefort et Toulon.

Trompées par la similitude de nom, quelques personnes confondent à tort l'ancienne gendarmerie de France avec notre moderne gendarmerie. Les gendarmes d'autrefois étaient des cavaliers armés de toutes pièces et bardés de fer ainsi que leurs chevaux; ils formaient le premier corps de cavalerie; puis, à la création du corps de cavalerie spécialement attaché au service du roi, ils marchaient immédiatement après ces corps, dits de la Maison du Roi. « Le premier corps de la cavalerie réglée, dit le général Bardin, remonte à Charlemagne et prit le nom de gens d'armerie; les nobles seuls étaient admis dans ce corps. » La gendarmerie actuelle remonte plus haut; les Romains avaient, dans toute l'étendue de leur empire, des stations militaires qui, sous les ordres de magistrats, étaient chargées de poursuivre les voleurs et de réprimer le brigandage. — Dans les premières années de la monarchie, des compagnies spéciales (compagnies d'ordonnance), composées d'hommes armés, étaient chargées, sous la direction des connétables, de poursuivre les malfaiteurs. L'histoire de ces compagnies est très obscure et on ne commence à connaître leurs obligations que sous Charles V; à cette époque (1373), elles ont quitté le nom de compagnies d'ordonnance pour prendre celui de maréchaussée; et ce nom leur avait été donné parce qu'elles étaient sous la direction immédiate des maréchaux de France. La maréchaussée subit à différentes reprises de nombreuses modifications, et enfin, le 22 septembre 1790, elle fut définitivement supprimée et remplacée. (Décr. de l'Assemblée constituante du 22 décembre 1790 et du 16 février 1791) par la gendarmerie nationale. Nous n'essaierons pas de faire ici un historique, même abrégé, de la gendarmerie, et nous renverrons nos lecteurs aux deux excellentes histoires de cette arme qui ont été faites par M. le général Lemaître et par M. l'intendant Lèques, et à l'esquisse historique de M. le colonel Delattre. La gendarmerie est divisée en 28 légions. (V. *Légion.*)

Effectif de la gendarmerie. (V. *Effectif.*)

GÉNÉRAL, s. m. Chef militaire qui commande une armée, un corps d'armée, une division, une brigade ou une arme spéciale. Le général de brigade commande deux régiments. Le général de division en commande quatre. Enfin chaque corps d'armée est commandé par un général de division qui porte le titre de général commandant le corps d'armée. La loi du 25 juillet 1893 fixe à 110 le nombre des généraux de division et à 220 le nombre des généraux de brigade. Les généraux de division qui ont atteint l'âge de 65 ans et les généraux de brigade qui ont accompli 62 ans passent dans la 2e section du cadre de l'état-major général.

Les rapports de la gendarmerie envers les généraux sont très importants et ils sont définis par de nombreux articles du décret du 1er mars 1854, dont nous allons donner le résumé. Les officiers de gendarmerie sont subordonnés aux généraux commandant les divisions et les subdivisions, et ils doivent leur envoyer, dans les cinq premiers jours de chaque mois, les états de situation numérique de la gendarmerie comprise dans l'étendue de leur commandement. Les généraux sont. en outre, informés de toutes les mutations qui surviennent parmi les officiers. (Art. 121.) — Chaque fois qu'un officier quitte sa résidence pour ses tournées ou pour jouir d'un congé, il doit informer le général commandant la subdivision du jour de son départ et de celui de sa rentrée. (Art. 123.) — Les généraux ne passent pas de revue de la gendarmerie. (Art. 124.)

Les chefs de légion informent les généraux en chef de tous les événements extraordinaires; ces mêmes rapports sont envoyés aux généraux commandant les subdivisions par les commandants de compagnie qui leur rendent compte journellement de toutes les arrestations militaires et de la surveillance exercée par la gendarmerie sur les troupes en marche. (Art. 126.) — Dans des cas extraordinaires, les généraux peuvent, sur la réquisition des préfets, ordonner la formation de détachements de gendarmerie. Dans ce cas, les ordres sont adressés directement, par écrit, aux officiers de gendarmerie. (Art. 129 et 130.) — Toutes les fois qu'un ordre adressé par ces généraux à un officier de gendarmerie paraît à celui-ci de nature à compromettre le service auquel ses subordonnés sont spécialement affectés, il est autorisé à faire des représentations motivées. Si le général croit devoir maintenir son ordre, l'officier de gendarmerie est tenu de l'exécuter; mais il en est rendu compte au Ministre de la guerre. (Art. 131.)

Les chefs de légion rendent compte au général commandant le corps d'armée, et les commandant de compagnie aux généraux commandant les subdivisions, des punitions de quinze jours d'arrêts simples, de quatre d'arrêts de rigueur ou de forteresse, ordonnées aux officiers sous leurs ordres, ainsi que des punitions de prison de huit jours et au-delà, infligées aux sous-officiers, brigadiers et gendarmes. (Serv. intérieur, art. 271.)

L'état des légionnaires et des médaillés décédés doit être envoyé, du 1er au 5 de chaque mois, par les commandants de compagnie aux généraux commandant les subdivisions. (Règl. sur le service intérieur, art. 16.) Les commandants de compagnie sont tenus de rendre compte au général commandant le corps d'armée du décès des officiers retraités dans les conditions de la loi du 29 juin 1878 et des événements graves pouvant les concerner, tels que délits, poursuites, condamnations, etc. — Ils envoient les mêmes comptes rendus pour les officiers de réserve et de l'armée territoriale de toute provenance. (Note minist. du 6 février 1889.) Les commandants de compagnie sont avisés par les soins des états-majors de corps d'armée des noms des officiers et assimilés dont il s'agit. Ils doivent également rendre compte du décès des adjudants retraités dans les conditions de la loi du 23 juillet 1881. (Circ. du 20 juillet 1882. V. instruction du 28 décembre 1898, art. 20 et suivants.)

Les honneurs à rendre aux généraux sont déterminés par les articles 266 et suivants du décret du 4 octobre 1891. — Les généraux de division ou de brigade, inspecteurs généraux de gendarmerie, ont droit à une escorte d'honneur de trois brigades de gendarmerie à cheval, commandées par un lieutenant. (Art. 297.) Tous les officiers et employés militaires de la garnison doivent une visite de corps aux généraux inspecteurs. Les inspecteurs généraux ont droit à deux sentinelles s'ils sont généraux de division et à une seule s'ils sont généraux de brigade. (Art. 253, 266 et 267.)

En terme militaire, battre *la générale* est une expression qui sert à désigner une batterie ou une sonnerie particulière qu'on emploie en cas d'alarme pour réunir les troupes. L'autorité militaire peut seule faire battre la générale; elle avertit toujours l'autorité civile. (Art. 170.)

GÉNIE, s. m. Esprit, talent, disposition naturelle exceptionnelle. — Un homme de génie. Avoir le génie de la peinture, de la sculpture, des affaires, etc. Ce mot s'emploie aussi pour désigner la science des ingénieurs ; le génie civil s'occupe de la construction des routes, des ponts, des chemins de fer, etc. Le génie maritime construit les navires. Le génie militaire élève des places fortes, bâtit les casernes et dirige les travaux des sièges soit pour l'attaque, soit pour la défense.

L'arme du génie comprend 7 régiments casernés à Versailles, Toul, Montpellier, Arras, Grenoble, Angers et Avignon. Chaque régiment est à 3 bataillons de 4 compagnies; le 1er régiment a quatre bataillons; le cinquième régiment est dit régiment de sapeurs de chemins de fer : il comprend 3 bataillons à 4 compagnies et 1 compagnie de conducteurs. (Loi du 11 juillet 1889).

Une loi en date du 24 juillet 1900 a créé un bataillon de télégraphistes à six compagnies, qui est rattaché au 5e régiment du génie et qui est destiné à constituer l'école permanente de télégraphie militaire.

Les compagnies de sapeurs-mineurs affectées au service de l'aérostation sont également réunies en un bataillon, qui prend le nom de bataillon d'aérostiers. (Loi du 9 décembre 1900.)

Il y a en France 36 directions du génie : l'Algérie en a 3, la Tunisie 1, l'Indo-Chine 1; à la tête de chacune de ces directions se trouve un colonel ou un lieutenant-colonel directeur. Les officiers d'administration du service du génie forment un corps d'employés militaires assermentés, se recrutant exclusivement parmi les sous-officiers des troupes de l'arme qui remplissent certaines conditions. Ils ont rang d'officier, et sont assimilés. (V. *Assimilation.*)

Les sapeurs du génie détachés sur le réseau des chemins de fer et qui rentrent à leur corps, soit volontairement, soit pour cause de renvoi, sont dirigés sur leur régiment d'origine avec une feuille de route qui leur est délivrée par les soins de la gendarmerie. (Circ. du 8 juin 1878.)

GÉOGRAPHIE, s. f. Science qui a pour but la description de la terre, des accidents naturels qui se trouvent à la surface et les divisions conventionnelles qui séparent les peuples.

GEOLIER, s. m. Concierge d'une prison. Les geôliers qui recevraient un prisonnier sans mandat ou jugement ou sans ordre provisoire du gouvernement seraient, comme coupables de détention arbitraire, punis de six mois à deux ans d'emprisonnement et d'une amende de 16 à 200 francs. (C. P. art. 120.)

La gendarmerie doit dresser procès-verbal contre tout gardien ou geôlier qui refuse l'ouverture des portes des prisons, des chambres des détenus à transférer, l'exhibition des registres d'écrou militaires et qui n'opère pas immédiatement la transcription des ordres de justice pour écrouer, mettre en liberté ou transférer des prisonniers. (Décr. du 1er mars 1854, art. 428.) — On donne le nom de geôle aux cellules des prisons et parfois aussi au logement du geôlier.

GÉOMÉTRIE, s. f. Science qui a pour objet d'étudier les propriétés des lignes et d'apprendre à mesurer les surfaces et les volumes des corps. — Le géomètre est celui qui s'occupe de géométrie.

GERS (Département). Populat., 238,448 habit., 5 arrondissements, 29 cantons (17e corps d'armée, 17e légion de gendarmerie), chef-lieu Auch, 14,782 habit., à 743 kil. S.-S.-O. de Paris, divisé en deux parties par le Gers. S.-P. : Condom, Lectoure Lombez, Mirande. — Département méditerrané. — Pays entièrement montagneux. — Agricole. — Elève de gros bétail, moutons, volailles, abeilles. — Patrie du maréchal de Termes, des généraux Espagne, Castex, d'Astorg, de l'amiral Villaret-Joyeuse et du maréchal Jean Lannes, duc de Montebello, tué à la bataille d'Essling.

GIBERNE, s. f. Petit coffret dans lequel les soldats mettent leurs munitions.

La description de la giberne-cartouchière se trouve dans l'instruction du 9 juin 1895, art. 56.)

Les adjudants de gendarmerie sont dispensés du port de la giberne. (Décis. du 8 novembre 1884, rappelée dans la description de l'uniforme du 11 août 1885.)

GIBIER, s. m. Animal que l'on chasse pour le manger. Lorsque le gibier a été tué dans un terrain non clos, il appartient au chasseur; s'il a été tué dans un parc ou dans un endroit clos, il appartient au propriétaire du terrain. La vente et le transport du gibier sont interdits pendant la fermeture de la chasse; mais cette prohibition n'existe pas pendant le temps où la chasse est momentanément interdite, c'est-à-dire en temps de neige. Une circulaire du Ministre de l'intérieur, en date du 7 juin 1881, a décidé que le sanglier ne serait plus considéré comme gibier et pourrait être transporté sans autorisation et sans certificat de provenance. Lorsque la chasse est fermée, les préfets peuvent autoriser le transport du gibier vivant lorsqu'il est destiné à la reproduction.

Le gibier ne doit jamais être saisi sur le chasseur; il ne doit être saisi que dans les lieux ouverts au public. Dans les gares, les gendarmes ont le droit de visiter les paniers transportés par les personnes ou déposés aux bagages, pour s'assurer qu'ils ne renferment pas de gibier transporté en délit.

Le Ministre de l'intérieur, consulté sur la question de savoir si le transport et le colportage du gibier devaient cesser le lendemain même de la chasse, répond, à la date du 22 juillet 1851 : « que l'administration, sans en faire une mention dans ses arrêtés, peut accorder une tolérance d'un ou de deux jours pour faciliter l'écoulement du gibier tué en temps permis ». Si donc cette tolérance n'a pas été accordée, la gendarmerie doit dresser procès-verbal pour tout transport du gibier dès le lendemain de la clôture de la chasse. (V. *Chasse*.) — La vente du gibier provenant de pays étrangers est permise pendant le temps où la chasse est prohibée, à la condition que le gibier soit revêtu de l'estampille de la douane. (Circ. du Ministre de l'intérieur en date du 25 mai 1883. — V. en outre, les circulaires que le Ministre de l'intérieur a adressées aux préfets sous la date des 22 janvier 1887 et 31 janvier 1888, et relatives à la vente et à l'importation du gibier.)

La jurisprudence a décidé que celui qui trouve du gibier mort dans un champ et qui se l'approprie ne commet pas de délit de chasse. — Celui qui s'approprie du gibier mort pris dans un collet ne se rend pas complice d'un délit de chasse si l'auteur de la tendue était inconnu de lui.

Les dommages causés aux récoltes par le gibier peuvent être l'objet de demandes de réparations qui sont portées devant le juge de paix si la demande n'excède pas trois cents francs. (V. la loi du 19 avril 1901.)

GIRONDE (Département). Populat., 821,131 habit., 6 arrondissements, 48 cantons (18e corps d'armée, 18e légion de gendarmerie), chef-lieu, Bordeaux, 256,638 habit., à 573 kil. S.-O. ds Paris, sur la Garonne S.-P. : Bazas, Blaye, Lesparre, Libourne, La Réole. — Département maritime. — Pays bas et plat. — Agricole. — Elève de gros bétail, moutons et chevaux. — La principale richesse du département consiste dans ses vins dits de Bordeaux (vins du Médoc, de Graves, de Saint-Emilion, etc.). — Patrie des généraux Nansouty et Faucher.

GLACE, s. f. Eau devenue solide à la suite d'un abaissement de température. Lorsqu'on veut traverser une rivière gelée, il faut que la glace ait au moins $0^m,08$ d'épaisseur pour pouvoir faire passer l'infanterie en files, et $0^m,12$ pour la cavalerie et l'artillerie de campagne traînée à bras; pour l'artillerie de campagne attelée, il faut $0^m,16$. Pour empêcher les chevaux de glisser sur la glace, on adapte aux fers des crampons particuliers. Les chevaux sont dits alors *ferrés à glace*. (V. *Ferrure*.)

GLACIS, s. m. Terrain en pente douce qui se trouve en avant de la contrescarpe des ouvrages de fortification. La forme donnée aux glacis permet aux défenseurs de bien découvrir la campagne en avant de la position.

GLANAGE, s. m. Action de ramasser les épis laissés dans un champ par un moissonneur lorsque la moisson est terminée. Le glanage, le râtelage (action de ramasser le foin après la récolte) et le grappillage (action de cueillir les grappillons de raisins et les fruits tels que noix, pommes, olives, châtaignes oubliées sur les arbres, la récolte terminée) sont autorisés pour les vieillards, les infirmes et les enfants. Cette loi, établie en France en 1550, sous Henri II, n'est pas abrogée, et l'article 471, n° 10, du Code pénal, punit d'une amende de 1 à 5 francs et, suivant les circonstances, d'un emprisonnement de 3 jours (C. P., art. 473) ceux qui auront glané, râtelé ou grappillé dans les champs non encore entièrement dépouillés et vidés de leurs récoltes, ou avant le moment du lever ou après celui du coucher du soleil. (V. la loi du 21 juin 1898 sur le Code rural.)

GLAND, s. m. Fruit du chêne. Les articles 57 et 144 du Code forestier interdisent l'enlèvement des glands dans les bois et forêts; l'amende varie suivant la quantité enlevée.

GLU, s. f. Matière visqueuse et tenace dont on enduit de petits bâtons qu'on appelle gluaux, et dont on se sert pour prendre les oiseaux. — La chasse à la glu est interdite.

GOURME, s. f. La gourme est une maladie des humeurs dont les causes ne sont pas encore parfaitement définies et qui attaque en grande partie les jeunes chevaux. Elle est caractérisée par l'engorgement du ganglion de l'auge, une déglutition pénible et, au bout de quelques jours, un liquide jaunâtre s'écoulant par les naseaux. Cette inflammation des muqueuses s'étend parfois jusqu'aux bronches, et la maladie peut alors devenir très sérieuse. Bien que les vétérinaires ne soient pas tous d'accord sur la contagion de la gourme, il est toujours prudent de mettre à part le cheval qui en est atteint. — Contrairement à l'opinion générale, tous les chevaux ne sont pas nécessairement, un jour ou l'autre, affectés de cette maladie, et certains chevaux peuvent l'avoir plusieurs fois.

GOUVERNEMENT, s. m. Ensemble des lois qui régissent un pays: le gouvernement républicain, le gouvernement impérial. Ce mot s'emploie aussi pour désigner l'ensemble des hommes qui gouvernent : le gouvernement a adopté cette loi. Enfin il signifie le territoire qui est placé sous l'autorité d'un gouverneur. Il y a en France deux grands gouvernements militaires qui ont leur siège à Paris et à Lyon; les généraux en chef placés à la tête de ces gouvernements ont le titre de gouverneur militaire. (Décr. du 29 septembre 1873.) — A la tête de chacune de nos colonies se trouve un fonctionnaire civil ou militaire qui porte également le titre de gouverneur.

Un décret, en date du 9 novembre 1901, règle les rapports qui doivent exister entre le gouverneur et le commandant supérieur des troupes.

GRACE, s. f. En jurisprudence, ce mot signifie remise à un criminel de tout ou partie de la peine à laquelle il a été condamné. — L'Assemblée nationale a délégué le pouvoir de faire grâce au Président de la République. (Loi du 17 juin 1871, art. 2.) (V. *Amnistie* et *Réhabilitation*.) — Les individus condamnés pour vagabondage pourront être graciés de leur peine s'ils sont réclamés par délibération du conseil municipal de la commune où ils sont nés. (C. P., art. 273.) — Enfin, dans certains cas, la loi elle-même prononce la grâce; ainsi les gardiens ou conducteurs condamnés comme coupables de négligence dans l'évasion d'un prisonnier sont graciés lorsque l'évadé a été repris dans le délai de quatre mois après l'évasion.

GRADE, s. m. Chacun des divers degrés de la hiérarchie militaire. Le grade est conféré aux officiers par le Président de la République; il constitue l'état de l'officier et il ne peut être perdu que pour l'une des causes énumérées dans l'article 1er de la loi du 19 mai 1834. (V. *Etat*.)

Les divers grades dans l'armée française sont: caporal ou brigadier, sous-officier (sergent ou maréchal des logis), sous-lieutenant, lieutenant, capitaine, chef de bataillon ou d'escadrons, lieutenant-colonel, colonel, général de brigade, général de division, maréchal de France. — Les mots caporal ou brigadier fourrier, sergent fourrier, maréchal des logis fourrier, sergent-major, maréchal des logis chef, capitaine adjudant-major, major, ne servent pas à désigner des grades, mais des fonctions.

Les insignes d'un nouveau grade peuvent être portés dès que le décret de promotion a paru au *Journal officiel*. (Service intérieur, art. 223.) A partir de ce moment et jusqu'à la réception de sa lettre de service, l'officier promu doit concourir, le cas échéant, au titre de son nouveau grade, pour les désignations l'appelant, par exemple, à faire partie d'un conseil d'enquête. Mais il doit continuer à assurer le service dont il était chargé avant sa promotion jusqu'à ce qu'il soit rayé des contrôles, au moment de la réception de sa nouvelle lettre de service. (Note minist. du 24 avril 1895.)

Dans la marine, la hiérarchie est ainsi fixée : quartier-maître, second maître, premier maître, aspirant, enseigne de vaisseau, lieutenant de vaisseau, capitaine de frégate, capitaine de vaisseau, contre-amiral, vice-amiral, amiral.

GRAIN, s. m. Ce mot s'emploie spécialement pour désigner le fruit, la semence des céréales (blé, avoine, seigle, orge, etc.) Il ne faut pas confondre le grain avec la graine : le grain de blé donne naissance à des grains de blé, tandis que la graine de chou ne donne pas naissance à des grains, mais à une plante qui sert de nourriture. — La circulation des grains en France est libre et exempte de tous droits. En terme de marine, on appelle grain un changement rapide et momentané dans l'atmosphère, caractérisé par des tourbillons de vent et par de violentes bourrasques. Pillage des grains. (V. *Pillage*.)

GRAMMONT (DE). Général français qui a proposé et fait voter à la Chambre, le 2 juillet 1850, la loi protectrice des animaux, qu'on appelle souvent la loi Grammont. D'après cette loi, les mauvais traitements envers les animaux domestiques sont punis d'une amende de 5 à 15 francs et d'un emprisonnement de 1 à 5 jours. En cas de récidive, l'emprisonnement est obligatoire.

GRATIFICATION, s. f. En administration, la gratification est une somme donnée en sus du traitement fixe.

Gratification temporaire. Les sous-officiers, brigadiers et gendarmes atteints d'infirmités incurables contractées dans le service, mais qui ne sont pas dans les catégories donnant droit à la pension de retraite, peuvent être proposés pour une gratification temporaire de réforme égale aux deux tiers du minimum de la pension de leur grade, et payée pendant un nombre d'années égal à la moitié des services accomplis. (Art. 39 du décr. du 1er mars 1854 et art. 146 du décret du 29 mai 1890.) Le taux de la gratification temporaire est actuellement de :

	fr.
Adjudant	670
Maréchal des logis chef	600
Maréchal des logis	535
Brigadier	470
Gendarme	400

(Décis. minist. du 7 juin 1883.)

Pour faciliter l'application des dispositions qui précèdent, tout accident grave et de nature à altérer la santé ou à compromettre l'activité d'un officier, sous-officier, brigadier ou gendarme, survenu dans un service commandé, doit être constaté immédiatement par un procès-verbal régulier appuyé de certificats d'officiers de santé, indiquant la nature et l'origine de l'accident. (Art. 40 du décr. du 1er mars 1854.) Il est rendu compte au Ministre des accidents de nature à altérer la santé et à compromettre l'activité des militaires de la gendarmerie. (Circ. du 19 août 1878.)

Gratification renouvelable. La décision impériale du 3 janvier 1857, notifiée le 26 du même mois, accorde aux sous-officiers, caporaux ou brigadiers et soldats réformés pour blessures ou infirmités contractées au service, lorsqu'ils n'ont pas droit à une pension de retraite, une gratification de réforme renouvelable tant que dure pour eux la difficulté de se livrer au travail, par suite de blessures ou d'infirmités qui ont motivé leur réforme, pourvu que celle-ci ait eu lieu par congé n° 1. (Circ. du 24 décembre 1864 et instr. minist. du 6 novembre 1875.) Les titulaires de ces gratifications subissent tous les deux ans une visite médicale qui a lieu lors de la tournée de revision. Après cette visite, la commission de réforme, composée du général, du capitaine de gendarmerie et du médecin militaire, décide si la gratification doit être ou non renouvelée. Les mémoires individuels de proposition sont transmis au Ministre par le général commandant le corps d'armée et sont accompagnés des procès-verbaux d'examen et de vérification (Note minist. du 2 décembre 1886); de l'avis motivé de la commission spéciale de réforme au sujet du droit à la gratification (Art. 14 de l'instr. du 6 novembre 1875); du certificat d'origine des blessures ou infirmités, de l'extrait d'acte de naissance et de l'état des services. (Instr. des 4 mars 1878 et 27 août 1886.) Le militaire réformé attend à son corps la notification de la gratification qui lui est accordée. La quotité de la gratification de réforme renouvelable ou permanente est fixée comme il suit, par la décision présidentielle du 26 avril 1900.

	fr.
Adjudants	500
Sergents-majors et maréchaux des logis chefs	450
Sergents et maréchaux des logis	400
Caporaux ou brigadiers	350
Soldats	300

Le paiement de la gratification a lieu par semestre et d'avance sur mandat délivré par le sous-intendant militaire. L'entrée en jouissance date du premier jour du semestre dans lequel la réforme a été prononcée. Si, en raison de l'aggravation des blessures ou infirmités, un militaire réformé est dans le cas de faire valoir ses droits à une pension de retraite, la demande doit être faite dans un délai de cinq ans, qui court du jour de la cessation de l'activité. (Art. 3 du décr. du 15 mai 1889.) La demande en liquidation de pension est adressée directement au Ministre de la guerre.

Les militaires de la gendarmerie reformés avec une gratification temporaire peuvent, à l'expiration de celle-ci, recevoir une gratification renouvelable. (Instr. des 27 février 1877, 26 janvier 1895 et 23 mars 1897.)

Tous les deux ans, les militaires qui reçoivent une gratification renouvelable sont astreints de faire constater leur état physique devant les conseils de revision, lors des tournées cantonales. (Instr. du 30 septembre 1897.) Enfin, la gratification renouvelable peut être convertie en gratification permanente si l'infirmité est jugée incurable.

La gratification de réforme (renouvelable ou permanente), n'est pas cumulable avec le traitement d'un emploi conduisant à pension dans les conditions des lois des 11 et 18 avril 1831 et peut être retirée soit pour guérison constatée, soit pour inconduite ou faute grave.

Une instruction ministérielle, en date du 3 avril 1900, modifie ainsi qu'il suit l'article 148 de l'instruction du 23 mars 1897 relatif à la suppression d'une gratification de réforme en cas d'indignité.

La jouissance de la gratification peut être suspendue ou supprimée pour condamnation, fautes graves, inconduite ou indignité.

A cet effet, dans chaque département, le sous-intendant chargé du service des gratifications de réforme remet à la gendarmerie la liste par arrondissement des titulaires de l'allocation. Cette liste est constamment tenue à jour par la notification immédiate des nouvelles admissions ainsi que des mutations.

Sans qu'il y ait lieu de procéder à des enquêtes périodiques, toutes les fois que la gendarmerie a connaissance qu'un gratifié est l'objet de poursuites judiciaires, ou se trouve dans un cas d'indignité notoire, elle en informe le sous-intendant chargé du service. Celui-ci prend, s'il y a lieu, les mesures nécessaires pour être avisé du jugement à intervenir et en rend compte sans retard.

Le renseignement est transmis au Ministre par le général commandant le corps d'armée avec telle proposition qui est jugée convenable.

Les titulaires d'une gratification appelés à se présenter devant la commission voyagent en chemin de fer à prix réduit. (Circ. des 23 novembre 1883 et 12 février 1890.) Les sous-officiers, brigadiers et gendarmes ne peuvent pas être réformés avec une gratification temporaire avant d'avoir accompli le temps de service exigé par la loi sur le recrutement de l'armée; mais ils peuvent obtenir une gratification renouvelable, s'ils sont dans les conditions voulues. (Décis. présid. du 30 octobre 1852.) (V. *Commission de réforme spéciale.*)

Gratification pour bons services. Les sous-officiers, brigadiers et gendarmes qui, pour des faits ou services signalés, sont susceptibles d'obtenir des récompenses pécuniaires, reçoivent des gratifications sur un fonds spécial compris au budget de la gendarmerie. Cette disposition peut exceptionnellement être appliquée aux officiers, jusqu'au grade de capitaine inclusivement. Des gratifications sur le fonds spécial peuvent aussi être accordées aux militaires de la gendarmerie qui sont déplacés dans un but d'apaisement. (Circ. minist. des 4 avril 1878 et 8 mars 1880.) Les gratifications sont accordées par le Ministre de la guerre sur la proposition des chefs de corps ou de légion. (Annexe n° 3 du règl. du 30 décembre 1892.) — Il est formellement interdit à tout commandant de brigade d'accepter pour lui ou ses sous-ordres aucune espèce de rémunération offerte à l'occasion du service de la gendarmerie, soit par des administrations publiques ou particulières, soit par des propriétaires ou d'autres personnes privées. Cependant, si, à raison de services éminents rendus dans des cas exceptionnels, des gratifications sont offertes à une brigade, il en est rendu compte hiérarchiquement au chef de légion, qui prend les ordres du Ministre de la guerre. (Art. 158 du Service intérieur.) Il est permis toutefois de recevoir des compagnies d'assurances, des sociétés créées pour la répression du braconnage, ou autres, une médaille qui ne peut se porter; mais à la condition qu'il en soit rendu compte au Ministre et qu'elle soit remise aux militaires de l'arme par l'intermédiaire du chef de légion. (Serv. int., art. 158.)

Pour une belle action. Les militaires de la gendarmerie susceptibles d'être récompensés pour une belle action doivent être mis en demeure d'opter pour un diplôme, une médaille d'honneur ou pour une gratification. S'ils expriment leur préférence pour une gratification, cette dernière est allouée sur les fonds mis annuellement par les départements à la disposition des préfets. (Circ. du 6 décembre 1858.)

L'article 47 du Service intérieur fait remarquer, avec raison, qu'entre une récompense honorifique et une récompense pécuniaire, la première sera toujours pour un gendarme bien plus précieuse que la seconde.

Gratification aux veuves d'officiers ou aux orphelins. Dans le cas où un officier de gendarmerie vient à décéder laissant une veuve ou des orphelins sans ressources, il peut leur être alloué sur le fonds spécial, et par exception, une somme une fois payée dont la quotité est fixée par le Ministre. (Annexe n° 3 du règl. du 30 décembre 1892.) (V. *Secours aux veuves.*)

Gratification pour l'instruction. Des gratifications dont la quotité est fixée chaque année par les instructions sur les inspections générales sont accordées par le Ministre, sur la proposition des inspecteurs généraux, aux sous-officiers, brigadiers et gendarmes qui ont donné le plus de soins à l'instruction militaire et à la théorie sur les devoirs spéciaux de l'arme et à ceux qui se sont le plus distingués dans les exercices de tir. (Annexe n° 3 du règl. du 30 décembre 1892.)

Gratification aux maîtres et prévôts d'armes. L'inspecteur général accorde chaque année aux maîtres, prévôts et élèves prévôts d'escrime dans la garde républicaine des gratifications prélevées sur le fonds des écoles régimentaires. La moitié de ces gratifications doit être répartie entre les élèves prévôts qui ne reçoivent aucune indemnité mensuelle.

Aux veuves d'officiers et aux orphelins. (V. ce titre et le titre *Secours.*) — *Pour le tir à la cible.* (V. *tir à la cible.*) — *Aux vaguemestres.* (V. *Vaguemestre.*) — *En matière de chasse.* (V. *Chasse.*)

GRATTAGE, s. m. Action de gratter, d'effacer en enlevant la superficie du papier. Aucune pièce produite pour la justification des dépenses ne doit être grattée ni surchargée. Lorsqu'il y a lieu d'opérer une rectification, la partie à corriger est biffée au moyen d'un trait de plume et remplacée par l'énonciation exacte qui doit lui être substituée. (Art. 94 du règl. d'administr. du 3 avril 1869.) Les copies de documents certifiées par le Ministre de la guerre ou par les autorités militaires ne doivent contenir aucun grattage. (Décis. minist. du 9 février 1874.) Les grattages, surcharges ou ratures qu'il y aurait lieu de faire subir aux livrets par suite de rectifications ou de modifications apportées à la situation de l'homme doivent être l'objet du visa de l'autorité qui a autorisé la rature ou la surcharge. (Note minist. du 10 avril 1879.)

GRAVURE, s. f. Art de graver, c'est-à-dire de reproduire un dessin sur la pierre, sur le bois, sur des métaux. Par extension, on donne le nom de gravure aux empreintes que l'on prend des dessins gravés d'abord sur des matières dures. — La mise en vente, la distribution ou l'exposition de dessins, gravures, peintures, emblèmes ou images obscènes est punie d'un emprisonnement de 1 mois à 2 ans et d'une amende de 16 à 3,000 francs. (Loi du 3 août 1882.) (V. *Presse.*)

GRÈCE, s. f. La Grèce est un royaume qui se compose de la Grèce proprement dite et des îles Ioniennes. La superficie de ce pays est de 65,000 kilomètres carrés ; il renferme environ 2,200,000 habitants. — La Grèce proprement dite est bornée au nord par la Turquie ; à l'est, par l'Archipel ; au sud et à l'ouest, par la mer Ionienne. La capitale est Athènes (107,000 habitants) sur les bords de l'Ilissus. Le Pirée est le port d'Athènes. — Les autres villes principales sont : Lépante, à l'entrée du golfe du même nom ; Corinthe, près de l'isthme auquel elle donne son nom ; Navarin, grand port militaire dans lequel la flotte turco-égyptienne fut battue en 1827 par les flottes française, anglaise et russe. Les îles Ioniennes sont répandues le long des côtes ; la plus importante est Corfou. Les Cyclades, qui dépendent du royaume de Grèce, sont de petites îles très nombreuses situées dans l'Archipel. — L'armée grecque se recrute par voie de conscription : tous les Grecs âgés de 18 ans concourent à former le contingent, qui est fixé tous les ans par le parlement. — La durée du service est de 2 ans dans l'armée active, 8 ans dans la réserve, 10 ans dans l'armée territoriale et 10 ans dans la réserve de l'armée territoriale. — La force totale de l'armée grecque est d'environ 30.000 hommes et, en cas de guerre, elle pourrait disposer de 80.000 hommes réellement instruits.

GREFFE, s. f. Opération qui consiste à transporter sur un végétal le bourgeon d'un autre végétal. Si l'opération réussit, le végétal greffé porte le même fruit que le végétal d'où le bourgeon a été tiré. — Le mot greffe, employé au masculin, sert à désigner le lieu d'un tribunal où sont déposées les minutes de tous les actes de la procédure (jugements, arrêts, etc.).

GREFFIER, s. m. Fonctionnaire chargé, dans chaque tribunal, d'écrire les actes des procédures et d'en conserver les minutes. Il y a près de chaque conseil de guerre un greffier et un adjudant commis-greffier. Le greffier est un officier d'administration ; l'adjudant est un sous-officier du même corps. Lorsque les officiers de gendarmerie agissent en cas de flagrant délit comme officiers de police judiciaire, ils peuvent se faire assister d'un écrivain qui leur sert de greffier ; ils lui font prêter serment d'en bien et fidèlement remplir les fonctions. (Décr. du 1er mars 1854, art. 251.) Dans les tribunaux de prévôtés, les prévôts sont assistés d'un greffier qu'ils choisissent parmi les sous-officiers et les brigadiers de gendarmerie. (C. M., art. 52. — V. aussi l'instruction sur le service de la gendarmerie en campagne.)

GRENADE, s. f. Fruit du grenadier. — Petit boulet creux rempli de poudre qu'on lance au milieu des ennemis et qui éclate en tombant. — Ornement brodé ou en métal que certains corps portent sur l'uniforme et sur divers objets d'équipement et de harnachement.

GRENADIER, s. m. Arbrisseau qui produit la grenade. En France, le grenadier ne se trouve que dans les provinces méridionales. Le mot grenadier servait à désigner autrefois les soldats chargés de lancer les grenades. On donna ensuite ce nom à des hommes d'élite qui étaient réunis en compagnies ou en régiments : grenadiers de la garde.

GRENADIÈRE, s. f. Capucine du fusil à laquelle s'attache la bretelle. Mettre le fusil à la grenadière signifie le mettre en bandoulière après avoir lâché la bretelle.

GRENOUILLE, s. f. Reptile de la famille des batraciens, qui vit ordinairement dans les marais. — Les préfets peuvent fixer une période d'interdiction pour la pêche de la grenouille.

GRÈVE, s. f. Terrain couvert de gravier ou de sable qui se trouve sur le bord de la mer. La place actuelle de l'Hôtel-de-Ville, à Paris, s'appelait autrefois place de Grève : c'est sur cette place que se réunissaient les ouvriers sans travail et, par analogie, on dit aujourd'hui que les ouvriers se mettent en grève lorsqu'ils cessent de travailler et qu'ils se réunissent pour débattre des questions d'intérêt. Les grèves sont autorisées, pourvu qu'elles ne deviennent le prétexte d'aucun trouble, et la loi ne punit que les violences, voies de fait, menaces ou manœuvres frauduleuses ayant pour but de porter atteinte à la liberté du travail ou de l'industrie (emprisonnement de six jours à trois ans, amende de 16 à 3,000 francs, ou l'une de ces deux peines seulement). (C. P., art. 414 ; loi du 25 mai 1864.)

Sera puni d'un emprisonnement de six jours à trois ans et d'une amende de 16 francs à 3.000 francs, ou de l'une de ces deux peines seulement, quiconque, à l'aide de violences, voies de fait, menaces ou manœuvres frauduleuses, aura amené ou maintenu, tenté d'amener ou de maintenir une cessation concertée de travail, dans le but de forcer la hausse ou la baisse des salaires ou de porter atteinte au libre exercice de l'industrie ou du travail. (C. P., art. 414.) Seront punis d'un emprisonnement de six jours à trois mois et d'une amende de 16 francs à 300 francs, ou de l'une de ces deux peines seulement, tous ouvriers, patrons et entrepreneurs d'ouvrages qui, à l'aide d'amendes, défenses, prescriptions, interdictions prononcées par suite d'un plan concerté, auront porté atteinte au libre exercice de l'industrie et du travail. (C. P., art. 416.) — La gendarmerie doit signaler immédiatement à ses chefs les grèves qui viennent à se produire.

GRIFFE, s. f. En administration, on appelle griffe, soit une empreinte destinée à tenir lieu de signature, soit l'instrument destiné à faire cette empreinte. — L'usage d'une griffe est défendu aux fonctionnaires (arrêté des consuls du 17 ventôse an X; ordonn. du 14 décembre 1825 et circ. du Ministre de l'intérieur du 8 juillet et du 1er août 1843) et aux militaires de l'armée. (Note minist. du 3 juillet 1856.)

GRIVÈLERIE, s. f. Action de griveler. — Terme souvent employé en jurisprudence et qui signifie l'action de réaliser secrètement de petits profits illicites. On désigne parfois sous ce nom le vol d'aliments.

Tout homme condamné uniquement pour grivèlerie (filouterie d'aliments, au préjudice d'un restaurateur) doit être admis à s'engager pour un corps quelconque, le délit de grivèlerie, ou fraude au préjudice d'un restaurateur, n'étant pas assimilé aux délits prévus par les articles 5, § 2, et 59 de la loi du 15 juillet 1889. (Circ. minist. du 22 mars 1902.)

GUE, s. m. Endroit d'un cours d'eau assez peu profond pour qu'on puisse le traverser sans nager. Un gué est praticable à l'infanterie jusqu'à $0^m,80$ à 1 mètre; à la cavalerie jusqu'à $1^m,20$. — Pour mettre un gué hors d'usage, on y fait jeter des herses de laboureur les dents en l'air, et on les charge de quelques grosses pierres pour empêcher le courant de les emporter; ou bien on intercepte le passage au moyen d'arbres coupés.

GUERITE, s. f. Petit réduit en planches dans lequel s'abrite une sentinelle.

GUERRE, s, f. Lutte à main armée entre deux nations ou entre deux partis d'une même nation; la première prend le nom de guerre étrangère, la seconde de guerre civile. L'état de guerre est déclaré par une loi ou par un décret chaque fois que la situation oblige à donner à la police militaire plus de force et d'action que pendant l'état de paix. Le droit de déclarer la guerre est réglé par la constitution du 25 février 1875.

Le Ministre de la guerre est chargé de l'organisation de tous les éléments qui se rattachent à la défense du pays. Chaque grand service forme une direction à la tête de laquelle se trouve un général commandant ou un colonel directeur. La direction des poudres et salpêtres et celle du contrôle et de la comptabilité sont données à des employés supérieurs non militaires.

Les principales guerres qui ont eu lieu depuis 1849 sont les suivantes :

1849. — Expédition des Français en Italie pour rétablir le pape sur son trône. Prise de Rome.

1854-1856. — Guerre de Crimée. La France et l'Angleterre soutiennent la Turquie contre la Russie. Batailles de l'Alma, de Balaklava, d'Inkermann et de Traktir. Siège et prise de Sébastopol.

1857-1860. — Guerre de Chine. Les Français et les Anglais s'emparent de Canton et de Tien-Tsin. Bataille de Palikao. Entrée des alliés à Pékin.

1858-1862. — Conquête de la Cochinchine.

1859. — Guerre d'Italie. La France soutient le Piémont contre l'Autriche. Batailles de Magenta et de Solférino. Paix de Zurich.

1861-1864. — Guerre aux Etats-Unis entre les Etats du Sud et les Etats du Nord. Ces derniers sont victorieux.

1861-1867. — Guerre du Mexique. Siége de Puebla. Nous fondons un empire à la tête duquel nous mettons l'archiduc Maximilien d'Autriche. Mais ce prince ne peut se maintenir contre les forces républicaines ; il est pris à Queretaro et fusillé.

1864. — Guerre de Danemark. La Prusse et l'Autriche réunies battent les Danois et s'emparent du Schleswig-Holstein.

1866. — Guerre de la Prusse et de l'Italie contre l'Autriche. Les Italiens sont battus à Custozza et leur flotte est détruite à Lissa. Mais les Prussiens remportent la victoire de Sadowa qui met fin à la guerre. Le Hanovre, qui s'était mis du côté de l'Autriche, fut soumis après le combat de Langensalza.

1870-71. — Guerre franco-allemande.

1876. — Guerre de la Serbie et du Monténégro contre la Turquie.

1877-1878. — Guerre entre la Russie et la Turquie.

1881. — Expédition de Tunisie.

1882-1885. — Expédition des Anglais en Egypte. Bombardement d'Alexandrie. Occupation de l'Egypte par les Anglais.

1884-1885. — Expédition du Tonkin. Etablissement du protectorat français sur l'Annam et le Tonkin.

1892. — Expédition du Dahomey.

1895. — Expédition de Madagascar. Prise de l'île, qui est déclarée colonie française.

1898. — Guerre entre l'Espagne et l'Amérique.

1899. — Guerre des Anglais contre les Boërs.

GUET, s. m. Action d'épier, de surveiller. — Faire le guet, avoir l'œil au guet. — Le guet de Paris était une troupe chargée de veiller à la sûreté de la ville. — L'histoire du guet a été faite par M. le capitaine de gendarmerie Tasson, qui, dans un volume plein d'érudition, nous montre le guet prenant sa source dans les origines de la monarchie pour devenir, à la suite de nombreuses transformations, la garde républicaine de nos jours.

GUET-APENS, s. m. Le guet-apens consiste à attendre plus ou moins de temps, dans un ou divers lieux, un individu soit pour lui donner la mort, soit pour exercer sur lui des actes de violence. (C. P., art. 298.) Il résulte de cette définition que le guet-apens comporte forcément l'idée de préméditation, tandis que la préméditation peut exister sans le guet-apens. Le guet-apens est une circonstance aggravante du crime ou du délit : ainsi le meurtre simple, c'est-à-dire l'homicide avec l'intention de donner la mort, est puni des travaux forcés à perpétuité; s'il a été précédé de guet-apens, il prend le nom d'assassinat et il est alors puni de mort, conformément à l'article 302 du Code pénal. De même, le délit de coups et blessures est puni de peines plus fortes lorsqu'il a été commis avec préméditation et guet-apens. (C. P., art. 309, 310 et 311.)

Est puni de mort avec dégradation

militaire toute voie de fait commise avec préméditation ou guet-apens par un militaire envers son supérieur. (C. M., art. 221.)

GUIDE, s. m. Personne chargée d'en conduire d'autres dans des chemins inconnus. — Lorsqu'on prend des guides en pays ennemi, il est bon de les faire accompagner par un ou deux notables, qu'on rend responsables de la direction qui sera donnée à la colonne. Les guides et les otages qui les accompagnent marchent à la tête de la colonne; ils sont généralement à pied, attachés par un bras à une corde dont l'autre bout est fixé à la selle d'un cavalier; ils sont entourés d'autres cavaliers qui ont pour mission de leur casser la tête s'ils cherchent à s'enfuir. Si les guides ont conduit la colonne dans une fausse direction ou dans une embuscade, ils doivent être immédiatement fusillés. — S'ils ont bien rempli leur mission, on les récompense, soit en leur donnant de l'argent, soit par tout autre moyen. — Avant le départ, les guides et les autres personnes qui les accompagnent sont bien prévenus du sort qui les attend s'ils viennent à trahir. — Lorsqu'un guide est à cheval, il est solidement attaché par une jambe à l'un des étriers et le cavalier qui l'accompagne tient les rênes de sa monture.

En théorie militaire, les guides sont des militaires sur lesquels les autres doivent régler leurs mouvements pendant les manœuvres.

Enfin, lorsque le mot guide est employé au féminin, il signifie une corde ou une lanière de cuir qu'on attache à la bride d'un cheval attelé pour le diriger. Le voiturier doit se tenir constamment à côté de ses chevaux, guides en main. Le défaut de guides est puni de 1 à 5 francs d'amende. (C. P., art. 475, nº 3, et décr. du 10 août 1852, art. 14.)

GYMNASTIQUE (Société de tir ou de). (V. l'instr. minist. du 9 octobre 1885 sur l'organisation et le fonctionnement de ces sociétés.)

H

HABILLEMENT, s. m. Ensemble des habits dont on est vêtu. Les commandants d'arrondissement, les commandants de compagnie et les chefs de légion s'assurent dans leurs tournées du bon état de l'habillement des hommes. (V. *Effets*.)

HABITANT, ANTE, s. Celui ou celle qui habite un lieu. Tout militaire qui commet un vol au préjudice de l'habitant chez lequel il est logé est puni de la réclusion et, en cas de circonstances atténuantes, d'un emprisonnement d'un an à cinq ans. (C. M., art. 248.)

Tout militaire coupable de meurtre sur l'habitant chez lequel il reçoit le logement, sur sa femme ou sur ses enfants, est puni de mort. (C. M., art. 256.)

HACHE, s. f. Instrument en fer, tranchant d'un côté, fixé à un manche en bois.

On nomme coup de hache une dépression qu'on remarque chez certains chevaux entre le garrot et l'encolure ; cette conformation particulière n'offre aucun inconvénient.

HAIE, s. f. Clôture faite avec des arbustes ou des épines entrelacés.

Quiconque aura détruit les clôtures, coupé ou arraché des haies vives ou sèches sera puni d'un emprisonnement d'un mois à un an. (C. P., art. 456.) La gendarmerie doit saisir tous ceux qui sont surpris dégradant la clôture des murs, haies ou fossés. (Décr. du 1er mars 1854, art. 322.)

Malgré les prescriptions formelles de cet article, les gendarmes agissent sagement en ne procédant à l'arrestation du délinquant que dans le où il ne serait pas connu.

HALAGE, s. m. Action de haler un bateau, c'est-à-dire de le tirer au moyen d'une corde.

Les *chemins de halage* qui sont établis le long des rivières et des canaux sont assimilés aux grandes routes, et les contraventions qui se commettent sur ces voies sont des contraventions de grande voirie, justiciables des conseils de préfecture.

HALLE, s. f. Marché couvert où l'on étale et où l'on vend des marchandises.

Toutes les mesures relatives à la police et à la salubrité des halles et des marchés sont prises par les autorités municipales. (Loi du 5 avril 1884.)

Les halles, bien qu'ouvertes à tout venant, ne sont pas considérées comme des voies publiques. — Ainsi le dépôt de matériaux sous une halle n'est pas une contravention, à moins qu'il n'y ait un arrêté spécial du maire à ce sujet.

HARAS, s. m. Etablissement dans lequel on entretient des étalons et des juments pour la reproduction de l'espèce chevaline. Les haras de l'Etat ainsi que les dépôts d'étalons sont dirigés par un nombreux personnel à la tête duquel se trouve un inspecteur général directeur. (Loi du 29 mai 1874.)

Les services accomplis dans un haras de l'Etat comptent pour les droits à la retraite d'ancienneté après vingt ans de service militaire.

HARNACHEMENT, s. m. Ensemble des harnais d'un cheval de selle ou d'attelage. Le harnachement d'un cheval de selle se compose d'une selle et d'une bride. L'instruction sur le harnachement des chevaux de la gendarmerie (officiers et troupe) est du 10 octobre 1894.

Le grattage ou le lavage des cuirs avec de l'eau contenant des produits chimiques qui détériorent la fleur du cuir et brûlent les fils des coutures est absolument interdit. Les cuirs fauves sont entretenus conformément aux prescriptions de la description du harnachement du 10 octobre 1894. (Serv. int., art. 67.)

HARPER, v. n. Se dit d'un cheval qui lève convulsivement et avec précipitation les jambes de derrière. Cette défectuosité, qui caractérise l'affection appelée éparvin sec, n'est ordinairement bien apparente qu'au commencement de l'exercice.

HAUBANS, s. m. pl. Nom donné aux cordages qui servent sur un navire à maintenir les mâts dans une position verticale.

HAUSSE, s. f. Petit instrument gradué placé sur la culasse d'un canon ou d'une carabine qui permet de varier l'angle de mire et par suite d'atteindre un but plus ou moins éloigné.

La hausse de la carabine de gendarmerie permet de tirer jusqu'à la distance de 2,000 mètres. (V. la description dans l'Instruction provisoire du 6 mai 1892.)

HAUTE PAYE, s. f. Paye plus forte que la paye ordinaire. — Le décret du 30 décembre 1892 détermine les règles d'allocation de la haute paye et le mode de procéder dans le décompte des services donnant droit à cette allocation.

Les années pendant lesquelles les militaires ont servi dans les corps de troupe en qualité de rengagés ou de commissionnés comptent pour l'admission à la 2e et à la 3e haute paye. La même règle est applicable aux engagés volontaires de 4 ou 5 ans pour les années de service accomplies au-delà de 3 ans. (Décis. présidentielle du 5 février 1901 complétant l'article 14, tableau 3 B, du règlement du 30 décembre 1892.)

Règles d'allocation. 1° Militaires admis dans la gendarmerie ayant servi sous l'empire des lois antérieures à la loi du 15 juillet 1889.

La première haute paye est acquise à 5 ans révolus de service ;

La deuxième haute paye est acquise à 10 ans révolus de service ;

La troisième haute paye est acquise à 15 ans révolus de service.

2° Militaires admis dans la gendarmerie ayant servi sous l'empire de la loi du 15 juillet 1889 :

La première haute paye est acquise à 3 ans révolus de service ;

La deuxième haute paye est acquise à 5 ans révolus de service ;

La troisième haute paye est acquise à 10 ans révolus de service.

Les auxiliaires indigènes en Algérie et en Tunisie ont droit à une haute paye après 3 ans de service sans interruption dans n'importe quelle arme.

La haute paye est décomptée pour chacun des jours dont se compose le mois. Elle est due dans toutes les positions donnant droit à une solde quelconque et même dans le cas de congé sans solde. (Tableau 3 du règl. du 30 décembre 1892.)

La quotité de ces trois hautes payes est fixée ainsi qu'il suit :

La première haute paye, pour les sous-officiers, brigadiers et gendarmes, est de 0 fr. 30.

La deuxième haute paye, pour les sous-officiers, brigadiers et gendarmes, est de 0 fr. 50 ;

La troisième haute paye, pour les brigadiers et gendarmes, est de 0 fr. 60 ;

La troisième, pour les sous-officiers, est de 0 fr. 70.

Pour les auxiliaires indigènes, la haute paye est de 0 fr. 15. (Tarif n° 24 du règl. du 30 décembre 1892.)

Aux colonies, ces indemnités sont portées au double des chiffres ci-dessus. (Décis. présid. du 26 août 1880 ; circ. du 10 septembre suivant.)

Les services militaires dans la gendarmerie sont décomptés, pour les droits à la haute paye, à partir de la date de la décision ministérielle portant nomination dans l'arme, bien qu'aucune allocation ne puisse être faite entre cette date et celle à laquelle les militaires entrent en solde. (V. Circ. du 25 mai 1878, et l'art. 14 du règl. du 30 décembre 1892.)

Les gendarmes réservistes, quelle que soit la durée de leurs services antérieurs, ne peuvent prétendre à l'allocation de la haute paye. (Circ. du 26 août 1876.)

Mode de procéder dans le décompte des services des militaires admis dans la gendarmerie ayant servi sous l'empire des lois antérieures à la loi du 15 juillet 1889, pour l'admission aux diverses hautes payes journalières d'ancienneté. Les militaires rengagés ou commissionnés ne sont admis à compter, pour le droit à la haute paye, que le temps qu'ils ont passé dans l'armée active, alors même que, pendant ce temps, ils auraient été classés dans la non-disponibilité et dans la réserve de cette armée. Ce temps doit s'entendre des 13 années pendant lesquelles l'homme fait partie de l'armée active et de la réserve, en vertu des lois des 15 juillet 1889 et 19 juillet 1892.

La supputation des services se fait d'après les règles suivantes :

1° Les engagés volontaires comptent leurs services à partir de la date de l'engagement ;

2° Les appelés et les substituants, à partir du 1er juillet de l'année du tirage au sort : pour ceux qui sont entrés au service sous l'empire de la loi du 21 mars 1832, ils les comptent du 1er janvier de l'année de leur inscription sur les registres matricules du recrutement ;

3° Les commissionnés, à partir de la date de la commission ou de la décision ministérielle ;

4° Les remplaçants sous l'empire de la législation antérieure, à partir de la date de l'acte de remplacement ;

5° Les militaires ayant servi dans les équipages de la flotte, à partir de l'âge de 18 ans ; s'ils proviennent de l'école des mousses, leurs services sont comptés à partir de l'âge de 16 ans ;

6° Les marins de l'inscription maritime, à partir du jour où ils auront été appelés à l'activité, ou à partir de l'âge de 16 ans, lorsque leur admission sera antérieure à cet âge :

Le temps passé par les marins et ouvriers classés à bord des bâtiments de la flotte, dans les chantiers et arsenaux de l'Etat ainsi que dans les divisions à terre est compté dans les services donnant droit à la haute paye ;

7° Les militaires ayant servi dans les corps étrangers, soldés par la France, comptent, pour les droits à la haute paye, leurs services dans ces corps ;

8° Les chefs armuriers et les caporaux armuriers qui viennent des ouvriers immatriculés des manufactures d'armes sont admis à compter, pour le droit à la haute paye, le temps passé par eux dans ces manufactures en qualité d'immatriculés, mais sans qu'il soit tenu compte des services antérieurs à l'âge où la loi permet de contracter un engagement volontaire ;

9° Les jeunes gens dispensés du service d'activité en temps de paix, en vertu de l'article 17 de la loi du 27 juillet 1872, ayant contracté un rengagement en même temps que les hommes de leur classe, comptent leurs services comme les militaires de ces classes, alors même que jusque-là ils n'auraient fait aucun service. Il en est de même des hommes ajournés en vertu de l'article 18 de la loi du 27 juillet 1872, reconnus propres au service et qui ont contracté un rengagement ;

10° Le jeune soldat dispensé à titre conditionnel du service militaire, en vertu de l'article 20 de la loi du 27 juillet 1872, et qui renonce à la dispense, est admis à compter ses services à partir du jour de la déclaration à laquelle il est astreint par l'article 21 de la loi précitée ; s'il n'a pas fait cette déclaration, il ne les compte qu'à partir du jour où il a reçu une feuille de route pour se rendre à son corps ;

11° Le dispensé renonciataire qui a devancé le départ de la classe dans laquelle il doit être rétabli, compte ses services, pour le droit à la haute paye, à partir de la date de sa mise en route ;

12° Les hommes dispensés en vertu de l'article 22 de la loi du 27 juillet 1872 et qui ont perdu leurs droits à la dispense, pouvant contracter un rengagement en même temps que les hommes de leur classe, ont droit à la haute paye à partir du jour de leur rengagement ;

13° L'engagé conditionnel compte pour l'admission à la haute paye, à partir de l'acte de son engagement, les cinq années de service pendant lesquelles il a fait partie de l'armée active, s'il a contracté ultérieurement un rengagement.

14° Les fils d'étrangers admis dans l'armée française comptent leurs services, pour la haute paye, à partir de la même époque que la classe avec laquelle ils sont appelés ;

15° Les militaires venus des enfants de troupe et ceux qui sont passés par les écoles militaires ne sont admis à compter leurs services qu'à partir de l'âge où la loi permet de contracter un engagement volontaire.

DÉDUCTION

Le temps pendant lequel un militaire a subi une peine correctionnelle quelconque, en vertu d'un jugement d'un tribunal civil ou militaire, ne compte pas pour les droits à la haute paye; la déduction à opérer part du jour où la condamnation est devenue définitive.

Toutefois, si la condamnation d'un jeune soldat était antérieure au 1er juillet de l'année du tirage au sort, la déduction ne devrait être faite qu'à partir de cette dernière époque.

Les déserteurs et les insoumis condamnés ne peuvent compter, pour la haute paye, le temps écoulé depuis leur désertion ou la déclaration d'insoumission jusqu'au moment où ils ont terminé leur peine, ou jusqu'au moment où ils ont été graciés.

HAUTEUR, s. f. Élévation au-dessus du sol d'une tour, d'un édifice, d'une montagne, etc. On se rend compte difficilement des hauteurs, et pour avoir un terme de comparaison, nous donnons ci-après l'élévation au-dessus du sol de quelques édifices connus.

La tour Eiffel a 300 mètres.

L'obélisque de Washington a 169 mètres.

Les tours de la cathédrale de Cologne ont 156 mètres.

La flèche de la cathédrale de Rouen a 150 mètres.

La plus haute pyramide d'Egypte a 146 mètres.

La tour de la cathédrale de Strasbourg a 142 mètres.

La coupole de Saint-Pierre, à Rome, a 132 mètres.

La flèche de l'hôtel des Invalides a 105 mètres.

Les tours de Notre-Dame de Paris ont 66 mètres.

La colonne Vendôme a 43 mètres.

Hauteur des principales montagnes. (V. *Montagne*.)

HAVRESAC, s. m. Sac en peau dans lequel les soldats à pied enferment leurs effets et qu'ils portent sur le dos.

La manière de charger le havresac est décrite dans le règlement sur le service intérieur, art. 214 et suivants.

HECTO, s. m. Mot grec, qui, placé devant les unités de mesure, désigne une quantité cent fois plus grande ; ainsi, l'hectare est une mesure agraire qui contient cent ares ou dix mille mètres carrés.

L'*hectogramme* est un poids de cent grammes ; l'*hectolitre* est une mesure de capacité qui vaut cent litres ; l'*hectomètre* est une longueur de cent mètres.

HENNISSEMENT, s. m. Cri du cheval. La joie, la crainte, la colère, le désir et la douleur provoquent le hennissement. Lorsque le cheval hennit de colère ou de crainte, il rue, et il ne faut alors s'en approcher qu'avec précaution.

HÉRAULT (Département). Populat., 489,421 habit., 4 arrondissements, 36 cantons (16e corps d'armée, 16e légion de gendarmerie), chef-lieu Montpellier, 69,258 habit., à 732 kil. S.-S.-E. de Paris. S.-P.: Béziers, Lodève, Saint-Pons. Département maritime. Pays montagneux, agricole. Elève assez importante de moutons, de vers à soie et d'abeilles. — Vins de Frontignan et de Lunel. — Exploitation de cuivre et de marbre. Sources minérales à Balaruc, La Malou, Avesnes. — Patrie de Paul Riquet, créateur du canal du Midi.

HERBAGE, s. m. Ce mot s'emploie plus spécialement pour désigner les herbes qu'on fait manger sur place aux animaux.

Sont punis d'une amende de 11 à 15 francs ceux qui, sans y être dûment autorisés, enlèvent des gazons ou des herbages des chemins publics. (C. P., art. 479.) — Tout enlèvement de gazon, bruyère, genêt, herbages, etc., existant sur le sol des forêts, est puni d'une amende en proportion avec la quantité enlevée. (C. F., art. 144.)

Les maires peuvent, par arrêtés, enjoindre aux propriétaires riverains de la voie publique de faire arracher l'herbe qui croît devant leurs propriétés, sur les routes ou dans les rues. (Cass., 17 décembre 1824.)

HERBORISTE, s. m. ou f. Celui ou celle qui vend des herbes pour les boissons médicinales.

Nul ne peut exercer cette profession sans avoir un diplôme, qui est délivré après examen par un jury composé de professeurs aux écoles de pharmacie. (Loi du 31 germinal an XI.)

Les herboristes, qui n'existent guère que dans les grandes villes, sont soumis à des visites faites par des pharmaciens chargés de s'assurer du bon état des plantes mises en vente.

HÉRITIER, IÈRE, adj. Personne qui hérite, qui acquiert des biens par voie de succession. (V. ce mot et *Quotité disponible.*) Pour être héritier naturel, il faut, non seulement être parent du décédé à un degré reconnu, mais il faut encore ne se trouver dans aucun des cas d'indignité prévus par la loi. Est déclaré indigne d'hériter : 1° celui qui est condamné pour avoir donné ou tenté de donner la mort au défunt; 2° celui qui a porté contre le défunt une accusation capitale jugée calomnieuse; 3° l'héritier majeur qui, instruit du meurtre du défunt, ne l'aurait pas dénoncé à la justice (ce défaut de dénonciation n'est pas applicable aux parents rapprochés).

HÉROISME, s. m. C'est le sacrifice volontaire et raisonné de sa vie fait dans l'intention de rendre service à son semblable, à la patrie ou à l'humanité. C'est encore la conscience du danger et la volonté expresse de le braver dans un but utile et noble.

HEURE, s. f. La vingt-quatrième partie du jour. L'heure de Paris a été adoptée comme heure légale en France et en Algérie par la loi du 14 mars 1891. L'heure nationale doit être employée dans tous les actes de procédure. (Circ. du 30 juin 1891.)

HIÉRARCHIE, s. f. La hiérarchie indique l'ordre dans lequel sont placés les fonctionnaires ou les autorités appartenant à un même corps. Il y a une hiérarchie administrative, une hiérarchie judiciaire, une hiérarchie ecclésiastique et une hiérarchie militaire.

La hiérarchie militaire comprend les grades suivants : caporal ou brigadier, sergent ou maréchal des logis, sergent-major ou maréchal des logis chef, adjudant, sous-lieutenant, lieutenant, capitaine, chef de bataillon, d'escadron ou major, lieutenant-colonel, colonel, général de brigade, général de division, général en chef, maréchal de France.

Dans la gendarmerie des départements, la hiérarchie se compose des grades suivants :

Brigadier.	Commandant de brigade (à pied ou à cheval). Secrétaire du chef de légion (à pied).
Maréchal des logis.	Commandant de brigade (à pied ou à cheval). Adjoint au trésorier (à pied).
Maréchal des logis chef.	à pied ou à cheval.
Adjudant.	
Sous-lieutenant ou lieutenant.	Commandant d'arrondissement. Trésorier.

Capitaine commandant d'arrondissement ou trésorier.

Chef d'escadron commandant de compagnie.

Lieutenant colonel ou colonel chef de légion. (Décret du 1er mars 1854, art. 15.)

HIPPIATRIQUE, s. f. Science désignée souvent par les mots d'art vétérinaire et qui enseigne à connaître les maladies des chevaux et à les guérir.

HIPPOLOGIE, s. f. Etude et connaissance du cheval.

HIPPOPHAGIE, s. f. Habitude de se nourrir de la chair du cheval. — L'hippophagie, combattue pendant longtemps par de vieux préjugés, est admise partout aujourd'hui. La consommation de viande de cheval est considérable, et dans un grand nombre de villes se trouvent installées des boucheries spéciales.

La viande de cheval est plus nutritive et d'une digestion plus facile que celle du bœuf, ce dernier étant généralement engraissé rapidement avec de l'herbe, des betteraves ou des matières aqueuses ou oléagineuses provenant des résidus de fabrique.

HISTORIQUE, s. m. L'historique des corps de troupe est le recueil des faits d'armes éclatants, des actes de courage, d'intrépidité et de dévouement dont les annales militaires sont remplies.

L'historique de chaque compagnie doit être à jour et relater tous les actes individuels ou collectifs qui honorent la gendarmerie; des extraits autographiés sont envoyés dans les brigades afin qu'ils soient l'objet de fréquents entretiens entre les gendarmes. (Serv. int., art. 10.)

En offrant en exemple aux générations qui se succèdent le souvenir des actions de guerre et la tradition des noms et des faits qui honorent en particulier chaque régiment, on a pour but d'entretenir et de fortifier le goût des armes et de développer la valeur morale de l'armée.

Dans les temps antérieurs, le souvenir des actions mémorables se perpétuait par des emblèmes et des devises, mais le plus souvent la tradition resta seule dépositaire de cette suite de combats, de ces traits de bravoure individuelle qui fondaient la réputation d'un régiment et dont le récit, passant de bouche en bouche, exaltait à un si haut point les sentiments d'honneur et de patriotisme.

On sait de quel éclat brillèrent, dans les armées françaises, les régiments de Picardie, de Navarre, d'Auvergne, les carabiniers, la gendarmerie de France, la 57e demi-brigade, surnommée la Terrible, l'invincible 32e. Les régiments, pour soutenir l'honneur de leur numéro et se montrer dignes de leur surnom, étaient capables des plus grands prodiges de valeur.

Beaucoup de régiments ont leur historique remontant aux guerres de la Révolution et même à l'ancienne monarchie; on y a ajouté les événements contemporains, les guerres du second Empire, la guerre de 1870 et 1871, la campagne de Tunisie, du Tonkin, etc.

C'est donc à juste titre qu'on considère le régiment comme une grande famille militaire dont les membres sont solidaires des gloires, des dévouements et des sacrifices de ceux qui les ont précédés sous le drapeau, et le jeune soldat doit apprendre en y entrant que cette famille a eu un passé souvent glorieux et que, dans nos plus grands malheurs, au milieu de nos plus affreux revers, elle s'est toujours montrée dévouée au pays et fidèle à ses devoirs. Ces enseignements sont un puissant motif d'émulation, parce qu'ils inspirent le désir d'imiter ceux qui ont bien mérité de la patrie.

HIVER, s. m. La saison la plus froide de l'année; l'hiver commence le 21 ou le 22 décembre pour finir le 20 ou le 21 mars. — Il dure environ 89 jours 2 heures.

HOLLANDE. Le royaume de Hollande, appelé aussi royaume des Pays-Bas ou de Néerlande, est borné : au nord et à l'ouest, par la mer du Nord; à l'est, par l'Allemagne, et, au sud, par la Belgique. Sa superficie est de 34,200 kilomètres carrés; on y compte 4,500,000 habitants. Le pays est arrosé par le Rhin, la Meuse et l'Escaut, qui se jettent dans la mer du Nord, et leur embouchure est embarrassée par une infinité d'îles qui forment la province de Zélande.

Le royaume est divisé en 12 provinces; la capitale est La Haye; les villes principales sont : Amsterdam sur le Zuiderzée, Leyde, Utrecht sur le vieux Rhin, Maestricht et Flessingue, port très fréquenté. Les Hollandais ont de grandes colonies dans l'Océanie (Java, Bornéo, Célèbes, les Moluques, la Nouvelle-Guinée) et des possessions en Amérique et en Guinée.

Le Luxembourg hollandais, capitale Luxembourg, qui faisait partie de la Confédération germanique, est aujourdhui un pays complètement neutre.

L'armée hollandaise, forte d'environ 20,000 hommes en temps de paix et d'environ 100.000 en temps de guerre, se recrute par le tirage au sort; la durée du service militaire est de cinq ans. Tous les habitants, de 25 à 34 ans, doivent le service pour défendre le territoire en temps de guerre et pour maintenir l'ordre à l'intérieur. L'armée destinée à protéger les colonies se compose d'une flotte nombreuse et de 30.000 hommes dont la moitié est recrutée parmi les indigènes.

HOMICIDE, s. m. Action de tuer un être humain; lorsque l'homicide est volontaire, il est qualifié meurtre (V. ce mot), et si le meurtre a été prémédité, il devient assassinat.

L'homicide, même involontaire, est puni par la loi, qui a voulu ainsi protéger la vie humaine contre l'imprudence, l'inattention, la négligence ou l'inobservation des règlements. L'article 319 du Code pénal punit d'un emprisonnement de 3 mois à 2 ans et d'une amende de 50 à 60 francs celui qui aura involontairement commis un homicide ou en aura été involontairement la cause.

En outre, les articles 1382 et suivants du Code civil permettent à la famille de réclamer des dommages-intérêts.

L'homicide peut être légal et enfin il peut être légitime.

L'homicide *est légal* lorsqu'il est ordonné par la loi; à la guerre, ou en cas d'émeute, après les sommations réglementaires, le soldat qui frappe n'est plus responsable de l'homicide commis, parce que la loi lui fait un devoir de frapper.

Il n'y a ni crime ni délit lorsque l'homicide, les blessures et les coups étaient ordonnés par la loi et commandés par l'autorité légitime. (C. P., art. 327.) Le décret du 1er mars 1854 autorise les gendarmes à déployer la force des armes lorsque des violences ou voies de fait sont exercées contre eux; lorsqu'ils ne peuvent défendre autrement le terrain qu'ils occupent, les postes ou les personnes qui leur sont confiés ou enfin si la résistance est telle qu'elle ne peut être vaincue autrement que par la force des armes.

L'article 417 du même décret est ainsi conçu : « Dans le cas où il y a rébellion de la part des prisonniers et tentative violente d'évasion, le commandant de l'escorte, dont les armes doivent être toujours chargées, leur enjoint, au nom de la loi, de rentrer dans l'ordre, en leur déclarant que, s'ils n'obéissent pas, ils vont y être contraints par la force des armes. Si cette injonction n'est pas écoutée et si la résistance continue, la force des armes est déployée à l'instant même, pour contenir les fuyards rebelles et révoltés. »

Enfin, l'homicide peut *être légitime* : l'homicide légitime n'est pas ordonné ou autorisé par une loi; il est simplement justifié. Lorsqu'un homme est attaqué et que sa vie est menacée, lorsqu'il se trouve dans le cas de nécessité actuelle de défense (C. P., art. 328), la loi lui donne le droit de repousser la force par la force, et si l'agresseur est tué, l'homicide est considéré comme légitime.

Sont compris dans le cas de nécessité actuelle de défense, les deux cas suivants : 1° si l'homicide a été commis, si les blessures ont été faites, ou si les coups ont été portés en repoussant pendant la nuit l'escalade ou l'effraction des clôtures, murs ou entrées d'une maison ou d'un appartement habité ou de leurs dépendances; 2° si le fait a eu lieu en se défendant contre les auteurs de vols ou de pillages exécutés avec violence. (C. P., art. 329.)

HOMOLOGATION, s. f. Acte judiciaire qui a pour but de donner à un acte fait par des particuliers la force d'un acte fait en justice. Ainsi, si un acte de naissance, par exemple, ne peut être présenté parce que le registre a été détruit par un incendie ou tout autrement, on peut y suppléer par un acte de notoriété, qui est *homologué* par le tribunal de première instance.

HONGRE, adj. Châtré. S'emploie principalement pour désigner le cheval qui a subi l'opération de la castration.

HONNEUR, s. m. Démonstration extérieure de respect à laquelle ont droit les dignitaires et les fonctionnaires de l'Etat : dans ce sens, ce mot s'emploie toujours au pluriel : *honneurs funèbres, rendre les honneurs*. Les honneurs à rendre par la gendarmerie aux diverses autorités sont indiqués dans le décret du 4 octobre 1891, articles 296 et suivants. (V. *Escorte*.)

Honneurs et préséances. (V. *Préséance*.)

Les honneurs funèbres ne sont rendus que dans les villes de garnison, et la gendarmerie ne doit pas remplacer la troupe de ligne, à qui incombe ce service. (Décis. présid. du 2 novembre 1874.) La gendarmerie ne rend ces honneurs qu'aux militaires de l'arme.

Les troupes commandées pour renbre les honneurs funèbres aux memdres de l'armée décédés en possession d'un grade, aux membres de la Légion d'honneur et aux décorés de la médaille militaire, accompagneront le corps du défunt jusqu'à sa dernière demeure, sans se préoccuper de la question de croyance ; mais elles restent en dehors des édifices du culte pendant la durée du service religieux. Le service terminé, ces troupes accompagnent le corps jusqu'au cimetière, à la porte duquel elles rendent, avant d'être reconduites à leur quartiers, les mêmes honneurs qu'à la maison mortuaire, honneurs spécifiés à l'article 326 du décret du 4 octobre 1891. (Lettre collective nº 117, en date du 7 décembre 1883.)

Les honneurs funèbres à rendre aux différents grades, aux légionnaires et aux médaillés militaires sont réglés par les articles 310 et suivants du décret du 4 octobre 1891.

Il est expressément interdit de rendre d'autres honneurs que ceux déterminés par les règlements. (Décr. du 4 octobre 1891, art. 348. V. *Funérailles*.)

Les honneurs attribués aux militaires de l'armée nationale sont rendus aux militaires des armées étrangères revêtus de leur uniforme et de leurs insignes de grade (Décr. du 4 octobre 1891, art 347.)

Les honneurs militaires funèbres doivent être rendus aux étrangers membres de la Légion d'honneur et, après avoir pris les ordres du Ministre, aux militaires étrangers. (Circ. minist. du 15 janvier 1884.)

HOPITAL, s. m. Maison de charité dans laquelle on reçoit et on soigne gratuitement les indigents. Le mot hospice est souvent improprement employé comme synonyme d'hôpital. L'hospice est une maison de charité dirigée par des religieux ou des religieuses, dans laquelle on reçoit des pauvres malades, des orphelins et des vieillards.

La loi du 7 juillet 1877 a décidé la création, dans chaque corps d'armée, d'un hôpital militaire régional placé, autant que possible, au chef-lieu de la région et la suppression successive des hôpitaux militaires existant dans les autres villes.

Les militaires sont soignés dans les hôpitaux civils et l'organisation des services hospitaliers dans ces hôpitaux et dans les hôpitaux militaires est réglée par le règlement du 25 novembre 1889. L'article 364 de ce décret dispose que les officiers seront traités dans des salles spéciales et qu'il en sera de même, à moins d'impossibilité, pour les sous-officiers. (Art. 365.)

Les brigadiers et les gendarmes jouissent des avantages accordés aux sous-officiers. (Circ. du Ministre de la guerre du 25 août 1880 et du Ministre de la marine du 2 septembre de la même année.) Des chambres particulières sont réservées aux officiers supérieurs.

Sont, en cas de maladie, admis dans les hôpitaux militaires ou dans les hospices civils, à la charge du département de la guerre :

1º Les officiers, sous-officiers et soldats présents à leurs corps ou titulaires d'un congé, à la condition toutefois qu'ils ne seront pas éloignés de leurs corps depuis plus de six mois ;

2º Les enfants de troupe, présents ou absents ;

3º Les jeunes soldats appelés sous les drapeaux lorsqu'ils ont reçu leur ordre de route ;

4º Les engagés volontaires, les rengagés de la réserve et les volontaires d'un an, quand ils sont porteurs de feuilles de route pour rejoindre leurs corps ;

5º Les militaires de l'armée active rentrés dans leurs foyers avant l'expiration de leurs trois ans de services, les hommes de la réserve de l'armée active, ceux de l'armée territoriale ou de la réserve de cette armée, mais seulement lorsqu'ils sont rappelés à l'activité, ou pendant la durée des exercices auxquels ils pourraient être astreints et lorsqu'ils sont déplacés de leur domicile par un ordre de l'autorité militaire ;

6º Les militaires rentrant dans leurs

foyers soit comme disponibles, soit comme passant dans la réserve, qui tombent malades en route, dans la direction et dans les délais prescrits par leur feuille de route;

7° Les caserniers n'ayant que le traitement de leur emploi;

8° Enfin, les employés de l'administration centrale du département de la guerre présents ou absents. (Règl. sur le service de santé du 25 novembre 1889.)

Les militaires séparés de leurs corps et qui ont besoin d'entrer à l'hôpital se présentent chez le commandant d'armes, l'officier ou le sous-officier commandant la gendarmerie de la localité. Celui-ci, après avoir examiné la position militaire des hommes et les avoir interrogés, leur prescrit de continuer leur route ou leur délivre un billet d'hôpital, qui est enregistré sur un cahier tenu à cet effet. Le billet désigne nominativement l'officier de santé chargé de procéder à la visite. Dans une annotation au dos du billet, le commandant d'armes, l'officier ou le sous-officier de gendarmerie indique les motifs qui lui donneraient lieu de douter de la nécessité de l'admission. Il envoie, à moins d'impossibilité physique, les militaires chez le médecin désigné sur le billet. Celui-ci, après avoir pris connaissance des observations particulières du chef militaire, visite les hommes et constate sur le billet qui est revêtu de sa signature la nécessité de l'admission et la nature de la maladie.

Les militaires et autres individus malades ne sont reçus dans les hôpitaux militaires ou dans les hospices civils qu'après avoir été visités par un médecin, militaire autant que possible, et, à défaut, par un médecin civil désigné par l'autorité administrative. Les médecins attachés aux corps de troupe sont spécialement chargés de visiter les militaires malades de ces corps et de provoquer leur envoi aux hôpitaux quand il y a lieu.

Les officiers sans troupe, les militaires et les autres individus isolés sont visités par un officier de santé militaire ou civil, sur l'ordre du commandant de la place; s'il s'agit d'un officier sans troupe en résidence dans la place, cet ordre est donné par le chef de service.

Lorsque les officiers et les sous-officiers de gendarmerie seront appelés à délivrer des billets d'entrée à l'hôpital, ils devront, à défaut d'imprimés, les rédiger d'après les indications suivantes. Le billet d'entrée doit présenter :

1° Les nom, prénoms et surnom du malade;

2° Son grade et son emploi et, pour les hommes de troupe, le numéro du contrôle annuel et celui du registre matricule du corps;

3° Le corps ou l'administration dont il fait partie, ou la puissance à laquelle il appartient, si c'est un étranger;

4° La date de sa naissance;

5° Le lieu de sa naissance et le département;

6° Les noms et résidence de ses père et mère;

7° La destination qu'il doit recevoir après guérison. — Lorsque des militaires de la réserve sont admis dans les hôpitaux, le billet d'entrée doit porter, en gros caractères, l'annotation de cette position. Les mêmes indications doivent être portées sur les billets et feuilles d'évacuation, billets de sortie et feuilles nominales à établir conformément aux articles 265 et suivants du règlement du 25 novembre 1889;

8° Le détail des effets d'habillement et de petit équipement dont le malade entrant est porteur, soigneusement inscrit au dos du billet;

9° La nature de la maladie, la date de son invasion et les moyens curatifs déjà employés, s'il y a eu un commencement de traitement soit au corps, soit pendant un précédent séjour dans un hôpital. Ces derniers renseignements devront être indiqués par les médecins des corps dans la case réservée à cet effet sur le billet.

Les billets d'entrée doivent être remplis d'une écriture lisible, sans rature ni surcharge, et les dates y sont portées en toutes lettres. (Règl. sur le service de santé, art. 204). V. l'art. 58 du Service intérieur qui dit que dans les villes où il n'y a pas de garnison c'est le commandant de la gendarmerie qui donne l'ordre de visite et signe le billet d'hôpital.

Dans les places où il n'y a ni fonctionnaire de l'intendance, ni commandant d'armes, l'officier ou le sous-officier de gendarmerie de la localité se rend, à des intervalles qui ne peuvent excéder dix jours, à l'hospice, où il procède à l'appel des hommes étrangers à la garnison; il lui est remis, par les soins de l'administrateur de l'hospice, un état nominatif sur lequel il inscrit, en regard de chaque nom, ses observations :

1° Sur la nécessité de la prolongation du séjour;

2° Sur la possibilité d'évacuation sur l'hôpital ou l'hospice de la résidence du sous-intendant militaire ;

3° Sur le besoin que le malade peut avoir d'un congé de convalescence;

4° Sur la convenance de sa réforme.

Il signe la feuille et le registre des entrées; ainsi annoté, l'état nominatif est soumis au médecin en chef de l'hospice, qui inscrit également ses propres observations. — L'état, visé par l'administrateur, est immédiatement transmis par ses soins au sous-intendant militaire. (Règl. sur le service de santé.) — (Pour la solde à l'hôpital et les délégations de solde à l'hôpital, V. *Solde* et *Délégation*.)

L'entrée et la sortie de chaque militaire dans un hospice civil non situé dans une ville de garnison sont signalées au commandant de la brigade de gendarmerie. L'officier de gendarmerie commandant l'arrondissement en rend compte immédiatement et directement par un bulletin au directeur du service de santé et au sous-intendant militaire. (Art. 539 du règl. du 25 novembre 1889.)

Droit de punir dans les hôpitaux. Les militaires de la gendarmerie sous-officiers, brigadiers et gendarmes en traitement dans les hôpitaux militaires peuvent être punis par les médecins en chef de ces hôpitaux, conformément aux prescriptions de l'article 251 du règlement du 25 novembre 1889.

Le médecin en chef soumet au commandant d'armes les demandes de punitions que les officiers, en traitement peuvent avoir encourues. (V. *Punition*.)

Le droit de punir est suspendu pour les gradés en traitement à l'hôpital. Ceux qui ont à se plaindre d'un inférieur malade ou appartenant au personnel de l'hôpital s'adressent à l'infirmier-major ou, s'ils sont officiers, au médecin chef. Si le médecin chef ne croit pas devoir prononcer une punition demandée par un officier, il en rend compte au commandant d'armes. (Dép. minist. n° 97, en date du 24 mars 1892.)

Enfants de troupe. Les enfants de troupe sont admis dans les hôpitaux à la charge du département de la guerre sans aucune retenue. (Note minist. du 10 novembre 1885. — V. l'inst. du 12 avril 1888.)

Militaires de la gendarmerie (sous-officiers, brigadiers et gendarmes) admis à la retraite étant à l'hôpital. Ces militaires conservent le droit à la solde jusqu'au jour de leur sortie de cet établissement, date à partir de laquelle les arrérages de leur pension commencent à courir. (Déc. présid. du 7 juin 1890.)

Militaires retraités. Les militaires jouissant d'une pension de retraite, d'une pension ou d'une solde de réforme, d'une gratification temporaire de réforme, d'une gratification de réforme renouvelable, peuvent être reçus dans les établissements hospitaliers, moyennant remboursement, lorsqu'ils sont atteints de maladies aiguës ou nécessitant des opérations sérieuses. — Leur admission, sur le vu d'un certificat de visite, est approuvée par le Ministre ou, en cas d'urgence, autorisée par le général commandant la subdivision, qui en rend compte.

Les retenues faites aux militaires ainsi hospitalisés ne peuvent, en aucun cas, être supérieures au montant de la pension, de la solde de réforme ou de la gratification pendant la période du temps de présence à l'hôpital. (Règl. du 25 novembre 1889.)

HOSTILITE, s. f. Acte d'ennemi. Invasion d'un territoire étranger, attaque à main armée contre des troupes ou des sujets d'une autre nation.

Est puni de mort tout chef militaire qui, sans provocation, ordre ou autorisation, dirige ou fait diriger une attaque à main armée contre des troupes ou des sujets quelconques d'une puissance alliée ou neutre.

Est puni de la destitution tout chef militaire qui, sans provocation, ordre ou autorisation, commet un acte d'hostilité quelconque sur un territoire allié ou neutre.

Est puni de mort tout chef militaire qui prolonge les hostilités après avoir reçu l'avis officiel de la paix, d'une trêve ou d'un armistice. (C. M., art. 226, 227.)

HOTELLERIE, s. f. Les hôtels et les hôtelleries sont des maisons où les voyageurs sont logés et nourris pour leur argent. Ces maisons sont soumises aux mêmes règlements de police que les auberges. (V. ce mot.)

HOUSSE, s. f. Pièce de drap servant d'ornement qui est attachée à la selle et qui couvre la croupe et les flancs du cheval.

HUIS CLOS. Terme de procédure qui veut dire portes fermées. Lorsque les débats d'une affaire sont de nature à être dangereux pour l'ordre ou pour les mœurs, le tribunal peut ordonner le huis clos et faire évacuer la salle ; mais les portes doivent toujours être rouvertes pour la lecture du jugement.

HUISSIER, s. m. Officier ministériel dont les fonctions consistent à signifier les actes de justice et à mettre les jugements à exécution. Dans chaque tribunal, un huissier est chargé de la police de l'audience et porte le nom d'huissier audiencier.

Un des services extraordinaires des brigades énumérés à l'article 459 du décret du 1er mars consiste à prêter main-forte aux huissiers et aux autres exécuteurs de mandements de justice porteurs de réquisitions ou de jugements spéciaux dont ils doivent justifier. Cette main-forte, qui rentre dans les services extraordinaires, ne doit être prêtée par la gendarmerie que lorsqu'il y a eu commencement de résistance et rébellion ou lorsqu'il y a de graves présomptions qu'une résistance va avoir lieu. (Art. 77 du décret du 18 juin 1811, 785 du Code de proc. civ. et 72 du décret du 22 septembre 1890.) (V. *Saisie.*)

Si l'ouverture des portes est refusée, l'huissier ne peut entrer qu'avec l'assistance du juge de paix, du maire ou de l'adjoint. (C. de proc., art. 587.) (V. *Saisie.*)

La circulaire ministérielle du 6 novembre 1855 établit que les huissiers qui ont à pénétrer dans les casernes de gendarmerie pour y exercer les actes de leur ministère doivent obtenir, au préalable, l'autorisation du commandant de la compagnie. Mais ces dispositions ne doivent pas s'appliquer à la remise par les huissiers de simples citations ou de significations quelconques. (Circ. du 16 décembre 1880.)

Le service d'extraction des détenus doit être fait par les huissiers, à moins que les détenus ne soient des hommes valides et dangereux ; dans ce cas, les gendarmes peuvent être employés à ce service, mais la réquisition doit détailler les motifs qui s'opposent à ce que l'extraction soit confiée à un huissier. La copie des réquisitions auxquelles il aura été déféré doit être transmise par la voie hiérarchique au chef de légion, qui la soumet, en cas d'abus, à l'appréciation du Ministre.

L'extraction se confondant avec la main-forte dans une seule et même action, les gendarmes n'ont pas droit à l'indemnité au lieu et place des huissiers. (V. les circ. des 12 septembre, 20 décembre 1877 et 1er juillet 1884.)

Quand il n'y a pas d'huissier dans le canton, la gendarmerie, qui, aux termes de la loi du 5 pluviôse an XIII, doit les remplacer, est chargée de faire, sans rétribution, toutes les significations et tous les actes requis par le ministère public.

En Algérie, dans les territoires mixtes et arabes, les fonctions d'huissier sont remplies par les commandants de brigade ou le chef de poste provisoire, quel que soit leur grade, et l'arrêté du 29 mai 1846 indique leurs droits et leurs devoirs. Le décret du 13 décembre 1879, relatif aux huissiers en Algérie, dit que s'il ne peut être pourvu au remplacement provisoire des huissiers par un autre huissier, ces fonctions sont provisoirement et exceptionnellement confiées aux commandants de brigade de gendarmerie.

L'article 4 du décret précité est ainsi conçu : « Les commandants de brigade de gendarmerie instrumentant à la requête du ministère public, des administrations publiques et des particuliers, auront droit aux mêmes frais de transport et émoluments que les huissiers. Par décret du 21 août 1869, les gendarmes sont chargés de remplir les fonctions d'huissier dans les résidences où il n'en existe pas : à la Martinique, à la Guadeloupe et à la Réunion, les taxes à allouer sont fixées par le gouvernement et approuvées par le Ministre de la marine.

HUITRE, s. f. Genre de mollusque enfermé dans une coquille qui porte le nom d'écaille. La vente, l'achat, le transport et le colportage des huitres ayant plus de 5 centimètres de diamètre sont autorisés en tout temps. (Décr. du 30 mai 1889, art. 1er.) Il est fait exception pour les huitres provenant du bassin d'Arcachon, dont l'exportation, même pour celles ayant plus de 5 centimètres de diamètre, est interdite du 15 mai au 1er septembre. (Décr. du 4 mai 1892.)

Les contraventions relatives au commerce clandestin des huitres n'ayant pas les dimensions réglementaires doivent être recherchées et constatées par la gendarmerie. (Décr. du 13 août 1890.) Les contrevenants sont punis des peines édictées par l'article 7 de la loi du 9 janvier 1852. (Décr. du 12 janvier 1882.)

HYGIÈNE, s. f. L'hygiène est la science qui nous enseigne à nous bien porter en nous faisant éviter la plus grande partie des causes si nombreuses qui peuvent avoir sur notre santé une mauvaise influence. Nous donnons ci-après quelques règles générales d'hygiène enseignées par l'expérience et que le soldat devra suivre avec soin lorsqu'il se trouvera en campagne ou en marche à l'intérieur.

Le soldat en campagne doit mener une vie sobre et réglée, s'abstenir de tout excès et se placer toujours, autant qu'il le peut, dans les meilleures conditions pour conserver sa vigueur et sa santé. Certaines règles importantes, indiquées par le bon sens et par l'expérience, doivent toujours être suivies, et l'homme, quel que soit son tempérament, qui s'astreint à les appliquer rigoureusement, est certain d'échapper à une foule de maladies et d'indispositions inséparables en général de la vie pénible qu'il mène en campagne.

Le soldat devra toujours tenir ses vêtements et son linge dans le plus grand état de propreté; tous les matins, en se levant, et tous les soirs avant de se coucher, il devra se laver à grande eau, la tête, le cou et les mains; si l'on a le temps, cette toilette devra être faite en arrivant à l'étape ; les pieds devront être tenus propres et les ongles coupés court.

Le matin, avant de partir pour faire une étape, manger toujours du pain et un peu de viande qu'on aura eu soin de garder de la soupe de la veille et boire soit du vin, soit du café étendu d'eau ; ne jamais prendre à jeun ni eau-de-vie, ni absinthe. En route, s'habituer à ne pas boire. Si la soif est trop violente, prendre un demi-verre d'eau coupée avec quelques gouttes d'eau-de-vie ou de vinaigre. En arrivant à la halte, ne boire qu'après s'être reposé quelques instants et ne le faire qu'avec modération.

Si la chaleur est forte, éviter de se coucher à l'ombre dans des endroits trop frais ; si le froid est trop rigoureux, se garder de s'arrêter longtemps, de crainte d'un engourdissement mortel ; quand on a souffert d'un grand froid et qu'on arrive au gite, ne jamais s'approcher trop vite d'un grand feu.

Lorsque l'étape est terminée et qu'on a devant soi quelques heures de repos, en profiter largement : manger de bon appétit et, dès qu'on le peut, aller se coucher. Un bon sommeil a bien vite réparé les forces dépensées dans une journée de fatigue.

Au camp ou au bivouac, être toujours bien couvert, surtout pendant la nuit, et, si l'on dort en plein air, se garantir les yeux avec une calotte ou un mouchoir plié ; ne jamais quitter ses habits quand le corps est en transpiration; avoir toujours, autant que possible, une chemise de flanelle et, si on doit faire de longues marches, porter des bas de laine qui ne font pas de plis et qui ne blessent pas les pieds.

Le gendarme, mieux que tout autre soldat, pourra suivre ces simples règles de l'hygiène, et, pour parer à toutes les éventualités, il devra toujours porter sur lui un couteau muni d'une lame plus petite et bien aiguisée formant canif et une boite mince renfermant du fil, des aiguilles, des épingles, quelques bandes, quelques compresses, un peu de charpie et une fiole plate contenant un peu de vinaigre ou d'arnica. Cette petite boite pourra toujours se placer soit dans la besace, soit dans le sac, et les objets qu'elle renferme pourront être, avec le paquet de pansement, d'une grande utilité.

Outre la connaissance des prescriptions hygiéniques qui viennent d'être énumérées, le soldat en campagne doit encore avoir quelques notions sur les premiers soins à donner en cas de blessures ou d'indispositions légères. Nous allons résumer ci-après ces notions élémentaires, extraites en partie des instructions envoyées à la préfecture de police par le Conseil de salubrité de la ville de Paris.

Asphyxie. Défaire immédiatement tous les vêtements qui pourraient gêner la respiration ou la circulation du sang. Coucher le malade en maintenant la tête et la poitrine plus élevées que le reste du corps; le placer dans une chambre bien aérée, ni trop chaude ni trop froide; lui faire respirer du vinaigre ou de l'ammoniaque en lui faisant des affusions d'eau froide sur la tête, frictionner avec des flanelles les extrémités inférieures, exercer sur la poitrine et le bas-ventre des frictions intermittentes, comme pour les noyés, afin de provoquer la respiration; pratiquer la respiration artificielle de bouche à bouche ou à l'aide d'un soufflet. Dès que le malade peut avaler, lui faire prendre de petites quantités de thé ou d'eau mêlée à un peu de vinaigre ou de vin.

Si l'asphyxie a eu lieu par le froid, il faut rétablir graduellement la chaleur et frictionner successivement, de la poitrine aux extrémités, avec de l'eau glacée, puis avec de l'eau froide, puis enfin avec de l'eau tiède. La partie gelée devra être frottée avec de la neige jusqu'à ce qu'elle ait recouvré la chaleur et le mouvement; alors seulement on pourra l'approcher d'un feu doux.

Blessures. Découvrir la plaie, enlever les lambeaux de vêtements qui pourraient y être adhérents, la laver avec un linge ou une éponge imbibée d'eau fraîche et la recouvrir d'une compresse mouillée.

S'il y a coupure, il faut, après avoir bien lavé la plaie, rapprocher les bords et les maintenir réunis avec du taffetas d'Angleterre ou des bandes de sparadrap; si ce n'est pas possible, il faut recouvrir la coupure avec de la charpie mouillée pour empêcher le contact de l'air.

Si le sang s'échappe par jet rouge, saccadé, vermeil, ce qui indique la lésion d'une artère, comprimer fortement le point lésé pour arrêter l'écoulement; si l'hémorragie n'est pas très forte et que le sang noir indique qu'il vient d'une veine, on l'arrêtera assez facilement avec des compresses d'amadou ou de charpie.

Si le blessé vomit le sang, on devra le placer sur le dos, la tête élevée et lui faire boire de l'eau froide par petites gorgées.

Brûlures. Conserver et replacer avec le plus grand soin les parties d'épiderme soulevées ou en partie arrachées. Percer les ampoules avec une épingle et en faire sortir le liquide. Couvrir la brûlure avec un linge fin enduit de cérat ou trempé dans l'huile d'amandes douces. Placer par-dessus des compresses imbibées d'eau fraîche que l'on arrosera fréquemment. La gelée de groseilles est aussi d'une grande efficacité contre les brûlures.

Coliques. Si elles sont causées par de l'eau bue en trop grande quantité, faire prendre au malade du vin chaud ou des infusions excitantes; si elles sont la suite d'un empoisonnement, il faut chercher à faire vomir.

Fièvre. Lorsque l'accès commence à se manifester, il faut provoquer une abondante transpiration en faisant prendre au malade des infusions très chaudes; donner ensuite de 40 à 80 centigrammes de quinine.

Foulure, entorse. Maintenir le plus longtemps possible la partie blessée dans un vase rempli d'eau fraîche qu'on renouvelle dès qu'elle est échauffée; si l'on ne peut plonger le membre malade dans un vase, le couvrir de compresses arrosées fréquemment.

Fracture. Appliquer sur la fracture des linges imbibés d'eau fraîche et placer le membre dans la position la plus supportable en attendant l'arrivée du médecin. Si le malade doit être transporté, le membre blessé, entouré, si c'est possible, de petites planchettes, sera attaché sur un coussin afin d'être préservé des chocs pendant la route.

Syncope. Desserrer le cou, ouvrir les vêtements, coucher le malade horizontalement la tête peu élevée, asperger le visage d'eau fraiche, tamponner les tempes et les joues avec du vinaigre; placer un flacon de vinaigre ou d'ammoniaque sous les narines, frictionner le corps avec de la flanelle imbibée d'eau-de-vie camphrée, chatouiller le larynx avec les barbes d'une plume.

Dans ce cas, comme dans celui d'asphyxie, les moyens les plus simples sont souvent les meilleurs et il ne faut pas perdre de vue que ces soins doivent être prodigués aux blessés quelquefois pendant un temps assez long avant de les rappeler à la vie. (V. les art. 304 et suivants du Service intérieur.)

Hygiène publique. (V. *Salubrité.*)

Hygiène du cheval. L'hygiène en hippiatrique est l'art de gouverner le cheval de manière à prévenir les maladies et à le maintenir en santé le plus longtemps possible. Le véritable cavalier doit aimer son cheval et chercher constamment à lui éviter une foule de petites indispositions qui sont dues presque toujours à l'incurie ou à l'ignorance. Il faut, en temps de guerre, se rapprocher autant que possible des règles générales d'hygiène suivies en temps de paix, et le cavalier doit, par une prévoyance continuelle, maintenir sa monture dans le meilleur état de vigueur et de santé. Ni les aliments, ni le travail, ni le repos ne seront évidemment à la disposition absolue des gendarmes; mais ces derniers devront veiller constamment à ce que ces éléments si importants de l'hygiène soient toujours donnés dans les meilleures conditions.

Le gendarme ne devra jamais se mettre en route sans s'être assuré que son cheval est bien sellé et bien bridé; qu'il est bien ferré, et qu'aucune partie du paquetage ne peut le gêner ou le blesser pendant la marche. Au départ, il devra toujours le ménager par des interruptions au pas pour lui laisser reprendre haleine, éviter de le mettre aux allures vives en montant et en descendant, et, si l'on s'arrête et qu'il ne puisse être abrité, profiter des accidents de terrain pour le mettre à l'abri des courants d'air. En approchant du gite, le cavalier ralentira l'allure pour que le cheval n'ait pas chaud en arrivant; s'il est en sueur, il devra, autant que possible, le promener, le refroidissement n'étant pas à craindre tant que le corps est en action. Le cheval ne devra jamais boire en route, surtout dans des eaux croupissantes. Si, pendant une longue étape, on trouve un ruisseau, on pourra lui laisser boire cinq ou six gorgées. Le refroidissement n'est pas à craindre lorsque la course doit être reprise immédiatement.

En arrivant au gite, desseller, bouchonner fortement et couvrir le cheval avec de la paille que l'on place sous la couverture, retenue, sans être serrée, par le surfaix. Eponger les ouvertures naturelles avec de l'eau fraiche, laver les jambes et les pieds en évitant soigneusement de mouiller le ventre et le poitrail. Visiter les pieds avec attention, les nettoyer, les graisser ou les entourer de terre glaise. Si le cheval a chaud, le laisser une bonne demi-heure sans manger, puis lui donner du fourrage, le faire boire et lui donner l'avoine; faire une bonne litière et le mettre toujours dans les meilleures conditions pour pouvoir se reposer.

Tels sont les principes généraux d'hygiène que les gendarmes pourront appliquer et qui contribueront à maintenir leurs chevaux forts et vigoureux; mais si, malgré ces précautions et ces soins préventifs, l'animal tombe malade, il faudra immédiatement prévenir le vétérinaire.

Un grand nombre de cavaliers se figurent que, parce qu'ils ont monté beaucoup de chevaux, ils sont parfaitement en état de juger des maladies et de les traiter; c'est là un grand travers, dans lequel il faut bien se garder de tomber. La science vétérinaire est une des plus obscures et le praticien exercé est souvent bien embarrassé pour donner son diagnostic; il faut donc, chaque fois que le cheval est malade, fermer l'oreille aux nombreux conseils qu'on ne manque pas de donner et s'adresser à un homme de l'art.

Cependant, il est quelques accidents, assez fréquents chez les chevaux, que le cavalier doit savoir soigner dès le début; le vétérinaire peut être absent et certains soins préventifs indiqués par le bon sens et par l'expérience peuvent quelquefois, sinon faire disparaître l'indisposition, du moins l'empêcher de s'aggraver. Voici quelques règles générales que nous enseigne la thérapeutique pour certaines maladies des chevaux.

Lampas. Cette indisposition, qui se présente principalement chez les jeunes chevaux, provient souvent d'aliments difficiles à mâcher. Elle peut se présenter assez fréquemment en campagne. Mettre le cheval à la diète et aux boissons rafraichissantes.

Maladies du garrot ou du rognon. Ces maladies, surtout celle du garrot, peuvent devenir très graves et ne doivent pas être négligées; les plus communes sont les tumeurs causées par la pression de la selle. Dans ce cas, il faut d'abord ne plus faire travailler le cheval, puis placer sur la tumeur une éponge ou des compresses imbibées d'eau-de-vie simple ou camphrée mélangée avec du savon, de l'eau salée ou de l'eau blanche; ces compresses doivent être fortement maintenues sur la tumeur par un surfaix; on peut se borner à appliquer un gazon mouillé et à faire des frictions dans le sens du poil; s'il y a excoriation, frictionner avec de l'eau blanche.

On peut éviter ces blessures, qui parfois rendent un cheval indisponible pendant plusieurs jours, en ayant soin de resserrer les sangles aussitôt qu'on a mis pied à terre, et surtout en ayant la précaution de faire sécher et de battre les panneaux, pour éviter qu'ils ne deviennent durs. Si, pendant la route, le cavalier s'aperçoit que la selle blesse le garrot, il devra placer par-dessous des coussinets de foin ou de paille et serrer très fortement les sangles et la croupière.

Engorgements du genou. Ils peuvent être causés par une chute, un coup, une grande fatigue. Laisser reposer le cheval et faire immédiatement des frictions spiritueuses.

Enchevêtrure, prise de longe. Tenir la plaie très propre et la lotionner d'abord avec de l'eau de mauve tiède, puis avec de l'eau salée ou vinaigrée pour faciliter la cicatrisation.

Effort du boulet. Appliquer immédiatement des compresses imprégnées d'eau-de-vie camphrée ou plutôt d'alcali volatil.

Clou de rue. Arracher le corps étranger, en évitant de le casser dans la plaie; mettre le pied dans l'eau et appliquer des émollients.

Fourchette échauffée. Faire déferrer le cheval, parer le pied à fond pour mettre à découvert les parties où se trouve la matière, laver la fourchette à grande eau et la bassiner avec de l'extrait de saturne ou de l'essence de térébenthine.

Fourbure. Elle provient le plus souvent d'un travail forcé; on la reconnaît à la difficulté que l'animal éprouve à poser ses pieds sur le sol. Cette maladie, qui peut être très grave, exige de grands soins; on peut, au début, placer le cheval dans une eau courante et lui lotionner les jambes avec du vinaigre; on peut également appliquer sur les pieds malades des cataplasmes de vinaigre et de suie de cheminée, et faire des frictions d'essence de térébenthine à la couronne et au boulet.

Cors. Ces blessures sur les côtes sont occasionnées par la position défectueuse du cavalier à cheval ou par une selle mal ajustée ou mal rembourrée. Lotionner le cor avec de l'eau-de-vie et du savon, appliquer des compresses de suie et de vinaigre maintenues par le surfaix.

Coliques. Bouchonner vigoureusement le cheval, le couvrir et l'empêcher, autant que possible, de se coucher; le promener au pas, lui faire prendre des breuvages chauds (vin, bière, cidre, infusion de foin) et lui donner des lavements d'eau de son.

Plaies d'armes à feu ou d'arme blanche. Les plaies d'armes à feu occasionnent généralement des fractures qui déterminent la perte des chevaux. Dans les blessures avec hémorragie, produites généralement par l'arme blanche, il faut chercher à arrêter la perte trop considérable de sang, entretenir une grande propreté, tâcher de maintenir rapprochés les bords de la plaie, et empêcher l'action nuisible de l'air extérieur en employant la charpie retenue par des bandages.

Nous terminons cet article par quelques notions sur les maladies contagieuses qui peuvent affecter les chevaux.

Maladies contagieuses. Certaines maladies étant contagieuses, il faut, aussitôt que ces maladies se déclarent, isoler les animaux atteints et les placer dans un local n'ayant aucune communication avec l'écurie où se trouvent les autres animaux. — Ces maladies sont : le *charbon*, le *farcin*, la *fièvre typhoïde*, la *gale*, la *gourme* et la *morve*.

Le *charbon* est une maladie générale des liquides organiques, ayant son siège primitif dans le sang et se manifestant parfois par l'éruption de tumeurs à la peau. — Le charbon peut naître spontanément, mais le plus souvent il se développe par l'inoculation et la contagion. Chez le cheval, il affecte deux formes : le charbon avec tumeur et le charbon sans tumeur ou charbon foudroyant.

Le charbon avec tumeur se caractérise par une tuméfaction à siège variable, dure, inégale, entourée d'un engorgement plus ou moins considérable. Peu élevée d'abord, cette tumeur augmente tout à coup et atteint, dans certains cas, le volume d'un melon ordinaire. Elle est très douloureuse, surtout à la pression ; une chaleur ardente l'accompagne dans son commencement, la fièvre survient, la gangrène se déclare et il en résulte une croûte noirâtre, semblable à un charbon éteint. — Les chevaux qui en sont atteints montrent, dès le début, un profond abattement et ont les flancs très agités.

Le charbon est non seulement très contagieux chez les animaux de la même espèce, mais aussi dans ceux d'espèces différentes, et, dans des circonstances données, il l'est même de l'animal à l'homme. — Le charbon foudroyant, appelé aussi fièvre charbonneuse, s'annonce par un trouble général et subit, avec stupeur profonde, battements tumultueux du cœur, taches violacées sur les muqueuses visibles. Il cause la mort 24 heures au plus tard après son début. — De grandes précautions sont indispensables pour éviter les funestes accidents auxquels on s'expose par l'approche ou le contact de chevaux affectés ou morts du charbon.

Le *farcin* est une maladie du système lymphatique, consistant d'abord en des tumeurs, des cordes, des boutons durs, chauds et douloureux, placés sous la peau, puis en des ulcères qui donnent un pus de mauvaise nature. — Cette maladie est très grave et rarement curable. — Quelques jours, trois ou quatre au plus, avant que la maladie arrive à son état aigu, le cheval est triste, les membres sont raides, les muqueuses pâles, les poils hérissés, le pouls petit et fréquent. — Ces signes précurseurs peuvent cependant annoncer d'autres maladies.

La *fièvre typhoïde* est une affection générale essentiellement fébrile, contagieuse par cohabitation et par inoculation, sans action sur l'homme et revêtant quatre formes parfaitement distinctes : 1° forme nerveuse ; 2° forme thoracique ou fluxion de poitrine typhoïde ; 3° forme cérébrale ou vertige typhoïde ; 4° forme abdominale ou gastro-entérite typhoïde. — Le cheval qui est affecté de cette maladie commence d'abord par refuser l'avoine, sans cependant délaisser les autres denrées, pour lesquelles il conserve un certain appétit. Le seul signe appréciable réside dans les muqueuses apparentes, qui se dessèchent et jaunissent légèrement. En cet état, le cheval peut encore travailler ; mais bientôt il perd ses forces, devient triste, se dégoûte de tout aliment, se tient à bout de longe ou appuie la tête sur le rebord de la mangeoire. Le poil se pique, les flancs se rétractent et battent légèrement, une fièvre très vive se déclare ; la bouche, les membres, mais principalement la tête, sont le siège d'une chaleur intense. A ce moment, l'animal reste insensible à tout ce qui se passe autour de lui, et, plongé dans un coma profond, il présente une expression d'hébétude complète.

La *gale* est une maladie de la peau caractérisée par de vives démangeaisons et la présence de croûtes provenant de la sécrétion d'un liquide séreux. La contagion pouvant avoir lieu par l'intermédiaire des effets de pansage, de la litière, des vêtements du cavalier, l'animal atteint de cette maladie doit être isolé et soigné avec des effets de pansage particuliers, qui devront être désinfectés avant de servir à d'autres chevaux. Le cavalier devra avoir soin de changer de vêtements aussitôt le pansage terminé. — La gale est rarement dangereuse, mais elle se propage rapidement.

La *gourme* est une maladie des humeurs. Elle est commune chez les jeunes chevaux. — Lorsque la gourme débute, la pituitaire est rouge, la ganache empâtée, la déglutition pénible, l'œil chassieux, et l'animal perd l'appétit. Plus tard, il s'écoule par les naseaux une liquide jaune grisâtre, épais, et des abcès se forment sous l'auge. — L'animal atteint de gourme doit être immédiatement isolé et placé dans une écurie chaude et à l'abri des courants d'air.

La *morve* est une maladie contagieuse des plus graves. Elle présente deux types, l'un aigu, l'autre chronique. — Cette maladie est caractérisée par l'engorgement des ganglions de l'auge, qui sont durs, peu douloureux et adhérents au maxillaire; l'écoulement par les naseaux d'un jetage poisseux, épais, grisâtre, quelquefois sanguinolent, qui s'attache aux ailes du nez. — La présence des chancres dans les cavités nasales est le symptôme le plus caractéristique. — La morve est incurable (V. les art. 307 et suivants du service intérieur.)

HYMNE NATIONAL, s. m. L'hymne des Marseillais doit être joué par les musiques militaires dans toutes les circonstances où celles-ci sont appelées à jouer un air officiel. (Circ. du 11 août 1886.)

HYPOTHÈQUE, s. f. Terme de jurisprudence, droit dont est grevé un immeuble pour servir à l'acquittement d'une dette faite par le propriétaire de l'immeuble. — L'hypothèque confère au créancier le droit d'être payé sur le prix de l'immeuble avant tous les autres créanciers. Ce droit est inscrit sur un registre particulier, qu'on appelle registre des hypothèques; cette inscription peut être rayée moyennant certaines formalités; c'est ce qu'on nomme *purger une hypothèque.*

Il y a trois sortes d'hypothèques:

1° **L'hypothèque légale;** c'est celle que la loi accorde aux femmes sur les biens de leurs maris, aux mineurs ou aux interdits sur les biens de leur tuteur, et à l'Etat ou aux communes sur les biens de leurs comptables;

2° **L'hypothèque judiciaire,** qui résulte d'un jugement condamnant une personne au payement d'une dette;

3° **L'hypothèque conventionnelle,** qui résulte d'un contrat fait par acte notarié entre un créancier et son débiteur.

I

IDEM, Mot latin qui s'emploie dans les énumérations pour éviter d'écrire un mot déjà cité et qui signifie la même chose, le même objet.

IDENTITÉ, s. f. En terme de jurisprudence, on appelle identité la reconnaissance d'une personne, d'un prisonnier évadé et repris, d'un individu qui donne un faux nom, etc... La reconnaissance de l'identité d'un individu condamné, évadé et repris, est faite par la Cour qui a prononcé la condamnation. (C. d'instr, crim., art. 518.) Celle d'un individu condamné par un conseil de guerre est faite par le conseil. (C. M., art. 180.)

Avant d'extraire des prisons des individus dont le transfèrement est ordonné de brigade en brigade, les sous-officiers, brigadiers et gendarmes s'assurent de leur identité. (Décr. du 1er mars 1854, art. 386.) Carte d'identité. (V. *Carte.*) Plaque d'identité. (V. *Plaque.*)

ILE, s, f. Espace de terre environné d'eau de tous les côtés. — Les principales îles d'Europe sont : les îles Britanniques, la Sardaigne, la Corse, la Sicile, l'île d'Elbe, les îles Baléares, l'île de Malte et les îles Ioniennes.

En Asie, on trouve : sur les côtes de la Méditerranée, les îles de Rhodes et de Chypre ; dans l'océan Indien, les Laquedives, les Maldives, Ceylan, les îles Adaman et Nicobar; dans le grand Océan, l'île Formose et les îles du Japon.

En Afrique sont les îles Madagascar, Maurice, Bourbon, Sainte-Hélène, du cap Vert, Canaries et Madère.

Les principales îles de l'Amérique sont situées sur la côte est de cette partie du monde. On trouve au nord l'île de Terre-Neuve et, entre les deux Amériques, le groupe des Antilles, composé de 360 îles qui forment un archipel renfermant environ 3,000,000 d'habitants. — Les principales Antilles sont : les îles Lucayes ou Bahama, Cuba, la Jamaïque, Haïti ou Saint-Domingue, Porto-Rico.

Nous possédons dans les Antilles : la Martinique, 177,000 habitants ; la Guadeloupe, 166,000 habitants ; Marie-Galante, 14,000 habitants ; les Saintes, groupes de quatre petites îles qui contiennent environ 1,500 habitants ; la Désirade, petite île de 12 kilomètres de long sur quatre de large, qui renferme 1,200 habitants ; Saint-Barthelémy, et la petite île de Saint-Martin, dont la moitié appartient aux Hollandais.

Enfin, l'Océanie n'est qu'une immense agglomération d'îles, parmi lesquelles on distingue Sumatra, Java, Bornéo, les Célèbes, l'Australie ou Nouvelle-Hollande, la Nouvelle-Calédonie, Taïti et les îles Sandwich.

ILLE-ET-VILAINE (Département). Popul., 613,567 habit., 6 arrondissements, 43 cantons (10e corps d'armee, 10e légion de gendarmerie), chef-lieu Rennes, 74,676 habit., à 346 kil. O.-S.-O. de Paris, sur l'Ille et la Vilaine. S.-P.: Fougères, Monfort, Redon, Saint-Malo, Vitré. Département maritime. Pays peu élevé. Agricole. Elève considérable de chevaux, de gros bétail, de volailles et d'abeilles. Exploitations minérales (fer, plomb, marbres). Sources minérales à Dol, Saint-Servan, etc. — Patrie de l'amiral Duguay-Trouin.

ILLUMINATION, s. f. Action d'illuminer, de poser un grand nombre de lumières à l'occasion d'une fête publique. — L'autorité municipale ordonne l'illumination des édifices publics, mais elle ne peut obliger les particuliers à illuminer leurs maisons.

Lors des fêtes et cérémonies publiques, les casernes de gendarmerie sont illuminées aux frais du département ou de la commune.

En cas de refus par les autorités administratives de pourvoir à cette dépense, le commandant de la gendarmerie, dans chaque localité, assure lui-même les moyens d'illumination de la caserne, et il en rend compte hiérarchiquement au commandant de la compagnie, en joignant à son rapport un bordereau de la dépense effectuée à cette occasion. En pareil cas, une allocation extraordinaire sur le fonds d'entretien peut être accordée par le Ministre, sur la demande du conseil d'administration. (Règl. sur le service intérieur, art. 302.)

IMAGE, s. f. Représentation par un procédé quelconque (dessin, gravure, sculpture, etc.) d'une personne ou d'une chose.

La mise en vente, la distribution ou l'exposition d'images obscènes est punie d'un emprisonnement d'un mois à deux ans et d'une amende de 16 à 2,000 francs. (Loi du 29 juillet 1881, art. 28.) — Les exemplaires de ces images mis en vente, colportés ou distribués, seront saisis. (V. *Colportage* et *Outrage*.)

IMMATRICULATION, s. f. Action d'inscrire sur un registre appelé matricule. — Il existe, dans les corps et compagnies de gendarmerie, des registres appelés matricules, destinés à recevoir l'inscription détaillée des renseignements concernant les militaires de tous grades et les enfants de troupe.

On distingue deux matricules pour les militaires : celle des officiers et celle des hommes de troupe; il y a également deux matricules pour les chevaux : celle des chevaux des officiers et celle des chevaux des hommes de troupe. (V. l'annexe nº 1 du règl. du 12 avril 1883 pour la tenue de ces registres, et la note minist. du 10 octobre 1893 pour la tenue des registres matricules des officiers de l'armée active et des officiers de la réserve et de l'armée territoriale. — V. aussi *Matricule*.)

IMMEUBLE, s. m. Propriété qui n'est pas meuble, c'est-à-dire qui ne peut pas être facilement déplacée. — Les immeubles ou les valeurs immobilières sont les maisons, les champs; les biens meubles ou les propriétés mobilières sont l'argent, les valeurs représentées par des actions, des obligations, des billets, les marchandises, les récoltes et les animaux, sauf cependant ceux qui servent à l'exploitation du fonds sur lequel ils se trouvent. Les animaux tels que les bœufs, les vaches, sont désignés par la loi sous le nom d'immeubles par destination. (V. *Biens*.)

IMMOBILITÉ, s. f. En hippologie, on désigne sous ce nom une maladie particulière au genre cheval et qui est caractérisée par une sorte d'hébètement tout particulier, par la fixité de l'œil, qui n'a aucune expression, et par une impossibilité à peu près complète qu'éprouve l'animal lorsqu'on veut le faire reculer.

L'immobilité, dont les causes ne sont pas connues, est regardée comme incurable et rangée parmi les vices rédhibitoires qui donnent ouverture à l'action résultant de l'art. 1641 du Code civil. Le délai pour intenter l'action rédhibitoire est de neuf jours. (V. *Vices rédhibitoires*.)

IMMONDICE, s. f. Ne s'emploie guère qu'au pluriel. Boue, ordure, saleté. — Ceux qui auront jeté imprudemment des immondices sur quelque personne seront punis d'une amende de 1 à 5 francs et, en cas de récidive, d'un emprisonnement de trois jours. (C. P., art. 471, nº 12.)

IMPORTATION, s. f. Action de faire venir du dehors. Le commerce d'*importation* est celui qui consiste à introduire dans notre pays des marchandises étrangères. Le commerce d'*exportation* est celui qui consiste à porter les marchandises françaises dans un autre pays.

IMPOT, s. m. Taxe imposée sur les personnes et sur les choses pour subvenir aux dépenses des services publics. (V. *Contributions.*)

IMPRIMÉ, s. m. Ce mot s'emploie dans le langage courant pour désigner des feuilles sur lesquelles, pour éviter une perte de temps, sont imprimés les entêtes, les colonnes, etc., etc. — Tous les documents relatifs au service, à l'administration et à la comptabilité de la gendarmerie sont établis sur des formules d'imprimés conformes aux modèles déterminés par le Ministre de la guerre. L'annexe nº 5 du règlement du 30 décembre 1892 donne la nomenclature des objets et dépenses à la charge des abonnements de frais de bureau.

IMPRIMERIE, s. f. Art de multiplier l'écriture au moyen de caractères mobiles préalablement assemblés. L'art de l'imprimerie a été découvert en 1436 par l'Allemand Gutenberg.

Le décret du 10 septembre 1870 a rendu libres l'imprimerie et la librairie.

Tout imprimé rendu public, à l'exception des ouvrages dits de ville ou bilboquets, portera l'indication du nom et du domicile de l'imprimeur, à peine, contre celui-ci, d'une amende de 5 francs à 15 francs. — La peine de l'emprisonnement pourra être prononcée si, dans les douze mois précédents, l'imprimeur a été condamné pour contravention de même nature.

Au moment de la publication de tout imprimé, il en sera fait, par l'imprimeur, sous peine d'une amende de 16 à 300 francs, un dépôt de deux exemplaires destinés aux collections nationales. Ce dépôt sera fait : au ministère de l'intérieur, pour Paris ; à la préfecture, pour les chefs-lieux de département ; à la sous-préfecture, pour les chefs-lieux d'arrondissement, et, pour les autres villes, à la mairie. L'acte de dépôt mentionnera le titre de l'imprimé et le chiffre du tirage.

Sont exceptés de cette disposition les bulletins de vote, les circulaires commerciales ou industrielles et les ouvrages dits de ville ou bilboquets.

Les dispositions qui précèdent sont applicables à tous les genres d'imprimés ou de reproductions destinés à être publiés. Toutefois, le dépôt prescrit par l'article précédent sera de trois exemplaires pour les estampes, la musique et, en général, les reproductions autres que les imprimés. (Loi du 29 juillet 1881, art. 1, 2, 3 et 4.)

Il est défendu de fabriquer, vendre, colporter ou distribuer tous imprimés ou formules simulant les billets de banque et autres valeurs fiduciaires. (Loi du 11 juillet 1885.)

INAMOVIBLE, adj. Qui ne peut être destitué qu'en vertu d'un jugement ou dans des cas particuliers prévus par la loi. En France, les juges des cours et des tribunaux de première instance sont inamovibles ; les juges de paix, les procureurs généraux, les procureurs de la République et leurs substituts, et les magistrats employés dans les colonies ne sont pas inamovibles.

INCAPACITÉ, s. f. En jurisprudence, l'incapacité est l'état de celui que la loi prive de certains droits. L'incapacité civile empêche d'exercer les droits civiques, civils et de famille ; l'incapacité politique rend incapable celui qui en est frappé d'exercer ses droits politiques. Ainsi, ceux qui ont été condamnés pour mendicité, pour vagabondage, pour usure, pour outrages aux bonnes mœurs, pour délits électoraux, etc., sont privés du droit de vote et d'élection. (Loi du 5 mars 1849.)

Pour les fonctions publiques, l'âge et des liens de parenté avec les personnes occupant les mêmes fonctions dans le même lieu, sont aussi une cause d'incapacité. (V., pour plus de détails, les articles 28, 29, 42, 171, 175 du Code pénal et 22, 23, 24, 31, 37, 40, 46 et 49 du Code militaire.)

INCARCÉRATION, s. f. Action de mettre quelqu'un dans une prison. — Avant de déposer les individus arrêtés dans les chambres de sûreté, les gendarmes doivent les fouiller avec le plus grand soin pour leur enlever tout ce qui pourrait favoriser des tentatives de suicide ou d'évasion.

La circulaire ministérielle du 25 septembre 1866 recommande aux sous-officiers, brigadiers et gendarmes de vérifier avec le plus grand soin si les individus arrêtés par eux ou confiés à leur garde n'ont pas sur eux des pièces à conviction, des armes ou des instruments qui puissent servir à favoriser leur évasion. En s'abstenant de prendre ces mesures de précaution, les militaires de la gendarmerie manquent à une partie essentielle de leurs devoirs et ils s'exposent à une pénalité proportionnée à la gravité des faits.

INCENDIE, s. m. Feu violent qui se développe sur une grande étendue.

L'incendie par imprudence n'est qu'un délit; il devient crime s'il est commis volontairement. La loi punit de mort celui qui met volontairement le feu à des édifices servant à l'habitation. La peine est celle des travaux forcés à perpétuité lorsque les édifices incendiés ne servent pas à l'habitation. (C. P., art. 434.)

Le Code militaire, article 251, n'admet pas cette distinction et punit de mort avec dégradation tout militaire qui incendie volontairement des édifices, bâtiments, magasins, etc., à l'usage de l'armée.

Quiconque met volontairement le feu à des pailles ou récoltes en tas ou meules, à des navires chargés de marchandises ne faisant pas partie d'un convoi contenant des personnes, si ces objets ne lui appartiennent pas, sera puni des travaux forcés à temps. — Celui qui, en mettant ou en faisant mettre le feu à l'un des objets énumérés ci-dessus et à lui-même appartenant, aura volontairement causé un préjudice quelconque à autrui, sera puni de la réclusion. — Sera puni de la même peine celui qui aura mis le feu sur l'ordre du propriétaire.

Celui qui aura communiqué l'incendie à l'un des objets énumérés dans le 1er paragraphe de l'article 434 du Code pénal en mettant volontairement le feu à des objets quelconques, appartenant soit à lui, soit à autrui, et placés de manière à communiquer ledit incendie, sera puni de la même peine que s'il avait directement mis le feu à l'un desdits objets. — Dans tous les cas, si l'incendie a occasionné la mort d'une ou plusieurs personnes se trouvant dans les lieux incendiés au moment où il a éclaté, la peine sera la mort. (C. P., art. 434.)

La simple menace d'incendie, suivant les circonstances qui l'accompagnent, est punie de peines différentes (travaux forcés ou emprisonnement). (V. C. P., art. 436.)

L'incendie des propriétés d'autrui, par suite de négligence (défaut de nettoyage des fours et cheminées, feux allumés à moins de 100 mètres des maisons, etc., etc.), sera puni de 50 à 500 francs d'amende. (C. P., art. 458.)

Les crimes et délits d'incendie peuvent toujours donner lieu à une action civile.

En cas d'incendie, le commandant d'armes prend toutes les mesures nécessaires pour le maintien de l'ordre et la protection des manœuvres : il arrête ces mesures avec le représentant de l'autorité civile, le commandant de la gendarmerie et le commandant des sapeurs-pompiers auquel incombe la direction des manœuvres. (Décr. du 4 octobre 1891, art. 171.)

Les militaires de la gendarmerie se rendent sur les lieux au premier avis ou signal qui leur est donné, et préviennent sans délai le commandant de l'arrondissement.

S'il ne s'y trouve aucun officier de police ou autre autorité civile, les officiers, et même les commandants de brigade, ordonnent et font exécuter toutes les mesures d'urgence; ils font tous leurs efforts pour sauver les individus en danger; ils peuvent requérir le service personnel des habitants, qui sont tenus d'obtempérer sur-le-champ à leur sommation, et même de fournir les chevaux, voitures et tous autres objets nécessaires pour secourir les personnes et les propriétés; les procès-verbaux font mention des refus ou retards qu'ils éprouvent à cet égard.

Lors d'un incendie, le commandant de la brigade prend, dès son arrivée, toutes les mesures possibles pour le combattre; il distribue ses gendarmes de manière qu'ils puissent empêcher le pillage des meubles et effets qu'ils font évacuer de la maison incendiée; ils ne laissent circuler dans les maisons, greniers, caves et bâtiments que les personnes de la maison et les ouvriers appelés pour éteindre le feu; ils protègent l'évacuation des meubles et effets dans les dépôts qui ont été désignés par les propriétaires ou intéressés.

Les sous-officiers, brigadiers et gendarmes s'informent ensuite auprès des propriétaires et des voisins des causes de l'incendie, s'il provient du défaut d'entretien des cheminées, de la négligence ou de l'imprudence de quelques personnes de la maison, qui auraient porté et laissé du feu près de matières combustibles, ou par suite d'autres causes qui peuvent faire présumer qu'il y a eu malveillance.

Si les déclarations inculpent quelques particuliers, et s'ils sont sur les lieux, le commandant de la brigade les fait venir sur-le-champ et les interroge; si leurs réponses donnent à croire qu'ils ont participé au crime de l'incendie, il s'assure de leur personne et attend l'arrivée de l'officier de police judiciaire ou du commandant de l'arrondissement, auquel il remet le procès-verbal qu'il a dressé de tous les renseignements parvenus à sa connaissance, pour être pris ensuite telles mesures qu'il appartiendra.

Dans le cas d'absence du juge de paix et du commandant de l'arrondissement, les prévenus sont conduits devant le procureur de la République.

Les brigades qui se sont transportées sur les lieux où un incendie a éclaté ne rentrent à la résidence qu'après l'extinction du feu et après s'être assurées que leur présence n'est plus nécessaire pour la conservation des propriétés, pour le maintien de la tranquillité publique et pour l'arrestation des délinquants. (Décr. du 1er mars 1854, art. 278, 279, 280, 281 et 282.)

L'article 545 du Code civil dit que nul ne peut être contraint à céder sa propriété, si ce n'est pour cause d'utilité publique et moyennant une juste et préalable indemnité. Il résulte de cet article que les pertes ou détériorations d'objets requis par la gendarmerie pour combattre un incendie peuvent être mises à charge des communes. (Cass., 9 et 15 janvier 1866.)

Il est défendu à tous les membres de la gendarmerie de recevoir des gratifications pour services rendus, surtout à l'occasion d'un incendie, l'extinction d'un incendie étant un devoir pour tous les citoyens. (Circ. du 7 janvier 1869.) L'article 158 du service intérieur donne l'autorisation de recevoir, dans certains cas, une médaille des compagnies d'assurances; mais il parait difficile d'admettre, surtout après les termes de la circulaire du 7 janvier 1869, que des médailles pourraient être acceptées pour services rendus à l'occasion d'un incendie.

Incendie, inondation. Les pertes d'effets mobiliers à la suite d'incendies ou d'inondations ne donnent pas droit à une indemnité; cependant, elles peuvent motiver une demande de secours qui est adressée au Ministre par le chef de légion.

Incendie d'un magasin à fourrages. En cas d'incendie d'un magasin à fourrages, le sous-intendant, et, à son défaut, le maire agissant comme son suppléant légal, dresse un procès-verbal constatant la perte du nombre de rations de fourrages qui devaient exister en magasin le soir du sinistre, et concluant à la sortie, sans dépenses en deniers et à la charge de l'Etat, de la même quantité. Ce procès-verbal est appuyé d'un extrait du registre des fourrages en ce qui concerne l'existant en magasin le jour de l'incendie, certifié par le commandant de l'arrondissement. S'il a été établi par le maire, il doit être transmis hiérarchiquement au sous-intendant militaire, afin qu'il puisse lui donner la suite nécessaire.

Le règlement du 9 juillet 1859, concernant les précautions à prendre pour éviter les incendies, interdit rigoureusement, dans les casernes, l'usage des allumettes chimiques ordinaires et n'autorise que les allumettes dites amorphes, qui ne peuvent s'allumer que si on les frotte sur une surface préparée à cet effet. (V. Serv. int., art. 137.)

L'article 4 du règlement précité défend expressément de fumer ou de laisser fumer dans les écuries et à proximité des magasins à fourrages. Il recommande de veiller à ce que les cavaliers de corvée ne soient pas porteurs d'allumettes lorsqu'ils pénétreront dans les magasins à fourrages et rend responsables les officiers de semaine et les chefs de détachement.

INCESSIBLE, adj. Se dit de ce qui ne peut être cédé. Les pensions de retraite sont incessibles et insaisissables jusqu'à concurrence d'un cinquième pour dettes envers l'Etat ou envers des créanciers privilégiés, et d'un tiers pour secours alimentaires à des parents.

L'avoir à la masse d'un gendarme rayé des contrôles ne peut être saisi par un créancier. (Décis. du Conseil d'Etat en date du 15 décembre 1881.)

INCESTE, s. m. Union illicite de parents entre lesquels le mariage est prohibé. — La loi défend les unions incestueuses, mais elle n'applique aucune peine aux faits incestueux. Seulement, les enfants nés de ces unions ont une condition pire que celle des enfants naturels : ils ne peuvent être ni reconnus ni légitimés, et ils ne peuvent jamais être appelés à recueillir la succession de leur père ou de leur mère.

INCINÉRATION, s. f. Action de réduire en cendres. La loi du 15 novembre 1887 sur la liberté des funérailles autorise l'incinération ou la crémation des corps. Un décret en date du 27 avril 1889 détermine les conditions applicables aux divers modes de sépulture.

Incinération des archives. (V. art. 236 du règlement du 12 avril 1893 et service intérieur, art. 72.)

INCOMPÉTENCE, s. f. Lorsqu'un tribunal ou un juge n'a pas qualité pour se prononcer sur une contestation, on dit qu'il est incompétent.

INCULPÉ, ÉE, adj. Personne supposée coupable d'un crime ou d'un délit. (V. *Accusé.*)

INCURABILITÉ, s. f. Etat d'une maladie qui ne peut être guérie.

Lorsque la maladie dont un militaire est atteint n'est pas susceptible de guérison, ou que son état le met dans l'impossibilité de continuer à servir activement, l'officier de santé en chef de l'hôpital militaire ou de l'hospice civil et militaire où le dernier traitement a été suivi constate l'incurabilité par un certificat indiquant d'une manière précise la nature des infirmités ou des blessures et spécifiant si elles proviennent ou non des événements de la guerre, de résistance armée ou des fatigues résultant de l'exécution d'un service commandé : ce certificat est visé par le sous-intendant militaire.

A l'égard des militaires qui n'auraient pas été traités dans un hôpital militaire ou dans un hospice civil et militaire, ce certificat est établi par l'officier de santé en chef d'un des hôpitaux militaires ou civils préalablement désignés par l'autorité militaire. (V. *Blessure, Infirmité, Gratification* et *Pension.*)

INDEMNITÉ, s. f. Pour résidence en Algérie. (V. *Algérie.*)

Aux adjoints, aux trésoriers. (V. ce titre et *Frais de route.*)

Pour changement de résidence. (V. ce titre.)

Pour changement de tenue. (V. *Uniforme.*)

Pour cherté de vivres. (V. *Vivres.*)

Aux militaires accompagnant les commissions de classement des chevaux. (V. *Classement des chevaux.*)

Aux militaires détachés pour le maintien de l'ordre. (V. *Déplacement.*)

Pour service au conseil de revision. (V. *Conseil de revision.*)

D'entrée en campagne. (V. ce titre.)

Représentative de fourrages. (V. *Fourrages.*)

Pour frais de bureau. (V. ce titre.)

Pour frais de service. (V. ce titre.)

Pour frais de fonctions. (V. *Frais de service.*)

De haute paye. (V. *Haute paye.*)

En remplacement de liquides. (V. *Liquides.*)

De literie. (V. ce titre.)

De logement et d'ameublement. (V. ce titre.)

De monture. (V. *Remonte.*)

En rassemblement (V. *Rassemblement.*)

Représentative de pain. (V. *Pain.*)

Pour perte de chevaux et d'effets aux armées et à l'intérieur. (V. *Pertes.*)

Pour escorte de poudres. (V. *Poudre* et *Dynamite.*)

Pour escorte de prisonniers. (V. *Escortes* et *Transfèrements.*)

De première mise d'équipement. (V. ce titre.)

De prévôté. (V. ce titre.)

De route. (V. *Frais de route.*)

En route en détachement. (V. *Solde en route.*)

De service extraordinaire pour la troupe. (V. ce titre.)

De traversée en mer. (V. ce titre.)

Aux militaires appelés en témoignage. (V. *Taxe.*)

Pour service au tirage au sort. (V. *Tirage au sort.*)

De tournées et visites inopinées (officiers). (V. *Déplacement.*)

Représentative de viande. (V. *Viande.*)

En remplacement de vivres. (V. *Vivres.*)

De séjour. (V. *Séjour.*)

Aux vaguemestres. (V. *Vaguemestre.*)

Aux membres des commissions pour le règlement des dommages aux propriétés pendant les manœuvres. (V. *Dégât.*)

De voyage. (V. ce titre.)

Indemnités pour changement d'uniforme. Des indemnités pour changement d'uniforme sont allouées aux militaires de la gendarmerie passant d'office dans la garde républicaine et réciproquement. (V. le tarif n° 2 annexé à la décision ministérielle du 22 mars 1901.)

INDICATEUR, s. m. Celui qui indique, qui fait connaître. Il est accordé en toute saisie, à titre d'indemnité, à celui qui a dénoncé la fraude ou la contravention, un tiers du produit des amendes et confiscations, après déduction des droits de fraude et des frais, pourvu que le dénonciateur se soit fait connaître à l'administration ou au directeur avant la saisie. (Arrêté du 17 octobre 1816.)

Il n'est jamais fait mention de l'indicateur dans les procès-verbaux. (Circ. du 21 décembre 1848.)

INDISCIPLINE s. f. Manque de discipline, acte qui viole la discipline.

Provocation à l'indiscipline. (V. *Provocation.*)

INDISPONIBLE, adj. Lorsqu'un officier est indisponible depuis plus d'un mois, il doit en être rendu compte au Ministre. (Art. 283 du règl. du 10 juillet 1889.)

INDIVIDUALITÉ, s. f. (Acte d'). (V. *Acte.*)

INDUSTRIE, s. f. Ce mot s'emploie souvent pour désigner toutes les opérations qui concourent à la production de la richesse.

L'industrie peut être divisée en trois grandes classes :

L'industrie agricole, qui comprend tous les produits tirés directement du sol.

L'industrie manufacturière, qui a pour but d'approprier les produits du sol à nos besoins, à l'aide du travail de l'homme ou des machines.

L'industrie commerciale, qui s'occupe d'acheter et de vendre les produits de l'industrie manufacturière.

INDRE (Département). Populat., 288,788 habit., 4 arrondissements, 23 cantons (9e corps d'armée, 9e légion de gendarmerie), chef-lieu Châteauroux, 23,294 habit., à 259 kil. S. de Paris, au milieu d'une vaste plaine, près de l'Indre. S.-P. : Le Blanc, La Châtre, Issoudun. Département méditerrané, sol plat. Pays agricole et manufacturier. Elève considérable de moutons, de bestiaux et de porcs, de volailles et d'abeilles. Exploitation de mines de fer. — Patrie du général Bertrand.

INDRE-ET-LOIRE (Département). Popul., 335,541 habit., 3 arrondissements, 24 cantons (9e corps d'armée, 9e légion de gendarmerie), chef-lieu Tours, 60,335 habit., à 242 kil. S.-O. de Paris, sur la Loire. S -P. : Chinon, Loches. — Département méditerrané. — Pays bas et sillonné de petites collines. — Agricole. — Mines de fer et de pierres lithographiques. — Patrie du roi Charles VII et du général Menou, qui prit le commandement de l'armée d'Egypte après l'assassinat de Kléber.

INFANTERIE, s. f. Ensemble de troupes qui marchent et qui combattent à pied.

Conformément aux lois des 13 mars 1875, modifiées par celles des 25 juillet 1887, 21 juin 1890 et 25 juillet 1893, l'infanterie de l'armée active comprend :

163 régiments de ligne;

4 régiments de zouaves;

4 régiments de tirailleurs;

2 régiments étrangers;

30 bataillons de chasseurs;

5 bataillons d'infanterie légère d'Afrique;

4 compagnies de fusiliers de discipline, une compagnie de pionniers de discipline, au Tonkin, et un bataillon de tirailleurs sahariens. (V. *Armée.*)

La réserve comprend 145 régiments d'infanterie et un certain nombre de bataillons de chasseurs à pied.

L'infanterie de l'armée territoriale est composée ainsi qu'il suit : 31 bataillons de douaniers, 45 compagnies actives de chasseurs forestiers et un certain nombre de compagnies ou de sections de forteresse; 145 régiments composés d'un nombre de bataillons variable, d'après les ressources du recrutement, 7 bataillons de chasseurs à pied, plus, en Algérie, 10 bataillons de zouaves territoriaux, 3 escadrons et un certain nombre de sections de chasseurs forestiers.

Infanterie coloniale. (V. *Armée coloniale.*)

INFANTICIDE, s. m. — La loi du 21 novembre 1901 modifie ainsi qu'il suit les articles 300 et 302 du Code pénal :

Art. 300. L'infanticide est le meurtre ou l'assassinat d'un enfant nouveau-né.

Art. 302. Tout coupable d'assassinat, de parricide et d'empoisonnement sera puni de mort, sans préjudice de la disposition particulière contenue en l'article 13 relativement au parricide.

Toutefois, la mère, auteur principal ou complice de l'assassinat ou du meurtre de son enfant nouveau-né, sera punie, dans le premier cas des travaux forcés à perpétuité, et dans le second cas des travaux forcés à temps, mais sans que cette disposition puisse s'appliquer à ses coauteurs ou à ses complices.

Ce crime, malheureusement assez commun, demande presque toujours, pour sa constatation, du tact et de l'habileté. Il est généralement connu par la clameur publique, et le devoir de la gendarmerie, après avoir pris des renseignements, est d'en avertir immédiatement le juge de paix et le procureur de la République.

INFÉRIEUR, IEURE, adj. Celui qui est placé au-dessous d'un autre, sous le rapport du grade, du rang, de la dignité. Les inférieurs doivent le respect aux grades supérieurs à ceux dont ils sont revêtus.

L'inférieur prévient le supérieur en le saluant ; le supérieur rend le salut; à grade égal les militaires échangent le salut. (Règlement du 10 juillet 1897, art. 164.)

Est puni d'un emprisonnement de deux mois à cinq ans tout militaire qui frappe son inférieur hors le cas de la légitime défense de soi-même ou d'autrui, ou de ralliement des fuyards, ou de la nécessité d'arrêter le pillage ou la dévastation. (C. M., art. 229.)

INFIRMIER, IERE, s. Les infirmiers sont des militaires employés à soigner les malades dans les ambulances et dans les hôpitaux. Il y a en France 25 sections d'infirmiers, 1 par corps d'armée, 3 à Paris, 1 à Lyon et 3 en Algérie. Ces sections sont sous la direction des adjudants et des officiers d'administration.

INFIRMITÉ, s. f. Maladie habituelle, suspension complète ou incomplète des fonctions d'un organe. Certaines maladies, infirmités ou vices de conformation rendent impropre au service militaire. (V. instr. minist. du 31 janvier 1902.) Le tableau et la classification des infirmités ouvrant des droits à la pension de retraite est inséré du *Bulletin officiel* du 23 juillet 1887.

Les sous-officiers, brigadiers et gendarmes atteints d'infirmités incurables, contractées dans le service, mais qui ne sont pas dans les catégories donnant droit à la pension de retraite, peuvent être proposés pour une gratification temporaire de réforme, calculée sur les deux tiers du minimum de la pension du grade et payée pendant un nombre d'années égal à la moitié des services accomplis.

Ceux dont les infirmités ne sont pas d'une nature assez grave pour donner droit à la retraite, à l'hôtel des Invalides ou à une gratification temporaire, peuvent être proposés pour la réforme, avec l'expectative d'une gratification une fois payée. (Décr. du 1er mars 1854, art. 39.) (V. *Gratifications* et *Blessures.*)

INFORMATION, s. f. Terme de jurisprudence employé pour désigner l'acte judiciaire qui consiste à interroger l'inculpé, à recevoir la déclaration des témoins et à rédiger tous les procès-verbaux nécessaires pour constater le corps du délit et l'état des lieux.

INFRACTION, s. f. Transgression, violation de la loi ou d'un règlement.

INHUMATION, s. f. Action d'enterrer, de déposer un cadavre dans le sein de la terre. — Aux termes de l'article 77 du Code civil, aucune inhumation ne peut être faite sans l'autorisation de l'officier de l'état civil, qui ne doit la délivrer qu'après s'être assuré du décès de la personne. Dans les villes, cette visite est faite par un médecin spécial, vérificateur du décès. L'inhumation ne peut avoir lieu que vingt-quatre heures après le décès, hors les cas prévus par les règlements de police.

La déclaration du décès doit être faite dans les vingt-quatre heures par les deux plus proches parents ou voisins, et le cadavre d'un enfant dont la naissance n'a pas encore été enregistrée doit être présenté à l'officier de l'état civil qui reçoit la déclaration des témoins relative aux noms des parents et à la naissance ainsi qu'au décès de l'enfant.

Ceux qui auront fait inhumer une personne sans l'autorisation de l'officier de l'état civil seront punis d'un emprisonnement de six jours à deux mois et d'une amende de 16 à 50 francs. (C. P., art. 358.)

Aucune personne ne peut se faire enterrer sur sa propriété sans avoir obtenu au préalable l'autorisation de l'autorité supérieure. (Arrêt de la Cour de cass. du 11 juillet 1856.)

Les inhumations des militaires décédés dans les hôpitaux sont réglées par la notice nº 13 qui fait suite au règlement du 25 novembre 1889.

INITIATIVE, s. f. L'initiative est la qualité du militaire qui, dans une circonstance imprévue, inaccoutumée ou difficile, prend rapidement une décision pour assurer l'exécution des lois ou la sécurité des citoyens.

INJURE, s. f. La loi du 29 juillet 1881, reproduisant les termes de l'article 13 de la loi du 17 mai 1819, définit l'injure : « Toute expression outrageante, terme de mépris ou invective qui ne renferme l'imputation d'aucun fait; toute allégation ou imputation d'un fait qui porte atteinte à l'honneur ou à la considération de la personne ou du corps auquel le fait est imputé est une diffamation. » L'article 20 de la loi du 17 mai ajoute : « L'injure qui ne renfermerait pas l'imputation d'un vice déterminé ou qui ne serait pas publique continuera d'être punie des peines de simple police. »

La loi, par suite, reconnait deux sortes d'injures : l'injure *simple* et l'injure *qualifiée* ou publique.

L'injure simple consiste dans toutes les épithètes que la colère et la grossièreté peuvent inspirer, mais qui ne renferment pas un vice déterminé; les mots : gredin, canaille, drôle, polisson, etc., lorsqu'ils ne précisent rien, sont des injures simples qui tombent, lorsqu'elles ont eu lieu sans provocation, sous le coup de l'article 71, nº 11 du Code pénal (amende de 1 à 5 francs).

L'injure qualifiée, au contraire, est l'imputation non d'un fait précis, mais d'une condition habituelle de la personne : appeler quelqu'un voleur, dire à une femme qu'elle mène une mauvaise vie, reprocher à un caissier de soustraire des sommes de sa caisse, etc., sont des injures qualifiées qui sont punies, aux termes de l'article 18 de la loi du 17 mai 1819, d'un emprisonnement de cinq jours à un an et d'une amende de 25 francs à 2,000 francs ou de l'une de ces deux peines seulement. La diffamation ou l'injure commises par la voie de la presse ou par tout autre moyen de publication tombent sous le coup de la loi du 29 juillet 1881. (V. *Diffamation.*)

Les injures envers les magistrats et les fonctionnaires sont spécialement désignées sous le nom d'outrages. (V. ce mot.)

INONDATION, s. f. Débordement des eaux qui sortent du lit qui les contient et s'étendent au loin en couvrant les plaines.

Lorsque les crues font prévoir une inondation dans un délai rapproché, la gendarmerie se conforme aux règles générales qui lui sont tracées par les articles 278 et 279 du décret du 1er mars 1854, et, après avoir prévenu ses chefs, elle prend, de concert avec les autorités locales, toutes les mesures nécessaires pour combattre le fléau et surtout pour empêcher que les personnes ne soient surprises par les eaux.

Les riverains doivent être immédiatement prévenus du danger qu'ils courent, et il faut se hâter de réunir près des points les plus menacés tous les moyens de secours nécessaires pour parer à toutes les éventualités. Les gardes champêtres du canton peuvent être requis. (Décr. du 1er mars 1854, art. 643.) Les habitants doivent le service personnel. (C. P., art. 475, nº 12.) Les gendarmes doivent, comme toujours, montrer l'exemple du courage, et ils ne doivent pas oublier que, souvent, de grands malheurs sont évités, grâce à leur activité, à leur énergie et à leur dévouement.

(Pour les indemnités auxquelles peuvent donner lieu les pertes d'effets mobiliers par suite d'inondation, V., *Incendie.*)

INSAISISSABLE, adj. Qui ne peut être saisi. Dans une vente par autorité judiciaire, le lit et les instruments de travail ne peuvent être saisis. Il en est de même des armes pour les militaires, ainsi que des traitements de la Légion d'honneur et de la médaille militaire.

Les pensions sont saisissables jusqu'à concurrence d'un cinquième pour débet envers l'Etat ou pour des créances privilégiées aux termes de l'article 2101 du Code civil, et d'un tiers dans les circonstances prévues par les articles 203, 205, 206, 207 et 214 du même Code. (V. *Incessible.*)

INSCRIPTION, s. f. Caractères peints ou gravés sur du bois, de la pierre, du marbre, etc. — Le fronton de chaque caserne doit porter l'inscription suivante : *Gendarmerie nationale.* Les logements d'officiers, sous-officiers et brigadiers doivent porter l'incription du grade auquel ils sont affectés. (Règl. sur le serv. int., art. 295.)

On appelle inscription hypothécaire la mention faite sur les registres du conservateur des hypothèques des créances dont une propriété est grevée.

On dit qu'un procès-verbal fait foi jusqu'à **inscription de faux** lorsqu'il est nécessaire, pour l'annuler, de produire un acte qui prouve que la pièce est fausse et falsifiée. (C. de proc., art. 218 et suivants.) — Ainsi, les procès-verbaux dressés par les préposés des douanes et des contributions indirectes, par les gardes du génie pour les contraventions aux règlements relatifs aux fortifications, et par les gardes en matière de délit forestier, font foi en justice jusqu'à inscription de faux. Ceux dressés par la gendarmerie ne font foi que jusqu'à preuve contraire. (V. *Procès-verbal.*)

On donne le nom d'**inscription maritime** à une institution particulière qui a pour objet de fournir à la flotte les marins dont elle a besoin. Ce mode de recrutement repose sur ce principe que tous ceux qui vivent de la mer, c'est-à-dire qui se livrent à la pêche, à la navigation ou à des professions maritimes, doivent le service de mer à l'Etat. Tout individu âgé de 18 ans révolus qui a fait deux voyages au long cours, soit sur les bâtiments de l'Etat, soit à bord des navires de commerce, ou qui compte dix-huit mois de navigation ou deux ans de petite pêche, et qui déclare vouloir continuer la navigation ou la pêche, est inscrit comme matelot et peut être requis pour le service de la flotte. Tout marin inscrit est appelé au service quand il a atteint l'âge de 20 ans révolus. — Pendant cinq ans, le service est obligatoire, mais des congés renouvelables sont facilement accordés. Les inscrits peuvent être requis jusqu'à l'âge de 50 ans; ils sont exempts du tirage au sort et jouissent de certains avantages, parmi lesquels le droit d'exercer la navigation maritime et la pêche côtière. (V. *Marin.*)

L'inscription maritime, instituée par Colbert sous Louis XIV, et modifiée par de nombreux décrets, a été définitivement réglementée par la loi du 24 décembre 1896 modifiée par la loi du 28 janvier 1898. (V. ces lois pour les détails du service dû par les marins)

Réquisitions adressées à la gendarmerie départementale par le service de l'inscription maritime. (V. *Réquisition*).

INSIGNE, s. m. Marque extérieure d'une dignité, d'un rang, d'un grade. Tout militaire qui porte publiquement des décorations, uniformes ou insignes auxquels il n'a pas droit, est puni d'un emprisonnement de deux mois à deux ans. (C. P., art. 259.) (V. *Grade.*)

Un officier nouvellement promu peut

porter les insignes de son nouveau grade dès que paraît le décret de promotion au *Journal officiel*. (Serv. int., art. 223.)

INSOUMIS, ISE, adj. On appelle homme insoumis, ou tout simplement insoumis, le militaire qui n'est pas arrivé à destination au jour fixé par un ordre de route régulièrement notifié. (Instr. du 4 septembre 1897, art. 1.) L'instruction relative à l'insoumission est du 4 septembre 1897.

Tout jeune soldat appelé, au domicile duquel un ordre de route a été régulièrement notifié, et qui n'est pas arrivé à sa destination au jour fixé par cet ordre, est, après un délai d'un mois en temps de paix et de deux jours en temps de guerre, et hors le cas de force majeure, puni, comme insoumis, d'un emprisonnement d'un mois à un an en temps de paix, et de deux à cinq ans en temps de guerre. Dans ce dernier cas, à l'expiration de sa peine, il est envoyé dans une compagnie de discipline.

En temps de guerre, les noms des insoumis sont affichés dans toutes les communes du canton de leur domicile; ils restent affichés pendant toute la durée de la guerre. Le condamné pour insoumission ou désertion en temps de guerre sera, en outre, privé de ses droits électoraux.

Ces dispositions sont applicables à tout engagé volontaire qui, sans motifs légitimes, n'est pas arrivé à sa destination dans le délai fixé par sa feuille de route.

En cas d'absence de l'appelé de son domicile, l'ordre de route est notifié au maire de la commune dans laquelle l'appelé a été inscrit sur les tableaux de recensement, à l'exclusion de toute autre personne. (Instr. du 4 septembre 1897, art. 6.)

A l'égard des appelés, le délai d'un mois sera porté :

1° A deux mois s'ils demeurent en Algérie, en Tunisie ou en Europe;

2° A six mois, s'ils demeurent dans tout autre pays.

En temps de guerre ou en cas de mobilisation par voie d'affiches et de publications sur la voie publique, les délais ci-dessus seront diminués de moitié.

L'insoumis est jugé par le conseil de guerre de la région de corps d'armée dans laquelle il est arrêté.

Le temps pendant lequel l'engagé volontaire ou le jeune soldat appelé aura été insoumis ne compte pas dans les années de service exigées.

La prescription contre l'action publique résultant de l'insoumission ne commence à courir que du jour où l'insoumis a atteint l'âge de 50 ans. (Loi du 15 juillet 1889, art. 73.) Or, la prescription contre l'action publique étant de trois ans, ce n'est qu'à l'âge de 53 ans accomplis que les insoumis doivent être rayés des contrôles de l'insoumission. (Instr. du 4 septembre 1897, art. 3.)

Quiconque est reconnu coupable d'avoir sciemment recélé ou pris à son service un insoumis, est puni d'un emprisonnement qui ne peut excéder six mois. Selon les circonstances, la peine peut être réduite à une amende de 50 à 500 francs.

Quiconque est convaincu d'avoir favorisé l'évasion d'un insoumis est puni d'un emprisonnement d'un mois à un an.

La même peine est prononcée contre ceux qui, par des manœuvres coupables, ont empêché ou retardé le départ des jeunes soldats.

Si le délit a été commis à l'aide d'un attroupement, la peine sera double.

Si le délinquant est fonctionnaire public, employé du gouvernement ou ministre d'un culte salarié par l'Etat, la peine peut être portée jusqu'à deux années d'emprisonnement, et il est, en outre, condamné à une amende qui ne pourra excéder 2,000 francs. (Art. 74 de la dite loi.)

En temps de paix, les militaires en congé rappelés sous les drapeaux, les hommes de la réserve et ceux de l'armée territoriale convoqués pour des manœuvres ou des exercices, ou appartenant à des classes rappelées par décret, qui ne seront pas rendus le jour fixé au lieu indiqué par les ordres d'appel ou affiches, seront passibles d'une punition disciplinaire.

En cas de récidive, les pénalités de l'article 73 ci-dessus, concernant l'insoumission des jeunes soldats appelés, seront applicables aux hommes désignés au paragraphe précédent.

La décision ministérielle du 9 janvier 1890 règle la mise à exécution de l'article 75 de la loi du recrutement concernant les réservistes et territoriaux insoumis qui ne répondent pas aux convocations régulièrement faites. Ces hommes devront être punis disciplinairement et ils seront l'objet d'ordres d'appel individuels à l'époque de la convocation normale de la période d'instruction suivante des hommes de leur catégorie. Le fait de n'avoir pas répondu à ce deuxième appel dans les délais impartis par l'article 73 de la loi du 15 juillet 1889 (un mois) constitue le cas de récidive prévu par la loi. Les récidivistes seront alors déclarés en état d'insoumission et, en cas d'arrestation ou de présentation volontaire, traduits en conseil de guerre. La décision ministérielle du 9 janvier 1890 est commentée et expliquée dans les notes ministérielles des 17 juillet 1890, 12 juillet 1891 et 22 juillet 1892.

La gendarmerie a pour mission la recherche des réservistes et territoriaux qui n'ont pas obéi à une première convocation, et reçoit à cet effet, du recrutement, un bulletin de recherches n° 7 *bis*. Si l'homme recherché est trouvé, elle lui donne connaissance du bulletin et le lui fait sigder. En cas de refus de signer, mention en est faite sur le bulletin. Si les recherches sont infructueuses, elle le mentionne également sur le bulletin qui, dans les deux cas, est retourné au recrutement.

Si, l'année suivante, ce même réserviste ou territorial ne répond pas à la convocation qui lui est encore faite, la gendarmerie reçoit pour lui un ordre de route n° 6 *bis*, lequel doit être notifié à l'intéressé en personne ou, en cas d'absence de son domicile ou de sa résidence déclarée, au maire de la commune de son domicile et de telle sorte qu'il puisse s'écouler au moins trois jours francs entre le jour de la notification et celui auquel il doit se mettre en route pour rejoindre. (Décret du 1er mars 1854, art. 337.)

En temps de guerre, sont déclarés insoumis les hommes de la disponibilité et des réserves qui n'ont pas rejoint dans le délai de deux jours après la date fixée par l'ordre de route. (Instr. du 4 septembre 1897, art. 25.) Toutefois, les hommes qui ont fait les déclarations de changement de résidence, voyages, etc., ont droit pour rejoindre à des délais supplémentaires, calculés d'après la distance à parcourir.

Tout homme qui n'a pas rejoint au jour indiqué pour des manœuvres et exercices peut être astreint, par l'autorité militaire, à faire ou à compléter dans un corps de troupe le temps de service pour lequel il était appelé. (Loi du 15 juillet 1889, art. 75.)

Les signalements des insoumis sont adressés au commandant de la compagnie de gendarmerie du département auquel ils appartiennent par les commandants de recrutement. — Ces signalements doivent toujours être conservés avec le plus grand soin et les poursuites continuées jusqu'à ce que l'arrestation soit opérée ou jusqu'à l'envoi du signalement n° 2 qui indique l'arrestation ou la présentation volontaire. (Décr. du 1er mars 1854, art. 343.)

Les commandants de gendarmerie doivent adresser aux chefs de corps et aux commandants de recrutement un bulletin annuel indiquant le résultat des recherches des insoumis. (Circulaire du 6 mars 1901.)

Lorsqu'un insoumis se présentera volontairement au bureau de recrutement de la circonscription dont il fait partie, le commandant de ce bureau procédera immédiatement à la reconnaissance de son identité, et si le retard ne provient pas d'un cas de force majeure, il enverra dans les vingt-quatre heures, au général commandant le corps d'armée, la plainte (modèle n° 8) avec les pièces réglementaires à l'appui. Le commandant du bureau fera ensuite délivrer une feuille de route à l'insoumis pour qu'il ait à se rendre sur-le-champ, librement, au chef-lieu du corps d'armée dans lequel la présentation aura eu lieu. Lorsqu'un insoumis aura été arrêté dans la circonscription du bureau de recrutement auquel il appartient, il sera conduit, par la gendarmerie, devant le commandant de ce bureau, qui, après avoir procédé légalement à la reconnaissance de son identité, le fera conduire par la gendarmerie au chef-lieu du corps d'armée dans lequel l'arrestation aura eu lieu. Les insoumis qui auront été arrêtés ou se seront présentés volontairement dans une autre circonscription de recrutement que celle dont ils font partie, continueront d'être conduits par la gendarmerie au chef-lieu du corps d'armée dans lequel l'arrestation ou la présentation volontaire aura eu lieu. (Instr. du 4 septembre 1897, art. 40 et suivants.)

(En ce qui concerne la prime due pour l'arrestation d'un insoumis, V. *Arrestation* et *Déserteur*.)

INSPECTEUR, s., fait au f. **INSPECTRICE.** Personne qui est chargée d'examiner, de contrôler, d'inspecter par mission spéciale d'une autorité.

Les différents corps de gendarmerie sont inspectés tous les ans par les généraux qui sont les délégués du Ministre, ses véritables fondés de pouvoir. — Les inspecteurs généraux de gendarmerie, pendant le temps de leur revue, reçoivent, chacun suivant son grade, et dans l'étendue de l'arrondissement d'inspection qui lui est assigné, les mêmes honneurs militaires qui sont accordés par les règlements aux inspecteurs généraux d'armes. (Art. 147 du décr. du 1er mars 1854; art. 297 du décr. du 4 octobre 1891.)

Les inspections générales de gendarmerie ont essentiellement pour objet non seulement de constater en détail la situation du personnel et du matériel de cette arme, en s'assurant que les règlements sont partout observés et que le corps répond entièrement au but de son institution, mais encore de stimuler, par de justes récompenses, l'émulation et l'activité des officiers, sous-officiers, brigadiers et gendarmes.

Les inspections administratives passées annuellement par les intendants militaires inspecteurs délégués par le Ministre, ont pour objet le contrôle des actes et des opérations des conseils d'administration, quant à l'emploi des fonds et des matières mis à leur disposition pour l'entretien des militaires de tous grades. Un décret en date du 27 février 1901 supprime les inspections générales annuelles et ne les conserve que pour la gendarmerie et pour certains établissements ou services qui relèvent directement du Ministre de la guerre.

Les membres du Conseil supérieur de la guerre sont inspecteurs permanents des corps d'armée qui devront composer leur armée. (V. Décret du 2 mars 1899.)

INSTALLATION DES BRIGADES. Lorsqu'une brigade s'installe dans un nouveau casernement, il est dressé un nouveau procès-verbal d'installation dont le double est envoyé au Ministre par le chef de légion. (Art. 294 du règl sur le service intérieur.)

INSTANCE, s. f. Ce mot est synonyme de demande, de sollicitation. Les tribunaux de première instance sont ceux qui siègent au chef-lieu de chaque arrondissement et qui sont appelés à juger les premiers toutes les contraventions en matière civile à partir d'une certaine somme.

INSTRUCTION, s. f. Action d'instruire. Etat d'une personne instruite. Savoir, connaissances acquises. En France, l'instruction est laïque, obligatoire et gratuite.

Les articles 190 et suivants du service intérieur indiquent à grands traits les principales matières que doivent connaître, suivant leur grade, les militaires de l'arme; mais, pour être réputés instruits dans leur métier, pour être toujours et partout à hauteur de leur mission, les sous-officiers, brigadiers et gendarmes doivent avoir une connaissance complète de toutes les lois à l'exécution desquelles ils sont chargés de veiller.

Le gendarme véritablement digne de ce nom ne doit jamais être embarrassé en présence d'un fait délictueux, et il doit sans hésiter savoir prendre toutes les mesures légales pour constater le délit. C'est ainsi que les lois sur la chasse, sur la pêche, sur le roulage, sur l'ivresse, sur la circulation des boissons, sur la protection des enfants employés dans les professions ambulantes, etc., etc., lois très importantes et d'une application journalière, doivent être l'objet de théories fréquentes de la part des chefs de brigade, que l'article 190 du service intérieur rend responsables de l'instruction de leurs subordonnés. Pour améliorer constamment leur instruction, les gendarmes tiennent des cahiers d'écriture sur lesquels ils rédigent des procès-verbaux fictifs, et ceux qui se sont fait remarquer par leurs progrès peuvent être, ainsi que les chefs de brigade, proposés pour des gratifications spéciales par les inspecteurs généraux. Les hommes suffisamment instruits peuvent être dispensés de tenir un cahier d'écriture, et ceux qui veulent perfectionner leur instruction peuvent être autorisés à prendre des leçons particulières chez les instituteurs civils.

La circulaire du 4 juin 1880 détermine les cas dans lesquels une allocation peut être accordée à ces gendarmes. (V. Service intérieur, art. 191.)

L'instruction militaire, si importante pour maintenir chez le gendarme le caractère de soldat, doit être l'objet des soins incessants du chef de brigade, et, outre les exercices à la résidence ordonnés par le tableau de service journalier, l'article 192 du service intérieur prescrit deux fois par mois, pendant la saison d'été, des réunions de plusieurs brigades sur des points intermédiaires où elles sont exercées à cheval sous les ordres des commandants d'arrondissement.

Une instruction ministérielle en date du 6 août 1901 décide la création dans chaque régiment d'infanterie ou bataillon formant corps d'écoles régimentaires comprenant : 1° un cours primaire destiné aux illettrés; 2° un cours préparatoire ayant pour but de développer l'instruction générale des gradés désireux d'arriver au grade de sous-lieutenant.

En jurisprudence, on appelle **instruction criminelle** l'enquête qui se fait avant l'audience et qui a pour but de réunir tous les faits et tous les documents propres à éclairer la justice et amener la punition du coupable.

Dans chaque tribunal, un juge, qui porte le nom de *juge d'instruction*, est spécialement chargé de ces enquêtes, et la loi lui accorde les pouvoirs les plus étendus pour l'accomplissement de ces importantes fonctions. — L'instruction, qui se fait rarement lorsqu'il s'agit d'un délit et plus rarement encore lorsqu'il s'agit d'une contravention, est toujours nécessaire lorsqu'il s'agit d'un crime.

La loi du 8 décembre 1896 modifie certaines règles de l'instruction préalable en matière de crimes et de délits.

Dans le cas de flagrant délit et dans celui de réquisition d'un chef de maison, les officiers de gendarmerie ont qualité pour dresser des procès-verbaux, recevoir les plaintes, les dénonciations et les déclarations des témoins, faire les visites des lieux et les autres actes qui, dans lesdits cas, sont de la compétence des procureurs de la République. (Décr. du 1er mars 1854, art. 239; C. I., art. 49.)

La procédure qui constitue l'examen préparatoire des charges et des indices est longue et minutieuse; elle est détaillée dans la section II du chapitre IV du Code d'instruction criminelle et dans les articles 238 et suivants du décret du 1er mars 1854. — Nous donnons ci-après le résumé des principales opérations.

Dans tous les cas de flagrant délit ou dans les cas assimilés au flagrant délit, c'est-à-dire quand un crime ou un délit est commis dans l'intérieur d'une maison et que le propriétaire en requiert la constatation, les officiers de police judiciaire doivent immédiatement se transporter sur les lieux et procéder aux opérations suivantes :

Défendre, si c'est nécessaire, à qui que ce soit, de sortir de la maison ou de s'éloigner des lieux jusqu'après la clôture du procès-verbal.

Décrire avec la plus grande exactitude l'état des lieux dans lesquels le crime a été commis ;

Constater le corps du délit ; bien indiquer, s'il y a lieu, l'état du cadavre, la disposition exacte qu'il occupait quand on l'a découvert, le nombre et la disposition des blessures ;

Appeler les personnes qui, par leur art ou profession, sont capables d'apprécier la nature du fait ; consigner leurs déclarations et les faire signer. Les officiers de gendarmerie ne doivent faire prêter serment aux témoins ou aux experts que dans le cas d'une instruction ayant pour but de rechercher un crime ou un délit commis par un militaire ;

Se saisir des armes, instruments ou

autres objets qui auront pu servir au crime. Faire à cet effet des perquisitions dans le domicile du prévenu, chez ses concubines ou chez ses affidés et dans tous les endroits ouverts au public. Mais ces perquisitions ne peuvent être faites que pendant le jour dans les domiciles particuliers; et dans les lieux ouverts au public, elles ne peuvent être commencées que pendant le temps fixé par l'autorité pour l'ouverture de ces établissements;

Faire arrêter le prévenu si des charges suffisantes s'élèvent contre lui, et, s'il est absent, le faire comparaitre en vertu d'un mandat d'amener;

L'interroger hors de la présence des témoins, vérifier sur-le-champ ses réponses, si c'est possible;

Le confronter, si c'est nécessaire, avec le plaignant et avec les témoins;

Lui représenter tous les objets saisis et le faire expliquer sur la possession qu'il en aurait eue ou l'usage qu'il en aurait fait;

Appeler et entendre en leurs déclarations toutes les personnes qui pourraient donner des renseignements sur le crime ou sur le prévenu. Les témoins doivent être entendus sans prestation de serment, mais séparément les uns des autres et hors de la présence du prévenu, qui ne doit communiquer avec personne; ils devront signer leurs déclarations.

Si l'inculpé n'a pas été arrêté, se faire donner le signalement exact de la personne et de ses vêtements et consigner ce signalement dans la procédure, afin de faciliter les recherches ultérieures.

L'instruction d'une affaire nécessite généralement la rédaction de trois sortes d'actes:

1° L'interrogatoire de l'inculpé;

2° La constatation du corps du délit et de l'état des lieux;

3° L'interrogatoire des témoins.

(V. *Police judiciaire.*)

INSTRUMENT, s. m. Outil, machine, appareil servant à travailler. Tous les instruments aratoires ou autres abandonnés sur la voie publique, et dont pourraient abuser les malfaiteurs, doivent être remis à l'autorité et procès-verbal doit être dressé contre les délinquants, qui sont punis d'une amende de 1 à 5 francs. (C. P., art. 471, n° 7; décr. du 1er mars 1854, art. 323.)

INSUBORDINATION, s. f. Manque de respect, d'égards ou d'obéissance envers un supérieur.

INSULTE, s. f. Outrage, injures par paroles ou par actes avec l'intention d'offenser. Est puni de six jours à un an d'emprisonnement tout militaire qui insulte une sentinelle par paroles, gestes ou menaces. (C. M., art. 220.) Insulte à un supérieur. (V. *Outrage.*)

INSURRECTION, s. f. Action de se soulever, de se révolter contre le pouvoir établi.

Les crimes tendant à troubler l'Etat par la guerre civile, l'illégal emploi de la force armée, la dévastation et le pillage publics sont prévus et punis par les articles 91 et suivants du Code pénal.

INTELLIGENCE, s. f. Faculté de penser, de comprendre. L'homme intelligent est celui qui comprend, qui saisit avec facilité.

Employé au pluriel, ce mot signifie relations secrètes. Tout militaire qui entretient des intelligences avec l'ennemi dans le but de favoriser ses entreprises est puni de mort avec dégradation militaire. (C. M., art. 205, § 2.)

INTENDANCE, s. f. Corps de fonctionnaires militaires chargés de surveiller les divers détails relatifs à l'administration de l'armée.

Le corps de l'intendance militaire a une hiérarchie propre, réglée ainsi qu'il suit:

GRADE DANS L'INTENDANCE.	GRADE correspondant dans L'ARMÉE.
Adjoint à l'intendance militaire	Capitaine.
Sous-intendant militaire de 3e classe	Chef de bataillon.
Sous-intendant militaire de 2e classe	Lieutenant-colonel.
Sous-intendant militaire de 1re classe	Colonel.
Intendant militaire	Général de brigade.
Intendant général	Général de division.

Ce corps se complète par un personnel d'officiers d'administration dont la hiérarchie est la suivante: Officier d'administration de 3e classe; officier d'administration de 2e classe;

officier d'administration de 1re classe ; officier d'administration principal. Ce personnel est réparti en quatre sections : service des bureaux de l'intendance ; des subsistances militaires ; de l'habillement et du campement ; des hôpitaux. Les officiers d'administration jouissent des bénéfices de la loi du 19 mai 1834 sur l'état des officiers, et ils sont assimilés. (Loi du 28 avril 1900.) (V. *Assimilation.*)

Les attributions générales des fonctionnaires de l'intendance sont définies dans le décret du 10 février 1890.

Ce corps est chargé de l'administration de l'armée et de mandater les dépenses dont le Ministre ne s'est pas réservé l'ordonnancement. Il constate l'effectif des troupes et la présence des militaires soit au drapeau, soit dans les postes qui leur sont assignés, et assure leur subsistance. (V. *Sous-intendant.*) L'administration et la comptabilité des corps et compagnies de gendarmerie sont soumises au contrôle de l'intendance militaire. (Art. 30 du règl. du 12 avril 1893.) Pour constater l'effectif des hommes et des chevaux, les fonctionnaires de l'intendance militaire passent des revues d'effectif des brigades de gendarmerie quand ils en reçoivent l'ordre du Ministre de la guerre et des généraux.

Ces revues ont toujours lieu à la caserne de la résidence, mais dans aucun cas elles ne peuvent entraver ou retarder l'exécution du service.

Après la revue, la troupe, conduite par le commandant d'arrondissement, passe en colonne par le flanc devant les fonctionnaires de l'intendance. Les cavaliers ont le sabre à la main, les hommes à pied ont la carabine sur l'épaule, sans baïonnette. (V. service intérieur, art. 229 et suivants.)

Le recrutement, la répartition, l'instruction, etc., du personnel du cadre auxiliaire du service de l'intendance sont réglés par l'instruction du 21 mars 1898.

Outre le corps de l'intendance militaire, on distingue encore le corps du contrôle de l'administration de l'armée. Son personnel ne relève que du Ministre et il a pour objet de sauvegarder les intérêts du Trésor et les droits des personnes, en procédant, soit par des vérifications sur pièces, soit par des inspections inopinées. (Loi du 16 mars 1882.) (V. *Contrôle.*)

A défaut d'un fonctionnaire de l'intendance, le sous-intendant absent ou empêché est suppléé, savoir : dans les places et villes de garnison où il y a un major de place ou de garnison par le major de place ou de garnison ; dans les autres places ou villes de garnison, par un officier du grade de capitaine. (Note minist. du 17 mars 1885.) — Dans les lieux où il n'y a pas de garnison et dans ceux où la garnison ne comporte pas d'officiers du grade de capitaine, par le maire.

Le maire, en sa qualité de suppléant du sous-intendant, est chargé :

D'assurer la distribution des prestations en nature dues aux troupes de passage et celles en station. — De pourvoir à l'hospitalisation des militaires malades. — De délivrer aux isolés des sauf-conduits valables jusqu'à la plus prochaine résidence du sous-intendant ou d'un suppléant militaire. — De délivrer des bons de convoi :

1° Aux militaires en détachement, pour une seule étape ;

2° Aux militaires isolés, jusqu'à la résidence du sous-intendant ou du suppléant militaire. — De constater, s'il y a lieu, par des procès-verbaux toujours soumis à l'homologation des sous-intendants, les pertes ou accidents qui lui sont signalés. (Art. 14 et 17 du décr. du 10 février 1890. — V. en outre la circ. du 7 octobre 1884.)

INTENTION, s. f. Résolution, dessein arrêté de faire quelque chose. En droit pénal, l'intention est nécessaire pour démontrer la culpabilité. Ainsi un homme qui en a tué un autre peut être acquitté par le jury, qui, bien qu'admettant la réalité du fait, ne reconnaît pas que l'inculpé a eu *l'intention criminelle* de la commettre.

Il en est de même des délits portés devant les tribunaux correctionnels. Mais quand il s'agit de contraventions de police, l'intention coupable n'est pas nécessaire pour entraîner la condamnation.

INTERDICTION, s. f. Défense

de faire quelque chose. Les personnes majeures qui ne jouissent pas de l'usage complet de leurs facultés peuvent être frappées par un jugement d'interdiction qui les assimile aux mineurs et qui leur enlève la gérance de leurs affaires et l'administration de leurs biens.

La peine de la surveillance a été supprimée par la loi du 27 mai 1885, et remplacée par la défense faite au condamné de paraitre dans les lieux dont l'interdiction lui a été signifiée.

Les individus condamnés à l'interdiction peuvent, au moment des appels, traverser les départements qui leur sont interdits, pour se rendre soit à leur bureau de recrutement, soit à leur corps d'affectation; dans ce cas, le livret ou l'ordre d'appel tiennent lieu de sauf-conduit. (Circ. ministérielle du 4 avril 1888.)

La loi du 12 juillet 1872 autorise le préfet de la Seine et celui du Rhône à interdire le séjour de Paris et de Lyon à tous les individus qui n'y ont pas des moyens d'existence et qui ont subi des condamnations pour vagabondage, rébellion, etc. La durée de l'interdiction ne peut dépasser dix ans, mais elle peut être renouvelée. (V. *Surveillance et Libéré.*)

INTERNEMENT, s. m. (V. *Relégation.*)

INTÉRÊT, s. m. Sentiment qui fait que nous recherchons ce qui nous est utile, nécessaire, avantageux. — On donne le nom de dommages-intérêts ou dommages et intérêts à une indemnité due pour un préjudice causé.

Le mot intérêt s'emploie pour désigner le revenu qu'on tire d'un capital.

La loi du 7 avril 1900 fixe à quatre pour cent (4 p. 100) l'intérêt légal en matière civile. et à cinq pour cent (5 p. 100) l'intérêt légal en matière de commerce. En Algérie, l'intérêt conventionnel ne peut excéder 8 p. 100 en matière civile et commerciale. (V. *Usure.*)

INTÉRIM, s. m. Temps pendant lequel un emploi n'est pas occupé par son titulaire.

Dans le cas de vacance d'emploi (décès, retraite, démission, appel à d'autres fonctions), le remplacement des titulaires a lieu par intérim et le commandement est alors intérimaire; dans les autres cas (congé, permission ou maladie du titulaire), le commandement est provisoire. (V. décr. du 1er avril 1889, art. 163 du service intérieur et formules du modèle n° 24 annexées audit règl.) (Pour les indemnités allouées aux intérimaires, v. le mot *Déplacement.*)

INTERNATIONALE. Nom donné à une association de travailleurs dont les doctrines reposent, d'après les opinions exprimées dans ses congrès : sur le moyen de soutenir pécuniairement les grèves; sur l'abolition de l'hérédité du capital; sur la destruction de toute patrie particulière aux différents peuples au moyen de l'effacement de toutes les frontières, etc.

La loi du 14 mars 1872 punit les affiliés à cette association d'un emprisonnement de 3 mois à 2 ans et d'une amende de 50 à 1,000 francs. L'interdiction de 5 à 10 ans des droits mentionnés en l'article 42 du Code pénal peut également être prononcée. (Art. 2.)

Ceux qui ont accepté une fonction dans cette association ou qui ont sciemment concouru à son développement peuvent être punis de 5 ans de prison et de 2,000 francs d'amende. (Art. 3.)

Celui qui a loué ou prêté sciemment un local pour une réunion de cette association peut être frappé d'une peine de 6 mois de prison et de 50 à 500 francs d'amende.

INTERPRÈTE, s. m. Celui qui explique, qui traduit. — Quand un accusé ou un témoin ne parle pas le français, le président ou le juge d'instruction nomme un interprète âgé de 21 ans au moins, auquel on fait prêter serment de traduire fidèlement les discours à transmettre entre ceux qui parlent des langages différents. (C. d'instr. crim., art. 332.)

La loi du 18 février 1901 a réorganisé le corps des interprètes militaires et a fixé leur cadre ainsi qu'il suit :

DÉSIGNATION DES CLASSES.	EFFECTIF.
Officiers interprètes principaux.	4
Officiers interprètes de 1re classe.	20
Officiers interprètes de 2e classe.	38
Officiers interprètes de 3e classe.	
Interprètes stagiaires.	
Totaux.........	62

Ces grades correspondent, mais sans assimilation, à ceux de la hiérarchie militaire depuis celui d'adjudant jusqu'à celui de chef de bataillon.

Les interprètes titulaires sont nommés par décret, sur la proposition du Ministre de la guerre. Le programme pour les examens d'admission est déterminé par le règlement du 17 avril 1874.

INTERROGATOIRE, s. m. Terme de procédure. Action d'interroger un inculpé. Procès-verbal contenant les questions adressées à un accusé et les réponses qu'il a faites.

Lorsque, dans une instruction, l'interrogatoire est terminé, il en est donné lecture au prévenu, afin qu'il déclare si ses réponses ont été fidèlement transcrites, si elles contiennent la vérité et s'il y persiste. L'interrogatoire est signé par le prévenu et clos par la signature du rapporteur et celle du greffier. (C. M., art. 101; C. d'instr. crim., art. 40.)

INTONATION, s. f. S'emploie, en terme militaire, pour désigner le ton spécial à chaque arme dans le commandement. — Les règles d'intonation sont développées dans le règlement du 2 mai 1883. (Bases de l'instruction, art. 7.)

INVALIDE, s. m. Homme que ses infirmités mettent hors d'état de travailler.

L'hôtel des Invalides, à Paris, construit sous Louis XIV, est destiné à recevoir les militaires de tout grade des armées de terre et de mer, âgés au moins de 60 ans ou ayant des blessures ou des infirmités équivalentes à la perte d'un membre. Les invalides sont admis par le Ministre; ils sont organisés militairement et justiciables des conseils de guerre. — Les invalides touchent journellement une petite somme à titre de centimes de poche; cette somme, qui varie suivant les grades, est de 0 fr. 20 pour le soldat et de 1 fr. 50 pour le colonel. (V. les décr. du 29 juin 1863 et du 21 mars 1882, et la décis. min. du 27 juillet 1886.)

INVENTAIRE, s. m. Catalogue sur lequel sont inscrits et décrits des objets, meubles ou immeubles, des vêtements appartenant à un individu, des livres, papiers, etc., se trouvant dans une maison ou dans un bureau.

Lors du remplacement d'un commandant de brigade, la remise des registres, documents et matériel dont il est dépositaire, ainsi que celle des fourrages existant en magasin, est effectuée entre les mains de son successeur sur un inventaire dressé en double expédition, dont l'une est adressée au commandant de l'arrondissement et l'autre est déposée aux archives de la brigade. (Règl. sur le service intérieur, art. 156.) La remise des documents de mobilisation doit faire l'objet d'un inventaire distinct qui sera déposé dans l'armoire de mobilisation.

Les procès-verbaux d'arrestation doivent toujours contenir l'inventaire exact des papiers et effets trouvés sur les prévenus : il est signé par ces individus et, autant que possible, par deux habitants les plus voisins du lieu de la capture ; s'ils déclarent ne pouvoir ou ne vouloir signer, il en est fait mention. (Décr. du 1er mars 1854, art. 275.)

Les procès-verbaux rédigés pour mort violente et qui contiennent l'inventaire des objets trouvés sur le décédé ou près de lui doivent être visés pour timbre et enregistrés en débet. (Décr. du 1er mars 1854, art. 492.)

Lorsqu'un militaire est décédé dans une maison de détention ou qu'il s'en est évadé, un inventaire de l'argent et des effets qu'il a laissés est dressé en triple expédition par les soins du commandant de gendarmerie. Le concierge de la maison de détention signe ces inventaires et en garde une expédition par devers lui. Les effets et l'argent sont transportés par la voie de la correspondance ordinaire jusqu'à l'hôpital militaire le plus voisin. (Décr. du 1er mars 1854, art. 409.)

Il est également dressé un inventaire en triple expédition des effets d'habillement laissés dans leur domicile par les militaires décédés, disparus ou désertés. Une expédition reste entre les mains des parents, qui ont signé avec la gendarmerie, et les effets reçoivent la destination indiquée par le sous-intendant militaire auquel une expédition de l'inventaire est adressée. (Décret du 4 février 1896.) (V., pour cette question, le mot *Effets*.)

INVENTION, s. f. Action de trouver, d'imaginer, de créer par un effort de la pensée. C'est grâce à des inventions successives faites par des hommes de génie que l'humanité a pu sortir peu à peu de l'état sauvage et arriver à cet état de perfection relative qu'on appelle la civilisation.

Nous ne pouvons évidemment donner ici la liste de toutes les inventions qui ont contribué à améliorer le sort de l'homme et à augmenter son bien-être ; nous nous bornerons à citer les principales, en donnant les noms des plus grands inventeurs et les dates des inventions.

Avant Jésus-Christ, nous trouvons déjà la boussole, le niveau, l'équerre, le soufflet, le cadran solaire, les horloges à eau, la poulie, le siphon et la porcelaine.

Depuis Jésus-Christ, on a successivement découvert les moulins à vent (650), — le papier de coton (750), — l'alcool (824), — l'imprimerie en Chine (939), — l'horloge mécanique (990), — le papier de toile (1170), — la poudre à canon, par Roger de Bacon (1294), — les lunettes à lire, par Alexandre Spina, de Pise (1300), — l'arquebuse et les canons (1338), — l'étamage des glaces (1346), — les montres et les peintures à l'huile (1415), — l'imprimerie, par Gutenberg (1450); le premier journal a été imprimé à Strasbourg en 1457, — la gravure sur acier (1454), — le mousquet et la baïonnette (1500), — le rouet à filer (1530), — le pendule, par Galilée (1582), — le microscope, par Jansen (1590), — le mouvement de la terre, par Galilée (1605), — la circulation du sang, par Harvey (1608), — les lois du système du monde, par Képler (1610), — le thermomètre, par van Trebbel (1621), — le baromètre, par Torricelli (1643), — la machine pneumatique et la machine électrique, par Otto de Guéricke (1660), — le télescope, par Newton (1666), — la puissance de la vapeur, par Denis Papin (1681), — les ponts suspendus en fer (1741), — le sucre de betterave (1745), — le paratonnerre, par Franklin (1757), — la machine à vapeur, par Watt (1769), — l'aérostat, par Montgolfier (1783), — le télégraphe aérien, par Chappe (1791), — la lampe Carcel (1800), — la vaccine, par Jenner (1800), — la lumière électrique, par Davy (1801), employée pour l'éclairage en 1844, — le bateau à vapeur, par Fulton (1803), la locomotive à vapeur (1804), employée pour la première fois en 1830 pour le chemin de fer de Manchester à Liverpool, — la machine à coudre (1804); rendue pratique par Howe en 1846, — le fusil à percussion (1809), — la lampe de sûreté, si utile aux mineurs, par Davy (1815), — la télégraphie électrique, par Ampère (1820), appliquée seulement en 1830, — les allumettes phosphoriques (1833), — la photographie, par Tabbot (1834), — le pistolet-revolver, par Colt (1836), — le daguerréotype, par Daguerre (1837), — le fusil à aiguille, par Dreyse (1837), — les allumettes amorphes (1848), — le fusil chassepot (1864), — la mitrailleuse, par le colonel Reffye (1868), — le téléphone, par l'américain Bell (1877), — le fusil Lebel, par le colonel Lebel (1884) et à répétition (1888), — le phonographe et le graphophone, par Edison (1888), — la poudre sans fumée (1889), — la télégraphie sans fil (1902), — enfin une commission militaire s'occupe activement de la direction des ballons.

Une note ministérielle, en date du 3 août 1894, décide que les projets relatifs à des inventions émanant de militaires en activité, doivent toujours être transmis au Ministre (cabinet), revêtus des avis favorables ou défavorables des chefs sous les ordres desquels sont placés leurs auteurs.

INVIOLABLE, adj. Qu'on ne peut pas violer. La maison de chaque citoyen est un asile inviolable dans lequel la gendarmerie ne peut pénétrer que dans des cas parfaitement déterminés. (V. décr. du 1er mars 1854, art. 291, 292 et 293.) Les ambassadeurs et les députés, pendant la durée des sessions, sont inviolables, c'est-à-dire qu'ils ne peuvent être arrêtés ni poursuivis en justice, sauf le cas de flagrant délit.

INVITATION DE FEUILLE DE ROUTE. La feuille de route ne peut être délivrée que par le sous-intendant militaire sur la production d'une invitation de feuille de route établie par le chef de corps ou de détachement. Il en est de même pour les sauf-conduits délivrés par les maires.

Les invitations de feuille de route doivent être établies dans la forme indiquée par le règlement du 15 décembre 1898. L'invitation est individuelle. — Il n'est fait d'exception à cette règle que lorsqu'il s'agit de militaires voyageant sous le commandement de l'un d'eux et traités comme des isolés, ou bien encore des hommes faisant partie des classes renvoyées dans leurs foyers et payés de leurs frais de route sur mandats collectifs, ou embarqués à destination de la France avec des feuilles de route sans indemnité. (Circ. du 3 novembre 1883.)

ISABELLE, adj. Dans le signalement des chevaux, on désigne sous le nom de robe isabelle une couleur semblable à celle du café au lait avec les crins et les extrémités noirs. Dans la robe isabelle, l'épine dorsale est souvent garnie de poils plus ou moins foncés; cette particularité porte le nom de raie de mulet.

ISÈRE (Département). Population, 568,693 habit., 4 arrondissements, 45 cantons (14e corps d'armée, 14e légion de gendarmerie), chef-lieu Grenoble, 60,439 habit., à 568 kil. S.-E. de Paris, divisé en deux parties inégales par l'Isère. S. P.: Saint-Marcellin, la Tour du Pin, Vienne. — Pays très élevé et montagneux. Agricole et manufacturier. — Elève importante de gros bétail et de chevaux. — Sources minérales à Uriage, La Mothe, Allevard, etc. — Patrie de Bayard.

ISOLÉ, adj. Qui est seul, libre, indépendant. — Les jeunes soldats ayant des antécédents judiciaires, dirigés *isolément* sur les bataillons d'infanterie légère d'Afrique, et les militaires condamnés à des peines correctionnelles appelés aux mêmes corps, à l'époque de leur élargissement, y seront conduits sous escorte de la gendarmerie, à l'exception de ceux d'entre eux qui auront été élargis par voie de grâce, ou auront donné, pendant leur détention, des gages d'amendement et de repentir. Ces hommes seront dirigés librement sur lesdits bataillons. (Note minist. du 3 juin 1885.) — (V. les notes ministérielles des 20 juillet 1885 et 30 avril 1886 relatives aux *isolés* qui se présentent à l'état-major d'une place de passage, déclarant manquer des ressources nécessaires pour pouvoir continuer leur route. — V. également les mots *Avances* et *Chemin de fer*.)

ISTHME, s. m. Bande étroite de terre qui unit deux terres d'une certaine importance. — L'isthme de Panama unit les deux Amériques; l'isthme de Corinthe unit la Morée à la Grèce septentrionale, et l'isthme de Suez, avant d'être percé, réunissait l'Asie à l'Afrique.

ITALIE. Le royaume d'Italie se compose d'une grande presqu'île et de plusieurs îles, dont les principales sont la Sicile et la Sardaigne. La presqu'île, qui a grossièrement la forme d'une botte, est bornée au nord-ouest et au nord par les Alpes, qui la séparent de la France, de la Suisse et de l'Autriche; à l'ouest, par la mer Tyrrhénienne; au sud, par la mer Ionienne et, à l'est, par la mer Adriatique. La superficie de toute l'Italie, en y comprenant les îles, est de 286,000 kilomètres carrés; sa population s'élève à 30,500,000 d'habitants.

Les Apennins, continuation des Alpes, forment la charpente de cette contrée et se prolongent jusqu'au détroit de Messine.

Le plus grand fleuve de l'Italie est le Pô, qui se jette dans la mer Adriatique après avoir arrosé Turin, Plaisance et Crémone; il reçoit à droite le Tanaro, la Parma et la Secchia; à gauche, les deux Doires, le Tessin, l'Adda, l'Oglio et le Mincio. Les autres fleuves tributaires de l'Adriatique sont: l'Adige, la Brenta et le Tagliamento. L'Arno, qui arrose Florence, et le Tibre, qui arrose Rome, se jettent dans la mer Tyrrhénienne.

L'Italie, qui était autrefois partagée en neuf divisions politiques, ne forme plus, depuis les guerres de 1859 et de 1870, qu'un seul royaume, dont la capitale est Rome. Il se compose de 12 provinces, savoir :

1° Le Piémont, v. p. Turin, sur le Pô; Alexandrie, près de laquelle se trouve Marengo (14 juin 1800);

2° Le territoire de Gênes ou la Ligurie; v. p. Gênes.

3° La Lombardie, v. p. Milan, Magenta (1859), Pavie (bataille perdue par François Ier en 1525); Marignan (1515-1859), Agnadel (1509-1705), Castiglione (1796), Solferino (1859);

4° La Vénétie, v. p. Venise, Padoue, Arcole (1796), Rivoli (1797), Campo-Formio, où fut signé, le 17 octobre 1797, le traité qui mit fin à la guerre de 1796, — Villafranca, où la paix fut signée, en 1859, entre la France et l'Autriche, — Mantoue, — Peschiera et Legnago, places fortes;

5° L'île de Sardaigne, cap. Cagliari;

6° L'Emilie, v. p. Parme, Plaisance, Modène;

7° La Toscane, v. p. Florence, Lucques, Pise, Livourne, port de mer. Sur les côtes se trouve l'île d'Elbe, chef-lieu Porto-Ferrajo. Napoléon résida dans cette île après sa première abdication, en 1814, et en repartit en 1815 pour remonter sur le trône pendant cent jours;

8° L'Ombrie, v. p. Pérouse;

9° Les Marches, v. p. Urbin et Ancône, port de mer;

10° Le territoire romain, v. p. Rome (436,000 habit. avec ses faubourgs), capitale du royaume d'Italie; métropole du culte catholique et résidence du pape; Civita-Vecchia, port de mer;

11° Le territoire napolitain, v. p. Naples, Otrante, Brindisi et Reggio;

12° La Sicile, v. p. Palerme, Messine, Syracuse et Trapani.

Près de la côte nord-est de l'Italie, baignée par la mer Adriatique, on remarque la petite République indépendante de San-Marino (Saint-Marin), qui renferme environ 8,000 habitants; capitale San-Marino.

La principauté de Monaco, qui faisait autrefois partie du territoire italien, se trouve aujourd'hui enclavée en France dans le département des Alpes-Maritimes.

Tous les Italiens sont soumis au service obligatoire pendant 19 ans, de 20 à 39 ans; le service est personnel et tous les jeunes gens déclarés bons pour le service sont, suivant leur numéro de tirage au sort, répartis dans l'une des trois catégories suivantes : ceux de la première font 3 ans de service actif, 5 ans de réserve, 4 ans de milice mobile et 7 ans de milice territoriale. — Ceux de la deuxième, après avoir passé 5 mois sous les drapeaux, complètent 5 ans dans la seconde réserve de l'armée active et 4 ans dans la réserve de la milice; ils sont ensuite versés pendant dix ans dans la milice territoriale. — Ceux de la troisième sont dispensés du service actif; ils font partie pendant 19 ans de la milice territoriale et peuvent être appelés à l'activité pour une période d'instruction de 30 jours. Sur le pied de paix, l'armée italienne ne compte environ que 200,000 hommes. Les forces sur le pied de guerre peuvent être décomposées de la manière suivante :

Armée active. — 1re et 2e réserves..........	680,000 h.
Milice mobile..........	360,000
Milice territoriale.......	1,520,000
Soit un total de......	2,560,000 h.

ITINÉRAIRE, s. m. Indication du chemin à suivre. Les itinéraires doivent toujours être tracés par la ligne la plus courte et les fonctionnaires de l'intendance militaire sont tenus, lorsqu'ils délivrent une feuille de route, d'y consigner l'itinéraire que le militaire doit suivre jusqu'à destination. Les itinéraires à adopter pour servir de base au paiement de l'indemnité de route doivent être ceux indiqués par la carte et le livret des étapes. (En ce qui concerne les militaires qui se trouvent en dehors de l'itinéraire qu'ils devaient suivre, V. les mots : *Avance, Chemin de fer, Isolé* et les notes minist. des 20 juillet 1885 et 30 avril 1886.)

IVRESSE, s. f. Etat d'une personne ivre.

Pour faire exécuter la loi des 23 janvier-3 février 1873 qui tend à réprimer l'ivresse publique et les progrès de l'alcoolisme, les gendarmes doivent dresser procès-verbal : 1° contre toute personne trouvée en état d'ivresse dans les rues, chemins, places, cafés, cabarets ou autres lieux publics. L'individu ivre pourra, en outre, être conduit à ses frais au poste le plus voisin pour y être retenu jusqu'à ce qu'il ait recouvré la raison (contravention de simple police ; en cas de récidive, délit correctionnel) ;

2° Contre tout cafetier, cabaretier ou autre débitant qui aura donné à boire à des gens manifestement ivres ou qui les aura reçus dans son établissement, ou qui aura servi des liqueurs alcooliques à des mineurs âgés de moins de 16 ans accomplis (contravention de simple police ; en cas de récidive, délit correctionnel) ;

3° Contre tout cafetier, cabaretier ou autre débitant qui n'aura pas affiché le texte de la loi sur l'ivresse dans la salle principale de son établissement et contre tout individu qui aura lacéré ou déchiré le texte de la loi affiché (contravention de simple police ; la récidive n'est pas prévue par la loi) ;

4° Contre tout individu qui aura fait boire jusqu'à l'ivresse un mineur âgé de moins de 16 ans accomplis (délit correctionnel).

Toute personne qui aura été condamnée deux fois en police correctionnelle pour infraction à la loi sur l'ivresse pourra, en outre, être déclarée, par le second jugement, incapable d'exercer les droits suivants : 1° de vote et d'élection ; 2° d'éligibilité ; 3° d'être appelée ou nommée aux fonctions de juré ou autres fonctions publiques, ou aux emplois de l'administration, ou d'exercer ces fonctions ou emplois ; 4° de port d'armes pendant deux ans à partir du jour où la condamnation sera devenue irrévocable.

Il est à remarquer que les peines pour les contraventions n'étant pas inscrites sur les casiers judiciaires, la récidive qui constitue le délit sera parfois difficile à constater. Les gendarmes devront avoir soin de fournir dans les procès-verbaux tous les renseignements propres à éclairer la justice sur la situation du contrevenant.

Les gardes champêtres sont chargés de rechercher sur leur territoire les infractions à la loi sur l'ivresse.

La loi sur l'ivresse est applicable à l'armée. La circulaire ministérielle du 6 mai 1875, après avoir rappelé que, conformément à l'article 271 du Code militaire, les contraventions de police commises par les militaires peuvent être déférées aux conseils de guerre, recommande spécialement d'user de l'action disciplinaire dans la plupart des cas et de réserver l'action judiciaire soit pour ramener dans la ligne du devoir les militaires rebelles aux punitions, soit pour faire des exemples dans des cas exceptionnels. Les militaires traduits en conseil de guerre pour une infraction à la loi sur l'ivresse doivent rester en liberté jusqu'au jour de leur jugement. (Circ. du 22 mai 1878.)

On doit écarter d'un homme ivre l'action immédiate du chef. Quand un gendarme est en état d'ivresse, le chef de brigade le fait coucher sans intervenir autant que possible de sa personne. S'il trouble l'ordre, il charge les autres gendarmes de s'en rendre maîtres et, au besoin, de le conduire en prison. La punition encourue par un homme ivre ne doit lui être notifiée qu'après que l'état d'ivresse a totalement cessé.

L'exclusion de la gendarmerie peut être prononcée contre tout sous-officier, brigadier et gendarme qui, en peu d'années, a subi trois punitions pour cause d'ivrognerie. (Règl. sur le service intérieur, art. 148.)

L'ivresse ne peut, en aucun cas, être alléguée comme excuse. (Décr. du 10 août 1872.)

Nous donnons ci-après une dépêche très importante du Ministre de la guerre en date du 3 juillet 1879 et relative au *séjour dans la chambre de sûreté des individus en état d'ivresse.* — Cette dépêche, adressée au préfet de police, est insérée dans le *Mémorial de la gendarmerie* (supplément au 10e volume, page 805).

« Monsieur le préfet, vous m'avez

fait l'honneur d'appeler mon attention sur les inconvénients qui peuvent résulter de l'application trop absolue des dispositions d'une circulaire dans laquelle le chef de la première légion de gendarmerie interdit aux brigades sous ses ordres de consigner dans les chambres de sûreté des casernes les individus arrêtés pour ivresse manifeste.

» Vous demandez que des instructions soient adressées pour qu'il soit apporté une restriction aux prescriptions de ladite circulaire, au moins en ce qui concerne les communes non pourvues de violons ou de postes.

» D'après l'article 372 du décret du 1er mars 1854 sur l'organisation et le service de la gendarmerie, les chambres de sûreté sont particulièrement destinées à recevoir les prévenus ou condamnés conduits de brigade en brigade qui y sont gardés jusqu'au départ du lendemain ou du jour fixé pour la correspondance.

» C'est seulement en cas de flagrant délit et en l'absence d'officier de police, que l'individu arrêté peut, aux termes de l'art. 635 du décret précité, être déposé à la mairie ou à la chambre de sûreté de la caserne de gendarmerie jusqu'à ce qu'il puisse être conduit devant l'officier de police. Ces dispositions ne sont d'ailleurs que la reproduction de l'article 106 du Code d'instruction criminelle, qui oblige à conduire immédiatement le délinquant devant l'officier de police.

» Les infractions à la loi du 23 janvier 1873 sur l'ivresse doivent bien être constatées par la gendarmerie ; mais, hors le *cas de rébellion*, c'est seulement lorsqu'il y a lieu à procès-verbal et que l'*identité d'un individu* n'est pas établie, que le délinquant peut être déposé à la chambre de sûreté pour être conduit ensuite le plus tôt possible devant l'autorité compétente.

» Si, au contraire, l'identité a été constatée ou s'il n'y a pas lieu à procès-verbal, la gendarmerie n'a pas à arrêter l'individu ni à le conduire à la chambre de sûreté. Lors même qu'il conviendrait, dans l'intérêt de la sécurité de ce dernier, de ne pas le laisser en liberté, c'est à l'autorité locale qu'il appartiendrait de prendre les mesures nécessaires à cet effet.

» J'ajouterai qu'il me paraît d'autant plus nécessaire de procéder de la sorte que les cas d'infraction à la loi sur l'ivresse auxquels vous faites allusion peuvent se produire dans des communes où il n'y a pas de brigade de gendarmerie, et que l'autorité locale est bien obligée de prendre seule toutes les mesures qu'exige la sécurité des individus.

» Il ne vous échappera pas d'ailleurs que c'est ainsi que la loi du 23 janvier 1873 a entendu statuer, puisqu'elle stipule spécialement, à son article 13, que les gardes champêtres sont chargés de rechercher les infractions à ladite loi et d'en dresser procès-verbal.

» Il y a donc intérêt à ce qu'il soit procédé comme il est indiqué plus haut, afin d'opérer partout d'une manière conforme au vœu de la loi et de ne pas augmenter l'intervention de la gendarmerie dans les cas qui, n'étant pas exactement précisés, pourraient être diversement interprétés et donneraient lieu à des arrestations qui seraient peut-être qualifiées d'arbitraires.

» Les instructions du chef de la première légion ne sauraient donc être modifiées qu'autant qu'elles seraient contraires aux indications de la presente dépêche, et il va lui être écrit dans ce sens. »

J

JARDE, s. f. Tumeur dure qui survient à la partie inférieure de la face externe du tarse (jarret); lorsque cette tumeur est petite, elle prend le nom de jardon. La jarde prend généralement naissance sur la tête du métatarsien externe, et son développement est toujours précédé de boiterie. Quand la jarde n'est pas ancienne, on peut en arrêter les progrès par la cautérisation.

JARDIN, s. m. Dans les casernes où il en existe, ils doivent être répartis entre les hommes, conformément aux prescriptions des articles 294 et 296 du service intérieur.

JARRET, s. m. Le jarret est la partie des membres postérieurs formée par la réunion du tibia, des os tarsiens et des métatarsiens. C'est l'articulation qui joue le rôle le plus important dans la locomotion.

Pour que le jarret se trouve dans les meilleures conditions de résistance, les os qui le constituent doivent être petits et solides et le calcanéum doit être le plus écarté possible du tibia. Le jarret devra donc être épais et large et la distance qui sépare le tibia du calcanéum, appelée vide du jarret, devra être sèche et nette sous une peau fine.

Lorsque les jarrets sont trop rapprochés l'un de l'autre, le cheval est dit crochu ou clos du derrière : il est alors panard des extrémités postérieures; dans le défaut contraire, on dit que les jarrets sont trop ouverts : le cheval est alors cagneux et se coupe généralement en marchant.

Le jarret, plus que toute autre articulation, peut être affecté de tumeurs dures ou molles qui ont une grande influence sur la valeur du cheval; ces tumeurs sont : la courbe, la jarde, l'éparvin, les varices, les vessigons et les capelets.

JAVART, s. m. Art vétérinaire. Tumeur qui se développe dans le pied du cheval et qui peut être causée par une contusion, une enclouure, des crevasses ou la malpropreté continuelle. Le javart est une maladie très grave et parfois très difficile à guérir.

JET, s. m. Action de jeter, de lancer. Ceux qui auront jeté des pierres ou d'autres corps durs ou des immondices contre les maisons, édifices ou clôtures d'autrui ou dans les jardins ou enclos, et ceux qui auront aussi jeté des corps durs ou des immondices sur quelqu'un, seront punis d'une amende de 6 à 10 francs. (C. P., art. 475, nº 8.)

JETER, v. a. En hippologie, on dit qu'un cheval jette lorsqu'il laisse échapper un flux par les naseaux. Le jetage se remarque spécialement dans la morve, dans la gourme, etc.

JEU, s. m. Divertissement, amusement assujetti à certaines règles et auquel on joue ordinairement de l'argent.

Les jeux dans lesquels il n'entre aucune combinaison, où l'habileté et l'intelligence n'ont aucune part, sont des jeux de hasard : la loi les défend, et l'article 475, nº 5, du Code pénal punit d'une amende de 6 à 10 francs ceux qui auront établi ou tenu dans les rues, chemins, places ou lieux publics des jeux de loterie ou d'autres jeux de hasard.

En outre, le décret du 1er mars 1854, article 332, prescrit à la gendarmerie de saisir ceux qui, dans les foires, marchés, fêtes ou cérémonies publiques, tiennent des jeux de hasard et d'autres jeux défendus par les lois et règlements de police. Il n'y a, dans le fait, qu'une simple contravention; mais comme cette contravention peut, par suite de certaines circonstances qui passeraient inaperçues aux gendarmes, devenir un véritable délit qui tomberait sous les articles 405, 406 et 407 du Code pénal; comme, d'un autre côté, ceux qui tiennent ces jeux sont en général des nomades qu'il serait difficile de retrouver, il faut conduire ces individus devant le juge de paix ou le maire, qui décide s'il y a lieu de maintenir l'arrestation. — Les tables, instruments, enjeux servant à des jeux de hasard seront saisis et confisqués. (C. P., art. 477.)

Les maires n'ont pas le droit d'autoriser les jeux de hasard, l'autorité ne pouvant jamais permettre ce que la loi défend. (Cassation, 27 août 1852.)

Les maisons de jeu où le public est admis soit librement, soit sur la présentation des intéressés ou affiliés, sont interdites par la loi, et l'article 410 du Code pénal punit d'un emprisonnement de deux à six mois et d'une amende de 100 francs à 6,000 francs les administrateurs, agents ou préposés de ces établissements. Les dettes de jeu ne sont pas reconnues par la loi. (V. aussi la circ. adressée par M. le Ministre de l'intérieur aux préfets le 30 avril 1887.)

A l'armée, les officiers de gendarmerie sont spécialement chargés d'empêcher les jeux de hasard qui sont formellement défendus.

Les militaires qui se livrent à ces jeux sont punis sévèrement; ceux qui les tiennent, s'ils ne sont pas militaires, sont jugés par le tribunal de la prévôté (Code pénal, 475); ils sont chassés de l'armée. Les appareils de jeux, les tables, les enjeux et les lots sont saisis et confisqués. (C. P., 477.) (Instr. du 18 avril 1890, art. 47.)

JOINTÉ, ÉE, adj. Qui a le paturon fait d'une certaine façon. Le paturon court est dit droit-jointé ou court-jointé: ce genre de paturon est une condition de force pour le cheval, mais les réactions sont plus dures. Au contraire, lorsque le paturon est long, il est dit bas-jointé ou long-jointé. Cette conformation est une cause de fatigue très grande pour les tendons suspenseurs, et, si elle est accentuée, elle rend le cheval impropre au service militaire.

JOUR, s. m. Ce mot a une foule d'acceptions : il signifie la clarté, la lumière du soleil; il s'emploie également pour désigner soit le temps qui s'écoule entre le lever et le coucher du soleil, soit l'espace de 24 heures, qui comprend également la nuit. — Le sens de la phrase fait comprendre dans quelle acception le mot doit être pris. L'année commune se compose de 365 jours. — Certains actes de justice ne pouvant avoir lieu que pendant le jour, la loi a dû fixer ce temps d'une manière certaine et elle a décidé que le temps de jour serait réglé de six heures du matin à six heures du soir du 1er octobre au 31 mars, et de quatre heures du matin à neuf heures du soir du 1er avril au 30 septembre.

La gendarmerie peut entrer pendant le jour dans le domicile des citoyens pour un motif formellement exprimé par une loi ou en vertu d'un mandat spécial de perquisition décerné par l'autorité compétente. (Décr. du 1er mars 1854, art. 291.) — Jours fériés. (V. *Fête*.)

Journée de travail. Quelques contraventions sont punies par la loi d'une amende de certaines journées de travail : on entend par cette expression le prix d'une journée de travail qui varie, selon les départements, entre 0 fr. 50 centimes et 3 francs.

JOURNAL, s. m. Ce mot s'emploie ordinairement pour désigner un écrit périodique ou journalier qui traite de questions politiques, littéraires, scientifiques ou autres. (V. la loi du 29 juillet 1881.) Il est formellement interdit aux militaires de tous grades et de toutes armes, en activité de service, de publier leurs idées ou leurs réclamations, soit dans les journaux, soit dans les brochures, sans l'autorisation de l'autorité supérieure.

Les militaires de la gendarmerie qui veulent faire imprimer un écrit doivent donc en demander l'autorisation au Ministre, lequel accorde ou refuse, suivant qu'il le juge convenable. Ceux qui contreviennent à cette prescription se mettent dans le cas d'être punis sévèrement.

Une circulaire du 30 mars 1878, rappelant les instructions ministérielles précédentes, réitère la défense formelle faite à tous les militaires de publier, sans autorisation, des écrits, même non signés, et prévient que des punitions sévères seront infligées à ceux qui ne se conformeraient pas à ces dispositions. (V. Service intérieur, art. 258.)

Les lois sont promulguées dans le *Journal officiel* de la République.

JUDICIAIRE, adj. Qui a rapport à la justice. Acte judiciaire. Police judiciaire. (V. *Police.*)

JUGE, s. m. Magistrat ayant pour fonctions de rendre la justice. Dans chaque tribunal de première instance, il y a un président et un certain nombre de juges qui sont chargés de prononcer sur toutes les affaires civiles et correctionnelles du ressort du tribunal. — L'un de ces magistrats est chargé de rechercher les crimes et les délits et de faire arrêter les prévenus : il porte le nom de **juge d'instruction.** — Enfin, il y a encore des juges suppléants qui occupent une place honorifique non rétribuée, et qui sont chargés de remplacer les juges et les substituts absents ou empêchés.

Les membres des tribunaux de commerce qui sont chargés de juger les questions commerciales portent aussi le nom de juges, et ils sont nommés par le suffrage d'un certain nombre d'électeurs appartenant au commerce; on donne à ces magistrats le nom de juges consulaires.

Juge de paix. Il y a dans chaque canton un magistrat qui porte le nom de juge de paix, qui est officier de police judiciaire, auxiliaire du procureur de la République, et qui remplit des fonctions judiciaires, des fonctions de conciliateur et enfin des fonctions extrajudiciaires.

Comme *juge de simple police,* il est chargé de prononcer sur toutes les contraventions de police commises dans son canton. (V. le C. d'instr. crim., art. 139 et suivants.) — Le maire ou le commissaire de police remplissent devant lui les fonctions de ministère public. Comme *conciliateur,* il a pour mission de faire venir devant lui les parties qui vont avoir un procès et de les amener à la conciliation.

Les fonctions *extrajudiciaires* conférées aux juges de paix par les lois spéciales sont très nombreuses : ils sont compétents pour délivrer des actes de notoriété ; pour placer et lever les scellés en matière de succession ou de faillite ; pour recevoir l'affirmation des procès-verbaux ; pour assister à l'inventaire des absents, etc., etc.

Les juges de paix sont nommés par le chef de l'Etat, mais ils ne sont pas inamovibles comme les juges des tribunaux civils; ils ont, dans chaque canton, un ou deux suppléants.

Les gendarmes doivent la plus grande déférence aux juges de paix, qui représentent dans le canton l'autorité judiciaire ; ils doivent obtempérer à toutes leurs réquisitions et les aider de tous leurs moyens dans la recherche des crimes et des délits. — Ils ne sont pas chargés de faire la police de l'audience, à moins qu'ils ne soient requis, à cet effet, dans des circonstances exceptionnelles.

Dans aucun cas la gendarmerie n'a le droit de requérir les juges de paix. La loi du 18 juin 1859, dans les articles 188 et 189, relatifs aux délits forestiers commis dans des bois appartenant à des particuliers, dit que les gendarmes ne peuvent s'introduire dans les maisons pour saisir les objets enlevés qu'en présence du juge de paix, du maire, de son adjoint ou du commissaire de police. Il est évident que, dans ce cas, le législateur a supposé que le juge de paix était présent, qu'il opérait lui-même, et qu'il n'a pas voulu donner aux gendarmes le droit de requérir un magistrat de l'ordre judiciaire pour se faire accompagner dans une opération. Il est convenable que les chefs de brigade se rendent chez les juges de paix chaque fois que ces derniers les invitent à venir pour traiter des questions relatives au service judiciaire. Néanmoins, s'il y avait abus, les commandants de brigade devraient en rendre compte à leurs chefs.

Dans chaque conseil de guerre et de revision, un certain nombre de juges sont désignés, par le général commandant, parmi les officiers et les sous-officiers en activité dans la circonscription; le grade des juges varie suivant le grade de l'accusé.

Tout militaire qui, hors le cas d'excuse légitime, ne se rend pas au conseil de guerre où il est appelé à siéger, est puni d'un emprisonnement de deux mois à six mois. — En cas de refus, si le coupable est officier, il peut être puni de la destitution. (C. M., art. 215.)

JUGEMENT, s. m. En jurisprudence, ce mot s'emploie pour désigner les décisions rendues par les tribunaux inférieurs : les décisions des cours d'appel et de la Cour de cassation prennent le nom d'arrêts. Les jugements doivent satisfaire à certaines conditions exigées par la loi pour être valables.

Le **jugement par défaut** est celui qui est rendu contre une partie qui ne s'est pas présentée ; en matière criminelle, le jugement par défaut s'appelle *jugement par contumace*.

Le **jugement contradictoire** est celui qui est rendu lorsque toutes les parties ont fait valoir leurs raisons. — Exécution des jugements. (V. *Exécution*.)

Les gendarmes chargés de la conduite des condamnés doivent être porteurs d'un extrait du jugement de condamnation. (Circ. du 21 décembre 1868.)

Le temps pendant lequel un militaire a subi la peine de l'emprisonnement, en vertu d'un jugement, ne compte pas pour les années de service exigées par la loi sur le recrutement de l'armée. (Loi du 15 juillet 1889.) — Les jugements d'acquittement doivent, par exception, figurer sur les relevés de services des déserteurs et insoumis. (Circ. du 5 avril 1873.) — Mention du jugement portant condamnation est faite sur les registres matricules ; les jugements d'acquittement n'y figurent pas, excepté pour les déserteurs et insoumis pour pouvoir établir le décompte de la déduction du temps de service passé en désertion ou en insoumission. (Note minist. du 5 avril 1873.) — Solde des militaires en jugement. (V. *Solde*.)

JUMEAU, ELLE, adj. Se dit de deux ou de plusieurs enfants nés du même accouchement. — La jurisprudence considère aujourd'hui comme l'aîné celui des jumeaux qui vient le premier au monde.

JUMENT, s. f. Femelle du cheval. La jument poulinière est celle qui est destinée à la reproduction. (V. ce mot.)

JURA (Département). Population, 261,288 habitants, 4 arrondissements, 32 cantons (7e corps d'armée, 7e légion *bis* de gendarmerie), chef-lieu Lons-le-Saunier, 12,610 hab. à 411 kil. S.-E. de Paris. S.-P. : Dôle, Poligny, Saint-Claude. Département frontière. Pays élevé, couvert par le Jura, agricole et manufacturier. Mines de fer, de sel, de marbre, de terre à porcelaine. Patrie des généraux Delort, Lecourbe, Michard, Travot, Pichegru, de l'amiral d'Astorg et de Rouget de l'Isle, l'auteur de la *Marseillaise*.

JURÉ, s. m. Citoyen chargé de décider, en cour d'assises, si l'accusé est oui ou non coupable. (V. *Jury*.)

JURIDICTION, s. f. Pouvoir de juger. La gendarmerie prévôtale exerce sa juridiction sur toute l'armée, et les prévôts sur les corps d'armée auxquels ils sont attachés. Cette juridiction embrasse tout ce qui est relatif aux crimes, délits et contraventions commis sur le territoire occupé par l'armée et sur les flancs et derrières de l'armée dans les limites fixées par les articles 51, 52, 75, 173, 174 et 271 du Code militaire. (V. les art. 126 et suivants de l'instr. du 18 avril 1890.)

Les militaires en congé ou en permission qui commettent des crimes ou des délits sont poursuivis devant la juridiction de droit commun : ils ne sont poursuivis devant la juridiction militaire que s'ils se sont rendus coupables de crimes ou de délits prévus par le titre II du livre IV du Code militaire (rebellion, vente d'effets d'armement, d'équipement ou autres, de munitions, etc., etc.).

Les hommes des différentes catégories de la réserve ne sont soumis à la juridiction militaire que lorsqu'ils sont sous les drapeaux ou lorsque, étant dans leurs foyers, ils se rendent coupables de crimes ou de délits d'une certaine gravité au point de vue militaire (trahison, espionnage, violences envers une sentinelle, voies de fait ou outrages envers un supérieur pouvant être considérés comme une protestation contre un acte de l'autorité militaire, rebellion en uniforme, etc.).

Ne sont pas soumises à la juridiction des conseils de guerre les infractions commises par des militaires aux lois sur la chasse, la pêche, les douanes, les contributions indirectes, les octrois, les forêts et la grande voirie. (C. M., art. 273.)

JURISPRUDENCE, s. f. Science du droit et des lois. Ce mot s'emploie aussi pour désigner la manière dont une question est habituellement jugée par le tribunal.

JURY, s. m. Réunion des jurés, c'est-à-dire des citoyens appelés à prononcer sur certains crimes ou délits. Chaque canton doit fournir un contingent d'un certain nombre de jurés : les listes préparatoires sont dressées par une commission composée du juge de paix et des maires ; elle contient un nombre de noms double de celui fixé pour le contingent du canton. Les listes préparatoires sont ensuite envoyées au chef-lieu d'arrondissement, où une nouvelle commission, composée du président du tribunal, du juge de paix et des conseillers généraux, arrête les listes définitives pour l'arrondissement. C'est sur ces dernières listes que sont tirés au sort, tous les trois mois, les noms des jurés qui doivent siéger pendant la session d'assises.

La loi du 21 novembre 1872 fixe les conditions requises pour être juré et énumère les causes d'incapacité ou d'incompatibilité. — Tout Français âgé de 30 ans et jouissant de ses droits civils, politiques et de famille peut être juré ; il n'est fait d'exception que pour les domestiques et les gens illettrés — Sont dispensés des fonctions de juré, les septuagénaires ; ceux qui ont besoin pour vivre de leur travail manuel et journalier, ceux qui ont rempli ces fonctions pendant l'année courante ou l'année précédente. — La notification des citations adressées aux jurés appelés à siéger dans les hautes cours de justice et dans les cours d'assises est une des attributions essentielles de la gendarmerie. (Décr. du 1er mars 1854, art. 108.)

Les fonctions de juré sont incompatibles avec celle de militaire en activité de service ou pourvu d'un emploi. (Loi du 21 novembre 1872, art. 3) Les officiers généraux du cadre de réserve, les officiers en disponibilité et ceux admis à la retraite peuvent être appelés aux fonctions de juré. (Note minist. du 10 janvier 1873.)

Les réservistes et territoriaux désignés pour remplir les fonctions de juré sont dispensés de la période d'exercice pour laquelle ils sont convoqués lorsque celle-ci correspond avec la session des assises. (Circ. du 7 juin 1882.)

Le Code d'instruction criminelle défend expressément aux jurés de sortir de leur chambre de délibération avant d'avoir formulé leur déclaration : l'entrée de cette chambre est interdite pour quelque cause que ce soit, et le président est tenu de donner au chef de la gendarmerie de service l'ordre spécial et par écrit de faire garder les issues de la chambre de délibération : le chef de la gendarmerie sera dénommé et qualifié dans l'ordre. (C. d'instr. crim., art. 343.)

JUSTICE, s. f. Vertu morale qui consiste à rendre à chacun ce qui lui appartient et à respecter tous les droits d'autrui. — Ce mot s'emploie aussi pour désigner les tribunaux et les magistrats qui sont chargés de rendre la justice. La justice est gratuite ; les magistrats sont salariés par le gouvernement. (Pour les primes de frais de justice, V. *Frais de justice*.)

Service de la justice militaire. — A la date du 8 août 1900, le Ministre de la guerre a pris la décision suivante :

Afin d'éviter toute erreur d'interprétation, j'ai décidé que les gendarmes venus des sous-officiers des corps de troupe seront dorénavant admis au même titre que ces sous-officiers à concourir pour les emplois d'adjudant et de sergent du service de la justice militaire.

En conséquence, le temps passé dans la gendarmerie par d'anciens sous-officiers, même en qualité de simples gendarmes, entrera en ligne de compte pour parfaire, s'il y a lieu, les trois années de grade exigées par la décision ministérielle du 12 avril 1889.

Les sous-officiers du service de la justice militaire (tribunaux et établissements pénitentiaires) ne peuvent être maintenus en activité de service que jusqu'à l'âge de soixante ans. (Loi du 11 juin 1901.)

JUSTICIABLE, adj. Qui est soumis à certaine juridiction, qui doit comparaître devant certains juges ; les militaires sont justiciables des tribunaux militaires et non des tribunaux civils. (V. *Juridiction.*)

Les officiers de la gendarmerie, les sous-officiers et les gendarmes ne sont pas justiciables des conseils de guerre pour les crimes et les délits commis dans l'exercice de leurs fonctions relatives à la police judiciaire et à la constatation des contraventions en matière administrative. (C. M., art. 59.) Nous ferons suivre cet article de quelques considérants donnés par V. Foucher dans son *Commentaire du Code.*

« Par ces mots : *Fonctions relatives à la police judiciaire*, on doit entendre les actes des gendarmes concourant à l'action de la justice ordinaire, comme lorsqu'ils ont à constater un délit de droit commun ou qu'ils sont chargés de l'exécution d'un mandat délivré par le juge d'instruction ou par un autre magistrat de l'ordre civil, parce qu'alors ils se trouvent les agents de la police judiciaire, dont la direction appartient aux cours d'appel, aux termes de l'article 9 du Code d'instruction criminelle. Mais ils seraient soumis à la juridiction des conseils de guerre s'il s'agissait, au contraire, de leur concours dans l'exercice des fonctions attribuées aux autorités militaires en vertu du Code militaire ; à plus forte raison s'il s'agissait de l'arrestation d'un déserteur ou d'un militaire quelconque, pourvu que ce ne fût pas en exécution d'un acte qui rend le militaire justiciable des tribunaux ordinaires, ou en exécution d'un mandat délivré par le juge ordinaire.

» Ainsi, un gendarme qui ferait une arrestation arbitraire, ce que par conséquent n'autoriseraient ni ses fonctions relatives à la police judiciaire, ni la simple constatation de contraventions en matière administrative, aurait à en rendre compte devant le conseil de guerre et non devant un tribunal ordinaire, car, dans ce cas, l'acte illégal ne pourrait être considéré comme rentrant dans l'exercice de fonctions qui le lui interdisent, et par cela même constituerait un délit de la compétence de la juridiction dont le coupable relève à titre général et en sa qualité de militaire.

» De même, les expressions : *fonctions relatives à la constatation des contraventions en matière administrative*, définissent pour quelles parties de leurs attributions de police générale les gendarmes demeurent encore soumis à la compétence des tribunaux ordinaires. Ces expressions sont limitatives, et il en résulte que ce ne serait qu'au cas où ils ne constateraient pas ces contraventions, ou qu'ils n'obtempéreraient pas aux réquisitions de l'autorité compétente, par suite de circonstances qui donneraient à leur négligence ou à leur abstention le caractère de délit, qu'ils auraient à en rendre compte devant la justice ordinaire. »

K

K barré. La syllabe Ker, qui commence un certain nombre de noms patronymiques ou de localités, est remplacée, dans les actes de l'état civil dressés par quelques mairies, et suivant une ancienne coutume, par un Ꝃ (K barré). Cette abréviation ne doit pas être employée pour l'inscription des militaires sur les registres matricules. (Décis. minist. du 3 juillet 1883.)

KILO, s. m. Abréviation usitée du mot kilogramme. Ce mot placé devant une unité de mesure compose un mot qui signifie mille de ces unités.

Le *kilogramme* est un poids de mille grammes. Le *kilolitre* est une mesure de capacité contenant mille litres et qui est égale à un mètre cube. Le *kilomètre* est une mesure de longueur égale à 1,000 mètres.

L

LAC, s. m. Amas d'eau dormante, douce ou salée, qui se trouve au milieu des continents.

Le plus grand lac d'Europe porte le nom de mer; c'est la mer Caspienne, sur la frontière d'Asie, qui reçoit neuf fleuves et dont la superficie est d'environ 314,000 kilomètres carrés. Puis vient le lac Ladoga, en Russie, dont la superficie n'est que de 18,344 kilomètres carrés.

Les autres lacs principaux de l'Europe, sont : en Russie, le lac Onéga; — en Suède, le lac Vener; — en Suisse, les lacs de Genève, de Lucerne, de Zurich et de Neuchâtel; — dans l'Allemagne rhénane (grand-duché de Bade), le lac de Constance, et, en Italie, les lacs de Côme, de Garde et le lac Majeur. En France, nous n'avons que le lac ou étang de Berre, dont la superficie n'est que de 230 kilomètres carrés.

LACÉRATION, s. f. Action de déchirer un papier, une affiche, un livre. Il est défendu d'enlever ou de lacérer les affiches apposées par ordre de l'administration; il en est de même pour les affiches électorales émanant de simples particuliers. (Amende de 5 à 15 francs. Loi du 29 juillet 1881, art. 17. — V. *Affiches*. C. P., art. 469, nº 9.)

Une amende de 1 à 5 francs sera infligée à celui qui aura détruit ou lacéré le texte de la loi sur l'ivresse qui doit être affiché dans la salle principale de tous les cabarets. (Loi du 23 janvier 1873, art. 12.)

LACET, s. m. Le lacet ou lacs se compose d'un fil ou d'un crin dans lequel on fait un nœud coulant et dont on se sert pour prendre le gibier. La chasse au moyen de lacs ou lacets est interdite par l'article 9 de la loi du 3 mai 1844; mais les préfets peuvent autoriser ce mode de chasse pour les oiseaux de passage.

Le mot *lacs*, s. m., ne change pas au pluriel et se prononce *lâ*. Il est, comme nous l'avons dit plus haut, synonyme de lacet et il s'emploie quelquefois pour désigner une corde dont on se sert pour abattre les chevaux. Dans le mot *lacs*, pluriel de lac (étang), la lettre *c* n'est pas muette et doit être accentuée.

LAIE, s. f. Femelle du sanglier. — Les chemins étroits percés dans les forêts portent aussi le nom de laie.

LAIS, s. m. En jurisprudence, ce mot signifie ce que la mer, un fleuve ou une rivière laisse aux propriétaires en se retirant. Les lais et relais de la mer appartiennent à l'Etat; ceux des rivières de toute espèce appartiennent aux propriétaires riverains.

LAISSER-PASSER, s. m. Pièce que délivre dans certains cas l'administration des contributions indirectes pour autoriser la circulation de boissons n'ayant pas acquitté de droits. Le laisser-passer n'est valable que jusqu'au premier bureau que possède la régie à partir du lieu de l'expédition. (V. *Boisson*.)

LAIT, s. m. Le lait est considéré non comme une boisson, mais comme une denrée alimentaire et la Cour de cassation a décidé que la falsification du lait (en y ajoutant soit de l'eau, soit d'autres matières) tombait sous le coup de la loi des 27 mars et 1er avril 1851, qui punit les falsificateurs des peines portées à l'article 423 du Code pénal (emprisonnement de 3 mois à un an, amende indéterminée, mais supérieure à 50 francs). (V. *Galactomètre*.)

LAMPAS, s. m. Maladie qui se fait remarquer surtout chez les jeunes chevaux et qui consiste dans une inflammation de la muqueuse du palais et même dans d'autres parties de la bouche. Cette maladie n'est pas grave ; on nourrit le cheval de son frisé, et si l'affection persiste, on a recours à une saignée locale.

LANCIER, s. m. Cavalier armé d'une lance. Les régiments de lanciers ont été supprimés en France après la guerre de 1870-71. Mais la lance a été donnée depuis quelque temps à un certain nombre d'hommes dans les régiments de dragons.

LANDES (Département). Popul., 291,586 habit., 3 arrondissements, 28 cantons (18e corps d'armée, 18e légion de gendarmerie), chef-lieu Mont-de-Marsan, 12,031 habit., à 702 kil. S.-S.-O. de Paris, dans une plaine bien cultivée. S.-P. : Dax, Saint-Sever. — Département maritime. Pays peu élevé, agricole. Elève de chevaux, de moutons, d'abeilles, de vers à soie et de sangsues. — Mines de fer, carrières de pierres de taille. — Sources minérales à Dax, Préhacq, Eugénie-les-Bains. — Patrie du général Lamarque et du maréchal Bosquet.

LANDWEHR, s. f. Dans l'armée allemande, la landwehr correspond à la première portion de notre armée territoriale.

Le landsturm comprend tous les hommes valides de 17 à 20 ans, et les hommes libérés de la landwehr qui peuvent être astreints au service de 32 à 45 ans. (V. *Allemagne*.)

LANTERNE, s. f. Appareil en verre ou en quelque autre matière transparente dans laquelle on enferme une lumière.

Les voitures ne servant pas au transport des personnes, marchant isolément ou en tête d'un convoi doivent être munies, pendant la nuit, d'une lanterne allumée. (Décr. du 10 août 1852, art. 15.) La contravention, jugée par le tribunal de simple police, est punie d'une amende de 6 à 10 francs et de 1 à 3 jours de prison. En cas de récidive, l'amende peut être portée à 15 francs et l'emprisonnement à 5 jours.

Les voitures publiques doivent être éclairées, pendant la nuit, par une lanterne à réflecteur placée à droite et à l'avant de la voiture. (Décr. du 10 août 1852, § 28.) Les contraventions à la loi sur la police du roulage, commises par les entrepreneurs ou les conducteurs de voitures publiques, sont justiciables des tribunaux correctionnels.

Les voitures servant à l'agriculture peuvent être assujetties à l'éclairage par arrêté des préfets ou des maires. (Décr. du 10 août 1852, § 15.) Celles servant au transport des personnes peuvent l'être par arrêté des préfets. (Décr. du 24 février 1858.)

Le défaut de lanterne ne peut être constaté que sur les grandes routes et les chemins de grande communication, à moins que des règlements spéciaux ne prescrivent l'éclairage des voitures circulant sur des chemins vicinaux ou ruraux. La lanterne doit être fixée à l'avant de la voiture (à droite pour les voitures de messageries) et non tenue à la main ; elle doit être allumée depuis le coucher jusqu'au lever du soleil, même par le clair de lune le plus brillant. Il ne faut pas oublier que la loi sur la police du roulage n'est obligatoire que sur les grandes routes et les chemins de grande communication ; pour tous les autres chemins, il n'y a contravention qu'autant que l'éclairage a été prescrit par un règlement.

Les lanternes dont on se sert dans les écuries ne doivent jamais être alimentées avec du pétrole. (Circ. du 21 avril 1873. — V. *Eclairage* et l'art. 137 du Service intérieur.)

Aux manœuvres et en campagne on fait usage, la nuit, de lanternes servant à indiquer les emplacements des quartiers généraux, divisions, brigades, détachements, services, etc. Leur désignation est donnée au mot *Fanion*.

LARCIN, s. m. Le larcin est un vol de peu d'importance commis furtivement et sans violence.

L'article 322 du décret du 1er mars 1854 prescrit à la gendarmerie de saisir les individus qui sont surpris commettant des larcins de fruits ou d'autres productions d'un terrain cultivé. Il semble que cette mesure rigoureuse ne devra être prise que si les individus sont inconnus ou s'ils sont maraudeurs de profession.

LARRON, ONNESSE, s. Celui ou celle qui prend, qui dérobe en cachette quelque chose qui ne lui appartient pas.

LATRINES, s. f. Cabinet d'aisances. Dans toutes les casernes de gendarmerie, il doit exister des latrines pour l'un et l'autre sexe. (Service intérieur, art. 293.)

LATTE, s. f. Morceau de bois long et peu épais. Le sabre de grosse cavalerie porte le nom de latte.

LÉGALISATION, s. f. Action par laquelle un fonctionnaire public atteste l'authenticité des signatures qui sont apposées au bas d'un acte ou d'une pièce quelconque.

Les extraits des actes de l'état civil et des actes notariés sont légalisés par les présidents des tribunaux civils et, dans les cantons externes, par les juges de paix. Les certificats d'indigence, de bonnes vie et mœurs, de libération du service, et les pièces destinées à constater l'état de soutien de famille sont légalisés par les sous-préfets. (Loi du 2 mai 1861.)

Les certificats de vie sont légalisés par les présidents des tribunaux de première instance ou par les juges de paix. (Décr. du 29 décembre 1885.) — Enfin, les actes d'administration, d'ordre ou d'intérêt public délivrés par les commissaires de police, les membres des bureaux de bienfaisance, les médecins, etc., sont légalisés par les maires.

Les actes qui viennent des colonies doivent être légalisés par le gouverneur. Ceux destinés aux colonies doivent être légalisés par le Ministre de qui dépend le fonctionnaire signataire, et visés par le Ministre de la Marine. (Lettre du Garde des sceaux du 16 mars 1837.)

Les expéditions des actes de l'état civil venant de l'étranger doivent être légalisées, soit par la légation ou l'un des consulats de France dans le pays d'où elles viennent, soit par la légation ou l'un des consulats du pays en France. Cette légalisation est nécessaire pour obtenir le visa du Ministre des affaires étrangères, sans lequel lesdites expéditions ne pourraient faire foi devant l'administration française. La légalisation donnée par les juges est sujette à un droit de 25 centimes, perçu par le greffier. (Loi du 21 ventôse an VII, art. 14.)

Les actes de naissance des militaires sous les drapeaux doivent être demandés, en cas de besoin, par les conseils d'administration aux maires des lieux de naissance, lesquels sont autorisés par la loi à les délivrer sur papier libre, et, par conséquent, sans frais. (Note minist. du 17 décembre 1866 rappelée par la circ. manuscrite du 3 octobre 1867, qui dispose que la légalisation de la signature des maires par les préfets ou sous-préfets suffit pour les actes à produire en exécution des règlements militaires. — V. aussi la circ. du 21 mai 1886, au sujet de la légalisation de la signature des maires.)

Une dépêche ministérielle du 14 octobre 1869 rappelle que les signatures des fournisseurs sur les factures n'ont pas besoin d'être légalisées, le règlement sur la comptabilité publique n'exigeant pas l'accomplissement de cette formalité.

LÉGATAIRE, s. m. Personne à laquelle on a fait un legs. Le légataire universel est celui auquel un testateur a légué tous ses biens.

Les médecins et pharmaciens qui ont soigné une personne dans la maladie dont elle est morte ne peuvent être légataires, c'est-à-dire recevoir des legs de cette personne; il en est de même du ministre du culte qui l'a assistée dans ses derniers moments.

LÉGION, s. f. Corps de troupes. La légion étrangère se compose de deux régiments (Décr. du 14 décembre 1884), dans lesquels sont incorporés tous les étrangers qui demandent à servir en France, conformément à la loi du 13 mars 1875; le nombre des bataillons (5) et des compagnies (4) plus 2 compagnies de dépôt de la légion étrangère peut être modifié par décret du Président de la République suivant les ressources du recrutement. La légion étrangère fait toujours partie de l'armée d'Afrique. — (V. *Engagement*.)

On donne également le nom de légion à un corps de gendarmerie composé d'un certain nombre de brigades et commandé par un colonel ou un lieutenant-colonel. Les numéros des légions correspondent à ceux des corps d'armée dans lesquels elles sont placées.

Un décret en date du 24 décembre 1887, modifié par suite de la création du 20e corps d'armée, a réorganisé la gendarmerie ainsi qu'il suit :

Art. 1er. Le nombre des légions de gendarmerie est porté de 22 à 28, y compris la légion de la garde républicaine et 5 légions *bis*.

Elles auront un numéro correspondant à celui du corps d'armée dans la circonscription duquel elles sont comprises. La légion du gouvernement de Paris reprendra le titre de « Légion de Paris » et la légion de la Corse celui de 15e *ter*.

Les légions *bis* sont établies dans les 7e, 14e, 15e, 16e et 17e corps d'armée et ont leur siège :

La 7e légion *bis* à Bourg;
La 14e — à Chambéry;
La 15e — à Nice;
La 16e — à Perpignan;
La 17e — à Agen.

Dans les corps d'armée ne comprenant qu'une légion, le commandement est confié indifféremment à un colonel ou à un lieutenant-colonel.

Dans les corps d'armée comprenant une légion *bis*, celle du chef-lieu sera placée sous les ordres d'un colonel, et l'autre sous les ordres d'un lieutenant-colonel.

Art. 2. Les compagnies sont commandées exclusivement par des chefs d'escadron.

Art. 3. Les emplois de trésorier sont remplis par des capitaines au chef-lieu des légions, et par des lieutenants ou sous-lieutenants au chef-lieu des compagnies qui ne sont pas en même temps chef-lieu de légion.

Art. 4. Les arrondissements ou sections sont commandés par des capitaines ou par des lieutenants ou sous-lieutenants, selon l'étendue ou l'importance de leur circonscription.

Art. 5. Le cadre des officiers de gendarmerie est fixé ainsi qu'il suit :

Le nombre des colonels est de 15.

Le nombre des lieutenants-colonels, de 15.

Le nombre des chefs d'escadron, de 105.

Le nombre des capitaines, de 289, dont 28 trésoriers.

Le nombre des lieutenants et sous-lieutenants de 332, dont 66 trésoriers.

Les cadres de la gendarmerie coloniale sont déterminés par divers décrets.

LÉGION D'HONNEUR. L'ordre de la Légion d'honneur fut créé par un décret des consuls en date du 29 floréal an X (19 mai 1802), et fut inauguré le 14 juillet 1804. Il était destiné, disait le Premier Consul, à récompenser les services civils aussi bien que les services militaires, en les confondant dans la même gloire, comme la nation les confondrait dans sa reconnaissance.

L'ordre de la Légion d'honneur a été réorganisé par décret du 16 mars 1852; le chef de l'Etat en est le grand-maître; il peut comprendre 80 grands-croix, 260 grands-officiers, 1,000 commandeurs, 4,000 officiers et un nombre illimité de chevaliers. Les étrangers sont admis dans la Légion d'honneur, mais ils ne figurent pas dans le cadre.

Au 1er janvier 1895, le nombre des membres de la Légion d'honneur touchant un traitement était le suivant :

Grand-croix, 34; grands-officiers, 176; commandeurs, 811; officiers, 4.039; chevaliers, 25.441.

A la même époque le nombre des médaillés était de 51.011.

La loi du 28 janvier 1897 a fixé ainsi qu'il suit le nombre de croix de la Légion d'honneur qui pourront être attribuées sans traitement: grand-croix, 20; grands-officiers, 50; commandeurs, 250; officiers, 2.000; chevaliers, 12.000.

Les Français ne peuvent être reçus dans l'ordre que comme chevaliers, et, pour être nommé chevalier en temps de paix, il faut, à moins de circonstances exceptionnelles, avoir exercé pendant vingt ans avec distinction des fonctions civiles ou militaires. Pour être élevé à un grade supérieur, il faut avoir passé dans le grade inférieur, savoir :

1° Pour le grade d'officier, quatre ans dans celui de chevalier;

2° Pour le grade de commandeur, deux ans dans celui d'officier;

3° Pour le grade de grand-officier, trois ans dans celui de commandeur;

4° Pour le grade de grand-croix, cinq ans dans celui de grand-officier.

Les campagnes sont toujours décomptées simples. La campagne de 1871, à l'intérieur, doit être comptée pour une campagne pour la décoration, cumulativement avec la campagne contre l'Allemagne. (Circ. du 22 mai 1873.) Les services effectifs sont décomptés suivant les règles ordinaires. (V. le mot *Décompte*), en tenant compte des dispositions de la note ministérielle du 17 mai 1886. — Le temps passé en non-activité à un titre quelconque doit être défalqué. — Les services rendus dans les carrières civiles au compte de l'Etat doivent s'ajouter aux services militaires pour former la période des vingt années de service exigées des candidats à la décoration de la Légion d'honneur. (V. *Services.*)

Enfin, le temps passé au service de la marine avant l'âge de 16 ans et seulement à partir de l'âge de 10 ans, doit être compté pour la Légion d'honneur et la médaille militaire, dans les conditions indiquées par la note ministérielle du 22 mars 1890.

En temps de paix ou de guerre, les actions d'éclat de la nature de celles déterminées par le règlement du 26 octobre 1883, les blessures graves reçues à la guerre ou dans un service commandé peuvent dispenser des conditions exigées par les articles 11 et 13 du décret organique du 16 mars 1852, pour l'admission ou l'avancement dans la Légion d'honneur, mais sous la réserve expresse de ne franchir aucun grade.

A moins de circonstances de guerre, aucun officier ne peut être proposé pour l'admission ou l'avancement dans l'ordre de la Légion d'honneur s'il n'est depuis plus de deux ans pourvu du grade dont il remplit les fonctions; cette condition de deux ans de grade n'est point applicable aux officiers promus au tour de l'ancienneté, ni à ceux qui, ayant été promus au tour du choix, étaient les plus anciens dans le grade inférieur au moment de leur promotion, à moins que cette promotion n'ait été la conséquence d'un avancement se faisant exclusivement au choix. (Art. 34 de la loi du 16 avril 1895.)

Un décret, en date du 14 avril 1874, modifié par décret du 19 mai 1896, édicte des peines disciplinaires qui vont jusqu'à l'exclusion de la Légion contre les membres qui commettraient des actes portant atteinte à leur honneur, mais qui ne pourraient être l'objet d'aucune poursuite devant les tribunaux ou les conseils de guerre. L'article 3 du décret précité ajoute : les préfets, les sous-préfets, les maires et tous les officiers de police judiciaire qui, dans l'exercice de leurs fonctions, sont informés de faits graves de nature à entraîner, contre un légionnaire n'appartenant pas à l'armée de terre ou de mer, l'application des dispositions disciplinaires, sont tenus d'en rendre compte au grand chancelier de l'ordre.

Leur rapport doit être transmis par la voie hiérarchique et par l'intermédiaire du ministre compétent, dans le cas où le légionnaire remplit les fonctions publiques.

Un décret du 9 mai 1874 rend ces dispositions applicables aux décorés de la médaille militaire, aux titulaires des médailles commémoratives, ainsi qu'aux Français autorisés à porter des ordres étrangers.

Mention de l'interdiction temporaire du port d'une décoration est faite au casier judiciaire, en vue des pénalités édictées, en cas d'infraction, par l'article 259 du Code pénal, et disparaît lorsque l'interdiction prend fin. (Circ. du 10 avril 1886.)

La croix ne peut, dans aucun cas, servir de réclame à une maison de commerce et figurer sur des produits dont elle a récompensé l'inventeur.

(Pour la remise de leurs insignes aux militaires nommés ou promus dans la Légion d'honneur et aux nouveaux décorés de la médaille militaire ou de la médaille d'honneur, V. le mot *Décoration.*)

Marques extérieures de respect dues aux militaires décorés de la Légion d'honneur : 1° les militaires décorés de la Légion d'honneur continueront à recevoir des marques extérieures de respect (salut) de la part des militaires de même grade non décorés ; 2° les militaires non légionnaires ne seront pas astreints à des marques extérieures de respect (salut) à l'égard des légionnaires qui portent les décorations réglementaires sur un habit civil ou sur un costume étranger à l'armée. (Décr. du 17 février 1876.)

Les militaires de la gendarmerie doivent en toute circonstance, soit de jour, soit de nuit, même hors du service, déférence et respect aux titulaires des grades supérieurs à ceux dont ils sont revêtus.

En raison de la spécialité de leur service et de leur position militaire exceptionnelle, les gendarmes ne doivent pas le salut aux sous-officiers des autres armes. Toutefois, les militaires de la gendarmerie non décorés ou médaillés doivent saluer les militaires des autres armes du même grade qu'eux et du grade supérieur qui sont décorés ou médaillés. Ils doivent, par contre, être salués dans les mêmes conditions, s'ils sont décorés ou médaillés.

Les militaires des différents corps de l'armée doivent le salut à ceux de la gendarmerie toutes les fois que ceux-ci portent les marques distinctives d'un grade supérieur au leur.

L'inférieur prévient le supérieur en le saluant ; le supérieur rend le salut. A grade égal, les militaires échangent le salut.

Les militaires de tous grades de la gendarmerie, appartenant à la réserve ou à l'armée territoriale, ont les devoirs et les droits communs à tous les militaires de leur arme, dans toutes les circonstances où ils portent l'uniforme. (Service intérieur, art. 164.)

(Pour les honneurs à rendre, V. les mots *Honneurs* et *Médaille*.)

Maisons d'éducation de la Légion d'honneur. Elles sont au nombre de trois et elles sont destinées à élever gratuitement 800 filles de légionnaires sans fortune.

La maison de Saint-Denis reçoit 400 élèves, filles de membres de la Légion d'honneur ayant au moins le grade de capitaine en activité de service ou une position civile correspondante.

La maison d'Ecouen reçoit 200 filles des capitaines en retraite, des lieutenants et sous-lieutenants en activité et des légionnaires civils ayant une position équivalente.

La maison des Loges reçoit 200 filles de sous-officiers et soldats ou de légionnaires civils ayant une position équivalente.

Les élèves sont reçues dans la maison de 9 à 11 ans et en sortent, quel que soit leur âge, après avoir accompli sept années scolaires, sauf certains cas particuliers prévus par le décret du 20 juin 1890 relatif à l'organisation des maisons d'éducation de la Légion d'honneur. — Des élèves payantes, filles, petites-filles, sœurs ou nièces des membres de l'ordre peuvent, en outre, être admises dans ces maisons d'éducation.

La loi de finances du 22 décembre 1873 admet les veuves des légionnaires à participer aux secours réservés exclusivement, jusqu'alors, aux membres et orphelins de la Légion d'honneur. (Décr. du 22 mars 1875.)

LÉGISLATION, s. f. Ensemble des lois d'un pays. — Celui qui fait des lois se nomme législateur.

Le bon législateur s'attache à prévenir les crimes. — Législatif est un adjectif qui a la même signification : *pouvoir législatif, assemblée législative*. Sous l'empire, la réunion des hommes chargés de faire les lois portait le nom de Corps législatif ; depuis 1870, elle porte le nom de Chambre des députés.

LÉGITIME, adj. Qui est fait conformément à la loi ; qui a les conditions requises par la loi. La légitime défense est le droit de se défendre contre un agresseur sans égard pour les conséquences qui peuvent en résulter pour lui. — Il n'y a ni crime ni délit lorsque l'homicide, les blessures et les coups étaient commandés par la nécessité actuelle de la légitime défense de soi-même ou d'autrui. (C. P., art. 328.)

Sont compris dans les cas de nécessité actuelle de défense, les deux cas suivants : 1° si l'homicide a été commis, si les blessures ont été faites, ou si les coups ont été portés en repoussant pendant la nuit l'escalade ou l'effraction des clôtures, murs ou entrée d'une maison, ou d'un appartement habité, ou de leurs dépendances; 2° si le fait a eu lieu en se défendant contre les auteurs de vols ou de pillages exécutés avec violence. (C. P., art. 329.)

La *part légitime* est la part à laquelle les enfants ont droit sur les biens de leurs parents. (V. *Quotité disponible.*)

LÉGITIMER, v. a. Rendre légitime : donner à un enfant naturel les mêmes droits que s'il était né en légitime mariage. Les enfants nés hors mariage, autres que ceux nés d'un commerce incestueux ou adultérin, pourront être légitimés par le mariage subséquent de leurs père et mère, lorsque ceux-ci les auront légalement reconnus avant leur mariage, ou qu'ils les reconnaîtront dans l'acte même de célébration.

La légitimation peut avoir lieu même en faveur des enfants décédés qui ont laissé des descendants, et, dans ce cas, elle profite à ces descendants. Les enfants légitimés par le mariage subséquent auront les mêmes droits que s'ils étaient nés de ce mariage. (C. C., art. 331, 332 et 333.)

LEGS, s. m. Don fait par un testament à un individu ou à une personne collective. De nombreux legs ont été faits à l'armée ; mais, conformément à l'article 910 du Code civil, ces donations n'ont d'effet que lorsqu'elles ont été approuvées par décret du chef de l'Etat. Nous nous occuperons seulement de celles qui sont spéciales à la gendarmerie ou auxquelles cette arme a le droit de participer. (V. l'instr. du 21 mars 1902.)

Fondation anonyme de 1818. Un prix annuel de 338 francs, en faveur d'un enfant de troupe d'un corps désigné chaque année par le sort.

Donation du duc d'Aumale. Prix de 285 francs à décerner chaque année, le 1er mai, au plus ancien sous-officier des corps stationnés dans la province de Constantine et servant dans le rang d'une manière active.

Legs Baraguay-d'Hilliers. M. le maréchal Baraguay-d'Hilliers a légué à l'armée 20,000 francs de rente qui sont distribués chaque année aux officiers, sous-officiers et soldats blessés ou nécessiteux. Une commission est chargée de la répartition de ce legs. (Décr. du 5 décembre 1879.)

Legs Feuchères. Le général baron de Feuchères a laissé une somme de 100,000 francs dont les intérêts sont employés à acheter, tous les ans, 16 livrets pour 16 enfants de troupe de l'armée. Sur ce nombre, la gendarmerie a droit à deux livrets. L'enfant n'entre en possession de son livret, dont la valeur peut varier entre 205 et 250 francs, que le jour où il a contracté un engagement volontaire de cinq ans. (Ordonn. du 27 décembre 1842.) Les prix sont tirés au sort tous les ans, conformément aux instructions ministérielles des 6 novembre 1843, 8 mars 1845 et 16 juin 1854.

Legs Berger. Deux legs de 10,000 francs chacun, l'un à la compagnie du Rhône, l'autre aux sous-officiers et soldats de la garnison de Lyon, pour les intérêts de ces sommes être donnés, chaque année, en un ou plusieurs prix, en récompense d'actes de courage, de dévouement ou de conduite militaire exemplaire. (Décr. du 18 janvier 1862.)

Legs Buottourenville. Ce legs consiste en une rente de 500 francs, dont les arrérages doivent être employés à fonder un prix annuel pour le sous-officier ou le soldat de l'armée ou le gardien de la paix de Paris jugé le plus méritant. (Lettre du 17 mars 1885, *Mémorial*, page 194.)

Legs Castellan. Une inscription de 50 francs de rente pour être employée à secourir, par somme de 100 francs au minimum, la veuve d'un officier, d'un sous-officier ou d'un gendarme qui se trouverait dans la misère. (19 janvier 1867.)

Legs Delahaye. Une somme de 50,000 francs, dont le revenu devra être consacré tous les ans à récompenser les gendarmes les plus méritants ou blessés dans l'exercice de leurs fonctions. (29 juillet 1871.)

Legs Raymond. 40,000 francs de rente pour être distribués tous les ans aux sous-officiers et aux gendarmes atteints de blessures graves dans l'exercice de leurs fonctions; à ceux que des maladies, suite de trop grandes fatigues, obligeraient à quitter la gendarmerie prématurément, avec une pension trop faible pour leurs besoins ou même sans pension. Cette dotation sera encore affectée à donner, dans les circonstances difficiles, en raison de la cherté des vivres ou autrement, des secours aux sous-officiers et aux gendarmes chargés d'une nombreuse famille. Elle devra aussi venir en aide aux familles de ces militaires qu'un courage trop généreux ou trop imprudent rend victimes de leur dévouement. Les belles actions y donnent également droit. — Les secours et gratifications seront décernés par une commission spéciale nommée par le Ministre de la guerre et composée d'officiers généraux de la gendarmerie et de l'armée pour le dernier tiers.

Legs Vautier. 3,600 francs de rente qui seront consacrés à distribuer chaque année des récompenses aux militaires de la gendarmerie départementale de la Seine-Inférieure et de l'Eure. (Décr. du 22 janvier 1873.)

Legs Leroy-Duverger. 437 francs de rente pour prendre tous les ans dix livrets pour les enfants de troupe les plus méritants de l'armée. La gendarmerie a droit à un livret par an. Le tirage au sort a lieu conformément aux instructions ministérielles en vigueur pour le prix Feuchères. (Décr. du 12 avril 1876.)

Un anonyme a laissé une rente de 195 francs en faveur de la gendarmerie d'Afrique, 114 francs au gendarme de la compagnie de Constantine qui se sera le plus distingué par la manière de servir et 81 francs au plus méritant des gendarmes appartenant aux trois autres compagnies. (Décr. du 2 mars 1878.)

Legs de Mlle Trinquet. Une rente de 274 francs, léguée par Mlle Trinquet pour être employée à l'éducation de deux orphelins militaires désignés par le Ministre de la guerre, est mise annuellement à la disposition de familles honorables et peu aisées qui auront été signalées comme ayant recueilli et entretenu à leurs frais, pendant plusieurs années, un ou deux orphelins militaires.

Legs Hériot. (V. *Orphelinat.*)

Legs Larmée. Le sieur Larmée a laissé à l'armée de terre une somme de 56,415 fr. 50, dont le revenu servira à récompenser, en temps de guerre, les auteurs d'une action d'éclat et, en temps de paix, les sous-officiers et assimilés, les brigadiers et les simples soldats qui se seront distingués par leur courage, leur bonne conduite et leur exactitude dans le service. (Décr. du 2 janvier 1888 et déc. minist. du 4 juillet 1893.)

Legs Ramondenc. Le revenu de ce legs, dont la quotité n'est pas encore fixée, est destiné à être distribué annuellement aux veuves et aux orphelins des gendarmes les plus méritants et aux orphelins des mineurs tués dans l'exercice de leur profession. (Décr. du 13 octobre 1892.)

Legs Singer. Ce legs consiste en une rente de 300 fr. (réduite aujourd'hui à 250) destinée à être donnée comme prix au simple soldat désigné par ses chefs comme le plus méritant.

Outre ces legs généraux, il en est d'autres qui ont été accordés spécialement à des compagnies ou à des brigades :

50 francs de rente à la compagnie de la Vienne (don du colonel Barbault de la Motte) ;

100 francs de rente à la compagnie de la Somme (don du général Hugot) ;

Le revenu d'une somme de 10.000 francs donné par M. Clerc pour être réparti annuellement et par portions égales entre les brigadiers et les quatre gendarmes de la brigade de Meximieux (Ain) ;

Un prix de 100 francs en faveur du gendarme signalé par ses chefs hiérarchiques comme étant le plus méritant des militaires de cette arme, en résidence à Bayonne. (Legs de Mesgnil.)

Legs Richard, ancien capitaine de gendarmerie, qui a légué une somme dont les arrérages sont distribués chaque année aux six plus anciens brigadiers de la compagnie de Meurthe-et-Moselle.

M. Etiévant, sous-lieutenant de cavalerie en retraite, a légué à la brigade de gendarmerie de Villersexel (Haute-Saône) une rente de 1.400 francs, dont les arrérages sont distribués, chaque année, au brigadier ou au gendarme le plus chargé de famille, et, à titres égaux, au plus ancien.

Le nom du bénéficiaire est incrit sur l'état annuel de proposition.

Un brigadier de la garde républicaine en retraite à Paris, M. **Millet,** a fait don à son ancien corps d'un titre de rente de 3 p. 100 de 50 francs.

Legs Rolin. Madame Rolin, veuve d'un ancien chef d'escadron d'état-major, a donné à l'état-major un titre de rente de deux mille francs pour venir en aide à des veuves d'officiers ou assimilés de l'armée de terre dans le besoin.

Enfin, Mme **Furtado-Heine** a fait don aux officiers de terre et de mer d'une villa située à Nice et destinée à recevoir les officiers convalescents. Le décret relatif à l'organisation de cette fondation et l'instruction relative aux admissions sont du 19 janvier 1896.

LETTRE, s. f. Caractère de l'alphabet, missive, communication par écrit.

L'administration des postes est seule chargée du transport des lettres. La gendarmerie est autorisée à faire directement, ou en prêtant main-forte aux inspecteurs, directeurs et employés des postes, des visites et perquisitions sur les messagers et commissionnaires allant habituellement d'une ville à une autre, sur les voitures de messageries et autres de cette espèce portant les dépêches, et à saisir tous les objets transportés en fraude, au préjudice des droits de l'administration des postes. (Décr. du 1er mars 1854, art. 303.)

Les perquisitions, à moins d'un ordre de l'administration des postes, ne peuvent se faire qu'à l'entrée ou à la sortie des villes ou relais. La gendarmerie ne peut faire des perquisitions sur des voyageurs étrangers au service des postes et n'exerçant pas la profession de messager ou commissionnaire allant habituellement d'une ville à une autre. Le voiturier trouvé porteur de lettres cachetées contenues dans des boîtes fermées ne peut être excusé de la contravention sous prétexte que les lettres avaient été renfermées dans ces boîtes à son insu, la bonne foi n'étant pas admissible comme excuse aux contraventions à l'arrêté du 27 prairial an IX. (Décr. du 1er mars 1854, art. 310.)

Tout commissionnaire ou messager portant une lettre décachetée qui n'est pas exclusivement relative aux commissions dont il est chargé est en contravention. (V. décr. du 1er mars 1854, art. 303 et suivants.) Ne sont pas considérées comme étant transportées en contravention aux lois les lettres portées par un exprès ou celles qui sont envoyées de la campagne à un bureau de poste; de même toute lettre non cachetée transportée par un voyageur qu'il déclare être pour lui une lettre de crédit ou de recommandation. (Loi du 3 avril 1829.)

Les sous-officiers, brigadiers et gendarmes qui ont opéré une saisie de lettres transportées en fraude ont droit au tiers de l'amende à laquelle a été condamné le contrevenant. (Règl. du 12 avril 1893, art. 206.) L'amende varie de 50 à 300 francs (Arrêté du 27 prairial an IX); mais elle peut être réduite au minimum de 16 francs par les tribunaux. (Décr. du 24 août 1848, art. 8.) La saisie de lettres portées en fraude est constatée par un procès-verbal. Deux expéditions de ce procès-verbal et les lettres saisies sont transmises par les capteurs au directeur du bureau de poste le plus voisin, lequel est chargé des poursuites. (Règl. du 12 avril 1893, art. 207.)

Les conseils de guerre sont seuls compétents pour juger les délits commis par les militaires en activité au préjudice de l'administration des postes. — Quiconque aura fait sciemment usage d'un timbre-poste ayant déjà servi à l'affranchissement d'une lettre sera puni d'une amende de 50 à 1,000 francs. En cas de récidive, la peine sera d'un emprisonnement de cinq jours à un mois et l'amende sera doublée. — Sera puni des mêmes peines, suivant les distinctions susétablies, la vente ou la tentative de vente d'un timbre-poste ayant déjà servi. (Lois des 16 août 1849 et 20 mai 1854.)

Toute suppression, toute ouverture de lettres confiées à la poste, commise ou facilitée par un fonctionnaire ou un agent du gouvernement ou de l'administration des postes, sera punie d'une amende de 16 francs à 500 francs et d'un emprisonnement de trois mois à 5 ans. Le coupable sera, de plus, interdit de toute fonction ou emploi public pendant cinq ans au moins et dix ans au plus. (C. P., art. 187; loi du 28 avril 1832.)

Le délai pour la remise à la poste des lettres non distribuées par les vaguemestres est de huit jours. (Décr. du 22 juin 1851.) Toutes les lettres à l'adresse des militaires déclarés inconnus dans les corps doivent être remises au trésorier, qui ne les rend au vaguemestre qu'après avoir constaté qu'elles ont été rapprochées du registre matricule. A cet effet, le trésorier y inscrit la mention suivante: « Vu, le trésorier », avec la signature. (Circ. des 30 mars et 9 mai 1859.)

Droits réciproques de l'envoyeur et du destinataire. Une lettre missive est la propriété de celui qui l'envoie, surtout quand elle présente un caractère confidentiel. Elle n'est, en ce cas, qu'un dépôt entre les mains de celui qui la reçoit, et ne peut être rendue publique qu'avec le consentement de celui qui l'a écrite. Le destinataire ou tout autre qui publie une telle lettre contre le gré de son auteur, outre qu'il manque aux devoirs les plus élémentaires de la délicatesse, viole les droits de propriété de l'auteur de la lettre. Il est tenu de réparer le préjudice causé par sa faute (art. 1382 du C. C.), alors surtout que la bonne foi et l'intérêt personnel ne peuvent être invoqués comme excuse à la publication qui a lieu méchamment, dans un but de scandale, pour nuire à celui dont la confiance a été trahie. (Jugement du tribunal civil de Lyon du 24 juin 1875, confirmé par arrêt de la Cour de cassation du 31 mai 1876.)

Lettres de voiture. La lettre de voiture est un acte qui constate les conditions convenues entre l'expéditeur et l'entrepreneur pour le transport de colis ou de marchandises. La lettre de voiture doit être timbrée et la contravention est punie d'une amende de 50 francs, et de 100 francs en cas de récidive dans le délai d'un an. (Loi du 28 février 1872, art. 11, et loi du 30 mars de la même année, art. 2.)

Lettres de change. Traite tirée par un négociant sur un banquier au profit d'une tierce personne.

On appelle *tireur* celui qui souscrit une lettre de change; *tiré*, celui qui doit la payer; *preneur*, celui qui fournit l'argent; *endosseur*, celui entre les mains de qui elle passe et qui l'accepte en apposant sa signature au dos de la lettre; *porteur*, celui entre les mains de qui elle se trouve.

Lettre de félicitations. Lettre adressée comme récompense à l'auteur d'un acte de courage et de dévouement. La lettre de félicitations est insérée au *Journal officiel*. (V. le mot *Récompense*.)

La lettre de service est une lettre du Ministre à un officier pour lui annoncer qu'il est appelé à exercer les fonctions d'un grade.

LEVANT, s. m. Levant, Est ou Orient sont des mots qui servent indistinctement à désigner le côté où le soleil se lève. On nomme *Echelles du Levant* les ports de commerce qui se trouvent sur la côte orientale de la Méditerranée, c'est-à-dire en Turquie, en Asie Mineure, en Syrie et en Egypte.

LEVÉ, s. m. Le levé des plans ou levé des terrains est une opération qui consiste à déterminer la forme et les dimensions du terrain et à les rapporter sur le papier suivant une échelle donnée.

Tout étranger surpris à lever les plans des camps, quartiers, cantonnements, fortifications, arsenaux, magasins, manufactures, usines, canaux, rivières, et généralement de tout ce qui tient à la défense et conservation du territoire et à ses communications, sera arrêté comme espion. (V. *Espionnage*.)

LEVÉE, s. f. Levée d'un corps, d'un cadavre. Acte officiel par lequel on enlève un corps mort pour le faire porter dans un endroit déterminé. — Les sous-officiers, brigadiers et gendarmes n'ont pas qualité pour ordonner la levée d'un cadavre: cette mesure ne peut être prise que par un officier de police judiciaire.

Levée d'écrou. Acte par lequel le gardien d'une prison constate qu'un prisonnier en a été extrait. L'ordre d'extraction doit être transcrit dans cet acte, qui est signé, s'il y a lieu, par les agents de la force publique chargés d'emmener le prisonnier.

LEVRETTE, adj. Ce mot s'emploie pour désigner un cheval dont le ventre est étroit et retroussé, qui manque de boyaux, suivant l'expression commune. Un cheval ainsi conformé se nourrit mal et est généralement tellement nerveux que ses digestions sont troublées par la moindre cause.

LEVRIER, s. m. Chien d'une espèce particulière, très apte à la course et dont on sert pour prendre le gibier. La loi du 3 mai 1844 n'autorise pas la chasse avec des chiens levriers.

LIBELLE, s. m. Le libelle est un écrit ordinairement de peu d'étendue, injurieux, diffamatoire et le plus souvent calomnieux.

Le verbe *libeller*, au contraire, indique une rédaction faite dans les formes voulues. Dans le langage militaire, on appelle libellé de punition la rédaction claire et concise des motifs d'une punition infligée.

LIBERATION, s. f. Action de décharger d'une dette, d'une servitude. Les condamnés libérés sont ceux qui sont sortis de prison. Ils sont surveillés par la gendarmerie. — Action de renvoyer les soldats dans leurs foyers.

La durée du service compte du 1er novembre de l'année de l'inscription sur les tableaux de recensement, et l'incorporation du contingent doit avoir lieu au plus tard le 16 novembre de la même année.

En temps de paix, chaque année, au 31 octobre, les militaires qui ont achevé le temps de service prescrit par l'article 37 de la loi du 15 juillet 1889 modifiée par celle du 19 juillet 1892 passent :

Dans la réserve de l'armée active, après avoir servi pendant trois ans dans l'armée active ;

Dans l'armée territoriale, après avoir accompli dix ans dans la réserve de l'armée active ;

Dans la réserve de l'armée territoriale, après avoir accompli six ans dans l'armée territoriale ;

Enfin, après avoir accompli six ans dans la réserve de l'armée territoriale, ils reçoivent un congé définitif de libération.

LIBÉRÉ, s. m. On donne ce nom à des condamnés à des peines afflictives, lorsqu'ils ont subi leur peine ou obtenu leur grâce.

Les libérés étaient autrefois soumis à la surveillance de la haute police. La loi du 27 mai 1885 sur la relégation des récidivistes a supprimé la peine de la surveillance et l'a remplacée par la défense faite au condamné de paraître dans des lieux déterminés.

Par suite, la gendarmerie n'aura plus à signaler ni à arrêter les individus qui, se trouvant sous la surveillance de la haute police en vertu de jugements rendus antérieurement à la promulgation de la loi précitée auraient quitté leur résidence sans autorisation ; son rôle se bornera à s'assurer que ceux auxquels la défense a été signifiée, et dont elle sera informée par l'autorité administrative, ne séjournent pas dans les lieux qui leur sont interdits. (Note minist. du 14 août 1885.) (V. *Interdiction et Surveillance.*)

LIBERTÉ, s. f. Etat d'une personne libre, qui n'est pas retenue malgré elle dans un endroit. La liberté individuelle est définie par les jurisconsultes le droit de disposer librement de sa personne et d'obtenir protection ou réparation contre les arrestations illégales, violations de domicile ou autres atteintes portées à la sûreté dont chaque citoyen doit jouir dans la société.

Le Code pénal (art. 114 et suivants) punit de peines sévères tout fonctionnaire public, agent ou préposé du gouvernement qui aura porté atteinte à la liberté individuelle, et, dans les arrestations qu'ils ont à faire, les militaires de la gendarmerie ne doivent jamais sortir des bornes de la plus stricte légalité. (V. *Abus d'autorité* et *Arrestation.*)

Les articles 341, 342, 343 et 344 du Code pénal s'occupent des arrestations illégales et séquestrations de personnes commises par de simples particuliers. La peine varie, suivant les circonstances, de deux ans d'emprisonnement aux travaux forcés à perpétuité.

Liberté provisoire. Les articles

113 et suivants du Code d'instruction criminelle autorisent les juges d'instruction à mettre provisoirement en liberté les inculpés, à charge par eux de se représenter dès qu'ils en seront requis.

L'inculpé d'une simple contravention de police devra toujours être laissé en liberté provisoire, et le Ministre de la guerre a décidé (Circ. du 22 mai 1878) qu'il en serait de même, par analogie, pour les militaires prévenus de contravention à la loi sur l'ivresse.

Liberté de commerce. La liberté de commerce et d'industrie est absolue, et on applique aujourd'hui d'une façon complète les principes de la loi des 2 et 17 mars 1891. Ainsi, le tenancier d'un bal public a le droit de refuser l'entrée de ce bal à qui bon lui semble, sans avoir à rendre compte à qui que ce soit des motifs de cette exclusion. Ainsi jugé le 29 mai 1895 par le tribunal civil de Cognac. — Mais la Cour de cassation a décidé, contrairement à cette règle générale, que les débitants de tabac étaient toujours obligés de livrer leur marchandise contre argent. (V. *Boulangers, Bouchers.*)

LIBRAIRIE, s. f. Profession du libraire, de celui qui vend des livres. L'imprimerie et la librairie sont libres. (Loi du 29 juillet 1881, art. 1er.)

Tout imprimé rendu public, à l'exception des ouvrages dits de ville ou bilboquets, portera l'indication du nom et du domicile de l'imprimeur, à peine contre celui-ci d'une amende de 5 francs à 15 francs. (Loi du 29 juillet 1881, art. 2.)

LICENCE, s. f. Ce mot a ici le sens de *permis*. Se munir d'une licence, c'est acquérir le droit, la faculté d'exercer telle ou telle industrie spécialement désignée. La licence a ainsi certains rapports avec la patente; cependant, l'une ne tient pas lieu de l'autre. L'impôt de la patente fait partie des contributions directes, tandis que l'impôt de la licence est classé parmi les contributions indirectes.

Sont soumis à la licence :

Les cafetiers, cabaretiers et autres qui se livrent à la vente en détail des boissons ; les marchands en gros, les brasseurs, les bouilleurs et les distillateurs; les aubergistes, restaurateurs, maîtres d'hôtel et autres donnant à manger au jour, au mois ou à l'année, qu'ils se livrent ou non au débit des boissons; les fabricants de cartes, les entrepreneurs de voitures publiques à service régulier, c'est-à-dire les entrepreneurs de voitures faisant à jour fixe le trajet d'un point à un autre.

Les droits de licence sont fixés par le tableau annexé à la loi du 29 décembre 1900.

Le mot *licence* s'emploie aussi pour désigner un déréglement de conduite, une infraction aux règles, un abus de la liberté.

LICENCIER, v. a. Licencier une troupe signifie la dissoudre, la congédier. Le licenciement fait cesser indéfiniment l'existence d'un corps ou d'une fraction constitutive d'un corps de troupe; il a pour résultat la radiation de ce corps ou de cette fraction de corps des cadres de l'armée.

En cas de licenciement, les officiers et les soldats reçoivent une destination nouvelle; les soldats sont alors incorporés dans un autre corps, et les officiers sont mis en non-activité ou rendus à la vie civile, mais le plus souvent ils sont placés à la suite et reçoivent ainsi le traitement d'activité. Toutefois, il est bon de remarquer, en passant, que la position à la suite est une position extra-légale.

Dans l'Université, on donne le nom de licencié à des hommes qui ont passé avec succès certains examens supérieurs à ceux exigés pour le baccalauréat : *licencié ès lettres, licencié ès sciences;* le grade de licencié vient après celui de bachelier et avant celui de docteur. Les jeunes gens qui ont terminé leurs études de droit portent aussi le titre de *licencié en droit*.

LICITE, adj. Ce qui est permis par la loi; l'opposé de ce mot est *illicite*, qui signifie contraire à la loi.

LICITATION, s. f. Terme de jurisprudence; vente, au plus offrant et dernier enchérisseur, d'un immeuble appartenant à plusieurs personnes et qui ne peut être partagé commodément ou sans dépréciation. (C. C., art. 1686 et 1688.)

LICOL, s. m. Courroie avec laquelle on attache les chevaux et les bêtes de somme. Le mot licol, bien qu'encore employé, est vieux; on doit dire licou. Le licol d'écurie pour la gendarmerie est en cuir blanc. Le licol de parade est en cuir jaune. (V. Instr. du 10 octobre 1894.)

LIEU, s. m. Ce mot a un grand nombre d'acceptions; nous nous occuperons seulement ici des lieux publics.

On donne le nom de lieux publics à des maisons dans lesquelles les voyageurs et les oisifs trouvent le logement, la nourriture et les boissons qui leur sont nécessaires. — La boutique d'un marchand n'est pas un lieu public. (Cass. 15 mars 1832.) — Les lieux publics sont soumis à des règlements de police et sont placés sous la surveillance des préfets et des maires; les heures d'ouverture et de fermeture de ces établissements sont réglées par des arrêtés qui varient suivant les pays et les localités, et la gendarmerie, ainsi que les agents de l'autorité, ont le droit d'y entrer pendant tout le temps qu'ils sont ouverts régulièrement, quelle que soit l'heure de la nuit. Dans les lieux publics, les voyageurs, les personnes qui appartiennent à l'établissement, les pensionnaires, s'il y en a, peuvent rester attablés et consommer après l'heure de la fermeture. Ces personnes ayant leur domicile provisoire dans l'auberge, sont considérées, comme chez elles. Les contraventions aux arrêtés relatifs aux lieux publics sont du ressort des tribunaux de simple police et elles doivent être constatées par la gendarmerie.

La loi du 17 juillet 1880 autorise toute personne à ouvrir un café, cabaret ou autre débit de boissons à la condition d'en faire la déclaration, par écrit, quinze jours au moins à l'avance. (V. *Café, Cabaret, Boissons.*)

Les lieux publics ne peuvent être établis autour des édifices consacrés à un culte quelconque, des cimetières, des hospices, des écoles primaires, collèges ou autres établissements d'instruction publique qu'à une distance déterminée par le maire, le conseil municipal entendu. (Loi du 17 juillet 1880, art. 9.)

Lorsqu'un arrêté préfectoral a fixé l'heure de la fermeture des lieux publics, les maires ne peuvent accorder aucune dispense, à moins qu'ils n'y aient été autorisés spécialement, et dans des circonstances données, par les préfets. (Cassation, 23 janvier 1875, 30 juillet 1875, 11 janvier 1878.)

LIEUE, s. f. Mesure itinéraire dont la longueur est de 4 kilomètres. La lieue marine est de 5 kilomètres 555; il y en a 20 au degré.

LIEUTENANT, s. m. Officier qui, dans la hiérarchie militaire, vient immédiatement après le capitaine. Le sous-lieutenant vient après le lieutenant. Dans la gendarmerie, les lieutenants et les sous-lieutenants commandent des arrondissements.

Le lieutenant-colonel est l'officier du grade immédiatement inférieur à celui de colonel; il commande le régiment en l'absence de ce dernier. Les lieutenants-colonels de gendarmerie commandent des légions, comme les colonels.

LIGNE, s. f. En géométrie, la ligne est un trait qui est considéré comme n'ayant ni largeur, ni épaisseur.

La ligne droite est le plus court chemin d'un point à un autre.

La ligne brisée est celle qui est composée de lignes droites.

La ligne courbe est celle qui, au lieu de réunir directement deux points, les réunit par un arc de cercle.

La ligne perpendiculaire est celle qui, tombant directement sur une autre ligne, fait avec elle deux angles droits égaux.

La ligne tangente est celle qui ne touche que par un point à un cercle ou à un arc de cercle.

Les lignes parallèles sont celles qui sont à la même distance et qui, prolongées aussi loin que l'on voudrait, ne peuvent jamais se rencontrer.

La ligne verticale est celle qui est perpendiculaire à l'horizon, et *la ligne horizontale* est celle qui lui est parallèle.

En terme militaire, on donne le nom de *ligne* à la direction générale donnée à des troupes qui occupent une position.

Une *ligne de fortification* est une suite d'ouvrages permanents ou passagers destinés à couvrir un camp, une armée ou un point quelconque.

Dans l'étude du tir on appelle *ligne de mire* une ligne qui passe par le fond du cran de mire de la hausse, par le sommet du guidon et par le but à atteindre, et *ligne de tir* l'axe du canon indéfiniment prolongé ; la *trajectoire* est la ligne que décrit le centre de la balle pendant son trajet dans l'air.

En généalogie, le mot ligne signifie la succession de générations d'une même famille : la ligne ascendante est celle qui va du fils au père ; la ligne descendante est celle qui va du père au fils. La ligne directe est celle qui comprend les personnes issues directement les unes des autres ; la ligne collatérale est celle qui comprend les parents issus d'une même souche, mais non les uns des autres.

En terme de pêche, la ligne est un instrument bien connu qui sert à prendre le poisson.

La pêche à la ligne flottante tenue à la main est permise sans autorisation dans tous les fleuves ou rivières ou canaux appartenant à l'Etat, excepté pendant le temps du frai. (Loi du 15 avril 1829, art. 5 ; décr. du 10 août 1875, art. 1er.)

La ligne dormante est une ligne dont l'hameçon et même le plomb touchent au fond de l'eau ; quant aux *lignes de fond*, elles consistent en une corde à laquelle sont attachés plusieurs hameçons, et que l'on amarre sur les bords d'un cours d'eau. (V. *Pêche.*)

Infanterie de ligne. (V. *Infanterie.*)

LIMITE D'AGE. (V. *Retraite.*)

LIQUEUR, s. f. Boisson dont l'alcool est la base. Le liquoriste est celui qui vend ou qui fabrique des liqueurs. Les gendarmes qui escortent des prévenus ou condamnés civils ou militaires doivent leur interdire d'une façon absolue l'usage des liqueurs spiritueuses. (Décr. du 1er mars 1854, art. 381.)

LIQUIDE, adj. Qui coule ou qui tend à couler. Employé substantivement au pluriel, ce mot s'emploie généralement pour désigner des boissons spiritueuses. — Le droit aux rations de liquides (vin, cidre ou bière) est acquis aux militaires de la gendarmerie conformément aux prescriptions contenues dans le tableau ci-après :

Pied de paix :

A l'intérieur, en Algérie et en Tunisie, l'allocation est faite, lorsqu'il y a lieu, aux sous-officiers, brigadiers et gendarmes présents, sur une décision du Ministre.

Les généraux commandant les corps d'armée et les inspecteurs généraux d'armes peuvent accorder des allocations dans les conditions déterminées ci-après :

A l'époque de la revue annuelle d'inspection, l'inspecteur général autorise la distribution extraordinaire d'une ration de vin, de cidre ou de bière par homme aux sous-officiers, brigadiers et gendarmes présents au jour de la revue d'honneur. Cette allocation ne peut avoir lieu qu'une seule fois pour la même inspection ;

A la première revue, dite d'installation, qu'ils passent lors de la prise de possession de leur commandement, les généraux commandant les corps d'armée peuvent accorder une ration de liquides aux hommes.

Les généraux commandant les corps d'armée peuvent, en cas d'urgence, autoriser la distribution extraordinaire d'une ration de vin, cidre ou bière par homme, sous la condition d'en rendre compte au Ministre.

Les distributions, sauf ordre contraire, sont remplacées par une indemnité représentative.

Pied de guerre :

Le droit aux rations de liquides est acquis aux sous-officiers, brigadiers et gendarmes présents.

L'allocation est subordonnée à l'autorisation du Ministre ou du général commandant le corps d'armée.

Vin, cidre ou bière (rations hygiéniques) :

Chaque année, pendant la saison des chaleurs, les sous-officiers, brigadiers et gendarmes des corps organisés régimentairement présents à leurs postes ou en marche, en détachement, à l'intérieur, reçoivent des distributions journalières d'une demi-ration de vin, cidre ou bière.

La distribution en nature est, en

principe, remplacée par une indemnité fixée par le tarif. Cette indemnité est perçue sans autorisation préalable ; elle peut se cumuler avec les rations de liquides accordées dans les circonstances extraordinaires.

La durée normale de cette allocation est fixée comme il suit :

Du 15 juillet au 31 août pour la région du nord et du centre ;

Du 15 juin au 31 août, pour la région du midi.

Dans aucun cas, les généraux commandant les corps d'armée ne peuvent, sans une décision spéciale du Ministre, autoriser cette allocation en dehors des périodes déterminées ci-contre. (Règl. du 30 décembre 1892, tableau 5, modifié par les décisions présidentielles du 5 mai et du 6 août 1901).

La gendarmerie participe également aux allocations de liquides faites aux troupes à l'occasion des fêtes ou des cérémonies publiques, ou aux indemnités représentatives qui en tiennent lieu.

LISTES NOMINATIVES. Les articles 45 et suivants de l'instruction du 28 décembre 1895 prescrivent le dépôt, dans les brigades de gendarmerie, de 25 listes par commune, correspondant aux 25 classes de l'armée. Ces listes (mod. n° 11) sont établies par le recrutement et tenues à jour par les commandants de brigade; elles comprennent tous les hommes soumis aux obligations militaires. Les chefs de brigade ne peuvent y porter aucune mutation sans avis du recrutement.

Outre ces listes n° 11, il est ouvert, par commune, une liste supplémentaire n° 12 des hommes d'autres communes venant résider dans la commune. Le commandant de la brigade y inscrit les hommes, sans autre avis, au moment où le livret individuel est présenté à son visa. Ces hommes sont rayés de cette liste dès que le commandant de la brigade de gendarmerie a reçu notification du commandant de recrutement qu'ils ont cessé de résider dans la commune.

En regard du nom des hommes ayant une mission spéciale, le chef de brigade inscrit, au crayon, les initiales :

R (service des réquisitions);

E (service des étapes);

A (service d'alimentation);

C (conducteurs);

V. C. (service des voies de communication, etc., etc.)

LITERIE, s. f. Ensemble des objets qui composent un lit.

Indemnité de literie. Les militaires nouvellement admis dans la gendarmerie départementale ou provenant de l'Algérie, de la Tunisie ou de la garde républicaine ont droit, à compter du jour de leur arrivée à la compagnie, et pendant deux années, quelle que soit l'époque de leur demande d'admission, à une indemnité de literie fixée à 30 francs par homme et par an. — Cette indemnité est allouée sur les fonds des départements et constitue pour ceux-ci une dépense obligatoire. (Art. 163 du règl. du 12 avril 1893.) Elle est payée tous les six mois.

Elle est due également aux militaires détachés par autorisation du Ministre de la guerre, comme force supplétive, aux chefs-lieux de quelques compagnies et dans les résidences où sont établis des postes provisoires, pendant toute la durée de ce service; mais le conseil général a la faculté d'inscrire ou de ne pas inscrire cette dépense au budget départemental, suivant qu'il le juge convenable. (Avis du Conseil d'Etat du 29 novembre 1888 et art. 165 du règl. du 12 avril 1893.)

Aux colonies, l'indemnité de literie est de 60 francs pendant deux ans.

En cas de passage d'une compagnie dans une autre, le décompte de l'indemnité de literie est fait jusqu'au jour exclu du départ du militaire, qui continue à recevoir, dans sa nouvelle compagnie, le restant de l'indemnité qui lui revient. Les hommes détachés pour constituer des forces supplétives sur un point quelconque du département continuent, dans cette position, à percevoir l'indemnité de literie pendant le temps qui reste à courir pour parfaire les deux années pendant lesquelles ils ont droit à cette indemnité. (Art 164 et 165 du même règl.)

La légion d'Afrique, recevant la literie en nature, n'a pas droit à l'indemnité. Toutefois, les militaires de ce corps passant ultérieurement dans la gendarmerie départementale acquièrent, par le fait de leur mutation, le droit dans leur nouvelle compagnie à l'indemnité complète de literie, quelle qu'ait été la durée de leurs services dans le corps d'où ils sortent. (Art. 166 du même règl.)

Le couchage des militaires de la garde républicaine leur est fourni par les soins du corps, au compte de la masse individuelle; à cet effet, il leur est alloué une indemnité fixée par le tarif n° 30 du règlement du 30 décembre 1892.

Il est, en outre, alloué à ce corps une indemnité de 1,572 francs par an au titre de la masse de secours et de 1,344 francs par an au titre de la masse d'entretien et de remonte. Ces indemnités sont destinées : la première, à permettre au corps de faire l'acquisition des lits d'infirmerie, de leurs fournitures et à pourvoir à l'entretien de ladite literie ; la deuxième, à l'acquisition et à l'entretien des matelas de poste, des capotes de sentinelle, d'un ameublement de chambre et d'une fourniture de lit d'officier destinés à l'adjudant-major de service.

L'indemnité de literie n'est pas due aux hommes de la réserve ou de l'armée territoriale appelés pour faire le service de la gendarmerie en temps de guerre ou de mobilisation. (Décr. du 24 juillet 1875.)

L'indemnité de literie doit être versée à la masse individuelle, si la dépense d'acquisition des effets de literie y a été imputée. Dans le cas contraire, elle est payée aux hommes. (Art. 168 du règl. du 12 avril 1893.)

Les gendarmes réservistes et territoriaux rappelés en cas de guerre ou de mobilisation se fournissent à leurs frais des effets de literie, dans le cas où ils peuvent trouver place dans les casernes ; sinon, ils sont logés chez l'habitant, conformément à la loi du 23 mai 1872 (Art. 53 et 54), et à proximité de la caserne. (Instr. du 16 juin 1883.)

LITHOGRAPHIE, s. f. La lithographie est l'art de dessiner sur une pierre et de prendre ensuite avec une presse des empreintes de ces dessins; ces empreintes portent le nom de lithographies, et on nomme gravures les empreintes que l'on obtient après avoir gravé des dessins sur du cuivre ou sur du bois. La gendarmerie surveille le colportage des livres, gravures et lithographies. (Décr. du 1er mars 1854, art. 302.) La vente, le colportage et l'affichage des gravures, lithographies, etc., sont réglés par les lois des 29 juillet 1881 et 2 août 1882. (V. *Presse.*)

LITIÈRE, s. f. Couche de paille ou d'autres matières végétales qu'on étend dans les écuries sous les animaux pour les garantir de la dureté du pavé, de la malpropreté et de l'humidité.

La litière maintenue en permanence sous les pieds des chevaux ne doit être relevée généralement, pour permettre d'en retirer le fumier, que deux fois par mois. Pendant cette opération, il faut, autant que possible, faire sortir les chevaux de l'écurie et, dans tous les cas, ouvrir toutes les portes et toutes les fenêtres. (Service intérieur, art. 135.)

On dit qu'un cheval est *sur la litière* quand il est malade au point de ne pouvoir sortir de l'écurie.

LITIGE, s. m. Terme de jurisprudence qui sert à désigner une contestation en justice. On dit qu'une affaire est *en litige*, ou *litigieuse*, quand elle peut être l'objet d'un procès.

LIVRE, s. m. Assemblage de plusieurs feuilles imprimées formant un volume. Les libraires sont ceux qui font le commerce des livres. La loi du 29 juillet 1881 a rendu libres les industries de l'imprimerie et de la librairie.

Dans le commerce, on donne le nom de livres aux registres sur lesquels les commerçants doivent inscrire toutes leurs opérations ; la loi les oblige à en tenir trois : 1° le livre-journal, sur lequel doivent être inscrites, jour par jour, toutes les opérations commerciales; 2° le livre de copies de lettres ; 3° le livre des inventaires. Il n'y a pas de pénalité contre les commerçants qui ne tiennent pas ces registres; mais, dans le cas où ils n'en auraient pas et où ils viendraient à faire faillite, cette faillite donnerait lieu à une prévention de banqueroute. (C. de comm., art. 586, n° 6.)

On donne le nom de *grand-livre de la Dette publique* à des registres sur lesquels sont inscrits tous les créanciers de l'Etat.

LIVRE, s. f. Ancienne mesure de

poids. On se sert encore de ce mot dans le langage usuel, mais à tort, pour désigner un poids de 500 grammes.

La livre servait également autrefois à désigner une monnaie. — En Angleterre, la livre sterling vaut 25 fr. 20 de notre monnaie.

LIVRET, s. m. Petit livre. — Le **Livret d'ouvrier** est un petit livre délivré par les autorités civiles à tous les ouvriers de l'un ou de l'autre sexe attachés aux manufactures, fabriques, usines, mines, etc., ou travaillant chez eux pour un ou plusieurs patrons. Ce livret porte tous les renseignements sur l'état civil de l'ouvrier, indique s'il travaille pour un ou plusieurs patrons, et donne le nom et la demeure des dernières personnes qui l'ont employé. — Les livrets établis par le décret du 30 avril 1855 n'ont pas rempli les intentions pour lesquelles ils avaient été établis, et la loi du 2 juillet 1890 a supprimé le livret obligatoire. Aujourd'hui les ouvriers sont libres d'avoir ou de ne pas avoir de livret. Mais les enfants qui sont employés à un travail industriel sont tenus d'en avoir un. (Loi du 19 mai 1874, art. 10.)

Toute personne qui engage ses services peut, à l'expiration du contrat, exiger de celui à qui elle les a loués, sous peine de dommages et intérêts, un certificat contenant exclusivement la date de son entrée, celle de sa sortie et l'espèce de travail auquel elle a été employée. (Loi du 2 juillet 1890.)

Livret militaire. Le *livret individuel* qui est distribué à chaque soldat est une pièce officielle qui constate la situation de l'homme au point de vue de ses obligations militaires, et qui renferme les ordres qu'il aura à accomplir pendant la durée de son service. Le livret est une pièce très importante que l'homme doit présenter à toute réquisition, et qu'il est très important pour lui de conserver. En cas de perte, il doit immédiatement en faire la déclaration à la gendarmerie ou au recrutement. Les militaires appelés en cas de mobilisation ou pour une période d'instruction ne doivent surtout pas omettre d'emporter leurs livrets.

Tout livret individuel muni du fascicule est remis au titulaire par l'intermédiaire de son corps, si l'homme est sous les drapeaux ; par l'intermédiaire de la gendarmerie, s'il est dans ses foyers. En principe, le livret doit être remis à l'homme lui-même : si l'homme dans ses foyers est momentanément absent lors du passage de la gendarmerie, il est invité à se présenter à la brigade.

Si l'homme perd son livret, le commandant de recrutement du domicile lui en délivre un autre, dont la couverture porte sur la partie supérieure, écrite en grosses lettres, la mention « duplicata ». (V. instruction du 28 décembre 1895, art. 70 et suivants.)

Chaque sous-officier, brigadier ou gendarme reçoit, à son arrivée, un livret qui est signé, coté et paraphé par le président du conseil d'administration (par le major dans les corps organisés régimentairement), et sur lequel les renseignements qui constatent son état civil, son signalement, le titre sous lequel il a été incorporé et le relevé de ses services ont été exactement transcrits d'après la matricule du corps ou de la compagnie. Tous les autres renseignements que présente cette matricule sont transcrits sur le livret, qui contient, en outre : les recettes et dépenses de la masse individuelle ; le nom, le numéro matricule, le signalement et la provenance du cheval, le numéro des armes, les marques extérieures de respect, la nomenclature des crimes et délits militaires et des peines qui y sont attachées, le billet d'hôpital (note minist. du 15 septembre 1893); enfin, les feuilles de visas constatant les changements successifs de domicile ou de résidence pour les gendarmes passant dans la réserve ou dans l'armée territoriale. (Note minist. du 7 juillet 1897.)

Les causes de réforme d'un militaire ne doivent jamais être mentionnées sur le livret individuel. (Note minist. du 1er avril 1899.)

Il en est de même de la mention du refus ou de la délivrance du certificat de bonne conduite qui ne doit plus y être portée. (Décret du 26 juin 1901.)

Enfin, les hommes des compagnies de discipline qui ont été réintégrés dans un régiment reçoivent à leur libération un nouveau livret ne faisant pas mention de leur passage aux compagnies de discipline. (Circ. minist. du 26 juin 1901.)

Aux termes d'une circulaire en date du 28 octobre 1901, cette disposition bienveillante est applicable aux militaires des compagnies de discipline auxquels ils ne reste pas un temps de service suffisant à accomplir pour pouvoir être réintégrés dans un régiment, mais qui sont susceptibles de recevoir une attestation de repentir dans les conditions fixées par l'article 13, paragraphe 6, de l'instruction du 9 juillet 1890, c'est-à-dire qui ont fait, sans encourir de punition grave, un séjour de six mois au moins dans les compagnies de discipline ou y ont accompli un acte de courage ou de dévouement.

Les militaires libérés, auxquels cette attestation de repentir aura été délivrée, pourront obtenir du bureau de recrutement de leur domicile, sur leur demande, accompagnée de cette pièce et transmise par la gendarmerie, un nouveau livret qui ne mentionne pas leur passage aux compagnies de discipline.

L'attestation de repentir leur sera rendue après l'établissement du nouveau livret.

Les livrets individuels des sous-officiers, brigadiers et gendarmes qui quittent le service avant l'âge de 45 ans doivent être complétés par l'adjonction d'un fascicule du modèle général contenant l'ordre de route pour le cas de mobilisation et le procès-verbal d'échange de fascicule. (Note minist. du 5 juillet 1897.) (V. *Fascicule.*) L'homme qui vient d'un autre corps ou d'une autre compagnie de gendarmerie conserve son livret sur lequel sont faits les changements nécessaires.

Le livret est la propriété du militaire à qui il est délivré; il ne peut lui être retiré, même lorsqu'il lui en est donné un nouveau ou qu'il quitte le service. Toutefois, ceux des militaires qui quittent le service avant d'avoir atteint l'âge de 45 ans sont adressés au commandant de recrutement de la subdivision de région du lieu où ils se retirent. (Circ. du 26 mars 1879.) Ces livrets sont alors pourvus du fascicule dont il est parlé plus haut. S'il y a lieu de procéder à une vérification extraordinaire des comptes de la masse individuelle, le sous-intendant militaire peut requérir, par arrondissement, l'envoi successif des livrets au chef-lieu du département; les livrets doivent être renvoyés aux hommes au plus tard dix jours après leur remise au sous-intendant.

Dans les corps organisés régimentairement, et dans les compagnies départementales, les livrets sont arrêtés conformément aux prescriptions de l'article 156 du règ. du 12 avril 1893.

Les livrets des militaires quittant la compagnie sont également arrêtés par le trésorier et vérifiés par le président du conseil d'administration. (Circ. du 30 décembre 1879.) Après avoir reconnu l'exactitude de leurs comptes, les hommes signent leurs livrets. Les effets ne doivent être inscrits sur les livrets et imputés à l'homme qu'après réception définitive. Aucune retenue sur la solde ne doit donc être faite à l'avance. (Circ. minist. du 21 juillet 1868.)

Les modifications ou rectifications à apporter aux livrets doivent toujours être effectuées au moyen de ratures. Afin d'établir leur authenticité, les modifications, rectifications ou ratures doivent être visées par l'autorité militaire qui les effectue. Le visa est, en outre, accompagné de l'empreinte d'un timbre spécial, de dimensions restreintes, fourni par l'administration centrale. (Instr. du 28 décembre 1895, art. 72.)

Le **livret d'infirmerie** a été rétabli pour tous les chevaux de l'armée par la note ministérielle du 9 mai 1896, mais il n'est pas en usage dans la gendarmerie. (Note minist. du 23 mai 1897.)

Le **livret de solde** est destiné à recevoir l'inscription par le payeur des sommes payées aux parties prenantes à quelque titre que ce soit. (Règl. du 30 décembre 1892, art. 42.)

LOCATIF, VE, adj. Qui concerne le locataire, c'est-à-dire la personne qui tient une maison à loyer. — Dans un immeuble, les réparations locatives sont, en général, à la charge du locataire d'après la loi ou l'usage des lieux. Dans les baux des casernes de gendarmerie, elles sont laissées à la charge du bailleur, sauf celles qui résultent des dommages et dégâts du fait des sous-officiers et gendarmes.

Pour pouvoir se rendre compte des dommages causés et faire payer les réparations par qui de droit, un état des lieux est remis à chaque militaire lors de la prise de possession du logement. (V. la circ. minist. du 12 décembre 1850 et le modèle du bail qui y fait suite.)

LOGEMENT, s. m. La loi du 13 avril 1850 s'est occupée des logements insalubres mis en location et a autorisé les conseils municipaux à rechercher et à indiquer les moyens indispensables pour assainir les logements loués et occupés par d'autres individus que les propriétaires. Dans le cas d'insalubrité reconnue, ces derniers doivent faire exécuter les améliorations demandées, sous peine d'une amende de 16 à 100 francs.

En cas d'inexécution des travaux. l'amende est augmentée et la location interdite.

Lorsque les troupes sont en route dans l'intérieur du pays, elles sont logées chez l'habitant. — Le logement militaire est dû par tous les propriétaires ou locataires français ou étrangers.

Le droit au logement comporte : 1° la place au feu et à la lumière ; 2° pour chaque cantinière et, autant que possible, pour chaque sous-officier et pour deux caporaux ou soldats, un lit garni d'une paillasse, d'un matelas (ou d'un lit de plumes), d'une couverture, d'un traversin et d'une paire de draps propres ; 3° les ustensiles nécessaires pour préparer le repas et pour le manger. (Instr. du 30 décembre 1899, art. 26 et 27.)

Les veuves, les filles non mariées, les communautés religieuses de femmes et les détenteurs des caisses publiques sont autorisés à fournir ailleurs que dans leur domicile un logement équivalent. (V. la circ. du 10 juin 1887.)

Les militaires qui ne peuvent pas loger chez les particuliers doivent être envoyés dans des maisons spécialement désignées par l'administration, et la gendarmerie, aux termes de la circulaire du Ministre de la guerre en date du 17 avril 1845, est chargée de veiller à ce que l'ordre et les bonnes mœurs règnent dans ces établissements.

Le refus de loger les militaires porteurs d'un billet de logement constitue une contravention à l'article 471, n° 15, du Code pénal. En toutes circonstances, les troupes auront droit chez l'habitant au feu et à la chandelle. (V. la loi du 3 juillet 1877 et le décret du 23 novembre 1886, qui la complète et la modifie.)

Les officiers et fonctionnaires militaires logés en dehors des bâtiments militaires ne sont tenus de fournir le logement aux troupes qu'autant que celui qu'ils occuperont excédera la proportion affectée à leur grade ou à leur emploi. (Loi du 3 juillet 1877, art. 12.)

Les militaires de la gendarmerie en service extraordinaire, qui sont obligés de passer la nuit hors de leur résidence, ont droit, en outre, au logement militaire pour eux et pour leurs chevaux. (Tableau 2, n° 12, du règl. du 30 décembre 1892.) Lorsque les municipalités refusent le logement aux militaires de la gendarmerie détachés temporairement hors de leur résidence, le Ministre peut leur accorder un secours pour les indemniser de leurs dépenses. (Dép. manus. du 24 décembre 1879.)

Les officiers employés à la réquisition des chevaux ont droit au logement chez l'habitant.

Des circulaires ministérielles (6 août 1857 et 24 août 1860) appellent l'attention des préfets sur la nécessité de loger les officiers dans les casernes de gendarmerie et font ressortir les sérieuses considérations d'ordre public qui militent en faveur de cette question.

Logement et ameublement. L'indemnité de logement et d'ameublement est supprimée. Les officiers qui sont logés ou baraqués, soit dans les bâtiments de l'Etat, soit aux frais des communes ou d'un service quelconque subissent sur leur solde, pour toutes les journées donnant droit à la solde de présence, une retenue dont la quotité est fixée, pour les officiers de gendarmerie, par le tarif n° 32 du règlement du 30 décembre 1892. Sont également soumis à une retenue, fixée par le même tarif, les officiers comptables auxquels l'emplacement des bureaux est fourni aux frais de l'Etat.

Pour l'application des retenues à opérer dans différents cas, pour le logement et l'ameublement des officiers, il y a lieu de se reporter aux dispositions contenues dans les articles 55 et suivants du règlement du 30 décembre 1892. Les officiers de gendarmerie, logés aux frais du département, ne doivent pas subir de retenue pour le logement pendant le temps qu'ils passent aux manœuvres. (Circ. du 21 novembre 1890.)

LOGEUR, s. m. (V. *Aubergiste.*)

LOI, s. f. La loi, prise dans un sens général, est l'acte de l'autorité souveraine qui règle la conduite et les droits des citoyens, qui ordonne, qui permet ou qui défend. La loi n'a pas d'effet rétroactif, c'est-à-dire qu'elle ne dispose que pour l'avenir.

Nul n'est censé ignorer la loi, c'est-à-dire que nul n'est dispensé de s'y soumettre sous prétexte qu'il ne la connaît pas.

La **loi naturelle** est le sentiment du juste et de l'injuste que chacun a dans sa propre conscience.

Les lois sont faites par la Chambre des députés, approuvées par le Sénat et promulguées par le chef du pouvoir exécutif. La promulgation des lois résulte de leur insertion au *Journal officiel*. Elles sont exécutoires à Paris un jour franc après la promulgation, et partout ailleurs, dans l'étendue de chaque arrondissement, un jour franc après que le *Journal officiel* qui les contient est parvenu au chef-lieu de cet arrondissement. La date officielle des lois est celle de leur adoption par la Chambre des députés. (Décis. du 5 novembre 1870 et note minist. du 9 octobre 1871.) Les lois sont promulguées dans la forme suivante : « Le Sénat et la Chambre des députés ont adopté, le Président de la République promulgue la loi dont la teneur suit. »

Loi martiale. On donne ce nom à la loi qui régit les cas où la tranquillité publique est troublée. C'était autrefois la loi du 21 octobre 1789, qui a été restreinte par le décret du 26 juillet 1791. La loi qui nous régit aujourd'hui est la loi sur les attroupements des 7-9 juin 1848.

LOIR-ET-CHER (Département). — Populat., 275,538 habit., 3 arrondissements, 24 cantons (5e corps d'armée, 5e légion de gendarmerie), chef-lieu Blois, 23,457 habit., à 181 kil. S. de Paris, sur la Loire. S.-P. : Romorantin, Vendôme. — Département méditerrané. — Pays de plaines, sillonné de vallées peu profondes, agricole. — Elève importante de moutons, de chevaux, d'abeilles, de volailles et de vers à soie. — Sources minérales à Saint-Denis. — Patrie du roi Louis XII.

LOIRE (Département). Population 647,633 habitants, 3 arrondissements, 30 cantons (13e corps d'armée, 13e légion de gendarmerie), chef-lieu Saint-Etienne, 146,559 habit., à 464 kil. S.-S.-E. de Paris, sur le Furens. S.-P. : Montbrison, Roanne. — Département méditerrané. — Pays élevé et montagneux, manufacturier et d'exploitation. — Source minérale à Saint-Galmier. — Patrie du maréchal de Saint-André et de l'amiral Bonnivet, tué à Pavie.

LOIRE (HAUTE-) (Département). Population, 314,058 habitants, 3 arrondissements, 28 cantons (13e corps d'armée, 13e légion de gendarmerie), chef-lieu Le Puy, 20,308 habit., à 505 kil. S.-S.-E. de Paris, sur la pente du mont Corneille. S.-P. : Brioude, Yssingeaux. — Département méditerrané. — Pays très élevé. — Agricole. — Elève assez considérable d'abeilles, vers à soie, chevaux, mulets, gros bétail. — 12 sources minérales. — Patrie du maréchal de Latour-Maubourg et de La Fayette.

LOIRE-INFERIEURE (Département). Populat., 664,971 habit., 5 arrondissements, 45 cantons (11e corps d'armée, 11e légion de gendarmerie), chef-lieu Nantes, 132,990 habit., à 389 kil. O. de Paris, sur la Loire, S.-P. : Ancenis, Châteaubriant, Paimbœuf, Saint-Nazaire. — Département maritime. — Pays bas et sillonné de collines. — Agricole et d'exploitation. — Elève considérable de gros bétail, de chevaux estimés, de moutons, d'abeilles. — Eaux minérales à La Barberie, Forges, Pornic, Guérande, etc. — Bains de mer — Patrie d'Olivier de Clisson et des généraux Cambronne, Mellinet, Bedeau et Lamoricière.

LOIRET (Département). Populat., 366,660 habit., 4 arrondissements, 31 cantons (5e corps d'armée, 5e légion de gendarmerie), chef-lieu Orléans, 63,705 habit., à 125 kil. S.-S.-O. de Paris, à l'extrémité d'une plaine élevée qui se termine au bord de la Loire. S.-P. : Gien, Montargis, Pithiviers. — Département méditerrané. — Pays de plaine, peu élevé. — Agricole et manufacturier. — Elève importante de moutons, de bestiaux, de volailles et d'abeilles. — Patrie du roi Robert le Pieux, de l'amiral de Coligny, de Montgomery.

LOT (Département). Population, 226,720 habit., 3 arrondissements, 29 cantons (17e corps d'armée, 17e légion *bis* de gendarmerie), chef-lieu Cahors, 15,369 habit., à 558 kil. S. de Paris, dans une presqu'île formée par le Lot. S.-P. : Figeac, Gourdon. — Département méditerrané. — Pays assez élevé, montagneux, exclusivement agricole. Vins renommés. — Elève peu étendue, excepté celle des moutons, des porcs, des volailles, des abeilles et des vers à soie. — Sources minérales à Gramat. — Patrie du maréchal de Thémines, du maréchal Bessières, de Murat, roi de Naples, du général Cavaignac et de Gambetta.

LOT-ET-GARONNE (Département). Populat., 278,740 habit., 4 arrondissements, 35 cantons (17e corps d'armée, 17e légion *bis* de gendarmerie), chef-lieu Agen, 23,234 habit., à 608 kil. S.-O. de Paris, sur la Garonne. S.-P. : Marmande, Nérac, Villeneuve-sur-Lot. — Département méditerrané. — Pays de plaines élevées et sillonnées de collines. — Agricole, peu manufacturier. — Elevage assez important de gros bétail et de porcs, volailles, oies, dindons, abeilles. — Patrie de Louis le Débonnaire et du maréchal d'Estrade.

LOTERIE, s. f. Jeu de hasard dans lequel on prend pour une certaine somme des billets portant des numéros ; lorsque le tirage a lieu, les numéros sortants ont droit à des lots. La loi du 17 mai 1836 interdit toutes les loteries, laissant seulement au gouvernement le droit d'autoriser celles qui sont destinées à des œuvres d'art et de bienfaisance. La loi précitée édicte des peines sévères contre ceux qui organiseraient des loteries clandestines.

Les auteurs, entrepreneurs et agents de loteries ou d'opérations analogues, sont passibles des peines prévues par l'article 410 du Code pénal. Il peut aussi être fait application de l'article 463 du Code pénal. — L'article 475, paragraphe 5, du Code pénal édicte les peines dont sont passibles ceux qui tiennent dans les rues, chemins, places ou lieux publics des jeux de loteries.

LOUP, s. m. Animal carnassier du genre du chien ; essentiellement nuisible, il peut, aux termes de la loi du 3 mai 1844, être détruit en tout temps par le propriétaire, même avec des armes à feu. Les loups, autrefois très communs en France, tendent à disparaître de jour en jour, grâce aux mesures prises pour leur destruction. Des primes assez élevées sont accordées à tout individu qui tue un loup (150 francs pour une louve pleine, 100 francs pour un loup ou pour une louve non pleine, 40 francs pour un louveteau).

Lorsqu'il sera prouvé qu'un loup s'est jeté sur des êtres humains, celui qui le tuera aura droit à une prime de 200 francs. L'abatage sera constaté par le maire de la commune dans le territoire de laquelle le loup a été abattu. La prime sera payée au plus tard le quinzième jour qui suivra la constatation de l'abatage. (Loi du 3 août 1882 ; décr. du 28 novembre 1882.)

Il existe, en outre, dans presque tous les départements, des lieutenants de louveterie qui sont chargés spécialement de la destruction des loups ; ce sont des propriétaires désignés par l'administration des forêts, commissionnés par le gouvernement et qui s'engagent à entretenir une meute pour la chasse de la grosse bête. Les lieutenants de louveterie dirigent les battues qui ont été ordonnées par les préfets sur la demande du conservateur des forêts ; les tireurs et les traqueurs jugés nécessaires sont requis dans les communes par les soins du maire, et ceux qui ne s'y rendraient pas sont passibles d'une amende de 10 francs. (Loi du 4 brumaire an IV.)

Cette loi est tombée en désuétude et on ne prend plus aujourd'hui pour ces chasses que des hommes de bonne volonté.

La gendarmerie est toujours requise pour assister aux battues; elle veille à ce que les ordres donnés soient exécutés et à ce qu'il ne se commette pas de délits de chasse.

LOZÈRE (Département). Populat., 128,866 habit., 3 arrondissements, 24 cantons (16e corps d'armée, 16e légion de gendarmerie), chef-lieu Mende, 7,878 habit., à 566 kil. S. de Paris, dans un vallon baigné par le Lot. S.-P. : Florac, Marvejols. Département méditerrané. — Pays très élevé et montagneux, agricole. — Elève importante de moutons et de vers à soie, récolte abondante de châtaignes dites marrons de Lyon. — Sources minérales à Bagnols, Florac, Javols, etc. — Patrie du maréchal Duroc.

LUNE, s. f. La lune est un corps céleste qui reçoit la lumière du soleil et qui tourne autour de la terre dans une période moyenne de 27 jours 7 heures 43 minutes.

La lune est 49 fois plus petite que la terre, dont elle est éloignée d'environ 100,000 lieues. Suivant sa position, la lune nous présente différents aspects qu'on appelle phases.

A la nouvelle lune, le disque nous paraît privé de lumière : la lune se lève et se couche avec le soleil.

Au premier quartier, la lune est éclairée dans sa moitié tournée vers l'Orient : la lune se lève à midi.

A la pleine lune, tout le disque est lumineux : la lune se lève au moment où le soleil se couche.

Au dernier quartier, la moitié du disque tourné vers l'est est lumineuse ; la lune se lève à minuit et elle arrive au méridien au moment où le soleil se couche. La lune se lève tous les jours environ une heure plus tard.

LUNETTE, s. f. Instrument d'optique destiné à faire voir les objets d'une manière plus distincte. Le port des lunettes est autorisé sous les armes pour ceux des militaires qui sont reconnus, après consultation médicale, comme étant dans l'obligation d'en faire usage. (Circ. du 12 mai 1877. — V. la note ministérielle du 29 août 1879 en ce qui concerne la délivrance des lunettes aux parties prenantes.)

En fortification, on appelle *lunette* un ouvrage le plus souvent ouvert à la gorge et composé de deux faces et de deux flancs.

LYCEE, s. m. Etablissement de premier ordre pour l'instruction secondaire. Il existe aujourd'hui un lycée dans presque tous les départements.

Les enfants de troupe ne sont admis à suivre gratuitement, comme externes, les cours des lycées que s'ils ont satisfait à certains examens. (Circ. du 10 novembre 1883.) (V. *Bourse*.)

M

MACHOIRE, s. f. Nom des os sur lesquels les dents sont implantées. On distingue les mâchoires en supérieure et inférieure : chez les mammifères, la mâchoire inférieure seule est mobile et exécute les mouvements nécessaires à la mastication.

MAGASIN, s. m. Lieu préparé pour recevoir des marchandises, des munitions de guerre, des approvisionnements d'une nature quelconque. — L'incendie des magasins appartenant à l'Etat est puni de mort. (C. M., art. 251.) — Le pillage de ces magasins est puni des travaux forcés ou de l'emprisonnement, s'il y a des circonstances atténuantes. (C. M., art. 252.) — Le pillage des magasins militaires doit être l'objet d'un compte rendu immédiat aux Ministres de la guerre et de l'intérieur, conformément aux articles 76 et 83 du décret du 1er mars 1854.

Les casernes des brigades à cheval doivent contenir des magasins suffisants pour recevoir les approvisionnements de fourrages d'une année; en outre, celles du chef-lieu de la compagnie doivent contenir une pièce formant magasin pour le dépôt des objets d'armement, des munitions de guerre et des effets d'habillement, d'équipement et de harnachement.

MAGICIEN, s. m. (V. *Devin.*)

MAGISTRAT, s. m. Personne revêtue d'un pouvoir judiciaire. On désigne sous le nom de magistrature la dignité, les fonctions de magistrat. — Le corps de la magistrature se divise en magistrature assise et en magistrature debout. La première est celle qui rend les arrêts et les jugements : elle est inamovible; la deuxième est celle qui est chargée de requérir : elle est amovible et se compose des procureurs généraux, des procureurs de la République et de leurs substituts.

MAGNÉTISEUR, EUSE, s. Celui ou celle qui magnétise, qui endort ou fait semblant d'endormir une personne en lui faisant des passes devant la figure. Les devins et les magnétiseurs sont en général des escrocs qui exploitent la crédulité publique en disant que la personne magnétisée connaît le passé et prédit l'avenir, et la loi les punit d'une amende de 11 à 15 francs et d'un emprisonnement qui peut aller jusqu'à 5 jours pour ceux qui expliquent les songes. (C. P. art. 479, n° 7, 480, 481 et 482.)

Les magnétiseurs non munis du titre de docteur n'ont pas le droit de soigner des malades. (Cassation, arrêt du 29 décembre 1900.) (V. *Médecin.*)

MAIN, s. f. Partie du corps humain qui termine le bras. La main est l'aide la plus importante du cavalier : la main gauche est la main de la bride. La position de la main de la bride est indiquée dans la théorie. Le mot main entre dans un grand nombre de termes très connus. Nous citerons comme termes de manège : marcher à main droite, à main gauche, changer de main avoir la main dure, avoir la main légère, tenir la main haute, etc., etc. Avant-main et arrière-main. (V. ces mots). — Une main de papier est la réunion de 25 feuilles de papier; la réunion de 20 mains de papier forme une rame.

MAINE-ET-LOIRE (Département). Populat., 514,658 habit., 5 arrondissements, 34 cantons (9e corps d'armée, 9e légion de gendarmerie); chef lieu Angers 72,669 habit., à 300 kil. S.-O. de Paris, sur la Maine. S.-P.: Baugé, Cholet, Saumur, Segré. — Département méditerrané. — Pays de plaines peu élevées au-dessus du niveau de la mer. — Agricole et manufacturier, vins blancs d'Anjou. — Elève très importante de chevaux, de gros bétail, de moutons et d'abeilles. — Ardoisières d'Angers, sources minérales à Martigné, Briant. Patrie des généraux Desjardins, Beaurepaire et de l'amiral Dupetit-Thouars, mort à Aboukir.

MAIN-FORTE, s. f. Assistance qu'on donne à quelqu'un et plus particulièrement à la justice et aux agents de l'autorité. — La loi donne le pouvoir à tous les agents de l'autorité de requérir ceux qui peuvent leur prêter main-forte dans les cas urgents et dans les cas où l'ordre public est intéressé. — Les personnes qui ne se rendent pas à la réquisition peuvent être poursuivies et condamnées à l'amende. (C. P., art. 475, no 12.)

La main-forte est accordée toutes les fois qu'elle est requise par ceux à qui la loi donne le droit de requérir. (Décr. du 1er mars 1854, art. 93.)

Tout militaire en uniforme doit prêter spontanément main-forte, même au péril de sa vie, à la gendarmerie et autres agents de l'autorité. (Décr. du 4 octobre 1891, art. 168.) — Les cas où la gendarmerie peut être requise sont tous ceux prévus par les lois et les règlements ou spécifiés par les ordres particuliers du service. (Décr. du 1er mars 1854, art. 94.)

Le service extraordinaire des brigades consiste à prêter main-forte :

1o Aux préposés des douanes, pour la perception des droits d'importation et d'exportation, pour la répression de la contrebande ou de l'introduction sur le territoire français de marchandises prohibées;

2o Aux administrateurs et agents forestiers, pour la répression du maraudage dans les forêts, et sur les fleuves, lacs et rivières;

3o Aux inspecteurs, receveurs des deniers de l'Etat et autres préposés pour la rentrée des contributions directes et indirectes;

Les commandants de brigade ne doivent pas acquiescer aux demandes d'escorte que leur font directement les percepteurs des communes; mais, dans le cas où ces fonctionnaires ont de justes raisons de craindre une attaque sur les fonds existant entre leurs mains, ils s'adressent au maire et le prient de requérir cette escorte;

4o Aux huissiers et autres exécuteurs de mandements de justice, porteurs de réquisition ou de jugements spéciaux dont ils doivent justifier (Art. 77 du décr. du 18 juin 1811);

5o Aux commissaires et sous-commissaires, gardes-barrières et autres agents préposés à la surveillance des chemins de fer. (Décr. du 1er mars 1854, art. 459.)

Si la gendarmerie est attaquée dans l'exercice de ses fonctions, elle requiert, de par la loi, l'assistance des citoyens présents à l'effet de lui prêter main-forte, tant pour repousser les attaques dirigées contre elle que pour assurer l'exécution des réquisitions et ordres dont elle est chargée. (Décr. du 1er mars 1854, art 638.) — Dans les cas urgents, la gendarmerie a le droit de requérir main-forte des gardes forestiers, des gardes champêtres, des cantonniers et de tous les agents subalternes des administrations publiques. (Décr. du 1er mars 1854, art. 640, 643, 650 et 651.)

En cas de flagrant délit, les agents de la force publique ont le droit de requérir les citoyens présents pour leur prêter main-forte sans autorisation préalable du maire. (Arrêt de la Cour de cassation du 24 novembre 1865.) — Des citoyens qui avaient refusé d'obéir à la réquisition directe faite pour contenir un homme ivre qui se livrait à des violences contre les personnes ont été condamnés.

MAINLEVÉE, s. f. Acte qui fait cesser l'effet d'un acte précédent.

MAIRE, s. m. Le maire est le premier officier municipal d'une commune : ses fonctions sont gratuites. Il est nommé, ainsi que les adjoints, par les conseils municipaux des communes. (Loi du 28 mars 1882.)

Le maire remplit de nombreuses et importantes fonctions dont nous donnons ci-après le résumé :

1° Comme *magistrat municipal*, il s'occupe des budgets et de l'ordonnancement des dépenses, de la direction des travaux, de la passation des marchés, etc., etc. ;

2° Comme *officier de police*, il s'occupe de la police municipale et rurale, de la voirie, du maintien du bon ordre dans tous les lieux publics, de l'inspection des denrées et de la salubrité des comestibles exposés en vente ; enfin il doit, suivant les termes de la loi du 14-29 décembre 1789, « *faire jouir les habitants des avantages d'une bonne police, notamment de la propreté, de la salubrité, de la sûreté et de la tranquillité dans les rues, lieux et édifices publics* ». A cet effet, le maire peut prendre des arrêtés qu'il soumet à l'approbation du préfet. Enfin, le maire est *officier de police judiciaire*, et ses attributions, en cette qualité, sont définies dans les articles 11, 50 et 144 du Code d'instruction criminelle ;

3° Comme *agent du gouvernement*, le maire est chargé de l'exécution des lois, des règlements et des mesures de sûreté générale, de la publication des listes électorales et de celles du tirage au sort, d'accompagner les jeunes gens au conseil de revision, de dresser la matrice des rôles des contributions des portes et fenêtres, etc., etc. Enfin, en cas de mobilisation, il doit veiller à ce que toutes les mesures prises par le gouvernement soient exécutées dans le plus bref délai.

Les relations de la gendarmerie avec les maires sont fréquentes et très importantes ; les gendarmes doivent la plus grande déférence aux premiers magistrats des communes, et les chefs de brigade sont tenus de se présenter à eux en entrant en fonctions. (Serv. intérieur, art 112.) Au point de vue de la sécurité publique, les commandants d'arrondissement doivent profiter de toutes les occasions pour se mettre en rapport avec les maires de leur arrondissement. (Serv. int., art. 30.)

L'action des maires sur la gendarmerie, en ce qui concerne son emploi, ne s'exerce que par réquisition. (Décr. du 1er mars 1854, art. 91.)

Les maires doivent informer les sous-officiers, brigadiers et gendarmes de tout ce qu'ils découvrent de contraire au maintien de l'ordre et de la tranquillité publique ; ils leur donnent avis de tous les délits qui ont été commis dans leurs territoires respectifs. (Decr. du 1er mars 1854, art. 645.)

Dans les tournées de communes, les gendarmes doivent s'informer près des maires s'il ne s'est pas passé des faits pouvant porter atteinte à la tranquillité publique ; si les individus auxquels le séjour de la commune est interdit n'y sont pas revenus ; si l'on a des nouvelles des déserteurs et insoumis ; si les militaires en congé tiennent une bonne conduite ; si ceux qui sont laissés comme soutiens de famille continuent à mériter cette faveur ; s'il ne s'est pas produit de décès parmi les légionnaires et les médaillés. Enfin, ils doivent leur poser toutes les questions nécessaires pour assurer, d'une manière permanente, les mesures prises en cas de mobilisation. Les maires signent les feuilles de service pour constater les tournées des gendarmes.

Les rapports entre la gendarmerie et les maires doivent être toujours empreints de la plus grande loyauté, et les magistrats municipaux ne doivent pas oublier que, comme agents du gouvernement, il est de leur devoir d'informer les gendarmes de tous les faits qui doivent être portés à sa connaissance.

Lorsqu'il n'y a pas de commissaire dans la localité, les maires ou les adjoints remplissent les fonctions du ministère public près le tribunal de simple police.

Les militaires de la gendarmerie ont le droit de requérir les maires et les adjoints pour faire ouvrir les portes qu'on tiendrait fermées à l'occasion de la mise à exécution d'un mandat légal. Sur la réquisition de la gendarmerie, les maires doivent fournir les voitures nécessaires aux prisonniers qui tombent malades en route.

Lorsque les convois de poudre stationnent dans les localités, les maires doivent requérir deux habitants pour garder les convois à défaut d'une garnison et en attendant l'arrivée d'un gendarme requis à cet effet. Il est accordé à ces gardes, pour ce service, une indemnité sur les frais du département de la guerre (transports généraux), par application de la circulaire ministérielle du 7 mai 1875. Cette indemnité est calculée d'après le prix moyen d'une journée de travail. (Décr. du 1er mars 1854, art. 473, et circ. minist. du 22 octobre 1882.) Les habitants requis sont payés sur les fonds du ministère de la guerre. (Circ. minist. des 15 juillet 1870 et 11 avril 1873.)

Au moment de la déclaration du décès de tout homme âgé de 20 à 46 ans, le maire de la commune qui dressera l'acte de décès devra remplir un bulletin conforme au modèle donné et le transmettre immédiatement au bureau de recrutement *dont relève la commune*. Les commandants de brigade de gendarmerie continueront à envoyer l'avis de mutation au bureau de recrutement, mais n'auront plus à y joindre l'acte de décès, dont tiendra lieu le bulletin adressé par l'officier de l'état civil. Il importe de remarquer que le maire n'aura point à rechercher le domicile de recrutement, et se bornera à adresser le bulletin au commandant de recrutement de la subdivision dont relève la commune où sera constaté le décès. Cet officier, à l'aide des renseignements portés sur le bulletin, le fera parvenir au bureau de recrutement d'origine. (Circ. minist. du 13 avril 1877.)

L'instruction du 28 décembre 1895, art. 31, prescrit à la gendarmerie de vérifier deux fois par an dans les mairies les registres de l'état civil et le registre à souche spécial, afin de s'assurer si les décès des hommes de 20 à 46 ans ont été notifiés. Les irrégularités constatées doivent être signalées immédiatement au préfet.

Si les devoirs des maires sont nombreux, leurs pouvoirs sont aussi très grands; ils peuvent, dans la limite de leurs attributions, prendre tels arrêtés qu'ils jugent utiles et auxquels on doit obéir comme à la loi elle-même : « Ainsi, dit M. de Lamy dans les *Causeries du juge de paix*, le maire, *dans le but de maintenir l'ordre et la tranquillité publique peut :*

» Défendre de jouer de l'argent aux cartes dans les cafés ou autres lieux publics; fixer, de concert avec le préfet, les heures de la nuit après lesquelles les auberges, cafés et autres lieux publics doivent être fermés; interdire toute espèce de musique, vocale ou autre, dans les cafés; défendre aux boulangers, en pétrissant le pain pendant la nuit, de pousser des cris pouvant troubler la tranquillité des habitants; défendre l'ouverture d'un bal public; défendre de parcourir les rues masqué ou travesti; déterminer la place des divers marchands dans les marchés; arrêter l'heure où les marchés commenceront ou finiront, etc., etc. »

Dans le but de prévenir les incendies, le maire peut : prescrire des rondes de nuit pour prévenir les tentatives d'incendie; interdire l'emploi du chaume et des roseaux dans les toitures; défendre de fumer, dans les temps de sécheresse, sur les chemins bordés de maisons; interdire les coups de fusil, de pistolet ou autres armes à feu, de pétards, fusées et pièces d'artifice quelconques; défendre de sonner les cloches en temps d'orage; défendre d'allumer du feu dans les rues et dans les champs, à une certaine distance des habitations.

Dans le but de prévenir les maladies épidémiques et contagieuses, il peut : prescrire l'enlèvement des fumiers et autres matières répandant des exhalaisons insalubres; prescrire de curer les fossés et d'en retirer tout ce qui peut les encombrer et mettre obstacle au cours de l'eau; prescrire le mode de construction des fosses d'aisances; défendre de laisser couler dans la rue du sang et des eaux grasses; exiger l'enfouissement à une profondeur déterminée des animaux morts et des matières corrompues. (V. *Animal* et *Epizootie*); défendre aux bouchers d'introduire dans les villes, pendant les grandes chaleurs, des bestiaux abattus en dehors, etc., etc.

Dans le but de prévenir les accidents, le maire peut encore : prohiber la circulation des chiens à certaines époques et ordonner de pourvoir d'une muselière ceux qui sont dans les magasins, boutiques ou autres lieux ouverts au public; défendre aux conducteurs de voitures de donner à manger à leurs chevaux sur la voie publique; défendre la chassé au tir et au fusil sur des terrains voisins des habitations; interdire le pacage des bestiaux sur les terrains communaux; fixer l'intervalle entre le départ des voitures publiques; interdire accidentellement le passage dans un endroit dangereux; prescrire aux habitants de tenir leurs portes fermées pendant la nuit, ou de les tenir fermées après certaines heures.

Pour prévenir la disette d'eau, il peut : prendre des mesures pour la conservation des eaux d'une fontaine, en ordonnant, par exemple, qu'elle ne sera ouverte que de telle heure à telle heure; défendre d'employer l'eau des fontaines publiques à abreuver les animaux, à laver le linge, etc.

Enfin, le maire remplit aussi, dans certains cas, les fonctions de sous-intendant militaire. (V. *Intendance.*) Les attributions des maires et des adjoints sont définies au titre III de la loi du 5 avril 1884.

MAISON, s. f. Edifice construit pour servir d'habitation. Dans chaque commune, la maison de ville ou maison commune est l'édifice où se réunit le conseil municipal. Cet édifice porte encore les noms d'hôtel de ville ou mairie.

Les **maisons d'arrêt,** de détention et de correction sont des établissements dans lesquels on enferme les prévenus et les condamnés. Dans les maisons pénitentiaires, on s'occupe de moraliser les prévenus par l'instruction et le travail.

Les **maisons garnies** sont des maisons dont on loue les appartements meublés; ceux qui les tiennent sont assujettis, comme les aubergistes et les logeurs, à avoir un registre sur lequel ils inscrivent les noms, qualités, etc., des personnes qui logent chez eux. (C. P., art. 475, n° 2.)

Les **maisons de prêt sur gages** peuvent s'établir sans autorisation, et elles sont soumises à certaines réglementations dont la violation entraîne, conformément à l'article 411 du Code pénal, un emprisonnement de quinze jours à trois mois.

Les **maisons de jeu** sont interdites. Ceux qui les tiennent sont passibles d'une peine de deux mois à six mois de prison et d'une amende de 100 à 6,000 francs. Les meubles, effets mobiliers, etc., dont les maisons sont garnies doivent être confisqués. (C. P., art. 410.) — La gendarmerie ne peut entrer dans ces maisons que si elles sont publiques, mais il est de son devoir d'en signaler l'existence à l'autorité judiciaire.

Quant aux maisons de prostitution, elles sont sous la surveillance de la police, et la gendarmerie ne doit y entrer que pour un motif bien déterminé de service.

MAITRE, s. m. Propriétaire; personne qui a des serviteurs. — Les maitres sont responsables du dommage causé par leurs domestiques et préposés dans les fonctions auxquelles ils les ont employés. (C. C., art. 1384.) Le vol commis à leur préjudice par un de leurs serviteurs est un vol qualifié. (C. P., art. 386, § 3.)

L'attentat à la pudeur commis par le maitre sur le serviteur ou par le serviteur sur le maitre, est puni de peines plus sévères. (V. C. P. art 333.)

MAJOR, s. m. Supérieur. Dans un régiment, le major a la surveillance de tous les détails de l'administration et de comptabilité dont sont chargés les officiers comptables, les commandants de compagnie, de batterie ou d'escadron. — Les capitaines proposés pour l'avancement et présentés pour les fonctions de major doivent subir un examen devant une commission spéciale. (Circ. du 25 mars 1867.)

Le major de la garnison est un officier d'un grade inférieur au commandant d'armes et qui est chargé de tous les détails du service de la place.

Les chefs de corps ou de service, les majors du corps de troupe, les officiers du recrutement, de la remonte et de la gendarmerie sont dispensés des fonctions de major de la garnison. (Décr. du 4 octobre 1891, art. 24.)

Lorque plusieurs armées sont réunies sous le même commandement, le chef de l'état-major prend le titre de major général. Dans la marine, le major général est celui qui a dans le port la direction générale du service sous les ordres du préfet maritime.

Les mots médecin-major, sergent-major, tambour-major, sont trop connus pour avoir besoin d'être définis.

MAJORATION, s. f. Indemnité spéciale accordée aux militaires de la gendarmerie seulement, suivant certaines règles et conditions de service, pour augmenter le taux de la pension de retraite d'ancienneté. (V. *Pension.*)

MAJORITÉ, s. f. Parti le plus nombreux dans un pays ou dans une assemblée. — Etat d'une personne qui a atteint l'âge où elle est reconnue capable de diriger ses affaires et d'accomplir tous les actes de la vie civile et politique.

En France, la majorité est fixée à 21 ans accomplis (C. C., art. 488) pour tous les actes civils et politiques, sauf pour le mariage ; l'homme n'est pleinement indépendant en ce qui concerne le mariage qu'à 25 ans et la femme à 21 (C. C., art. 148) ; passé cet âge, les individus peuvent se marier sans le consentement de leurs parents, après cependant avoir fait l'acte respectueux prescrit par l'art. 151 du Code civil.

MALADE, adj. Celui ou celle dont la santé est altérée.

Les sous-officiers, brigadiers et gendarmes malades peuvent choisir leur médecin pour se faire traiter. — Les médecins militaires doivent donner, quand ils en sont requis, les soins aux militaires de la gendarmerie, ainsi qu'à leurs familles. — Si l'affection dont un militaire de la gendarmerie est atteint paraît présenter des inconvénients dans une caserne ou nécessiter des soins particuliers, le commandant d'arrondissement provoque une visite médicale spéciale, pour que, s'il y a lieu, l'envoi à l'hôpital soit immédiatement ordonné. — Le prix des médicaments nécessaires aux gendarmes, ainsi qu'à leurs familles, peut être imputé à la masse de secours. (V. Service intérieur, art. 59 et 126, et règl. du 12 avril 1893, annexe n° 3.)

Les militaires ou marins qui voyagent isolément, ou qui font partie d'un détachement n'ayant pas d'officier de santé et qui tombent malades en route, doivent être visités par un médecin du lieu où ils s'arrêtent. Ce médecin est désigné par le commandant de place et, à son défaut, par l'officier ou sous-officier commandant la gendarmerie de la localité : c'est à ce commandant que le chef du détachement doit s'adresser par l'intermédiaire du gendarme de service à la gare, lors du passage du train, pour faire visiter l'homme malade. (Circ. des 20 février et 27 mars 1878.)

En règle générale, tout militaire qui tombe malade en route est reçu dans un hôpital militaire ou dans un hospice civil recevant des militaires, sur la présentation d'un billet d'entrée régulièrement établi ; mais si le militaire tombe malade dans un lieu dépourvu d'hôpital, le maire accorde les allocations de convoi, après avoir reconnu qu'elles sont dues et avoir obtenu l'avis favorable d'un médecin.

La loi du 3 juillet 1877, article 5, dispose que le traitement des malades ou blessés, chez l'habitant, peut être exigé par voie de réquisition. Le décret du 2 août 1877 ajoute que, lorsqu'il y a lieu de requérir le traitement des malades ou blessés, les maires fournissent des locaux spéciaux, ou, à défaut, ils répartissent les militaires à soigner chez les habitants. En cas d'extrême urgence, et seulement sur des points éloignés du centre de la commune, l'autorité militaire peut requérir directement les habitants. Les militaires de la gendarmerie (officiers et troupe) peuvent se faire soigner dans leur logement ; mais lorsque le chef de légion ou le commandant de la compagnie, éclairé par le médecin, pense qu'il convient d'envoyer un malade à l'hôpital, il invite le médecin à signer le billet d'entrée.

MALADIE, s. f. Altération de la santé. Les maladies simulées sont celles qu'un individu feint d'avoir dans un but quelconque. Les jeunes conscrits simulent des maladies pour se procurer l'exemption du service. Les mendiants emploient souvent ce moyen pour provoquer la compassion et la charité publique.

Les maladies contagieuses sont celles qui se communiquent facilement, et la loi du 21 juin 1898 prescrit les mesures à prendre dans les cas où des maladies contagieuses existent pour les animaux. (V. *Animal* et *Epizootie*.) — Maladies contagieuses pouvant affecter les chevaux. (V. *Hygiène*.) Une note ministérielle en date du 26 juillet 1891 prescrit aux chefs de légion de signaler les casernes de gendarmerie dans lesquelles des cas de fièvre typhoïde viendraient à être constatés. Une loi a été promulguée le 15 février 1902 pour protéger la santé publique. (V. *Santé*.)

Les militaires de la gendarmerie sont autorisés à se procurer gratuitement, par l'entremise des médecins qui les soignent, du sérum antidiphtérique. (Service intérieur, art. 126.)

MALFAISANT, TE, adj. Qui cause ou qui peut causer le mal. La loi défend de laisser divaguer, c'est-à-dire errer seuls sur les chemins, les animaux réputés malfaisants, tels que les bêtes féroces, les taureaux, les chevaux, les chiens, etc. Amende de 6 à 10 francs contre les délinquants. (C. P., art. 475, n° 7.)

MALFAITEUR, s. m. Personne qui commet habituellement des actions criminelles. — L'association de malfaiteurs est un crime contre la paix publique que le Code pénal punit des travaux forcés, alors même que ce crime n'aurait été accompagné ni suivi d'aucun autre. (V. C. P., art. 265 et suivants.)

Les rassemblements, excursions et attaques de malfaiteurs réunis et organisés en bandes, dévastant et pillant des propriétés, sont compris dans la nomenclature des événements extraordinaires énumérés dans l'article 77 du décret, et donnent lieu à des rapports spéciaux aux autorités.

MALVEILLANCE, s. f. Dessein de nuire. L'incendie par malveillance est celui qui a été allumé dans le but de porter un préjudice au propriétaire des choses brûlées.

MANCHE (Département). Popul., 491,372 habit., 6 arrondissements, 48 cantons (10e corps d'armée, 10e légion de gendarmerie), chef-lieu Saint-Lô, 11,443 habit., à 328 kil. O. de Paris, sur un roc, domine la Vire qui est canalisée. S.-P.: Avranches, Cherbourg, Coutances, Mortain, Valognes. Département maritime. Pays peu élevé, agricole et commerçant. Elève très considérable de chevaux, de gros bétail, de volailles et d'abeilles. Exploitation minérale; sources minérales à Avranches, Coutances, Mortain, etc. Patrie de l'amiral Tourville.

MANDAT, s. m. En droit criminel, le mandat est un acte décerné par un magistrat compétent et dont l'effet est d'obliger un individu prévenu d'un crime ou d'un délit à comparaître devant le juge ou à se rendre en prison.

Il y a quatre sortes de mandats : le mandat de comparution, le mandat d'amener, le mandat de dépôt et le mandat d'arrêt.

Le **mandat de comparution** est un ordre donné à un inculpé d'avoir à se présenter devant un magistrat ; les gendarmes porteurs du mandat n'ont qu'à se présenter au domicile de l'individu signalé, à lui en donner lecture et à lui en laisser copie. (Art. 91 du C. d'instr. crim.)

Le **mandat d'amener** est plus important, et il est exécutoire par la contrainte de la personne : il porte l'ordre d'amener l'inculpé devant le juge mandant. Lorsque les gendarmes ont donné lecture et laissé copie du mandat, ils demandent à l'individu qui en fait l'objet *s'il entend y obéir :* dans le cas de l'affirmative, ils l'accompagnent chez le juge mandant; dans le cas contraire, ou s'il tente de s'évader, ils le contraignent à les suivre. (Cette marche à suivre dans la mise à exécution de ce mandat résulte des dispositions de l'art. 99 du C. d'instr. crim.)

Le **mandat d'arrêt** n'a plus pour objet d'inviter ou de contraindre un prévenu à se présenter devant le juge, mais bien de le faire écrouer dans une maison d'arrêt. Après avoir donné lecture et copie du mandat, les gendarmes arrêtent le prévenu et le conduisent dans la maison désignée sur le mandat.

Une circulaire du ministre de la justice, en date du 16 juillet 1896, modifie ces dispositions ainsi qu'il suit :

L'inculpé arrêté *hors de l'arrondissement* du magistrat qui a décerné le mandat, sera immédiatement conduit devant le procureur de la République de l'arrondissement où il aura été trouvé. Ce magistrat vérifiera personnellement si ce mandat est applicable à l'inculpé, provoquera ses déclarations si celui-ci croit devoir en formuler. Des dites constatations et déclarations, il dressera un procès-verbal qui sera remis aux agents chargés d'assurer le transfèrement et qui devra figurer ultérieurement parmi les pièces de la procédure.

Enfin, le **mandat de dépôt,** qui est décerné généralement après l'interrogatoire, a pour but, comme le mandat d'arrêt, de faire écrouer le prévenu dans une prison.

Tous les mandats doivent être signés par le magistrat ou l'officier de police qui les décerne et munis de son sceau : ils doivent être datés ; le prévenu doit être nommé et désigné le plus clairement possible. De plus, le mandat d'arrêt doit contenir l'énonciation du fait pour lequel il est décerné et l'énonciation de la loi qui déclare que ce fait est un crime ou un délit. (C. d'instr. crim., art. 96, et décr. du 1er mars 1854, art. 289.)

Les mandats ne peuvent être mis à exécution que pendant le jour.

Si l'inculpé refuse d'ouvrir sa porte, la gendarmerie requiert le maire, l'adjoint ou le commissaire de police d'avoir à la faire ouvrir de vive force et d'assister à la notification du mandat. Le procès-verbal de l'opération est signé par le magistrat requis. — *Si le prévenu est réfugié dans la maison d'un particulier* qui en refuse l'entrée après qu'il connaît le but de la demande faite, on suit la même marche que pour le cas précédent, et le procès-verbal doit bien expliquer que le refus a été fait alors que le propriétaire de la maison savait qu'il donnait asile à un prévenu sous le coup d'un mandat.

Dans le cas où le prévenu objet d'un mandat d'amener ne peut être trouvé, le mandat est exhibé au maire ou à l'adjoint de la résidence, qui met son visa sur l'acte de notification.

Mais, *si le prévenu est sous le coup d'un mandat d'arrêt,* la loi veut que le mandat soit notifié à sa dernière demeure *et qu'il soit dressé procès-verbal de perquisition.* Ce procès-verbal sera dressé en présence des deux plus proches voisins du prévenu que le porteur du mandat d'arrêt pourra trouver : ils le signeront, ou, s'ils ne veulent pas signer, il en sera fait mention, ainsi que de l'interpellation qui en aura été faite. Le porteur du mandat d'arrêt fera ensuite viser son procès-verbal par le juge de paix ou son suppléant, ou, à son défaut, par le maire, l'adjoint ou le commissaire de police du lieu, et lui en laissera copie.

Le mandat d'arrêt et le procès-verbal seront ensuite remis au greffe du tribunal. (Code d'instr. crim., art. 109.)

Si le prévenu est inconnu dans la commune, le mandat sera exhibé au maire ou à l'adjoint, qui mettra son visa sur l'original de l'acte de notification.

Lorsque le prévenu sera trouvé dans l'arrondissement de l'officier qui aura délivré le mandat de dépôt ou d'arrêt, il sera conduit devant le juge de paix ou son suppléant, et, à leur défaut, devant le maire ou l'adjoint du maire, ou le commissaire du lieu, lequel visera le mandat, sans pouvoir en empêcher l'exécution. (C. d'instr. crim., art. 98.)

Néanmoins, lorsque, après plus de deux jours depuis la date du mandat d'amener, le prévenu aura été trouvé hors de l'arrondissement de l'officier qui a délivré ce mandat, et à une distance de plus de cinq myriamètres du domicile de cet officier, ce prévenu pourra n'être pas contraint de se rendre au mandat ; mais alors le procureur de la République de l'arrondissement où il aura été trouvé, et devant lequel il sera conduit, décernera un mandat de dépôt en vertu duquel il sera retenu dans la maison d'arrêt.

Le mandat d'amener devra être pleinement exécuté si le prévenu a été trouvé muni d'effets, de papiers ou d'instruments qui feront présumer qu'il est auteur ou complice du délit en raison duquel il est recherché, quels que soient le délai et la distance dans lesquels il aura été trouvé. (Code d'instr. crim., art. 100.) (V. *Arrestation.*)

Lorsque les mandats de justice sont envoyés directement aux chefs de brigade, ces derniers doivent en rendre compte immédiatement au commandant d'arrondissement. (Circ. du 26 novembre 1855.)

Prime pour arrestations en vertu de mandats. (V. *Mandements* et *Frais de justice.*)

En administration et en terme de commerce, on donne le nom de *mandat* à un bon payable à vue.

Le **mandat de poste** est un mandat qui permet à un particulier d'envoyer par la poste une somme d'argent à une personne qui demeure dans une autre localité.

Depuis le 1er janvier 1896, il existe des **mandats-cartes** qui sont payables au domicile des bénéficiaires moyennant une taxe de 0 fr. 10 en sus du droit de 1 p. 100 sur le montant de l'envoi.

Les mandats adressés aux militaires de l'armée de terre en France ou dans toute autre contrée de l'Europe et en Algérie sont valables pendant trois mois.

Les mandats créés hors d'Europe (l'Algérie et les stations du Levant exceptées), les mandats adressés à des particuliers résidant hors d'Europe, aux militaires de l'armée de terre employés hors d'Europe, sont valables pendant neuf mois. (Note minist. du 13 novembre 1876.)

Le public est admis à employer la voie télégraphique pour faire payer à destination, jusqu'à concurrence de 5.000 francs au maximum, les sommes déposées dans les bureaux de poste.

MANDEMENT, s. m. Ce mot s'emploie en jurisprudence comme synonyme de *mandat*. Il signifie aussi un écrit d'un évêque à ses diocésains pour leur donner des instructions relatives à la religion.

Mandement de justice. Les arrestations opérées en vertu de mandements de justice donnent droit à des primes dont le taux est déterminé suivant l'importance de la localité. (V. l'art. 190 du règl. du 12 avril 1893.) Ces primes sont payées par les agents des finances sur la présentation de mémoires qui doivent être revêtus du réquisitoire et de l'exécutoire des magistrats compétents et du visa du procureur général. (Circ. du Ministre des finances en date du 10 janvier 1868 et du 20 septembre 1875.) Ces mémoires sont exempts de la formalité du timbre. (Art. 16 de la loi du 13 brumaire an VII, rappelé par les instr. des 13 août et 20 septembre 1875. — V. les art. 190 et suivants du règl. du 12 avril 1893 et le mot *Frais de justice.*)

MANIEMENT, s. m. Maniement d'armes. Exercice par lequel on apprend aux soldats à manier leurs armes.

MANIFESTATION, s. f. Démonstration publique, collective, faite pour faire connaître une opinion. Toute espèce de manifestation est interdite aux militaires, et les réservistes qui se trouveraient revêtus d'effets d'uniforme dans un rassemblement tumultueux et contraire à l'ordre public seraient passibles des peines édictées à l'article 225 du Code de justice militaire.

MANŒUVRE, s. f. En art militaire, ce mot signifie l'exercice qu'on fait faire aux soldats pour leur apprendre les diverses évolutions. De grandes manœuvres de brigades, de divisions, et de corps d'armée ont lieu tous les ans en automne.

La composition et la répartition des forces prévôtales aux manœuvres sont réglées par des instructions spéciales d'après les bases posées dans le règlement du 13 février 1900.

Une circulaire en date du 25 avril 1876 charge les généraux de veiller à ce que les gendarmes détachés aux forces publiques ne soient jamais employés au service d'ordonnance, soit auprès des états-majors, soit auprès des généraux. Les gendarmes mariés détachés aux forces publiques pendant les grandes manœuvres peuvent être l'objet d'une allocation sur la masse de secours. (Circ. du 18 août 1875.) (V. *Force publique.*)

Aux manœuvres, les militaires de la gendarmerie ont droit à l'indemnité en marche prévue par le tarif n° 6 du règlement du 30 décembre 1892. (Décis. présid. du 18 mars 1901.)

Manœuvres en réunion. Deux fois par mois au plus pendant la saison d'été, et lorsque les exigences du service ne s'y opposent pas, des réunions de plusieurs brigades montées ont lieu sur des points intermédiaires, où elles sont exercées à cheval sous les ordres du commandant d'arrondissement. Les points de réunion doivent être déterminés de manière que les brigades n'aient, dans aucun cas, plus de dix kilomètres à parcourir pour se rendre sur le terrain d'exercice. Ces réunions de brigades ne doivent, sous aucun prétexte, motiver la suspension ou l'interruption du service habituel. Les brigades à pied ne sont exercées que dans leur résidence. (Serv. int., art. 192.)

En jurisprudence, on désigne sous le nom de **manœuvres frauduleuses** les moyens employés pour surprendre la confiance de quelqu'un.

Les dispositions pénales applicables aux fraudes et manœuvres en matière de recrutement sont édictées dans les articles 69 et suivants de la loi du 15 juillet 1889.

MANTEAU, s. m. Vêtement ample, sans manches, qui se porte pardessus les autres habits. La manière de plier le manteau pour le placer dans l'étui ou sur la selle, ou de le rouler pour le placer sur la selle ou le porter en sautoir, la manière de plier la pèlerine pour la placer sur la selle ou la porter en sautoir (arme à cheval), ainsi que la manière de rouler la capote-manteau ou la pèlerine pour la placer sur le sac ou pour la porter en sautoir (arme à pied) sont décrites dans le Service intérieur, art. 210 et suivants. — Le manteau et la pèlerine (ensemble ou séparément) sont portés dans toutes les tenues quand l'ordre en est donné. Le port de ces effets est facultatif en dehors du service. L'usage du manteau à capuchon en caoutchouc est facultatif, excepté pour les prises d'armes en grande tenue où il est interdit. (Serv. int., art. 223.)

Les militaires qui se rendent aux eaux doivent toujours être porteurs de leur manteau. (Circ. du 28 février 1883 et note minist. du 13 novembre 1880 rappelée par la lettre collective n° 14 du 6 août 1881.)

MANUFACTURE, s. f. Etablissement où l'on fabrique en grande quantité des produits de l'industrie. La loi du 19 mai 1874 réglemente le travail des enfants dans les manufactures. (V. *Enfant.*)

Il y a en France des manufactures d'armes établies à Saint-Etienne, à Tulle et à Châtellerault. Les armes blanches ne se fabriquent qu'à Châtellerault. — Les manufactures d'armes sont soumises au régime de l'entreprise et sont dirigées par des officiers d'artillerie.

MANUTENTION, s. f. En administration militaire, la manutention est l'endroit où l'on fabrique le pain de troupe.

MARAIS, s. m. Terrain dont la surface est couverte d'eau stagnante qui n'a pas d'écoulement.

Les préfets des départements, sur l'avis des conseils généraux, prennent des arrêtés pour déterminer le temps pendant lequel il sera permis de chasser le gibier d'eau dans les marais. (Loi du 3 mai 1844, art. 9.)

MARAUDAGE, s. m. et **MARAUDE,** s. f. Action de marauder, de dérober, sans aucune des circonstances aggravantes prévues à l'article 338 du Code pénal, des fruits ou d'autres productions de la terre qui, avant d'être soustraites, n'étaient pas encore détachées du sol. — Cet acte peut n'être qu'une simple contravention prévue par l'article 471, n° 9, du Code pénal, ou devenir, suivant le cas, un délit passible de 15 jours à 2 ans de prison, conformément à l'article 388 du même Code.

Le maraudage militaire est un fait qui peut avoir des conséquences très graves : les soldats qui maraudent peuvent compromettre les bonnes relations qui existent entre la garnison et les habitants, et, en pays ennemi, le maraudage peut exaspérer la population et compromettre la sécurité d'un corps. La loi du 21 brumaire an V avait édicté des peines sévères contre les maraudeurs ; le Code militaire actuel est muet sur cette question et le maraudage est assimilé au vol.

MARCHAND, ANDE, s. Personne dont le métier est d'acheter et de vendre. — Les marchands ne doivent se servir dans les ventes que de poids légaux et ces poids doivent être vérifiés tous les ans. (V. *Poids.*) — Les marchands ambulants sont assujettis aux mêmes vérifications.

On désigne sous le nom de *marine*

marchande l'ensemble des bâtiments destinés à transporter des marchandises. — Le capitaine marchand est celui qui commande un bâtiment marchand.

MARCHANDISE, s. f. Tout ce qui se vend ou s'achète, soit en gros, soit en détail.

Ceux qui vendent des marchandises falsifiées sont passibles de peines correctionnelles. (V. *Falsification.*) Les marchandises qui sont soumises à certains droits et qui sont transportées en fraude sont saisies et ceux qui les transportent sont arrêtés. (Décr. du 1er mars 1854, art. 302.) — Primes pour saisies de marchandises transportées en fraude. (V. *Saisies.*)

MARCHE, s. f. En terme militaire, le mot marche sert à désigner les mouvements d'une troupe qui se déplace.

La gendarmerie doit se porter en arrière et sur les flancs de tout corps de troupe en marche; elle arrête les traînards ainsi que ceux qui s'écartent de leur route, et les remet au commandant du corps, ainsi que ceux qui commettent des désordres soit dans les marches, soit dans les lieux de gîte ou de séjour. (Décr. du 1er mars 1854, art. 352.)

Une note ministérielle, en date du 29 septembre 1888, prescrit aux chefs de brigade, dans les localités traversées par les troupes, ou, en leur absence, aux gendarmes de planton, de se présenter aux chefs des colonnes et de se mettre à leur disposition.

En campagne, dans les marches, la gendarmerie, outre son service près des trains régimentaires, peut être chargée d'exercer une surveillance sur les flancs et sur les derrières des colonnes.

Dans l'exécution de ce service, la gendarmerie doit interroger les paysans et les voyageurs pour obtenir des renseignements sur l'ennemi. Elle surveille les individus qui pourraient s'approcher des colonnes pour faire de l'espionnage. Elle arrête les pillards et les maraudeurs et fait rejoindre les traînards. En cas de retraite, elle fait dégager les routes pour faciliter la marche des troupes. (V. Service de la gendarmerie en campagne, art. 91 et 93.)

MARCHÉ, s. m. Endroit public où l'on vend des marchandises; réunion des personnes qui se rendent dans cet endroit. — Ce mot sert encore à désigner la convention verbale ou écrite par laquelle on vend ou on achète une chose.

La gendarmerie doit toujours se tenir à portée des marchés importants, pour y maintenir l'ordre et la tranquillité. (Décr. du 1er mars 1854, art. 331.) — Les marchés de gré à gré doivent toujours être soumis à l'approbation du Ministre. (Décr. du 18 novembre 1882.) — Les effets de linge et chaussure, de petit équipement et objets au compte des masses sont achetés dans le commerce par le conseil d'administration, à l'exception des effets d'habillement, d'équipement et de harnachement, qui sont fournis dans les conditions déterminées par le Ministre. (Règl. du 12 avril 1893, art. 169.) — Retards dans l'exécution des marchés. (V. circ. du 10 septembre 1885.)

MARÉCHAL, s. m. **Maréchal de France.** Ce titre sert à désigner la plus haute dignité de l'armée. Sous le premier Empire, il fallait, pour être nommé maréchal de France, avoir gagné une bataille rangée ou avoir pris deux places fortes. Depuis 1870, il n'a pas été créé de maréchaux de France.

Les articles 144 du décret du 1er mars 1854, 262, 265 et 281 du décret du 4 octobre 1891, règlent les honneurs à rendre aux maréchaux lorsqu'ils se rendent pour la première fois dans la circonscription de leur commandement. — Le Code militaire (art. 8, 10, 11 et 12) indique la composition du conseil qui pourrait être appelé à juger un maréchal de France.

Maréchal des logis. Sous-officier de cavalerie dont le grade répond à celui de sergent dans l'infanterie. Dans la gendarmerie, les maréchaux des logis sont commandants de brigade et prennent rang entre les brigadiers et les maréchaux des logis chefs. (Décr. du 1er mars 1854, art. 15.) Le nombre des emplois de maréchal des logis est dans la proportion du tiers du nombre total des brigades. Il n'est dérogé à ce principe que pour la gendarmerie de la Corse. (Décr. du 1er mars 1854, art. 16.) — La totalité des emplois de maréchal des logis à pied et à cheval est donnée à des brigadiers de la même arme ayant au moins six mois de services. (Décr. du 1er mars 1854, art. 45.) Les adjudants de l'armée, en activité de service, peuvent être admis dans la gendarmerie avec le grade de maréchal des logis : ils doivent avoir de 25 à 35 ans, trois ans de services et un an au moins de grade au 31 décembre de l'année dans laquelle ils concourent. Ils doivent, en outre, satisfaire aux conditions de taille exigées, ainsi qu'au programme des examens fixés par la décision du 22 mars 1890, avec les modifications survenues depuis en ce qui concerne la tenue et les manœuvres.

Maréchal des logis chef. Ce grade correspond dans la cavalerie à celui de sergent-major dans l'infanterie. — Dans la gendarmerie, les maréchaux des logis chefs remplissent, au chef-lieu de chaque arrondissement ou section externe, toutes les fonctions attribuées aux adjudants dans les chefs-lieux de compagnie, à l'exception des obligations imposées à ces derniers pour les tournées de communes et les visites de points de rencontre; ils sont chargés de suppléer le commandant d'arrondissement, de l'aider dans ses écritures et de le remplacer en cas d'absence. Ils roulent avec les sous-officiers, brigadiers et gendarmes pour les services des tournées et des rencontres lorsque le service spécial dont ils sont chargés leur en laisse la possibilité.

A moins de circonstances exceptionnelles et d'un ordre exprès du commandant d'arrondissement, ils ne sont pas employés à la conduite des prisonniers civils ou militaires. (Serv. intér., art. 109.) — L'avancement à l'emploi de maréchal des logis chef est donné aux maréchaux des logis à pied ou à cheval ayant au moins six mois de grade de sous-officier dans l'arme et portés au tableau d'avancement comme réunissant les conditions d'aptitude nécessaires. (Décr. du 1er mars 1854, art. 46.)

Maréchal des logis adjoint au trésorier. Sous-officier placé près du trésorier pour l'aider dans tous les détails qui lui sont confiés ; il est dispensé de tout autre service. Toutefois, il assiste aux revues périodiques des officiers. Il relève, pour la tenue et la discipline intérieure, de l'autorité du commandant d'arrondissement. (Règl. du 12 avril 1893, art. 71, et service intérieur, art. 106.) — Les maréchaux des logis adjoints au trésorier sont choisis indistinctement soit parmi les sous-officiers à pied ou à cheval, soit parmi les brigadiers des deux armes ayant au moins un an d'exercice dans ce grade et portés au tableau d'avancement comme réunissant les conditions d'aptitude reconnues nécessaires pour ces fonctions spéciales. (Décr. du 1er mars 1854, art. 48.)

Maréchal ferrant. Ouvrier qui s'occupe de ferrer les chevaux. (V. *Ferrure*.)

MARÉCHAUSSÉE, s. f. Ancien corps de cavalerie chargé de veiller à la sûreté publique. — Ce corps, dont la création paraît remonter au XIe siècle, était placé sous la direction immédiate des maréchaux ; il fut réorganisé plusieurs fois, subit de nombreuses modifications et fut enfin supprimé définitivement par la loi du 16 février 1791, qui le remplaça par un corps militaire composé de troupes à pied et à cheval portant le nom de gendarmerie nationale.

MARÉE, s. f. Phénomène particulier qui s'observe sur le bord de la mer et qui consiste dans l'élévation et l'abaissement périodique de la masse des eaux. Ce phénomène dure douze heures ; pendant six heures, la mer monte vers les côtes : c'est le *flux*, et pendant six heures, la mer rétrograde en abandonnant la partie des côtes qu'elle avait recouverte : c'est le *reflux* ou *jusant*. Les marées sont jusqu'à présent attribuées à l'attraction du soleil et de la lune sur la masse des eaux : c'est aux équinoxes de printemps et d'automne qu'elles atteignent la plus grande hauteur.

MARIAGE, s. m. Union légitime d'un homme et d'une femme.

Au point de vue moral, comme au point de vue social, le mariage a dû être entouré par la loi des garanties les plus sérieuses, et le Code civil, dans ses articles 144 et suivants, énumère les qualités et conditions requises pour pouvoir contracter mariage.

L'homme avant 18 ans révolus, la femme avant 15 ans révolus, ne peuvent contracter mariage. (C. C., art. 144.) Néanmoins, il est loisible au Président de la République d'accorder des dispenses d'âge pour des motifs graves. (C. C., art. 145.)

Il n'y a pas de mariage lorsqu'il n'y a point de consentement. (C. C., art. 146.) On ne peut contracter un second mariage avant la dissolution du premier. (C. C., art. 147.)

Le fils qui n'a pas atteint l'âge de 25 ans accomplis; la fille qui n'a pas atteint l'âge de 21 ans accomplis, ne peuvent contracter mariage sans le consentement de leurs père et mère: en cas de dissentiment, le consentement du père suffit. (C. C., art. 148.) Si l'un des deux est mort, ou s'il est dans l'impossibilité de manifester sa volonté, le consentement de l'autre suffit. (C. C., art. 149.) Si le père et la mère sont morts, ou s'ils sont dans l'impossibilité de manifester leur volonté, les aïeuls et aïeules les remplacent; s'il y a dissentiment entre l'aïeul et l'aïeule de la même ligne, il suffit du consentement de l'aïeul; s'il y a dissentiment entre les deux lignes, ce partage emportera consentement. (C. C., art. 150.)

Les enfants de famille ayant atteint la majorité fixée par l'article 148 sont tenus, avant de contracter mariage, de demander, par un acte respectueux et formel, le conseil de leur père et de leur mère, ou celui de leurs aïeuls et aïeules, lorsque leur père et leur mère sont décédés ou dans l'impossibilité de manifester leur volonté.

Il pourra être, à défaut de consentement sur l'acte respectueux, passé outre, un mois après, à la célébration du mariage. (C. C. art. 151 modifié par la loi du 20 juin 1896.)

S'il y a dissentiment entre des parents divorcés ou séparés de corps, le consentement de celui des deux époux au profit duquel le divorce ou la séparation aura été prononcée et qui aura obtenu la garde de l'enfant suffira. (C. C. art. 152 modifié par la loi du 20 juin 1896.)

L'enfant naturel qui n'a pas été reconnu et celui qui, après l'avoir été, a perdu ses père et mère ou dont les père et mère ne peuvent manifester leur volonté, ne pourra, avant l'âge de 21 ans révolus, se marier qu'après avoir obtenu le consentement d'un tuteur *ad hoc* qui lui sera nommé. (C. C., art. 159.)

S'il n'y a ni père ni mère, ni aïeul ni aïeule, ou s'ils se trouvent tous dans l'impossibilité de manifester leur volonté, les fils ou filles mineures de 21 ans ne peuvent contracter mariage sans le consentement du conseil de famille. (C. C., art. 160.)

En ligne directe, le mariage est prohibé entre tous les ascendants et descendants légitimes ou naturels, et les alliés dans la même ligne. (C. C., art. 161.)

En ligne collatérale, le mariage est prohibé entre le frère et la sœur légitimes ou naturels et les alliés au même degré. (C. C., art. 162.)

Le mariage est encore prohibé entre l'oncle et la nièce, la tante et le neveu. (C. C., art. 163.)

Néanmoins, il est loisible au Président de la République de lever, pour des causes graves, les prohibitions portées par l'article 162 au mariage entre beaux-frères et belles-sœurs, et par l'article 163 au mariage entre l'oncle et la nièce, la tante et le neveu. (C. C., art. 164; loi du 16 avril 1832.)

Sont déclarés nuls les mariages contractés: 1° sans le consentement des époux; 2° en cas d'erreur sur la personne; 3° si l'un des époux est déjà marié; 4° quand le mariage a été fait sans publicité; 5° entre parents au degré prohibé.

Les sous-officiers, brigadiers et gendarmes ne peuvent se marier sans en avoir obtenu la permission du conseil d'administration de la compagnie à laquelle ils appartiennent, approuvée par le chef de légion. Indépendamment des garanties de moralité exigées en pareil cas, le conseil d'administration doit s'assurer que la future possède des ressources suffisantes pour ne pas être à la charge du militaire qui désire l'épouser.

Dans le cas où le conseil d'administration croit devoir refuser son consentement, il est tenu de faire connaître le motif de son refus au chef de légion ou de corps, qui en réfère au Ministre.

Si le chef de légion ou de corps refuse son approbation, il est tenu d'en rendre compte au Ministre. (Service intérieur, art. 321.)

Les permissions de mariage accordées par le conseil d'administration sont valables pendant six mois à partir de leur date, sauf au titulaire à en demander le renouvellement s'il y a lieu.

Une circulaire du 21 août 1854, rappelée par la note du 30 août 1860, explique que la quotité de la dot que doit apporter la jeune fille qui veut épouser un gendarme n'a pas été précisée par le décret, parce que cette dot peut varier suivant les localités, suivant les circonstances et suivant les espérances d'avenir; mais elle prescrit au conseil d'administration de s'assurer, avant de délivrer la permission de mariage, que la future possède des ressources suffisantes pour ne pas être à la charge du militaire qui désire l'épouser.

Les pièces à fournir pour ces sortes de demandes sont à peu près les mêmes dans toutes les légions; et elles doivent faire ressortir clairement et véridiquement les ressources et l'honorabilité de la future et de sa famille et la convenance de l'union projetée.

Les gendarmes coloniaux, en congé en France, qui désirent se marier, doivent en demander l'autorisation aux conseils d'administration des compagnies des départements dans lesquels ils se trouvent. Les conseils accordent ou refusent l'autorisation et rendent compte de leur décision au Ministre de la marine. Il n'est fait d'exception que pour les gendarmes coloniaux qui se trouvent dans les dépôts de Brest ou de Toulon; l'autorisation de se marier est accordée à ces militaires par les conseils d'administration de ces dépôts. (Circ. des 17 février 1866 et 28 mars 1883, et note min. du 21 octobre 1887.)

La date de la célébration du mariage des militaires de la gendarmerie doit être inscrite sur les contrôles (Circ. du 2 juin 1860.)

Il en est également fait inscription au folio mobile individuel et au folio de l'homme. (Service intérieur, art. 40.)

Les certificats constatant cette célébration sont transmis au Ministre par les chefs de légion, du 1er au 5 de chaque mois.

Officiers. — Les officiers, fonctionnaires militaires et assimilés de tous grades qui désireront contracter mariage devront en faire la demande, par la voie hiérarchique, au gouverneur militaire ou au général commandant la région du territoire où ils sont stationnés.

Les gouverneurs militaires et les généraux commandant les corps d'armée accorderont, directement, et par délégation du Ministre, les autorisations de mariage demandées par les officiers et assimilés placés sous leurs ordres, jusqu'au grade de colonel inclusivement. Les demandes formées par les officiers généraux et assimilés seront transmises au Ministre (Cabinet. Bureau de la Correspondance générale).

Toute demande d'autorisation de mariage que les gouverneurs militaires et les généraux commandant les corps d'armée croiraient devoir écarter, pour quelque cause que ce soit, sera transmise au Ministre, accompagnée d'un exposé de la situation ainsi que de l'avis des autorités militaires intéressées.

En ce qui concerne les officiers de gendarmerie et les officiers du recrutement qui sollicitent l'autorisation de se marier, les premiers dans l'arrondissement, les seconds dans la subdivision où ils sont employés, les généraux appelés à statuer sur ces demandes devront faire connaître au Ministre si le mariage projeté est de nature à nuire à l'indépendance d'action de l'officier et doit, par suite, entraîner son déplacement.

Chaque demande en autorisation de mariage sera accompagnée :

D'un certificat, constatant la situation de la future et celle de ses parents, la réputation dont elle jouit ainsi que sa famille.

Ce certificat sera délivré par le maire du domicile de la future et approuvé par le sous-préfet de l'arrondissement.

Les chefs de corps ou de service

et les généraux devront, en transmettant la demande, y joindre leur avis motivé sur la moralité de la future épouse et la convenance de l'union projetée.

A cet effet, ils devront recueillir, par l'intermédiaire de l'autorité militaire du domicile de la future, des renseignements analogues à ceux qui sont demandés à l'autorité civile.

Pour obtenir les renseignements qui lui sont nécessaires, l'autorité militaire pourra recourir à la gendarmerie (v. la circulaire du 7 mars 1902), mais la mission de prendre ces informations ne sera jamais confiée qu'à des officiers, exceptionnellement à des sous-officiers qui, par leur instruction et leur éducation, offriront toutes les garanties voulues de réserve et de discrétion. On ne perdra pas de vue que ces investigations ne doivent jamais revêtir une forme officielle, et qu'elles doivent toujours rester strictement confidentielles.

Tous les documents obtenus par l'autorité militaire seront transmis au général commandant le corps d'armée (ou au Ministre, suivant le cas), en même temps que la demande à laquelle ils se rapportent.

Dans le mois de la célébration du mariage, les conseils d'administration adresseront au Ministre le certificat de mariage du modèle annexé à la circulaire du 3 juillet 1840.

Les permissions de mariage seront valables pendant six mois à partir de leur date, sauf au titulaire à en demander le renouvellement, s'il y a lieu, par la voie hiérarchique et dans les formes indiquées ci-dessus. (V. circulaire du 1er octobre 1900.)

Les officiers en instance de retraite ne peuvent pas se marier sans autorisation. (Décis. minist. du 20 août 1872.)

Les officiers en retraite employés dans les services de l'armée (loi du 13 mars 1875) sont tenus, lorsqu'ils veulent contracter mariage, de faire connaître à l'autorité militaire sous les ordres de laquelle ils sont placés, le nom et le domicile de la personne qu'ils veulent épouser; et si l'alliance ne présente pas les conditions d'honorabilité désirables, l'autorité militaire peut demander que l'officier soit privé de son emploi. (Note minist. du 27 janvier 1876.) Il en est de même des officiers de réserve et de l'armée territoriale.

Les militaires qui auront contracté mariage sans autorisation du Ministre encourront la perte de leurs droits, tant pour eux que pour leurs veuves et leurs enfants, à toute pension ou récompense militaire. Les officiers pourront encourir la destitution.

Pièces à fournir pour contracter mariage : 1° Les actes de naissance des futurs époux, pour établir leur identité et afin de s'assurer qu'ils ont l'âge requis par la loi ;

2° Les actes authentiques du consentement de leurs parents, quand ceux-ci ne sont pas présents à la cérémonie, ou bien, en cas de non-consentement, les procès-verbaux ou copies des actes respectueux qu'on leur a faits ;

3° Les actes de décès des parents, quand ils sont morts ;

4° Les certificats de non-opposition délivrés par les maires des communes où les publications ont eu lieu ;

5° La mainlevée des oppositions au mariage s'il y en a eu, c'est-à-dire un acte qui annule cette opposition ;

6° La déclaration du notaire qui a reçu le contrat, si l'on en a fait un ;

7° Si le futur n'a pas 30 ans, un certificat constatant qu'il a satisfait à la loi du recrutement ;

8° Les dispenses, si l'on en sollicite ;

9° Une permission, si le futur est militaire ou marin.

Mariage des sous-officiers rengagés. Les décisions ministérielles des 24 juillet et 14 novembre 1881 et du 18 janvier 1882 déterminent les conditions dans lesquelles les sous-officiers rengagés peuvent être autorisés à se marier.

L'autorité militaire intéressée recourra à la gendarmerie pour se procurer, sur la situation véritable de la future, des renseignements plus explicites, si elle le juge utile. (Circ. du 23 août 1888.)

Mariage des militaires appartenant à l'armée active ou à sa réserve.

Peuvent se marier sans autorisation de l'autorité militaire, tous les hommes de la disponibilité, de la réserve de l'armée active, de l'armée territoriale et de sa réserve, les ajournés (art. 27 de la loi du 15 juillet 1889) et les hommes classés dans les services auxiliaires. — Il leur suffit, pour justifier de leur droit, de présenter leur livret au maire de la commune où ils doivent contracter mariage. (Instr. du 28 décembre 1895, art. 42.) C'est à partir du 1er novembre que cesse, pour les jeunes soldats des classes, la faculté de se marier sans autorisation. La demande est adressée au commandant de recrutement qui la transmet au général commandant le corps d'armée. (Note minist. du 22 juillet 1890.)

Contrat de mariage. (V. *Contrat.*)

MARIN, s. m. Ce mot sert à désigner indistinctement tous les hommes de mer qui naviguent ou qui servent sur des vaisseaux. — Le service est obligatoire pendant cinq ans pour tout marin inscrit. (Voir *Inscription maritime.*) — La gendarmerie est chargée de faire visiter et admettre à l'hôpital, s'il y a lieu, tout homme de la marine malade voyageant isolément ou en détachement et se trouvant dans un lieu où il n'y a ni commandant, ni major de place. (Circ. du 27 mars 1878.)

Les marins des équipages de la flotte qui ont sept ans de services dans la réserve, sont versés dans l'armée de terre pour y accomplir leurs trois dernières années de réserve et leur service dans l'armée territoriale. Mais ceux qui sont domiciliés sur le territoire des 6e et 7e corps sont affectés à l'armée de terre dès qu'ils sont congédiés.

Les réservistes des équipages de la flotte qui, par suite d'un changement de domicile, passent dans l'une des subdivisions de région des 6e et 7e corps d'armée, sont immédiatement versés dans l'armée de terre, sans qu'ils puissent, en cas d'un nouveau déplacement, être réintégrés dans la réserve des équipages de la flotte. (Instr. du 28 décembre 1895, art. 344.)

(Pour la destination à donner aux effets des marins décédés dans leurs foyers. (V. le mot *Effet.*)

MARINE, s. f. Ce mot s'emploie généralement pour désigner la puissance navale d'une nation : la *marine militaire* est l'ensemble des navires qui sont destinés à faire la guerre, et la *marine marchande* est l'ensemble des bâtiments et des équipages qui sont employés dans le commerce.

Une loi en date du 15 avril 1898 indique la composition des tribunaux ainsi que les pénalités à appliquer aux passagers et aux marins de la marine marchande qui se rendront coupables pendant leur embarquement de contraventions, de délits ou de crimes.

En ne tenant pas compte des nombreux bâtiments ancien modèle qui n'ont pas été refondus mais qui pourraient cependant rendre encore certains services, la France possède actuellement (1902) 265 vaisseaux prêts à l'action ainsi répartis :

Cuirassés, 39; non-cuirassés, 62; torpilleurs, 153 ; sous-marins, 11.

L'Angleterre dispose de 322 vaisseaux : 56 cuirassés ; 245 non-cuirassés ; 20 torpilleurs ; 1 sous-marin. (*Aide-mémoire de l'officier de marine.*)

L'armée navale, qui comprend environ 50.000 hommes, se recrute par l'inscription (V. *Inscription*) et par les enrôlements volontaires; elle reçoit, en outre, une part déterminée dans le contingent annuel destiné à l'armée de terre.

Les jeunes gens porteurs de numéros de tirage que les commandants des dépôts de recrutement jugeront, d'après les résultats des trois années précédentes, susceptibles d'être compris dans le contingent de l'armée de mer, ne peuvent s'engager que pour la marine. Par suite, les jeunes gens des classes ne doivent plus s'engager entre le tirage au sort et la revision, sans que le commandant du dépôt de recrutement du département où ils ont concouru au tirage ait été consulté, puisque cet officier est seul à même d'apprécier si leurs numéros les désignent pour l'armée de mer. (30 novembre 1872.)

Les jeunes gens qui veulent être affectés à l'armée de mer doivent remettre au commandant du bureau de recrutement, le jour même de leur convocation devant le conseil de revision, une demande par écrit, légalisée par le maire de leur commune. (Instr. du 21 février 1879.)

L'armée navale est partagée en cinq grandes divisions qui sont cantonnées dans les cinq ports militaires (Cherbourg, Brest, Lorient, Rochefort et Toulon).

La gendarmerie maritime est chargée du service des ports, de l'exécution du service relatif à l'incription maritime et de toutes les opérations qui se rattachent à la police de la navigation et à la police des pêches : elle est composée de cinq compagnies d'un effectif total d'environ 6C0 hommes et est placée dans les attributions du Ministre de la marine; les lois, ordonnances, décrets et règlements de la gendarmerie lui sont applicables, mais son service spécial est réglé par le décret du 15 juillet 1858, modifié les 11 mai 1877 et 20 novembre 1879. —(V., pour l'organisation, les décrets des 2 janvier 1886, 2 décembre 1890 et 10 mars 1891).

Les différents grades de l'armée navale correspondent aux grades de l'armée de terre. Cependant il est à remarquer que le grade de chef d'escadrons n'a pas de correspondant dans la hiérarchie de la marine.

Le nombre réglementaire des officiers dans chaque grade est ainsi réglé (les noms entre parenthèses indiquent les grades correspondants dans l'armée de terre) : vice-amiraux, 15 (généraux de division); contre-amiraux, 30 (généraux de brigade); capitaines de vaisseau, 125 (colonels); capitaines de fregate, 215 (lieutenants-colonels); lieutenants de vaisseau, 754 (capitaines); enseignes de vaisseau, 420 (lieutenants); aspirants de 1re classe, 170 (sous-lieutenants).

Les grades des corps des équipages de la flotte correspondent ainsi qu'il suit avec les grades de l'armée de terre : premier maître (adjudant); premier maître élève-officier (adjudant); maître (sergent-major): second maître (sergent); quartier-maître (caporal); matelot, apprenti marin et novice (soldat). Il existe en outre dans la marine un corps d'employés militaires dénommés adjudants principaux et pilotes majors qui ont rang d'officier, mais sans aucune assimilation aux divers grades de l'armée navale. (Loi du 10 juin 1896.)

MARITIME, adj. Qui est proche de la mer, qui est relatif à la navigation : ville maritime, Code maritime, inscription maritime. (V. *Inscription.*)

MARNE (Département). Popul., 432,882 habit., 5 arrondissements, 33 cantons (6e corps d'armée, 6e légion de gendarmerie); chef-lieu Châlons, 19,630 habit., à 164 kil. E. de Paris, sur la Marne, au milieu de prairies, entre deux plaines. S.-P. : Epernay, Reims, Sainte-Menehould, Vitry. — Département méditerrané. — Pays de plaines et de plateaux peu élevés. — Agricole et manufacturier. — Les célèbres vins de Champagne sont la grande richesse du département. — Elève importante de moutons, de chèvres et de volailles. — Exploitation de fer et de sables pour cristaux. — Patrie du connétable Gaucher de Châtillon, des maréchaux de Joyeuse, d'Uxelles et du général Drouet, comte d'Erlon.

MARNE (HAUTE-) (Département). Popul., 226,545 habit., 3 arrondissements, 28 cantons (7e corps d'armée, 7e légion de gendarmerie); chef-lieu Chaumont, 13,280 habit., à 247 kil. E.-S.-E. de Paris, sur un plateau élevé, entre la Marne et la Suize. S.-P. : Langres, Vassy. — Département méditerrané. Pays de plateaux assez élevés. — Agricole, d'exploitation et manufacturier. — Elève de moutons et de volailles. — Exploitation de fer, de marbres et de terres à poteries. — Source minérale à Bourbonne-les-Bains. — Patrie du sire de Joinville et de François de Lorraine.

MARQUAGE, s. m. Action de former sur des étoffes ou sur d'autres objets des lettres et des signes destinés à les faire reconnaître.

Les chevaux de l'Etat remis à titre gratuit aux officiers de gendarmerie reçoivent : 1° sur le sabot antérieur droit du côté interne, le numéro de la légion, suivi de la lettre B minuscule, pour les légions *bis*, et la lettre G; 2° sur le sabot antérieur gauche, le numéro matricule de l'animal.

L'achat des marques s'effectue au compte de la masse d'entretien et de remonte, et elles ne doivent avoir que 15 millimètres de hauteur pour les chevaux de race française, et 12 millimètres pour les chevaux arabes. (Instr. du 22 octobre 1875, décis. du 1er octobre 1879 et note minist. du 15 mai 1880.)

Aux termes de l'article 15 de l'instruction du 1er août 1879, relative à la réquisition des chevaux, modifiée par la circulaire du 1er décembre 1879, les chevaux requis sont immédiatement marqués, par les soins de la commission de réception, du numéro matricule d'achat qui, d'après l'article 20, constitue le numéro matricule dans les corps.

Un numéro est appliqué sur le sabot antérieur gauche et est suivi de la lettre du corps d'armée. — Ces lettres sont : A, 1er corps; B, 2e; C, 3e; D, 4e; E, 5e; F, 6e; G, 7e; H, 8e; L, 9e; M, 10e; N, 11e; P, 12e; R, 13e; S, 14e et gouvernement de Lyon; T, 15e; U, 16e; V, 17e; X, 18e; Z, gouvernement de Paris; Y, 19e.

MARQUE, s. f. Signe particulier, empreinte, trace, et, par extension, instrument avec lequel on fait une empreinte.

Beaucoup de fabricants marquent leurs produits pour indiquer qu'ils sortent de leur fabrique. — Toute contrefaçon de marque de fabrique tombe sous le coup des articles 425 et 427 du Code pénal et est passible d'une amende de 100 à 2,000 francs, outre la confiscation des moules et des objets contrefaits.

La contrefaçon des marques apposées au nom du gouvernement sur les diverses espèces de denrées ou de marchandises est punie de 2 à 5 ans de prison. (C. P., art. 142.) Les articles 259 et 260 du Code militaire punissent de la réclusion tout militaire qui aura contrefait les marques de l'Etat, et de la dégradation tout militaire qui aura fait une application frauduleuse de ces marques.

On désigne sous le nom de **marques extérieures de respect** les témoignages de respect et de déférence que chaque militaire doit à son supérieur.

Les militaires de la gendarmerie doivent, en toute circonstance, déférence et respect aux grades supérieurs à ceux dont ils sont revêtus. En raison de la spécialité de leur service et de leur position militaire tout exceptionnelle, les gendarmes ne doivent pas le salut aux sous-officiers des autres armes.

Les militaires des différents corps de l'armée doivent le salut à ceux de la gendarmerie qui leur sont supérieurs en grade. L'inférieur prévient le supérieur en le saluant; le supérieur rend le salut. A grade égal les militaires échangent le salut.

Les sous-officiers élèves officiers de gendarmerie doivent le salut aux officiers ; ils y ont droit de la part de tous les sous-officiers (sauf les adjudants) et des caporaux, brigadiers et soldats de toutes armes. Ils portent des insignes distinctifs dont la description figure dans l'instruction relative à l'uniforme de la gendarmerie.

Après avoir satisfait aux examens de sortie et repris les postes qu'ils occupaient avant leur entrée à l'école, ils conservent leurs insignes distinctifs et les droits aux marques extérieures de respect dont ils jouissaient à l'école. Toutefois, ils doivent le salut au maréchal des logis chef sous les ordres directs duquel ils pourraient alors se trouver placés. (Décret du 20 décembre 1901.)

Le salut militaire, à pied ou à cheval, quel que soit le grade, consiste à porter la main droite ouverte au côté droit de la visière ou en avant de la corne du chapeau, la main dans le prolongement de l'avant-bras, les doigts étendus et joints, le pouce réuni aux autres doigts, la paume de la main en avant, le bras sensiblement horizontal et dans l'alignement des épaules, en regardant la personne qu'on salue. L'attitude du salut est prise ou quittée d'un geste vif et décidé, mais sans brusquerie ni raideur.

Tout sous-officier, brigadier ou gendarme qui est de pied ferme prend, pour saluer, la position du cavalier à pied et se tourne du côté du supérieur; s'il est assis, il se lève pour saluer; s'il croise un supérieur, il le salue quand il en est à six pas et continue à marcher en conservant l'attitude du salut jusqu'à ce qu'il l'ait dépassé. S'il marche derrière lui et le dépasse, il le salue en arrivant à sa hauteur et conserve l'attitude du salut jusqu'à ce qu'il l'ait dépassé.

Le salut ne se renouvelle pas dans une promenade ou dans tout autre lieu public.

Chez le Président de la République ou chez leurs supérieurs hiérarchiques en uniforme, les officiers en tenue se découvrent aussitôt après avoir salué réglementairement; chez les autorités civiles, et chez un supérieur qui n'est pas en tenue militaire, les officiers se présentent découverts.

Les sous-officiers, brigadiers et gendarmes restent couverts chez les autorités civiles ; ils ne se découvrent chez les autorités militaires que si le supérieur les y autorise.

Dans les visites de corps, les officiers mettent la jugulaire sous le menton et restent couverts, quelle que soit l'autorité à laquelle ces visites sont faites.

Tout militaire qui parle à un supérieur le salue et prend une attitude militaire.

Tout militaire qui passe devant un drapeau ou étendard de régiment salue sans s'arrêter.

Tout sous-officier, brigadier ou gendarme, armé de la carabine, ou ayant le sabre à la main, qui parle à un officier, porte ou présente l'arme, suivant le grade; s'il passe près d'un officier, devant un drapeau ou un étendard de régiment ou devant une troupe en armes, il porte l'arme sans s'arrêter. Les plantons à cheval saluent. (V. Service intérieur, art. 165 et 167.)

Les fonctionnaires et employés militaires doivent le salut et y ont droit, suivant leur rang hiérarchique ou suivant le rang dont ils ont les prérogatives; à rang égal, le fonctionnaire ou l'employé militaire doit le premier le salut.

Les officiers de douaniers, les officiers de chasseurs forestiers et de pompiers en uniforme ont les mêmes droits et les mêmes devoirs, même hors le cas de convocation.

Les agents du Trésor, des postes, des télégraphes et des sections techniques des chemins de fer, convoqués pour un service militaire, ont les mêmes droits et les mêmes devoirs, suivant le rang qui leur est attribué.

Ont également droit au salut, suivant l'ordre de préséance, les fonctionnaires civils revêtus de leurs insignes, savoir :

Les cardinaux, archevêques et évêques, les préfets, sous-préfets, secrétaires généraux, conseillers de préfecture, maires, commissaires de police, magistrats de tous ordres, y compris les présidents des tribunaux de commerce.

Les sous-officiers, les brigadiers et les gendarmes remettent les dépêches de la manière suivante :

S'ils sont armés de la carabine, ils s'arrêtent, portent l'arme, remettent la dépêche de la main gauche, se portent à six pas en arrière et attendent, dans la position du cavalier reposé sur l'arme.

S'ils ne sont pas armés de la carabine, ils s'arrêtent, saluent, remettent la dépêche de la main gauche et vont attendre à six pas, dans la position du cavalier à pied.

Si la dépêche est remise à un officier général ou supérieur, le planton présente l'arme, la contient de la main gauche, et remet la dépêche de la main droite.

Les ordonnances à cheval saluent et remettent ensuite la dépêche de la main droite. (Règl. sur le service intérieur, art. 167.)

Les militaires non légionnaires ne sont pas astreints au salut à l'égard des légionnaires qui portent les décorations réglementaires sur un habit civil ou un costume étranger à l'armée. (Décr. du 17 février 1876.)

Les militaires médaillés ont droit au salut de la part de tous les militaires qui, étant du même grade ou d'un grade inférieur, ne sont pas décorés de la médaille. (Décis. imp. du 2 mars 1853.)

Les militaires de la gendarmerie non décorés ou médaillés doivent saluer les militaires des autres armes du même grade qu'eux et du grade supérieur, qui sont *décorés* ou *médaillés*. Ils doivent, par contre, être salués dans ces mêmes conditions s'ils sont décorés ou médaillés.

Tout officier, soit de l'armée soit du service des forêts ou des douanes, qui aurait à se plaindre d'une infraction à ces obligations, devra en informer immédiatement le bureau de la place, qui préviendra le corps auquel appartiendra l'homme en faute et fera, en outre, connaître à l'officier intéressé la suite donnée à sa plainte. (Circ. du 3 janvier 1878.)

L'article 347 du décret du 4 octobre 1891 prescrit de rendre aux militaires des armées étrangères, revêtus de leur uniforme et de leurs insignes, les mêmes honneurs que ceux attribués aux militaires de l'armée nationale. Les militaires sont tenus de saluer les officiers des armées étrangères. (V. les articles 164 et suivants du Service intérieur et l'article 152, qui indique les marques de respect dues aux officiers qui entrent dans une chambre occupée en commun ou individuellement.)

MASQUE, s. m. Faux visage en carton ou de toute autre matière dont on recouvre la figure, et, par extension, toute personne qui porte un masque pour se deguiser. — Le port du masque est autorisé pendant le carnaval, et les maires peuvent prendre des arrêtés pour réglementer cet usage; les contrevenants à ces arrêtés tombent sous le coup de l'article 471, n° 15, du Code pénal. Le fait d'avoir revêtu un masque pour commettre un crime ou un délit est considéré par la loi comme une circonstance aggravante. Les chasseurs masqués doivent être arrêtés. (Décr. du 1er mars 1854, art. 329.)

MASSAGE, s. m. Action de pétrir avec les mains les différentes parties du corps d'une personne ou d'un animal. Après avoir dessellé, le cavalier doit toujours masser le dos et le rein de son cheval. Ce massage a pour but de rétablir la circulation et doit durer de dix minutes à un quart d'heure. (V. Service intérieur, art. 132.)

MASSE INDIVIDUELLE. La masse individuelle s'administre par les soins du conseil d'administration; elle est destinée à pourvoir aux dépenses d'achat et d'entretien des effets d'habillement, d'équipement et de harnachement, à une première fourniture et au remplacement de chevaux, ainsi qu'à l'acquisition d'effets de couchage pour les hommes qui ne peuvent pas se les procurer par leurs propres moyens et au paiement des pertes, dégradations ou autres imputations mises à la charge des hommes. Ses recettes sont :

1° Indemnités de première mise d'équipement;

2° Versements effectués par les nouveaux admis;

3° Retenues sur la solde (V. *Retenue*);

4° Versements volontaires (V. ce mot);

5° Versements faits par d'autres compagnies ou par la masse d'entretien et de remonte;

6° Produit de la vente des chevaux réformés et de la dépouille de ceux morts ou abattus;

7° Indemnité de literie, si la dépense d'acquisition des effets de literie y a été imputée, etc., etc. (V. art. 136 du règl. du 12 avril 1893.)

L'excédent du complet réglementaire de la masse est payé intégralement aux hommes présents en même temps que la solde du premier mois qui suit le trimestre expiré.

Toutefois, ce paiement est suspendu pour les militaires qui n'auraient pu recevoir, avant l'arrêté des feuilles de décompte, les chevaux ou effets dont le remplacement aurait été reconnu nécessaire. (Règl. du 12 avril 1893, art. 145.)

Il leur est fait décompte de la totalité, après compensation des sommes qui leur ont été avancées, lorsqu'ils cessent d'appartenir à la gendarmerie. Le Conseil d'Etat a décidé (15 décembre 1881) qu'un créancier n'avait pas le droit de s'opposer au paiement de l'avoir à la masse d'un gendarme rayé des contrôles. Il ne peut être fait d'avance pour fourniture d'effets et de chevaux aux militaires proposés pour la retraite qu'autant que l'autorisation préalable en a été obtenue du Ministre. (En ce qui concerne la première mise, V. ce titre.)

Les militaires de la gendarmerie qui passent dans la disponibilité ou dans la réserve de l'armée active sont traités, en ce qui concerne la masse individuelle, comme ceux des corps de troupe, c'est-à-dire que le montant de leur avoir leur est payé intégralement.

Le complet de la masse est actuellement de 150 francs pour l'arme à pied et de 500 francs pour l'arme à cheval. (Art. 137 du règl. du 12 avril 1893.)

MASSE D'ENTRETIEN ET DE REMONTE. La masse d'entretien et de remonte est destinée spécialement à indemniser les sous-officiers, brigadiers et gendarmes des pertes de chevaux et effets dans l'exécution du service et à les aider dans les remplacements ordinaires de chevaux et effets dispendieux. Elle pourvoit, en outre, à d'autres dépenses dont la nomenclature fait l'objet de l'annexe n° 2 du règlement du 12 avril 1893. (V. *Perte de chevaux et d'effets.*) La masse d'entretien et de remonte est alimentée au moyen d'une allocation annuelle faite à titre d'abonnement à chaque homme d'après les fixations ci-après :

	à cheval.	à pied.
Gendarmerie départementale, garde républicaine et légion d'Afrique	28 fr. 80	8 fr.
Gendarmerie de Tunisie	72 fr.	18 fr.

(Tarif n° 25 du règl. du 30 décembre 1892 et décis. présid. du 15 mars 1899 et du 26 août 1900.)

MASSE DE SECOURS. La masse de secours, destinée à être distribuée en totalité ou en partie, par le Ministre de la guerre, aux sous-officiers, brigadiers et gendarmes les plus nécessiteux, est alimentée au moyen d'une allocation faite à titre d'abonnement, à raison de 10 francs par an et par homme pour la gendarmerie départementale, la légion de gendarmerie d'Afrique et la légion de la garde républicaine (tarif n° 28 du règl. du 30 décembre 1892), et à raison de 20 francs pour la gendarmerie coloniale. Le Ministre autorise annuellement, dans chaque compagnie, la répartition d'une partie de la masse de secours; cette répartition est généralement d'une somme égale à la moitié des recettes effectuées à ladite masse pendant l'année expirée; elle est faite entre les sous-officiers, brigadiers et gendarmes obérés, chargés de famille, ou qui ont été atteints de maladies graves, pourvu, toutefois, que leur situation ne puisse être attribuée à un défaut d'ordre ou de conduite. Aucun d'eux n'est proposé pour moins de 25 francs ou pour plus de 80 francs. A moins de circonstance toute particulière, qui doit être expliquée, aucun militaire n'est porté à la fois pour des allocations sur la masse d'entretien et sur la masse de secours. (V. *Secours.*) Mais une allocation à prélever sur l'une de ces masses peut se cumuler avec la gratification accordée à titre de prix de tir. (Instr. sur les inspections.)

Les militaires qui ont éprouvé des pertes imprévues et pour lesquelles les dispositions réglementaires n'accordent point d'indemnité, peuvent être proposés pour une rémunération satisfaisante dans la répartition annuelle de la portion de la masse de secours distribuée à l'inspection générale. (Annexe n° 3 du règl. du 12 avril 1893. V. la note minist. du 21 janvier 1886 relative aux perceptions à faire au titre de la masse de secours pour les gendarmes réservistes et territoriaux convoqués pour les périodes d'instruction et celle du 17 décembre 1885, relative au nivellement des masses de secours.)

Les hommes mariés qui ont pris part aux grandes manœuvres peuvent être l'objet de propositions exceptionnelles sur la masse de secours. (Circ. minist. du 18 août 1875.)

MATELOT, s. m. On donne le nom de matelot à tout marin inscrit maritime, non gradé; le matelot est le simple soldat de l'armée navale; il reste à la disposition de l'Etat de 20 à 45 ans.

L'article 43 de la loi du 15 juillet 1889 indique les catégories du contingent annuel qui doivent être affectées à l'armée de mer.

MATÉRIAUX, s. m pl. Toutes les matières qui servent à la construction des bâtiments.

Seront punis d'une amende de 1 à 5 francs ceux qui auront embarrassé la voie publique en y déposant ou y laissant sans nécessité des matériaux ou des choses quelconques qui empêchent ou diminuent la liberté ou la sûreté du passage; ceux qui, en contravention aux lois et règlements, auront négligé d'éclairer les matériaux par eux entreposés ou les excavations par eux faites dans les rues et places. (C. P., art. 471, n° 4.)

MATÉRIEL, s. m. En art militaire, on désigne sous le nom de matériel d'une armée les bagages, les munitions, les effets de campement, d'habillement, etc. — Tout militaire qui, dans un but coupable, détruit ou fait détruire en présence de l'ennemi tout ou partie d'un matériel de guerre, est puni de mort avec dégradation militaire. (C. M., art. 253.)

MATRICULE, s. f. Registre sur lequel sont inscrits des noms de personnes ou de chevaux avec certains renseignements les concernant.

Il existe deux matricules pour les militaires : celle des officiers et celle des hommes de troupe. Une note ministérielle en date du 8 mars 1890 prescrit le remplacement des registres matricules (troupe) en usage dans les compagnies de gendarmerie par des folios mobiles placés dans une couverture à barrettes avec écrou. Ces feuillets sont assemblés par série de 250. Il existe autant de volumes que le complet du corps l'exige.

Les registres matricules des chevaux sont au nombre de deux : celui des chevaux d'officiers et celui des chevaux de troupe.

L'annexe n° 1 du règlement du 12 avril 1893 donne toutes les instructions nécessaires pour la tenue de ces divers registres.

MAYENNE (Département). Populat. 313,103 habit., 3 arrondissements, 27 cantons (4e corps d'armée, 4e légion de gendarmerie), chef-lieu Laval, 30,374 habit., à 281 kil. O.-S.-O. de Paris. S.-P. : Château-Gontier, Mayenne. — Département méditerrané. — Sol entrecoupé de croupes et de monticules alternant avec d'étroites vallées. Pays agricole et manufacturier. — Elève étendue de chevaux, de gros bétail, de volailles et d'abeilles. — Exploitation minérale : fer, houille, marbre. — Sources ferrugineuses. — Patrie d'Ambroise de Loré, grand capitaine, qui, au XVe siècle, contribua à chasser les Anglais de France.

MÉDAILLE, s. f. Pièce de métal frappée en souvenir d'un fait remarquable.

Médaille militaire. La médaille militaire, instituée par décret du 22 janvier 1852, est en argent et d'un diamètre de 28 millimètres; elle porte depuis 1870, d'un côté la tête de la République avec cet exergue : « République française, 1870 », et, de l'autre, au centre du médaillon : « Valeur et discipline ». L'aigle qui surmontait la médaille a été remplacé par un trophée d'armes. Le ruban qui supporte la médaille est jaune avec un liséré vert. Une rente viagère de 100 francs, incessible et insaisissable, est attachée à chaque médaille accordée.

La médaille pourra être donnée :

1° Aux sous-officiers, caporaux ou brigadiers, soldats ou marins dans leur huitième année de service actif, ou à ceux qui auront fait quatre campagnes simples. (Décis. impér. du 10 avril 1869.)

2° A ceux dont les noms auront été cités à l'ordre de l'armée, quelle que soit leur ancienneté de service;

3° A ceux qui auront reçu une ou plusieurs blessures en combattant devant l'ennemi ou dans un service commandé ;

4° A ceux qui se seront signalés par un acte de courage ou de dévouement méritant récompense. Le nombre des candidats pour la gendarmerie est déterminé chaque année par le Ministre (Décr. du 1er mars 1854, art. 71);

5° Aux officiers généraux ayant rempli les fonctions de Ministre ou exercé des commandements en chef (Décis. présid. du 13 juin 1862);

6° Aux officiers généraux ayant commandé des corps d'armée et qui se trouvent dans les conditions prévues par la décision présidentielle du 20 octobre 1868.

Pour les officiers et hommes de troupe de la gendarmerie, les « blessures reçues dans l'exercice de leurs fonctions », et les « citations à l'ordre de la légion » sont, comme les blessures de guerre et les citations à l'ordre de l'armée, ajoutées au décompte des années de service et des campagnes.

Par « blessures reçues dans l'exercice de leurs fonctions », il faut entendre les blessures qui peuvent être réellement assimilées aux blessures de guerre, telles, par exemple, que celles reçues dans une lutte avec des malfaiteurs ou résultant d'une chute de cheval dans la poursuite de ces malfaiteurs, d'un accident survenu au cours d'un incendie; mais une contusion provenant d'une chute de cheval dans une promenade de chevaux ou dans une tournée de service ne saurait constituer des titres suffisants pour majorer le décompte des années de service. (Instruction du 1er juillet 1901, art. 62.)

Le temps passé par les mousses au service de la marine de l'Etat doit être compté pour l'obtention de la Légion d'honneur et de la médaille militaire, mais seulement à partir de l'âge de dix ans. Les services ainsi rendus à la mer jusqu'à l'âge de 16 ans doivent, comme les services à terre, être admis seulement pour la durée effective. (Note minist. du 22 mars 1890.)

Le temps d'embarquement après l'âge de 16 ans est compté pour la moitié en sus de sa durée effective aux anciens marins des équipages de la flotte, adjudants principaux, pompiers, gardes-consignes, marins et mécaniciens vétérans.

Quant aux hommes provenant des troupes de la marine (infanterie, artillerie, gendarmerie), on leur applique pour la Légion d'honneur ou la médaille militaire les dispositions de l'article 7 de la loi du 11 avril 1831 sur les pensions de l'armée de terre.

D'après un avis du conseil de l'ordre de la Légion d'honneur, le temps passé dans les administrations civiles de l'Etat (douanes, forêts, etc.), ne confère aucun droit pour l'obtention de la médaille militaire. Il en est de même pour les services accomplis, en qualité d'ouvrier, dans les directions des constructions navales. Toutefois, pour fixer leur choix entre des candidats également méritants, les chefs de légion et l'inspecteur peuvent tenir compte des services de cette nature, à titre de renseignements favorables (Instr. sur les inspections générales);

Tout décoré de la médaille militaire qui a subi une condamnation à une peine afflictive ou infamante est rayé des matricules de l'ordre. Les droits et prérogatives attachés à la médaille peuvent être suspendus pour différents motifs énumérés dans le décret du 24 novembre 1852.

Les saltimbanques ne doivent pas monter sur des tréteaux porteurs de la médaille ou d'autres décorations officielles. Toute infraction à cette règle doit être immédiatement suivie du retrait de l'autorisation. (Circ. du 17 septembre 1875.)

Les sous-officiers, caporaux et soldats décorés de la médaille militaire ont droit au salut des militaires du même grade non médaillés. Les sentinelles gardent l'immobilité, la main dans le rang et l'arme au pied, pour les décorés de la médaille militaire porteurs de la médaille. (Décr. du 4 octobre 1891, art. 294 et 309.) Les militaires de la gendarmerie non décorés ou médaillés doivent saluer les militaires des autres armes du même grade qu'eux et du grade supérieur qui sont *décorés* ou *médaillés*. Ils doivent, par contre, être salués, dans les mêmes conditions, s'ils sont décorés ou médaillés. Service intérieur, art. 164.)

Les militaires non médaillés ne sont pas tenus à des marques extérieures de respect à l'égard des médaillés revêtus d'un habillement civil ou d'un costume étranger à l'armée. (Circ. du 22 mai 1875.)

Médaille coloniale. Une médaille coloniale a été instituée par les lois de finances des 26 juillet 1893 et 13 avril 1898. Le décret pour déterminer les droits à cette récompense porte la date du 6 mars 1894. (V. aussi l'instruction du 12 janvier 1897, relative à la délivrance de la médaille.) Un décret en date du 12 mai 1894 rend applicables aux titulaires de la médaille coloniale les dispositions disciplinaires en vigueur pour les autres médaillés.

Médaille d'honneur. Ces médailles sont distribuées par le Ministre de l'intérieur aux citoyens qui se sont signalés par des actes de courage et de dévouement, et par le Ministre de la guerre aux militaires qui ont été signalés pour leur dévouement pendant les épidémies concernant l'armée. (Décr. du 15 avril 1892. V. le décret du 1er mars 1854, art. 69.) La médaille d'honneur, qui peut être en or, en vermeil, en argent ou en bronze, est soutenue par un ruban tricolore avec rosette pour la médaille d'or (décret du 16 novembre 1901); à moins de blessures ou d'autres circonstances exceptionnelles, elle n'est accordée que lorsque le postulant est déjà muni d'une lettre de félicitations ou d'une mention honorable. (V. décret et règlement du 16 novembre 1901, et la circulaire du 16 janvier 1902.) V. le mot *Récompense*. — Une circulaire du Ministre de la guerre en date du 13 décembre 1901 rend cette disposition applicable aux militaires jugés dignes d'être proposés pour la médaille d'honneur. Les militaires proposés pour la médaille d'honneur doivent choisir entre la médaille ou une récompense pécuniaire. (V. le mot *Décoration* et les art. 47 et 179 du Serv. int.)

Le décret du 16 juillet 1886 a créé des médailles d'honneur pour être décernées aux ouvriers ou employés français qui comptent plus de trente années de services consécutifs dans le même établissement. — Ces médailles, qui sont en or, en argent, en vermeil ou en bronze, portent le nom et le prénom du titulaire et sont suspendues à un ruban tricolore. (V. la loi du 30 avril 1886.)

De semblables médailles peuvent être accordées au personnel civil employé dans des établissements ressortissant aux ministères de la guerre et de la marine. (Décr. du 28 mars 1888 et du 8 septembre 1894.)

Un décret en date du 14 juin 1894 a créé une médaille d'honneur spéciale, en argent, pour les douaniers qui se seront signalés par de longs et irréprochables services ou par des actes exceptionnels de courage dans l'exercice de leurs fonctions. Chaque titulaire de cette médaille jouira d'un supplément de traitement de 50 francs. Le ruban de cette médaille est vert et rouge.

Un décret en date du 20 avril 1898 accorde également des médailles d'honneur aux cantonniers comptant au moins trente années de services.

Un décret en date du 22 juillet 1899 a créé une médaille d'honneur pour être décernée à l'occasion des épidémies. Cette médaille peut être en or, en vermeil, en argent ou en bronze.

Un décret en date du 13 janvier 1902 institue une médaille d'honneur à décerner aux marins français comptant 300 mois de navigation.

Enfin, des médailles d'honneur peuvent encore être accordées, lorsqu'ils remplissent certaines conditions, aux agents des forêts, aux agents des postes, aux instituteurs, aux employés civils de la marine, aux surveillants pénitentiaires en Algérie, etc.

Médailles pour services rendus à la gendarmerie. — En vue d'améliorer le service médical et vétérinaire de la gendarmerie, le Ministre, à la date du 17 mars 1900, a adopté les dispositions suivantes :

1° Les médecins et pharmaciens civils qui donnent gratuitement des soins ou des médicaments à la gendarmerie, ainsi que les vétérinaires civils qui soignent, sans exiger aucune rétribution, les chevaux de l'arme, peuvent être proposés pour recevoir les récompenses suivantes :

Après dix ans de services gratuits, une lettre d'éloges officiels conférant le titre de médecin, de pharmacien ou de vétérinaire de la gendarmerie ;

Après quinze ans, une médaille de bronze ;

Après vingt ans, une médaille d'argent ;

Après vingt-cinq ans, une médaille de vermeil ;

Des décorations de l'Instruction publique et du Mérite agricole pourront, d'ailleurs, être demandées, de temps à autre, pour les médecins, pharmaciens et vétérinaires signalés par l'autorité militaire.

Les médecins, pharmaciens et

vétérinaires pourront être l'objet, après trente années de gratuité, d'une proposition pour la croix de chevalier de la Légion d'honneur.

Médailles commémoratives. Ce sont celles qui sont distribuées aux officiers, aux sous-officiers et aux soldats en mémoire d'une expédition. Nous avons eu en France la médaille de Crimée (1855), la médaille de la Baltique (1855), la médaille de la Valeur militaire de Sardaigne, la médaille d'Italie (1859), la médaille de Chine (1860), la médaille du Mexique (1864), la médaille du pape (Mentana, expédition de Rome en 1867), la médaille du Tonkin (1885), les médailles de Madagascar (31 juillet 1886, 15 janvier 1896 et 21 juillet 1897), la médaille du Dahomey (24 novembre 1892) et la médaille de Chine (15 avril 1902). Les titulaires des médailles commémoratives sont assujettis aux peines disciplinaires édictées par les décrets des 16 mars et 24 novembre 1852.

Les dispositions relatives à l'obtention et à la délivrance de la médaille du Tonkin sont contenues dans les lois des 6 septembre 1885, 26 juillet 1887 et la circulaire du 1er septembre 1887.

En tenue, les médailles d'honneur ou commémoratives doivent être portées avec le ruban et dans la forme officielle. (Circ. du 29 mai 1849 et décr. du 26 avril 1852). (V. *Décoration.*) Le décret du 14 avril 1874, relatif à la discipline des membres de la Légion d'honneur, est également applicable aux titulaires des médailles commémoratives. (Décr. du 9 mai 1874.)

Les médailles offertes par des sociétés particulières ne peuvent pas se porter, et elles doivent être remises aux militaires de l'arme par l'intermédiaire des chefs de légion, qui rendent compte au Ministre. (V. art. 158 du Service intérieur.)

MÉDECIN, s. m. Celui qui exerce la médecine. — Nul ne peut exercer la médecine en France s'il n'est muni d'un diplôme de docteur en médecine délivré par le gouvernement français à la suite d'examens subis devant un établissement d'enseignement supérieur médical de l'Etat. (Loi du 30 novembre 1892, art. 1er.) L'exercice illégal de la médecine est justiciable des tribunaux correctionnels et punissable d'une amende de 100 à 500 francs, et, en cas de récidive, d'une amende de 500 à 1,000 francs et d'un emprisonnement de six mois, ou de l'une de ces deux peines seulement.

L'exercice illégal de l'art des accouchements est puni d'une amende de 50 à 100 francs, et, en cas de récidive, d'une amende de 100 à 500 francs et d'un emprisonnement de six jours à un mois ou de l'une de ces deux peines seulement.

L'exercice illégal de l'art dentaire n'est puni que d'une amende.

L'exercice illégal de la médecine, de l'art dentaire ou de l'art des accouchements est puni de peines plus fortes s'il y a eu usurpation de titres. (Loi du 30 novembre 1892, art. 18 et 19.)

Est considérée comme exerçant illégalement la médecine, toute personne qui, non munie du titre de docteur, prend part habituellement, ou par une direction suivie, au traitement des maladies ou des affections chirurgicals. (Arrêt de la Cour de cassation du 29 décembre 1900.) Cet arrêt vise les magnétiseurs, masseurs, rebouteurs, etc.

Il existe, dans beaucoup de départements, des médecins cantonaux ou communaux chargés de soigner gratuitement les pauvres. — Dans les grandes villes, il y a, en outre, des médecins chargés de constater les décès, d'en énoncer les causes et de vérifier les déclarations de naissances faites dans les mairies. — Des médecins inspecteurs sont également chargés de visiter les enfants qui sont en nourrice et de s'assurer qu'ils sont bien soignés. Les nourrices qui refuseraient de recevoir le médecin seraient punies d'une amende et, si le refus est accompagné d'injures, d'un emprisonnement de 1 à 5 jours. (Loi du 23 décembre 1874).

Les médecins, chirurgiens et autres officiers de santé, ainsi que les pharmaciens, les sages-femmes et toutes autres personnes dépositaires, par état ou profession, des secrets qu'on leur confie, qui, hors le cas où la loi les oblige à se porter dénonciateurs, auront révélé ces secrets, seront punis d'un emprisonnement d'un mois à six mois et d'une amende de 100 francs à 500 francs. (C. P., art. 378.) — En cas d'accouchement clandestin, l'article 56 du Code civil oblige le médecin à faire la déclaration de la naissance à l'officier de l'état civil.

Tout médecin, chirurgien ou autre officier de santé qui, pour favoriser quelqu'un, certifiera faussement des maladies ou infirmités propres à dispenser d'un service public, sera puni d'un emprisonnement d'un an au moins et de trois ans au plus. — S'il a été mû par dons ou promesses, la peine de l'emprisonnement sera d'une année au moins et de quatre ans au plus. — Dans les deux cas, le coupable pourra, en outre, être privé des droits mentionnés en l'article 42 du présent Code pendant 5 ans au moins et 10 ans au plus, à compter du jour où il aura terminé sa peine. — Dans le deuxième cas, les corrupteurs seront punis des mêmes peines que le médecin, chirurgien ou officier de santé qui aura délivré le faux certificat. (C. P., art. 160.)

Est puni de 1 an à 4 ans d'emprisonnement tout médecin militaire qui, dans l'exercice de ses fonctions, et pour favoriser quelqu'un, certifie faussement ou dissimule l'existence de maladies ou infirmités. Il peut, en outre, être puni de la destitution. — S'il a été mû par des dons ou promesses, il est puni de la dégradation militaire. — Les corrupteurs sont, en ce cas, punis de la même peine. (C. M., art. 262.) — Les médecins, chirurgiens, officiers de santé et pharmaciens qui sont reconnus complices d'un homme prévenu de s'être rendu impropre au service militaire, sont passibles d'un emprisonnement de deux mois à deux ans et d'une amende de 200 francs à 1,000 francs. (Loi du 15 juillet 1889, art. 70.)

Tout docteur en médecine est tenu de déférer aux réquisitions de la justice. Le refus est puni d'une amende de 25 à 100 francs. (Loi du 30 novembre 1892, art. 22 et 23.)

Les sous-officiers, brigadiers et gendarmes agissant comme officiers de police judiciaire, aux termes de l'article 84 du Code militaire, ont qualité pour requérir les médecins à l'effet de constater la nature et les circonstances des blessures, ou pour faire une autopsie. — En dehors de ce cas, ils ne peuvent que demander au médecin de les accompagner : ce dernier alors peut se faire payer sa vacation, soit par la justice s'il a visité, par exemple, un témoin qui ne peut se rendre devant le magistrat, soit par le Ministre de la guerre s'il s'agit d'une visite faite à un militaire ou à un marin malade étant en congé ou voyageant isolément. (V. à ce sujet la circ. du 20 février 1878.) — Le mémoire envoyé par le médecin doit être visé par le sous-officier ou par le brigadier qui a assisté à la visite ; il est transmis au sous-intendant s'il s'agit d'un militaire. (V. les circ. des 16 octobre 1837 et 13 mars 1880).

La jurisprudence a décidé qu'il fallait être médecin (docteur ou officier de santé) pour exercer la profession d'oculiste.

Les médecins qui donnent gratuitement leurs soins à la gendarmerie peuvent être proposés pour une récompense. (V. *Médaille.*)

Médecins militaires. Pour la hiérarchie des médecins militaires, voir le mot *Assimilation*. Dans les villes de garnison où se trouvent des médecins militaires, l'un d'eux ou même plusieurs, s'il y a opportunité, sont désignés par le général pour donner gratuitement et à domicile les soins nécessaires aux militaires de l'arme, à leurs femmes et à leurs enfants. (Circ. minist. du 1er février 1853 et art. 14 et 69 du règl. du 25 novembre 1889.) — En Algérie, dans les localités dépourvues de médecins de l'armée, ces soins sont donnés gratuitement par les médecins de colonisation. (Circ. minist. du 28 février 1860.)

Les militaires de la gendarmerie peuvent choisir leur médecin pour se faire traiter. (V. art. 125 du Service intérieur.)

Les conditions requises pour le recrutement du corps de santé militaire sont déterminées par le decret du 15 juin 1880.

Le corps de santé militaire comprend 1.473 médecins. (Loi du 21 avril 1900.)

Médecin inspecteur général..........	1
Médecins inspecteurs...................	11
Médecins principaux de 1re classe.......	45
— 2e classe........	60
Médecins-majors de 1re classe..........	340
— 2e classe...........	510
Médecins aides-majors de 1re classe......	406
— 2e classe......	100
dont 50 aides-majors stagiaires à l'Ecole d'application du Val-de-Grâce	
	1.473

MÉDICAMENT, s. m, Toute substance qu'on emploie dans un but curatif. Le prix des médicaments fournis aux sous-officiers, brigadiers et gendarmes ou à leurs familles, peut être imputé à la masse de secours sur la proposition du conseil d'administration et après approbation de l'intendant divisionnaire. (V. les circ. des 1er février 1853, 31 mai et 20 novembre 1863, 31 mars 1869 et l'annexe n° 3 du règl. du 12 avril 1893.)

Le tarif d'ordre, pour l'évaluation des médicaments fournis aux militaires de la gendarmerie et à leurs familles, est daté du 23 juin 1889. Les prix de ce tarif sont passibles d'une réduction de 10 p. 100.

Les militaires de tous grades de la gendarmerie sont autorisés à tirer, à charge de remboursement, les médicaments et objets de pansement qui leur sont nécessaires pour eux et pour leur ménage, de l'hôpital militaire du lieu où ils résident, d'après un bon établi et signé par un médecin militaire. Les bons devront être déposés à l'hôpital dans la matinée et les médicaments seront délivrés à l'heure de la visite du soir. (Note minist. du 28 juillet 1891.) (V. *Maladie*.)

MÉDITERRANÉE. Vaste mer entre l'Europe, l'Asie et l'Afrique, et qui communique avec l'Océan par le détroit de Gibraltar. Les Etats baignés par la mer Méditerranée sont, en commençant par le sud-ouest : l'Espagne, la France, l'Italie, l'Autriche, la Turquie d'Europe, la Grèce, la Turquie d'Asie, l'Egypte, la régence de Tripoli, la régence de Tunis, l'Algérie et le Maroc.

Les géographes désignent, en général, sous le nom de *mer méditerranée* les mers qui s'enfoncent plus ou moins profondément dans l'intérieur des terres. (V. *Mer*.) Dans l'étude de la géographie de la France, on désigne sous le nom de *département méditerrané* celui qui n'est pas situé sur la frontière.

MÉLINITE, s. f. Explosif des plus puissants dont on se sert pour charger les obus et pour détruire les voies ferrées et les ponts. Sa composition est restée secrète.

MÉMOIRE, s. f. Faculté de souvenir du passé. — Employé au masculin, ce mot signifie un écrit destiné à rappeler des faits ; il signifie également un état représentant des sommes dues.

Mémoire de capture. Les mémoires de frais de capture dus aux militaires de la gendarmerie sont établis en double expédition par les chefs de brigade à la fin de chaque trimestre, acquittés par le conseil d'administration et payés par les agents des finances ; ces mémoires sont exempts de la formalité du timbre et doivent être présentés, sous peine de déchéance, dans le délai d'un an à partir de la capture. (V. art. 191 et suivants du règl. du 12 avril 1893.)

Mémoire de proposition. Tout mémoire de proposition d'admission dans la gendarmerie établi par un commandant de corps ou de compagnie en faveur d'un militaire rentré dans ses foyers, doit porter les indications suivantes : 1° la position du militaire au moment où il a quitté le service ; 2° les ressources pécuniaires dont il peut disposer pour subvenir aux frais de son équipement ; 3° sa position civile : célibataire, marié, veuf, et, dans ces deux derniers cas, le nombre de ses enfants s'il en a ; 4° le détail de ses services antérieurs.

On joint toujours au mémoire de proposition les pièces suivantes :

1° Demande du candidat proposé ;

2° Acte de naissance ;

3° Pièces justificatives du service ;

4° Certificat de bonne conduite ;

5° Certificat de visite du médecin chef de l'hôpital militaire du chef-lieu de la compagnie, indiquant que cette visite a eu lieu en présence du commandant ;

6° Certificat de bonne vie et mœurs délivré par l'autorité locale ; ce certificat doit être légalisé si le candidat est rentré dans ses foyers depuis plus de six mois ;

7° Certificat de toisé ;

8° Relevé de punitions ;

9° Extrait du registre médical d'incorporation ;

10° Extrait du casier judiciaire (bulletin n° 2) ;

11° Dictée (une page entière) ;

12° Certificat d'aptitude équestre (s'il y a lieu) ;

13° Rapport sur les antécédents, les ressources et la moralité du candidat, ainsi que de la femme et de sa famille si le candidat est marié;

14° Rapport du commandant de l'ancienne compagnie (pour les réadmissions) ;

15° Rapport spécial pour les hommes du contingent et des enrôlements de la Seine qui demandent la garde républicaine ou la compagnie de la Seine, s'il y a lieu;

16° Déclaration d'insuffisance d'instruction des candidats pour la cavalerie de la garde républicaine, s'il y a lieu;

17° Autorisation du vice-amiral commandant en chef, préfet maritime, pour les réservistes de l'armée de mer, s'il y a lieu ;

18° Acte de notoriété, s'il y a lieu;

19° Engagement de versement à la masse, s'il y a lieu.

Une mention spéciale doit faire connaître si le candidat écrit, parle ou traduit une langue étrangère, notamment l'allemand, l'italien ou l'espagnol. (Circ. minist. du 16 février 1899.)

Dans les brigades externes, le chef de brigade s'assure, par un examen préalable des pièces du candidat, que ce dernier remplit les conditions exigées au point de vue de l'âge, de la durée des services, de la taille, de la conduite, et lui fait faire quelques lignes de dictée. Le commandant de la compagnie apprécie ensuite s'il doit ou non convoquer le candidat au chef-lieu. (Instr. sur les inspections générales.)

Lorsqu'il existe une différence de noms entre les pièces civiles et les pièces militaires du candidat, les commandants de compagnie doivent réclamer aux juges de paix les actes de notoriété. (Circ. minist. du 31 décembre 1854.)

Ce mémoire est établi en double expédition, sous la responsabilité du commandant du corps ou de la compagnie.

Aussitôt après l'arrivée des militaires venant de l'armée par décision ministérielle, et à la suite des propositions de l'inspection générale, les commandants de corps ou de compagnie adressent hiérarchiquement des mémoires de proposition fictifs et sans pièces.

Les anciens militaires qui sollicitent leur admission dans la *gendarmerie coloniale* peuvent être proposés, lors même que, n'ayant pas droit à la première mise d'équipement, ils ne seraient pas en mesure d'effectuer un versement équivalent. (Instr. du 21 mars 1902.)

L'état signalétique et des services, ainsi que le relevé de punitions à mettre à l'appui des mémoires de proposition établis en faveur des réservistes qui sollicitent leur admission dans la gendarmerie, doivent être délivrés par les soins du corps d'affectation pour les hommes de la réserve, et ce soin incombe au bureau de recrutement pour les hommes de l'armée territoriale et de sa réserve, dont les livrets matricules restent entre les mains du capitaine-major de cette arme. (Note minist. du 7 février 1877.)

Les commandants de compagnie qui auront à examiner des demandes formées par des réservistes de la marine à l'effet d'être admis dans la gendarmerie, devront mettre les intéressés en mesure de se procurer le consentement de MM. les vice-amiraux, préfets maritimes, qui sera joint aux autres pièces composant le dossier des candidats. (Circ. du 8 avril 1876. — V. circ. du 22 février 1877 pour les réservistes qui veulent entrer dans la gendarmerie maritime. — V. aussi la circ. du Ministre de la marine du 17 juin 1889.)

Les pièces à joindre à l'appui des mémoires de proposition concernant les hommes appartenant, au titre de la gendarmerie, à la réserve de l'armée active, à l'armée territoriale ou à sa réserve, doivent être réclamées aux légions auxquelles ces hommes ont été affectés, et celles-ci réclament, au besoin, les renseignements nécessaires à l'établissement de ces pièces au corps ou à la légion dans lesquels l'homme a servi en dernier lieu. (Lettres minist. des 17 août et 27 septembre 1881.)

MÉMORIAL de la gendarmerie. — Recueil des règlements, décrets, circulaires, etc., intéressant la gendarmerie. Ce recueil qui, pendant 5 ans, a porté le titre de *Bulletin officiel du ministère de la guerre* (Gendarmerie) a repris son ancien titre.

MENACE, s. f. Parole, regard, geste ou acte quelconque par lequel on fait connaître et craindre à quelqu'un le mal qu'on veut lui faire. — La loi punit sévèrement les menaces, même non suivies d'exécution, alors surtout qu'elles ont pour but de rançonner les personnes en les intimidant.

Quiconque aura menacé, par écrit anonyme ou signé, d'assassinat, d'empoisonnement ou de tout autre attentat contre les personnes, qui serait punissable de la peine de mort, des travaux forcés à perpétuité ou de la déportation, sera, dans le cas où la menace aurait été faite avec ordre de déposer une somme d'argent dans un lieu indiqué, ou de remplir toute autre condition, puni d'un emprisonnement de deux ans à cinq ans et d'une amende de 150 francs à 1,000 francs. Le coupable pourra, en outre, être privé des droits mentionnés en l'article 42 du Code pénal pendant cinq ans au moins et dix ans au plus, à compter du jour où il aura subi sa peine. — Le coupable pourra être mis aussi sous la surveillance de la haute police pendant cinq ans au moins et dix ans au plus, à dater du jour où il aura subi sa peine. (C. P., art. 305.)

Si cette menace n'a été accompagnée d'aucun ordre ou condition, la peine sera d'un emprisonnement d'une année au moins et de trois ans au plus, et d'une amende de 100 à 600 francs. Dans ce cas, comme dans celui de l'article précédent, la peine de la surveillance pourra être prononcée contre le coupable. (C. P., art. 306.)

Si la menace faite avec ordre ou sous condition a été verbale, le coupable sera puni d'un emprisonnement de six mois à deux ans et d'une amende de 25 francs à 300 francs. Dans ce cas, comme dans celui des précédents articles, la peine de la surveillance pourra être prononcée contre le coupable. (C. P., art. 307.)

Quiconque aura menacé, verbalement ou par écrit, de voies de fait ou violences non prévues par l'article 305, si la menace a été faite avec ordre ou sous condition, sera puni d'un emprisonnement de six jours à trois mois et d'une amende de 16 francs à 100 francs, ou de l'une de ces deux peines seulement. (C. P., art. 308.)

La menace d'incendier une habitation ou toute autre propriété sera punie de la peine portée contre la menace d'assassinat, et d'après les distinctions établies par les articles 305, 306 et 307. (C. P., art. 436.) — Les outrages faits par gestes ou menaces aux magistrats et aux dépositaires de la force publique, sont punis par les articles 222 et suivants du Code pénal. (V. *Outrage*.) Tout militaire qui insulte une sentinelle par paroles, gestes ou menaces, est puni de six jours à un an d'emprisonnement. (C. M., art. 220.)

Les menaces faites à un supérieur dans le service ou à l'occasion du service sont punies de la destitution, et d'un an à cinq ans de prison si le coupable est officier ; de cinq ans à dix ans de travaux publics si le coupable est sous-officier, caporal ou soldat. Si les menaces n'ont pas eu lieu pendant le service ou à l'occasion du service, la peine est de un an à cinq ans d'emprisonnement. (C. M., art. 224.)

MENDIANT, ANTE, s. Personne qui demande l'aumône, qui fait profession de mendier, qui se livre à la mendicité.

La mendicité habituelle chez l'homme valide est la conséquence de la paresse et de l'inconduite ; elle conduit forcément à l'hypocrisie, et le Code pénal punit de peines sévères le mendiant trouvé sur la voie publique. Toute personne qui aura été trouvée mendiant dans un lieu pour lequel il existera un établissement public organisé afin d'obvier à la mendicité, sera punie de trois mois à six mois d'emprisonnement, et sera, après l'expiration de sa peine, conduite au dépôt de mendicité. (C. P., art. 274.) Dans les lieux où il n'existe point encore de tels établissements, les mendiants d'habitude valides seront punis d'un mois à trois mois d'emprisonnement. S'ils ont été arrêtés hors du canton de leur résidence, ils seront punis d'un emprisonnement de six mois à deux ans. (C. P., art. 275.)

Tous mendiants, même invalides, qui auront usé de menaces, ou seront entrés, sans permission du propriétaire ou des personnes de sa maison, soit dans une habitation, soit dans un endroit clos en dépendant, ou feindront des plaies ou des infirmités, ou qui mendieront en réunion, à moins que ce ne soient le mari et la femme, le père ou la mère et leurs jeunes enfants, l'aveugle et son conducteur, seront punis d'un emprisonnement de six mois à deux ans. (C. P., art. 276.)

Le dernier paragraphe de cet article a été abrogé en partie par l'article 3 de la loi du 7 décembre 1874, qui est ainsi conçu : « Quiconque emploiera des enfants âgés de moins de 16 ans à la mendicité habituelle, soit ouvertement soit sous l'apparence d'une profession, sera considéré comme auteur ou complice du délit de mendicité en réunion, prévu par l'article 276 du Code pénal, et sera puni des peines portées audit article. Dans les cas où le délit aurait été commis par les pères, mères ou tuteurs, ils pourront être privés des droits de la puissance paternelle ou être destitués de la tutelle.

Tout mendiant ou vagabond qui aura été saisi travesti d'une manière quelconque, ou porteur d'armes, bien qu'il n'en ait usé ni menacé, ou muni de limes, crochets ou autres instruments propres soit à commettre des vols ou d'autres délits, soit à lui procurer les moyens de pénétrer dans les maisons, sera puni de deux à cinq ans d'emprisonnement. (C. P., art. 277.)

Tout mendiant ou vagabond qui sera trouvé porteur d'un ou plusieurs effets d'une valeur supérieure à 100 francs, et qui ne justifiera point d'où ils lui proviennent, sera puni de la peine portée en l'article 276. (C. P., art. 278.)

Tout mendiant ou vagabond qui aura exercé ou tenté d'exercer quelque acte de violence que ce soit envers les personnes sera puni d'un emprisonnement de deux à cinq ans, sans préjudice de peines plus fortes, s'il y a lieu, à raison du genre et des circonstances de la violence. Si le mendiant ou le vagabond qui a exercé ou tenté d'exercer des violences se trouvait, en outre, dans l'une des circonstances exprimées par l'article 277, il sera puni de la réclusion. (C. P., art. 279; loi du 13 mai 1863.)

La gendarmerie surveille les mendiants, vagabonds et gens sans aveu parcourant les communes et les campagnes. Elle arrête ceux qui ne sont pas connus de l'autorité locale et qui ne sont porteurs d'aucun papier constatant leur identité, mais surtout les mendiants valides, qui peuvent être saisis et conduits devant l'officier de police judiciaire, pour être statué à leur égard conformément aux lois sur la répression de la mendicité : 1° lorsqu'ils mendient avec violence ou menaces; 2° lorsqu'ils mendient avec armes; 3° lorsqu'ils mendient nuitamment ou s'introduisent dans les maisons; 4° lorsqu'ils mendient avec de faux certificats, ou de faux passeports, ou infirmités supposées, ou déguisements; 5° lorsqu'ils mendient plusieurs ensemble; 6° lorsqu'ils mendient après avoir été repris de justice; 7° et enfin, lorsque, d'habitude, ils mendient hors du canton de leur domicile. (Décr. du 1er mars 1854, art. 333.)

La mendicité ne constitue pas toujours un délit, et il y a lieu, en ce qui touche ceux qui s'y livrent, de déterminer leur état de validité ou d'infirmité, de rechercher leur domicile, de constater les conditions dans lesquelles ils mendient, afin de les renvoyer, selon le cas, au dépôt de mendicité du département, s'il en est pourvu, au dépôt le plus voisin, s'il en est dépourvu, à leur lieu d'origine, ou de les déférer à la justice. (Circ. du Ministre de l'intérieur en date du 29 juin 1889.) (V. *Vagabond.*)

D'après la loi, il devrait y avoir un dépôt de mendicité par département; cependant, il n'en existe pas encore partout. Dans ces dépôts, les mendiants sont obligés de travailler; ils reçoivent par jour une certaine somme qui est mise de côté, et ils ne doivent être mis en liberté que lorsque cette réserve est assez considérable pour qu'ils ne soient pas obligés de mendier.

Le décret du 30 mai 1790 accorde un secours de 30 centimes par myriamètre, payables de cinq en cinq myriamètres, par les municipalités, à tout mendiant qui voyage muni d'un passeport.

MENOTTES, s. f. pl. Lien de fer ou de corde avec lequel on attache les poignets d'un prisonnier pour lui enlever l'usage de ses mains. (V. *Escorte.*)

MENTION HONORABLE. Lorsqu'un sous-officier, brigadier ou gendarme a accompli un acte de courage ou de dévouement, ou un acte de sauvetage, comme citoyen, en dehors des obligations du service, il peut être demandé pour lui, soit une mention honorable (ancien diplôme d'honneur), soit une médaille d'honneur en bronze, soit une médaille d'honneur de 2e classe en argent. (Service intérieur, art. 47.)

La lettre de félicitations doit, en principe, être proposée comme une récompense lorsqu'il s'agit d'un premier fait.

La mention honorable doit être réservée pour des actes déjà véritablement méritoires. (V. décret du 16 novembre 1901 et le mot *Récompense.*)

MER, s. f. On désigne sous ce nom la vaste étendue d'eau salée qui couvre la plus grande partie du globe. — Cette étendue d'eau porte aussi le nom d'Océan. La mer prend des dénominations particulières suivant les régions, les pays ou les villes qu'elle baigne.

On appelle mers méditerranées les mers qui s'enfoncent plus ou moins profondément dans l'intérieur des terres : outre la Méditerranée proprement dite, que tout le monde connaît, les géographes désignent encore sous le nom de mers méditerranées : la mer Noire, la mer Adriatique, la mer Caspienne, la mer Baltique, la mer Rouge, la mer ou le golfe Persique, la mer des Antilles, la mer de Behring et la mer ou baie d'Hudson.

MERCURIALE, s. f. En administration, on appelle mercuriale l'état des prix des denrées vendues sur un marché public. — Les maires fournissent cet état aux sous-préfets après chaque marché, et la gendarmerie doit le demander aux maires afin de pouvoir fournir, à la fin de chaque mois, les renseignements demandés sur cette question.

MÉROVINGIENS. La dynastie des Mérovingiens, qui tire son nom de Mérovée, son fondateur, est la première des rois de France ; elle dura plus de trois cents ans, de 447 à 752, et se termina par la longue suite des rois fainéants, dont le dernier fut détrôné par Pépin le Bref, fondateur de la dynastie carlovingienne.

MESSAGE, s. m. Les communications politiques, ou du moins solennelles du pouvoir exécutif adressées au pouvoir législatif prennent souvent le nom de message. Quelquefois les règlements parlementaires prévoient sous ce nom des communications de Chambre à Chambre. Le gouvernement ne peut pas adresser un message à la nation, mais il lance une proclamation. Ce mot signifie encore une commission que l'on fait près de quelqu'un, une lettre qu'on se charge de lui porter sur l'ordre ou la demande d'une tierce personne : *se charger d'un message, porter un message.* Le *messager* est celui qui se charge, moyennant salaire, de faire des commissions d'un lieu dans un autre ; messager fait au féminin messagère.

MESURE, s. f. Le mot mesure, pris dans son sens ordinaire, signifie l'unité, c'est-à-dire la quantité que l'on prend pour base de comparaison pour mesurer une longueur ou un corps quelconque. (V. *Mètre* et *Système métrique.*) Les poids et les mesures qui existent dans le commerce doivent porter la désignation de leur valeur et de plus être poinçonnés. — Des vérificateurs se rendent, en outre, chaque année, dans toutes les communes pour procéder à la vérification des poids et mesures employés dans le commerce.

Le commandant d'arrondissement veille à ce que les instruments de pesage en service dans les brigades soient contrôlés chaque année par le vérificateur des poids et mesures. (V. Service intérieur, art. 73.)

Le fait de n'avoir pas soumis à la vérification les poids et les mesures dont se sert un marchand est puni d'une amende de 1 à 5 francs et, en cas de récidive, d'un emprisonnement de trois jours. (V. les lois du 4 juillet 1837 et du 27 mars 1851 ; décr. du 26 février 1873.)

La détention de poids et mesures non réguliers est punie d'une amende de 10 à 25 francs et d'un emprisonnement de un à cinq jours.

Ceux qui font usage de faux poids et de fausses mesures sont punis d'un emprisonnement de trois mois à un an et d'une amende variable. (C. P., art. 423.) (V. *Poids* et *Mètre*.)

MÉTACARPE, s. m. Chez les chevaux, le métacarpe est l'os qui fait suite au genou et qui porte vulgairement le nom de canon. Le métacarpe est souvent affecté d'exostoses qui portent le nom de suros.

Chez l'homme, on donne le nom de métacarpe à la partie de la main située entre le poignet et les doigts et qui forme en dessus le dos et en dessous la paume de la main.

MÈTRE, s. m. Le mètre est l'unité des mesures employées en France : il est égal à la dix-millionième partie du quart du méridien terrestre. On donne le nom de *méridien* à un grand cercle imaginaire qui est supposé entourer la terre en passant par les pôles : le mètre étant égal à la dix-millionième partie du quart de ce méridien, il s'ensuit que le méridien total ou, si l'on veut, la circonférence de la terre est égale à 40 millions de mètres ou 40 mille kilomètres. Toutes les mesures adoptées dérivant du mètre, l'ensemble de ces mesures a reçu le nom de système métrique.

Le tableau de la page suivante indique le nom de ces mesures, ainsi que leur valeur.

La loi du 4 juillet 1837 punit d'amende et d'emprisonnement tous ceux qui n'emploient pas le système métrique décimal. Cependant, comme certaines personnes se servent encore des anciens termes, nous donnons ci-après les valeurs comparées des nouvelles et des anciennes mesures de longueur :

1 toise	vaut	$1^m,94904$						
1 pied	—	$0^m,32484$						
1 pouce	—	$0^m,02707$						
1 ligne	—	$0^m,00225$						
1 mètre	—	0 toise 513						
1 —	—	3 pieds		0 pouce		11 lignes		
1 décimètre	—	0	—	3	—	8	—	
1 centimètre	—	0	—	0	—	4	—	
1 millimètre	—	0	—	0	—	0	—	443

NOMS DES MESURES.		VALEUR.
Mesures de longueur.	Myriamètre..........	Dix mille mètres.
	Kilomètre...........	Mille mètres.
	Hectomètre..........	Cent mètres.
	Décamètre	Dix mètres.
	Mètre...............	Unité fondamentale des poids et mesures, dix-millionième partie du quart du méridien terrestre.
	Décimètre...........	Dixième du mètre.
	Centimètre..........	Centième du mètre.
	Millimètre..........	Millième du mètre.
Mesures agraires.	Hectare.............	Cent ares ou dix mille mètres carrés.
	Are.................	Cent mètres carrés, carré de dix mètres de côté.
	Centiare............	Centième de l'are, ou mètre carré.
Mesures de capacité pour les liquides et les matières sèches.	Kilolitre...........	Mille litres.
	Hectolitre..........	Cent litres.
	Décalitre...........	Dix litres.
	Litre...............	Décimètre cube.
	Décilitre...........	Dixième du litre.
	Centilitre..........	Centième du litre.
Mesures de solidité.	Décastère...........	Dix stères.
	Stère...............	Mètre cube.
	Décistère...........	Dixième du stère.
Poids.		Mille kilogrammes, ou millier, poids du mètre cube d'eau (tonneau de mer, ou simplement tonne).
		Cent kilogrammes, ou quintal métrique, ou simplement quintal.
	Kilogramme..........	Mille grammes, poids dans le vide d'un décimètre cube d'eau distillée, à la température de 4 degrés centigrades.
	Hectogramme.........	Cent grammes.
	Décagramme..........	Dix grammes.
	Gramme..............	Poids d'un centimètre cube d'eau à 4° cent.
	Décigramme..........	Dixième du gramme.
	Centigramme.........	Centième du gramme.
	Milligramme.........	Millième du gramme.
Monnaies.	Franc...............	Cinq grammes d'argent (titre de 9/10 de fin).
	Décime..............	Dixième du franc.
	Centime.............	Centième du franc.

MEULE, s. f. Monceau de gerbes, de paille ou de foin. — Il est défendu d'établir des meules à une distance de moins de vingt mètres d'un chemin de fer. Toutefois, cette prohibition ne s'étend pas au dépôt des récoltes faites pendant la moisson. (Loi du 15 juillet 1845, art. 7.)

MEURTHE-ET-MOSELLE (Département). Une partie du département de la Meurthe ayant été cédée à l'Allemagne après le traité de Francfort (10 mai 1871), l'Assemblée nationale a voté, le 7 septembre 1871, la formation du département de Meurthe-et-Moselle, comprenant trois arrondissements de l'ancien département de la Meurthe et une partie de l'ancien département de la Moselle, dont on a formé un arrondissement ayant pour chef-lieu Briey. Popul., 484,722 habit., 4 arrondissements, 29 cantons (6e corps d'armée, 6e lég. *bis* de gendarmerie), chef-lieu Nancy, 102,559 habit., à 334 kil E. de Paris, sur la Meurthe. S.-P.: Lunéville, Toul et Briey. — Département frontière. — Pays montagneux, traversé à l'est par la chaîne des Vosges, à l'ouest par les plateaux qui séparent les vallées de la Moselle et de la Meuse. — Agricole, d'exploitation et manufacturier. — Elève de chevaux, de porcs, de volailles. — Exploitation minérale, nombreuses sources. — Patrie des maréchaux Gouvion-Saint-Cyr et Lobau, des généraux Drouot, Gérard et de l'amiral de Rigny.

MEURTRE, s. m. L'article 295 du Code pénal définit le meurtre, l'homicide commis volontairement. — Tout meurtre commis avec préméditation ou guet-apens est qualifié *assassinat*. (C. P., art. 296.)

Le meurtre des pères et mères légitimes, naturels ou adoptifs, ou de tout autre ascendant légitime, est qualifié *parricide*. (C. P., art. 299.)

Le meurtre d'un enfant nouveau-né est qualifié d'*infanticide*. (C. P., art. 300.)

L'assassinat, l'infanticide, le parricide, l'empoisonnement et le meurtre, accompagnés de circonstances aggravantes, seront punis de mort. — En tout autre cas, le coupable de meurtre sera puni des travaux forcés à perpétuité. (C. P., art. 304 et suivants.) — Si des coups portés ou des blessures faites ont entraîné la mort sans intention de la donner, le coupable sera puni de la peine des travaux forcés à temps. (C. P., art. 309.)

Le meurtre d'un frère ou d'une sœur se nomme *fratricide*; le fratricide est considéré par la loi comme un meurtre ordinaire.

Dans le cas d'adultère, le meurtre commis par l'époux sur son épouse, ainsi que sur le complice, à l'instant où il les surprend en flagrant délit dans la maison conjugale est *excusable*, c'est-à-dire que la peine est abaissée, conformément aux dispositions contenues dans l'article 326 du Code pénal.

MEUSE (Département). Populat., 283,480 habit., 4 arrondissements, 28 cantons (6e corps d'armée, 6e légion *bis* de gendarmerie), chef-lieu Bar-le-Duc, 18,761 habit., à 251 kil. E. de Paris. S.-P. : Commercy, Montmédy, Verdun. — Département frontière. — Pays montagneux, mais peu élevé. — Agricole, d'exploitation et manufacturier. Elève importante de chevaux et de porcs. — Vins estimés. — Mines de fer. — Carrières de pierres de taille. — Patrie de François de Guise, des généraux Chevert (1697), Exelmans et du maréchal Oudinot, duc de Reggio.

MICROSCOPE, s. m. Instrument destiné à grossir les objets et à distinguer ainsi très nettement les objets les plus petits. On arrive aujourd'hui à obtenir des grossissements d'une parfaite netteté d'environ 1,000 diamètres. Avec le microscope solaire, on obtient des grossissements beaucoup plus considérables.

MIDI, s. m. Le milieu du jour, le moment où le soleil passe au méridien : c'est ce qu'on appelle le midi vrai ; mais ce n'est pas celui que sonnent nos horloges ; ce dernier est le midi moyen, et il peut y avoir entre les deux une différence d'un quart d'heure. Il est midi en même temps pour tous les lieux situés sur le même méridien.

Le *midi* ou le *sud* est le point cardinal que nous regardons quand nous tournons le dos au nord ; dans ce cas, l'ouest est à notre droite et l'est à notre gauche.

Le canal du Midi est un canal qui met en communication l'océan Atlantique avec la Méditerranée ; il commence à Toulouse et finit dans l'étang de Thau : sa longueur totale est de 239 kilomètres.

MILITAIRE, adj. Ce qui a rapport à l'armée et aux soldats. — S. m. Celui qui sert comme soldat, et, par extension, tout homme qui fait partie de l'armée.

La gendarmerie a de nombreuses obligations à remplir vis-à-vis des militaires ; nous allons les résumer ci-après en donnant les articles du décret auxquels on devra se reporter.

Militaires demandant à entrer dans la gendarmerie (V. *Admission* et les art. 19 et suiv. du décr.)

Militaires en congé. La gendarmerie vise les congés ou les permissions et porte les renseignements réglementaires sur le registre n° 9 et sur le carnet n° 12. Elle s'assure que les hommes repartent à l'expiration de leurs congés ou permissions. (Décr. du 1er mars 1854, art. 348 et 349.) (V. *Visa.*) Elle les arrête, s'ils sont en retard pour rejoindre, ainsi que les déserteurs, les insoumis et ceux qui ne sont pas porteurs de feuilles de route et de congés en bonne forme ou d'une permission d'absence. (Décr. du 1er mars 1854, art. 336.)

Elle arrête également : 1° les traînards d'un corps de troupe en marche et ceux qui commettent des désordres, soit dans les marches, soit au gîte d'étape : elle les remet au commandant du corps (Décr. du 1er mars 1854, art. 352); 2° tous les militaires qui commettent des crimes ou des délits et qui sont remis soit entre les mains de l'autorité militaire, soit, s'ils sont en congé, entre les mains de l'autorité civile.

Elle fait visiter, sur l'ordre du général, les militaires qui ne peuvent rejoindre pour cause de maladie et constate par procès-verbal le résultat de la visite. (Décr. du 1er mars 1854, art. 350.)

Elle s'assure que les militaires voyageant avec un ordre de transport n'ont pas reçu de l'argent en remplacement de ces fournitures. (Décr. du 1er mars 1854, art. 355.)

Elle exerce dans les gares, mais avec tact et circonspection, notamment en ce qui concerne les sous-officiers, un contrôle actif sur les militaires de toutes armes. (V. Service intérieur, art. 183.)

Si un militaire isolé tombe malade, le chef de brigade peut, s'il n'y a pas de commandant d'arme, lui délivrer un billet d'hôpital après avoir fait constater son état par un médecin. (Art. 203 du règl. du 25 novembre 1889 et Service intérieur, art. 58.)

Lorsqu'un militaire meurt étant en congé, la gendarmerie constate le décès par procès-verbal et fait l'inventaire des effets. (V. *Décès* et *Effet*.) Les effets ne doivent pas être retirés aux marins appartenant aux équipages de la flotte. (Circ. du 6 juillet 1875.)

La gendarmerie s'assure que les militaires en congé de soutien de famille se conduisent bien et méritent toujours la faveur qu'ils ont obtenue ; elle rend compte au commandant d'arrondissement de toutes les condamnations subies par les gradés de la réserve ou de l'armée territoriale. (Instr. du 28 décembre 1895, art. 143 et suiv.).

Tout militaire ou employé à l'armée qui a connaissance d'un crime ou d'un délit, doit en donner sur-le-champ avis à un officier de gendarmerie ou à tout autre militaire de cette arme. Il est tenu de répondre catégoriquement à toutes les questions qui lui sont adressées par eux. (Service de la gendarmerie en campagne, art. 125.)

MILLE, s. m. Mesure itinéraire des Romains, dont la valeur était de mille pas.

Le **mille marin** est une mesure employée dans beaucoup de pays, mais qui diffère de longueur de l'un à l'autre. En France, le mille marin de 60 au degré ou d'une minute, contient 1.851^{m},85; en Angleterre, le mille vaut 1.854^{m}, et il vaut 7.407^{m} en Allemagne.

MILLÉSIME, s. m. On désigne sous ce nom l'ensemble des chiffres gravés sur une pièce de monnaie ou sur une médaille, qui servent à indiquer en quelle année la pièce ou la médaille a été frappée. Le millésime se trouve aussi sur la plupart des monuments pour rappeler la date de leur érection.

MILLIARD, s. m. Mille millions.

MILLIGRAMME, s. m. La millième partie du gramme. (V. *Mètre*.)

MILLIMÈTRE, s. m. La millième partie du mètre. — Un millimètre carré est un carré ayant pour côté un millimètre, et un millimètre cube est un cube d'un millimètre de côté.

MILLION, s. m. Mille fois mille.

MINE, s. f. Lieu ordinairement souterrain d'où l'on extrait des minéraux, des métaux ou des pierreries précieuses. Par une exception à la règle générale qui veut que la propriété du sol emporte la propriété du dessus et du dessous, la mine n'appartient pas de droit au propriétaire du sol et l'exploitation ne peut avoir lieu qu'en vertu d'un acte de concession délibéré en Conseil d'Etat. (Loi du 21 avril 1810.) Si le propriétaire du sol superficiel n'obtient pas cette concession, il n'est pas dépossédé sans compensation et il a droit à une redevance annuelle et perpétuelle sur les produits de la mine. — Les homicides, blessures et accidents qui ont lieu dans les mines, soit par maladresse soit par inobservation des règlements, sont punis des peines correctionnelles prévues par les articles 319 et 320 du Code pénal.

Il existe à Paris une Ecole des mines, destinée à former des ingénieurs spéciaux.

En art militaire, la mine est un souterrain qu'on pratique au-dessous des retranchements ennemis pour les faire sauter.

Les explosions de gaz dans les mines

(feu grisou) causaient autrefois la mort de milliers d'ouvriers; aujourd'hui les mineurs ont pour s'éclairer une lampe spéciale, dite lampe de sûreté, inventée par l'Anglais Humphry Davy et qui les met, à moins d'imprudence, à l'abri du danger des explosions.

MINEUR, s. m. Ouvrier qui travaille dans une mine.

MINEUR, EURE, adj. S'emploie en jurisprudence pour désigner celui qui n'a pas atteint l'âge de la majorité (21 ans).

La loi protège d'une façon toute spéciale les mineurs contre les fraudes, les violences ou les excitations dont ils peuvent être l'objet, et les articles 354 et suivants du Code pénal punissent de peines sévères, qui varient de deux ans de prison aux travaux forcés à temps, ceux qui auront enlevé ou fait enlever des mineurs par fraude ou par violence. L'excitation de mineurs à la débauche est punie, par l'article 334 du Code pénal, de peines variant de 6 mois à 5 ans de prison.

Enfin la loi du 23 janvier 1873 sur l'ivresse publique punit d'une amende les cabaretiers qui auront servi des liqueurs alcooliques à des mineurs âgés de moins de 16 ans, et elle punit d'un emprisonnement de six jours à un mois et d'une amende de 16 à 300 francs (art. 7) quiconque aura fait boire jusqu'à l'ivresse un mineur âgé de moins de 16 ans accomplis.

Les parents sont responsables du dommage causé par leurs enfants mineurs habitant avec eux. (C. C., art. 1384.)

Les tribunaux ne peuvent prononcer la contrainte par corps contre les individus âgés de moins de 16 ans accomplis à l'époque des faits qui ont motivé la poursuite. (Loi du 22 juillet 1867, art. 13.) — Devant la justice, les mineurs âgés de moins de 15 ans, peuvent être entendus par forme de déclaration et sans prestation de serment. (Code d'instr. crim., art. 79.) Lorsque l'accusé d'un crime ou d'un délit aura moins de 16 ans, s'il est déclaré qu'il a agi sans discernement, il sera acquitté (C. P., art. 66); s'il est déclaré qu'il a agi avec discernement, les peines encourues seront abaissées, conformément aux dispositions des articles 67 et suivants du Code pénal.

MINISTÈRE, s. m. En langage politique, on donne le nom de ministère à l'ensemble des attributions confiées à un homme d'Etat qui prend le nom de ministre.

Il y a aujourd'hui en France (janvier 1898) onze ministères qui portent les désignations suivantes : des Affaires étrangères, de la Justice, de l'Intérieur et des Cultes, des Finances, de l'Instruction publique et des Beaux-Arts, de la Guerre, de la Marine, de l'Agriculture, du Commerce auquel se rattachent l'Industrie, les Postes et Télégraphes, des Colonies et des Travaux publics.

Lorsque les Ministres se rendent officiellement dans les départements et que leur voyage est annoncé, ils ont droit à des escortes d'honneur qui sont réglées par les articles 296 et suivants du décret du 4 octobre 1891. (V. *Escorte.*)

Ministère public. On comprend sous ce nom des fonctionnaires attachés aux cours et tribunaux pour y représenter la société et sauvegarder l'ordre public et les bonnes mœurs. Ces fonctions sont remplies :

Près des cours d'appel, par un procureur général et par des avocats généraux ;

Près des cours d'assises, dans les départements où siègent des cours d'appel, soit par un procureur général, soit par un des avocats généraux, soit par l'un des substituts du procureur général ; dans les autres départements par le procureur de la République ou par l'un de ses substituts ;

Près les tribunaux de police dans les cantons, par le commissaire de police du lieu où siège le tribunal. En cas d'empêchement ou à défaut de commissaire, ces fonctions sont exercées par le maire, désigné par le procureur général pour une année entière. (Loi du 27 janvier 1873.) Aux sièges des justices de paix établies à titre provisoire en Tunisie, les fonctions du ministère public sont remplies par le commandant de la brigade ou le chef de poste de gendarmerie. (Décret du 29 octobre 1887.)

Ces fonctions peuvent être également confiées, dans les colonies, aux militaires de la gendarmerie. (Circ. du 28 septembre 1893.)

MINORITÉ, s. f. Etat d'une personne qui n'a pas atteint l'âge voulu pour être majeure. (V. *Majorité.*) Ce mot signifie aussi le petit nombre par opposition à la majorité.

Dans les conseils de guerre, la peine est toujours prononcée à la majorité de 5 voix contre 2 ; si aucune peine ne réunit cette majorité, l'avis le plus favorable sur l'application de la peine est adopté. (C. M., art. 134.) C'est ce qu'on appelle la *minorité de faveur*.

MINUIT, s. m. Le milieu de la nuit. Au point de vue de la mobilisation, minuit est la fin de la durée totale des 24 heures qui constituent un jour.

MINUTE, s. f. La soixantième partie de l'heure. Ce mot signifie encore le brouillon de ce qu'on écrit pour en faire ensuite une copie. — Les minutes, c'est-à-dire les originaux des actes notariés, restent toujours chez les notaires.

Tout militaire qui détruit, brûle ou lacère des registres, minutes ou actes originaux de l'autorité militaire, est puni de la réclusion ou d'un emprisonnement de deux à cinq ans s'il y a des circonstances atténuantes, et de la détention s'il est officier. (C. M., art. 255.)

MIRE, s. f. Petit bouton ou guidon placé à l'extrémité du canon d'une arme à feu et dont on se sert pour viser.

La ligne de mire est la ligne qui part de l'œil, passe par le fond du cran de la hausse, le sommet du guidon, et va aboutir au but que l'on veut atteindre.

MISAINE, s. f. Le mât de misaine est celui qui se trouve à l'avant d'un navire.

MISSION, s. f. Fonction temporaire et déterminée qu'on donne à quelqu'un pour faire quelque chose.

Dans aucun cas, ni directement ni indirectement, la gendarmerie ne doit recevoir de missions occultes de nature à lui enlever son caractère véritable. Son action s'exerce toujours en tenue militaire, ouvertement et sans manœuvres de nature à porter atteinte à la considération de l'arme. (Décr. du 1er mars 1854, art. 119.)

MITOYEN, ENNE, adj. Qui est entre deux choses voisines. Un mur est mitoyen lorsqu'il appartient à deux propriétés contiguës et qu'il sert de limite entre elles. Les servitudes relatives au mur et au fossé mitoyen sont réglées par le Code civil, art. 653 et suivants.

MITRAILLE, s. f. Paquet de balles renfermées dans une boite et qu'on lançait avec les canons de campagne. Ce genre de tir est abandonné aujourd'hui et remplacé par le canon à balles ou mitrailleuse.

MITRAILLEUSE, s. f. La mitrailleuse, ou canon à balles, est une pièce formée par la réunion de 25 tubes en acier et dont la portée efficace est de 2,400 mètres.

Chaque charge, renfermée dans une boite de carton et de fer-blanc, se compose de 25 balles.

MOBILIER, s. m. Ensemble des meubles qui servent à garnir et à orner une maison. (Pour le transport du mobilier des gendarmes, V. *Bagages.*)

MOBILISATION, s. f. La mobilisation est l'ensemble des opérations ayant pour but de pourvoir les différents services et corps de troupe du personnel, des animaux et du matériel de complément dont ils ont besoin pour passer du pied de paix au pied de guerre.

La loi du 19 mars 1875 prévoit le cas de mobilisation par voie d'affiches et ordonne, dans ce cas, à tout homme astreint au service militaire, de rejoindre son poste sans attendre la notification individuelle d'un ordre de route ou d'appel.

Tout ce qui concerne le service de la gendarmerie pendant la mobilisation est détaillé dans l'instruction précitée et, pour l'Algérie, dans l'instruction du 1er mars 1899. Ces deux documents, en raison de leur caractère confidentiel, ne sauraient trouver de place ici.

En cas de mobilisation, tous les hommes de troupe appelés ou rappelés à l'activité recevront, pour chaque journée de route, y compris la journée de l'arrivée au corps, une indemnité de

1 fr. 50 exclusive de la solde et des vivres. (Décret du 14 octobre 1901.)

MŒURS, s. f. pl. Habitudes naturelles ou acquises, spéciales à une personne ou à une nation. — Une femme de mauvaises mœurs. Les mœurs de l'Espagne. On dit aussi les mœurs des animaux. — Outrages aux bonnes mœurs. (V. *Outrages.*)

MOLETTE, s. f. Tumeur molle occasionnée par l'accumulation de la synovie dans les gaines des tendons fléchisseurs. — Les molettes se font principalement remarquer au boulet; lorsqu'elles se trouvent au jarret, elles prennent le nom de vessigons : elles ne font généralement pas boiter le cheval, mais elles sont toujours un indice de faiblesse et de fatigue.

On donne aussi le nom de molette à la partie étoilée de l'éperon qui sert à piquer le cheval.

MONNAIE, s. f. Pièce de métal servant aux échanges, frappée par une autorité souveraine et marquée au coin de cette autorité.

En France, les monnaies sont de trois espèces : 1° Les monnaies de bronze (1 centime, 2 centimes, 5 centimes et 10 centimes); 2° Les monnaies d'argent (0 fr. 20, 0 fr. 50, 1 franc, 2 francs et 5 francs) ; 3° Les monnaies d'or (5 francs, 10 francs, 20 francs, 40 francs, 50 francs et 100 francs.)

Les ateliers dans lesquels on frappe les monnaies, sont réunis à Paris dans un immeuble qui porte le nom d'hôtel des Monnaies.

Comme on le sait, le franc est l'unité monétaire : il pèse 5 grammes et est au titre de 9/10. (Loi du 7 germinal, an XI.) Les lois des 25 mai 1864 et 27 juin 1866 ont autorisé la fabrication des pièces d'argent de 0 fr. 20, 0 fr. 50, de 1 franc et de 2 francs au titre de 835 millièmes de fin au lieu de 900 millièmes ou 9/10 comme le réglait la loi du 7 germinal.

A poids égal, la valeur de l'or est de 15 fois et demie celle de l'argent. — Un kilogramme d'argent monnayé vaut 200 francs ; un kilogramme d'or vaut 3,100 francs.

100 francs pèsent 10 kilogrammes en monnaie de billon, 0k,500 en argent et 32gr,258 en or.

Poids des monnaies françaises.

BRONZE

10 centimes	pèsent	10 grammes.
5 —	—	5 —
2 —	—	2 —
1 —	—	1 —

ARGENT

5 francs	pèsent	25 grammes.
2 —	—	10 —
1 —	—	5 —
50 centimes	pèsent	2gr,50.
20 —	—	1gr.

OR

100 francs	pèsent	32gr,26.
50 —	—	16gr,12.
20 —	—	6gr,45.
10 —	—	3gr,22.
5 —	—	1gr,61.

La gendarmerie peut être requise pour fournir des escortes, des patrouilles ou des embuscades destinées à veiller à la sûreté des transports des monnaies ou fonds de l'Etat. (V. le décr. du 1er mars 1854, art. 465.)

On ne peut refuser de recevoir en paiement les monnaies nationales ; elles ont cours forcé ainsi que les billets de la Banque de France, et ceux qui refusent de les recevoir pour la valeur pour laquelle elles ont cours sont punis d'une amende de 6 à 10 francs. (C. P., art. 475, n° 11.) Mais les particuliers peuvent refuser de recevoir des monnaies étrangères, alors même qu'elles auraient cours en France ; leur cours n'est pas forcé. (Cassation, 29 décembre 1882.) L'arrêt de la Cour, après avoir fait remarquer que l'article 475, n° 11, du Code pénal n'a eu en vue que l'intérêt de la circulation des monnaies nationales, ajoute que la convention diplomatique qui a constitué à l'état d'union la France, la Belgique, l'Italie, la Suisse et la Grèce n'a trait qu'à l'admission des monnaies de ces pays dans les caisses publiques de chacun de ces Etats, et n'établit pas le cours forcé pour les relations entre particuliers.

Nous donnons ci-après un tableau complet de toutes les monnaies nationales et étrangères qui sont admises dans la circulation.

1° Monnaies nationales.

Or. Pièces de 100 fr., 50 fr., 40 fr. et 20 fr. sans distinction de millésime. Pièces de 10 fr. et de 5 fr. aux millésimes de 1856 et années suivantes.

Les pièces de 10 fr. du diamètre de 17 millimètres et les pièces de 5 fr. du diamètre de 14 millimètres frappées antérieurement à 1856 ont été démonétisées. (Décr. des 7 avril 1855 et 19 février 1859.)

Argent. Pièces de 5 fr. sans distinction de millésime. — Pièces de 2 fr. et de 1 fr. aux millésimes de 1866 et années suivantes. — Pièces de 0 fr. 50 et de 0 fr. 20 aux millésimes de 1864 et années suivantes. (Toutes les pièces divisionnaires de 1 fr. et de 2 fr. portant un millésime antérieur à 1866 et les pièces de 0 fr. 50 et de 0 fr. 20 portant un millésime antérieur à 1864, ont été démonétisées et ont cessé d'avoir cours à partir du 1er janvier 1869. (Loi du 14 juillet 1866.)

Bronze. Pièces de 0 fr. 10, 0 fr. 05, 0 fr. 02 et 0 fr. 01 frappées à partir de 1852 inclusivement.

Les pièces nationales d'or et d'argent sont admises par les caisses publiques sans limitation de quantité; les pièces de bronze pour l'appoint de 5 fr. seulement.

2° Monnaies étrangères.

Or. Monnaies à l'effigie des Etats signataires de la convention du 6 novembre 1885, ou ayant adhéré à cette convention.

Belgique, Grèce, Italie, Suisse : Pièces de 100 fr., 50 fr., 20 fr., 10 fr. et 5 fr. — Monnaies à l'effigie de la principauté de *Monaco* : Pièces de 100 fr., de 20 fr. et de 10 fr. — Monnaies de l'*Autriche-Hongrie* : Pièces de 8 et 4 florins (20 et 10 fr.). — Dans les monnaies italiennes sont comprises les pièces de 20 fr. et de 10 fr. de l'ancien royaume de Piémont et celles de 40 fr. et de 20 fr. de l'ancien royaume d'Italie.)

Espagne : pièces de 10 et de 20 pesetas.

Russie : pièces de 5 et de 10 roubles.

Argent. Monnaies à l'effigie des Etats signataires de la Convention du 6 novembre 1885, ou ayant adhéré à cette convention.

Belgique, Grèce, Italie, Suisse : Pièces de 5 francs sans distinction de millésime, à l'effigie des quatre Etats ci-dessus. (Dans les pièces italiennes sont comprises les pièces de l'ancien royaume de Piémont et de l'ancien royaume d'Italie.)

Pièces de 2 fr., 1 fr., 0 fr. 50 et 0 fr. 30, savoir :

Pièces *belges* aux millésimes de 1865 et années suivantes ; pièces *grecques* aux millésimes de 1868 et années suivantes ; pièces *suisses* aux millésimes de 1866 et années suivantes ; pièces *italiennes* aux millésimes de 1863 et années suivantes. — La circulation en France des monnaies divisionnaires d'argent italiennes qui avait été momentanément suspendue, en exécution de l'art. 8 de la convention du 5 novembre 1878, est rétablie par la nouvelle convention.

Bronze, cuivre ou nickel. Aux termes des articles 1 et 2 du décret du 11 mai 1807 et de l'art. 1er, paragraphe 2, de la loi du 22 juin 1846, l'introduction et la circulation en France des monnaies étrangères de cuivre et de billon sont prohibées. — Les pièces d'or et les pièces d'argent de 5 fr. des pays de l'Union monétaire sont admises dans les caisses publiques sans limitation de quantité ; les pièces divisionnaires d'argent des mêmes pays, jusqu'à concurrence de 100 fr. seulement dans chaque payement. Il est expressément interdit aux comptables de recevoir dans les versements faits à leurs guichets et de comprendre dans leurs paiements des monnaies autres que celles indiquées ci-dessus. — Le public doit, dans son intérêt, refuser également les pièces dont la circulation n'est pas autorisée, notamment les pièces d'argent similaires de notre pièce de 5 fr. (pièces chiliennes, péruviennes, espagnoles, etc.) et de nos pièces d'appoint. Les détenteurs de ces pièces s'exposent à des pertes sérieuses, par suite de la dépréciation très sensible que subissent en France ces sortes de monnaies.

Fausse monnaie. La fabrication et l'émission de fausse monnaie constituent des crimes punis par les articles 132 et suivants du Code pénal. Il est bien entendu qu'un individu ne peut être poursuivi pour émission de fausse monnaie qu'autant qu'il est prouvé qu'il avait connaissance de la fausseté ou de l'altération des pièces par lui émises. — Ceux qui fabriquent de la fausse monnaie se nomment faux monnayeurs.

La découverte d'ateliers et instruments servant à fabriquer de la fausse monnaie, ansi que l'arrestation des faux monnayeurs, rentrent dans la catégorie des faits dont il doit être rendu compte au Ministre, conformément à l'article 77 du décret du 1er mars 1854.

Quiconque aura contrefait ou altéré les monnaies d'or ou d'argent ayant cours légal en France, ou participé à l'émission ou exposition desdites monnaies contrefaites ou altérées, ou à leur introduction sur le territoire français, sera puni des travaux forcés à perpétuité. (Loi du 13 mai 1863 ; C. P., art. 132.) — Celui qui aura contrefait ou altéré des monnaies de billon ou de cuivre ayant cours légal en France, ou participé à l'émission ou exposition desdites monnaies contrefaites ou altérées, ou à leur introduction sur le territoire français, sera puni des travaux forcés à temps. (Même loi.)

Tout individu qui aura, en France, contrefait ou altéré des monnaies étrangères, ou participé à l'émission, exposition ou introduction en France de monnaies étrangères contrefaites ou altérées, sera puni des travaux forcés à temps (même loi). (C. P., art. 133.) Sera puni d'un emprisonnement de six mois à trois ans quiconque aura coloré les monnaies ayant cours légal en France, ou les monnaies étrangères, dans le but de tromper sur la nature du métal, ou les aura émises ou introduites sur le territoire français. — Seront punis de la même peine ceux qui auront participé à l'émission ou à l'introduction des monnaies ainsi colorées (même loi). (C. P., art. 134.) La participation énoncée aux précédents articles ne s'applique point à ceux qui, ayant reçu pour bonnes des pièces de monnaie contrefaites, altérées ou colorées, les ont remises en circulation. — Toutefois, celui qui aura fait usage desdites pièces après en avoir vérifié ou fait vérifier les vices, sera puni d'une amende triple au moins et sextuple au plus de la somme représentée par les pièces qu'il aura rendues à la circulation, sans que cette amende puisse, en aucun cas, être inférieure à 16 francs (même loi). (C. P., art. 135.)

Les personnes coupables des crimes mentionnés en l'article 132 seront exemptes de peines, si, avant la consommation de ces crimes et avant toute poursuite, elles ont donné connaissance et révélé les auteurs aux autorités constituées, ou si, même après les poursuites commencées, elles ont procuré l'arrestation des autres coupables.

			Valeur française.	
	ALLEMAGNE			
Or..	Doub.-cour.	20 marks.	24	69
Or..	Couronne	10 marks.	12	35
Or..	5 Marks	5 marks.	6	17
Arg.	5 Marks		5	56
Arg.	2 Marks		2	22
Arg.	1 Mark	100 pfennig.	1	11
Arg.	1/2 Mark	50 pfennig.	0	56
	Monnaie de compte :			
	Reichs-mark=100 pf		1	2345
	ANGLETERRE			
Or..	Souverain, 20 shillings (Livre sterling)		25	22
Or..	1/2 Souver	10 shillings.	12	61
Arg.	Couronne	5 shillings.	5	81
Arg.	1/2 Couronne		2	91
Arg.	2 Florins	4 shillings.	4	64
Arg.	Florin	2 shillings.	2	32
Arg.	Shilling	1 shilling.	1	16
Arg.	6 Pence	1/2 shilling.	0	58
Billion	4 Pence	1/3 shilling.	0	39
Billion	3 Pence		0	29
Billion	2 Pence		0	19
Billion	1 Penny		0	10
	Monnaie de compte :			
	L. sterlling de 20 shil		25	221
	AUTRICHE-HONGRIE			
Or..	Quadruple ducat		47	41
Or..	Ducat		11	85
Or..	20 Couronnes		21	»
Or..	10 Couronnes		10	50
Arg.	1 Couronne	100 hellers	0	93
Arg.	1 Florin ou gulden		2	47
	Monnaie de compte :			
	Cour. de 100 hellers		1	05
	DANEMARK — SUÈDE — NORVÈGE			
Or..	20 Kroner		27	78
Or..	10 Kroner		13	89
Arg.	2 Kroner		2	67
Arg.	1 Krona	100 ore.	1	33
Arg.	50 Ore		0	67
Arg.	25 Ore		0	32
Arg.	10 Ore		0	13
	Monnaie de compte :			
	Krona de 100 ore		1	389
	EMPIRE OTTOMAN			
Or..	Bourse	500 piastres.	113	92
Or..	1/2 Bourse	250 piastres.	56	96
Or..	Liv. Turq	100 piastres.	22	78
Or..	1/2 Liv. turq	50 piastres.	11	39
Or..	1/4 Liv. turq	25 piastres.	5	70

		Valeur française	
Arg. 20 Piastres		4	44
Arg. 10 Piastres		2	22
Arg. 5 Piastres		1	11
Arg. 2 Piastres		0	44
Arg. 1 Piastre	40 paras.	0	22
Arg. 1/2 Piastre	20 paras.	0	11
Monnaie de compte :			
Piastre		0	2278
PAYS-BAS			
Or.. Double ducat		23	66
Or.. Ducat		11	83
Or.. 10 Florins		20	83
Arg. Rixdaler	2 1/2 florins.	5	25
Arg. 1 Florin	100 cents.	2	10
Arg. 1/2 Florin		1	05
Arg. 25 Cents		0	51
Monnaie de compte :			
Florin de 100 cents		2	10
PORTUGAL			
Or.. Couronne	10 milreis.	56	»
Or.. 1/2 Couronne	5 milreis.	28	»
Or.. 1/5 Couronne	2 milreis.	11	20
Or.. 1/10 Couronne	1 milreis.	5	60
Arg. 5 Testons	500 reis.	2	55
Arg. 2 Testons	200 reis.	1	02
Arg. 1 Teston	100 reis.	0	51
Arg. 1/2 Teston	50 reis.	0	25
Monnaie de compte :			
Milreis		5	60
RUSSIE			
Or.. Impériale	10 roubles.	40	»
Or.. 1/2 Impériale	5 roubles.	20	»
Arg. Rouble nouveau		4	»
Arg. 50 Kopeks		2	»
Arg. 25 Kopecks		1	»
Arg. 20 Kopeks		0	40
Monnaie de compte :			
Roub. de 100 Kopeks		2	66

NOTA. — La France, l'Italie, la Suisse, la Belgique et la Grèce ont formé une union monétaire c'est-à-dire qu'elles ont le même système de monnaie. En Grèce, la pièce de 1 franc s'appelle *drachme ;* en Italie, *lire ;* en Espagne, *peseta.*

MONOPOLE, s. m. Droit exclusif de vendre une ou plusieurs choses, de faire un commerce. Le monopole est aboli en France et toutes les professions sont libres; cependant, certains industriels, dans un intérêt général, ont obtenu de l'Etat le monopole de leurs industries. Ainsi à Paris, la Compagnie du gaz et celle des omnibus ont le monopole de l'éclairage et du transport dans la capitale.

MONTAGNE, s. f. Masse considérable de terre fort élevée au-dessus du terrain qui l'environne. Noms et hauteurs des principales montagnes du globe :

Le Gaourisankar Himalaya (Asie)	8,840m.
Chimboraço (Pérou)	6,530
Aatisana (id.)	5,882
Pic d'Orizaba (Mexique)	5,295 m.
Mont Blanc (Alpes)	4,810
Mont Rose (id.)	4,636
Pic de Ténériffe (Iles Açores)	3,710
Pic de Néthou (Pyrénées)	3,404
Maladetta (id.)	3,312
Pic du Midi (id.)	2,877
Puy de Dôme (France)	1,465

Les lieux les plus élevés habités par l'homme ne dépassent guère en hauteur 4.500 mètres. Ils sont tous situés en Asie et en Amérique.

MONTÉNÉGRO. Petit pays couvert de montagnes, situé au sud de la Serbie, non loin de la mer Adriatique, et qui s'est rendu complètement indépendant de la Turquie à laquelle il était soumis autrefois. Le Monténégro renferme environ 286,000 habitants; la capitale est Cettigne. — Les Monténégrins sont belliqueux, et leur armée, sur le pied de guerre, peut présenter un effectif de 40,000 combattants.

MONTYON. Nom d'un célèbre philanthrope (né en 1733, mort en 1820), qui, après avoir dépensé pendant sa vie une grande fortune pour créer des établissements charitables, laissa en mourant une forte somme dont les intérêts doivent être distribués annuellement par l'Académie à des personnes qui se sont distinguées par des actes éclatants de vertu ou de courage, ou par la constance d'un grand dévouement et d'une conduite éminemment vertueuse.

Les demandes d'admission au concours des prix de vertu sont faites plus spécialement par les autorités du lieu où réside la personne présentée. Le mémoire, qui doit renfermer toutes les pièces probantes et tous les certificats authentiques, est soumis au maire, qui, après avoir certifié la signature et les faits qui sont énoncés, adresse le tout au sous-préfet.

MONUMENT, s. m. Ouvrage considérable d'architecture ou de sculpture élevé pour transmettre à la postérité le souvenir d'un homme illustre ou d'un fait historique important. On appelle aussi monument un grand édifice public destiné à l'utilité ou à l'embellissement d'une ville.

L'article 257 du Code pénal punit d'un emprisonnement d'un mois à deux ans et d'une amende de 100 francs à 500 francs quiconque aura détruit, abattu, mutilé ou dégradé des monuments, statues et autres objets destinés à l'utilité ou à la décoration publique, et élevés par l'autorité publique ou avec son autorisation.

MORBIHAN (Département). Populat., 563,468 habit., 4 arrondissements, 37 cantons (11e corps d'armée, 11e légion de gendarmerie), chef-lieu Vannes, 21,504 habit., à 500 kil. O. de Paris, à l'extrémité du golfe de Morbihan. S.-P. : Lorient, Ploërmel, Pontivy. Département maritime. Pays peu élevé, sillonné dans l'arrondissement de Pontivy par de hautes collines. — Agricole. — Elève étendue de gros bétail et de chevaux. — Pêche importante de la sardine. — Patrie du connétable Arthus de Richemont, de l'amiral Bouvet et du général Allemand.

MORS, s. m. Instrument de fer que l'on place dans la bouche du cheval pour pouvoir le diriger. Il y a trois sortes de mors : le mors de bride, le mors de bridon et le mors de filet.

Le mors de bride se divise en embouchure, branches et gourmette. L'embouchure, placée dans la bouche, au-dessus de la langue, comprend la liberté de langue et les canons. La gourmette se fixe aux branches et contourne la barbe. La fausse gourmette en cuir assure la fixité du mors et empêche le cheval de prendre les branches avec les lèvres. Le mors de bride agit sur les barres à la façon d'un levier dont la puissance dépend de la longueur des branches, de la forme de l'embouchure et du sens de la traction des rênes.

Le mors ne doit être ni trop haut ni trop bas, et, pour qu'il soit bien ajusté et qu'il produise tout son effet, il faut :

1° Que les canons portent sur les barres, à un travers de doigt des crochets inférieurs pour le cheval, et à deux travers de doigt des coins pour la jument ;

2° Que l'embouchure ne soit ni trop étroite ni trop large, et que le haut des branches ne comprime pas les joues ;

3° Que la gourmette sur son plat soit mise de telle sorte qu'on puisse passer le doigt entre elle et la barbe.

Si les canons portent plus haut qu'il n'est indiqué, ils agissent sur les parties moins sensibles et leur effet est amoindri ; de plus, le mors du filet comprime la commissure des lèvres et n'a pas le jeu nécessaire à son emploi.

Si les canons portent plus bas, ils buttent contre les crochets et gênent le cheval.

Si l'embouchure est trop étroite, les branches plissent les lèvres et peuvent les blesser.

Si l'embouchure est trop large, le contact des canons avec les barres n'est plus assuré, et le mors est sujet à basculer.

Si la gourmette n'est pas assez serrée, le mors bascule, les branches se placent dans le prolongement des rênes, le bras de levier disparaît, et le cheval, moins contenu, obéit avec moins de précision.

Si la gourmette est trop serrée, le contact permanent du mors émousse la sensibilité des barres, la barbe est endolorie, le cavalier ne peut graduer les effets du mors et le cheval devient sourd aux indications qu'il reçoit. Pour adoucir l'action de la gourmette sur les chevaux ayant la barbe très sensible, on peut placer un morceau de feutre ou de cuir entre la gourmette et la barbe.

Le mors du filet agit sur la commissure des lèvres et se place au-dessus de l'embouchure, de manière à ne pas gêner les effets du mors de bride. (Annexe n° 2 du règl. du 28 mai 1900 sur les exercices de la gendarmerie à cheval.) Le mors de filet se compose de deux canons s'articulant à trois brisures : ce mors ne s'emploie généralement qu'avec la bride, au besoin avec le licol de parade.

Le mors de bridon se compose, comme le mors de filet, de deux canons unis par une charnière ; seulement, les canons sont plus gros et le bridon sert seul au lieu d'accompagner la bride.

MORT, s. f. Cessation complète de la vie chez l'animal et chez le végétal. — La gendarmerie constate par procès-verbal tous les cas de mort violente ou accidentelle qui parviennent à sa connaissance. (V. décr. du 1er mars 1854, art. 283 et suivants.) (V. *Cadavre.*)

La **mort civile,** qui avait pour effet dans l'ancienne législation de faire considérer comme mort un condamné encore vivant, a été abolie par la loi du 31 mai 1854, qui se contente de priver des droits civiques, civils et de famille tout individu condamné à une peine afflictive perpétuelle.

Tout individu condamné à mort aura la tête tranchée. (C. P., art. 12.)

Tout individu condamné à mort par un conseil de guerre est fusillé. (C. M., art. 187.)

MORVE, s. f. La morve est une maladie particulière au genre solipède (cheval, âne et mulet). Les causes en sont aussi nombreuses que variées; les principales sont : un excès de travail, une mauvaise nourriture, le défaut de pansage, les arrêts de transpiration, etc. — Elle est caractérisée par l'écoulement, par l'une ou les deux narines, de matières purulentes, par des ulcérations de la muqueuse nasale et par l'engorgement des glandes et de l'auge. Elle est éminemment contagieuse pour le cheval et l'on a observé de nombreux cas où elle était transmissible à l'homme. — Ceux qui ont des gerçures ou des écorchures aux mains doivent s'abstenir de soigner les chevaux morveux. (V. les articles 85 et 313 du Service intérieur.)

La morve est comprise parmi les vices rédhibitoires avec neuf jours de garantie (Loi du 2 août 1884; C. C., art. 1641.) (V. *Epizootie* et *Vice.*)

MOSELLE (Département). Bien qu'une grande partie de ce département ait été enlevée à la France après la guerre de 1870-71, nous croyons devoir donner ici les mêmes renseignements que nous donnons sur les autres parties de notre pays. — Populat. avant l'annexion, 452,157 habit., 4 arrondissements, 27 cantons (° corps d'armée, ° légion de gendarmerie), chef-lieu Metz, 54,817 habit., à 308 kil. E. de Paris, sur la Moselle. S.-P. : Briey, Sarreguemines, Thionville. Département frontière. Pays montagneux quoique peu élevé; en partie occupé par des chaînes de collines basses et des plateaux qui se relient aux Vosges et aux Ardennes. Agricole, d'exploitation et manufacturier. Elève importante de porcs et de moutons. Sources minérales. Patrie des maréchaux Fabert, Lasalle, Molitor, Ney et des généraux Custine, Richepanse, Houchard, Eblé et Schneider.

MOT D'ORDRE, s. m. Le mot d'ordre est une expression, un signe au moyen duquel des militaires d'une même arme peuvent se reconnaître. Le mot se compose de deux noms : le premier, qu'on appelle le mot d'ordre, doit être le nom d'un grand homme, d'un général célèbre ou d'un brave mort au champ d'honneur; le second, qui est appelé mot de ralliement, doit présenter le nom d'une bataille, d'une ville ou d'une vertu civile ou guerrière. (Décr. du 4 octobre 1891, art. 92.) Exemple : *Napoléon,* mot d'ordre ; *Nantes,* mot de ralliement.

MOULE, s. m. Objet creusé de manière à donner une forme à la matière qu'on y introduit.

MOULE, s. f. Sorte de coquillage dont la chair est bonne à manger et dont la vente et le transport sont autorisés toute l'année, quelles que soient les dimensions. (Décr. du 26 décembre 1890.)

MOULIN, s. m. Machine servant à moudre du blé ou une substance quelconque. Les propriétaires de moulins qui, par l'élévation du déversoir de leurs eaux au-dessus du niveau déterminé par l'autorité compétente, auraient été cause d'inondations, sont passibles d'une amende qui ne peut excéder le quart des dommages-intérêts ni être au-dessous de 50 francs. S'il en résulte quelque dégradation, la peine est, outre l'amende, d'un emprisonnement de six jours à un mois. (C. P., art. 457.)

MOUSSE, s. m. Dans la marine, le mousse est un apprenti matelot. Il existe à Brest et à Toulon des bâtiments-écoles pour les mousses. — Les enfants doivent avoir 13 ans pour entrer comme mousses dans la marine militaire; mais la marine marchande les prend à partir de l'âge de 10 ans.

Employé au féminin, le mot *mousse* s'emploie pour désigner l'écume qui se forme au-dessus de certains liquides lorsqu'on les verse de haut. Il sert aussi à désigner une classe de petits végétaux qui forment un gazon épais et serré. — Il est défendu d'enlever des gazons dans les forêts et sur les talus qui bordent les grandes routes. (V. *Gazon*.)

MOUSTACHE, s. f. Partie de la barbe qui pousse au-dessus de la lèvre supérieure. Les gendarmes ont la faculté de porter, à leur gré, la moustache et la mouche, ou la barbe entière, celle-ci assez courte pour ne pas masquer les grenades du collet. Le port des favoris est interdit. (Service intérieur, art. 301.)

MULET, s. m. Produit du croisement de l'âne et de la jument. — Le produit d'un cheval et d'une ânesse prend le nom de bardot.

Le mulet, produit de deux espèces différentes, est presque toujours impropre à la reproduction. C'est un animal de somme par excellence, et qui rend en campagne de précieux services; il est sobre, vigoureux et apte à supporter facilement la fatigue et les grandes chaleurs. Le Poitou et la Gascogne fournissent de très bons mulets; mais le mulet arabe, que nos troupes trouvent en Afrique, est le mulet de bât modèle.

MULTIPLICATION, s. f. La multiplication est une opération d'arithmétique qui a pour but de répéter un nombre appelé multiplicande autant de fois qu'il y a d'unités dans un autre nombre appelé multiplicateur. Le résultat de l'opération s'appelle produit. Pour faire la preuve de cette opération, on la recommence en renversant l'ordre des facteurs, ou bien on divise le produit par l'un des facteurs; le quotient doit donner l'autre facteur pour que l'opération soit exacte.

MUNICIPALITÉ, s. f. Corps qui constitue le gouvernement de la commune. La municipalité se compose d'un conseil élu par les habitants, dont les membres s'appellent conseillers municipaux et qui ont pour président le maire de la commune, nommé lui-même par les conseillers. Le conseil municipal vote les dépenses de la commune est assiste le maire dans l'administration. (V. *Maire*.)

MUNITIONS, s. f. Ce mot s'emploie surtout au pluriel et sert à désigner les provisions des choses nécessaires dans une armée: *munitions de guerre*, *munitions de bouche*.

Les munitions de bouche consistent en vivres de toute nature; les munitions de guerre comprennent la poudre, les cartouches, les armes, outils, etc.

Tout militaire qui, en présence de l'ennemi et dans un but coupable, détruit ou fait détruire des munitions est puni de mort avec dégradation militaire. (C. P., art. 253.)

La fabrication et le commerce des munitions non chargées employées pour toute espèce d'armes ont été rendus libres par la loi du 14 août 1885. (V. *Arme*, l'art. sur le commerce et la fabrication des armes.)

Les bases d'après lesquelles doit être fait pour chaque homme de la gendarmerie l'approvisionnement général des munitions ont été fixées ainsi qu'il suit par le règlement du 30 août 1884, art. 204 et par les circulaires ministérielles des 14 avril 1892, 4 mars 1893 et 23 décembre 1901:

	Fusil.	Revolver.
1° Cartouches de sûreté entre les mains des hommes et pour tout l'effectif	18	12
2° Cartouches de sûreté, dites de réserve, à placer dans les magasins de chaque compagnie et restant à la disposition du commandant de la compagnie. (Règl. du 30 août 1884.)	12	6
3° Cartouches de mobilisation, pour les gendarmes désignés pour la prévôté. Les officiers et les adjudants emportent en campagne 18 cartouches de revolver	48	30
4° Cartouches de tir. Le nombre de ces cartouches est fixé, chaque année, par une circulaire spéciale.		

Les allocations de cartouches pour les exercices de tir de 1902 sont fixées ainsi qu'il suit par la circulaire du 23 décembre 1901 :

CARTOUCHES POUR FUSILS, CARABINES ET MOUSQUETONS.

Garde républicaine.

	Cartouches à balle. Mod. 1886 M.
Officiers, cadres et hommes de troupe.	36

Gendarmerie (officiers, cadres et hommes de troupe).

Armée active	24
Réserve et armée territoriale	12

CARTOUCHES DE REVOLVER.

	Cartouche à balle.
Officiers de toutes armes et hommes armés du revolver, dans l'infanterie, le génie (moins les sapeurs-conducteurs) et la cavalerie..............	36
Hommes armés du revolver, dans toutes les autres armes et sapeurs-conducteurs du génie....................	24
Hommes non montés de la garde républicaine............................	12

Officiers, sous-officiers, brigadiers et hommes armés du revolver, 6 cartouches sans balle, modèle 1873 (pour habituer les chevaux au bruit des détonations.)

En outre, les officiers de tout grade peuvent recevoir annuellement, sur leur demande, 36 cartouches pour revolver modèle 1892, à titre onéreux, au prix de 0 fr. 01 l'une (valeur de l'étui), et 90 cartouches au prix de 0 fr. 06 l'une. (Circ. du 23 décembre 1901.)

Chaque gendarme garnit son étui de revolver avec les cartouches dont il est détenteur. Pour éviter la détérioration des paquets et des cartouches pour carabine, chaque chef de poste doit prélever sur ses cartouches de sûreté et avoir en permanence, à titre de cartouches libres, un nombre de cartouches suffisant pour en distribuer aux gendarmes de service, sans préjudice des paquets qu'il peut être utile de leur faire emporter. (V. Serv. intérieur, art. 68.)

Six fausses cartouches sont remises à chaque homme et destinées à l'instruction. (Circ. du 15 juillet 1892.)

Les gendarmes réservistes ou territoriaux reçoivent 12 cartouches à balle de carabine et 12 cartouches à balle de revolver. (Circ. du 23 décembre 1901.)

Il est attribué, en outre, aux officiers, à titre de première mise, 12 cartouches de revolver modèle 1892 comme cartouches de sûreté. (Circ. du 30 novembre 1893.)

Les munitions en provenance ou à destination du chef-lieu d'arrondissement doivent être transportées par les correspondances de brigade en brigade, ou en utilisant les voitures employées au transport des prisonniers voyageant sous escorte, à moins que leur volume ou leur poids n'obligent à employer le chemin de fer. (Instr. minist du 28 mai 1895.)

MUR, s. m. Ouvrage de maçonnerie dressé et portant en terre sur des fondements. Les murs portent différents noms, suivant leur importance, leur destination : mur d'appui, mur de clôture, etc. On appelle gros murs d'un bâtiment les murs principaux, ceux qui en forment l'enceinte; on appelle *murs de refend* ceux qui sont enfermés entre les gros murs et qui servent à séparer les pièces de l'intérieur. La gendarmerie doit saisir tout individu dégradant les murs de clôture. (Décr. du 1er mars 1854, art. 322.)

Lorsqu'un mur longeant la voie publique menace ruine et que le maire en ordonne la démolition, le propriétaire qui n'obéit pas à cet ordre commet un délit de petite voirie qui tombe sous le coup de l'article 97, n° 5, du Code pénal (amende de 1 à 5 francs). Le juge de paix ordonne, en outre, la démolition du mur aux frais des contrevenants.

Mur mitoyen. (V. *Mitoyen.*)

MUSETTE, s. f. Petit sac en toile sans lequel les cavaliers enferment leurs effets de pansage et dont on peut de servir pour faire manger l'avoine aux chevaux en attachant le sac sur la tête au moyen d'une courroie.

MUTATION, s. f. Changement de position. — Les commandants de compagnie se font rendre compte chaque jour, par les commandants d'arrondissement, des mutations survenues et de tout ce qui se rattache à l'administration des brigades. Les mutations sont notifiées aux trésoriers par le commandant, au fur et à mesure qu'elles ont lieu. (Service intérieur, art. 20.) — Les chefs de légion adressent au Ministre un compte rendu des mutations qui résultent de la radiation des contrôles des militaires démissionnaires, retraités, réformés, décédés, etc.

Les mutations des hommes admis ou réadmis dans la gendarmerie, et celles des hommes rayés avant l'âge de 46 ans, doivent être notifiés aux commandants des bureaux de recrutement de la région à laquelle ces militaires appartiennent. (Circ. des 28 janvier 1876 et 10 juillet 1879; — V. également la note minist. du 14 mars 1878 et l'art. 30 de l'instr. du 28 décembre 1895.) — Les extraits de la matricule de la compagnie, les relevés des punitions, ainsi que les livrets individuels des gendarmes rayés des contrôles qui ne sont pas susceptibles d'être affectés à la réserve doivent être envoyés au recrutement. (Art. 297 de l'instr. du 28 décembre 1895.)

Les nominations et mutations des officiers de gendarmerie sont communiquées aux préfets par les chefs de corps et de légion. (Service intérieur, art. 3.)

MUTILATION, s. f. Retranchement d'un membre ou de toute autre partie du corps. — Les jeunes gens convaincus de s'être mutilés pour se rendre impropres au service militaire sont punis d'un emprisonnement d'un mois à un an; la même peine est prononcée contre les complices, et si ces derniers sont médecins, chirurgiens, officiers de santé, la durée de l'emprisonnement est de 2 mois à 2 ans, indépendamment d'une amende de 200 francs à 1,000 francs. — A l'expiration de leur peine, les jeunes gens peuvent être envoyés dans une compagnie de discipline pour tout le temps du service militaire qu'ils doivent à l'Etat. (Loi du 15 juillet 1889, art. 70.)

Les hommes qui se mutilent volontairement après leur incorporation sont également envoyés dans cette compagnie, après l'avis du conseil de discipline du corps. (Décr. et instruct. des 5-9 juillet 1890.)

Mutilation des monuments publics. (V. *Monuments*.)

Mutilation d'arbres. (V. *Arbre*.)

N

NAISSANCE, s. f. Venue au monde. — Les déclarations de naissance doivent être faites dans les trois jours à l'officier de l'état civil par le père ou, à défaut du père, par les médecins, sages-femmes ou autres personnes qui auront assisté à l'accouchement. (C. C., art. 55 et 56.) — L'acte doit être rédigé tout de suite, en présence de deux témoins.

Si la mère est mariée, nul autre que son mari ne peut être déclaré père de l'enfant. Les officiers militaires de l'état civil ne sont point compétents pour connaître des actions en désaveu d'un enfant; les parties intéressées doivent se pourvoir devant les tribunaux civils de l'intérieur, ce qui peut être différé jusqu'à l'époque de leur rentrée en France.

Si la mère n'est pas mariée, la déclaration de paternité ne doit être reçue que du père même, et s'il était marié à une autre femme, sa déclaration ne serait pas admissible, nul ne pouvant se reconnaître publiquement adultère.

Aux armées, les déclarations de naissance doivent être faites dans les dix jours qui suivront l'accouchement. (Loi du 17 mai 1900.)

Le défaut de déclaration dans les délais prescrits est puni d'un emprisonnement de six jours à six mois et d'une amende de 16 à 300 francs. (C. P., art. 346.) (V. *Acte.*) — Nous rappellerons, en terminant cet article, que la loi du 11 germinal an XI défend d'inscrire un enfant sous un nom qui n'appartient pas à l'Eglise, à l'histoire ou au calendrier grégorien. On n'est donc pas maître de donner à son enfant un prénom de fantaisie.

NASEAU, s. m. Les naseaux sont les deux ouvertures du nez par lesquelles le cheval respire. Comme les naseaux sont l'unique passage par lequel l'air arrive dans les poumons, ils doivent être larges, bien fendus et facilement dilatables. — La muqueuse qui les recouvre doit être d'un rose vif, sans ulcérations ni cicatrices. Un écoulement épais et abondant par les naseaux est l'indice d'une maladie; si cet écoulement est verdâtre et gluant, il peut dénoter un commencement de morve.

NATION, s. f. Réunion d'hommes habitant le même pays, soumis aux mêmes lois et parlant ordinairement la même langue.

NATIONAL, ALE, adj. Ce qui concerne une nation, ce qui lui appartient *Esprit national, fête nationale, propriété nationale, gendarmerie nationale.*

NATIONALITÉ, s. f. Ensemble des caractères qui constituent une nation. — Etat qui résulte pour chaque personne du pays auquel elle appartient. — Après la perte de l'Alsace et de la Lorraine, les habitants des pays annexés ont été autorisés à opter pour la nationalité française ou pour la nationalité allemande. Pour les militaires, la date de cette option doit être indiquée sur les matricules. (Circ. du 29 novembre 1873.) (V. au mot *Fran-*

çais la loi du 26 juin 1889 sur la nationalité.)

NATURALISATION, s. f. Acte par lequel un étranger obtient les droits et les privilèges qui appartiennent aux citoyens d'un pays.

L'étranger qui, après l'âge de 21 ans accomplis, a, conformément à l'article 13 du Code civil, obtenu l'autorisation d'établir son domicile en France, et y a résidé pendant trois années, peut être admis à jouir de tous les droits de citoyen français. — Les trois années courront à partir du jour où la demande d'autorisation aura été enregistrée au ministère de la justice.

Est assimilé à la résidence en France le séjour en pays étranger pour l'exercice d'une fonction conférée par le gouvernement français. — Il est statué sur la demande en naturalisation, après enquête sur la moralité de l'étranger, par un décret du Président de la République, rendu sur le rapport du Ministre de la justice, le Conseil d'Etat entendu. — Le délai de trois ans, fixé par l'article précédent, pourra être réduit à une seule année en faveur des étrangers qui auront rendu à la France des services importants; qui auront introduit en France soit une industrie, soit des inventions utiles; qui y auront apporté des talents distingués; qui y auront formé de grands établissements ou créé de grandes exploitations agricoles. (V. le mot *Français* et le décret du 13 août 1889, qui indique les formalités à remplir et les justifications à produire.)

La naturalisation des indigènes et des étrangers, en Algérie, est réglée par le décret du 21 avril 1866 (art. 11 et 17) et par le décret du 10 août 1889. Le décret du 24 octobre 1870 a exempté de toute demande les Israélites indigènes, en conférant à tous les droits de citoyens français. Deux décrets en date du 29 juillet 1887 règlent les conditions de naturalisation pour les étrangers qui justifient de trois ans de résidence en Tunisie, en Annam, au Tonkin et en Cochinchine.

NATUREL, ELLE, adj. Qui est conforme à la nature, qui appartient à la nature. *L'histoire naturelle* est la science qui a pour but l'étude des minéraux, des végétaux et des animaux.

Enfant naturel. Enfant qui n'est pas né en légitime mariage. L'enfant naturel *reconnu* a droit à la dispense provisoire à titre de soutien de famille prévue par l'article 22 de la loi du 15 juillet 1889. L'enfant naturel *non reconnu* ne peut prétendre à cette dispense, puisque légalement il n'a pas de famille.

NAUFRAGE, s. m. Perte totale ou partielle d'un navire ou de son chargement. En cas de naufrage, la gendarmerie doit, de concert avec les autorités maritimes, prendre les mesures nécessaires pour pourvoir au sauvetage et empêcher le pillage. Les individus requis pour prêter secours sont punis d'une amende de 6 à 10 francs s'ils n'obtempèrent pas à la réquisition. (C. P., art. 475, n° 12.)

Les personnes qui, les premières, donnent avis du naufrage et celles qui opèrent le sauvetage ont droit à certaines primes fixées par les règlements. (V. Ordonnance de 1681.) Lorsque le naufrage est occasionné par la faute du capitaine, il constitue le crime de baraterie. (V. ce mot.)

NÉGLIGENCE, s. f. Défaut de soin, d'exactitude. Les gendarmes qui, par leur négligence, ont été cause de l'évasion d'un prisonnier, sont passibles d'une peine qui varie de six jours à deux ans d'emprisonnement, suivant que le prisonnier était prévenu d'un délit ou d'un crime, ou condamné pour un délit ou pour un crime. (C. M., art. 216; C. P., art. 237 et suivants.) (V. *Evasion*.)

NECESSAIRE, s. m. Ce dont on ne peut se passer; en terme militaire, le nécessaire d'armes est un petit appareil qui renferme les objets dont on se sert pour monter ou démonter une arme à feu. (V. *Accessoire*.)

NÈGRE, ESSE, s. Individu appartenant à une race particulière originaire de l'Afrique, dont elle occupe encore la plus grande partie. Cette race est caractérisée par la coloration noire de la peau, le front étroit, le nez aplati, les lèvres grosses, les poils rares et les cheveux laineux.

NEIGE, s. f. La neige est produite par des vapeurs d'eau qui, sous l'influence d'une température très basse, se congèlent et tombent sur la terre en flocons blancs et légers.

Les préfets peuvent, par des arrêtés, interdire la chasse en temps de neige, mais des arrêts de la Cour de cassation ont décidé que la vente et le colportage du gibier pouvaient avoir lieu pendant cette interdiction. — Chasser en temps de neige, c'est chasser en temps prohibé, et les gendarmes doivent déclarer la saisie de l'arme entre les mains du chasseur.

NERF, s. m. Les nerfs sont de petits cordons blanchâtres distribués dans les diverses parties du corps et qui servent de conducteurs à la sensibilité et au mouvement.

Chez l'animal, l'appareil nerveux préside à l'action des muscles, et ce sont les nerfs, bien plus que le sang, qui établissent la supériorité des races nobles sur les races communes ; mais, pour que l'animal soit complet, il faut qu'une juste harmonie existe entre son appareil nerveux, qui commande, et ses muscles, qui sont destinés à obéir. Des chevaux trop nerveux n'ayant pas des muscles puissants seront tarés de bonne heure, et, par contre, des chevaux fortement membrés, mais n'ayant pas leur appareil nerveux assez développé, manqueront d'âme et seront incapables de donner tout ce qu'on pourrait attendre de leur force musculaire.

NERF-FÉRURE, s. f. On dit aussi nerf-ferru, tendon féru. Contusion qu'un cheval a reçue sur le tendon de la partie postérieure de la jambe de devant. Ces sortes de contusions, qui sont souvent rebelles, proviennent presque toujours d'un défaut de conformation : les chevaux ensellés, ceux dont les reins sont trop longs, ceux qui ont les jarrets trop coudés et qui forgent, sont particulièrement sujets à la nerf-férure.

NIÈVRE (Département). Populat., 323,783 habit., 4 arrondissements, 25 cantons (8e corps d'armée, 8e légion de gendarmerie), chef-lieu Nevers, 26,436 habit., à 236 kil. S.-E. de Paris, sur une colline au confluent de la Loire et de la Nièvre. S.-P. : Château-Chinon, Clamecy, Cosne. Départ. méditerrané, en partie couvert par les monts du Morvan. Agricole. — Elève de bestiaux et de chevaux. — Exploitation minérale. — Sources minérales à Pougues. — Patrie de Gaucher de Châtillon, tué en défendant Saint-Louis, et du maréchal Vauban.

NOM, s. m. Terme dont on se sert pour désigner une personne ou une chose. Nom propre, nom commun, nom de famille, nom de baptême.

Toute personne n'a d'autres nom et prénoms que ceux qui lui sont assignés dans son acte de naissance, et quiconque les altère ou les modifie est passible d'une amende de 500 à 10,000 francs. (Art. 259 du C. P., modifié par la loi du 28 mai 1858.)

Deux voies sont ouvertes pour obtenir des changements de noms, selon la nature des motifs invoqués. Si le changement est réclamé comme un droit, un jugement du tribunal est nécessaire pour rectifier l'acte de naissance, en ordonnant l'inscription du nom qui s'y trouvait dénaturé ou omis. Si, au contraire, on sollicite ce changement à titre de faveur, c'est au gouvernement qu'on doit s'adresser. (Décis. du 8 janvier 1859.)

NOMADE, adj. Errant, sans habitation fixe. Les nomades, généralement étrangers, qui circulent en France et qui, exerçant une profession, ne peuvent être considérés comme vagabonds, peuvent être, sur les réquisitions des préfets, refoulés de département en département jusqu'à la frontière. (Circ. du Ministre de l'intérieur en date du 29 juin 1889.) (V. *Mendiants* et *Vagabonds.*)

NON-ACTIVITÉ, s. f. La non-activité est la position de l'officier hors cadre et sans emploi. — L'officier en activité ne peut être mis en non-activité que pour une des causes ci-après :

Licenciement de corps;

Suppression d'emploi;

Rentrée de captivité à l'ennemi, lorsque l'officier prisonnier de guerre a été remplacé dans son emploi;

Infirmités temporaires;

Retrait ou suspension d'emploi.

La mise en non-activité par retrait ou suspension d'emploi a lieu par décision du Président de la République, sur le rapport du Ministre de la guerre.

La loi du 19 mai 1834 n'a pas déterminé les causes qui peuvent motiver la mise en non-activité par retrait d'emploi. Ces causes, nécessairement moins graves que celles qui donnent lieu à la réforme, sont laissées à l'appréciation de l'autorité militaire supérieure.

Les officiers en non-activité par licenciement de corps, suppression d'emploi, ou rentrée de captivité à l'ennemi, sont appelés à remplir la moitié des emplois de leur grade vacants dans l'arme à laquelle ils appartiennent. — Le temps passé par eux en non-activité leur est compté comme service effectif pour les droits à l'avancement, au commandement, à la réforme et à la retraite.

Un officier doit être proposé pour la non-activité lorsque la maladie ou les infirmités dont il est atteint doivent le mettre hors d'état de faire son service pendant plus de six mois. (Application des dispositions des §§ 5 et suivants de l'art. 193 de l'instruction sur le service courant.)

Les officiers en non-activité pour infirmités temporaires et par retrait ou suspension d'emploi, sont susceptibles d'être mis en retraite. — Si les infirmités sont devenues incurables, ils peuvent être mis en réforme sans avoir passé trois ans dans cette position, et ils ne peuvent être admis à la retraite que s'ils comptent plus de 25 ans de service et s'ils ont passé plus de 3 ans dans la position de non-activité. (Art. 191 de l'instr. sur le service courant.) — Le temps passé par eux en non-activité leur est compté comme service effectif pour la réforme et pour la retraite seulement.

Les officiers en non-activité ne peuvent changer de résidence sans l'autorisation du Ministre. (Circ. du 10 février 1872.) S'ils sont en non-activité par retrait ou suspension d'emploi, ils ne peuvent porter l'uniforme en dehors des circonstances où ils sont obligés de comparaître devant l'autorité militaire. (Circ. du 1er février 1873.) — Enfin, ils sont inspectés deux fois par an (1er avril et 15 septembre) par les généraux commandant les divisions militaires. (Circ. du 25 avril 1873; — V. également les circ. des 30 septembre 1876, 9 mai, 19 juillet 1877, 17 mai 1878 et 16 juillet 1887.)

NON-DISPONIBLES. Afin de ne pas désorganiser au moment de la mobilisation différents services publics dont le fonctionnement présente un intérêt supérieur d'ordre général, la loi du 15 juillet 1889 (art. 51) a permis de dispenser les disponibles réservistes et territoriaux, titulaires de certains emplois ou fonctions, de répondre aux convocations par voie d'affiches. Les personnels auxquels il peut être fait application de ces dispositions sont déterminés par les tableaux A, B, C, de l'instruction du 28 décembre 1895.

Les hommes autorisés à ne pas rejoindre immédiatement sont, dès la publication de l'ordre de mobilisation, soumis à la juridiction militaire par application de l'article 57 du Code de justice militaire. (V. les articles 157 et suivants de l'instr. du 28 décembre 1895.)

NON-LIEU, s. m. Ordonnance par laquelle la chambre du conseil d'un tribunal déclare qu'il n'y a pas lieu de poursuivre.

Pour les affaires qui sont déférées aux tribunaux militaires, c'est le général commandant la circonscription qui décide si le prévenu doit ou non être mis en jugement.

NORD, s. m. L'un des quatre points cardinaux : celui qui est opposé au Midi et qui se trouve dans la direction du pôle situé dans le même hémisphère que l'Europe.

NORD (Département). Population, 1,866,994 habit., 7 arrondissements, 61 cantons (1er corps d'armée, 1re légion de gendarmerie), chef-lieu Lille, 210,696 habit., à 236 kil. N.-N.-E. de Paris, dans une plaine arrosée par le canal de la Deule. S.-P.: Avesnes, Cambrai, Douai, Dunkerque, Hazebrouck, Valenciennes. — Département frontière et maritime. — Pays de plaines légèrement ondulées. — Agricole, d'exploitation et manufacturier. — Culture très avancée. — Elève très importante de toute espèce d'animaux domestiques. — Patrie de la reine Frédégonde, de Jean Bart, du maréchal Mortier, duc de Trévise, des généraux Vandamme, Négrier et de l'amiral Roussin.

NORVÈGE. (V. *Suède.*)

NOTAIRE, s. m. Officier public chargé de rédiger les conventions faites entre particuliers et de leur donner ainsi un caractère authentique qui garantit leur exécution. Nul ne peut être notaire s'il n'est âgé de 25 ans, s'il n'a accompli 6 ans de stage chez un notaire et s'il n'a satisfait à certains examens.

Les notaires achètent leur étude, mais ils ne peuvent exercer qu'après avoir été nommés par le chef de l'Etat, sur la présentation du Garde des sceaux.

NOTIFICATION, s. f. Action de donner connaissance de quelque chose dans les formes légales. — Notifications de mandats. (V. *Mandat.*)

Les notifications judiciaires se font par voie d'huissier et prennent le nom de *signification*; les notifications administratives, par les divers agents de l'administration. (V. *Citation.*)

NOTORIÉTÉ, s. f. Etat de ce qui est notoire, de ce qui est généralement connu.

L'acte de notoriété est une attestation faite par deux ou plusieurs témoins devant le juge de paix, le maire ou un notaire, qu'un fait est notoire.

Lorsque, dans les différentes pièces mises à l'appui d'un mémoire de proposition pour la gendarmerie, il y a différence entre les noms du candidat, les commandants de compagnie doivent, aux termes de la circulaire du 31 décembre 1854, se faire délivrer, par le juge de paix ou par le maire, un acte de notoriété qui est joint aux pièces du dossier.

NOUE, s. f. Vieux mot français qui signifie petit cours d'eau, petit canal, flaques d'eau qui se forment dans l'intérieur des terres basses et marécageuses.

Dans la loi sur la pêche, les mots noues, boires et fossés, employés dans l'article 1er, signifient tous les cours d'eau qui communiquent soit momentanément, soit d'une manière permanente, avec les fleuves et rivières navigables ou flottables.

NOURRICE, s. f. Femme qui allaite un enfant.

La loi du 23 décembre 1874 s'est occupée de la protection des enfants confiés à une nourrice étrangère, et elle a créé un corps de médecins inspecteurs, chargés de s'assurer que les nourrissons sont l'objet de tous les soins auxquels ils ont droit.

Les femmes qui prennent des enfants en nourrice doivent en faire, dans les trois jours, la déclaration à la mairie, et celles qui refusent de recevoir le médecin inspecteur sont passibles d'une amende de 5 à 15 francs et d'un emprisonnement de 1 à 5 jours si le refus est accompagné d'injures.

NOURRITURE, s. f. Ensemble des aliments dont se nourrissent les hommes et les animaux.

La nourriture des individus déposés momentanément dans les chambres de sûreté est assurée dans tous les départements par un cahier des charges, qui oblige l'entrepreneur à fournir aux passagers une quantité d'aliments déterminée. Cet entrepreneur doit avoir un représentant dans toutes les localités où il existe une chambre de sûreté.

Les gendarmes sont chargés de veiller à la stricte observation des clauses du marché et jamais, dans aucun cas, ils ne doivent devenir *les agents des fournisseurs* et fournir eux-mêmes la nourriture aux détenus. Si, cependant, il se présentait quelque difficulté et que la nourriture ne pût un jour être fournie, pour une cause quelconque, ils devraient, aux termes de l'article 400 du décret du 1er mars 1854, en référer au maire et, si ce dernier refusait de donner les aliments, pourvoir eux-mêmes à la nourriture des prisonniers, après avoir constaté le refus par procès-verbal. (V. *Chambre de sûreté.*)

Les condamnés militaires voyageant par les voies rapides ne doivent jamais être nourris au compte de l'Etat dans les gares de chemin de fer; ils doivent manger la soupe à la prison avant de partir, et, si le voyage doit durer plus de 24 heures, s'arrêter en route dans une ou deux stations voisines des prisons militaires, où ils sont conduits pour prendre leurs repas et où ils séjournent en attendant qu'on les transporte plus loin. (Circ. minist. du 10 juillet 1857.) (V. aussi la note minist. du septembre 1881.)

Tout individu entrant à la prison avant 9 heures du matin a droit à deux soupes et à une ration de pain, il n'a droit qu'à une soupe et à une demi-ration de pain s'il entre après 9 heures. Avant le départ le lendemain il a droit à une soupe et à la ration de pain entière.

Les gendarmes préposés au transfèrement des prisonniers ont le devoir de s'assurer que ceux-ci ont reçu les subsistances qui doivent leur être fournies, et, en cas d'infraction, ils en informent, suivant le cas, l'autorité administrative ou militaire. A cet effet, le cahier des charges pour l'entreprise générale des services des maisons d'arrêt, de justice et de correction, des dépôts et chambres de sûreté, en ce qui concerne la nourriture, prescrit aux gardiens-chefs des prisons ou aux préposés à la surveillance des dépôts et chambres de sûreté de remettre aux gendarmes sous la conduite desquels le transfèrement a lieu un bulletin indiquant ce qui a été fourni à chaque détenu au départ. A l'arrivée, ce bulletin est remis au gardien-chef ou au préposé, pour servir à déterminer les fournitures restant à faire par l'entrepreneur. (Art. 10 du cahier des charges.)

La ration journalière de pain, soupe comprise, est, pour chaque homme, de 850 grammes et, pour chaque femme, de 800 grammes. (Art. 11.)

NOUVELLE, s. f. Renseignement sur une chose récemment arrivée ou qui était restée inconnue.

L'article 27 de la loi du 29 juillet 1881 punit d'un emprisonnement d'un mois à un an et d'une amende de 50 à 1,000 francs, ou de l'une de ces deux peines seulement, la publication ou la reproduction de nouvelles fausses lorsque cette publication ou reproduction aura troublé la paix publique et qu'elle aura été faite de mauvaise foi.

NUIT, s. f. Dans le langage ordinaire, la nuit est l'espace de temps qui s'écoule depuis le coucher jusqu'au lever du soleil. — Ce temps étant essentiellement variable, la loi a dû le fixer d'une façon certaine et elle a décidé que le temps de nuit durerait de six heures du soir à six heures du matin, depuis le 1er octobre jusqu'au 31 mars, et de neuf heures du soir à quatre heures du matin, depuis le 1er avril jusqu'au 30 septembre. (C. de procéd. civ., art. 1037; décr. du 1er mars 1854, art. 291.)

Pendant ce temps, aucune notification de mandat ne peut être faite; la chasse est interdite; la pêche l'est également, à l'exception de la pêche de certains poissons qui sont alors désignés dans les arrêtés préfectoraux; enfin, la nuit est une circonstance aggravante du vol.

NULLITÉ, s. f. Vice de forme ou de fond qui rend un acte nul.

Dans la jurisprudence militaire, les recours formés contre les jugements des conseils de guerre sont portés devant les conseils de revision : ces derniers ne connaissent pas le fond des affaires. Ils se bornent à examiner si les débats ont eu lieu conformément à la loi, si toutes les règles ont été observées et s'il n'y a pas de cas de nullité; s'il en existe un, le jugement est cassé et l'affaire est renvoyée devant un autre conseil. — La cour de cassation est chargée de procéder au même examen pour les affaires civiles qui sont portées devant elle.

NUQUE, s. f. Chez le cheval, la nuque est la région formée par le sommet de la tête à son point d'union avec l'encolure. Cette partie est parfois le siège d'excoriations produites par le frottement de la têtière et qui peuvent devenir très graves, surtout chez les chevaux qui tirent au renard. Cette maladie est connue vulgairement sous le nom de *mal de taupe*.

O

OBÉISSANCE, s. f. L'obéissance est l'acte de celui qui fait ce qui lui est commandé ; tous les citoyens doivent obéissance aux lois.

Le soldat doit obéissance à ses chefs *d'une façon absolue* en tout ce qui concerne le service et, avant d'entrer en fonctions, les militaires de la gendarmerie font le serment d'obéir. — *L'obéissance absolue* est une des conditions vitales de l'armée, et le Code militaire inflige avec raison les peines les plus sévères à ceux qui la refusent.

Est puni de mort, avec dégradation militaire, tout militaire qui refuse d'obéir lorsqu'il est commandé pour marcher contre l'ennemi, ou pour tout autre service ordonné par son chef en présence de l'ennemi ou de rebelles armés.

Si, hors le cas prévu par le paragraphe précédent, la désobéissance a eu lieu sur un territoire en état de guerre ou de siège, la peine est de cinq ans à dix ans de travaux publics, ou, si le coupable est officier, de la destitution, avec emprisonnement de deux à cinq ans. Dans tous les autres cas, la peine est celle de l'emprisonnement d'un an à deux ans, ou, si le coupable est officier, celle de la destitution. (C. M., art. 218.)

OBJET, s. m. Sujet d'un sentiment: *objet de pitié, de commisération;* — but défini : *cette chose sera l'objet de vos recherches;* — chose quelconque : *un objet de peu de valeur.*

Objets perdus et trouvés. Quiconque trouve un objet et se l'approprie commet une soustraction frauduleuse et tombe sous le coup de l'article 379 du Code pénal. (V. *Epave.*)

Celui qui a trouvé un objet n'a pas le droit d'exiger une récompense du propriétaire ; mais si ce dernier avait fait connaître publiquement qu'il donnerait une récompense, il ne pourrait se soustraire à cet engagement qu'il aurait contracté.

Lorsque des objets trouvés sont détenus depuis plus de 3 ans, ce laps de temps suffit pour empêcher l'action de revendication.(Cass., 5 décembre 1876.) Cet arrêt de la cour est basé sur l'article 2279 du Code civil qui dit que celui qui a perdu ou auquel il a été volé une chose, peut la revendiquer pendant trois ans à compter du jour de la perte ou du vol contre celui dans les mains duquel il la trouve ; sauf à celui-ci son recours contre celui duquel il la tient.

Aucun texte de loi n'oblige celui qui a trouvé une chose à la remettre entre les mains de l'autorité ; il peut la garder en sa possession; mais, dans ce cas, et pour ne pas être accusé de l'avoir détourné, il doit faire par la voie de la publicité ou autrement toutes les recherches nécessaires pour trouver celui auquel la chose appartient (V. *Trésor.*)

OBSCÈNE, adj. Qui est contraire à la pudeur. La mise en vente, la distribution ou l'exposition de dessins, gravures, peintures, emblèmes ou images obscènes est punie d'un emprisonnement de un mois à deux ans et d'une amende de 16 francs à 2,000 francs.

Les exemplaires mis en vente, colportés ou distribués seront saisis. (Loi du 29 juillet 1881, art. 28.)

La vente ou la distribution d'écrits, d'imprimés autres que le livre, d'affiches, emblêmes ou images obscènes est punie, par la loi du 2 août 1882, d'un emprisonnement de un mois à deux ans et d'une amende de 16 francs à 3,000 francs. (V. *Outrages.*)

OBUS, s. m. L'obus est un projectile en fonte d'une forme cylindro-conique ou cylindro-ogivale dont on se sert exclusivement aujourd'hui pour charger les canons. Les obus sont munis d'une fusée percutante renfermant un mécanisme qui met le feu à la charge quand l'obus rencontre un obstacle, ou d'une *fusée à double effet* qui contient un appareil fusant permettant de faire éclater le projectile à un moment quelconque de son trajet dans l'air.

Chaque bouche à feu de campagne peut lancer quatre espèces de projectiles : l'obus ordinaire, l'obus à balles, l'obus à mitraille et la boîte à mitraille. L'obus à balles renferme de 80 à 150 balles suivant le calibre de la pièce, la boîte à mitraille en renferme de 41 à 98.

OCCIDENT, s. m. L'occident, l'ouest ou le couchant est le point de l'horizon où le soleil disparaît et semble se coucher.

OCCULTE, adj. Caché, secret. — *Dans aucun cas, ni directement, ni indirectement*, la gendarmerie ne doit recevoir des missions occultes, de nature à lui enlever son caractère véritable. Son action s'exerce toujours en tenue militaire, ouvertement et sans manœuvres de nature à porter atteinte à la considération de l'arme. (Décr. du 1er mars 1854, art. 119.)

OCÉAN, s. m. On donne ce nom à l'immense étendue d'eau salée qui occupe environ les trois quarts de la surface de la terre. L'Océan prend diverses dénominations suivant le pays qu'il baigne. On distingue l'océan Atlantique, l'océan Pacifique ou grand Océan, l'océan Indien, l'océan Glacial arctique, et l'océan Glacial antarctique.

OCÉANIE. On donne le nom d'Océanie aux grandes et petites îles, en nombre infini, qui sont situées dans le grand Océan, au S.-E. de l'Asie et au S.-O. de l'Amérique. Ces îles sont habitées par deux races principales : la race nègre et la race malaise. Les peuples de ces deux races sont anthropophages.

Les étrangers qui sont répandus en plus grand nombre dans l'Océanie sont les Chinois, entre les mains desquels est presque tout le commerce. Cependant, la puissance dominante de cette partie du globe est la Hollande, qui possède les îles les plus importantes.

Les premières îles qu'on rencontre au sud de l'Asie sont les îles de la Sonde, dont les principales sont : Sumatra, Java, Bornéo, Célèbes et l'archipel des Moluques. Toutes ces îles sont tributaires de la Hollande, qui y a établi de nombreux comptoirs. Batavia, dans l'île de Java, est le chef-lieu des possessions hollandaises.

Au nord de ces îles se trouve l'archipel des Philippines dont la principale, Luçon, capitale Manille, est soumise aux Américains; le reste est indépendant et occupé par des peuples sauvages.

A l'est des Philippines, on rencontre l'archipel des Carolines, qui forme, de l'ouest à l'est, un long ruban renfermant plusieurs centaines d'îles qui appartiennent à l'Allemagne. — Les peuples qui les habitent sont sauvages, belliqueux et indépendants.

A l'extrémité nord-est de l'Océanie se trouve l'archipel des îles Sandwich, les plus rapprochées de la côte d'Amérique ; ces îles, au nombre de onze, sont très importantes par leur position, leurs ports et surtout leurs habitants : ce sont des peuples doux et industrieux qui ont du goût pour le commerce et la civilisation, et que les missionnaires anglais viennent de convertir au christianisme.

Au sud-est des îles de la Sonde se trouve la plus grande île du globe, l'Australie ou Nouvelle-Hollande, dont la superficie est égale aux trois quarts de celle de l'Europe ; les côtes seules ont été explorées ; l'homme y semble aussi peu intelligent que la bête et ne s'en distingue que par la parole. Les Anglais ont formé sur les côtes de grands établissements dont l'importance augmente chaque jour. Les principales villes sont Sidney et Botany-Bey (autrefois lieux de déportation pour les criminels), Melbourne, Victoria, Adelaïde. Un télégraphe traverse l'île du sud au nord, d'Adelaïde à Palmerston.

Au nord de l'Australie se trouve la Nouvelle-Guinée ou Papouasie ; à l'est, la Nouvelle-Calédonie.

La Nouvelle-Calédonie appartient à la France depuis 1853 : la capitale est Nouméa. C'est à la Nouvelle-Calédonie que sont transportés aujourd'hui tous les criminels condamnés aux travaux forcés.

Au sud de l'Australie est l'île de Diémen, ou Tasmanie, habitée par les nègres les plus rapprochés de la bête et qui sert à l'Angleterre de lieu de déportation pour les criminels.

A l'est de la terre de Diémen sont deux grandes îles qui ont reçu le nom de Nouvelle-Zélande et qui appartiennent aux Anglais. Une petite île voisine des deux grandes est l'antipode de Paris.

Enfin, au nord-est de la Nouvelle-Zélande, vers la côte américaine, se trouvent les îles de la Société, dont la plus considérable est Taïti, et l'archipel des îles Marquises ; toutes ces îles, importantes par leur fertilité et leurs excellents ports, sont aujourd'hui placées sous le protectorat de la France.

OCTROI, s. m. Impôt municipal dont l'Etat touche une partie, et qui est levé sur certaines denrées qui entrent dans les villes. Les droits d'octroi doivent être déclarés et payés à l'entrée. Tout objet non déclaré est saisi comme garantie de l'amende encourue, laquelle est égale à la valeur de l'objet.

Tout préposé qui favorisera la fraude sera mis en jugement et condamné aux peines portées par le Code pénal contre les fonctionnaires publics prévaricateurs. (Ordonn. du 9 décembre 1814, art. 63.) — Les préposés de l'octroi sont placés sous la protection de l'autorité publique. Il est défendu de les injurier, maltraiter et même de les troubler dans l'exercice de leurs fonctions sous les peines de droit. La force armée est tenue de leur prêter secours et assistance toutes les fois qu'elle en est requise. (Ordonn. du 9 décembre 1814, art. 65.)

La gendarmerie a qualité pour constater les fraudes en matière d'octroi. (Loi du 28 février 1872, art. 5.)

Les employés de l'octroi ont le droit de visiter les voitures et transports militaires à l'entrée des villes. Quand les voitures et les transports militaires accompagnent un corps de troupe, ils sont, à leur introduction, placés sous l'escorte des employés de l'octroi jusqu'à la caserne, où la visite est faite en présence du major, du capitaine d'habillement ou d'un autre officier.

Il doit être accordé aux employés pour cette visite toutes les facilités nécessaires. Les chefs de corps ou de détachement sont responsables de tout empêchement ou restriction à la vérification des effets.

Quand les troupes militaires ne font que traverser le lieu sujet aux droits, leurs voitures et leurs bagages sont escortés jusqu'au point de sortie. S'il se trouve à la visite des corps des objets soumis aux droits, il n'est exigé aucune consignation au point d'introduction, l'escorte étant considérée comme une garantie suffisante. — Les voitures et transports militaires chargés d'objets assujettis aux droits sont soumis aux règles prescrites par le transit et le passe-debout.

Dans le cas où l'administration de l'octroi aurait lieu de soupçonner que des objets soumis aux droits sont introduits en fraude dans les sacs ou dans les portemanteaux des soldats, elle en informe le commandant d'armes et pourra requérir qu'une visite de ces effets soit faite à l'arrivée de la troupe dans les casernes, sous les yeux d'un employé de l'octroi et en présence d'un officier. (Décr. du 4 octobre 1891, art. 35.)

ŒIL, s. m. Organe de la vision.

La beauté des yeux et leur intégrité sont très importantes à considérer chez les chevaux. Le cheval de noble race a les yeux grands, clairs et vifs, placés à fleur de tête ; ils reflètent son ardeur, sa docilité ou sa méchanceté. Le cheval commun, au contraire, a les yeux ternes et sans aucune expression. Les yeux trop volumineux sont qualifiés d'yeux de bœuf ; ceux qui sont trop petits, d'yeux de cochon.

Les chevaux, comme les hommes, sont sujets à la myopie et à la presbytie ; ces deux défauts, et surtout le second, sont graves parce qu'ils rendent généralement les chevaux peureux ou ombrageux. La coloration blanche marbrée de l'iris constitue les yeux vairons.

Les yeux des chevaux peuvent être affectés de la *cataracte*, maladie incurable; de l'*amaurose* ou *goutte sereine*, et enfin de la *fluxion périodique*, maladie assez commune et plus redoutable. Comme on le sait, cette affection commence par attaquer l'un des yeux, dont elle détruit la transparence après un certain nombre d'accès, et très rarement elle épargne l'autre.

ŒUF, s. m. Corps qui se forme dans la femelle des animaux et qui contient l'embryon propre à reproduire l'espèce. — Il est interdit de prendre ou de détruire sur le terrain d'autrui des œufs et des couvées de faisans, de perdrix et de cailles. (Loi du 3 mai 1844, art. 4.) Les préfets peuvent étendre cette interdiction aux œufs et aux couvés de tous les autres oiseaux. (Loi du 22 janvier 1874.) (V. *Oiseau.*)

OFFENSE, s. f. Tout ce qui porte atteinte à la dignité et à la considération d'une personne.

La loi du 29 juillet 1881 (art. 26) punit d'un emprisonnement de trois mois à un an et d'une amende de 100 francs à 3,000 francs, ou de l'une de ces deux peines seulement, l'offense au Président de la République faite par discours, cris, écrits, imprimés, placards ou affiches. — L'offense faite aux magistrats et aux dépositaires de la force publique prend le nom d'outrage et est punie par les articles 222 et suivants du Code pénal. (V. *Outrage.*)

L'offense envers les particuliers n'est pas prévue par la loi et elle n'est punissable qu'autant qu'elle est diffamatoire ou injurieuse. Dans ce cas, les tribunaux apprécient le caractère de l'offense.

OFFICIEL, OFFICIEUX, adj. Dans les rapports de service, on distingue *la forme officielle* et *la forme officieuse* : de là les expressions officiellement et officieusement.

Chacune de ces deux formes a sa raison d'être : ainsi la forme officielle s'emploie dans tous les cas où l'acte, le rapport ou le service ont pour objet l'exécution des règlements; la *forme officieuse* s'emploie lorsqu'on veut, sans faire intervenir le règlement, prévenir quelqu'un d'un fait, soit pour lui rendre service, soit pour tout autre motif.

OFFICIER, s. m. Dans l'armée, tout militaire qui a un grade au moins égal à celui du sous-lieutenant porte le titre d'officier. Les officiers se divisent en officiers généraux, officiers supérieurs et officiers subalternes.

Le nombre total des officiers, assimilés et fontionnaires prévus au budget de 1900 est de 29.740. Le nombre des officiers de la réserve et de l'armée territoriale dépasse 60.000.

Officier d'administration. (V. *Administration.*)

Dans l'administration civile, on désigne sous le nom d'*officiers municipaux* ou d'officiers de l'état civil, les maires et les adjoints, qui ont seuls qualité pour dresser les actes de l'état civil; aux armées, des officiers sont désignés pour remplir ces fonctions.

Les **officiers ministériels** sont ceuxqui sont chargés de dresser ou de recevoir des actes authentiques. Ce sont : les notaires, les avoués, les greffiers et les huissiers.

Les **officiers de paix** sont des officiers de police qui n'existent qu'à Paris et qui sont appelés dans chaque arrondissement à commander, sous la direction du commissaire de police, les sergents de ville et les brigadiers.

On donne le nom d'**officiers de police judiciaire** à des fonctionnaires chargés de rechercher les crimes, les délits et les contraventions et d'en rassembler les preuves. L'article 9 du Code d'instruction criminelle donne la qualité d'officier de police judiciaire aux gardes champêtres et aux gardes forestiers; aux commissaires de police; aux maires et à leurs adjoints, aux préfets, aux procureurs de la République et à leurs substituts, aux juges de paix, aux officiers de gendarmerie et aux juges d'instruction.

Les sous-officiers et commandants de brigades de gendarmerie sont **officiers de police judiciaire militaire.** (C. M., art. 84.) Ils sont également officiers de police judiciaire en Algérie et en Tunisie (Décr. du 15 février 1898 et du 29 juillet 1900), sur le territoire de la Guyane (Décr. du 2 septembre 1889), dans la

Nouvelle-Calédonie (Décr. du 13 mars 1889), en Indo-Chine (Décr. du 5 mai 1901), et à Madagascar (Décret du 27 mars 1902).

Les **officiers de santé** sont des médecins de second ordre qui n'ont pas le titre de docteur et qui n'ont pas le droit de pratiquer certaines opérations chirurgicales.

Ils ne peuvent, en outre, exercer leur profession que dans le département pour lequel ils ont été reçus.

Les officiers de santé disparaîtront peu à peu, ce titre ayant été aboli par la loi du 30 novembre 1892, qui ne reconnaît plus que le titre de docteur.

Celui qui a obtenu dans la Légion d'honneur le grade immédiatement supérieur à celui de chevalier est *officier de la Légion d'honneur*. — Les titres d'**officier d'académie**, et d'**officier de l'instruction publique** sont des distinctions honorifiques qui sont accordées à ceux qui se sont distingués dans les lettres, dans les sciences ou dans les arts.

OFFRANDE, s. f. Présent que l'on fait à Dieu ou à quelque divinité; par extension, ce qu'on offre à quelqu'un pour lui marquer du respect.

Il existe en France une caisse dite des offrandes nationales, fondée en 1860, et destinée à élever la retraite des militaires blessés et à venir en aide aux militaires retraités qui se trouvent dans une position malheureuse. Cette caisse est alimentée par les sommes offertes par les particuliers et par des crédits spéciaux ouverts au budget. (V. Décr. des 18 juin 1860, 9 janvier et 5 décembre 1873.)

OISE (Département). Populat., 407,808 habit., 4 arrondissements, 35 cantons (2e corps d'armée, 2e légion de gendarmerie), chef-lieu Beauvais, 19,382 habit., à 88 kil. N.-N.-O. de Paris, dans un riche vallon, entouré de collines boisées, au confluent de l'Avalon et du Thérain. S.-P.: Clermont, Compiègne, Senlis. — Département méditerrané. — Pays presque entièrement plat. — Agricole. — Elève considérable de gros bétail et de chevaux de trait. — Exploitation minérale. — Patrie du roi Charles IV, du maréchal Philippe de Crèvecœur et de Jeanne Hachette.

OISEAU, s. m. Animal vertébré, couvert de plumes, ayant deux pieds et deux ailes.

Les oiseaux étant les précieux auxiliaires de l'agriculture, la loi du 22 janvier 1874 autorise les préfets à prendre des arrêtés pour en empêcher la destruction, et la chasse des oiseaux du pays à l'aide de lacs, de filets ou de gluaux est partout interdite.

La gendarmerie doit veiller à l'exécution de ces arrêtés, et une circulaire du 29 juillet 1874 recommande aux sous-officiers, brigadiers et gendarmes d'empêcher la destruction des oiseaux utiles à l'agriculture et de profiter de leurs tournées et de l'exécution des autres parties du service journalier pour concourir à la surveillance exercée par les gardes champêtres.

OMIS, s. m. Catégorie de jeunes gens qui n'ont pas été inscrits sur le tableau de recensement ou sur les listes du tirage au sort. — Les dispositions applicables aux omis appartenant à l'armée active sont régies par la loi du 15 juillet 1889, art. 15, 17 et 69.

La loi du 2 février 1891 modifie l'art. 17 et indique le mode d'inscription sur la liste du tirage des omis dont les explications auront été jugées suffisantes par le conseil. Les jeunes gens qui ont été omis à la suite de manœuvres frauduleuses sont déférés aux tribunaux.

Les omis sont libérés définitivement à l'âge de 48 ans au plus tard. (Instr. du 28 décembre 1895, art. 44.)

OPPOSITION, s. f. Empêchement, obstacle.

Oppositions juridiques. Ces actes ont pour objet la retenue sur la solde pour dettes contractées par les officiers, sous-officiers, brigadiers et gendarmes. Toutes les oppositions doivent être faites entre les mains des payeurs, agents ou préposés sur la caisse desquels les ordonnances ou mandats sont délivrés. A Paris, elles doivent être faites exclusivement entre les mains du conservateur des oppositions, au ministère des finances.

Les conseils d'administration doivent s'abstenir de donner suite aux oppositions qui seraient formées entre leurs mains. (Règl. du 30 décembre 1892, art. 61.) (V. *Saisie-arrêt* et *Dettes*.)

OPTION, s. f. Faculté d'opter, de choisir entre deux ou plusieurs choses.

A la suite de la guerre franco-allemande de 1870-1871 et de la cession par la France à l'Allemagne de l'Alsace et de la Lorraine, comme principale disposition du traité de Francfort du 10 mai 1871, les militaires originaires des territoires cédés, c'est-à-dire qui y sont nés, ont été mis en demeure de faire connaître s'ils optaient pour la nationalité française. Cette déclaration devait être faite devant le maire du lieu dans lequel le militaire se trouvait en résidence ou de passage. Le défaut de déclaration a été considéré comme une option pour la nationalité allemande. (Circ. du 18 avril 1872.)

Les registres matricules doivent relater l'option de nationalité faite par les militaires originaires d'Alsace-Lorraine. (Note minist. du 15 sept. 1875.)

Les militaires proposés pour une médaille d'honneur doivent opter pour cette médaille ou pour une récompense pécuniaire. (Circ. du 6 décembre 1858.)

OR, s. m. Métal jaune, très dense, très ductile, que l'on trouve à l'état natif, mais en assez petites quantités, dans un grand nombre de pays. Les mines d'or les plus riches sont en Californie et en Australie.

L'or est converti en monnaies et en vaisselles ou bijoux; mais pour pouvoir être plus facilement travaillé, il a besoin d'être allié au cuivre, et la loi exige pour cet alliage les proportions suivantes :

		Or.	Cuivre.
Monnaie d'or		900	100
Vaisselles, bijoux	1er titre	920	80
	2e titre	840	160
	3e titre	750	250
Médailles		716	284

Quiconque aura trompé l'acheteur sur le titre des matières d'or ou d'argent sera puni de trois mois à un an de prison et d'une amende qui ne pourra être inférieure à 50 francs. (C. P., art. 423.)

Les colporteurs d'or ou d'argent doivent avoir l'autorisation du maire pour vendre leurs marchandises, et ce magistrat doit en faire vérifier le titre avant de donner son autorisation.

ORDONNANCE, s. f. Ce mot a de nombreuses acceptions : il signifie arrangement, prescription, règlement, décision, ordre. — Ordonnance d'une fête, ordonnance du médecin, ordonnance de police, ordonnance du juge, ordonnance de non-lieu.

Dans l'armée, **l'ordonnance** est un militaire placé près d'un officier comme domestique. Les officiers de troupe et sans troupe, et les assimilés sont autorisés à employer pour panser leurs chevaux un soldat ordonnance par deux chevaux; en outre, pour chaque cheval en sus d'un nombre pair, ils peuvent prendre un soldat ordonnance de plus. (Circ. minist. du 15 décembre 1881.) Les chefs de légion et les chefs d'escadron commandants de compagnie sont autorisés à prendre dans un des corps de la garnison un soldat ordonnance qui est rattaché à l'escadron du train du corps d'armée. Les vivres en argent peuvent lui être alloués. (Circ. minist. du 19 novembre 1899.)

Les officiers de gendarmerie de tout grade peuvent prendre pour ordonnance un gendarme de bonne volonté. Ce militaire est exempt de corvées, mais il ne doit être dispensé d'aucun service. (Serv. int., art. 160.)

La coiffure de la tenue civile que les soldats ordonnances sont autorisés à porter a été réglementée par la note ministérielle du 8 mars 1894.

On donne aussi le nom de *cavaliers d'ordonnance* à des cavaliers chargés de porter les dépêches relatives au service. Enfin, les généraux ont près d'eux des *officiers d'ordonnance* qui sont chargés de les accompagner et de préparer le travail dans les bureaux.

Tout officier de gendarmerie de service et à cheval a le droit de se faire escorter par un gendarme d'ordonnance, mais ce gendarme est relevé autant que possible de brigade en brigade et ne doit découcher qu'en cas de nécessité. Toutefois, lorsque, dans le cours d'une tournée ou d'une visite inopinée, plusieurs brigades à pied se trouvent à la suite les unes des autres, l'officier de gendarmerie est autorisé à conserver son gendarme d'ordonnance jusqu'à la première brigade à cheval. Le sous-officier commandant par intérim ou provisoirement un arrondissement a les mêmes droits dans les mêmes circonstances. (V. Service intérieur, art. 234.)

L'indemnité de service extraordinaire est due au gendarme, si la durée de l'absence se prolonge au delà de douze heures consécutives. (Annexe n° 1 du décret du 30 décembre 1892.)

La gendarmerie des prévôtés ne sert jamais comme escorte. Cependant, dans les marches, les grands prévôts, les prévôts, les capitaines vaguemestres et les commandants des forces publiques sont accompagnés du nombre de gendarmes nécessaire pour assurer l'exécution de leur service.

La gendarmerie ne peut être employée au service général d'escorte ou d'estafette que dans le cas de la plus absolue nécessité. Elle ne peut non plus fournir d'ordonnance aux officiers, quel que soit leur grade. (Service de la gendarmerie en campagne, art. 7 et 8.)

Les gendarmes ne peuvent jamais être employés comme ordonnances ou comme estafettes, pour porter les dépêches des autorités civiles, que dans les cas d'extrême urgence : lorsque ces déplacements ont été reconnus indispensables, *il en est rendu compte aux Ministres de la guerre et de l'intérieur*. (Décr. du 1er mars 1854, art. 99; circ. du 25 février 1874.)

ORDONNANCER, v. a. Déclarer *bon à payer :* les dépenses de l'armée sont ordonnancées par les intendants, qui prennent alors le nom d'ordonnateurs. (V. ce mot.)

ORDONNATEUR, s. m. En administration, l'ordonnateur est celui qui a le droit d'ordonnancer des dépenses, c'est-à-dire de les faire payer.

La loi confère implicitement le titre d'ordonnateur secondaire aux officiers, sous-officiers et commandants de brigade de gendarmerie, toutes les fois qu'ils agissent en vertu de commissions rogatoires décernées par les commissaires du gouvernement ou rapporteurs près les conseils de guerre, pour l'accomplissement des actes inhérents à leur qualité d'officiers de police judiciaire. — Dans ce cas, ils doivent délivrer immédiatement, lorsqu'ils en sont requis par les parties intéressées, des mandats de paiement sur les receveurs de l'enregistrement, soit pour la taxe des témoins, soit pour les vacations d'experts, en se conformant aux prescriptions du décret du 13 novembre 1857 et de l'instruction ministérielle du 24 janvier 1858, sur les frais de justice militaire. Mention de ces taxes doit être faite lors du renvoi des commissions rogatoires. (Note minist. du 7 mai 1863. — V. un modèle de mandat de paiement de la taxe d'un témoin au *Mémorial*, 7e vol., page 276.)

ORDRE, s. m. Commandement supérieur. — Le livre d'ordre est un registre sur lequel les chefs de corps et les généraux font inscrire les décisions qui doivent être portées à la connaissance de leurs troupes.

Si le chef de légion s'aperçoit de quelques négligences et inexactitudes, ou s'il reçoit des plaintes, il se fait rendre compte de la situation du service, réforme les abus qui s'y sont introduits et donne tous les ordres et instructions propres à assurer aux brigades une meilleure direction. Lorsque le commandant de compagnie estime que l'exécution des règlements nécessite, pour des raisons particulières, des instructions de détail, il prend les ordres du chef de légion. (Service intérieur, art. 1er et 14.)

Les nominations, les mutations, les convocations des conseils de discipline, les réprimandes des chefs de légion ainsi que les actes de courage et de dévouement accomplis par les militaires de l'arme, sont mis à l'ordre de la légion. Le mot ordre a une foule d'acceptions; il s'emploie comme synonyme de tranquillité : *l'ordre règne dans le département*. — Il se dit aussi des compagnies de chevalerie : l'ordre de Malte, l'ordre de la Jarretière, l'ordre de la Légion d'honneur.

En terme de guerre, il désigne la manière dont sont disposées les troupes : ordre de marche, ordre de bataille, ordre profond, ordre oblique, et il entre dans diverses locutions, comme : mettre en ordre, être aux ordres de quelqu'un, jusqu'à nouvel ordre, être en sous-ordre, etc.

Ordre d'appel. Les ordres d'appel des jeunes soldats de la classe et desajournés qui doivent rejoindre au mois de novembre sont adressés par les commandants de recrutement aux brigades de gendarmerie où les intéressés sont admis à les retirer contre émargement. (Note minist. du 6 mars 1895 et circ. du 4 avril 1899.)

Les jeunes soldats rejoignent directement et individuellement, au jour fixé par leur ordre d'appel sous les drapeaux, les corps auxquels ils sont affectés.

Toutefois, ceux qui sont affectés à des corps ou fractions de corps stationnés en Corse, en Algérie et en Tunisie se rendent, au jour fixé par leur ordre d'appel, au bureau de recrutement de la subdivision de leur résidence, d'où ils sont mis en route. (Loi du 28 juin 1895. Pour l'application de cette loi, voir la circulaire ministérielle du 4 septembre 1895 et l'instruction du 4 septembre 1897, art. 197 et suivants).

Les hommes des différentes catégories de réserve astreints à une période d'exercices ou de manœuvres sont convoqués directement et par ordres d'appel individuels au corps, service ou établissement où ils doivent accomplir leur période. (Instructions des 20 mars 1901 et 17 mars 1902.)

La correspondance relative à la transmission des ordres d'appel individuels pour les convocations en temps de paix a lieu au moyen de bulletins de correspondance d'un modèle analogue à celui des cartes postales doubles en usage dans l'administration des postes.

Ces bulletins, repliés en deux, peuvent se partager suivant la ligne de séparation formée par un pointillé.

Ils peuvent être utilisés aussi bien pour les convocations que pour les recherches à effectuer par la gendarmerie.

La première partie, de *couleur blanche*, contient : au recto, l'adresse du destinataire, la signature et le timbre du commandant de recrutement expéditeur ;

Au verso, l'ordre d'appel proprement dit et une case préparée pour recevoir les indications relatives au renvoi de l'homme dans ses foyers.

La deuxième partie, de *couleur rose*, contient :

Au recto, l'adresse du commandant de recrutement ;

Au verso, une formule de récépissé à remplir par le destinataire et une case réservée aux renseignements à inscrire soit par la poste, soit par la gendarmerie dans le cas où le destinataire est l'objet de recherches.

Pour les convocations normales du temps de paix, l'ordre d'appel est complété par les soins du commandant de recrutement et adressé par la poste à l'intéressé en temps utile pour que celui-ci soit avisé de sa convocation, deux mois à l'avance.

A la réception du bulletin, le destinataire détache le récépissé (couleur rose), le signe, le date et le remet immédiatement à la poste sans affranchir. Il conserve la partie du bulletin de correspondance (couleur blanche) qui constitue l'ordre d'appel proprement dit et le remet à son corps à l'arrivée. Cet ordre d'appel lui est rendu au moment du départ, après avoir été complété par les indications relatives au retour de l'homme dans ses foyers.

Les ordres d'appel et récépissés circulent en franchise dans les conditions prévues au décret du 4 octobre 1898 rendu sur la proposition du Ministre du commerce, de l'industrie, des postes et télégraphes. Ils sont transmis par la poste comme correspondance privée ordinaire et n'exigent pour cette administration, ni émargement, ni tenue d'aucun registre spécial.

Pour les grandes agglomérations et lorsque le nombre des ordres d'appel lancés pour une même date de convocation sera considérable, les commandants de recrutement prendront leurs dispositions à l'avance en se concertant, au besoin, avec l'administration des postes pour échelonner l'envoi des bulletins.

En cas d'absence du destinataire, l'ordre pourra être laissé à son domicile comme le serait une lettre ordinaire, si le facteur y trouve un correspondant qualifié.

Si le bulletin n'a pu être remis, il est simplement retourné au bureau de recrutement envoyeur. Dans aucun cas, l'administration des postes ne doit faire suivre les bulletins.

En cas d'absence du destinataire, si l'agent des postes chargé de la remise du bulletin possède quelques indications relatives au lieu de séjour du destinataire, il les inscrit dans la case spéciale réservée, à cet effet, sur la partie rose du bulletin.

Lorsqu'un ordre d'appel transmis par la poste n'a pas atteint le destinataire ou lorsqu'un récépissé ne fait pas retour au bureau de recrutement, il y a lieu de recourir à la gendarmerie pour obtenir des renseignements sur la résidence de l'homme.

Pour ces recherches, il est fait emploi d'un bulletin de correspondance de même modèle que celui utilisé pour les convocations. A cet effet, la partie rose du bulletin comprend au verso une case spécialement destinée à recevoir les indications recueillies par la gendarmerie.

Dans ce cas, le bulletin portant duplicata de l'ordre d'appel n'est plus mis à la poste, mais confié à la gendarmerie chargée d'en faire la remise au destinataire.

Après avoir remis l'ordre d'appel, le gendarme fait signer devant lui le récépissé, porte les indications recueillies dans la case du récépissé à ce destinée et fait lui-même le renvoi au commandant de recrutement du récépissé renseigné.

Dans le cas où la gendarmerie ne peut faire la remise du bulletin (destinataire décédé, absent temporairement, parti sans laisser d'adresse, etc., etc.), le bulletin fait retour au commandant de recrutement avec toutes les indications recueillies.

Observation. — Dans le cas où un premier ordre d'appel ayant été lancé, le récépissé ne fait pas retour au recrutement, il conviendra après un délai de 15 jours d'envoyer un second ordre d'appel par la poste, avec mention spéciale réclamant le récépissé. La gendarmerie n'aura à intervenir que si le deuxième récépissé ne rentre pas au bureau de recrutement. (Instruction ministérielle du 20 mars 1902.)

L'**ordre de conduite** est un ordre donné par un officier de gendarmerie d'extraire d'une prison un prévenu ou un condamné et de le conduire à destination. Les officiers de gendarmerie ont seuls le droit de donner des ordres de conduite : dans les chefs-lieux de département, ce droit est dévolu aux commandants de compagnie ; mais c'est à l'officier commandant l'arrondissement qu'il appartient de désigner et d'inscrire, en marge de ces ordres, le nombre des gendarmes et le nom du sous-officier, brigadier ou gendarme qui a le commandement de l'escorte et qui est chargé de la conduite jusqu'à la station ordinaire de la brigade. Si les prisonniers sont de différents sexes, ils doivent être transférés séparément. (Décr. du 1er mars 1854, art. 368.)

Ordre de convocation. Les tableaux de recensement publiés et affichés par les maires dans chaque commune aux époques déterminées indiquent les lieu, jour et heure où il sera procédé à l'examen de ces tableaux et à la désignation, par le sort, du numéro assigné à chaque jeune homme inscrit. Ces avis emportent convocation pour les jeunes gens, leurs parents ou auteurs. Plus tard, ces jeunes gens sont convoqués par ordre du préfet devant le conseil de revision. — Les ordres de convocation leur sont alors notifiés par le soin des maires, à domicile, et huit jours au moins à l'avance.

Ordre de mouvement. L'ordre de mouvement est un ordre direct du Ministre de la guerre pour un corps ou un détachement mis en marche par l'autorité ministérielle.

Les autorités militaires ont également le droit de donner des ordres de mouvement. Le commandant d'un détachement de gendarmerie dans l'intérieur doit toujours être muni d'un de ces ordres et d'une feuille de route collective si le détachement est au moins de six hommes, et individuelle s'il est de moins de six hommes. (V. Service intérieur, art. 324. V. aussi le mot *Détachement*.)

Ordre de passe. Les ordres de passe sont signés par le chef de légion pour les changements de résidence qui ont été approuvés à l'inspection générale. (Circulaire minist. du 7 mars 1872.)

Ordre de réquisition. Les ordres de réquisition sont détachés d'un carnet à souche qui est remis, à cet effet, entre les mains des officiers appelés à exercer des réquisitions, en cas de mobilisation totale de l'armée. (Loi du 3 juillet 1877, art. 5.)

Ordre de route. Pour les jeunes soldats qui n'auraient pas exécuté l'ordre d'appel, le commandant de recrutement établit des ordres de route qui sont remis aux intéressés par l'intermédiaire de la gendarmerie de leur résidence. (Art. 6 de l'instr. du 4 septembre 1897.)

Ces ordres sont, dans les dix jours qui suivent la date de l'incorporation du contingent, notifiés aux intéressés et, en cas d'absence, au maire de la commune dans laquelle l'appelé a été inscrit sur les tableaux de recensement, à l'exclusion de toute autre personne. (Même instruction).

Pour les militaires de la disponibilité et des réserves appelés en temps de mobilisation, l'ordre de route contenu dans leurs livrets tient lieu de feuille de route et leur donne droit au transport à prix réduit en chemin de fer.

Ordre de transport. Feuille détachée d'un registre à souche et délivrée par le sous-intendent militaire, pour servir au transport des effets et du matériel militaire. (V. *Transport*.)

OREILLE, s. f. Les oreilles sont les organes de l'ouïe et elles ont pour fonctions de recueillir les sons. Chez le cheval, elles sont placées sur les côtés du sommet de la tête, à laquelle elles donnent beaucoup de physionomie.

Chez les chevaux de race noble, elles sont bien proportionnées, éloignées l'une de l'autre, hardies dans leurs mouvements. Si elles sont grandes et mal plantées, le cheval est dit *oreillard;* si elles sont pendantes, elles prennent le nom d'*oreilles de cochon*. Les chevaux qui ont des oreilles pendantes manquent toujours d'énergie. Le cheval qui porte les oreilles en arrière est généralement méchant ou chatouilleux : celui qui les porte en avant pendant le travail est doué de courage et de vigueur. La surdité chez le cheval est très rare et n'offre aucun inconvénient sérieux.

ORGE, s. f. L'orge est une plante de la famille des graminées, dont le grain fournit une farine alimentaire tout aussi nourrissante que l'avoine, mais qui n'est pas entourée, comme elle, d'un épiderme de nature excitante : aussi emploie-t-on l'orge de préférence pour nourrir les chevaux en Algérie et dans les pays chauds. La farine d'orge est employée en France comme aliment rafraîchissant et on la donne sous le nom de barbotage en la mélangeant avec du son de blé délayé dans de l'eau.

L'orge de bonne qualité doit être bien sèche, coulante à la main, d'une belle couleur, exempte de mauvaise odeur, d'avarie, d'altération, de mélange d'autres céréales ou de graines étrangères à sa production.

ORIENT, s. m. Est ou levant : le point du ciel où le soleil commence à briller et paraît se lever.

ORIENTATION, s. f. L'orientation est l'art de déterminer les points cardinaux du lieu où l'on se trouve afin de savoir diriger sa marche. Il suffit évidemment de connaître un seul des points pour que l'orientation soit fixée et on l'obtient assez facilement au moyen de quelques observations.

A six heures du matin, le soleil se trouve à l'est, à neuf heures au sud-est, à trois heures de l'après-midi au sud-ouest et à six heures à l'ouest.

On trouve facilement l'orientation des points cardinaux avec une montre, Pour cela on place la montre horizontalement, de façon à ce que la petite aiguille soit dans la direction du soleil. On n'a plus ensuite qu'à prendre le milieu entre cette aiguille et le chiffre XII du cadran. La ligne de partage indiquera la direction du sud.

En faisant face à son ombre on regarde l'ouest ou le couchant à 6 heures du matin au printemps et à 7 heures en été; le nord-ouest à 9 heures ou 9 heures et demie en été; le nord-est à 3 heures ou 3 heures et demie en été; l'est à 6 heures ou 5 heures du soir en été.

Pendant la nuit, il suffit de regarder l'étoile polaire pour avoir le nord devant soi; en prolongeant la ligne qui passe par les deux étoiles formant les roues de derrière du Chariot de la Grande-Ourse, on rencontre l'étoile polaire qu'on reconnaît facilement à sa clarté.

La lune donne également un moyen de s'orienter.

A minuit, la pleine lune se trouve au sud, à six heures du soir à l'est, et et à six heures du matin à l'ouest.

Quand la lune est dans son premier quartier, elle est à six heures du soir au sud et à minuit à l'ouest.

Dans son dernier quartier, elle est à minuit à l'est et à six heures du matin au sud.

Enfin, la carte est le meilleur guide que l'on puisse employer pour l'orientation; le nord est toujours placé en haut et, pour s'orienter, il suffit de bien préciser le point où l'on se trouve, puis à mesure que l'on marche, on n'a plus qu'à consulter alternativement la carte et le terrain que l'on parcourt.

ORNE (Département). Population, 326,952 habit., 4 arrondissements, 36 cantons (4e corps d'armée, 4e légion de gendarmerie), chef-lieu Alençon, 18,319 habit., à 191 kil. O. de Paris, au confluent de la Sarthe et de la Briante, au milieu d'une plaine riante et fertile. S. P. : Argentan, Domfront, Mortagne. — Département méditerrané. — Pays peu élevé. — Agricole et manufacturier. — Elève très importante de bestiaux destinés à l'approvisionnement de Paris, de chevaux et de volailles renommées. — Exploitation minérale. — Sources d'eau minérale à Bagnoles, Bellême, etc. — Patrie du maréchal de Matignon et de Charlotte Corday.

ORPHELIN, INE, s. Enfant qui a perdu son père et sa mère.

Après le décès de la mère, ou lorsque, par l'effet de la séparation de corps, elle se trouve déchue de ses droits à la pension, l'enfant ou les enfants mineurs des militaires morts dans les cas prévus par l'article 19 de la loi du 11 avril 1831 ont droit, quel que soit leur nombre, à un secours annuel égal à la pension que la mère aurait été dans le cas d'obtenir. — Ce secours est payé jusqu'à ce que le plus jeune d'entre eux ait atteint l'âge de 21 ans accomplis, la part des majeurs étant reversible sur les mineurs.

Les fils et filles légitimes d'anciens militaires, orphelins de père et de mère, n'ayant pas droit au secours annuel ci-dessus, peuvent être proposés pour des secours éventuels et même permanents. — Sont également susceptibles d'être proposés pour des secours éventuels, les orphelins titulaires du secours annuel, lorsque ce dernier est reconnu insuffisant.

Les enfants d'anciens militaires peuvent être proposés pour des secours éventuels, quand l'âge et les infirmités les ont mis dans l'impossibilité de pourvoir à leur subsistance et lorsqu'ils ont des charges de famille.

Peuvent également être proposés pour ces secours, mais exceptionnellement, *les enfants naturels reconnus* et les petits-fils et les petites-filles d'anciens militaires, si leur situation est véritablement de nature à justifier cette exception. (V. pour les pièces à produire et les formalités à observer l'instr. du 27 août 1886, modifiée par celle du 1er août 1890.)

Les administrations locales assimilent les orphelins aux enfants trouvés et abandonnés, et leur procurent des secours ou les font admettre dans des asiles appelés orphelinats, destinés à les recevoir et à leur donner l'éducation nécessaire.

Orphelinat Hériot. L'orphelinat Hériot est classé parmi les écoles militaires préparatoires. (Loi du 12 février 1887.)

Admission des enfants de troupe à l'orphelinat Hériot. — Conditions d'admission. Les candidats à l'orphelinat fondé par M. le commandant Hériot sont choisis parmi les enfants de troupe orphelins de l'armée de terre. **(Instr. du 10 octobre 1901, art. 33.)**

Ils doivent être fils de soldats, caporaux ou brigadiers ou sous-officiers et être âgés de 5 ans au moins et de 13 ans au plus. (Art. 34.) 18 places, sur 168, sont réservées au choix du fondateur. (Déc. du 28 octobre 1896.)

Instruction des demandes. Les parents ou tuteurs déclarent, dans la demande qu'ils adressent au conseil d'administration du corps auquel appartient l'enfant de troupe dont ils sollicitent l'admission à l'orphelinat Hériot, qu'ils ont connaissance des dispositions suivantes :

1° Le secours annuel qu'ils reçoivent cessera de leur être payé à partir de la mise en route de l'enfant sur cet établissement;

2° A l'âge de 13 ans, l'enfant sera admis dans une école militaire préparatoire.

A cette demande, sera joint un certificat d'aptitude physique modèle n° 3. (Art. 35.)

Lorsqu'ils reçoivent une demande de cette nature, les conseils d'administration établissent, après enquête, un rapport individuel sur la situation dans sa famille de l'enfant qui en fait l'objet. (Art. 36.)

Au 1er juillet de chaque année, ils transmettent hiérarchiquement aux commandants de corps d'armée un mémoire de proposition (modèle n° 5) pour chaque enfant de troupe dont l'admission à l'orphelinat Hériot est demandée.

Ce mémoire est accompagné de la demande des parents prescrite par l'article 35, du rapport du conseil d'administration et du dossier qui a servi à l'admission du candidat en qualité d'enfant de troupe. (Art. 37.)

Les propositions d'admission à l'orphelinat sont soumises à la commission régionale en même temps que les demandes concernant l'admission des candidats aux places d'enfants de troupe.

Elles sont examinées par la commission et résumées sur un tableau spécial (modèle n° 9), qui est transmis au Ministre avec les dossiers concernant les candidats. (Art. 38.)

Le Ministre prononce les admissions à l'orphelinat Hériot et en informe MM. les commandants des corps d'armée en leur renvoyant les dossiers des candidats dont la proposition n'a pu être accueillie.

Les dossiers des candidats admis sont adressés au commandant de l'orphelinat. (Art. 39.)

Admission à l'orphelinat. — Les enfants de troupe désignés pour être admis à l'orphelinat entrent dans cet établissement dans le courant du mois d'octobre, au jour fixé par le Ministre.

A partir du jour de leur mise en route, ils ont droit à la solde et aux prestations allouées aux soldats de 2e classe de l'infanterie comme les élèves des écoles militaires préparatoires, auxquels ils sont assimilés.

Ils continuent également à figurer sur les contrôles des corps jusqu'au jour de leur engagement dans l'armée. (Art. 40.)

Mise en route sur l'orphelinat. — Les enfants admis à l'orphelinat sont conduits à l'école de Rambouillet, d'où ils sont dirigés sur l'orphelinat, à la Boissière (Seine-et-Oise), par les soins des commandants de ces établissements. (Art. 41.)

Dès que les parents sont informés de l'admission des enfants, ils font connaître immédiatement à l'autorité militaire s'ils ont l'intention de les conduire eux-mêmes à La Boissière (Seine-et-Oise), à la date prescrite. Dans ce cas, il leur sera délivré une feuille de route au nom de l'enfant de troupe intéressé. (Art. 41.)

Les enfants que leurs parents ne peuvent pas conduire eux-mêmes sont dirigés sur l'Ecole par les soins de l'autorité militaire qui prescrit les mesures nécessaires et les porte à la connaissance des familles. (Art. 42.)

OTAGE, s. m. Personne qui est remise au pouvoir d'une autre pour assurer l'exécution d'un engagement.

Dans l'antiquité, les parties belligérantes s'emparaient dans le pays ennemi de personnages marquants qu'elles emmenaient comme otages et qu'elles mettaient à mort, si certaines conditions n'étaient pas remplies. Pendant la guerre de 1870-1871, les Allemands ont fait revivre en partie ces usages barbares, en envoyant prisonniers en Allemagne des hommes qui n'avaient pas fait la guerre et en forçant ces otages à monter sur les machines du chemin de fer pour assurer la sécurité des trains.

A la suite de l'insurrection qui éclata à Paris le 18 mars 1871, le gouvernement de la Commune décréta l'arrestation d'un certain nombre d'otages qui furent fusillés le 24 mai.

OUEST, s. m. Couchant ou occident. Partie de l'horizon où le soleil disparaît et semble se coucher.

OUTRAGE, s. m. Injure grave en paroles ou en action.

1° Est puni d'un emprisonnement de un mois à deux ans et d'une amende de 16 francs à 3,000 francs quiconque aura commis le délit d'outrage aux bonnes mœurs par la vente, l'offre, l'exposition, l'affichage ou la distribution gratuite sur la voie publique ou dans les lieux publics d'écrits, d'imprimés autres que le livre, d'affiches, dessins, gravures, peintures, emblèmes ou images obscènes.

2° Les complices de ces délits, dans les conditions prévues et déterminées par l'article 60 du Code pénal, sont punis de la même peine, et la poursuite aura lieu devant le tribunal correctionnel, conformément au droit commun et suivant les règles édictées par le Code d'instruction criminelle. (Loi du 2 août 1882, art. 1er.)

Outrage à la pudeur. Ce genre d'outrage, qui peut se produire de mille manières différentes, n'a pas été défini par la loi : pour que le délit existe, il faut que le scandale ait été public et que le fait ait pu blesser l'honnêteté de ceux qui en ont été témoins. Tout acte indécent, obscène ou lascif qui a été commis devant des personnes est un outrage public à la pudeur, et cet acte est punissable d'un emprisonnement de trois mois à deux ans et d'une amende de 16 à 200 francs. (C. P., art. 330.) Les expressions grossières ne peuvent dans aucun cas constituer ce délit.

Les dispositions de la loi du 2 août 1882 n'ayant pas paru suffisantes pour réprimer les outrages aux bonnes mœurs, une loi en date du 16 mars 1898 l'a modifiée ainsi qu'il suit :

Art. 1er. — Sera puni d'un emprisonnement d'un mois à deux ans et d'une amende de cent à cinq mille francs (100 à 5.000 fr.) quiconque aura commis le délit d'outrage aux bonnes mœurs :

Par la vente ou la mise en vente, l'offre, l'exposition, l'affichage ou la distribution, sur la voie publique ou dans les lieux publics, d'écrits, d'imprimés autres que le livre, d'affiches, dessins, gravures, peintures, emblèmes, objets ou images obscènes ou contraires aux bonnes mœurs.

Par la vente ou l'offre même non publique, à un mineur, des mêmes écrits, imprimés, affiches, dessins, gravures, peintures, emblèmes, objets ou images ;

Par leur distribution à domicile, par leur remise sous bande ou sous enveloppe non fermée à la poste ou à tout agent de distribution ou de transport ;

Par des chants non autorisés proférés publiquement, par des annonces ou correspondances publiques contraires aux bonnes mœurs.

Les écrits, dessins, affiches, etc., incriminés et les objets ayant servi à commettre le délit seront saisis ou arrachés. La destruction en sera ordonnée par le jugement de condamnation.

Les peines pourront être portées au double si le délit a été commis envers des mineurs.

Art. 2. — L'article 2 de la loi du 2 août 1882 est remplacé par les dispositions suivantes :

La prescription en matière d'outrage aux bonnes mœurs commis par la voie du livre est d'un an à partir de la publication ou de l'introduction sur le territoire français.

La vente, la mise en vente ou l'annonce de livres condamnés sera punie des peines portées par l'article 1er de la présente loi.

Art. 3. — Il n'en est rien dérogé aux dispositions des articles 2, 3 et 4 de la loi du 2 août 1882, qui prendront les nos 3, 4 et 5.

L'outrage envers les simples particuliers n'est considéré par la loi que comme une simple injure (V. ce mot), à moins qu'il ne renferme l'imputation d'un fait déterminé. (Loi du 29 juillet 1881, art. 29.)

L'outrage par paroles ou par écrits à un magistrat de l'ordre administratif ou judiciaire, ou à un juré dans l'exercice de ses fonctions ou à l'occasion de cet exercice, est puni d'un emprisonnement de 15 jours à deux ans. Si l'outrage par paroles a lieu à l'audience, l'emprisonnement sera de deux à cinq ans. (C. P., art. 222.)

L'outrage fait par gestes ou menaces à un magistrat ou à un juré dans l'exercice ou à l'occasion de l'exercice de ses fonctions sera puni d'un mois à six mois d'emprisonnement, et, si l'outrage a eu lieu à l'audience, il sera puni d'un emprisonnement d'un mois à deux ans. (C. P., art. 233.)

Devant les conseils de guerre, lorsque les assistants ou les témoins se rendent coupables envers l'un des membres du conseil de voies de fait ou d'outrages ou menaces par propos ou gestes, ils sont condamnés séance tenante :

1° S'ils sont militaires ou assimilés aux militaires, quels que soient leurs grades ou rangs, aux peines prononcées par le Code militaire contre ces crimes ou délits, lorsqu'ils ont été commis envers des supérieurs pendant le service ;

2° S'ils ne sont ni militaires, ni assimilés aux militaires, aux peines portées par le Code pénal ordinaire.

L'outrage fait par paroles, gestes ou menaces à tout officier ministériel ou agent dépositaire de la force publique, et à tout citoyen chargé d'un ministère de service public, dans l'exercice ou à l'occasion de l'exercice de ses fonctions, sera puni d'un emprisonnement de six jours à un mois et d'une amende de 16 francs à 200 francs, ou de l'une de ces deux peines seulement. (C. P., art. 224.)

L'outrage mentionné en l'article précédent, lorsqu'il aura été dirigé contre un commandant de la force publique, sera puni d'un emprisonnement de quinze jours à trois mois, et pourra l'être aussi d'une amende de 16 francs à 200 francs. (C. P., art. 225.)

La Cour de cassation, dans son arrêt du 24 mai 1873, dit que les brigadiers de gendarmerie sont de véritables *commandants de la force publique* dans l'étendue du territoire assigné à leur brigade et quand ils agissent dans le cercle de leurs attributions ; que, par suite, les outrages dont ils sont l'objet sont, à juste titre, réprimés par l'application de l'article 225 du Code pénal. Le 15 mars 1853, la cour de Rennes avait déjà décidé qu'un sous-officier de gendarmerie, *même lorsqu'il agit seul*, devait être considéré comme commandant de la force publique.

Tout individu qui *outrage les militaires de la gendarmerie* dans l'exercice de leurs fonctions ou qui leur fait la déclaration mensongère d'un délit qui n'a pas été commis, est immédiatement arrêté et conduit devant l'officier de police de l'arrondissement pour être jugé et puni conformément aux lois. (Décr. du 1er mars 1854, art. 301.) Si l'outrage est commis par un fonctionnaire, par un magistrat, par un maire ou par un adjoint dans l'exercice de leurs fonctions, les gendarmes agiront sagement en ne procédant pas à l'arrestation immédiatement et en se bornant à dresser procès-verbal. Mais, si l'outrage a été fait en dehors de l'exercice des fonctions de celui qui s'en est rendu coupable, l'arrestation doit être opérée.

Tout militaire qui, pendant le service ou à l'occasion du service, outrage son supérieur par paroles, gestes ou menaces, est puni de la destitution, avec emprisonnement d'un à cinq ans, si ce militaire est officier, et de cinq à dix ans de travaux publics, s'il est sous-officier, caporal, brigadier ou soldat. (C. M., art. 224.)

La loi défend à tous, et spécialement aux dépositaires de la force armée, de faire aux personnes arrêtées aucun mauvais traitement ni outrage. (Décr. du 1er mars 1854, art. 415.)

OUVRIER, IÈRE, s. Celui ou celle qui gagne sa vie en travaillant de ses mains. La qualité d'ouvrier est une circonstance aggravante du vol et de l'abus de confiance (C. P., art. 386 et 408), lorsque ces détournements ont été commis dans la maison, l'atelier ou le magasin du maître chez lequel l'ouvrier travaillait habituellement.

Les patrons sont responsables des dommages causés par leurs ouvriers. (Art. 1382 et suivants du Code civil.)

Tous les ouvriers qui travaillent dans les manufactures, mines, usines, carrières, chantiers et autres établissements industriels ont généralement un livret qui contient des renseignements sur leur état civil, leur signalement, la date de l'entrée et de la sortie des établissements dans lesquels ils ont travaillé, l'acquit des engagements pris avec le patron et, si l'ouvrier est débiteur, le montant des sommes qui lui ont été avancées. La possession de ce livret est facultative. Il est défendu au patron d'inscrire sur le livret aucune note favorable ou défavorable à son propriétaire. (V. *Livrets.*)

Il y a dans l'armée des *ouvriers d'administration*, des *ouvriers d'artillerie* réunis en compagnies, et des *ouvriers d'Etat :* ces derniers sont employés dans les établissements de l'artillerie et du génie. Ils sont nommés par le Ministre et ont rang d'adjudant.

P

PACAGE, s. m. On désigne sous ce nom le droit de mener paître des bestiaux sur certains fonds, et aussi le terrain même sur lequel s'exerce ce droit.

Les habitants de certaines communes ont le droit de pacage, c'est-à-dire le droit de faire paître les animaux (sauf les chèvres et les moutons) dans les forêts de l'Etat ou dans les bois communaux. — Le pacage est interdit sur les talus et fossés des grandes routes et des chemins de fer. (Loi du 15 juillet 1845.) — Contravention à la grande voirie.(V. *Pâturage*).— (V. la loi du 15 juin 1898 sur le Code rural.)

PAILLASSON. Sorte de natte faite avec de la paille ou du jonc.

La partie inférieure des stalles doit être garnie de paillassons (V. Service intérieur, art. 73.).

PAILLE, s. f. Tige desséchée des graminées et particulièrement du blé après qu'on a séparé le grain de l'épi.

Pour que la paille soit bonne, les tiges doivent être entières, flexibles, brillantes, sans odeur marquée, d'une saveur douce un peu sucrée et d'une couleur jaune paille. — Dans le Midi, la paille, au lieu d'être creuse comme dans le nord, est remplie de moelle; elle est généralement brisée à cause de la façon dont s'opère le dépiquage, et elle est préférable sous tous les rapports à celle des pays froids. — La paille noirâtre, ridée, rouillée, et ayant une odeur désagréable, ne possède plus de qualités nutritives et ne doit pas être donnée aux chevaux.

La paille de couchage est due aux troupes campées, baraquées ou logées dans les locaux non pouvus de fournitures de couchage. Elle n'est due aux troupes qui prennent part aux grandes manœuvres que si elles doivent rester dans le même lieu plus de 3 jours. (Circ. minist. du 4 août 1875.)

La ration est de :

5 kilos de paille longue ou 7 kilos de paille courte par homme, aux hommes campés ou baraqués, renouvelable tous les 15 jours. (Circ. du 17 août 1879);

2 kilos 1/2 aux troupes bivouaquées;

5 kilos de paille courte ou 2 kilos 1/2 de paille longue, à titre tout à fait exceptionnel, aux troupes de passage cantonnées chez l'habitant pendant 3 jours;

5 kilos, par homme, de paille longue ou 7 kilos de paille courte aux troupes cantonnées sur un même point pendant plus de trois jours. (Circ. du 25 avril 1879.)

La paille est fournie par voie de réquisition par le service des subsistances militaires. — En Algérie, où il est fait encore usage de la tente-abri, les troupes en marche ont droit à la paille.

Les allocations de paille pour les chevaux voyageant en chemin de fer, en cas de mobilisation, sont de :

2 kilos 500 grammes de paille de litière par cheval;

12 kilos de paille par bottillon, à raison d'un pour quatre selles lorsqu'elles restent dans les wagons à

chevaux et d'un pour cinq selles lorsqu'elles sont chargées dans des wagons spéciaux. (Appendice au règl. du 1er juillet 1874.)

La paille pour litières et bottillons est fournie en dehors de la ration par les magasins militaires.

PAIN, s. m. Aliment fait avec de la farine pétrie avec de l'eau et cuite dans un four ou autrement.

Le pain de munition distribué aux troupes doit être fait avec des farines de blé et bluté à 20 p. 100 d'extraction de son; il doit être distribué rassis de 16 à 24 heures et, dans cet état, chaque pain renfermant deux rations de 750 grammes doit peser au moins 1,450 grammes. La manutention militaire fabrique encore du pain de soupe (chaque homme a droit à 250 grammes de ce pain par jour) et du pain biscuité.

Dans les localités pourvues de manutention, dans les communes constituées gites d'étapes et dans celles voisines, les sous-officiers, brigadiers et gendarmes sont autorisés à prendre, à titre remboursable, une ration de pain de table s'ils sont célibataires et deux rations par jour s'ils sont mariés ou veufs avec enfant. (Circ. du 15 novembre 1853 et du 24 février 1854.

La vente du pain est libre, mais les maires ont toujours le droit de fixer une taxe et d'obliger les marchands à peser les pains en les vendant. (V. *Boulanger*.)

Les corps de gendarmerie organisés régimentairement peuvent être autorisés par le Ministre à recevoir l'indemnité représentative, dont le taux varie, en remplacement du pain.

Dans la gendarmerie départementale, le pain est dû, à raison d'une ration par homme et par jour, aux sous-officiers, brigadiers et gendarmes présents détachés de leur résidence pour la garde et la police des dépôts de condamnés civils ou militaires situés dans leur département ou hors de leur département.

Le pain est également dû aux sous-officiers, brigadiers et gendarmes faisant partie des rassemblements de gendarmerie et des forces publiques pour la surveillance des frontières ou pour le service de police près des corps de troupe, réunis sur des points de l'intérieur.

Le Ministre peut substituer une indemnité représentative aux distributions en nature. (Tableau 5, n° 1, du règl. du 30 décembre 1892.)

Sur le pied de guerre, le pain est dû aux officiers, sous-officiers, brigadiers et gendarmes. Les militaires de tous grades détenus y ont également droit.

Le nombre de rations attribuées à chaque grade est déterminé par le tarif.

Le pain n'est pas dû aux militaires nourris chez l'habitant.

Le pain peut être remplacé par du biscuit. (Tableau 5, n° 1, du même règl.)

Ils ont également droit à la ration journalière de pain (750 grammes) ou de pain biscuité (700 grammes) ou de biscuit (550 grammes), lorsqu'ils font partie des prévôtés constituées pour la durée des manœuvres. (V. *Rations* et *Vivres*.)

PAISSON, s. f. On appelle paisson tout ce qui, dans les bois et les forêts, sert de nourriture aux bestiaux.

Dans une autre acception, ce mot indique aussi le droit de faire paître, dans un bois ou une forêt, les porcs à l'époque de la glandée.

PAMPHLET, s. m. Petit écrit satirique et presque toujours politique.

PANARD, adj. Qui a les pieds tournés en dehors. Chez le cheval panard du devant, l'appui est incertain parce qu'il a lieu sur le côté interne du pied et l'animal est sujet à se couper. Chez le cheval panard du derrière, ces défauts sont moins graves.

PANNEAU, s. m. Filet qu'on tend pour prendre des lièvres, des lapins, des chevreuils.

PANNEAUTER, v. a. Signifie prendre avec des panneaux. — Panneauter des lapins, des chevreuils.

PANSAGE, s. m. Le pansage est l'ensemble des soins matériels hygiéques qu'on emploie pour entretenir la propreté du cheval et par suite sa santé.

Le pansage complet des chevaux ne doit se faire qu'une fois par jour. (V., pour la manière de faire le pansage, le règl. sur le service intérieur, art. 132.)

Les effets généraux du pansage sont excellents au point de vue de la santé des chevaux ; la circulation du sang est activée, la digestion est plus facile, l'appétit augmente, la peau, dont la température se trouve élevée par le frottement, est toujours propre, souple et perméable, le poil est souple et brillant. Un bon pansage délasse rapidement un cheval fatigué.

PANSEMENT, s. m. Action de panser une plaie, une blessure. En cas de guerre, tous les officiers et tous les hommes de troupe doivent être munis d'un paquet individuel de pansement. (Décis. minist. du 27 juin 1894.)

Les officiers et les adjudants portent ce paquet placé dans la poche intérieure de la tunique. (Service de la gendarmerie en campagne, art. 222.)

Les chefs de brigade sont responsables de l'entretien des paquets de pansement déposés dans les postes. Une notice rédigée par un médecin militaire indique le moyen d'utiliser les divers éléments dont se composent les paquets. (V. Serv. int., art. 127.)

PAQUETAGE, s. m. Manière d'emplir le bissac et le havresac, de plier les effets et de les placer sur le cheval. (Règl. sur le service intérieur, art. 197 et suivants.)

PARADE, s. f. Dans l'escrime on donne le nom de parade à l'action ou à la manière de détourner les coups. Il y a huit parades principales que nous nous bornerons à énumérer sans les décrire : les parades de prime, seconde, tierce, quarte, quinte, sixte, demi-cercle et octave.

Le mot parade sert aussi à désigner l'inspection et le défilé des hommes qui doivent monter la garde. — La gendarmerie ne peut être appelée à la parade avec les troupes de la garnison. (Décr. du 1er mars 1854, art. 124.)

Enfin, lorsque des militaires ont été condamnés à la peine des travaux forcés, à celle de la déportation, de la détention, de la réclusion, du bannissement ou des travaux publics, l'exécution a lieu à la parade. Le corps auquel appartient le condamné s'y trouve en entier : il occupe la droite. (Décr. du 4 octobre 1891, art. 128.)

PARALLÈLE, s. f. En géométrie, on dit que deux lignes sont parallèles lorsqu'elles sont placées à égale distance l'une de l'autre dans toute leur étendue ; deux plans sont parallèles lorsqu'ils se trouvent dans les mêmes conditions.

En art militaire on appelle parallèles les tranchées ou fossés que l'on creuse tout autour d'une place ennemie dont on veut faire le siège.

PARALLÉLOGRAMME, s. m. Figure plane, dont les quatre côtés sont parallèles et égaux deux à deux. (V. *Surface.*)

PARAPET, s. m. En terme de fortification, le parapet est la partie élevée du rempart destinée à couvrir les hommes et les bouches à feu. La partie supérieure du parapet, inclinée du côté de la campagne, s'appelle *plongée* : c'est sur elle que les défenseurs, montés sur la banquette, peuvent appuyer leurs armes pour faire le coup de fusil.

PARAPHE, s. m. C'est un signe fait ordinairement après la signature ou pour en tenir lieu. On doit parapher, dans tous les actes, les renvois, apostilles et même les mots rayés.

PARATONNERRE, s. m. Appareil que l'on place au-dessus des maisons pour les garantir des effets de la foudre.

Le paratonnerre, en laissant échapper par sa pointe une certaine quantité de fluide, neutralise peu à peu le fluide qui se trouve dans le nuage et empêche ainsi la réunion par un choc violent des deux électricités contraires. L'appareil se compose d'une tige métallique d'environ 10 mètres de haut reliée au sol par des câbles de fils métalliques bons conducteurs de l'électricité.

L'expérience a démontré qu'un paratonnerre protégeait une circonférence ayant un rayon égal à trois fois sa hauteur ; ainsi, un paratonnerre dont la tige aurait 10 mètres de hauteur protégerait les bâtiments compris dans une circonférence de 30 mètres de rayon.

Tout magasin à poudre doit être protégé par un ou plusieurs paratonnerres établis conformément aux instructions spéciales. (Règl. du 13 décembre 1850.)

PARC, s. m. Grande étendue de terrain close et plantée de bois. La chasse dans les parcs est permise en tout temps à la condition qu'ils soient parfaitement *clos et attenant à l'habitation.* La Cour de cassation a décidé plusieurs fois que la chasse avec des engins prohibés n'était pas permise dans les propriétés closes.

On appelle parc d'artillerie, parc de vivres, parc de munitions, les lieux où sont enfermés les canons, les vivres ou les munitions, et, par extension, la réunion de voitures qui transportent le matériel. (V. *Transports.*)

PARENT, ENTE, adj. Celui ou celle qui est de notre famille, qui nous est uni par le sang.

On nomme *degré de parenté* le nombre de générations qui séparent entre eux deux membres de la même famille.

Dans la ligne directe, pour exprimer le rang de parenté, on compte autant de degrés qu'il y a de générations entre les personnes. Ainsi, le fils est parent du père au 1er degré, le petit-fils au 2e, l'arrière petit-fils au 3e, etc.

Dans la ligne collatérale, pour établir le rang de parenté entre deux personnes, on compte tous les degrés ou générations, depuis l'une d'elles, en remontant jusqu'au père commun, et de celui-ci en descendant jusqu'à l'autre. Ainsi deux frères sont parents au 2e degré, et les enfants de ces frères le sont au 4e ; les enfants de deux cousins germains sont parents au 6e degré et ainsi de suite. La loi ne reconnaît plus de parenté au delà du 12e degré. C'est ce qu'en appelle le dernier degré *successible :* au delà de ce degré on ne peut plus succéder.

On appelle *cousins germains* les enfants de deux frères germains ; et *frères germains* deux frères ayant le même père et la même mère. Les *frères utérins* sont ceux qui ont eu la même mère et non le même père ; les *frères consanguins* sont ceux qui ont eu le même père et non la même mère.

PARJURE, s. m. Faux serment. — Lorsque deux parties sont en contestation entre elles, celle à qui le serment aura été déféré et qui fait un faux serment commet un parjure et est punie, conformément à l'article 366 du Code pénal, d'un emprisonnement d'un an à cinq ans de prison, et pourra, en outre, être privée, pendant cinq ans au moins, des droits civiques, civils et de famille énumérés à l'article 42 du même Code. Celui qui trompe la justice lorsqu'il est appelé à relater un fait ne commet pas un parjure, mais un faux témoignage. (V. *Témoignage.*)

PARLEMENT, s. m. Ce nom, sous lequel on désignait autrefois certaines assemblées dont les pouvoirs étaient assez étendus, est donné souvent aujourd'hui à la Chambre des députés.

PARLEMENTAIRE, adj. Qui appartient au parlement, qui concerne les assemblées politiques : usages parlementaires, éloquence parlementaire. — Le régime parlementaire est celui sous lequel les assemblées délibérantes sont souveraines.

PARLEMENTAIRE, s. m. Personne envoyée par un belligérant pour proposer à l'ennemi une suspension d'armes, un échange de prisonniers, etc., etc.

Lorsque le parlementaire arrive aux avant-postes, l'article 41 du decret du 28 mai 1895 prescrit de lui faire bander les yeux ainsi qu'à son trompette pour le conduire devant le chef qu'il désire entretenir ; la même formalité est accomplie pour le ramener aux avant-postes. Il est admis par le droit des gens que la personne du parlementaire est inviolable. L'article 180 du décret du 4 octobre 1891 ne prescrit pas de bander les yeux aux parlementaires ; des instructions spéciales sont, s'il y a lieu, données à ce sujet.

PARQUER, v. a. Ranger dans un parc, dans une enceinte. Ce mot s'emploie pour désigner la manière dont doivent être rangés les équipages de l'armée pendant les haltes.

Il y a deux manières de parquer : 1° en écurie, c'est-à-dire sur plusieurs lignes droites et parallèles ; 2° en carré.

La première manière ne s'emploie que lorsqu'on n'a rien à craindre de l'ennemi ; les voitures sont disposées sur plusieurs lignes droites et parallèles, essieu contre essieu, les timons dans une même direction, et on laisse entre chaque ligne assez de distance pour que les hommes et les chevaux puissent y circuler aisément.

Lorsqu'on redoute une attaque ou lorsqu'on doit passer la nuit, les voitures doivent toujours être parquées en carré et, pour habituer les hommes à cette manœuvre, le commandant du convoi devra de temps en temps faire prendre cette disposition.

Pour former ce genre de parc, les voitures sont partagées à l'avance en quatre parties dont chacune est destinée à former une des faces du carré ; les voitures, les timons en dedans, doivent se joindre exactement, de manière que l'essieu de l'une soit un peu en arrière ou un peu en avant de l'essieu de l'autre. De six en six voitures, on laisse un intervalle d'un mètre, qui est fermé par une voiture mise en travers dans l'intérieur de l'enceinte. Tous les chevaux restent dans le parc ; si l'ennemi est proche, ils restent attelés et les conducteurs, qui doivent être toujours à leur tête, les font manger et boire les uns après les autres. S'ils sont dételés, ils sont attachés à des piquets plantés en terre en face de leurs voitures.

PARQUET, s. m. Ce mot s'emploie pour désigner la partie du tribunal où siègent les magistrats : il signifie aussi le lieu où les officiers du ministère public se tiennent pour recevoir les communications qui peuvent leur être faites ; enfin, par extension. il sert à désigner ces officiers eux-mêmes ; *le parquet a été prévenu ; être cité devant le parquet*.

PARRICIDE, s. m. Meurtre des père ou mère légitimes, naturels ou adoptifs ou de tout autre ascendant légitime. (C. P., art. 299.) Tout coupable de parricide est puni de mort. (C. P., art. 302.)

Comme on le voit, le fait seul d'avoir donné la mort volontairement à un ascendant constitue le parricide et entraîne la peine de mort sans que les circonstances de préméditation et de guet-apens soient nécessaires. Le parricide n'est jamais excusable. (C. P., art. 323.)

PARTAGE, s. m. Division d'une chose entre deux ou plusieurs personnes.

Les amendes qui reviennent à la gendarmerie pour contravention à la police du roulage et de la grande voirie sont partageables entre les brigadiers et gendarmes qui ont constaté les contraventions.

Celles attribuées pour contravention aux lois et règlements maritimes, en matière d'affiches non timbrées, de lettres de voiture, de timbres de quittance ou de transport frauduleux de lettres sont également partageables entre les gendarmes verbalisants.

Enfin, le produit des amendes en matière de douanes et de contributions indirectes est partageable entre les gendarmes qui ont constaté les contraventions, s'ils ont agi de leur propre mouvement, et entre tous les hommes comptant à l'effectif de la brigade au jour de la rédaction du procès-verbal (à l'exclusion de ceux absents ou détachés dans d'autres postes depuis plus d'un mois), si la saisie a eu lieu en vertu d'une dénonciation, ou d'une indication, ou lorsque la gendarmerie a été requise pour assister les employés des contributions. (V. *Prime*, *Saisie*, *Arrestation* et *Frais de justice*.)

PARTIE, s. f. Ce mot sert, en jurisprudence, à désigner la personne qui plaide contre quelqu'un. On appelle *parties* les personnes plaidant les unes contre les autres.

La *partie comparante* est celle qui comparaît en personne ou par représentation ; la *partie défaillante* est celle qui ne se présente pas ou qui ne se fait pas représenter ; la *partie adverse* est celle qui plaide contre une autre ; la *partie plaignante* est celle qui porte plainte en justice. On donne aussi le nom de *demandeur* à celui qui engage le procès : son adversaire est le *défendeur*.

Se porter *partie civile* signifie agir en son nom, en matière criminelle, contre un accusé, pour des intérêts civils. On ne peut se porter partie civile que lorsqu'on a un intérêt personnel à la réparation civile du crime ou du délit, par exemple, lorsqu'on a été volé ou lorsqu'on hérite d'une personne qui a été tuée. Les articles 63 et suivants du Code d'instruction criminelle règlent la procédure à suivre en pareil cas.

L'action civile ne peut être poursuivie devant les conseils de guerre. (C. M., art. 54.) Les tribunaux prévôtaux seuls sont compétents pour allouer des dommages-intérêts. (C. M., art. 75.)

PARTISAN, s. m. En art militaire, on nomme partisans des troupes irrégulières, des corps francs qui agissent à côté de l'armée régulière, mais avec une grande liberté d'action, et qui ont pour mission de harceler l'ennemi, d'enlever ses convois et de lui faire par tous les moyens le plus de mal possible. Ces corps doivent avoir des papiers qui légitiment leur existence, et ceux qui en font partie doivent être revêtus d'un uniforme. Si ces conditions ne sont point remplies, les partisans courent le risque d'être mis hors la loi par l'ennemi et passés par les armes s'ils tombent entre ses mains.

Le général en chef peut seul constituer des détachements isolés destinés à agir en partisans.

Les prises faites par les détachements de partisans ne leur appartiennent plus. (Décret du 26 juin 1901. (V. *Prise.*)

PAS, s. m. (V. *Allures.*)

PAS-DE-CALAIS (Département). Populat., 955,391 habit., 6 arrondissements, 45 cantons (1er corps d'armée, 1re légion de gendarmerie), chef-lieu Arras, 25,701 habit., à 193 kil. N. de Paris, sur la Scarpe et le Grinchon. S.-P. : Béthune, Boulogne, Montreuil, Saint-Omer, Saint-Pol. — Département maritime. — Pays plat. — Agricole, industriel et commerçant. — Elève de moutons et de chevaux de trait. — Sources minérales à Saint-Pol. — Patrie de Godefroy de Bouillon, d'Eustache de Saint-Pierre et de Robespierre.

PASSAGE, s. m. Action de passer. — Lors du passage des troupes, la gendarmerie doit se porter en arrière et sur les flancs de tout corps de troupe en marche; elle arrête les traînards ainsi que ceux qui s'écartent de leur route, et les remet au commandant du corps, ainsi que ceux qui commettent des désordres, soit dans les marches, soit dans les lieux de gîte ou de séjour. (Décr. du 1er mars 1854, art. 352.)

Les passages de troupes sont signalés hiérarchiquement aux généraux commandant les subdivisions.

Le passage à pied sur le terrain d'autrui chargé de grains en tuyau et le passage des bestiaux ou bêtes de trait sur le terrain d'autrui, ensemencé ou chargé d'une récolte, constituent des contraventions punies d'une amende de 6 à 10 francs, par les nos 9 et 10 de l'article 475 du Code pénal.

Le passage sur le terrain d'autrui, préparé ou ensemencé, est puni d'une amende de 1 à 5 francs. (C. P., art. 471, no 13.) — Le passage de bestiaux ou bêtes de trait sur le terrain d'autrui avant l'enlèvement de la récolte est puni de la même peine. (C. P., art. 471, no 14.)

La loi ne permet le passage sur le terrain d'autrui que dans trois cas :

1o Si le champ n'est contigu à aucun chemin; il est dit alors *enclavé*, et son propriétaire peut passer dans le champ du voisin;

2o Si le chemin est impraticable; dans ce cas, le voyageur, obligé de continuer sa route, peut passer à pied, à cheval ou en voiture dans le champ adjacent;

3o Quand il s'agit de travaux publics, tels que la construction de routes, de ponts, de chemins de fer, etc. Dans ces trois cas des dommages-intérêts sont toujours payés au propriétaire du champ, si des dommages ont été causés.

Dans les chemins de fer, on appelle *passage à niveau* la partie du chemin de fer traversée par une route.

Passage gratuit de droit ou de faveur à bord des bâtiments de l'Etat, (V. *Traversée.*)

PASSAVANT, s. m. Autorisation écrite délivrée par l'administration des douanes ou des contributions indirectes de transporter d'un lieu à un autre des marchandises qui ont déjà acquitté les droits. Ce permis doit être représenté à toute réquisition des agents.

Le passavant doit indiquer le lieu et l'heure du départ, le nom de l'expéditeur et celui du destinataire, le lieu de destination, les qualités, quantités, poids ou nombre des marchandises ou denrées : il fixe en toutes lettres la route à parcourir et le temps nécessaire à son parcours.

PASSE-DEBOUT, s. m. Autorisation écrite délivrée par l'administration des contributions indirectes de faire entrer des boissons dans une ville sans payer l'octroi, mais à la condition que ces boissons ne pourront séjourner dans la ville plus de vingt-quatre heures. (Loi du 28 avril 1816, art. 28.)

Dans ce cas, le conducteur est tenu de consigner les droits d'octroi ou d'en cautionner le montant; la somme consignée est restituée ou la caution est libérée au départ ou à la sortie des boissons de ce lieu.

Les boissons conduites à un marché dans un lieu sujet à ces droits, sont aussi soumises aux formalités du passe-debout. (Art. 29.)

Si le séjour doit dépasser vingt-quatre heures, le conducteur est tenu, d'après l'article 30 de la même loi, de faire dans ce délai, et avant le déchargement, une déclaration de transit. (V. ce mot.)

Le passe-debout doit contenir les mêmes indications que le passavant et l'acquit-à-caution. (V. ce mot.)

PASSEPORT, s. m. Ordre écrit délivré par l'autorité compétente de laisser circuler librement celui qui en est porteur.

Aux termes de la loi du 10 vendémiaire an IV, nul ne peut voyager hors de son canton sans être muni d'un passeport; cette loi, qui n'a jamais été abolie, est tombée aujourd'hui en désuétude à la suite de décisions spéciales qui autorisent les étrangers appartenant à diverses nations à voyager en France sans être munis de passeports. Cependant, dans certaines circonstances, comme cela a été fait en 1870, le gouvernement peut rappeler à l'exécution de la loi en rétablissant l'usage des passeports, et les gendarmes ne doivent pas perdre de vue les obligations que leur imposent, pour l'examen de ces papiers, les articles 287 et 288 du décret du 1er mars 1854.

Les étrangers dispensés du passeport en France ont à établir leur individualité à l'aide de pièces équivalentes dans le cas où cette justification leur est demandée.

Les saltimbanques, bateleurs, musiciens et chanteurs ambulants venant de l'étranger sont tenus, à défaut de passeport, d'avoir un carnet contenant, sur eux et les personnes qui les accompagnent, toutes les indications propres à constater leur individualité. Ces carnets sont soumis au visa des préfets. (Arrêté minist. de janvier 1863.)

Les passeports sont délivrés par les maires pour l'intérieur, et les préfets ou sous-préfets pour l'étranger; à Paris, dans ces deux cas, par le préfet de police. (Loi du 10 vendémiaire an IV, art. 1 et 2.) Ils sont établis sur un papier fabriqué spécialement et sur un modèle fixé par le décret du 12 avril 1890; ils doivent contenir les nom, prénoms, âge, profession, pays de naissance, domicile et signalement du porteur, ainsi que le lieu où il désire se rendre; ils ne doivent contenir ni ratures ni surcharges qui ne soient approuvées.

Tout passeport doit être individuel. Cependant, le même passeport peut comprendre le mari et la femme et même les enfants au-dessous de 16 ans. Il peut comprendre également deux frères ou deux sœurs, si l'un est en bas âge et sous la surveillance de l'autre. (Instr. du 6 août 1827.) Les passeports ne sont valables que pour un an du jour de leur délivrance. (Décr. du 11 juillet 1810, art. 4.)

Des passeports d'indigents avec secours de route peuvent être délivrés par les préfets aux indigents qui regagnent leur commune et aux étrangers sans aveu qui doivent quitter le territoire; les personnes qui obtiennent ces passeports sont assujetties à suivre un itinéraire, les secours qu'on leur donne étant proportionnés à la distance à parcourir. (Loi du 13 juin 1790 et circ. du 25 octobre 1833.)

La loi punit d'un emprisonnement de 6 mois à 3 ans celui qui fabrique un faux passeport ou qui falsifie un passeport véritable, et celui qui fait usage d'un passeport fabriqué ou falsifié. (C. P., art. 153 et 281.)

Celui qui, dans un passeport, prend un nom supposé ou qui concourt comme témoin à faire délivrer un passeport sous un nom supposé, est puni d'un emprisonnement de trois mois à un an. (C. P., art. 154.)

Enfin, l'article 155 du Code pénal punit de peines variant de un mois à quatre ans de prison, suivant les cas, l'officier public qui délivrerait des passeports irréguliers.

Il ne doit pas être fait mention, sur les passeports ou autres titres de voyage, du grade dont le militaire allant à l'étranger peut être titulaire, à moins que le Ministre n'autorise l'inscription de cette mention pour un militaire autorisé à voyager à l'étranger au titre militaire.

Mais les hommes de tout grade de la réserve ou de l'armée territoriale, en tant que civils, peuvent se fixer et voyager à l'étranger, en observant les formalités prescrites par les articles 50 et 55 de la loi du 15 juillet 1889.

PATENTE, s. f. Contribution annuelle à laquelle sont soumis ceux qui exercent un commerce, une industrie ou une profession non compris dans les exceptions déterminées par les lois.

Tout individu transportant des marchandises de commune en commune, lors même qu'il vend pour le compte de marchants ou fabricants, est tenu d'avoir une patente personnelle qui est, selon le cas, celle de colporteur avec balle, avec bête de somme ou avec voiture. (Loi du 15 juillet 1880.) Cette patente doit être revêtue, par le maire de la commune qu'elle concerne, du visa de ce magistrat et du signalement de l'imposé. (Loi du 28 avril 1893, art. 6.)

La patente doit être également exigée des maitres de jeux, spectacles et autres amusements publics (circ. du Ministre de l'intérieur du 2 avril 1888), ainsi que des déballeurs nomades qui vont de ville en ville écouler leurs marchandises au détriment des commerçants sédentaires. (Circ. du 7 août 1888.)

Tout patentable est tenu d'exhiber sa patente lorsqu'il en est requis par les maires, adjoints, juges de paix et tous autres officiers ou agents de police judiciaire. (Loi du 15 juillet 1880, art. 32.) La gendarmerie, n'étant pas citée dans cet article, n'est pas compétente pour constater le défaut de patente chez les marchands vendant à domicile. Mais elle doit seconder l'action des maires et exiger l'exhibition de la patente des marchands et industriels forains et ambulants. (Circ. du Ministre de l'intérieur des 2 avril et 7 août 1888.) — En vertu de la loi précitée, les marchandises mises en vente par des individus non munis de patentes et vendant hors de leur domicile doivent être saisies et déposées à la mairie pour être restituées aux parties intéressées après justification ; néanmoins, si l'individu non muni de patente exerce dans son domicile, les marchandises ne sont pas saisies ; il est seulement dressé procès-verbal.

En campagne, la gendarmerie a dans ses attributions spéciales la surveillance des marchands, vivandiers et cantiniers, et les noms, signalements et professions de ces individus, avec indication du numéro de la patente qui leur a été accordée, sont inscrits sur des registres tenus par la prévôté et les commandants de détachement.

Les patentes détachées de ces registres (modèle n° 4) portent les indications suivantes :

Numéro de la patente;

Nom, prénoms, âge, profession, domicile, photographie et signalement du détenteur;

Nature des vivres, des liquides et autres marchandises à vendre ;

Fraction de l'armée pour laquelle la patente est valable.

Le grand prévôt et les prévôts de corps d'armée n'accordent de patentes que pour le quartier général de l'armée et les quartiers généraux auxquels ils sont attachés, ou pour les troupes non endivisionnées ; les commandants des forces publiques délivrent des patentes pour leurs unités. — Ces patentes sont soumises au visa des chefs d'état-major, qui les font inscrire sur un registre.

Elles doivent être l'objet d'un examen sévère de la part de la gendarmerie, qui se les fait représenter fréquemment, afin de constater en même temps l'identité des individus qui en sont détenteurs. — Elle peut se faire représenter les patentes délivrées aux cantiniers et cantinières par les corps de troupe. — Cette mesure est de la plus grande importance pour empêcher ou réprimer l'espionnage. Ces patentes peuvent être retirées par les prévôts qui les ont accordées. (V. le Service de la gendarmerie en campagne, art. 24, 25 et 32.)

PATERNITÉ, s. f. Etat, qualité de père.

Les articles 312 et suivants du Code civil règlent les questions si importantes de la paternité et de la filiation.

La recherche de la paternité est interdite. Dans le cas d'enlèvement, lorsque l'époque de cet enlèvement se rapportera à celle de la conception, le ravisseur pourra être, sur la demande des parties intéressées, déclaré père de l'enfant. (C. C., art. 340.) (V. *Désaveu.*)

PATOUILLET, s. m. Bassin dont on se sert dans les mines pour laver le minerai de fer. Les patouillets ayant presque toujours leur écoulement dans les cours d'eau, et cet écoulement pouvant, par suite des mélanges qu'il entraine avec lui, nuire à la salubrité publique, ils ne devront être établis qu'après autorisation. (Lois des 28 juillet 1791 et 21 avril 1810.) Cette contravention sera constatée comme en matière de voirie.

PATRON, ONNE, s. Ce mot, qui a diverses significations, s'emploie pour désigner le chef, le maitre d'un établissement, par rapport aux ouvriers et employés. Il a, vis-à-vis de ces derniers, certaines responsabilités dont nous avons parlé au mot *Maître*. La qualité de patron est une circonstance aggravante dans le cas de viol ou de tout autre attentat à la pudeur. (C. P., art. 330 et suivants.)

PATROUILLE, s. f. Ronde que fait pendant la nuit un détachement de soldats ou d'agents de la force publique.

L'article 116 du règlement sur le service intérieur prescrit aux commandants de brigade de faire faire de fréquentes patrouilles pour surveiller les voies aboutissant aux routes les plus fréquentées; ces patrouilles peuvent être converties, par l'ordre du commandant d'arrondissement, en correspondance de nuit entre deux ou plusieurs brigades.

Dans les cas, très rares aujourd'hui, où les fonds de l'Etat sont transportés dans des voitures, des patrouilles chargées de veiller à la sûreté de ces voitures, peuvent être organisées conformément aux articles 462 et 465 du décret du 1er mars 1854.

A l'armée, des patrouilles de jour et de nuit sont faites par la gendarmerie dans toute l'étendue du pays occupé par la fraction de l'armée à laquelle elle est attachée. Ces patrouilles ont pour objet d'empêcher tout désordre, de faire fermer les cabarets ou tous autres lieux publics aux heures fixées; de conduire à leur corps les soldats avinés, d'arrêter les espions, d'empêcher la maraude, etc.

Des patrouilles mixtes composées de quelques soldats et même, si cela est nécessaire, de sous-officiers, et dirigées par des gendarmes, peuvent être formées pour aider la gendarmerie à protéger les populations et les propriétés.

En pays ennemi, la gendarmerie veille à la stricte exécution des mesures prises par le commandant du cantonnement. (V. Service de la gendarmerie en campagne, art. 40.)

PATURAGE, s. m. Lieu propre à faire paitre les bestiaux. C'est aussi le droit de faire paitre des bestiaux sur certains fonds. Le *pacage* ne doit s'entendre que du droit de faire pâturer des bêtes à cornes, tandis que le *pâturage* est un terme général.

Dans certaines communes, surtout dans celles des pays de montagnes, où se trouvent de grands bois communaux, les habitants ont le droit de faire paitre les bestiaux dans ces bois. — Tous les animaux d'une même commune doivent être marqués d'une marque particulière et sont sous la garde d'un ou de plusieurs pâtres choisis par l'autorité municipale.

Lorsque ce pâtre garde les troupeaux, il ne *peut être mis en état d'arrestation* que lorsqu'il a été pourvu à son remplacement, afin que les troupeaux ne restent pas sans gardien.

Les infractions aux règlements sur le pâturage sont punies par les articles 72, 73, 75 et 78 du Code forestier.

On appelle *vaine pâture* le droit qu'ont les habitants d'une commune de faire paître leurs bestiaux sur les fonds les uns des autres.

Le *parcours* se dit du droit qu'ont les habitants de deux ou plusieurs communes de mener ou d'envoyer paître leurs bestiaux sur les terrains compris dans leurs circonscriptions respectives.

La vaine pâture ne porte que sur des terrains dépouillés de leurs fruits, ou en jachère, ou incultes, et n'absorbe que des produits dont les propriétaires ne tirent aucun profit. Dans aucun cas, et dans aucun temps, le droit de parcours ni celui de vaine pâture ne peuvent s'exercer sur les prairies artificielles et ne peuvent avoir lieu sur aucune terre ensemencée, ou couverte de quelque production que ce soit, qu'après la récolte.

Dans l'intérêt des pauvres qui vont glaner et râteler dans les champs et prés récoltés, la vaine pâture ne s'y exerce pas pendant deux jours après la récolte.

Elle ne peut s'exercer dans aucun cas sur les prairies artificielles. (V. la loi du 22 juin 1890.)

Le parcours et la vaine pâture sont compris parmi les objets sur lesquels le conseil municipal est appelé à délibérer. (Loi du 5 avril 1884, art. 68 et 69.) Les délibérations, après approbation du préfet, sont publiées par le maire sous forme de règlement municipal, et ce fonctionnaire peut y joindre les mesures de police qu'il juge nécessaires.

PATURON, s. m. Le paturon a pour base le premier phalangien et il s'étend depuis le boulet jusqu'à la couronne : il forme avec le canon un angle plus ou moins prononcé, et l'on comprend facilement qu'il doit présenter une certaine force pour résister au poids qu'il est appelé à supporter. Sa force sera très grande s'il est court et presque droit : mais alors les réactions sont très dures, les tendons suspenseurs trop courts se fatiguent rapidement et le cheval droit-jointé ou court-jointé arrive à la bouleture. — Si le paturon est trop long, le cheval est dit *long-jointé*. Les réactions sont douces, mais les tendons suspenseurs se fatiguent encore plus vite que dans le premier cas, et le cheval se tare très promptement.

Le paturon remplit les meilleures conditions pour le service lorsqu'au repos il forme avec le sol un angle de 45°; il donne alors, avec la résistance nécessaire, l'élasticité désirable pour la selle.

PAVILLON, s. m. En terme de marine, on donne le nom de pavillon au drapeau national, qui doit être arboré sur tous les vaisseaux pour permettre de reconnaître à quelle nation ils appartiennent. Sur les vaisseaux de guerre, les pavillons occupent différentes places, suivant le grade de l'officier commandant.

Le pavillon d'une voiture publique est la partie supérieure formée par les cercles qui supportent la bâche. La hauteur du pavillon au-dessus du fond de la voiture ne doit pas être inférieure à $1^m,40$. (Contravention justiciable du tribunal correctionnel : amende de 16 à 200 francs, emprisonnement de 6 à 10 jours. — V. art. 2, § 3, et art. 6 de la loi du 30 mai 1851 ; règl. du 10 août 1852, art. 23.)

PÉAGE, s. m. Droit perçu pour le passage sur des ponts ou sur des bacs, des personnes, des animaux et des voitures. — Le tarif des droits de péage doit être affiché ostensiblement en un lieu voisin du pont ou du bac. (Loi du 6 frimaire an VII.)

Les officiers, sous-officiers, brigadiers et gendarmes sont exempts des droits de péage et de passage des bacs ainsi que les voitures, chevaux et personnes qui marchent sous leur escorte. (Décr du 1er mars 1854, art. 653.)

PÊCHE, s. f. Action de prendre du poisson. — On distingue la pêche en pêche fluviale, qui a lieu sur les cours d'eau, et en grande pêche, qui se fait en mer pour prendre les sardines, la morue et la baleine. La pêche fluviale est réglée par les lois des 15 avril 1829, 31 mai 1865, et par les décrets des 2 décembre 1865, 10 août 1875, 18 mai 1878, 27 décembre 1889, 9 avril 1892, 5 septembre 1897 et 18 novembre 1899. — Nous citons ci-après les principaux articles de ces divers règlements, renvoyant pour les détails à l'excellent commentaire qui en a été fait par M. le substitut Bertrand.

Loi du 15 avril 1829 :

Article premier. Le droit de pêche sera exercé au profit de l'Etat :

1° Dans tous les fleuves, rivières, canaux et contre-fossés navigables ou flottables avec bateaux, trains ou radeaux, et dont l'entretien est à la charge de l'Etat ou de ses ayants cause ;

2° Dans les bras, noues, boires et fossés qui tirent leurs eaux des fleuves et rivières navigables et flottables, dans lesquels on peut en tout temps passer ou pénétrer librement en bateau de pêcheur, et dont l'entretien est également à la charge de l'Etat.

Sont toutefois exceptés les canaux et fossés existants ou qui seraient creusés dans des propriétés particulières et entretenus aux frais des propriétaires.

Loi du 10 *août* 1875 :

Art. 2. Dans toutes les rivières et canaux autres que ceux qui sont désignés dans l'article précédent, les propriétaires riverains auront, chacun de son côté, le droit de pêche jusqu'au milieu du cours de l'eau, sans préjudice des droits contraires établis par possession ou titres.

Art. 5. Tout individu qui se livrera à la pêche sur les fleuves ou rivières navigables ou flottables, canaux, ruisseaux ou cours d'eau quelconques, sans la permission de celui à qui le droit de pêche appartient, sera condamné à une amende de 20 francs au moins et de 100 francs au plus, indépendamment des dommages-intérêts.

Il y aura lieu, en outre, à la restitution du prix du poisson qui aura été pêché en délit, et la confiscation des filets et engins de pêche pourra être prononcée.

Néanmoins, il est permis à tout individu de pêcher à la ligne flottante tenue à la main dans les fleuves, rivières et canaux désignés dans les deux premiers paragraphes de l'article 1er de la présente loi, le temps du frai excepté.

Par ligne flottante tenue à la main on doit entendre une ligne dont la gaule est à portée de la main et non pas tenue dans la main pendant toute la durée de son séjour dans l'eau.

Cette expression « ligne tenue à la main » a été prise par opposition à celle de « ligne fixe » c'est-à-dire maintenue au fond de la rivière par un plomb ou poids quelconque. Il suffit donc pour se conformer sinon à la lettre, du moins à l'esprit de l'art. 5 de la loi du 15 avril 1829, que la ligne soit flottante et à portée de la main de celui qui l'a tendue sans qu'il soit besoin de la tenir dans la main. (Ainsi jugé par le tribunal de Château-Thierry, juillet 1896.)

Décret du 5 *septembre* 1897.

Art. 1er. Les époques pendant lesquelles la pêche est interdite en vue de protéger la reproduction du poisson sont fixées comme il suit :

1° Du 30 septembre exclusivement au 10 janvier inclusivement est interdite la pêche du saumon;

2° Du 20 octobre exclusivement au 31 janvier inclusivement, est interdite la pêche de la truite et de l'ombre chevalier;

3° Du 15 novembre exclusivement au 31 décembre inclusivement, est interdite la pêche du lavaret;

4° Du lundi qui suit le 15 avril inclusivement au dimanche qui suit le 15 juin exclusivement, est interdite la pêche de tous les autres poissons et de l'écrevisse. Si le lundi qui suit le 15 avril est un jour férié, l'interdiction est retardée de vingt-quatre heures.

Les interdictions prononcées dans les paragraphes précédents s'appliquent à tous les procédés de pêche, même à la ligne flottante tenue à la main.

Art. 2. Les préfets peuvent, par des arrêtés rendus après avoir pris l'avis des conseils généraux, soit pour tout le département, soit pour certaines parties du département, soit pour certains cours d'eau déterminés :

1° Interdire exceptionnellement la pêche de toutes les espèces de poissons pendant l'une ou l'autre période, lorsque cette interdiction est nécessaire pour protéger les espèces prédominantes;

2° Augmenter pour certains poissons désignés la durée desdites périodes, sous la condition que les périodes ainsi modifiées comprennent la totalité de l'intervalle de temps fixé par l'article 1er;

3° Excepter de la quatrième période la pêche de l'alose, de l'anguille et de la lamproie, ainsi que des autres poissons vivant alternativement dans les eaux douces et les eaux salées;

4° Fixer une période d'interdiction pour la pêche de la grenouille.

Art. 3. Des publications seront faites dans les communes dix jours au moins avant le début de chaque période d'interdiction de la pêche pour rappeler les dates du commencement et de la fin de ces périodes.

Art. 4. Quiconque, pendant la période d'interdiction, transporte ou débite des poissons dont la pêche est prohibée, mais qui proviennent des étangs et des réservoirs, est tenu de justifier de l'origine de ces poissons.

Art. 5. Les poissons saisis et vendus aux enchères, conformément à l'article 42 de la loi du 15 avril 1829, ne peuvent être exposés de nouveau en vente.

Art. 6. La pêche n'est permise que depuis le lever jusqu'au coucher du soleil.

Toutefois, la pêche de l'anguille, de la lamproie et de l'écrevisse peut être autorisée après le coucher et avant le lever du soleil dans les cours d'eau désignés et aux heures fixées par des arrêtés préfectoraux, après avis des conseils généraux. Ces arrêtés déterminent, pour l'anguille, la lamproie et l'écrevisse, la nature et les dimensions des engins dont l'emploi est autorisé.

La pêche du saumon et de l'alose peut être autorisée par des arrêtés préfectoraux, rendus après avis des conseils généraux, pendant deux heures au plus après le coucher du soleil et deux heures au plus avant son lever dans certains emplacements des fleuves et rivières navigables spécialement désignés.

Art. 7. Le séjour dans l'eau des filets et engins ayant les dimensions réglementaires est permis à toute heure, sous la condition qu'ils ne peuvent être placés et relevés que depuis le lever jusqu'au coucher du soleil.

Art. 8. Les dimensions au-dessous desquelles les poissons et écrevisses ne peuvent être pêchés, même à la ligne flottante, et doivent être rejetés à l'eau, sont déterminées comme il suit pour les diverses espèces :

1° Les saumons, 40 centimètres de longueur. Cette prescription s'applique indistinctement à tous les sujets de l'espèce n'ayant pas la dimension ci-dessus fixée, quels que soient d'ailleurs les différents noms dont on les désigne suivant les localités : tacons, tocaus, glezys, guimoisons, cadets, orgeuls, castillons, reneys, etc.;

2° Les anguilles, 25 centimètres de longueur;

3° Les truites, ombres-chevaliers, ombres communs, carpes, brochets, barbeaux, brèmes, meuniers, aloses, perches, gardons, tanches, lottes, lamproies et lavarets, 14 centimètres de longueur;

4° Les soles, plies et flets, 10 centimètres de longueur;

5° Les écrevisses à pattes rouges, 8 centimètres de longueur; celles à pattes blanches, 6 centimètres de longueur.

La longueur des poissons ci-dessus mentionnés est mesurée de l'œil à la naissance de la queue; celle de l'écrevisse, de l'œil à l'extrémité de la queue déployée.

Art. 9. Les mailles des filets mesurées de chaque côté, après leur séjour dans l'eau, et l'espacement des verges, bires, nasses et autres engins employés à la pêche des poissons, doivent avoir les dimensions suivantes :

1° Pour les saumons, 40 millimètres au moins;

2° Pour les grandes espèces autres que le saumon et pour l'écrevisse, 27 millimètres au moins;

3° Pour les petites espèces, telles que goujons, loches, vérons, ablettes et autres, 10 millimètres.

La mesure des mailles et l'espacement des verges sont pris avec une tolérance d'un dixième.

Il est interdit d'employer simultanément à la pêche des engins de catégorie différente.

Art. 10. Les préfets peuvent, sur l'avis des conseils généraux, prendre des arrêtés pour réduire les dimensions des mailles des filets et l'espacement des verges des engins employés uniquement à la pêche de l'anguille, de la lamproie et de l'écrevisse. Les filets et engins à mailles ainsi réduites ne peuvent être employés que dans les emplacements déterminés par ces arrêtés.

Les préfets peuvent aussi, sur l'avis des conseils généraux, déterminer les emplacements limités en dehors desquels l'usage des filets à mailles de 10 millimètres n'est pas permis.

Art. 11. Les filets fixes ou mobiles et les engins de toute nature ne peuvent excéder en longueur et en largeur les deux tiers de la largeur mouillée des cours d'eau dans les emplacements où on les emploie.

Plusieurs filets ou engins ne peuvent être employés simultanément sur la même rive ou sur deux les rives opposées qu'à une distance au moins triple de leur développement.

Lorsqu'un ou plusieurs engins employés sont en partie fixes et en partie mobiles, les distances entre les parties fixes à demeure, sur la même rive ou sur les rives opposées, doivent être au moins triples du développement total des parties fixes et mobiles mesurées bout à bout.

Art. 12. Les filets fixes employés à la pêche doivent être retirés de l'eau et déposés à terre pendant trente-six heures de chaque semaine, du samedi à six heures du soir au lundi à six heures du matin.

Art. 13. Sont prohibés tous les filets traînants, à l'exception du petit épervier jeté à la main et manœuvré par un seul homme.

Sont réputés traînants tous les filets coulés à fond au moyen de poids et promenés sous l'action d'une force quelconque.

Est pareillement prohibé l'emploi de lacets ou collets.

Toutefois, des arrêtés préfectoraux, rendus après avis des conseils généraux, peuvent autoriser, à titre exceptionnel, l'emploi de certains filets traînants à maille de 40 millimètres au moins pour la pêche d'espèces spécifiées, dans les parties profondes des lacs, des réservoirs de canaux et des fleuves et rivières navigables.

Ces arrêtés désignent spécialement les parties considérées comme profondes dans les lacs, réservoirs de canaux, fleuves et rivières navigables. Ils indiquent aussi les noms locaux des filets autorisés et les heures auxquelles leur manœuvre est permise.

Art. 14. Il est interdit d'établir dans les cours d'eau des appareils ayant pour objet de rassembler le poisson dans des noues, boires, fossés ou mares dont il ne pourrait plus sortir, ou de le contraindre à passer par une issue garnie de pièges.

Art. 15. Il est également interdit :

1° D'accoler aux écluses, barrages, chutes naturelles, pertuis, vannages, coursiers d'usine et échelles à poissons, des nasses, paniers et filets à demeure;

2° De pêcher, avec tout autre engin que la ligne flottante tenue à la main, dans l'intérieur des écluses, barrages, pertuis, vannages, coursiers d'usines et passages ou échelles à poissons, ainsi qu'à une distance de 30 mètres en amont et en aval de ces ouvrages;

3° De pêcher à la main, de troubler l'eau et de fouiller au moyen de perches sous les racines ou autres retraites fréquentées par le poisson;

4° De se servir d'armes à feu, de poudre de mine, de dynamite ou de toute autre substance explosible.

Art. 16. Les préfets peuvent, après avoir pris l'avis des conseils généraux, interdire en outre, par des arrêtés spéciaux, d'autres engins, procédés ou modes de pêche de nature à nuire au repeuplement des cours d'eau.

Ils déterminent, conformément au paragraphe 6 de l'article 26 de la loi du 15 avril 1829, les espèces de poissons avec lesquelles il est interdit d'appâter les hameçons, nasses, filets ou autres engins.

Art. 17. Il est interdit de pêcher dans les parties des rivières, canaux ou cours d'eau dont le niveau serait accidentellement abaissé, soit pour y opérer des curages ou travaux quelconques, soit par suite de chômage des usines ou de la navigation.

Art. 18. Sur la demande des adjudicataires de la pêche des cours d'eau navigables et flottables et sur la demande des propriétaires de la pêche des autres cours d'eau et canaux, les préfets peuvent autoriser, dans des emplacements déterminés et à des époques qui ne coïncideront pas avec les périodes d'interdiction, des manœuvres d'eau et des pêches extraordinaires pour détruire certaines espèces dans le but d'en propager d'autres plus précieuses.

Ils peuvent également, en cas de vidange de biefs, sur la proposition faite, suivant les cas, par les ingénieurs ou par les fonctionnaires de l'administration des forêts, autoriser les fermiers ou les propriétaires du droit de pêche à se servir exceptionnellement d'engins n'ayant pas les dimensions réglementaires pour s'emparer du poisson menacé de périr.

Art. 19. Des arrêtés préfectoraux, rendus sur les avis des conseils de salubrité et des ingénieurs ou des fonctionnaires de l'administration des forêts, déterminent :

1° La durée du rouissage du lin et du chanvre dans les cours d'eau, et les emplacements où cette opération peut être pratiquée avec le moins d'inconvénient pour le poisson;

2° Les mesures à observer pour l'évacuation dans les cours d'eau des matières susceptibles de nuire au poisson et provenant des fabriques et autres établissements industriels quelconques.

Art. 20. Il est institué au ministère de l'agriculture une commission de la pêche fluviale composée de neuf membres, savoir : un conseiller d'Etat en service ordinaire, président; quatre représentants du ministère de l'agriculture et quatre représentants du ministère des travaux publics.

Le président, en cas de partage, a voix prépondérante.

Les membres de cette commission sont nommés, par décret, pour une période de trois années.

Art. 21. Les arrêtés pris par les préfets en vertu des articles 2, 6, 10, 13, 16 et 19 du présent décret ne sont exécutoires qu'après approbation donnée par les ministres de l'agriculture et des travaux publics, chacun en ce qui le concerne, la commission de la pêche fluviale entendue.

Ces arrêtés ne sont valables que pour une année; ils peuvent être renouvelés.

A la fin de chaque année, les préfets adressent au ministre de l'agriculture et au ministre des travaux publics chacun en ce qui le concerne, un relevé des autorisations accordées en vertu de l'article 18.

Art. 22. Les articles du présent décret ne sont applicables ni au lac Léman ni à la Bidassoa, lesquels restent soumis aux lois et règlements qui les régissent spécialement.

Art. 23. Sont abrogés les décrets des 10 août 1875 et 18 mai 1878, 27 décembre 1889, 9 avril 1892 et toutes autres dispositions contraires au présent décret.

Il est défendu de jeter dans les eaux des drogues ou appâts de nature à enivrer le poisson ou à le détruire. (V. *Appât.*)

Gratifications. — Les gratifications dues aux agents verbalisateurs sont fixées ainsi qu'il suit par la loi des finances du 13 avril 1898 et par le décret du 11 mai 1899.

En matière de pêche fluviale et par condamnation prononcée:

A raison de 2 francs pour un délit de pêche ordinaire;

A raison de 5 francs pour un délit de pêche en temps de frai;

A raison de 20 francs pour un délit de pêche la nuit;

A raison de 25 francs pour un délit de pêche la nuit en temps de frai, pour empoisonnement de rivières, pêche à la dynamite ou autres matières explosibles. (Art. 196 modifié du règl. du 12 avril 1893.)

En matière de pêche maritime, et par condamnation prononcée:

A raison de 2 francs pour les infractions aux règlements relatifs à la conservation du rivage de la mer, à la récolte des herbes et des amendements marins;

A raison de 3 francs pour les infractions à la police de navigation constatées à terre ou à la mer de jour et de nuit;

A raison de 10 francs pour les infractions à la police de la pêche constatées en mer, et de jour;

A raison de 20 francs pour les infractions à la police de la pêche constatées en mer, et de nuit;

A raison de 25 francs pour les infractions au règlement sur la pêche à la dynamite constatées à terre ou à la mer, de jour et de nuit.

PEINE, s. f. En terme de jurisprudence, la peine se définit un châtiment infligé à l'auteur d'un délit ou d'un crime, à raison de ce délit ou de ce crime.

Les peines en matière criminelle sont ou afflictives et infamantes, ou seulement infamantes. (C. P., art. 6.)

Les peines afflictives et infamantes sont: 1° la mort; 2° les travaux forcés à perpétuité; 3° la déportation; 4° les travaux forcés à temps; 5° la détention; 6° la réclusion. (Loi du 28 avril 1882; C. P., art. 7.)

Les peines infamantes sont: 1° le bannissement; 2° la dégradation civique. (Loi du 28 avril 1832; C. P., art. 8.)

Les peines en matière correctionnelle sont: 1° l'emprisonnement à temps dans un lieu de correction; 2° l'interdiction à temps de certains droits civiques, civils et de famille; 3° l'amende (C. P., art. 9); en matière criminelle et correctionnelle: l'interdiction de paraître dans une ou plusieurs localités.

La condamnation aux peines établies par la loi est toujours prononcée sans préjudice des restitutions et dommages-intérêts qui peuvent être dus aux parties. (C. P., art. 10.)

Enfin, les peines prononcées par les tribunaux de simple police pour les contraventions de simple police qui ne sont que des fautes légères, commises le plus souvent sans l'intention de nuire, sont les suivantes: 1° amende de 1 à 15 francs; 2° emprisonnement de un à cinq jours; 3° confiscations de certains objets saisis; 4° insertion du jugement dans un ou plusieurs journaux.

Les peines qui peuvent être appliquées par les tribunaux militaires, en matière de crime, sont: la mort; — les travaux forcés à perpétuité; — la déportation; — les travaux forcés à temps; — la détention; — la réclusion; — le bannissement; — la dégradation militaire. (C. M., art. 185.)

Les peines en matière de délit sont: la destitution; — les travaux publics;

— l'emprisonnement; — l'amende. (C. M., art. 186.)

La loi du 26 mars 1891 ou *Loi Bérenger*, nom du sénateur qui en a pris l'initiative, a été faite pour atténuer les peines infligées pour une première faute et pour les aggraver dans certains cas déterminés par la loi. Le premier article est ainsi conçu :

En cas de condamnation à l'emprisonnement ou à l'amende, si l'inculpé n'a pas subi de condamnation antérieure à la prison pour crime et délit de droit commun, les cours ou tribunaux peuvent ordonner, par le même jugement et par décision motivée, qu'il sera sursis à l'exécution de la peine.

Si, pendant le délai de cinq ans à dater du jugement ou de l'arrêt, le condamné n'a encouru aucune poursuite suivie de condamnation à l'emprisonnement ou à une peine plus grave pour crime ou délit de droit commun, la condamnation sera considérée comme non avenue.

Dans le cas contraire, la première peine sera d'abord exécutée sans qu'elle puisse se confondre avec la seconde.

La loi du 26 mars 1891 ne s'appilque pas aux jugements de simple police et elle n'est applicable aux condamnations prononcées par les tribunaux militaires qu'en ce qui concerne l'aggravation prévue par l'article 5 de la loi. (Circ. du 20 août 1892.)

Une loi en date du 2 avril 1901 modifie l'article 200 du Code de justice militaire relatif au moment à partir duquel commencent à courir les peines prononcées par les tribunaux militaires.

PÉNAL, adj. Qui concerne, qui prononce les peines.

Le Code pénal est le Code dans lequel se trouvent énumérées toutes les peines dont sont passibles les divers crimes, délits et contraventions.

PENDAISON, s. f. Action qui consiste à donner la mort à quelqu'un en le pendant.

Dès qu'on se trouve en présence d'un individu qui est pendu, il faut s'empresser de couper la corde et de chercher à le ramener à la vie. Pour cela, il faut lui faire des frictions énergiques, lui laver le corps avec de l'eau chaude et chercher à rétablir la respiration en lui insufflant de l'air dans les poumons, soit bouche contre bouche, soit au moyen d'un tube introduit dans le larynx. Les saignées au pied ou à la jugulaire donnent souvent de bons résultats.

PÉNITENCIER, s. m. Maison de détention où sont détenus les soldats condamnés à subir la peine correctionnelle de l'emprisonnement.

Les pénitenciers ne reçoivent que des condamnés à des peines d'au moins un an d'emprisonnement.

Ces pénitenciers sont établis dans les localités désignées par le Ministre de la guerre; il y en a aujourd'hui cinq: au fort de Bicêtre près de Paris, à Albertville, à Douéra (Alger), à Bône (Constantine) et à Aïn-el-Hadjar (Oran).

Une circulaire en date du 25 avril 1901 a créé un nouveau pénitencier à Teboursouk (Tunisie).

Chaque établissement est commandé par un chef de bataillon ou un capitaine commandant, ayant sous ses ordres un officier (capitaine, lieutenant ou sous-lieutenant) adjoint, et un certain nombre d'officiers d'administration et de sous-officiers comptables. (Loi du 13 mars 1875, série F, tableau 3.)

Une circulaire ministérielle en date du 4 mars 1896 décide que le commandement des pénitenciers militaires et des ateliers de travaux publics pourra être confié à des officiers provenant de la retraite.

Le régime pénitentiaire ordinaire pour les militaires consiste dans la réclusion cellulaire pendant la nuit et dans leur application, durant le jour, à des travaux rétribués exécutés dans les ateliers ou sur des chantiers communs, sous une surveillance constante, et l'obligation d'un silence absolu, (Règl. du 23 juillet 1856.)

Les condamnés aux travaux publics ou à l'emprisonnement sont mis à la disposition de la gendarmerie et dirigés sur l'établissement pénitentiaire où ils doivent subir leur peine. Les gendarmes chargés de la conduite des condamnés se conformeront aux recommandations qui leur sont faites par le chapitre II du titre IV du décret du 1er mars 1854. Ils devront toujours être porteurs d'un extrait de jugement. (Règl. du 23 juillet 1856.) (V. *Atelier*.)

Il existe en France un certain nombre d'*établissements pénitentiaires* destinés à recevoir les jeunes détenus acquittés, en vertu de l'article 66 du Code pénal, comme ayant agi sans discernement, ainsi que les mineurs condamnés à une peine variant de six mois à deux ans. Ces établissements se divisent en deux catégories : ceux qui appartiennent à l'Etat et qui sont administrés par des agents de l'administration, et ceux qui, tout en restant soumis au contrôle de l'Etat, sont administrés et gérés par des particuliers.

Un décret en date du 26 février 1900 réglemente la police et le régime des établissements pénitentiaires militaires.

PENSION, s. f. Somme payée annuellement, par un particulier ou par l'Etat, pour prévenir des besoins ou pour récompenser des services.

Les pensions sont personnelles : elles sont incessibles et insaisissables et ne peuvent être retenues que jusqu'à concurrence d'un cinquième pour dettes envers l'Etat ou envers des créanciers privilégiés, et d'un tiers pour secours alimentaires à des parents.

D'ancienneté et proportionnelle. Les pensions des officiers et de leurs veuves sont déterminées par les lois des 20 et 22 juin 1878 et 7 juillet 1900 (art. 22), pour les officiers et assimilés de l'armée coloniale, celles des sous-officiers, brigadiers et gendarmes le sont par les lois des 18 août 1879, 23 juillet 1881, 18 mars 1889 et 11 juillet 1899. La pension pour ancienneté varie entre un minimum et un maximum déterminés. Le minimum est acquis à 30 ans de service effectif pour les officiers et 25 ans pour la troupe. Le maximum est acquis à 50 ans de service, campagnes comprises, pour les officiers, et à 45 ans pour la troupe.

A 15 ans de service effectif, les sous-officiers, brigadiers et gendarmes ont droit au minimum de la pension proportionnelle de leur grade. — Le Ministre, peut, après avis d'un conseil de discipline, admettre d'office à la retraite proportionnelle les militaires de la gendarmerie. (Art. 30 de la loi du 18 mars 1889.) — Les services civils ne peuvent être admis pour le décompte des pensions proportionnelles. (Art. 4 de l'instr. du 7 juillet 1889.)

Chaque année de service et chaque campagne en plus de 15 ans de service effectif donne droit à une augmentation d'un dixième de la différence entre le minimum de la pension d'ancienneté du grade et le minimum de la pension proportionnelle. Si les campagnes ajoutées aux années de service forment un total de plus de 25 ans, les annuités en sus sont calculées sur le taux d'accroissement des pensions d'ancienneté de 25 à 45 ans.

Le tarif des pensions proportionnelles est ainsi gradué suivant chaque grade :

GRADE.	Pension proportionnelle à 15 ans de services.	Accroissement annuel de 15 à 25 ans de services.	Minimum de la pension d'ancienneté, 25 ans de services.	Accroissement annuel de 25 à 45 ans de services.	MAXIMUM.
	fr.	fr.	fr.	fr.	fr.
Adjudant.	600 »	40 »	1.000 »	15 »	1.300 »
Serg.-maj.	540 »	36 »	900 »	15 »	1.200 »
Sergent ..	480 »	32 »	800 »	15 »	1.100 »
Caporal ..	420 »	28 »	700 »	10 »	900 »
Soldat....	360 »	24 »	600 »	7 50	750 »

Les militaires de la gendarmerie qui étaient pourvus d'un grade dans l'armée conservent, pour la retraite, et jusqu'à promotion à un grade supérieur dans la gendarmerie, le bénéfice attribué au grade dont ils étaient titulaires, à moins qu'ils n'aient démissionné ou qu'ils n'aient été congédiés du service de la gendarmerie, rétrogradés, cassés ou réformés pour inconduite ou pour inaptitude au service de l'arme. (Ordonn. du 20 janvier 1841 et art. 30 de la loi du 18 mars 1889.)

Majoration. Les pensions des sous-officiers, brigadiers et gendarmes s'augmentent, en outre, d'une majoration pour les années de service passées dans la gendarmerie de 15 à 30 ans de service effectif.

Cette majoration, déterminée suivant le grade dont est pourvu le militaire au moment de son admission à la retraite, est de 18 francs pour les sous-officiers et brigadiers ; 15 francs pour les gendarmes. Mais le droit à ces annuités n'est acquis qu'après 25 ans de service effectif et le militaire retraité proportionnellement ne peut y prétendre. (Lois des 18 août 1879 et 18 mars 1889.) — Les années de service effectif au delà de 30 ans ne donnent pas droit à la majoration. — Les militaires réadmis après avoir quitté la gendarmerie n'ont droit à la majoration que pour les années de service passées dans la gendarmerie depuis leur réadmission.

Supputation des services. Les années de service pour la pension militaire de retraite ne peuvent se compter avant l'âge où la loi permet de contracter un engagement volontaire : aujourd'hui, 18 ans dans l'armée de terre et 16 ans dans l'armée de mer. Les services effectifs comptent pour la pension : 1° pour les appelés, du jour de la mise en route ; 2° pour les engagés, du jour de la signature de l'acte ; 3° pour les commissionnés, de la date de la nomination. (Art. 6 de l'instr. du 7 juillet 1889.)

Le temps passé sous les drapeaux par les militaires de la réserve et de l'armée territoriale n'entre pas dans la supputation des services militaires donnant droit à pension. (Loi du 1er juin 1878.)

Le temps passé en captivité après libération compte comme service effectif pour le droit à pension. (Solution minist. du 17 mai 1871.)

L'article 4 de la loi du 18 avril 1831 est modifié ainsi qu'il suit :

Est compté pour la pension de retraite le temps passé dans un service civil qui donne droit à pension, pourvu toutefois que la durée du service conduisant à une pension militaire de la marine, de la guerre et des colonies soit au moins, ou de vingt ans en France, ou de dix ans dans les colonies pour les individus envoyés d'Europe. (Loi du 13 avril 1898, art. 37.)

Est considéré comme service civil celui qui, directement au compte de l'Etat, a été rétribué sur les fonds généraux du Trésor public par un traitement annuel et fixe, déterminé soit par des commissions ou lettres de service, soit par des règlements administratifs.

Les services au delà de 30 ans pour les officiers (25 ans pour la troupe), se décomptent par annuités ou demi-annuités. Ainsi, on compte chaque fraction de 15 jours au moins pour 6 mois ou une demi-annuité, 6 mois 14 jours pour 6 mois seulement, 6 mois et 15 jours pour un an.

Il faut deux années de grade pour que la pension soit basée sur le grade dont le militaire est pourvu au moment de son admission à la retraite, à moins qu'il ne soit retraité d'office ou pour blessures ou infirmités. — (Pour la supputation des campagnes, V. le mot *Campagne*.)

Tout militaire réadmis dans la gendarmerie après en être sorti pour une cause quelconque, ne peut réclamer la pension proportionnelle qu'après avoir servi cinq ans en cette qualité. (Loi du 13 mars 1875, modifiée par celle du 15 décembre de la même année.) Si le militaire réadmis était déjà pourvu d'une pension proportionnelle, le traitement de cette pension est suspendu pendant la durée de l'activité. (Note minist. du 4 avril 1877.) Dans ce cas, la revision de la pension peut être demandée sans condition de durée de service. (Instr. du 7 juillet 1889, art. 5.)

Cette disposition ne s'applique pas aux militaires réadmis qui atteignent 25 ans de service. Ils peuvent demander leur retraite d'ancienneté dès qu'ils y ont droit, sans attendre d'avoir accompli 5 ans de service depuis leur réadmission.

Un militaire qui, après être sorti de la gendarmerie pour une cause quelconque, est réadmis dans l'arme, perd le bénéfice du grade dont il était antérieurement titulaire, soit dans l'armée soit dans la gendarmerie. (V. l'ordonn. du 20 janvier 1841 et l'art. 30 de la loi du 18 mars 1889.) Mais ceux qui, étant gradés dans la gendarmerie, remettent volontairement leurs galons, conservent le droit à la pension du grade dont ils étaient titulaires immédiatement avant leur entrée dans la gendarmerie. (Avis du Conseil d'Etat du 28 décembre 1881.)

Un militaire qui est admis à la retraite d'office ou sur sa demande entre 15 et 25 ans de service effectif ne peut avoir qu'une retraite proportionnelle, lors même qu'il aurait beaucoup de campagnes. Dans ce cas, comme pour la retraite à titre d'ancienneté, les années de campagnes sont ajoutées aux années de service et la pension est réglée d'après le nombre total de ces années.

La réforme par mesure de discipline fait perdre pour la retraite proportionnelle le bénéfice du grade dont le militaire était pourvu dans l'armée antérieurement avant son admission dans la gendarmerie (Avis du Conseil d'Etat des 29 mai et 1er juin 1880); mais elle ne fait pas perdre le droit à la pension proportionnelle basée sur le grade dont est titulaire le militaire au moment de la radiation des contrôles par mesure de discipline, s'il n'a été préalablement cassé. (Avis du Conseil d'Etat du 20 juin 1882.)

Toute condamnation correctionnelle à une peine supérieure à trois mois de prison entraine la perte du grade; audessous de cette limite, le Ministre décide si le militaire doit perdre ou conserver son grade.

Pour blessures ou infirmités. Les bases d'allocation des pensions pour blessures ou infirmités varient en raison de la gravité des causes qui les font accorder, savoir :

1° Pour la cécité ou perte totale et irrémédiable de la vue, ainsi que pour l'amputation de deux membres, les militaires de tous grades reçoivent le maximum de la pension d'ancienneté, augmenté de 20 pour 100 pour les officiers, de 30 pour 100 pour les sous-officiers, caporaux et soldats, quelle que soit la durée des services (1re et 2e classes de l'échelle de gravité);

2° Pour l'amputation d'un membre ou la perte absolue de l'usage de deux membres, les militaires de tous grades reçoivent le maximum de la pension, quelle que soit la durée des services (3e et 4e classes de l'échelle de gravité);

3° Pour les blessures ou infirmités qui occasionnent la perte absolue de l'usage d'un membre, ou qui y sont reconnues équivalentes, les militaires de tous grades ont droit : d'abord au minimum de la pension d'ancienneté, quelle que soit la durée de leurs services, puis, pour chaque année de service, y compris les campagnes, à un vingtième de la différence du minimum au maximum de ladite pension, de sorte que le maximum est acquis à 20 ans de service, campagnes comprises (5e classe de l'échelle de gravité);

4° Pour les blessures et les infirmités moins graves, la pension est fixée pareillement au minimum; mais elle n'est augmentée des annuités que pour chaque année de service au delà de 30 ans pour les officiers, de 25 ans pour la troupe, campagnes comprises ; de sorte que le maximum n'est acquis qu'à 50 ans (ou 45 ans), comme pour l'ancienneté (6e classe de l'échelle de gravité). (V. la décis. minist. du 23 juillet 1887, qui donne la classification des blessures ou infirmités donnant des droits à la pension.) Un décret en date du 15 mai 1889 fixe à cinq années le délai pour la production des demandes de pension ou de revision de pension à titre de blessures ou d'infirmités. (V. l'instr. du 21 mai 1889.)

Les officiers mis en non-activité pour infirmités *temporaires* ont droit, exceptionnellement, après vingt-cinq ans de services effectifs, au minimum de la pension de retraite de leur grade, lorsqu'ils auront été reconnus, par un conseil d'enquête, non susceptibles d'être rappelés à l'activité. (Loi du 25 juin 1861, art. 2.)

La gendarmerie fait les enquêtes demandées sur les anciens militaires qui réclament une pension pour infirmités, et sur les militaires en activité de service, proposés dans les mêmes conditions, pour lesquels il y a lieu de rechercher les antécédents héréditaires. (Instr. minist. du 21 mai 1889.)

Pensions des veuves et orphelins. (V. *Veuves*.) Les réclamations pour erreur de fait dans la fixation des pensions de retraite doivent être adressées dans le délai de trois mois à dater de la notification de l'ordonnance portant concession de la pension. (Arrêt du Conseil d'Etat du 30 mars 1838.) Les pensions de retraite du personnel non officier de la marine sont déterminées par la loi du 8 août 1883.

LOI DU 15 AVRIL 1885.

Art. 1er. — Ont droit à la pension les veuves des militaires, marins ou assimilés dont la mort a été causée soit par des événements de guerre, soit par des maladies contagieuses ou endémiques contractées à l'armée, hors d'Europe, à bord des bâtiments de l'Etat ou dans les colonies, et aux influences desquelles ils ont été soumis par les obligations de leur service, pourvu que le mariage soit antérieur auxdits événements de guerre et à l'origine desdites maladies.

Les causes, l'origine et la nature des événements de guerre et des maladies contagieuses ou endémiques seront constatées par un certificat d'origine dressé à l'époque où ils se seront produits, et avant le retour en France.

Lorsque les militaires et marins, à leur retour en France, ne se considéreront pas comme guéris, ils feront constater, par leurs services médicaux respectifs, que les effets desdits événements et maladies subsistent encore.

Cette constatation devra être renouvelée d'année en année, pendant leur séjour en France, par les officiers de santé militaires ou maritimes de la localité où ils résideront.

Le médecin qui aura soigné le malade à son décès devra affirmer que les événements de guerre ou les maladies ci-dessus constatées ont été la cause directe de la mort.

Tous les certificats médicaux seront légalisés par l'autorité compétente.

Si les militaires et marins sont décédés une année révolue après la date de la dernière constatation médicale, leurs veuves seront sans droit à la pension.

Art. 2. — A l'avenir, tout marin ou assimilé, veuve ou orphelin de marin ou assimilé, qui se trouvera en demeure de faire valoir ses droits à l'obtention d'une pension ou d'un secours annuel, sera tenu de se pourvoir en liquidation auprès du Ministre de la marine, dans un délai dont la durée ne pourra excéder cinq ans, sans préjudice des règles déjà fixées et des déchéances encourues ou à encourir d'après la législation en vigueur sur les pensions de l'armée de mer; passé ce délai, les demandes ne seront pas admises.

Les ayants droit qui, au jour de la promulgation de la présente loi, se trouveront déjà en demeure depuis plus de cinq ans auront un délai d'un an pour se pourvoir à partir de cette promulgation.

Art. 3. — Toutes les prescriptions ci-dessus seront observées sous peine de déchéance.

Délais d'instance. Le décret du 10 août 1886 et l'instruction du 21 mai 1889 fixent à 5 années le délai pour la production des demandes de pension ou de revision de pension à titre de blessures ou infirmités.

Avances. — Des avances sur les pensions militaires en cours de liquidation peuvent être accordées, si la situation des intéressés le comporte, lorsque le projet de liquidation a été approuvé par le Ministre des finances et le Conseil d'Etat. (V. l'instruction ministérielle du 27 février 1902.)

Pourvoi contre la liquidation d'une pension. (V. *Pourvoi*.)

Résidence à l'étranger. Formalités à remplir pour toucher sa pension. (Ordonn. du 24 février 1832.

Pension alimentaire. Les enfants qui ne viennent pas au secours de leurs parents quand ils sont dans le besoin peuvent être forcés par la loi à leur fournir une pension dite alimentaire, suffisante pour leur procurer la nourriture, le logement et les vêtements.

PERCEPTEUR, s. m. Employé des finances chargé du recouvrement des contributions directes et des taxes assimilées aux impôts directs.

Les perceptions sont divisées en cinq classes. La première comprend les emplois d'un produit supérieur à 8,000 fr.; la 2e, ceux d'un produit de 5,001 à 8,000; la 3e, ceux d'un produit de 3,601 à 5,000; la 4e, ceux d'un produit de 2,401 à 3,600; la 5e, ceux d'un produit de 2,400 et au-dessous. (Instr. générale du 20 juin 1859, art. 69.) Les percepteurs sont nommés par le Ministre des finances, sauf un tiers des percepteurs de 5e classe, qui sont nommés par les préfets. (Décr. du 13 avril 1861.)

Nul ne peut être nommé percepteur s'il n'a été pendant deux ans percepteur surnuméraire ; — il est fait exception pour les employés de l'Etat, et pour les militaires ayant dix ans de service, dont quatre avec le grade de sous-officier, ou que des blessures reçues dans un service commandé ont mis hors d'état de continuer leur carrière.

Les sous-officiers rengagés ayant dix ans de service, dont quatre de sous-officier, participent, au point de vue des emplois civils, aux avantages stipulés par l'article 1er de la loi du 24 juillet 1873. (Loi des 23 juillet 1881 et 18 mars 1889.)

La loi du 18 mars attribue aux anciens sous-officiers rengagés des places de percepteurs de 4e et de 5e classe dans la proportion d'un tiers des vacances. Il faut, pour être nommé, ne pas être âgé de plus de 40 ans, posséder une bonne instruction, avoir des connaissances assez complètes en arithmétique et en comptabilité et enfin verser un cautionnement qui peut varier de 4,000 à 9,000 francs ; ce cautionnement est exigible des titulaires avant leur installation. (V. *Emploi.*) Une circulaire en date du 27 octobre 1887 indique les conditions dans lesquelles les aspirants percepteurs subissent leurs examens.

PÈRE, s. m. Homme qui a un ou plusieurs enfants. Chef de famille. L'autorité du père sur ses enfants, qui était autrefois illimitée, est aujourd'hui considérablement réduite. Le père a le droit : de faire enfermer son fils, avec le concours des magistrats, dans une maison de correction ; d'empêcher le mariage de ses enfants mineurs et leur départ de la maison paternelle ; d'exiger des aliments en cas de ressources insuffisantes. Enfin il jouit, sous certaines obligations, de l'usufruit du bien de ses enfants, et, en cas de décès de la mère, il a la tutelle des mineurs.

Les pères, mères et ascendants sont déchus à l'égard de leurs enfants de la puissance paternelle lorsqu'ils ont encouru certaines condamnations prévues par la loi du 24 juillet 1889. Leurs enfants sont alors placés sous la tutelle de l'assistance publique. (V. *Abandon.*)

PERMIS, s. m. Autorisation écrite. — Permis de chasse. (V. *Chasse.*)

PERMISSION, s. f. Autorisation accordée. — Aucun sous-officier, brigadier ou gendarme ne peut s'absenter de sa résidence sans y être régulièrement autorisé. (Serv. intér., art. 245.)

Les articles 245 et suivants du Service intérieur et le décret du 1er mars 1890 régissent les conditions dans lesquelles les permissions peuvent être accordées. Nous en donnons ci-après un résumé :

Il peut être accordé des permissions avec solde de présence aux militaires de tous grades de la gendarmerie. (Art. 16 du décr. du 1er mars 1890.)

Autorités par qui elles sont accordées. Les généraux commandant les corps d'armée accordent aux chefs de légion trente jours de permission avec solde de présence, et les généraux de division quinze jours également avec solde de présence. — Les généraux de brigade accordent huit jours de permission avec solde de présence aux chefs de légion et trente jours avec solde de présence aux autres militaires de la gendarmerie. (Art. 18 du décr. du 1er mars 1890, 247 et suivants du service intérieur.)

Un décret en date du 7 mars 1895 modifie l'article 108 du décret du 4 octobre 1891 relatif au visa des permissions et des congés, et donne de nouveaux modèles pour les titres de permission et de congé des officiers et de la troupe. (V. *Visa.*)

Les **permissions pour aller à l'étranger** sont accordées par les généraux commandant les corps d'armée; les congés ne sont accordés que par le Ministre. (Décret du 1er mars 1890, art. 11, 20 et 44.)

Permissions permanentes. — Les sous-officiers, brigadiers et gendarmes que leur service ne retient pas à la caserne jouissent de la permission permanente de 11 heures en hiver (1er octobre au 31 mars), et de minuit en été (1er avril au 30 septembre). (Service intérieur, art. 253.)

Permissions accordées par les chefs de légion. Les chefs de légion peuvent concéder, en cas d'urgence, des permissions de huit jours avec solde de présence aux officiers, sous-officiers, brigadiers et gendarmes sous leurs ordres, à la condition d'en rendre compte sans délai au gouverneur militaire ou au général commandant le corps d'armée. (Service intérieur, art. 248.)

Attributions du commandant de compagnie. Le commandant de la compagnie peut accorder des permissions de quatre jours avec solde de présence aux militaires de tous grades placés sous ses ordres. Il en rend compte immédiatement au chef de légion par la voie du rapport journalier.

Attributions des commandants d'arrondissement. Le commandant de l'arrondissement peut accorder des permissions de deux jours avec solde de présence aux sous-officiers, brigadiers ainsi qu'au maréchal des logis adjoint au trésorier, mais seulement sur l'avis favorable du trésorier. Il en rend compte immédiatement au commandant de la compagnie par la voie du rapport journalier.

Le nombre des permissions à accorder dans chaque compagnie est limité par le chef de légion. (Décr. du 1er mars 1890, art. 49, et art. 254 du service intérieur.)

En cas d'urgence et pour des motifs graves, le commandant de brigade peut autoriser le départ d'un de ses subordonnés qui sollicite une permission, sauf régularisation ultérieure. (Serv. int., art. 246.)

Il peut aussi, en cas d'urgence, donner des permissions de la journée aux gendarmes sous ses ordres, pour en jouir dans l'étendue de leur circonscription, mais l'autorisation de découcher n'est donnée que par le commandant d'arrondissement. (Service intérieur, art. 252.)

Des prolongations de permissions. Le droit de prolonger les permissions est réservé aux généraux exerçant un commandement territorial, qui peuvent accorder des prolongations de permission, avec solde de présence, aux militaires de tous grades en permission sur le territoire sous leurs ordres, sous la réserve que la durée totale de l'absence ne dépassera pas les droits conférés à ces officiers généraux. (Serv. int., art. 251.)

Tout militaire en permission doit, pour obtenir une prolongation, avoir au préalable l'assentiment de son chef de corps ou de service. Ce chef de corps ou de service peut accorder directement à l'intéressé la prolongation qu'il sollicite, si la durée totale de l'absence ne doit pas dépasser trente jours. Dans le cas contraire, la permission est transformée en congé et les prescriptions relatives aux prolongations de congés deviennent applicables. (Art. 25 et 26.) (V. *Congé* et *Sursis*.)

Dispositions communes aux congés et aux permissions. Congés ou permissions accordés aux hommes de troupe pour en jouir dans les départements de la Seine et Seine-et-Oise. Il ne peut être accordé de congé ou de permission pour en jouir à Paris, dans le département de la Seine ou dans celui de Seine-et-Oise, qu'aux hommes de troupe qui justifient y avoir leur famille, et qu'à ceux qui, n'y ayant pas leur famille, produisent des certificats, visés par le maire de l'arrondissement, constatant qu'ils y ont des moyens d'existence.

Militaires de passage à Paris. Les hommes de troupe qui, pour se rendre à leur destination, ont à passer par Paris ne peuvent y séjourner plus de quarante-huit heures. (Art. 13.)

Militaires en retard pour rejoindre. Le retard doit être justifié par un billet de sortie d'hôpital ou par un certificat du médecin militaire ou de l'hospice civil du lieu ou de l'arrondissement, constatant la nature de la maladie et le temps qu'a exigé le traitement.

Les certificats délivrés par les médecins civils doivent être visés par le sous-intendant militaire, son suppléant militaire ou le maire.

Quand ce retard doit être attribué à un cas de force majeure autre que la maladie, il est justifié par un certificat de l'autorité locale. (Règl. du 30 décembre 1892, tableau I, n° 25.)

Le temps nécessaire à la traversée de mer ne compte pas dans la durée de l'absence. Les permissions et les congés accordés aux militaires employés en Afrique ou en Corse, ou faisant partie d'une armée active ou d'un rassemblement hors du territoire, ne commencent que du jour du passage de la frontière ou du débarquement. Toutefois, les permissions et les congés ne commencent que le lendemain du jour du débarquement lorsqu'il est bien constaté que l'heure tardive de ce débarquement rend impossible la mise en route dès le jour même. (Serv. int., art. 247.)

La durée des congés ou des permissions accordées aux militaires se rendant en Corse, en Algérie, en Tunisie ou aux colonies est suspendue pendant la traversée (aller et retour) et les quarantaines, lorsqu'il y a lieu (note minist. du 12 avril 1890.)

Pour les militaires en garnison dans certains postes de l'Afrique, éloignés des voies ferrées, ne compte pas dans la durée des permissions ou congés délivrés à destination d'un autre point de l'Algérie ou de la Tunisie le temps passé pour se rendre, par les routes ordinaires, du lieu de garnison à l'aller, jusqu'à la plus prochaine gare du chemin de fer, et, au retour, depuis cette dernière gare jusqu'au lieu de garnison.

Les intéressés font viser leur titre de permission ou de congé, à l'aller et au retour, par le commandant d'armes de la localité station du chemin de fer, ou, à défaut, par l'autorité civile de la commune la plus rapprochée, en vue de constater le commencement ou la fin de l'absence.

Le Ministre détermine, suivant les circonstances, les garnisons susceptibles de bénéficier de ces dispositions.

La rentrée d'un militaire en permission de plus de vingt-quatre heures ou en congé est constatée par un visa du sous-intendant militaire, du suppléant militaire ou du maire. (Règl. du 30 décembre 1892, tableau 1, n° 255.)

Prolongations nécessaires pour permettre aux militaires en permission ou en congé de n'arriver au port d'embarquement que la veille du départ du bateau. Les commandants des corps d'armée où se trouvent les ports où s'embarquent les permissionnaires peuvent prolonger la durée des permissions ou des congés du nombre de jours nécessaires pour que les titulaires de ces permissions ou congés puissent, lors de leur retour, se mettre en route de manière à n'arriver au port d'embarquement que la veille seulement du jour du départ du premier paquebot partant après l'expiration de la permission ou du congé. La solde acquise pendant ces prolongations est la même que celle dont jouissait le militaire pendant son congé ou sa permission primitive. Les intéressés doivent, aussitôt après leur débarquement en France, se présenter à la sous-intendance militaire chargée du service de marche; le sous-intendant militaire est tenu de mentionner, sur le titre dont ils sont porteurs, le jour du départ du paquebot qu'ils auront à prendre pour retourner à leur poste. Cette mention ne dispense pas les intéressés de demander au commandement la prolongation nécessaire. Quand, à l'expiration de sa permission ou de son congé, un militaire d'un corps d'outre-mer obtient une prolongation d'absence, l'autorité militaire qui l'accorde doit, en en faisant l'inscription, mentionner à la suite la date à laquelle l'intéressé devra arriver un port d'embarquement. (Art. 15.)

Permissions à accorder aux militaires des troupes coloniales. Les dispositions du décret du 1er mars 1890 sont applicables à la concession des congés et permissions aux militaires des troupes coloniales, sous réserve des modifications apportées à ce décret par le décret du 9 février 1902.

PERMUTATION, s. f. Echange d'un emploi contre un autre.

Les capitaines et les lieutenants de gendarmerie peuvent rentrer dans leur ancienne arme par permutation avec des capitaines et des lieutenants de cette arme présentés à l'inspection générale de leur corps comme susceptibles d'être admis dans la gendarmerie et ayant subi un examen d'aptitude. (Décis. impér. du 11 janvier 1854.)

Les formalités à remplir par les officiers qui demandent à changer de corps se trouvent dans la note ministérielle du 18 avril 1875, dans la circulaire du 8 mai 1879 et la note ministérielle du 30 janvier 1886. Les demandes doivent être adressées, par la voie hiérarchique, aux commandants des corps d'armée intéressés, avec les consentements réciproques des chefs de légion. Les deux années de présence dans la même localité ne sont pas exigées pour permuter.

Un décret en date du 18 décembre 1894 autorise les commandants de corps d'armée à prononcer directement les permutations, pour motifs de convenances personnelles, entre les officiers des grades de capitaine, lieutenant ou sous-lieutenant des corps de troupe de même arme.

Ces dispositions s'appliquent également aux officiers de réserve et de l'armée teritorriale. (Note minist. du 19 janvier 1895.)

Les changements de légion des sous-officiers et brigadiers ne peuvent avoir lieu que par permutation et sur l'adhésion écrite et réciproque des deux chefs de légion. Toutefois, l'adhésion réciproque n'est pas exigée des militaires qui, étant employés encore en Algérie ou aux colonies depuis six années, ont, en outre, deux ans d'activité dans leur grade et possèdent les ressources nécessaires pour faire face aux dépenses de leur équipement. (V. décret du 1er mars 1854, art. 26.)

Le décret du 18 juin 1873 a déterminé de quelle manière doivent s'effectuer les permutations entre les hommes d'un contingent affectés à l'armée de mer et ceux affectés à l'armée de terre.

Les jeunes gens qui veulent passer de l'armée de mer dans l'armée de terre, et réciproquement, adressent au commandant du bureau de recrutement de leur subdivision une demande de permutation légalisée par le maire. Ils mentionnent dans cette demande leurs nom et prénoms et leur numéro de tirage. (Circ. minist. du 6 août 1883.)

PERQUISITION, s. f. En terme de droit, la perquisition est la recherche faite dans une maison et dans ses dépendances soit d'un prévenu, soit de papiers ou autres objets pouvant servir de pièces à conviction.

Le droit de perquisition dans le domicile d'un citoyen est un droit redoutable que la loi n'a donné qu'*aux officiers de police judiciaire dans le cas de flagrant délit*, et hors ce cas, le juge d'instruction seul a qualité pour lancer un mandat qui prescrit de rechercher.

En cas de flagrant délit, les officiers de gendarmerie, officiers de police judiciaire, peuvent se transporter dans le domicile d'un citoyen pour y faire une perquisition, conformément à l'article 36 du Code d'instruction criminelle ; mais l'article 253 du décret du 1er mars 1854, en reproduisant l'article 36, y a ajouté cette restriction importante : « *Mais il leur est formellement interdit d'y pénétrer pendant le temps de nuit réglé par l'article* 291 *du présent décret. Ils doivent se borner à prendre les mesures de précaution prescrites par l'article* 293.

S'il existe dans le domicile du prévenu des papiers ou effets qui puissent servir à conviction ou à décharge, ils en dressent procès-verbal et se saisissent de ces effets ou de ces papiers.

Ils doivent clore ou cacheter les objets qu'ils ont saisis, et, si ces objets ne sont pas susceptibles de recevoir l'empreinte de l'écriture, ils sont mis dans un vase ou dans un sac, sur lequel ils attachent une bande de papier qu'ils scellent de leur sceau et du cachet du prévenu, si ce dernier le demande.

Si les objets sont d'un trop grand volume pour être à l'instant déplacés, les officiers de gendarmerie peuvent les mettre sous la surveillance d'un gardien auquel ils font prêter serment. (Décr. du 1er mars 1854, art. 254.)

Il est expressément défendu aux officiers de gendarmerie de s'introduire dans une maison autre que celle où le prévenu a son domicile, à moins que ce ne soit une auberge, un cabaret ou tout autre logis ouvert au public, où ils sont autorisés à se transporter, même pendant la nuit jusqu'à l'heure où ces lieux doivent être fermés d'après les règlements de police. (Décr. du 1er mars 1854, art. 255.)

Dans le cas où les officiers de gendarmerie soupçonnent qu'on puisse trouver dans une maison autre que celle du domicile du prevenu des pièces ou effets de nature à servir à conviction ou à décharge, ils doivent en instruire aussitôt le procureur de la République de l'arrondissement. (Décr. du 1er mars 1854, art. 256.)

Lorsque la maison d'un prévenu est située hors de l'arrondissement où ils exercent leurs fonctions habituelles, les officiers de gendarmerie ne peuvent y faire des visites ; ils se bornent à en informer le procureur de la République. (Décr. du 1er mars 1854, art. 257.)

Toutes les opérations dont il est ci-dessus question sont faites en présence du prévenu, s'il a été arrêté, ou en présence d'un fondé de pouvoir, si le prévenu ne veut ou ne peut y assister. Les objets lui sont présentés à l'effet de les reconnaître ou de les désavouer, et de les parafer s'il y a lieu ; en cas de refus, il en est fait mention dans le procès-verbal. A défaut de fondé de pouvoir, l'assistance de deux témoins devient indispensable. (Décr. du 1er mars 1854, art 258.)

Les articles ci-dessus du décret sont de la plus haute importance, et les commandants de brigade qui peuvent, en leur qualité d'officiers de police judiciaire militaire, être appelés à faire une instruction en cas de flagrant délit, ne perdront pas de vue que l'inobservation de ces prescriptions constituerait la plus grave irrégularité.

En dehors du cas de flagrant délit, où l'officier de police judiciaire peut faire les perquisitions qu'il juge nécessaires pour rechercher les preuves d'un crime ou d'un délit, le juge d'instruction seul a le droit de les ordonner et il doit désigner pour leur exécution un auxiliaire de la police judiciaire.

Les sous-officiers, brigadiers et gendarmes, à moins qu'ils n'agissent comme officiers de police judiciaire militaire, *ne peuvent jamais faire de perquisitions;* ils ne peuvent qu'accompagner, pour les aider au besoin dans cette opération, le juge de paix, le maire ou tout autre officier de police délégué par le juge d'instruction. Une circulaire, en date du 22 février 1860, rappelle aux militaires de la gendarmerie qu'ils ne doivent jamais faire de perquisition sans l'assistance de l'autorité civile et qu'en agissant autrement ils manquent gravement à leurs devoirs et se mettent en état de prévarication dans l'exercice de leurs fonctions. (V. les art. 630 et suivants du décr. du 1er mars 1854.)

Il est fait exception pour la recherche d'un prévenu sous le coup d'un mandat d'arrêt ; dans ce cas, et conformément à l'article 109 du Code d'instruction criminelle, les agents de la force publique peuvent faire une perquisition dans le domicile de l'individu objet du mandat ; mais cette perquisition, qui doit toujours être faite *en présence de deux témoins*, n'a pour but que de rechercher la personne qui veut se soustraire à l'action de la justice.

Enfin, la loi du 18 juin 1859 autorise les gendarmes, dans le cas de vol de bois dans les bois et forêts non soumis au régime forestier, c'est-à-dire dans ceux appartenant aux particuliers, à suivre les objets enlevés par les délinquants jusque dans les lieux où ils auront été transportés et à les mettre sous séquestre. Les gendarmes ne pourront néanmoins s'introduire dans les maisons, cours adjacentes et enclos, si ce n'est en présence soit du juge de paix ou de son suppléant, soit du maire du lieu ou de son adjoint, soit du commissaire de police.

Les fonctionnaires dénommés ci-dessus ne pourront se refuser à accompagner sur-le-champ les gendarmes lorsqu'ils en seront requis par eux pour assister à des perquisitions ; ils seront tenus, en outre, de signer le procès-verbal du séquestre ou de la perquisition faite en leur présence, sauf aux gendarmes, en cas de refus de leur part, à en faire mention au procès-verbal. (Loi du 18 juin 1859, art. 188 ; C. F., art. 161 et 162.)

La Cour de cassation a décidé (18 décembre 1845) que lorsque les gendarmes trouvaient des engins prohibés pendant le cours d'une perquisition domiciliaire, ils avaient le droit de les saisir et de dresser procès-verbal ; il en serait de même, par analogie, s'ils trouvaient du gibier en temps prohibé, des allumettes de contrebande, du tabac de contrebande, etc.

La gendarmerie est autorisée à faire directement ou en prêtant main-forte aux inspecteurs, directeurs et employés des postes, des visites et perquisitions sur les messagers et commissionnaires allant habituellement d'une ville à une autre ville, sur les voitures de messageries et autres de cette espèce portant les dépêches et à saisir tous les objets transportés en fraude au préjudice des droits de l'administration des postes. (Décr. du 1er mars 1854, art. 303.)

Afin de ne pas retarder la marche de celles de ces voitures qui transportent des voyageurs, les visites et perquisitions n'ont habituellement lieu qu'à l'entrée ou à la sortie des villes ou aux relais. (Décr. du 1er mars 1854, art. 304.)

Il n'est fait de visites sur les routes qu'autant qu'un ordre de l'administration des postes les prescrit. (Décr. du 1er mars 1854, art. 305.)

Toutes visites et perquisitions doivent, quand bien même elles ne sont suivies d'aucune saisie, être constatées par un procès-verbal conforme au modèle adopté par l'administration. Lorsque ce procès-verbal ne donne lieu à aucune poursuite devant les tribunaux, il n'a pas besoin d'être timbré ni enregistré ; il en est donné copie au particulier qui a été soumis à la visite, s'il le requiert. (Décr. du 1er mars 1854, art. 306.)

Si les visites ou perquisitions ont fait découvrir des lettres ou journaux transportés en fraude, le procès-verbal, dressé à l'instant de la saisie, doit contenir l'énumération de ces lettres ou journaux, reproduire l'adresse de ces objets et mentionner, autant que possible, le poids de chaque lettre. (Décr. du 1er mars 1854, art. 307.)

La gendarmerie ne peut, dans l'intérêt de l'administration des postes, faire des perquisitions sur des voyageurs étrangers au service des postes et n'exerçant pas l'une des professions spécifiées à l'article 303. La saisie opérée sur eux dans cet intérêt est nulle. (Décr. du 1er mars 1854, art. 309.)

Enfin, la gendarmerie ne peut, avec un signalement no 1, pénétrer de force dans le domicile d'un citoyen, pour y rechercher un déserteur ou en opérer l'arrestation.

PERTE, s. f. Dommage, privation de quelque chose qu'on avait.

Indemnités pour pertes de chevaux et effets :

1° OFFICIERS.

a) *Pertes de chevaux à l'intérieur, en Algérie et en Tunisie.* Les officiers montés à titre onéreux et ceux montés par abonnement et devenus propriétaires de leurs chevaux peuvent obtenir des indemnités pour les chevaux qu'ils perdent en temps de paix, par suite de causes extraordinaires, dont l'appréciation est réservée au Ministre, sur la demande qui en est adressée par les conseils d'administration. Les demandes doivent être fournies dans les deux mois qui suivent la perte et appuyées des pièces indiquées à l'annexe no 3 du règlement du 30 décembre 1892.

b) *Indemnités pour pertes de chevaux aux armées.* Les officiers montés à leurs frais et ceux montés par abonnement, devenus propriétaires de leurs chevaux, qui, dans une affaire contre l'ennemi, ont eu des chevaux tués, reçoivent pour chaque cheval une indemnité déterminée comme suit : le calcul de l'indemnité est établi distinctement pour chaque cheval. Jusqu'à l'âge de 10 ans, l'indemnité est égale au prix d'achat ou au montant de l'abonnement versé, si la somme est inférieure au prix budgétaire fixé pour les chevaux de l'arme ; elle est égale au prix budgétaire, si cette somme a été égale ou supérieure au prix budgétaire ; à partir de 10 ans, l'indemnité ainsi calculée est diminuée de 1/7 par année, sans que la diminution puisse être supérieure aux 5/7. Ces dispositions sont applicables auxdits officiers qui ont été faits prisonniers de guerre autrement que par capitulation. L'indemnité leur est payée à la rentrée de captivité. Les formalités administratives sont indiquées au tableau 2, no 19, du règlement du 30 décembre 1892.

c) *Indemnités pour pertes d'effets éprouvées par les officiers dans un service commandé ou par cas de force majeure.* L'indemnité n'est accordée qu'en vertu d'une décision du Ministre de la guerre. Les pertes sont justifiées comme il est dit à l'annexe no 3 du règlement du 30 décembre 1892.

d) *Indemnités pour pertes d'effets*

aux armées. Il est alloué une indemnité aux officiers qui, ayant été faits prisonniers de guerre autrement que par capitulation, et étant de retour des prisons de l'ennemi, reçoivent l'ordre de rentrer immédiatement en campagne. Dans les autres cas, le Ministre décide. Elle est accordée aux sous-officiers, brigadiers et gendarmes, quel qu'ait été le motif de leur captivité et quelle que soit la destination qui leur ait été assignée à leur rentrée en France. (Tableau 2, nº 20 du règl. du 30 décembre 1892.)

Le taux de ces indemnités est fixé comme suit par le tarif nº 23 du même règlement :

	Non montés.	Montés.
	fr.	fr.
Colonel	800	900
Lieutenant-colonel	700	800
Chef d'escadron	600	700
Capitaine	400	500
Lieutenant et sous-lieutenant	300	400
Sous-officier, brigadier et gendarme	150	300

2º TROUPE.

a) *Indemnité pour perte de chevaux aux armées*. Pour les chevaux achetés dans le commerce, l'indemnité est égale au prix d'achat si le cheval a été admis depuis moins de trois ans; passé ce terme, cette indemnité est fixée au prix d'estimation du cheval à l'époque de la dernière inspection générale, si toutefois cette somme n'excède pas le prix d'acquisition du cheval perdu. Pour les chevaux provenant des corps de troupe, l'indemnité est déterminée en déduisant, pour chaque année de service, 1/4, 1/5, 1/6, etc., selon qu'il aura été acheté à 12 ans, à 11 ans, à 10 ans, etc. (Tableau 2, nº 19, du règl. du 30 décembre 1892.)

Si la perte d'effets aux armées résulte d'un service commandé, l'indemnité n'est accordée qu'en vertu d'une décision du Ministre. (Même règl.)

b) *Indemnité pour perte de chevaux par maladie ou réforme à l'intérieur*. Une indemnité est allouée aux sous-officiers, brigadiers et gendarmes qui ont perdu leurs chevaux par maladie ou réforme. Les sous-officiers promus sous-lieutenants, les sous-officiers, brigadiers et gendarmes quittant l'arme autrement que par désertion et ceux qui passent de l'arme à cheval dans l'arme à pied conservent le droit à cette indemnité, ainsi calculée : pour les chevaux déclassés provenant des régiments de cuirassiers, de dragons ou d'artillerie, on déduit 1/4, 1/5, 1/6, etc., du prix d'achat, suivant que le cheval a été acheté à 12 ans, 11 ans, 10 ans, etc.; pour les chevaux non déclassés, quelle que soit leur provenance, on déduit pour chaque année de service du cheval, un douzième du prix d'achat. Pour tous les chevaux, le décompte de la dernière année se fait par trimestre, et la déduction ne porte pas sur un trimestre inachevé. Le prix de la vente du cheval, s'il s'agit d'un cheval réformé, ou le produit de la vente de sa dépouille, déduction faite des frais d'abatage, s'il est mort ou a été abattu, est considéré comme un acompte sur l'indemnité due aux militaires.

c) *Indemnité pour perte de chevaux par suite de résistance armée ou par le fait d'accident survenu pour le service*. Une indemnité est allouée aux sous-officiers, brigadiers et gendarmes dont le cheval est tué ou mis hors de service par suite de résistance armée ou par le fait d'accident survenu dans le service. Elle est égale au prix d'achat si le cheval a été admis depuis moins de trois ans. Passé ce temps de service, elle est fixée au prix d'estimation du cheval à l'époque de la dernière inspection générale, si toutefois cette somme n'excède pas le prix d'acquisition du cheval perdu. L'indemnité ne peut être basée sur le prix d'achat qu'autant que le cheval aura fait une chute, qu'il aura été blessé dans une action énergique, une course forcée motivée par des raisons impérieuses.

L'indemnité allouée subit une réduction égale au produit de la vente du cheval ou de sa dépouille. (Annexe nº 2 du règl. du 12 avril 1893.)

d) *Indemnité pour perte ou détérioration d'effets à l'intérieur* et pour *dépréciation de chevaux*. La perte ou détérioration d'effets, ou la dépréciation de chevaux, si elle a lieu dans l'exécution du service, peut donner lieu à une indemnité réglée d'après le prix d'achat, diminué en proportion de la durée de leur service. (Même règl.) L'événement doit être constaté dans le délai de cinq jours par le sous-intendant militaire, son suppléant militaire ou le maire.

Indépendamment de ces indemnités, une somme fixée par le Ministre de la guerre est répartie annuellement dans chaque corps ou légion, entre les sous-officiers, brigadiers et gendarmes qui ont éprouvé des détériorations anticipées d'effets occasionnées par les exigences d'un service plus actif ou ayant eu à supporter un préjudice par suite de la perte ou de la réforme de leur monture. Le minimum d'allocation est de 25 francs. (Annexe n° 2 du règl. du 12 avril 1893.) (V. *Masse d'entretien et de remonte.*)

PÉTARD, s. m. Tube de carton rempli de poudre et amorcé avec une mèche. (V. *Artifices.*)

PÉTITION, s. f. Demande, plainte ou vœu adressé par écrit à une autorité quelconque.

Toute demande ou pétition adressée directement au Ministre par les sous-officiers et soldats reste sans réponse, et ceux qui transgressent ainsi la hiérarchie militaire peuvent être punis sévèrement. (Circulaire du 22 décembre 1820.)

Toute pétition à l'une ou à l'autre des Chambres ne peut être faite et présentée que par écrit. Il est interdit d'en apporter en personne ou à la barre. (Loi du 22 juillet 1879, art. 6.) Un règlement du 3 juillet 1870 a prescrit les formes dans lesquelles les pétitions peuvent être adressées par les particuliers.

Chaque acte ou écrit sans signature privée, fait sur papier non timbré, est passible d'une amende de 5 francs.

Il est fait exception :

1° Pour les pétitions adressées par des militaires en activité de service ou dans la réserve de l'armée active, ou dans l'armée territoriale ou sa réserve;

2° Pour les demandes de secours et pensions militaires;

3° Pour les pétitions de toute nature émanant de personnes domiciliées hors de France ;

4° Pour les lettres ou communications exclusivement utiles à l'Etat et produites par leurs auteurs dans un but complètement désintéressé;

5° Enfin, pour les demandes de renseignements sur les militaires qui sont en activité de service ou qui sont supposés disparus ou décédés. (V. la circ. du Ministre de la justice en date du 20 avril 1886.)

PÉTROLE, s. f. Huile minérale que l'on trouve à l'état naturel dans beaucoup de pays et principalement en Amérique, et dont on se sert pour l'éclairage.

Le pétrole étant très facilement inflammable et présentant de grands dangers lorsqu'on s'en sert sans précautions, la loi a dû entourer la vente et le transport de cette huile de certaines règles auxquelles les débitants doivent se soumettre.

Les décrets des 27 janvier 1872 et 19 mai 1873 obligent les débitants à faire au maire la déclaration de la quantité de pétrole qu'ils ont dans leur magasin et à prendre certaines garanties pour prévenir tout danger; parmi ces garanties se trouve l'obligation de ne livrer le pétrole aux acheteurs que dans des vases en métal. Une amende de 1 à 5 francs et l'interdiction de la vente en gros ou en détail peuvent être infligées aux contrevenants.

Les écuries ne doivent jamais être éclairées au pétrole. (Service intérieur, art. 137.)

En terminant cet article, nous donnerons quelques recommandations du conseil d'hygène publique, relatives à l'emploi des lampes à pétrole.

« Une lampe, destinée à brûler du pétrole ou toute autre huile minérale, ne doit avoir aucune fêlure, aucune gerçure établissant une communication directe avec l'enceinte où la mèche fonctionne. Le réservoir doit contenir plus d'huile qu'on ne peut en brûler en une seule fois, afin que la lampe ne puisse jamais être vide quand elle brûle.

» Avant d'allumer une lampe, on doit la remplir complètement et ensuite la fermer avec soin. Lorsque l'huile est sur le point d'être épuisée, il faut éteindre et laisser refroidir la lampe avant de la dévisser pour la remplir. Si le verre vient à se casser, il faut éteindre immédiatement, afin de prévenir l'échauffement des garnitures métalliques. Cet échauffement, quand il atteint une certaine intensité, vaporise l'huile contenue dans le réservoir. La vapeur peut prendre feu, déterminer une explosion entraînant la destruction de la lampe et, par suite, l'écoulement d'un liquide toujours très inflammable et souvent même déjà enflammé.

» Le sable, la terre, les cendres, le grès sont préférables à l'eau pour éteindre les huiles minérales en combustion.

» En cas de brûlures, et avant l'arrivée du médecin, il est très utile de couvrir les parties blessées avec des compresses imbibées d'eau fraîche souvent renouvelées. »

PHARE, s. m. Les phares sont des tours construites le long des côtes, au sommet desquelles on entretient pendant la nuit des feux qui servent à guider les navigateurs et à leur faire reconnaître le point où ils se trouvent.

Il y a actuellement (1896) sur les côtes de France ou sur celles de l'Algérie 284 phares; les plus importants sont : le phare de Cordouan à l'embouchure de la Gironde; celui de Planier près de Marseille et celui d'Eckmühl à l'extrémité du Finistère, à la pointe de Pemmarc'h. On compte en outre environ 400 bouées, fanaux et pontons lumineux.

Le phare de Planier est visible jusqu'à une distance de 96 kilomètres.

PHARMACIEN, s. m. Celui qui prépare, qui compose et qui vend les médicaments. Pour exercer la profession de pharmacien, il faut avoir 25 ans révolus et être muni d'un diplôme.

Les étrangers ne peuvent exercer la pharmacie en France que s'ils ont obtenu le diplôme de pharmacien délivré par le gouvernement français et que si, par réciprocité, un Français pourvu du diplôme de pharmacien délivré par le pays auquel appartient cet étranger, peut exercer la pharmacie dans ce pays. (V. la loi du 19 avril 1898 sur l'exercice de la pharmacie.

Les personnes qui ne sont pas munies d'un diplôme et qui vendent des médicaments sont passibles d'une amende de 25 à 600 francs, et, en cas de récidive, d'un emprisonnement de trois à dix jours. (Loi du 21 germinal an XI.)

Il est fait exception pour les médecins qui habitent la campagne ou une résidence dans laquelle il n'y a pas de pharmacien.

Si les pharmaciens commettent des erreurs qui portent atteinte à la santé des malades, ils peuvent être poursuivis en dommages-intérêts et, en cas de mort, ils peuvent être condamnés à la prison pour homicide par imprudence. Les remèdes ne doivent être livrés que sur ordonnance de médecin. Les poisons doivent être tenus sous clef dans une armoire : ils ne peuvent être vendus que sur ordonnance à des personnes connues et toutes les ventes doivent être inscrites sur un registre *ad hoc*.

Les pharmaciens qui fournissent gratuitement des médicaments à la gendarmerie peuvent être proposés pour une récompense. (V. *Médaille*.)

Les pharmaciens militaires sont recrutés parmi les pharmaciens élèves du Val-de-Grâce et des autres hôpitaux militaires. Ils sont employés dans ces hôpitaux et sont attachés aux armées pour être chargés du service pharmaceutique; ils sont soumis, pour l'avancement et pour l'assimilation (V. ce mot), aux mêmes conditions que les médecins militaires. Le cadre des pharmaciens se compose actuellement de : 1 pharmacien inspecteur ayant rang de général de brigade, 4 pharmaciens principaux de 1re classe ayant rang de colonel, 5 pharmaciens principaux de 2e classe ayant rang de lieutenant-colonel, 30 pharmaciens-majors de 1re classe ayant rang de chef de bataillon, 45 pharmaciens-majors de 2e classe ayant rang de capitaine, 20 pharmaciens aides-majors de 1re classe ayant rang de lieutenant, 10 pharmaciens aides-majors de 2e classe ayant rang de sous-lieutenant. (Loi du 15 avril 1898.)

PHOTOGRAPHIE, s. f. La photographie a été employée par les Allemands pendant la guerre de 1870 et elle est probablement appelée à rendre de grands services dans les guerres futures. On est arrivé, en effet, avec de nouveaux appareils, à obtenir des épreuves très nettes à des distances de 15 à 20 kilomètres.

La loi du 29 juillet 1881 autorise la vente et le colportage des photographies sur la voie publique à la seule condition que le vendeur en ait fait la déclaration à la préfecture. (V. *Colportage.*)

PIE, s. f. Oiseau à plumage blanc et noir. Cheval pie. (V. *Robe.*)

PIÈCE, s. f. Partie d'un tout. Les pièces d'un vase, d'une machine, etc. Le mot *pièce* se dit aussi d'un *tout complet* et s'emploie dans une foule d'acceptions : une pièce de toile, une pièce de gibier, une pièce de terre, une pièce de vin, une pièce de monnaie, une pièce d'artillerie, une batterie de six pièces.

En jurisprudence, on désigne sous le nom de *pièces de conviction* tous les objets matériels pouvant servir à démontrer la culpabilité de l'accusé. Les armes ou les instruments qui ont servi à commettre le méfait, les choses qui en ont été le produit, comme les objets volés, les vêtements déchirés ou tachés de sang et les papiers se rattachant à l'affaire, etc., etc.

L'article 35 du Code d'instruction criminelle prescrit aux officiers de police judiciaire de se saisir des pièces de conviction et de les représenter aux inculpés pour s'assurer qu'ils les reconnaissent. L'article 38 ajoute que ces pièces seront ensuite closes et cachetées ou déposées dans un récipient scellé : cette mesure a pour but d'empêcher toute altération de ces pièces, tant dans l'intérêt de l'accusation que dans celui de la défense.

Les gendarmes chargés de la conduite des prévenus peuvent être également chargés du transport des pièces de conviction; mais, aux termes de l'article 9 du décret du 18 juin 1811, les pièces de conviction d'un volume ou d'une nature pouvant nuire à la tenue des gendarmes doivent être transportées par réquisition aux frais de la justice.

Les objets qui sont jugés transportables par la gendarmerie doivent toujours être accompagnés de l'ordre de transport des magistrats qui le délivrent. Ce réquisitoire indique tant le poids des objets à transporter que le jour où les objets doivent arriver à destination. (Instruction générale du Ministre de la justice du 30 septembre 1828.)

L'article 20 de l'instruction faisant suite au décret du 12 août 1896, qui réglemente les dépenses des tribunaux militaires, est ainsi conçu : « Afin d'éviter des frais de procédure, les effets pouvant servir de pièces à conviction seront transportés par les gendarmes chargés de la conduite des prévenus ou accusés, sauf toutefois, si en raison de leur poids ou de leur volume, ces objets ne peuvent être transportés par ces militaires, auquel cas le transport en sera effectué par les moyens de transport ordinaires. »

La cour de Rennes a décidé, le 28 avril 1841, que les gendarmes étaient dépositaires publics et comptables des pièces à conviction qu'ils sont chargés de transporter et que, s'ils les détournent à leur profit, ils sont passibles des peines portées par les articles 169 et 171 du Code pénal (emprisonnement de deux à cinq ans, si les valeurs détournées sont au-dessous de 3,000 francs, et les travaux forcés si les valeurs sont au-dessus de cette somme).

PIED, s. m. Partie des membres inférieurs de l'animal qui repose sur le sol. Pied de cheval. (V. *Cheval.*)

Dans les longues marches, les pieds sont, chez les hommes, le siège de blessures qu'on peut combattre ou prévenir par les moyens suivants :

Prendre fréquemment des bains de pied, de façon à avoir constamment les pieds propres;

Veiller à ce que la chaussure s'adapte parfaitement aux pieds et ne soit ni trop étroite, ni trop longue;

Enduire souvent les chaussures de graisse pour les assouplir, et, à la rigueur, les couper là où elles blessent, plutôt que de s'exposer à laisser le mal s'aggraver.

Faire aux parties malades des lotions ordinaires ou bien à l'eau blanche ou à l'alcool camphré.

En cas d'ampoules, les percer avec un fil enduit de suif, sans enlever la peau et en ayant soin de laisser le fil qui traverse la peau.

PIERRE, s. f. Corps dur et solide que l'on emploie pour construire les édifices, pour paver les routes, etc. — Le fait d'enlever des pierres sur un chemin public constitue une contravention passible d'une amende de 11 à 15 francs, et, en cas de récidive, d'un emprisonnement de cinq jours au plus. (C. P., art. 479, n° 12.)

Ceux qui auront jeté des pierres ou d'autres corps durs ou des immondices contre les maisons, édifices ou clôtures, ou sur quelqu'un, seront passibles d'une amende de 6 à 10 francs, et, en cas de récidive, d'un emprisonnement de cinq jours au plus. (C. P., art. 475, n° 8.)

La pierre devient une arme lorsqu'il en aura été fait usage pour tuer ou pour blesser. — Le fait de menacer un gendarme, de lui jeter des pierres, a été considéré par la Cour de cassation comme rébellion avec arme.

PIGEON, s. m. Oiseau domestique qu'on élève dans des colombiers.

Les préfets, après avis des conseils généraux, déterminent chaque année l'époque de l'ouverture et de la clôture des colombiers. (Loi du 4 avril 1889, art. 6.)

Pendant le temps de la clôture des colombiers, les propriétaires et les fermiers peuvent tirer et s'approprier les pigeons qui seraient trouvés sur leurs fonds, indépendamment des dommages-intérêts et des peines de police encourues par les propriétaires des pigeons. En tout autre temps, les propriétaires et fermiers peuvent exercer, à l'occasion des pigeons trouvés sur leurs fonds, les droits déterminés par l'article 4 de ladite loi. (V. *Volailles.*) (Loi du 4 avril 1889, art. 7.)

Ceux qui négligent d'enfermer les pigeons lorsqu'un arrêté du maire le prescrit sont passibles d'une amende de 1 à 5 francs, et, en cas de récidive, d'un emprisonnement de trois jours au plus. (C. P., art. 471, n° 15.)

Pigeons voyageurs. — La loi et le décret du 22 juillet 1896, que, vu leur importance, nous donnons ci-après *in extenso*, ont définitivement réglementé la question des pigeons voyageurs.

Loi du 22 juillet 1896.

Art. 1er. — Toute personne voulant ouvrir un colombier de pigeons voyageurs doit en obtenir préalablement l'autorisation du préfet de son département.

Art. 2. — Toute personne qui reçoit, à titre permanent ou transitoire, des pigeons voyageurs est tenue d'en faire la déclaration et d'en indiquer la provenance à la mairie dans un délai de deux jours.

Art. 3. — Chaque année, à la date fixée par le Ministre de l'intérieur, un recensement des pigeons voyageurs sera fait dans toutes les communes de France, par les soins des municipalités.

Art. 4. — Sera punie d'une amende de cent à cinq cents francs (100 à 500 fr.) toute personne en contravention aux prescriptions des articles 1 et 2.

Sera punie, en outre, d'un emprisonnement de trois mois à deux ans toute personne qui aura employé des pigeons voyageurs à des relations nuisibles à la sûreté de l Etat.

Art. 5. — Le gouvernement pourra interdire, par décret, sur la proposition des Ministres de l'intérieur et de la guerre, toute importation de pigeons étrangers en France, ainsi que tout mouvement de pigeons voyageurs à l'intérieur.

Toute infraction aux prescriptions dudit décret sera punie des peines édictées au paragraphe 2 de l'article 4.

Art. 6 (modifié par la loi du 4 mars 1894). — Sera punie d'une amende de seize à cent francs (16 à 100 fr.), sans préjudice de tous autres dommages et intérêts et de l'application, le cas échéant, des peines portées aux articles 454 et 401 du Code pénal, toute personne qui, en n'importe quel lieu ou quel temps, par n'importe quel moyen, aura capturé ou détruit, ou tenté de capturer ou de détruire les pigeons voyageurs ne lui appartenant pas.

Lorsque, dans les douze mois qui ont précédé l'infraction, le délinquant aura été condamné en vertu du paragraphe précédent il y aura récidive; l'amende pourra être portée au double, et la peine de l'emprisonnement de six jours à trois mois pourra être appliquée.

L'article 463 du Code pénal est applicable aux infractions prévues par la présente loi.

Décret du 22 *juillet* 1896.

Art. 1er. — L'introduction, en France, des pigeons voyageurs, à quelque emploi qu'ils soient destinés, n'est autorisée que pour les espèces originaires des pays qui usent à cet égard de réciprocité réelle et de fait avec le nôtre.

Art. 2. — Les pigeons voyageurs d'origine ou de provenance étrangère désignés à l'article précédent, ne peuvent pénétrer en France, soit par les voies ferrées, maritimes ou fluviales, soit par toutes autres voies ou tous autres moyens de transport, que par les points ci-après désignés :

Longwy (Meurthe-et-Moselle), Givet (Ardennes); Anor, Jeumont, Feignies, Blanc-Misseron, Baisieux, Tourcoing (Nord); Calais, Boulogne-sur-Mer (Pas-de-Calais); Dieppe, le Havre (Seine-Inférieure); Saint-Malo (Ille-et-Vilaine), Cerbère (Pyrénées-Orientales); Aulus (Ariège) et Hendaye (Basses-Pyrénées).

Art. 3. — Les lâchers de pigeons voyageurs d'origine ou de provenance étrangère ne sont autorisés que pour les espèces originaires ou provenant des pays indiqués à l'article 1er du présent décret.

Art. 4. — Les lâchers de pigeons voyageurs des espèces ci-dessus désignées sont interdits dans les départements frontières de terre, dans toute l'étendue des places fortes militaires ou maritimes et de leurs dépendances et dans les périmètres de protection des établissements militaires et maritimes.

Art. 5. — Il est interdit aux étrangers de toutes les nationalités de créer et d'entretenir en France des colombiers de pigeons voyageurs, ainsi que de se faire adresser et de recevoir des volatiles de cette espèce, sans y être spécialement autorisés par le Ministre de l'intérieur.

Art. 6. — L'autorité administrative pourra interdire, par interprétation de l'article 4 de la loi du 22 juillet 1896, tout lâcher de pigeons voyageurs dont la composition lui paraîtrait suspecte ou contraire aux dispositions des articles 1er et 3 du présent décret. Elle pourra faire saisir, aux fins d'examen, tout ou partie de l'envoi destiné au lâcher, sans que le propriétaire ou le détenteur des volatiles ait droit à aucune indemnité ni à aucun recours contre l'administration.

Art. 7. — Par application de l'article précité de la loi du 22 juillet 1896, l'autorité administrative pourra, chaque fois qu'elle le jugera utile, faire procéder à l'examen des volatiles de toute origine et de toute provenance destinés aux lâchers, aux tirs ou appartenant à des colombiers particuliers.

Dans tous les cas, elle pourra faire contremarquer les volatiles au moyen d'une estampille spéciale et user du droit de saisie, sans qu'il y ait lieu à recours de la part du propriétaire ou du détenteur.

Art. 8. — Les lâchers de pigeons voyageurs ne pourront avoir lieu, dans chaque département que dans les localités et les gares qui seront désignées à cet effet par l'autorité préfectorale et sous le contrôle d'un officier de police judiciaire qui sera délégué par le préfet.

Art. 9. — Les prescriptions qui précèdent seront applicables à partir du 1er octobre prochain.

Art. 10. — Les infractions aux prescriptions du présent décret seront punies, si elles tombent sous l'application de la loi du 22 juillet 1896, des peines édictées par ladite loi; dans les autres cas, elles seront passibles des peines de simple police, de la fermeture des colombiers et, pour le contrevenant, de l'interdiction d'opérer désormais aucun lâcher de pigeons voyageurs sur le territoire français, sans préjudice, s'il s'agit d'un étranger, du droit d'expulsion, qui appartient au Ministre de l'intérieur en vertu de la loi du 3 décembre 1849, art. 7.

Art. 11. — Les dispositions du décret du 15 septembre 1885 sont rapportées.

Un décret du 13 octobre 1888 organise le service des colombiers militaires et l'instruction du 28 octobre 1890 réglemente l'organisation des concours militaires des pigeons voyageurs.

Aujourd'hui, nos escadres se servent de pigeons voyageurs, et la Compagnie générale transatlantique a installé un service de poste en mer tant à l'aller (avec les pigeons de Rennes), qu'au retour (avec ceux de Cherbourg). — Des pigeons bien entraînés peuvent faire en mer jusqu'à 600 kilomètres dans la journée.

Une circulaire adressée par M. le Ministre de l'intérieur aux préfets, le 6 avril 1887, édicte des mesures de protection à l'égard des pigeons voyageurs.

La Cour de cassation a décidé que le pigeon voyageur était un animal domestique et que la personne qui en tue un est responsable du préjudice qu'elle cause au propriétaire du volatile. (Arrêt du 8 décembre 1896.)

Les gendarmes qui se déplacent pour apporter au général commandant la subdivision, des pigeons voyageurs qui ont été capturés, ont droit à l'indemnité de route. (Circ. man. du 2 septembre 1891.) Les pigeons voyageurs ne sont pas assujettis aux droits d'octroi. (Lettre minist. man. du 12 septembre 1890.)

PILLAGE, s. m. Action de voler, de dépouiller par la violence.

Les pillards, lorsqu'ils se sont réunis en bande, sont punis des travaux forcés à temps, et si les denrées pillées sont des grains, grenailles ou farines, pain, vin ou autre boisson, les chefs, instigateurs ou provocateurs seront punis du maximum des travaux forcés à temps. (C. P., art. 440, 441 et 442.)

Est puni de mort, avec dégradation militaire, tout pillage ou dégât de denrées, marchandises ou effets, commis par des militaires en bande, soit avec armes ou à force ouverte, soit avec bris de portes et clôtures extérieures, soit avec violence envers les personnes. Le pillage en bande est puni de la réclusion dans tous les autres cas.

Néanmoins, si, dans les cas prévus par le premier paragraphe, il existe parmi les coupables un ou plusieurs instigateurs, un ou plusieurs militaires pourvus de grades, la peine de mort n'est infligée qu'aux instigateurs et aux militaires les plus élevés en grade. Les autres coupables sont punis de la peine des travaux forcés à temps.

S'il existe des circonstances atténuantes, la peine de mort est réduite à celle des travaux forcés à temps, la peine des travaux forcés à temps à celle de la réclusion, et la peine de la réclusion à celle d'un emprisonnement de 1 an à 5 ans. — En cas de condamnation à l'emprisonnement, l'officier coupable est, en outre, puni de la destitution. (C. M., art. 250.)

Il est rendu compte immédiatement au Ministre de la guerre du pillage des caisses publiques et des magasins militaires. (Décr. du 1er mars 1854, art. 77.)

PINÇARD, adj. Terme d'hippologie. (V. le mot *Cheval.*)

PINCE, s. f. Sorte de tenaille en usage dans un grand nombre de métiers. — Convexité antérieure du pied du cheval.

PIPEE, s. f. Sorte de chasse dans laquelle on attire les oiseaux sur un arbre dont les branches sont enduites de glu : la chasse à la pipée ou avec des pipeaux est interdite.

PIQUET, s. m. Bâton pointu qu'on fiche en terre.

Les petits piquets sont des défenses accessoires qu'on plante irrégulièrement de distance en distance en avant de la contrescarpe ou dans les fossés d'une place et qui ont pour but de ralentir la marche de l'assaillant. On désigne aussi sous le nom de piquet une petite troupe de soldats qui se tiennent prêts à marcher au premier signal. (V. le décr. du 4 octobre 1891, art. 48.)

Les piquets d'honneur mettent la baïonnette au canon toutes les fois qu'ils prennent les armes. (Circ. minist. du 19 mai 1876.)

PISTOLE, s. f. Nom qu'on donne dans certaines prisons à des chambres où les détenus sont logés et nourris à leurs frais.

Dans les campagnes, on désigne encore par le mot de pistole la valeur de dix francs.

PISTOLET, s. m. Arme à feu de petite dimension qu'on peut tirer avec une seule main.

La loi du 14 août 1885, article 5, a rendu complètement libres la fabrication et le commerce des armes blanches, des pistolets et des revolvers. Il semble par suite que le port de ces armes doit être permis : les tribunaux ne sont pas d'accord sur cette question et la Cour de cassation ne l'a pas encore tranchée.

PLACARD, s. m. Sorte d'armoire.

Ecrit qu'on affiche pour faire connaître quelque chose. Les placards fournis au corps de troupe (Instr. sur le montage et le démontage des armes, etc.) ne doivent pas être collés sur toile, mais bien sur les murs, dans l'intérieur des casernes. (Note minist. du 7 mars 1874, rendue applicable à la gendarmerie par la lettre minist. du 23 juillet 1874.)

PLACE, s. f. En art militaire, ce mot s'emploie plus spécialement pour désigner une ville forte. Les places fortes de la France sont : Paris, Lille, Dunkerque, Maubeuge, La Fère, Reims, Verdun, Toul, Epinal, Belfort, Langres, Besançon, Dijon, Lyon, Grenoble, Briançon, Nice, Perpignan et Bayonne. Toutes ces places ainsi que la Corse et Alger, ont un gouverneur, commandant supérieur de la défense. Ce mot signifie aussi l'endroit où se trouvent les officiers chargés dans une ville de la police militaire et des relations entre la troupe et les autorités civiles.

Les militaires arrêtés sont conduits à la place.

Le décret sur le service des places est du 4 octobre 1891; les articles 4 et 10 de ce décret ont été modifiés par le décret du 7 avril 1898.

Les officiers de gendarmerie en résidence dans une place de guerre sont subordonnés au commandant d'armes pour tout ce qui concerne l'observation des règles de la discipline générale; ils concourent sous sa direction à l'exécution des mesures de police militaire.

Lorsque, en raison de circonstances particulières, le commandant d'armes est dans le cas de donner des ordres à la gendarmerie, l'officier ou le sous-officier qui la commande est autorisé à faire des représentations motivées, s'il trouve que ces ordres sont de nature à compromettre le service spécial dont il est chargé. Si le commandant d'armes maintient son ordre, le commandant de la gendarmerie est tenu de l'exécuter; il en est rendu compte au Ministre de la guerre par la voie hiérarchique. (V. le décr. du 1er mars 1854, art. 131.)

Le commandant d'armes est tenu d'obtempérer aux demandes écrites que lui fait le commandant de la gendarmerie pour que les portes qui, par exception, seraient fermées la nuit soient ouvertes, toutes les fois que le service l'exige, à lui ou à ses subordonnés. (Décr. du 4 octobre 1891, art. 121, et du 1er mars 1854, art. 125.)

Le gouverneur ou le commandant qui rend une place à l'ennemi sans avoir fait tout ce que prescrivaient le devoir et l'honneur est puni de mort. (C. M., art. 209.)

Le mot place signifie également l'espace qu'occupe ou que peut occuper une personne ou une chose.

La largeur moyenne des places dans les voitures publiques ne doit pas être inférieure à 48 centimètres, sauf pour les voitures parcourant moins de 20 kilomètres, où la largeur moyenne peut être réduite à 40 centimètres.

En cas de contravention, l'amende est de 16 à 200 francs et la peine de six à dix jours de prison. (Art. 2, § 3, et art. 6 de la loi du 30 mai 1851; art. 23 du règlement du 10 août 1852.)

Le numéro de chaque place et le prix de la place, depuis le lieu du départ jusqu'à celui d'arrivée, doivent exister à l'intérieur de chaque compartiment. Cette contravention est punie des mêmes peines que les précédentes. (Art. 2, § 3, nº 3, de la loi du 30 mai 1871 et art. 30 du règl. du 10 août 1852.)

PLAINTE, s. f. En langage juridique, la plainte est l'exposé qu'une personne fait à un officier de police judiciaire du dommage qui lui a été causé.

La plainte ne peut être portée que par l'intéressé ou un fondé de pouvoir muni d'une procuration.

La plainte diffère de la dénonciation en ce que cette dernière consiste à porter à la connaissance d'un officier de police judiciaire tout dommage qui nuit à autrui.

Les formalités à remplir pour recevoir une plainte sont les mêmes que celles pour recevoir une dénonciation. (V. ce mot.) (V. décr. du 1er mars 1854, art. 244 et suivants.)

Les sous-officiers, brigadiers et gendarmes n'étant pas officiers de police judiciaire, sauf en Algérie et dans quelques colonies, ne peuvent recevoir *ni plainte ni dénonciation;* ils ne peuvent recevoir que des *déclarations* qui n'ont que le caractère d'un simple renseignement propre à éclairer la justice.

Lorsque des sous-officiers, brigadiers et gendarmes se trouvent dans le cas d'être traduits devant un conseil de guerre, le commandant de la compagnie établit une plainte qu'il adresse avec les rapports et autres pièces à l'appui au chef de légion. (Service intérieur, art. 277; décr. du 1er mars 1854, art. 593 et suivants.)

PLAN, s. m. Dessin qui représente les différentes parties d'un appareil, d'un édifice ou d'une portion de terrain.

Tout militaire qui livre à l'ennemi les plans des places de guerre, des arsenaux maritimes, des ports et des rades, est puni de mort avec dégradation militaire. (C. M., art. 205.)

PLANÈTE, s. f. Les planètes sont des astres qui, comme la terre, ne sont pas lumineux par eux-mêmes et qui reçoivent leur lumière du soleil, autour duquel ils tournent en décrivant une ellipse peu différente d'un grand cercle.

En partant du soleil on trouve Mercure, qui est la planète la plus rapprochée de cet astre ; puis viennent Vénus, la Terre, Mars, Jupiter, Saturne, Uranus et Neptune. Ces deux dernières ne sont pas visibles à l'œil nu. Outre ces neuf grandes planètes, il en existe encore un grand nombre qu'on appelle télescopiques, parce qu'elles ne peuvent être distinguées qu'à l'aide du télescope. — Autour des planètes tournent d'autres petits corps auxquels on a donné le nom de satellites ; la lune est le satellite de la terre.

Vénus et la Terre ont à peu près le même volume ; Mercure et Mars sont plus petits ; toutes les autres planètes sont plus grandes et le volume de Jupiter est 1,400 fois plus grand que celui de la Terre. — On sait que la Terre met 365 jours ou un an à décrire son cercle autour du soleil ; Mercure et Vénus mettent moins d'une année ; Jupiter met près de 12 ans, et enfin Neptune, la dernière planète connue, emploie 164 ans à revenir au même point du grand cercle qu'il décrit autour du soleil.

Les planètes sont des astres semblables à la terre, et si la science n'a pas encore prouvé qu'elles étaient habitées, elle a du moins pu s'assurer qu'un grand nombre de ces astres jouissaient de bien meilleures conditions d'habitabilité que celles de notre globe.

PLANTON, s. m. Sous-officier ou soldat de service près d'un officier ou dans un établissement militaire.

Le service de planton dans les casernes de gendarmerie est réglé par les articles 180 et suivants du service intérieur. Il veille à la tenue des gendarmes qui sortent de la caserne, empêche qu'aucun étranger n'entre sans la permission du chef de brigade, remet les dépêches, visite les prisonniers qui doivent être mis en route le lendemain, ferme les portes à l'heure indiquée et pendant la nuit, prévient immédiatement le chef de brigade de toute demande de secours ou de service qui pourrait être faite.

Le règlement du 20 juin 1863 autorise, dans certains cas, à détacher un gendarme pour faire le service de planton dans les prisons militaires. Le service de planton dans les gares est réglé par les articles 182 et 183 du service intérieur.

Planton aux gares. (*V. Chemin de fer*).

PLAQUE, s. f. Petite tablette plus ou moins épaisse en métal ou en verre.

Par décision des 2 septembre et 10 novembre 1881, le Ministre a attribué à tous les militaires de corps de troupe et à ceux de la gendarmerie une *plaque d'identité.*

Cette plaque, destinée à faire reconnaître en campagne les hommes tués ou grièvement blessés, porte les nom, prénoms et numéro matricule du gendarme, ainsi que la désignation de la compagnie à laquelle il appartient. La plaque est remise à chaque gendarme lors de son entrée dans l'arme, et, en cas de perte, il doit la faire remplacer sur sa masse individuelle. — Au moment d'une mobilisation, le gendarme suspend la plaque à son cou au moyen du cordon qui y est adapté. Des circulaires en date des 12 octobre 1883, 16 janvier 1884, 5 mai 1888 et 12 décembre 1888 réglementent les inscriptions à graver sur les plaques d'identité.

Les officiers doivent également posséder une plaque d'identité et, en campagne, ils la portent suspendue au cou. (Service de la gendarmerie en campagne, art. 222.)

Les militaires envoyés à l'hôpital doivent être porteurs de leur plaque d'identité.

L'achat de ces plaques, de leur cordon et des ingrédients ou ustensiles pour leur marquage est à la charge de la masse d'entretien et de remonte. (Annexe nº 2 du règl. du 12 avril 1893.)

Les plaques des réservistes et territoriaux de la gendarmerie sont conservées au chef-lieu de légion et versées au domaine quand les hommes sont libérés de tout service.

La loi du 30 mai 1851 exige que toute voiture circulant sur les routes nationales, départementales, chemins vicinaux, de grande communication, soit munie d'une plaque métallique placée en avant des roues du côté gauche de la voiture et portant les nom, prénoms et profession du propriétaire, avec la désignation de la commune qu'il habite, celle du canton et du département.

Sont exceptées de cette disposition :

1° Les voitures particulières destinées au transport des personnes, mais étrangères à un service public des messageries ;

2° Les malles-postes et autres voitures appartenant à l'administration des postes ;

3° Les voitures d'artillerie, chariots et fourgons appartenant aux départements de la guerre et de la marine. Des décrets du Président de la République déterminent les marques distinctives que doivent porter les voitures désignées aux paragraphes 2 et 3, et les titres dont leurs conducteurs doivent être munis ;

4° Les voitures employées à la culture des terres, au transport des récoltes, à l'exploitation des fermes, qui se rendent de la ferme aux champs ou des champs à la ferme, ou qui servent au transport des objets récoltés, du lieu où ils ont été recueillis jusqu'à celui où, pour les conserver ou les manipuler, le cultivateur les dépose ou les rassemble. (Loi du 30 mai 1851, art. 3.)

Tout propriétaire d'une voiture circulant sur des voies publiques sans qu'elle soit munie de la plaque prescrite par l'article 3 et par les règlements rendus en exécution du n° 4 du premier paragraphe de l'article 2, sera puni d'une amende de 6 francs à 15 francs, et le conducteur, d'une amende de 1 franc à 5 francs. (Loi du 30 mai 1851, art. 7.) (V. *Chemin.*)

PLATE-LONGE, s. f. Longe plate et longue qui sert à différents usages et principalement à maintenir le pied d'un cheval à une hauteur voulue. — On donne aussi le nom de plate-longe à une longue courroie dont on se sert dans les manèges pour faire trotter et pour assouplir les jeunes chevaux.

PLONGÉE, s. f. Terme de fortification qui sert à désigner le talus supérieur du parapet d'un ouvrage. Ce talus est incliné de façon à permettre aux défenseurs d'appuyer leurs armes pour tirer commodément sur les assaillants qui se présentent en avant du fossé.

PODOMÈTRE, s. m. Instrument ayant la forme d'une montre et qui sert à mesurer la distance parcourue par un piéton.

Cet instrument, très ingénieux, fonctionne dès que la personne qui le porte marche, et il accélère, ralentit, arrête ou reprend sa marche en même temps qu'elle. — Il faut avoir soin seulement, pour que le mécanisme ne s'arrête pas quand la personne est en mouvement, de le porter toujours dans une position verticale, suspendu par son anneau ou maintenu dans la poche dans cette position. Dès que l'anneau cesse d'être en haut, le mécanisme s'arrête. La grande aiguille fait le tour du cadran en 9 kilomètres et la petite enregistre combien de 10 kilomètres ont été faits.

POIDS, s. m. Morceau de fer, de cuivre ou de plomb, ayant une pesanteur légale et qui sert à évaluer le poids des objets. (V. au mot *Mètre* la nomenclature des poids autorisés en France.) Qualité de ce qui est pesant. Le poids que le fantassin doit porter en campagne est de 28 kilogrammes environ.

La vente avec des poids faux est punie d'un emprisonnement de 3 mois à un an et d'une amende variable. (C. P., art. 423.)

La simple détention par les marchands de poids et mesures faux est punie d'un emprisonnement de 6 à 10 jours et d'une amende de 16 à 25 francs, ou de l'une de ces deux peines seulement. (Lois des 27 mars et 1er avril 1851.)

Le décret du 26 février 1873, modifiant l'ordonnance du 17 avril 1839, a réorganisé le corps des employés chargés de vérifier les poids et mesures : cette vérification a lieu tous les ans dans toutes les communes, et un tableau joint au décret énumère les commerces, industries et professions qui y sont assujettis.

A l'armée, les officiers et les sous-officiers de gendarmerie vérifient souvent les poids et mesures; ils confisquent, conformément aux lois, ceux qui ne sont pas étalonnés, ainsi que les faux poids, les fausses mesures, les appareils de pesage et de mesurage inexacts, et dresse procès-verbal : le grand prévôt ou le prévôt inflige aux contrevenants les peines édictées par la loi.

Tout individu, militaire ou non militaire, qui a trompé ou tenté de tromper sur la quantité de la chose vendue, est passible du conseil de guerre. (Serv. de la gendarmerie en campagne, art. 30.)

Les dispositions précédentes concernant les cantiniers des corps, sont plus spécialement laissées à la surveillance des chefs de bataillon, adjudants-majors et adjudants de ces corps. — La gendarmerie doit, en général, s'abstenir de toute ingérence superflue dans l'intérieur des corps de troupe, qui ont tout intérêt à faire bonne police par eux-mêmes. Néanmoins elle dresse procès-verbal des infractions qu'elle découvre accidentellement; elle en prévient les corps auxquels les délinquants appartiennent et rend compte, par la voie hiérarchique, au chef d'état-major de la division. (V. Service de la gendarmerie en campagne, art. 31.)

Une note ministérielle en date du 16 janvier 1891 réglemente la vérification des poids et mesures dans les établissements militaires.

La loi du 4 juillet 1837 a mis exclusivement en vigueur, à partir du 1er janvier 1840, les poids et mesures établis par les lois des 18 germinal an III et 19 frimaire an VIII, constitutive du système métrique décimal. — Tous poids et mesures autres que ceux établis par ces lois sont interdits sous les peines portées par l'article 479 du Code pénal, n° 5. — Ceux qui auront des poids et mesures autres que ceux reconnus par la loi, dans leurs magasins, boutiques, ateliers ou maisons de commerce, ou dans les halles, foires et marchés, seront punis comme ceux qui les emploieront, conformément à l'article 479 du Code pénal.

Toutes dénominations autres que celles établies par la loi du 18 germinal an III sont interdites dans les actes publics, ainsi que les affiches et les annonces. Elles sont également interdites dans les actes sous seing privé, les registres de commerce et autres écritures privées produites en justice. — Les officiers publics contrevenants sont passibles d'une amende de 20 francs; pour les autres contrevenants, l'amende est de 10 francs. (V. *Mesure* et *Balance*.)

POIGNARD, s. m. Arme de main à lame aiguë dont on se sert en frappant par la pointe. — Les poignards rentrent dans la catégorie des armes qui ont été considérées jusqu'à présent comme armes prohibées. (V. ce mot.)

POISON, s. m. Substance qui, introduite dans l'économie animale, peut détruire la vie ou altérer gravement la santé. (V. *Empoisonnement*.)

Celui qui aura occasionné à autrui une maladie ou une incapacité de travail personnel, en lui administrant volontairement, de quelque manière que ce soit, des substances qui, sans être de nature à donner la mort, sont nuisibles à la santé, sera puni d'un emprisonnement d'un mois à 5 ans, et d'une amende de 16 francs à 500 francs; il pourra, de plus, être renvoyé sous la surveillance de la haute police pendant 2 ans au moins et 10 ans au plus. Si la maladie ou incapacité de travail personnel a duré plus de vingt jours, la peine sera celle de la réclusion.

Si le coupable a commis soit le délit soit le crime spécifiés aux deux paragraphes ci-dessus envers un de ses ascendants, tels qu'ils sont désignés en l'article 312, il sera puni, au premier cas, de la réclusion, et au second cas, des travaux forcés à temps. (Loi du 28 avril 1832; C. P., art. 317.)

Les poisons ne peuvent être vendus par les épiciers ou droguistes qu'en gros, sans avoir subi aucune préparation et seulement à des personnes connues et qui justifient de la nécessité d'acheter ces substances. (Loi du 21 germinal an XI.)

Les pharmaciens ne peuvent délivrer des poisons que sur ordonnance des médecins.

POISSON, s. m. Animal à sang froid, respirant par des branchies, et ne pouvant vivre que dans l'eau.

Pour protéger la reproduction du

poisson, la loi a dû édicter certaines prescriptions.

Ainsi, les dimensions au-dessous desquelles les poissons et écrevisses ne peuvent être pêchés, même à la ligne flottante, et doivent être immédiatement rejetés à l'eau, sont déterminées comme il suit, pour les diverses espèces: 1° les saumons, quarante centimètres de longueur; 2° les anguilles, vingt-cinq cent. de longueur; 3° les truites, ombres-chevaliers, ombres communs, carpes, brochets, barbeaux, brêmes, meuniers, muges, aloses, perches, gardons, tanches, lottes, lamproies et lavarets, quatorze centimètres de longueur; 4° les soles, plies et flets, dix centimètres de longueur; 5° les écrevisses à pattes rouges, huit centimètres de longueur; celles à pattes blanches, six centimètres de longueur.

La longueur des poissons ci-dessus mentionnés est mesurée de l'œil à la naissance de la queue; celle de l'écrevisse, de l'œil à l'extrémité de la queue déployée. (Décr. du 10 août 1875, art. 8, modifié par le décr. du 5 septembre 1897.)

Les gendarmes sont autorisés à saisir les filets prohibés, ainsi que le poisson pêché en délit. (Loi du 15 avril 1829, art. 39.) Il suit de là que s'ils supposent de la résistance chez le contrevenant, ils devront se borner à décrire, dans leur procès-verbal, les engins prohibés et à mentionner le poids approximatif du poisson objet du délit.

Le poisson saisi est vendu aux enchères, en vertu d'une ordonnance du juge de paix, si la vente a lieu dans un chef-lieu de canton, ou, dans le cas contraire, d'après l'autorisation du maire de la commune. Ces ordonnances ou autorisations seront délivrées sur la requête des agents qui auront opéré la saisie. (Loi du 15 avril 1829, art. 42.)

Dans la pratique, le poisson saisi est souvent envoyé aux établissements de bienfaisance. — Les agents doivent alors joindre un récépissé à leur procès-verbal.

POLE, s. m. On donne ce nom à chacune des extrémités de l'axe imaginaire autour duquel la terre effectue son mouvement de rotation en 24 heures. Le pôle dans lequel se trouve notre hémisphère s'appelle pôle nord, boréal, arctique ou septentrional. Le pôle opposé s'appelle pôle sud, austral, antarctique ou méridional.

POLICE, s. f. L'article 16 de la loi du 3 brumaire an IV définit ainsi la police: « La police est l'ensemble des règles et l'action des autorités pour maintenir l'ordre public, la liberté, la propriété et la sécurité individuelles. » Ainsi que le dit M. de Lamy, dans son ouvrage sur la police judiciaire : « Après cette définition large, mais vraie, de la police, il n'est point exagéré de dire que les biens les plus grands et les plus précieux dont nous jouissons sont confiés à sa garde. »

Dans le langage usuel, on donne le nom de police à l'autorité qui a pour mission d'assurer l'exécution des lois en veillant au maintien de la sûreté et de la tranquillité publiques.

La police se divise en deux grandes branches: 1° *La police administrative*, qui est essentiellement préventive et qui est chargée, par ses avertissements, d'empêcher tous les actes délictueux que la police judiciaire est appelée à réprimer. — Elle est confiée, sous les ordres du Ministre de l'intérieur, aux préfets, aux sous-préfets, aux maires, à la gendarmerie et à tous les agents de l'autorité, et elle est chargée de veiller au maintien habituel de l'ordre public en général dans chaque département, chaque arrondissement, chaque canton et chaque commune. Cette police générale se subdivise elle-même en police municipale proprement dite, qui s'occupe exclusivement des intérêts de la commune, et en police rurale, qui a principalement pour objet la sûreté et la salubrité des campagnes. La police rurale, exercée par la gendarmerie et par les agents mentionnés plus haut, est encore confiée à des fonctionnaires ayant une compétence spéciale : les gardes champêtres, les gardes forestiers et les gardes-pêche.

2° *La police judiciaire*. La police judiciaire a pour but de rechercher les crimes, les délits et les contraventions, d'en rassembler les preuves et d'en livrer les auteurs aux tribunaux chargés de les punir. (C. d'instr. crim., art. 8.) La police judiciaire est exercée sous l'autorité des cours d'appel, par les gardes champêtres et les gardes forestiers; par les commissaires de police; par les maires et leurs adjoints; par les procureurs de la République et leurs substituts; par les juges de paix; par les officiers de gendarmerie et par les juges d'instruction. — Les préfets dans les départements et le préfet de police à Paris peuvent également constater les crimes, les délits et les contraventions. (C. d'instr. crim., art. 9 et 10.)

Les sous-officiers, brigadiers ou commandants de brigade sont officiers de police judiciaire auxiliaires du procureur de la République dans toute l'étendue du territoire civil en Algérie (décret du 29 juillet 1900), en Tunisie (décret du 15 février 1898), sur le territoire de la Guyane (décret du 3 septembre 1889), dans l'Indo-Chine (décret du 5 mai 1901), dans la Nouvelle-Calédonie (décret du 13 mars 1889), et à Madagascar et dépendances (décret du 27 mars 1902).

Les fonctionnaires qui viennent d'être énumérés ont le titre d'officier de police judiciaire ; les juges de paix, les officiers de gendarmerie, les commissaires de police, les maires et les adjoints ont le titre d'auxiliaires du procureur de la République; les officiers de police judiciaire ont le droit de requérir directement la force publique. Il existe, en outre, dans diverses administrations publiques, des agents qui ont le droit de constater certaines contraventions; tels sont, notamment, les ingénieurs et les conducteurs des ponts et chaussées, les agents des contributions indirectes, des douanes, des octrois, des forêts, etc., etc. La compétence de ces officiers de police est régie par des lois spéciales. Les attributions et fonctions des divers officiers de police judiciaire civile sont longuement définies dans les neuf chapitres du livre Ier du Code d'instruction criminelle.

Police judiciaire militaire. La police judiciaire militaire est exercée, sous l'autorité du général commandant la circonscription :

1° Par les adjudants de garnison ;

2° Par les officiers, sous-officiers et commandants de brigade de gendarmerie;

3° Par les chefs de poste ;

4° Par les officiers d'administration du service de l'artillerie et du génie ;

5° Par les rapporteurs près les conseils de guerre, en cas de flagrant délit. (C. M., art. 84.)

Les commandants et majors de garnison, les chefs de corps, de dépôt et de détachement, les chefs de service de l'artillerie et du génie, les membres du corps de l'intendance militaire peuvent faire personnellement ou requérir les officiers de police judiciaire, chacun en ce qui le concerne, de faire tous les actes nécessaires à l'effet de constater les crimes et les délits et d'en livrer les auteurs aux tribunaux chargés de les punir.

Les chefs de corps peuvent déléguer les pouvoirs qui leur sont donnés par le précédent paragraphe à l'un des officiers sous leurs ordres. (C. M., art. 85.)

Comme on le voit, les officiers, sous-officiers et *commandants de brigade de gendarmerie* sont officiers de police judiciaire, et l'article 524 du décret du 1er mars 1854 leur donne la mission, dès qu'ils ont connaissance d'un crime ou d'un délit commis par un militaire justiciable des conseils de guerre, de faire les informations nécessaires, conformément aux prescriptions des articles 83 et suivants du Code de justice militaire.

D'après l'article 56 du même code, les militaires doivent être en activité de service et portés présents sur les contrôles pour être justiciables des conseils de guerre. (V. *Juridiction.*) (V. au mot *Réserve* dans quels cas les réservistes et les territoriaux sont justiciables des conseils de guerre.)

Fonctions générales de l'officier de police judiciaire militaire. — La loi et les règlements tracent ainsi qu'il suit aux officiers, sous-officiers et commandants de brigade leurs droits et leurs devoirs : les uns et les autres sont de la plus haute importance, et les officiers de police judiciaire ne-

sauraient apporter trop d'attention à l'étude des obligations que la loi leur impose, en ne perdant jamais de vue qu'ils peuvent être appelés journellement à faire des informations dans lesquelles la vie d'un homme peut se trouver en jeu.

Dès qu'un crime ou un délit est commis (art. 87 du C. M.), soit par des militaires, soit par des individus quels qu'ils soient, se trouvant sur le territoire occupé par l'armée et justiciables des conseils de guerre, l'officier de police judiciaire doit se transporter sur les lieux et commencer immédiatement une instruction, et cette instruction doit être d'autant plus sérieuse qu'il arrivera très souvent qu'elle sera la seule qui pourra être faite. L'armée étant exposée à s'éloigner d'un moment à l'autre, le rapporteur ne pourra pas toujours se transporter sur les lieux du crime ; il ne pourra entendre de nouveau des témoins qui auront disparu, de nouvelles constatations ou confrontations ne pourront être faites, et alors, conformément à l'article 104 du Code militaire, les pièces établies par l'officier de police judiciaire auront en justice toute la force et toute l'autorité qu'elles auraient si elles émanaient du rapporteur lui-même. Mais, pour qu'il en soit ainsi, il faut que toutes les formalités prescrites par la loi soient scrupuleusement observées et que la justice ne soit pas arrêtée par un défaut de forme ou par un oubli de la légalité causé par la légèreté ou par l'ignorance. (V. l'instr. du 18 avril 1890.)

Instruction d'une affaire. — Les informations judiciaires nécessitent généralement la rédaction de trois sortes d'actes :

1° L'interrogatoire de l'inculpé ;

2° La constatation du corps du délit et de l'état des lieux ;

3° L'interrogatoire des témoins.

L'interrogatoire de l'inculpé. — C'est par cet acte que doit toujours commencer l'information, afin que l'inculpé connaisse les motifs de la poursuite dont il est l'objet et que l'officier de police judiciaire puisse diriger plus tard ses investigations d'après les réponses qui lui auront été faites. Si le prévenu n'est pas présent, il sera lancé contre lui un mandat d'amener (art. 105 du C. M.), et on passera aux autres formalités de l'instruction.

Mandat d'amener.

Au nom du Peuple français,

Nous...... (*nom et grade*), officier de police militaire, agissant en vertu de l'article 87 du Code militaire, requérons la gendarmerie et tous agents de la force publique d'arrêter et d'amener devant nous, en se conformant à la loi, le nommé (*nom, grade et signalement*), inculpé de.....

Fait à....., le..... 18..

Le (grade) *officier de police judiciaire,*

(Signature.)

L'officier de police judiciaire procède à l'interrogatoire du prévenu ; il l'interroge sur ses nom, prénoms, âge, lieu de naissance, profession, domicile et sur les circonstances du délit ; il lui fait représenter toutes les pièces pouvant servir à conviction et il l'interpelle pour qu'il ait à déclarer s'il les reconnaît. S'il y a plusieurs prévenus du même délit, chacun d'eux est interrogé séparément, sauf à les confronter s'il y a lieu. (Art. 101 du C. M.)

Le prévenu sera interrogé hors de la présence des témoins et l'interrogatoire devra être fait avec le plus grand soin. L'officier de police judiciaire devra poser ses questions avec beaucoup de calme et une grande netteté. Il devra traiter le prévenu avec douceur, en évitant de se laisser aller à l'irritation ou à la colère, et consigner exactement ses réponses à la suite des demandes et aussitôt qu'elles auront été faites ; il cherchera à obtenir des aveux et ne négligera rien pour arriver à découvrir la vérité.

A la fin de l'instruction, un nouvel interrogatoire pourra avoir lieu lorsqu'on lira les procès-verbaux aux prévenus, conformément au dernier paragraphe de l'article 101 du Code militaire. Ce nouvel interrogatoire aura pour but d'élucider toutes les questions qui auraient pu rester indécises dans l'esprit du magistrat instructeur.

L'interrogatoire fini, il en est donné lecture au prévenu, afin qu'il déclare si ses réponses ont été fidèlement transcrites, si elles contiennent la vérité et s'il y persiste.

L'interrogatoire est signé par le prévenu et clos par la signature du rapporteur et celle du greffier. (Art. 101 du C. M.). S'il n'a pas été dressé un procès-verbal spécial d'arrestation, le signalement du prévenu devra toujours se trouver à la fin de son interrogatoire.

Constatation du corps du délit et de l'état de lieux. Cet acte peut être fait, suivant le cas, soit avant soit après l'interrogatoire des témoins. Il a pour but de décrire le plus exactement possible l'état des lieux dans lesquels le crime a été commis, de constater le corps du délit, de bien indiquer, s'il y a lieu, l'état du cadavre, la position exacte qu'il occupait quand on l'a découvert, le nombre et la gravité des blessures, de relater avec soin les perquisitions et toutes les opérations qui auraient été faites et d'énumérer, en les décrivant, les pièces à conviction qui auront été trouvées et qui auront dû être saisies. Toutes ces opérations devront être faites en présence du prévenu ; on lui montrera les objets saisis à l'effet de les reconnaître et les parafer s'il y a lieu ; et, en cas de refus, il en sera fait mention au procès-verbal. (Art. 39 du C. d'instr. crim.)

Les objets saisis seront clos et cachetés, si faire se peut, ou, s'ils ne sont pas susceptibles de recevoir des caractères d'écritures, ils seront mis dans un vase ou dans un sac, sur lequel l'officier de police judiciaire attachera une bande de papier qu'il scellera de son sceau. (Art. 38 du C. d'instr. crim. et 86 du C. M.)

Comme, dans la pratique, l'officier de police judiciaire n'aura pas généralement de sceau à sa disposition, il devra, après avoir signé lui-même la bande de papier, la faire signer par le greffier et par le prévenu.

Assistance des hommes de l'art. Lorsqu'il s'agira de mort violente ou de blessures, l'officier de police judiciaire devra, conformément à l'article 44 du Code d'instruction criminelle, se faire assister d'un ou deux docteurs qui feront leur rapport sur les causes de la mort ou sur la gravité des blessures.

Avant de procéder à leur examen, les médecins devront prêter serment entre les mains de l'officier de police judiciaire de faire leur rapport et de donner leur avis en honneur et conscience. (Art. 44 du C. d'instr. crim.) L'officier de police judiciaire visera ce rapport et le joindra au dossier.

Comme il est dit plus haut, le prévenu doit assister à toutes les opérations qui viennent d'être énumérées et sa présence doit être constatée par sa signature apposée au bas du procès-verbal qui les constate. S'il est absent au début de l'information et qu'il soit arrêté avant qu'elle ne soit terminée, on devra lui lire et lui faire signer tous les procès-verbaux constatant les opérations auxquelles il aurait dû assister. Au moment de son arrestation, il aura dû être fouillé avec soin et les pièces à conviction qui auront été trouvées sur lui seront jointes à celles qui auront pu être saisies. Le procès-verbal d'arrestation sera joint au dossier.

Droits de l'officier de police judiciaire pendant les opérations. Pendant les opérations qui précèdent et pendant celles qui suivent, l'officier de police judiciaire pourra défendre que qui que ce soit sorte de la maison ou s'éloigne de lui. Tout contrevenant à cette défense sera, s'il peut être saisi, déposé dans une maison d'arrêt, et la peine encourue pour la contravention sera prononcée par le rapporteur. (Art. 34 du C. d'instr. crim.)

Interrogatoire des témoins. L'officier de police judiciaire doit entendre tous les témoins dont les dépositions peuvent amener à la découverte de la vérité. Mais, pour que ces dépositions aient toute leur force devant la justice, il faut qu'elles aient été faites régulièrement et sous la foi du serment. Cette nécessité résulte des termes mêmes de l'article 104 du Code militaire, qui dit que « si les déclarations ont été recueillies par un officier de police judiciaire, avec l'ordre d'informer, le rapporteur pourra se dispenser d'entendre ou de faire entendre les témoins qui auront déjà déposé ».

Cet article, très important, a pour but d'accélérer le cours de la justice, d'empêcher des retards toujours préjudiciables et de permettre l'instruction toujours complète d'une affaire, alors même que les principaux témoins ne pourraient paraitre devant le rapporteur.

Les témoins seront cités par un huissier ou par un autre agent de la force publique (art. 72 du Code d'instr. crim.), et leur audition se fera conformément aux dispositions des articles 73 et suivants du même Code.

L'officier de police judiciaire entendra les témoins séparément et hors de la présence du prévenu. Il leur fera prêter le serment de parler *sans haine et sans crainte, de dire toute la vérité et rien que la vérité*. Il leur demandera leurs nom, prénoms, âge, état, profession, demeure, s'ils sont domestiques, parents ou alliés de l'accusé, et à quel degré.

Les dépositions seront signées de l'officier de police judiciaire, du greffier et du témoin après que lecture lui en aura été faite et qu'il aura déclaré y persister. Si le témoin ne peut ou ne veut signer, il en sera fait mention.

Il ne devra y avoir dans les dépositions aucun interligne, et toutes les ratures, renvois ou surcharges devront être approuvés et signés par le témoin, par le greffier et par l'officier de police judiciaire. Enfin, si, parmi les témoins, il y a des enfants au-dessous de l'âge de 15 ans, ils devront être entendus sans prestation de serment, à titre de simple renseignement.

Refus de témoins de venir déposer. L'article 103 du Code militaire ne donne qu'au rapporteur le droit de forcer les témoins à venir donner leur témoignage; si donc, dans le courant de l'instruction, des témoins se refusent à venir déposer, l'officier de police judiciaire devra se borner à rédiger un procès-verbal qui sera joint à la procédure.

Témoins militaires. Si des militaires témoins du crime ou du délit ne se trouvent pas sur les lieux lorsque l'officier de police judiciaire y arrive, ce dernier devra les faire prévenir en personne, mais il devra toujours faire prévenir le chef du corps auquel appartiennent ces militaires; il y a là une question de haute convenance qui devra toujours être observée.

Prévenu réfugié dans une caserne. Il en serait de même si l'officier de police judiciaire devait faire une perquisition dans un établissement militaire ou si le prévenu, après avoir commis le crime ou le délit, s'était réfugié dans une caserne. Dans ce cas, l'officier de police judiciaire demandera l'autorisation d'entrer; mais si le chef de corps, s'appuyant sur l'article 85 du Code militaire, déclare qu'il veut lui-même instruire l'affaire et refuse l'autorisation, l'officier de police n'aura qu'à se retirer et à dresser procès-verbal du refus qui lui aura été fait. Si la perquisition est autorisée, il sera convenable que l'officier de police judiciaire se fasse accompagner par le chef de corps ou par son représentant, qui signera les procès-verbaux dressés en sa présence.

Si les nécessités de l'instruction obligent l'officier de police judiciaire à pénétrer dans un établissement civil, il ne devra y entrer qu'après avoir requis le préfet ou toute autre autorité de lui donner l'autorisation.

Perquisition dans la maison d'un particulier. S'il est nécessaire de s'introduire dans la maison d'un particulier, l'officier de police judiciaire agissant en pays ennemi ou dans un territoire en état de guerre ou en état de siège n'aura pas besoin de l'assistance de l'autorité civile; l'article 158 du Code militaire lui donne le droit d'accomplir seul sa mission.

Mais il n'en sera pas de même si l'officier de police judiciaire agit lorsque l'armée se trouve encore à l'intérieur ou qu'elle occupe un pays allié : dans ce cas, il devra se conformer à l'article 91 qui lui défend expressément de s'introduire dans une maison particulière, si ce n'est avec l'assistance soit du juge de paix ou de son suppléant, soit du maire ou de son adjoint, soit du commissaire de police. Ces autorités ne peuvent refuser d'obtempérer à la réquisition qui leur est faite, car elles ne sont pas juges de la légalité de la réquisition; l'officier de police judiciaire agit sous sa responsabilité, et s'il commet un acte illégal, il en est seul responsable. Si cependant les autorités locales étaient absentes ou se refusaient à accompagner l'officier de police judiciaire, ce dernier, après avoir dressé procès-verbal du refus ou de l'absence, pourrait passer outre, et, dans ce cas, il lui suffirait d'avoir deux témoins. Ce droit résulte des articles 42 et 49 du Code d'instruction criminelle.

Indemnité aux témoins et aux experts. Le décret du 13 novembre 1857, reproduisant les principales dispositions de l'arrêté du 17 floréal an V, n'alloue aucune indemnité aux militaires de tous grades, aux fonctionnaires ou employés payés par l'Etat qui sont appelés comme médecins, comme experts et comme témoins devant la justice militaire; mais si l'officier de police judiciaire opère à l'intérieur, il devra alors, si le cas se présente, se conformer aux prescriptions du décret du 13 novembre 1857 et de l'instruction ministérielle du 24 janvier 1858.

Les médecins civils, les interprètes et les experts seront taxés à raison de 6 francs par vacation.

Les témoins qui en auront fait la demande recevront une indemnité fixée par l'officier de police judiciaire, qui ne pourra être moindre de 1 franc ni au-dessus de 2 fr. 50 par jour soit de séjour, soit de voyage. La journée de marche sera décomptée à raison de 24 kilomètres.

Les mandats de paiement pour les témoins pourront être inscrits au dos de la cédule qu'ils auront apportée en venant déposer et seront ainsi conçus :

CODE MILITAIRE, formule n° 3 *bis*.

Mandat de paiement de la taxe d'un témoin.

Monsieur le receveur de l'enregistrement au palais de justice, à... est invité et, au besoin, requis de payer sur la présentation de ce mandat, au sieur..., la somme de..., qui lui a été allouée sur sa demande pour sa comparution en qualité de...

Fait à... le... 18..

Le... officier de police judiciaire,

Bon pour... Le témoin sait signer.
Taxe de...

Pour acquit : *Le greffier,*

S'il s'agit d'un médecin ou d'un expert, le mandat de paiement sera inscrit au-dessous ou au dos de la copie du réquisitoire qui lui aura été adressée. Le réquisitoire devant faire partie de la procédure, c'est une copie de ce réquisitoire qui sert à allouer la taxe. La formule précédente, légèrement modifiée, servira pour requérir le paiement des vacations des médecins ou des experts. Un bordereau des sommes allouées aux témoins et, s'il y a lieu, aux médecins et aux experts, sera joint aux pièces d'information.

Aux armées, le mandat est tiré sur la caisse du payeur particulier de la division ou du payeur principal du quartier général.

Formalités complémentaires. Lorsque l'instruction est complètement terminée, l'officier de police judiciaire et le greffier apposent leur signature au bas de toutes les pages des procès-verbaux qui ont été dressés, et le dossier, accompagné d'un bordereau énumérant les pièces, est transmis sans délai au général commandant la division (V. la circ. du 24 septembre 1879.)

Remise du prévenu à l'autorité militaire. Quant au prévenu, il doit être conduit immédiatement soit devant son chef de corps, qui en demeure responsable, soit devant le général de division, qui le fait écrouer.

L'article 87 du Code militaire, bien plus large que l'article 40 du Code d'instruction criminelle, puisqu'il autorise l'arrestation en cas de crime ou de délit flagrant, dit que le prévenu sera conduit devant l'autorité militaire, sans spécifier devant quelle autorité. Mais, s'il s'agit d'un délit grave ou d'un crime, il est évident que c'est devant l'autorité supérieure c'est-à-dire devant le général de division, que le prévenu doit être conduit. Enfin, en l'absence de l'autorité militaire, l'officier de police judiciaire pourra toujours délivrer lui-même un ordre d'écrou. Une expédition du procès-verbal d'arrestation sera envoyée sans délai au chef de corps.

Il peut arriver que l'officier de police judiciaire ait à procéder à une information dans des circonstances où il n'y a pas de flagrant délit, c'est-à-dire où le crime ou le délit ne répondent pas aux conditions exigées par l'article 41 du Code d'instruction criminelle pour être flagrants. Dans ce cas, il devra toujours adresser ses réquisitions à l'autorité militaire pour s'assurer de la personne de l'inculpé, nul ne pouvant être arrêté, hors le cas de flagrant délit, qu'en vertu de l'ordre de ses supérieurs. (Art. 88 du Code militaire.)

Les simples gendarmes peuvent être officiers de police judiciaire. Les règles minutieuses mais nécessaires imposées par la loi aux officiers de police judiciaire ne sauraient être trop étudiées, non seulement par tous les officiers de gendarmerie, mais encore par tous les commandants de brigade, et par ces mots : commandants de brigade, il faut entendre non seulement les sous-officiers et les brigadiers de gendarmerie, mais encore *les simples gendarmes, s'ils ont un commandement provisoire ou intérimaire.*

« C'est au commandant de brigade, quel qu'il soit, fût-il simple gendarme, que la loi entend donner la qualité d'officier du police judiciaire, parce qu'il exerce alors les fonctions que lui attribue et doit, dans l'esprit de la loi, lui attribuer cette qualité. » (*Commentaires* de Victor Foucher.)

Le *tribunal de simple police* est celui devant lequel sont jugées les contraventions.

Le *tribunal de police correctionnelle* est celui qui connaît des délits.

Police d'assurance. On donne le nom de police à un contrat par lequel on s'engage, moyennant une somme convenue, à indemniser quelqu'un d'une perte qu'il peut subir ; quand on s'assure à une compagnie contre les risques de la mort, de l'incendie, etc., on fait avec cette compagnie des conventions qui portent le nom de police.

POLITIQUE, adj. Qui a rapport au gouvernement des affaires publiques.

De nombreuses instructions ministérielles et l'article 1er du Service intérieur interdisent aux militaires de tous grades de la gendarmerie de s'immiscer, en aucune circonstance, *dans les questions qui touchent à la politique* et aux querelles locales des différents partis.

Une circulaire ministérielle en date 21 août 1879 défend aux membres de la gendarmerie de fournir à *aucune autorité, quelle qu'elle soit,* des rapports ayant trait à la politique. La lettre collective du 12 janvier 1882 et la circulaire du 17 mai 1886 renouvellent cette interdiction.

POLYGONE, s. m. Figure de géométrie qui a plusieurs angles et plusieurs côtés.

Le polygone le plus simple est le triangle, qui n'a que 3 côtés, puis viennent les quadrilatères (carrés), rectangles, trapèzes (4 côtés), les pentagones (5 côtés), les hexagones (6 côtés), les heptagones (7 côtés) les octogones (8 côtés), les ennéagones (9 côtés) et les décagones (10 côtés). Il n'y a pas d'autres noms usités pour désigner des polygones d'un plus grand nombre de côtés. — Pour mesurer la surface d'un polygone, on le décompose en triangles dont on mesure les surfaces. (V. *Surface.*)

En terme d'artillerie, le polygone est le terrain sur lequel se font les manœuvres d'ensemble des bouches à feu, ainsi que le tir.

POMPIER, s. m. Homme qui fait partie d'un corps organisé pour combattre les incendies.

Toutes les villes importantes ont des compagnies de pompiers, dont le personnel est nommé par l'autorité municipale. (V. *Sapeurs-Pompiers.*)

A Paris, le corps des sapeurs-pompiers forme un régiment de deux bataillons à six compagnies. La solde et l'entretien de ce régiment sont entièrement à la charge de la ville de Paris, mais les officiers, sous-officiers et soldats font partie intégrante de l'arme de l'infanterie.

PONT, s. m. Construction en fer, en pierre ou en bois, élevée d'un bord à l'autre d'un fossé, d'une rivière, d'un fleuve, etc., et qui permet de les traverser.

En dehors des ponts fixes, on construit, pour passer les cours d'eau, des ponts improvisés au moyen de bateaux, de radeaux ou de chevalets.

En fortification, on donne le nom de pont-levis à des ponts en bois qui se lèvent ou s'abaissent pour défendre ou permettre l'entrée d'une porte dans une place de guerre.

Ponts et chaussées. L'administration des ponts et chaussées est celle qui s'occupe de tout ce qui concerne les ponts, routes, voies publiques et canaux.

PONTON, s. m. Réunion de deux bateaux dont on se sert pour construire les ponts destinés pendant la guerre à faire passer à des troupes une rivière ou un fleuve.

L'ensemble des choses nécessaires à cette construction porte le nom d'*équipage de pont,* et les soldats qui sont chargés d'établir les ponts portent le nom de *pontonniers*.

Les régiments de pontonniers qui existaient autrefois ont été versés dans l'arme du génie. Chaque régiment du génie a un certain nombre d'hommes exercés à la manœuvre des ponts.

POPULATION, s. f. — La population de la terre est estimée à environ 1.710.000.000. La France, d'après le dernier recensement (1901), possède 38.961.945 habitants.

PORT, s. m. Endroit d'une côte qui s'enfonce dans les terres et qui, offrant aux navires un abri contre les tempêtes, leur permet de s'approcher du littoral en toute sécurité pour charger et pour décharger leurs marchandises.

Les ports se divisent en ports de commerce affectés spécialement à la marine marchande, et en ports militaires; ces derniers renferment toujours les établissements nécessaires à la construction, à l'entretien et à l'armement des navires de guerre. — La France possède cinq grands ports militaires, qui sont en même temps les chefs-lieux des cinq arrondissements maritimes : Brest, Toulon, Rochefort, Lorient et Cherbourg.

Le mot port signifie aussi l'action de porter. — *Port d'armes.* Il est admis aujourd'hui par la jurisprudence que le droit de port d'armes apparentes et non prohibées existe pour tous les particuliers, bien qu'aucun article de la loi ne l'autorise expressément, mais l'article 41 du Code d'instruction criminel donnant aux tribunaux le droit d'interdire le port d'armes, il en résulte que ce droit existe pour tout individu qui n'en a pas été privé.

Le port d'arme prohibées (V. *Armes*) est puni d'une amende de 16 à 200 francs par l'article 314 du Code pénal.

Tout mendiant ou vagabond qui sera trouvé porteur d'armes, bien qu'il n'en ait usé ni menacé, sera puni de 2 à 5 ans d'emprisonnement. (C. P., art. 277.)

Le port illégal de costume, uniforme ou décorations est puni d'un emprisonnement de six mois à deux ans. (C. P., art. 259.) Cet article ne s'applique qu'au port illégal de costumes français de fonctionnaires, de militaires, d'ecclésiastiques, de congrégations autorisées ; il ne paraît pas devoir être appliqué au port illégal de costumes étrangers.

Est puni d'un emprisonnement de deux mois à deux ans tout militaire qui porte publiquement des décorations, médailles, insignes, uniformes ou costumes français sans en avoir le droit. La même peine est prononcée contre tout militaire qui porte des décorations, médailles ou insignes étrangers sans y avoir été préalablement autorisé. (C. M., art. 266.)

PORTIER - CONSIGNE, s. m. Les portiers-consignes sont des sous-officiers en activité de service qui font partie du corps de l'état-major particulier du génie. Ils sont au nombre de 292 (Loi du 13 mars 1875) et ils se divisent en trois classes. Ils sont complètement à la disposition du chef du génie de la place pour tout ce qui concerne le service spécial de l'arme du génie.

Les portiers-consignes de 3e classe sont choisis de préférence parmi les sous-officiers du génie ou les gendarmes provenant des sous-officiers de cette arme ou à défaut parmi les sous-officiers de toutes armes remplissant les conditions ci-après :

1° Avoir dix ans de services dont quatre ans dans le grade de sous-officier (le temps passé dans la gendarmerie par les gendarmes provenant des sous-officiers est compté comme passé dans ce grade);

2° Etre âgé de moins de 40 ans;

3° Être bien noté;

4° Avoir subi les épreuves d'un examen d'instruction primaire. (V. le décret du 4 juin 1898 et l'instr. minist. du 1er février 1899.)

PORTUGAL. Le Portugal occupe, dans la partie occidentale de la péninsule ibérique, l'espace compris entre l'embouchure du Minho et celle de la Guadiana, on y compte environ 4,000,000 d'habitants, répandus sur une superficie de 91,000 kilomètres carrés.

C'est à la pointe S.-O. du Portugal que se trouve le cap Saint-Vincent, extrémité S.-O. de toute l'Europe. Ce pays, arrosé par le Minho, le Douro et le Tage, est couvert par de nombreuses ramifications des montagnes de Castille.

Le Portugal se divise en provinces dont la principale est celle d'Estramadure, qui a pour chef-lieu Lisbonne, capitale du royaume. Cette magnifique ville s'élève en amphithéâtre à l'extrémité occidentale de la baie formée par les eaux du Tage. Détruite par le tremblement de terre de 1755, Lisbonne renferme aujourd'hui 300,000 habitants

Les autres villes remarquables du Portugal sont : Santarem, place forte ; Abrantès, sur le Tage ; Bragança, au nord du Douro ; Sétubal, port de mer au sud de Lisbonne.

Le service militaire est obligatoire pour tous les jeunes gens âgés de 20 ans ; mais il n'est pas personnel et le remplacement est autorisé. — Après 3 ans passés sous les drapeaux, le soldat rentre dans ses foyers et fait partie de la réserve pendant 12 années (5 ans dans la première réserve, 7 ans dans la deuxième). — En temps de paix, l'effectif de l'armée est d'environ 35,000 hommes ; sur le pied de guerre, elle compte environ 80,000 combattants.

POSTE, s. f. Administration publique chargée du transport des lettres et des dépêches. Nous ne donnerons ici que quelques renseignements succincts sur le service des postes et sur les tarifs, ces renseignements étant fournis aux intéressés dans tous les bureaux.

La taxe des lettres ordinaires circulant en France, en Corse et en Algérie, est réglée ainsi qu'il suit : lettres affranchies, 0 fr. 15 cent. par 15 grammes ou fraction de 15 grammes ; lettres non affranchies, 0 fr. 30 cent. par 15 grammes ou fraction de 15 grammes. Le prix des cartes postales est de 0 fr. 10 cent. Les timbres-poste sont de quinze valeurs différentes, depuis 1 centime jusqu'à 5 francs. Ils doivent être collés à l'angle droit supérieur des lettres, au-dessus de l'adresse.

Les militaires et marins dans les colonies, dans les protectorats, à bord des navires ou en station à l'étranger, reçoivent et expédient leurs lettres avec le bénéfice de la taxe métropolitaine. (Décret du 21 avril 1900. — V. *Franchise.*)

Deux timbres-poste d'un modèle spécial sont donnés mensuellement à chaque homme de troupe pour sa correspondance. (V. le décret du 23 mars, l'instruction du 25 mai 1901 et celle du 3 mai 1902.)

Quiconque aura sciemment fait usage d'un timbre-poste ayant déjà servi à l'affranchissement d'une lettre, sera puni d'une amende de 50 francs à 1,000 francs. En cas de récidive, la peine sera d'un emprisonnement de cinq jours à un mois et l'amende sera doublée. Sera puni des mêmes peines, suivant les distinctions sus-établies, la vente ou la tentative de vente d'un timbre-poste ayant déjà servi. (Lois du 16 octobre 1849 et du 20 mai 1854.)

Les militaires qui font usage pour l'affranchissement de leur correspondance de timbres-poste ayant déjà servi doivent être punis disciplinairement. (Lettre coll. cabinet du Ministre, 20 décembre 1882.)

Les directeurs départementaux des postes sont autorisés à saisir directement les généraux commandant les corps d'armée des affaires concernant les militaires qui emploient des timbres-poste frauduleux, et ces officiers généraux leur font connaître directement la suite donnée. (Dépêche min. du 10 février 1896.)

Les cartes de visite affranchies à prix réduit peuvent, outre les noms, l'adresse et les indications professionnelles imprimées de l'expéditeur, contenir des vœux, souhaits, compliments de condoléances, remerciments ou autres *formules de politesse. n'excédant pas cinq mots*. Toutes autres indications sont interdites, et le fait de leur présence sur ces cartes constitue une contravention à l'art. 9 de la loi du 25 juin 1886. (V. l'arrêté du Ministre du commerce en date du 19 février 1895.)

Toute lettre revêtue d'un timbre insuffisant est considérée comme non affranchie et taxée comme telle, sauf déduction du prix du timbre. (Loi du 21 août 1875.)

Les lettres déposées après les heures fixées pour les dernières levées peuvent être admises, moyennant une taxe supplémentaire, dans certaines localités et dans un délai déterminé, à profiter du plus prochain départ. (Loi du 16 et décr. du 17 mars 1887.)

Les imprimés, papiers de commerce ou d'affaires, journaux, circulaires, catalogues, etc., etc., sont transportés moyennant un tarif minime, variable suivant le poids.

On peut encore envoyer par la poste des valeurs déclarées, enfermées dans des boites, jusqu'à concurrence d'une valeur de 10,000 francs; des lettres à valeurs déclarées jusqu'à concurrence d'une valeur de 10,000 francs; des lettres et objets recommandés; mais, dans ce cas, la perte ne donne droit, au profit du destinataire, qu'à une indemnité de 25 francs.

Enfin, la poste se charge, moyennant un droit de 1 p. 100, du transport des sommes d'argent déposées à découvert dans ses bureaux, et délivre, en échange, des mandats payables à vue en France, dans les colonies et dans certains pays énumérés dans les conventions internationales; les envois ne peuvent dépasser 500 francs. Le public peut, en outre, employer la voie télégraphique pour faire payer à desination, jusqu'à concurrence de 5,000 trancs au maximum, les sommes défposées dans les bureaux de poste.

Les paquets de service envoyés par les militaires de la gendarmerie sont transportés en franchise. (V. *Franchise.*) — Transport frauduleux de lettres. (V. *Lettre.*)

Tout fonctionnaire ou préposé du gouvernement peut retirer une lettre ou un paquet qu'il a déposé ou fait déposer au bureau, et qui n'a pas été encore expédié. Mais pour qu'un particulier puisse retirer une lettre déposée par lui à la boîte d'un bureau, il doit accomplir certaines formalités qui lui seront indiquées par tous les receveurs de poste.

Le mot *poste* signifie aussi l'endroit où des soldats sont placés pour faire un service militaire. Chaque poste, suivant son objet, a une consigne particulière, et le chef de poste est responsable de son exécution. Abandon de son poste. (V. *Abandon.*)

Les militaires de la gendarmerie ne sont détachés dans des postes provisoires ou temporaires qu'en vertu d'une décision spéciale du Ministre de la guerre. — Il est interdit aux chefs de légion de placer ou d'entretenir des forces supplétives, à moins que le Ministre en ait ordonné l'établissement. (Décr. du 1er mars 1854, art. 27. — V. circ. du 1er juillet 1854 et le tableau 2 nº 12 du règl. du 30 décembre 1892.)

Dans le but déviter à l'Etat des dépenses d'indemnités de services extraordinaires et de frais de route, les postes provisoires sont composés, en permanence, des mêmes hommes pris à la brigade dans la circonscription de laquelle ils se trouvent. (Décis. présid. du 10 février 1894.)

POUCETTES, s. f. Sorte d'anneau double à cadenas avec lequel on attache les pouces d'un prisonnier pour mettre obstacle à une évasion pendant la route.

POUDRE, s. f. La poudre, en balistique, est un mélange de soufre, de salpêtre et de charbon qui jouit de la propriété, lorsqu'il s'enflamme, de dégager une grande quantité de gaz.

On fabrique en France, dans des établissements appelés poudreries, trois espèces de poudre : la poudre de guerre, la poudre de chasse et la poudre de mine. Sur 100 parties, la poudre de guerre contient 75 parties de salpêtre, 12,5 de soufre et 12,5 de charbon. — Les proportions des trois éléments changent un peu pour les autres poudres. L'Etat fabrique également aujourd'hui une nouvelle poudre, dite *poudre sans fumée*, dont la formule n'a pas été livrée au public.

La fabrication et la vente de la poudre sont réservées à l'Etat; la fabrication est confiée à une administration à la tête de laquelle se trouve un directeur placé sous les ordres immédiats du Ministre de la guerre, et qui porte le titre de directeur des poudres et salpêtres. Il a sous ses ordres trois inspecteurs généraux et un certain nombre d'ingénieurs et de sous-ingénieurs, proportionné aux besoins du service.

La vente des poudres de mine et de chasse est faite par le service des contributions indirectes : la poudre est transmise à des agents particuliers, appelés entreposeurs, qui la distribuent aux débitants. Ceux-ci ne peuvent pas vendre la poudre plus cher que le prix fixé, et toutes les ventes doivent être inscrites sur un registre *ad hoc*.

Tout individu qui, sans y être légalement autorisé, aura fabriqué, débité ou distribué de la poudre ou sera détenteur d'une quantité quelconque de poudre de guerre ou de plus de 2 kilogrammes de toute autre poudre, sera puni d'un emprisonnement d'un mois à deux ans, sans préjudice des autres peines portées par les lois. (Loi du 24 mai 1834, art. 2.)

Les individus qui seront trouvés vendant en fraude de la poudre à leur domicile ou ceux qui en colporteront, qu'ils soient ou non surpris à la vendre, seront arrêtés et constitués prisonniers. (Loi du 25 juin 1841, art. 25; loi du 28 avril 1816, art. 222.)

Est interdite sous peine d'une amende de 300 à 1.000 francs la détention, sans autorisation, d'une quantité de poudre autre que celle provenant des poudreries de l'Etat, égale ou inférieure à 2 kilogr. (Loi de finances du 13 avril 1898.)

Lorsque la poudre est transportée par voie de terre, ce qui est très rare aujourd'hui, sauf les transports de la poudrerie aux gares, les convois sont, conformément à l'article 467 du décret du 1er mars 1854, escortés par la gendarmerie, et, dans ce cas, le chef d'escorte devra se conformer aux instructions contenues dans les articles 469 et suivants du décret précité. (V. *Convoi de poudre*.)

Le transport des poudres par les chemins de fer a été réglementé par les Ministres de la guerre, des finances et des travaux publics, le 25 juillet 1873, le 30 mars 1877, et le 22 octobre 1882, le 9 janvier 1888 et le 12 février 1890. — Les règlements pour le transport des poudres et de la dynamite ne prévoient d'escorte que pour les gares de départ et d'arrivée. L'escorte a été supprimée en cours de route (sauf l'exception prévue à l'art. 9 du règl. du 9 janvier 1888). Cette suppression entraîne celle de la surveillance militaire dans les gares. Par suite, la garde des convois aux gares de jonction ou de bifurcation où le séjour de ces convois peut se prolonger plus ou moins longtemps, selon les convenances des compagnies de chemins de fer, incombe à ces compagnies.

Les poudres transportées par les voies ferrées ne sont plus escortées pendant la route qu'exceptionnellement (Art. 9 du règl. du 9 janvier 1888).

On ne doit pas délivrer des bons de chemin de fer aux militaires escortant des convois de poudres ou de munitions. Le transport (aller et retour) est effectué gratuitement par les compagnies de chemins de fer, conformément à l'art. 53 du traité du 15 juillet 1891. (V. instr. minist. du 28 mai 1895, art. 53.)

Le transport de ces poudres reste soumis aux conditions suivantes dans les gares de départ et d'arrivée.

Gare de départ. L'escorte qui accompagne jusqu'à la gare expéditrice un convoi de poudre ou de munitions de guerre, est tenue de rester pour garder ce convoi jusqu'au départ du train.

Gare d'arrivée. Les chefs de gare doivent demander à l'autorité militaire locale une garde pour veiller sur les wagons de poudre si le chargement n'est pas enlevé dans un délai de trois heures après l'arrivée du train. (Règl. des 10 janvier 1879, art. 12, et 9 janvier 1888, art. 8 et instr. minist. du 28 mai 1895, art. 53.)

Les frais de garde sont à la charge du département ministériel duquel dépend le service destinataire.

A défaut de troupes de ligne, la gendarmerie peut être requise pour garder les convois de poudre ou de dynamite dans les gares. (Circ. du 22 octobre 1882.)

Tout convoi de poudre, de munitions de guerre, de dynamite ou autres explosifs, transportés par roulage, doit être accompagné d'un gendarme chef d'escorte et d'un ou ou deux hommes de troupe qui sont demandés par le chef d'escorte au commandant d'armes de la garnison locale ou la plus voisine. Dans le cas où il n'y a pas de garnison dans la localité même d'où part le convoi, ou tout à fait à proximité de cette localité, le gendarme chef d'escorte accompagne seul le convoi jusqu'à la première ville de garnison, où, muni de la réquisition, il se présente au commandant d'armes, qui désigne le ou les soldats destinés à former sous son commandement l'escorte du convoi. (Circ. du 22 octobre 1882 et instr. minist. du 28 mai 1895, art. 53.)—Le gendarme chef d'escorte est remplacé par un autre gendarme à la première brigade dans ces conditions analogues à celles prescrites par les articles 366 et 367 du décret du 1er mars 1854, pour le relèvement des gendarmes chargés du transfèrement des prisonniers. (Circ. du 22 octobre 1882.)

En cas d'insuffisance, le chef d'escorte requiert de la municipalité la garde nécessaire. (Décr. du 1er mars 1854, art. 467 et 473.) Cette garde est assurée au moyen de deux habitants de la localité. (Circ. du 22 octobre 1882 et instr. du 28 mai 1895, art. 53.)

Le chef d'escorte est chargé d'établir un certificat constatant l'itinéraire suivi. (Note minist. du 15 septembre 1890.) (V. *Convoi.*)

L'indemnité à allouer aux militaires chargés de la garde des convois de poudre de commerce est de 1 fr. 25 pour les brigadiers et les gendarmes, par jour ou fraction de jour. (Instr. du 28 mai 1895, art. 53.)

Cette indemnité est égale à l'indemnité de service extraordinaire pour les services de garde et d'escorte des convois de poudre, la nuit, lorsque l'absence a été de 10 heures au moins. (Circ. minist. du 22 avril 1901.)

Au retour, si ce militaire doit voyager par les voies ferrées, il lui est alloué en plus 0 fr. 017 par kilomètre.

Les frais d'escorte et de garde des convois de dynamite ou de poudre de l'industrie privée sont payés par la compagnie de chemin de fer, qui se fait rembourser par le destinataire du convoi. (Instr. du 12 février 1890.) (V. *Dynamite.*)

L'indemnité due à tout habitant requis pour escorter ou garder un convoi de poudre est déterminée par la circulaire du 17 mai 1873, rappelée par la note ministérielle du 19 août 1887. Elle est calculée d'après le prix moyen d'une journée de travail. (Instr. minist. du 28 mai 1895, art. 53.)

Parts d'amendes en matière de poudre. Lorsque des militaires de la gendarmerie opèrent une saisie en matière de poudre, il leur est alloué 42 p. 100 sur le produit des amendes et confiscations. (Décret du 22 avril 1898, art. 3.)

S'ils arrêtent ou coopèrent à l'arrestation de fabricants de poudre sans autorisation, vendeurs ou colporteurs, ils ont droit à une prime de 15 francs par individu arrêté. (Art. 211 du règl. du 12 avril 1893.)

(V. les mots *Douane* et *Saisie* pour le mode de répartition des amendes et confiscations.)

POULAIN, s. m. Jeune cheval âgé de moins de 3 ans.

Les militaires de la gendarmerie propriétaires d'une jument pleine provenant du commerce, et dont l'état de gestation remonte à une époque antérieure à la livraison, peuvent, soit la faire reprendre par le vendeur, qui se trouve engagé par sa signature apposée au bas du procès-verbal d'admission (modèle 82), soit la conserver s'il ne doit en résulter aucun inconvénient pour le service.

Dans ce cas, les poulains appartenant aux sous-officiers, brigadiers et gendarmes sont vendus à leur convenance dès qu'ils peuvent être sevrés, et le produit de la vente est versé à la masse individuelle. (Art. 141 du règl. du 12 avril 1893.) Il n'est alloué aucune ration supplémentaire à titre gratuit, l'État ne bénéficiant pas de la possession de ces animaux, qui restent la propriété des gendarmes. (Note ministérielle du 10 novembre 1881.)

Juments poulinières des régiments de cavalerie. (V. *Reproduction.*)

POUPE, s. f. Terme de marine qui signifie l'arrière d'un navire, d'une barque. La partie qui est en avant se nomme *proue*.

POURVOI, s. m. Action de porter devant une juridiction supérieure un jugement rendu en dernier ressort.

Les individus condamnés par les conseils de guerre ont 24 heures (C. M., art. 143) pour se pourvoir en revision, c'est-à-dire pour demander que l'affaire soit portée devant un conseil spécial, qui examine si toutes les règles de la procédure et de la compétence ont été observées. — Les condamnés par la cour d'assises ont trois jours pour se pourvoir en cassation. On peut se pourvoir devant le Conseil d'Etat contre les décisions rendues par les conseils de préfecture, par les ministres, par les préfets, etc.

Tout pourvoi contre la liquidation d'une pension militaire doit être formé, à peine de déchéance, dans le délai de trois mois à partir du jour du premier paiement des arrérages.

POUSSE, s. f. Art vétérinaire. — Maladie des chevaux caractérisée par l'irrégularité des mouvements du flanc pendant la respiration.

Lorsqu'un cheval sain est tranquille, l'entrée et la sortie de l'air dans les poumons sont uniformes et sans saccades. — Chez le cheval poussif, au contraire, la respiration s'opère en deux temps séparés par un arrêt brusque.

La pousse est un état très grave en ce qu'il est presque toujours incurable, et le législateur a classé cette maladie parmi les vices rédhibitoires avec neuf jours de garantie pour le cheval, l'âne et le mulet.

Dans le texte de la loi du 2 août 1884 sur les vices rédhibitoires, la pousse est dénommée « emphysème pulmonaire ».

PRÉFET, s. m. Haut fonctionnaire administrant une circonscription territoriale correspondant au département. Chaque arrondissement est administré par un sous-préfet.

A la tête de chacun de nos cinq grands ports militaires (Cherbourg, Brest, Lorient, Rochefort et Toulon) se trouve un amiral qui porte le titre de *préfet maritime*.

Les officiers de gendarmerie doivent adresser aux préfets et aux sous-préfets les renseignements sur tous les événements qui peuvent intéresser l'ordre public. Une lettre collective en date du 12 janvier 1882 rappelle ces obligations en renouvelant les prescriptions de la circulaire du 31 août 1879 qui interdit de fournir aucun renseignement ayant trait à la politique. (V. ce mot.)

Tous les cinq jours, ils fournissent, en outre, un tableau sommaire des délits et des arrestations. Lorsque les rapports sont négatifs, ils ne sont pas fournis. (Décr. du 1er mars 1854, art. 110, 111, 112.)

Les chefs de légion informent les préfets des mutations qui surviennent parmi les officiers et les chefs de brigade du département. (Service intérieur, art. 3.)

Si les rapports de service font craindre quelque émeute populaire ou attroupement séditieux, les préfets, après s'être concertés avec l'officier général commandant le département, s'il est présent, et avec l'officier le plus élevé en grade de la gendarmerie en résidence au chef-lieu du département, peuvent requérir la réunion, sur le point menacé, du nombre de brigades nécessaires au rétablissement de l'ordre. Il en est rendu compte sur-le-champ au Ministre de l'intérieur par le préfet, et au Ministre de la guerre par l'officier général ou par l'officier de gendarmerie. (Décr. du 1er mars 1854, art. 113.)

Lorsque la tranquillité publique est menacée, les officiers de gendarmerie ne sont point appelés à discuter l'opportunité des mesures que les préfets croient devoir prescrire pour assurer le maintien de l'ordre, mais il est de leur devoir de désigner les points qui ne peuvent être dégarnis sans danger, et de communiquer à ces fonctionnaires tous les renseignements convenables, tant sur la force effective des brigades et leur formation en détachement, que sur les moyens de suppléer au service de ces brigades pendant leur absence. (Décr. du 1er mars 1854, art. 114.)

Lorsque les autorités administratives ont adressé leurs réquisitions aux commandants de la gendarmerie, conformément à la loi, elles ne peuvent s'immiscer en aucune manière dans les opérations militaires ordonnées par ces officiers, pour l'exécution desdites réquisitions. Les commandants de la force publique sont dès lors seuls chargés de la responsabilité des mesures qu'ils ont cru devoir prendre, et l'autorité civile qui a requis ne peut exiger d'eux que le rapport de ce qui aura été fait en conséquence de sa réquisition. (Décr. du 1er mars 1854, art. 115.)

Les préfets des départements, agissant en vertu de l'article 10 du Code d'instruction criminelle, peuvent requérir les officiers de gendarmerie de faire, en leur qualité d'officiers de police judiciaire, et dans l'étendue de leur commandement, tous les actes nécessaires à la constatation des crimes, délits et contraventions. (Décr. du 1er mars 1854, art. 116.)

Dans les cas urgents, les sous-préfets peuvent requérir des officiers commandant la gendarmerie de leur arrondissement le rassemblement de plusieurs brigades, à charge d'en informer sur-le-champ le préfet, qui, pour les mesures ultérieures, se concerte avec l'officier général et le commandant de la gendarmerie du département, conformément aux prescriptions de l'article 113 ci-dessus. (Décr. du 1er mars 1854, art. 117.)

Lorsque les préfets font des tournées administratives dans leurs départements, la gendarmerie des localités où ils passent exécute ou fait exécuter ce qui lui est demandé par ces magistrats pour la sûreté de leurs opérations et le maintien du bon ordre. En conséquence, les commandants d'arrondissement et de brigade, prévenus de l'arrivée des préfets, sont tenus de se trouver au logement qui leur est destiné, pour savoir si le service de la gendarmerie leur est nécessaire.

Dans le cas où les préfets font des réquisitions pour qu'il leur soit fourni une escorte, deux gendarmes sont mis à leur disposition pour ce service spécial. (Décr. du 1er mars 1854, art. 149.)

Lorsque les préfets entrent pour la première fois dans le chef-lieu de leur préfecture, ils ont droit à une escorte de deux brigades de gendarmerie à cheval, commandées par un lieutenant. (Décr. du 4 octobre 1891, art. 297.) Il en est de même dans les cérémonies publiques; en outre, pendant leurs tournées dans le département, mais seulement lorsqu'ils font ces tournées en costume officiel, les préfets peuvent être escortés par deux gendarmes. A défaut de lieutenant ou de sous-lieutenant, l'escorte est commandée par un adjudant ou par un maréchal des logis chef. (Décis. du 4 février 1884.)

La garde prend les armes ou monte à cheval, porte les armes, les tambours sont prêts à battre pour le préfet en costume officiel lors de ses tournées dans les villes du département et lorsqu'il se rend avec une escorte à une cérémonie publique. En tout temps, un poste de dix hommes, commandé par un sergent, est établi à l'hôtel de la préfecture. Il fournit une sentinelle. (Décr. du 4 octobre 1891, art. 271.)

Les gendarmes de service au conseil de revision rendent les honneurs militaires. (Circ. du 15 juillet 1879.)

Les sous-préfets n'ont droit à aucune escorte et aucun honneur ne doit leur être rendu par les postes ou par les piquets.

PRÉMÉDITATION, s. f. Délibération que l'on fait en soi-même avant d'accomplir un acte.

En jurisprudence, la préméditation consiste dans le dessein formé avant l'action d'attenter à la personne d'un individu déterminé, ou même de celui qui sera trouvé ou rencontré, quand même ce dessein serait dépendant de quelque circonstance ou de quelque condition. (C. P., art. 277.)

Le meurtre commis avec préméditation est un *assassinat*.

PREMIÈRE MISE D'ÉQUIPEMENT. Somme allouée à des militaires qui se trouvent dans certaines conditions.

Indemnité de première mise d'équipement : 1° Aux officiers. Une indemnité de première mise d'équipement, fixée à 800 francs pour les officiers montés et à 600 francs pour les officiers non montés, est allouée aux officiers admis dans la gendarmerie ou promus sous-lieutenants dans l'arme. Un supplément de première mise de 200 francs est alloué aux officiers qui n'ont reçu que la première mise à pied et qui passent ensuite à une position montée autrement que par convenance personnelle. (Règl. du 30 décembre 1892, tableau 2, nº 17.)

2º *Aux sous-officiers promus adjudants.* Les sous-officiers promus adjudants reçoivent un supplément de première mise de 140 francs. (Règl. du 30 décembre 1892, tableau 4, nº 1.) Ce supplément est versé en totalité à la masse individuelle des ayants droit.

3º *Aux sous-officiers, brigadiers et gendarmes nouvellement admis.* Les sous-officiers, brigadiers, caporaux et soldats encore au service et qui sont admis dans la gendarmerie ont droit à une première mise d'équipement de 850 francs pour l'arme à cheval, 250 francs pour l'arme à pied. (Même règlement.)

Cette première mise a été réduite à 700 fr. pour les nouveaux admis dans la gendarmerie à cheval d'Algérie et de Tunisie. (Décision présidentielle du 26 août 1900.)

Les militaires liés au service en vertu de la loi du 15 juillet 1889 qui sont admis dans la gendarmerie après avoir accompli le temps de service exigé dans l'armée active par cette loi ont droit à la première mise d'équipement, à la condition que leur demande d'admission ait été faite depuis moins de trois ans à partir de la date de leur rentrée dans leurs foyers (Même règlement.) Ces dispositions sont applicables aux militaires ayant accompli le temps de service exigé par la loi du 15 juillet 1889, réadmis sous les drapeaux en vertu d'un acte d'engagement, d'un rengagement ou par suite d'un rappel à l'activité. (Même règlement.)

Les sous-officiers, brigadiers et gendarmes rayés des contrôles qui ont dû rembourser la première mise d'équipement, ainsi qu'il est dit ci-après, ont droit, s'ils sont réadmis dans l'arme, à une nouvelle première mise.

Les sous-officiers, brigadiers et gendarmes rentrant des prisons de l'ennemi sont susceptibles d'être proposés pour une nouvelle première mise d'équipement.

Les sous-officiers, brigadiers et gendarmes qui n'ont reçu que la première mise d'équipement de l'arme à pied ont droit au supplément d'allocation fixé par le tarif, s'ils passent dans l'arme à cheval avec ou sans avancement.

Ceux qui passent de l'arme à cheval dans l'arme à pied après avoir été équipés et montés ne subissent aucune retenue sur la première mise ou le supplément de première mise qui leur a été alloué.

La propriété de la première mise d'équipement n'est acquise aux hommes qu'après quatre ans révolus d'activité dans la gendarmerie, sauf le cas de retraite et de réforme pour infirmités contractées ou blessures dans le service.

La même période de service est exigée pour le droit à la première mise des hommes admis à la retraite proportionnelle ou qui, ayant été rayés des contrôles de la gendarmerie, ont été réadmis dans l'arme.

Le gendarme qui, lors de son admission dans l'arme, a reçu la première mise à pied et qui, au bout de trois ans passe dans l'arme à cheval et a reçu le supplément de première mise, a droit, s'il est rayé après quatre années révolues d'activité dans l'arme à cheval, à l'intégrité de la première mise déterminée pour l'arme à cheval.

Le temps de service pour le droit à la propriété de la première mise d'équipement est compté du jour de l'entrée en solde.

En cas de décès des nouveaux admis, leur masse individuelle n'est pas passible du remboursement de la première mise d'équipement.

Les hommes de la réserve ou de l'armée territoriale appelés pour faire le service de gendarmerie en cas de guerre ou de mobilisation, n'ont droit à aucune première mise d'équipement. (Décr. du 24 juillet 1875.)

Les anciens militaires qui n'ont pas droit à la première mise d'équipement sont tenus à des versements particuliers, dont la quotité est égale au complet de la masse individuelle. Faute par eux de remplir cet engagement, leur nomination est immédiatement annulée. En notifiant les nominations aux nouveaux admis qui se trouvent dans ce cas, on doit les mettre en demeure de faire connaître s'ils sont en mesure d'effectuer les versements qu'ils ont promis ; dans la négative, il y a lieu de faire immédiatement pour eux au Ministre une demande d'annulation de leur nomination. (Circ. minist. du 23 août 1881.)

4° *Aux auxiliaires indigènes.* Elle est de 550 francs pour l'arme à cheval et de 150 francs pour l'arme à pied. (Décis. présid. du 2 septembre 1887.)

5° *Aux sous-officiers, brigadiers et gendarmes coloniaux.* La première mise d'équipement pour la gendarmerie coloniale est fixée, par la décision présidentielle du 26 août 1880, ainsi qu'il suit : pour l'arme à cheval, 800 francs; pour l'arme à pied, 300 francs. Un supplément de 500 francs est alloué aux sous-officiers, brigadiers et gendarmes coloniaux qui passent de l'arme à pied dans l'arme à cheval. Les militaires qui passent de la gendarmerie départementale dans la gendarmerie coloniale ne reçoivent que la moitié de la première mise, soit 400 francs pour l'arme à cheval et 150 francs pour l'arme à pied. (Circ. minist. du 10 septembre 1880 et du 29 mars 1884.)

Le complément de première mise alloué aux gendarmes nommés aux colonies leur est acquis lorsqu'ils ont plus de quatre ans de service dans la gendarmerie tant en France qu'aux colonies. (Circ. du 19 septembre 1890 du Sous-Secrétaire d'Etat aux colonies.)

Les règles d'allocation sont les mêmes pour la gendarmerie coloniale que pour la gendarmerie départementale. Le gendarme colonial qui passe de l'arme à pied dans l'arme à cheval a droit à un supplément de première mise de 500 francs. (Circ. minist. du 18 septembre 1880.)

PRÉNOM, s. m. Nom qui précède le nom de famille. La loi du 11 germinal an XI défend d'inscrire un enfant sous un nom qui n'appartient pas à l'histoire, ou qui n'est pas en usage dans les différents calendriers. Cette prescription est rappelée dans l'instr. minist. du 23 juillet 1894, art. 20.

PRESCRIPTION, s. f. Ordre formel : les prescriptions de la loi.

En terme de droit, la prescription est un moyen d'acquérir ou de se libérer par un certain laps de temps, et sous les conditions déterminées par la loi. (C. C., art. 2219.) Quand on a possédé une chose pendant un certain temps, qui varie entre dix et trente ans, on en est regardé comme légitime possesseur. On dit qu'il y a *prescription* et l'ancien propriétaire, s'il réclamait, ne pourrait faire valoir ses droits. C'est en vertu de ce principe qu'on dit, en fait de meubles : *possession vaut titre.* (V. *Objet perdu et trouvé.*)

Se prescrivent par six mois l'action des maîtres et instituteurs pour les leçons qu'ils donnent au mois; celle des traiteurs et aubergistes pour le logement et la nourriture qu'ils fournissent; celle des ouvriers et gens de travail. (C. C., art. 2271.)

Se prescrivent par un an l'action des médecins et pharmaciens; celle des huissiers, celle des marchands envers les particuliers; celle des maîtres de pension et des domestiques qui se louent à l'année. (C. C., art. 2272.)

Se prescrivent par cinq ans les arrérages de rente; les loyers des maisons et les fermages; les intérêts des sommes prêtées. (C. C., art. 2277.)

L'action de la vindicte publique se prescrit par dix ans pour les crimes, par trois ans pour les délits, et par un an pour les contraventions.

Les délits de chasse se prescrivent par trois mois; les délits de pêche se prescrivent également par trois mois depuis la loi du 18 novembre 1898 qui a modifié l'article 62 de la loi du 15 avril 1829.

Les délits forestiers par trois mois si le délinquant est connu et par six mois s'il est inconnu; les délits de grande voirie, par le délai d'un mois. — L'action publique et l'action civile résultant des crimes, délits et contraventions prévus par la loi sur la presse (19 juillet 1881), se prescrivent après trois mois révolus. — Les peines prononcées par des jugements ou par des arrêts sont également prescriptibles, mais le délai de la prescription est plus grand. — Les peines en matière criminelle se prescrivent par vingt ans, par cinq ans en matière correctionnelle, et par deux ans en matière de simple police. (C. d'instr. crim., art. 635, 636 et 639.)

En matière de roulage, les amendes se prescrivent par une année. En cas de fausses indications de la plaque ou de fausses déclarations de nom ou de domicile, la prescription n'est acquise qu'après cinq années. (Loi du 30 mai 1871, art. 37.)

Les dispositions du chapitre V du titre VII du livre II du Code d'instruction criminelle, relatives à la prescription, sont applicables à l'action publique résultant d'un crime ou d'un délit de la compétence des juridictions militaires, ainsi qu'aux peines résultant des jugements rendus par ces tribunaux.

Toutefois, la prescription contre l'action publique résultant de l'insoumission ou de la désertion ne commence à courir que du jour où l'insoumis ou le déserteur a atteint l'âge de 50 ans. Pour les insoumis, la prescription est acquise à 53 ans et pour les déserteurs à 50 ans. (Instr. des 4 et 6 septembre 1897, art. 3.) A quelque époque que l'insoumis ou le déserteur soit arrêté, il est mis à la disposition du Ministre de la guerre, pour compléter, s'il y a lieu, le temps de service qu'il doit encore à l'Etat. (C. M., art. 184.)

Conformément à l'article 9 de la loi du 29 janvier 1831, sont prescrites et définitivement éteintes au profit de l'Etat toutes créances de solde, accessoires de solde et indemnités quelconques qui, à défaut, de justifications suffisantes, n'auraient pu être liquidées, ordonnancées et payées dans un délai qui est fixé à cinq années pour les créanciers domiciliés en Europe, et six années pour les créanciers résidant hors du territoire européen. Ce délai court du 1er janvier de l'année à laquelle les créances appartiennent.

Toutefois, aux termes de l'article 10 de la même loi, la prescription ne peut avoir lieu à l'égard des créances dont l'ordonnancement et le paiement auraient été différés au delà des délais déterminés par le fait de l'administration ou par suite de pourvois formés devant le Conseil d'Etat. (V. l'art. 216 du règl. du 3 avril 1869.)

PRÉSÉANCE, s. f. La préséance est le droit de se précéder entre fonctionnaires d'ordres ou de classes différents.

Le décret et la circulaire des 28 et 31 décembre 1875, modifiant le décret du 24 messidor an XII, ont déterminé ainsi qu'il suit le rang des autorités et le rang des corps.

Rang des autorités. — (Rang individuel.)

1. Cardinaux.
2. Ministres.
3. Maréchaux, amiraux.
4. Grand chancelier de la Légion d'honneur.
5. Conseillers d'Etat chargés de missions extraordinaires en vertu de décrets du Président de la République.
6. Généraux de division gouverneur de Paris, gouverneur de Lyon, commandant les corps d'armée et les régions de corps d'armée. — Vice-amiraux commandant en chef, préfets maritimes.
7. Grands-croix, grands-officiers de la Légion d'honneur.
8. Généraux de division commandant les régions de corps d'armée après le départ du corps d'armée mobilisé.
9. Premiers présidents des cours d'appel.
10. Archevêques.
11. Généraux de division commandant un groupe de subdivisions de région.
12. Préfets.
13. Présidents des cours d'assises.
14. Evêques.
15. Généraux de brigade investis du commandement territorial des subdivisions de région. — Contre-amiraux majors-généraux de la marine. Généraux de brigade commandant les subdivisions de région, après le départ du corps d'armée.
16. Commissaires généraux de police.
17. Sous-préfets.
18. Majors-généraux de la marine qui ne sont pas contre-amiraux.
19. Présidents des tribunaux de première instance.
20. Présidents des tribunaux de commerce.
21. Maires.
22. Commandants de place ou d'armes.
23. Présidents du consistoire.
24. Députation des membres de la Légion d'honneur.

Rang des corps.

1. Sénat.
2. Chambre des députés.

3. Conseil d'Etat.
4. Cour de cassation.
5. Cour des comptes.
6. Conseil supérieur de l'instruction publique.
7. Cour d'appel.
8. Etat-major des gouverneurs de Paris et de Lyon. Etat-major du corps d'armée.
9. Etat-major de la préfecture maritime.
10. Etat-major de la région constitué après le départ du corps d'armée.
11. Etat-major de la division, soit que le commandement territorial ait ou n'ait pas été réuni au commandement de la division.
12. Cour d'assises.
13. Conseil de préfecture.
14. Tribunal de première instance.
15. Etat-major de la majorité générale de la marine.
16. Etat-major de brigade, soit que le commandement territorial ait ou n'ait pas été réuni au commandement de la brigade.
17. Corps municipal.
18. Corps académique.
19. Etat-major de la place.
20. Tribunal de commerce.
21. Chambre de commerce.
22. Juges de paix.
23. Commissaires de police. (Décr. et circ. des 28 et 31 décembre 1875.)

Le décret du 4 octobre 1891, article 247, place tous les officiers de gendarmerie dans le groupe des états-majors de corps d'armée des divisions ou des brigades, suivant le cas, entre le personnel de la justice militaire et le personnel du recrutement. (V. *Cérémonie.*)

Si, dans les chefs-lieux de légion, de compagnie ou d'arrondissement, l'état-major auquel les officiers de gendarmerie doivent se joindre, suivant leur grade, n'existe pas, ces officiers se réunissent à l'état-major immédiatement inférieur dans l'ordre de préséance.

S'il n'existe pas d'état-major dans la résidence, les officiers de gendarmerie considérés, suivant leur grade, comme devant en faire partie, n'en ont pas moins le droit de prendre place dans le rang assigné à cet état-major. (Décr. du 1er mars 1854, art. 158.)

Les autorités militaires ou civiles doivent se réunir chez les personnes qui occupent le premier rang dans une cérémonie publique. Les autorités judiciaires sont libres de se rendre directement à la cérémonie. (Circ. minist. des 26 juillet et 24 août 1847.)

PRÉSIDENT, s. m. Personne qui est chargée de présider une assemblée et d'en diriger les opérations. Premier magistrat d'une République.

Lorsque le Président de la République fait son entrée dans une ville, toute la gendarmerie et les troupes à cheval vont au-devant de lui et l'escortent jusqu'à sa résidence et, à son départ, la gendarmerie et les troupes à cheval le reconduisent.

Pour l'entrée du Président de la République dans un camp à l'intérieur, l'escorte est composée de la gendarmerie formant la prévôté et d'une brigade de troupes à cheval. (Décret du 4 octobre 1891, art. 296.)

Dans toute commune où se tiennent les assises, une brigade de gendarmerie se porte au-devant du magistrat qui vient les présider; cette escorte, ainsi qu'une sentinelle à son logement, n'est fournie que sur la demande du président des assises. Ce dernier ainsi que les premiers présidents des cours d'appel ont droit aux visites de corps des officiers de gendarmerie. (V. décret du 4 octobre 1891, art. 272, 297 et 253.)

PRESSE, s. f. Multitude de personnes qui se pressent. — Machine pour comprimer les corps. — Appareil à imprimer, et, par extension, imprimerie, production d'ouvrages imprimés.

La liberté de la presse existe depuis la loi du 29 juillet 1881, et nous donnons ci-après un résumé de la loi, en citant *in extenso* les articles les plus importants.

L'imprimerie et la librairie sont libres, et tout journal ou écrit périodique peut être publié sans déclaration et sans autorisation préalable, en se bornant à faire au parquet du procureur de la République une déclaration dont la forme est indiquée art. 7. En cas de contravention, une amende de 50 à 500 francs est infligée au propriétaire ou gérant, ou, à défaut, à l'imprimeur. — Le gérant sera tenu d'insérer gratuitement, en tête du plus prochain numéro du journal ou écrit périodique, toutes les rectifications qui lui seront adressées par un dépositaire de l'autorité publique, au sujet des actes de sa fonction qui auront été inexactement rapportés par ledit journal ou écrit périodique. — Toutefois, ces rectifications ne dépasseront pas le double de l'article auquel elles répondront. — En cas de contravention, le gérant sera puni d'une amende de 100 fr. à 1,000 fr. (Loi du 29 juillet 1881, art. 12.)

Le gérant sera tenu d'insérer dans les trois jours de leur réception ou dans le plus prochain numéro, s'il n'en était pas publié avant l'expiration des trois jours, les réponses de toute personne nommée ou désignée dans le journal ou écrit périodique, sous peine d'une amende de 50 francs à 500 francs, sans préjudice des autres peines et dommages-intérêts auxquels l'article pourrait donner lieu.

Cette insertion devra être faite à la même place et en mêmes caractères que l'article qui l'aura provoquée. — Elle sera gratuite, lorsque les réponses ne dépasseront pas le double de la longueur dudit article. Si elles le dépassent, le prix d'insertion sera dû pour le surplus seulement. Il sera calculé au prix des annonces judiciaires. (Loi du 29 juillet 1881, art. 13.)

Des journaux ou écrits périodiques étrangers. La circulation en France des journaux ou écrits périodiques publiés à l'étranger ne pourra être interdite que par une décision spéciale délibérée en conseil des Ministres. La circulation d'un numéro peut être interdite par une décision du Ministre de l'intérieur. — La mise en vente ou la distribution, faite sciemment au mépris de l'interdiction, sera punie d'une amende de 50 francs à 500 francs. (Loi du 29 juillet 1881, art. 14.) — Depuis l'article 15 jusqu'à l'article 23, la loi s'occupe de l'affichage, du colportage et de la vente sur la voie publique; ces questions étant traitées à ces différents titres, nous n'y reviendrons pas.

Des crimes et délits commis par la voie de la presse ou par tout autre moyen de publication. — § 1er. *Provocation aux crimes et délits.* Seront punis comme complices d'une action qualifiée crime ou délit ceux qui, soit par des discours, cris ou menaces proférés dans les lieux ou réunions publics, soit par des écrits, des imprimés vendus ou distribués, mis en vente ou exposés dans les lieux ou réunions publics, soit par des placards ou affiches exposés aux regards du public, auront directement provoqué l'auteur ou les auteurs à commettre ladite action, si la provocation a été suivie d'effet. — Cette disposition sera également applicable lorsque la provocation n'aura été suivie que d'une tentative de crime prévue par l'article 2 du Code pénal. (Loi du 29 juillet 1881, art. 23.)

Ceux qui, par des moyens énoncés en l'article précédent, auront directement provoqué à commettre les crimes de meurtre, de pillage et d'incendie, ou l'un des crimes contre la sûreté de l'Etat prévus par les articles 75 et suivants, jusques et y compris l'article 101 du Code pénal, seront punis, dans le cas où cette provocation n'aurait pas été suivie d'effet, de trois mois à deux ans d'emprisonnement et de 100 à 3,000 francs d'amende.

Tous cris ou chants séditieux proférés dans des lieux ou réunions publics seront punis d'un emprisonnement de six jours à un mois et d'une amende de 16 à 500 francs, ou de l'une de ces deux peines seulement.

Toute provocation par l'un des moyens énoncés en l'article 23, adressée à des militaires des armées de terre et de mer, dans le but de les détourner de leurs devoirs militaires et de l'obéissance qu'ils doivent à leurs chefs dans tout ce qu'ils leur commandent pour l'exécution des lois et règlements militaires, sera punie d'un emprisonnement d'un mois à six mois et d'une amende de 16 à 100 francs.

§ 2. *Délits contre la chose publique.* L'offense au Président de la République par l'un des moyens énoncés dans l'article 23 et dans l'article 28 est punie d'un emprisonnement de 3 mois à un an et d'une amende de 100 francs à 3,000 francs, ou de l'une de ces deux peines seulement. — La publication ou reproduction de nouvelles fausses, de pièces fabriquées, falsifiées ou mensongèrement attribuées à des tiers, sera punie d'un emprisonnement d'un mois à un an et d'une amende de 50 francs à 1,000 francs, ou de l'une de ces peines seulement, lorsque la publication ou reproduction aura troublé la paix publique et qu'elle aura été faite de mauvaise foi.

L'outrage aux bonnes mœurs est réprimé par les lois des 2 août 1882 et 16 mars 1898. (V. *Outrage*.)

§ 3. *Délits contre les personnes.* Toute allégation ou imputation d'un fait qui porte atteinte à l'honneur ou à la considération de la personne ou du corps auquel le fait est imputé, *est une diffamation.*

Toute expression outrageante, terme de mépris ou invective qui ne renferme l'imputation d'aucun fait, *est une injure.*

La diffamation commise par l'un des moyens énoncés en l'article 23 et en l'article 28, envers les cours, les tribunaux, les armées de terre et de mer, les corps constitués et les administrations publiques, sera punie d'un emprisonnement de 8 jours à un an et d'une amende de 100 francs à 300 francs, ou de l'une de ces deux peines seulement.

Sera punie de la même peine la diffamation commise par les mêmes moyens, à raison de leurs fonctions ou de leur qualité, envers un ou plusieurs membres de l'une ou de l'autre Chambre, un fonctionnaire public, *un dépositaire ou agent de l'autorité publique*, un ministre de l'un des cultes salariés par l'Etat, un citoyen chargé d'un service ou d'un mandat public temporaire ou permanent, un juré ou un témoin à raison de sa déposition.

La diffamation commise envers les particuliers par l'un des moyens énoncés en l'article 23 et en l'article 28 sera punie d'un emprisonnement de 5 jours à 6 mois et d'une amende de 25 francs à 2,000 francs, ou de l'une de ces deux peines seulement.

L'injure commise par les mêmes moyens envers les corps ou les personnes désignés par les articles 30 et 31 de la présente loi, sera punie d'un emprisonnement de 6 jours à 3 mois et d'une amende de 18 francs à 500 francs, ou de l'une de ces deux peines seulement.

L'injure commise de la même manière envers les particuliers, lorsqu'elle n'aura pas été précédée de provocation, sera punie d'un emprisonnement de 5 jours à 2 mois et d'une amende de 16 francs à 300 francs, ou de l'une de ces deux peines seulement. — Si l'injure n'est pas publique, elle ne sera punie que de la peine prévue par l'article 471 du Code pénal.

Les articles 29, 30 et 31 ne seront applicables aux diffamations ou injures dirigées contre la mémoire des morts que dans les cas où les auteurs de ces diffamations ou injures auraient eu l'intention de porter atteinte à l'honneur ou à la considération des héritiers vivants. — Ceux-ci pourront toujours user du droit de réponse prévu par l'article 13.

La vérité du fait diffamatoire, *mais seulement quand il est relatif aux fonctions*, pourra être établie par les voies ordinaires, dans le cas d'imputations contre les corps constitués, les armées de terre et de mer, les administrations publiques et contre toutes les personnes énumérées dans l'article 31.

La vérité des imputations diffamatoires et injurieuses pourra être également établie contre les directeurs ou administrateurs de toute entreprise industrielle, commerciale ou financière, faisant publiquement appel à l'épargne ou au crédit.

Dans les cas prévus aux deux paragraphes précédents, la preuve contraire est réservée. Si la preuve du fait diffamatoire est rapportée, le prévenu sera renvoyé des fins de la plainte.

Dans toute autre circonstance et et envers toute autre personne non qualifiée, lorsque le fait imputé est l'objet de poursuites commencées à la requête du ministère public, ou d'une plainte de la part du prévenu, il sera, durant l'instruction qui devra avoir lieu, sursis à la poursuite et au jugement du délit de diffamation.

§ 4. *Délits contre les chefs d'Etat et agents diplomatiques étrangers.* L'offense commise publiquement envers les chefs d'Etat étrangers sera punie d'un emprisonnement de trois mois à un an et d'une amende de 100 francs à 300 francs, ou de l'une de ces deux peines seulement.

L'outrage commis publiquement envers les ambassadeurs et ministres plénipotentiaires, envoyés, chargés d'affaires ou autres agents diplomatiques accrédités près du gouvernement de la République, sera puni d'un emprisonnement de huit jours à un an et d'une amende de 50 à 2,000 francs, ou de l'une de ces deux peines seulement. (Loi du 29 juillet 1881). Un certain nombre de crimes et délits prévus par cette loi sont déférés à la cour d'assises. (Loi du 17 mars 1893.)

PRESTATION, s. f. Impôt consistant en un certain nombre de journées de travail sur les chemins publics : il est dû par tout habitant porté au rôle des contributions directes ; les pères de famille, les propriétaires et les chefs d'établissements doivent payer pour leurs enfants et pour leurs ouvriers et serviteurs qui reçoivent un salaire annuel et qui résident avec eux. Les prestations sont dues également pour chaque voiture ou charrette attelée et pour chaque bête de somme, de trait ou de selle, au service de la famille. Chacun peut se libérer de cet impôt en payant une somme déterminée. Les prestations sont dues par les officiers de gendarmerie.

Prestation de serment. (V. *Serment.*)

PRÊT, s. m. En administration militaire, on donne le nom de prêt à la solde de la troupe, et elle est ainsi appelée parce qu'elle se fait tous les cinq jours par anticipation.

PREVARICATION, s. f. Action de manquer, par mauvaise foi, aux devoirs de sa charge, aux obligations de ses fonctions : la corruption, l'infidélité dans le service de l'administration militaire, sont des prévarications prévues et punies par les articles 261 et suivants du Code militaire. — La gendarmerie doit assistance à toute personne qui réclame son secours dans un moment de danger. Tout militaire du corps de la gendarmerie qui ne satisfait pas à cette obligation, lorsqu'il en a la possibilité, se constitue en état de prévarication dans l'exercice de ses fonctions. (Décr. du 1er mars 1854, art. 600). V. le mot *Refus.*

PRÉVENTION, s. f. Etat d'un esprit prévenu ; opinion favorable ou contraire avant examen.

En jurisprudence, la prévention est l'état d'une personne poursuivie un justice comme présumée coupable d'en crime ou d'un délit. L'individu sous le coup d'une prévention est un prévenu. La prison préventive est l'emprisonnement que subissent les prévenus avant leur jugement. (V. *Accusé.*)

PRÉVOT, s. m. — Le service de la gendarmerie aux armées est organisé par armée. Le commandement de la gendarmerie d'une armée est exercé par un général, ou, à défaut, par un colonel ou lieutenant-colonel portant le titre de *grand prévôt.*

Le commandant de la gendarmerie du quartier général d'un corps d'armée et celui du grand quartier général d'un groupe d'armées est appelé *prévôt ;* celui d'une direction d'étapes, *prévôt d'étapes,* et celui d'une division ou d'une brigade, *commandant de la force publique de la division ou de la brigade.* (V. Service de la gendarmerie en campagne, art. 2.)

Un détachement de gendarmerie est affecté au service du grand quartier général et à l'escorte du grand prévôt. Un autre détachement est placé près de chaque prévôt de corps d'armée.

Dans chaque division ou brigade, un officier commande la gendarmerie attachée à cette division et prend le nom de *commandant de la force publique de cette division ou brigade.*

Le grand prévôt dispose, comme plantons, du nombre de gendarmes qu'il juge nécessaire ; dans les marches et dans leurs tournées, les officiers de gendarmerie employés aux prévôtés sont accompagnés du nombre de gendarmes nécessaire pour assurer l'exécution de leur service. (Service de la gendarmerie en campagne, art. 4 et 7.)

Le devoir des prévôts est surtout de protéger les habitants du pays contre le pillage ou autres violences. Les officiers de gendarmerie commandant les forces publiques près des divisions ont les mêmes attributions que le prévôt, chacun dans l'arrondissement de la division dans laquelle il est attaché.

Les fonctions des grands prévôts, des prévôts et des commandants des forces publiques sont des plus importantes en campagne, les pouvoirs de ces officiers sont très grands et leur juridiction sans appel embrasse tout le territoire occupé par l'armée.

Lorsqu'une armée est sur le territoire étranger, les grands prévôts et les prévôts, indépendamment des attributions de police qui leur sont déférées par les règlements militaires, exercent une juridiction dont les limites et les règles sont déterminées par le Code militaire, article 51. Le grand prévôt exerce sa juridiction, soit par lui-même, soit par les prévôts, sur tout le territoire occupé par l'armée et sur les flancs et les derrières de l'armée. Chaque prévôt exerce sa juridiction dans la division ou le détachement auquel il appartient, ainsi que sur les flancs et les derrières de cette division ou de ce détachement.

Les grands prévôts, ainsi que les prévôts, jugent seuls, assistés d'un greffier, qu'ils choisissent parmi les sous-officiers et brigadiers de gendarmerie. (C. M., art. 52.)

Les prévôts ont juridiction :

1° Sur les vivandiers, vivandières, cantiniers, cantinières, blanchisseuses, marchands, domestiques et toutes personnes à la suite de l'armée en vertu de permissions;

2° Sur les vagabonds et gens sans aveu;

3° Sur les prisonniers de guerre qui ne sont pas officiers.

Ils connaissent, à l'égard des individus ci-dessus désignés, dans l'étendue de leur ressort :

1° Des infractions prévues par l'article 271 du Code militaire;

2° De toute infraction dont la peine ne peut excéder six mois d'emprisonnement et 200 francs d'amende, ou l'une de ces peines;

3° Des demandes en dommages-intérêts qui n'excèdent pas 150 francs, lorsqu'elles se rattachent à une infraction de leur compétence.

Les décisions des prévôts ne sont susceptibles d'aucun recours. (C. M., art. 75.) Les prévôtés sont saisies par le renvoi que leur fait l'autorité militaire ou par la plainte de la partie lésée. Dans le cas de flagrant délit, ou même en cas d'urgence, elles peuvent procéder d'office. (C. M., art. 173.)

Les prévenus sont amenés devant la prévôté, qui juge publiquement. — La partie plaignante expose sa demande. — Les témoins prêtent serment. — Les prévenus présentent leur défense. — Le jugement est motivé; il est signé par le prévôt et par le greffier; il est exécutoire sur minute. (C. M., art. 174.)

PRÉVOTÉ, s. f. On donne le nom de prévôté à la réunion d'un certain nombre de militaires de la gendarmerie chargés du service prévôtal dans une armée, dans un corps d'armée ou dans une division.

Le service prévôtal est un service des plus importants que les gendarmes doivent connaître d'une façon complète dès le temps de paix pour pouvoir l'exécuter sans hésitation dès leur entrée en campagne. Les attributions générales de la gendarmerie sont indiquées dans l'article 1er du règlement du 13 février 1900. Ce règlement, qui porte le titre « d'instruction sur le service de la gendarmerie en campagne », précise tous les devoirs que la gendarmerie est appelée à remplir en temps de guerre; son rôle en station, pendant les marches et pendant les combats, et ses nombreuses obligations dans le service des étapes. Enfin, le titre II traite du service judiciaire, des fonctions de l'officier de police judiciaire et des tribunaux prévôtaux.

Un décret en date du 27 juin 1895 organise la comptabilité des prévôtés en campagne.

Les unités qui constituent la prévôté en temps de guerre sont :

La prévôté du grand quartier général des armées; la prévôté d'un quartier général d'armée; la prévôté d'un quartier général de corps d'armée; la force publique des commandements d'étapes d'une armée; la force publique d'une division d'infanterie; la force publique d'une division de cavalerie indépendante; la force publique d'une brigade de cavalerie de corps d'armée; la force publique d'une brigade opérant isolément. (Service en campagne, art. 2.)

Pendant les manœuvres, des prévôtés sont également formées pour faire un service d'ordre sur tout le territoire parcouru par les troupes en marche.

Les officiers et les hommes de troupe sont tenus de déférer aux réquisitions de la gendarmerie lorsqu'elle croit avoir besoin d'appui. (Décr. du 28 mai 1895, art. 127.) Tout militaire ou employé à l'armée qui a connaissance d'un crime ou d'un délit, doit en donner sur-le-champ avis à un officier de gendarmerie ou à tout autre militaire de cette arme; il est tenu de répondre catégoriquement aux questions qui lui sont adressées par eux. (Décr. du 28 mai 1895, art. 125.)

Les indemnités de prévôté aux armées sont fixées ainsi qu'il suit :

	Par an.
Grand prévôt	3,600 fr.
Prévôt	1,800
Greffier du grand prévôt, vaguemestre et commandant de force publique	1,200
Sous-officiers greffiers des prévôts	720

Les frais de greffe sont à la charge du grand prévôt et des prévôts. (Tarif nº 18, art. 13, tableau 2, indemnité nº 14 du règl. du 30 décembre 1892.)

L'indemnité spéciale de prévôté est allouée aux intérimaires pendant les vacances d'emploi. (V. *Force publique* et *Solde de guerre* en ce qui concerne les allocations de solde et l'indemnité.)

PRIÈRES PUBLIQUES. Les troupes ne devant plus rendre d'honneurs pendant les services religieux, une circulaire ministérielle en date du 29 décembre 1883 prescrit de se conformer aux dispositions suivantes :

1º Des escortes seront fournies (pour les corps qui en demanderont) conformément à l'article 297 du décret du 4 octobre 1891. Ces escortes resteront en dehors des édifices du culte jusqu'à la fin de la cérémonie, si elles doivent accompagner au retour les corps dont il s'agit; dans le cas contraire, elles rentreront dans leurs casernes ou quartiers dès que les corps seront entrés dans l'édifice du culte;

2º Aucune portion de troupe (musique ou piquet) ne sera de service dans l'intérieur de l'édifice;

3º Les autorités militaires seront simplement avisées, sans convocation, que des places leur sont réservées pour la cérémonie dans l'intérieur de l'édifice.

PRIME, s. f. Somme accordée à titre d'encouragement. Les primes qui sont acquises aux militaires de la gendarmerie, dans les cas prévus par l'article 157 du Service intérieur, par les articles 18 et suivants du règlement du 12 avril 1893, sont payées aux rédacteurs des procès-verbaux lorsqu'ils ont agi de leur propre mouvement, et réparties entre tous les hommes comptant à l'effectif du poste au jour de la rédaction du procès-verbal (à l'exclusion de ceux qui se trouvent absents ou détachés dans d'autres postes depuis plus d'un mois), lorsque le service a été fait en vertu de mandements de justice, de signalement de déserteurs ou de tout autre ordre ou réquisition émanant de l'autorité. (V. les mots *Arrestation* et *Frais de justice.*)

On donne aussi le nom de prime à la somme que l'on paie à une compagnie avec laquelle on a passé un contrat d'assurance. La quotité de la prime est fixée par la police d'assurance. (V. *Police.*)

Prime de conservation d'un cheval. Indépendamment des droits acquis à l'indemnité spéciale allouée pour la perte d'un cheval, il est alloué aux sous-officiers, brigadiers et gendarmes une prime de conservation.

Pour les chevaux déclassés provenant des régiments de cuirassiers, de dragons ou d'artillerie, l'indemnité est fixée à 10 francs par an depuis l'acquisition du cheval et pendant les quatre premières années de possession, 20 francs pour la cinquième année et 10 francs pour les années suivantes. Pour les chevaux non déclassés, quelle que soit leur provenance, la prime ne peut être moindre de 60 francs pour le cheval conservé par un militaire pendant huit années révolues. Cette prime est augmentée de 20 francs pour chaque année complète de service du cheval en sus de la huitième, sans que, dans aucun cas, la prime totale puisse excéder 200 francs.

Les premières primes de 10 francs ne sont acquises qu'après quatre années de possession du cheval. En cas de perte par maladie ou réforme avant cet âge, le propriétaire est déchu de tous ses droits. (Annexe n° 2 du règl. du 12 avril 1893.)

Les sous-officiers promus sous-lieutenants, les sous-officiers, brigadiers et gendarmes quittant l'arme autrement que par désertion, les militaires qui passent de l'arme à cheval dans l'arme à pied et ceux qui emmènent leur cheval en quittant le service conservent le droit à cette prime.

Lorsqu'un cheval a été la propriété successive de deux ou de plusieurs militaires, les droits de chaque propriétaire sont individuels et ne peuvent s'additionner pour le calcul de l'indemnité ou de la prime. La prime n'est pas accordée dans le cas de perte aux armées. (Même règl.) La circulaire du 10 août 1870 dispose, en outre, que les annuités de possession acquises par les militaires de la gendarmerie, qui, au moment de la guerre, ont cédé leurs chevaux, soit à l'Etat, soit à des militaires appelés à faire campagne, seront reportées sur les chevaux de remplacement.

Dans la garde républicaine, lorsque la commission de remonte reprend, dans les conditions prévues par la décision ministérielle du 23 mai 1901, la monture d'un garde républicain passant, sur sa demande, dans la gendarmerie départementale, les annuités acquises par le détenteur du cheval sont reportées, pour les droits aux primes de conservation, sur la première monture qu'il acquiert ou qui lui est attribuée à titre gratuit, après son passage dans la gendarmerie départementale, à moins que, par suite de circonstances particulières, la commission de remonte ne juge à propos de demander au ministre le retrait de ce droit (Note minist. du 23 mai 1901.)

Le droit à la prime est acquis aux héritiers ou ayants droit des militaires décédés.

— Pour arrestations de déserteurs et insoumis. (V. *Déserteur* et *Insoumis*.)

— Pour arrestation en vertu de mandements de justice. (V. *Mandement de justice*.)

— Pour arrestation en vertu de contraintes par corps. (V. *Contrainte par corps*.)

— Pour arrestation de forçats évadés. (V. *Forçat*.)

— Pour arrestation de jeunes détenus. (V. *Détenu*.)

Pour arrestation de militaires en absence illégale. (V. *Absence*.)

— Pour arrestation de condamnés à une amende pour délit forestier. (V. *Forêts*.)

— Pour arrestation de vendeurs ou colporteurs de tabac. (V. *Tabac*.)

— Pour arrestation de vendeurs ou colporteurs de poudres. (V. *Poudre*.)

— Pour arrestation de vendeurs ou colporteurs d'allumettes. (V. *Allumettes*.)

— Pour contraventions dans le service des convois militaires. (V. *Convoi*.)

— Pour la destruction des loups. (V. *Loups* ; V. aussi le mot *Gratification*.)

PRISE, s. f. Action de prendre, de s'emparer de quelqu'un ou de quelque chose.

L'article 109 du décret du 28 mai 1895, relatif aux prises faites par les détachements, a été abrogé par le décret du 26 juin 1901.

Ordonnance de prise de corps. Arrêt qui autorise à arrêter un homme. (V. *Arrestation*.)

Etre aux prises, en venir aux prises, sont des expressions qui signifient lutter, se jeter l'un sur l'autre.

Prise d'armes. Action de se mettre sous les armes.

PRISON, s. f. Maison dans laquelle on enferme des prévenus, des accusés et des condamnés.

Les prisons civiles peuvent se diviser en six grandes catégories :

1° *Les maisons de police municipale ou chambres municipales,* qui devraient exister dans chaque chef-lieu de canton et qui sont destinées à recevoir momentanément les individus arrêtés en flagrant délit qui ne peuvent être immédiatement interrogés, et ceux qui sont arrêtés sur la voie publique par mesure de police. Ces maisons, qui sont connues sous le nom de *violons*, sont remplacées, dans presque tous les chefs-lieux de canton par la chambre de sûreté qui se trouve dans chaque caserne de gendarmerie.

La jurisprudence considère la chambre de sûreté comme une véritable prison, et la Cour de cassation a décidé (28 avril 1830) que l'évasion de cette chambre donnerait lieu à l'application des peines portées par l'article 245 du Code pénal (six mois à un an d'emprisonnement).

2° *Les maisons d'arrêt, de justice et de correction*, qui existent dans chaque chef-lieu d'arrondissement et qui sont destinées à recevoir les inculpés, les prévenus, les faillis, les condamnés pour dettes, les condamnés à moins d'un an de prison et les condamnés à plus d'un an en attendant leur transfèrement.

3° *Les maisons de détention* ou *maisons centrales*, qui reçoivent les individus condamnés à la réclusion et les vieillards âgés de plus de 70 ans condamnés aux travaux forcés. Il y a en France 24 maisons centrales, 17 pour les hommes et 7 pour les femmes.

4° *Les bagnes*, qui n'existent plus en France et qui ont été remplacés, pour tous les individus condamnés à la peine des travaux forcés, par la transportation à la Nouvelle-Calédonie et à la Guyane.

5° *Les maisons de correction* et les divers établissements créés par l'Etat ou par des particuliers sous le nom de colonies pénitentiaires, qui reçoivent les enfants détenus en vertu de la puissance paternelle et ceux qui, ayant moins de 16 ans, ont été condamnés par application des articles 66 et 67 du Code pénal.

6° *Les dépôts de mendicité*, qui existent dans un certain nombre de départements et dans lesquels sont enfermés, à l'expiration de leur peine et pendant un temps plus ou moins long, les individus condamnés pour mendicité ou vagabondage.

Lorsque, à raison d'un crime commis dans une prison par un détenu, la peine des travaux forcés à temps ou à perpétuité est appliquée, la cour d'assises ordonnera que cette peine sera subie dans la maison même où ce crime aura été commis. La cour d'assises pourra ordonner, en outre, que le condamné sera resserré plus étroitement, enfermé seul et soumis, pendant un temps qui n'excédera pas un an, à l'emprisonnement cellulaire. (Loi du 25 décembre 1880.)

Établissements pénitentiaires militaires. Les militaires condamnés à des peines qui les excluent de l'armée sont envoyés dans des prisons civiles. Ceux qui doivent rentrer dans l'armée à l'expiration de leur peine sont écroués dans des établissements spéciaux : prisons, ateliers, pénitenciers.

Ces établissements sont aujourd'hui (1901), au nombre de 36 : 25 à l'intérieur, 10 en Algérie et 1 en Tunisie. Ce nombre est variable et peut être augmenté ou diminué par décret.

Le gouvernement de Paris en compte 3 : la maison d'arrêt, la maison de justice militaire et le pénitencier militaire de Bicêtre. Chaque chef-lieu de corps d'armée, sauf le 20e, possède une prison militaire. De plus, le 1er corps d'armée possède la prison militaire du fort Gassion; le 14e, la prison militaire de Grenoble; le 15e, la prison militaire de Toulon et le pénitencier militaire d'Albertville.

En Algérie, il y a une prison militaire à Alger, à Oran et à Constantine. De plus, il y a :

Dans la division d'Alger : le pénitencier militaire de Douéra et l'atelier de travaux publics d'Orléansville;

Dans la division d'Oran : l'atelier de travaux publics n° 5, à Mers-el-Kébir, et le pénitencier militaire d'Aïn-el-Hadjar;

Enfin, dans la division de Constantine : l'atelier de travaux publics n° 4, à Bougie; l'atelier de travaux publics n° 6, à Bône et le pénitencier militaire de Bône.

En Tunisie, le pénitencier militaire de Teboursouk.

Les militaires, à l'exception des officiers punis disciplinairement de prison, subissent leur peine au corps, à moins de circonstances exceptionnelles. (V. décret du 26 février 1900 et règlement du 10 décembre 1900.)

La jurisprudence ne considère pas le militaire puni *disciplinairement* comme détenu, et s'il s'évade par bris de prison, l'article 245 du Code pénal ne lui sera pas applicable; il ne pourrait être condamné que pour bris de clôture, prévu par l'article 456 du Code pénal.

Ceux qui sont condamnés à moins de deux ans subissent leur peine dans les prisons installées près des conseils de guerre ; ces prisons reçoivent, en outre, les militaires en prévention. ceux qui sont transférés par la gendarmerie et les condamnés qui attendent leur transfèrement.

Les militaires condamnés à un emprisonnement de plus de deux ans sont dirigés sur les pénitenciers militaires (V. ce mot), et enfin, ceux qui sont condamnés pour des crimes ou délits prévus par le titre II, livre IV du Code militaire, subissent leur peine dans les ateliers de travaux publics.

Il y a, en outre, une prison cellulaire de correction à Alger, où sont écroués pendant trois mois les détenus récalcitrants.

La marine a dans chaque port des prisons spéciales dans lesquelles sont enfermés les marins condamnés à des peines correctionnelles. Il existe, en outre, des pénitenciers spéciaux pour la marine.

Une nouvelle consigne générale pour les postes et les factionnaires placés aux prisons a été envoyée aux autorités militaires, à la date du 30 novembre 1894. Elle remplace celle du 23 juin 1885.

En temps de guerre, des prisons sont établies dans les quartiers généraux par les soins des prévôts ou des commandants de la force publique. Elles sont sous l'autorité de ces officiers. (V. le Service de la gendarmerie en campagne, art. 50 et suivants.)

PRISONNIER, ÈRE, s. Personne arrêtée et privée de sa liberté. — Transfèrement de prisonniers. (V. *Transfèrement.*)

Les sous-officiers, brigadiers et gendarmes sont tenus de veiller à ce que les prisonniers qu'ils transfèrent reçoivent exactement les subsistances qui doivent leur être fournies pendant la route. (Décr. du 1er mars 1854, art. 426.)

Les commandants de brigade s'assurent si les concierges des maisons d'arrêt fournissent exactement aux militaires détenus les denrées prescrites par les règlements. En cas de plainte, les commandants de brigade rendent compte à leurs chefs par la voie hiérarchique. (Décr. du 1er mars 1854, art. 427 et art. 124 du décret du 28 mai 1895.)

Prisonniers de guerre. D'après le droit des gens, on ne considère plus aujourd'hui comme ennemis, c'est-à-dire comme pouvant être faits prisonniers de guerre, que ceux qui ont combattu, c'est-à-dire *les soldats* ; les habitants des pays en guerre qui ne prennent aucune part à la lutte sont laissés libres. Les prisonniers de guerre sont justiciables des conseils de guerre. (V. le règl. du 21 mars 1893 sur les prisonniers de guerre.)

Est puni de mort tout prisonnier de guerre qui, ayant faussé sa parole, est repris les armes à la main. Les dispositions des articles 237 et suivants du Code pénal sont applicables aux militaires qui laissent évader des prisonniers de guerre ou d'autres individus arrêtés, détenus ou confiés à leur garde, ou qui favorisent ou procurent l'évasion de ces individus ou les recèlent ou les font recéler. (C. M., art. 56, 204 et 216.)

Le règlement du 21 mars 1893 règle les mesures à prendre à l'égard des prisonniers de guerre.

PROCÉDURE, s. f. On donne le nom de procédure à l'ensemble des règles établies par les lois pour instruire un procès, soit civil, soit criminel. Ces règles, très nombreuses, sont contenues dans un code spécial qui porte le nom de Code de procédure civile.

La procédure à suivre devant les conseils de guerre en temps de paix et en temps de guerre, devant les conseils de revision et devant les prévôtés, fait l'objet du livre III du Code militaire, de l'article 83 à l'article 185.

PROCESSION, s. f. Cérémonie religieuse consistant dans une marche solennelle accompagnée de chants.

Une décision ministérielle, en date du 11 juin 1881, défend à la gendarmerie de prendre place dans le cortège comme escorte d'honneur. — Sa mission doit se borner à remplir le rôle de surveillance qui lui incombe en toutes circonstances, c'est-à-dire à se porter sur le parcours de la procession et à assurer le bon ordre.

Lorsque les processions sont autorisées à parcourir les rues d'une ville, ceux qui cherchent à les empêcher, à les retarder ou à les interrompre, sont punissables d'une amende de 16 francs à 300 francs et d'un emprisonnement de six jours à trois mois.

PROCÈS-VERBAL, s. m. Le procès-verbal est défini, par les jurisconsultes, un acte par lequel tout officier public, fonctionnaire ou agent de l'autorité rend compte de ce qu'il a vu ou entendu et de ce qu'il a fait lui-même dans l'exercice de ses fonctions.

Nous ne parlerons pas ici des procès-verbaux dressés par les officiers de police judiciaire (V. ce mot); nous nous occuperons seulement des procès-verbaux dressés par les gendarmes.

L'action de la gendarmerie s'exerçant dans toute l'étendue du territoire continental et colonial de la République (art. 1er du décr. du 1er mars 1854), il résulte de là que les gendarmes peuvent verbaliser en dehors de la circonscription de leur brigade.

Le décret du 1er mars 1854 et de nombreuses lois antérieures ou postérieures chargent spécialement la gendarmerie de constater certaines infractions, et on peut dire qu'il est très peu de lois à l'observation desquelles elle ne soit pas chargée de veiller. — Les procès-verbaux de ses membres (Décr. du 1er mars 1854, art. 498) *font foi en justice jusqu'à preuve contraire*; mais la Cour de cassation a décidé le 20 janvier 1893, qu'un procès-verbal de gendarmerie ne faisait pas foi jusqu'à preuve contraire lorsque les gendarmes qui l'ont rédigé n'ont pas constaté personnellement les faits qui y sont énoncés et ont simplement rapporté les déclarations des plaignants et des témoins. — Les procès-verbaux ne peuvent être annulés sous prétexte de vice de forme ou pour défaut d'enregistrement, les droits pouvant être perçus avant ou après le jugement.

Il y a exception pour ceux dressés en matière de roulage, qui, d'après l'article 19 de la loi du 30 mai 1851, sont nuls de plein droit lorsque cette formalité n'a pas été remplie dans le délai de trois jours.

Toutes les fois que la gendarmerie est requise pour une opération quelconque, elle en dresse procès-verbal, même en cas de non-réussite, pour constater son transport et ses recherches. (Décr. du 1er mars 1854, art. 487.) — Cet article est très important et les gendarmes ne doivent pas perdre de vue que toutes leurs opérations doivent être faites *au grand jour* et que le résultat de ces opérations doit être, *quel qu'il soit*, consigné dans un procès-verbal régulier et *non dans des rapports plus ou moins confidentiels*.

La gendarmerie doit dresser procès-verbal de tous les faits délictueux et de tous les événements importants dont elle a été témoin, de tous ceux qui laissent des traces après eux et dont elle va s'enquérir sur les lieux, de toutes les déclarations qui peuvent lui être faites par les fonctionnaires publics et les citoyens qui sont en état de fournir des indices sur les crimes ou délits qui ont été commis; enfin, de toutes les arrestations qu'elle opère dans son service. (Décret du 1er mars 1854, art. 488.)

On doit établir des procès-verbaux distincts pour les crimes, délits et contraventions commis par plusieurs individus, à moins qu'il y ait connexité.

Une circulaire du 15 septembre 1862 *défend aux gendarmes de se livrer à une appréciation quelconque* sur la conséquence des faits qu'ils sont appelés à constater. La rédaction des procès-verbaux doit être claire, précise et offrir un exposé des faits dégagé de tout événement ou de toute interprétation étrangère à leur but, qui est d'éclairer la justice sans chercher à l'influencer dans un sens quelconque.

Ainsi, les procès-verbaux doivent relater avec la plus grande clarté et la plus grande précision les faits qu'ils signalent, *et rien que ces faits :* tout doit être dit; mais il faut éviter avec soin les inutilités; les phrases doivent être courtes, nettes, et il faut se garder de les encombrer de ces adjectifs sonores et de ces mots prétentieux qui ne font qu'en diminuer la clarté.

Lorsqu'on reçoit une déclaration, il faut conserver sinon les tournures de phrases de celui qui parle, mais au moins toutes ces expressions particulières qui peuvent être parfois brutales et grossières, mais qui souvent dépeignent parfaitement la situation.

La loi ne trace point de règles pour la rédaction des procès-verbaux, et ceux de la gendarmerie ne peuvent être annulés pour vice de forme. (Décr. du 1er mars 1854, art. 498.) Les modèles adoptés dans l'arme portent d'abord l'indication du jour, de l'an et de l'heure où le procès-verbal a été dressé, puis les noms, prénoms et résidences des rédacteurs, et enfin la mention imprimée que les gendarmes, revêtus de leur uniforme, ont agi *conformément aux ordres de leurs chefs.* Cette mention importante rappelle ainsi à chacun qu'il doit toujours opérer *ouvertement et qu'il n'a d'ordres à recevoir que de ses supérieurs.* Il ne faut cependant pas perdre de vue que les gendarmes doivent toujours obéir aux réquisitions légales faites directement par les autorités civiles, en se bornant à dresser procès-verbal des opérations qui ont été la conséquence de ces réquisitions; en outre, lorsqu'il y a *urgence bien constatée,* la circulaire du 26 novembre 1855 admet que l'autorité judiciaire peut s'adresser directement au commandant de brigade, à la charge par celui-ci de faire connaître immédiatement à l'officier commandant la gendarmerie de l'arrondissement et les mandats qui lui ont été remis et les renseignements qui lui ont été demandés, en y ajoutant *copie des réponses faites à ces demandes de renseignements.*

Les procès-verbaux des sous-officiers, brigadiers et gendarmes sont faits sur papier libre; ceux de ces actes qui sont de nature à donner lieu à des poursuites judiciaires sont visés pour timbre et enregistrés en débet ou gratis, suivant les distinctions établies par les lois de finances ou règlements spéciaux.

Ils sont présentés à cette formalité par les gendarmes dans le délai de quatre jours, lorsqu'il se trouve un bureau d'enregistrement dans le lieu de leur résidence; dans le cas contraire, l'enregistrement a lieu à la diligence du ministère public chargé des poursuites. (Décr. du 1er mars 1854, art. 491.) (V. *Enregistrement.*)

Tous les procès-verbaux dressés par les brigades sont généralement établis en double expédition, dont l'une est remise dans les vingt-quatre heures à l'autorité compétente, et l'autre est adressée au commandant de l'arrondissement. Cet officier, après avoir examiné ce qui peut se trouver de défectueux ou d'omis dans la rédaction de ces procès-verbaux, les transmet avec ses observations au commandant de la compagnie.

Les procès-verbaux d'arrestation des forçats évadés et des déserteurs des armées de terre ou de mer sont en quadruple expédition.

Le signalement des individus arrêtés doit toujours être inscrit au bas du procès-verbal.

Les procès-verbaux en matière de roulage et de grande voirie doivent être faits en triple expédition; deux expéditions sont remises au préfet ou au sous-préfet, et la troisième est adressée au commandant de la compagnie, avec indication que cette formalité a été remplie.

Les procès-verbaux relatifs à la contrebande sont en triple expédition : deux sont adressées au directeur des douanes et des contributions indirectes. (Décr. du 1er mars 1854, art. 495.)

Lorsqu'il y a réellement délit commun, c'est-à-dire lorsque le délit est l'œuvre combinée de plusieurs personnes qui, en cas de condamnation, seraient tenues solidairement des amendes, frais, etc. (article 55 du Code pénal), il n'y a pas lieu de dresser un procès-verbal distinct contre chaque délinquant.

Mais s'il s'agit de délits de même nature, commis en même temps et au même lieu par plusieurs personnes séparément, il n'y a plus de délit commun. Aucune solidarité n'existe entre les auteurs, et la rédaction d'un procès-verbal unique aurait, notamment, l'inconvénient d'occasionner des difficultés pour les poursuites et pour la répartition des frais entre délinquants non solidaires. Il y a lieu, dans ce cas, de dresser autant de procès-verbaux qu'il y a de délinquants.

A la fin de chaque procès-verbal, et avant les signatures, il doit être fait mention qu'il a été rédigé conformément à l'article 495 du décret du 1er mars 1854. (Modèle nº 18.)

Les chefs de poste ne sont pas tenus de reproduire en tête des procès-verbaux les instructions données par les magistrats, et ils doivent conserver dans leurs archives les demandes de renseignements émanées des parquets, au lieu de les leur renvoyer avec leurs réponses. (Service intérieur, art. 112.)

Comme on le sait, les procès-verbaux de la gendarmerie font foi jusqu'à *preuve contraire*, c'est-à-dire *qu'ils doivent être crus à moins qu'on ne prouve leur inexactitude:* il en est de même de presque tous les procès-verbaux dressés en matière criminelle; cependant, il y a certains procès-verbaux pour lesquels la loi n'admet pas la preuve contraire et qui sont crus jusqu'à *inscription de faux*; dans ce cas, pour détruire les faits avancés par le procès-verbal, on est obligé de suivre une procédure particulière dont les difficultés arrêtent la plupart des délinquants et les forcent à accepter le procès-verbal dressé contre eux.

Cette dérogation à la loi générale existe pour les procès-verbaux dressés par les préposés des douanes et des contributions indirectes, par les gardes du génie pour les contraventions aux règlements relatifs aux fortifications, et par les gardes en matière de délit forestier. Ce surcroît de sévérité s'explique, pour les deux premiers cas, dans l'intérêt de l'impôt et dans l'intérêt de la défense nationale; il est plus difficile de trouver une explication pour le dernier.

Les agents de police n'ont pas le droit de verbaliser; leurs procès-verbaux ne suffisent pas pour motiver une condamnation; il faut toujours qu'ils soient appelés comme témoins des faits qu'ils ont portés à la connaissance de l'autorité.

PROCURATION, s. f. Pouvoir donné à quelqu'un de décider une affaire au nom de son mandant. Les procurations sont faites par acte sous seing privé ou par acte notarié.

Les militaires qui se trouvent en campagne peuvent, à défaut de notaire pour recevoir leur procuration, s'adresser au conseil d'administration du corps auquel ils appartiennent. Ces procurations, pour être valides, ne sont astreintes à aucun modèle; il suffit qu'elles soient signées par les membres du conseil et revêtues du sceau du corps. Les fonctionnaires de l'intendance agissent de même pour les officiers sans troupe et les employés de l'armée. Lorsque le requérant ne sait ou ne peut signer, mention en est faite et attestée par deux témoins.

PROCUREUR, s. m. Le procureur de la République, nommé par le chef de l'Etat et amovible, est un magistrat chargé spécialement de rechercher dans chaque arrondissement les crimes et les délits. Il est le principal officier de police judiciaire, et, lorsqu'il agit en cas de flagrant délit, l'article 52 du Code d'instruction criminelle lui donne le droit, s'il le juge utile et nécessaire, de charger un officier de police judiciaire de partie des actes de sa compétence.

L'article 267 du décret du 1er mars 1854 dit que les officiers de gendarmerie, en ce qui concerne l'exercice de la police judiciaire, sont placés par la loi sous la surveillance des juges d'instruction, des procureurs de la République et des procureurs généraux.

Cette surveillance dont parle le décret ne peut être *que très limitée;* car, d'un côté, l'officier de gendarmerie, officier de police judiciaire, agissant seul, en vertu de la loi, est complètement maître de diriger son instruction comme il l'entend, et, d'un autre côté, l'article 280 du Code d'instruction criminelle dit expressément « qu'en cas de négligence des officiers de police judiciaire et des juges d'instruction, le procureur général les avertira; cet avertissement sera consigné par lui sur un registre tenu à cet effet. En cas de récidive, le procureur général les dénoncera à la cour. » (C. d'instr. crim., art. 281.)

Il résulte donc qu'à part le cas où le procureur de la République, conformément à l'article 52 du Code d'instruction criminelle, aurait chargé l'officier de gendarmerie d'une partie de l'instruction, le procureur général seul pourrait faire des observations à un officier au sujet de ses fonctions d'officier de police judiciaire.

Le procureur de la République, ainsi que les procureurs généraux, dont il sera parlé plus loin, peuvent appeler auprès d'eux, par écrit, le commandant de la gendarmerie du département pour conférer sur des objets de service ; mais si les haute cour de justice, cour d'appel ou cour d'assises ne siègent pas au chef-lieu du département, ils ne peuvent appeler auprès d'eux que l'officier commandant l'arrondissement. (Décr. du 1er mars 1854, art. 102.)

Les communications verbales ou par écrit entre les autorités judiciaires ou administratives et la gendarmerie, doivent toujours avoir un objet déterminé de service, et n'imposent nullement aux militaires de cette arme l'obligation de se déplacer chaque jour pour s'informer du service qui pourrait être requis. Dans les cas extraordinaires, les officiers de gendarmerie doivent se rendre chez les autorités aussi fréquemment que la gravité des circonstances peut l'exiger, sans attendre des invitations de leur part.

Toutes les fois qu'ils ont à conférer avec les autorités locales, les officiers de gendarmerie doivent être en tenue militaire. (Décr. du 1er mars 1854, art. 103.)

Les chefs d'escadron commandant la gendarmerie des départements informent sur-le-champ les procureurs généraux près les cours d'appel de tous les événements qui sont de nature à motiver des poursuites judiciaires.

Ces officiers supérieurs, ainsi que les commandants d'arrondissement, informent également sur-le-champ les procureurs de la République, ou, à défaut, leurs substituts, des événements de même nature qui surviennent dans le ressort du tribunal près duquel ils exercent leurs fonctions. Ils ne sont point tenus à des rapports négatifs. (Décr. du 1er mars 1854, art. 104.)

Procureur général. Les procureurs généraux, nommés par le chef de l'Etat et amovibles, siègent près de chaque cour d'appel et sont chargés d'exercer l'action criminelle et de diriger et de surveiller tous les officiers de police judiciaire du ressort. Ils sont aidés dans leurs importantes fonctions par des avocats généraux et par des substituts. L'article 376 du Code d'instruction criminelle leur donne le droit de requérir directement l'assistance de la force publique pour l'exécution des condamnations.

Lorsque les procureurs généraux font le service d'assises dans un lieu autre que celui du siège de la cour dont ils dirigent le parquet, ils ont droit à une sentinelle. (Note minist. du 31 octobre 1873.)

PROFESSION s. f. Ce mot, dans son acception la plus commune, signifie état, condition, métier. Profession d'avocat, de médecin, etc. Il est boucher de sa profession. On désigne sous le nom de *professions libérales* celles qui n'exigent que les facultés de l'esprit, par opposition aux *professions manuelles*. Toutes les professions sont libres. (V. *Boucher, Boulanger, Commerce.*) Les individus qui exercent des professions ambulantes (marchands, colporteurs, saltimbanques, etc.) doivent toujours être munis de papiers réguliers (autorisations, patentes, extraits de naissance des enfants s'il y en a), que la gendarmerie devra se faire représenter.

PROLONGATION, s. f. Action d'accroître la durée. Prolongation de congé ou de permission. (V. *Permission.*)

PROMULGATION, s. f. Publication officielle. L'article 1er du Code civil, relatif à l'exécution des lois sur le territoire français, a été remplacé par le décret du 5 novembre 1870, ainsi conçu :

Article 1er. Dorénavant, la promulgation des lois et des décrets résultera de leur insertion au *Journal officiel de la République française*, lequel, à cet égard, remplacera le *Bulletin des lois*. Le *Bulletin des lois* continuera à être publié, et l'insertion qui y sera faite des actes non insérés au *Journal officiel* en opérera promulgation. (V. la note minist. du 14 mai 1886.)

Art. 2. Les lois et les décrets seront obligatoires, à Paris, un jour franc après la promulgation, et partout ailleurs, dans l'étendue de chaque arrondissement, un jour franc après que le *Journal officiel* qui les contient sera parvenu au chef-lieu de cet arrondissement. Le gouvernement, par une disposition spéciale, pourra ordonner l'exécution immédiate d'un décret.

Art. 3. Les préfets et sous-préfets prendront les mesures nécessaires pour que les actes législatifs soient imprimés et affichés partout où besoin sera.

Art. 4. Les tribunaux et les autorités administratives et militaires pourront, selon les circonstances, accueillir l'exception d'ignorance, alléguée par les contrevenants, si la contravention a eu lieu dans le délai de trois jours francs à partir de la promulgation.

PROPRIÉTÉ, s. f. Les jurisconsultes définissent la propriété : la faculté accordée à une personne, à l'exclusion de toute autre, de retirer d'une chose toute l'utilité qu'elle peut donner et de faire sur elle tous les actes que la loi n'interdit pas.

La propriété de la terre comprend la propriété du dessus et celle du dessous, c'est-à-dire les récoltes qu'elle donne et, sous certaines réserves, tout ce qu'elle contient, comme une mine, une carrière, etc. (V. *Mine*.)

La **propriété mobilière** est celle qui comprend des biens mobiliers, facilement transportables, comme des meubles, des titres de rente, des animaux, etc.

La **propriété immobilière** comprend, au contraire, les biens immobiles, qu'on ne peut ni transporter ni déplacer : un champ, une maison sont des propriétés immobilières.

PROPOSITION, s. f. Action de présenter quelqu'un ou quelque chose qui ne sera accepté qu'après examen. Proposition pour entrer dans la gendarmerie. (V. *Mémoire de proposition* et *Admission*.)

PROSTITUTION, s. f. Action de se prostituer, de faire marchandise de son corps. Dès l'époque la plus reculée, on s'est préoccupé, en France, de soumettre la prostitution à des règlements de police. Mais la législation a souvent varié en cette matière. Condamnées au fouet au XIIIe siècle, sous saint Louis, les femmes de mauvaise vie furent tolérées au XIVe et au XVe siècles, soumises à des taxes particulières et contraintes d'habiter certains lieux qui leur furent assignés. Au XVIe siècle, la prostitution publique fut de nouveau supprimée ; mais cette sévérité ayant paru aggraver le mal, on revint aux anciens règlements.

De nos jours, la législation est muette sur cette matière ; toutefois, la loi organique des 19-22 juillet 1791 a donné à l'autorité municipale le droit de surveillance le plus étendu sur la prostitution, en autorisant les officiers de police à pénétrer en tout temps dans les lieux livrés notoirement à la débauche. C'est au maire ou au préfet (loi du 5 mai 1855), dans les chefs-lieux de département dont la population excède 40,000 âmes, à voir ce qui convient à chaque localité, et à prendre les mesures nécessaires dans l'intérêt de l'ordre et de la morale publique.

La prostitution clandestine, quels que soient les lieux où elle s'exerce et les formes qu'elle prenne pour se dissimuler, doit être poursuivie. Dans ce but, l'autorité peut défendre à tous propriétaires (même non aubergistes, cafetiers, hôteliers) de louer aucune chambre aux filles publiques et aux gens de mauvaise vie, et de les loger ou recueillir chez eux. (Arrêt de la cour de cassation du 19 juin 1846.)

PROTÊT, s. m. Acte dressé par un huissier constatant le refus de paiement à l'échéance d'une lettre de change. Le protêt d'une lettre de change doit être fait le *lendemain de l'échéance* ou le surlendemain si le lendemain est un jour férié.

PROUE, s. f. Partie antérieure d'un navire. (V. *Poupe*.)

PROVOCATION, s. f. Action d'exciter quelqu'un, de l'animer, de le pousser à faire quelque chose.

Le meurtre, ainsi que les blessures et les coups, sont excusables s'ils ont été provoqués par des coups ou violences graves envers les personnes. (C. P., art. 321.)

Seront punis comme complices d'une action qualifiée crime ou délit ceux qui, soit par des discours, cris ou menaces proférés dans des lieux ou réunions publics, soit par des écrits, des imprimés vendus ou distribués, mis en vente ou exposés dans des lieux ou réunions publics, soit par des placards ou affiches exposés aux regards du public, auront directement provoqué l'auteur ou les auteurs à commettre ladite action, si la provocation a été suivie d'effet. Cette disposition sera également applicable lorsque la provocation n'aura été suivie que d'une tentative de crime prévue par l'article 2 du Code pénal. (Loi du 29 juillet 1881, art. 23.) Ceux qui, par l'un des moyens énoncés à l'article précédent, auront directement provoqué soit au vol, soit aux crimes de meurtre, de pillage et d'incendie, soit à l'un des crimes punis par l'article 435 du Code pénal, soit à l'un des crimes et délits contre la sûreté extérieure de l'État prévus par les articles 75 et suivants jusques et y compris l'article 85 du même Code, seront punis, dans le cas où cette provocation n'aurait pas été suivie d'effet, de un an à cinq ans d'emprisonnement et de cent francs à trois mille francs d'amende. Ceux qui, par les mêmes moyens, auront directement provoqué à l'un des crimes contre la sûreté intérieure de l'Etat prévus par les articles 86 et suivants jusques et y compris l'article 101 du Code pénal seront punis des mêmes peines. Seront punis de la même peine ceux qui, par l'un des moyens énoncés à l'art. 23, auront fait l'apologie des crimes de meurtre, de pillage, d'incendie, de vol, ou de l'un des crimes prévus par l'art. 435 du Code pénal.

Loi du 12 décembre 1893 (art. 24). Cette loi modifie les articles 24,25 et 49 de la loi du 29 juillet 1881.

Tous cris ou chants séditieux proférés dans des lieux ou réunions publics seront punis d'un emprisonnement de six jours à un mois et d'une amende de 16 à 500 francs, ou de l'une de ces deux peines seulement.

Toute provocation par l'un des moyens énoncés en l'article 23, adressée à des militaires des armées de terre ou de mer, dans le but de les détourner de leurs devoirs militaires et de l'obéissance qu'ils doivent à leurs chefs dans tout ce qu'ils leur commandent pour l'exécution des lois et règlements militaires, sera punie d'un emprisonnement d'un an à cinq ans et d'une amende de 100 francs à 3.000 francs. (Loi du 12 décembre 1893, art. 25.) Tout individu qui, soit dans les casernes ou autres établissements militaires, soit sur les terrains de manœuvres ou autres lieux de réunion d'une troupe en service, sera surpris en flagrant délit de provocation à l'indiscipline par l'un des moyens énoncés à l'art. 23 de la loi du 29 juillet 1881, devra immédiatement être appréhendé et remis à la gendarmerie pour être conduit au procureur de la République. (Circ. minist. en date du 8 février 1894.)

Est puni de mort avec dégradation militaire, tout militaire qui provoque à la fuite ou empêche le ralliement en présence de l'ennemi. (C. M., art. 205.)

Est considéré comme embaucheur et puni de mort tout individu convaincu d'avoir provoqué des militaires à passer à l'ennemi ou aux rebelles armés. (C. M., art. 208.)

Tout militaire qui provoque ou favorise la désertion est puni de la peine encourue par le déserteur.

Tout individu non militaire ou non assimilé aux militaires qui, sans être embaucheur pour l'ennemi ou pour les rebelles, provoque ou favorise la désertion, est puni par le tribunal compétent d'un emprisonnement de deux mois à cinq ans. (C. M., art. 242.)

PRUD'HOMME, s. m. Juge en matière de différends entre les patrons et les ouvriers.

Les conseils de prud'hommes sont chargés : 1° de concilier les différends qui s'élèvent entre les fabricants et les chefs d'atelier, contremaîtres, ouvriers ou apprentis, ou de prononcer sur ces différends quand ils n'ont pu se concilier. (Loi du 18 mars 1806, art. 6);

2° De juger les demandes à fin d'exécution ou de résolution des contrats d'apprentissage, ainsi que les réclamations dirigées contre des tiers en cas de détournement d'apprentis. (Loi du 22 février 1851);

3° De régler, à défaut de stipulations expresses, les indemnités ou restitutions dues au maître ou à l'apprenti en cas de résolution du contrat d'apprentissage (même loi);

4° De juger les contestations relatives à la délivrance des congés d'acquit ou à la rétention des livrets d'ouvriers. (Loi du 14 mai 1851.)

Tout délit tendant à troubler l'ordre et la discipline de l'atelier, tout manquement grave des apprentis envers leurs maîtres, peuvent être punis par les prud'hommes d'un emprisonnement qui n'excède pas trois jours. (Loi du 3 août 1810.)

PRYTANÉE MILITAIRE. (V. *Ecoles.*)

PUBLICATION, s. f. Action de faire imprimer et de livrer au public un écrit quelconque.

Il est interdit aux militaires de tous grades de faire paraître aucun écrit soit imprimé, soit autographié, même sous un pseudonyme sans avoir, au préalable, obtenu l'autorisation du Ministre. Cette mesure s'applique également, en cas de réimpression de l'ouvrage, à toute nouvelle édition modifiée. (Service intérieur, art. 258.)

PUDEUR s.f. *L'attentat à la pudeur de quelqu'un* est un acte ayant pour but de blesser la pudeur d'une personne par des paroles ou des gestes immoraux. *L'attentat à la pudeur publique* ou *l'outrage public à la pudeur* est celui commis par une personne qui, *en public,* se livre à des actes ou tient des discours déshonnêtes, obscènes et contraires à la morale. (V. *Attentat* et *Outrage.*)

PUNITION, s. f. Châtiment que l'on inflige à quelqu'un.

Les officiers, sous-officiers, brigadiers et gendarmes sont soumis, chacun en ce qui le concerne, aux règlements de discipline militaire et aux peines que les supérieurs sont autorisés à infliger à leurs inférieurs pour les fautes et négligences dans le service. (Service intérieur, art. 258.)

Les punitions infligées par leurs chefs aux militaires de la gendarmerie devant être examinées chaque année par les inspecteurs généraux de l'arme et pouvant motiver de leur part une aggravation de punitions, le libellé de punition doit être assez explicite pour permettre d'apprécier la nature et la gravité des fautes qui les ont provoquées. (Service intérieur, art. 259.)

Les sous-officiers, brigadiers et gendarmes, quoique assujettis aux règlements de discipline militaire et aux peines que les supérieurs sont autorisés à infliger à leurs inférieurs, ne peuvent être punis que par leurs chefs directs et par les généraux commandant les corps d'armée. En campagne, ils peuvent être punis par leurs chefs directs, par les généraux commandant les unités auxquelles ils sont affectés, et par les chefs d'état-major de ces unités. (Service intérieur, art. 260, et Service de la gendarmerie en campagne, art. 9.)

Tout supérieur de la gendarmerie peut prononcer contre un militaire d'une autre arme les punitions prévues par le service intérieur de cette arme; il en rend compte au major de la garnison ou au commandant d'armes, qui en informe le chef de corps ou de service de l'homme puni; lorsqu'il n'y a pas de garnison dans la localité, le compte rendu est fait directement au chef de corps ou de service si celui qui a puni est officier; dans le cas contraire, il est envoyé par l'intermédiaire du commandant d'arrondissement. (Serv. int., art. 260.)

Les circulaires ministérielles des 6 avril 1873 et 8 février 1876 (*Mémorial,* 8e vol., page 537, et 9e vol., page 362) attribuent aux généraux commandant les corps d'armée le droit de punir les militaires de la gendarmerie et d'augmenter leurs punitions; mais ce privilège a été accordé *exclusivement* à ces officiers généraux.

« Le recours à l'autorité supérieure du commandant de corps d'armée, tout en donnant les moyens suffisants pour permettre de réprimer, lorsqu'il y a lieu, les infractions d'ordre général commises par des militaires de la gendarmerie, sauvegarde cependant l'indépendance relative qu'il est nécessaire de laisser à ces militaires, au point de vue de l'exécution du service spécial dont ils sont chargés. » (V. lettre minist. du 15 juin 1881, insérée au *Mémorial*.)

Cependant, par une lettre manuscrite en date du 16 juin 1885, adressée au général commandant le 19e corps d'armée, le Ministre a décidé que les gendarmes en traitement dans un hôpital militaire pourraient être punis par le médecin en chef sous l'autorité immédiate duquel ils se trouvent, conformément aux prescriptions de l'article 251 du règlement du 25 novembre 1889.

Dans la gendarmerie de la Seine, le médecin peut infliger aux sous-officiers, brigadiers et gendarmes, à la salle de visite, les mêmes punitions que les officiers du grade auquel il est assimilé. (Service intérieur, art. 260.)

Le droit de punir est suspendu pour les gradés en traitement à l'hôpital. (V. *Hôpital*.)

Punitions des officiers. Les punitions disciplinaires sont, pour les officiers de gendarmerie : les arrêts simples ; la réprimande du chef de légion ; les arrêts de rigueur ; les arrêts de forteresse ; la réprimande du général commandant le corps d'armée.

La réprimande infligée à un officier a lieu soit par écrit, soit verbalement en présence d'un ou plusieurs officiers du grade supérieur ou du même grade plus anciens que lui, réunis à cet effet au chef-lieu de la compagnie ou de la légion.

La durée des arrêts simples et des arrêts de rigueur ne peut excéder trente jours ; celles des arrêts de forteresse, quinze jours.

Les arrêts simples peuvent être ordonnés à chaque officier par son supérieur en grade ou par celui qui en exerce l'autorité. Ils n'exemptent d'aucun service.

Les arrêts de rigueur et de forteresse ne sont ordonnés que par le chef de légion. Ces punitions suspendent tout service. (V. Service intérieur, art. 262 et suivants.)

Tout militaire recevant l'ordre d'une punition doit d'abord s'y soumettre ; mais il lui est permis d'adresser une réclamation dès que la punition a commencé.

Toute réclamation formulée sans de justes motifs ou dans ses termes contraires à la discipline, peut entraîner une punition nouvelle. (Service intérieur, art. 287.)

Punitions des sous-officiers, brigadiers et gendarmes. Les punitions à infliger aux sous-officiers, brigadiers et gendarmes, sont :

1° La consigne à la caserne ;
2° La consigne à la chambre ;
3° La réprimande des commandants de compagnie pour les chefs de brigade ;
4° La prison ;
5° La réprimande des chefs de légion pour les chefs de brigade ;
6° La rétrogradation ;
7° La cassation ;
8° La réforme.

La consigne à la caserne est infligée aux commandants de brigade et aux gendarmes qui font preuve de paresse ou d'ignorance dans leurs devoirs professionnels ou qui rentrent à la caserne après l'heure fixée. Elle est infligée aussi pour inexactitude dans la remise des pièces et pour légère irrégularité dans le service.

Pour les fautes de tenue, les commandants de brigade et gendarmes sont punis également de la consigne à la caserne. Les chefs de brigade encourent la même peine pour les fautes de tenue relatives à leur troupe.

Pour les fautes légères contre la discipline, les sous-officiers, brigadiers et gendarmes sont punis de consigne à la chambre.

Pour les fautes plus graves, entre autres celles qu'ils commettent pendant leur service, les gendarmes sont punis de la prison ; les chefs de brigade sont punis de la réprimande du commandant de compagnie, de la prison ou de la réprimande du chef de légion. Les réprimandes sont notifiées par l'intermédiaire des commandants d'arrondissement et inscrites sur les folios de punitions ; celle du chef de légion est mise à l'ordre.

La rétrogradation des sous-officiers est infligée pour réprimer les fautes graves réitérées et l'inconduite habituelle ; elle est prononcée par le Ministre.

La cassation, la réforme, la révocation pour les auxiliaires indigènes sont employées quand les autres moyens sont épuisés.

Les sous-officiers, brigadiers et gendarmes consignés ne sont dispensés d'aucun service.

Les sous-officiers, brigadiers et gendarmes punis de prison ne font aucun service.

Les punitions de prison sont toujours subies au chef-lieu d'arrondissement.

Il en est de même de celles des gradés en sous-ordre et des gendarmes, s'il n'y a pas dans la caserne des locaux disciplinaires. Dans des cas exceptionnels (rigueur du froid, excès de chaleur, etc...), le commandant d'arrondissement peut modifier le régime de la prison et suspendre la détention. Il en rend compte par la voie hiérarchique au chef de légion. (V. Service intérieur, art. 269.)

Les punitions de consigne commencent au moment où les intéressés en reçoivent avis verbalement ou par écrit; la punition de prison commence au moment de l'incarcération, et l'officier qui la prononce donne immédiatement des ordres pour qu'elle soit subie dans le plus bref délai possible.

Les libellés des punitions prononcées par les sous-officiers, brigadiers ou chefs de poste ne sont définitifs et par suite inscrits sur les folios qu'après avoir été approuvés par le chef de légion.

Toutes les punitions sans exception sont inscrites au folio de discipline (Serv. int., art. 269), et elles sont toujours l'objet d'un rapport établi par celui qui les a infligées. (Serv. int., art. 25.)

Les punitions sont ordonnées aux chefs de brigade de la manière suivante :

Par l'adjudant, le maréchal des logis chef aux chefs des brigades : huit jours de consigne à la caserne ou quatre jours de consigne à la chambre ;

Par les maréchaux des logis aux brigadiers : quatre jours de consigne à la caserne ou deux jours de consigne à la chambre ;

Par les commandants d'arrondissement ou de section : dix jours de consigne à la caserne, huit jours de consigne à la chambre ou quatre jours de prison ;

Par les commandants de compagnie : quinze jours de consigne à la caserne, quinze jours de consigne à la chambre, la réprimande ou huit jours de prison ;

Par les chefs de légion : trente jours de consigne à la caserne, trente jours de consigne à la chambre, quinze jours de prison ou la réprimande.

Les punitions sont ordonnées aux gendarmes de la manière suivante :

Par les chefs de brigade : huit jours de consigne à la caserne et quatre jours de consigne à la chambre ;

Par les commandants d'arrondissement ou de section : quinze jours de consigne à la caserne, huit jours de consigne à la chambre, quatre jours de prison ;

Par les commandants de compagnie : trente jours de consigne à la caserne, quinze jours de consigne à la chambre, huit jours de prison ;

Par les chefs de légion : trente jours de consigne à la caserne, trente jours de consigne à la chambre, quinze jours de prison.

Pour les fautes exceptionnellement graves et lorsque l'intérêt de la discipline l'exige, les chefs de brigade ont le droit de mettre provisoirement tous gendarmes sous leurs ordres en prison jusqu'à ce que le commandant ait statué sur la nature de la peine; ils en rendent compte immédiatement.

Dans les mêmes circonstances, les chefs de légion sont autorisés à prolonger les peines de la prison jusqu'à ce que l'autorité supérieure ait prononcé.

La note ministérielle du 5 novembre 1890 rappelle que nul ne peut être puni de plusieurs peines pour la même faute et que la double punition, prison et changement de résidence, ne doit être appliquée que quand l'enquête révèle des manquements antérieurs qui n'ont pas été réprimés ou des fautes simultanées mais d'un caractère différent.

Les deux punitions sont alors mentionnées chacune avec son libellé particulier. (V. Serv. int., art. 269.)

Les gendarmes réservistes et territoriaux qui ont été punis de prison pendant la durée de leur appel sont maintenus au corps, à la fin de leur période d'instruction, pendant un nombre de jours égal à la durée totale des punitions de cette nature qu'ils ont encourues.

Les gendarmes réservistes et territoriaux qui se présentent en retard à l'appel d'une période d'instruction sans justifier de motif légitime, sont punis de prison. Afin de ne pas gêner l'instruction, les punitions de prison infligées aux réservistes pendant une période d'instruction sont subies à la fin de la période. (Service intérieur, art. 270.) — V. l'art. 47 de la loi du 15 juillet 1889.)

Lorsqu'un sous-intendant militaire, pour des faits particuliers à l'administration, a sujet de se plaindre du trésorier, il en réfère au commandant de la compagnie et, s'il y a lieu, demande une punition. (Service int., art. 260.)

A la suite d'une cassation, d'une rétrogradation ou d'une suspension, la première punition qui a été infligée pour réprimer immédiatement la faute commise doit être considérée comme mesure préventive et annulée aussitôt la cassation, rétrogradation ou suspension prononcée. (Circ. du 19 mars 1881.)

La répression disciplinaire des hommes de tout grade des différentes catégories de réserve dans leurs foyers, fait l'objet du chapitre XII de l'instruction du 28 décembre 1895. La gendarmerie est chargée de la remise à l'homme de l'ordre de punition.

PUPILLE, s. des deux genres. On désigne sous ce nom l'enfant mineur qui, ayant perdu son père ou sa mère, ou tous les deux, demeure jusqu'à sa majorité sous la direction d'un tuteur.

Les pupilles de la garde étaient de jeunes soldats presque tous orphelins qui formaient un corps d'élite sous le règne de Napoléon Ier. — Pupilles de la guerre. (V. *Orphelinat Heriot.*)

La **pupille,** que l'on appelle aussi la prunelle, est une ouverture située dans l'œil au milieu de la membrane de l'iris : c'est par la pupille que passent les rayons lumineux qui vont ensuite former sur la rétine l'image renversée des objets extérieurs.

PUY-DE-DOME (Département). Populat., 544,194 habit., 5 arrondissements, 50 cantons (13e corps d'armée, 13e légion de gendarmerie), chef-lieu Clermont-Ferrand, 52,933 habit., à 384 kil. S. de Paris, au pied d'un amphithéâtre qui s'élève par gradations jusqu'à la crête supérieure du Puy-de-Dôme. S.-P. : Ambert, Issoire, Riom, Thiers. — Département méditerrané. — Pays couvert de montagnes à l'est et à l'ouest. — Agricole et industriel. — Elève importante de gros bétail et de chevaux de selle. — Sources minérales au Mont-Dore, à Royat, à la Bourboule ; sources pétrifiantes de Sainte-Allyre. — Patrie de Vercingétorix, de l'amiral d'Estaing et du général Desaix.

PYRENÉES (BASSES-) (Département). Populat., 426,347 habit., 5 arrondissements, 40 cantons (18e corps d'armée, 18e légion de gendarmerie), chef-lieu Pau, 34,268 habit., à 781 kil. S.-O. de Paris, à l'extrémité d'un vaste plateau qui domine une délicieuse vallée où coule le Gave. S.-P. : Bayonne, Mauléon, Oloron, Orthez. — Département frontière maritime. Pays de bruyères et de montagnes. — Agricole. Elève de chevaux, de mulets, de bêtes à laine. — Mines de cuivre et de fer. — Eaux minérales aux Eaux-Bonnes; sources nombreuses. — Bains de mer à Biarritz. — Patrie d'Henri IV et du maréchal Bernadotte, qui devint roi de Suède.

PYRENÉES (HAUTES-) (Département). Popul., 215,546 habit., 3 arrondissements, 26 cantons (18e corps d'armée, 18e légion de gendarmerie), chef-lieu Tarbes, 25,087 habit., à 815 kil. S.-S.-O. de Paris, sur l'Adour. S.-P. : Argelès, Bagnères-de-Bigorre. — Département frontière, pays très montagneux. — Agricole. — Sources minérales à Bagnères, Barèges, Cauterets, Saint-Sauveur et Capvern. — Elève de chevaux, de mulets et d'ânes; chiens renommés pour leur taille et leur vigueur; bêtes à cornes et à laine. — Patrie du baron Larrey, chirurgien en chef de la garde impériale sous Napoléon Ier.

PYRENÉES-ORIENTALES (Département). Popul., 212,121 habit., 3 arrondissements, 17 cantons (16e corps d'armée, 16e légion *bis* de gendarmerie). Chef-lieu Perpignan, 36,157 habit., à 888 kil. S. de Paris, sur la Basse et la Tet. S.-P. : Céret, Prades. — Département frontière et maritime. — Pays couvert par les Pyrénées et leurs contreforts. — Vins renommés : Grenache, Malvoisie, Banyuls, etc. — Elève importante de chevaux, de mulets, de moutons, de chèvres du Thibet, d'abeilles et de vers à soie. — Mines de fer et de cuivre, carrières de marbres et d'ardoises. — Sources minérales à Amélie-les-Bains, Vernet, etc.

Q

QUADRILATÈRE, s. m. Figure de géométrie terminée par quatre côtés. Le parallélogramme, le carré, le rectangle, le losange et le trapèze sont des quadrilatères : le parallélogramme a les côtés opposés parallèles; le carré a les côtés égaux et les angles droits; le rectangle a les angles droits sans avoir les côtés égaux; le losange a les côtés égaux sans avoir les angles droits et le trapèze n'a que deux côtés parallèles. (V. *Surface*.)

QUARANTAINE, s. f. Séjour plus ou moins prolongé, fixé autrefois à quarante jours, que l'on fait faire, avant de les laisser entrer dans un port, à des navires qui viennent d'un pays que l'on croit infesté de maladies contagieuses. Le temps passé en quarantaine par les militaires ne compte pas dans la durée des permissions et congés.

Les frais de quarantaine (France, Corse, Algérie, Tunisie) sont supportés, savoir : 1° pour les passagers de droit, par le budget de la guerre; 2° pour les passagers de faveur ou voyageant à leurs frais, par les intéressés. (Circ. du 20 août 1885.)

QUART, s. m. Quatrième partie d'un tout. — Petit vase en fer-blanc qui sert à mesurer les rations de vin qu'on donne au soldat. — En terme de marine, le *quart* est une durée de temps (généralement quatre heures) pendant laquelle une partie de l'équipage est de service. Etre de quart. Faire le quart.

QUARTIER, s. m. Ce mot s'emploie comme synonyme de caserne. — Le quartier général est le lieu où se tiennent le général et les officiers d'état-major. — Dans la marine, on donne le nom de quartier-maître à un sous-officier qui remplit des fonctions spéciales.

Ne pas faire de quartier se dit d'une troupe qui ne fait pas de prisonniers et qui met à mort tout ses ennemis.

QUEUE, s. f. Prolongement qui termine en arrière le corps d'un grand nombre d'animaux.

La queue est un ornement pour le cheval et elle lui sert à se débarrasser des moustiques. Les chevaux de race noble portent la queue relevée en panache, les crins en sont soyeux; mais, souvent, ce port de la queue n'est qu'un indice trompeur de force et de vigueur; il s'obtient par une opération dite queue à l'anglaise ou niquetage et qui consiste à enlever une partie des muscles abaisseurs.

On appelle queue de rat celle qui est dépourvue de crins. — La queue de rat, désagréable à l'œil, est souvent l'indice de grandes qualités.

La queue des chevaux de troupe doit être coupée de manière que, tendue verticalement, elle arrive à quatre travers de doigt au-dessus de la pointe du jarret. (Service int., art. 79.)

QUINTAL, s. m. Poids de 50 kilogr. — Le quintal métrique vaut 100 kilogr.

QUITTANCE, s. f. Pièces ayant pour objet de constater le paiement d'une dette.

Toutes les quittances d'une somme au-dessus de 10 francs doivent porter un timbre de 0 fr. 10. (Décr. du 23 août 1871.) Une amende de 50 francs sera infligée à tout contrevenant, et la gendarmerie a qualité pour dresser des procès-verbaux pour défaut de timbre.

Une circulaire du 20 avril 1872 appelle l'attention des militaires de l'arme sur les dispositions suivantes :

1° La loi ne demande pas compte aux rédacteurs de procès-verbaux des moyens par lesquels la contravention est parvenue à leur connaissance, et il suffit que les pièces en contravention soient représentées;

2° Les procès-verbaux rédigés par eux devront être remis, avec les pièces saisies, aux receveurs de l'enregistrement, qui auront à faire les diligences et poursuites nécessaires pour le recouvrement des droits, amendes et frais;

3° La loi attribue aux agents qui ont verbalisé un quart des amendes recouvrées.

Le service de la gendarmerie étant déjà très chargé, les militaires de l'arme ne devront pas être détournés de l'accomplissement de leurs obligations actuelles pour être employés d'une manière spéciale et exclusive à la recherche des contraventions en matière de timbre. Leur intervention devra se borner à profiter de leurs tournées et de l'exécution des autres parties du service journalier pour aider les agents du ministère des finances dans la surveillance qu'ils ont à exercer sur cette matière, et pour dresser, le cas échéant, des procès-verbaux constatant les contraventions. (V. *Timbre*.)

QUOTITE DISPONIBLE. Les parents n'ont pas le droit de déshériter leurs enfants, et la loi ne les autorise à disposer en faveur de l'un d'eux ou d'un étranger que d'une certaine partie de leur fortune : c'est cette partie qu'on appelle *quotité disponible* et qui est fixée ainsi qu'il suit : la moitié des biens s'il y a un enfant; le tiers s'il y en a deux et le quart s'il y en a trois ou au-dessus.

R

RACE, s. f. On désigne en général sous le nom de race une succession d'individus ou d'animaux chez lesquels se perpétuent, par voie de génération, certains caractères particuliers. L'homme forme une espèce unique qui se divise en un grand nombre de variétés ou races, dont les principales sont :

1° *L'Européenne,* qui a la peau blanche, la tête presque sphérique, la face ovale; elle occupe l'Europe, l'Asie occidentale et l'Afrique septentrionale;

2° *La Tartare* ou *Mongolique,* qui a la peau jaune, le tête presque quadrangulaire, la face large et déprimée; elle occupe l'Asie orientale;

3° *La Malaise,* qui a la peau très basanée, la tête rétrécie et la face bombée; elle occupe les îles de l'Océanie;

4° *La Nègre,* qui a la peau noire, la tête étroite et la face saillante; elle occupe l'Afrique et les îles de la zone torride;

5° *L'Américaine,* qui a la peau cuivrée, la tête sphérique et la face large; elle occupe l'Amérique.

Le nombre total des hommes peut aller à 1 milliard 500 millions.

On désigne, en hippologie, sous le nom de race, les chevaux nés sous le même climat, élevés dans les mêmes conditions et réunissant les mêmes particularités de taille, de conformation et d'aptitudes. — Nous laisserons de côté les races étrangères et nous dirons seulement quelques mots des races de notre pays, en résumant les leçons faites sur cette question à l'Ecole de Saint-Cyr par M. Le Michel.

On trouve en France, malgré l'altération si fâcheuse produite par l'introduction des étalons anglais, onze races principales, qui se divisent en races du Nord et en races du Midi. — Les races du Nord sont : la *Boulonnaise,* la *Percheronne,* la *Normande,* la *Bretonne,* l'*Ardennaise* et la *Comtoise.* — Elles ont pour traits généraux : une taille élevée, des formes massives, des os et des muscles volumineux, des tempéraments sanguins ou lymphatiques chez les plus communes, des poils longs et épais aux membres surtout, des crins rudes et abondants, plus de force que de légèreté. — Le cheval *boulonnais* est le type des plus belles et des plus fortes races de trait; il se trouve dans les départements du Nord, du Pas-de-Calais, de la Somme, de l'Oise, de la Seine-Inférieure, de l'Eure et de Seine-et-Marne. — Le dépôt de remonte du Bec en achète un assez grand nombre pour les cuirassiers, l'artillerie et le train des équipages.

Le *cheval percheron,* un des meilleurs de France, est produit dans les départements de l'Orne, d'Eure-et-Loir, de la Sarthe et de Loir-et-Cher. Le dépôt d'Alençon reçoit ceux qui sont assez légers pour monter les cuirassiers et les dragons.

La race *Normande,* élevée dans les départements de la Manche, du Calvados, de l'Eure et de l'Orne, est celle qui répond le mieux aux besoins usuels; elle est grande et forte, souvent belle et vite; son développement musculaire est tardif, il n'est guère complet qu'à 6 ou 7 ans. Le cheval normand attendu devient un serviteur infatigable et inusable. — Les dépôts de remonte de Caen, d'Alençon, de Saint-Lô et du Bec en achètent pour les cuirassiers et les dragons.

La race *Bretonne,* élevée en Bretagne, est une des plus précieuses de la France; elle jouit d'un tempérament sanguin, elle est sobre, solide, dure à la fatigue et résiste facilement aux intempéries des saisons. Les chevaux bretons sont achetés pour les dragons et pour l'artillerie.

Les races *Ardennaises* (vallée de la Meuse) et *Comtoise* (Doubs, Haute-Saône et Jura) donnent des produits ordinaires qui sont employés dans l'artillerie.

Les principales races du Midi sont : la *Poitevine,* la *Limousine,* l'*Auvergnate,* la *Navarraise* et la *Camargue.* — Elles ont, en général, un développement moins tardif que celles du Nord, une taille moins élevée, la tête plus petite, le regard plus animé, la peau plus fine, les muscles mieux dessinés, les membres plus nerveux, moins chargés de crins, des mouvements plus vifs, plus souples. Presque toutes ces races, élevées au milieu des privations, sont douées d'une constitution énergique et d'une sobriété qui les rendent précieuses pour nos régiments de cavalerie.

Les *chevaux poitevins,* dont l'ensemble est, en général, peu gracieux, sont élevés dans les prairies basses de la Charente et des Deux-Sèvres; ils fournissent un bon service pour presque toutes les armes de la cavalerie, et il est regrettable que leur défaut de taille ne permette pas d'en recevoir un plus grand nombre.

La race *Limousine* est celle qui a conservé le plus de traces du séjour des chevaux orientaux en France. Sa taille est moyenne, son encolure gracieuse, son corps bien fait, sa croupe tranchante, sa hanche saillante et ses membres, quoique peut-être un peu minces, sont généralement doués de beaucoup de sûreté. La Haute-Vienne et la Creuse élèvent cette race, qui sert à remonter la cavalerie légère.

La race *Auvergnate* fournit des chevaux à peu près semblables, comme ensemble, à ceux de la race limousine, mais plus petits, moins fins et moins intelligents.

La race *Navarraise* ou de *Tarbes* est, après la race limousine, la plus légère et la plus élégante de France; elle est élevée dans les départements des Hautes et des Basses-Pyrénées. — Malheureusement, des croisements trop multipliés avec les chevaux anglais de course ont amené des produits beaucoup trop hauts sur jambes, décousus et grêles.

La race *Navarraise* et les chevaux du Gers, de Lot-et-Garonne, de la Haute-Garonne et de l'Ariège, qui s'en rapprochent, sert à remonter la cavalerie légère.

Race *Camargue.* Le cheval camargue vit à l'état demi-sauvage, dans l'île dont il prend le nom et dans les marais qui avoisinent Arles. — Il descend, dit-on, de chevaux d'Orient abandonnés dans cette île par les Sarrasins; il est agile, sobre, vif, courageux et capable de grande résistance. — Malheureusement, sa taille au-dessous de la moyenne ne permet pas de l'admettre dans l'armée.

Les races bovines en France, qui constituent une de nos plus grandes richesses agricoles, renferment plus de 12 millions de têtes et peuvent être divisées en trois grandes catégories :

1° *Les races de trait,* qui appartiennent principalement aux départements du bassin de la Garonne, à l'Auvergne et à la Vendée ;

2° *Les races laitières,* qui se trouvent surtout en Normandie, en Flandre et en Bretagne ;

3° *Les races de boucherie,* élevées en Bourgogne, en Normandie et en Vendée. Une race anglaise (la race Durham), croisée avec les races du pays, donne les meilleurs produits pour la boucherie ; l'élevage de ces produits se fait surtout dans le département du Calvados (vallée d'Auge).

RADE, s. f. Grand bassin naturel ou formé par la main des hommes, communiquant avec la mer et dans lequel les navires peuvent jeter l'ancre à l'abri des vents et des coups de mer.

Est puni de mort avec dégradation militaire tout militaire qui livre à l'ennemi les plans des ports ou des rades. (C. M., art. 205.)

RADIATION, s. f. Action de rayer un compte, une inscription, d'effacer le nom d'une personne d'un corps auquel elle appartenait.

Les officiers de la réserve et de l'armée territoriale peuvent être rayés du cadre à l'expiration du temps de service exigé par la loi de recrutement. Ils peuvent être également rayés pour cause de santé. Les officiers de tout grade, retraités par application de la loi du 22 juin 1878, sont rayés des cadres de l'armée lorsqu'ils sont restés à la disposition du Ministre de la guerre pendant cinq ans à partir de leur mise à la retraite, à moins qu'ils ne demandent à être maintenus dans la réserve ou dans l'armée territoriale jusqu'à la limite d'âge fixée par l'article 56 de la loi du 13 mars 1875. (Décret du 31 août 1878 modifié par le décret du 20 mars 1890). (V. *Retraite.*)

RAGE, s. f. Maladie particulière aux animaux du genre chien et chat et contagieuse à l'homme et à tous les animaux.

Les causes de cette maladie sont inconnues et ses conséquences sont terribles.

Avant les découvertes de Pasteur, la rage avait toujours une terminaison fatale. Grâce au traitement imaginé par l'illustre savant, on peut compter 99 guérisons sur 100 cas.

On ne saurait donc trop engager les personnes mordues par les animaux enragés à se rendre à l'institut Pasteur. Dans tous les cas, il est prudent d'employer de suite le traitement préventif suivant : pour empêcher le virus de pénétrer dans le sang, il faut, si la situation de la morsure le permet, faire immédiatement une forte ligature entre la plaie et le cœur, laver la plaie à grande eau en la faisant saigner le plus possible et en opérant la succion, qui est inoffensive, à la condition qu'on n'ait pas d'excoriation dans la bouche et qu'on prenne le soin de cracher le liquide qu'on a aspiré. Cela fait, il faut cautériser profondément avec un fer rouge. Tels sont les seuls moyens à la portée du vulgaire pour empêcher le développement de cette terrible maladie ; mais, nous le répétons, le meilleur est d'aller se mettre le plus promptement possible en traitement à l'Institut Pasteur.

L'évacuation immédiate des militaires mordus par des animaux enragés est prescrite par les commandants de corps d'armée sur certains établissements, suivant le numéro du corps d'armée. (Circulaires des 27 avril 1900 et 16 janvier 1901.)

RALLIEMENT, s. m. Action des troupes qui se rassemblent après avoir été dispersées.

Le règlement du 28 mai 1900 sur les exercices de la gendarmerie indique la manière dont le peloton étant dispersé doit se rallier au commandement *Ralliement*, ou à la sonnerie correspondante.

RAMINGUE, adj. Terme de manège qui sert à désigner un cheval qui se défend contre l'éperon.

RAMONAGE, s. m. Action de nettoyer le tuyau d'un poêle ou d'une cheminée. — **Le défaut de ramonage** est puni d'une amende de 1 franc à 5 francs. — En cas de récidive, l'emprisonnement pour trois jours au plus est obligatoire. (C. P., art. 471, n° 1.)

Les cheminées des casernes doivent être nettoyées chaque année avant le 1er novembre, aux frais de l'administration départementale, ou du propriétaire si elles n'appartiennent pas au département.

Cette opération est faite à la requête du chef de brigade. (Serv. int., art. 301.)

RAMPIN, adj. Les pieds rampins sont caractérisés par la direction perpendiculaire de la paroi et la grande hauteur des talons. Cette forme, normale dans l'âne, est plutôt disgracieuse que nuisible chez le cheval.

RANG, s. m. Place qui appartient à chaque personne ou à chaque chose. L'ordre de bataille, pour les réunions de troupes, parades, revues, cérémonies publiques, etc., est réglé par l'article 250 du décret du 4 octobre 1891.

1° *Armée de terre.*

Invalides. Gendarmerie : Gendarmerie départementale. Garde républicaine. Sapeurs-pompiers des communes. Sapeurs-pompiers de la ville de Paris. Artillerie à pied et sans son matériel.

Génie sans son matériel. Infanterie. Train des équipages militaires sans son matériel. Services particuliers.

2° *Troupes à cheval ou avec leur matériel.*

Artillerie. Génie. Sapeurs-conducteurs. Train des équipages militaires. Services particuliers.

3° *Troupes à cheval.*

Gendarmerie : Gendarmerie départementale. Garde républicaine. Cavalerie.

Armée de mer. 1° *Troupes à pied.*

Gendarmerie. Equipages de la flotte. Artillerie de la marine. Infanterie de la marine. Pompiers de la marine. Gardes-consignes.

2° *Troupes à cheval.*

Gendarmerie. Artillerie montée. Les troupes indigènes des colonies se placent à la gauche des troupes nationales de leur arme.

RAPATRIEMENT, s. m. Action de rapatrier, c'est-à-dire de ramener quelqu'un dans sa patrie. Le rapatriement dans les colonies, excepté l'Algérie, des militaires libérés du service, a lieu gratuitement ou avec réduction de prix suivant les traités passés avec la compagnie. (V. les circ. des 11 octobre 1877 et 14 février 1879.)

RAPINE, s. f. Action de ravir quelque chose par violence. Pillage, volerie, larcin ; celui qui commet des rapines est un rapineur.

RAPPEL, s. m. Action de rappeler. En terme militaire, *battre le rappel*, c'est faire une batterie ou une sonnerie particulière pour rassembler les soldats ou pour rendre les honneurs à certaines personnes.

En administration, rappeler une somme, c'est payer une somme qui est due en vertu de titres antérieurs aux titres actuels.

RAPPORT, s. m. Revenu, produit d'une terre ou d'une somme d'argent. *Cette propriété est d'un bon rapport.* Commerce, relations : *avoir de bons rapports avec ses voisins.* Ce mot signifie encore le compte rendu oral ou écrit d'une mission dont on avait été chargé, d'un fait qu'on avait à examiner.

Les sous-officiers, brigadiers et gendarmes ne doivent de rapports qu'à leurs chefs directs : *tous les renseignements qu'ils ont à fournir aux diverses autorités doivent faire l'objet de procès-verbaux.* Les officiers doivent des rapports aux diverses autorités civiles et militaires dans tous les cas prévus par les règlements ; chaque rapport ne doit contenir qu'une seule affaire, ou du moins des faits essentiellement connexes et analogues entre eux, si ce n'est d'une seule et même nature. (Circ. du 27 mai 1848.) Les militaires de la gendarmerie ne doivent fournir *à aucune autorité, quelle qu'elle soit,* des rapports pouvant donner lieu de penser qu'ils s'immiscent dans les questions *qui touchent à la politique.* (Circ. du 31 août 1879.)

Une circulaire manuscrite en date du 31 mars 1889 rappelle que la gendarmerie ne doit de rapports qu'aux seules autorités civiles et militaires mentionnées au décret du 1er mars 1854. (Art. 104, 110 et 126.)

Au chef-lieu de chaque compagnie, le trésorier se rend chaque jour au rapport à l'heure indiquée par le commandant de la compagnie ; le commandant d'arrondissement s'y rend également dans toutes les circonstances où le commandant de la compagnie le juge nécessaire. (Service intérieur, art. 162.)

RAPPORTEUR, EUSE, adj. Personne qui a l'habitude de répéter indiscrètement ce qu'elle a vu ou ce qu'elle a appris. Pris substantivement, ce mot sert à désigner celui qui est chargé de faire un rapport dans une affaire.

Près des conseils de guerre, on donne le nom de rapporteur à l'officier qui exerce les fonctions de juge d'instruction.

RAPT, s. m. Enlèvement d'une personne par violence ou par séduction.

L'enlèvement de mineurs est puni de peines sévères par les articles 354 et 358 du Code pénal. (V. *Enlèvement.*) Le rapt exercé sur une personne majeure et maîtresse de ses droits constitue le crime de séquestration.

RASSEMBLEMENT, s. m. Grand concours de personnes, attroupement. (V. ce mot.) (Décr. du 1er mars 1854, art. 296 à 298.)

Le rassemblement du peloton

s'exécute en bataille au commandement ou à la sonnerie correspondante, d'après les principes prescrits à l'article 363 du règlement sur les exercices de la gendarmerie.

Indemnité en rassemblement. Les places dans lesquelles l'indemnité de rassemblement est attribuée à titre permanent sont déterminées par des décisions présidentielles spéciales. Elle est fixée comme suit par le tarif n° 9 du règlem. du 30 décembre 1892.

	INDEMNITÉ.			
	n° 1.	n° 2.	n° 3.	n° 4.
Officier supérieur......	4	1 50	1 25	1
Officier subalterne...	2 50	1 »	» 75	» 50

(Décret du 6 juillet 1901).

L'indemnité en rassemblement est allouée aux officiers, suivant les règles établies par le règlement du 30 décembre 1892, tableau 2, n° 5. (V. *Vivres.*) — (Pour les fournitures en nature auxquelles ont droit les militaires faisant partie des rassemblements, V. *Pain* et *Vivres.*)

RATELIER, s. m. Pièce de bois traversée par des barreaux attachés au mur d'une écurie et qui sert à maintenir le fourrage qu'on donne aux animaux. — Les râteliers d'armes sont des supports en bois sur lesquels on place les fusils, soit verticalement, soit horizontalement.

Chaque logement de sous-officier, brigadier ou gendarme doit être pourvu d'un râtelier d'armes invariablement fixé et faisant partie de l'immeuble par destination. (Service intérieur, art. 293.)

Les porte-canons des râteliers d'armes doivent être pourvus d'une garniture en drap. (Circ. du 4 février 1878 et Service int., art. 293.)

RATION, s. f. Portion d'aliments ou de boissons qu'on distribue chaque jour aux hommes et aux chevaux.

La composition des rations de fourrage à l'intérieur et aux armées, en ce qui concerne les chevaux de la gendarmerie, est fixée par la décision ministérielle du 12 octobre 1887, modifiée ainsi qu'il suit par la décision ministérielle du 2 juin 1888 :

	INTÉRIEUR.			ALGÉRIE ET TUNISIE.		
	Foin.	Paille.	Avoine.	Foin.	Paille.	Orge.
	kil.	kil.	kil.	kil.	kil.	kil.
Gendarmerie :						
Pied de paix et de rassemblement.	2 50	3 50	5 »	2 50	3 50	4 »
Séjour dans les dépôts de remonte.	3 »	4 »	4 50	2 50	3 50	4 »
Camps de manœuvres { animaux baraqués...	2 50	3 50	5 »	2 50	3 50	4 »
Camps de manœuvres { animaux bivouaqués.	3 50	»	5 50	3 50	»	4 50
Ration de route par terre.........	3 50	»	5 50	3 50	»	4 50
Ration de chemin de fer (pour 24 heures).....................	5 »	»	2 »	5 »	»	2 »
Pied de guerre..................	2 50	2 »	5 50	2 50	2 »	4 50
Chevaux au vert................	45 »	2 50	2 50	40 »	2 50	2 »

En mer : 3 kil. de foin, 2 kil. d'orge, 1 kil. 50 de farine d'orge, 0 kil. 5 de son et 15 litres d'eau.

2 kil. 50 de foin, 1 kil. 75 d'orge, 1 kil. 5 de farine d'orge, 0 kil. 50 de son et 15 litres d'eau.

Le tarif de la ration de fourrages à l'intérieur est attribué, en Algérie, aux chevaux de race française, détenus par des officiers. (Note minist. du 14 février 1888.)

L'orge peut être distribuée au même titre que l'avoine, et d'après les mêmes fixations, en Algérie et en Tunisie. (4 janvier 1888.)

La nourriture des chevaux tirés des régiments de cavalerie pour la remonte des militaires de la gendarmerie est assurée au moyen des rations de chemin de fer prévues au tarif du 12 octobre 1887 modifié. Les bons de fourrages sont délivrés par le sous-intendant militaire chargé de la surveillance administrative du corps livrancier. (Circ. minist. du 11 octobre 1890. — V. la note minist. du 4 avril de la même année.)

Le nombre de rations de fourrages à allouer aux officiers de tous grades est fixé par le tarif en date du 16 mai 1894.

Les rations de vivres se distinguent en *rations fortes de campagne* et en rations normales. Le général en chef décide le jour du passage de l'une à l'autre de ces rations. (V. *Vivres.*)

Tarif des rations.

(Décisions des 19 mai 1890 et 6 août 1901.)

DENRÉES.		RATION forte.	RATION normale.
		kil.	
Vivres-pains.	Pain	0 750	
	Pain biscuité	0 700	
	Pain de guerre	0 600	
Vivres-viande.	Viande fraîche	0 500	0 400
	Lard salé	0 300	0 240
	Conserves de viande	0 250	0 200
Petits vivres.	Légumes secs ou riz	0 100	0 060
	Pommes de terre	0 750	0 450
	Graisse de saindoux	0 030	
	Ou potage condensé (1)	0 025	
	Sel	0 020	
	Sucre	0 031	0 021
	Café torréfié	0 024	0 016
	Café vert	0 028	0 019
(2)	Vin	0l,25	
	Bière ou cidre	0l,50	
	Eau-de-vie	0l,0625	

(1) Le jour où il est consommé des conserves de viande.
(2) La ration de liquide (vin bière, cidre ou eau-de-vie) est accordée à tout homme bivouaqué.

Le nombre des rations de vivres à allouer aux officiers, en cas de mobilisation, est fixé ainsi qu'il suit :

Lieutenants et sous-lieutenants	1 ration 1/2.
Capitaines	2 rations.
Officiers supérieurs et assimilés	3 rations.
Officiers généraux et assimilés	4 —

(Décis. minist. du 7 février 1882.)

Pendant les manœuvres, les prestations en nature sont les suivantes :

DENRÉES.	TAUX des RATIONS (A).	OBSERVATIONS.
	kil.	
I. — Vivres (A). Pain	0 750	(A) Les taux de ration de vivres portés dans le présent tableau sont les mêmes que ceux de la ration ordinaire du temps de paix; ils ne diffèrent de ceux de la ration normale de campagne que pour le pain de guerre, le riz, le sel et la viande fraîche. Pour ces denrées, le taux de la ration normale de campagne est indiqué ci-après : Pain de guerre, 0 k. 600 (au lieu de 0 k. 550). Riz, 0 k. 060 (au lieu de 0 k. 030). Sel, 0 k. 020 (au lieu de 0 k. 016). Viande fraiche, 0 k. 400 (au lie de 0 k. 300). (B) Pour les troupes alpines, indemnité égale au prix budgétaire, majoré d'un tiers. (C) Il est fait application, pour la fourniture du combustible, des dispositions du décret du 15 janvier 1890, portant règlement sur le service du chauffage dans les corps de troupe.
ou pain de guerre	0 550	
ou pain biscuité	0 700	
Petits vivres (B). Riz	0 030	
ou légumes secs	0 060	
Sel	0 016	
Sucre	0 021	
Café torréfié	0 016	
ou café en tablettes	0 015	
ou café vert	0 019	
Viande fraîche (B)	0 300	
ou lard salé	0 240	
ou conserves de viande	0 200	
Vin	0l 25	
ou bière	0l 50	
Eau-de-vie	0l 0625	
II. — Fourrages (pour toutes les armes et les divers services).	ration de guerre.	
III. — Paille de couchage	5 kil. (paille longue). 7 kil. (paille courte).	
IV. — Chauffage (C)		

RAZZIA, s. f. Ce mot, d'origine arabe, mais passé aujourd'hui dans la langue française, est employé pour désigner une invasion faite sur un territoire ennemi dans le but de lui enlever ses grains, ses troupeaux, etc.

RÉADMISSION, s. f. Nouvelle admission. Les anciens gendarmes, qui n'ont pas quitté l'arme par réforme et qui sont possesseurs d'un certificat de bonne conduite modèle n° 1, peuvent être réadmis jusqu'à 40 ans, pourvu qu'ils puissent compléter à 55 ans le temps de service exigé pour la retraite. (Décr. du 1er mars 1854, art. 18.)

Les militaires de la gendarmerie qui sont réadmis dans l'arme ne peuvent y rentrer que comme simples gendarmes. (Circ. du 7 août 1877.)

RÉBELLION, s. f. Le Code pénal définit ainsi la rébellion : toute attaque, toute résistance avec violences et voies de fait envers les officiers ministériels, les gardes champêtres ou forestiers, la force publique, les préposés à la perception des taxes et contributions, les porteurs de contraintes, les préposés des douanes, les séquestres, les officiers ou agents de la police administrative ou judiciaire, agissant pour l'exécution des lois, des ordres ou ordonnances de l'autorité publique, des mandats de justice ou jugement, est qualifiée, selon les circonstances, crime ou délit de rébellion. (C. P., art. 209.)

Si elle a été commise par plus de vingt personnes armées, les coupables seront punis des travaux forcés à temps; s'il n'y a pas eu port d'armes, ils seront punis de la réclusion. (C. P., art. 210.)

Si la rébellion a été commise par une réunion armée de trois personnes ou plus, jusqu'à vingt exclusivement, la peine sera la réclusion; s'il n'y a pas eu port d'armes, la peine sera un emprisonnement de six mois au moins et deux ans au plus. (C. P. art. 211.) Si la rébellion n'a été commise que par une ou deux personnes, avec armes, elle sera punie d'un emprisonnement de six mois à deux ans, et, si elle a eu lieu sans armes, d'un emprisonnement de six jours à six mois. (C. P., art. 212.)

En cas de rébellion avec bande ou attroupement, l'article 100 du Code pénal sera applicable aux rebelles sans fonctions ni emplois dans la bande, qui se seront retirés au premier avertissement de l'autorité publique, ou même depuis, s'ils n'ont été saisis que hors du lieu de la rébellion et sans nouvelle résistance et sans armes. (C. P., art. 213.)

Toute réunion d'individus pour un crime ou un délit est réputée réunion armée, lorsque plus de deux personnes portent des armes ostensibles. (C. P., art. 214.)

Sont compris dans le mot *armes* toutes machines, tous instruments ou ustensiles tranchants, perçants ou contondants. Les couteaux et ciseaux de poche, les cannes simples, ne seront réputés armes qu'autant qu'il en aura été fait usage pour tuer, blesser ou frapper. (C. P., art. 101.)

Seront punies comme réunions de rebelles celles qui auront été formées avec ou sans armes, et accompagnées de violences ou de menaces contre l'autorité administrative, les officiers et les agents de police, ou contre la force publique : 1° par les ouvriers ou journaliers dans les ateliers publics ou manufactures; 2° par les individus admis dans les hospices; 3° par les prisonniers, prévenus, accusés ou condamnés. (C. P., art. 219.)

La peine appliquée pour rébellion à des prisonniers prévenus, accusés ou condamnés relativement à d'autres crimes ou délits sera par eux subie, savoir : par ceux qui, à raison des crimes ou délits qui ont causé leur détention, sont ou seraient condamnés à une peine non capitale ni perpétuelle, immédiatement après l'expiration de cette peine, et par les autres immédiatement après l'arrêt ou jugement en dernier ressort qui les aura acquittés ou renvoyés absous du fait pour lequel ils étaient détenus. (C. P., art. 220.)

Les chefs d'une rébellion et ceux qui l'auront provoquée pourront être condamnés à rester, après l'expiration de leur peine, sous la surveillance spéciale de la haute police pendant cinq ans au moins et dix ans au plus. (C. P., art. 221. (V. *Outrages, Menaces.*)

Dans les procès-verbaux constatant la rébellion, il faut avoir bien soin de désigner ceux qui paraissent être les chefs des rebelles et ceux qui ont été trouvés porteurs d'armes cachées. Il faut indiquer aussi si les individus arrêtés hors du lieu de la rébellion avaient quitté ce lieu soit à la première sommation soit après.

Tout militaire coupable de rébellion envers la force armée et les agents de l'autorité est puni de deux mois à six mois d'emprisonnement, et de six mois à deux ans de la même peine si la rébellion a eu lieu avec armes.

Si la rébellion a été commise par plus de deux militaires sans armes, les coupables sont punis de deux ans à cinq ans d'emprisonnement, et de la réclusion si la rébellion a eu lieu avec armes. Toute rébellion commise par des militaires armés au nombre de huit au moins est punie conformément aux paragraphes 3 et 5 de l'article 217 du Code militaire.

Le maximum de la peine est toujours infligé aux instigateurs ou chefs de rébellion et au militaire le plus élevé en grade. (C. M., art. 225.)

La Cour de cassation a décidé, le 3 avril 1847 et le 30 août 1849, qu'il n'est pas nécessaire, pour qu'il y ait rébellion, que des coups aient été portés. Le délit peut résulter de tout acte de violence dont le but serait d'empêcher l'agent de l'autorité d'accomplir la mission dont il est chargé; ainsi, il y a rébellion de la part de celui qui met en joue un gendarme en menaçant de faire feu ou qui s'arme d'un fusil et qui le couche en joue. (Cassation, 24 octobre 1806, 6 mai 1817, 30 août 1849.)

RECEL, s. m. Action de celui qui reçoit et conserve des choses qu'il sait avoir été criminellement détournées. L'expression recèlement s'applique particulièrement à l'action de dérober aux poursuites de la justice un malfaiteur ou criminel, et à l'action de cacher le cadavre d'une personne homicidée.

Recel d'objets volés. Les recéleurs d'objets volés sont punis comme complices. (C. P., art. 62, 63 et 380.)

Recèlement de criminels. Ceux qui, connaissant la conduite criminelle des malfaiteurs exerçant des brigandages ou des violences contre la sûreté de l'Etat, la paix publique, les personnes ou les propriétés, leur fournissent habituellement logement, lieu de retraite et de réunion, seront punis comme leurs complices. (C. P., art. 61.)

Ceux qui auront recélé ou fait recéler des personnes qu'ils savaient avoir commis des crimes emportant peine afflictive seront punis de trois mois d'emprisonnement au moins et de deux ans au plus. Sont exceptés de la présente disposition les ascendants ou descendants, époux ou épouses, même divorcés, frères ou sœurs des criminels recélés, ou leurs alliés au même degré. (C. P., art. 248.)

Recèlement d'insoumis. Quiconque est reconnu coupable d'avoir recélé ou d'avoir pris à son service un insoumis est puni d'un emprisonnement qui ne peut excéder six mois. Selon les circonstances, la peine peut être réduite à une amende de 50 à 500 francs. Quiconque est convaincu d'avoir favorisé l'évasion d'un insoumis est puni d'un emprisonnement d'un mois à un an. La même peine est prononcée contre ceux qui, par des manœuvres coupables, ont empêché ou retardé le départ des jeunes soldats. Si le délit a été commis à l'aide d'un attroupement, la peine sera double.

Si le délinquant est fonctionnaire public, employé du gouvernement ou ministre d'un culte salarié par l'Etat, la peine peut être portée jusqu'à deux années d'emprisonnement, et il est, en outre, condamné à une amende qui ne pourra excéder 2,000 francs. (Loi du 15 juillet 1889, art. 74.)

Recèlement de déserteurs. Tout militaire qui provoque ou favorise la désertion est puni de la peine encourue par le déserteur selon les distinctions établies. Tout individu non militaire ou non assimilé aux militaires qui, sans être embaucheur pour l'ennemi ou pour les rebelles, provoque ou favorise la désertion, est puni par le tribunal compétent d'un emprisonnement de deux mois à cinq ans. (C. M., art. 242.)

La gendarmerie rédige procès-verbal contre tout individu qui a recélé sciemment la personne d'un insoumis ou déserteur, qui a favorisé son évasion, ou qui, par des manœuvres coupables, a empêché ou retardé son départ; ce procès-verbal est adressé à l'autorité judiciaire. (Décr. du 1er mars 1854, art. 338.)

Recel d'effets militaires. Tout individu qui achète, recèle ou reçoit en gage des armes, munitions, effets d'habillement, de grand ou petit équipement, ou tout autre objet militaire dans des cas autres que ceux où les règlements autorisent leur mise en vente, est puni par le tribunal compétent de la même peine que l'auteur du délit. (C. M., art. 247.)

Recèlement d'espions. Quiconque aura recélé ou aura fait recéler les espions ou les soldats ennemis envoyés à la découverte et qu'il aura connus pour tels, sera puni de mort. (C. P., art. 83; C. M., art. 206.)

Recel de cadavre. Quiconque aura recélé ou caché le cadavre d'une personne homicidée ou morte des suites de coups ou blessures, sera puni d'un emprisonnement de six mois à deux ans et d'une amende de 50 francs à 400 francs, sans préjudice de peines plus graves, s'il a participé au crime. (C. P., art. 359.)

RECENSEMENT, s. m. Dénombrement, compte qu'on fait des personnes, des suffrages, des objets, etc.

Le dernier recensement a été fait le 29 mars 1901 et a donné les résultats suivants :

Départements	86 plus le territoire de Belfort.
Arrondissements	362
Cantons	2,908
Communes	36,192
Habitants	38,961,945

(Extrait des tableaux déclarés

authentiques par le décret du 28 décembre 1901.)

Les tableaux de recensement des jeunes gens ayant atteint l'âge de vingt ans révolus dans l'année précédente et domiciliés dans l'une des communes du canton, sont dressés chaque année par les maires pour la formation de la classe :

1° Sur la déclaration à laquelle sont tenus les jeunes gens, leurs parents ou leurs tuteurs;

2° D'office d'après les registres de l'état civil. Ces tableaux mentionnent la profession de chacun des jeunes gens inscrits. Ils sont publiés et affichés dans chaque commune. (Loi du 15 juillet 1889, art. 10.)

Les tableaux de recensement donnent en moyenne un contingent de 300.000 hommes sur lesquels on prélève environ 240.000 valides. Cependant les tableaux de recensement de 1895 (classe 1894) font ressortir un accroissement assez sérieux. Les opérations du tirage au sort ont, en effet, porté sur 337.109 inscrits sur lesquels; toutes défalcations faites, il reste en nombre rond 261.000 hommes à incorporer dans l'armée de terre et dans l'armée coloniale.

Recensement des chevaux. Les lois des 24 juillet 1873, 1er août 1874, 3 juillet 1877 et le décret du 2 août suivant obligent les maires à faire tous les ans, du 1er au 15 janvier, dans chaque commune, le recensement des chevaux et juments âgés de 6 ans et au-dessus, et des mulets et mules âgés de 4 ans et au-dessus; ce recensement se fait sur la déclaration obligatoire des propriétaires et, au besoin, d'office, par les soins du maire. — L'âge des animaux se compte à partir du 1er janvier de l'année de la naissance. Pour ce recensement, le rôle de la gendarmerie est nettement déterminé par la circulaire du 9 février 1874, ainsi conçu :

« La gendarmerie devra s'abstenir avec soin de pénétrer dans les habitations des particuliers pour s'y livrer à des recherches sur le nombre de chevaux qu'ils possèdent, à moins qu'elle n'en ait été requise, dans la forme voulue par les lois et règlements, par l'autorité investie légalement de ce droit. Son intervention devra se borner à seconder les maires dans leurs enquêtes et à leur fournir tous les renseignements qu'elle posséderait et que ces derniers réclameraient soit pour établir leur travail, soit pour contrôler l'exactitude des déclarations faites. Mais la gendarmerie ne devra adresser ces renseignements aux maires qu'autant qu'ils lui seraient demandés par eux. » (V. également la circulaire du 12 décembre 1874.)

La circulaire du 23 décembre 1878 confie exclusivement aux gardes champêtres et aux agents de police le soin de dresser des procès-verbaux contre les propriétaires de chevaux et mulets qui n'auraient pas fait avant le 16 janvier la déclaration obligatoire prescrite par l'article 37 de la loi du 3 juillet 1877.

Certaines catégories de chevaux, entre autres ceux dont les fonctionnaires sont tenus d'être pourvus pour leur service, sont exemptées de la réquisition en cas de mobilisation et ne sont pas portées sur les listes de classement. (V. art. 75 du décr. du 2 août 1877 et l'instruction annuelle pour le recensement des chevaux.)

Ce premier classement terminé dans chaque commune, le Ministre peut ensuite faire procéder, conformément à l'article 38 de la loi du 3 juillet 1877, du 16 janvier au 1er mars, ou du 15 mai au 15 juin, à l'inspection et au classement des chevaux, juments, mules et mulets recensés ou non, ayant l'âge fixé par la loi. La même opération peut être faite aux mêmes époques, dans l'année du recensement, pour les voitures attelées.

L'inspection et le classement ont lieu en temps de paix dans chaque commune, à l'endroit désigné à l'avance par l'autorité militaire, en présence du maire ou de son suppléant légal. Il y est procédé par des commissions mixtes, désignées dans chaque région par le général commandant le corps d'armée, et composées chacune d'un officier président et ayant voix prépondérante en cas de partage, d'un membre civil choisi dans la commune ayant voix délibérative et d'un vétérinaire militaire ou d'un vétérinaire civil, ou, à défaut, d'une personne compétente désignée par le maire, ayant voix consultative. Il ne sera pas alloué d'indemnité au membre civil de ladite commission.

Pour faciliter les opérations de la commission de classement, le concours de la gendarmerie a été jugé indispensable, et la circulaire du 12 décembre 1874 a tracé ses devoirs ainsi qu'il suit: — Deux militaires de l'arme devront toujours assister aux opérations; ils maintiennent l'ordre, sous l'autorité du président de la commission.

Ils ont droit à l'indemnité journalière exceptionnelle prévue par le règlement du 18 mars 1901. (V. *Classement des chevaux.*)

L'un de ces militaires tient la toise qu'il remet au vétérinaire au moment de toiser chaque animal présenté.

Le président de la commission, après avoir constaté l'absence, au moment de l'appel, des propriétaires dûment convoqués et avoir appelé de nouveau les manquants à la fin de sa séance, requerra la gendarmerie de dresser un procès-verbal collectif de non-comparution. Ce procès-verbal sera transmis par la gendarmerie, le jour même, au procureur de la République, chargé d'assurer l'application de la loi.

Mais, comme il n'est pas possible, dans l'intérêt général, d'entraver la vente des animaux recensés pendant le temps qui s'écoule entre le recensement et les opérations de classement, les propriétaires non comparants qui justifieraient que les animaux dont ils étaient détenteurs ont été vendus ou cédés avant le jour fixé pour la présentation devant la commission, ne devront pas être l'objet de poursuites. Il est également indispensable d'en exonérer ceux qui pourraient justifier d'un empêchement légitime. Par suite, à la fin de chaque séance, le président de la commission requerra également la gendarmerie de s'enquérir si les défaillants ont de légitimes motifs d'excuse à faire valoir et de recueillir tous les renseignements nécessaires à la constatation de l'excuse, s'il en est allégué.

Qu'une excuse ait été ou non énoncée, la gendarmerie, après ses constatations, établira un procès-verbal individuel qu'elle adressera, comme il aura été fait pour le procès-verbal collectif, au procureur de la République. Pour les uns et les autres procès-verbaux, la gendarmerie se conformera aux dispositions du décret du 1er mars 1854.

Enfin, des procès-verbaux individuels établis sur un modèle spécial (Mod. n° 10 annexé à l'instr. du 1er août 1879) sont encore dressés par la gendarmerie pour constater que des animaux ont été examinés et classés hors de la commune dans laquelle leur propriétaire a son domicile, ou que ces animaux ont été vendus ou cédés avant le jour fixé pour la présentation devant la commission. Ces procès-verbaux sont envoyés au commandant de la gendarmerie dans le ressort de laquelle se trouve la résidence habituelle du propriétaire. (Circ. du 11 mai 1877.) Les présidents de commission ont la franchise sous bande avec les commandants des brigades de gendarmerie. (Circ. des 11 et 12 mai 1877.)

Les propriétaires de chevaux, juments, mules ou mulets, qui ne se conforment pas aux dispositions de la loi relative au recensement des chevaux sont passibles d'une amende de 25 francs à 1,000 francs.

Ceux qui auront fait sciemment de fausses déclarations seront frappés d'une amende de 50 francs à 1,000 francs. (Art. 52 de la loi du 3 juillet 1877, et art. 76 du décret du 2 août suivant.) (V. *Classement des chevaux* pour l'indemnité allouée aux militaires de la gendarmerie accompagnant les commissions de classement des chevaux.)

Recensement des voitures. La loi du 3 juillet 1877, relative aux réquisitions militaires, dispose (titre VIII, art. 37) que, tous les trois ans, avant le 16 janvier, a lieu, dans chaque commune, sur la déclaration obligatoire des propriétaires, et, au besoin, d'office, par les soins du maire, le recensement des voitures attelées autres que celles qui sont exclusivement affectées au transport des personnes.

Les infractions commises par les propriétaires qui n'auraient pas fait à la mairie la déclaration obligatoire de leurs voitures attelées, ou qui auraient fait sciemment de fausses déclarations, seront constatées de la même manière que celles relatives au recensement des chevaux, juments, etc. Les procès-verbaux établis à ce sujet devront être transmis au procureur de la République qui leur fera donner telle suite que de droit. (V. la circ. du 24 octobre 1883.)

RÉCÉPISSÉ, s. m. Ecrit dans lequel on reconnaît qu'on a reçu des pièces, des effets, des valeurs.

Le récépissé modèle 8 *bis*, qui doit être délivré à tout homme qui dépose son livret entre les mains de la gendarmerie, doit être, en cas d'appel ou de mobilisation, accepté dans les gares sans *restriction aucune*. (Circ. du 11 août 1883.)

RÉCEPTION, s. f. Action de recevoir, de faire reconnaître un militaire gradé par la troupe qu'il doit commander.

En raison de la dissémination des troupes à la tête desquelles sont placés les officiers de gendarmerie départementale, ces officiers ne sont pas reçus devant la troupe assemblée. (Service intérieur, art. 173.)

Les sous-officiers et brigadiers sont reconnus devant les brigades de la résidence assemblées, lors de la première prise d'armes ou revue du commandant d'arrondissement. (V. Serv. int., art. 174.)

RECEVEUR BURALISTE. On désigne sous ce nom des employés spéciaux qui sont chargés de vendre au public les papiers timbrés de toute dimension ainsi que les timbres mobiles. Ils sont divisés en deux classes : les receveurs buralistes et les receveurs buralistes débitants de tabac de première classe sont nommés par le Ministre. Les autres sont nommés par les préfets. Les pièces à joindre à une demande pour obtenir une recette buraliste sont indiquées au mot *Tabac*. Les trois quarts des recettes buralistes de 1re classe sont attribués aux sous-officiers rengagés, conformément à la loi du 18 mars 1889.

RÉCIDIVE, s. f. En droit criminel, la récidive est l'action de commettre de nouveau, après une condamnation, un crime, ou un délit, ou une contravention de même nature.

Le *récidiviste* est celui qui commet un crime, ou un délit, ou une contravention avec récidive. L'état de récidive influant sur la peine, la gendarmerie doit avoir le soin de constater cet état dans les procès-verbaux; mais on doit remarquer que, pour qu'il y ait récidive en fait de contravention, il faut que le contrevenant ait déjà été condamné pour la même contravention dans la *même année* et dans le *même canton*. — Pour les crimes et les délits, au contraire, dans quelque lieu qu'ils aient été commis et jugés, celui qui en commet de nouveaux est considéré comme récidiviste.

Cependant, il n'y a récidive, en fait de délit de chasse ou de pêche, que lorsque, dans les douze mois qui ont précédé l'infraction, le délinquant a été condamné pour délit en matière de chasse ou de pêche.

La loi du 27 mai 1885, sur les récidivistes, a supprimé la surveillance de la haute police et l'a remplacée par la défense faite aux condamnés de paraître dans des lieux déterminés.

Par suite, la gendarmerie n'a plus à arrêter ni à signaler les individus qui, se trouvant placés sous la surveillance par suite de jugements antérieurs, auraient quitté leur résidence sans autorisation : son rôle doit se borner à s'assurer que ceux auxquels la défense a été signifiée, et dont elle sera informée par l'autorité administrative, ne séjournent pas dans les lieux qui leur sont interdits. (Circ. minist. du 14 août 1885.) Les récidivistes astreints à la surveillance sont désormais dispensés de souscrire des déclarations de résidence, de recevoir des passeports recognitifs, de séjourner six mois dans une commune, etc. Ils sont absolument libres de se rendre où bon leur semble, sous réserve de ne point paraître dans des localités déterminées.

Le Ministre de l'intérieur a adressé aux préfets une circulaire pour leur donner des instructions au sujet de cette dernière interdiction.

Les localités interdites aux récidivistes se partagent en deux catégories.

Localités interdites à titre général :

Alpes-Maritimes. — Nice, Cannes.
Bouches-du-Rhône. — Marseille.
Gironde. — Bordeaux et banlieue.
Loire. — Saint-Etienne.
Loire-Inférieure. — Nantes.
Nord. — Lille.
Pyrénées (Basses-). — Pau.
Rhône. — Lyon et l'agglomération lyonnaise.

Saône-et-Loire. — Le Creuzot.

Seine, Seine-et-Marne, Seine-et-Oise, tout le département.

Localités interdites à titre spécial :

1° *L'Algérie.* — L'interdiction de cette colonie ne s'applique qu'aux individus qui n'y sont pas nés;

2° *La Corse.* — L'interdiction du département ne s'applique qu'aux Corses qui ont été condamnés par les tribunaux du pays;

3° *La circonscription communale et les annexes de toute maison centrale.* — Cette dernière interdiction ne s'applique qu'à la maison centrale où le condamné a été détenu.

Enfin, tout individu condamné pour attentat à la pudeur, meurtre, incendie ou menaces de mort ne pourra reparaître dans la commune, l'arrondissement, le ou les départements où sa présence serait pour la population une cause de danger ou d'effroi.

Pour cette dernière catégorie, les préfets sont invités à faire leurs propositions au Ministre, qui statuera directement.

La loi du 14 août 1885 s'occupe des moyens de prévenir la récidive par la libération conditionnelle, le patronage et la réhabilitation. (V. également la circ. du 30 juin 1885 pour l'application de la loi du 29 mai 1885 et la note minist. du 14 août 1885 au sujet des modifications apportées aux registres des individus en surveillance.)

Les récidivistes qui ont encouru un certains nombre de condamnations pour des faits énumérés dans la loi du 27 mai 1885, sont condamnés à la *relégation*, c'est-à-dire à un internement perpétuel dans une colonie.

RECLAMATION, s. f. Action de revendiquer, de demander une chose à laquelle on croit avoir droit.

Les demandes ou les réclamations individuelles sont seules autorisées.

Les autorités militaires ne doivent, sous aucun prétexte, arrêter la transmission des demandes ou réclamations, de quelque nature qu'elles soient, que leur remettent leurs subordonnés; mais il est bien entendu que les chefs militaires sont libres d'adjoindre des avis défavorables à ces demandes ou réclamations et de donner à leur sujet toutes les appréciations qu'ils jugent à propos.

Des punitions injustes ou trop sévères pouvant être infligées par suite de rapports inexacts, d'informations mal prises, ou pour des motifs particuliers étrangers au service, les réclamations sont admises en se conformant aux règles suivantes :

Les réclamations sont formulées verbalement ou par écrit.

Un homme qui réclame étant en état d'ivresse ne peut être entendu. Quel que soit l'objet de la réclamation, elle ne peut être portée qu'aux officiers sous les ordres desquels se trouve le militaire qui la fait.

Tout militaire recevant l'ordre d'une punition doit d'abord s'y soumettre, mais il lui est permis d'adresser une réclamation dès que la punition a commencé.

La réclamation est faite auprès de l'officier immédiatement supérieur du chef qui a puni, mais ce dernier doit avoir été, au préalable, prévenu de cette démarche, par écrit, sous une forme des plus respectueuses.

Les officiers doivent écouter avec calme ou étudier avec soin les réclamations qui leur sont adressées, en vérifier l'exactitude et y faire droit quand elles sont fondées; en tout cas, ils doivent une réponse aux intéressés; ils peuvent infliger une punition nouvelle à celui qui a réclamé sans de justes motifs ou dans des termes contraires à la discipline.

Lorsqu'une réclamation n'a pas été accueillie par l'officier qui l'a reçue, l'intéressé peut la faire au supérieur immédiat de cet officier et arriver ainsi à s'adresser au chef de légion.

Il est toujours rendu compte, par la voie hiérarchique, au chef de légion des réclamations reçues et de la suite qui leur a été donnée. (Serv. int., art. 286 et 287.)

Les militaires de tout grade de la gendarmerie qui ont à réclamer soit au sujet du règlement de la solde ou des allocations auxquelles ils ont droit, soit au sujet de la qualité ou de la confection des effets d'habillement ou autres qui leur ont été délivrés, soit enfin contre l'inscription faite à leur livret de recettes ou de dépenses qui ne leur sont point imputables, doivent adresser hiérarchiquement leurs réclamations au conseil d'administration, qui est tenu, s'il ne peut y satisfaire, de les transmettre avec un avis motivé au sous-intendant militaire chargé de la surveillance administrative de la compagnie.

Les officiers, sous-officiers, brigadiers et gendarmes ont la faculté de réclamer au Ministre de la guerre, par l'intermédiaire du général commandant le corps d'armée, contre les décisions des intendants militaires. Dans ce cas, ils doivent joindre à leur réclamation une copie des décisions contre lequelles ils réclament, copie que le conseil d'administration est tenu de leur délivrer sur leur demande. (Service intérieur, art. 288, et circulaire ministérielle du 10 juin 1901.)

Les militaires de tout grade de la gendarmerie peuvent adresser des réclamations au général commandant le corps d'armée ou à l'inspecteur général, mais toujours par écrit, et seulement après avoir reclamé au chef de légion, à moins que la réclamation ne le concerne personnellement. (Serv. int., art. 289.)

Les réclamations ayant pour objet l'avancement ou toute autre récompense doivent, à moins de circonstances extraordinaires, n'être faites qu'à l'époque des inspections générales. (Service intérieur, art. 290.)

Toute réclamation individuelle qui parviendrait au Ministre de la guerre autrement que par les voies hiérarchiques entraînerait la punition de celui qui l'aurait adressée. (Service intérieur, art. 291.)

Aucune demande ne doit être adressée au Ministre, en dehors de la voie hierarchique, par des militaires en activité de service. (Note du 13 août 1888.) Ainsi qu'il est dit plus haut, les autorités militaires ne doivent retenir ces demandes sous aucun prétexte; mais elles doivent les transmettre avec un avis motivé.

Les demandes ou réclamations adressées à un département ministériel autre que celui de la guerre doivent également être faites par la voie hiérarchique.

RÉCLUSION, s. f. Peine afflictive et infamante qui ne peut être prononcée que par les cours d'assises et les conseils de guerre.

Les individus condamnés à la réclusion sont enfermés dans une maison de force et soumis à des travaux dont le produit peut être en partie employé à leur profit. La durée de la peine est de 5 ans au moins et de dix ans au plus.

RECOMMANDATION, s. f. Action de charger quelqu'un de faire quelque chose, d'exhorter une personne, de lui conseiller fortement de faire telle ou telle chose. Ce mot signifie encore l'action de prier d'être favorable : recommander une personne à une autre.

Il est formellement interdit aux militaires de tous grades de se faire recommander à leurs supérieurs par des personnes étrangères à l'armée, et les gendarmes surtout, *pour conserver leur dignité et leur indépendance*. doivent toujours s'abstenir de demander aux autorités civiles des recommandations dont leurs chefs, du reste, ne sont jamais disposés à tenir compte.

De nombreuses circulaires ministérielles, rappelées par celles des 11 avril 1882, 15 février 1886, 5 août 1887, 3 mars 1893 et 8 août 1899, interdisent de faire parvenir des recommandations au Ministre et préviennent que des mesures disciplinaires sévères seront prises contre les militaires qui viendraient à enfreindre ces prescriptions.

RÉCOMPENSE, s. f. Ce qu'on donne à quelqu'un en reconnaissance d'un service rendu ou en faveur d'une bonne action. — Les diplômes et les médailles d'honneur, la médaille militaire et la croix de la Légion d'honneur peuvent être accordés comme récompenses aux militaires faisant partie de la gendarmerie. (Décr. du 1er mars 1854, art. 69 et 70.)

Récompenses honorifiques. Les récompenses honorifiques décernées par le Président de la République sur la proposition du Ministre de l'intérieur, pour traits de courage et de dévouement ne remontant pas à plus de cinq ans sont les suivantes :

Lettre de félicitations,
Mention honorable,

Médaille de bronze,
Médaille d'argent de 2e classe,
Médaille d'argent de 1re classe,
Médaille de vermeil.
Médaille d'or.

La médaille est d'un module de 27 millimètres.

Elle est suspendue à un ruban tricolore de trois centimètres, dont les bandes sont verticales et égales entre elles.

Ce ruban porte une agrafe en argent pour la médaille d'argent de 1re classe, une agrafe en or pour la médaille de vermeil, une rosette tricolore d'un diamètre de deux centimètres pour la médaille d'or.

Le ruban et la rosette peuvent être portés sans la médaille.

Les récompenses honorifiques seront retirées dans la forme où elles ont été accordées, en cas d'indignité résultant notamment de condamnations criminelles ou correctionnelles.

(V. le décret du 16 novembre 1901 et la circulaire du même jour du Ministre de l'intérieur qui indique les règles à suivre pour les propositions de distinctions honorifiques.)

Une circulaire du Ministre de la guerre en date du 13 décembre 1901 prescrit de se conformer à ces prescriptions pour l'instruction des propositions à faire en faveur des militaires.

Des propositions spéciales de récompenses, de gratifications ou d'indemnités pécuniaires peuvent être faites pour des services importants rendus par des militaires de la gendarmerie, ou pour des pertes qu'ils auraient éprouvées dans l'exercice de leurs fonctions. Ces propositions sont transmises au Ministre de la guerre par les chefs de légion ou de corps, avec un avis motivé. (Décr. du 1er mars 1854, art. 72.)

Il est formellement interdit à tout commandant de brigade d'accepter pour lui ou ses sous-ordres aucune espèce de rémunération offerte à l'occasion du service de la gendarmerie, soit par les administrations publiques ou particulières, soit par des propriétaires ou autres personnes privées. Si, à raison *de services* rendus dans des *cas exceptionnels*, des gratifications sont offertes à une brigade, il en est rendu compte hiérarchiquement au chef de légion, qui prend les ordres du Ministre de la guerre. Cependant le chef de légion est autorisé à accepter directement les gratifications offertes par les administrations de l'Etat au personnel sous ses ordres. (Service intérieur, art. 158.)

En outre, il est permis de recevoir des compagnies d'assurances, des sociétés créées pour la répression du braconnage ou autres, une médaille qui ne peut se porter, mais à condition qu'il en soit rendu compte au Ministre et qu'elle soit remise aux militaires de l'arme par l'intermédiaire des chefs de légion. (Service intérieur, art. 158.)

RECONNAISSANCE, s. f. En art militaire, les reconnaissances sont des opérations qui ont pour objet de découvrir ou de vérifier un ou plusieurs points relatifs à la position, aux forces, aux mouvements de l'ennemi ou à la topographie du théâtre de la guerre. (V. le décr. du 28 mai 1895, art. 120 et suiv.)

La reconnaissance est un acte par écrit constatant qu'on a reçu quelque chose : donner une reconnaissance. — Les reconnaissances du mont-de-piété sont des écrits constatant qu'on a déposé tels ou tels objets.

Ce mot s'emploie également pour désigner le souvenir d'un bienfait qu'on a reçu.

En jurisprudence, il signifie l'acte par lequel on reconnait être le père ou la mère d'un enfant.

RECOURS, s. m. Action par laquelle on recherche du secours, de l'assistance.

Le **recours en grâce** est l'acte par lequel un condamné demande au chef de l'Etat remise totale ou partielle de sa peine. Si le condamné n'obtient qu'une remise partielle, on dit alors qu'il y a commutation de peine. Le chef de l'Etat a le droit de grâce dans tous les cas, sauf quand il s'agit de contumax.

Les membres des conseils de guerre et les membres du jury dans les tribunaux civils, après avoir prononcé leurs jugements, peuvent, comme hommes et non comme juges, recommander à la clémence du chef de l'Etat celui qu'ils viennent de condamner.

Les jugements rendus par les conseils de guerre peuvent être attaqués par *recours* devant les conseils de révision. (C. M., art. 71.) Après la lecture du jugement, les condamnés ont 24 heures pour exercer leur recours devant le conseil de revision.

Les condamnés par les cours d'assises peuvent *avoir recours devant la Cour de cassation*; mais cette expression *avoir recours* n'est pas employée dans le langage de la jurisprudence civile; on dit que les condamnés ont la faculté de *se pourvoir en cassation*.

Enfin, les jeunes gens portés sur les listes de recrutement peuvent avoir recours en cassation, dans un délai de 15 jours francs à partir de la signification de la décision attaquée, contre les jugements intervenus sur des questions relatives à leur état ou à leurs droits civils. (Loi du 15 juillet 1889. art. 31.)

RECRUTEMENT, s. m. La lo sur le recrutement du 15 juillet 1889 modifiée par diverses lois, ne peut être reproduite ici *in extenso*. Les gendarmes trouveront du reste aux mots : *Ajourné, Dispensé, Réserve, Engagement. Rengagement*, etc., etc. tous les détails qui leur sont nécessaires.

Nous ferons seulement remarquer que les dispositions de la loi du 15 juillet sont applicables dans les colonies de la Guadeloupe, de la Martinique, de la Guyane et de la Réunion.

Pour cette dernière colonie, des dispositions spéciales ont été édictées par la loi du 1er août 1895, et un décret en date du 24 septembre 1895 a créé dans cette île une subdivision de région et un bureau de recrutement.

Il en est de même pour les colonies de la Martinique et de la Guadeloupe et dépendances. Chacune de ces colonies constitue une subdivision de région au point de vue du recrutement, et il est institué dans chacune de ces subdivisions un bureau de recrutement. (V. Décret du 3 février 1899.)

Les jeunes gens de ces quatre colonies sont astreints aux mêmes périodes ou durées de service que les métropolitains.

Les commandants de recrutement sont autorisés à correspondre en franchise, au moyen de cartes spéciales délivrées par l'administration de la guerre, avec les jeunes soldats de la classe, les disponibles, les réservistes et les territoriaux. (V. le décret du 1er mars 1895 et la note minist. du 6 mars.)

Les officiers employés dans les bureaux du recrutement peuvent être maintenus dans ce service jusqu'à 63 ans, pour les officiers supérieurs, et 60 ans pour les capitaines. (Loi du 25 juillet 1893.)

Bureaux de recrutement. Le territoire de la France, sauf le département de la Seine, celui de Seine-et-Oise et la ville de Lyon, avec quatre cantons du département du Rhône (Neuville, Givors, Villeurbanne et Saint-Genis-Laval), est divisé en 144 subdivisions de régions (8 par région de corps d'armée), conformément au décret du 6 août 1874.

Au chef-lieu de chacune de ces subdivisions se trouve un bureau de recrutement duquel relèvent tous les hommes de la subdivision de région soumis au service, aussi bien les jeunes soldats du contingent que les disponibles et les réservistes de l'armée active et les hommes affectés aux régiments d'infanterie de l'armée territoriale. Quant aux hommes appartenant à l'ensemble des troupes de l'armée territoriale de chaque région de corps d'armée autre que celle de l'infanterie, ils relèvent d'un bureau spécial établi au chef-lieu de cette région. (V. la circ. du 11 novembre 1893 portant réorganisation du service de recrutement.)

Outre ces 144 bureaux de subdivision, il y a 12 autres bureaux de recrutement en France et 3 en Algérie (total 159), savoir :

Un à Digne, annexe de la subdivision de Marseille :

Trois à Lyon, pour la ville de Lyon et certains cantons du département du Rhône, dont les disponibles et les réservistes de l'armée active sont, ainsi que les hommes de l'armée territoriale, répartis entre les 7e et 14e corps;

Un à Versailles, pour le département

de Seine-et-Oise, dont les disponibles et les réservistes de l'armée active sont, ainsi que les hommes de l'armée territoriale, répartis, en principe, entre les 2e, 3e, 4e et 5e corps ;

Sept dans le département de la Seine, dont les hommes soumis au service sont répartis, en principe, comme ceux de Seine-et-Oise, entre les quatre régions environnant Paris. Ces sept bureaux sont :

Un bureau central situé à Paris, rue Saint-Dominique-Saint-Germain, nº 71, et dont relèvent les six bureaux annexes ci-après :

1er bureau, poste-caserne nº 5 (Porte de la Chapelle-Saint-Denis), pour le 2e corps ;

2e bureau, poste-caserne nº 8 (Porte de Passy), pour le 3e corps ;

3e bureau, poste-caserne nº 12 (Porte de Châtillon), pour le 4e corps ;

4e bureau, poste-caserne nº 1 (Porte de Charenton), pour le 5e corps ;

5e bureau, poste-caserne nº 6 (Porte de Saint-Ouen), pour l'administration des hommes de la réserve et de l'armée territoriale étrangers au département de la Seine.

6e bureau, poste-caserne nº 6 (Porte de Champerret.)

Les trois bureaux de recrutement de l'Algérie correspondent aux trois provinces et sont installés à Alger, Oran, et Constantine.

Enfin, il y a à Tunis un bureau spécial pour l'administration des réserves mais qui n'est pas encore officiellement désigné sous le nom de bureau de recrutement.

Les dispositions de la loi du 15 juillet sont applicables dans les colonies de la Guadeloupe, de la Martinique, de la Guyane et de la Réunion. Elles sont également applicables en Algérie et dans les autres colonies, avec cette restriction que les Français et naturalisés français qui y résident ne font qu'une année de présence effective sous les drapeaux et sont ensuite envoyés dans la disponibilité.

L'article 7 de la loi du 15 juillet 1889 sur le recrutement de l'armée est ainsi modifié :

Nul n'est admis dans une administration de l'Etat ou ne peut être investi de fonctions publiques électives s'il ne justifie avoir satisfait aux obligations imposées par la présente loi. (Loi du 14 août 1893.)

Une convention signée le 30 juillet 1891 entre la France et la Belgique, relative à l'application des lois qui règlent le service militaire dans les deux pays, et approuvée par les Chambres, a été régularisé par un décret en date du 31 décembre 1891.

RECTANGLE, s. m. (V. *Quadrilatère.*)

RECTEUR, s. m. Les recteurs sont les chefs des circonscriptions académiques et ont sous leur direction et sous leur surveillance les facultés, les lycées, les collèges et tous les établissements universitaires installés dans leur ressort.

Dans certains pays, on appelle recteur le curé de la paroisse.

RÉCUSATION, s. f. En terme juridique, on entend par récusation le droit qu'ont le ministère public et l'avocat de l'accusé de s'opposer à ce que certains jurés siègent dans l'affaire. La récusation se produit sans articulation de motifs. Les deux parties peuvent récuser le même nombre de jurés.

Les juges et autres magistrats peuvent également être récusés pour les motifs énumérés à l'article 378 du Code de procédure civile (parenté, amitié, inimitié, etc.)

REDAN, s. m. Ouvrage de fortification composé de deux côtés d'égale longueur formant un angle saillant; ces deux côtés sont reliés généralement par des défenses accessoires. (V. *Défenses.*)

REDDITION, s. f. Action de rendre des comptes, une place.

La **reddition des comptes** consiste pour un comptable à présenter l'état détaillé des recettes et des dépenses de sa gestion.

Reddition d'une place. Action de rendre une place aux assiégeants. — Est puni de mort avec dégradation militaire tout gouverneur ou commandant qui, mis en jugement après avis d'un conseil d'enquête, est reconnu coupable d'avoir capitulé avec l'ennemi et rendu la place qui lui était confiée sans avoir épuisé tous les moyens de défense dont il disposait et sans avoir fait tout ce que prescrivaient le devoir et l'honneur. (C. M., art. 209.)

RÉDHIBITOIRE, adj. Qui a rapport à la rédhibition. La rédhibition est l'action par laquelle un acheteur peut faire annuler une vente à cause de certains vices de la chose achetée. — Vices rédhibitoires. (V. *Vices*.)

REDOUTE, s. f. Ouvrage de fortification généralement carré ou hexagonal (à six faces) et par conséquent sans angles rentrants; il n'est généralement employé que dans la fortification passagère et on l'entoure toujours de défenses accessoires.

REDUIT, s. m. En fortification, on donne le nom de réduit à un ouvrage construit dans l'intérieur d'un ouvrage plus grand et destiné à permettre de prolonger la défense le plus longtemps possible.

RÉFÉRÉ, s. m. Terme de jurisprudence qui sert à désigner une procédure particulière dont l'objet est de faire juger provisoirement par un magistrat les difficultés relatives à l'exécution d'un jugement, ou de faire prescrire par lui des mesures provisoires.

Lorsque les gendarmes arrêtent un débiteur, ils doivent, aux termes de l'article 786 du Code de procédure, le conduire en référé, s'il le demande, devant le président du tribunal civil. L'ordonnance sur référé sera consignée sur le procès-verbal et sera exécutée sur-le-champ. (C. de procéd. civile, art. 787.) Si les exécuteurs de mandements de justice refusaient de conduire le débiteur en référé, ils seraient passibles d'une amende de 1,000 francs.

Dans la pratique, les débiteurs sont toujours conduits, s'ils le demandent, chez le percepteur, qui peut leur rendre la liberté s'ils acquittent immédiatement leur dette; procès-verbal du fait doit toujours être dressé par les exécuteurs de mandements. (V. *Contrainte par corps*.)

REFLUX, s. m. Mouvement de la mer qui découvre le rivage après l'avoir couvert par le flux.

REFORME, s. f. Dans son sens général, ce mot signifie un changement opéré dans un but d'amélioration. — Un gouvernement réforme les lois, les institutions d'un pays pour les améliorer.

En terme militaire, la réforme est une déclaration par laquelle on constate qu'un homme n'est pas capable de faire un bon service militaire. — Les conscrits sont réformés pour inaptitude physique par le conseil de revision. Les soldats présents sous les drapeaux sont réformés par une commission spéciale. On délivre aux uns et aux autres un *congé de réforme*.

Les militaires réformés qui, par une aggravation consécutive des blessures ou infirmités ayant motivé la réforme, se trouveraient dans un des cas prévus pour obtenir une pension doivent adresser directement au Ministre de la guerre leur demande en liquidation de pension dans un délai de cinq ans, qui courra du jour de la cessation de l'activité. (Décr. du 15 mai 1889.)

Le mémoire de proposition doit être appuyé d'un procès-verbal de la gendarmerie. (Instr. du 21 mai 1889, art. 18.)

Les sous-officiers, brigadiers et gendarmes qui ne conviennent pas au service de la gendarmerie sont congédiés ou réformés lorsqu'ils ont accompli le temps de service voulu par la loi de recrutement.

La proposition de réforme doit toujours être précédée de l'avis d'un conseil composé comme l'est celui de discipline. Les militaires de la gendarmerie qui se mettent dans le cas d'être proposés pour la réforme par mesure disciplinaire doivent, au préalable, être traduits devant un conseil de discipline. (V. règl. sur le service intérieur, art. 282.)

Un sous-officier ou brigadier de gendarmerie ne peut être proposé à la fois pour être cassé de son grade et réformé par mesure disciplinaire. (Circ. minist. du 29 juin 1901.)

Lorsqu'il s'agit d'inaptitude physique, l'avis de la commission départementale de réforme remplace l'avis du conseil de discipline; le Ministre prononce ensuite la réforme, s'il y a lieu. — Les auxiliaires indigènes de la 19e légion et du détachement de Tunisie doivent être proposés pour la révocation. (Décret du 1er mars 1854, art, 37.)

Les gendarmes qui prêtent leurs chevaux lorsqu'il y a récidive, ceux qui sont convaincus n'avoir prêté ou reçu, à quelque titre que ce soit, de l'argent ou des effets des prévenus ou condamnés dont le transfèrement leur a été confié; ceux qui en peu d'années ont subi trois punitions pour cause d'ivrognerie, sont réformés après avis d'un conseil de discipline. (Décr. du 1er mars 1854, art. 425; circ. du 16 mars 1876; Service intérieur, art. 134 et 148.)

Tout militaire de la gendarmerie réformé par mesure de discipline conserve ses droits à la pension proportionnelle, réglée sur le grade dont il est titulaire au moment de sa radiation des contrôles de l'activité. (Avis du Conseil d'Etat du 20 juin 1882.)

Réforme temporaire. Tout militaire appartenant à l'armée active, la réserve ou l'armée territoriale pourra, pour raison de santé, et sur l'avis conforme des commissions de réforme, être mis en congé de réforme temporaire. Les congés auront une durée d'une année; ils seront renouvelables.

A la fin de ces congés, tout homme en ayant bénéficié suivra le sort de la classe à laquelle il appartient. (Loi du 1er avril 1898.)

Les militaires en congé de réforme temporaire ne confèrent pas, pendant la durée de ce congé, la dispense à leur frère. (Arrêt du Conseil d'Etat, 28 décembre 1900.)

L'homme décédé étant en congé de réforme temporaire ne peut pas conférer la dispense à titre de frère d'un militaire mort en activité de service. (V. la circulaire du 28 février 1901 modifiant l'instruction du 2 juin 1898 relative à la réforme temporaire.)

Réforme des officiers. La réforme est la position de l'officier sans emploi qui, n'étant plus susceptible d'être rappelé à l'activité, n'a pas de droits acquis à la pension de retraite.

La réforme peut être prononcée :

1° Pour infirmités incurables;

2° Par mesure de discipline.

Réforme pour infirmités incurables. La réforme pour infirmités incurables est prononcée dans les formes voulues par la loi du 11 avril 1831 sur les pensions de l'armée de terre. (V. la note minist. du 25 novembre 1882. V. *Gratification.*)

Les militaires de la gendarmerie qui, ayant accompli le temps exigé pour obtenir une pension proportionnelle, sont devenus inaptes à continuer leur service, par suite d'inaptitude physique, non imputable aux obligations professionnelles, ne doivent pas être proposés pour la réforme, mais seulement pour l'admission d'office à la pension de retraite. (Service courant, 1901.)

Réforme par mesure de discipline. Un officier ne peut être mis en réforme, pour cause de discipline, que pour l'un des motifs ci-après : inconduite habituelle; fautes graves dans le service ou contre la discipline; fautes contre l'honneur; prolongation au delà de trois ans de la position de non-activité, sauf les restrictions énoncées en l'article suivant :

« La réforme par mesure de discipline des officiers en activité et des officiers en non-activité sera prononcée par décision du Président de la République, sur le rapport du Ministre de la guerre, d'après l'avis du conseil d'enquête, dont la composition et les formes seront déterminées par un règlement d'administration publique. »

Les officiers réformés par mesure de discipline ne peuvent plus être rappelés à l'activité à quelque titre que ce soit. (Instruct. du 28 décembre 1898, art. 391.)

La réforme, à raison de la prolongation de la non-activité pendant trois ans, ne pourra être prononcée qu'à l'égard de l'officier qui, d'après l'avis du même conseil, aura été reconnu non susceptible d'être rappelé à l'activité. Les avis du conseil d'enquête ne pourront être modifiés qu'en faveur de l'officier. (Loi du 19 mai 1834, art. 9, 10, 11, 12 et 13, et note minist. du 25 novembre 1882.)

(En ce qui concerne la réforme des militaires de la gendarmerie servant en qualité de commissionnés. (V. Service intérieur, art. 282.)

Réforme des réservistes et des territoriaux. Les hommes des réserves et de l'armée territoriale ne doivent pas attendre l'époque des appels pour se présenter devant la commission de réforme. La circulaire du 14 novembre 1883 charge tout spécialement la gendarmerie de rechercher les malades et de leur faire comprendre qu'il y a tout intérêt pour eux à se faire réformer le plus tôt possible et à ne pas attendre l'époque des appels pour faire examiner leur état.

La gendarmerie reçoit et transmet au bureau de recrutement les déclarations ou demandes qui lui sont présentées, les hommes n'étant pas tenus, d'ailleurs, de faire connaître au préalable la nature de l'affection dont ils sont atteints. (Instr. du 28 décembre 1895, art. 30.)

Réforme de chevaux. Les chevaux des militaires de l'arme qui sont reconnus impropres à faire le service sont réformés, à toute époque de l'année, par les chefs de légion, sur la demande du commandant de l'arrondissement et d'après l'avis du commandant de la compagnie en y mentionnant tous les renseignements nécessaires pour être transmis, avec le certificat du vétérinaire, au chef de légion. Les chevaux méchants ou rétifs doivent être réformés quel que soit leur âge.

Au moment de la vente, il est donné connaissance aux acheteurs du motif particulier de leur réforme.

Ceux âgés de moins de neuf ans, réformés pour rétivité ou méchanceté, sont, avant la vente, marqués au fer rouge de la lettre D (dangereux) sur le côté gauche de l'encolure, de manière qu'ils ne soient pas rachetés ultérieurement.

Il doit être établi des certificats constatant que les animaux réformés mis en vente sont indemnes de toute maladie contagieuse. (V. Service intérieur, art. 9 et 83, et le décret du 28 septembre 1901.)

Les chevaux réformés sont conduits au chef-lieu d'arrondissement ou au chef-lieu de la compagnie, les jours de foire ou de marché, pour y être vendus à la criée par le commissaire-priseur, en présence du sous-intendant militaire ou de son suppléant, du commandant d'arrondissement et du militaire possesseur du cheval, et, à son défaut, d'un gendarme de la résidence du chef-lieu désigné par le commandant d'arrondissement. Le produit de la vente est versé à la masse individuelle et envoyé par le commandant d'arrondissement au conseil d'administration au moyen d'un mandat sur le Trésor. (Règl. du 12 avril 1893, art. 141.) — V. *Gratification temporaire de réforme*, *Blessures* et *Pension*.)

La réforme et le déclassement des chevaux des officiers de gendarmerie détenus à titre gratuit ou par abonnement sont prononcées en dehors des inspections générales par le gouverneur militaire ou le général commandant le corps d'armée. (Décret du 14 août 1896.)

L'inspecteur général statue directement, pendant la période de son inspection, sur les réformes des chevaux d'officiers, sur leur passage à la troupe et sur les échanges de chevaux entre officiers.

RÉFRACTAIRE, adj. Celui qui refuse de se soumettre aux lois. Le conscrit qui n'obéit pas à la loi du recrutement est un réfractaire. (V. *Insoumis.*)

Les réfractaires peuvent demeurer en pays étranger : les traités d'extradition ne peuvent pas les atteindre.

RÉFUGIÉ, ÉE, adj. On donne ce nom à des étrangers qui ont été obligés de quitter leur pays à la suite d'événements politiques et qui résident en France, sans la protection de leur gouvernement. La loi du 21 avril 1832 édicte à leur égard des mesures spéciales, et le règlement du 30 mai 1848 règle définitivement les mesures à prendre relativement à l'arrivée et au séjour des réfugiés, ainsi qu'au mode de répartition des secours qui leur sont accordés par la France.

REFUS, s. m. Action de refuser, de ne pas accepter une offre, une demande, etc.

Refus d'assistance par la gendarmerie. Tout militaire du corps de la gendarmerie qui ne prête pas assistance à toute personne qui réclame son secours dans un moment de danger, se constitue en état de prévarication dans l'exercice de ses fonctions. (Décr. du 1er mars 1854, art. 630.)

Les militaires de la gendarmerie qui

refusent d'obtempérer aux réquisitions légales de l'autorité civile peuvent être réformés, d'après le compte qui en est rendu au Ministre de la guerre, sans préjudice des peines dont ils sont passibles. (Décr. du 1er mars 1854, art. 639.)

Le Code pénal, art. 234, punit d'un emprisonnement d'un mois à trois mois tout commandant de la force publique qui, après en avoir été légalement requis, aura refusé de faire agir la force à ses ordres; mais la Cour de cassation a décidé (17 juillet 1849) que le commandant de la force publique pouvait toujours prétexter, comme excuse de sa désobéissance, que les ordres de son supérieur hiérarchique l'ont empêché d'agir.

Refus d'assistance par les citoyens. Ceux qui, le pouvant, auront refusé ou négligé de faire les travaux, le service, ou de prêter le secours dont ils auront été requis, dans les circonstances d'accident, tumulte, naufrage, inondation, incendie ou autres calamités, ainsi que dans les cas de brigandage, pillage, flagrant délit, clameur publique ou d'exécution judiciaire, seront punis d'une amende de 6 à 10 francs. (C. P., art. 475, n° 12.)

Refus de monnaie ayant cours. Amende de 6 à 10 francs. (C. P., art. 475, n° 11.) (V. *Monnaie.*)

Refus par un militaire de siéger dans un conseil de guerre. De deux à six mois de prison, et de la destitution si le coupable est officier. (C. M., art. 215.)

Le **refus d'obéissance** pour marcher contre l'ennemi ou contre des rebelles armés est puni de mort.

Le *refus d'obéissance* sur un territoire en état de guerre ou de siège est puni de cinq à dix ans de travaux publics et de la destitution, avec emprisonnement de deux à cinq ans; si le coupable est officier, de la destitution. (C. M., art. 218.)

Dans tous les autres cas, la peine est celle d'un emprisonnement d'un an à deux ans, ou, si le coupable est officier, celle de la destitution. (C. M., art. 218.)

Le refus de se rendre à la salle de police ne constitue pas le refus d'obéissance prévu par l'article 218, car l'injonction de se rendre à la salle de police n'est point un ordre de service dans le sens que la loi a entendu donner à ce mot; on ne commande pas un homme pour aller à la salle de police, on lui prescrit de s'y rendre, et, au besoin, on l'y fait conduire de force quand il a manqué à son devoir. (Lettre minist. du 4 février 1862; revision du 31 août 1864.)

Mais le fait de l'homme appointé de parade, de garde d'écurie ou de toute autre mesure du même genre qui refuse de s'y soumettre, constitue le refus d'obéissance. (Lettre minist. du 30 décembre 1863.)

RÉGICIDE, s. m. Assassinat d'un monarque. — Ce mot s'emploie aussi pour désigner celui qui a assassiné un roi ou une reine: *cet homme est un régicide.*

RÉGIE, s. f. Ce mot s'emploie ordinairement pour désigner l'administration chargée de la perception des impôts indirects.

Lorsqu'un soumissionnaire pour les travaux de l'Etat ne remplit pas ses engagements, on fait exécuter les travaux sous la surveillance d'agents particuliers et au compte du soumissionnaire. C'est ce qu'on appelle *mettre en régie.*

RÉGIMENT, s. m. Corps de troupe composé d'un certain nombre de bataillons ou d'escadrons.

Il y a en France 163 régiments d'infanterie: 145 dits subdivisionnaires à 3 bataillons, et 18 dits régionaux pouvant avoir 4 bataillons (1). Les bataillons ont 4 compagnies. Les régiments mixtes, devenus aujourd'hui régiments de réserve, sont numérotés à partir de 201, c'est-à-dire qu'on leur a donné les numéros des régiments actifs correspondants augmentés de 200. C'est ainsi que nous avons aujourd'hui les 201e, 202e, etc., régiments d'infanterie. Les régiments régionaux numérotés de 145 à 162 n'ont pas de régiment de réserve ni de régiment territorial correspondant. Les 4 régiments de zouaves, les 4 régiments de tirailleurs et les 2 régiments étrangers ont chacun 5 bataillons.

(1) La loi du 4 mars 1897 a autorisé le Ministre à constituer progressivement un 4e bataillon dans les régiments subdivisionnaires.

Tous les régiments de cavalerie sont à 5 escadrons, sauf le 1er spahis, qui en a 6 ; les régiments d'artillerie renferment chacun un certain nombre de batteries et les régiments du génie, un certain nombre de bataillons. (V. *Armée.*)

La gendarmerie peut être organisée en bataillons, escadrons, régiments ou légions, pour faire partie des brigades de l'armée active, tant à l'intérieur qu'à l'extérieur. (Décr. du 1er mars 1854, art. 553.)

RÉGION, s. f. Contrée, étendue de pays déterminée par arrêté du gouvernement ou par une raison administrative ou militaire.

La loi du 24 juillet 1873 modifiée par celle du 5 décembre 1897 a divisé le territoire de la France, pour l'organisation de l'armée active, de la réserve de l'armée active, de l'armée territoriale et de sa réserve, en 19 régions, et chaque région en 8 subdivisions de région.

Les 19 régions ou corps d'armée sont délimitées ainsi qu'il suit :

1re *région, chef-lieu Lille.* — Comprend les départements du Nord et du Pas-de-Calais.

2e *région, chef-lieu Amiens.* — Comprend les départements de l'Aisne, de l'Oise, de la Somme, de Seine-et-Oise (arrondissement de Pontoise) et de la Seine (cantons de Saint-Denis et de Pantin, 10e, 19e et 20e arrondissements de Paris).

3e *région, chef-lieu Rouen.* — Comprend les départements du Calvados, de l'Eure, de la Seine-Inférieure, de Seine-et-Oise (arrondissements de Mantes et de Versailles), et de la Seine (cantons de Courbevoie et de Neuilly, 1er, 7e, 8e, 9e, 15e, 16e, 17e et 18e arrondissements de Paris).

4e *région, chef-lieu Le Mans.* — Comprend les départements d'Eure-et-Loir, de la Mayenne, de l'Orne, de la Sarthe, de Seine-et-Oise (arrondissement de Rambouillet) et de la Seine (cantons de Villejuif et de Sceaux, 4e, 5e, 6e, 13e et 14e arrondissements de Paris).

5e *région, chef-lieu Orléans.* — Comprend les départements du Loiret, de Loir-et-Cher, de Seine-et-Marne, de l'Yonne, de Seine-et-Oise (arrondissements d'Etampes et de Corbeil), et de la Seine (cantons de Charenton et de Vincennes, 2e, 3e, 11e et 12e arrondissements de Paris).

6e *région, chef-lieu Châlons-sur-Marne.* — Comprend les départements des Ardennes, de la Marne, de Meurthe-et-Moselle (arrondissement de Briey) et de la Meuse.

7e *région, chef-lieu Besançon.* — Comprend les départements de l'Ain, du Doubs, du Jura, de la Haute-Marne, du Haut-Rhin, de la Haute-Saône et du Rhône (canton de Neuville, 4e et 5e arrondissements de Lyon).

8e *région, chef-lieu Bourges.* — Comprend les départements du Cher, de la Côte-d'Or, de la Nièvre, de Saône-et-Loire et du Rhône (arrondissement de Villefranche).

9e *région, chef-lieu Tours.* — Comprend les départements de Maine-et-Loire, d'Indre-et-Loire, de l'Indre, des Deux-Sèvres et de la Vienne.

10e *région, chef-lieu Rennes.* — Comprend les départements des Côtes-du-Nord, de la Manche et d'Ille-et-Vilaine).

11e *région, chef-lieu Nantes.* — Comprend les départements du Finistère, de la Loire-Inférieure, du Morbihan et de la Vendée.

12e *région, chef-lieu Limoges.* — Comprend les départements de la Charente, de la Corrèze, de la Creuse, de la Dordogne et de la Haute-Vienne.

13e *région, chef-lieu Clermont-Ferrand.* — Comprend les départements de l'Allier, de la Loire, du Puy-de-Dôme, de la Haute-Loire, du Cantal et du Rhône (cantons de l'Arbresle, Condrieu, Limonest, Mornant, Saint-Symphorien, Saint-Laurent et Vaugneray).

14e *région, chef-lieu Grenoble.* — Comprend les départements des Hautes-Alpes, de la Drôme, de l'Isère, de la Savoie, de la Haute-Savoie et du Rhône (cantons de Givors, Saint-Genis-Laval, Villeurbanne, 1er, 2e, 3e et 6e arrondissements de Lyon).

15e *région, chef-lieu Marseille.* — Comprend les départements des Basses-Alpes, des Alpes-Maritimes, de l'Ardèche, des Bouches-du-Rhône, de la Corse, du Gard, du Var et de Vaucluse.

16e *région, chef-lieu Montpellier.* — Comprend les départements de l'Aude, de l'Aveyron, de l'Hérault, de la Lozère, du Tarn et des Pyrénées-Orientales.

17e *région, chef-lieu Toulouse.* — Comprend les départements de l'Ariège, de la Haute-Garonne, du Gers, du Lot, de Lot-et-Garonne et de Tarn-et-Garonne.

18e *région, chef-lieu Bordeaux.* — Comprend les départements de la Charente-Inférieure, de la Gironde, des Landes, des Basses-Pyrénées, et des Hautes-Pyrénées.

20e *région, chef-lieu Nancy* : comprend les départements de l'Aube, de Meurthe-et-Moselle (arrondissement de Nancy, Toul et Lunéville) et des Vosges.

La 19e région ou 19e corps, chef-lieu Alger, comprend les troupes stationnées en Algérie et en Tunisie.

REGISTRE, s. m. Cahier sur lequel on inscrit successivement les choses dont on veut garder le souvenir.

Les commandants de brigade sont spécialement chargés de tenir constamment à jour, avec soin, avec méthode et sans omission, tous les registres et carnets qui servent à constater les opérations de la brigade. La nomenclature de ces registres est donnée par l'article 156 du règlement sur le service intérieur. — Ces registres sont payés par la masse d'entretien et de remonte. (Règl. du 12 avril 1893, annexe n° 2.)

La dépense d'achat des cahiers d'écriture est supportée par la masse individuelle des hommes auxquels ils sont délivrés. (Art. 136 du même règl.)

RÈGLEMENT, s. m. Prescriptions légales, arrêts, décrets, ordonnances auxquels on doit se soumettre. — Les obligations prescrites par les règlements sont dites *réglementaires.*

RÉHABILITATION, s. f. Acte judiciaire qui a pour objet de lever les diverses incapacités dont a pu être frappé un condamné, d'effacer la note d'indignité ou d'infamie et de lui rendre ses droits d'homme et de citoyen.

Tout condamné à une peine afflictive ou infamante peut être réhabilité. La réhabilitation efface la condamnation et fait cesser pour l'avenir toutes les incapacités qui en résulteraient. (V. la loi du 10 mars 1898.)

Le commerçant qui a fait faillite perd l'exercice de ses droits politiques et une partie de ses droits civils. Mais s'il parvient par la suite à payer toutes ses dettes, y compris celles dont ses créanciers lui ont fait remise, il peut être réhabilité, c'est-à-dire rétabli dans ses droits et prérogatives. (V. pour la réhabilitation des condamnés à une peine afflictive et infamante la loi du 14 août 1885.)

Une loi en date du 5 août 1899, modifiée par celle du 11 juillet 1900, indique dans quelles conditions la réhabilitation est acquise de plein droit.

Les livrets des militaires qui ont encouru, postérieurement à leur incorporation, des condamnations effacées par la réhabilitation, doivent être retirés et remplacés par de nouveaux livrets sur lesquels il ne sera fait aucune mention, ni des condamnations effacées par la réhabilitation, ni de l'interruption de service résultant des condamnations encourues. (V. circulaire ministérielle en date du 13 mars 1900.)

Lorsqu'il s'agit d'une instance en réhabilitation concernant un individu appartenant ou ayant appartenu à l'armée, les autorités militaires fournissent au procureur de la République les renseignements qui leur sont demandés. (V. la circ. du 23 mai 1887.) Enfin, les livrets individuels militaires ne doivent pas porter trace des condamnations effacées par la réhabilitation. (Note minist. du 5 octobre 1887.)

RÉINTÉGRATION, s. f. Action de placer de nouveau, de rétablir quelqu'un dans une ancienne position.

Les militaires encore liés au service qui ne réunissent pas les conditions nécessaires pour rester dans la gendarmerie peuvent être réintégrés dans les armes d'où ils proviennent, soit d'office, soit pour convenance personnelle. En cas d'inconduite, ils peuvent être envoyés dans une compagnie de discipline. V. le décret du 1er mars 1854, art. 38, et l'art. 281 du Service intérieur.)

Ceux qui, étant encore liés au service, sont réintégrés dans les corps de troupe par mesure de discipline, sont maintenus sous les drapeaux jusqu'à l'expiration de leur troisième année de service, alors même que la classe à laquelle ils appartiennent serait renvoyée par anticipation. Dans ce cas, l'avis d'un conseil de discipline doit être joint à la proposition.

Les sous-officiers rengagés qui, étant admis dans la gendarmerie, se mettent dans le cas d'être renvoyés de l'arme, ne sont pas réintégrés dans leur ancien corps ; ils sont réformés. (Service intérieur, art. 282.)

Lorsque des officiers veulent réintégrer des chevaux de l'Etat, ils doivent avoir soin de produire, au moment de la réintégration, à la commission de remonte chargée d'examiner ces animaux, les justifications de nature à dégager leur responsabilité en cas de dépréciation. (Circ. du 14 mars 1883 et dép. minist. du 3 avril 1891.)

Mais ces chevaux ne doivent jamais être réintégrés lorsqu'ils sont susceptibles de réforme, les animaux qui se trouvent dans ce cas devant être réformés par les inspecteurs généraux de l'arme à laquelle appartiennent les officiers détenteurs. (V. *Réforme* et le décret du 14 août 1896 portant règlement sur la remonte des officiers de tous grades et de toutes armes.

RELATIONS AVEC LES AUTORITÉS. Les règles générales qui doivent servir de base à ces relations sont posées par l'article 141 du décret du 1er mars 1854.

RELÉGATION, s. f. La relégation consiste dans l'internement perpétuel sur le territoire de colonies ou de possessions françaises des condamnés que la loi du 27 mai 1885 a pour objet d'éloigner de France. Ces condamnés sont des récidivistes ayant subi plusieurs condamnations pour vol, escroquerie, excitation de mineurs à la débauche, vagabondage ou mendicité par application des art. 277 et 279 du C. P.

Situation des relégués au point de vue militaire. (Décr. du 26 novembre 1888.)

RELIGION, s. f. Culte qu'on rend à la divinité. (V. *Culte.*)

Les principales religions qui existent sur la terre sont :

1° Le *bouddhisme* et le *brahmanisme*, qui comptent en Asie plus de 700 millions de sectateurs ;

2° Le *christianisme*, qui se divise en église latine, comprenant le catholicisme (200 millions de membres) et le protestantisme (150 millions), et en église grecque (80 millions);

3° Le *mahométisme*, qui compte en Asie et en Afrique plus de 200 millions d'adhérents ;

4° Le *judaïsme*, qui compte environ 7 millions de membres dispersés sur toute la surface du globe.

Ces chiffres ne sont qu'approximatifs.

REMÈDE, s. m. Ce qu'on emploie pour guérir une maladie.

On entend par *remèdes secrets* ceux qui ne sont pas conformes aux formulaires légalement rédigés ou qui contiennent des substances qui n'ont pas été analysées par la commission supérieure de pharmacie. — Les pharmaciens ne peuvent vendre de remèdes secrets et il est défendu de les annoncer ou de les afficher, sous peine d'une amende de 25 à 600 francs, et, en cas de récidive, d'un emprisonnement de 3 à 10 jours. (Loi du 21 germinal an XI et du 29 pluviôse an XIII.)

RÉMÉRÉ, s. m. Terme de jurisprudence; convention d'après laquelle le vendeur a la faculté de reprendre au bout d'un certain temps, qui ne peut excéder cinq ans, la chose qu'il a vendue en en restituant le prix à l'acquéreur. Vente à réméré.

REMONTE, s. f. En administration militaire, on entend par remonte l'ensemble des chevaux qu'on fournit aux cavaliers qui en manquent. Dans la cavalerie, la remonte est pour les chevaux ce que le recrutement est pour les hommes. — Dépôt de remonte. (V. *Dépôt.*)

Aucun cheval ne peut être admis dans la gendarmerie s'il n'est de l'âge de 4 ans au moins et de 8 ans au plus et de la taille de $1^m,52$ à $1^m,60$. (Circ. du 23 avril 1883.) — Tout cheval entier est rigoureusement exclu, sauf en Algérie et en Tunisie. La taille minimum doit être de $1^m,48$ pour les chevaux de race arabe.

Officiers. La remonte des officiers et assimilés de tous grades a été réglementée par le décret du 14 août 1896. L'Etat livre à tous les officiers, aux fonctionnaires et aux employés militaires les chevaux dont ils doivent être pourvus sur le pied de paix comme sur le pied de guerre. Ces livraisons, réglées par les tarifs en vigueur, ont lieu à titre gratuit, au titre de l'abonnement et à titre onéreux. La remonte au titre de l'abonnement comporte le versement mensuel d'une somme de 15 francs par cheval. Les officiers de gendarmerie sont remontés avec des chevaux de dragons et d'artillerie. (V. le décret du 14 août 1896 et la circulaire du 4 avril 1898 relative à l'interprétation à donner à divers articles du 14 août 1896.)

Les officiers de gendarmerie remontés à titre gratuit, à titre onéreux ou par abonnement sont autorisés à prendre un cheval parmi les montures laissées disponibles par les militaires sous leurs ordres qui ont été rayés des contrôles.

L'application de cette mesure est soumise aux règles ci-après :

Les chevaux ne peuvent être reçus que s'ils sont âgés de 6 ans au moins. Leur présentation et leur examen ont lieu devant le conseil d'administration de la compagnie, assisté d'un vétérinaire militaire, ou, à défaut, d'un vétérinaire civil, avec voix consultative. (Les honoraires attribués au vétérinaire civil sont prélevés sur la masse d'entretien et de remonte, par analogie avec les dispositions prévues à l'annexe n° 2, page 91, du règlement du 12 avril 1893 sur l'administration et la comptabilité des corps de la gendarmerie, en ce qui concerne les vétérinaires civils appelés à examiner les chevaux de nouvelle remonte.)

Le conseil d'administration se trouve ainsi investi de toutes les attributions des commissions régimentaires des troupes à cheval. Toutefois, lorsqu'il s'agit de la remonte de l'un de ses membres, l'officier intéressé est remplacé, dans la commission, par un autre officier de la compagnie désigné suivant les règles tracées par la note ministérielle du 10 juillet 1890. (Composition des conseils d'administration dans la gendarmerie, en cas d'absence momentanée d'un des officiers du chef-lieu de la compagnie.)

Le conseil consigne ses opérations sur un livret de commission de remonte (modèle du 1er juin 1879), et soumet ses propositions au général commandant le corps d'armée, qui autorise l'achat dans les cas prévus par les règlements, ou transmet le dossier au Ministre pour les cas où l'autorisation ministérielle est nécessaire.

Les cessions ont lieu à prix d'estimation, en tenant compte de l'âge ou des tares et dépréciations. Pour les chevaux d'âge que les sous-officiers, brigadiers et gendarmes se seraient procurés antérieurement dans les conditions fixées par la circulaire du 18 juillet 1890, le prix de cession ne pourra être supérieur au prix payé par eux lors de la livraison par le corps de troupe.

Lorsqu'un capitaine remonté dans les conditions spécifiées ci-dessus est promu au grade supérieur, il peut garder sa monture, qui lui est alors cédée à prix réduit, conformément aux dispositions de la circulaire du 18 janvier 1875 et de la décision ministérielle du 26 mai 1886, modifiée par la note ministérielle du 2 mars 1887.

Si l'officier détenteur renonce à ce bénéfice, ou s'il vient à être rayé des contrôles de l'activité pour une cause quelconque, la monture est reprise, s'il y a lieu, à prix d'estimation par le conseil d'administration, qui l'affecte à un autre officier remonté au compte de l'Etat, ou la livre, aux mêmes conditions de prix, à un homme de troupe démonté. L'estimation ne peut être supérieure au prix payé par le gendarme lors de l'acquisition. Les officiers remontés à titre onéreux ou par abonnement peuvent également être autorisés à faire acquisition du cheval; mais, si la cession a lieu à titre onéreux, l'Etat n'a pas à intervenir, les officiers supérieurs intéressés se trouvant dans le même cas que s'ils s'adressaient directement au commerce.

Les opérations qui précèdent sont justifiées dans la forme indiquée par la note ministérielle du 1er juin 1879 ou l'instruction du 7 octobre 1889.

Les chevaux qu'un accident obligerait à réformer doivent être l'objet d'un examen des plus attentifs permettant d'apprécier si la responsabilité de l'officier détenteur est ou non engagée, et, dans le cas de l'affirmative, de déterminer la somme à lui imputer pour la dépréciation subie. Les procès-verbaux dressés à la suite de cette opération sont transmis, accompagnés des états signalétiques, au général commandant le corps d'armée, auquel la note ministérielle du 29 octobre 1887 laisse le soin de les approuver, d'imputer définitivement à qui de droit le montant des dépréciations et d'en poursuivre le versement au Trésor.

La provenance des chevaux repris à des sous-officiers, brigadiers ou gendarmes rayés des contrôles est toujours mentionnée, ainsi que le prix auquel ceux-ci les ont achetés, sur les procès-verbaux de réception. Les procès-verbaux de livraison font également connaître la provenance et indiquent, en outre, que ces chevaux ne sauraient, dans aucun cas, être réintégrés dans un corps de troupe.

Tout officier de gendarmerie employé dans les prévôtés et dont le cheval devient indisponible pendant les grandes manœuvres peut prendre une monture à titre temporaire dans un corps de troupe à cheval du corps d'armée. (Circ. du 21 décembre 1875.) (V. le règlement sur le service de la remonte à l'intérieur (1er août 1896).

Instruction ministérielle du 20 décembre 1897 sur la remonte des hommes de troupe de la gendarmerie.

Art. 1er. *Conditions générales de remonte.* — Tout militaire admis dans la gendarmerie à cheval et tout sous-officier, brigadier ou gendarme démonté, est tenu de se pourvoir, à ses frais et dans le délai de trois mois, d'un cheval sans distinction de robe et d'une taille de 1m,52 à 1m,60. Ce maximum peut être dépassé pour des cavaliers ayant une taille et une corpulence supérieures à la moyenne.

Tout cheval entier est rigoureusement exclu, sauf en Corse, en Algérie et en Tunisie. Pour les chevaux de race arabe, la taille minimum est de 1m,48.

REMONTE PAR LES CHEVAUX DÉCLASSÉS

Art. 2. *Age et prix des montures réservées par les corps à la gendarmerie.* — En principe, les sous-officiers, brigadiers et gendarmes (exception faite pour la Corse, l'Algérie, la Tunisie et la garde républicaine) sont remontés, dans la mesure des ressources disponibles, au moyen des chevaux âgés de 12 ans et au-dessous, que les chefs de corps des régiments de cuirassiers, de dragons et d'artillerie réservent pour le service de la gendarmerie, dans les conditions déterminées par les circulaires ministérielles des 18 juillet, 11 octobre 1890 et 2 avril 1891.

Le prix des chevaux est fixé invariablement d'après l'âge, savoir :

A 320 francs pour un cheval de 12 ans) durée prévue 4 ans).

A 400 francs pour un cheval de 11 ans (durée prévue 5 ans).

A 480 francs pour un cheval de 10 ans (durée prévue 6 ans).

Et ainsi de suite, le prix du cheval étant augmenté de 80 francs par année d'âge inférieure à la 12e. Les hommes à remonter emportent avec eux les effets de harnachement nécessaires (licol, bridon, couverture, surfaix).

Art. 3. *Choix exercé par les gendarmes démontés.* — Les sous-officiers, brigadiers et gendarmes sont assistés, dans le choix qu'ils exercent suivant le grade et l'ancienneté, par un commandant d'arrondissement qui les éclaire de ses conseils et de ses connaissances personnelles, sur la valeur des montures, et leur fait exactement connaître les motifs du déclassement.

Art. 4. *Nombre des animaux à présenter.* — Le nombre des animaux présentés et soumis à l'examen de l'officier de gendarmerie doit être supérieur d'un quart au nombre des cavaliers démontés présents.

Art. 5. *Examen des montures par l'officier de gendarmerie délégué.* — Cet officier a toute liberté pour refuser les montures qui ne satisfont pas aux conditions prescrites par les instructions ministérielles, et pour n'accepter que les éléments d'une remonte honorable.

Il ne doit cependant pas perdre de vue que certains chevaux surmenés dans les régiments peuvent facilement se refaire dans la gendarmerie où le service est moins pénible, ni écarter à la légère les montures dont cette arme pourrait encore tirer utilement parti.

Art. 6. *Remonte d'office.* — Les gendarmes qui refusent d'exercer leur choix sont remontés d'office, séance tenante.

Art. 7. *Immatriculation des chevaux*

livrés. — Les chevaux livrés par les régiments sont conduits directement aux brigades dont font partie les cavaliers. Ils ne sont dirigés sur le chef-lieu de compagnie, pour être examinés et immatriculés, que si un cas de dépréciation survient en cours de route. Les constatations nécessaires sont alors faites par le conseil d'administration, en présence du sous-intendant militaire ou de son suppléant et d'un vétérinaire. Si l'état du cheval rendait son déplacement impossible, la dépréciation serait constatée après guérison comme il vient d'être dit.

La rétrocession aux corps de troupe n'est permise sous aucun prétexte, sauf pour le cas de vices rédhibitoires.

Art. 8. *Mise en observation à la brigade. — Rapport au Ministre.* — A leur arrivée à la brigade, les chevaux déclassés doivent être montés tous les jours, pour le service ou la promenade, pendant un mois. A l'expiration de ce délai, les commandants d'arrondissement adressent au chef de légion un rapport sur chacun de ces chevaux.

Le chef de légion examine ces rapports et en fait un résumé qu'il envoie au ministre.

Remonte par achats effectués dans le commerce

Art. 9. *Autorisation donnée.* — A défaut de chevaux classés pour la gendarmerie par les régiments de cavalerie, les gendarmes sont autorisés, par le général commandant le corps d'armée, à effectuer des achats dans le commerce. Cette autorisation est accordée, lorsqu'il y a lieu, en donnant la priorité aux gradés d'après l'ordre hiérarchique et en commençant par les militaires les plus anciens dans chaque grade.

Art. 10. *Conditions spéciales.* — Les chevaux provenant du commerce, âgés de 4 ans au moins et de 8 ans au plus, sont admis sans distinction d'origine et dans les conditions spécifiées, en outre, à l'article 1er de la présente instruction.

Art. 11. *Réception des montures.* — Les montures que présentent les cavaliers démontés sont reçues par le conseil d'administration de leur compagnie, assisté d'un vétérinaire civil ou militaire.

Art. 12. *Remonte d'office.* — Lorsqu'un sous-officier, brigadier ou gendarme n'a pas trouvé à se remonter dans le délai de trois mois, ou lorsqu'il a renoncé à jouir de ce délai, il est remonté d'office, par les soins du conseil d'administration de la compagnie à laquelle il appartient.

Art. 13. *Commission d'achat au chef-lieu de légion.* — Si les ressources du département sont insuffisantes en chevaux, la remonte est effectuée, au chef-lieu de légion, par une commission d'achat ainsi composée :

Le chef de légion président, le commandant de la compagnie du chef-lieu, un capitaine désigné par le chef de légion, et un vétérinaire militaire choisi par le commandant du corps d'armée.

Cette commission fonctionne selon les prescriptions de la lettre collective ministérielle du 23 avril 1883.

Art. 14. *Délai de remonte spécial aux militaires de la garde républicaine.* — Le délai de trois mois spécifié aux articles 1 et 12, est réduit à un mois, en ce qui concerne les hommes de la légion de la garde républicaine à remonter.

Art. 15. *Remonte, à leur corps d'origine, des candidats des régiments directement admis dans la gendarmerie.* — Les sous-officiers, brigadiers et cavaliers des corps de troupe à cheval, qui passent directement dans la gendarmerie, peuvent y emmener le cheval immatriculé à leur nom, ou, avec l'autorisation du chef de corps, tout autre cheval âgé de 6 ans au moins, sans limite d'âge supérieure, susceptible de faire un très bon service et choisi parmi ceux désignés par le chef de corps.

Ils remboursent ces montures au prix d'achat.

Ce prix est diminué des années de possession acquises, si le cavalier emmène le cheval immatriculé à son nom.

Si la monture emmenée est âgée de 10 ans au moins, le prix d'achat est diminué d'autant de septièmes qu'elle a accompli d'années excédant neuf ans. Les annuités de possession sont décomptées et les réductions du fait de l'âge sont opérées conformément aux dispositions des articles 30 et 36 du décret du 14 août 1896.

Les sous officiers, brigadiers et cavaliers des corps de troupe à cheval qui passent directement dans la gendarmerie peuvent aussi se remonter, dans les conditions prévues à l'article 2 de la présente instruction, au moyen de chevaux de 12 ans et au-dessous que les chefs de corps réservent pour la gendarmerie. Le prix de ces chevaux est alors décompté comme il est prescrit audit article et conformément à la décision ministérielle du 18 juillet 1890.

Art 16. *Remonte au moyen des chevaux de deuxième main.* — Les conseils d'administration des compagnies de gendarmerie conservent, pour la remonte des militaires de l'arme, jusqu'à l'âge de 12 ans et exceptionnellement au-dessus, tous les chevaux susceptibles d'être utilisés, provenant des militaires décédés, démissionnaires ou retraités et reconnus propres à faire encore un bon service.

A cet effet, ils statuent, à l'avance, sur le sort réservé aux montures des militaires qui se trouvent sous le coup d'une mesure susceptible d'entraîner leur radiation des contrôles.

Art. 17. *Maintien provisoire en service des chevaux réformés.* — Les chevaux réformés qui peuvent être montés sans cause de dépréciation ni danger pour la sécurité du cavalier sont, autant que possible, maintenus en service jusqu'au moment de leur remplacement.

Art. 18. *Vente d'un poulain. — Cas de reprise de la jument.* — Les militaires de la gendarmerie propriétaires d'une jument pleine provenant du commerce et dont l'état de gestation remonte à une époque antérieure à la livraison, peuvent, soit la faire reprendre par le vendeur, qui se trouve engagé par sa signature apposée au bas du procès-verbal d'admission (modèle 82 annexé au décret du 12 avril 1893), soit la conserver, s'il ne doit en résulter aucun inconvénient pour le service.

Dans ce cas, le poulain est vendu au profit des intéressés, conformément aux dispositions de l'article 141 du décret du 12 avril 1893.

Art. 19. *Chevaux laissés aux gendarmes quittant l'arme.* — Comme conséquence des prescriptions de l'article 16, les sous-officiers, brigadiers et gendarmes quittant l'arme disposent à leur gré de leurs montures, quand elles ne sont pas conservées par le conseil d'administration de leur compagnie, si ces montures proviennent du commerce ou des chevaux déclassés des régiments. Au contraire et conformément aux dispositions de l'article 144 du règlement du 12 avril 1893, tout cheval âgé de moins de 12 ans qui, provenant des remontes de l'armée, n'est pas conservé par le conseil d'administration de la compagnie à laquelle appartient le cavalier détenteur, ne peut être vendu dans le commerce qu'après avoir été présenté, avec l'autorisation du commandant du corps d'armée, à la commission de remonte du corps de cavalerie le plus à proximité.

Art. 20. *Transport par voies ferrées.* — Les chevaux livrés par les corps de troupe aux militaires de la gendarmerie et ceux que ces militaires se procurent dans le commerce sont transportés, au compte de l'Etat, jusqu'à la résidence des détenteurs, à partir du lieu de livraison, dans le premier cas, et à partir du chef-lieu de la compagnie où les chevaux ont été reçus dans le second.

Le cavalier admis dans la gendarmerie et autorisé à emmener un cheval du corps auquel il appartient a également droit au transport de ce cheval jusqu'à la brigade à laquelle il est affecté.

Toutefois, le droit de transport n'existe que lorsque le trajet effectué par voie de terre atteint au moins 60 kilomètres.

L'instruction du 20 décembre 1897 a été modifiée comme il suit par une note du 18 mars 1899, en ce qui concerne la gendarmerie d'Algérie, de Tunisie et de Corse :

1° Les chevaux achetés dans le commerce auront un minimum d'âge de cinq ans.

2° La taille minima des chevaux de race arabe est abaissée de $1^m,48$ à $1^m,46$;

3° En Algérie et en Tunisie, les opérations d'achat seront effectuées, non plus au chef-lieu de la compagnie par les soins du conseil d'administration, mais dans chaque arrondissement sur les points où il existe une garnison ou un détachement de cavalerie et, à défaut, au chef-lieu de l'arrondissement.

La commission d'achat se composera :

1° Dans les garnisons de cavalerie : de la commission de remonte du corps, avec adjonction de l'officier de gendarmerie ;

2° Sur les points où il n'y a qu'un détachement de cavalerie : du capitaine commandant ou, à son défaut, d'un lieutenant, de l'officier de gendarmerie de l'arrondissement et du vétérinaire du détachement ;

3° S'il n'y a pas de détachement de cavalerie au chef-lieu d'arrondissement ou à proximité : du commandant de la compagnie de gendarmerie (aux époques de ses tournées), du commandant de l'arrondissement et d'un vétérinaire civil.

« Enfin, les militaires de la gendarmerie d'Algérie et de Tunisie qui n'auraient pu trouver un cheval chez les éleveurs du pays continueront, comme par le passé, à être remontés dans les dépôts.

Dépôt de remonte. (V. *Dépôt.*)

Les militaires passant de la gendarmerie départementale ou de la garde républicaine en Corse, en Algérie ou en Tunisie, *et vice versâ*, ne peuvent emmener leur monture. (Note minist. du 9 novembre 1890.) (V. *Chevaux.*)

Ceux qui passent, sur leur demande, de la garde républicaine dans la gendarmerie départementale, ne peuvent emmener leur monture que si elle a plus de neuf ans ou si elle a été jugée impropre à faire un bon service dans la garde. (V. circulaire ministérielle du 20 février 1901.)

Indemnité de monture. — Une indemnité de monture fixée à 15 francs par mois pour les officiers subalternes, 30 francs pour les officiers supérieurs possédant un cheval à titre onéreux, 45 francs pour ceux possédant deux chevaux et plus à titre onéreux, est attribuée dans toutes les positions de présence ou d'absence. (Tableau 2, n° 1, du règl. du 30 décembre 1892 et tarif n° 5 dudit règlement.)

Les dispositions de la décision présidentielle du 2 juillet 1890 ne sont pas applicables aux militaires de la 15e légion *ter*, de la 19e légion de gendarmerie, ni à ceux du détachement de Tunisie, qui continuent à se remonter dans le commerce ou dans les dépôts de remonte.

REMPART, s. m. Terme de fortification qui sert à désigner le massif de terre qui forme les bastions et les courtines et qui a pour objet de couvrir la place en la mettant à l'abri des coups de l'ennemi et de permettre aux assiégés de dominer la campagne avec leur artillerie.

REMPLACEMENT, s. m. Action de remplacer une personne ou une chose par une autre.

Lors des vacances d'emploi et en cas d'absence ou de maladie, les remplacements provisoires ont lieu pour chaque grade d'officier, ainsi qu'il suit :

Le chef de légion, par le plus ancien chef d'escadron de la légion ;

Le chef d'escadron, par le plus ancien capitaine commandant d'arrondissement de la compagnie ;

Le commandant de l'arrondissement par l'adjudant ou le maréchal des logis chef de sa résidence ; à défaut, par l'adjudant ou le maréchal des logis chef de la compagnie sur la désignation du chef de légion qui en rend compte au ministre.

Le trésorier, par le maréchal des logis adjoint de la compagnie, ou, à son défaut, par un maréchal des logis adjoint d'une autre compagnie de la même légion, sur la désignation du colonel, qui en rend également compte au Ministre.

Les officiers momentanément en service extraordinaire dans leurs arrondissements respectifs ou en tournée, ne sont point considérés comme absents de leur poste. Ils sont suppléés pour le service journalier par le militaire le plus élevé en grade de leur résidence. Dans le seul cas de vacance d'emploi, le remplacement a lieu *par intérim* ; dans les autres cas (congé, permission ou maladie du titulaire), le commandement *est provisoire*. (V., pour la signature, le cahier des modèles n° 24.)

En cas de vacance d'emploi, d'absence ou de maladie, le service de la brigade est dirigé par le plus ancien gendarme présent. Si ce gendarme n'est pas en état de tenir les écritures, elles sont confiées à un autre gendarme de la résidence, ou, au besoin, d'une résidence voisine. Le chef de légion peut d'ailleurs, si l'importance du service l'exige, charger de la direction momentanée de cette brigade le commandant d'une autre brigade de l'arrondissement. (V. Service intérieur, art. 163, et l'art. 113 du décret du 1er mars 1854.

Le remplacement, c'est-à-dire la substitution d'un homme à un autre homme pour le service militaire, a été supprimé définitivement par la loi du 27 juillet 1872 et par celle du 15 juillet 1889.

RÉMUNÉRATION, s. f. Récompense pécuniaire. (V. *Récompense.*)

RENCONTRES. Le service des rencontres a pour objet le transfèrement des prisonniers de brigade en brigade et la remise des pièces qui les concernent. Ce terme a remplacé celui de « correspondance » employé dans les anciens règlements. (V. *Correspondance.*)

RÊNE, s. f. Courroie attachée au mors, que le cavalier tient dans ses mains et qui lui sert à diriger le cheval. La manière de tenir les rênes est détaillée dans le règlement du 2 mai 1883, nos 267 et 268.

RENFORT, s. m. Augmentation de force. Lorsque la gendarmerie se trouve impuissante pour réprimer une émeute, pour transférer un nombre trop considérable de prisonniers, etc., elle prévient l'autorité locale et ses chefs directs, afin d'obtenir des renforts des brigades voisines et, suivant le cas, des troupes voisines. (Décr. du 1er mars 1854, art. 136.)

Dans les cas urgents, les officiers et sous-officiers de gendarmerie peuvent requérir directement l'assistance de la troupe de ligne. (Décr. du 1er mars 1854, art. 137.)

RENGAGEMENT, s. m. Action de s'engager de nouveau dans l'armée. Les soldats décorés ou médaillés ou inscrits sur les listes d'aptitude pour le grade de caporal ou brigadier, ainsi que les caporaux ou brigadiers, pourront être admis à contracter des rengagements pour deux, trois ou cinq ans, pendant le cours de leur dernière année de service sous les drapeaux (1).

Les sous-officiers servant comme commissionnés sont admis à se rengager dans les mêmes conditions que les autres sous-officiers. En outre, dans la cavalerie, tout soldat peut se rengager pour un an. La loi du 18 mars 1889 indique les avantages, les primes et les hautes payes qui sont accordées aux rengagés. Les rengagements sont renouvelables jusqu'à une durée totale de quinze années de service effectif. Après ces 15 ans, les rengagés ont droit à une pension proportionnelle. Les sous-officiers peuvent ensuite être maintenus sous les drapeaux en qualité de commissionnés jusqu'à l'âge de 47 ans.

Tout homme des troupes coloniales peut être admis à contracter un rengagement pour un, deux, trois ou cinq ans après six mois de service.

Des engagements et des rengagements peuvent être reçus pour la durée d'une expédition. (Décret du 6 septembre 1900.)

La loi du 9 juillet 1901 autorise le Ministre de la guerre à accepter des rengagements renouvelables de caporaux et de soldats, d'une durée de un à cinq ans avec attribution de primes et de hautes payes d'ancienneté fixées ainsi qu'il suit :

Pour un rengagement de un an, 100 francs, payables intégralement au moment de la signature de l'acte.

Pour un rengagement de deux ans, 200 francs, dont moitié payable à l'expiration de l'engagement.

Pour un rengagement de trois ans, 300 francs, dont moitié payable à l'expiration de l'engagement.

Pour un rengagement de quatre ans, 400 francs, dont moitié payable à l'expiration de l'engagement.

Pour un rengagement de cinq ans, 500 francs, dont moitié payable à l'expiration de l'engagement.

Ces primes sont dues pour tout rengagement, qu'il s'agisse d'un premier rengagement ou d'un rengagement subséquent.

Les caporaux, brigadiers et soldats rengagés dans les conditions qui précèdent ont droit à une haute paye journalière dont le taux est fixé comme il suit :

Après trois ans de services accomplis :

Caporaux et brigadiers. 0 25
Soldats. 0 20

Après six ans de services accomplis :

Caporaux et brigadiers. 0 30
Soldats. 0 25

Cette haute paye est allouée dans toutes les positions donnant droit à la solde.

Ces primes et hautes payes sont spéciales aux rengagements contractés sous le régime de la loi du 9 juillet 1901. (Décret du 14 septembre 1901.)

Peuvent être admis à contracter des rengagements de un, deux, trois, quatre ou cinq ans :

1° Les caporaux, brigadiers et soldats des corps de troupe d'infanterie, de cavalerie, d'artillerie et du génie se trouvant dans leur dernière année de service actif (présents sous les drapeaux ou en congé en attendant leur passage dans la réserve) ;

(1) Les sous-officiers n'ayant encore contracté aucun rengagement peuvent être autorisés à se rengager pour un an. Ils touchent une première mise de 120 francs. (Loi du 6 février 1897.)

2° Les caporaux, brigadiers et soldats des mêmes armes appartenant à la réserve de l'armée active et rentrés dans leurs foyers depuis moins de trois ans.

Sont exclus du bénéfice de ces dispositions :

1° Les caporaux, brigadiers et soldats ayant déjà accompli une première période de cinq années de rengagement avec prime ;

2° Les militaires faisant partie des petits états-majors ou des sections hors rang, et d'une façon générale tous ceux qui ont la possibilité de rester ou d'être réadmis sous les drapeaux comme commissionnés en vertu de l'article 68 de la loi du 15 juillet 1889.

Le décret du 4 août 1894 fixe les primes et les hautes payes allouées à cette catégorie de rengagés.

Les rengagements datent du jour de l'expiration légale du service dans l'armée active. Ils sont renouvelables jusqu'à une durée totale de quinze années de service effectif.

Le taux des pensions proportionnelles et de retraite est décompté d'après les articles non abrogés de la loi du 11 avril 1831 et d'après les lois des 25 juin 1861, 18 août 1879 et le tarif joint à la loi du 18 mars 1889.

Les autres conditions sont déterminées par un règlement inséré au *Bulletin des Lois.*

La loi relative au rengagement des sous-officiers est du 18 mars 1889. Une loi et des instructions en date du 30 décembre 1891 (*Bulletin officiel*, partie supplémentaire) modifient les articles 3, 5, 7, 8 et 9 de la loi du 18 mars, et disposent que le nombre total des sous-officiers rengagés ou commissionnés ne peut dépasser, dans chaque arme ou service, les deux tiers de l'effectif total des sous-officiers.

La loi du 25 juillet 1893 décide que le sous-officier promu officier n'a plus droit à la part proportionnelle sur la prime de rengagement et que la gratification annuelle ne sera plus que de 100 francs (1). Les dispositions de cette loi ne sont pas applicables aux sous-officiers rengagés avant la date de sa promulgation.

Enfin la loi du 13 juillet 1894, modifiant l'article 13 de la loi du 18 mars 1889, a décidé que les sous-officiers rengagés puis pensionnés resteraient pendant cinq ans à la disposition du Ministre de la guerre, qui pourra leur donner des emplois dans la réserve de l'armée active ou dans l'armée territoriale. Ces dispositions ont été appliquées aux sous-officiers des troupes coloniales par décret du 19 juillet 1894.

Dans les équipages de la flotte, les rengagements d'une durée de trois ou cinq ans sont contractés dans le cours de la dernière année de service. Ils peuvent exceptionnellement être reçus à la fin de la première année de service, lorsqu'il s'agit d'hommes admis à suivre les cours d'une des écoles spéciales de la marine.

Ces rengagements sont renouvelables jusqu'à une durée totale de vingt-cinq années de service effectif. (Loi du 15 juillet 1889, art. 63.)

Dans les troupes coloniales, les premiers rengagements des caporaux ou brigadiers et des soldats donnent droit à une prime payée au moment de la signature de l'acte et à des gratifications annuelles.

Les rengagements ultérieurs ne donnent droit qu'aux gratifications annuelles.

Le montant des primes et gratifications est fixé par décret.

Les hautes paies journalières pour les caporaux ou brigadiers et pour les soldats seront augmentées de trois ans en trois ans. Cette augmentation sera déterminée par les tarifs de solde.

Peuvent être admis à se rengager pour les troupes coloniales, avec le bénéfice des avantages mentionnés ci-dessus :

1° Les militaires de toutes armes;

2° Les sous-officiers, brigadiers, caporaux et soldats jusqu'à 32 ans révolus (Loi du 30 juillet 1893);

3° Les hommes des régiments étrangers autorisés par le Ministre de la guerre.

Le bénéfice des dispositions du paragraphe précédent est applicable, sans aucune restriction ni réserve, aux

(1) La loi du 6 février 1897 a ramené à deux cents francs le montant de la prime annuelle attribuée aux sous-officiers rengagés ou commissionnés.

hommes résidant ou domiciliés en Algérie ou aux colonies avant leur incorporation ou après leur passage dans la réserve de l'armée active.

Dans le corps des équipages de la flotte, les rengagements des quartiers-maîtres et marins provenant du recrutement donnent droit aux mêmes avantages pécuniaires que ceux qui sont accordés aux quartiers-maîtres et marins provenant de l'inscription maritime. (Loi du 15 juillet 1889, art. 65.)

Les rengagements sont contractés devant les sous-intendants militaires dans la forme prescrite par l'article 63 ci-dessus, sur la preuve que le contractant peut rester ou être admis dans le corps pour lequel il se présente. (Loi du 15 juillet 1889, art. 66. — V. la notification en date du 28 juillet 1890 relative aux anciens sous-officiers qui demandent à rengager comme caporaux ou soldats au titre des troupes de la marine.)

Tout rengagé qui, étant sous les drapeaux, subit une condamnation à l'emprisonnement d'une durée de trois mois au moins, est déchu de tous ses droits à la gratification annuelle et à la haute paie. Il est dirigé, à l'expiration de sa peine, sur un bataillon d'infanterie légère d'Afrique pour y terminer son temps de service. (Loi du 15 juillet 1889, art. 67. — V. la circ. du 20 mai et le décr. du 28 septembre 1889.)

RENONCIATION, s. f. Acte par lequel une personne abandonne un droit qui lui appartient.

Les militaires de la gendarmerie qui sont encore liés au service actif et qui renoncent à y rester, sont réintégrés comme soldats dans leur ancien corps jusqu'au jour de leur libération du service qu'ils doivent accomplir dans l'armée. (Service intérieur, art. 283.)

Afin d'éviter de trop nombreuses renonciations qui se produisaient parmi des hommes nouvellement nommés dans la gendarmerie et surtout dans la garde républicaine, le Ministre a recommandé, dans une circulaire en date du 23 août 1881, de mettre le candidat en demeure, lorsqu'on lui notifie sa nomination, de faire connaître s'il accepte définitivement l'emploi qui lui est confié, et s'il en est mesure d'effectuer le versement qu'il a promis. Dans le cas contraire, il faut faire établir au candidat une demande d'annulation de nomination, qui est immédiatement transmise au Ministre.

(V. pour la solde et la radiation des nouveaux admis qui renoncent à leur nomination après avoir rejoint, la déc. présid. du 7 mars 1883 et la lettre collective du 8 mai de la même année.)

RENSEIGNEMENT, s. m. Dans leurs rencontres de jour et de nuit, les gendarmes doivent se communiquer tous les renseignements qui peuvent intéresser la tranquillité publique. (Décret du 1er mars 1854, art. 367.)

La gendarmerie doit communiquer sans délai, aux autorités civiles, les renseignements qu'elle reçoit et qui intéressent l'ordre public. (Art. 100 du décr. du 1er mars 1854.) Ces renseignements doivent toujours faire l'objet de procès-verbaux. (Art. 487 et 488 dudit décr.) En outre, les commandants de compagnie et les commandants d'arrondissements doivent, en cas d'événements extraordinaires, adresser des rapports : à l'*autorité judiciaire* (Art. 104 du décr.), pour les faits qui sont de nature à motiver des poursuites; à l'*autorité administrative* (Art. 110) pour des événements pouvant intéresser l'ordre public; à l'*autorité militaire* (Art. 126) pour tous les événements extraordinaires énumérés audit article. (V. la circ. du 25 avril 1889.)

Une circulaire en date du 31 mars 1889 interdit de fournir des renseignements à d'autres autorités que celles mentionnées dans le décret. (V. le dernier alinéa de l'article 1er du Service intérieur.)

RENTE, s. f. Revenu annuel; intérêt d'un capital emprunté soit par un gouvernement, soit par un simple particulier.

On appelle *rente viagère* une rente payée à un individu pendant toute la durée de sa vie.

RÉPARATION, s. f. Action de réparer, de remettre en bon état.

Réparations d'armes. Les réparations reconnues nécessaires aux armes doivent être exécutées aussitôt que les dégradations sont constatées. La dépense est imputée à la masse individuelle pour les dégradations provenant de la faute des hommes et au compte de l'Etat pour celles résultant de l'usure naturelle de l'arme ou de cas de force majeure. Ceux-ci sont constatés par des procès-verbaux.

(Pour les réparations au casernement, V. *Casernement*.)

La **réparation d'honneur** est une satisfaction morale accordée par l'offenseur à l'offensé.

La **réparation civile** est une somme que le tribunal accorde à une partie lésée qui s'est portée *partie civile* et a demandé des dommages-intérêts.

REPRÉSENTATION, s. f. Objection qu'on fait à quelqu'un avec égards, avec mesure.

Toutes les fois qu'un ordre adressé par les généraux commandant les divisions et subdivisions militaires à un officier de gendarmerie paraît à celui-ci de nature à compromettre le service auquel ses subordonnés sont spécialement affectés, il est autorisé à faire des représentations motivées. Si le général croit devoir maintenir son ordre, l'officier de gendarmerie est tenu de l'exécuter; mais il en est rendu compte au Ministre de la guerre. (Décr. du 1er mars 1854, art. 131.)

RÉPRIMANDE, s. f. Blâme, correction faite avec autorité.

La réprimande est une punition disciplinaire infligée aux officiers par les généraux commandant les corps d'armée et par les chefs de corps, et aux chefs de brigade par les commandants de compagnie et par les chefs de légion. (Serv. int., art. 262 et 269.)

REPRIS, SE, adj. Pris de nouveau. Un repris de justice est un individu qui a déjà subi une condamnation pénale.

La gendarmerie surveille les repris de justice. (Décr. du 1er mars 1854, art. 286.) — Les repris de justice qui commettent un nouveau crime ou un nouveau délit sont toujours condamnés au maximum de la peine portée par la loi. (V. C. P., art. 56, 57 et 58.) (V. *Récidive* et *Surveillance*.)

REPRODUCTION, s. f. Action par laquelle les êtres vivants perpétuent leur espèce.

Pour la reproduction de l'espèce chevaline, il ne faut pas employer d'étalons ayant moins de 4 ans; mais il n'y a pas d'inconvénient à se servir de mâles âgés s'ils sont bien portants et vigoureux : il en est de même pour les juments. Le père du fameux cheval de course *Eclipse* avait 14 ans lorsque ce dernier fut engendré.

Un certain nombre de juments de cavalerie, destinées à la reproduction, sont mises tous les ans en dépôt chez les éleveurs. Ces juments doivent être saillies chaque année par des étalons de pur sang ou de demi-sang de l'Etat ou approuvés, à l'exclusion de ceux de gros trait et de baudets. Elles devront être entretenues en bon état et ne pourront être employées qu'aux travaux légers de l'agriculture sur les terres dépendant de l'exploitation. Elles sont placées sous la surveillance des militaires de la gendarmerie, qui peuvent les visiter chaque fois qu'ils le jugent convenable. Sont interdits d'une façon absolue les travaux de défrichement, les transports de terre, de sable, de matériaux de construction et les camionnages. Sont également interdites les courses aux allures vives avec des carrioles ou autres voitures.

Une circulaire en date du 24 octobre 1884 dispose que la gendarmerie devra signaler aux commandants des dépôts de remonte les infractions ou les défauts de soins de la part des propriétaires; un exemplaire du procès-verbal de livraison sera remis au commandant de la brigade de la résidence du détenteur.

La circulaire en date du 7 novembre 1901 relative à la mise en dépôt chez les éleveurs de jeunes juments de l'armée destinées à la reproduction comporte à l'article 18 les prescriptions suivantes qui doivent être connues de la gendarmerie :

En cas de maladie ou d'accident grave d'un animal, le détenteur en donne avis immédiatement au commandant de la gendarmerie, qui en rend compte au commandant du dépôt de remonte et au sous-intendant militaire, et se fait tenir au courant de l'état des choses.

Si la maladie ou l'accident entraîne la mort ou une dépréciation sérieuse, le commandant de la gendarmerie procède à une enquête approfondie sur les causes de la maladie ou de l'accident et établit nettement si la jument a reçu en temps voulu la visite du vétérinaire, les médicaments et les soins nécessaires. (Les frais sont, bien entendu, à la charge du dépositaire.)

Cette enquête est destinée à établir si la responsabilité des détenteurs est ou non engagée, tant au point de vue de l'origine de la maladie ou de l'accident qu'au point de vue du traitement.

Elle donne lieu à un rapport qui est adressé au commandant du dépôt de remonte et au sous-intendant militaire. Cette responsabilité sera en tous cas engagée, si l'éleveur a omis de prévenir la gendarmerie en temps utile.

En cas de dépréciation de l'animal, il est fait application au détenteur des dispositions contenues dans les articles 19, 20 et 23 ci-après.

En cas de mort, si la responsabilité du détenteur est reconnue engagée, le sous-intendant militaire le met en demeure de rembourser le prix intégral de la jument.

RÉPUBLIQUE, s. f. Etat dans lequel le peuple exerce la souveraineté par l'intermédiaire de délégués élus par lui et pour un certain temps.

RÉQUISITION, s. f. Action d'exiger dans les formes légales; d'obliger à mettre à la disposition des autorités des personnes ou des choses.

Les réquisitions des troupes par l'autorité civile doivent toujours être conformes aux lois des 10 juillet et 3 août 1791.

L'action des autorités civiles, administratives et judiciaires sur la gendarmerie, en ce qui concerne son emploi, ne peut s'exercer que par des réquisitions. (Décr. du 1er mars 1854, art. 91.)

Les réquisitions sont toujours adressées au commandant de la gendarmerie du lieu où elles doivent recevoir leur exécution, et, en cas de refus, à l'officier sous les ordres duquel est immédiatement placé celui qui n'a pas obtempéré à ces réquisitions. — Elles ne peuvent être données ni exécutées que dans l'arrondissement de celui qui les donne et de celui qui les exécute. (Décr. du 1er mars 1854, art. 92.)

Les réquisitions des parquets à la gendarmerie doivent, sauf le cas d'extrême urgence, lui parvenir par l'intermédiaire du commandant de l'arrondissement. Les parquets doivent également, en vue de faciliter la transmission des ordres, établir leurs réquisitions sur une feuille distincte pour chaque affaire traitée. (Circ. du Ministre de la justice en date du 15 mai 1894.)

Dans tous les cas, le commandant de brigade doit obtempérer aux réquisitions des autorités compétentes; il informe le commandant d'arrondissement des exigences qui paraîtraient mal fondées et il lui fait connaître immédiatement les mandats ou demandes de renseignements qu'il a reçus directement, ainsi que la suite donnée ou la copie des réponses faites. (V. Service intérieur, art. 112.)

La main-forte est accordée toutes les fois qu'elle est requise par ceux à qui la loi donne le droit de requérir. (Décr. du 1er mars 1854, art. 93.) Les cas où la gendarmerie peut être requise sont tous ceux prévus par les lois et les règlements ou spécifiés par les ordres particuliers du service. (Décr. du 1er mars 1854, art. 94.)

Les réquisitions doivent énoncer la loi qui les autorise, le motif, l'ordre, le jugement ou l'acte administratif en vertu duquel elles sont faites. (Décr. du 1er mars 1854, art. 95.) — Les réquisitions sont faites par écrit, signées, datées, et dans la forme ci-après :

RÉPUBLIQUE FRANÇAISE.

« *Au nom du Peuple français,*

» Conformément à la loi... en vertu de... (loi, arrêté, règlement), nous requérons le (grade et lieu de résidence) de commander, faire..., se transporter..., arrêter, etc., et qu'il nous fasse part (*si c'est un officier*) et qu'il nous rende compte (*si c'est un sous-officier*) de l'exécution de ce qui est par nous requis au nom du peuple français. » (Décr. du 1er mars 1854, art. 96.)

Les réquisitions ne doivent contenir aucun terme impératif, tels que *ordonnons, voulons, enjoignons, mandons*, etc., ni aucune expression ou formule pouvant porter atteinte à la considération de l'arme et au rang qu'elle occupe parmi les corps de l'armée. (Décr. du 1er mars 1854, art. 97.)

Lorsque la gendarmerie est légalement requise pour assister l'autorité dans l'exécution d'un acte ou d'une mesure quelconque, elle ne doit être employée que pour assurer l'effet de la réquisition et pour faire cesser au besoin les obstacles et les empêchements. (Décr. du 1er mars 1854, art. 98.)

Lorsque les autorités requièrent la gendarmerie par le télégraphe, elles doivent faire suivre la dépêche d'une réquisition libellée conformément aux termes de l'article 95 du décret du 1er mars 1854. (Circ. minist. du 30 octobre 1880.)

Lorsque les autorités administratives ont adressé leurs réquisitions aux commandants de la gendarmerie, conformément à la loi, elles ne peuvent s'immiscer en aucune manière dans les opérations militaires ordonnées par ces officiers pour l'exécution desdites réquisitions. Les commandants de la force publique sont dès lors *chargés seuls de la responsabilité des mesures qu'ils ont cru devoir prendre*, et l'autorité civile qui a requis ne peut exiger d'eux que *le rapport de ce qui aura été fait* en conséquence de sa réquisition. (Décr. du 1er mars 1854, art. 115.)

La gendarmerie peut, en outre, être requise pour prêter main-forte :

1° Aux préposés des douanes, pour la perception des droits d'importation et d'exportation, pour la répression de la contrebande ou de l'introduction sur le territoire français de marchandises prohibées ;

2° Aux administrateurs et agents forestiers, pour la répression du maraudage dans les forêts et sur les fleuves, lacs ou rivières ;

3° Aux inspecteurs, receveurs des deniers de l'Etat et autres préposés, pour la rentrée des contributions directes et indirectes.

Les commandants de brigade ne doivent pas acquiescer aux demandes d'escorte que leur font directement les percepteurs des communes ; mais, dans le cas où ces fonctionnaires ont de justes raisons de craindre une attaque sur les fonds existant entre leurs mains, ils s'adressent au maire, et le prient de requérir cette escorte ;

4° Aux huissiers et autres exécuteurs de mandements de justice, porteurs de réquisitions ou de jugements spéciaux dont ils doivent justifier ;

5° Aux commissaires et sous-commissaires, gardes-barrières et autres agents préposés à la surveillance des chemins de fer. (Décr. du 1er mars 1854, art. 459.)

6° Aux commissaires de la marine. Le Ministre, consulté pour savoir si la gendarmerie devait prêter son concours au service de l'inscription maritime lorsqu'elle est requise de procéder, dans les localités où il n'existe pas de gendarmerie maritime, à l'arrestation des marins inscrits signalés par les armateurs, a répondu par la circulaire suivante en date du 29 avril 1893 :

« Les agents placés à la tête des syndicats, qu'ils portent le titre de syndic des gens de mer ou celui de syndic préposé à l'inscription maritime, n'ont pas, en principe, d'autorité propre. La loi ne leur a reconnu le droit de requérir directement la force publique

que pour assurer le service des appels. Ils peuvent aussi, quand ils agissent comme agents verbalisateurs en matière de police de la navigation ou des pêches maritimes, demander main-forte, s'il leur arrive de rencontrer une opposition ou une résistance. Mais en dehors de ces cas exceptionnels, les réquisitions spécialement à fin d'arrestation des marins de commerce ne peuvent émaner que des commissaires de l'inscription maritime chargés de l'administration des quartiers ; ces réquisitions devront être libellées dans la forme indiquée à l'article 96 du décret du 1er mars 1854. Elles pourront, mais seulement dans les cas urgents, être adressées par la voie télégraphique, à la condition, toutefois, qu'il sera mentionné dans la dépêche qu'elle va être immédiatement suivie d'une réquisition écrite formulée comme il a été indiqué plus haut.

Elles parviendront à la brigade locale par l'intermédiaire du préposé à l'inscription maritime, qui a intérêt à être informé de la suite donnée par son chef aux faits qu'il lui a signalés en vue d'obtenir l'action de la gendarmerie. »

L'autorité militaire *donne des ordres à la gendarmerie,* elle n'a pas à lui faire de réquisition.

Les militaires du corps de la gendarmerie qui refusent d'obtempérer aux réquisitions légales de l'autorité civile peuvent être réformés d'après le compte qui en est rendu au Ministre de la guerre, sans préjudice des peines dont ils sont passibles si, par suite de leur refus, la sûreté publique a été compromise (Décr. du 1er mars 1854, art. 639) : emprisonnement de 1 mois à 3 mois sans préjudice des réparations civiles qui pourraient être dues aux termes de l'article 10 du Code pénal. (Art. 234 du C. P.)

La gendarmerie départementale peut aussi être requise par le service de l'inscription maritime. (Circ. minist. du 29 avril 1893, notifiée le 3 mai suivant.)

La gendarmerie a le droit de requérir dans certains cas déterminés :

1° Dans les places de guerre, elle peut requérir l'ouverture des portes. (Décr. du 1er mars 1854, art. 125.)

2° Dans les cas urgents, elle peut requérir directement l'assistance de la troupe de ligne, qui est tenue de déférer à ses réquisitions et de lui prêter main-forte. (Décr. du 1er mars 1854, art. 137.)

3° En cas d'incendie, d'inondation ou d'autres événements de ce genre, elle peut requérir le service personnel des habitants, qui sont tenus d'obtempérer sur-le-champ à leur sommation et même de fournir les chevaux, voitures et tous autres objets nécessaires pour secourir les personnes et les propriétés ; les procès-verbaux font mention des refus ou retards qu'ils éprouvent à cet égard. (Décr. du 1er mars 1854, art. 278.)

La contravention au paragraphe 12 de l'article 475 du Code pénal doit réunir quatre conditions : 1° une réquisition régulière de l'autorité compétente ; 2° cas urgent ; 3° possibilité de prêter le service requis ; 4° refus de le prêter.

4° Lorsqu'elle est attaquée dans l'exercice de ses fonctions, elle requiert, de par la loi, l'assistance des citoyens présents à l'effet de lui prêter main-forte, tant pour repousser les attaques dirigées contre elle que pour assurer l'exécution des réquisitions et ordres dont elle est chargée. (Décr. du 1er mars 1854, art. 638.)

5° Dans les cas urgents ou pour des objets importants, les sous-officiers et brigadiers de gendarmerie peuvent mettre en réquisition les gardes champêtres d'un canton et les officiers ceux d'un arrondissement, soit pour les seconder dans l'exécution des ordres qu'ils ont reçus, soit pour le maintien de la police et de la tranquillité publique ; mais ils sont tenus de donner avis de cette réquisition aux maires et aux sous-préfets, et de leur en faire connaître les motifs généraux. (Décr. du 1er mars 1854, art. 643.)

6° La gendarmerie peut encore requérir les cantonniers et les gardes forestiers de lui prêter main-forte pour le maintien de l'ordre et de la tranquillité publique. (Décr. du 1er mars 1854, art. 640 et 650.)

7° Elle peut requérir les maires et adjoints et les commissaires de police lorsque, ayant un mandat de justice, l'entrée du domicile des prévenus lui est refusée et lorsqu'elle doit entrer dans une maison pour constater des délits forestiers commis dans des bois ou forêts appartenant à des particuliers.

8° Enfin, dans le cas de soulèvement armé, les commandants de la gendarmerie peuvent mettre en réquisition les agents subalternes de toutes les administrations publiques et des chemins de fer ; ces réquisitions sont adressées aux chefs de ces administrations, qui sont tenus d'y obtempérer, à moins d'impossibilité dont ils devront justifier sous leur responsabilité. (Décr. du 1er mars 1854, art. 651.) (V. l'instruction sur les réquisitions. *Mémorial*, 10e volume, page 401.)

Réquisitions militaires. — *Conditions dans lesquelles s'exerce le droit de réquisition.* En cas de mobilisation partielle ou totale de l'armée, ou de rassemblement de troupes, le Ministre de la guerre détermine l'époque où commence, sur tout ou partie du territoire français, l'obligation de fournir les prestations nécessaires pour suppléer à l'insuffisance des moyens ordinaires d'approvisionnement de l'armée. (Art. 1er de la loi du 3 juillet 1877.)

Le décret du 8 août 1885, modifié par la décision présidentielle du 28 mars 1902, rend applicable à l'Algérie la législation sur les réquisitions militaires.

Le droit de requérir appartient à l'autorité militaire. Les réquisitions sont toujours formulées par écrit et signées. Elles mentionnent l'espèce et la qualité des prestations imposées et, autant que possible, leur durée. Il est toujours délivré un reçu des prestations fournies. (Art. 3 de la loi du 3 juillet 1877.)

La loi du 5 mars 1890, portant modification à l'article 7 de la loi du 3 juillet 1877 autorise, dans certains cas, l'autorité militaire à déléguer le droit de réquisition aux autorités civiles. Ce droit a été réglementé par le décret du 3 juin 1890.

Lorsque la mobilisation totale est ordonnée, les généraux commandant des armées, des corps d'armée, des divisions, des troupes ayant une mission spéciale, peuvent de plein droit exercer des réquisitions. Ils peuvent déléguer le droit de requérir aux fonctionnaires de l'intendance et aux officiers commandant des détachements. (Art. 3 du décr. du 2 août 1877.) — Les reçus délivrés par les officiers chargés de la réception des prestations fournies sont extraits d'un carnet à souche qui est fourni par l'autorité militaire, comme les carnets d'ordre de réquisition. (Art. 7 du décr. du 2 août 1877.)

Exceptionnellement, et seulement en temps de guerre, tout commandant de troupe ou chef de détachement opérant isolément peut, même sans être porteur d'un carnet de réquisition, requérir, sous sa responsabilité personnelle, les prestations nécessaires aux besoins journaliers des hommes et des chevaux placés sous ses ordres. (Art. 8 du décr. du 2 août 1877.)

Les réquisitions ainsi exercées sont toujours faites par écrit et signées; elles sont établies en double expédition, dont l'une reste entre les mains du maire et l'autre est adressée immédiatement, par la voie hiérarchique, au général commandant le corps d'armée. Il est donné un reçu des prestations fournies. (Art. 9 du décr. du 2 août 1877.)

Si les autorités locales refusent de déférer aux ordres de réquisition, l'autorité militaire a recours à la force pour saisir les denrées ou matières dont elle a besoin.

D'une manière générale, les principes et les règles exposés sont applicables en pays ennemi, comme sur le territoire national. (V. art. 103 du décret du 28 mai 1895.)

Des prestations à fournir par voie de réquisition. Est exigible, par voie de réquisition, la fourniture des prestations nécessaires à l'armée et qui comprennent notamment :

1° Le logement chez l'habitant et le cantonnement pour les hommes et les chevaux, mulets et bestiaux, dans les locaux disponibles, ainsi que les bâtiments nécessaires pour le personnel et le matériel des services de toute nature qui dépendent de l'armée;

2° La nourriture journalière des officiers et soldats logés chez l'habitant, conformément à l'usage du pays;

3° Les vivres et le chauffage pour l'armée, les fourrages pour les chevaux, mulets et bestiaux; la paille de couchage pour les troupes campées ou cantonnées;

4° Les moyens d'attelage et de transport de toute nature, y compris le personnel;

5° Les bateaux ou embarcations qui se trouvent sur les fleuves, rivières, lacs et canaux;

6° Les moulins et les fours;

7° Les matériaux, outils, machines et appareils nécessaires pour la construction ou la réparation des voies de communication, et, en général, pour l'exécution de tous les travaux militaires;

8° Les messagers, les conducteurs, ainsi que les ouvriers pour tous les travaux que les différents services de l'armée ont à exécuter;

9° Le traitement des malades ou blessés chez l'habitant;

10° Les objets d'habillement, d'équipement, de campement, de harnachement, d'armement et de couchage, les médicaments et moyens de pansement;

11° Tous les autres objets et services dont la fourniture est nécessitée par l'intérêt militaire. (Art. 5 de la loi du 3 juillet 1877.)

Lorsque les troupes sont logées chez l'habitant et que celui-ci est requis de leur fournir la nourriture, il ne peut être exigé une nourriture supérieure à l'ordinaire de l'individu requis. (Art. 12 de la loi du 3 juillet 1877.)

S'il est reconnu que des dégâts ont été commis chez un ou plusieurs habitants par des soldats qui y étaient logés ou cantonnés, procès-verbal en est dressé, contradictoirement, par le maire de la commune et par l'officier chargé d'examiner la réclamation.

S'il s'agit de passage de troupes en temps de paix, le procès-verbal est remis à l'habitant, qui adresse sa réclamation à l'autorité militaire. — En cas de mobilisation, le procès-verbal sert à l'intéressé comme une réquisition ordinaire, et l'indemnité à allouer est réglée comme en matière de réquisition. (Art. 28 du décr. du 2 août 1877.)

Quand il y a lieu de requérir des chevaux, voitures ou harnais pour des transports qui doivent amener un déplacement de plus de cinq jours avant le retour des chevaux et voitures, il est procédé, avant la prise de possession, à une estimation contradictoire faite par l'officier requérant et le maire. (Art. 14 du décr. du 2 août 1877.)

Si des chevaux ou voitures requis pour accompagner un détachement ou convoi sont perdus ou endommagés, le chef du détachement ou convoi doit délivrer au conducteur un certificat constatant le fait. Il y joint son appréciation des causes du dommage, et, si l'estimation préalable n'a pas eu lieu, une évaluation de la perte subie. (Art. 15 du déc. du 2 août 1877.)

Les chefs de détachement qui requièrent des guides ou conducteurs pour accompagner les troupes doivent pourvoir à leur nourriture, ainsi qu'à celle des chevaux, comme s'ils faisaient partie de leur détachement pendant toute la durée de la réquisition. (Art. 19 du decr. du 2 août 1877.)

Les guides, les messagers, les conducteurs et les ouvriers qui sont l'objet de réquisitions, reçoivent, à l'expiration de leur mission, un certificat qui en constate l'exécution et qui est délivré : pour les guides, par les commandants de détachement ; pour les messagers, par les destinataires; pour les conducteurs, par les chefs de convois, et, pour les ouvriers, par les chefs de service compétents. (Art. 20 du décr. du 2 août 1877.)

De l'exécution des réquisitions. Lorsque des détachements de différents corps ou des troupes de différentes armes se trouvent à la fois dans une commune, les réquisitions ne peuvent être ordonnées que par l'officier auquel le commandement appartient en vertu des règlements militaires. Cette disposition ne s'applique pas aux réquisitions qui peuvent être ordonnées pour les besoins généraux de l'armée par les officiers généraux et les fonctionnaires de l'intendance. (Art. 34 du décr. du 2 août 1877, modifié par celui du 3 juin 1890.)

Les réquisitions sont toujours adressées au maire de chaque commune, ou, en son absence, à son suppléant légal, sauf dans les cas prévus au paragraphe 1er de l'article 19 de la loi du 3 juillet 1877, et sous réserve des peines édictées à l'article 21 de ladite loi. Dans le cas où, par application des dispositions de l'article 10, les réquisitions sont ordonnées par le maire, en vertu d'une délégation spéciale de l'autorité militaire, il les adresse dans la commune dont il est maire, à son suppléant légal. (Art. 35 du décr. du 2 août 1877, modifié par celui du 3 juin 1890.)

Lorsqu'un officier ne trouve aucun membre de la municipalité au siège de la commune, ou lorsqu'il est obligé d'exercer une réquisition urgente dans un hameau éloigné, et qu'il n'a pas le temps de prévenir le maire, il s'adresse, autant que possible, à un conseiller municipal, ou, à son défaut, à un habitant, pour se faire aider dans la répartition des prestations à fournir. (Art. 36 du décr. du 2 août 1877.)

Si le maire déclare que les quantités requises excèdent les ressources de sa commune, il doit d'abord livrer toutes les prestations qu'il lui est possible de fournir. L'autorité militaire peut toujours, dans ce cas, faire procéder à des vérifications. Lorsque celle-ci trouve des denrées qui ont été indûment refusées, elle s'en empare, même par la force, et signale le fait à l'autorité judiciaire. (Art. 17 du décr. du 2 août 1877.)

(Voir, pour l'exercice du droit de réquisition en temps de paix, l'instruction ministérielle du 20 décembre 1901.)

Ne sont pas considérés comme prestations disponibles ou comme fournitures susceptibles d'être réquisitionnées :

1° Les vivres destinés à l'alimentation d'une famille et ne dépassant pas sa consommation pendant trois jours ;

2° Les grains ou autres denrées alimentaires qui se trouvent dans un établissement agricole, industriel ou autre et ne dépassant pas la consommation de huit jours ;

3° Les fourrages qui se trouvent chez un cultivateur et ne dépassant pas la consommation de ses bestiaux pendant quinze jours. (Art. 38 du décr. du 2 août 1877.)

Dans le cas de refus de la municipalité, le maire, ou celui qui en fait fonctions, peut être condamné à une amende de 25 à 500 francs.

Si le fait provient du mauvais vouloir des habitants, le recouvrement des prestations est assuré au besoin par la force ; en outre, les habitants qui n'obtempèrent pas aux ordres de réquisition sont passibles d'une amende qui peut s'élever au double de la valeur de la prestation requise.

En temps de paix, quiconque abandonne le service pour lequel il est requis personnellement est passible d'une amende de 16 à 50 francs.

En temps de guerre, et par application des dispositions portées à l'article 62 du Code de justice militaire, il est traduit devant le conseil de guerre et peut être condamné à la peine de l'emprisonnement de 6 jours à 5 ans dans les termes de l'article 194 du même Code. (Art. 21 de la loi du 3 juillet 1877.)

Tout militaire qui, en matière de réquisitions, abuse des pouvoirs qui lui sont conférés, ou qui refuse de donner reçu des quantités fournies, est puni de la peine de l'emprisonnement, dans les termes de l'article 194 du Code de justice militaire. Tout militaire qui exerce des réquisitions sans avoir qualité pour le faire est puni, si ces réquisitions sont faites sans violence, conformément au cinquième paragraphe de l'article 248 du Code de justice militaire. Si ces réquisitions sont exercées avec violence, il est puni conformément à l'article 250 du même Code. Le tout, sans préjudice des restitutions auxquelles il peut être condamné. (Art. 22 de la loi du 3 juillet 1877.)

La loi du 3 juillet 1877, relative aux réquisitions, est exécutoire en Algérie, sauf certaines modifications spécifiées dans le décret du 8 août 1885. (V. également l'instr. du 1er août 1879.)

RÉQUISITOIRE, s. m. Terme de jurisprudence. — Discours que le ministère public prononce dans une affaire criminelle ou correctionnelle et dans lequel il développe les moyens sur lesquels se base l'accusation.

Dans les affaires civiles, le ministère public prend également la parole; mais on dit alors simplement qu'il *prend des conclusions.*

RÉSERVE, s. f. En terme militaire, la réserve est la partie de l'armée qui est dans ses foyers, mais qui peut être appelée sous les drapeaux si les circonstances l'exigent.

Outre les réservistes (officiers et troupe) qui sont destinés à venir renforcer les régiments actifs, les *réserves militaires de la France* comprennent encore :

1° 145 régiments d'infanterie qui portent le numéro du régiment actif correspondant, augmenté de 200;

2° 18 bataillons de réserve de chasseurs à pied, correspondant aux 18 bataillons non alpins : ils portent le numéro du bataillon auquel ils correspondent, augmenté de 40;

3° Un certain nombre de régiments de réserve de cavalerie;

4° 145 régiments territoriaux (1);

5° 13 bataillons de chasseurs à pied et 10 bataillons de zouaves;

6° 4 escadrons de cavalerie par région;

7° 19 régiments d'artillerie;

8° 18 bataillons du génie;

9° Des escadrons du train et tous les services accessoires nécessaires;

(1) Huit par corps d'armée plus un, le 145e, affecté au 15e corps.

10° 19 escadrons d'éclaireurs volontaires, mais qui n'ont pas encore été organisés.

Tout Français, après avoir fait partie de l'armée active pendant trois ans, fait partie successivement :

De la réserve de l'armée active pendant dix ans;

De l'armée territoriale pendant six ans;

De la réserve de l'armée territoriale pendant six ans. (Loi du 29 juillet 1892.)

Les hommes du contingent algérien qui sont envoyés dans la disponibilité après un an de service sous les drapeaux, passent ensuite dans les différentes catégories de réserves : mais après l'accomplissement de leurs vingt-cinq premières années de service, ils continuent de compter dans la réserve de l'armée territoriale jusqu'à l'âge de cinquante ans. (V. les art. 281 et 287 de l'instruction du 28 décembre 1895.)

Les hommes envoyés dans la réserve de l'armée active, dans l'armée territoriale et dans la réserve de ladite armée sont affectés aux divers corps de troupe et services de l'armée active ou de l'armée territoriale.

Ils sont tenus de rejoindre leur corps en cas de mobilisation, de rappel de leur classe ordonné par décret, et de convocation pour des manœuvres ou exercices.

A l'étranger, les ordres de mobilisation, de rappel ou de convocation sont transmis par les soins des agents consulaires de France.

Le rappel de la réserve de l'armée active peut être fait d'une manière distincte et indépendante pour l'armée de terre, pour l'armée de mer ou pour les troupes coloniales; il peut être fait pour un, plusieurs ou tous les corps d'armée et, s'il y a lieu, distinctement par arme. Dans tous les cas, il a lieu par classe, en commençant par la moins ancienne.

Les mêmes dispositions sont applicables à l'armée territoriale.

La réserve de l'armée territoriale n'est rappelée à l'activité qu'en cas de guerre et à défaut de ressources suffisantes fournies par l'armée territoriale. Le rappel se fait par classe ou par fraction de classe en commençant par la moins ancienne.

En cas de mobilisation, les militaires de la réserve domiciliés dans la région et, en cas d'insuffisance, les militaires de la réserve domiciliés dans d'autres régions, complètent les effectifs des divers corps de troupe et des divers services qui entrent dans la composition de chaque corps d'armée.

Les corps de troupe et services qui n'entrent pas dans la composition des corps d'armée sont complétés avec des militaires de la réserve pris sur l'ensemble du territoire.

Mention du corps d'affectation est portée sur le livret individuel.

Les hommes désignés dans l'article 5 de la loi du 15 juillet 1889 comme devant être incorporés dans les bataillons d'infanterie légère d'Afrique. et qui n'auront point été jugés dignes d'être envoyés dans d'autres corps au moment où ils passeront dans la réserve, seront, lors de leur passage dans la réserve, affectés à ces mêmes corps.

En temps de paix, ils accompliront leur période d'exercices dans des compagnies spécialement désignées à cet effet.

Les dispositions des deux derniers paragraphes seront appliquées aux hommes qui, après avoir quitté l'armée active, ont encouru les condamnations spécifiées à l'article 5. (Loi du 15 juillet 1889, art. 48.)

Les hommes de la réserve de l'armée active sont assujettis, pendant leur temps de service dans ladite réserve, à prendre part à deux manœuvres, chacune d'une durée de quatre semaines. (V. l'instruction du 27 novembre 1901 relative aux convocations et aux appels en temps de paix.)

Toutefois, les réservistes ayant accompli sept années de service au moins dans l'armée active sont dispensés des deux périodes d'instruction.

Sont dispensés d'office de la première des deux périodes auxquelles ils sont assujettis, les réservistes provenant : des engagés volontaires sous l'empire de la loi du 15 juillet 1889 et des engagés, s'ils ont accompli quatre ans de service au moins dans l'armée active; des engagés volontaires sous l'empire de la loi du 27 juillet 1872 et des appelés sous le régime de la même loi qui ont intégralement accompli cinq années de présence sous les drapeaux. (V. instr. du 28 décembre 1895, art. 205.)

Les hommes de l'armée territoriale sont assujettis à une période d'exercices dont la durée sera de deux semaines.

Peuvent être dispensés de ces manœuvres ou exercices, comme soutiens indispensables de famille, et s'ils en remplissent effectivement les devoirs, les hommes de la réserve et de l'armée territoriale qui en font la demande.

Le maire soumet les demandes au conseil municipal, qui opère comme il est prescrit à l'article 22 de la loi du 15 juillet 1889. (V. instr. du 28 décembre 1895, art. 208.)

Les listes de demandes annotées sont envoyées par les maires aux généraux commandant les subdivisions, qui statuent.

Ces dispenses peuvent être accordées, par subdivision de région, jusqu'à concurrence de 6 p. 100 du nombre des hommes appelés momentanément sous les drapeaux ; elles n'ont d'effet que pour la convocation en vue de laquelle elles sont délivrées.

Les hommes de la réserve de l'armée territoriale peuvent être soumis, pendant leur temps de service dans ladite réserve, à une revue d'appel pour laquelle la durée du déplacement imposé n'excédera pas une journée.

Un certain nombre de fonctionnaires dénommés dans des tableaux A, B, C, sont dispensés de certaines périodes d'instruction. Les obligations militaires de ces personnels sont déterminées par celles du temps de guerre, c'est-à-dire que les hommes qui sont maintenus à leur poste en cas de mobilisation sont dispensés des périodes d'instruction et que les autres, qui rejoignent un corps d'affectation, les accomplissent. (V. instr. du 28 décembre 1895, art. 179 et suivants.)

En outre, les hommes de la réserve de l'armée territoriale affectés à la garde des voies de communication en cas de guerre, peuvent être, en temps de paix, astreints à des exercices spéciaux dont la durée totale, pendant les années passées dans la réserve, n'excède pas neuf jours. (Loi du 2 juillet 1890.)

Quant aux réservistes à l'étranger, dans les colonies et pays de protectorat de l'Extrême-Orient, ils sont ajournés jusqu'à leur retour en France, quel que soit leur éloignement de la frontière française.

Les hommes des différentes catégories de réserve astreints à une période d'exercices ou de manœuvres sont convoqués *directement et par ordre d'appel individuel* au corps, service ou établissement où ils doivent accomplir leur période. (Note minist. du 2 décembre 1896.)

En temps de paix, les jeunes gens qui, avant l'âge de 19 ans révolus, ont établi leur résidence à l'étranger, hors d'Europe, et qui y occuperont une situation régulière, pourront, sur l'avis du consul de France, être dispensés du service militaire pendant la durée de leur séjour à l'étranger. Ils devront justifier de leur situation chaque année.

S'ils rentrent en France avant l'âge de 30 ans, ils devront accomplir le service actif prescrit par la loi du 15 juillet 1889, sans toutefois pouvoir être retenus sous les drapeaux au delà de l'âge de 30 ans. Ils sont ensuite soumis à toutes les obligations de la classe à laquelle ils appartiennent.

S'ils rentrent après l'âge de 30 ans, ils ne seront soumis qu'aux obligations de leur classe.

Pendant la durée de leur établissement à l'étranger, ils ne pourront séjourner accidentellement en France plus de trois mois, et sous la réserve d'aviser le consul de leur absence. (Art. 50 de la loi du 15 juillet 1889.)

En cas de mobilisation, nul ne peut se prévaloir de la fonction ou de l'emploi qu'il occupe pour se soustraire aux obligations de la classe à laquelle il appartient.

Sont seuls autorisés à ne pas rejoindre immédiatement, dans le cas de convocation par voie d'affiches et de publications sur la voie publique, les titulaires des fonctions et emplois désignés aux tableaux A, B et C annexés à la loi du 15 juillet 1889, sous la condition qu'ils occupent ces fonctions ou emplois depuis six mois au moins.

Les fonctionnaires et agents portés au tableau A, qui ne relèvent pas déjà des Ministres de la guerre ou de la marine, sont mis à la disposition de ces Ministres et attendent leurs ordres dans leur situation respective.

Les fonctionnaires et agents du tableau B, qui ne comptent plus dans la réserve de l'armée active, et les fonctionnaires et agents du tableau C, même appartenant à la réserve de l'armée active, ne rejoignent leurs corps que sur ordres spéciaux.

Les hommes autorisés à ne pas rejoindre immédiatement sont, dès la publication de l'ordre de mobilisation, soumis à la juridiction des tribunaux militaires, par application de l'article 57 du Code de justice militaire. (Art. 51 de ladite loi. — V. la note minist. du 20 mars 1891 et les tableaux A, B, C, qui y sont annexés, ainsi que celle du 30 novembre de la même année.)

Sous les drapeaux, les hommes de la réserve et de l'armée territoriale sont soumis à toutes les obligations imposées aux militaires de l'armée active par les lois et règlements en vigueur.

Ils sont justiciables des tribunaux militaires, en temps de paix comme en temps de guerre :

1° En cas de mobilisation, à partir du jour de leur rappel à l'activité jusqu'à celui où ils sont renvoyés dans leurs foyers ;

2° Hors le cas de mobilisation, lorsqu'ils sont convoqués pour des manœuvres, exercices ou revues, depuis l'instant de leur réunion en détachement pour rejoindre, ou de leur arrivée à destination s'ils rejoignent isolément, jusqu'au jour où ils sont renvoyés dans leurs foyers ;

3° Lorsqu'ils sont placés dans les hôpitaux militaires ou dans les salles des hôpitaux civils affectées aux militaires ou lorsqu'ils voyagent comme militaires sous la conduite de la force publique, qu'ils se trouvent détenus dans les établissements, prisons et pénitenciers militaires ou qu'ils subissent dans un corps de troupe une peine disciplinaire. (Art. 52 de ladite loi.)

Lorsque les hommes de la réserve et de l'armée territoriale, même non présents sous les drapeaux, sont revêtus d'effets d'uniforme, ils doivent à tout supérieur hiérarchique en uniforme les marques extérieures de respect prescrites par les règlements militaires, et sont considérés, sous tous les rapports, comme des militaires en congé. (Art. 53 de ladite loi.)

Le seul fait, pour les hommes inscrits sur le registre matricule prévu à l'article 36 de la loi du 15 juillet 1889, de se trouver revêtus d'effets d'uniforme dans un rassemblement tumultueux et contraire à l'ordre public et d'y demeurer contrairement aux ordres des agents de l'autorité ou de la force publique les rend passibles des peines édictées à l'article 225 du Code de justice militaire. (Art. 54 de ladite loi.)

Les hommes de la réserve de l'armée active, de l'armée territoriale ou de sa réserve, sont justiciables des tribunaux militaires, en temps de paix comme en temps de guerre, pour les crimes et délits prévus et punis par les articles du Code de justice militaire énumérés dans le tableau D annexé à la loi du 15 juillet 1889, lorsqu'après avoir été appelés sous les drapeaux, ils ont été renvoyés dans leurs foyers.

Les principaux crimes ou délits énumérés au tableau D sont : l'espionnage, la trahison, les violences envers un factionnaire, la provocation à la désertion, la rébellion en uniforme, le port illégal d'insignes, la dilapidation d'effets militaires, la lacération volontaire du livret, etc., etc. Si des crimes ou délits de ce genre, qui sont jusciables des tribunaux militaires, sont portés à la connaissance des commandants de brigade, ceux-ci ne doivent pas oublier qu'ils sont officiers de police judiciaire militaire, et qu'ils doivent immédiatement procéder à une information complète et non se borner à dresser un simple procès-verbal.

L'application de ces articles est faite aux inculpés sous la réserve des dispositions spéciales indiquées audit tableau.

Toutefois, les hommes appartenant à l'armée territoriale ou à la réserve de cette armée ne sont plus justiciables des tribunaux militaires, en temps de paix, pour les crimes et délits prévus par les deux paragraphes précédents, lorsqu'ils ont été renvoyés dans leurs foyers depuis plus de six mois, à moins que, au moment où les faits incriminés ont été commis, les délinquants fussent revêtus d'effets d'uniforme. (Art. 57 de ladite loi.)

Les hommes de la disponibilité et de la réserve de l'armée active peuvent se marier sans autorisation. Ils restent soumis, néanmoins, à toutes les obligations de service imposées à leur classe.

Les réservistes qui sont pères de quatre enfants vivants passent de droit dans l'armée territoriale. (Art. 58 de ladite loi.)

Les gendarmes doivent profiter de toutes les occasions pour réclamer aux hommes âgés de 20 à 45 ans et originaires d'autres lieux le titre ou livret qu'ils sont tenus de présenter à l'autorité militaire s'ils ne sont point dégagés des obligations militaires. Ils signalent au commandant de recrutement ceux qui se trouvent dans une situation irrégulière. (Circ. du 30 août 1879, art. 36 de l'instr. du 4 septembre 1897 et 14 de l'instr. du 6 septembre 1897.) Ils recherchent les hommes malades qui appartiennent à la réserve et à l'armée territoriale et qui sont susceptibles d'être réformés. (Circ. du 14 novembre 1883.)

Les gendarmes, et particulièrement les chefs de brigade, doivent être en mesure de renseigner les réservistes et territoriaux convoqués et qui ne seraient pas suffisamment éclairés sur leurs devoirs militaires. En cas de doute au sujet de certains cas particuliers, ils en réfèrent au commandant de recrutement du ressort. (Lettre minist. du 24 juillet 1885.)

La circulaire du 23 juillet 1878 donne à l'autorité militaire le mode de transmission des demandes de toute nature fournies par les hommes de la réserve et de l'armée territoriale.

La décision ministérielle du 9 janvier 1890 fait connaître les pénalités applicables aux réservistes et territoriaux qui ne répondent pas aux convocations. (V. *Insoumis.*)

La loi du 21 décembre 1882 autorise les communes à s'imposer extraordinairement dans le but d'accorder des secours aux familles nécessiteuses des soldats de la réserve et de l'armée territoriale retenus sous les drapeaux.

La loi du 18 juillet 1901 garantit leur travail et leur emploi aux réservistes et aux territoriaux appelés à faire leur période d'instruction militaire.

Pour les réservistes et territoriaux voyageant à l'étranger, V. les circ. des 31 octobre et 10 novembre 1883.)

Disponibles et réservistes du contingent algérien. (V. la note minist. du 5 mai 1890.)

Réservistes de la gendarmerie. — Les militaires de la gendarmerie rayés des contrôles de l'activité pour d'autres causes que pour blessures ou infirmités, qui ont obtenu un certificat de bonne conduite n° 1, et qui n'ont pas accompli le temps de service prescrit par l'article 37 de la loi du 15 juillet 1889, modifié par la loi du 19 juillet 1892, sont affectés comme réservistes ou territoriaux de la gendarmerie destinés à remplacer dans les brigades, au moment d'une mobilisation, les gendarmes départementaux détachés aux prévôtés.

Les gendarmes congédiés avec des certificats de bonne conduite n° 2, ceux réformés par mesure de discipline, pour inaptitude ou pour cause de santé, sont signalés au commandant de recrutement de leur subdivision d'origine, qui les replace dans la réserve de l'armée active, dans l'armée territoriale ou sa réserve, au titre d'un des corps de la région, ou qui fait statuer sur leur position au point de vue du service militaire pour ceux réformés à titre d'inaptitude physique. Les hommes qui servent moins d'un an dans la gendarmerie n'ont pas droit au certificat n° 1. Les commissions des hommes qui font partie des réservistes ou territoriaux de la gendarmerie leur sont retirées et sont conservées par les soins du chef de légion au chef-lieu du corps d'armée. Les commissions des gendarmes qui ne sont pas inscrits comme réservistes et territoriaux de la gendarmerie sont envoyées au Ministre pour être classées dans leur dossier.

Les gendarmes réservistes et territoriaux qui ont une mauvaise conduite, sont signalés au Ministre pour être réintégrés dans un corps de troupe.

Les élèves gardes, les élèves gendarmes et les auxiliaires indigènes qui quittent l'arme sans avoir été commissionnés reçoivent un certificat de bonne conduite du modèle adopté pour les corps de troupe et ne peuvent, par suite, être nommés réservistes dans la gendarmerie. (V. pour les dispositions spéciales à la gendarmerie (réservistes et territoriaux), le chapitre XVII de l'instruction du 28 décembre 1895.)

Officiers de réserve. — Le décret du 31 août 1878, modifié par celui du 20 mars 1890, porte règlement sur l'état des officiers de réserve et de l'armée territoriale et indique les différentes peines auxquelles peuvent être soumis ces officiers pour manquements à leurs devoirs. (V. *Etat des officiers.* — V. le règl. minist. du 16 juin 1897 et l'instr. en date du 28 décembre 1898 sur le recrutement, la répartition, l'instruction, l'administration, l'inspection des officiers de réserve et des officiers de l'armée territoriale.)

RÉSIDENCE, s. f. Demeure ordinaire en un lieu déterminé.

Les chefs de légion prononcent dans l'intérieur de la légion qu'ils commandent les changements de résidence pour convenances personnelles et ceux motivés par des relations de famille ou d'alliance, nuisant à la liberté d'action des gendarmes, les changements d'armes pour inaptitude physique et les permutations de gradés pour convenances personnelles. (Note minist. du 16 mars 1899.)

Les militaires de l'arme ne peuvent demander à changer de résidence pour convenance personnelle que s'ils ont au moins deux ans de résidence (quatre ans pour les officiers) au 31 décembre de l'année courante ; ce délai court à dater de la décision qui a nommé l'intéressé dans sa résidence actuelle et non du jour de son arrivée dans cette résidence. En outre, ces changements de résidence ne doivent pas avoir pour effet de placer les postulants dans la circonscription d'où ils sont originaires ni dans la localité où ils sont mariés. (V. *Changement.*)

Les militaires originaires de la Corse ne peuvent être proposés pour la 15e légion *ter* que s'ils ont servi trois ans dans la gendarmerie du continent. (Instruction sur le service courant.)

Les demandes des officiers pour changer de résidence peuvent être produites à toute époque de l'année.

Les demandes de permutation doivent toujours être accompagnées de l'adhésion écrite des deux chefs de corps ou de légion et du consentement des commandants de corps d'armée. (Note minist. du 18 avril 1875.) (V. *Permutation.*)

Les sous-officiers, brigadiers et gendarmes ne peuvent changer de légion ou de compagnie, pour convenance personnelle, que s'ils n'ont pas leur masse en débet ; pour changer de légion, il faut, en outre, qu'ils aient l'adhésion écrite des deux chefs de corps. Cette restriction n'est pas applicable aux sous-officiers et brigadiers employés en Afrique et aux colonies. Ils peuvent être rappelés en France, sans permutation, après un séjour de six années consécutives et après deux ans d'activité dans leur grade, s'ils prouvent, d'ailleurs, qu'ils possèdent les ressources nécessaires pour faire face aux dépenses de leur équipement. Ceux que des raisons de santé suffisamment justifiées mettent dans l'impossibilité de continuer à servir en Afrique ou aux colonies, sont rappelés dans l'intérieur en dehors des conditions précitées. Les sous-officiers, brigadiers et gendarmes débiteurs ne peuvent, pour convenance personnelle, obtenir leur changement de légion, ni même de compagnie dans la légion, avant d'avoir acquitté les sommes qu'ils redoivent aux caisses ; ils doivent être, en outre, convenablement montés, habillés et équipés. (Décr. du 1er mars 1854, art. 26, 2e et 3e paragraphes.)

Les militaires de la gendarmerie départementale peuvent passer dans la garde républicaine, et ceux de la garde républicaine dans la gendarmerie départementale, s'ils remplissent les conditions exigées pour les changements de résidence. Mais ceux de la garde républicaine ne peuvent solliciter leur passage en province que s'ils justifient de trois années de service dans la légion au 31 décembre de l'année courante.

Le temps passé dans leur ancienne résidence par les militaires déplacés dans l'intérêt du service peut entrer en ligne de compte pour la supputation des deux années de séjour exigées de tout sous-officier.

Les demandes des militaires qui désirent changer de résidence pour aller aux colonies sont adressées au Ministre avec l'état des services et le relevé des punitions.

Les chevaux des militaires de l'arme changeant de résidence en vertu d'un ordre de service sont transportés aux frais de l'Etat lorsque la distance est au moins de 60 kilomètres. Au-dessous de cette distance, le transport pourra être effectué par la voie ferrée et au quart du tarif, mais aux frais du militaire. (Circ. du 26 août 1878 et du 14 janvier 1885.) (V. *Transports.*)

La loi ne fait plus de différence entre les changements de résidence et les changements de domicile : les formalités à remplir ont été indiquées à ce dernier mot.

Changement de résidence des militaires appartenant à la réserve. (V. *Domicile.*)

Indemnité pour résidence dans Paris. (V. *Rassemblement* et *Vivres.*)

RESIDENT, s. m. Haut fonctionnaire placé à la tête de l'administration dans les pays soumis à notre protectorat. Les honneurs à rendre au personnel des résidences sont définis par le décret du 24 juin 1886.

RÉSILIER, v. a. Annuler. — On peut résilier un contrat, un bail pour différents motifs : si, par exemple, un immeuble loué par bail vient à être détruit, il est évident que le bail se trouve résilié de plein droit. (V. C. C., art. 1722 et suivants.)

RESPECT, s. m. Egards, déférence qu'on a pour quelqu'un à cause de son âge, de sa qualité ou du caractère dont il est revêtu. Le respect est le sentiment de la supériorité d'autrui ; il est l'indice d'une âme noble et droite qui s'incline volontairement devant la vérité qu'elle reconnait. Les règlements militaires imposent à tout inférieur des marques extérieures de respect vis-à-vis de son supérieur.

Les militaires de la gendarmerie doivent, en toutes circonstances, déférence et respect aux grades supérieurs à ceux dont ils sont revêtus. (V. *Marques extérieures de respect.*)

RESPONSABILITE, s. f. Etat de celui qui est obligé de répondre de ses actions ou de celles des autres.

Les officiers, sous-officiers et brigadiers sont responsables de la tenue, de la discipline et de l'instruction des militaires placés immédiatement sous leurs ordres. — Les comptables sont responsables des fonds qu'ils sont chargés de recevoir.

Chacun est responsable du dommage qu'il a causé non seulement par son fait, mais encore par sa négligence ou par son imprudence. (C. C., art. 1383.)

On est responsable non seulement du dommage que l'on cause par son propre fait, mais encore de celui qui est causé par le fait des personnes dont on doit répondre, ou des choses qu'on a sous sa garde. — Le père, et la mère après le décès du mari, sont responsables du dommage causé par leurs enfants mineurs habitant avec eux; les maîtres et les commettants, du dommage causé par leurs domestiques et préposés dans les fonctions auxquelles ils les ont employés, les instituteurs et les artisans, du dommage causé par leurs élèves et apprentis pendant le temps qu'ils sont sous leur surveillance. — La responsabilité ci-dessus a lieu à moins que les père et mère, instituteurs et artisans ne prouvent qu'ils n'ont pu empêcher le fait qui donne lieu à cette responsabilité. (C. C., art. 1384.)

Le propriétaire d'un animal, ou celui qui s'en sert, pendant qu'il est à son usage, est responsable du dommage que l'animal a causé, soit que l'animal fût sous sa garde, soit qu'il fût égaré ou échappé. (C. C., art. 1385.)

Le propriétaire d'un bâtiment est responsable du dommage causé par sa ruine, lorsqu'elle est arrivée par suite de défaut d'entretien ou par le vice de sa construction. (C. C., art. 1386.)

Les communes sont civilement responsables des dégâts et dommages résultant des crimes ou délits commis à force ouverte ou par violence sur leur territoire par des attroupements ou rassemblements armés ou non armés, soit envers les personnes, soit contre les propriétés publiques ou privées. (Loi du 5 avril 1884, art. 106.)

Les aubergistes et les voituriers sont responsables des vols commis au préjudice des voyageurs qu'ils logent ou qu'ils transportent.

RETENUE, s. f. En administration, se dit de ce qu'on retient sur la solde, par suite d'une loi, d'un règlement, d'une convention, etc. (V. *Opposition.*)

Les retenues sur la solde se divisent en deux catégories :

1° Les *retenues au profit du Trésor*, qui se subdivisent en : retenues de 5 p. 100 sur le traitement budgétaire; retenues pour logement en nature; retenues pour dettes envers l'Etat.

2° Les *retenues au profit des tiers* qui se divisent en : retenues pour aliments; retenues pour dettes en vertu d'oppositions juridiques ou saisies-arrêts; retenues pour dettes en vertu d'ordres de l'autorité militaire. (V. régl. du 30 décembre 1892, art. 53 et suivants.)

Les retenues pour dettes en vertu d'oppositions ou d'ordres de l'autorité militaire ne peuvent excéder le dixième de la solde nette, déduction faite du prélèvement au profit de la masse.

Retenue au profit de la masse individuelle. Lorsque les masses individuelles ne sont pas complètes, les conseils d'administration exercent des retenues mensuelles sur la solde. Ces retenues, qui varient suivant le corps et l'arme et selon que la masse est incomplète ou en débet, sont fixées par l'article 137 du règlement du 12 avril 1893, ainsi qu'il suit :

Dans les compagnies départementales :

A 8 fr. par mois pour les hommes à pied, A 16 fr. par mois pour les hommes à cheval,	lorsque la masse est incomplète.
A 10 fr. par mois pour les hommes à pied, A 20 fr. par mois pour les hommes à cheval,	lorsque la masse est en débet.

Dans la garde républicaine :

A 8 fr. par mois pour les hommes à pied, A 16 fr. par mois pour les hommes à cheval,	lorsque la masse est incomplète.

A 10 fr. par mois pour les hommes à pied, A 20 fr. par mois pour les hommes à cheval,	lorsque la masse est en débet.

Pour les auxiliaires indigènes :

A 6 fr. par mois pour les hommes à pied, A 12 fr. par mois pour les hommes à cheval,	lorsque la masse est incomplète.
A 8 fr. par mois pour les hommes à pied, A 16 fr. par mois pour les hommes à cheval,	lorsque la masse est en débet.

Dans aucun cas, les militaires de la gendarmerie ne peuvent être assujettis à de plus fortes retenues sur leur solde pour la formation et l'entretien de cette masse. (V. *Dette.*) Si des hommes quittent la compagnie ou s'absentent pendant le cours d'un mois, il doit être retenu, au profit de leurs masses, incomplètes ou en débet, une somme proportionnelle au nombre de journées de présence. (Lettre minist. du 12 mars 1894.)

Des retenues peuvent être exercées sur la solde des officiers pour les cercles et les bibliothèques militaires. (Décr. du 12 juillet 1886.)

RETRAITE, s. f. La retraite est la position de l'officier ou de l'homme de troupe rendu à la vie civile, après avoir accompli le temps de service déterminé par les lois en vigueur pour avoir droit à la jouissance d'une pension.

On distingue deux sortes de retraites : la retraite à titre d'ancienneté et la retraite proportionnelle.

La première s'acquiert après 25 ans de services effectifs pour les hommes de troupe, après 30 ans pour les officiers; la seconde, après 15 ans et jusqu'à 25 ans de services effectifs, pour les hommes de troupe seulement.

Le bénéfice d'une pension de retraite au bout de vingt-cinq ans de services, dont six ans de séjour à la mer ou dans les colonies ou pays de protectorat, à l'exception de l'Algérie et de la Tunisie, actuellement attribué aux officiers des divers corps militaires de la marine et des colonies, est maintenu à ceux des troupes coloniales sans distinction d'origine. (Loi du 7 juillet 1900, art. 22.)

En dehors de ces cas, les militaires de tous grades atteints de maladies, de blessures ou d'infirmités résultant de l'exécution d'un service commandé ont droit à une pension de retraite. (V. le mot *Pension.*)

La limite d'âge fixée pour la retraite des officiers de tous grades et de toutes armes est de :

60 ans	pour	les colonels ;
58	—	lieutenants-colonels ;
56	—	chefs d'escadron ;
53	—	capitaines ;
52	—	lieutenants et sous-lieutenants.

Cette limite a été fixée ainsi qu'il suit pour les officiers d'administration (Décret du 19 septembre 1900) :

Officier d'administration principal.....	60 ans.
Officier d'administration de 1re classe .	58 ans.
Officier d'administration de 2e ou de 3e cl.	56 ans.

Les généraux sont maintenus dans la première section du cadre de réserve jusqu'à l'âge de 62 ans s'ils sont généraux de brigade, de 65 ans s'ils sont généraux de division, à moins qu'ils ne demandent avant cette époque leur mise à la retraite, ou que des motifs de santé ne les obligent à passer dans la seconde section du cadre de réserve.

Les généraux de division qui ont commandé en chef devant l'ennemi sont maintenus sans limite d'âge dans la première section du cadre de l'état-major général et pourvus d'emplois en temps de paix jusqu'à l'âge de 70 ans.

Les officiers de la réserve et de l'armée territoriale peuvent être maintenus dans les cadres jusqu'à l'âge de 65 ans pour les officiers supérieurs, et de 60 ans pour les autres.

Les militaires de la gendarmerie ne peuvent être maintenus en activité de service au delà de 55 ans d'âge. Ceux qui n'ont pas conservé toute l'activité nécessaire pour leurs fonctions peuvent être proposés d'office pour la retraite, s'ils ont plus de 25 ans de service effectif.

Les militaires qui comptent 15 ans de service et au delà peuvent être proposés d'office pour la *retraite proportionnelle.* Dans ce cas, l'avis d'un conseil de discipline est indispensable. Ceux que leur état de santé ne permet pas de maintenir dans la gendarmerie sans qu'il soit possible de les proposer pour la retraite à titre d'infirmités, doivent être examinés par la commission spéciale de réforme, qui donne son avis. (V. décret du 1er mars 1854, art. 37.)

Les propositions de retraite peuvent avoir lieu à toute époque de l'année et ne doivent être comprises qu'exceptionnellement dans le travail d'inspection.

Les officiers retraités restent pendant cinq ans dans la réserve de l'armée active ou dans l'armée territoriale, au titre de la gendarmerie. (Loi du 22 juin 1878 et circ. des 28 septembre 1878 et 16 juin 1883.) — Ils doivent informer le général commandant la région de leur changement de domicile ou de résidence, ainsi que des circonstances qui les mettraient hors d'état de remplir leur mission. (Note minist. du 4 octobre 1878.)

Les officiers supérieurs de l'armée territoriale sont montés pendant les périodes de convocation. (Décis. minist. du 15 avril 1887.)

Les officiers en retraite ou en réforme pour infirmités qui ne sont pas pourvus d'emplois ou de grades dans la réserve de l'armée active ou de l'armée territoriale, sont autorisés à porter, sauf certaines modifications indiquées dans le décret du 24 juillet 1886, l'uniforme de l'arme ou du service dans lesquels ils servaient au moment où ils ont cessé d'appartenir à l'activité.

Dans les localités ou il n'y a pas de garnison, le chef de brigade surveille la tenue des officiers retraités et des officiers en réforme pour infirmités qui font usage de leur uniforme. Ceux d'entre eux qui l'auraient compromis, sont signalés sur un rapport circonstancié adressé au commandant du territoire. Décret du 4 octobre 1891, art. 109.)

Les sous-officiers, brigadiers et gendarmes rayés des contrôles de la gendarmerie avant l'âge de 45 ans, sont affectés comme gendarmes réservistes ou comme gendarmes territoriaux s'ils s'ils ont reçu un certificat n° 1, et comme réservistes et territoriaux des autres corps de troupe de l'armée s'ils n'ont reçu qu'un certificat de bonne conduite n° 2 ou s'ils ont été réformés par mesure disciplinaire. (V. instr. du 28 décembre 1895, art. 295 et suivants : Dispositions spéciales à la gendarmerie.)

Aux termes de la loi du 18 mars 1889 (Art. 13, modifié par la loi du 13 juillet 1894), les sous-officiers rengagés puis pensionnés sont pendant cinq ans à la disposition du Ministre de la guerre, qui pourra leur donner des emplois dans la réserve de l'armée active, ou dans l'armée territoriale, ou dans le service de l'instruction militaire. Ils suivent ensuite le sort de la classe à laquelle ils appartiennent normalement. (V. note minist. du 10 octobre 1894.) Ces dispositions ont été appliquées aux sous-officiers des troupes coloniales par décret du 19 juillet 1894, mais elles ne sont pas applicables aux sous-officiers de gendarmerie. (V. *B. O.*, 2e semestre 1895, p. 194, Erratum.)

Les militaires de la gendarmerie en instance de retraite proportionnelle peuvent être autorisés, comme ceux en instance de retraite à titre d'ancienneté, à se retirer dans leurs foyers en attendant la liquidation de leur pension. En tout état de cause, les militaires qui désirent quitter le service doivent absolument attendre, pour se retirer dans leurs foyers, qu'il ait été statué sur leur demande et qu'il leur ait été remis un titre régulier. (Décret du 1er mars 1854, art. 36 et 42.)

Le temps passé sous les drapeaux pour des exercices ou des manœuvres en temps de paix par tous les militaires de la réserve ou de l'armée territoriale, excepté ceux mentionnés à l'article 53 de la loi du 13 mars 1875, ne doit pas être compté comme service effectif pour la retraite d'ancienneté. (Avis du Conseil d'Etat du 9 décembre 1884 et dépêche minist. du 4 février 1885.)

Caisse de retraite pour la vieillesse. L'Etat a institué sous ce nom une sorte de caisse d'épargne pour les ouvriers, employés, commerçants, etc., qui n'ont pas de patrimoine. Cette caisse paie aux personnes qui y ont déposé leurs économies, lorsqu'elles ont atteint l'âge de 50 ans, une pension qui ne peut dépasser 1,500 francs. Les versements se font à la Caisse des dépôts et consignations.

RÉTROACTIF, VE, adj. Qui agit sur le passé.

Les lois n'ont pas d'effet rétroactif, c'est-à-dire qu'elles ne peuvent s'appliquer à des faits qui ont eu lieu avant leur promulgation.

RETROGRADATION, s f. Action de rétrograder, de retourner en arrière. Lorsqu'un sous-officier a commis une faute trop grave pour qu'on lui conserve ses galons, mais pas assez grave pour qu'on le remette simple soldat, on le fait rétrograder.

La rétrogradation s'applique ainsi qu'il suit : les adjudants descendent au grade de maréchal des logis chef ; les maréchaux des logis chefs, au grade de maréchal des logis ; les maréchaux des logis adjoints aux trésoriers, à celui de brigadier (ils peuvent conserver leurs fonctions spéciales) ; les maréchaux des logis commandants de brigade descendent à l'emploi de brigadier, pour être envoyés dans une résidence affectée à ce grade.

La rétrogradation ne peut être prononcée que par le Ministre, après avis d'un conseil de discipline ; elle est mise à l'ordre de la légion. (Service intérieur, art. 273.)

Les gradés rétrogradés ou redevenus soldats, soit *volontairement,* soit par *mesure de discipline*, ne peuvent de nouveau obtenir de l'avancement que selon les règles établies par l'ordonnance du 16 mars 1838. Leur ancienneté dans les grades et emplois qui leur sont conférés ne compte que du jour de leur nomination. (Décis. minist. du 7 septembre 1852.)

La rétrogradation volontaire n'entraîne pas la perte du grade dont on était titulaire dans l'armée. (Décis. du Conseil d'état du 28 décembre 1881.)

RÉUNION, s. f. Assemblée de personnes.

La loi du 30 juin 1881 accorde aux citoyens la liberté de se réunir où et quand ils le veulent et pour un motif quelconque. — Les réunions publiques sont libres et elles ne doivent être précédées que d'une déclaration faite vingt-quatre heures avant en temps ordinaire et deux heures avant en temps d'élections, en indiquant le jour, le lieu et l'heure de la réunion. — Les réunions ne peuvent être tenues sur la voie publique, ni se prolonger au delà de onze heures du soir.

En cas de crainte de troubles, des réunions de brigades sur un point déterminé peuvent être demandées par les préfets, de concert avec le général commandant la subdivision : en cas d'urgence et lorsque l'ordre peut être menacé, le commandant d'arrondissement, de concert avec le sous-préfet ou sur sa réquisition, peut réunir plusieurs brigades dans un même lieu. (Décr. du 1er mars 1854. art. 113 et 129) Enfin, les brigades à cheval peuvent être réunies deux fois par mois dans la saison d'été, sur des points intermédiaires, pour être exercées aux manœuvres d'ensemble. (Service intérieur, art. 192.)

RÉVÉLATION, s. f. Action de dévoiler, de faire connaître une chose secrète.

Les coupables qui, avant toute exécution ou tentative d'exécution de complots ou d'autres crimes contre la sûreté de l'Etat, et avant toutes poursuites commencées, ont, les premiers, donné à l'autorité connaissance de ces complots ou crimes, et de leurs auteurs ou complices, ou qui, même depuis le commencement des poursuites, ont procuré l'arrestation des auteurs ou complices, sont exempts des peines portées par le Code pénal.

Les médecins, chirurgiens et autres officiers de santé, ainsi que les pharmaciens, les sages-femmes et toutes autres personnes dépositaires, par état ou profession, des secrets qu'on leur confie, qui, hors le cas où la loi les oblige à se porter dénonciateurs, révèlent ces secrets, sont punis d'un emprisonnement d'un mois à six mois et d'une amende de 100 à 500 francs. (C. P., art. 378.) (V. *Secret.*)

REVISION, s. f. Action de reviser, d'examiner et de régler à nouveau.

La loi de 1895 autorise, sous certaines conditions, la demande en revision des procès criminels et correctionnels.

Conseil de revision. (V. *Conseil.*)

REVOCATION, s. f. Retrait de l'emploi à un agent ou fonctionnaire.

Les sous-officiers commissionnés peuvent être mis à la retraite d'office ou *révoqués* après avis d'un conseil d'enquête. (Loi du 13 juillet 1894.) (V. *Conseil d'enquête.*) Les officiers de la réserve et de l'armée territoriale peuvent être révoqués pour inconduite après avis d'un conseil d'enquête. (Décret du 31 août 1878.)

Les auxiliaires indigènes de la légion d'Afrique doivent être proposés pour la révocation et non pour la réforme. S'ils sont encore liés au service, ils sont renvoyés dans leur ancien corps.

RÉVOLTE, s. f. Soulèvement, rébellion contre l'autorité. (V. *Rébellion* et *Emeute.*)

Sont considérés comme en état de révolte, et punis de mort :

1° Les militaires sous les armes qui, réunis au nombre de quatre au moins agissant de concert, refusent, à la première sommation, d'obéir aux ordres de leurs chefs ;

2° Les militaires qui, au nombre de quatre au moins, prennent les armes sans autorisation et agissent contre les ordres de leurs chefs ;

3° Les militaires qui, réunis au nombre de huit au moins, se livrent à des violences en faisant usage de leurs armes, et refusent, à la voix de leurs supérieurs, de se disperser ou de rentrer dans l'ordre. Néanmoins, dans tous les cas prévus par le présent article, la peine de mort n'est infligée qu'aux instigateurs ou chefs de la révolte, et au militaire le plus élevé en grade. Les autres coupables sont punis de cinq à dix ans de travaux publics, ou, s'ils sont officiers, de la destitution, avec emprisonnement de deux ans à cinq ans.

Dans le cas prévu par le n° 3 du présent article, si les coupables se livrent à des violences sans faire usage de leurs armes, ils sont punis de cinq ans à dix ans de travaux publics, ou, s'ils sont officiers, de la destitution, avec emprisonnement de deux ans à cinq ans. (C. M., art. 217.)

RÉVOLUTION, s. f. En langage politique, ce mot s'emploie pour désigner le changement considérable, parfois violent, qui se fait dans les institutions d'un pays.

REVOLVER, s. m. Pistolet avec lequel on peut tirer plusieurs coups sans recharger.

Le revolver de troupe est, comme celui des officiers, du modèle 1892. Il pèse, non chargé, 840 grammes ; le poids de sa cartouche est de 12 grammes et demi environ ; de la balle, 7 gr. 90 ; de la charge, 0 gr. 75 et du paquet de 6 cartouches, 75 grammes : les paquets de 6 sont réunis par 3 dans des paquets de 18.

REVUE, s. f. En terme militaire, la revue est l'inspection des troupes, que l'on fait ensuite défiler pour voir si elles sont en bon ordre.

La gendarmerie ayant des fonctions absolument distinctes du service purement militaire des troupes en garnison, l'état de siège excepté, elle ne peut être regardée comme portion de la garnison des places. En conséquence, les commandants d'armes ne passent la gendarmerie en revue que sur l'ordre du ministre ou du général commandant le corps d'armée. Elle assiste aux revues passées par l'autorité militaire à l'occasion de la fête nationale. (Décret du 1er mars 1854, art. 124, et Serv. int., art. 228.)

Les différentes revues sont passées par les inspecteurs généraux, les chefs de légion, les commandants de compagnie, les commandants d'arrondissement, les chefs de brigade et les fonctionnaires de l'intendance et du contrôle. (Serv. int., art. 224 et suivants.) — Revue d'effectif. (V. *Intendant.*)

Revues trimestrielles de liquidation. Ces revues sont établies pour régulariser les perceptions et les dépenses faites par un corps de troupe. (V. règl. du 30 décembre 1892, art. 69 et suivants.).

RHIN (BAS-) (Département). Bien que ce département ainsi que celui du Haut-Rhin aient été enlevés à la France après la guerre de 1870-71, nous croyons devoir donner ici les mêmes renseignements que nous donnons sur les autres parties de notre pays. — Populat. avant l'annexion, 598,970 habit., 4 arrondissements, 33 cantons (° corps d'armée, ° légion de gendarmerie), chef-lieu Strasbourg, 84,167 habit., à 464 kil. E. de Paris, sur l'Ill et la Bruche, affluents du Rhin. S.-P. : Saverne, Schlestadt, Wissembourg. — Département frontière. — Pays couvert à l'ouest par la chaîne des Vosges. — Culture importante du tabac et de la garance. — Elève de chevaux, de bêtes à cornes, de porcs, de chèvres. — Mines de fer. — Nombreuses sources minérales. — Patrie de Kléber, vainqueur à Monthabor et à Héliopolis, assassiné en Egypte; du maréchal Kellermann et des généraux Becker, Schramm et Thurot.

RHIN (HAUT-) (Département). Il ne nous reste plus qu'une partie de l'arrondissement de Belfort. (V. *Bas-Rhin.*) — Populat. avant l'annexion, 530,285 habit., 3 arrondissements, 30 cantons (° corps d'armée, ° légion de gendarmerie), chef-lieu Colmar, 23,669 habit., à 481 kil. E. de Paris, au confluent de la Lauch et de la Fecht. S.-P. : Mulhouse, Belfort. — Département frontière; pays montagneux, couvert à l'ouest et au sud par les contreforts du Jura. — Agricole et industriel. — Elève considérable de chevaux, de gros bétail, de porcs, de chèvres et de volailles. — Mines d'argent, de plomb, de cuivre et de fer. — Patrie du maréchal Lefebvre, duc de Dantzig, des généraux Rapp, Schérer, Bourmont et de l'amiral Bruat.

RHONE (Département). Popul. 843,179 habit., 2 arrondissements, 29 cantons (14e corps d'armée, 14e légion de gendarmerie), chef-lieu Lyon, 459,099 habit., à 466 kil. S.-S.-E. de Paris, sur une presqu'île formée par le Rhône et la Saône. S.-P. : Villefranche. — Département méditerrané. — Pays montueux, entrecoupé de montagnes. — Industrie développée de la soie. — Elève de gros bétail, de moutons mérinos, de chèvres. — Mines de cuivre et de plomb argentifère. — Sources ferrugineuses à Charbonnière et à Neuville-sur-Saône. — Patrie du maréchal Suchet, duc d'Albuféra, et du général Duphot.

RIVAGE, s. m. Bord de la mer. — Les rivages de la mer sont les terrains qui sont inondés à chaque marée; ils appartiennent au domaine public et tout le monde a le droit de s'y promener, de ramasser des coquillages, d'y faire sécher des filets, etc.

RIVIÈRE, s. f. Cours d'eau naturel qui se jette dans un autre cours d'eau.

Les fleuves, rivières et canaux navigables et flottables dépendent de la grande voirie et appartiennent au domaine public. Le droit de pêche sur les grands cours d'eau est exercé au profit de l'Etat.

Les droits de l'Etat et des particuliers sur les rivières non navigables ni flottables sont réglés par les articles 556 et suivants du Code civil. Dans tous les cours d'eau qui ne sont ni navigables ni flottables, le droit de pêche appartient aux riverains. (Loi du 15 avril 1829.)

RIXE, s. f. Querelle entre deux ou plusieurs personnes : les rixes sont presque toujours accompagnées d'injures et de coups. La gendarmerie doit les prévenir, chercher à les empêcher, et dresser un procès-verbal détaillé dans lequel elle signalera les provocateurs, les injures échangées et les violences légères ou graves qui auraient été commises. (V. C. P., art. 309 et suivants).

ROBE, s. f. En hippologie, on donne le nom de robe à l'ensemble des poils qui couvrent le corps du cheval. Les robes sont très nombreuses, et, pour faciliter leur étude, on les a divisées en robes simples et en robes composées.

Les robes simples ou d'une seule couleur sont au nombre de quatre : 1° le noir : franc, jayet et mal teint; 2° le blanc : mat, sale, argenté; 3° l'alezan (rouge jaunâtre) : clair, doré, foncé, brûlé; 4° le café au lait, qui tire son nom de sa couleur, semblable à du lait et à du café mélangés : clair ou foncé.

Les robes composées, formées de poils ou de crins de couleurs différentes ou du mélange de deux ou trois robes simples, sont elles-mêmes divisées en quatre divisions :

La 1re division comprend les robes qui seraient simples si les membres et les crins n'étaient pas de couleur noire : 1° le bai, qui est à peu près l'alezan et que l'on qualifie clair, cerise, marron ou brun; 2° l'isabelle, qui est le café au lait, clair ou foncé; le souris indique la couleur cendrée de l'animal de ce nom.

La 2e division comprend les robes résultant du mélange de deux robes simples : 1° le gris, poils noirs et blancs mélangés : clair, foncé, sale, ardoisé et étourneau, lorsque les poils sont assemblés en petits paquets blancs et noirs ; 2° l'aubère, poils blancs et rouges : clair, foncé, vineux et fleur de pêcher, si les poils rouges sont disposés en paquets ; 3° le louvet, poils noirs et rouges : clair, si les poils alezans sont plus nombreux ; foncé, si ce sont les poils noirs.

La 3e division ne renferme qu'une robe, le rouan, mélange des poils blancs, noirs et alezans : clair, quand le blanc domine ; vineux, si c'est le rouge, et foncé, si c'est le noir. — La 4e division comprend la robe pie, qui provient du mélange par larges plaques de la robe blanche avec toute autre robe : il y a des chevaux pie-noir, pie-bai, pie-alezan, pie-gris, etc., mais il ne peut y avoir évidemment de pie-blanc.

Les robes se distinguent, en outre, par des particularités qui aident à prendre le signalement exact des chevaux et à les distinguer les uns des autres. Ces particularités sont très nombreuses ; nous citerons seulement les principales.

Le mot *rubican* sert à désigner la présence d'un plus ou moins grand nombre de poils blancs disséminés sur une robe foncée. — *Ladre* désigne une partie de la peau dépourvue de coloration et recouverte de poils très fins : un cheval est ladre aux lèvres, aux yeux, etc. — *Cap-de-more* exprime une couleur noire de la tête lorsque la robe est d'une autre couleur.

Les marques en tête, pelotes, étoiles, sont des taches blanches qui se trouvent sur le front, le chanfrein ou le nez. Lorsque ces taches couvrent entièrement le devant de la tête, elles prennent le nom de *lisse*.

La *raie de mulet* est une bande noire de couleur plus foncée que la robe qui va du garrot à la queue.

La *balzane* est une tache blanche située immédiatement au-dessus du sabot. Lorsque la tache est petite, elle prend le nom de principe de balzane ; de balzane, si elle est plus grande ; de balzane haut-chaussée, quand elle arrive au genou. Quand un cheval noir, alezan ou bai n'offre aucune particularité, on dit qu'il est *zain*.

ROGATOIRE, adj. Qui concerne une demande. — Commission rogatoire. (V. *Commission.*)

ROGNE-PIED, s. m. Couteau avec lequel le maréchal ferrant enlève les parties inutiles du sabot d'un cheval qu'il va ferrer. (V. *Ferrure.*)

ROI, s. m. Chef d'un Etat qui porte le nom de royaume. Nous donnons ci-après les noms des rois qui se sont succédé sur le trône de France.

CHRONOLOGIE DES ROIS DE FRANCE

Mérovingiens.

De 420 à 751. — Donnent 22 rois.

Pharamond	420	—	428
Clodion	428	—	448
Mérovée	448	—	458
Childéric Ier	458	—	481
Clovis Ier	481	—	511
Childebert Ier	511	—	558
Clotaire Ier	558	—	562
Caribert	562	—	568
Chilpéric Ier	568	—	584
Clotaire II	584	—	628
Dagobert Ier	628	—	638
Clovis II	638	—	655
Clotaire III	655	—	670
Childéric II	670	—	673
Thierry Ier	673	—	691
Clovis III	691	—	695
Childebert II	695	—	711
Dagobert II	711	—	715
Clotaire IV	715	—	717
Chilpéric II	717	—	720
Thierry II	720	—	736
Interrègne	736	—	742

(Gouvernement de Charles Martel.)

Childéric III, dit l'Insensé : roi en 742 ; détrôné en 751.

Carlovingiens.

De 751 à 987. — Donnent 13 rois.

Pépin le Bref........	751 —	768
Charles Ier (Charlemagne)...............	768 —	814
Louis Ier, le Débonnaire...............	814 —	840
Charles II, le Chauve.	840 —	877
Louis II, le Bègue....	877 —	879
Louis III et Carloman..	879 —	884
Interrègne............	884 —	885
Charles le Gros.......	885 —	888
Eudes...............	888 —	898
Charles III, le Simple..	898 —	923
Raoul...............	923 —	936
Louis IV d'Outre-mer.	936 —	954
Lothaire..............	954 —	986
Louis V, le Fainéant..	986 —	987

Capétiens.

De 987 à 1793 et de 1814 à 1848. — Donnent 35 rois.

Hugues Capet.........	987 —	996
Robet...............	996 —	1031
Henri Ier.............	1031 —	1060
Philippe Ier..........	1060 —	1108
Louis VI, le Gros.......	1108 —	1137
Louis VII, le Jeune....	1137 —	1180
Philippe II, Auguste...	1180 —	1223
Louis VIII, le Lion....	1223 —	1226
Louis IX.............	1226 —	1270
Philippe III, le Hardi.	1270 —	1285
Philippe IV, le Bel....	1285 —	1314
Louis X, le Hutin.....	1314 —	1316
Philippe V, le Long...	1316 —	1322
Charles IV, le Bel....	1322 —	1328

Première maison de Valois.

Philippe VI..........	1328 —	1350
Jean le Bon..........	1350 —	1364
Charles V, le Sage,...	1364 —	1380
Charles VI, l'Insensé.	1380 —	1422
Charles VII, le Conquérant...............	1422 —	1461
Louis XI, le Dissimulé	1461 —	1483
Charles VIII, l'Affable.	1483 —	1498

Première maison d'Orléans.

Louis XII, le Père du peuple..........	1498 —	1515

Seconde maison de Valois.

François Ier...........	1515 —	1547
Henri II..............	1547 —	1559
François II..........	1559 —	1560
Charles IX..........	1560 —	1574
Henri III.............	1574 —	1589

Maison de Bourbon.

Henri IV, le Grand...	1589 —	1610
Louis XIII...........	1610 —	1643
Louis XIV, le Grand..	1643 —	1715
Louis XV............	1715 —	1774
Louis XVI...........	1774 —	1793

Convention : 2 septembre 1792.

République.

Du 2 septembre 1792 au 18 mai 1804.

Durée 11 ans et 8 mois.

Directoire : 26 octobre..............	1795
Consulat : 10 novembre...............	1799

Empire.

Napoléon Ier, le Grand	1804 —	1814

Restauration des Bourbons.

Louis XVIII..........	1814
Cent-Jours.	

Empire.

Retour de Napoléon Ier	1815
Napoléon II.	

Seconde restauration des Bourbons.

Retour de Louis XVIII	1815 —	1824
Charles X............	1824 —	1830

Seconde maison d'Orléans.

Louis-Philippe Ier....	1830 —	1848

République...........	1848 —	1852
Empire...............	1852 —	1870
République...........	1870 —	

ROLE, s. m. Liste tenue par les percepteurs et sur laquelle sont inscrites les sommes que chaque contribuable doit à l'impôt direct. Registre tenu par les greffiers qui indique les causes qui doivent être jugées par un tribunal. Au théâtre, le rôle est ce que doit dire un acteur qui représente un personnage dans une pièce.

Le rôle d'équipage est un état sur lequel les capitaines de tous les navires et bateaux doivent porter les noms, prénoms, qualités, etc., de tous les passagers. Un double de ce rôle certifié conforme est remis avant le départ au capitaine du navire.

Les gendarmes départementaux sont incompétents pour constater les contraventions aux décret et loi du 19 mars 1852 sur le rôle d'équipage. (V. *Faux*, C. M., art. 257.)

ROMAINE A BOULE, Chaque poste de gendarmerie à cheval doit être pourvu d'une romaine à boule, dont l'achat, le renouvellement après réforme et l'entretien sont à la charge de la masse d'entretien et de remonte. (Annexe n° 2 du régl. du 12 avril 1893).

Le commandant d'arrondissement veille à ce que les instruments de pesage soient contrôlés chaque année. (V. Service intérieur, art. 73.)

RONDE, s. f. Les rondes, en terme militaire, sont des visites que l'on fait pour vérifier si les sentinelles sont à leur poste, si l'on exécute bien la consigne et si chacun fait son devoir.

Il y a quatre espèces de rondes : 1° ronde de sous-officier; 2° ronde d'officier (de capitaine, lieutenant ou sous-lieutenant); 3° ronde major (du major de la garnison ou d'officier supérieur); 4° ronde du commandant d'armes. (Décr. du 4 octobre 1891, art. 100.) — Les articles 101 et suivants du décret du 4 octobre 1891 tracent les devoirs des officiers et des sous-officiers de ronde et indiquent la manière de reconnaître les différentes rondes.

Le chemin de ronde est un chemin tracé à l'intérieur des fortifications au pied du talus de banquette.

ROUISSAGE, s. m. Action de rouir, c'est-à-dire de débarrasser, par l'immersion, certaines tiges flexibles des matières qui les agglutinent. Des arrêtés préfectoraux fixent la durée et les emplacements du rouissage du lin et du chanvre afin que cette opération ne présente pas de trop grands inconvénients pour le poisson.

ROULAGE, s. m. Le roulage est le mode de transport des marchandises sur des voitures traînées par des chevaux.

La loi du 30 mai 1851 et les décrets du 10 août 1852 et 24 février 1858 réglementent la circulation de ces voitures, et, comme le dit M. le procureur de la République Bertrand dans son ouvrage sur la police du roulage, il est peu de lois que la gendarmerie ait besoin de mieux connaître, car, chaque jour, elle est appelée à constater de nombreuses contraventions à la police du roulage; mais l'auteur ajoute qu'il est peu de lois pénales aussi difficiles à apprendre à cause de la multiplicité des contraventions, de la triplicité de la juridiction et des obscurités et des lacunes mêmes du texte de la loi. Nous renverrons donc pour cette étude aux ouvrages spéciaux et nous nous bornerons à donner ci-après la nomenclature de toutes les contraventions prévues par les règlements, en faisant observer que les principales ont été longuement traitées à leur place alphabétique. — Les contraventions à la police du roulage sont, suivant leur gravité, jugées par trois tribunaux différents: *les tribunaux correctionnels, les tribunaux de simple police et les conseils de préfecture.*

Toutes les contraventions à la police du roulage commises par des entrepreneurs ou des conducteurs de voitures publiques sont jugées par les tribunaux correctionnels et punies d'une amende de 16 à 200 francs et d'un emprisonnement de 6 à 10 jours. — En frappant ces contraventions d'une pénalité relativement élevée, le législateur a voulu les rendre plus rares par la crainte du châtiment et protéger ainsi le public obligé de voyager dans une voiture.

Les plaques fausses, les fausses déclarations et les outrages à la gendarmerie par des conducteurs de voitures publiques ou non sont également du ressort du *tribunal correctionnel.* Dans ce cas, l'emprisonnement est de 6 jours à 6 mois.

Les contraventions commises par les rouliers ou par les conducteurs de voiture ne servant pas au transport des personnes, offrant moins de danger pour la sécurité publique, sont jugées par *les tribunaux de simple police*.

Enfin, *les conseils de préfecture* sont appelés à juger les défauts de construction dans les voitures de roulage et de messageries, les excédents d'attelage, les dommages causés aux routes et les contraventions relatives au passage sur les ponts suspendus.

Nous donnons ci-après la liste, par ordre alphabétique, des contraventions à la police du roulage, en citant l'article du règlement du 10 août 1852 qui vise la contravention, le tribunal qui est appelé à les juger et la pénalité qui doit être appliquée. Les lettres T. S. P. signifient tribunal de simple police; T. C., tribunal correctionnel, et C. P., conseil de préfecture.

Abandon de voiture de roulage. Règlement du 10 août 1852, art. 14. T. S. P.; amende de 6 à 10 francs; prison d'un à trois jours. Récidive, amende 15 francs; prison 5 jours.

Abandon de voiture publique. Règlement du 10 août 1852, art. 34. T. C.; amende de 16 à 200 francs; emprisonnement de 6 à 10 jours.

Bâche. Objets attachés en dehors de la bâche d'une voiture publique. Règlement du 10 août 1852, art. 22. T. C.; amende de 16 à 200 francs; emprisonnement de 6 à 10 jours.

Banquettes de voiture publique n'ayant pas 45 centimètres de largeur. Règlement du 10 août 1852, art. 23. T. C.; amende de 16 à 200 francs; emprisonnement de 6 à 10 jours.

Banquettes de voiture publique n'ayant pas entre elles 45 centimètres de distance. Règlement du 10 août 1852, art. 23. T. C.; amende de 16 à 200 francs; emprisonnement de 6 à 10 jours.

Banquette de coupé n'ayant pas 35 centimètres de distance avec le devant de la voiture. Règlement du 10 août 1852, art. 23. T. C.; amende de 16 à 200 francs; emprisonnement de 6 à 10 jours.

Banquettes de voiture publique n'ayant pas au moins 40 centimètres de hauteur, y compris le coussin. Règlement du 10 août 1852, art. 23. T. C.; amende de 16 à 200 francs; emprisonnement de 6 à 10 jours.

Banquette de l'impériale : elle ne doit recevoir que trois voyageurs, y compris le conducteur. Règlement du 10 août 1852, art. 24. T. C.; amende de 16 à 200 francs; emprisonnement de 6 à 10 jours.

Bureau de voiture publique dans lequel ne sont pas placardés les art. 16 à 38 du règlement d'administration publique du 10 août 1852. Règlement du 10 août 1852, art. 42. T. C.; amende de 16 à 200 francs; emprisonnement de 6 à 10 jours.

Chargement de voiture ne servant pas au transport des personnes, dont la largeur excède 2 mètres 50 centimètres. Règlement du 10 août 1852, art. 11. C. P.; amende de 5 à 30 francs.

Chargement de voiture publique à quatre roues ayant plus de 3 mètres de hauteur à partir du sol. Règlement du 10 août 1852, art. 22, 1er §. T. C.; amende de 16 à 200 francs; emprisonnement de 6 à 10 jours.

Chargement de voiture publique, à deux roues, ayant plus de 2 mètres 60 centimètres de hauteur à partir du sol. Règlement du 10 août 1852, 1er § de l'art. 22. T. C.; amende de 16 à 200 francs; emprisonnement de 6 à 10 jours.

Charretier ou conducteur de voiture ne servant pas au transport des personnes, ne se tenant pas en mesure de guider ses chevaux. Règlement du 10 août 1852, art. 14. T. S. P.; amende de 6 à 10 francs; emprisonnement de 1 à 3 jours. Récidive, amende 15 francs; emprisonnement 5 jours.

Chevaux conduits au trot en passant un pont suspendu. Règlement du 10 août 1852, art. 8. C. P.; amende de 5 à 30 francs.

Clous de bande à tête de diamant. Règlement du 10 août 1852, art. 2. C. P.; amende de 5 à 30 francs.

Clous de bande dont la tête présente plus de 5 millimètres de saillie. Règlement du 10 août 1852, art. 2. C. P.; amende de 5 à 30 francs.

Colliers ayant plus de 90 centimètres de largeur. Règlement du 10 août 1852, art. 12. C. P.; amende de 5 à 30 francs.

Cocher, conducteur ou postillon de voiture de messageries laissant stationner sa voiture, attelée ou non attelée, sans nécessité, sur la voie publique. Règlement du 10 août 1852, art. 10. T. C. ; amende de 16 à 200 francs ; emprisonnement de 6 à 10 jours.

Cocher de voiture de messageries ne se rangeant pas à sa droite pour laisser la moitié de la chaussée. Règlement du 10 août 1852, art. 9. T. C. ; amende de 16 à 200 francs ; emprisonnement de 6 à 10 jours.

Cocher âgé de moins de 16 ans. Règlement du 10 août 1852, art. 38. T. C. ; amende de 16 à 200 francs ; emprisonnement de 6 à 10 jours.

Conducteur ou voiturier qui refuse de se soumettre à la vérification prescrite. Art. 10 de la loi du 30 mai 1851. T. C. ; amende de 16 à 100 francs.

Conducteur outrageant la gendarmerie ou exerçant des violences contre elle. Loi du 30 mai 1851, art. 11. T. C.

Conducteur de voiture publique transportant des objets attachés en dehors de la bâche. Règlement du 10 août 1852, art. 22. T. C. ; amende de 16 à 200 francs ; emprisonnement de 6 à 10 jours.

Conducteur de voiture publique qui ne fait pas usage des moyens d'enrayage dans les descentes. Règlement du 10 août 1852, art. 27. T. C. ; amende de 16 à 200 francs ; emprisonnement de 6 à 10 jours.

Conducteur de voiture publique dont la voiture n'est pas éclairée la nuit par une lanterne à réflecteur. Règlement du 10 août 1852, art. 28. T. C. ; amende de 16 à 200 francs ; emprisonnement de 6 à 10 jours.

Conducteur de voiture publique n'ayant pas de feuille de route sur laquelle les voyageurs et les colis doivent être inscrits. Règlement du 10 août 1852, art. 31. T. C. ; amende de 16 à 200 francs ; emprisonnement de 6 à 10 jours.

Conducteur de voiture publique prenant en route des voyageurs ou paquets sans en faire inscription sur sa feuille de route. Règlement du 10 août 1852, art. 32. T. C. ; amende de 16 à 200 francs ; emprisonnement de 6 à 10 jours.

Conducteur de voiture publique descendant de son siège sans nécessité. Règlement du 10 août 1852, art. 34. T. C. ; amende de 16 à 200 francs ; emprisonnement de 6 à 10 jours.

Conducteur et postillon abandonnant tous deux en même temps la voiture pendant qu'elle est attelée. Règlement du 10 août 1852, art. 34. T. C. ; amende de 16 à 200 francs ; emprisonnement de 6 à 10 jours.

Conducteur, postillon, roulier ou voiturier en contravention à la loi du 30 mai 1851 et au règlement d'administration publique du 10 août 1852, n'ayant pas son domicile en France. (V. art. 20 de la loi du 30 mai 1851.) L'amende et la peine sont les mêmes que pour les conducteurs de voitures domiciliés en France. Les infractions sont jugées par les mêmes tribunaux.

Conducteur ou postillon n'étant pas sur son siège en passant un pont suspendu. Règlement du 10 août 1852, art. 8. C. P. ; amende de 5 à 10 francs.

Conducteur ou autre voiturier ayant dételé un ou plusieurs chevaux pour le passage d'un pont suspendu. Règlement du 10 août 1852, art. 8. C. P. ; amende de 5 à 30 francs.

Conducteur, postillon ou charretier engageant sa voiture attelée de plus de cinq chevaux sur le tablier d'un pont suspendu, quand il y a déjà un attelage supérieur. Règlement du 10 août 1852, art. 8. C. P. ; amende de 5 à 30 francs.

Conducteur de voitures ne servant pas au transport des personnes, ne se rangeant pas à sa droite à l'approche d'une autre voiture pour laisser la moitié de la chaussée. Règlement du 10 août 1852, art. 9. T. S. P. ; amende de 6 à 10 francs ; emprisonnement de 1 à 3 jours. Récidive, amende 15 francs ; prison 5 jours.

Conducteur de voiture ne servant pas au transport des personnes, laissant stationner sa voiture, attelée ou non attelée, sans nécessité, sur la voie publique. Règlement du 10 août 1852, art. 10. T. S. P. ; amende de 6 à 10 francs ; emprisonnement de 1 à 3 jours. récidive, amende 15 francs ; prison 5 jours.

Convoi de plus de quatre voitures à quatre roues, attelées chacune d'un cheval. Règlement du 10 août 1852, art. 13 et 14. T. S. P. ; amende de 6 à 10 francs ; emprisonnement de 1 à 3 jours. Récidive, amende 15 francs ; prison 5 jours.

Convoi de plus de trois voitures à

deux roues, attelées d'un cheval. Règlement du 10 août 1852, art. 13 et 14. T. S. P. ; amende de 6 à 10 francs ; emprisonnement de 1 à 3 jours. Récidive, amende 15 francs ; prison 5 jours.

Convoi de plus de deux voitures dont une attelée de quatre chevaux. Règlement du 10 août 1852, art. 13. T. S. P. ; amende de 6 à 10 francs ; emprisonnement de 1 à 3 jours. Récidive, amende 15 francs ; prison 5 jours.

Convois n'ayant pas entre eux 50 mètres de distance. Règlement du 10 août 1852, art. 13. T. S. P. ; amende de 6 à 10 francs ; emprisonnement de 1 à 3 jours. Récidive, amende 15 francs ; prison 5 jours.

Déclaration par un conducteur contre un autre voiturier qui ne lui a pas laissé la moitié de la chaussée. Règlement du 10 août 1852, art. 35. T. C. ; amende de 6 à 10 francs ; emprisonnement de 1 à 3 jours, si l'infraction a été commise par un conducteur de voitures ne servant pas au transport des personnes. Récidive, amende 15 francs ; prison 5 jours. Si l'infraction a été commise par un conducteur de voiture publique, amende de 16 à 200 francs ; emprisonnement de 6 à 10 jours.

Dégel. Contravention aux arrêtés relatifs au temps de dégel. Règlement du 10 août 1852, art. 7. C. P. ; amende de 5 à 30 francs pour la contravention ; amende de 5 à 50 francs pour la dégradation, indépendamment de la condamnation aux frais de réparation.

Défaut de plaque ou plaque illisible. Règlement du 10 août 1852, art. 16. T. S. P. ; amende pour défaut de plaque, de 6 à 15 francs pour le propriétaire, et de 1 à 5 francs pour le conducteur.

Eclairage. Voiture ne servant pas au transport des personnes non éclairée la nuit. Règlement du 10 août 1852, art. 15. T. S. P. ; amende de 6 à 10 francs ; emprisonnement de 1 à 3 jours. Récidive, amende 15 francs ; prison 5 jours.

Eclairage. Voiture de messageries non éclairée la nuit. Règlement du 10 août 1852, art. 28. T. C. ; amende de 16 à 200 francs ; emprisonnement de 6 à 10 jours.

Enrayage des voitures publiques aux descentes. Règlement du 10 août 1852, art. 27. T. C. ; amende de 16 à 200 francs ; emprisonnement de 6 à 10 jours.

Entrepreneur de voitures publiques n'ayant pas un registre pour inscrire les voyageurs ou les colis. Règlement du 10 août 1852, art. 31. T. C. ; amende de 16 à 200 francs ; emprisonnement de 6 à 10 jours.

Entrepreneur de voitures publiques qui n'a pas fait connaître à l'administration préfectorale le lieu de ses relais. Règlement du 10 août 1852, art. 36. T. C. ; amende de 16 à 200 francs ; emprisonnement de 6 à 10 jours.

Entrepreneur de voitures publiques ayant admis un cocher ou un postillon âgé de moins de 16 ans. Règlement du 10 août 1852, art. 38. T. C. ; amende de 16 à 200 francs ; emprisonnement de 6 à 10 jours.

Entrepreneur de voitures publiques qui n'a pas de registre pour recevoir les réclamations des voyageurs. Règlement du 10 août 1852, art. 39. T. C. ; amende de 6 à 10 francs ; emprisonnement de 6 à 10 jours.

Entrepreneur de voitures publiques qui n'a pas fait placarder dans ses bureaux les articles de 16 à 38 du règlement d'administration publique du 10 août 1852. Règlement du 10 août 1852, art. 42. T. C. ; amende de 16 à 200 francs ; emprisonnement de 6 à 10 jours.

Entrepreneur de voitures publiques qui n'a pas fait afficher dans l'intérieur de ses voitures les articles de 28 à 38 du règlement d'administration publique du 10 août 1852. Règlement du 10 août 1852, § 2 de l'art. 42. T. C. ; amende de 16 à 200 francs ; emprisonnement de 6 à 10 jours.

Entrepreneur de voitures publiques qui n'a pas fait afficher le nombre et le prix des places dans l'intérieur de ses voitures. Règlement du 10 août 1852, art. 30. T. C. ; amende de 16 à 200 francs ; emprisonnement de 6 à 10 jours.

Essieux ayant plus de 2 mètres 50 centimètres de longueur. Règlement du 10 août 1852, art. 1er. C. P. ; amende de 5 à 30 francs.

Essieux dont les extrémités dépassent de plus de 6 centimètres. Règlement du 10 août 1852, art. 1er. C. P.; amende de 5 à 30 francs.

Essieux des voitures publiques. Mauvaise confection. Règlement du 10 août 1852, art. 26. T. C.; amende de 16 à 200 francs; emprisonnement de 6 à 10 jours.

Excès de largeur de chargement sur une voiture servant au transport des marchandises. Règlement du 10 août 1852, art. 11. C. P.; amende de 5 à 30 francs.

Fausse plaque. V. art. 8, 20 et 21 de la loi du 30 mai 1851. T. C.; amende de 50 à 200 francs; emprisonnement de 6 à 10 jours.

Faux nom ou *domicile* (déclaration de). (V. art. 8, 20 et 21 de la loi du 30 mai 1851.) T. C.; amende de 50 à 200 francs; emprisonnement de 6 jours à 2 mois.

Hauteur de chargement de voitures publiques. Règlement du 10 août 1852, art. 22. T. C.; amende de 16 à 200 francs; emprisonnement de 6 à 10 jours.

Impériale. Il ne doit y avoir que trois personnes sur la banquette. Règlement du 10 août 1852, art. 24. T. C.; amende de 16 à 200 francs; emprisonnement de 6 à 10 jours.

Lanternes. Voitures ne servant pas au transport des personnes, dépourvues de lanterne allumée, la nuit. Règlement du 10 août 1852, art. 15. T. S. P.; amende de 6 à 10 francs; emprisonnement de 1 à 3 jours. Récidive, amende 15 francs, prison 5 jours.

Lanternes. Voiture publique non éclairée la nuit. Règlement du 10 août 1852, art. 28. T. C.; amende de 16 à 200 francs; emprisonnement de 6 à 10 jours.

Moyeux dont la saillie excède 12 centimètres. Règlement du 10 août 1852, art. 1er. C. P.; amende de 5 à 30 francs.

Pavillon d'une voiture publique dont la hauteur, à partir du fond de la voiture, est inférieure à 1 mètre 40 centimètres. Règlement du 10 août 1852, art. 23. T. C.; amende de 16 à 200 francs; emprisonnement de 6 à 10 jours.

Places. Voiture publique dont le nombre des places n'est pas indiqué à l'extérieur. Règlement du 10 août 1852, art. 29. T. C.; amende de 16 à 200 francs; emprisonnement de 6 à 10 jours.

Places. Voiture publique dont les places n'ont pas 48 centimètres au moins. Règlement du 10 août 1852, art. 23. T. C.; amende de 16 à 200 francs, emprisonnement de 6 à 10 jours.

Places. Voiture publique dont le nombre et le prix des places ne sont pas affichés à l'intérieur. Règlement du 10 août 1852, art. 30. T. C.; amende de 16 à 200 francs; emprisonnement de 6 à 10 jours.

Places. Excédent du nombre de voyageurs. Règlement du 10 août 1852, art. 30. T. C.; amende de 16 à 200 francs; emprisonnement de 6 à 10 jours.

Plainte portée par un conducteur ou postillon de voiture publique contre un autre conducteur ou charretier, qui ne s'est pas rangé à sa droite, pour laisser la moitié de la chaussée. Règlement du 10 août 1852, art. 35. T. C.; amende de 6 à 10 francs; emprisonnement de 1 à 3 jours. Récidive, amende, 15 francs; prison 5 jours (si l'infraction a été commise par un conducteur de voiture ne servant pas au transport des personnes). Amende de 16 à 200 francs; emprisonnement de 6 jours à 10 jours (si l'infraction a été commise par un conducteur de voiture publique).

Plaque. Défaut de plaque ou plaque illisible. Règlement du 10 août 1852, art. 16. T. S. P.; amende de 6 à 15 francs pour le propriétaire, de 1 à 5 francs pour le conducteur.

Plaque fausse. (V. art. 8, 20 et 21 de la loi du 30 mai 1851.) T. C.; amende de 50 à 200 francs; emprisonnement de 6 à 10 jours.

Plaque. Défaut de plaque et déclaration de faux nom ou domicile. (V. art. 8, 20 et 21 de la loi du 30 mai 1851.) T. C., amende de 50 à 200 francs; emprisonnement de 6 jours à 2 mois.

Pont suspendu. Chevaux conduits au trot. Règlement du 10 août 1852, art. 8. C. P.; amende de 5 à 30 francs.

Portières. Coupé et intérieur de voiture publique n'ayant pas deux portières. Règlement du 10 août 1852, art. 25. T. C. ; amende de 16 à 200 francs; emprisonnement de 6 à 10 jours.

Postillon ou conducteur ayant dételé un cheval pour le passage d'un pont suspendu. Règlement du 10 août 1852, art. 8. C. P.; amende de 5 à 30 francs.

Postillon ou conducteur n'étant pas sur son siège en passant un pont suspendu. Règlement du 10 août 1852, art. 8. C. P.; amende de 5 à 30 francs.

Postillon ou conducteur engageant sa voiture, attelée de plus de cinq chevaux, sur le tablier d'un pont quand il y a déjà, sur la même travée, un attelage supérieur. Règlement du 10 août 1852, art. 8. C. P.; amende de 5 à 30 francs.

Postillon, cocher ou conducteur de voiture de messagerie ne se rangeant pas à sa droite pour laisser libre la moitié de la chaussée. Règlement du 10 août 1852, art. 9. T. C; amende de 16 à 200 francs; emprisonnement de 6 jours.

Postillon laissant stationner sa voiture, attelée ou non attelée, sur la voie publique, sans nécessité. Règlement du 10 août 1852, art. 10. T. C.; amende de 16 à 200 francs; emprisonnement de 6 jours.

Postillon qui refuse de s'arrêter pour se soumettre à la vérification. (V. art. 10 de la loi du 30 mai 1851.) T. C.; amende de 16 à 100 francs.

Postillon outrageant la gendarmerie ou exerçant des violences contre elle. (V. art. 11 de la loi du 30 mai 1851. T. C.)

Postillon. Un seul peut conduire un attelage de deux rangs de chevaux; au-dessus de ce nombre, il en faut deux. Règlement du 10 août 1852, art. 33. T. C.; amende de 16 à 200 francs; emprisonnement de 6 à 10 jours.

Postillon descendant de cheval ou de son siège sans nécessité. Règlement du 10 août 1852, art. 34. T. C., amende de 16 à 200 francs; emprisonnement de 6 à 10 jours.

Postillon et conducteur descendant de leur place en même temps pendant que la voiture est attelée. Règlement du 10 août 1852, art. 34. T. C.; amende de 16 à 200 francs ; emprisonnement de 6 à 10 jours.

Postillon âgé de moins de 16 ans. Règlement du 10 août 1852, art. 38. T. C.; amende de 16 à 200 francs ; emprisonnement de 6 à 10 jours.

Postillon ou autre conducteur ou charretier en contravention à la loi du 30 mai 1851 et au règlement d'administration publique du 10 août 1852, sur le roulage, n'ayant pas son domicile en France. (V. art. 20 de la loi du 30 mai 1851.) L'amende et la peine sont les mêmes que pour les conducteurs de voitures domiciliés en France. Les infractions sont jugées par les mêmes tribunaux.

Registre (Défaut de) d'entrepreneur de voitures publiques destiné à l'inscription des voyageurs et des colis. Règlement du 10 août 1852, art. 31. T. C.; amende de 16 à 200 francs ; emprisonnement de 6 à 10 jours.

Registre (Défaut de) d'entrepreneur de relais de voitures publiques pour l'inscription des réclamations. Règlement du 10 août 1852, art. 39. T. C.; amende de 6 à 10 francs; emprisonnement de 6 à 10 jours.

Relais. Les entrepreneurs de voitures publiques doivent faire connaître le lieu de leurs relais à l'administration préfectorale. Règlement du 10 août 1852, art. 36. T. C.; amende de 16 à 20 francs ; emprisonnement de 6 à 10 jours.

Relais. Bureaux de relais dans lesquels ne sont pas placardés les articles 16 à 38 du règlement d'administration publique du 10 août 1852. Règlement du 10 août 1852, art. 42. T. C.; amende de 16 à 200 francs; emprisonnement de 6 à 10 jours.

Relayeur ne se trouvant pas présent à l'arrivée des voitures. Règlement du 10 août 1852, art. 37. T. C.; amende de 16 à 200 francs; emprisonnement de 6 à 10 jours.

Relayeur ayant admis un cocher ou postillon âgé de moins de 16 ans. Règlement du 10 août 1852, art. 38. T. C.; amende de 16 à 200 francs ; emprisonnement de 6 à 10 jours.

Relayeur n'ayant pas de registre pour l'inscription des réclamations des voyageurs. Règlement du 10 août 1852, art. 39. T. C.; amende de 6 à 10 francs; emprisonnement de 6 à 10 jours.

Roulier ne tenant pas les guides ou

le cordeau en passant un pont suspendu. Règlement du 10 août 1852, art 8. C. P.; amende de 5 à 30 francs.

Roulier ayant dételé un ou plusieurs chevaux pour le passage d'un pont suspendu. Règlement du 10 août 1852, art. 8. C. P.; amende de 5 à 30 francs.

Roulier engageant sa voiture, attelée de cinq chevaux, sur le tablier d'un pont suspendu, quand il y a déjà un attelage supérieur. Règlement du 10 août 1852, art. 8. C. P.; amende de 5 à 30 francs.

Roulier ne se rangeant pas à sa droite pour laisser libre la moitié de la chaussée. Règlement du 10 août 1852, art. 9. T. S. P.; amende de 6 à 10 francs; emprisonnement d'un à 3 jours. Récidive, amende 15 francs; prison 5 jours.

Les rouliers ne sont point tenus de se ranger à droite pour les cavaliers. (Cassation. 19 avril 1873.)

Roulier laissant stationner, sans nécessité, sa voiture, attelée ou non attelée, sur la voie publique. Règlement du 10 août 1852, art. 10. T. S. P.; amende de 6 à 10 francs; emprisonnement d'un à 3 jours. Récidive, amende 15 francs; prison 5 jours.

Roulier dont la largeur du chargement excède 2 mètres 50 centimètres. Règlement du 10 août 1852, art. 11. C. P.; amende de 5 à 30 francs.

Roulier dont les colliers de chevaux ont plus de 90 centimètres de largeur. Règlement du 10 août 1852, art. 12. C. P.; amende de 5 à 30 francs.

Roulier conduisant plus de quatre voitures à quatre roues, attelées chacune d'un cheval. Règlement du 10 août 1852, art. 13 et 14. T. S. P.; amende de 6 à 10 francs; emprisonnement d'un à 3 jours. Récidive, amende 15 francs; prison 5 jours.

Roulier conduisant plus de trois voitures à deux roues attelées chacune d'un cheval. Règlement du 10 août 1852, art. 13 et 14. T. S. P.; amende de 6 à 10 francs; emprisonnement d'un à 3 jours. Récidive, amende 15 francs; prison 5 jours.

Roulier conduisant plus de deux voitures, dont une attelée de plus d'un cheval. Règlement du 10 août 1852, art. 13. T. S. P.; amende de 6 à 10 francs; emprisonnement d'un à 3 jours. Récidive, amende 15 francs, prison 5 jours.

Roulier chargé de la conduite d'un convoi, ne conservant pas 50 mètres de distance avec le convoi qui précède. Règlement du 10 août 1852, art. 13 T. S. P.; amende de 6 à 10 francs; emprisonnement de à 1 3 jours. Récidive, amende 15 francs; prison 5 jours.

Roulier ne se tenant pas à même de conduire ses chevaux. Règlement du 10 août 1852, art. 14. T. S. P.; amende de 6 à 10 francs; emprisonnement de 1 à 3 jours. Récidive, amende 15 francs; prison 5 jours.

Roulier dont la voiture ou la première voiture d'un convoi n'est pas éclairée la nuit. Règlement du 10 août 1852, art. 15. T. S. P.; amende de 6 à 10 francs; emprisonnement d'un à 3 jours. Récidive, amende 15 francs; prison 5 jours.

Roulier dont la voiture est dépourvue de plaque ou dont la plaque est illisible. Règlement du 10 août 1852, art. 16. T. S. P.; amende de 6 à 15 francs pour le propriétaire, et de 1 à 5 francs pour le conducteur.

Roulier faisant usage d'une fausse plaque. (V. art. 8, 20 et 21 de la loi du 30 mai 1851.) T. C.; amende de 50 à 200 francs; emprisonnement de jours à 6 mois.

Roulier dont la voiture est dépourvue de plaque et qui donne une indication de nom ou domicile faux ou supposé. (V. art. 8, 20 et 21 de la loi du 30 mai 1851.) T. C.; amende de 50 à 200 francs; emprisonnement de 6 jours à 6 mois.

Roulier qui refuse de s'arrêter pour se soumettre à la vérification. (V. art. 10 de la loi du 30 mai 1851.) T. C.; amende de 16 à 100 francs.

Roulier outrageant la gendarmerie ou exerçant des violences contre elle. (V. art. 11 de la loi du 30 mai 1851.) T. C. (V. art. 212 et 230 du C. P.)

Roulier en contravention à la loi du 30 mai 1851 et au règlement d'administration publique du 10 août 1852, n'ayant pas son domicile en France. (V. art. 20 de la loi du 30 mai 1851.) L'amende et la peine sont les mêmes que pour les conducteurs de voitures domiciliés en France. Les infractions sont jugées par les mêmes tribunaux.

Voiture à deux roues, servant au transport des marchandises, attelée de plus de cinq chevaux. Règlement du 10 août 1852, art. 3. C. P.; amende de 5 à 30 francs.

Voiture à quatre roues, servant au transport des marchandises, attelée de plus de huit chevaux. Règlement du 10 août 1852, art. 3.C. P.; amende de 5 à 30 francs.

Voiture servant au transport des marchandises, attelées de plus de cinq chevaux de file. Règlement du 10 août 1852, art. 3. C. P.; amende de 5 à 30 francs.

Voiture à deux roues, servant au transport des personnes, attelée de plus de trois chevaux. Règlement du 10 août 1852, art. 3. C.P.; amende de 5 à 30 francs.

Voiture à quatre roues, servant au transport des personnes, attelée de plus de six chevaux. Règlement du 10 août 1852, art. 3. C. P.; amende de 5 à 30 francs.

Voiture ne servant pas au transport des personnes, dont la largeur du chargement excède 2 mètres 50 centimètres. Règlement du 10 août 1852, art. 11. C. P.; amende de 5 à 30 francs.

Voitures à quatre roues, ne servant pas au transport des personnes, attelées chacune d'un cheval, réunies en convoi, au nombre de plus de quatre. Règlement du 10 août 1852, art. 13 et 14. T. S. P.; amende de 5 à 10 francs; emprisonnement de 1 à 3 jours. Récidive, amende 15 francs; prison 5 jours.

Voitures à deux roues, ne servant pas au transport des personnes, attelées chacune d'un cheval, réunies en convoi, au nombre de plus de trois. Règlement du 10 août 1852, art. 13 et 14. T. S. P.; amende de 6 à 10 francs; emprisonnement d'un à 3 jours. Récidive, amende 15 francs; prison 5 jours.

Voitures au nombre de plus de deux, réunies en convoi et dont une est attelée de plus de quatre chevaux. Règlement du 10 août 1852, art. 13. T. S P.; amende de 6 à 10 francs; emprisonnement d'un à 3 jours. Récidive, amende 15 francs; prison 5 jours.

Voitures réunies en convois, et les convois n'ayant pas entre eux 50 mètres de distance. Règlement du 10 août 1852, art. 14. T. S. P.; amende de 6 à 10 francs; emprisonnement de 1 à 5 jours. Récidive, amende 15 francs; prison 5 jours.

Voiture ne servant pas au transport des personnes, non éclairée la nuit. Règlement du 10 août 1852, art. 15. T. S. P.; amende de 6 à 10 francs; emprisonnement de 1 à 3 jours. Récidive, amende 15 francs; prison 5 jours.

Voiture ne servant pas au transport des personnes, dépourvue de plaque. Règlement du 10 août 1852, art. 16, T. S. P.; amende de 6 à 15 francs pour le propriétaire et de 1 à 5 francs pour le conducteur.

Voiture ne servant pas au transport des personnes, ayant une fausse plaque. (V. art. 8, 20 et 21 de la loi du 30 mai 1851.) T. C.; amende de 50 à 200 francs; emprisonnement de 6 jours à 6 mois.

Voiture publique dont la voie n'a pas $1^{m},65$. Règlement du 10 août 1852, art. 20. T. C.; amende de 16 à 200 francs; emprisonnement de 6 à 10 jours.

Voiture publique dont la distance entre les axes des deux essieux n'est pas de $1^{m},55$ au moins. Règlement du 10 août 1852, art. 21. T. C.; amende de 16 à 200 francs; emprisonnement de 6 à 10 jours.

Voiture publique à quatre roues, dont la hauteur du chargement excède 3 mètres à partir du sol. Règlement du 10 août 1852, art. 22. T. C.; amende de 16 à 200 francs; emprisonnement de 6 à 10 jours.

Voiture publique à deux roues, dont la hauteur du chargement excède $2^{m},60$ à partir du sol. Règlement du 10 août 1852, art. 22. T. C.; amende de 16 à 200 francs; emprisonnement de 6 à 10 jours.

Voiture publique dont le conducteur transporte des objets attachés en dehors de la bâche. Règlement du 10 août 1852, art. 22. T. C.; amende de 16 à 200 francs; emprisonnement de 6 à 10 jours.

Voiture publique dont la largeur des places n'est pas de 48 centimètres au moins. Règlement du 10 août 1852, art. 23. T. C.; amende de 16 à 200 francs ; emprisonnement de 6 à 10 jours.

Voiture publique dont les banquettes ont moins de 45 centimètres de largeur. Règlement du 10 août 1852, art. 23. T. C. ; amende de 16 à 200 francs ; emprisonnement de 6 à 10 jours.

Voiture publique dont les banquettes n'ont pas 45 centimètres de distance entre elles. Règlement du 10 août 1852, art. 23. T. C. ; amende de 16 à 200 francs ; emprisonnement de 6 à 10 jours.

Voiture publique dont la banquette du coupé n'a pas 35 centimètres de distance avec le devant de la voiture. Règlement du 10 août 1852, art. 23. T. C. ; amende de 16 à 200 francs ; emprisonnement de 6 à 10 jours.

Voiture publique dont la hauteur du pavillon, au-dessus du fond de la voiture, n'est pas de $1^{m},40$ au moins. Règlement du 10 août 1852, art. 23. T. C. ; amende de 16 à 200 francs ; emprisonnement de 6 à 10 jours.

Voiture publique dont la hauteur des banquettes n'est pas de 40 centimètres au moins, y compris le coussin. Règlement du 10 août 1852, art. 23. T. C. ; amende de 16 à 200 francs ; emprisonnement de 6 à 10 jours.

Voiture publique ayant plus de trois voyageurs, y compris le conducteur, sur la banquette de l'impériale. Règlement du 10 août 1852, art. 24. T. C. ; amende de 16 à 200 francs ; emprisonnement de 6 à 10 jours.

Voiture publique dont le coupé et l'intérieur n'ont pas une portière de chaque côté, avec marchepied. Règlement du 10 août 1852, art. 25. T. C. ; amende de 16 à 200 francs ; emprisonnement de 6 à 10 jours.

Voiture publique. Mauvaise confection des essieux. Règlement du 10 août 1852, art. 26. T. C. ; amende de 16 à 200 francs ; emprisonnement de 6 à 10 jours.

Voiture publique dépourvue de machine à enrayer. Règlement du 10 août 1852, art. 27. T. C. ; amende de 16 à 200 francs ; emprisonnement de 6 à 10 jours.

Voiture publique non éclairée la nuit. Règlement du 10 août 1852, art. 28. T. C. ; amende de 16 à 200 francs ; emprisonnement de 6 à 10 jours.

Voiture publique ne portant pas à l'intérieur l'estampille de l'administration des contributions indirectes, le nom et le domicile de l'entrepreneur et le nombre des places. Règlement du 10 août 1852, art. 29. T. C. ; amende de 16 à 200 francs ; emprisonnement de 6 à 10 jours.

Voiture publique dont le nombre et le prix des places ne sont pas affichés à l'intérieur. Règlement du 10 août 1852, art. 30. T. C. ; amende de 16 à 200 francs ; emprisonnement de 6 à 10 jours.

Voiture publique chargeant un plus grand nombre de voyageurs que celui indiqué. Règlement du 10 août 1852, art. 30, § 2. T. C. ; amende de 16 à 200 francs ; emprisonnement de 6 à 10 jours.

Voiture publique attelée de plus de deux rangs de chevaux conduits par un seul postillon. Règlement du 10 août 1852, art. 33. T. C. ; amende de 16 à 200 francs ; emprisonnement de 6 à 10 jours.

Voiture publique dans l'intérieur de laquelle ne sont pas affichés les art. de 28 à 38 du règlement d'administration publique du 10 août 1852. Règlement du 10 août 1852, art. 42, § 2. T. C. ; amende de 16 à 200 francs ; emprisonnement de 6 à 10 jours.

Voiturier ne tenant pas les guides ou le cordeau en passant un pont suspendu. Règlement du 10 août 1852, art. 8. C. P. ; amende de 5 à 30 francs.

Voiturier ou autre conducteur ayant dételé un ou plusieurs chevaux pour passer un pont suspendu. Règlement du 10 août 1852, art. 8. C. P. ; amende de 5 à 30 francs.

Voiturier ou autre conducteur engageant sa voiture, attelée de cinq chevaux, sur le tablier d'un pont suspendu, quand il y a déjà un attelage supérieur. Règlement du 10 août 1852, art. 8. C. P. ; amende de 5 à 30 francs.

Voiturier ou conducteur de voiture ne servant pas au transport des personnes, ne se rangeant pas à sa droite pour laisser libre la moitié de la chaussée. Règlement du 10 août 1852, art. 9. T. S. P. ; amende de 6 à 10 francs ; emprisonnement de 1 à 3 jours. Récidive, amende 15 francs ; prison 5 jours.

Voiturier ou conducteur de voiture

ne servant pas au transport des personnes, laissant stationner, sans nécessité, sur la voie publique, sa voiture attelée ou non attelée. Règlement du 10 août 1852, art., 10. T. S. P.; amende de 6 à 10 francs; emprisonnement de 1 à 3 jours. Récidive, amende 15 francs; prison 5 jours.

Voiturier ou conducteur de voiture ne servant pas au transport des personnes, ne se tenant pas en mesure de guider ses chevaux. Règlement du 10 août 1852, art. 14. T. S. P.; amende de 6 à 10 francs; emprisonnement de 1 à 3 jours. Récidive, amende 15 francs; prison 5 jours.

Voiturier ou autre conducteur qui refuse de s'arrêter pour se soumettre à la vérification. (V. art. 10 de la loi du 30 mai 1851.) T. S. P.; amende de 16 à 100 francs.

Voiturier ou autre conducteur outrageant la gendarmerie ou exerçant des violences contre elle. (V. art. 11 de la loi du 30 mai 1851. (T. C.)

Voiturier ou autre conducteur en contravention à la loi du 30 mai 1851 et au règlement d'administration publique du 10 août 1852, n'ayant pas son domicile en France. (V. art. 20 de la loi du 30 mai 1851.) L'amende et la peine sont les mêmes que pour les conducteurs de voitures domiciliés en France. Les infractions sont jugées par les mêmes tribunaux.

Voyageurs admis en plus dans une voiture publique. Règlement du 10 août 1852, art. 30, §2. T. C.; amende de 16 à 200 francs; emprisonnement de 6 à 10 jours.

Voyageurs non inscrits sur le registre du bureau des voitures publiques. Règlement du 10 août 1852, art. 31. T. C.; amende de 16 à 200 francs; emprisonnement de 6 à 10 jours.

Voyageurs pris en route et dont le conducteur ne fait pas inscription sur sa feuille de route. Règlement du 18 août 1852, art. 32. T. C.; amende de 16 à 200 francs; emprisonnement de 6 à 10 jours.

Amendes en matières de roulage. Il est alloué aux brigadiers et gendarmes, à l'exception des officiers et sous-officiers, une somme fixe de 1 fr. 25 par condamnation recouvrée en matière de contravention à la loi sur la police du roulage et des messageries publiques (Lois du 30 mai 1851 et du 26 décembre 1890), à moins qu'il ne s'agisse d'un conducteur qui a refusé de s'arrêter et de se soumettre aux vérifications prescrites, ou qui s'est rendu coupable d'outrages, de violences envers les agents. (Règl. du 12 avril 1893, art. 199.)

Tous les trois mois le trésorier-payeur général fait parvenir au conseil d'administration des états de répartition conformes au modèle adopté par l'administration des finances. Avant de les renvoyer au trésorier-payeur général, le conseil les vise et y relève toutes les indications nécessaires pour l'exacte répartition des sommes entre les gendarmes qui y ont droit. Le visa du sous-intendant militaire y est aussi apposé.

Le conseil reçoit ensuite, du même trésorier-payeur général, des mandats de paiement qui sont soldés sur l'acquit du conseil d'administration. Lorsque les amendes ont été recouvrées dans un autre département la portion revenant aux brigadiers et gendarmes est payée à titre de virement par le trésorier-payeur général du département où siège le conseil d'administration. (Même règl., art. 200.)

ROULIER, s. m. Voiturier qui transporte des marchandises. (V. *Voiturier.*)

ROULIS, s. m. Mouvement d'un bâtiment que les vagues font pencher alternativement à droite et à gauche.

ROUMANIE. Royaume fondé en 1882 sur la rive gauche du Danube, près de l'embouchure de ce fleuve, entre le Pruth et les Carpathes. Il a été formé avec les anciennes provinces moldo-valaques et renferme 5,500,000 habitants. Capitale Bucharest; v. p., Jassy et Galatz.

La Roumanie pourrait mettre sur pied en cas de guerre, et sans compter la milice, près de 70,000 combattants.

Le service militaire est dû de 21 à 46 ans.

ROUTE, s. f. Voie publique pour aller d'un endroit à un autre.

Les routes, suivant leur importance, se divisent en trois grandes classes :

1° *Les routes nationales*, construites et entretenues aux frais de l'Etat; leur largeur, déterminée à chaque création, varie de 10 à 14 mètres;

2° *Les routes départementales*, qui sont aux frais des départements.

3° *Les chemins vicinaux*, qui comprennent les chemins de grande, de moyenne et de petite communication et qui sont entretenus soit par les communes seules, soit par les communes et l'Etat.

Ces trois genres de routes présentent le développement énorme de 670.000 kilomètres. Aucun pays n'est aussi bien doté que la France au point de vue des communications par voie de terre.

Il existe encore une quatrième classe de routes dites *routes stratégiques* et qui sont destinées à faciliter les opérations militaires; elles sont entretenues par l'Etat.

Un des devoirs principaux de la gendarmerie est de faire la police sur les grandes routes et d'y maintenir la liberté des communications. (Décr. du 1er mars 1854, art. 313 V. *Chemin. Roulage. Frais de route.*)

RUBAN, s. m. Tissu mince et long. — Ce mot s'emploie pour désigner la décoration dont il est l'insigne : *avoir le ruban; mériter le ruban.*

Les ordres étrangers dont le ruban ressemble au ruban de la Légion d'honneur, *ne peuvent être portés sans la décoration.* (V. *Décorations.*)

Les rubans des médailles commémoratives de Crimée, Italie, Baltique, Chine, Mexique, Tonkin, Madagascar, Dahomey et celui de la médaille coloniale, sont distribués gratuitement aux hommes, à raison de 0m,10 par homme tous les trois mois. (Note minist. du 30 janvier 1897.)

Le ruban de la valeur militaire de Sardaigne est à la charge des sous-officiers et gendarmes titulaires de cette décoration, comme cela a lieu pour les autres décorations étrangères. (Décis. du 19 avril 1860.) Il en est de même pour le ruban de la médaille commémorative de l'expédition de Rome, en 1867. (Solution minist. du 20 juillet 1868.) Les rubans de la croix de la Légion d'honneur et de la médaille militaire sont également à la charge des titulaires de ces décorations. (V. *Décoration.*)

RUBICAN, adj. (V. *Robe.*)

RUE, s. f. Chemin bordé de maisons dans un village, un bourg ou une ville.

Le soin d'arracher l'herbe et de nettoyer la rue devant sa maison incombe au propriétaire; mais il faut remarquer que s'il n'existe pas un arrêté du maire ordonnant le balayage et la propreté de la voie publique, il n'y a pas de contravention encourue. (V. C. P., art. 471, n° 3.)

RUMEUR, s. f. Bruit sourd et général provoqué presque toujours par quelque mécontentement.

La *rumeur publique* est la réunion des opinions ou des soupçons qui se répandent dans le public contre quelqu'un. (V. *Clameur.*)

RUPTURE, s. f. La rupture de ban n'a plus la signification qu'elle avait autrefois, la loi du 27 mai 1885 ayant supprimé la surveillance. — La lettre collective n° 51 du Ministre de la guerre, au sujet de l'application de la loi du 27 mai, s'exprime en ces termes :

«..... 2° A compter de la promulgation de la présente loi, la peine de la rupture de ban ne peut être appliquée aux individus antérieurement soumis à la surveillance de la haute police pour infraction à l'article 44 du Code pénal, de même que ceux qui seront condamnés après la mise en vigueur de la loi nouvelle ne pourront se voir appliquer la pénalité édictée par l'article 45 du même Code qu'autant qu'ils auront contrevenu à l'interdiction de paraître en certains lieux à eux dûment signifiés. »

Il suit de là que, dans l'espèce, les gendarmes n'auront plus qu'à s'assurer que les individus condamnés n'habitent plus la commune dont le séjour leur aura été interdit. (V. *Récidive.*)

RURAL, adj. qui a rapport aux champs, à la campagne. Le code rural n'existe pas encore en France d'une manière complète. Diverses lois ont été faites pour régler les nombreuses nésessités de la vie rurale : en 1881 (20 août), sur les chemins ruraux; en 1881 (22 août), sur la mitoyenneté des clôtures et sur les droits de passage en cas d'enclave; en 1884 (2 août) sur les vices rédhibitoires. Enfin, le 21 juin 1898, une loi a été promulguée sur la police rurale concernant les personnes, les animaux et les récoltes.

RUSSIE. La Russie d'Europe est bornée au nord par l'océan Glacial arctique; à l'ouest, par la péninsule Scandiinave, la mer Baltique, la Prusse et l'Autriche; au sud, par la mer Noire et le Caucase; à l'est, par la mer Caspienne, le fleuve Oural, les monts Ourals et le fleuve Kara.

La superficie de la Russie d'Europe est de 5,862,540 kil. carrés : elle surpasse en étendue tout le reste de l'Europe, et sa population s'élève environ à 115 millions d'habitants.

Le territoire est divisé en soixante gouvernements. La capitale est Saint-Pétersbourg, à l'embouchure de la Néva (1,000,000 hab.); les autres villes principales sont : Varsovie, sur la Vistule; Moscou, sur la Moscova; Astrakan, grand port sur la mer Caspienne, à l'embouchure du Volga; Smolensk, sur le Dnieper. Dans le gouvernement de Tauride, qui comprend la Crimée, on remarque Sébastopol, prise par les Français en 1855; Inkermann et la rivière de l'Alma, célèbres par deux victoires des Français et des Anglais en 1854.

Depuis 1874, tous les Russes sont soumis, dès l'âge de 20 ans, au tirage au sort, et ceux que leur numéro désigne sont incorporés pour 18 ans : 5 ans dans l'armée active et 13 ans dans la réserve; ils passent ensuite dans la milice dont ils font partie jusqu'à l'âge de 43 ans révolus. L'effectif de l'armée russe, qui est de 800.000 hommes en temps de paix, peut être porté, en temps de guerre, à plus de quatre millions d'hommes. 260.000 recrues sont incorporées tous les ans dans cette armée qui est répartie en 25 corps.

L'Asie russe, très peu peuplée, ne renferme qu'environ 16.000.000 habitants, disséminés sur un territoire immense, 16.250.000 kilomètres.

L'empereur de Russie porte le titre de tzar ou czar.

S

SABLE, s. m. Matière pierreuse composée de grains plus ou moins fins.

Il est défendu d'enlever de la terre, du gazon, des herbes ou du sable dans les bois et forêts. — Contravention prévue par l'article 144 du Code forestier et punie d'une amende variable suivant la quantité enlevée.

SABORD, s. m. Ouverture pratiquée dans la muraille des bâtiments et destinée à laisser passer la volée des canons.

SABRE, s. m. Grand coutelas, plus ou moins recourbé et tranchant d'un côté — Le sabre des gendarmes à cheval est celui de la cavalerie légère modèle 1822.

On distingue dans cette arme : la lame courbe, la poignée, la garde, le fourreau et la cravate en buffle.

On ne donne et l'on n'ôte le fil aux lames de sabre que d'après un ordre spécial des généraux sous le commandement desquels les corps sont placés, et qui, seuls, sont aptes à juger de l'opportunité de cette mesure. (Art. 66 du règl. du 1er janvier 1867. — V. circ. minist. du 14 août 1885.) L'adoption du sabre à la selle pour la gendarmerie est fixée par la note ministérielle du 9 août 1888.

SAGE-FEMME, s. f. Femme dont la profession est de faire des accouchements.

Les sages-femmes ne peuvent pratiquer l'art des accouchements que si elles sont munies d'un diplôme de 1re ou de 2e classe délivré à la suite d'examens par le gouvernement français. Les opérations à l'aide d'instruments leur sont interdites sans l'assistance d'un docteur-médecin. Elles sont autorisées à pratiquer les vaccinations et les revaccinations antivarioliques. (Loi du 30 novembre 1892.)

SAINTE-BARBE, s. f. Dans un navire on donne ce nom à l'endroit où l'on renferme les approvisionnements d'artillerie.

SAISIE, s. f. Acte d'un créancier qui, pour recouvrer tout ou partie de sa créance, met sous la main de la justice les meubles de son débiteur. Les saisies sont faites par les huissiers assistés de deux témoins. (V. *Huissier*.)

Ces officiers ministériels, quand ils sont chargés d'opérer une saisie dans une caserne, ne peuvent y procéder qu'après avoir obtenu l'autorisation du commandant de la compagnie. (Service intérieur, art. 119.) Il en est de même quand il s'agit d'une perquisition ou d'une instruction à y faire. Toutefois une permission spéciale n'est pas exigée des huissiers lorsque leur mission doit se borner à remettre un acte ou une citation. (V. *Casernement*.)

En matière de douanes, de contributions indirectes, la saisie est l'acte de s'emparer provisoirement des choses qui font l'objet d'une contravention ou d'un délit.

La gendarmerie peut saisir les jeux de hasard, les effets et papiers au domicile des prévenus, les marchandises, les lettres, le gibier et le poisson transportés en fraude, les filets prohibés par la loi ainsi que les armes abandonnées; mais elle ne doit jamais, sauf dans certains cas, désarmer un chasseur : elle doit simplement lui déclarer saisie de son arme. (Décret du 1er mars 1854, art. 254, 302, 307, 328, 329 et 332.)

En cas de saisie, l'assistance des gendarmes aux huissiers ne doit être donnée que lorsqu'il y a eu *commencement de résistance* et non sur une simple présomption de résistance.

Si l'article 785 du Code de procédure civile n'autorise l'huissir qui est chargé d'une arrestation à ne requérir la gendarmerie que lorsqu'il y a rébellion, la loi étant muette sur le droit de réquisition, en cas de simple saisie l'huissier ne peut requérir la main-forte que pour faire cesser la résistance qui s'oppose à l'exécution de son mandat.

Agissant comme force publique pour faire cesser ou prévenir une rébellion, la gendarmerie devra se souvenir que la saisie et l'expulsion doivent être précédées d'une dernière sommation de l'huissier au fermier; que s'il s'enferme dans son domicile, *il ne peut en être chassé par la force* qu'avec l'autorisation et l'assistance du juge de paix ou du commissaire de police délégué. (Loi du 26 mars 1855, art.587 du C. de proc. civile.)

Les officiers, sous-officiers, brigadiers et gendarmes qui opèrent seuls ou qui concourent à opérer des saisies en matière de douanes et de contributions indirectes ont droit, savoir :

1° Pour saisie par la gendarmerie seule, à la moitié du produit net des amendes et confiscations;

2° Pour la dénonciation et pour saisie faite concurremment avec les employés ou préposés, à une part de préposé par chaque militaire de la gendarmerie, à l'exception du commandant du détachement, qui a droit à part et demie.

Le conseil d'administration fait la distribution aux ayants droit du produit des amendes et saisies dans les proportions suivantes : si un ou plusieurs officiers ont concouru personnellement à la saisie, un tiers de la somme reçue leur est acquis, et, s'il y a lieu, est partagé entre eux par portions égales. Les deux autres tiers sont distribués d'une manière égale entre les sous-officiers, brigadiers et gendarmes qui ont coopéré à la saisie.

Dans le cas où aucun officier n'a concouru personnellement à la saisie, la totalité de la somme est partagée entre les sous-officiers, brigadiers et gendarmes saisissants. Le commandant du détachement qui a opéré la saisie a droit à part et demie, et cela quel que soit le service qu'il ait exécuté. Le brigadier de gendarmerie, lors même qu'il n'est accompagné que d'un seul gendarme, est considéré comme commandant de détachement. (Règl. du 12 avril 1893, art. 216.)

Le commandant de la brigade qui aurait fourni le détachement et n'aurait pu assister à la saisie entre également en partage, mais seulement comme simple saisissant. Il en est de même lorsque la contravention a été dénoncée, prévue ou pressentie et que le chef de brigade a été dans l'impossibilité de prendre lui-même le commandement de ses hommes. (Même règl., art. 216.)

Lorsque la gendarmerie est appelée pour assister à une saisie en matière de douanes et de contributions indirectes, elle n'a droit qu'à une gratification qui est réglée d'après l'utilité de son service et prélevée sur le produit net de la saisie. (Même règl., art. 214.)

Le paiement de la portion revenant à la gendarmerie sur le produit des confiscations et amendes est effectué par l'administration des douanes ou des contributions indirectes, suivant le cas, au conseil d'administration de la compagnie. (Même règl., art. 215.)

Saisie-arrêt. Opposition par laquelle un créancier arrête dans la main d'un tiers les sommes appartenant à son débiteur. Ces saisies-arrêts peuvent être faites après jugement sur la solde des militaires entre les mains du trésorier-payeur général. (V. *Opposition*.)

La **saisie-exécution** consiste à faire vendre les meubles et immeubles d'un créancier.

Ne pourront être compris dans les saisies et ventes qui auront lieu en exécution des jugements rendus contre des militaires en activité, leurs armes et chevaux d'ordonnance, ni leurs livres et instruments de service, ni les parties de leur habillement et équipement dont les ordonnances imposent à tous les militaires d'être pourvus. (10 juillet 1791.) (V. *Dette* et *Opposition juridique*.)

SAISON, s. f. Chacune des quatre grandes divisions de l'année dont le retour est déterminé par la situation respective du soleil et de la terre.

Chaque saison est comprise entre un équinoxe et un solstice.

Le printemps commence du 19 au 21 mars; l'été, du 21 au 22 juin; l'automne, du 22 au 23 septembre; l'hiver, du 20 au 21 décembre. Le printemps dure environ 93 jours et une fraction; l'été, 93; l'automne, 89, et l'hiver, 89.

SALAIRE, s. m. Somme donnée pour payer un travail. — Le salaire d'un fonctionnaire se nomme *traitement;* celui d'un employé, *appointements;* celui d'un domestique, *gages;* celui des gens de guerre, *solde*.

SALTIMBANQUE, s. m. Faiseur de tours, charlatan qui se montre en public pour faire des exercices ou vendre des drogues.

C'est à l'autorité municipale, chargée par la loi du 24 août 1790 de la police des lieux publics, qu'il appartient de surveiller l'exercice de la profession de saltimbanque, bateleur, baladin, charlatan, faiseur de tours, etc.

Une circulaire du Ministre de l'intérieur, adressée aux préfets le 10 octobre 1829, résume les principales obligations imposées à l'autorité municipale en cette matière, et une circulaire ministérielle du 6 janvier 1863 prescrit qu'à l'avenir les saltimbanques devront obtenir avant tout une autorisation du préfet du département dans lequel ils sont domiciliés, et que cette autorisation sera donnée sur un carnet contenant 24 pages cotées et paraphées, pages sur lesquelles les maires porteront leur visa.

Les maires ne doivent pas accorder aux saltimbanques titulaires d'une décoration ou médaille officielle, l'autorisation de paraître sur leurs tréteaux avec ces décorations. (Circ. du 17 septembre 1875.)

Il est du devoir de la gendarmerie d'informer immédiatement les maires de la violation de cette prescription.

Loi du 7 décembre 1874, art. 1er. — Tout individu qui fera exécuter par des enfants de moins de 16 ans des tours de force périlleux ou des exercices de dislocation; tout individu, autre que les père et mère, pratiquant les professions d'acrobate, saltimbanque, charlatan, montreur d'animaux ou directeur de cirque, qui emploiera dans ses représentations des enfants âgés de moins de 16 ans, sera puni d'un emprisonnement de six mois à deux ans et d'une amende de 16 à 200 francs. La même peine sera applicable aux père et mère exerçant les professions ci-dessus désignées, qui emploieraient dans leurs représentations leurs enfants âgés de moins de 12 ans.

Art. 4. — Tout individu exerçant l'une des professions spécifiées à l'article 1er de la présente loi devra être porteur de l'extrait des actes de naissance des enfants placés sous sa conduite, et justifier de leur origine et de leur identité par la production d'un livret ou d'un passeport. Toute infraction à cette disposition sera punie d'un emprisonnement d'un mois à six mois et d'une amende de 16 à 50 francs.

Art. 5. — En cas d'infraction à l'une des dispositions de la présente loi, les autorités municipales seront tenues d'interdire toutes représentations aux individus désignés en l'article 1er.

Lesdites autorités seront également tenues de requérir la justification, conformément aux dispositions de l'article 4, de l'origine et de l'identité de tous les enfants placés sous la conduite des individus susdésignés. A défaut de cette justification, il en sera donné avis immédiatement au parquet. (Loi du 7 décembre 1887, art. 1er, 4 et 5.)

La loi ne donnant pas à la gendarmerie le droit d'agir directement en cas d'infraction à la loi du 7 décembre 1874, elle devra se borner, si elle a quelques doutes sur l'âge des enfants employés, à en prévenir immédiatement les autorités municipales.

SALUBRITÉ, s. f. Ensemble des

conditions favorables à la santé publique.

Un arrêté du 18 décembre 1848 a créé dans chaque chef-lieu d'arrondissement et de département un conseil d'hygiène et de salubrité chargé d'étudier toutes les questions qui peuvent se présenter dans la circonscription et qui sont relatives à l'hygiène et à la santé publiques : l'assainissement des rues, des maisons, des cours, des puits, etc. — Le conseil s'occupe également des professions qui peuvent être dangereuses, soit pour les voisins, soit pour les ouvriers qu'elles emploient et, enfin, il prend toutes les mesures pour prévenir et combattre les épidémies.

Il est expressément ordonné à la gendarmerie, dans ses tournées, courses ou patrouilles, de porter la plus grande attention sur ce qui peut être nuisible à la salubrité, afin de prévenir, autant que possible, les ravages de maladies contagieuses ; elle est tenue, à cet effet, de surveiller l'exécution des mesures de police prescrites par les règlements et de dresser procès-verbal des contraventions pour que les poursuites soient exercées par qui de droit contre les délinquants. (Décr. du 1er mars 1854, art. 324.)

Lorsqu'elle trouve des animaux morts sur les chemins ou dans les champs, elle en prévient les autorités locales et les requiert de les faire enfouir ; elle se porte, au besoin, de nouveau sur les lieux pour s'assurer que les ordres donnés à cet égard par les autorités ont été exécutés ; en cas de refus ou de négligence, les chefs de la gendarmerie, sur le rapport du commandant de brigade, informent les préfets ou sous-préfets, afin qu'il soit pris des mesures à cet égard. (Décr. du 1er mars 1854, art. 325.)

Les mêmes précautions sont prises par la gendarmerie dans les cantons où des épizooties se sont manifestées ; elle veille de plus à ce que les animaux atteints et morts de cette maladie, ainsi que les chevaux morveux qui ont été abattus, soient enfouis avec leur cuir, pour prévenir et arrêter les effets des maladies contagieuses. (Décr. du 1er mars 1854, art. 326.)

On voit, d'après ces articles, que la gendarmerie est chargée de veiller à l'exécution de toutes les mesures de salubrité qui peuvent être prises, et l'une des plus importantes est l'enfouissement de tous les animaux morts. Aussi tiendra-t-elle la main à ce que cet enfouissement ait lieu dans le plus bref délai, et elle empêchera de suivre cet usage absurde qui consiste à clouer des oiseaux de proie ou des chauves-souris à la porte des habitations. — La maladie du charbon est toujours causée par des piqûres de mouches qui se sont reposées sur des animaux en décomposition. (V. *Charbon.*)

Le Code rural, article 13, punit d'une amende de trois jours de travail ou de trois jours d'emprisonnement le défaut d'enfouissement d'animaux morts.

SALUT, s. m. Démonstration de respect que les militaires doivent à leurs supérieurs. (V. *Marques extérieures de respect.*)

SALVE, s. f. Décharge simultanée de plusieurs armes à feu faites dans un combat ou en l'honneur de quelqu'un.

Dans les places et camps à l'intérieur, il est tiré cent un coups de canon à l'arrivée et au départ du Président de la République.

Ministres. Dans les mêmes circonstances, il est tiré :

Pour le Ministre de la guerre, 19 coups de canon ;

Pour le Ministre de la marine, dans les places qui sont ports militaires, 19 coups de canon ;

Pour les autres Ministres et pour le Ministre de la marine, dans les places qui ne sont pas ports militaires, 17 coups de canon.

Maréchaux, amiraux, généraux, etc. Pour les maréchaux, amiraux et généraux, lors de leur prise de possession ou de leur première entrée dans une place de leur commandement il est tiré :

Pour les maréchaux de France et amiraux, 17 coups de canon ;

Pour les généraux de division commandant une ou plusieurs armées, 15 coups de canon ;

Pour les vice-amiraux pourvus d'une commission de commandement d'amiral, 15 coups de canon ;

Pour les généraux de division commandant un corps d'armée, 11 coups de canon;

Pour les vice-amiraux commandant en chef à la mer ou préfets maritimes, 11 coups de canon;

Pour les généraux de division commandant une région après la mobilisation, 11 coups de canon;

Pour les généraux de division commandant un groupe de subdivisions de région, 9 coups de canon;

Pour les généraux de brigade commandant des subdivisions territoriales et les contre-amiraux majors généraux de la marine, 7 coups de canon. (Décr. du 4 octobre 1891, art. 301, 302 et 303.)

SANGLIER, s. m. Type sauvage de notre cochon domestique. Le sanglier vit à l'état sauvage dans toutes les contrées tempérées de l'Europe et de l'Asie. Il est considéré comme un animal nuisible et une circulaire du 7 juin 1881 autorise en tout temps le transport, la vente et le colportage de la viande de sanglier.

SANTÉ, s. f. *Service de santé*. Le service de santé dans l'armée est exercé par un corps de médecins et de pharmaciens dont la composition est donnée au mot *Assimilation*. Ce service a pour objet le traitement des militaires malades en activité de service. (V. *Médecin*.) Ce règlement sur le service de santé est du 25 novembre 1889. Il a été modifié par décret du 14 octobre 1892

Une loi en date du 15 février 1902 prescrit les mesures générales à prendre pour protéger la santé publique.

L'article 1er donne aux maires le droit de déterminer, après avis du conseil municipal, et sous forme d'arrêtés municipaux, les précautions à prendre pour prévenir ou faire cesser les maladies transmissibles, pour assurer la salubrité de maisons, etc., etc.,

SAONE (HAUTE-) (Département). Populat., 266,665 habit., 3 arrondissements, 28 cantons (7e corps d'armée, 7e légion de gendarmerie), chef-lieu Vesoul, 9,770 habit., à 354 kil. E.-S.-E. de Paris, dans un bassin d'une grande fertilité au pied de la Motte. S.-P. : Gray, Lure. — Département méditerrané. — Pays en général montueux. — Agricole, d'exploitation et manufacturier. — Elève de bœufs, de chevaux, d'ânes, de mulets et de moutons mérinos. — Mines de fer, de houille, de sel gemme. — Eaux salines et thermales de Luxeuil.

SAONE-ET-LOIRE (Département). Populat., 620,360 habit., 5 arrondissements, 50 cantons (8e corps d'armée, 8e légion de gendarmerie), chef-lieu Mâcon, 19,575 habit., à 399 kil. E.-S.-E. de Paris, à la frontière du département. S.-P. : Autun, Chalon-sur-Saône, Charolles, Louhans.— Département méditerrané. — Pays montueux, traversé du sud au nord par les Cévennes et la Côte-d'Or. — Agricole, manufacturier et d'exploitation. — Elève de bœufs estimés du Charollais. — Engraissements de porcs et de volailles, abeilles et vers à soie. — Sources minérales à Bourbon-Lancy et à Saint-Christophe. — Patrie des généraux Duhesme et Richepanse.

SAPE, s. f. Terme militaire. On donne le nom général de sape aux chemins couverts et aux tranchées que l'on creuse autour d'une place dont on fait le siège.

Les hommes employés spécialement aux travaux de la sape sont les sapeurs-mineurs.

Il existe aussi dans chaque régiment d'infanterie douze sapeurs et un caporal sapeur dont la spécialité en campagne est de débarrasser les chemins et d'abattre les arbres. En temps de paix, les sapeurs servent de plantons au colonel et sont employés aux ateliers de cartoucherie régimentaires et à l'entretien du matériel de tir.

Sapeurs du génie détachés sur les voies ferrées. (V. *Chemins de fer*.)

Sapeurs de chemins de fer. (V. *Génie*.)

SAPEUR-POMPIER. Les corps de sapeurs-pompiers relèvent du ministère de l'intérieur; ils ont pour mission de combattre les incendies.

Ils peuvent être exceptionnellement appelés, en cas de sinistre autre que l'incendie, à concourir à un service d'ordre ou de sauvetage, et à fournir, avec l'assentiment de l'autorité militaire supérieure, des escortes dans les cérémonies publiques. (Décr. du 29 décembre 1875, art. 1er.)

Ils ne peuvent se réunir en armes

qu'avec l'assentiment de l'autorité militaire. (Décr. du 29 décembre 1875, art. 2.)

Ils sont organisés par commune, en vertu d'arrêtés préfectoraux qui fixent leur effectif d'après la population et l'importance du matériel de secours en service dans la commune. (Décr. du 29 décembre 1875, art. 3.)

Ils se recrutent au moyen d'engagements volontaires parmi les hommes qui ont satisfait à la loi du recrutement et restent soumis à toutes les obligations que leur impose la loi militaire. (Décr. du 29 décembre 1875, art. 7.)

Les sapeurs-pompiers d'une commune forment, suivant l'effectif, une subdivision de compagnie, une compagnie ou un bataillon. (Décr. du 29 décembre 1875, art. 12.)

En cas d'incendie, la direction et l'organisation des secours appartiennent exclusivement à l'officier commandant ou au sapeur-pompier le plus élevé en grade, qui donne seul les ordres aux travailleurs. (Décr. du 29 décembre 1875, art. 21.)

Sont dispensés des périodes d'exercices militaires auxquelles sont soumis les hommes appartenant à l'armée territoriale, les sapeurs-pompiers qui, au moment de l'appel de leur classe pour une période d'instruction, sont inscrits depuis au moins cinq ans sur les contrôles des corps de sapeurs-pompiers régulièrement organisés. (Loi du 7 avril 1902.)

Sapeurs-pompiers de Paris. Ce corps fait partie intégrante de l'arme de l'infanterie et est organisé militairement.

Les gendarmes, ainsi que tous les autres militaires, doivent le salut aux officiers de sapeurs-pompiers revêtus de leur uniforme. Il y a réciprocité de la part des sapeurs-pompiers vis-à-vis de l'armée. (Circ. minist. du 4 novembre 1874.)

SARTHE (Département). Populat., 422,699 habit., 4 arrondissements, 33 cantons (4e corps d'armée, 4e légion de gendarmerie), chef-lieu Le Mans, 57,412 habit., à 211 kil. S.-O. de Paris, divisé en deux parties par la Sarthe. S.-P. : La Flèche, Mamers, Saint-Calais. — Département méditerrané. — Pays peu élevé. — Agricole. — Élève très étendue de volailles, de porcs, de gros bétail, de chevaux de petite taille. — Mines de fer, carrières de marbre, d'ardoises, d'argiles. — Source d'eaux salées à la Suze.

SAUF-CONDUIT, s. m. Passeport. — En temps de guerre, le sauf-conduit est un permis accordé à une personne de circuler sur le territoire qu'on occupe.

Il est délivré par le général en chef.

Lorsque la gensarmerie rencontre des personnes munies de sauf-conduits, elle doit s'assurer avec le plus grand soin de la validité de ces titres et de l'identité des porteurs. (V. service de la gendarmerie en campagne, art. 98.)

A l'intérieur, le sauf-conduit remplace la feuille de route.

Le maire, en sa qualité de suppléant de sous-intendant militaire dans les lieux où il n'y a pas de garnison et dans ceux où la garnison ne compte pas d'officiers du grade de capitaine, est chargé de délivrer aux militaires isolés des sauf-conduits valables jusqu'à la plus prochaine résidence d'un sous-intendant ou d'un suppléant militaire. (Art. 17 du décr. du 16 janvier 1883.) (V. le mot *Feuille de route.*)

SAUVEGARDE, s. f. Les sauvegardes sont les militaires que l'on place dans des maisons particulières, dans des établissements publics ou dans des magasins pour en défendre l'entrée et veiller à leur conservation.

Les sauvegardes doivent être respectées comme des sentinelles et le pays est responsable des violences qu'elles pourraient éprouver de la part des habitants. Mais, pour se faire reconnaître, elles devront toujours être munies d'un ordre écrit du général ou du chef d'état-major.

L'article 87 du décret du 28 mai 1895 place les sauvegardes sous la surveillance du prévôt; elles doivent lui obéir, ainsi qu'aux officiers et sous-officiers de gendarmerie. Ces officiers et ces sous-officiers s'assurent que les sauvegardes suivent exactement les instructions qu'elles ont reçues des généraux;

ils rendent compte des difficultés qu'elles rencontrent dans l'exécution de leur mission et des violences qu'elles peuvent éprouver. (V. service de la gendarmerie en campagne, art. 97.)

Il est aussi donné des sauvegardes écrites ou imprimées signées du commandant en chef, contre-signées du chef de l'état-major et portant le cachet de l'état-major général. Les sauvegardes de ce genre présentées aux troupes doivent être respectées comme une sentinelle ; elles sont numérotées et enregistrées.

SAVOIE (Département). Populat., 254,781 habit., 4 arrondissements, 29 cantons (14e corps d'armée, 14e légion *bis* de gendarmerie), chef-lieu Chambéry, 20,922 habit., à 596 kil. S.-E. de Paris, au milieu d'une délicieuse vallée arrosée par la Laisse et l'Albane. S.-P. : Albertville, Moutiers, Saint-Jean-de-Maurienne. — Département frontière. — Pays en partie couvert de montagnes. — Agriculture difficile à cause de la nature du sol. — Bestiaux, chevaux et mulets estimés. — Animaux sauvages nombreux (ours, chamois, loups, marmottes, aigles, vautours). — Sources d'eaux thermales à Aix-les-Bains. — Patrie du général de Boigne.

SAVOIE (HAUTE-) (Département). Populat., 263,803 habit., 4 arrondissements, 28 cantons (14e corps d'armée, 14e légion *bis* de gendarmerie), chef-lieu Annecy, 11,947 habit., à 646 kil. S.-E. de Paris, au bord du lac du même nom. S.-P. : Bonneville, Saint-Julien, Thonon. — Département frontière. — Pays très montagneux. — Agricole. — Chevaux de trait, mulets, moutons et vaches. Abeilles, vers à soie, animaux sauvages. — Nombreuses sources d'eaux thermales de principes variés. — Patrie du général Desaix, qui commanda l'armée des Alpes en 1815.

SCEAU, s. m. Sorte de grand cachet gravé en creux portant la marque ou la devise d'un monarque, d'un Etat, d'un corps, d'une personne officielle, etc. — Le Ministre de la justice porte le titre de *garde des sceaux*.

Les contrefacteurs des sceaux de l'Etat, des sceaux, timbres ou marques d'une autorité quelconque, des timbres-poste ou ceux qui auront fait usage de ces sceaux, marques ou timbres seront punis, conformément à l'article 142 du Code pénal, d'un emprisonnement de deux ans au moins et de cinq ans au plus.

Ceux qui, s'étant indûment procuré les vrais sceaux, timbres ou marques, en ont fait un usage préjudiciable, sont passibles d'un emprisonnement de six mois à trois ans. (C. P., art. 143.)

Les articles 259 et 260 du Code militaire punissent de la réclusion tout militaire qui contrefait les sceaux ou timbres de l'Etat, et de la dégradation tout militaire qui se sert des vrais sceaux pour un usage préjudiciable aux droits ou aux intérêts de l'Etat ou des militaires.

SCELLÉ, s. m. Empreinte faite avec un cachet sur de la cire et apposée par la justice sur les portes des appartements, des meubles, etc., avec défense de les ouvrir.

Ce sont les juges de paix qui sont chargés de poser et de lever les scellés, et le bris des scellés est considéré, suivant le cas, soit comme un délit, soit comme un crime, et est puni suivant la gravité du cas. (C. P., art. 249 et suivants.)

Les gardiens des scellés peuvent également être punis pour simple négligence de six jours à deux ans de prison, et si les gardiens ont eux-mêmes brisé les scellés, ils sont passibles des travaux forcés à temps. (C. P., art. 249 à 257.)

L'apposition des scellés a lieu dans plusieurs cas : par exemple, en cas de faillite, en cas de disparition subite d'une personne et en cas de décès. En cas de décès, l'apposition des scellés peut être requise par l'un quelconque des héritiers, par les créanciers et enfin, en cas d'absence des héritiers, par les personnes qui demeuraient avec le défunt, par ses serviteurs et ses domestiques.

Les scellés peuvent être apposés sur les papiers, etc., de tous les officiers supérieurs et des chefs de corps ou de service décédés en activité ou en retraite, qu'elles qu'aient été leurs fonctions ou positions. (V. le décret du 22 janvier 1890 et l'instr. minist. de la même date.)

SCIE, s. f. Lame métallique mince et taillée en petites dents.

Quiconque sera trouvé dans les bois et forêts, hors des routes et chemins ordinaires, avec serpes, cognées, haches, scies et autres instruments de même nature, sera condamné à une amende de 10 francs et à la confiscation desdits instruments. (C. F., art. 146.)

SCRUTIN, s. m. Vote qu'on dépose dans une urne et qu'on compte ensuite. — *Le scrutin individuel* est celui dans lequel l'électeur n'inscrit qu'un nom sur son billet; le *scrutin de liste* est celui où chaque électeur inscrit sur son bulletin autant de noms qu'il y a de candidats à élire.

SECOURS, s. m. Action de secourir, de donner aide et assistance.

L'article 630 du décret du 1er mars 1854 fait une obligation à tous les membres de la gendarmerie, sous peine de se constituer en état de prévarication, de porter secours à toute personne qui le demande; de même, l'article 475, no 12, du Code pénal, combiné avec les articles 137 et 638 du décret, autorise la gendarmerie à requérir aide et assistance de tous les citoyens chaque fois qu'elle le juge nécessaire dans l'exercice de ses fonctions.

Secours d'urgence. Dans l'intervalle des revues, et seulement dans les cas urgents, frais de maladie principalement, les chefs de corps ou de légion sont autorisés à accorder, sur la demande des conseils d'administration, des secours qui ne peuvent s'élever à plus de 50 francs par homme. Il en est rendu compte au Ministre. A moins de circonstances exceptionnelles, ces secours doivent ceser depuis la fin de la revue du chef de légion jusqu'à la clôture des opérations de l'inspecteur général. (Annexe no 3 du règl. du 12 avril 1893.) (V. Serv. int., art. 45.)

Secours aux veuves et orphelins. Le Ministre peut allouer, dans des cas particuliers, sur la proposition des chefs de corps ou de légion, un secours une fois payé aux veuves ou orphelins des sous-officiers, brigadiers et gendarmes récemment décédés. En principe, la somme de 300 francs est un maximum réservé aux veuves des militaires décédés au moment d'accomplir leur vingt-cinquième année de service. (Même règl., même annexe.)

Secours aux familles des militaires détachés à la prévôté en campagne. En temps de guerre, les familles des sous-officiers, brigadiers et gendarmes, mariés ou veufs avec enfants, qui sont appelés hors de leur résidence pour faire partie des forces publiques aux armées, reçoivent une indemnité spéciale d'un franc par jour, qui est prélevée sur les fonds de la masse de secours. (Même règl., même annexe.)

Les hommes mariés prenant part aux grandes manœuvres peuvent être l'objet de propositions spéciales sur la masse de secours. (Circ. minist. du 18 août 1875.)

Secours pour cherté de vivres. Les sous-officiers, brigadiers et gendarmes mariés, appartenant à des brigades dans lesquelles l'indemnité pour cherté de vivres est allouée, et qui sont détachés dans des résidences où cette indemnité n'est pas due, touchent, pendant tout le temps de leur absence pour le service, des allocations sur la masse de secours égales aux sommes qu'ils auraient reçues à titre de supplément de solde ou d'indemnité pour cherté de vivres s'ils étaient restés à leurs brigades.

Cette disposition s'applique aux militaires mariés, détachés des brigades où l'indemnité pour résidence dans Paris est allouée dans les localités où elle n'est pas due. (Même règl., même annexe.)

Secours pour changement de résidence. Les demandes de changement de résidence dans l'intérêt du service peuvent être accompagnées d'une proposition de secours en faveur des militaires qui en sont l'objet et suivant les circonstances et les causes qui motivent ce changement. (Circ. des 4 avril 1878 et 8 mars 1880.) (V. *Masse de secours* et *Médicaments*.)

Secours aux familles des militaires à l'hôpital. Les chefs de légion peuvent accorder un secours égal à la moitié de la solde du militaire, par jour, aux familles des militaires de la gendarmerie mariés ou veufs avec enfants qui sont dans une situation nécessiteuse, pendant toute la durée du traitement, de ces militaires annexe, Modifiée par la circulaire ministérielle du 17 mars 1900.)

Secours de la guerre. Indépendamment des secours qui peuvent être prélevés sur la masse de secours, on distingue encore des secours de la guerre qui sont exclusivement réservés aux anciens militaires et à leurs familles dans le dénuement ou dont les ressources sont notoirement insuffisantes.

Ces secours se divisent en secours éventuels et en secours permanents.

Le cadre de cet ouvrage ne nous permet pas de donner ici la réglementation en vigueur pour la concession de ces secours, mais les conditions à remplir, les formalités à observer et les pièces à produire sont longuement détaillées dans l'instruction du 27 août 1886, modifiée par celles des 1er août 1890 et 9 janvier 1895, qui résume toutes les dispositions relatives à la concession des secours de la guerre et abroge toute les circulaires antérieures, sauf celles du 28 septembre 1885. Une note ministérielle, en date du 9 janvier 1895, modifie l'article 23 de l'instruction du 27 août 1888, relatif à la date des enquêtes et de l'envoi des propositions au Ministre.

La gendarmerie peut être appelée à donner des renseignements à l'autorité militaire sur les changements survenus dans la situation des titulaires de secours. (Circulaire du 3 avril 1900.)

Les anciens militaires comptant 14 ans de service peuvent obtenir un secours. (Note minist. du 13 mars 1896.)

De plus, nous ajouterons que tout militaire qui a été amputé ou est devenu aveugle au service par suite de causes n'ouvrant pas le droit à la pension déterminée par l'article 12 de la loi du 11 avril 1831, doit être proposé pour un secours permanent fixé à 200 francs par an, payable par trimestre et d'avance.

Le mémoire de proposition établi à cet effet est accompagné des mêmes pièces que les mémoires de proposition pour la gratification de réforme renouvelable.

Enfin, la loi du 21 décembre 1882 autorise les communes à s'imposer extraordinairement, jusqu'à concurrence de trois centimes additionnels, dans le but d'accorder des secours aux familles nécessiteuses des soldats de la réserve et de l'armée territoriale retenus sous les drapeaux.

Placement des secours aux veuves et aux orphelins. — Les agents du Trésor sont autorisés à payer les mandats de secours ordonnancés par les sous-intendants militaires, sur l'acquit de la personne spécialement désignée sur le mandat, sans que celle-ci ait à fournir une procuration.

En ce qui concerne les orphelins, l'absence, sur le mandat, de la désignation qui précède, laisse nécessairement supposer que l'allocation est payable sur l'acquit du tuteur. Il n'y a donc pas lieu d'en faire la mention expresse, les mineurs étant naturellement représentés par leurs tuteurs dans les actes civils. (Art. 450 du C. C.; décr. du 3 juillet 1880 et note minist. du 14 mars 1885.)

En cas de décès, la reversion du secours ne saurait avoir lieu sans une décision minist. (Art. 36 du règl. du 3 avril 1869.)

Secours aux blessés (Société de). (V. *Société*.)

SECRET, s. m. Ce qu'on ne doit dire à personne. Toutes les personnes dépositaires par état ou par profession de secrets qu'on leur confie et qui les divulguent sont passibles d'un emprisonnement d'un mois à six mois et d'une amende de 100 francs à 500 francs. (C. P., art. 378.)

L'article 418 du Code pénal punit de la réclusion tout directeur, commis, ouvrier de fabrique qui aura communiqué à des étrangers ou à des Français résidant à l'étranger des secrets de la fabrique où il est employé.

Tout militaire qui divulgue à l'ennemi le secret d'une opération, d'une expédition ou d'une négociation est puni de mort. (C. M., art. 205.)

Tout fonctionnaire public, tout agent du gouvernement, ou toute autre personne qui, chargée ou instruite officiellement ou à raison de son état, du secret de négociations ou d'une expédition, l'a livré aux agents d'une puissance étrangère ou de l'ennemi, est puni de la déportation. (C. P., art. 76; loi des 8 et 16 juin 1850.)

Mettre un prisonnier *au secret* c'est lui interdire de communiquer avec qui que ce soit. Aucun prisonnier ne peut être tenu au secret qu'en vertu d'une ordonnance du juge d'instruction ou du président des assises. Ce moyen n'est employé qu'avec beaucoup de réserve, et seulement lorsqu'il est indispensable à la manifestation de la vérité.

Remèdes secrets. (V. *Remède.*)

SECRÉTAIRE, s. m. Celui qui est chargé de faire des lettres et toutes les écritures pour une personne, un conseil ou une administration près desquels il est attaché.

Le brigadier secrétaire du chef de légion est pris parmi les militaires de l'arme à pied. Il n'est pas commandant de brigade et est dispensé de tout service. Le gendarme chargé des écritures de la compagnie est pris également dans l'arme à pied.

Ses fonctions spéciales le dispensent de tout autre service et il ne peut être astreint aux théories, revues ou exercices qu'avec l'autorisation du commandant de compagnie. (V. service intérieur, art. 107 et 108, modifié par le décret du 28 septembre 1901.)

Secrétaire général. Il y a dans chaque préfecture un fonctionnaire qui porte le nom de secrétaire général et qui est chargé d'aider le préfet dans les détails de l'administration et de le remplacer en cas d'absence.

SECTION, s. f. En terme militaire, la section est la moitié du peloton ou le quart de la compagnie d'infanterie : la première section est commandée par le lieutenant et la quatrième par le sous-lieutenant. L'officier de réserve commande la deuxième et l'adjudant la troisième.

Il y a dans chaque chef-lieu de corps d'armée une section de secrétaires d'état-major et de recrutement : ces sections portent le numéro de la région, et il y en a une vingt et unième pour Paris; il y a, outre, 25 sections de commis et ouvriers d'administration et 25 sections d'infirmiers militaires (une par région de l'intérieur, plus 3 pour l'Afrique, 3 pour Paris et 1 pour Lyon).

Dans la gendarmerie, les arrondissements trop importants sont scindés en deux sections; chacune de ces sections est commandée par un officier.

SÉDITION, s. f. Révolte, soulèvement, émeute populaire ayant pour but de renverser le gouvernement établi.

Les *emblèmes séditieux* sont ceux qui provoquent à la sédition. La loi sur les emblèmes séditieux est encore à l'étude.

SEIME, s. f. Fente qui survient à la corne de la paroi du sabot et de haut en bas, suivant la direction des fibres.

Les seimes ont, en général, pour cause une corne sèche et cassante, de longues routes pendant l'été, surtout après un long repos et sur des routes ferrées ou empierrées; enfin, la mauvaise habitude qu'ont les maréchaux inhabiles d'enlever en rapant le vernis protecteur de l'ongle contribue beaucoup à la formation des seimes. Cette affection amène presque toujours la boiterie et ne guérit alors qu'en faisant l'opération dite *opération de la seime*, qui consiste à enlever les deux bords de la fente depuis le haut jusqu'en bas.

SEINE (Département). Populat., 3,669,930 habit. 3 arrondissements, 28 cantons (gouvernement de Paris, légion de Paris), chef-lieu Paris, 2,714,068 habit. S.-P. : Saint-Denis, Sceaux. — Département méditerrané. Pays généralement plat, agricole et manufacturier. Paris et ses environs occupent le premier rang dans l'industrie. — Elève soignée de vaches laitières, de chèvres, d'ânesses et de moutons mérinos. — Carrières de pierres à bâtir. — Sources minérales à Passy, Auteuil. — Patrie de Augereau, Catinat, Condé, d'Estrées, le prince Eugène et le maréchal Grouchy.

SEINE-ET-MARNE (Département). Populat. 358,325 habit., 5 arrondissements, 29 cantons (5e corps d'armée, 5e légion de gendarmerie), chef-lieu Melun, 12,792 habit., à 46 kil. S.-S.-E. de Paris, divisé en plusieurs parties par la Seine. S.-P. : Coulommiers, Fontainebleau, Meaux, Provins. — Département méditerrané. — Pays de plaines étendues coupées çà et là de collines peu élevées. — Agricole et d'exploitation. — Elève de bêtes à cornes et de volailles. — Source ferrugineuse à Provins et sulfureuse à Thieux. — Patrie des rois Philippe-Auguste, Philippe IV, Henri III, Louis XIII, du grand Dauphin père de Louis XV, de Henri de Condé et du maréchal Saint-Pol.

SEINE-ET-OISE (Département). Populat., 707,325 habit., 6 arrondissements, 37 cantons (gouvernement de Paris, légion de Paris), chef-lieu Versailles, 51,679 habit., à 21 kil. O.-S.-O. de Paris, sur un plateau isolé. S.-P. : Corbeil, Etampes, Mantes, Pontoise et Rambouillet. — Département méditerrané. — Pays entrecoupé par des coteaux et des collines. — Agricole et manufacturier. — Elève considérable de chevaux, moutons, vaches laitières, porcs et volailles; nombreuses carrières de pierres de taille. — Eaux minérales sulfureuses à Enghien, et ferrugineuses à Forges-les-Bains. — Patrie des rois Saint-Louis, Louis XIV, Louis XVI, de Simon de Montfort, d'Anne de Montmorency, des généraux Hoche, Berthier, Leclerc et Blanchard.

SEINE-INFÉRIEURE (Département). Populat., 853,883 habit., 5 arrondissements, 54 cantons (3e corps d'armée, 3e légion de gendarmerie), chef-lieu Rouen, 116,316 habit., à 136 kil. N.-O. de Paris, sur la Seine. S.-P. : Dieppe, Le Havre, Neufchâtel, Yvetot. — Département maritime. Pays de plaines, sillonné par de petites hauteurs. — Agricole, maritime et manufacturier. — Elève de chevaux de belle race dite normande, de bestiaux et de moutons. Pêche considérable. — Patrie de l'amiral Duquesne et du général Duvivier.

SEING, s. m. Ce mot est synonyme de signature; mais il ne s'emploie, en général, que dans les deux expressions suivantes : *donner un blanc-seing*, c'est donner à une personne un papier signé qu'elle peut remplir comme elle le voudra; faire un acte *sous seing privé*, c'est signer et rédiger un acte sans le ministère d'un officier public. (V. *Contreseing*.)

SÉJOUR. Indemnité se séjour. (V. *Frais de route*.)

SEL, s. m. Substance bien connue, employée partout comme assaisonnement et qu'on obtient par l'évaporation des eaux de la mer ou de certaines sources : on le rencontre encore en masses compactes dans certains terrains : il s'appelle alors sel gemme.

Le sel est frappé d'un impôt qui augmente considérablement son prix, et la circulation de cette matière est assujettie à de nombreuses formalités énumérées dans la loi du 17 juin 1840, l'ordonnance du 26 juin 1841 et le décret du 12 avril 1852.

Les employés des douanes et des contributions indirectes sont spécialement chargés de constater les contraventions relatives à la circulation du sel; mais les gendarmes ont toujours le droit de les dénoncer, et, dans ce cas, ils ont droit au tiers des amendes.

SELLE, s. f. Petit siège en bois recouvert de cuir qu'on met sur le dos d'un cheval ou d'une autre bête de somme pour la commodité du cavalier. — La description de la selle de gendarmerie et la façon de l'ajuster se trouve dans le règlement du 28 mai 1900 et dans l'instruction du 16 octobre 1894.

SENAT, s. m. Assemblée délibérante investie d'une portion de la souveraineté.

Le Sénat actuel a été établi par la constitution du 25 février 1875, modifiée par la loi du 9 décembre 1884; il se compose de 300 membres, élus par les départements et les colonies.

Nul ne peut être élu sénateur s'il n'est Français, âgé de 40 ans au moins et s'il ne jouit de ses droits civils et politiques.

Les membres des familles qui ont régné sur la France sont inéligibles au Sénat.

Les militaires des armées de terre et de mer ne peuvent être élus sénateurs.

Sont exceptés de cette disposition :

les maréchaux de France et les amiraux; les officiers généraux maintenus sans limite d'âge dans la première section du cadre de l'état-major général et non pourvus de commandements; les officiers généraux ou assimilés placés dans la deuxième section du cadre de l'état-major général; les militaires des armées de terre et de mer qui appartiennent soit à la réserve de l'armée active, soit à l'armée territoriale.

Les sénateurs sont élus au scrutin de liste, quand il y a lieu, par un collège réuni au chef-lieu du département ou de la colonie, et composé :

Des députés;

Des conseillers généraux;

Des conseillers d'arrondissement;

Des délégués élus parmi les électeurs de la commune, par chaque conseil municipal. Les conseils composés de 10 membres éliront 1 délégué. — Les conseils composés de 12 membres éliront 2 délégués. — Les conseils composés de 16 membres éliront 3 délégués. — Les conseils composés de 21 membres éliront 6 délégués. — Les conseils composés de 23 membres éliront 9 délégués. — Les conseils composés de 27 membres éliront 12 délégués. — Les conseils composés de 30 membres éliront 15 délégués. — Les conseils composés de 32 membres éliront 18 délégués. — Les conseils composés de 34 membres éliront 21 délégués. — Les conseils composés de 36 membres et au-dessus éliront 24 délégués. — Le conseil municipal de Paris élira 30 délégués.

Dans l'Inde française, les membres des conseils locaux sont substitués aux conseillers d'arrondissement. Le conseil municipal de Pondichéry élira 5 délégués. Le conseil municipal de Karikal élira 3 délégués. Toutes les autres communes éliront chacune 2 délégués.

Le vote a lieu au chef-lieu de chaque établissement.

Les membres du Sénat sont élus pour neuf années.

Le Sénat se renouvelle tous les trois ans, conformément à l'ordre des séries de départements et colonies actuellement existantes.

SENS, s. m. Faculté par laquelle l'homme et les animaux reçoivent l'impression des objets extérieurs. Il y a cinq sens : la vue, l'ouïe, l'odorat, le toucher et le goût.

Ce mot s'emploie aussi comme synonyme de *signification* : le sens d'un mot, d'une phrase, de la loi. Enfin, il signifie la faculté de comprendre : avoir le sens droit, avoir du bon sens, avoir le sens commun.

SENTINELLE, s. f. Soldat armé qui fait le guet pour la garde d'un poste, d'un camp, d'un palais, etc.

Tout militaire qui, étant en faction ou en vedette, est trouvé endormi, est puni :

1° De 2 ans à 5 ans de travaux publics s'il était en présence de l'ennemi ou de rebelles armés ;

2° De six mois à un an d'emprisonnement si, hors le cas prévu par le paragraphe précédent, il était sur un territoire en état de guerre ou en état de siège ;

3° De deux à six mois d'emprisonnement dans tous les autres cas. (C. M., art. 212.)

Est puni de mort tout militaire coupable de violence à main armée envers une sentinelle ou vedette.

Si les violences n'ont pas eu lieu à main armée et ont été commises par un militaire assisté d'une ou plusieurs personnes, la peine est de cinq ans à dix ans de travaux publics. Si, parmi les coupables, il se trouve un officier, il est puni de la destitution, avec emprisonnement de deux à cinq ans. La peine est réduite à un emprisonnement d'un à cinq ans si les violences ont été commises par un militaire seul et sans armes.

Est puni de six jours à un an d'emprisonnement, tout militaire qui insulte une sentinelle par paroles, gestes ou menaces. (C. M., art. 220.)

SÉPULTURE, s. f. Inhumation : lieu où l'on enterre un mort. La violation de tombeaux ou de sépultures est punie d'un emprisonnement de trois mois à un an et d'une amende de 16 à 200 francs. (C. P., art. 360.)

SÉQUESTRE, s. m. On donne ce nom au dépôt d'une chose litigieuse mise par la justice entre les mains d'un tiers afin qu'elle puisse être retrouvée dans l'état où on l'a laissée.

Les biens du condamné par contumace sont mis sous le séquestre au nom et au profit de l'Etat. (C. instr. crim., art. 465.)

SEQUESTRATION, s. f. Action de détenir ou de renfermer illégalement ou arbitrairement une personne.

Seront punis de la peine des travaux forcés à temps ceux qui, sans ordre des autorités constituées et hors les cas où la loi ordonne de saisir des prévenus, auront arrêté, détenu ou séquestré des personnes quelconques. Quiconque aura prêté un lieu pour exécuter la détention ou séquestration subira la même peine. (C. P., art. 341.) Si la détention ou séquestration a duré plus d'un mois, la peine sera celle des travaux forcés à perpétuité. (C. P., art. 342.)

La peine sera réduite à l'emprisonnement de deux ans à cinq ans, si les coupables des délits mentionnés en l'article 341, non encore poursuivis de fait, ont rendu la liberté à la personne arrêtée, séquestrée ou détenue, avant le dixième jour accompli depuis celui de l'arrestation, détention ou séquestration. Ils pourront néanmoins être renvoyés sous la surveillance de la haute police, depuis cinq ans jusqu'à dix ans. (C. P., art. 343.)

SERBIE, petit royaume fondé en 1882 et situé au sud de la Save et du Danube, 2,160,000 habitants. Capitale Belgrade, au confluent du Danube et de la Save.

D'après la loi du 18 octobre 1878, l'armée serbe qui, en temps de paix, est d'une vingtaine de mille hommes, comprendrait, en temps de guerre, 100.000 combattants. La durée du service est de 10 ans dans l'armée active et la réserve et de 20 ans dans la milice.

SERGENT, s. m. En terme militaire, le sergent est un sous-officier d'infanterie. Dans une compagnie, le deuxième sous-officier porte le nom de sergent-major; le premier est l'adjudant; le sergent fourrier est le sous-officier chargé de tenir les écritures et, en marche, de pourvoir au logement et à la nourriture du soldat.

Sergent de ville. Les sergents de ville sont les agents de l'autorité municipale; ils sont nommés par le maire et sont chargés de veiller au maintien de l'ordre matériel dans les rues et les endroits publics. Ils peuvent arrêter les délinquants en cas de flagrant délit, mais ils n'ont aucune qualité pour rédiger des procès-verbaux; lorsqu'ils constatent des faits délictueux, ils sont toujours appelés en témoignage devant la justice et c'est leur déposition qui fait foi au même degré que celle des témoins ordinaires. (V. *Agent de police.*)

Les sergents de ville de Paris portent le nom de *gardiens de la paix;* ils sont nommés par le préfet de police.

SERMENT, s. m. Acte religieux par lequel on prend Dieu à témoin de la sincérité de ce que l'on dit, de l'engagement que l'on prend ou de la promesse que l'on fait.

Dans un procès civil, le serment peut être déféré soit par l'une des parties à l'autre, soit d'office par le tribunal. Celui qui, dans ce cas, se rend coupable d'un faux serment est puni de peines correctionnelles. (V. C. P., art. 366. V. *Témoin.*)

Le **serment politique** a été aboli par décret du 5 septembre 1870; il ne reste plus que le *serment professionnel* imposé à certains fonctionnaires, officiers publics, etc., c'est-à-dire l'affirmation solennelle de remplir consciencieusement les devoirs de leur profession. (Décr. du 11 septembre 1870.)

Les militaires de la gendarmerie, avant d'entrer en fonctions, sont tenus de prêter serment d'après la formule suivante, qui est mentionnée en marge des commissions et lettres de service: « Je jure d'obéir à mes chefs en tout ce qui concerne le service auquel je suis appelé et, dans l'exercice de mes fonctions, de ne faire usage de la force qui m'est confiée que pour le maintien de l'ordre et l'exécution des lois. » (Décr. du 1er mars 1854, art. 6; V. également l'article 7 pour les formalités à remplir pour les prestations de serment auxquelles doivent assister en grande tenue tous les militaires de l'arme de la résidence.)

La date de la prestation de serment est inscrite sur le livret de l'homme, sur son folio mobile et sur le registre matricule de la compagnie. (Service intérieur, art. 33.)

Le serment n'est pas renouvelé, à moins de perte de la qualité d'officier ou d'agent auxiliaire de la justice. (Instr. du 7 novembre 1835.)

Les officiers, sous-officiers, brigadiers et gendarmes employés dans la résidence doivent toujours assister en grande tenue aux prestations de serment, s'ils n'en sont empêchés par les exigences du service. (Décr. du 1er mars 1854, art. 7.)

Les gendarmes réservistes et territoriaux rappelés en cas de mobilisation ne prêtent pas serment à nouveau. (Circ. du 16 juin 1883.)

Le refus de prêter serment en justice équivaut au défaut de comparution, et, dans ce cas, le témoin peut être condamné à la même peine que celui qui ne satisfait pas à la citation.

Les militaires appelés comme témoins devant la justice doivent déposer leurs armes pour prêter serment.

SERVICE, s. m. En terme militaire, le service est l'ensemble des devoirs et des travaux auxquels sont assujettis ceux qui servent l'Etat dans l'armée. Le service personnel est *obligatoire* pour tous les Français qui sont reconnus aptes à pouvoir être soldats.

Sa durée est de 25 ans : 3 ans dans l'armée active, 10 ans dans la réserve de l'armée active, 6 ans dans l'armée territoriale et 6 ans dans la réserve de l'armée territoriale. (Loi du 19 juillet 1892.)

Le service de la gendarmerie dans les départements se divise en service ordinaire et en service extraordinaire.

Le **service ordinaire** est celui qui s'opère journellement ou à des époques périodiques, sans qu'il soit besoin d'aucune réquisition de la part des officiers de police judiciaire et des diverses autorités.

Le **service extraordinaire** est celui dont l'exécution n'a lieu qu'en vertu d'ordres ou de réquisitions. (Décr. du 1er mars 1854, art. 269.) L'un et l'autre ont essentiellement pour objet d'assurer constamment, sur tous les points du territoire, l'action directe de la police judiciaire, administrative et militaire. (Décr. du 1er mars 1854, art. 270.)

Sauf ce qui est prescrit pour les adjudants et les maréchaux des logis chefs, tous les chefs de brigade roulent avec les gendarmes et marchent, autant que possible, à leur tour pour le service des tournées, conduites, patrouilles, escortes et rencontres de jour et de nuit. Ce service est toujours fait par deux hommes au moins.

Dans le cas ou l'effectif est insuffisant, le commandant d'arrondissement peut seul apporter une modification à cette règle, et il en rend compte.

Le service exceptionnel des ordonnances, soit pour accompagner les officiers de service à cheval, soit pour le transport des dépêches urgentes, ne peut être fait que par les gendarmes.

Dans chaque résidence, le gendarme qui est le premier à marcher se tient prêt à monter à cheval au premier avis; lorsque les circonstances l'exigent, le commandant de brigade peut ordonner que ce cavalier ait son cheval sellé et tout prêt à être bridé.

Le service de chaque jour est commandé, autant que possible, la veille, au pansage du soir; mention en est faite sur un cahier mensuel broché, modèle n° 18, suspendu dans un endroit apparent de la caserne.

Lorsque le service doit s'effectuer à la fois sur plusieurs points, les hommes qui sont les premiers à marcher font la course la moins longue, afin d'être rentrés les premiers à la résidence pour doubler le service, s'il y a lieu, sans intervertir l'ordre des tours. S'il survient un service à faire à l'improviste et à l'instant même, les premiers à marcher font ce service, et s'ils sont portés sur la liste du jour, ils y sont remplacés par ceux qui suivent. Toutefois, lorsque le service imprévu réclame une grande célérité, si les premiers à marcher sont momentanément absents de la caserne, le chef de brigade commande ceux qui suivent.

Le chef de brigade n'est pas astreint à se régler sur le contrôle d'ancienneté pour commander le service ; il doit, au contraire, éviter que deux nouveaux admis marchent ensemble ; il marche lui-même de préférence avec ceux dont l'instruction spéciale et l'expérience pratique laissent le plus à désirer. Dans les brigades mixtes ou dans les brigades à cheval, quand les cavaliers sont démontés, le chef de brigade doit éviter, autant que possible, de faire marcher ensemble des hommes à pied et des hommes à cheval. (V. Service intérieur, art. 115.)

Le service particulier que la gendarmerie doit faire près des conseils de revision, des tribunaux et des commissions de classement de chevaux est indiqué dans les articles correspondant à ces mots.

Service extraordinaire. Le service extraordinaire est celui qui donne lieu à des déplacements. Les services extraordinaires énumérés ci-après donnent droit à une indemnité dite de servcie extraordinaire :

Sous-officiers, brigadiers et gendarmes (annexe n° 1 du règl. du 30 décembre 1892.)

SERVICES DONNANT DROIT À L'INDEMNITÉ.	DISPOSITIONS PARTICULIÈRES ET OBSERVATIONS.
1° Transport hors de la résidence en vertu des commissions rogatoires ou d'actes extrajudiciaires.....	L'indemnité est due quelle que soit la durée de l'absence.
2° Remplacements provisoires pendant les vaccances d'emplois ou dans les postes accidentellement affaiblis............................ 3° Service dans les postes provisoires (aller et retour compris) (1). 4° Service aux forces supplétives (Corse exceptée), aller et retour compris.........................	L'indemnité ne peut être allouée pendant plus de trois mois, lors même que la mission se prolongerait au delà de ce terme (2). Les généraux gouverneurs ou commandants de corps d'armée et le général commandant la division d'occupation de Tunisie statuent sur les demandes de maintien de l'indemnité de déplacement au delà de trois mois qui leur sont faites en faveur des militaires sous leurs ordres.
5° Détachements extraordinaires en station permanente à l'intérieur.	Les détachements préposés à la garde et à la surveillance des dépôts de condamnés civils ou militaires doivent être relevés par moitié de six mois en six mois et l'allocation de l'indemnité ne peut être continuée au delà d'une année aux mêmes militaires, à moins d'une autorisation ministérielle. Cette restriction ne concerne pas les sous-officiers qui rempliraient les fonctions de commandant près les dépôts et ateliers, et dont le changement ne peut avoir lieu qu'en vertu d'une décision spéciale du Ministre de la guerre.
6° Allant assister aux exercices de tir, se rendant au chef-lieu de la compagnie ou de l'arrondissement afin d'essayer ou de recevoir des effets, de passer la revue des armes ou de porter des armes à réparer ou pour aller chercher des armes envoyées en réparation (lettre minist. du 15 mai 1893), (3)........ 7° Déplacés pour le maintien de l'ordre pendant les foires, marchés, fêtes patronales, etc. (4)...........	L'indemnité n'est due que si le déplacement entraîne une absence de plus de douze heures consécutives.
8° Militaires des brigades déplacés pour assister à la remise d'une décoration......................	L'indemnité est due quelle que soit la durée de l'absence.

(1) Dans le but d'éviter à l'Etat des dépenses d'indemnités de service extraordinaire et frais de route, les postes provisoires seront composés, en permanence, des mêmes hommes pris à la brigade dans la circonscription de laquelle ils se trouvent. (Décis. président. du 10 février 1894).

(2) Les chefs de légion n'ont plus à soumettre à l'approbation du Ministre les déplacements temporaires ordonnés par eux ; ils se bornent à lui en rendre compte et l'indemnité de service extraordinaire est allouée de plein droit. (Dép. minist. du 11 novembre 1895.)

(3) Ou se rendant au chef-lieu d'arrondissement ou de section pour faire prendre les mesures par les adjudicataires des effets d'habillement. (Lettre minist. du 26 octobre 1895.)

(4) Ainsi que pour les courses de chevaux. (Solution administ.)

SERVICES DONNANT DROIT A L'INDEMNITÉ.	DISPOSITIONS PARTICULIÈRES ET OBSERVATIONS.
9º Déplacements extraordinaires en vertu de réquisition (1)......... 10º Allant porter le résultat des élections..................	L'indemnité est due quelle que soit la durée de l'absence.
11º Se rendant au chef-lieu de la compagnie à l'effet d'y prendre livraison d'un cheval rayé des contrôles, d'y faire vendre un cheval réformé, d'y présenter au conseil d'administration une monture nouvellement achetée, celle d'un homme décédé ou avant de quitter l'arme, un cheval qui peut être conservé pour la remonte d'un autre militaire.	L'indemnité n'est due que si le déplacement entraîne une absence de plus de douze heures consécutives. Les militaires de la gendarmerie qui vont se remonter dans les régiments de cavalerie et d'artillerie ou au chef-lieu de la légion reçoivent l'indemnité de route simple dans les cas prévus au tableau 1, position nº 33.
12º Allant rendre leurs armes et régler leurs comptes au chef-lieu de la compagnie..................	L'indemnité est due jusqu'au jour exclu de la radiation si l'absence est de plus de douze heures consécutives. Toutefois, s'ils rentrent à leur poste avant leur radiation, l'indemnité cesse de leur être allouée à partir du lendemain du jour de l'arrivée à ce poste.
13º Brigades déplacées pour les revues annuelles des chefs de légion et des inspecteurs généraux.......	Les brigades déplacées ne doivent pas être retenues plus de quarante-huit heures hors de leur résidence sans motifs urgents. Dans tous les cas, cette indemnité est double pour la première période de 24 heures seulement. (V. la note minist. du 28 juin 1893.)
14º Escortant des officiers dans leurs services..................	L'indemnité est due si l'absence se prolonge au delà de douze heures consécutives.
15º Se rendant au chef-lieu de la compagnie pour être armé comme venant d'une autre compagnie ou d'une autre légion par suite de changement de résidence.........	Ces militaires sont dirigés, avec ou sans monture, sur le poste qui leur est assigné par le Ministre et non sur le chef-lieu de la compagnie. L'indemnité de service extraordinaire leur est allouée pour aller recevoir leurs armes au chef-lieu de leur nouvelle compagnie, si l'absence se prolonge au delà de douze heures consécutives.
16º Militaires de la gendarmerie chargés pendant la nuit d'un service de gardes et d'escorte de convois de poudre. (Décis. du 22 avril 1901.).........................	Lorsque l'absence est d'au moins dix heures.

Nota. — L'indemnité de service extraordinaire n'est pas allouée aux militaires de la gendarmerie d'Afrique ou de Tunisie.

(1) Les seuls déplacements visés à ce paragraphe sont les suivants:
1º Pour assister le parquet ou les officiers de police judiciaire dans les transports de justice ou dans les perquisitions;
2º Pour porter, en cas d'extrême urgence, des dépêches émanant des autorités civiles ou militaires. (Art. 99 du décret du 1er mars 1854.)
(Note ministérielle du 28 mars 1894).

Outre les cas spécifiés ci-dessus, tout déplacement qui retient les sous-officiers, brigadiers et gendarmes plus de 12 heures consécutives hors de leur résidence, sans qu'il leur soit possible d'y rentrer momentanément, et à condition d'en justifier comme il est dit, donne droit à une indemnité de service extraordinaire (1).

Si des exceptions relatives à la durée de l'absence devenaient nécessaires en faveur de quelques brigades, en raison de la fréquence et de la rapidité des escortes, il en serait référé au Ministre de la guerre pour l'allocation de l'indemnité.

Pour les services qui retiennent les sous-officiers, brigadiers et gendarmes plus de 12 heures hors de leur résidence, il n'est alloué qu'une journée d'indemnité si leur absence ne se prolonge pas au delà de 24 heures. Il est alloué une nouvelle journée d'indemnité pour toute période ou fraction de période de 24 heures en sus de la première. (Tableau 2, nº 12, du règl. du 30 décembre 1892.)

L'indemnité de service extraordinaire est également allouée aux officiers, sous-officiers, brigadiers et gendarmes qui font partie des forces publiques attachées aux armées. (Décr. du 24 juillet 1875.)

Les commandants de brigade appelés au chef-lieu de la légion, de la compagnie ou de l'arrondissement pour y être interrogés sur la théorie militaire et sur les règlements de l'arme, n'ont droit à aucune allocation, ces déplacements n'étant autorisés par aucune disposition réglementaire. (Note minist. du 5 décembre 1881.)

Les militaires en service extraordinaire ont droit au logement pour eux et pour leurs chevaux. (Tableau 2, nº 12, du règl. du 30 décembre 1892.)

Le taux de l'indemnité est fixé par le tarif nº 16 dudit règlement comme il suit:

Adjudant	3 fr. »
Maréchal des logis chef, maréchal des logis et fourrier	1 fr. 75
Brigadier et gendarme	1 fr. 25

Aux colonies, ces indemnités sont doublées. (Décis. présid. du 26 août 1880.)

L'indemnité de service extraordinaire ne se cumule ni avec l'indemnité en marche, ni avec l'indemnité de route, ni avec les indemnités payées sur les fonds de la justice civile aux militaires appelés en justice comme témoins, ou pour donner des explications sur leurs procès-verbaux, ni enfin avec les prestations sur le pied de guerre. (Tableau 2, nº 12, du règl. du 30 décembre 1892.) Mais une indemnité de service extraordinaire peut être allouée pour un service de cette nature à un militaire de la gendarmerie qui la reçoit déjà comme détaché de sa résidence. (Lettre minist. du 12 septembre 1873.) — L'indemnité de service extraordinaire allouée aux militaires détachés de leur résidence peut également se cumuler avec les indemnités accordées :

Aux adjoints; — aux trésoriers; — pour cherté de vivres; — pour résidence dans Paris; — en rassemblement dans certaines villes; — pour la fête nationale; — pour escorte de prisonniers; — pour escorte de poudre; — aux militaires appelés en témoignage; — pour indemnité représentative de vin ou d'eau-de-vie. — (Pour les indemnités dues aux officiers pour leurs déplacements, V. *Déplacement*.)

Services militaires et services civils. (V. *Pension*.)

Les services civils au compte de l'Etat, mais seulement à partir de l'âge

(1) L'indemnité n'est pas due pour les déplacements des hommes se rendant au chef-lieu de la compagnie ou de l'arrondissement; prendre les cartouches de tir, attendu que les munitions doivent parvenir aux arrondissements par les transports de la guerre et, d'autre part, que, conformément à l'instruction du 31 juillet 1891, art. 3, on doit utiliser les services de jonction et de rencontre pour faire parvenir les munitions aux brigades. (Lettre minist. du 15 mai 1893.)

Elle n'est pas due non plus à ceux qui restent plus de douze heures pour visiter les communes ou hameaux de leur circonscription, ce service rentrant dans leurs obligations ordinaires; à ceux qui exécutent un service d'embuscades pour la capture d'un individu sous mandat de justice; à ceux qui se transportent dans une commune de leur circonscription pour constater un assassinat, se mettre à la recherche de l'auteur, et qui ne rentrent à leur résidence qu'après une absence de douze heures; à ceux qui s'absentent plus de douze heures et qui sont détachés provisoirement de leur résidence. (Dépêche minist. du 15 mai 1893.)

Les militaires de la gendarmerie qui se déplacent pour apporter au général commandant la subdivision des pigeons étrangers qui viennent d'être capturés, ont droit à l'indemnité de route. (Circ. minist. du 2 septembre 1891.)

de 20 ans, entrent dans l'évaluation du temps de service exigé pour la proposition pour l'admission dans la Légion d'honneur. (Instruction sur les inspections; dispositions communes à toutes les armes.)

Services. — On ne porte sur le registre matricule que les services donnant droit à la pension de retraite ou à des récompenses militaires. Les services rendus avant l'âge fixé pour l'admission dans l'armée par la loi sur le recrutement sont relatés pour mémoire seulement.

Les services antérieurs à l'incorporation dans un corps sont justifiés par une attestation du conseil d'administration du dernier corps dont le militaire faisait partie, ou par une pièce officielle émanant du ministère de la guerre ou de la marine.

Les services civils rendus à l'Etat antérieurement à l'incorporation ou durant une interruption de service militaire doivent être inscrits sur le vu d'un relevé établi par les administrations centrales (ministères de l'intérieur, des finances, de l'agriculture, etc.). (Art. 31 du décret du 9 novembre 1853.)

Les mentions relatives aux acquittements et aux condamnations sont portées sur le registre matricule, ainsi que les jugements par contumace. Le refus d'informer et les ordonnances de non-lieu ne doivent pas y être inscrits. (Règl. du 12 avril 1893, annexe n° 1.)

Les condamnations pour insoumission, désertion ou participation à des mouvements insurrectionnels n'y figurent pas également. (Note minist. du 23 avril 1893.)

On doit indiquer dans les services, outre la campagne (millésime et pays), les affaires auxquelles un officier a pris part et la date de ces affaires. (Arrêté minist. du 30 mars 1887 et note minist. du 23 septembre 1887.)

Service auxiliaire. Il comprend les jeunes gens qui sont atteints d'infirmités ou de difformités qui, sans motiver l'exemption, les rendent incapables d'un service actif. Ces jeunes gens ne sont jamais appelés, si ce n'est dans le cas de mobilisation ou de guerre. Ils sont répartis en diverses catégories susceptibles d'être utilisées (service d'alimentation, réquisition des chevaux et voitures, bureaux de l'intendance, du recrutement et des corps de troupe en temps de guerre). Ils peuvent, en outre, le cas échéant, être mis à la disposition de l'industrie privée pour des travaux intéressant exclusivement l'armée.

Depuis la loi du 2 avril 1901, on ne verse plus dans les services auxiliaires les jeunes gens qui n'ont pas la taille de 1^{m},54.

En temps de paix, les hommes de ces services, sont soumis à des revues d'appel. Ils sont convoqués cinq fois pendant la période de leur service. (V. instr. du 28 décembre 1895, art. 100 et 242.)

SERVITUDE, s. f. En jurisprudence, la servitude est une charge imposée à une propriété par une autre propriété. Ainsi le *droit de passage* dans une propriété est une servitude; il en est de même du *droit de vue* qui permet à un voisin de prendre jour sur votre propriété.

Il y a trois espèces de servitudes : les servitudes naturelles, les servitudes légales et les servitudes conventionnelles.

SESSION, s. f. On appelle session le temps pendant lequel le Sénat et la Chambre des députés sont réunis pour s'occuper séparément des questions qui leur sont soumises. Les sessions doivent durer cinq mois au moins chaque année.

SÉVICES, s. m. pl. Terme de droit qui ne s'emploie qu'au pluriel et qui sert à désigner spécialement les mauvais traitements exercés sur une personne sur laquelle on a autorité (un mari sur sa femme, un père sur ses enfants, un maitre sur ses serviteurs, etc.).

SÈVRES (DEUX-) (Département). Populat., 342,474 habit., 4 arrondissements, 31 cantons (9e corps d'armée, 9e légion de gendarmerie), chef-lieu Niort, 23,225 habit., à 416 kil. S.-O. de Paris. S.-P. : Bressuire, Parthenay, Melle. — Département méditerrané. — Pays montagneux en général, surtout dans les arrondissements de Parthenay et de Bressuire. — Agricole. — Elève de chevaux médiocres, mulets très estimés, gros bétail, moutons, porcs et volailles. — Mines de fer et de houille. — Sources minérales à Billazay, Saint-Léger, Caunay. — Patrie du maréchal de la Meilleraie, un des meilleurs officiers de Louis XIII, et du général Chabot, qui défendit vaillamment les îles Ioniennes contre les Russes et les Turcs en 1799.

SIÈCLE, s. m. Espace de cent ans. — Le XXe siècle commencera le 1er jour de l'année 1901.

On désigne aussi sous ce nom l'époque qui a été illustrée par un grand prince et par les hommes qui ont vécu sous son règne; c'est ainsi qu'on dit le siècle de Léon X, le siècle de Louis XIV.

SIÈGE, s. m. Terme d'art militaire qui s'emploie pour désigner les opérations faites par une armée, pour s'emparer d'une place forte.

Etat de siège. C'est l'état exceptionnel dans lequel une ville ou une contrée est soumise au régime militaire. Lorsqu'il est déclaré, tous les pouvoirs de l'autorité civile passent à l'autorité militaire, qui alors a le droit : 1° de faire des perquisitions de jour et de nuit dans le domicile de tous les citoyens ; 2° d'éloigner les repris de justice et tous les individus non domiciliés dans les lieux soumis à l'état de siège ; 3° d'ordonner la remise des armes et des munitions et de procéder à leur recherche et à leur enlèvement ; 4° d'interdire les publications et les réunions qu'elle juge de nature à exciter ou à entretenir le désordre. (V. décr. du 4 octobre 1891, art. 189 et suivants.)

L'état de siège ne peut être déclaré que par une loi ou par un décret dans les circonstances prévues et sous les conditions édictées par la loi du 3 avril 1878.

SIGNALEMENT, s. m. Description des traits d'une personne, de son extérieur et de toutes les marques particulières qui peuvent servir à faire reconnaître son identité.

Les signalements des malfaiteurs, des déserteurs et de tous les individus sous le coup de mandats ou d'ordres d'arrestation sont envoyés à la gendarmerie, qui doit faire les recherches nécessaires pour arrêter les individus qui lui sont signalés. Ces signalements peuvent, au besoin, être adressés aux maires pour être remis aux gardes champêtres, qui doivent aider les gendarmes dans leurs recherches. (V. décr. du 1er mars 1854, art. 289, 343, 367, 407 et 644.) Le signalement est quelquefois remplacé par une photographie; mais ce moyen, excellent en lui-même, n'est pas toujours applicable.

Les signalements des déserteurs sont envoyés aux commandants des compagnies de gendarmerie des départements ci-après : 1° celui du contingent auquel l'homme appartient ; 2° celui dans lequel l'homme avait son dernier domicile ; 3° celui où il est né ; celui où son père et sa mère sont domiciliés. (Instr. du 6 septembre 1897, art. 8.)

Munis de ce signalement, les gendarmes peuvent arrêter le militaire sans avoir besoin de mandat, parce qu'il se trouve toujours en flagrant délit de désertion ou d'insoumission, et qu'il suffit de constater son identité. Lorsqu'il est arrêté ou qu'il s'est rendu volontairement, on envoie aux brigades un certificat dit n° 2 pour faire cesser les recherches.

Les signalements n° 1, dont le chef d'escadron est détenteur, sont conservés avec soin dans ses bureaux. Sur leur verso, ils reçoivent la mention de l'inscription qui en doit être faite sur les registres tenus à cet effet par les commandants d'arrondissement et de brigade et des procès-verbaux constatant la recherche ou l'arrestation des déserteurs et insoumis. Le chef d'escadron étant responsable, vis-à-vis des corps ou du recrutement, des signalements n° 1 qu'il en reçoit, toute initiative lui est laissé, quant au mode de classement de ces signalements, sous la réserve que la méthode adoptée doit être très simple et n'entraîner aucun surcroît d'écritures pour les commandants d'arrondissement et de brigade. (Décret du 20 décembre 1901.)

La note ministérielle du 8 avril 1891 rappelle que le signalement des militaires voyageant sous l'escorte de la gendarmerie doit toujours être inscrit sur les feuilles de route.

En *hippologie*, le signalement est

l'énumération des caractères extérieurs qui peuvent faire distinguer un cheval de tous les autres. Les signalements sont simples ou composés.

Les *signalements simples* comprennent le nom, le sexe, l'âge, la taille, la robe et ses particularités en commençant par celles du corps et en continuant ensuite par celles de la tête et des membres. Modèle de signalement simple : *Bayard*, cheval, 5 ans en 1872, 1^{m},69, bai marron, rubican aux flancs, petite pelote bordée, balzanes postérieures, la gauche herminée.

Les *signalements composés*, qui ont naturellement plus de poids en justice en cas de contestation, renferment, en outre, les détails généraux sur la race, la conformation de l'individu, son caractère, son tempérament et sur le service auquel il semble propre.

SIGNATURE, s. f. Nom ou marque que l'on met au bas d'un écrit pour certifier qu'on l'approuve ou qu'on en est l'auteur.

Tout acte émané d'un officier public doit être signé par lui et cette signature rend l'acte authentique. Cependant, dans beaucoup de cas, l'on exige que cette signature soit légalisée par un magistrat. (V. *Légalisation*.) Les signatures doivent toujours être lisibles. (Notes minist. du 27 décembre 1841 et 15 juillet 1850.) Les signatures faites avec une griffe sont interdites.

SIGNIFICATION, s. f. En jurisprudence, la signification est la notification d'un arrêt, d'un jugement, d'un acte quelconque par voie judiciaire, c'est-à-dire par le ministère d'un officier public, qui est presque toujours un huissier. A défaut d'huissier, la gendarmerie peut être chargée de faire les notifications. (Loi du 5 pluviôse an XIII.) (V. *Citation*.)

Les significations ne peuvent être faites que pendant le temps de jour réglé par la loi.

SIMULATION, s. f. Action de feindre, de faire paraître comme réelle une chose qui n'existe pas.

Pour échapper au service militaire, beaucoup de conscrits déclarent des maladies qu'ils n'ont pas ; la gendarmerie est chargée de faire des enquêtes pour dévoiler ces simulations.

Certains mendiants simulent des plaies ou des infirmités. Cette simulation constitue une circonstance aggravante que les gendarmes ne doivent pas oublier de signaler dans leurs procès-verbaux.

SINISTRE, s. m. Evénement qui est cause de pertes matérielles importantes. Les grands incendies, les naufrages, les inondations, etc., sont des sinistres.

Il doit être rendu compte de tous les sinistres aux diverses autorités.

SOCIÉTÉ, s. f. Réunion d'hommes vivant sous des lois communes. — Association de personnes soumises à un règlement commun et se réunissant dans un but politique, religieux, littéraire, etc.

Nulle association de plus de vingt personnes dont le but est de se réunir tous les jours ou à certains jours marqués pour s'occuper d'objets religieux, littéraires, politiques ou autres, ne pourra se former qu'avec l'agrément du gouvernement et sous les conditions qu'il plaira à l'autorité publique d'imposer à la société. Dans le nombre de personnes indiquées par le présent article, ne sont pas comprises celles domiciliées dans la maison où l'association se réunit. (C. P., art. 291.)

Le décret du 28 juillet 1848 a été abrogé par la loi du 30 juin 1881, sauf l'article 13 relatif aux sociétés secrètes ; cet article est ainsi conçu : « Les sociétés secrètes sont interdites ; ceux qui sont convaincus d'avoir fait partie d'une société secrète seront punis d'une amende de 100 à 500 francs, d'un emprisonnement de six mois à deux ans, et de la privation des droits civiques d'un an à cinq ans. Ces condamnations pourront être portées au double contre les chefs ou fondateurs desdites sociétés.

Les militaires en activité ne peuvent faire partie *d'aucune société financière ou industrielle* (Circ. du 6 mars 1889) et la circulaire du 9 décembre 1878 défend aux officiers de réserve ou de l'armée territoriale qui s'occupent de négoce ou d'industrie de faire allusion à leur situation militaire dans leurs prospectus, annonces ou affiches. — Quant aux officiers retraités ou réformés, qui peuvent évidemment s'occuper d'actes commerciaux ou financiers, il leur est enjoint, s'ils font mention du grade resté leur propriété, d'ajouter toujours à la suite les mots « retraité » ou « réformé », qui font connaître leur position actuelle, conformément, d'ailleurs, à la loi du 19 mai 1834.

Il existe en France un grand nombre de sociétés de secours et de patronage.

Société de secours de la gendarmerie. (V. *Caisse du gendarme.*)

Société nationale d'encouragement au bien. Elle accorde tous les ans, sur la proposition des inspecteurs généraux, des récompenses (diplômes et médailles d'honneur) aux chefs de brigade particulièrement zélés pour l'instruction élémentaire de leurs hommes.

La **Société française de secours pour les blessés** et les malades des armées de terre et de mer, reconnue d'utilité publique le 23 juin 1866, distribue des secours aux militaires blessés ou malades, ainsi qu'à leurs ascendants et à leurs veuves. (Décr. du 2 mars 1878.)

Les soldats malades ou blessés qui croient avoir des droits aux secours de la Société française de secours aux blessés militaires doivent adresser leurs demandes soit au président de la Société, à Paris, 19, rue Matignon, soit au président du comité du département dans lequel ils sont domiciliés.

En temps de guerre, la Société de secours aux blessés prête son concours au service de l'arrière pour l'installation des infirmeries et des hôpitaux. Elle dispose actuellement de plus de 40.000 lits et d'un nombreux personnel qui a reçu un enseignement spécial dans les écoles de la Société.

Société ou Association des Dames françaises. Elle seconde, en temps de guerre, le service de santé militaire et fait parvenir aux malades et blessés les dons qu'elle reçoit de la générosité publique. Cette association a été reconnue comme établissement d'utilité publique par le décret du 16 novembre 1886, qui règle son fonctionnement.

Outre cette Société et celle de *Secours aux blessés* dont il a été parlé plus haut, il en existe encore une troisième, **l'Union des Femmes de France,** qui, comme les deux autres, a pour mission de secourir les blessés en temps de paix et de prêter son concours, en temps de guerre, au service de santé des armées de terre et de mer. Pour l'accomplissement de cette mission si importante, ces sociétés sont placées sous l'autorité du commandement et des directeurs du service de santé. L'Association des Dames françaises et l'Union des Femmes de France distribuent également des secours aux civils en cas de calamité publique et de désastres; la Société française de Secours aux blessés ne s'occupe que des militaires.

Un décret en date du 19 octobre 1892 réglemente le fonctionnement des trois sociétés établies pour secourir les blessés et malades des armées de terre et de mer.

La **Société de la Croix Verte** est une société de bienfaisance qui a pour but de recueillir et de soigner les soldats coloniaux qui rentrent affaiblis après leurs campagnes. Après les avoir soignés dans une maison qu'elle possède, à Sèvres, la Société se charge de leur procurer une situation.

La Maison des vieux marins installée à Rochefort, offre, moyennant le versement de 1 franc par jour, un asile des plus confortables aux anciens marins qui ne peuvent plus travailler.

L'Œuvre des pensions militaires (11 *bis*, rue Montaigne, Paris), a pour but d'aider les militaires et marins infirmes ou leurs parents à faire valoir leurs droits à la pension, et de donner des secours aux nécessiteux en attendant la liquidation de leur retraite.

La **Société de secours mutuels des anciens militaires blessés** a son siège 47, rue du Temple, Paris.

Elle donne à chaque membre malade les soins gratuits, une indemnité de 2 francs par jour pendant 90 jours et de 1 franc pendant 90 autres. Elle rend les honneurs au camarade décédé et remet un secours à sa famille.

L'Union centrale des officiers retraités des armées et de mer a

pour but de donner a ses membres les soins médicaux, de pourvoir à leurs funérailles, d'accorder aide et protection aux veuves et aux enfants et de faire des avances remboursables aux officiers passant à la retraite.

La Maison du soldat (Paris, 51, rue d'Hauteville), s'est donné pour mission d'empêcher qu'à sa sortie du régiment le jeune homme de famille modeste devienne, par un long chômage, une charge pour ses parents. Elle procure des emplois de toute sorte aux sous-officiers et soldats nouvellement libérés et, pour les orphelins, elle remplace la famille, en leur fournissant, jusqu'à ce qu'ils aient trouvé du travail, des secours d'argent et des vêtements.

Sociétés de tir et de gymnastique. L'organisation et le fonctionnement de ces sociétés sont régis par l'instruction ministérielle du 29 avril 1892, modifiée par la note ministérielle du 19 mai 1894. Elles sont divisées en quatre catégories, et le Ministre de la guerre fixe les conditions requises pour leur constitution et règle la délivrance des munitions à titre remboursable et à titre gratuit.

Les sociétés de tir et de gymnastique ne peuvent se réunir ni sortir en armes sans l'autorisation préalable du général commandant la subdivision. (Circ. min. du 16 juin 1889.)

Société protectrice des animaux. (V. *Animaux.*)

Les **sociétés coopératives** ont pour but de vendre à très bon marché à ceux qui en font partie la nourriture, le linge, les vêtements, etc. Ces sociétés, qui achètent en gros pour revendre sans bénéfices, ont donné en Angleterre d'excellents résultats et sont appelées à un grand avenir lorsqu'elles seront entrées dans nos mœurs.

Les **sociétés anonymes** sont des sociétés ou des compagnies qui ne portent le nom d'aucun des associés et qui sont simplement désignées par l'objet de leur entreprise. Les compagnies d'assurances, les compagnies des chemins de fer, la Banque de France, la compagnie du canal de Suez, etc., sont des sociétés anonymes.

Les **sociétés en nom collectif** et les *sociétés en commandite* sont celles dans lesquelles tous les membres sont responsables des actes de cette société.

Ces deux sociétés sont désignées sous une *raison sociale*, c'est-à-dire sous le nom d'un ou de plusieurs de leurs membres.

Les **sociétés de secours mutuels** sont des sociétés dans lesquelles chaque membre verse, par mois ou par semaine, une petite somme qui forme un fonds commun destiné à procurer aux sociétaires des secours lorsqu'ils sont malades, blessés ou infirmes.

Sociétés autorisées. Aux termes de la circulaire ministérielle du 27 mai 1895, les règles de la discipline s'opposent à ce qu'un militaire entre, sous aucun prétexte, dans une association ayant un caractère politique ou religieux; il ne peut, quel que soit son grade, faire partie d'une autre société quelconque sans l'autorisation expresse du ministre de la guerre.

A ce sujet, nous croyons devoir reproduire la liste des sociétés autorisées avec la date de l'autorisation :

Alliance française, 2 mai 1889.

Association amicale coopérative des officiers de terre et de mer, 30 août 1890.

Association créole, 17 avril 1889.

Association francaise de topographie, de gymnastique et de tir, 23 avril 1887.

Association tonkinoise, 8 février 1893.

Club alpin français, 27 mars 1889.

Groupe parisien des anciens élèves de l'Ecole polytechnique, 28 juin 1895.

La Sabretache, 23 novembre 1893.

Société contre l'abus du tabac, 11 mai 1889.

Souvenir français, 30 août 1889.

Topographie de France, 13 mai 1887.

Touring Club de France, 19 avril 1895.

Touristes du Dauphiné, 17 juillet 1889.

Union des officiers de l'instruction publique et d'académie, 7 janvier 1887.

Union vélocipédique de France, 25 juillet 1895.

En outre, le ministre de la guerre a délégué aux généraux commandant les corps d'armée le droit d'autoriser les officiers à faire partie des sociétés purement scientifiques ou artistiques organisées dans certaines villes de leur territoire (19 mars 1889).

SOLDE, s. f. Paye des militaires. En terme commercial, ce mot *s'emploie au masculin* et sert à désigner le payement qui se fait pour finir d'acquitter un compte.

Le règlement du 30 décembre 1892 a établi deux espèces de solde pour les officiers et la troupe : la solde de présence et la solde d'absence. La solde de présence est due dans la position d'activité de service, et la solde d'absence dans celle de congé, de jugement ou détention, de captivité, de traitement dans les hôpitaux et d'absence irrégulière.

On distingue encore pour les officiers la solde de non-activité et la solde de réforme. La *solde de non-activité* varie suivant les causes pour lesquelles les officiers ont été placés dans cette position, soit par suite de licenciement de corps, de suppression d'emploi, de rentrée de captivité à l'ennemi ou d'infirmités temporaires, soit par suite de retrait ou de suppression d'emploi. Le tarif du 27 décembre 1890 a déterminé le taux de cette solde pour les différents grades.

Les militaires allant percevoir leur solde en dehors de leur résidence ont droit à l'indemnité de route. (Tableau du règlement du 18 mars 1901.)

La **solde de réforme** est des deux tiers du minimum de la pension de retraite si la réforme a été motivée par des infirmités, et de la moitié si elle est prononcée par mesure de discipline. (Tarif du 22 novembre 1882.) Cette solde est payée pendant un temps égal à la moitié de la durée des services effectifs, si l'officier avait moins de vingt ans de services. Au delà de cette limite, l'officier a droit à une pension de réforme. (V. la loi du 17 août 1879.)

La solde de présence est due dans toutes les positions de présence, soit en station, soit en route isolément, et elle s'augmente d'une indemnité qui varie suivant que les hommes sont en route, en détachement ou en résidence dans certaines localités où des indemnités sont accordées à titre de rassemblement ou de cherté de vivres. (V. le mot *Indemnité*.)

La solde d'absence des officiers, des sous-officiers, brigadiers et gendarmes est égale à la moitié de la solde de présence. (V. les tarifs qui font suite au règlement du 30 décembre 1892.)

Solde de guerre. Les sous-officiers, brigadiers et gendarmes qui font partie des forces publiques attachées aux armées ont droit à la solde déterminée par les tarifs pour la gendarmerie d'Afrique.

Les officiers de gendarmerie dans la même position reçoivent, comme les officiers des autres corps de troupe, la solde de station à l'intérieur. (Tableau 1, n° 22, du règl. du 30 décembre 1892.) Le Ministre détermine des allocations spéciales, si la nécessité en est reconnue. Quant aux officiers de gendarmerie territoriaux, rappelés en cas de guerre ou de mobilisation, ils ont droit à la solde déterminée par les tarifs en vigueur pour les officiers de gendarmerie de leur grade en activité de service, mais ils cessent de recevoir le montant de leur pension de retraite pendant tout le temps qu'ils restent en activité de service. (Art. 93 de l'instr. du 12 février 1878 et instr. du 16 juin 1883.)

Solde des réservistes ou territoriaux. En cas de guerre ou de mobilisation, les hommes de la réserve de l'armée active ou de l'armée territoriale qui sont appelés à faire temporairement le service de la gendarmerie reçoivent la solde déterminée par les tarifs en vigueur, applicables suivant leurs grades. (Tableau 1, n° 40, du règl. du 30 décembre 1892.)

Solde des gendarmes aux grandes manœuvres. Les militaires de la gendarmerie faisant partie des prévôtés attachées aux corps d'armée pendant la durée des grandes manœuvres reçoivent la solde en station, l'indemnité en marche, et, à titre gratuit, le pain, la demi-ration de sucre et café accordée, à titre extraordinaire, aux troupes pendant la durée des manœuvres et les distributions éventuelles de liquides qui peuvent être faites. Cette indemnité n'est acquise que pour la période des manœuvres proprement dites.

Les journées de marche pour se rendre de la résidence au point de concentration, et *vice versa*, donnent droit à l'indemnité de route. Dans cette position, les gendarmes peuvent également percevoir une demi-ration journalière de sucre et café, à charge de remboursement et en sus de celle accordée à titre gratuit. (Instr. annuelle sur les manœuvres.)

Quant aux sous-officiers, brigadiers et gendarmes réservistes et territoriaux appelés à remplacer, dans les brigades, les gendarmes affectés aux prévôtés, ils ont droit à la solde de présence fixée par le tarif du règlement du 30 décembre 1892, qui leur est applicable à partir du lendemain de leur arrivée au poste qui leur est assigné et pour toutes les journées effectives de présence.

La solde de présence est due pour le jour du départ, si ce départ a lieu après le repas du matin. (Tableau 1, n° 37, du règlem. du 30 décembre 1892.)

Solde en route. Les militaires voyageant en détachement, sur le pied de paix, perçoivent, cumulativement avec la solde de présence en station, une indemnité dont la quotité est fixée, pour les différents grades, par le tarif n° 6 annexé au règlement du 30 décembre 1892. Pour que cette indemnité soit allouée, il faut que le détachement (6 hommes) (V. *Détachement*) ait franchi une étape ou une distance de 24 kilomètres au moins en dehors des lignes d'étapes. (Tableau 2, n° 2, du même règl.)

Les sous-officiers, brigadiers et gendarmes ont droit, pendant les manœuvres, à l'indemnité en marche déterminée par ce même tarif. (Décis. minist. du 18 mars 1901.)

Solde de captivité. La solde d'absence est allouée à dater du lendemain du jour où le militaire est tombé au pouvoir de l'ennemi, jusqu'au jour exclu de son passage de la frontière pour rentrer en France, dûment constaté. (Tableau 1, n° 30, du règl. du 30 decembre 1892.)

Solde de permission. La solde de présence est allouée pour toute la durée de la permission. Toutefois, lorsqu'une permission accordée avec solde de présence est prolongée au delà de 30 jours, la solde de présence est due pendant les 30 premiers jours de l'absence. Le militaire recouvre le droit à la solde de présence à partir du lendemain de sa rentrée à son corps ou à son poste. (Tableau 1, n° 25, du règl. du 30 décembre 1892.)

Les permissions et les congés accordés aux militaires employés en Afrique ou en Corse, ou faisant partie d'une armée active ou d'un rassemblement hors du territoire, commencent du jour du débarquement ou du passage de la frontière; toutefois, les permissions et les congés ne commencent que le lendemain du jour du débarquement, lorsqu'il est bien constaté que l'heure tardive de ce débarquement rend impossible la mise en route dès le jour même. (Décret du 6 octobre 1898.)

Solde de congé. Les militaires en congé ont droit à la solde d'absence déterminée par les tarifs annexés au règlement du 30 décembre 1892. (Tableau 1, n° 25.) Cette solde est égale à la moitié de la solde de présence.

Les généraux de brigade qui accordent les congés de convalescence peuvent, par délégation des pouvoirs attribués aux généraux commandant les corps d'armée par la décision présidentielle du 11 septembre 1887, accorder en même temps la solde de présence pour une durée d'un mois — La solde de présence pour une durée plus longue peut être accordée par les généraux commandant les corps d'armée. (Art. 37 du décr. du 1er mars 1890.) La demande est justifiée par les certificats de visite et de contre-visite qui ont servi à l'obtention de ces congés et qui constatent la nécessité d'un traitement dispendieux.

Les militaires de la gendarmerie coloniale peuvent recevoir la solde entière au-delà de six mois, non seulement s'ils sont atteints d'une maladie endémique, mais aussi en cas de blessures reçues dans un service commandé. (Décis. présid. du 1er août 1900, modifiant le décret du 19 mars 1900.)

Pour les paiements à faire aux officiers et hommes de troupe rentrant des colonies, V. la note ministérielle du 20 avril 1899.

Solde de congé pour aller aux

eaux. La solde de présence est acquise, pour les délais de route et de tolérance, aller et retour, ainsi que pour les journées passées aux eaux par les officiers, que lesdits délais ajoutés à ces journées représentent ou non l'intégralité des congés obtenus. La solde d'absence est seule allouée pour les journées qui n'auraient pas été passées aux eaux en dehors des délais de route et de tolérance. Les délais de route et de tolérance sont compris, dans la durée du congé. (Note minist. du 31 décembre 1892.) La durée du séjour aux eaux est justifiée par un certificat du médecin compétent. Ces dispositions sont applicables aux sous-officiers, brigadiers et gendarmes qui obtiennent un congé pour aller faire usage des eaux dans les lieux où il n'existe pas d'établissements militaires ou aux bains de mer. (Tableau 1, n° 25, du règl. du 30 décembre 1892.)

Solde des militaires en jugement ou en détention. La solde d'absence de leur grade pendant le temps de l'emprisonnement et jusqu'au jour inclus où la décision judiciaire est devenue définitive. En cas d'acquittement, ils sont rappelés du surplus de leur solde pour tout le temps pendant lequel ils ont été détenus; s'ils sont condamnés, ils n'ont droit à aucun rappel. Si la condamnation n'entraîne pas la perte du grade, ils continuent à recevoir la solde d'absence jusqu'au moment où leur position militaire est de nouveau fixée, s'il y a lieu, ou jusqu'à l'expiration de la peine. Si la condamnation entraîne la perte du grade, ils cessent d'avoir droit à tout traitement à partir du jour où le jugement est devenu définitif. (Tableau 1, n° 28, du règl. du 30 décembre 1892.)

Solde d'hôpital. La solde d'absence, dont le taux pour les différents grades est déterminé par le règlement du 30 décembre 1892, est allouée en temps de paix aux militaires de la gendarmerie depuis le jour de leur admission dans un hôpital militaire ou hospice civil, jusqu'à celui de leur sortie exclusivement. (V. tableau 1, n° 27 dudit règl.)

Il peut être alloué aux familles des militaires à l'hôpital, s'ils sont mariés ou veufs avec enfants et dans une situation nécessiteuse, un secours égal à la moitié de la solde de présence. (Circ. minist. du 17 mars 1900 et annexe n° 3 du règlem. du 12 avril 1893.)

(Pour les gendarmes qui, étant à l'hôpital, sont admis à la retraite, V. la décis. présid. du 7 juin 1890.)

En temps de guerre, la solde de présence est maintenue, pendant la durée de leur traitement à l'ambulance ou aux hôpitaux, aux officiers, sous-officiers, brigadiers et gendarmes atteints de blessures ou de maladies résultant de la campagne et dûment constatées. Ces dispositions ne sont pas applicables en Algérie et en Tunisie. (Règl. du 30 décembre 1892.)

Solde des militaires en congé en attendant la liquidation de leur pension. (V. *Congé*.)

Solde des enfants de troupe. La solde des enfants de troupe est supprimée et a été remplacée par les allocations suivantes, qui sont données à la famille : 100 francs pour les enfants de 2 à 5 ans : 150 francs pour les enfants de 5 à 8 ans; 180 francs pour les enfants de 8 à 13 ans. (Loi du 19 juillet 1884 et instr. du 12 avril 1888.)

Délégation de solde. (V. ce titre.)

Avances de solde. (V. ce titre.)

Paiement de la solde des militaires en témoignage, aux hôpitaux ou en congé. Les officiers, sous-officiers, brigadiers et gendarmes en témoignage et aux hôpitaux dans la circonscription de leur compagnie qui voudraient faire toucher leur solde à leur résidence, pendant leur absence, doivent en faire la demande au conseil d'administration. Cette demande est appuyée soit d'un certificat du président du tribunal constatant qu'ils sont légalement retenus à cette époque, soit d'un certificat de présence à l'hôpital délivré par le comptable ou l'économe. Au bas de l'une ou l'autre de ces pièces, le militaire absent désigne la personne qu'il charge de toucher son traitement et d'en donner quittance.

Les militaires en congé ou à l'hôpital dans le département où ils sont en fonctions peuvent être payés, sur leur demande, par les soins de leur compagnie, de la solde qui leur est due à la fin de chaque mois. (Règl. du 12 avril

1893, art. 125 et 126.)

Les militaires en congé hors de la circonscription du département où ils sont en fonctions doivent, pour être payés de la solde pendant la durée de leur absence, s'adresser au sous-intendant militaire dans la circonscription duquel ils jouissent de leur congé. Cette disposition est applicable aux gendarmes coloniaux en congé en France. (Circ. du 18 juillet 1878 et note minist. du 23 novembre 1882.) Les militaires de la gendarmerie rentrant tardivement de congé, de permission ou à leur sortie de l'hôpital, perdent le droit au rappel de leur solde *seulement* pour le temps excédant la durée de la permission ou du congé, ou pour les journées d'absence irrégulière à leur sortie de l'hôpital. Les militaires qui donnent leur démission étant en congé ou à l'hôpital conservent le droit à la solde jusqu'au jour de leur radiation des contrôles. (Règl. du 30 décembre 1892.)

SOLEIL, s. m. Le soleil est l'astre lumineux qui occupe le centre du monde que nous habitons : il est la source principale de la chaleur et de la lumière pour toutes les planètes qui tournent autour de lui.

Le soleil est un million quatre cent mille fois plus gros que la terre, qui en est éloignée de trente-huit millions de lieues. Pour se faire une idée de cette distance énorme, on peut se figurer qu'un boulet lancé avec une vitesse de 500 mètres par seconde, et qui conserverait toujours sa vitesse initiale, mettrait environ 10 ans pour arriver au soleil. Enfin, la lumière, qui parcourt 77,000 lieues par seconde, met un peu plus de 8 minutes pour parvenir du soleil à la terre.

SOLIDARITÉ, s. f. Terme de jurisprudence. Obligation par laquelle deux ou plusieurs personnes sont tenues de payer une dette commune. — Lorsque deux individus sont condamnés solidairement aux frais d'un procès, cela signifie que si l'un ne paie pas, l'autre est obligé de payer. — La solidarité entre les créanciers est réglée par les art. 1197 et suiv. du Code civil.

SOMMATION, s. f. Action de sommer, de mettre quelqu'un en demeure de faire quelque chose.

On appelle **sommations légales** celles qui sont faites à haute voix devant les attroupements séditieux avant d'employer la force des armes. — Les sommations, aux termes de l'article 1er de la loi du 11 avril 1831, peuvent être faites par les préfets, sous-préfets, maires, adjoints, commissaires de police et par tous les magistrats et officiers civils chargés de la police judiciaire autres que les gardes champêtres ou forestiers. Ainsi qu'on le voit, la loi de 1831 ne parle que des *magistrats civils* et ne donne pas aux officiers de gendarmerie, bien qu'ils soient officiers de police judiciaire, le droit de faire des sommations.

La formalité des sommations est de rigueur avant de dissiper un rassemblement, à moins que des violences n'aient été exercées contre les dépositaires de la force publique, qu'ils ne puissent défendre autrement le terrain qu'ils occupent, les postes ou les personnes qui leur sont confiés, ou bien que la résistance soit telle qu'elle ne puisse être vaincue que par la force des armes. (Décr. du 1er mars 1854, art. 297.) (V. *Attroupement.*)

Nous donnons ci-après l'article 168 du décret du 4 octobre 1891, relatif aux sommations : « En cas de troubles en dehors des circonstances dans lesquelles les troupes sont l'objet d'une agression et doivent se défendre par tous les moyens possibles, elles ne peuvent faire usage de leurs armes pour le rétablissement de l'ordre que dans les conditions ci-après, déterminées par la loi du 7 juin 1848 : lorsqu'un attroupement s'est formé sur la voie publique, le maire ou l'un de ses adjoints, à leur défaut le commissaire de police ou tout autre agent ou dépositaire de la force publique revêtu de l'écharpe tricolore, se rend sur les lieux de l'attroupement. — Un roulement de tambour ou une sonnerie de clairon annonce l'arrivée du magistrat. *Si l'attroupement est armé*, le magistrat lui fait sommation de se dissoudre et de se retirer. Si cette première sommation reste sans effet, une seconde sommation, précédée d'un roulement de tambour ou d'une sonnerie de clairon, est faite par le magistrat. En cas de résistance, l'attroupement est dissipé par la force. — *Si l'attroupe-*

ment est sans armes, le magistrat, après le premier roulement de tambour ou la première sonnerie de clairon, exhorte les citoyens à se disperser; s'ils ne se retirent pas, trois sommations sont successivement faites. En cas de résistance, l'attroupement est dissipé par la force. »

Si un accusé refuse de comparaitre devant un conseil de guerre, *sommation d'obéir* à la justice lui est faite au nom de la loi par un agent de la force publique commis à cet effet par le président. Cet agent dresse procès-verbal de la sommation et de la réponse de l'accusé. (C. M., art. 118.)

SOMME (Département). Populat., 537,848 habit., 5 arrondissements, 41 cantons (2e corps d'armée, 2e légion de gendarmerie), chef-lieu Amiens, 83,654 habit., à 128 kil. N. de Paris, sur la Somme. S.-P. : Abbeville, Doullens, Montdidier, Péronne. — Département maritime. — Pays généralement plat, agricole et manufacturier. — Elève importante de gros bétail, moutons, chevaux, abeilles. — Sources minérales à Amiens, Abbeville, Saint-Esprit ; puits artésien. — Patrie du général Foy.

SOMNAMBULE, adj. Celui qui, sous l'influence d'un état particulier, se lève tout endormi, marche et agit sans s'éveiller. On désigne aussi sous ce nom ceux qui, sous l'influence d'un sommeil magnétique, *vrai ou supposé*, font le métier de deviner l'avenir ou d'expliquer les songes.

Le Code pénal, article 479, n° 7, punit ce genre d'escroquerie d'une amende de 11 à 15 fr., et l'article 481 prescrit de saisir les instruments et costumes servant à l'exercice de ce métier.

SORT, s. m. Tirage au sort. Mode de recrutement qui consiste à faire désigner par le sort les jeunes gens d'une même classe qui seront astreints à un service militaire plus ou moins long. — La liste du tirage, arrêtée et signée par le sous-préfet et par les maires, est ensuite affichée dans toutes les communes du canton.

Une ou plusieurs brigades de gendarmerie, commandées par un officier, assistent, dans chaque canton, aux opérations du tirage pour veiller au maintien de l'ordre. (V. *Conseil de revision* et *Indemnité*.)

SOU, s. m. Nom donné aux pièces de cinq centimes. La pièce actuelle de 0 fr. 05 cent. pèse 5 grammes : elle contient 95 parties de cuivre, 4 d'étain et 1 de zinc.

Les sous ne peuvent être employés dans les paiements que comme appoints de la pièce de 5 francs, c'est-à-dire que dans un paiement on ne peut pas être forcé d'en accepter pour plus de 4 fr. 95.

SOULEVEMENT, s. m. Commencement d'une révolte. (V. *Attroupement*.)

En cas de soulèvement armé, les commandants de la gendarmerie peuvent mettre en réquisition les agents subalternes de toutes les administrations publiques et des chemins de fer; ces réquisitions sont adressées aux chefs de ces administrations, qui sont tenus d'y obtempérer, à moins d'impossibilité dont ils doivent justifier sous leur responsabilité. (Décr. du 1er mars 1854, art. 651.)

SOUSCRIPTION, s. f. Engagement que l'on prend de fournir une certaine somme.

Les *souscriptions collectives* sont interdites dans l'armée, à moins d'une autorisation spéciale du Ministre.

La loi du 29 juillet 1881 (art. 40) interdit d'ouvrir des souscriptions ayant pour objet d'indemniser des amendes, des frais et dommages-intérêts prononcés par des condamnations judiciaires en matière criminelle ou correctionnelle, sous peine d'un emprisonnement de huit jours à six mois et d'une amende de 100 à 1.000 francs, ou de l'une de ces deux peines seulement.

SOUS-GARDE, s. f. Pièce de fer qui, en garantissant la détente, l'empêche de s'accrocher et de faire partir inopinément la gâchette.

SOUS-INTENDANT, s. m. Fonctionnaire chargé de l'administration de l'armée sous les ordres du Ministre, dont il est le délégué. (V. *Intendance*.)

Le sous-intendant militaire absent ou empêché est suppléé, à défaut d'un fonctionnaire de l'intendance, savoir : dans les places ou villes de garnison où il y a un major de place ou de garnison, par le major de place ou de garnison ; dans les autres places ou villes de garnison, par un officier du grade de capitaine ; dans les lieux où il n'y a pas de garnison et dans ceux où la garnison ne comporte pas d'officier du grade de capitaine, par le maire. (Art. 15 du décr. du 10 février 1890.)

Le maire, en sa qualité de suppléant du sous-intendant militaire, est chargé :

D'assurer la distribution des prestations en nature dues aux troupes de passage et à celles en station ;

De pourvoir à l'hospitalisation des militaires malades ;

De délivrer aux isolés des saufconduits valables jusqu'à la plus prochaine résidence d'un sous-intendant ou d'un suppléant militaire ;

De délivrer des bons de convoi :

1° Aux militaires en détachement pour une seule étape ;

2° Aux militaires isolés, jusqu'à la résidence du sous-intendant ou du suppléant militaire ;

De constater, s'il y a lieu, par des procès-verbaux toujours soumis à l'homologation des sous-intendants, les pertes ou accidents qui lui sont signalés. (Art. 16 du décr. du 16 janvier 1883. — V. aussi la circ. du 7 octobre 1884.)

SOUS-LIEUTENANT, s. m. Officier qui commande sous les ordres du lieutenant et qui le supplée lorsque celui-ci est absent. Le sous-lieutenant occupe le dernier degré de l'échelle des officiers. Nul ne peut arriver à ce grade, sauf dans la gendarmerie, s'il ne sort d'une école militaire (Ecole polytechnique, Saint-Cyr, Saumur, Saint-Maixent ou Versailles.

Les sous-lieutenants de toutes armes sont promus lieutenants après deux ans d'exercice dans le grade de sous-lieutenant. Ces promotions ont lieu exclusivement à l'ancienneté. (Loi du du 26 mars 1891.)

Dans la gendarmerie, les lieutenants et les sous-lieutenants commandent des arrondissements et sont chargés indistinctement des mêmes fonctions.

SOUS-MARIN. Le sous-marin est un torpilleur qui a la faculté de s'enfoncer à volonté au-dessous du niveau de l'eau et de lancer une torpille sans que rien puisse révéler sa présence. Ce navire en bronze a la forme d'un cigare et sa longueur est de 35 à 50 mètres : il file 12 nœuds à l'air libre et 8 nœuds en plongée. Son équipage se compose d'un officier et de deux ou trois hommes. Il coûte de 300 à 400.000 francs. Nous avons actuellement (1902) en France onze sous-marins. D'autres sont en construction.

SOUS-OFFICIER, s. m. Militaire gradé placé sous les ordres des officiers.

Les sous-officiers de gendarmerie (adjudants, maréchaux des logis chefs et maréchaux des logis) sont, ainsi que les brigadiers et les gendarmes, nommés par le Ministre et commissionnés par lui. (Décr. du 1er mars 1854, art. 14.)

Tout sous-officier qui jouira de la pension proportionnelle ou de la retraite, sera, pendant cinq ans, à la disposition du Ministre de la guerre pour le service de l'armée territoriale. (Loi du 13 juillet 1894.)

(Cette disposition n'est pas applicable aux sous-officiers de gendarmerie.)

Après ces cinq années pendant lesquelles les sous-officiers retraités proportionnellement sont à la disposition du Ministre, ils restent soumis aux obligations militaires jusqu'à 45 ans. (Loi du 15 juillet 1889 et avis du Conseil d'Etat du 20 juin 1890.)

SOUS-PRÉFET, s. m. Fonctionnaire qui administre un arrondissement sous l'autorité du préfet.

Les sous-préfets reçoivent des commandants d'arrondissement les rapports de tous les événements qui peuvent intéresser l'ordre public, et, tous les cinq jours, un tableau sommaire des délits constatés et des contraventions faites. (Décr. du 1er mars 1854, art. 110 et 111.)

Les rapports de la gendarmerie avec les sous-préfets et avec les autorités sont définis par les articles 91 et suivants du décret du 1er mars 1854. (V. *Autorité*.)

Les articles 117 et 134 du décret autorisent les sous-préfets, dans des cas urgents et sur une simple présomption de troubles, à requérir le rassemblement de plusieurs brigades sur un point quelconque de leur arrondissement.

Les règlements n'accordent aux sous-préfets aucune escorte d'honneur.

Dans les chefs-lieux d'arrondissement où il n'existe pas d'autorité militaire supérieure, les officiers de gendarmerie qui sont convoqués pour assister à des cérémonies publiques doivent, conformément à l'article 7, titre Ier, du décret du 24 messidor an XII, se rendre chez la personne qui doit occuper le premier rang, c'est-à-dire, presque partout, chez le sous-préfet.

SOUSTRACTION, s. f. Action d'enlever par ruse ou par fraude.

Seront punis d'une amende de 6 à 10 francs ceux qui dérobent, sans aucune des circonstances prévues à l'article 388 du Code pénal, des récoltes ou autres productions utiles de la terre, qui, avant d'être soustraites, n'avaient pas encore été détachées du sol.

En arithmétique, la soustraction est une opération qui a pour but de retrancher une valeur plus petite d'une valeur plus grande. Le résultat s'appelle reste, excès ou différence. La preuve de la soustraction se fait en additionnant le reste avec le plus petit nombre; pour que l'opération soit bonne, on doit retrouver le plus grand.

SOUTIEN DE FAMILLE. En temps de paix, après un an de présence sous les drapeaux, peuvent être envoyés en congé dans leurs foyers, sur leur demande, jusqu'à la date de leur passage dans la réserve, les jeunes gens qui remplissent effectivement les devoirs de soutiens indispensables de famille.

Les demandes sont adressées, avant le tirage au sort, au maire de la commune où les jeunes gens sont domiciliés. Il en sera donné récépissé. Elles doivent comprendre à l'appui :

1° Un relevé des contributions payées par la famille et certifié par le percepteur;

2° Un avis motivé de trois pères de famille résidant dans la commune et ayant un fils sous les drapeaux ou, à défaut, dans la réserve de l'armée active, et jouissant de leurs droits civils et politiques.

La liste de ces jeunes gens est présentée par le maire au conseil de revision avec l'avis motivé du conseil municipal.

Le nombre des jeunes gens dispensés par le conseil départemental de revision, à titre de soutiens indispensables de famille, ne peut dépasser 6 p. 100 du contingent à incorporer pour trois ans. (Loi du 15 juillet 1889, art. 22.)

Toutefois, le Ministre de la guerre peut autoriser les chefs de corps à délivrer, en plus du chiffre fixé ci-dessus, des congés à titre de soutiens indispensables de famille aux militaires comptant un an et deux ans de présence sous les drapeaux.

Le nombre des congés accordés en vertu du paragraphe précédent ne pourra dépasser 1 p. 100 après la première année et 1 p. 100 après la seconde.

Il sera calculé d'après l'effectif des hommes de la classe appartenant au corps.

Les intéressés devront produire les justifications mentionnées ci-dessus et rappelées, en même temps que la procédure à suivre, dans une instruction du Ministre de l'intérieur en date du 19 juillet 1890.

La gendarmerie est appelée à fournir des renseignements sur la situation de famille des militaires qui sollicitent des congés à titre de soutien de famille. (Décret du 1er mars 1890, art. 40.)

Tous les ans, le maire de chaque commune présente, au conseil de revision, siégeant au chef-lieu de canton, une délibération du conseil municipal faisant connaître la situation des jeunes gens qui ont été renvoyés dans leurs foyers comme soutiens de famille. Il est tenu de signaler au conseil de revision les plaintes des personnes dans l'intérêt desquelles l'envoi en congé a eu lieu en vertu du présent article et de l'article 21 de la loi du 15 juillet 1889.

Le conseil départemental de revision décide s'il y a lieu ou non de maintenir ces dispenses. Les jeunes gens dont le maintien en congé n'est pas admis sont soumis à toutes les obligations de la classe à laquelle ils appartiennent. (Même loi, art. 22.)

La circulaire ministérielle du 28 mai 1890 fixe les conditions de conduite et d'instruction militaire que doivent remplir les jeunes gens pour pouvoir être renvoyés dans leurs foyers après un an de présence sous les drapeaux, et la note ministérielle du 1er juillet 1890 indique la procédure à suivre pour l'instruction des demandes de dispense des périodes d'exercice. — (V. la circ. minist. du 28 septembre 1891, relative à la surveillance des jeunes gens admis au bénéfice des articles 21, 22 et 23 de la loi du 15 juillet 1889 et de l'article 20 de la loi du 27 juillet 1872, ainsi que la note minist. du 5 décembre de la même année, relative au maintien sous les drapeaux des jeunes gens visés par les art. 21, 22 et 23 ci-dessus, qui n'auraient pas satisfait, dans le cours de leur année de service, aux conditions de conduite et d'instruction militaire déterminées par la circ. minist. du 28 mai 1890.)

SPAHI, s. m. Cavalier appartenant à un corps créé en Algérie après la conquête et qui est composé en grande partie d'indigènes armés et équipés suivant l'usage du pays.

Il existe quatre régiments de spahis à cinq escadrons.

Le premier seul, qui détache un escadron au Sénégal, est constitué à six escadrons. (Loi du 25 juillet 1893.) Il existe, en outre, un escadron de spahis saharien et un escadron de spahis soudanais. (V. décrets des 26 décembre 1891 et 7 septembre 1901.)

A l'exception des cavaliers élèves brigadiers et des ordonnances des officiers français qui sont tous Français, et des cavaliers du rang qui sont indigènes, tous les emplois des cadres (officiers et troupe) peuvent être indifféremment remplis par des Français ou des indigènes. (Loi du 13 mars 1875, tableau 3.)

Le petit corps de spahis détaché au Sénégal porte le nom d'escadron de spahis sénégalais.

Il y a également une compagnie de cipahis dans l'Inde. (Décret du 11 mars 1901.)

SPHERE, s. f. Corps solide d'une rondeur parfaite, présentant cette particularité que tous les points de sa surface sont à une égale distance d'un autre point qu'on appelle centre.

Pour trouver le volume d'une sphère on multiplie son rayon trois fois par lui-même; on multiplie ensuite ce produit par quatre, et le nouveau produit obtenu par le nombre 3,1416 que l'on désigne, pour la simplification des formules, par la lettre grecque π. Enfin, on divise ce dernier produit par le nombre 3; c'est ce qu'on exprime en géométrie, en disant que le volume d'une sphère est égal à $\frac{4}{3}\pi R^3$.

Si l'on veut avoir la surface d'une sphère, il faut élever son rayon au carré et multiplier ce nombre d'abord par 4, puis par 3,1416. $S = 4\pi R^2$.

SQUELETTE, s. m. Assemblage de tous les os d'un même animal dans l'ordre et la position que la nature leur a assignés.

Le squelette du cheval se divise en deux grandes portions : le tronc et les membres. Le tronc renferme dans ses cavités les organes essentiels à la vie, et les membres servent au tronc de colonnes de support et de leviers de déplacement.

Les principaux *os du tronc* sont : les os de la tête, la colonne vertébrale qui se divise en portions cervicale, dorsale lombaire et sacrée, le sternum ou os du poitrail et les côtes.

Os des membres. — Les os des membres antérieurs sont : le scapulum ou os de l'épaule, l'humérus ou os du bras, le cubitus ou os de l'avant-bras, le carpe ou os du genou, le métacarpe ou os du canon, les sésamoïdes et les phalangiens, qui se divisent en os du paturon, os de la couronne et os du pied.

Les os des membres postérieurs sont : le coxal ou os de la jambe, le fémur ou os de la cuisse, la rotule ou os du grasset, le tibia ou os de la jambe, le tarse ou os du jarret, le métatarse ou os du canon, les sésamoïdes et les trois phalangiens.

STAGE, s. m. Temps d'épreuve imposé à divers aspirants avant de les autoriser à exercer certaines fonctions. Les avocats font un stage de trois ans avant d'être inscrits au barreau; mais, pendant ce temps, ils ont le droit de plaider et de prendre le titre d'avocat.

Les officiers d'infanterie nommés directement dans la gendarmerie départementale doivent faire un stage de six mois dans un régiment de cavalerie. Il n'est pas imposé à ceux qui sont nommés dans la garde républicaine, ni à ceux qui ont servi deux ans dans un corps de troupe à cheval. (Décis. présid. du 18 décembre 1882; note minist. du 7 mars 1883.)

Une note ministérielle en date du 26 mai 1896 décide que le stage hippique de six mois auquel sont astreints les officiers des troupes à pied nommés dans la gendarmerie, aura lieu, autant que possible, avant leur admission dans cette arme. Ils ont droit à l'indemnité de séjour pendant la première quinzaine. (Règl. du 15 décembre 1898.)

STATISTIQUE, s. f. Description détaillée d'un pays sous le rapport de son étendue, de sa population, de son commerce, de son industrie, etc.

Les archives des brigades, des arrondissements, des compagnies et des légions doivent contenir un tableau statistique indiquant les brigades formant la circonscription, leurs points de correspondance et tous les renseignements sur les routes, chemins, bois, forêts, villes, bourgs, etc., avec leur population, leur distance des différents chefs-lieux, les habitations les plus remarquables avec les noms des propriétaires, les établissements industriels avec le nombre des ouvriers employés, les fêtes patronales, les foires et les marchés. (Circ. minist. du 22 avril 1850.)

STELLIONAT, s. m. Terme de jurisprudence. Délit que commet une personne lorsqu'elle vend ou qu'elle hypothèque un immeuble dont elle sait ne pas être propriétaire. (C. C., art. 2059.)

STÉNOGRAPHIE, s. f. Art d'écrire aussi vite que la parole au moyen d'abréviations et de certains signes convenus.

STRATÉGIE, s. f. La stratégie est l'art de concevoir et de former le plan des opérations de la guerre.

La *tactique*, qu'il ne faut pas confondre avec la stratégie, et qui est la science indispensable à tout chef de troupe, enseigne la manière d'exécuter les plans conçus par la stratégie.

STYLET, s. m. Petit poignard à lame mince et très affilée. Le stylet est rangé par la loi dans la catégorie des armes dont le port et la fabrication sont prohibés. (C. P., art. 314.) (V, *armes.*)

SUBDIVISION DE RÉGION. Chaque région de corps d'armée est divisée en huit subdivisions de région, à l'exception de la 15e qui en a neuf en y comprenant la Corse. Un bureau de recrutement est établi au chef-lieu de chaque subdivision de région. A la tête de chaque subdivision de région (ou de deux subdivisions lorsqu'elles sont peu importantes), se trouve un général de brigade.

SUBORDINATION, s. f. Ordre établi entre les personnes, qui fait que les unes dépendent des autres. La subordination doit avoir lieu rigoureusement de grade à grade; l'exacte observation des règles qui la garantissent, en écartant l'arbitraire, doit maintenir chacun dans ses droits comme dans ses devoirs.

Le soldat doit obéir au caporal, le caporal au fourrier et au sergent, le fourrier et le sergent au sergent-major, le sergent-major à l'adjudant, l'adjudant au sous-lieutenant, le sous-lieutenant au lieutenant, le lieutenant à l'adjudant-major et au capitaine, l'adjudant-major et le capitaine au major et au chef de bataillon, le major et le chef de bataillon au lieutenant-colonel, le lieutenant-colonel au colonel, le colonel au général de brigade, le général de brigade au général de division, le général de division au général commandant en chef, et le général commandant en chef au maréchal de France.

Indépendamment de cette subordination au grade, la discipline exige, à grade égal, la subordination à l'ancienneté en tout ce qui concerne le service général et l'ordre public. Ainsi, plusieurs militaires du même grade, de service ensemble, qu'ils soient ou non du même corps et de même arme, *doivent obéissance au plus ancien d'entre eux,* comme s'il leur était supérieur en grade. (Décr. du 20 octobre 1892.) A parité d'ancienneté, l'autorité appartient au plus ancien dans le grade précédent.

A grade égal, les officiers, fonctionnaires et agents de l'armée active ont le commandement sur les officiers, fonctionnaires ou agents de la réserve et sur ceux de l'armée territoriale.

Toutefois, les officiers retraités placés dans la réserve de l'armée active conservent les droits au commandement que leur conférait leur ancienneté au moment où ils ont quitté l'armée. (V. le mot *Commandement.*)

Même hors du service, les supérieurs ont droit à la déférence et au respect de leurs subordonnés. (Service intérieur, Principes généraux de la subordination.)

SUBORNATION, s. f. Action de suborner, de corrompre, de décider à commettre une action coupable.

Le coupable de subornation de témoins sera passible des mêmes peines que le faux témoin, selon les distinctions contenues dans les articles 361, 362, 363, 364. (C. P., art. 365.)

Celui qui décide une personne à faire quelque chose contre son devoir est un *suborneur*. (V. *Corruption.*)

SUBSISTANCE, s. f. Au pluriel, ce mot s'emploie pour désigner les vivres, les denrées au moyen desquels on subsiste. La gendarmerie est chargée de protéger la libre circulation des subsistances. (Décret du 1er mars 1854, art. 295.)

En terme militaire, on dit qu'un soldat est en subsistance lorsqu'il est placé provisoirement dans un autre corps que le sien. La mise en subsistance des militaires est prononcée par le commandant d'armes, quel que soit le grade. (Note minist. du 24 octobre 1887.)

Les chevaux mis en subsistance reçoivent les allocations de fourrages déterminées par les tarifs pour leur corps d'origine. (Note minist. du 13 février 1889.)

SUBSTITUT, s. m. Ce mot s'emploie particulièrement pour désigner les magistrats chargés de remplacer les procureurs de la République.

Des substituts qui portent le nom de substituts du procureur général sont également attachés au parquet de chaque cour d'appel.

Les rapporteurs des conseils de guerre et les commissaires du gouvernement ont également des substituts qui sont pris parmi les officiers en activité dans la circonscription. (C. M., art. 4, 5 et 7.)

SUBSTITUTION, s f. Action de mettre une personne ou une chose à la place d'une autre.

La substitution d'un enfant à un autre est punie de la réclusion. (C. P., art. 345.)

Les **substitutions fourragères** s'opèrent d'après les bases suivantes :

Foin. Sainfoin, luzerne (première coupe et regain), poids pour poids ; paille, double du poids; avoine ou orge, moitié du poids; carottes et panais, trois fois le poids.

Paille de froment. Paille de seigle, d'avoine, d'orge, poids pour poids; foins et fourrages artificiels, moitié du poids; avoine, quart du poids.

Avoine et orge. Foins et fourrages artificiels, double du poids; paille de froment, de seigle, d'avoine ou d'orge, quatre fois le poids; orge, poids pour poids; son, moitié en sus; farine d'orge, 8/10 du poids ; maïs concassé, 2/5 en sus.

Fourrages artificiels. Le sainfoin et la luzerne peuvent être distribués en remplacement de foin jusqu'à concurrence de la moitié de la ration réelle.

Pailles de seigle, d'avoine et d'orge. Ces pailles peuvent être données en remplacement de la paille de froment jusqu'à concurrence des deux cinquièmes de la ration réelle.

Orge à l'intérieur. L'orge n'est substituée à l'avoine que par exception et sans dépasser, pour les chevaux de race française, le quart de la ration ; pour les chevaux de race arabe, cette proportion peut être augmentée.

Carottes. Cette denrée peut être substituée au foin dans la proportion de 3 kilogrammes de racines contre 1 kilogramme de foin. Cette substitution ne peut être autorisée que pour 1 kilogramme de foin par cheval et par jour, et elle ne peut jamais dépasser 2 kilogrammes. (Note minist. du 2 décembre 1874.) Des décisions ministérielles spéciales peuvent modifier ces diverses indications concernant les substitutions d'une denrée à l'autre, selon les circonstances exceptionnelles dont il y a lieu de tenir compte.

Les substitutions doivent être déterminées d'après les indications du tarif spécial annexé à l'instruction du 14 juin 1900, étant entendu que le montant en argent de la ration normale à laquelle a droit la partie prenante ne doit jamais être dépassé.

Si, par suite du prix de revient des denrées, la substitution a pour effet de créer une ration dont la valeur en argent est au-dessous de celle de la ration normale, l'économie ainsi réalisée doit profiter à l'Etat.

Ces dispositions sont communes aux services en gestion directe ou à l'entreprise. (Circ. du 9 janvier 1902.)

Fourrages verts. 45 kilogrammes de fourrages verts à l'écurie représentent 12 kilogrammes de foin. Une journée de cheval à la prairie équivaut à une quantité de fourrages verts correspondant au taux de la ration déterminée pour chaque arme.

Autorisation de substitution. (V. *Fourrages.*)

SUCCESSION, s. f. Un des modes d'acquérir la propriété.

A la mort d'une personne, son héritier naturel ou testamentaire acquiert de plein droit la fortune du défunt, sous la condition d'acquitter toutes les charges qui la grevaient.

Il y a deux sortes de successions: la *succession testamentaire* réglée par le défunt et la succession *dite légitime* ou *légale* réglée par la loi.

Degré successible. (V. *Parent.*)

La question des successions est une question trop complexe pour trouver place ici; elle est détaillée dans le Code civil, livre III, titre Ier. (V. aussi la loi du 9 mars 1891 qui modifie l'art. 767 du C. C.)

Nous dirons seulement que quand on ne connaît pas parfaitement la situation de fortune de la personne dont on hérite, on ne doit accepter cette succession que *sous bénéfice d'inventaire,* c'est-à-dire jusqu'à ce qu'on ait examiné quel est le parti le plus avantageux à prendre. L'acceptation sous bénéfice d'inventaire se fait par une déclaration au greffe du tribunal de première instance de l'arrondissement du défunt. Si l'on néglige de remplir cette formalité, il peut arriver que le défunt ait laissé plus de dettes que de fortune, et si la succession a été acceptée sans déclaration, l'héritier est alors tenu de payer les dettes du testateur. Quand il n'accepte que *sous bénéfice d'inventaire,* l'héritier n'est tenu des charges de la succession que jusqu'à concurrence de ce qu'a laissé le défunt.

Les héritiers doivent faire la déclaration de leur héritage au bureau d'enregistrement dans le délai de six mois. — Les droits de mutation à payer sont fixés ainsi qu'il suit:

En ligne directe, les ascendants ou descendants paient 1 p. 100.

En ligne collatérale, les frères, sœurs, oncles, tantes, neveux et nièces, 6 fr. 50 p. 100.

Les grands-oncles, grand'tantes, petits-neveux, petites-nièces et cousins germains, 7 p. 100.

Les parents au delà du 4e degré, 8 p. 100.

Les étrangers ou les époux héritiers à défaut de parents au degré successible, 9 p. 100.

Lorsqu'un militaire appartenant à un corps viendra à décéder sur le territoire français, le juge de paix de l'arrondissement en sera aussitôt prévenu; il mettra le scellé sur les effets du décédé; le scellé sera levé sous le plus bref délai, en présence d'un officier chargé par le conseil d'administration d'y assister et de signer le procès-verbal de désignation des effets; la vente en sera faite avec les formalités requises par les lois, et le produit, déduction faite des frais qui seront constatés, remis au conseil d'administration, qui le déposera dans la caisse du corps et restera responsable envers les héritiers du montant de la succession. (Décr. du 8 novembre 1823.)

Le traitement acquis aux officiers décédés et le produit de la vente des effets et des chevaux leur appartenant sont versés, sous la déduction des sommes qu'ils peuvent devoir à l'Etat, au corps ou à la compagnie et, s'il y a lieu, des gages de domestiques, des frais de nourriture, de logement, de maladie et d'inhumation, entre les mains des receveurs des finances ou des payeurs d'armée, au titre de la Caisse des dépôts et consignations. (Règl. du 12 avril 1893, art. 131.)

Les dispositions qui précèdent sont également applicables en cas de décès des sous-officiers, brigadiers et gendarmes, avec cette différence que les sommes qui peuvent leur être dues à un titre quelconque, ainsi que le produit de la vente des effets militaires et des chevaux dont ils étaient pourvus, doivent être versés à leur masse individuelle. L'excédent de cette masse, déduction faite des imputations autorisées, est versé à la Caisse des dépôts et consignations. (Règl. du 12 avril 1893, art. 147.)

(Pour les formalités à remplir pour le recouvrement par les héritiers de la succession des militaires décédés, V. le titre *Caisse des dépôts et consignations*.)

SUD ou MIDI, s. m. Un des points cardinaux : celui qui se trouve derrière soi quand on regarde le nord.

SUÈDE et NORVÈGE. Ces deux pays sont réunis sous le nom de monarchie scandinave, bornée au nord par l'océan Glacial Arctique, à l'ouest par l'océan Atlantique, au sud-ouest, par le Skager-Rack, le Cattégat et le Sund, et à l'est par la mer Baltique ; au nord-est, la Tornéa la sépare de la Russie.

La capitale de la Suède est Stockholm, sur le lac Mœlar, près de la mer Baltique ; la capitale de la Norvège est Christiania, dans le sud, au fond du golfe du même nom. Bien que la superficie de la monarchie scandinave soit plus grande que celle de la France (738,000 kil. carrés), la population n'est que de 6,500,000 habitants.

L'armée se compose : 1° des volontaires engagés pour six ans; 2° des troupes levées par la conscription : tout citoyen doit le service de 20 à 40 ans ; 3° d'une milice qui s'engage à servir moyennant l'abandon d'une maison et d'une portion de terrain qui varie suivant les grades : cette milice forme une sorte de colonie militaire et les miliciens sont réunis et exercés tous les ans, à une époque déterminée.

L'armée suédoise, qui comprend environ 40.000 soldats, peut être portée en cas de guerre à 150.000 hommes. Les conditions du recrutement ne sont pas tout à fait les mêmes sur le territoire norvégien.

SUICIDE, s. m. Action de celui qui se donne volontairement la mort. Ni le suicide, ni la tentative de suicide ne sont punissables par la loi ; mais la jurisprudence a décidé qu'en pareille matière, la *complicité des tiers* était toujours punissable. — Ainsi une personne qui céderait aux sollicitations d'un ami et qui lui donnerait la mort serait coupable d'un meurtre.

Lorsque les gendarmes ont à constater un suicide, ils doivent rédiger un procès-verbal très détaillé, s'appuyer sur les déclarations des hommes de l'art, ne laisser échapper aucun indice et réunir le plus de renseignements possible pour bien établir que la mort a été volontaire.

SUISSE. La Suisse, placée au centre de l'Europe, est bornée à l'ouest par la France, au nord et à l'est par l'Allemagne (grand-duché de Bade, Bavière et Tyrol), et au sud par l'Italie. — Ce pays, complètement couvert par les Alpes et leurs ramifications, a une superficie de 40,900 kil. carrés. On y compte 2,900,000 habitants.

Les montagnes de Suisse donnent naissance : 1° au Rhin, qui forme le lac de Constance; 2° au Rhône, qui forme le lac de Genève; 3° au Tessin, qui forme le lac Majeur; 4° à l'Adda, qui forme le lac de Côme.

La Suisse est composée de 22 cantons confédérés qui forment 27 Etats ou républiques. Bâle, Appenzell, Unterwalden forment chacun 2 Etats; les Grisons forment 3 Etats.

Les cantons qui avoisinent la France sont :

1° Le canton de Bâle, à l'angle nord-ouest de la Suisse, chef-lieu Bâle, sur le Rhin (70,000 habit.);

2° Le canton de Berne, le plus grand et le plus important de la Suisse, chef-lieu Berne, sur l'Aar, affluent de gauche du Rhin (47,000 habit.);

3° Le canton de Neuchâtel, chef-lieu Neuchâtel, sur le bord occidental du lac du même nom;

4° Le canton de Vaud, entre le lac de Neuchâtel et le lac de Genève, chef-lieu Lausanne, sur le lac de Genève (34,000 habit.);

5° Le canton de Genève, à l'extrémité sud-ouest de la Suisse, chef-lieu Genève, la plus grande ville de la Suisse (78,000 habitants avec ses faubourgs);

placée à l'endroit où le Rhin sort du lac;

6° Le canton du Valais, traversé par le Rhône avant le lac de Genève, chef-lieu Sion, sur le Rhône.

Au nord-est de la Suisse se trouve le grand canton de Zurich, et, entre les lacs de Zurich et de Lucerne, le canton de Schwitz, un des premiers qui secoua le joug de l'Autriche (1308) et qui donna son nom à la Suisse.

Tout Suisse âgé de vingt ans doit le service à l'Etat pendant 25 années; mais il n'est incorporé qu'à l'âge de 21 ans lorsqu'il est instruit, et cette instruction qui commence à l'âge de 10 ans dans les collèges et autres écoles, se continue ensuite dans les *écoles de recrues*, sous la direction d'instructeurs fédéraux.

Les jeunes gens instruits passent dans l'*élite*, où ils servent activement pendant 5 mois et dont ils font partie pendant 12 années. — L'élite constitue une force de 120,000 hommes. — A leur sortie de l'élite, ils passent les 12 années suivantes dans la landwehr, qui compte environ 95,000 hommes.

Enfin le *landsturm* comprend les hommes de 17 à 50 ans, propres au service, et qui ne sont incorporés ni dans l'élite, ni dans la landwehr.

Tous les citoyens suisses qui ne font pas de service pour une raison quelconque paient une taxe de 6 francs par an, plus 1 fr. 50 p. 100 sur le revenu industriel et 3 p. 100 sur le revenu de la fortune personnelle, sans que la somme payée puisse être supérieure à 3,000 francs par an.

SUPPRESSION, s. f Action de faire disparaître.

La personne qui fait disparaître les traces de la naissance d'un enfant ou qui cache son existence se rend coupable du crime de **suppression d'enfant** et est punie de la réclusion. (C. P., art. 345.)

Toute suppression, toute ouverture de lettres confiées à la poste, commise ou facilitée par un fonctionnaire ou un agent du gouvernement ou de l'administration des postes, sera punie d'une amende de 16 francs à 500 francs et d'un emprisonnement de 3 mois à 5 ans. Le coupable sera, de plus, interdit de toute fonction ou emploi public pendant 5 ans au moins et 10 ans au plus. (Loi du 28 avril 1832; C. P., art. 187.)

SURFACE, s. f. Limites d'un corps. — En géométrie, quand on dit la surface d'un triangle ou d'un cercle, on entend l'étendue, comparée au mètre carré, de la portion du plan comprise dans le triangle ou dans le cercle.

La surface d'un triangle est égale à la moitié du produit de la base par la hauteur; celle d'un rectangle ou d'un parallélogramme au produit de la base par la hauteur; celle d'un trapèze à la moitié du produit de la somme des bases parallèles par la hauteur; celle d'un cercle au produit du carré du rayon par le nombre 3,1416.

SUROS, s. m. Tumeur dure qui se produit par le dépôt sur un os d'une matière osseuse de nouvelle formation. Cette tumeur, qu'on appelle aussi exostose, provient d'abord de l'inflammation du périoste, qui s'irrite, s'épaissit, et, s'encroûtant peu à peu de phosphate calcaire, donne naissance à un véritable os.

Les suros peuvent se former sur tous les os et on leur donne différents noms suivant la partie qu'ils affectent: ainsi les suros du jarret prennent les noms particuliers de *courbe*, de *jarde* ou d'*éparvin* : ceux du genou sont désignés sous le nom d'*osselets;* ceux de la couronne sous le nom de *formes*, et enfin ceux du canon sont simplement appelés *suros*.

Au début, l'emploi du feu ou de vésicants énergiques peut arrêter la marche du suros; mais, une fois qu'il est formé, aucun moyen ne peut le faire disparaître.

SURSIS, s. m. Délai, remise.

Les militaires de tous grades, changeant isolément de résidence, peuvent obtenir, à titre de sursis, des permissions dont la durée ne doit pas dépasser 15 jours, abstraction faite des délais ordinaires de route et de tolérance.

Ces sursis sont accordés dans les mêmes conditions de solde que les autres permissions et par l'autorité militaire du point de départ. (Décr. du 1er mars 1890, art. 17, et Serv. int., art. 251.)

Sursis d'appel. Les sursis d'appel

autorisés par l'ancienne loi ont été abrogés par la loi du 15 juillet 1889.

Sursis d'arrivée. Les jeunes soldats qui, pour cause de maladie ou pour de sérieux intérêts de famille, désirent obtenir un sursis d'arrivée, remettent, dès la réception de leur ordre d'appel, une demande appuyée de certificats constatant leur situation au commandant de la brigade de gendarmerie de leur résidence. Celui-ci transmet ces demandes, en y joignant un bulletin de renseignements, au commandant du bureau de recrutement dont dépend sa brigade. Cet officier supérieur soumet les dossiers, accompagnés de son avis personnel, au général commandant la subdivision, qui statue et lui notifie sa décision.

Les sursis d'arrivée que les généraux jugeront devoir accorder ne seront jamais délivrés pour une durée de plus de 30 jours et ne pourront, sauf le cas de maladie ou de convalescence, être prolongés (art. 45 de la loi du 15 juillet 1889).

Les intéressés sont prévenus de la décision prise à leur égard par le commandant de recrutement qui a provoqué la délivrance des sursis. Cet officier supérieur informe également, le cas échéant, son collègue de la subdivision dont relève le jeune soldat.

Aux termes du décret du 1er mars 1890, portant règlement pour la concession des congés et permissions, c'est aux généraux de brigade commandant les subdivisions de région qu'il appartient de statuer, par délégation des commandants de corps d'armée, sur les propositions de congé de convalescence et de leur prolongation.

Cette règle sera également suivie pour la concession aux jeunes soldats de prolongations de sursis d'arrivée pour cause de maladie ou de convalescence.

Anciens militaires admis dans la gendarmerie. — Par une circulaire en date du 30 novembre 1900, le Ministre de la guerre a autorisé les chefs de légion de gendarmerie à accorder des sursis de départ, d'une durée maximum de quinze jours, aux anciens militaires admis dans la gendarmerie et qui, au moment de leur admission, seraient pourvus d'un emploi dans une maison de commerce.

Pour obtenir ces sursis, les intéressés devront produire une attestation délivrée par le chef de la maison à laquelle ils appartiennent, et établissant que leur présence dans cette maison est indispensable pendant quelques jours avant leur mise en route.

Ce sursis sera accordé par le chef de la légion du domicile du nouvel admis. Si le postulant est désigné pour servir dans une autre légion, cet officier supérieur donnera immédiatement avis du sursis accordé au chef de la légion d'affectation.

Sursis d'incorporation. Aux termes de la loi du 13 mars 1896, quand deux frères servent comme appelés, le dispensé qui en fera la demande ne sera incorporé qu'après l'expiration du temps obligatoire de service de l'autre frère. Cette disposition est applicable aussi bien au dispensé du paragraphe numéroté 4° qu'à celui du paragraphe numéroté 5° de l'article 21 modifié de la loi du 15 juillet 1889.

La demande de sursis d'incorporation devra être adressée, par l'intermédiaire de la gendarmerie, au commandant de recrutement de la subdivision dont relève l'intéressé. Cet officier supérieur, après s'être assuré que le réclamant réunit les conditions exigées, établira un titre spécial conforme au modèle annexé à la présente circulaire et le soumettra, avec la demande, au général commandant la subdivision.

Le sursis d'incorporation ne saurait être refusé; mais, une fois obtenu, le titulaire ne peut y renoncer et son incorporation n'aura lieu qu'avec celle de la classe de recrutement appelée après la rentrée de son frère dans ses foyers. Une affectation provisoire, inscrite sur son livret individuel, lui sera donnée pour le cas de mobilisation. (Circ. du 4 avril 1899.)

Sursis pour l'exécution de la peine. (V. *Peine.*)

SURVEILLANCE, s. f. La peine de la surveillance de la haute police a été supprimée par la loi du 27 mai

1885 et remplacée par la défense faite au condamné de paraître dans des lieux déterminés. (V. *Récidive.*)

Dans ses tournées, correspondances, patrouilles et service habituel, la gendarmerie exerce une surveillance active et persévérante sur les repris de justice, sur les condamnés libérés; elle s'assure que ceux auxquels la défense a été signifiée, et dont elle a été informée par l'autorité administrative, ne séjournent pas dans les lieux qui leur sont interdits. (Décret du 1er mars 1854, art. 286. — V. *Interdiction.*)

SUSPECT, E, adj. Qui est l'objet d'un soupçon défavorable.

En cas de crime, la gendarmerie appréhende les individus qui paraissent suspects et s'en assure de manière qu'ils ne puissent s'évader pour les remettre entre les mains de l'autorité compétente. (Décr. du 1er mars 1854, art. 284.)

SUSPENSION, s. f. Peine disciplinaire par laquelle on interdit, pendant un certain temps, à un fonctionnaire, l'exercice de ses fonctions. La peine de la suspension pour les gradés de l'armée a été supprimée par la décision présidentielle du 11 mai 1884. Les avocats, les avoués, les notaires et les huissiers peuvent être suspendus par les tribunaux. — Les prêtres le sont par les évêques.

SYNDIC, s. m. Mandataire quelconque chargé de veiller aux intérêts d'une association, d'une compagnie et des créanciers d'une faillite.

Les **syndics des gens de mer** sont des agents employés dans les quartiers, et particulièrement dans les localités éloignées des centres de population, à l'exécution du recrutement maritime, sous les ordres du commissaire ou de l'administrateur de l'inscription maritime. (Loi du 3 brumaire an IV; règlement général du 7 novembre 1866.) Ils exercent aussi, à l'égard des marins inscrits et de leurs familles, le patronage attribué dans les grands centres aux commissaires pour les quartiers. Chaque quartier et sous-quartier d'inscription maritime est divisé en syndicats, dont le nombre varie, pour chaque quartier, selon l'étendue du littoral ou l'agglomération de la population maritime. Un syndic des gens de mer réside au chef-lieu du quartier d'inscription maritime; les autres, au chef-lieu de leur syndicat. Ils sont nommés par le Ministre de la marine. (Loi du 3 brumaire an IV, art. 9.)

SYNOVIE, s. f. Humeur spéciale destinée à faciliter le jeu des articulations.

Toutes les tares que l'on désigne sous le nom de molettes, vessigons, engorgement du genou, du boulet, ont pour cause une inflammation des capsules qui renferment la synovie. Parfois, ces capsules enflammées sont situées trop profondément pour agir sur la peau, mais elles n'en sont alors que plus dangereuses.

T

TABAC, s. m. Plante originaire de l'Amérique et cultivée aujourd'hui dans un grand nombre de pays.

Tout le monde sait à quels usages sont employées les feuilles de cette plante.

Le gouvernement a le monopole de la fabrication et de la vente du tabac, et la culture n'en est permise qu'en Algérie et dans un certain nombre de départements. Une autorisation spéciale est encore nécessaire pour pouvoir cultiver le tabac dans les départements autorisés, et les planteurs doivent représenter tous les ans aux employés des contributions indirectes les quantités de tabac qui, d'après l'évaluation, ont dû être récoltées. Une circulaire du directeur général des contributions directes, en date du 25 mai 1875, rappelle que nul n'a le droit de cultiver le tabac sans autorisation, *si minime que puisse être le nombre des plants*.

Il y a en France seize manufactures de tabac dont les employés sont placés sous les ordres du Ministre des finances et du directeur général des contributions indirectes.

Le tabac ne peut être vendu que par des personnes commissionnées qui portent le nom de débitants, et la loi du 28 avril 1816 réprime sévèrement la vente et le colportage.

Ceux qui seront trouvés vendant en fraude du tabac à leur domicile, ou ceux qui en colporteront, qu'ils soient ou non surpris à le vendre, seront arrêtés et constitués prisonniers, et condamnés à une amende de 300 à 1,000 francs, indépendamment de la confiscation des tabacs saisis, de celle des ustensiles servant à la vente, et, en cas de colportage, de celle des moyens de transport, conformément à l'art. 216. (Loi du 28 avril 1816, art. 222.)

Les employés des contributions indirectes, des douanes ou des octrois, les gendarmes, les préposés forestiers, les gardes champêtres et généralement tout employé assermenté, pourront constater la vente des tabacs en contravention à l'article 172, le colportage, les circulations illégales, et généralement les fraudes sur le tabac; procéder à la saisie des tabacs, ustensiles et mécaniques prohibés par la présente loi; à celle des chevaux, voitures, bateaux et autres objets servant au transport, et constituer prisonniers les fraudeurs et colporteurs dans le cas prévu à l'article précédent. (Même loi, art. 223.)

Lorsque, conformément aux articles 222 et 223, les employés auront arrêté un colporteur ou fraudeur de tabac, ils seront tenus de le conduire sur-le-champ devant un officier de police judiciaire, ou de le remettre à la force armée, qui le conduira devant le juge compétent, lequel statuera de suite, par une décision motivée, sur son emprisonnement ou sa mise en liberté.

Néanmoins, si le prévenu offre bonne et suffisante caution de se présenter en justice et d'acquitter l'amende encourue, ou s'il consigne lui-même le montant de ladite amende, il sera mis en liberté s'il n'existe aucune autre charge contre lui. (Même loi, art. 224.)

Le troisième paragraphe de l'art. 17 de la loi de finances du 16 avril 1895, complétant l'art. 221 de la loi du 28 avril 1816, interdit toute fabrication de cigarettes à la main dans un but commercial ou industriel.

Toutefois, cette fabrication sera licite si elle est effectuée au domicile du consommateur, dans la limite de ses besoins personnels, par lui-même, par les membres de sa famille ou par les gens à son service.

En outre, le premier alinéa du même article dispose que, en aucun cas, les cigarettes dites à la main, autres que celles de la régie, ne pourront circuler en quantité supérieure à 500 cigarettes.

Mais il va sans dire qu'une quantité de cigarettes inférieure à ce maximum, devrait être saisie s'il était nettement établi qu'elle est transportée pour être vendue; il y aurait lieu, dans ce cas, de faire application au transporteur des dispositions de l'article 22 de la loi du 28 avril 1816 relatives au colportage des tabacs.

Possession des tabacs de fraude. — Le deuxième alinéa de l'article 17 précité, en substituant le mot *possession* au mot *provision* que l'on trouvait dans l'article 217, prohibe d'une manière absolue la détention de toute quantité de tabacs de contrebande, quelle qu'en soit l'importance.

La Cour de cassation a décidé, le 28 novembre 1822, que les gendarmes étaient sans qualité pour constater les plantations de tabac, mais qu'ils pouvaient les dénoncer.

Les gendarmes ne peuvent s'introduire dans une maison pour y rechercher la fraude; mais, s'ils la constatent pendant le cours d'une visite domiciliaire, ils doivent dresser procès-verbal et saisir le tabac.

Les sous-officiers, brigadiers et gendarmes qui arrêtent ou concourent à arrêter des colporteurs ou vendeurs de tabac de contrebande reçoivent une prime de quinze francs par chaque personne arrêtée, quel que soit le nombre des saisissants.

Cette prime n'est acquise qu'autant que les contrevenants auront été constitués prisonniers, ou que, amenés devant le directeur des contributions indirectes, ils auront fourni caution ou auront été admis à la transaction. (Ordonn. du 31 décembre 1817 et art. 211 du règl. du 12 avril 1893.)

En outre, les capteurs ont encore droit à une prime qui varie de 40 à 52 p. 100 du produit net de la saisie, c'est-à-dire de la somme restant à répartir après prélèvement des droits d'entrée, des décimes revenant au Trésor, des frais non recouvrés sur les prévenus et de la part revenant à l'indicateur, s'il y en a un. (Décr. du 31 décembre 1889, art. 1, 2, 9, 11 et 12.) (V. le mot *Douane*.)

Les procès-verbaux dressés par la gendarmerie en matière de contributions indirectes sont soumis, par la circulaire du 20 janvier 1877, aux formalités suivantes : dépôt ou envoi par la poste du procès-verbal au receveur de l'enregistrement du canton; avis de ce dépôt ou de cet envoi par le verbalisant au receveur des contributions indirectes dans la circonscription duquel la constatation a été faite (cet avis est établi sur une formule imprimée fournie par l'administration).

Les sous-officiers, brigadiers et gendarmes qui fument ont droit, comme les autres militaires, au *tabac de cantine* au prix de 1 fr. 50 le kilogramme; la livraison s'effectue à raison de 10 grammes par jour. (Décr. des 29 juin et 10 août 1853; loi du 29 février 1872.)

Les réservistes et les territoriaux appelés pour accomplir une période d'instruction ont droit aux bons de tabac : trois bons aux réservistes appelés pour une période de 28 jours, deux bons aux territoriaux appelés pour une période de 13 jours. (Circ. des 23 avril 1878, 7 septembre et 21 octobre 1898.)

En campagne, il est alloué par jour à chaque sous-officier ou soldat 15 grammes de tabac de cantine; à chaque officier, 20 grammes de tabac dit caporal.

Les militaires hospitalisés ont droit aux bons de tabac. (Circ. minist. du 13 février 1883.) Il en est de même des anciens militaires (retraités ou réformés pour blessures ou infirmités contractées au service), qui sont en traitement dans les hôpitaux militaires et hospices civils. (Note minist. du 8 septembre 1886.)

Les militaires doivent employer exclusivement le tabac à leur consommation personnelle; *il leur est formellement défendu de vendre les bons de tabac qui leur sont donnés*, et les circulaires du 13 décembre 1878, du 29 août 1888 et du 24 avril 1886, rappelant la circulaire du 13 décembre 1878, et la note ministérielle du 23 mai 1879, rappelant celle du 28 février 1854, ajoutent que des poursuites judiciaires pourraient être intentées contre ceux qui se livreraient au trafic de leurs bons de tabac avec des personnes de l'ordre civil.

Pour éviter les abus, une circulaire ministérielle du 31 juillet 1899 indique les conditions dans lesquelles auront lieu la délivrance et la distribution des paquets de tabac de cantine à la troupe.

Les bureaux de tabac sont gérés par des personnes qui sont chargées de vendre au public les produits dont l'Etat a le monopole : il y a actuellement en France 44,459 bureaux de tabac qui sont donnés, suivant leur importance, soit par le Ministre, soit par les préfets assistés d'une commission.

Les bureaux de tabac se divisent en quatre catégories, et voici, d'après le décret du 28 novembre 1873, le tableau des candidatures qui peuvent figurer sur la liste de proposition :

1re catégorie. Les anciens officiers ayant occupé un grade supérieur, leurs femmes, leurs veuves ou leurs enfants. Les officiers des grades inférieurs qui se seraient signalés par des actions d'éclat, leurs femmes, leurs veuves ou leurs enfants. Les anciens fonctionnaires ou employés supérieurs des services publics, leurs femmes, leurs veuves ou leurs enfants.

2e catégorie. Les anciens officiers des grades inférieurs, leurs femmes, leurs veuves ou leurs enfants. Les anciens fonctionnaires ou agents civils inférieurs, leurs femmes, leurs veuves ou leurs enfants.

3e catégorie. Les anciens militaires de tout grade qui, n'étant pas restés sous les drapeaux au delà du temps fixé par la loi du recrutement, auront été mis hors de service par suite de blessures graves.

4e catégorie. Les personnes qui auront accompli dans un intérêt public des actes de courage ou de dévouement dûment attestés.

Les débits d'un produit supérieur à 1,000 francs sont accordés par le Ministre des finances; ceux d'un produit ne dépassant pas 1,000 francs sont accordés par les préfets.

Pièces justificatives à fournir :

1° Demande au Ministre des finances, ou au préfet, suivant le cas, formée sur papier timbré, indiquant l'âge, le domicile et les titres des postulants;

2° Etat authentique ou copie dûment certifiée des services militaires ou civils, indiquant leur durée ou leur importance;

3° Certificat délivré par l'autorité municipale du lieu où le pétitionnaire est domicilié, attestant sa moralité, sa situation de famille et faisant connaître quels sont ses moyens d'existence;

4° Un extrait des rôles indiquant le montant des contributions payées par le postulant ou un certificat de non-inscription sur les rôles;

5° Extrait de naissance du pétitionnaire;

6° Extrait de mariage, ou celui des père et mère du pétitionnaire, suivant que celui-ci est marié ou veuf, dans le premier cas, célibataire dans le deuxième;

7° Extrait de décès du mari et des père et mère (ces trois extraits sur papier libre);

8° Toutes les pièces que le postulant peut joindre à sa demande afin de prouver ses titres ou les difficultés de sa situation. (Circ. du 7 janvier 1888.)

TACTIQUE, s. f. La tactique est la partie de l'art de la guerre qui a pour but de ranger les troupes sur le champ de bataille dans le meilleur ordre possible. La stratégie, qu'il ne faut pas confondre avec la tactique, est la science qui enseigne à concevoir et à former le plan des opérations de la guerre. Comme on l'a dit d'une façon assez pittoresque, *la stratégie est l'art de faire la guerre sur la carte, la tactique sur le terrain.* Un général bon tacticien peut être un médiocre stratégiste.

TAILLE, s. f. — Le minimum de taille exigé pour servir dans les différentes armes a été supprimé par la loi du 2 avril 1901.

TANGAGE, s. m. Mouvement d'un navire de l'avant à l'arrière et de l'arrière à l'avant. (V. *Roulis.*)

TAPAGE, s. m. Eclat bruyant causé par un grand bruit, par des cris, par des querelles, etc. Aux termes de l'article 479, n° 8, du Code pénal, les auteurs ou complices de bruits ou de tapages injurieux ou nocturnes troublant la tranquillité des habitants sont punis d'une amende de 11 à 15 francs.

Il s'ensuit que le tapage fait en dehors des lieux habités, par exemple sur une grande route, ne tombe pas sous l'application de la loi.

La loi défend les querelles bruyantes, les huées, les cris ou chants injurieux, et, après le coucher du soleil, elle défend tout bruit causé par des instruments sonores, tels que les tambours, les cors de chasse, etc. Cependant, la jurisprudence a admis que les voisins n'avaient pas à se plaindre du bruit causé par un piano, par un bal ou par un concert donné dans l'intérieur d'une maison. Les maires peuvent prendre des arrêtés pour empêcher d'exercer pendant la nuit des métiers bruyants.

Si aucun arrêté n'a été pris pour réglementer les heures de travail des professions bruyantes, il n'y a pas de contravention.

TARE, s. f. En hippologie, ce mot signifie défectuosité, défaut. Les exostoses (suros, courbe, jarde, éparvin), etc., sont des *tares dures.* Les molettes, vessigons, capelets, sont des *tares molles.* Il est évident que les tares diminuent plus ou moins la valeur du cheval, selon leur gravité.

TARE, s. f. Se dit, dans le commerce, du poids des caisses, tonneaux, sacs et emballage des marchandises. et, par extension, du rabais et de la diminution que l'on fait par rapport au poids. Avant la diminution, le poids de la marchandise est le poids brut; après la diminution, le poids net.

TARIF, s. m. Tableau indiquant les droits que les marchandises ont à acquitter : *tarifs des douanes* ; les émoluments à payer à certains officiers ministériels : *tarif des huissiers, des notaires,* etc.; enfin les sommes dues aux militaires dans les diverses positions : *tarif de solde, tarif des pensions.*

Tarif des rations de fourrages et des vivres. (V. *Rations.*)

Tarif des indemnités de route. (V. *Frais de route.*)

Tarif des frais de bureau. (V. *Frais de bureau.*)

Tarif des frais de justice. (V. *Frais de justice.*)

Tarif de solde. (V. les tableaux annexés au règl. du 30 décembre 1892.)

Tarif des pensions. (V. la loi du 23 juillet 1881 et l'arrêté minist. du 22 novembre 1882.)

Tarif des transports en chemin de fer. (V. *Chemins de fer, Chevaux* et *Bagages.*)

TARN (Département). Populat., 332,093 habit., 4 arrondissements, 35 cantons (16e corps d'armée, 16e légion *bis* de gendarmerie), chef-lieu Albi, 20,903 habit., à 667 kil. S. de Paris, divisé en deux parties inégales par le Tarn. S.-P. : Castres, Gaillac, Lavaur. — Département méditerrané. — Pays montueux, coupé de plateaux élevés. — Agricole et manufacturier. — Elève étendue de chevaux pour la cavalerie légère, de moutons et volailles. Abeilles et vers à soie; mines de fer et de houille. — Patrie du maréchal Soult et du général d'Hautpoul.

TARN-ET-GARONNE (Département). Populat. 195,669 habit., 3 arrondissements, 24 cantons (17e corps d'armée, 17e légion *bis* de gendarmerie), chef-lieu Montauban, 30,388 habit., à 633 kil. S.-E. de Paris, au confluent du Tarn et du Tescou. S.-P. : Castelsarrasin, Moissac. — Département méditerrané. — Pays montueux. — Agricole et manufacturier. — Elève en grand de volaille, de mules et mulets, d'abeilles et de vers à soie. Récolte importante de vins; mines de fer et de houille. — Patrie du célèbre peintre Ingres.

TAUX, s. m. Se dit communément pour désigner l'intérêt produit dans un an par un capital de 100 francs. — Le taux légal de l'intérêt de l'argent est de 4 p. 100 en matière civile et de 5 p. 100 en matière commerciale. (Loi du 7 avril 1900.)

TAXE, s. f. Prix fixé par l'autorité pour la vente des denrées, pour les frais de justice, etc.

Les maires sont autorisés à prendre des arrêtés pour régler le prix maximum du pain et de la viande. Ceux qui violent ces arrêtés tombent sous le coup de l'article 479, n° 6, du Code pénal et sont passibles d'une amende de 11 à 15 francs. En cas de récidive, emprisonnement pendant cinq jours. (V. *Boulanger*.)

Lorsque les officiers de gendarmerie opèrent comme officiers de police judiciaire, et lorsque les sous-officiers, brigadiers ou commandants de brigade opèrent comme officiers de police judiciaire militaire, ils peuvent, conformément aux prescriptions du décret du 13 novembre 1857 et de l'instruction ministérielle du 24 janvier 1858, allouer une taxe aux témoins qui viennent déposer devant eux. (V. *Ordonnateur*.)

Cette taxe, qui n'est jamais allouée aux militaires présents à leurs corps ou aux fonctionnaires ou employés payés par l'Etat, ne peut être moindre de 1 franc ni au-dessus de 2 fr. 50 par jour soit de séjour, soit de voyage. La journée de marche est décomptée à raison de 23 kilomètres. — Les mandats de paiement pour les témoins peuvent être inscrits au dos de la cédule qu'ils auront apportée en venant déposer et seront libellés suivant la formule n° 3 *bis* du Code militaire.

Le décret du 22 juin 1895 fixe ainsi qu'il suit les indemnités allouées aux témoins entendus devant les tribunaux civils :

1° *Indemnité de voyage :*

0 fr. 10 par kilomètre parcouru en allant et autant pour le retour, pour les témoins domiciliés à plus d'un myriamètre du lieu de comparution.

2° *Indemnité de séjour dans la ville où se fait l'instruction :*

6 francs dans Paris;

5 francs dans les villes de 40,000 habitants et au-dessus;

4 francs dans les autres villes et communes.

3° *Taxe de comparution :*

2 francs à Paris;

1 fr. 50 dans les villes de 40,000 habitants et au-dessus;

1 franc dans les autres villes.

Les gendarmes appelés en témoignage voyageant en chemin de fer et devant être transportés gratuitement, tant à l'aller qu'au retour, sur réquisition du magistrat compétent, on doit déduire du total de l'indemnité de voyage obtenu par le calcul des myriamètres le prix de la place entière en chemin de fer. (Circ. du 11 février 1885.)

Lorsque les gendarmes appelés en témoignage sont obligés de faire usage d'une voiture publique ou diligence, ils ont droit à une indemnité de 0 fr. 135 par kilomètre. Cette indemnité est exclusive de l'indemnité myriamétrique (1 franc ou 1 fr. 50, suivant le cas); mais si, cependant, ce tarif est inférieur au prix de la voiture, le gendarme inscrit sur la citation, au lieu du montant de l'indemnité kilométrique en diligence, le prix réel de la voiture, sous sa responsabilité et sauf remboursement s'il exagère. (Note minist. du 14 octobre 1885.)

Enfin, la taxe de comparution est allouée lorsque les gendarmes sont domiciliés à un myriamètre ou à moins d'un myriamètre du lieu où ils sont entendus. Elle ne se cumule jamais avec l'indemnité de voyage.

Ces indemnités sont payées par le receveur de l'enregistrement du lieu de la résidence des gendarmes, sur simple taxe du juge mise au bas de la citation. (Note minist. du 25 mars 1885.)

Lorsque les militaires de la gendarmerie comparaissent comme témoins devant les tribunaux militaires, ils sont traités comme les militaires isolés de l'armée et conformément au règlement du 18 mars 1901 sur le service des frais de route. (V. *Frais de route*.)

Les indemnités attribuées aux gendarmes coloniaux appelés en témoignage sont réglementées par le décret du 22 septembre 1890.

Taxe militaire. Sont assujettis au payement d'une taxe militaire les jeunes gens compris dans la taxe de recrutement cantonal qui bénéficient d'une exonération totale ou partielle du service dans l'armée active, par suite soit de dispense, d'ajournement non suivi d'exemption, de classement dans les services auxiliaires, d'envoi en disponibilité, soit d'inscription différée sur les tableaux de recensement dans les cas autres que celui d'omission.

§ 2. Sont exemptés de la taxe :

1° Les hommes envoyés en congé dans leurs foyers comme soutiens indispensables de famille, par application de l'article 22;

2° Les hommes envoyés en congé pour une cause de dispense autre que celle visée au précédent alinéa et les hommes classés dans les services auxiliaires, lorsqu'ils sont reconnus remplir effectivement les devoirs de soutiens indispensables de famille. Cette reconnaissance est demandée par les intéressés et accordée, maintenue ou retirée par le conseil départemental de revision dans les formes déterminées par les articles 22 et 34. Les hommes reconnus comme soutiens de famille par application du présent alinéa ne sont pas comptés pour la fixation du nombre de ceux qui peuvent être envoyés dans leurs foyers en vertu de l'article 22;

3° Les hommes renvoyés dans leurs foyers par application de l'article 46;

4° Les jeunes gens qui se trouvent, eux et leurs ascendants du premier degré, dans un état d'indigence notoire.

§ 3. — La taxe militaire se compose de :

1° Une taxe fixe de six francs (6 fr.);

2° Une taxe proportionnelle égale à trois fois le montant en principal de la cote personnelle et mobilière de l'assujetti.

Lorsque, en conformité du paragraphe 6 du présent article, un ascendant est imposé à la taxe militaire pour plusieurs fils dans le rôle d'une même année, il ne paye néanmoins qu'une seule taxe fixe de 6 francs. Cette taxe est répartie par portions égales entre les cotisations des assujettis qu'elle concerne.

Si l'assujetti a encore ses ascendants du premier degré ou l'un d'eux, la taxe proportionnelle est augmentée du quotient obtenu en divisant le triple de la cote personnelle et mobilière, en principal, de celui de ses ascendants du premier degré qui est le plus imposé à cette contribution, également en principal, par le nombre des enfants vivants et des enfants représentés dudit ascendant.

Pour l'application des dispositions du présent article dans le cas de décès du père de l'assujetti, si la mère veuve ou divorcée s'est remariée, son mari est considéré comme un ascendant du premier degré de l'assujetti.

Les cotisations imposables sont la cote personnelle imposée au rôle du domicile et la plus élevée en principal des cotes mobilières auxquelles les contribuables sont assujettis, soit dans le même rôle, soit dans les rôles d'autres communes. Elles sont déterminées sans égard aux prélèvements qui peuvent servir à les acquitter sur les produits de l'octroi.

§ 4. — La taxe militaire est due pendant trois ans à partir du 1er janvier qui suit la décision par laquelle le conseil de revision a fixé définitivement la situation de l'assujetti.

Si, à la date mentionnée au précédent alinéa, l'assujetti subit la peine de l'emprisonnement en vertu d'un jugement, la période d'imposition commence seulement au 1er janvier qui suit l'expiration de la peine.

Lorsque, au 1er janvier de l'une quelconque des trois années désignées aux deux précédents alinéas, l'assujetti est présent sous les drapeaux comme incorporé dans l'armée active, il n'est pas imposable à la taxe militaire pour ladite année. Le temps de service effectué en vertu d'un engagement antérieur à l'inscription de l'assujetti sur la liste de recrutement cantonal, sera considéré comme fait à partir du 1er novembre de l'année de l'appel de la classe à laquelle l'assujetti appartient par son âge.

La taxe n'est pas due pour les années qui suivent celle du décès ou de la réforme de l'assujetti.

§ 5. — La taxe militaire est établie au 1er janvier pour l'année entière.

Elle cesse lorsque l'assujetti contracte un engagement pour une durée de trois ans au moins ou obtient son inscription sur les registres matricules de l'inscription maritime.

Tout mois commencé est exigible en entier.

§ 6. — La taxe militaire est imposée au nom de celui des ascendants dont la cotisation a été prise pour élément de calcul de la taxe, conformément au paragraphe 3 du présent article. La taxe imposée au nom des ascendants est recouvrée sur eux, sauf leur recours contre l'assujetti. Le recouvrement de la taxe peut être poursuivi contre ce dernier lorsqu'une sommation avec frais adressée à l'ascendant imposé est restée sans effet.

L'assujetti n'est personnellement imposable que si ses ascendants du premier degré sont décédés, indigents ou sans domicile connu en France.

La taxe est exigible dans la commune où le contribuable, au nom duquel elle doit être inscrite en vertu des dispositions du présent paragraphe, a son domicile au 1er janvier.

Elle est recouvrée, et les réclamations sont instruites et jugées comme en matière de contributions directes. (Voir la loi des finances du 13 avril 1898 et le décret du 24 mai 1898.)

TÉLÉGRAPHE, s. m. Le télégraphe électrique est un appareil destiné à transmettre des communications au moyen de fils conducteurs.

La gendarmerie saisit et conduit immédiatement devant l'officier de police de l'arrondissement tous ceux qui, par la rupture des fils, par la dégradation des appareils, ou par tout autre moyen, tentent d'intercepter les communications ou la correspondance télégraphiques. (1er mars 1854, art. 315.)

Il ne s'agit évidemment dans cet article que de ceux, qui dans un coupable intérêt, chercheraient à intercepter les communications. Si c'est par imprudence, il est évident que celui qui l'a commise ne devra pas être arrêté, surtout s'il est connu.

Il existe dans l'armée un service télégraphique parfaitement organisé et qui est destiné à relier entre eux les quartiers généraux et à assurer les communications de ces derniers avec les troupes momentanément éloignées.

Il y a, en outre, un système de télégraphie optique au moyen duquel on peut faire des signaux qui, pendant la nuit, sont visibles jusqu'à une distance de 50 kilom. Enfin, un règlement, en date du 6 mai 1884, a organisé le fonctionnement d'un service de télégraphie dans tous les régiments de cavalerie.

Une loi en date du 24 juillet 1900 a réorganisé le service de la télégraphie militaire, et a créé un bataillon de télégraphistes, rattaché au 5e régiment du génie et destiné à constituer l'école permanente de télégraphie militaire.

Une instruction du Ministre de la guerre, en date du 25 juin 1886, règle les prescriptions concernant les auxiliaires du service de la télégraphie militaire. — L'article 17 de cette instruction porte qu'en temps de guerre les auxiliaires du service télégraphique appelés à des bureaux isolés dans des localités dépourvues de troupe sont placés sous la surveillance de la gendarmerie.

Le Ministre de la guerre, par sa circulaire no 9, en date du 10 juin 1885, a décidé que les appellations du personnel de la télégraphie militaire doivent être les suivantes :

EMPLOI DANS LA TÉLÉGRAPHIE MILITAIRE.	CORRESPONDANCE DE GRADE.	APPELLATION.
Directeur de la télégraphie militaire.......	Lieutenant-colonel..	Monsieur le Directeur.
Sous-directeur id.............	Chef d'escadron....	Monsieur le Sous-Directeur.
Chef de section id.............	Capitaine..........	Monsieur le Chef de section.
Sous-chef de section id.............	Lieutenant........	Monsieur le S.-Chef de section.
Chef de poste id.............	Sous-lieutenant....	Monsieur le Chef de poste.
Télégraphiste............................	Adjudant..........	Télégraphiste, par les supérieurs. Monsieur le Télégraphiste, par les inférieurs.
Chef d'équipe............................	Maréchal des logis.	Chef d'équipe, par les supérieurs. Chef, par les inférieurs.
Maître-ouvrier...........................	Brigadier..........	Maître-ouvrier, par les supérieurs. Maître, par les inférieurs.

Franchise télégraphique. Sur la proposition du Ministre de la guerre, le Ministre des postes et télégraphes a pris, à la date du 24 avril 1897, un arrêté relatif aux franchises télégraphiques de la gendarmerie. Cet arrêté se trouve reproduit *in-extenso* au mot *Franchise.*

Franchise avec les maires. (V. *Franchise.*)

Est également admise à circuler en franchise, par la voie télégraphique, la correspondance des commissaires de l'inscription maritime avec les commandants de gendarmerie, relativement au service de la mobilisation des inscrits maritimes. (Circ. du 6 février 1886.)

Le Ministre de la guerre, dans le but d'empêcher un usage abusif du télégraphe, prescrit de rendre toujours compte par une mention au rapport journalier de l'envoi de toute dépêche télégraphique expédiée en franchise.

Sont d'ailleurs formellement maintenues les dispositions actuellement en vigueur, d'après lesquelles les généraux commandants de corps d'armée doivent recevoir communication, à la fin de chaque mois, par les soins des chefs de légion, de toutes les dépêches télégraphiques expédiées par les militaires de leurs légions respectives, et punir au besoin ceux qui n'auront pas mis dans l'emploi du télégraphe la réserve que comporte ce mode de correspondance. (V. l'instr. minist. du 1er juillet 1875 et la circ. du 30 avril 1878, qui rappelle que le droit de franchise télégraphique ne s'applique *qu'aux dépêches officielles urgentes*, c'est-à-dire aux communications relatives au service et que la poste ne pourrait transmettre en temps utile.)

Lorsqu'il y a lieu d'employer la voie télégraphique pour activer la demande ou la concession d'une permission ou d'un congé, la perception de la taxe réglementaire incombe à la charge de l'intéressé. (Note minist. du 16 novembre 1887 et Serv. int., art. 246.)

Taxe des dépêches télégraphiques expédiées en France. La taxe des dépêches télégraphiques privées expédiées en France, en Algérie, en Tunisie, en Andorre et dans la principauté de Monaco est de 50 centimes jusqu'à dix mots; la taxe est ensuite augmentée de 0,05 par mot.

La longueur d'un dépêche simple est fixé à dix mots. Le nom et l'adresse du destinataire, ainsi que la signature de l'expéditeur, sont compris dans ces dix mots. Les mots composés, les noms géographiques, ceux des rues et les numéros des maisons ne sont comptés que pour un mot. L'expéditeur peut payer la réponse à sa dépêche.

Les dépêches sont remises bureau restant, poste restante, ou bien à domicile par facteur, par poste ou par exprès.

La remise au bureau de poste et la distribution par facteurs dans le lieu d'arrivée sont gratuites.

Une merveilleuse invention toute récente, permet à deux stations, éloignées de plusieurs kilomètres, de communiquer entre elles sans être réunies par un fil.

La télégraphie sans fil paraît être appelée à jouer un rôle très important dans les opérations de la guerre, et de nombreuses stations ont déjà été établies dans nos ports de mer.

TÉLEMETRE, s. m. Instrument qui sert à mesurer les distances et les objets éloignés. Une application très curieuse de la télémétrie est celle qui permet de mesurer la distance à laquelle se trouve un canon ou un fusil, par suite de l'intensité du son produit par le coup de feu.

TÉLEPHONE, s. m. Instrument avec lequel on peut converser à de grandes distances, et qui permet de constater la présence des courants électriques les plus faibles. Inventé en 1875 par l'Américain Bell, perfectionné par l'ingénieur François Ader, le téléphone trouve dès à présent de nombreuses et curieuses applications. Le réseau téléphonique, qui prend de jour en jour une plus grande extension, est construit et exploité par l'Etat.

TÉLESCOPE, s. m. Instrument d'optique qui sert à rapprocher les objets éloignés et à rendre leur image distincte. Les télescopes installés dans les grands observatoires d'Europe et d'Amérique ont permis de découvrir des milliers d'astres nouveaux et ont fait faire des progrès immenses à l'astronomie.

TÉMOIN, s. m. Personne qui dépose en justice. *Le témoin oculaire* est celui qui a vu, *le témoin auriculaire* est celui qui a entendu.

Le *faux témoin* est celui qui dépose contre la vérité; la loi punit le faux témoignage de peines sévères qui varient, suivant le cas, d'un an d'emprisonnement à la réclusion. Si, néanmoins, l'accusé a été condamné à une peine plus forte que celle de la réclusion, le faux témoin qui a déposé contre lui subira la même peine. L'individu qui s'est rendu coupable de subornation de témoins est puni de la même peine que le faux témoin. (V. C. P., art. 361 et suivants.)

Le faux témoignage existe toujours lorsque la déclaration a été faite sous la foi du serment, que cette déclaration soit favorable à l'accusé ou qu'elle lui soit défavorable. Le faux témoin a le droit de se rétracter jusqu'au moment de la clôture des débats.

Certaines personnes ne peuvent être entendues en justice comme témoins; ainsi, l'article 322 du Code d'instruction criminelle défend de recevoir les dépositions : 1° du père, de la mère, de l'aïeul, de l'aïeule, ou de tout autre ascendant de l'accusé, ou de l'un des accusés présents et soumis au même débat; 2° des fils, fille, petit-fils, petite-fille, ou de tout autre descendant; 3° des frères et sœurs; 4° des alliés aux mêmes degrés; 5° du mari et de la femme, même après le divorce prononcé; 6° des dénonciateurs dont la dénonciation est récompensée pécuniairement par la loi. Enfin, l'article 79 du même Code dispose que les enfants au-dessous de l'âge de 15 ans pourront être entendus comme témoins sans prestation de serment.

Les femmes peuvent servir de témoins dans les actes de l'état civil. (V. *Femme.*)

Le témoin qui refuse de comparaître peut être condamné à une amende de 100 francs et contraint par corps à venir donner son témoignage. (C. d'instr. crim., art. 80.)

Les témoins reçoivent une indemnité qui varie suivant les distances qu'ils ont à parcourir pour se rendre à la citation et suivant l'importance des villes dans lesquelles ils sont appelés.

L'indemnité due aux gendarmes appelés au témoignage a été traitée au mot *Taxe.* (V. ce mot.)

Citation aux témoins. (V. *Citation.*)

La discipline militaire ne permettant pas que des soldats puissent s'absenter sans la permission de leurs chefs, les magistrats qui appellent des gendarmes en témoignage doivent prévenir, 24 heures au moins avant la comparution, l'officier qui commande l'arme au chef-lieu de l'arrondissement dans lequel le témoin est employé, ou celui sous les ordres duquel il se trouve. Les citations sont d'ailleurs notifiées dans la forme ordinaire, ou par simple voie d'avertissement; il suffit même d'en prévenir les chefs, certain que ceux-ci ne manqueront pas de donner des ordres qui seront exécutés. (Instr. du Ministre de la justice du 13 septembre 1820.)

TEMPS DE NUIT. (V. *Nuit.*)

TENDON, s. m. En terme vétérinaire, on appelle tendon la réunion des cordons tendineux qui sont derrière le canon. Les tendons fléchisseurs doivent être forts et bien détachés du canon. Cette disposition, qui fait que le canon, vu de profil, paraît très large, est la meilleure pour assurer la solidité de la station et de la marche.

Lorsque le tendon ne descend pas perpendiculairement à partir du pli du genou, lorsqu'il est resserré dans sa partie supérieure, il est dit **tendon failli;** dans ce cas, la corde tendineuse perd beaucoup de sa force et le cheval ainsi conformé ne peut rendre de sérieux services : des distensions, des engorgements, des nerfs-férures surviennent toujours tôt ou tard et sont généralement irrémédiables.

TENTATIVE, s. f. Action ayant pour but de faire réussir un projet.

La tentative de crime suivie d'un commencement d'exécution est considérée comme le crime même si elle n'a été suspendue ou si elle n'a manqué son effet que par des circonstances indépendantes de la volonté de son auteur. (C. P., art. 2.)

Les tentatives de délit ne sont considérées comme délits que dans les cas déterminés par une disposition spéciale de la loi. (C. P., art. 3.) Ainsi, la tentative d'évasion avec bris de prison ou avec violences et la tentative de vol non qualifié sont punies comme l'évasion et comme le vol. (V. C. P., art. 179, 401, 405 et 414.)

Dans aucun cas, la tentative de contravention n'est assimilée à la contravention consommée.

TENUE, s. f. Manière de se tenir, de soigner son extérieur : *avoir une bonne tenue.* — La tenue des livres est l'art d'inscrire sur des livres spéciaux toutes les opérations d'un commerçant. Ce mot s'emploie aussi comme synonyme d'uniforme : *tenue du matin, grande tenue, être en tenue.*

Les sous-officiers, brigadiers et gendarmes doivent être toujours en tenue, sauf l'exception indiquée ci-après :

Les officiers ne sont considérés comme étant dans l'exercice de leurs fonctions que lorsqu'ils sont revêtus de leur uniforme.

La tenue bourgeoise est autorisée pour eux en dehors du service. (V. Serv. int., art. 197.)

Les sous-officiers, brigadiers et gendarmes allant en témoignage sont en tenue du jour; ceux en congé ou en permission ont la même tenue sans armes. (Serv. int., art. 223.)

Le port d'habit bourgeois pour les sous-officiers, brigadiers et gendarmes est une tolérance qui peut leur être accordée pour les cas de déplacement; elle est alors expressément mentionnée sur le titre d'absence. (Serv. int., art. 223.)

Les gradés de la gendarmerie sont autorisés à porter, en tenue de ville, des chaussures non réglementaires. (Service intérieur, art. 223 modifié par le décret du 28 septembre 1901.)

Les militaires de la gendarmerie appartenant à des brigades stationnées en pays de montagne font usage du bâton ferré, des bandes molletières et de chaussures d'un modèle spécial. L'emploi de ces effets n'est autorisé que pour les courses en montagne. (V. Service intérieur, art. 223.)

Les diverses tenues de la gendarmerie sont réglementées par les art. 220 et suiv. du Serv. intér. Les adjudants de la garde républicaine sont chargés de la surveillance de la tenue des gendarmes de province appelés à Paris. (Note minist. du 19 janvier 1892.)

Une circulaire en date du 6 juin 1902 a apporté les modifications suivantes à la tenue de la gendarmerie de l'intérieur :

1° Les trèfles et aiguillettes ne seront plus portés par les gradés et gendarmes dans la tenue de service hors la résidence et dans la tenue de campagne;

2° La petite botte est supprimée dans la gendarmerie de l'intérieur, à pied et à cheval. La gendarmerie à pied portera, avec des sous-pieds, dans tous ses services à pied, le brodequin éperonné, à talon de $0^m,04$ de hauteur, déjà adopté pour la gendarmerie à cheval de Corse et d'Afrique;

3° La gendarmerie à cheval de l'intérieur portera à l'avenir, dans la tenue de service à cheval hors la résidence et dans la tenue de campagne, en remplacement de la grande botte, des jambières en cuir et des brodequins avec éperons à la chevalière. La jambière servira également pour les séances d'instruction à cheval et pour les promenades de chevaux. La grande botte est conservée pour la tenue de service à cheval dans la résidence et pour la grande tenue de service à cheval;

4° Les gendarmes auront, dorénavant, comme les gradés, la faculté de porter, en tenue de ville, des chaussures non réglementaires. Ces chaussures devront être en cuir ciré et ne présenter ni boutons, ni piqûres, ni lacets apparents.

Les officiers peuvent conserver la hongroise et la botte pendant toute la journée, à la condition de prendre le sabre à partir de 1 heure. (Note minist. du 1er décembre 1887 et service int., Tableau des tenues.)

Une note ministérielle, en date du 27 mai 1890, rappelle que les visites de corps ou individuelles qui ont lieu à titre officiel à l'occasion du service doivent toujours être faites en grande tenue de service; seules les visites qui ont un caractère personnel ou de relations du monde peuvent être faites en tenue du jour ou en habits bourgeois. (Application de l'art. 344 du décr. du 4 octobre 1891. — V. *Visites*.)

Les officiers de réserve et de l'armée territoriale pourront se présenter en tenue dans toutes les réunions ou fêtes (dîners, bals, soirées) ayant lieu chez les fonctionnaires de l'État. Il pourront aussi accomplir publiquement en tenue, sans une autorisation préalable, tous les actes qui se rattachent directement à leur situation d'officiers, tels, par exemple, qu'assistance à un mariage ou à un convoi de militaire, etc.

Ces officiers pourront porter leur uniforme dans toutes les cérémonies ou réunions officielles où figurent les officiers de la garnison et assister aux revues extérieures sans invitation spéciale. (Note minist. du 3 septembre 1891.)

Lorsque, en dehors des circonstances énoncées ci-dessus, ces officiers voudront paraître publiquement en uniforme, ils devront adresser, à cet effet, une demande par l'intermédiaire du commandant d'armes de leur résidence, ou, en cas d'extrême urgence, directement au général commandant la subdivision de région dans laquelle ils sont domiciliés.

Les officiers de réserve et de l'armée territoriale, lorsqu'ils revêtiront leur uniforme, devront toujours être en tenue régulière; le commandement militaire local veillera avec soin à l'exécution de cette disposition.

Il est formellement interdit aux officiers de réserve et de l'armée territoriale *d'assister en tenue* à aucune manifestation ou réunion publique ou privée *ayant un caractère politique ou électoral*, ou dont l'accès serait interdit aux officiers de l'armée active.

Il est également interdit aux officiers de la réserve et de l'armée territoriale de revêtir leur uniforme dans l'exercice de toute fonction, même publique, ne se rattachant pas directement à leurs attributions militaires ainsi que dans l'accomplissement de toute profession industrielle, commerciale, financière, libérale ou manuelle.

Les officiers en retraite ou en réforme pour infirmités qui ne sont pas pourvus d'emplois ou de grades dans la réserve de l'armée active ou dans l'armée territoriale sont autorisés à porter l'uniforme de l'arme ou du service dans lequel ils servaient au moment où ils ont cessé d'appartenir à l'activité, sauf les modifications indiquées par le décret du 24 juillet 1886 et la circulaire du 19 août de la même année (le numéro au collet et au képi est remplacé par une étoile). Les officiers en retraite qui ne font plus partie de la réserve ou de l'armée territoriale peuvent porter leur tenue en toutes circonstances et sans avoir besoin d'autorisation. (Avis du conseil d'Etat en date du 5 juin 1888.)

Le commandant d'armes ou, dans les localités ou il n'y a pas de garnison, le commandant de la gendarmerie locale surveille la tenue des officiers retraités et des officiers en réforme pour infirmités qui font usage de leur uniforme : ceux d'entre eux qui l'auraient compromis seraient signalés dans un rapport circonstancié adressé au commandant du territoire. (Décret du 4 octobre 1891, art. 109.)

L'uniforme militaire ne doit jamais être porté en pays étranger sans une autorisation spéciale du Ministre de la guerre (Art. 11 du décr. du 1er mars 1890); et cette autorisation ne sera accordée que dans le cas de mission régulière ou pour assister soit à des manœuvres, soit à des cérémonies officielles.

En outre, lorsque des officiers désireront assister en tenue à une cérémonie de famille, ils devront s'adresser au représentant diplomatique de la France qui pourra leur accorder directement, au nom du Ministre de la guerre, l'autorisation nécessaire.

Ces dispositions s'appliquent aux militaires de tous grades. (Note minist. du 25 avril 1891.)

TERRE, s. f. La terre est le sol sur lequel on marche et qui produit les végétaux. En astronomie, la terre est une planète habitée par l'homme; c'est la 3e des planètes connues dans l'ordre de leur distance au soleil : Mercure et Vénus seules sont plus voisines qu'elle de cet astre.

La terre est une sphère aplatie aux pôles et renflée à l'équateur; elle tourne sur elle-même en vingt-quatre heures et la ligne imaginaire autour de laquelle s'effectue ce mouvement se nomme l'axe de la terre et se termine en deux points appelés pôles. Dans son mouvement de rotation sur elle-même, la terre parcourt 40,000 kilomètres en vingt-quatre heures, soit 27 kilomètres par minute. Outre son mouvement sur elle-même, la terre tourne encore autour du soleil, dont elle est distante de 38,000,000 de lieues. Sa révolution autour de cet astre s'effectue en 365 jours 5 heures 48 minutes et 49 secondes, et la courbe qu'elle décrit dans son trajet étant égale à environ 900 millions de kilomètres, il s'ensuit que, dans notre mouvement autour du soleil, nous sommes emportés avec une vitesse de 30 kilomètres par seconde.

Le rayon de la terre à l'équateur est d'environ 1,500 lieues; sa surface est de 5,098,857 myriamètres carrés et son volume de 1,082,634,000 myriamètres cubes.

La masse terrestre n'est pas homogène. Elle se divise en deux parties : 1° le noyau central, composé de matières métalliques incandescentes; 2° la croûte extérieure, qui n'a qu'une épaisseur de 8 à 10 lieues.

La surface de la terre est partagée, suivant la température, en cinq zones : une zone torride, deux zones tempérées et deux zones glaciales.

Au point de vue géographique, la terre est divisée en cinq grandes parties : l'Europe, l'Asie, l'Afrique, l'Amérique et l'Océanie. L'Europe a environ 300 millions d'habitants, l'Asie 800, l'Afrique 250, l'Amérique 100, et l'Océanie 35, ce qui donne un total d'environ 1 milliard 500 millions d'habitants.

TERRITORIAL, ALE, adj. Qui a rapport, qui appartient au territoire. Les soldats de l'armée territoriale portent le nom de *territoriaux*.

L'armée territoriale, créée par la loi du 27 juillet 1872, et dont la composition a été modifiée par celle des 15 juillet 1889 et 19 juillet 1892, se compose de tous les hommes qui ont accompli les treize ans de service prescrits pour l'armée active et sa réserve, et qui n'ont pas encore terminé les vingt-cinq années pendant lesquelles ils doivent être soumis au service militaire; il faut y ajouter encore les réservistes pères de quatre enfants vivants, qui sont inscrits de droit et quel que soit leur âge sur les contrôles de l'armée territoriale.

L'armée territoriale a une organisation complètement indépendante de celle de l'armée active : elle forme des corps spéciaux ayant, en tout temps, leurs cadres entièrement constitués. Les nominations des officiers et des fonctionnaires sont faites par le Président de la République, sur la proposition du Ministre de la guerre; celles des sous-officiers et des employés sont faites par le général commandant le corps d'armée de la région. (V. *Armée*.)

Les hommes appartenant à l'armée territoriale et à la réserve de cette armée sont appelés à l'activité en vertu d'un ordre de l'autorité militaire. Pour cette deuxième réserve, l'appel doit se faire par classe, en commençant par la moins ancienne.

La loi n'a pas fixé la fréquence des réunions ni la durée des manœuvres ou exercices auxquels les hommes de l'armée territoriale peuvent être soumis en temps de paix. Le Ministre de la guerre les détermine et conserve donc toute liberté à cet égard.

Autorités militaires dont relèvent les corps de l'armée territoriale. Pour tout ce qui concerne le recrutement proprement dit, les mesures de mobilisation et les mesures d'ordre pour les appels, les corps de troupe de toutes armes de l'armée territoriale relèvent des généraux commandant le territoire.

Les régiments territoriaux d'infanterie sont également placés sous l'autorité des généraux de brigade commandant le territoire, pour tout ce qui concerne l'organisation, l'instruction, la discipline et la composition des cadres inférieurs; mais, pour les corps territoriaux de cavalerie, d'artillerie, du génie, pour les sections territoriales de commis et ouvriers d'administration ou d'infirmiers, ces questions rentrent dans les attributions des généraux de brigade commandant la cavalerie ou l'artillerie du corps d'armée, des directeurs supérieurs du génie de la région ou de l'intendant militaire. (V. l'instr. du 28 décembre 1895.)

Réserve de l'armée territoriale. La réserve de l'armée territoriale n'est pas organisée, c'est-à-dire ne doit pas former de corps distincts. Les hommes de cette réserve sont destinés à venir grossir successivement, en cas de besoin, les effectifs des corps de cette armée, comme les hommes de la réserve de l'armée active complètent les corps de troupe de l'armée active.

Les hommes de la réserve de l'armee territoriale peuvent être soumis, pendant le temps de leur service dans ladite réserve, à une revue d'appel pour laquelle la durée du déplacement imposé n'excédera pas une journée. (Loi du 19 juillet 1892.)

Les hommes du contingent algérien qui ne font qu'un an de service continuent, après l'accomplissement de leurs vingt-cinq premières années de service, et jusqu'à l'âge de cinquante ans, à compter dans la réserve de l'armée territoriale si d'ailleurs ils sont valides. (Instr. du 28 décembre 1895, art. 28.)

Emploi des troupes territoriales en temps de guerre. En temps de guerre, le service des places fortes, la garde des lignes d'étapes, la défense des côtes, l'occupation des points stratégiques, la garde de l'Algérie, rentrent dans les attributions de l'armée territoriale. Les différents corps de cette armée peuvent même être formés en brigades, divisions et corps d'armée destinés à tenir campagne et être même détachés à côté de l'armée active.

Lorsque l'armée territoriale est mobilisée, les hommes qui en font partie sont soumis aux mêmes lois, aux mêmes règlements, et touchent la même solde et les mêmes allocations en nature que les militaires de l'armée active.

En dehors des conditions d'appel pour les manœuvres, les hommes de l'armée territoriale et de la réserve sont assujettis aux mêmes obligations militaires que les hommes de la réserve. Ces obligations ont été énumérées à ce dernier mot.

Composition de l'armée territoriale. (V. *Armée*.)

TESTAMENT, s. m. Acte par lequel une personne dispose, pour le temps où elle ne vivra plus, de tout ou partie de ses biens.

Le *testament authentique* est celui qui est rédigé par un notaire suivant les formalités voulues par la loi.

Le *testament olographe* est celui qui est écrit en entier, daté et signé de la main du testateur.

Le *testament mystique* ou *secret* est celui qui est signé de la main du testateur, clos, scellé et remis par lui en présence de six témoins entre les mains d'un notaire. (V. C. C., art. 967 et suivants.)

Testaments aux armées. La loi

du 17 mai 1900 a remplacé les article 981 et 982 du Code civil par les articles suivants :

« Art. 981. — Les testaments des militaires, des marins de l'État et des personnes employées à la suite des armées pourront être reçus, dans les cas et conditions prévus à l'article 93, soit par un officier supérieur ou médecin militaire d'un grade correspondant, en présence de deux témoins; soit par deux fonctionnaires de l'intendance ou officiers du commissariat; soit par un de ces fonctionnaires ou officiers, en présence de deux témoins ; soit, enfin, dans un détachement isolé, par l'officier commandant ce détachement, assisté de deux témoins, s'il n'existe pas dans le détachement d'officier supérieur ou médecin militaire d'un grade correspondant, de fonctionnaire de l'intendance ou d'officier du commissariat.

» Le testament de l'officier commandant un détachement isolé pourra être reçu par l'officier qui vient après lui dans l'ordre du service.

» La faculté de tester dans les conditions prévues au présent article s'étendra aux prisonniers chez l'ennemi.

» Art. 982. — Les testaments mentionnés à l'article précédent pourront encore, si le testateur est malade ou blessé, être reçus, dans les hôpitaux ou les formations sanitaires militaires telles que les définissent les règlements de l'armée, par le médecin chef, quel que soit son grade, assisté de l'officier d'administration gestionnaire.

» A défaut de cet officier d'administration, la présence de deux témoins sera nécessaire. »

Pour que les testaments soient valables, il faut se conformer dans leur réception à toutes les formalités prescrites par le Code civil, savoir :

1° Un testament ne pourra être fait dans le même acte par deux ou plusieurs personnes;

2° On ne pourra recevoir, en qualité de témoins, ni les légataires, à quelque titre que ce soit, ni les parents ou alliés du testateur jusqu'au quatrième degré inclusivement, ni les commis ou délégués de l'individu pour lequel les actes seront reçus;

3° Il devra être donné lecture au testateur de son testament en présence des témoins, et mention expresse en sera faite dans l'acte.

En outre, il faut remarquer qu'en vertu de l'article 909 du Code civil, les docteurs en médecine et en chirurgie, les officiers de santé et les pharmaciens qui auront traité un militaire ou toute autre personne employée à la suite de l'armée, pendant la maladie dont elle meurt, ne pourront profiter des dispositions entre-vifs ou testamentaires faites en leur faveur pendant le cours de cette maladie. La même règle sera observée à l'égard des ministres des cultes. Ne sont cependant pas interdites les dispositions rémunératrices faites à titre particulier, eu égard aux facultés du disposant et aux services rendus

TÊTE, s. f. Partie du corps de l'homme ou de l'animal qui renferme le cerveau et les principaux organes des sens.

En art militaire, on appelle *tête de pont* un ouvrage de fortification destiné à protéger et à défendre le passage d'un pont.

THALER, s. m. Monnaie allemande qui vaut environ 3 fr. 70.

THALWEG, s. m. Terme géographique tiré de l'allemand et qui signifie le chemin de la vallée. C'est la ligne suivant laquelle se dirigent les eaux courantes.

THÉATRE, s. m. Lieu où l'on donne des spectacles.

La liberté des théâtres existe depuis le décret du 6 janvier 1864, qui autorise tout individu à faire construire et à exploiter un théâtre à la charge de faire une déclaration au ministère des beaux-arts et à la préfecture de police pour Paris, et à la préfecture dans les départements.

La loi des 16 et 24 août 1790, encore en vigueur, place les théâtres sous la surveillance des commissaires de police, et ces magistrats ont seuls le droit, en cas de désordre, de requérir la force armée pour expulser les spectateurs.

THEORIE, s. f. En terme militaire, la théorie est le livre dans lequel sont exposés les principes des exercices et des manœuvres.

Apprendre la théorie et faire la théorie sont des expressions trop connues pour avoir besoin d'être expliquées.

Les sous-officiers, brigadiers et candidats doivent connaître les bases de l'instruction du règlement du 28 mai 1900, ainsi que les théories sur les écoles du cavalier et de peloton.

Les chefs de brigade doivent faire, aux jours et heures déterminés par le tableau de travail, la théorie sur le service spécial de l'arme, sur la nomenclature, le démontage, le remontage, le nettoyage et le graissage de toutes les pièces des armes, ainsi que sur les lois et règlements spéciaux (chasse, pêche, roulage, etc.), sur la mobilisation, le service prévôtal, la réquisition, l'administration des réservistes et territoriaux dans leurs foyers, et la répression de l'espionnage. (V. Service intérieur, art. 193.)

THERMOMÈTRE, s. m. Instrument destiné à mesurer les variations de la température. Il se compose d'un tube de verre capillaire contenant un liquide (mercure ou alcool) et sur lequel sont tracées les divisions de 0 à 100 ou de 0 à 80.

Dans le thermomètre centigrade, le zéro indique la température de la glace fondante et le chiffre 100 celle de l'eau bouillante; dans le thermomètre Réaumur, le zéro correspond à la glace fondante et le nombre 80 à l'eau bouillante. Un degré centigrade vaut donc 4/5 du degré Réaumur; il suit de là que pour transformer les degrés centigrades en degrés Réaumur, il faut les multiplier par 4/5, et que pour transformer des degrés Réaumur en degrés centigrades, il faut les multiplier par 5/4.

TIC, s. m. En hippologie, habitude vicieuse.

Le tic proprement dit consiste dans une contraction brusque des muscles de l'encolure et du ventre avec rejet de gaz. C'est une sorte de rot dont le cheval contracte l'habitude et qu'il opère, soit en appuyant ses dents sur la mangeoire (c'est ce qu'on nomme le *tic d'appui*), soit en relevant seulement la tête (c'est ce qu'on nomme le *tic en l'air*).

D'après la loi du 2 août 1884, qui a remplacé celle du 20 mai 1838, le tic avec ou sans usure des dents est un vice rédhibitoire. Le délai pour intenter l'action rédhibitoire est de neuf jours francs, non compris le jour fixé pour la livraison.

Le tic d'imitation et le tic d'appui peuvent ne pas être graves; mais, en général, le tic est le symptôme d'une affection sérieuse de l'estomac, et les chevaux qui en sont atteints succombent tôt ou tard à des coliques venteuses.

Le **tic de l'ours** chez le cheval, consiste dans l'habitude de se balancer constamment d'un côté à l'autre.

TIMBRE, s. m. En administration, le timbre est une marque imprimée sur du papier dont la loi exige l'emploi pour tous les actes publics ou privés destinés à constater un droit.

La contrefaçon des timbres de l'Etat est punie d'un emprisonnement de six mois à trois ans. (V. *Sceau.*)

L'administration de l'enregistrement et des domaines est chargée de l'impôt, et les papiers timbrés reçus de Paris, dans chaque département, par des employés spéciaux appelés gardes-magasins du timbre, sont ensuite donnés, pour être vendus au public, à certains débitants de tabac spécialement autorisés.

La loi du 23 août 1871 a créé un timbre mobile qui doit être apposé sur tous les reçus, acquits, quittances, décharges, etc., au-dessus de 10 francs. — Le timbre doit être collé à côté de la signature et oblitéré au moment même de son apposition par la personne qui donne la quittance, qui signe sur le timbre en y portant la date du jour.

Toute contravention aux dispositions ci-dessus sera punie d'une amende de 50 francs. L'amende sera due par chaque acte écrit, quittance, reçu ou décharge pour lequel le droit de timbre n'aurait pas été acquitté. Le droit de timbre est *à la charge du débiteur ;*

néanmoins, le créancier qui a donné quittance, reçu ou décharge en contravention aux dispositions de la loi, est tenu personnellement et sans recours, nonobstant toute disposition contraire, au montant des droits, frais et amendes. La contravention sera suffisamment établie par la représentation des pièces non timbrées et annexées aux procès-verbaux que les employés de l'enregistrement, les officiers de police judiciaire, les agents de la force publique, les préposés des douanes, des contributions indirectes, des octrois, sont autorisés à dresser conformément aux articles 31 et 32 de la loi du 13 brumaire an VII. Il leur est attribué un quart des amendes recouvrées. (Règl. du 12 avril 1893, art. 204.) Les instances seront jugées selon les formes de l'article 76 de la loi du 28 avril 1816. (Art. 23 de la loi du 23 août 1871.)

Le service de la gendarmerie étant déjà très chargé, les militaires de l'arme ne devront pas être détournés de l'accomplissement de leurs obligations actuelles pour être employés d'une manière spéciale et exclusive à la recherche des contraventions en matière de timbre. Leur intervention devra se borner à profiter de leurs tournées et de l'exécution des autres parties du service journalier pour aider les agents du ministère des finances dans la surveillance qu'ils ont à exercer sur cette matière, et pour dresser, le cas échéant, des procès-verbaux constatant les contraventions. (Circ. du Ministre de la guerre du 20 avril 1872.)

La loi ne demande pas compte aux rédacteurs des procès-verbaux des moyens par lesquels la contravention est parvenue à leur connaissance (Rapport du rapporteur de la commission du budget), et il suffit que les pièces en contravention soient représentées. Les procès-verbaux dressés par eux doivent être remis, avec les pièces saisies, aux receveurs de l'enregistrement, qui ont à faire les diligences et poursuites nécessaires pour le recouvrement des droits, amendes et frais. (Circ. du Garde des sceaux du 30 mai 1872.)

Une note ministérielle en date du 10 avril 1872 fait connaitre toutes les quittances concernant les militaires qui sont exemptées du droit de timbre.

Les mémoires de frais de capture établis trimestriellement sont exempts du timbre mobile. (Instr. du 20 septembre 1875, art. 221.)

L'impôt du timbre rapporte à l'Etat près de 150 millions par an.

Timbres-poste. (V. *Poste*.)

Timbres des affiches. (V. *Affiches*.)

TIR, s. m. Action de tirer avec une arme à feu en visant un but.

Nous avons donné au mot *Ligne* la définition des lignes de tir.

On appelle *angle de tir* l'angle que fait la ligne de tir avec l'horizon, et *angle de mire*, l'angle formé par la ligne de tir et par la ligne de mire.

On appelle *plan de tir* le plan vertical qui contient la ligne de tir au moment du tir.

Le **tir sur affût ou sur appui** se fait lorsqu'on veut expérimenter une arme, en appuyant le canon sur un support quelconque.

Le **tir à bras** se fait de deux manières : debout ou à genou.

Pour tirer juste debout ou à genou, il faut bien épauler son arme, agir progressivement sur la détente avec la deuxième phalange du premier doigt de la main droite, retenir sa respiration et conserver une immobilité parfaite pendant que le doigt agit sur la détente. Jusqu'à 200 mètres, on vise par le cran de mire de la planche (planche rabattue en avant, ligne de mire inférieure de l'arme, laquelle correspond à la distance de 200 mètres) ; entre 200 et 1,200 mètres on vise par le même cran de mire en plaçant le curseur sur le gradin qui marque la distance indiquée.

Jusqu'à 1,200 mètres, la graduation de la hausse étant de 200 en 200 mètres, il importe, à partir de 600 mètres et jusqu'à 1,200 mètres, de viser vers la partie inférieure du but lorsque la distance est celle indiquée sur la hausse ou en est proche, et vers le sommet du but lorsque cette distance se rapproche de celle indiquée sur la graduation suivante :

A partir de 1,200 mètres et jusqu'à 1,900 mètres, viser par le cran de mire du curseur (placer le bord supérieur du curseur à la division qui marque la distance indiquée. Les traits gravés sur le côté droit de la planche indiquent les distances de tir de 200 en 200 mètres ; ceux gravés sur le côté gauche les indiquent en outre de 50 en 50 mètres.)

A 2,000 mètres, viser avec le cran supérieur de la planche levée.

Les soldats ne sauraient trop apporter d'attention dans l'étude du tir, cette étude présentant les plus grandes difficultés.

En campagne, les difficultés pour arriver à un bon tir augmentent tellement qu'on admet généralement qu'il faut environ autant de plomb que le poids de son corps pour tuer un homme. Ainsi, à Solférino, il aurait été tiré, du côté des Autrichiens, 8,400,000 coups de fusil, et l'on évalue à 2,000 tués et 10,000 blessés les pertes de l'armée franco-sarde. Chaque soldat blessé aurait donc coûté 700 coups de fusil et chaque mort 4,200 ; or, comme le poids des balles autrichiennes était d'environ 30 grammes, il aurait fallu 126 kilogrammes de plomb par homme tué.

Dans la gendarmerie, l'année de tir s'étend d'une inspection générale à l'autre.

Le nombre de cartouches à employer au tir à la cible est réglé par des instructions ministérielles.

Le tir à la cible s'exécute en deux séances qui ont lieu aux époques des tournées des commandants d'arrondissement, selon les indications portées au tableau suivant :

TIR A LA CARABINE.			TIR AU PISTOLET REVOLVER.		
	DISTANCES.	NOMBRE de balles.	DISTANCES.	GENRE DE TIR.	NOMBRE de balles.
	Mètres.		Mètres.		
1re séance (octobre)..	100	12	25	Tir intermittent.....	6
			25	Tir continu..........	6
2e séance (février)...	100	12	25	Tir intermittent.....	6
			25	Tir continu..........	6
ALLOCATION annuelle....		24	ALLOCATION annuelle.....		24

Le classement des tireurs n'est fait qu'à la fin de l'année de tir.

Pour le tir à la carabine, les gendarmes ou les gardes qui ont obtenu 36 points sont compris dans la 1re classe; ceux qui en ont obtenu 24 dans la deuxième; les autres dans la troisième. Pour le tir au revolver, où la réduction du nombre de zones a pour effet de diminuer les coefficients, ces chiffres sont abaissés respectivement à 24 et à 16.

Il est décerné, dans chaque compagnie départementale dont l'effectif ne dépasse pas 300 hommes, au meilleur tireur à la carabine, un prix, consistant en un cor de chasse-épinglette en argent, accompagné d'une gratification de 50 francs, dont le montant est imputé au fonds spécial de l'arme.

Si le militaire classé premier a déjà été, dans un concours précédent, l'objet de cette récompense, il reçoit, comme nouveau prix, un cor de chasse-épinglette en argent doré, accompagné d'une gratification de 60 francs.

Si ce même tireur est encore classé premier à la fin d'une nouvelle année de tir, il reçoit un cor de chasse-épinglette en argent doré accompagné d'une gratification de 100 francs et il est alors classé hors concours pour le tir à dans les mêmes conditions.

Des prix analogues sont attribués pour le tir au revolver et dans les mêmes conditions.

Le même tireur ne peut, dans la même année, recevoir simultanément les deux prix.

Toutefois, il peut obtenir successivement, dans une période de 6 années de concours, les trois prix de tir à la carabine et les trois prix de tir au revolver.

Un cor de chasse-épinglette en argent doré pour la carabine ou le revolver peut être obtenu, en même temps qu'un prix pour le revolver ou la carabine, par le concurrent qui, ayant obtenu antérieurement trois prix pour la carabine, n'a pas encore obtenu les trois prix pour le revolver ou réciproquement.

Le concurrent qui a obtenu antérieurement les trois prix pour chaque arme peut ensuite obtenir, dans la même année, un cor de chasse-épinglette en argent doré pour la carabine et un pour le revolver.

Quand un concurrent hors concours pour une arme est classé le premier pour cette arme, le prix est décerné au concurrent qui vient après lui.

Les prescriptions de cet article sont applicables aux compagnies de gendarmerie et à la garde républicaine.

Dans les compagnies de gendarmerie à effectif supérieur à 300 hommes, il est décerné deux prix au lieu d'un, dans les conditions spécifiées ci-dessus.

Les meilleurs tireurs (cinq pour la carabine et cinq pour le revolver, dans les compagnies de gendarmerie de moins de 300 hommes; dix pour la carabine et dix pour le revolver dans les compagnies de gendarmerie à effectif supérieur à 300 hommes) viennent concourir pour les prix au chef-lieu de chaque compagnie et chacun tire six cartouches à la carabine, à 100 mètres, dans une des trois positions réglementaires, à son choix, ou six au revolver à 25 mètres au tir intermittent.

Ce tir a lieu avant la revue du chef de légion, sous la direction du commandant de compagnie assisté du capitaine commandant l'arrondissement du chef-lieu.

Dans le cas où les cinq ou dix meilleurs tireurs, selon l'effectif, sont à choisir, en tout ou en partie, parmi des tireurs ayant obtenu le même nombre de points, tous les tireurs ex-æquo prennent part au concours et tirent autant de balles supplémentaires qu'il est nécessaire pour établir une différence entre eux.

Les tireurs qui, pour un motif quelconque, ne désirent pas prendre part au tir de concours peuvent en être dispensés, après en avoir fait hiérarchiquement la demande au chef de légion.

Dans la garde républicaine, les meilleurs tireurs (dix pour le fusil ou la carabine) dans chaque compagnie ou escadron (cinq pour le revolver dans l'infanterie et dix pour le revolver dans chaque escadron) concourent pour les prix et chacun tire six cartouches au fusil ou à la carabine, à 200 mètres, ou six cartouches au revolver, à 25 mètres, au tir intermittent.

Ce tir a lieu avant l'inspection générale, sous la direction du lieutenant - colonel d'infanterie assisté du capitaine et des officiers de tir.

Il est décerné :

Pour le tir au fusil, un cor de chasse-épinglette par compagnie d'infanterie (le tireur classé premier reçoit le cor de chasse-épinglette en argent doré, les onze autres reçoivent le cor de chasse-épinglette en argent);

Pour le tir au revolver, que les adjudants et maréchaux des logis chefs d'infanterie, ainsi que les tambours, exécutent entre eux, un cor de chasse-épinglette en argent;

Pour le tir à la carabine, un cor de chasse-épinglette en argent, par escadron;

Pour le tir au revolver, exécuté dans les escadrons, un cor de chasse-épinglette par escadron.

Le cor de chasse-épinglette en argent doré est accompagné d'une gratification de 60 francs, prélevée sur le fonds spécial de la garde républicaine; le cor de chasse-épinglette en argent donne droit à une gratification de 50 francs.

Lorsqu'un sous-officier, brigadier ou garde a déjà obtenu un prix de tir dans sa compagnie ou dans son escadron, s'il en remporte un second, il reçoit, avec le cor de chasse-épinglette en argent doré ou en argent, suivant le cas, une gratification de 60 francs.

Si un militaire, déjà titulaire de deux prix, en obtient un troisième, il reçoit un cor de chasse-épinglette en argent doré ou en argent, suivant le cas, accompagné d'une gratification de 100 francs et il est alors classé hors concours.

Le fait d'avoir été classé hors concours n'exclut pas, pour les militaires de la gendarmerie, le droit de prendre part, dans la suite, aux exercices de tir de leur compagnie. Mais, s'ils sont classés premiers, ils reçoivent seulement : dans la gendarmerie, un cor de chasse-épinglette en argent doré; dans la garde, un cor de chasse-épinglette en argent doré ou en argent, suivant le cas.

Le tir est exécuté par groupements, de la manière suivante :

Sur les stands de garnison partout où il en existe ;

Dans les chefs-lieux de brigade offrant un terrain convenable ;

Subsidiairement, sur les emplacements les plus voisins ayant un champ de tir et où plusieurs brigades peuvent être réunies, s'il y a lieu.

Le déplacement des brigades devra, autant que possible, être combiné de manière à ne pas nuire au service et à n'entraîner que de faibles dépenses pour les hommes.

Le tir à la cible dans la gendarmerie impose aux chefs de brigade et aux officiers une vigilance incessante, surtout depuis la mise en service de la carabine modèle 1890, dont la trajectoire est très tendue. Les commandants d'arrondissement, en particulier, ne sauraient trop prendre au sérieux la mission qui leur incombe.

Ils feront en sorte de prévenir tout accident, en maintenant sur le terrain une discipline invariable, et d'écarter tout danger pour la sécurité publique, en choisissant judicieusement les emplacements.

Il appartient d'ailleurs aux commandants de compagnie de surveiller tout spécialement cette partie de l'instruction. A cet effet, ils devront assister, pendant l'année de tir, à une séance au moins dans chaque arrondissement ou section.

Les autorités locales doivent être informées à l'avance du jour et de l'heure du tir, afin que les habitants en soient prévenus. (Art. 174 du règlement du 28 mai 1900 sur les exercices de la gendarmerie.)

Les résultats du tir sont consignés sur des registres spéciaux, sur les folios matricules et sur les livrets individuels. (V. règlement du 28 mai 1900, art. 175, et instruction du 9 mai 1901 sur le tir de l'infanterie et de la cavalerie de la légion de la garde républicaine.)

Lorsqu'un homme quitte la compagnie, son tir doit être inscrit avant son départ. (V. l'instr. minist. du 16 mars 1873.)

Les militaires de la gendarmerie sont autorisés à accepter les prix de tir qui leur seraient offerts par les municipalités soit à l'occasion de la fête nationale, soit dans d'autres circonstances. (Serv. int., art. 196.)

Le transport des militaires de la disponibilité, de la réserve de l'armée active et de l'armée territoriale convoqués à des exercices de tir s'effectue au demi-tarif sur tous les réseaux et au moyen de bulletins d'invitation, du couleur bleue, valables de la veille ae lendemain de la séance de tir. (Décis. minist. du 12 février 1890.)

Sociétés de tir et de gymnastique. (V. l'instr. minist. du 29 avril 1892 sur l'organisation et le fonctionnement de ces sociétés.

Un arrêté du Ministre de l'instruction publique en date du 27 juillet 1893 prescrit que des exercices de tir à 10 mètres à la carabine Flaubert seront exécutés par les élèves des écoles primaires âgés de plus de 10 ans. Ces prescriptions n'ont pas encore été mises à exécution.

TIRAGE, s. m. Action de tirer des billets, des numéros, etc.

Tirage au sort. Tous les ans, en février ou en mars, les jeunes gens qui ont atteint l'âge de 20 ans révolus dans l'année précédente concourent au tirage dans le canton où ils sont domiciliés. Les officiers de l'intérieur et ceux de la légion d'Afrique reçoivent, pour les services d'ordre au tirage au sort ou près des conseils de revision, les indemnités fixées par le tarif nº 15 annexé au règlement du 30 décembre 1892. Les intérimaires ont droit aux indemnités prévues pour les titulaires. (Même règl., tableau 2, nº 11.)

Lorsque les officiers sont appelés hors de la circonscription de leur commandement pour un service spécial de recrutement, tel que la visite à domicile de jeunes gens qui n'ont pu se présenter au conseil de revision, l'indemnité allouée est déterminée par le règlement sur les frais de route, à l'exclusion de l'indemnité fixe de transport.

Les sous-officiers, brigadiers et gendarmes chargés du service d'ordre près les conseils de recrutement ou de revision, ont droit, hors de leur résidence, sur les fonds de l'indemnité de route, à l'indemnité journalière exceptionnelle de : 4 francs pour les adjudants ; 3 francs pour les sous-officiers ; 2 fr. 50 pour les brigadiers et gendarmes. Cette indemnité est régularisée sur les frais de route et de la même manière que les indemnités de route. (Règl. du 18 mars 1901 et instr. du 30 mai 1901.)

TIRAILLEUR, s. m. En terme militaire, les tirailleurs sont des soldats qui s'éparpillent en avant des colonnes pour commencer l'attaque en inquiétant l'ennemi.

Tirailleurs algériens. Régiments composés d'Arabes, mais dont les cadres sont français; cependant, dans chaque compagnie, les indigènes ont droit à une place de lieutenant, à une place de sous-lieutenant, à quatre places de sergents et à huit places de caporaux.

Le nombre des bataillons de tirailleurs peut être augmenté par décret. Un décret du 4 mai 1899 a créé un 5e bataillon dans le 4e régiment.

Il existe quatre régiments de tirailleurs : les trois premiers sont en Algérie et le quatrième est en Tunisie.

Nous avons, en outre, dans nos colonies, un certain nombre de régiments de tirailleurs qui dépendent du ministère de la marine. (V. *Marine.*)

TITRE, s. m. Inscription que l'on met au commencement d'un ouvrage ; pièce authentique qui sert à établir un droit. Se dit aussi de certaines qualifications qu'on ne peut prendre qu'en vertu d'un diplôme, d'un brevet, etc. : le titre de docteur, le titre de bachelier. En orfèvrerie, *le titre* est la quantité d'or ou d'argent qui se trouve dans la pièce.

Les **titres nobiliaires** étaient une distinction accordée autrefois par les souverains. Ils se classaient hiérarchiquement ainsi qu'il suit : duc, marquis, comte, vicomte, baron et chevalier. Le titre de prince n'appartenait qu'aux membres des familles royales.

Toute personne qui aura publiquement pris un titre, changé, altéré ou modifié le nom que lui assignent les actes de l'état civil sera punie d'une amende de 500 francs à 10,000 francs ; mention du jugement sera faite en marge des actes authentiques. (C. P., art. 259.)

Aucun officier ne doit être appelé officiellement par le titre nobiliaire qu'il peut avoir, mais bien par la dénomination de son grade. Ainsi, les appellations militaires, soit dans la correspondance, soit dans les relations de service, doivent avoir lieu par le grade, précédé du mot « Monsieur », et il n'y a plus d'appellation par titre de noblesse. (Décis. minist. du 19 décembre 1830. — V. la circ. du 31 décembre 1859.)

TOCSIN, s. m. Bruit d'une cloche qu'on frappe à coups pressés. — On sonne le tocsin pour donner l'alarme, pour réclamer un secours urgent. (V. *Cloche*.)

TONTE, s. f. Action de couper la laine ou les poils d'un animal.

A l'approche des premiers froids, le commandant d'arrondissement établit la liste des chevaux que leurs propriétaires demandent à faire tondre; cet état est transmis, avec son avis, au commandant de compagnie, qui prononce. — Dans cette opération, on ne doit tondre ni l'emplacement de la selle, ni les membres au-dessous des genoux et des jarrets; les poils qui ont échappé à l'action de la tondeuse ne doivent pas être brûlés. Après la tonte, les chevaux sont garantis, autant que possible, des courants d'air, et restent couverts pendant une semaine. (V. Service intérieur, art. 80.)

Les frais de tonte des chevaux d'officiers remontés, soit à titre onéreux, soit à titre gratuit, soit à l'abonnement, sont imputables à la masse d'entretien et de remonte. (Annexe n° 2 du règl. du 12 avril 1893.)

TOPOGRAPHIE, s. f. Art de représenter un lieu et d'en lever le plan en faisant ressortir tous les accidents de terrain, tels que les montagnes, les vallées, etc. Les conditions des dessins topographiques doivent être la clarté, la simplicité et l'exactitude.

Les opérations topographiques comprennent trois genres de mesures : la mesure des distances et la mesure des angles, qui servent à établir la *planimétrie*, c'est-à-dire la représentation des surfaces planes, et la mesure des hauteurs, qui constitue *le nivellement*, qui a pour but de faire connaître le relief ou la hauteur des différentes parties du terrain. Les levés topographiques se font suivant une échelle donnée. (V. *Echelle*.)

TORPILLE, s. f. Sorte de pétard sous-marin destiné à faire sauter et à détruire un vaisseau ennemi.

Il y a des torpilles fixes, placées à l'entrée des ports, et des torpilles mobiles, lancées par des bâtiments spéciaux appelés *torpilleurs*.

TOURNEE, s. f. Voyage avec arrêts sur des points déterminés faits dans un but d'affaires ou d'inspection.

Les règlements obligent les officiers de gendarmerie à faire des tournées pour inspecter des brigades et s'assurer de la bonne exécution du service.

Les chefs de légion passent par arrondissement ou section une revue annuelle des brigades sous leurs ordres; ils déterminent eux-mêmes l'époque et le lieu de cette revue. (Service intérieur, art. 237.)

Les commandants de compagnie font une tournée annuelle pour inspecter toutes leurs brigades. Le chef de légion détermine l'époque de cette revue. L'art. 241 du Serv. int. donne aux commandants de compagnie la faculté d'opérer des groupements de brigades afin de ne pas trop prolonger leur absence.

Les commandants d'arrondissement font annuellement deux tournées; la première ne doit pas commencer avant le 15 février, sauf en Algérie et en Tunisie. (Circ. minist. du 24 décembre 1901.)

Quant à la seconde, elle a lieu, en principe, au mois d'octobre; mais elle ne doit commencer qu'un mois après la clôture des opérations de l'inspection générale. (Service intérieur, art. 243.)

L'adjudant fait, au moins une fois chaque mois, dans les cantons soumis à la surveillance des brigades du chef-lieu, des tournées de communes, pour s'assurer auprès des autorités locales que le service de la gendarmerie s'y exécute avec régularité. (Service intérieur, art. 108.)

Tournées de communes. Les fonctions ordinaires et habituelles des brigades sont de faire des tournées, courses et patrouilles dans tous les lieux de leur circonscription respective.

Les gendarmes, allant en tournée de communes, se rendent, après avoir pris les ordres et les instructions de leur chef de brigade, dans les communes qu'ils doivent visiter.

Ils parcourent les grandes routes, les chemins vicinaux et de traverse, et visitent les villages, hameaux et fermes isolées, notamment celles où les mendiants et vagabonds peuvent se réfugier.

A leur arrivée chez les autorités locales, ils prennent des renseignements sur les individus en interdiction de résidence et s'assurent qu'ils n'ont pas paru dans la commune; ils s'informent si les gardes champêtres remplissent bien leurs devoirs; si les propriétaires de cafés et cabarets se conforment aux règlements préfectoraux pour la fermeture de leurs établissements; si les militaires en congé se conduisent bien; si ceux dont le congé ou la permission est expiré se sont mis en route pour rejoindre leur corps; s'il n'est pas survenu de décès parmi les légionnaires et les décorés de la médaille militaire et parmi les hommes de la réserve de l'armée active et de l'armée territoriale, si les gradés de ces deux fractions de l'armée se conduisent bien et s'ils n'ont pas subi de condamnations; ils s'assurent de l'affichage permanent du tableau de répartition des classes.

Ils cherchent et recueillent de nouveaux renseignements sur les déserteurs et insoumis et sur les personnes contre lesquelles des mandats d'arrestation ont été décernés et qui n'ont pu encore être arrêtées; ils visitent les auberges et se font présenter les registres d'inscription des voyageurs; ils demandent s'il ne s'est produit aucune grève parmi les ouvriers et s'il n'existe dans la population aucune cause de mécontentement; enfin, ils constatent tous les faits de nature à troubler la tranquillité publique et les infractions qu'ils découvrent ou qui leur sont signalées.

A leur retour à la caserne, ils rendent compte à leur chef de brigade du service exécuté.

Les tournées de communes sont très importantes; elles doivent être faites de la façon la plus sérieuse et les chefs de brigade doivent exiger de leurs hommes qu'ils prennent très consciencieusement, près des autorités et des personnes notables, tous les renseignements nécessaires pour assurer le service. (V. décr. du 1er mars 1854, art. 231, 232, 234, 271 et suivants et 383, et art. 117 du Service intérieur.)

Indemnités de revues et de tournées. (V. *Déplacement.*)

TRAHISON, s. f. Acte de tromper perfidement.

Les crimes de haute trahison se divisent en deux catégories : ceux qui sont commis contre la sûreté extérieure de l'Etat et ceux qui sont commis contre sa sûreté intérieure.

Les premiers consistent à porter les armes contre la France, à entretenir des intelligences avec l'ennemi, à provoquer à la fuite en présence de l'ennemi. Ces crimes sont punis de mort par les articles 75 et suivants du Code pénal et par l'article 204 du Code militaire.

Les crimes de trahison contre la sûreté intérieure de l'Etat consistent dans les attentats ayant pour objet de changer la forme du gouvernement et d'exciter à la guerre civile, de prendre sans droit ou sans motifs le commandement d'une troupe, etc., etc. (V. C. P., art. 91 et suivants, et la loi du 10 avril 1889.)

Ces crimes sont, suivant les circonstances, punis de la peine de mort ou de la déportation.

Le Président de la République française n'est responsable que dans le cas de haute trahison. (Constitution du 25 février 1875, art. 6.)

TRAIN, s. m. Corps militaire chargé de la conduite des voitures.

Le train des équipages est l'arme chargée de la conduite des voitures destinées au transport des effets d'habillement, des vivres et des blessés. Le train des équipages comprend 20 escadrons, tous stationnés en France. Chaque escadron est à 3 compagnies. Le service de l'Algérie est assuré par un certain nombre de compagnies mixtes rattachées pour l'administration aux escadrons de l'intérieur.

L'effectif des officiers supérieurs du train des équipages militaires nécessaire au commandement des 20 escadrons et des compagnies stationnées à Paris et en Algérie est de 24; il peut comprendre 1 colonel et 3 lieutenants-colonels.

Les soldats ordonnances des officiers sans troupe sont rattachés à l'escadron du train des équipages militaires du corps d'armée. Le cadre administratif de la compagnie à laquelle ils appartiennent peut être augmenté suivant les besoins du service. Ces militaires ne comptent pas dans l'effectif en simples soldats mentionné au tableau 1 de la série F.

On donne le nom de **train régimentaire** à la réunion des voitures qui sont destinées à porter les vivres, les bagages et les effets des troupes en marche. — L'ordre de marche des éléments composant les trains est fixé par le décret du 28 mai 1895, art. 68. (V. aussi l'annexe VI à l'instruction sur le service de la gendarmerie en campagne, et les articles 80 et suivants de cette instruction. Ils s'échelonnent dans le même ordre que les unités auxquelles ils appartiennent. Les diverses voitures du train régimentaire d'un même quartier général ou corps de troupe marchent dans l'ordre suivant: voitures à vivres, voitures à bagages et voitures à effets.

Le train régimentaire de chaque quartier général ou corps de troupe est sous les ordres directs de l'officier d'approvisionnement de ce quartier général ou corps de troupe. — Les officiers de gendarmerie vaguemestres sont chargés du commandement et de la direction des divers trains régimentaires. (V. *Vaguesmestre*.)

Le mot train s'emploie dans une foule d'acceptions trop connues pour qu'il soit besoin de les définir : être en train, être en train de, aller bon train, etc.; et, en terme de chemin de fer, pour désigner l'ensemble des voitures qui marchent ensemble : train de marchandises, train de voyageurs, train express, train omnibus, etc.

TRAINARD, ARDE, adj. Ce mot s'emploie surtout pour désigner les mauvais soldats qui, sans cause de maladie, restent en arrière de leur corps.

Dans les marches, la gendarmerie suit les colonnes, arrête les pillards et fait rejoindre les traînards qui sont remis, à l'arrivée, à la garde de police de leurs corps. (Instr. sur le service de la gendarmerie en campagne, art. 91.)

TRAITEMENT, s. m. Appointements attachés à une fonction. (V. *Solde*.) L'expression *mauvais traitements* signifie coups, violences, voies de fait envers quelqu'un. Mauvais traitements envers les animaux. (V. *Animaux*.)

Ce mot signifie encore l'ensemble des moyens médicaux prescrits par le médecin.

TRAJECTOIRE, s. f. En balistique, on donne le nom de trajectoire à la ligne courbe que décrit le centre de la balle pendant son trajet dans l'air. L'arme est d'autant meilleure que sa trajectoire est plus tendue, est plus près du sol. Ainsi, avec le fusil 1886, mod. 1892, la tension de la trajectoire est telle que jusqu'à cinq cents mètres, le réglage du tir dans les tirs de guerre est suffisamment assuré, pourvu que l'on prenne la ligne de mire de 400 mètres et que l'on vise le pied du but pour l'infanterie, et le poitrail des chevaux pour la cavalerie.

TRANCHÉE, s. f. En art militaire, la tranchée est un fossé protégé par un parapet que les assiégeants pratiquent pour s'avancer vers une place.

TRANSACTION, s. f. L'article 2044 du Code civil est ainsi conçu : « La transaction est un contrat par lequel les parties terminent une contestation née ou préviennent une contestation à naître. »

L'administration des douanes est demeurée investie du pouvoir de transiger sur toutes les peines résultant d'infractions aux règlements. (Arr. du 14 fructidor an X.)

Les transactions en matière de douanes deviennent définitives par l'approbation de l'administration jusqu'à 3,000 francs, et du Ministre lorsque le montant excède ce chiffre. (Ordonn. du 30 janvier 1822.)

En matière de contributions indirectes. Un décret en date du 25 décembre 1895 a modifié l'arrêté du 5 germinal an XII et a accordé aux directeurs départementaux le pouvoir de statuer définitivement sur les transactions consenties aux contrevenants, lorsque les condamnations encourues ne seront pas supérieures à mille francs.

Un décret en date du 20 mars 1897 autorise, suivant les cas, le conservateur des forêts, le directeur des postes ou le Ministre de l'agriculture, à transiger sur *la poursuite* des délits et contraventions en matière de pêche.

En matière de boissons, la transaction ne peut avoir lieu qu'après le jugement rendu, et seulement sur le montant des condamnations pécuniaires prononcées. (Loi du 21 juin 1873, art. 15.)

En matière d'allumettes chimiques, le droit de transiger appartient à l'administration.

Dans aucun cas la gendarmerie ne peut faire de transactions avec les individus trouvés en contravention ou en délit. Il en est de même des maires et des adjoints.

TRANSFÈREMENT, s. m. Action de conduire des prisonniers d'un lieu à un autre.

Le service de transfèrement des condamnés civils dans les diverses prisons est fait au moyen de voitures cellulaires par des agents spéciaux du ministère de l'intérieur.

La gendarmerie est spécialement chargée du transfèrement de tous les prisonniers civils envoyés d'une prison à l'autre suivant les nécessités de l'instruction ; elle est également chargée du transfèrement de tous les prisonniers militaires.

Les correspondances périodiques entre les brigades n'ayant plus lieu, les transfèrements se font par rencontre extraordinaire, soit à pied, soit par la voiture ou par le chemin de fer.

Le gardien-chef est tenu, à quelque heure du jour ou de la nuit que ce soit, de remettre sans le moindre retard aux agents des transports cellulaires les condamnés désignés pour être transférés, les libérés destinés aux dépôts de mendicité, les expulsés devant être conduits à la frontière, les jeunes détenus à destination des établissements d'éducation correctionnels. Il remet en même temps à ces agents les extraits des jugements, arrêts de condamnation, arrêtés de libération et autres pièces concernant les transférés. Il leur remet aussi les sommes d'argent, bijoux et autres valeurs appartenant aux transférés; il y joint un état détaché du registre spécialement tenu à cet effet, et décharge est donnée au gardien-chef.

Il est interdit au gardien-chef de laisser partir tout condamné en état de maladie grave.

Les femmes en état de grossesse dûment constaté par le médecin sont maintenues dans les prisons départementales.

Il en de même des femmes auxquelles est laissé, sur l'avis du médecin, l'allaitement de leur enfant.

Même après sevrage, les enfants peuvent être laissés, jusqu'à l'âge de quatre ans, aux soins de leurs mères, qui, dans ce cas, sont également maintenues dans les prisons départementales. (Art. 9 du décret du 16 novembre 1885 sur le service des prisons.)

Tous les détenus doivent être fouillés à leur entrée dans la prison et chaque fois qu'ils seront extraits de la prison, menés à l'instruction ou à l'audience et ramenés à la prison.

Les femmes ne peuvent être fouillées que par des personnes de leur sexe. (Art. 34 du décr. du 16 novembre 1885 sur le service des prisons.)

Les dispositions réglementaires relatives aux transfèrements sont détaillées dans les articles 366 et suivants du décret du 1er mars 1854; nous en donnons ci-après le résumé :

Lorsqu'un transfèrement est requis, les officiers de gendarmerie donnent un ordre de conduite auquel sont jointes les pièces qui doivent suivre le prévenu; la copie certifiée de la réquisition est reproduite au verso de l'ordre *de conduite*.

Un bulletin de translation doit toujours être joint aux pièces. (V. circ. des 17 janvier et 9 février 1860.)

Les prisonniers de l'identité desquels on a dû s'assurer avant le départ sont déposés en route dans les maisons d'arrêt ou, à défaut, dans les chambres de sûreté; les chefs des différentes escortes se donnent successivement une décharge des prisonniers et des pièces qui les accompagnent. Arrivé à destination, le chef de la dernière escorte se fait également donner un reçu des prisonniers et des pièces. Les prisonniers des différents sexes sont transférés séparément.

Les gendarmes doivent veiller à ce

que les prisonniers ne boivent pas de liqueurs spiritueuses et à ce qu'ils ne sollicitent ou reçoivent des secours de la charité publique.

Enfin, les gendarmes ne doivent jamais oublier qu'ils sont responsables des évasions qui peuvent se produire et que leur surveillance ne doit jamais être en défaut.

Lorsqu'un prévenu ou condamné conduit à pied par la gendarmerie tombe malade en route, le maire ou l'adjoint du lieu le plus voisin, sur la réquisition des sous-officiers, brigadiers ou gendarmes chargés de la conduite, est tenu de pourvoir aux moyens de transport jusqu'à la résidence de la brigade, la maison de détention ou l'hôpital le plus à proximité dans la direction de la conduite du prisonnier. (Décr. du 1er mars 1854, art. 390.)

Lorsqu'un prisonnier transféré refuse de marcher et se couche sur la route, les gendarmes peuvent agir suivant les dispositions de l'article 390, en ayant soin de dresser procès-verbal du fait. — Les maires ont qualité pour pour délivrer des bons de convoi. (Décis. du 30 octobre 1883.)

Enfin, dans le cas de maladie d'un prisonnier, s'il n'y avait ni maire ni adjoint, le chef d'escorte *aurait le droit de requérir lui-même le convoyeur*, et, si le malade n'avait pas été visité par un médecin, le chef d'escorte devrait, conformément à une circulaire du Ministre de la justice en date du 17 août 1860, insérer dans la réquisition *une attestation explicative des motifs nécessitant le transport en voiture*: cette circulaire ajoute que le magistrat devant qui le prévenu sera conduit devra s'assurer, au vu de la personne, et en réclamant, s'il y a lieu, le concours d'un médecin, de l'exactitude du motif donné pour le transport en voiture.

Dans le cas où des prisonniers sont conduits en poste en vertu d'ordres supérieurs, l'escorte prend place dans les voitures avec les prisonniers. (Décr. du 1er mars 1854, art. 384.)

Il résulte de cet article que lorsque des gendarmes à pied ont à escorter des prisonniers qui ont obtenu le convoi, ils doivent s'abstenir de monter en voiture avec ceux qu'ils sont chargés d'escorter; ils ne doivent évidemment pas non plus, sous aucun prétexte, manger ou boire avec eux. Il y a là une question de dignité qui ne doit pas échapper aux militaires de l'arme.

Tout sous-officier, brigadier ou gendarme convaincu d'avoir emprunté ou reçu, à quelque titre que ce soit, de l'argent ou des effets des prévenus ou condamnés dont le transfèrement lui a été confié, est réformé, sans préjudice des peines qui peuvent être prononcées contre lui, et qui sont déterminées par les lois. (Décr. du 1er mars 1854, art. 425.)

Les transfèrements par voie de terre sont plus rares aujourd'hui, et les magistrats, surtout lorsque la distance est considérable, requièrent toujours le transport en chemin de fer.

Les gendarmes et les prisonniers qu'ils escortent ne doivent pas entrer dans les salles d'attente; mais, afin qu'ils ne stationnent pas trop longtemps dans les gares, une circulaire du Ministre de la guerre du 15 octobre 1880 a prescrit les dispositions suivantes :

« Les prisonniers ne devront être amenés dans les gares que peu d'instants avant le départ du train, dans lequel ils pourront ainsi monter immédiatement. Quant aux stations où les trains ne font que passer et où les gendarmes peuvent être exposés à attendre longtemps, les compagnies ont reçu des ordres pour que, dans la mesure du possible, un local soit aménagé pour être mis à la disposition des gendarmes; mais, pour faciliter l'exécution de ces dispositions, les agents des compagnies devront être prévenus deux heures au moins avant le passage du train qui doit emmener les prisonniers, toutes les fois que cela sera possible.

» Les sous-officiers, brigadiers et gendarmes chargés de l'escorte des prisonniers exécutent un devoir militaire et doivent, par conséquent, conserver, pendant toute la durée de ce service, une tenue correcte. Ils s'abstiendront de lier conversation avec des étrangers et de fumer dans les gares. Leur attention se concentrera sur leur prisonnier, qui ne doit jamais, sans nécessité absolue, être laissé seul avec un gendarme. Ils prendront enfin à son égard toutes les précautions qu'exige la responsabilité qui leur incombe. » (Circ. du 15 décembre 1878.)

Il est à remarquer que cette circulaire ne parle pas de la giberne; mais il paraît inutile d'en embarrasser les hommes, puisqu'ils n'auront pas le fusil.

Nous donnons ci-après le résumé des dispositions des circulaires en date des 29 novembre, 9 et 12 décembre 1884. On devra s'y reporter pour les renseignements de détail.

Transfèrement de prisonniers civils (*prévenus, accusés ou condamnés*). Les prisonniers civils doivent, comme les prisonniers militaires, être transférés dans des wagons de 3e classe lorsqu'ils voyagent sous l'escorte de la gendarmerie; à défaut de wagons de 3e classe, ils sont transportés dans des wagons de 2e classe, et le chef d'escorte indique sur la réquisition que le transport a été effectué ainsi faute de voitures de 3e classe disponibles. (V. circulaires du Ministre de la justice, en date des 7 novembre 1901 et 20 février 1902.)

1° *Formalités à remplir au départ et à l'arrivée.*

Des réquisitions pour les escortes en chemin de fer des prévenus, accusés ou condamnés civils sont établies pour l'aller et le retour par les magistrats requérants, en double expédition, et distinctes pour les réseaux différents à parcourir ou les parties du même réseau séparées par des lignes appartenant à d'autres compagnies.

Le chef d'escorte certifie au départ l'exécution du transport sur l'une des deux réquisitions qui lui sont remises; en échange de celles-ci, il reçoit de chaque compagnie de chemin de fer, pour le parcours qui lui est propre, et à la gare de départ, deux billets collectifs de transport en chemin de fer, dont un pour le retour. Des duplicata de ces billets sont en même temps délivrés au chef d'escorte pour être remis à destination au greffe du tribunal avec deux expéditions du mémoire des frais d'escorte et la seconde réquisition, sur laquelle les autorités destinataires font l'inscription, en même temps que sur les feuilles de route et sur le récépissé de remise des escortés, de la date et de l'heure, en toutes lettres, de la remise des escortés.

Les feuilles de route établies au départ pour l'aller et le retour doivent être visées, à la rentrée à la résidence, par le sous-intendant ou son suppléant, et parvenir ensuite au trésorier.

Lorsque les mêmes gendarmes ne poursuivent pas l'escorte jusqu'à destination et sont obligés de s'arrêter au point de relèvement, ce qui arrive lorsque le trajet est supérieur à 500 kilomètres (circ. du 5 juillet 1885), il y a lieu de se conformer aux dispositions suivantes :

Arrivés au point de relèvement, les gendarmes remettent au parquet de la localité, avec un exemplaire de la réquisition, deux des trois exemplaires de leur mémoire et les deux duplicata des billets collectifs délivrés par le chemin de fer. Ils conservent le deuxième exemplaire de la réquisition, après y avoir fait apposer la mention de : *Vu arriver*, et ils l'annexent au troisième exemplaire de leur mémoire qui, à leur retour, est rendu exécutoire par les magistrats du lieu de départ. Le parquet du point de relèvement remet aux gendarmes chargés de continuer l'escorte la réquisition, les deux exemplaires du mémoire et les deux duplicata des billets de chemin de fer collectifs laissés entre ses mains par les premiers gendarmes. Il leur remet, en outre, deux réquisitions de transport, comme si le point de relèvement était un point de départ, mais en indiquant sur ces réquisitions le lieu d'où vient le détenu. Les gendarmes produisent à leur tour, au parquet destinataire, non seulement les pièces remises par leurs prédécesseurs, mais encore celles qu'ils seraient tenus de présenter s'ils avaient commencé l'escorte. (Circ. des 8 janvier et 5 juillet 1885.)

Les gendarmes de la dernière escorte, qui remettent les prévenus à destination, n'ont pas à faire signer le réquisitoire et l'exécutoire du troisième exemplaire de leur mémoire par les magistrats du tribunal saisi de l'affaire comme font les gendarmes qui forment une escorte unique. (Circ. des 5 février 1885 et 16 juillet 1897.)

(Pour les escortes par mer, V. les circulaires des 24 janvier et 16 février 1885. — V. aussi *Escortes*.)

En Algérie, les bons de chemin de fer établis pour les transports mixtes de prisonniers militaires et civils, ou seulement civils, mais ressortissant à des départements ministériels autres que celui de la guerre, sont laissés entre les mains des chefs d'escorte, au lieu d'être retirés, par les gares de départ, en échange des billets collectifs. Ces billets collectifs sont conservés, jusqu'à l'arrivée à destination, par les chefs de train.

Les chefs d'escorte consignent, au verso des bons de chemin de fer, les mutations survenues pendant la route, et y mentionnent distinctement le nombre de gendarmes et celui de prisonniers ressortissant à chaque ministère qui voyagent sous leur conduite; ils reproduisent ces indications au verso des billets collectifs, au moment de l'échange des bons contre ces billets. Ils se font remettre les réquisitions émanant des autorités préfectorales ou judiciaires, les revêtent de la mention : « Convoi mixte », et les joignent aux billets collectifs.

Les compagnies de chemins de fer produisent leurs mémoires au service de l'intendance militaire, qui en mandate le montant. (Note minist. du 18 août 1897 et art. 17 de l'arrêté du Ministre des travaux publics du 10 février 1899.)

2° *Indemnités allouées pour les escortes hors du département.*

Les militaires d'escorte hors du département ont droit, pour les journées d'aller et de séjour, à une indemnité de 6 francs pour les sous-officiers, 5 francs pour les brigadiers et 4 francs pour les gendarmes. Pour le retour de l'escorte, l'indemnité est de 3 francs pour les adjudants, 1 fr. 75 pour les maréchaux des logis et 1 fr. 25 pour les brigadiers et gendarmes.

Le nombre des indemnités dues pour le retour est égal à celui des indemnités acquises pour l'aller.

Mais si l'aller et le retour ont lieu le même jour (soit pour tout parcours inférieur à 360 kilomètres en chemin de fer), il n'est dû qu'une indemnité d'escorte de 4, 5 ou 6 francs, suivant le grade, à l'exclusion de toutes autres (de cherté de vivres, de résidence), le cumul de deux indemnités ne pouvant jamais avoir lieu, même à différents titres, pour la même journée.

En cas de séjour obligé, soit en route, soit à destination, les gendarmes doivent faire certifier le motif du séjour obligé par l'autorité destinataire, s'il s'agit d'un séjour à destination, et par le chef de gare, le commissaire de surveillance administrative ou de toute autre autorité, s'il s'agit d'un accident de chemin de fer ou de tout autre cas.

Les indemnités de transfèrement sont dues pour toutes les journées de minuit à minuit, quelle que soit l'heure du départ ou du retour.

Pour le paiement des sommes dues, des mémoires du modèle n° 72 sont établis en triple expédition avant le départ de l'escorte ; ils relatent les indemnités d'escorte dues pour l'aller, le cas échéant pour les séjours, et les indemnités journalières dues pour le retour, en y comprenant l'indemnité de transport sur les voies ferrées fixée à 0 fr. 016 par kilomètre parcouru, si le retour n'est pas assuré au moyen de réquisitions adressées aux compagnies de chemins de fer, ainsi que les dépenses de nourriture et autres frais extraordinaires que les gendarmes ont pu être mis dans l'obligation de faire. Ces dernières dépenses sont justifiées par des quittances qui doivent être revêtues du timbre de 10 centimes, si elles sont supérieures à 10 francs.

En cas de transfèrement en voiture, le mémoire doit présenter, indépendamment de l'indemnité d'escorte, la somme que les gendarmes auront à débourser pour effectuer leur retour par les voitures publiques, le tout acquitté à l'avance par les détenus ou leurs familles. (Art. 217 et 219 du règl. du 12 avril 1893.)

La troisième expédition du mémoire modèle n° 72, après avoir été revêtue du réquisitoire et de l'exécutoire des magistrats du tribunal qui doit connaître de l'affaire, est ensuite présentée en paiement au receveur de l'enregistrement. (Même règl., art. 222.)

Les militaires de la gendarmerie chargés d'escorter des prévenus, des prisonniers ou des détenus de Marseille en Corse ou en Algérie, et *vice versa*, reçoivent : 1° pendant la traversée, outre les vivres du bord, la moitié de l'indemnité fixée ci-dessus de 6, 5, 4 fr., selon le grade; 2° pour les séjours forcés à terre, même après la remise des prisonniers, l'indemnité entière. (V. *Escorte*.)

3° *Indemnités allouées pour les escortes dans le département.*

Les escortes dans le département, soit en voiture, soit en chemin de fer, donnent droit, tant pour l'aller que pour le retour, à une indemnité de 3 francs pour les adjudants, 1 fr. 75 pour les autres sous-officiers, 1 fr. 25 pour les brigadiers et gendarmes. Si, par exception, les gendarmes sortent du département, ils sont traités comme pour les escortes hors du département. (Art. 221 du règl. du 12 avril 1893.) Des mémoires du modèle n° 72 *bis*, établis en triple expédition avant le départ de l'escorte, doivent comprendre les frais dus pour l'aller et le retour. Deux expéditions du mémoire sont remises au greffe du tribunal du lieu où le détenu est déposé ; la troisième expédition, revêtue du réquisitoire du ministère public et de l'exécutoire du juge du tribunal destinataire, est présentée en paiement au receveur de l'enregistrement. (Art. 22 du règl. du 30 décembre 1892.)

Les compagnies de chemins de fer étant requises d'assurer gratuitement le retour des militaires de la gendarmerie chargés d'exécuter un service de transfèrement, il s'ensuit que la deuxième indemnité de service extraordinaire, prévue par la circulaire du 23 mai 1867, ne doit pas être allouée, lorsque l'aller et le retour d'une escorte par les voies ferrées, dans la circonscription du département, ont eu lieu dans la même journée. (Note minist. du 4 juin 1885. — Voir aussi la circulaire du Garde des sceaux en date du 29 mars 1897.) Cette disposition n'est spéciale qu'aux escortes de prévenus ou accusés civils ; lorsqu'il s'agit de prisonniers militaires, la double indemnité de service extraordinaire est due dans les conditions prévues par la circulaire ministérielle du 15 juillet 1867. (Circ. du 14 janvier 1888.)

4° *Déplacement des militaires de la gendarmerie appelés en témoignage.* Les militaires de la gendarmerie cités comme témoins sont transportés gratuitement en chemin de fer, suivant les règles établies pour la translation des inculpés, en en exceptant toutefois les formalités spéciales au service d'escorte, comme celle du récépissé de remise des escortés.

Le décompte des indemnités varie suivant que les militaires voyagent en chemin de fer, en voiture publique, en voiture particulière, à pied ou par voie de mer.

Les gendarmes allant en témoignage par voie de mer n'ont pas droit à l'indemnité de voyage allouée aux témoins ordinaires, puisque la gratuité de l'embarquement leur assure la locomotion et la nourriture pendant la traversée, au retour comme à l'aller. Mais ils touchent, le cas échéant, les indemnités de séjour forcé et de séjour dans la ville où se fait l'instruction. (Circ. du 16 février 1885. — V. au mot *Taxe* le mode de décompte des allocations dues aux militaires de la gendarmerie appelés en témoignage.)

Les seuls cas dans lesquels les militaires de la gendarmerie ont droit, comme par le passé, à l'indemnité de route ordonnancée sur mandat émis par le sous-intendant militaire sont les suivants :

1o Cités à comparaître comme témoins devant les tribunaux militaires.	L'indemnité de route est à la charge du ministère de la guerre (application du no 26 des dispositions du tableau A annexé au décr. du 19 juin 1888.)
2o Rejoignant leur poste après avoir escorté hors du département de leur résidence :	
A. Des militaires ou des marins.	A la charge du ministère (guerre ou marine, qui a requis l'escorte. (Art. 61 du décr. du 19 juin 1888.)
B. Des condamnés civils revenant de témoignage ; Des civils condamnés définitivement allant subir leur peine ; Des condamnés civils libérés, dirigés sur les dépôts de mendicité ; Des condamnés civils libérés, rejoignant leurs foyers ou une résidence; Des condamnés civils expulsés dirigés à la frontière.	A la charge du ministère de l'intérieur. (Art. 138 du décr. du 19 juin 1888.)
C. Des civils extraits des dépôts de mendicité; Des aliénés civils.	A la charge des budgets départementaux. (Art. 138 du décr. du 19 juin 1888 et note minist. du 6 décembre 1880, insérée au *Journal militaire officiel,* page 410, partie réglementaire ; note minist. du 9 décembre 1884.)

Transfèrement des militaires. Les militaires ne doivent jamais être transférés avec des prisonniers civils. (Règl. du 23 juillet 1856 et du 20 juin 1863.)

La circulaire du 29 juin 1861 dispose que les militaires escortés voyageront toujours en chemin de fer, au moyen de réquisition. Ils seront transportés, ainsi que les gendarmes d'escorte, dans des compartiments spéciaux de 3e classe. (V. notes minist. des 27 mars et 19 octobre 1893.)

Si l'embarquement doit avoir lieu dans une gare de formation de trains de voyageurs, avis du transport est donné à cette gare 24 heures à l'avance ; lorsque l'embarquement a lieu dans toute autre gare, ce délai est porté à 48 heures. (Circ. du Ministre de l'intérieur en date du 2 février 1893.)

Si deux ou plusieurs escortes, parties de points différents et venant à se rencontrer en un gîte doivent suivre la même route, les commandants de ces escortes seront tenus, sous leur responsabilité, de s'entendre pour réunir les militaires, de manière à réduire autant que possible le nombre de voitures. Ils font alors, aux signataires des demandes, le renvoi de ceux dont ils sont porteurs et qui concernent la route ou portion de route à faire en commun, et se font délivrer par le maire de la localité un ordre de fourniture accidentelle, jusqu'au gîte voisin, en exécution de l'article 14 du cahier des charges. (Circ. du 31 décembre 1871.)

Les gendarmes qui escortent des prisonniers par les voies ferrées doivent accomplir le plus long trajet possible (jusqu'à 300 ou 400 kilomètres), du point de départ au point d'arrivée, et être de retour à leur résidence en n'ayant découché qu'une seule nuit.

L'intendant qui délivre un ordre d'escorte est autorisé à délivrer en même temps un ordre de retour. (Circ. du 27 septembre 1861, rappelée dans la note minist. du 12 décembre 1884.)

Une circulaire ministérielle en date du 7 mars 1899 abroge la circulaire du 25 juillet 1893 et les circulaires et notes des 24 novembre 1896, 16 février 1897 et 20 juin 1898, relatives au transport par voies de fer des hommes voyageant sous escorte à destination de l'Algérie et de la Tunisie. Cette dernière circulaire réglemente ainsi qu'il suit le mode de transport et la formation des convois.

Mode de transport. — Les convois auront pour points de départ Paris et Rennes et suivront les itinéraires et les horaires ci-après :

Ils desserviront successivement les corps d'armée dans l'ordre ci-dessous indiqué :

1° *Itinéraire* A. (Paris-Dijon, Lyon-Marseille). — Gouvernement militaire de Paris, 5e, 20e, 6e, 8e, 7e corps d'armée, gouvernement militaire de Lyon et 14e corps d'armée, 13e et 15e corps d'armée.

2° *Itinéraire* B (1). (Paris, Orléans-Bourges, Clermont-Ferrand et Marseille). — Gouvernement militaire de Paris, 5e, 4e, 9e, 8e, 13e et 15e corps d'armée.

Nota. — Les 1er, 2e, 3e corps d'armée dirigeront leurs prisonniers sur Paris.

Les 5e, 8e, 13e et 15e corps d'armée emprunteront, pour évacuer leurs prisonniers, celui des deux itinéraires A et B le plus rapproché du lieu où ces prisonniers sont détenus.

3° *Itinéraire* C. (Rennes, Nantes, Bordeaux, Toulouse, Narbonne, Perpignan, Collioure). — 10e, 11e, 18e, 12e, 17e et 16e corps d'armée.

Les départs s'effectueront chaque mois :

De Paris, sur Lyon, Marseille, le 1er et le 16 ;

De Paris, sur Clermont-Ferrand, Marseille, le 8 et le 24 ;

De Rennes, sur Bordeaux, Perpignan, Collioure, le 1er et le 16.

Dans chaque corps d'armée, les hommes voyageant sous escorte, à destination de l'Algérie, seront dirigés par les trains correspondant avec les convois principaux sur les gares les plus rapprochées desservies par ces convois; ils seront groupés, toutes les fois que cela sera possible, de manière à réduire au minimum les frais de transport et le service des gendarmes d'escorte.

(1) Voir la note ministérielle du 24 avril 1899 en ce qui concerne le séjour momentané en gare de Gannat.

Dans cet ordre d'idées, et en ce qui concerne spécialement les hommes détenus dans les prisons militaires, on se conformera aux dispositions suivantes :

Les prisons de Nancy, de Châlons-sur-Marne et de Besançon dirigeront leurs hommes sur Dijon ;

Celles du Mans et de Tours, sur Bourges ;

Celle de Limoges, sur Toulouse ;

Celle de Grenoble, sur Valence ;

Celle de Montpellier, sur Narbonne.

Nota. — Pour Grenoble, il peut y avoir avantage, tant au point de vue des intérêts du Trésor, qu'à celui du service de la gendarmerie, à évacuer directement les prisonniers sur Marseille. Ce cas se présentera notamment lorsque le nombre des prisonniers permettra d'occuper un ou plusieurs compartiments complets. Le gouverneur militaire de Lyon commandant le 14e corps d'armée donnera des ordres en conséquence.

Groupement des prisonniers. — A partir des points de départ (Paris ou Rennes), les prisonniers devront être groupés de façon à remplir avec leur escorte, d'abord un, puis, en cas de besoin, deux compartiments de 3e classe séparés, ce qui correspond au chiffre de 7 ou 14 détenus et de 3 ou 6 gendarmes.

M. le gouverneur militaire de Paris et M. le général commandant le 10e corps d'armée établiront, respectivement, pour chaque convoi, dix jours au moins avant les dates fixées pour le départ, après entente avec les représentants des compagnies de chemins de fer accrédités auprès d'eux, l'itinéraire détaillé des trains.

Ils feront prévenir les compagnies de réserver, au départ, un ou deux compartiments complets de 3e classe séparés, suivant le nombre des prisonniers qu'ils auront à mettre en route.

Ils adresseront, en même temps, à chacun des commandants de corps d'armée dont les prisonniers devront se joindre, en cours de route, au convoi principal :

1° Un exemplaire de l'itinéraire arrêté, avec indication des heures de passage aux gares ;

2° Un état indiquant le nombre des

prisonniers mis en route et celui des hommes d'escorte.

Dix jours également avant le départ du train bimensuel, tous les généraux qu'intéressent les trois itinéraires susvisés se transmettront successivement, et, chacun en ce qui le concerne, non seulement dans le sens du point terminus (Marseille ou Collioure), mais aussi dans le sens du point initial (Paris ou Rennes), le chiffre arrêté *ne varietur* des prisonniers à transporter, de façon que MM. les généraux commandant les 15e et 16e corps d'armée reçoivent ces renseignements six jours au plus tard avant le passage du train sur le territoire de leur commandement.

Exemple :

Pour l'itinéraire Paris-Dijon-Lyon-Marseille, le gouverneur militaire de Paris fera connaître aux commandants des 5e, 20e, 6e, 8e, 7e corps d'armée, au gouverneur militaire de Lyon, commandant le 14e corps d'armée, aux commandants des 13e et 15e corps d'armée, le nombre d'hommes mis en route.

Le commandant du 5e corps d'armée informera les commandants des 20e, 6e, 8e, 7e corps d'armée, le gouverneur militaire de Lyon commandant le 14e corps d'armée, les commandants des 13e et 15e corps d'armée, du nombre d'hommes en provenance de la région qui se joindront au convoi principal, et ainsi de suite.

Le même mode de renseignements sera suivi dans des conditions analogues, mais en sens inverse du trajet (Marseille-Paris et Collioure-Rennes), par les généraux commandant les corps d'armée intéressés.

Les commandants de corps d'armée ne feront louer de compartiments et établir de bons de chemin de fer, pour les hommes qu'ils auront à mettre en route, que jusqu'au point où ces derniers devront rejoindre le convoi principal.

Ces hommes seront portés en mutation, pour le restant du trajet à accomplir, sur le bon de chemin de fer et le billet collectif du détachement principal.

Mesures à prendre lorsque le nombre total des prisonniers à transférer dépassera 14. — Lorsque le nombre des prisonniers à diriger sur l'Algérie sera supérieur à 14, il y aura lieu de scinder le convoi en deux ou, au besoin, en trois, à partir des points où l'excédent se sera produit.

Dans ce cas, les généraux des corps d'armée intéressés feront expédier, toujours en 3e classe, le lendemain et, s'il est nécessaire, le surlendemain du jour réglementaire, aux heures fixées par les itinéraires, les hommes restés en surnombre, jusqu'à concurrence de deux compartiments complets.

Les commandants de corps d'armée du point de départ auront à s'entendre avec les compagnies de chemins de fer et à assurer le service d'escorte.

Escortes. — Les escortes se composeront de trois gendarmes par compartiment, quel que soit le nombre de prisonniers; mais, afin d'éviter une fatigue excessive qui pourrait nuire à la surveillance, elles seront relevées à moitié route, c'est-à-dire à Lyon (itinéraire A), à Clermont-Ferrand (itinéraire B) et à Bordeaux (itinéraire C).

Il demeure entendu, néanmoins, que, si l'intérêt du service l'exige, les généraux commandant les corps d'armée restent libres, sous leur responsabilité, de modifier le relèvement des escortes. Ils devront, dans ce cas, se concerter entre eux et rendre compte des mesures exceptionnelles qu'ils auront adoptées.

EXEMPLE : (*Itinéraire* A).

Le Gouvernement militaire de Paris a 10 prisonniers à transférer.

Le 5e corps en a 3 à transférer.
Le 20e — 4 —
Le 6e — 5 —
Le 8e — 2 —
Le 7e — 8 —
Le 14e — 4 —
Le 13e — 2 —
Le 15e — 2 —

Le convoi normal A^1, avec 6 gendarmes fournis par le gouvernement militaire de Paris, prendra les 10 prisonniers de Paris, les 3 du 5e corps et 1 du 20e.

Le 8e corps formera, le lendemain à Dijon, un convoi supplémentaire A^2 de 2 compartiments, avec 6 gendarmes, qui prendra à Dijon les 3 restants du 20e corps, les 5 du 6e corps, les 2 du 8e corps et 4 du 7e corps.

Le 8e corps retiendra, en outre, dans un autre train A[3], pour le surlendemain, un compartiment qui prendra, à Dijon, les 4 hommes restants du 7e corps, et, à Lyon, 3 hommes du 14e corps. Le gouvernement de Lyon ajoutera, au passage de ce train à Lyon, un second compartiment, avec 3 gendarmes, qui prendra le prisonnier restant du 14e corps, les 2 du 13e et, s'il y a lieu, les 2 du 15e; il relèvera, en outre, dans les trains A[1], A[2], A[3], les 6 gendarmes du gouvernement militaire de Paris et les gendarmes du 8e corps.

Les gendarmes des corps d'armée intermédiaires ne prendront part au service de surveillance qu'au cas où le second compartiment viendrait à être exclusivement occupé par un ou plusieurs de leurs prisonniers.

Au départ de Lyon, de Clermont-Ferrand et de Bordeaux, le service sera assuré, dans des conditions analogues, par les gendarmes provenant desdites villes et, au besoin, des corps d'armée intermédiaires, comme il est dit ci-dessus.

Les prisonniers et les pièces qui les accompagnent seront dirigés sur Lyon, Clermont-Ferrand et Bordeaux, où ils seront remis à la nouvelle escorte.

Pour éviter toute perte de temps dans la remise des prisonniers, le chef d'escorte venant de Paris ou de Rennes sera porteur d'une feuille de transfèrement du modèle ci-joint, en double expédition, à laquelle se trouveront annexés les ordres de conduite individuels et les pièces à l'appui.

L'une des deux expéditions devra suivre les prisonniers jusqu'à destination, à Marseille ou à Collioure; la deuxième servira de décharge, à l'arrivée du convoi à Lyon, à Clermont-Ferrand ou à Bordeaux.

Les mêmes pièces seront établies par chaque corps d'armée intermédiaire pour les détachements de prisonniers appelés à se joindre au convoi pricipal, en cours de route.

Arrivé à Lyon, à Clermont-Ferrand ou à Bordeaux, points de relèvement, le chef d'escorte remettra à celui désigné pour le remplacer les ordres de conduite et une expédition de chacune des feuilles de transfèrement; il se fera donner, sur la deuxième expédition de ces feuilles, un reçu des prisonniers; afin que ces chefs puissent constater, à son retour, qu'il a rempli sa mission.

A l'arrivée à destination du convoi principal à Marseille ou à Collioure, les prisonniers seront écroués et le chef de la deuxième escorte en tirera un dernier reçu sur chacune des feuilles de transfèrement, qui seront ensuite remises par lui, à son retour dans sa résidence, au commandant de la gendarmerie.

HORAIRE.

A) DE PARIS A MARSEILLE, PAR LYON.

Ligne de P.-L.-M.

Paris	4 h. 10 soir.
Dijon	11 h. 16 soir.
Dijon	11 h. 33 soir.
Chalon-sur-Saône	1 h. 19 matin.
Chalon-sur-Saône	1 h. 24 matin.
Lyon-Perrache	5 h. 10 matin.
Lyon-Perrache	5 h. 47 matin.
Valence	7 h. 53 matin.
Valence	8 h. » matin.
Marseille	1 h. 29 soir.

B) DE PARIS A MARSEILLE, PAR ORLÉANS, BOURGES, CLERMONT-FERRAND ET NIMES.

Ligne d'Orléans.

Paris	9 h. 40 matin.
Orléans	11 h. 52 matin.
Orléans	12 h. 25 soir.
Vierzon	2 h. 13 soir.
Vierzon	2 h. 23 soir.
Bourges	3 h. 10 soir.
Bourges	3 h. 22 soir.
Montluçon	6 h. 16 soir.
Montluçon	6 h. 30 soir.
Gannat	8 h. 35 soir.

Ligne de P.-L.-M.

Gannat	4 h. » matin.
Clermont-Ferrand	5 h. 01 matin.
Clermont-Ferrand	6 h. 53 matin.
Nîmes (1)	6 h. 17 soir.
Nîmes	5 h. 20 matin.
Tarascon	6 h. 01 matin.
Tarascon	6 h. 30 matin.
Marseille	9 h. 04 matin.

(1) Les convois ne séjournent plus à Nîmes; ils continuent le trajet jusqu'à Marseille (Circ. minist. du 11 août 1899.)

C) DE RENNES A PERPIGNAN (COLLIOURE).

Ligne de l'Ouest.

Rennes..............	4 h. 15 matin.
Martigné-Ferchaud.....	5 h. 45 matin.
Martigné-Ferchaud.....	5 h. 47 matin.
Châteaubriant.........	6 h. 15 matin.

Ligne d'Orléans.

Châteaubriant.........	6 h. 29 matin.
Nantes...............	8 h. 17 matin.

Ligne de l'Etat.

Nantes..............	9 h. 04 matin.
Bordeaux.............	4 h. 37 soir.

Ligne du Midi.

Bordeaux.............	10 h. 50 soir.
Toulouse..............	3 h 46 matin.
Toulouse..............	3 h. 55 matin.
Narbonne..............	7 h. 17 matin.
Narbonne..............	7 h. 38 matin.
Perpignan.............	9 h. 16 matin.
Collioure.............	10 h. 09 matin.

NOTA. — Il est entendu que les horaires demeurent soumis aux différents changements que les compagnies de chemins de fer peuvent prescrire.

Le dernier paragraphe de l'article 20 du règlement du 18 novembre 1889, sur les transports militaires *par chemins de fer*, est ainsi conçu :

» Si l'absence, au point de départ, d'un fonctionnaire de l'intendance ou d'un suppléant chargé du service de marche, ou si l'urgence de l'embarquement ne permettent pas l'établissement des bons de chemin de fer, chacun de ces bons est remplacé par une copie de l'ordre de mouvement certifiée par le chef de détachement et portant en toutes lettres les indications d'effectif et de tonnage ci-dessus mentionnées, ainsi que le reçu du billet collectif détaillant l'itinéraire à suivre. Ces pièces tiennent lieu des bons de chemin de fer réguliers; il en est fait le même usage. Elles sont valables en liquidation. »

Il résulte de ces dispositions que, lorsque les gendarmes chargés de transférer un militaire par les voies ferrées n'auront pu, pour un motif quelconque, se faire délivrer un bon de chemin de fer, ils pourront toujours réclamer des Compagnies l'application de l'article 20 dudit règlement et faire exécuter le transport sans aucune difficulté.

Le militaire escorté doit toujours avoir mangé avant d'être mis en route, à moins que son départ n'ait lieu à une heure avancée de la nuit; alors, il reçoit les vivres à son arrivée à la prison soit civile, soit militaire, où il est conduit par la gendarmerie. A défaut de prison, il est placé en dépôt dans la chambre de sûreté de la caserne de gendarmerie et nourri suivant les clauses du cahier des charges. (V. le mot *Nourriture.*)

Les gendarmes ne doivent *en aucun cas* aller chercher dans les casernes les hommes qu'ils sont chargés de transférer. (Note minist. du 14 janvier 1885.)

Le train des équipages militaires est chargé d'assurer le transport, dans Paris, des prisonniers militaires et de les conduire des gares dans les prisons.

Chaque fois que des prisonniers militaires doivent être conduits à Paris, l'officier de gendarmerie ou l'autorité militaire qui ordonne le départ des prisonniers doit en faire toujours connaître le nombre quarante-huit heures à l'avance au général commandant la place de Paris, en précisant les jour et heure de l'arrivée qui devra toujours avoir lieu par les trains du matin et jamais avant six heures du matin pendant l'hiver. (Circ. du 8 juillet 1875 et du 10 novembre 1878.)

Les militaires envoyés aux compagnies de discipline sont conduits par les soins de leur corps, la veille du jour fixé pour l'escorte, soit à la prison de la localité, soit, à défaut, à la chambre de sûreté de la caserne de gendarmerie. Ils sont alors, suivant le cas, nourris par le service de la prison ou par les soins de la gendarmerie. Les gendarmes ne doivent, en aucun cas, aller chercher les hommes dans les casernes. — Les militaires sont conduits sans fers aux compagnies de discipline, sous l'escorte de la gendarmerie. — L'usage des menottes est interdit ; les autres instruments de sûreté ne doivent être employés qu'à l'égard des militaires signalés comme dangereux, dont l'attitude en route serait de nature à causer du scandale, ou qui chercheraient à s'évader. (Instr. du 9 juillet 1890.)

Au sujet de l'escorte des prisonniers militaires par des sous-officiers, brigadiers et gendarmes coloniaux, envoyés en France comme convalescents ou rapatriés par suite de nouvelle affectation, voir la circulaire du 30 avril 1895.

Indemnités allouées aux militaires de la gendarmerie pour escorte de prisonniers militaires. (V. *Escorte.*)

Transfèrement des aliénés. (V. *Aliénés.*)

TABLEAU DES ADMINISTRATIONS AUXQUELLES INCOMBENT LES FRAIS DE CONDUITE DES INDIVIDUS TRANSFÉRÉS PAR LA GENDARMERIE.

Tableau des individus transférés au compte des différentes administrations. (Circ. minist. du 6 janvier 1868.)

1° Ministère de la justice.

1° Prévenus ou accusés ;

2° Condamnés par contumace,

3° Condamnés par défaut qui sont dans les délais légaux pour former une opposition, c'est-à-dire dans les dix jours, à partir de la signification du jugement (art. 203 du Code d'instr. crim.) ;

4° Extradés (Circ. de la justice du 18 novembre 1864) ;

5° Condamnés allant en appel ;

6° Individus, condamnés ou non, allant en témoignage ou en instruction ;

7° Condamnés dont l'identité n'est pas constatée légalement et doit donner lieu à la procédure spéciale prévue par les articles 518 et suivants du Code d'instruction criminelle. (Circ. de la justice du 1er juin 1864.)

2° Ministère de la guerre.

Militaires dirigés sur les établissements pénitentiaires militaires, bataillons d'infanterie légère d'Afrique et compagnies de fusiliers de discipline.

3° Ministère de la marine.

1° Marins, militaires de la marine ou assimilés du ressort judiciaire des arrondissements maritimes (V. le dernier paragraphe de l'art. 253 de la loi du 4 juin 1858 et l'arrêté du 2 janvier 1859) ;

2° Evadés du bagne et des colonies pénitentiaires de Cayenne.

4° Ministère des finances.

(Direction générale des domaines et de l'enregistrement.)

Individus incarcérés à la requête des percepteurs des contributions directes, pour l'exécution de la contrainte par corps, à défaut de paiement de condamnations pécuniaires prononcées par les juridictions de répression. (Instr. du Ministre des finances du 5 juillet 1895, art. 313 à 401.)

5° Administration des contributions indirectes et des douanes.

1° Les frais occasionnés par les fraudeurs en matière de droit de circulation ou d'allumettes chimiques sont acquittés par les agents des contributions indirectes ;

2° Les frais occasionnés par les contrebandiers sont à la charge de l'administration des douanes.

6° Budgets départementaux.

1° Mendiants sortant des dépôts de mendicité, qu'ils aient ou non été condamnés ;

2° Mendiants renvoyés à leur domicile de secours ou conduits au dépôt de mendicité ;

3° Vagabonds, prostituées reconduits dans leur pays sans être sous le coup d'une mesure judiciaire ;

4° Vagabonds ou prostituées prévenus ou accusés acquittés ;

5° Repris de justice ou libérés soumis à la surveillance et changeant de résidence ;

6° Aliénés séquestrés provisoirement en attendant leur envoi dans un asile.

7° Colonies privées d'éducation correctionnelle.

Les frais de transport des jeunes détenus évadés sont à la charge des établissements d'éducation correctionnelle d'où l'évasion a eu lieu. (Circ. du 17 décembre 1863.)

La prime de capture est fixée à 15 francs ; mais ce chiffre est un maximum qui est susceptible d'être réduit. (Décis. du Ministre de l'intérieur du 8 août 1891.)

8° Ministère de l'intérieur.

1° Condamnés définitivement allant subir leur peine ;

2° Condamnés définitivement revenant de témoignage ;

3° Condamnés libérés dirigés sur les dépôts de mendicité ;

4° Condamnés libérés rejoignant leurs foyers ;

5° Condamnés libérés rejoignant la résidence qui leur est assignée ;

6° Condamnés expulsés dirigés sur la frontière ;

7° Les aliénés non prévenus de crime ou de délit.

9° Ministère des travaux publics.

Frais occasionnés par suite de délits de pêche.

TRANSIT, s. m. Opération qui consiste à emprunter momentanément un territoire étranger pour le passage d'une marchandise expédiée à destination d'un pays non limitrophe. Ainsi, par exemple, les marchandises originaires de la Suisse ou de l'Allemagne qui ont les Etats-Unis d'Amérique pour destination passent par la France dont elles empruntent momentanément le territoire avant d'arriver dans le pays auquel elles sont destinées.

TRANSPORT, s. m. Action de porter quelqu'un ou quelque chose d'un lieu à un autre.

En jurisprudence, *le transport* est l'action d'un magistrat qui se rend sur les lieux où le crime a été commis pour procéder à une enquête.

Transports militaires. (V. les mots *Chemins de fer*, *Chevaux*, *Bagages*, *Frais de route* et *Traversée*, suivant l'objet de la recherche.)

Une instruction en date du 26 janvier 1895 fait connaître les conditions dans lesquelles s'effectue, en temps de paix, le transport sur les voies ferrées, du personnel relevant du département de la guerre, des animaux de l'armée, ainsi que les voitures, des bagages, et du matériel des corps de troupe.

Le traité relatif aux *transports ordinaires* et *particuliers* de la guerre porte la date du 15 juillet 1891 ; il est suivi de l'instruction du 28 mai 1895, modifiée par celle du 6 octobre 1897.

Les pièces à joindre à l'appui d'une demande d'ordre de transport en chemin de fer, sont :

1° Dans le cas de changement de résidence, la lettre de service ;

2° Dans le cas de congé de trente jours au moins, le titre de congé ;

3° Dans le cas de retour à la vie civile, le titre du congé accordé pour attendre la liquidation de la retraite ou un certificat du chef de corps ou de service indiquant, selon la situation, soit que le militaire a demandé la liquidation de sa pension, soit qu'il est admis d'office à faire valoir ses droits à la retraite, soit, si le militaire a été retraité, la date de sa radiation des contrôles ;

4° Dans le cas de promotion, la lettre de service ;

5° Dans le cas de mariage, un certificat du chef de corps ou de service indiquant la date de l'autorisation de mariage ;

6° Dans le cas de succession, une pièce établissant la qualité d'héritier ou de légataire.

A l'occasion d'un changement de résidence, d'un congé d'au moins 30 jours ou du retour à la vie civile, le barème n° 2 est applicable. (*V. à la page suivante.*)

Barème n° 2.

KILOM.	PRIX par 1.000 kil.	KILOM.	PRIX par 1.000 kil.	KILOM.	PRIX par 1.000 kil.	KILOM.	PRIX par 1.000 kil.	KILOM.	PRIX par 1.000 kil.
6	0 50	48	3 85	90	6 80	152	10 35	560	24 80
7	0 55	49	3 90	91	6 85	154	10 45	580	25 40
8	0 65	50	4 00	92	6 95	156	10 60	600	26 00
9	0 70	51	4 05	93	7 00	158	10 70	620	26 60
10	0 80	52	4 15	94	7 10	160	10 80	640	27 20
11	0 90	53	4 20	95	7 15	165	11 05	660	27 80
12	0 95	54	4 30	96	7 20	170	11 35	680	28 40
13	1 05	55	4 35	97	7 30	175	11 60	700	29 00
14	1 10	56	4 40	98	7 35	180	11 90	720	29 60
15	1 20	57	4 50	99	7 45	185	12 15	740	30 20
16	1 30	58	4 55	100	7 50	190	12 45	760	30 80
17	1 35	59	4 65	101	7 55	195	12 70	780	31 40
18	1 45	60	4 70	102	7 60	200	13 00	800	32 00
19	1 50	61	4 80	103	7 65	205	13 20	820	32 60
20	1 60	62	4 85	104	7 70	210	13 40	840	33 20
21	1 70	63	4 90	105	7 75	215	13 60	860	33 80
22	1 75	64	5 00	106	7 85	220	13 80	880	34 40
23	1 85	65	5 05	107	7 90	225	14 00	900	35 00
24	1 90	66	5 10	108	7 95	230	14 20	920	35 60
25	2 00	67	5 20	109	8 00	235	14 40	940	36 20
26	2 10	68	5 25	110	8 05	240	14 60	960	36 80
27	2 15	69	5 35	111	8 10	250	15 00	980	37 40
28	2 25	70	5 40	112	8 15	260	15 40	1.000	38 00
29	2 30	71	5 45	114	8 25	270	15 80	1.020	38 60
30	2 40	72	5 55	116	8 40	280	16 20	1.040	39 20
31	2 50	73	5 60	118	8 50	290	16 60	1.060	39 80
32	2 55	74	5 70	120	8 60	300	17 00	1.080	40 40
33	2 65	75	5 75	122	8 70	310	17 30	1.100	41 00
34	2 70	76	5 80	124	8 80	320	17 60	1.150	42 50
35	2 80	77	5 90	126	8 95	330	17 90	1.200	44 00
36	2 90	78	5 95	128	9 05	340	18 20	1.250	45 50
37	2 95	79	6 05	130	9 15	350	18 50	1.300	47 00
38	3 05	80	6 10	132	9 25	360	18 80	1.350	48 50
39	3 10	81	6 15	134	9 35	380	19 40	1.400	50 00
40	3 20	82	6 25	136	9 50	400	20 00	1.450	51 50
41	3 30	83	6 30	138	9 60	420	20 60	1.500	53 00
42	3 35	84	6 40	140	9 70	440	21 20		
43	3 45	85	6 45	142	9 80	460	21 80		
44	3 50	86	6 50	144	9 90	480	22 40		
45	3 60	87	6 60	146	10 05	500	23 00		
46	3 70	88	6 65	148	10 15	520	23 60		
47	3 75	89	6 75	150	10 25	540	24 20		

Le tarif des prix à payer aux compagnies de chemins de fer d'intérêt général pour le transport des militaires et de leurs bagages, lorsqu'ils n'ont pas droit aux transports de la guerre, est le suivant :

		Tarif kilométrique.
Militaires :	1re classe	0.028
—	2e classe	0.021
—	3e classe	0.0154
Anciens militaires autorisés à faire usage des eaux :	1re classe	0.056
	2e classe	0.0378
	3e classe	0.02464
Chevaux :	accompagnés	0.05
—	non accompagnés	0.16
Chiens		0.0168
Voitures :	à 2 roues	0.40
—	à 4 roues	0.50
Bagages :	jusqu'à 40 kilom. (par tonne)	0.125
—	au-dessus de 40 kilomètres (par tonne)	0.10

Frais accessoires.

Manutention :	chevaux....	1 fr. par tête et par réseau.
	voitures....	2 fr. par pièce et par réseau
	bagages....	1 fr. 50 par tonne.
Désinfection : par tête de cheval......		0.40
Enregistrement : pour chaque expédition.		0.10

Transport des effets et munitions de la gendarmerie. A moins que le nombre, le volume ou le poids n'obligent à employer les chemins de fer, les correspondances restent chargées de la transmission des objets de toute nature et des munitions de la gendarmerie en provenance ou à destination du chef-lieu d'arrondissement, sauf à utiliser les voitures à collier employées au transport des prisonniers voyageant sous escorte.

La poste est utilisée aussi souvent que possible, notamment pour les envois d'imprimés, de comptabilités, d'archives, en se conformant aux lois et arrêtés qui régissent le service des postes. (V. *Franchises postales.*) (Instr. minist. du 28 mai 1895.)

Les effets expédiés par les fournisseurs aux conseils d'administration de la gendarmerie sont confiés aux transports généraux de la guerre ; il en est de même pour ceux qui sont refusés par les conseils d'administration et renvoyés aux fournisseurs. Mais, dans le second cas, les frais d'envoi, aller et retour, sont à la charge des fournisseurs.

Les effets des militaires décédés ou maintenus dans leurs foyers reçoivent la destination indiquée par le sous-intendant militaire auquel la gendarmerie adresse une expédition de l'inventaire. (V. *Effets.*)

Lorsque le transport ne peut être effectué sans frais, la dépense est supportée par la masse générale d'entretien (2e portion) des corps auxquels ces effets sont destinés. (Décis. du 23 octobre 1862, instr. du 31 décembre 1879 et du 1er mars 1880, art. 248.)

Le transport des étuis et matières provenant des tirs doit être effectué soit par les troupes elles-mêmes lorsque la distance ne dépasse pas 12 kilomètres, soit par les transports de la guerre lorsque la distance est supérieure à 12 kilomètres. Le service de la poste ne doit être, en aucun cas, chargé de ces mouvements. (Lettre minist. du 24 juin 1885.)

Transport des dépêches, des médailles, des mandats, etc., par la gendarmerie. (V. *Dépêche.*)

Transport du mobilier des gendarmes. (V. *Bagages.*)

Transport des chevaux. (V. *Cheval.*)

Le règlement général sur les *transports militaires par chemins de fer* porte la date du 26 janvier 1895.

Transport des matières dangereuses. Ce transport fait l'objet d'un règlement en date du 12 novembre 1897. (V. aussi la circulaire du 18 mars 1899 au mot *Dynamite.*)

Les **transports stratégiques** par chemin de fer ont été réglementés par le décret du 21 février 1900 et par l'instruction du 12 novembre 1900.

TRANSPORTATION, s. f. La transportation est une peine qui consiste à transporter un individu d'un pays dans un autre et à le contraindre d'y séjourner.

Les condamnés aux travaux forcés et les réclusionnaires coloniaux de race asiatique ou africaine sont transportés à la Guyane ou à la Nouvelle-Calédonie. (V. à ce sujet la circ. du Garde des sceaux insérée au *Bulletin officiel* à la date du 17 juillet 1890.)

TRAQUEUR, s. m. Individu qu'on emploie pour fouiller un bois, des vignes, etc., pour en faire sortir le gibier.

La jurisprudence a décidé qu'un chasseur muni d'un permis pouvait se servir de traqueurs pour rabattre le gibier. — Toutefois, bien que simple auxiliaire, le traqueur agissant sous la direction du chasseur n'en est pas moins généralement responsable lorsque la chasse à laquelle il prête son concours est délictueuse. (Cassation, 26 avril 1845, 15 décembre 1870 et 7 décembre 1872.)

TRAVAIL, s. m. Machine de bois à quatre piliers dont on se sert pour ferrer les chevaux vicieux. — Au pluriel, on dit *des travails.*

Peine qu'on se donne, efforts que l'on fait pour faire quelque chose.

Travail des enfants dans les manufactures. — Travail des enfants employés par les saltimbanques. (V. *Enfants.*)

Travail des femmes (conditions du) employées dans les magasins, boutiques et autres locaux qui en dépendent. (V. *Femme.*)

Travaux forcés. Peine afflictive et infamante. (C. P., art. 7.) — Les travaux forcés sont soit à temps (de 5 à 20 ans), soit à perpétuité ; les condamnés sont transportés à la Nouvelle-Calédonie ou à la Guyane et sont employés dans des chantiers ou dans des ateliers de l'Etat. Ils sont justiciables, pour tous crimes ou délits commis dans les colonies pénitentiaires, des tribunaux maritimes spéciaux établis dans les colonies. (Décr. du 4 octobre 1889.)

Tout condamné à moins de huit ans est obligé de rester dans la colonie pendant un temps égal à celui de sa condamnation. Tout condamné à plus de huit ans ne peut plus quitter la colonie, et, s'il obtient l'autorisation de la quitter, il ne peut plus rentrer en France. (Lois du 27 mars 1852 et du 3 mai 1854.)

Les **travaux publics** sont une peine militaire infligée en matière de délit, consistant en un travail forcé dans des chantiers civils ou militaires. (V. *Atelier.*)

Certaines contraventions sont punies par le Code pénal d'un certain nombre de *journées de travail* : on entend par cette expression le prix d'une journée de travail, prix qui varie, selon les départements, entre 0 fr. 50 et 3 francs.

TRAVAILLEURS MILITAIRES. Chaque année, un certain nombre de militaires (6 p. 100 pour la cavalerie et l'artillerie, et 12 p. 100 pour les autres armes) (note minist. du 6 février 1896), sont envoyés en permission de 20 ou 30 jours pour être employés aux travaux agricoles. Chaque brigade de gendarmerie reçoit les noms et les adresses des militaires ainsi employés, et elle doit exercer sur eux une surveillance spéciale, au point de vue du bon ordre et de la régularité de la conduite. (V. note minist. du 25 mars 1891.)

TRAVERSÉE, s. f. Trajet qu'on effectue par eau pour aller d'un pays à un autre.

Nous donnons ci-après l'instruction du 29 juin 1894, réglant les conditions dans lesquelles le personnel relevant du département de la guerre effectue individuellement la traversée de la Méditerranée pour se rendre de France en Corse, en Algérie ou en Tunisie, et *vice versa*, et sur le littoral algérien ou tunisien.

Les prescriptions, en vigueur depuis un certain nombre d'années, d'après lesquelles les hommes de troupe se déplaçant à leurs frais étaient tenus de verser, avant leur départ, dans la caisse du corps, le prix de leur traversée ou de leur nourriture à bord, donnaient lieu à des formalités hors de proportion avec leur objet. Ces prescriptions disparaissent, mais les chefs de corps et de service sont invités à veiller à ce que les intéressés soient toujours prévenus des conséquences auxquelles ils s'exposeraient s'ils se présentaient dans un port sans être pourvus des ressources nécessaires au paiement de leur traversée.

Art. 1er. Les personnes qui effectuent la traversée au compte de l'Etat sont tenues de s'embarquer sur les paquebots du concessionnaire du service postal subventionné.

Les militaires de tous grades voyageant entièrement à leurs frais peuvent effectuer la traversée selon leurs convenances et sans que l'autorité militaire ait à intervenir autrement que dans les conditions prévues par l'article 15 du décret du 1er mars 1890. Ceux qui, aussi bien pour eux-mêmes que pour leur femme, leurs enfants, leurs ascendants et les gens de service qui les accompagnent, veulent bénéficier du tarif réservé aux passagers de l'Etat par le cahier des charges du concessionnaire du service postal subventionné, doivent, à leur arrivée au port d'embarquement, réclamer, en justifiant de leur situation militaire, une réquisition au service de l'intendance militaire, et, munis de cette réquisition, se rendre dans les bureaux du concessionnaire pour acquitter le prix de leur traversée.

Art. 2. A bord des paquebots du service postal subventionné, le personnel voyageant au compte de l'administration de la guerre est classé de la manière suivante :

A la 1re classe : les personnels auxquels est applicable la loi du 19 mai 1834 sur l'état des officiers, ainsi que les médecins, pharmaciens et aides-vétérinaires stagiaires et les chefs de musique ;

A la 2e classe : les élèves du Prytanée militaire, de l'Ecole polytechnique, de l'Ecole spéciale militaire ; les élèves officiers des écoles militaires et ceux d'entre eux qui, après leur sortie de l'école, attendent leur promotion au grade d'officier ; les boursiers militaires des écoles vétérinaires ;

A la 3e classe : les sous-officiers, les militaires de la gendarmerie et de la garde républicaine ;

A la 4e classe : les caporaux, brigadiers et soldats et les enfants de troupe.

Les membres de la famille du militaire sont admis à la classe attribuée à celui-ci. Toutefois, lorsque des enfants d'officiers ou assimilés ne sont pas accompagnés de leurs parents, ils ne sont admis qu'à la 2e classe.

Les militaires qui voyagent entièrement à leurs frais peuvent prendre la classe qui leur convient; il n'est fait exception que pour les hommes de troupe en uniforme, à qui il est interdit de s'embarquer à la 1re classe.

Art. 3. Ont droit à la *gratuité complète de la traversée* (transport et nourriture à bord) sans qu'ils aient à en faire préalablement la demande :

1° Les militaires dont le déplacement est à la charge de l'administration de la guerre;

2° Les militaires qui ont obtenu une permission comme récompense de tir;

3° Les anciens militaires autorisés à faire usage des eaux thermales, par application de la loi du 12 juillet 1873;

4° Les femmes et enfants des militaires compris au paragraphe 1er, voyageant avec ceux-ci ou s'embarquant à une date ultérieure pour les rejoindre, mais seulement, dans l'un et l'autre cas, si la mutation du chef de famille comporte un changement définitif de garnison et de résidence.

Le droit à la gratuité cesse, pour les enfants du sexe masculin, à leur majorité, et, pour ceux du sexe féminin, à leur mariage;

5° Les veuves et enfants des militaires décédés en activité de service, changeant de résidence à la suite du décès du mari ou du père, sous la réserve édictée à l'alinéa qui précède.

Le droit à la gratuité est maintenu, pendant six mois à partir de leur radiation du cadre d'activité ou des contrôles, aux officiers généraux et assimilés et aux militaires libérés, réformés ou retraités, et pendant le même délai, à partir de la date du décès du chef de famille, aux veuves et aux enfants des militaires décédés en activité. (Note minist. du 26 décembre 1895.)

Art. 4. Les ayants droit sont embarqués sur le vu de leurs titres, par les soins du service de l'intendance militaire du port. Les femmes et les enfants voyageant sans leur mari ou leur père, ainsi que les veuves et les enfants de militaires décédés, doivent produire un certificat d'identité délivré par le chef du corps ou du service auquel appartient ou appartenait le mari ou le père.

Les militaires envoyés en permission comme récompense de tir doivent présenter une attestation de leur récompense, signée du chef de corps.

Art. 5. La *gratuité de la traversée* peut être accordée *à titre de faveur*, sur leur demande :

1° Aux militaires changeant de garnison ou de résidence par permutation ou pour convenances personnelles, ainsi qu'à ceux qui ont obtenu un congé ou une permission;

2° Au personnel de l'administration centrale de la guerre voyageant en vertu d'une autorisation ministérielle;

3° Aux femmes et enfants des militaires et du personnel visés aux deux paragraphes qui précèdent;

4° Aux élèves des écoles militaires et aux élèves des maisons d'éducation de la Légion d'honneur, filles de militaires en activité de service, allant en vacances dans leur famille;

5° Aux membres de la famille (autres que la femme et les enfants) des militaires changeant définitivement de garnison ou de résidence, mais cette concession ne peut s'appliquer qu'à des personnes vivant sous le toit et à la charge du militaire.

Art. 6. La gratuité de la traversée ne peut être accordée à titre de faveur à une personne qui en a bénéficié, soit à ce titre, soit de droit, depuis moins de trois ans (circ. minist. du 19 février 1902, modifiant l'instruction du 24 avril 1898), sauf aux élèves des écoles militaires, et aux élèves des maisons d'éducation de la Légion d'honneur, qui peuvent l'obtenir une fois dans le courant de chaque année scolaire. Elle n'est jamais accordée aux gens de service.

Art. 7. La demande de gratuité à titre de faveur doit être établie par le militaire dont le déplacement la motive, qu'elle s'applique à lui-même ou à des membres de sa famille. Elle doit être suffisamment explicite pour qu'on puisse en apprécier le bien fondé, et, s'il s'agit de personnes de la famille autres que la femme et les enfants, spécifier que ces personnes vivent à la charge et sous le toit du signataire ; elle doit, en outre, rappeler, s'il y a lieu, l'époque de la dernière traversée effectuée aux frais de l'Etat, soit de droit, soit à titre de faveur, et, le cas échéant, mentionner l'âge des enfants.

Les élèves des écoles militaires doivent indiquer le degré de parenté qui les unit aux personnes chez lesquelles ils vont passer leurs vacances. S'il s'agit de personnes autres que le père, la mère, ou, à défaut, le tuteur, ils doivent déclarer qu'ils n'ont pas à l'intérieur de plus proches parents susceptibles de les recevoir.

La demande doit être adressée par la voie hiérarchique et revêtue de l'avis des autorités qui en font la transmission.

Art. 8. La faculté d'accorder la gratuité de la traversée, avec retour, s'il y a lieu, est réservée :

1° Au Ministre de la guerre, pour le personnel stationné à l'intérieur et en Corse. Toutefois, les généraux commandant les 15e et 16e corps d'armée sont autorisés à accorder exceptionnellement la gratuité aux militaires qui, se trouvant dans les conditions prévues au paragraphe 1er de l'article 5 et justifiant de la nécessité d'effectuer la traversée d'urgence, n'ont pu se mettre en instance en temps utile auprès du Ministre ;

2° Au général commandant le 19e corps d'armée et au général commandant la division d'occupation de Tunisie, pour les militaires stationnés sur le territoire de leur commandement respectif et pour les femmes, les enfants et les autres membres de la famille de ces militaires, dans les conditions spécifiées aux paragraphes 3 et 5 de l'article 5 et à l'article 6.

Les généraux commandant les 15e, 16e, 19e corps d'armée et la division d'occupation de Tunisie adressent au Ministre (5e direction, 1er bureau), avant le 10 de chaque mois, un relevé nominatif, conforme au modèle annexé à la présente instruction, des personnes auxquelles ils ont accordé la gratuité à titre de faveur pendant le mois précédent.

Art. 9. Pour les passagers de 1re, 2e et 3e classe, la concession de la gratuité de la traversée, à titre de faveur, ne peut s'appliquer qu'au transport proprement dit, à l'exclusion des frais de nourriture à bord, à moins que le Ministre n'en ait autrement décidé. Elle comporte toujours le transport et la nourriture à bord pour les militaires voyageant en 4e classe, et à titre d'exception, pour les élèves du Prytanée militaire, bien qu'ils soient admis à la 2e classe.

Art. 10. Les personnes à qui la gratuité a été accordée sont embarquées par les soins du service de l'intendance militaire du port, sur la remise du titre qui leur a été délivré à cet effet, sauf versement préalable, s'il y a lieu, des frais de nourriture à bord, dans les conditions indiquées au 2° alinéa de l'article 1er.

Art. 11. Les personnes qui s'embarquent avant d'être en possession du titre qui leur concède la gratuité doivent renvoyer ce titre à l'autorité, qui le leur a accordé et ne peuvent, en aucun cas, s'en prévaloir pour réclamer le remboursement de leurs frais de traversée soit au concessionnaire du service, soit à l'administration de la guerre.

Art. 12. Aucun homme de troupe se déplaçant à ses frais ne doit être mis en route s'il ne justifie de la possession de la somme que représente le prix de sa traversée ou de sa nourriture à bord s'il a obtenu, à titre de faveur, la gratuité du transport à l'exclusion des vivres.

Art. 13. Tout homme de troupe dont le déplacement n'est pas à la charge de l'Etat qui se présente dans un port sans être pourvu des ressources nécessaires pour payer sa traversée ou sa nourriture à bord seulement suivant le cas, est signalé au commandant d'armes, qui prend immédiatement des dispositions pour faire rétrograder sur sa garnison celui qui va en permission ou pour assurer l'embarquement d'office de celui qui, rentrant de permission, changeant de corps ou de résidence, ou voyageant pour tout autre motif, rejoint une destination outre-mer.

Le commandant d'armes inflige, en outre, au militaire qui se trouve dans cette situation une punition de prison et le fait conduire à la prison de l'un des corps de la garnison pour qu'il y reste incarcéré jusqu'à sa mise en route. La punition est notifiée, conformément aux prescriptions de l'article 304 du décret du 20 octobre 1892, au chef de corps ou de service pour que celui-ci en fasse assurer l'exécution.

Art. 14. Les hommes de troupe dont le déplacement est à la charge de l'Etat sont mis en route de manière à n'arriver au port d'embarquement que la veille, au plus tôt, du jour du départ du paquebot.

Les militaires partant des 10e, 11e, 12e, 16e, 17e et 18e régions, à destination de la division d'Alger ou de la division d'Oran, s'embarquent à Port-Vendres. Inversement, c'est sur ce port que sont dirigés les militaires des divisions d'Alger et d'Oran rejoignant les régions précitées. Sauf ces exceptions, les traversées de ou pour l'Algérie ou la Tunisie s'effectuent par Marseille.

Les traversées aux frais de l'Etat n'ont lieu que par paquebots à trajet direct; il n'est fait exception que pour les cas d'urgence justifiée et pour la traversée de Port-Vendres à Oran, et *vice versa* qui peut s'effectuer indifféremment par le paquebot à trajet direct ou par celui qui fait escale à Carthagène.

Pour le transport des bagages, V. *Bagage*.

Entre la France et les colonies. (Extrait du décret du 7 mai 1879.) Il n'est accordé de passages aux frais du budget de l'Etat, ou du service local des colonies, que dans les circonstances suivantes :

Service de la marine. Obtiennent des passages sur les bâtiments de l'Etat et à défaut sur les bâtiments de commerce, les officiers, fonctionnaires, marins, militaires et divers agents de service de la marine envoyés de France aux colonies, et réciproquement, ou chargés de missions à l'extérieur; ceux qui auront ordre de se rendre à bord des bâtiments de l'Etat ou qui seront débarqués de ces bâtiments en cours de campagne;

Les marins et militaires en service aux colonies qui ont droit à l'envoi en congé renouvelable par application de la loi du 15 juillet 1889 sur le recrutement de l'armée et ceux qui obtiennent des congés renouvelables à titre de soutien de famille, des congés de convalescence ou des congés administratifs (V. *Congés*); les enfants de troupe appelés par leur âge à rallier la portion centrale de leur corps (disposition abrogée).

Service des colonies. Il est également accordé des passages sur les bâtiments de l'Etat, et, à défaut, sur les bâtiments de commerce :

Aux officiers, fonctionnaires, marins, militaires et divers agents du service des colonies, qui se rendront, par ordre, de France aux colonies, et réciproquement, ou d'un établissement colonial à l'autre; à leur femme et à leurs enfants qui les accompagneront ou qui partiront dans le délai d'un an pour les rejoindre;

Aux officiers et fonctionnaires envoyés d'Europe, qui, licenciés, révoqués ou admis à la retraite dans les colonies, demanderont, dans le délai d'une année, à rentrer en France ;

Les gendarmes démissionnaires sont rapatriés gratuitement, ainsi que leur famille, par un bâtiment de l'Etat, s'ils présentent leur demande de passage dans le délai d'un an à partir du jour de l'acceptation de leur démission (Décr. du 7 mai 1879; V. *Démission*.)

Aux femmes et aux enfants des officiers, fonctionnaires et agents compris dans le paragraphe précédent voyageant avec eux ou qui s'embarquent dans le délai d'un an pour les rejoindre;

Aux veuves et aux enfants des officiers, fonctionnaires ou agents du service des colonies décédés en activité de service soit en France, soit dans les colonies, si le départ a lieu dans l'année qui suivra le décès du chef de la famille;

Aux officiers, fonctionnaires et agents auxquels il sera accordé des congés pour motifs de santé dûment constatés, et à ceux qui obtiennent des congés à 2/3 de solde dans les conditions prévues aux paragraphes 2 et 3 de l'article 40 du décret du 1er juin 1875 sur la solde.

Les congés prévus au paragraphe précédent donnent droit au passage pour venir en France et pour retourner aux colonies.

Les gendarmes coloniaux se trouvant en congé de convalescence en France doivent faire parvenir au Ministre de la marine, par la voie hiérarchique, un mois au moins avant l'expiration de leur congé, les demandes de passage concernant leurs familles. (Circ. du 18 octobre 1893.)

Les congés motivés par des affaires personnelles ne comportent aucune concession de passage à titre gratuit.

Les concessions relatives aux femmes et aux enfants sont limitées à deux traversées, celle d'aller pour se rendre de France aux colonies ou d'une colonie dans une autre, et celle de retour; toutefois, n'ont pas droit au passage dit de retour, les familles des officiers, fonctionnaires et agents dont le mariage a eu lieu dans la colonie où ils sont en service. Le droit au passage pour la femme et les enfants est renouvelé lorsque le chef de la famille est envoyé en France ou dans une autre colonie par suite de changement de destination.

Quand la nécessité a été dûment constatée par des certificats émanant du service de santé de la marine, les officiers fonctionnaires et agents porteurs d'un congé de convalescence, sont autorisés à se faire accompagner ou à se faire rejoindre par leur famille.

Est également accordé par anticipation, en cas de nécessité dûment constatée par le service médical de la marine, le passage de retour de la famille des officiers fonctionnaires et agents quand l'état de santé de cette famille ne lui permet plus le séjour auprès de son chef.

Dans les cas prévus aux deux paragraphes précédents, la concession des deux passages d'aller et de retour ou du passage de retour prévu par l'article 5, est épuisée; tous les passages ultérieurs des femmes et des enfants, des officiers, fonctionnaires et agents, restent à leur compte.

Lorsqu'un officier, fonctionnaire ou agent et sa famille comptent au minimum trois ans de séjour consécutifs au Gabon ou en Cochinchine, quatre ans au Sénégal, à la Guyane, à Mayotte, à Nossi-Bé et à Sainte-Marie de Madagascar, ou six ans dans les autres colonies, il est accordé à la famille un deuxième passage gratuit d'aller et retour en dehors des traversées prévues à l'article 5, que le chef de famille vienne en congé de convalescence ou qu'il soit porteur d'un congé à 2/3 de solde.

Il est accordé passage gratuit aux enfants des officiers, fonctionnaires et agents coloniaux et aux créoles venant en France pour y profiter des bourses qu'ils ont obtenues dans les lycées, dans les collèges, au séminaire colonial ou dans les maisons de la Légion d'honneur.

Le passage pour retourner aux colonies leur est de même accordé s'ils s'embarquent, à cet effet, dans l'année qui suit leur sortie définitive desdits établissements. S'ils quittent ces établissements avant d'y avoir terminé les éudes qui ont motivé leur admission, le passage de retour ne leur est accordé que si une décision du conseil de santé constate qu'ils sont atteints d'une maladie ne leur permettant pas de prolonger leur séjour en France.

Des passages peuvent être accordés dans les mêmes conditions, sur la demande de l'administration locale des colonies, aux créoles, ainsi qu'aux enfants des officiers, fonctionnaires et agents coloniaux qui obtiennent des subventions sur les budgets locaux pour faire leurs études en France.

Les individus nés dans les colonies françaises peuvent, s'ils sont dépourvus de ressources, être rapatriés dans leur pays d'origine, mais à la ration.

Tableau du classement des passagers à bord des navires. Mode de nourriture.

CLASSES.	DÉSIGNATION DES PASSAGERS.
1re classe...	1re table...... 1re catégorie : Officiers généraux. 2e catégorie : Officiers supérieurs.
	2e table : Capitaines, lieutenants, sous-lieutenants, archivistes principaux de 2e classe et archivistes ; interprètes titulaires et auxiliaires ; gardes principaux et gardes d'artillerie ; contrôleurs principaux et contrôleurs d'armes ; adjoints principaux et adjoints du génie ; officiers d'administration adjoints ; chefs de musique.
2e classe....	Elèves officiers sortis d'une école et attendant leur promotion au grade d'officier.
3e classe....	1re table : Adjudants, sergents-majors et assimilés, sous-agents de la trésorerie et des postes aux armées ; sous-officiers et brigadiers de la gendarmerie et de la garde républicaine : portiers-consigne ; sous-chefs de musique.
	2e table : Sergents et assimilés ; militaires de la gendarmerie et de la garde républicaine.
4e classe....	Caporaux, brigadiers, soldats et assimilés.

Si la 1re classe ne comporte qu'une table, tous les officiers, quel que soit leur grade, et tous les personnels compris à la 1re classe, sont placés à cette table.

Mode de nourriture.

Les passagers font trois repas par jour :

Le premier déjeuner, de 7 à 8 heures du matin ; le deuxième déjeuner, de 10 à 11 heures du matin ; et le dîner, de 5 à 6 heures du soir.

Les passagers malades qui ne peuvent pas assister aux repas, ont la faculté de se faire servir gratuitement du bouillon, du thé, de l'eau sucrée ou des boissons rafraichissantes.

Les repas sont composés de la manière suivante :

1re CLASSE.

1er *déjeuner*. — Café au lait ou chocolat.

2e *déjeuner*. — 4 hors-d'œuvre, 2 plats de viande, 1 plat maigre (légumes, œufs, poisson), 4 desserts, 1 bouteille de vin (0l,75), café et eau-de-vie.

Dîner. — Même composition et en sus : potage, 2 entrées et 2 entremets.

2e CLASSE.

1er *déjeuner*. — Comme pour la 1re classe.

2e *déjeuner*. — Comme pour la 1re classe, moins 2 hors-d'œuvre et 2 desserts.

Dîner. — Comme pour la 1re classe, moins 2 hors-d'œuvre, 1 entrée, 1 entremets et 2 desserts.

3e CLASSE.

1er *déjeuner*. — Café avec eau-de-vie.

2e *déjeuner*. — 1 plat de viande, 1 plat maigre (légumes, œufs, poisson), 1 dessert, 0l,33 de vin, pain à discrétion.

Dîner. — Soupe, 1 plat de viande, 1 plat maigre, 1 dessert, 0l,33 de vin, pain à discrétion.

4e CLASSE.

Comme pour la 3e classe, moins le dessert.

La même mesure est applicable aux colons français dénués de ressources ayant plus d'une année de séjour dans la colonie où ils sont établis.

Le Ministre de la marine et des colonies peut, par décision spéciale, accorder des passages à la ration aux colons libres à destination de celles de nos colonies pour lesquelles il a été prévu des crédits spéciaux à cet effet soit aux budgets de l'Etat, soit aux budgets locaux.

Embarquement des hommes qui, à leur libération, se retirent dans un pays d'outre-mer. (V. la note minist. du 20 décembre 1886.)

Le commandement des troupes passagères de toutes armes (discipline et juridiction des passagers) à bord des navires de commerce est régi par les instructions du 8 novembre 1899 et du 3 mars 1900.

Dispositions générales. Le Ministre de la marine et des colonies peut autoriser les officiers, fonctionnaires et agents qui n'ont pas droit à un passage gratuit à s'embarquer avec leur femme et leurs enfants sur les bâtiments de l'Etat, moyennant versement préalable des frais de nourriture et autres, et sur les bâtiments de commerce moyennant versement préalable des frais de passage.

Le passage concédé aux enfants des officiers, fonctionnaires et agents, conformément aux articles 2, 3 et 8 du présent décret, est limité pour les fils à leur majorité et pour les filles à leur mariage.

Le délai d'un an fixé dans les articles 2, 3 et 8 du présent décret ne peut être prolongé que dans des cas exceptionnels et par décision spéciale du Ministre de la marine et des colonies rendue sur rapport motivé. (Dispositions applicables aux gendarmes démissionnaires par la circ. du 23 juillet 1881.)

Les officiers appelés à servir en Cochinchine ou en Annam peuvent obtenir pour leurs familles des passages gratuits; il en est de même pour ceux envoyés au Tonkin. (Circulaire ministérielle du 16 juillet 1898.)

Bagages. Le poids des bagages auquel chaque passager a droit est fixé à 200 kilog. par la décision du 30 décembre 1873.

Indemnité de traversée en mer. Lorsque l'officier, dans les cas prévus aux articles 154 et suivants du décret du 19 juin 1888, a une traversée de mer à faire pour se rendre à destination, et qu'il ne peut être transporté sur les bâtiments de la marine de l'Etat, ou ceux nolisés par l'Etat, il traite de son passage à bord d'un navire de commerce et il est remboursé de ses frais sur sa déclaration écrite.

TRAVESTISSEMENT, s. m. Action de se déguiser en prenant les habits d'un autre sexe ou d'une autre condition.

Tout travestissement ou déguisement est interdit aux officiers, sous-officiers et gendarmes. (Règl. du 10 juillet 1889, art. 193.)

TRÉSOR, s. m. Le trésor est toute chose cachée ou enfouie sur laquelle personne ne peut justifier sa propriété et qui est découverte par le pur effet du hasard.

La propriété d'un trésor appartient à celui qui l'a trouvé dans son propre fonds; si le trésor est trouvé dans le fonds d'autrui, il appartient pour moitié à celui qui l'a découvert et pour l'autre moitié au propriétaire du fonds.

Ainsi, lorsque des ouvriers trouvent un trésor en démolissant une maison, en fouillant un champ, en creusant des puits, etc., la moitié de ce qu'ils trouvent leur appartient, à moins toutefois que le propriétaire ne les ait fait travailler à dessein, avec l'espérance de découvrir un trésor. Dans ce cas, il garderait pour lui la totalité.

Objets trouvés. (V. *Objets.*)

TRÉSORIER, s. m. Dans la gendarmerie ils sont du grade de capitaine, de lieutenant ou de sous-lieutenant. — Les lieutenants et sous-lieutenants trésoriers doivent assister aux manœuvres des brigades et suivre les cours d'équitation faits aux officiers d'infanterie. Un cheval de troupe désigné d'office est mis à cet effet à la disposition de ces officiers, ainsi que des capitaines trésoriers, s'ils désirent assister aux manœuvres des brigades.

Toutes les instructions qui intéressent le service de l'arme doivent leur être communiquées comme aux commandants d'arrondissement. (Notes minist. des 7 mars 1887 et 28 mars 1888. — V. l'article 88 du Service intérieur.)

TRIANGLE, s. m. Figure de géométrie qui a trois angles et trois côtés.

On appelle triangle *isocèle* celui qui a deux côtés égaux; *équilatéral*, celui qui a les trois côtés égaux; *équiangle*, celui dont les trois angles sont égaux; *rectangle*, celui dont un des angles est droit.

Mesure du triangle. (V. *Surface*.)

TRIBUNAL, s. m. Juridiction d'un magistrat ou de plusieurs magistrats qui jugent ensemble.

Les tribunaux civils qui sont chargés d'appliquer le Code pénal sont ainsi divisés :

1° *Le Tribunal de simple police*, présidé par le juge de paix et résidant dans chaque chef-lieu de canton. Il se compose d'un juge de paix, d'un greffier et d'un commissaire de police, d'un maire ou d'un adjoint au maire faisant fonctions de ministère public. Le tribunal de simple police juge les contraventions ;

2° *Le Tribunal correctionnel*, chargé de juger les délits ;

3° *Le Tribunal de 1re instance*, chargé de juger les affaires civiles. Ce tribunal, ainsi que le tribunal correctionnel, siège dans chaque chef-lieu d'arrondissement ; il se compose d'un président, assisté de deux juges, du procureur de la République ou d'un de ses substituts et d'un greffier ;

4° *La Cour d'assises*, qui siège trimestriellement au chef-lieu de chaque département, et qui est chargée de juger en dernier ressort, avec l'assistance du jury, les faits criminels emportant peine afflictive et infamante.

La Cour d'assises est toujours présidée par un conseiller à la Cour, assisté de deux ou trois juges. Dans les chefs-lieux de Cour d'appel, les fonctions de ministère public sont remplies par le procureur général ou l'un de ses substituts ;

5° *La Cour d'appel*, qui siège au chef-lieu de chaque Cour et qui juge en dernier ressort les procès civils et correctionnels qui sont portés en appel devant elle ;

6° *La Cour de cassation*, tribunal suprême, siégeant à Paris, qui ne connait pas le fond des affaires, mais qui a pour mission d'examiner tous les jugements qui lui sont déférés et de décider s'ils ont été rendus conformément aux lois ;

7° *Les Tribunaux de commerce*, composés de magistrats élus par les commerçants et qui sont chargés de juger les contestations commerciales.

Les tribunaux de commerce sont installés dans tous les grands centres de population ; là où il n'en existe pas, ils sont remplacés par les tribunaux de 1re instance.

8° *Les Tribunaux militaires ou conseils de guerre* sont chargés de juger les contraventions, les délits et les crimes commis par des militaires. Il faut en excepter cependant les infractions aux lois sur la chasse, sur la pêche, sur les contributions indirectes, les douanes, les forêts et la grande voirie, qui sont jugés par les tribunaux civils. (V. *Conseil de guerre*, *Conseil de revision* et *Prévôté*.)

9° *Les tribunaux maritimes* sont établis pour juger les crimes, les délits et les contraventions commis par les marins.

Service de la gendarmerie près des tribunaux. La gendarmerie n'est pas tenue d'assister aux audiences des tribunaux de simple police ; mais elle peut être requise par les juges de paix pour prêter main-forte et maintenir l'ordre dans un cas déterminé. Il est d'usage qu'elle assiste sans réquisition aux audiences de police correctionnelle ; mais elle doit toujours se trouver aux séances des cours d'assises. Cette obligation résulte de l'article 343 du Code d'instruction criminelle, qui dit que le président est tenu de donner au chef de la gendarmerie de service l'ordre spécial et par écrit de faire garder les issues de la chambre dans laquelle délibèrent les jurés ; en outre, le président des assises a le droit de requérir, s'il le juge nécessaire, un piquet d'hommes de la garnison pour assurer le maintien de l'ordre, tant à l'intérieur qu'à l'extérieur de la salle d'audience. (Décis. du 26 février 1861, rappelée par la circ. minist. du 1er juillet 1886.) La gendarmerie assiste toujours aux séances des conseils de guerre.

Les gendarmes de service près des tribunaux restent couverts et armés.

TROMPERIE, s. f. Action de tromper, d'user d'artifice pour induire en erreur.

Quiconque aura trompé l'acheteur sur le titre des matières en or et en argent, sur la qualité d'une pierre fausse, vendue pour fine, sur la nature de toutes marchandises; quiconque, par usage de faux poids ou de fausses mesures, aura trompé sur la quantité des choses vendues sera puni d'un emprisonnement pendant un an au moins et trois ans au plus, et d'une amende qui ne pourra excéder le quart des restitutions et dommages-intérêts, ni être au-dessous de 50 francs.

Les objets du délit, ou leur valeur, s'ils appartiennent encore au vendeur, seront confisqués; les faux poids et les fausses mesures seront aussi confisqués et, de plus, seront brisés. (C. P., art. 423.)

La tentative de délit de tromperie est punie comme le délit lui-même. La tromperie ou la tentative de tromperie peut exister sur la nature, la qualité ou la quantité de la marchandise livrée ou vendue. M. le président Bernède, dans son *Aide-Mémoire*, explique ainsi qu'il suit les différentes formes sous lesquelles le délit de tromperie peut se présenter :

« 1° *Tromperie sur la nature de la marchandise vendue ou livrée.* Elle concerne toute espèce de marchandises, c'est-à-dire des choses qui font l'objet d'un trafic, et s'applique au commerce des substances alimentaires et médicamenteuses et des boissons, toutes les fois que la tromperie est réalisée à l'aide de moyens autres que la falsification. Exemple: vendre comme vin de tel cru un vin d'un autre cru. (Cassation, 18 mai 1854.)

» Ce genre de tromperie consiste simplement dans les paroles et des mensonges sans qu'il soit besoin d'un concours d'actes et de faits pour les appuyer.

» La tromperie est consommée non pas lorsque le vendeur a réussi à tromper l'acheteur, mais lorsqu'il a fait des actes qui attestent sa cupidité et sa mauvaise foi. Exemple: Un individu livre une marchandise différente de celle qu'il annonçait, et l'acheteur, au moment même de la livraison, en raison de ses connaissances spéciales, s'aperçoit de la fraude. (Paris, 19 février 1857.)

» Par le mot nature, on entend tout ce qui fait l'individualité ou la spécialité d'une marchandise et sert à la faire distinguer des autres dans le commerce. Exemple : Le fait d'envoyer du drap d'Elbeuf au lieu de drap de Louviers qu'on a vendu, est une tromperie.

» 2° *Tromperie sur la qualité.* — Elle échappe en principe à toute répression, à moins qu'elle ne concerne les pierres précieuses et les matières d'or et d'argent. (C. P., art. 423.)

» Quand on se borne à vendre comme bonne une marchandise qui ne l'est pas ou à faire l'éloge de sa marchandise, ce fait n'est pas réprimé, car autrement il faudrait poursuivre tous les marchands; c'est à l'acheteur à faire la part du charlatanisme.

» 3° *La tromperie sur la quantité a lieu :* 1° par usage de faux poids et de fausses mesures; 2° par usage d'instruments inexacts servant au pesage et au mesurage; 3° par des manœuvres ou procédés tendant à fausser l'opération du pesage ou du mesurage. Exemple : placer sous un des plateaux d'une balance un corps lourd; 4° par augmentation frauduleusement faite, même avant l'opération, du poids ou du volume de la marchandise. Exemple : Infraction commise par les marchands qui mouillent leur tabac, leur bois, leur sucre ou raisins secs, etc.; 5° par des indications frauduleuses, tendant à faire croire à un pesage ou mesurage antérieur et inexact.

» Ce paragraphe a pour but d'atteindre les fraudes qui se commettent sans qu'il y ait pesage ou mesurage devant l'acheteur, par le vendeur des marchandises dont le poids est présumé, d'après le nombre qui compose leur collection, d'après le nom, la forme ou certaines indications et dont quelquefois la facture, l'enveloppe ou l'assemblage cherchent à persuader l'existence d'un pesage antérieur et exact, base du prix. Exemple: Les sacs de charbon, usage de Paris, doivent avoir deux hectolitres; il y a tromperie de la part du marchand qui vend des sacs contenant 174 litres. (Paris, 31 août 1856.)

» C'est le genre de tromperie que commettent les boulangers, marchands de bois, etc.

» Il importe, pour la constatation de ce délit, de bien en comprendre les caractères constitutifs et de s'appliquer à raconter le fait dans les circonstances les plus minutieuses. Si le délit est constaté directement, saisir toujours la marchandise, à moins que son poids soit volumineux. Si c'est sur une plainte, la vérifier en se rendant sur les lieux; recevoir les explications du délinquant, et, s'il y a des complices, c'est-à-dire d'autres que lui qui ont participé au délit, les indiquer. Ainsi, si l'on verbalise contre un épicier qui vend des bougies n'ayant pas le poids indiqué sur le papier, il faut faire connaître le nom du fabricant; en tout cas, signaler minutieusement le corps du délit. »

TROMPETTE, s. f. Instrument à vent qui rend un son éclatant. *Le trompette* est celui qui a pour fonctions de sonner de la trompette. Une circulaire ministérielle en date du 14 septembre 1869, dispose:

1° Que chaque chef-lieu de légion de gendarmerie sera pourvu de deux trompettes, et chaque chef-lieu de compagnie d'un trompette;

2° Que la dépense d'achat, d'entretien et de renouvellement de ces instruments sera supportée par la masse d'entretien et de remonte.

Les frais accessoires (cordon de trompette et différence de prix existant entre les aiguillettes de gendarme et celles de trompette) seront également à la charge de la même masse. (Annexe n° 2 du règlement du 12 avril 1893.)

Quant aux fonctions de trompette, elles ne constitueront pas un emploi spécial dans la gendarmerie départementale; elles seront facultatives et subordonnées aux ressources des compagnies, dont certaines ne possèdent pas des hommes sachant sonner; jusqu'à nouvel ordre, le militaire qui exécutera les sonneries concourra avec les autres gendarmes au service.

Chaque compagnie de gendarmerie maritime est pourvue de deux trompettes. (Circ. du 19 décembre 1874.)

TROT, s. m. (V. *Allures*.)

TROUBLE, s. m. Agitation tumultueuse. (V. *Emeute*.)

Une brochure intitulée: *Instructions en cas de troubles,* recueil de toutes les lois et règlements qui régissent la matière, est déposée dans les archives des généraux, des commandants de place, des chefs de corps et de légion et des commandants de compagnie. (Circ. du 18 avril 1874.)

On appelle encore trouble ou truble une sorte de filet qui sert à pêcher.

TROUPE, s f. Réunion de gens. — Corps militaire. — Ce mot s'emploie aussi pour désigner les sous-officiers et les soldats par opposition aux officiers.

Les commandants des corps de troupe de ligne ne peuvent s'immiscer en aucune façon dans le service de la gendarmerie. (Décr. du 1er mars 1854, art. 135.)

Les troupes en marche sont surveillées par la gendarmerie, qui est chargée d'arrêter les traînards et ceux qui commettent des désordres. (Décr. du 1er mars 1854, art. 352.)

La gendarmerie, dûment saisie par un chef de corps ou de détachement de réquisitions motivées, datées et signées, est tenue de recevoir les militaires prévenus de fautes graves. (C. M. du 8 février 1860). Elle dirige les malades sur les hôpitaux, loge et fait soigner les chevaux éclopés.

Le chef de brigade, dans une localité traversée par les troupes, ou, s'il est absent, le gendarme de planton, doit se présenter au commandant de la colonne et se mettre à sa disposition. (Décret du 1er mars 1854, art. 354.) En outre, la gendarmerie a dans ses attributions la police des localités occupées et la surveillance des isolés (isolés en marche et isolés laissés par les corps.) (Instr. du 30 décembre 1899, art. 30.)

Dans les cas urgents, les officiers et sous-officiers de gendarmerie peuvent requérir directement l'assistance de la troupe de ligne, qui est tenue de déférer à leurs réquisitions et de leur prêter main-forte. — Les demandes contiennent l'extrait de l'ordre ou de la réquisition, ou l'exposé des motifs pour lesquels la main-forte est demandée. (Décr. du 1er mars 1854, art. 137.)

Une troupe en marche ne doit pas se laisser couper par la foule ou par les voitures. (Décr. du 4 octobre 1891, art. 115. — V. circ. du 7 février 1899 au sujet de la circulation des tramways et chemins de fer sur route, à la rencontre des troupes en marche.)

Cette circulaire a été complétée par les dispositions suivantes :

Lorsqu'une troupe, quels que soient son effectif et sa composition, est appelée à circuler dans une région sillonnée par des chemins de fer sur routes, son commandant doit, avant le départ, donner les instructions nécessaires :

a) Pour que l'approche d'un train ou d'un tramway devant couper ou longer la colonne en un point ou dans un sens quelconque soit rapidement annoncée de proche en proche ;

b) Pour que les mouvements nécessités par le dégagement de la voie soient exécutés, et pour que les précautions soient prises pendant la période de ralentissement, d'appel ou d'arrêt du train, avec toute la célérité possible, et sans qu'il soit nécessaire de recourir à l'intervention directe du chef de la troupe, lequel peut se trouver en un point tel qu'il soit empêché de donner des ordres en temps utile.

Les maires doivent prendre des arrêtés pour interdire aux conducteurs des tramways de couper une troupe en marche. (Lettre collective du 29 septembre 1881.)

TROUSSE, s. f. — La trousse du gendarme, outre l'étui garni, doit renfermer une paire de ciseaux, un peigne à décrasser, un démêloir et un certain nombre de boutons d'uniforme et en os de diverses dimensions. (Art. 252 de la description de l'uniforme, du 9 juin 1895.)

TURQUIE. La Turquie d'Europe, qui n'est qu'une partie de l'empire ottoman, est bornée au nord par les royaumes de Roumanie et de Serbie; à l'est, par la mer Noire; au sud, par l'Archipel et le royaume de Grèce; à l'ouest, par la mer Adriatique. — La superficie de ce pays est d'environ 169,000 kil. carrés et sa population n'est que de 6 millions d'habitants (36 millions pour tout l'empire).

Le territoire est divisé en provinces. La capitale de la Turquie d'Europe est Constantinople, à l'entrée du Bosphore, où la Corne d'or forme un des ports les plus beaux et les plus sûrs du monde.

Les autres villes principales sont Gallipoli, sur la presqu'île du même nom; Salonique, au fond du golfe du même nom, et Andrinople.

Le service militaire est obligatoire, en Turquie, de 20 à 40 ans pour tous les musulmans : les chrétiens sont exclus de l'armée et sont obligés de payer un impôt pour se libérer du service. Chaque année, le sort décide quels sont les hommes qui feront partie de l'armée active pendant 4 ans; le reste du temps de service se décompose en réserve du 1er et du 2e ban et en dernière réserve ou levée en masse.

L'armée régulière, en y comprenant toutes les réserves, se compose d'environ 450,000 hommes auxquels il faut ajouter 200,000 hommes de troupes irrégulières (bachi-bouzouks, contingents fournis par diverses tribus).

TUTELLE, s. f. Pouvoir donné en vertu de la loi à une personne qui est chargée de veiller sur la personne ou sur les biens d'un mineur ou d'un interdit.

Les militaires sont exempts de tutelle et de curatelle. (V. ce mot.)

Après la dissolution du mariage arrivée par la mort de l'un des époux, la tutelle des enfants appartient de plein droit au survivant.

A défaut du père et de la mère, et si le dernier survivant n'a pas déféré la tutelle, celle-ci appartient de plein droit à l'aïeul paternel du mineur, et, à son défaut, à l'aïeul maternel.

Enfin, le père survivant, ou la mère survivante, a la faculté de choisir, pour l'époque qui suivra son décès, un tuteur aux enfants mineurs.

A défaut d'un tuteur désigné légalement, comme dans les trois cas ci-dessus, il doit être pourvu à la nomination d'un tuteur par le conseil de famille.

U

ULTIMATUM, s. m. Dans les négociations diplomatiques, l'ultimatum pose des conclusions formelles dont on est résolu à ne point se départir, ou une condition sans l'acceptation préalable de laquelle on déclare qu'il sera impossible de s'entendre.

UNIFORME, s. m. Vêtement réglementaire imposé aux divers corps de l'armée, à certains fonctionnaires et aux employés de certaines administrations.

La description de l'uniforme de la gendarmerie porte la date du 9 juin 1895 ; elle remplace celle du 11 août 1885 et les nombreuses décisions ministérielles qui l'avaient modifiée. (V. *Tenue.*)

L'uniforme de la gendarmerie coloniale est décrit par les instructions en date des 18 septembre 1873 et 13 novembre 1888.

Le service de la gendarmerie étant permanent, les sous-officiers, brigadiers et gendarmes sont toujours en uniforme.

Les officiers ne sont considérés *comme étant dans l'exercice de leurs fonctions que lorsqu'ils sont revêtus de leur uniforme.* (Serv. int., art. 197.)

Les hommes appartenant à un titre quelconque à l'armée active ou à sa réserve, à l'armée territoriale ou à sa réserve, doivent s'éloigner de tout rassemblement tumultueux et contraire à l'ordre public. Le fait seul de s'y trouver en armes *ou revêtu d'effets d'uniforme* et d'y demeurer, contrairement aux ordres des agents de l'autorité ou de la force publique, les constitue en état de rébellion et les rend passibles des peines édictées à l'article 225 du Code militaire.

Lorsqu'ils sont revêtus d'effets d'uniforme, ils doivent à tout supérieur hiérarchique en uniforme les marques extérieures de respect prescrites par les règlements et sont considérés sous tous les rapports comme des militaires en congé. (Loi du 18 novembre 1875, art. 6 et 7 ; V. circ. du 18 février 1876.)

Par ces mots « *effets d'uniforme* », le législateur a entendu non pas l'uniforme proprement dit, mais l'un des effets comprenant l'uniforme et permettant de considérer celui qui en est revêtu comme appartenant à l'armée. Uniforme des officiers de réserve. (V. *Tenue.*)

Les maires, les adjoints et les commissaires de police peuvent exercer leur fonction sans être revêtus de leur uniforme ; cependant, s'ils accomplissent des actes qui nécessitent l'obéissance immédiate des citoyens, ils doivent être revêtus de leurs insignes : ainsi, lorsqu'ils font des sommations, lorsqu'ils veulent pénétrer dans le domicile d'un citoyen, il faut qu'ils soient revêtus de leurs insignes.

La résistance opposée à un agent de la force publique *non revêtu de son uniforme* ne constitue pas le délit de rébellion.

Les officiers, sous-officiers et gendarmes réformés ou démissionnaires ne peuvent porter l'uniforme.

Toute personne qui porte publiquement un uniforme auquel elle n'a pas droit est punie de 6 mois à 2 ans de prison. (C. P., art. 259.)

Est puni d'un emprisonnement de 2 mois à 2 ans tout militaire qui porte publiquement les décorations, médailles, insignes, uniformes ou costumes français sans en avoir le droit. (C. M., art. 266.)

Il est interdit aux membres des sociétés civiles (de musique, de tir, de gymnastique, etc.), de porter un uniforme ressemblant à celui de l'armée et pouvant donner lieu à des méprises. (Circ. du Ministre de l'intérieur aux préfets, du 10 septembre 1882). (V. *Tenue.*)

Le décret du 24 juillet et la note ministérielle du 19 août 1886 réglementent l'uniforme qui peut être porté par les officiers en retraite ou en réforme pour infirmités. (V. *Tenue.*)

Port de l'uniforme à l'étranger. — L'autorisation de porter l'uniforme à l'étranger n'est donnée par le Ministre que dans le cas de mission régulière ou pour assister soit à des manœuvres, soit à des cérémonies officielles. Lorsque des militaires de tous grades désireront assister en tenue à une cérémonie de famille, ils devront s'adresser au représentant diplomatique de de la France, qui pourra leur accorder directement, au nom du Ministre, l'autorisation nécessaire. (Circ. minist. du 25 avril 1894.)

Il est défendu aux militaires qui vont en Alsace-Lorraine d'emporter aucun effet d'uniforme. (Service intérieur, art. 255.)

Indemnité pour changement d'uniforme. Une indemnité pour changement d'uniforme est attribuée aux militaires de la gendarmerie départementale qui passent dans la garde républicaine, et inversement, toutes les fois que la mutation n'a pas lieu par convenance personnelle, sur la demande des intéressés ou par suite de promotion. (Tableau 2, n° 22, du règl. du 30 décembre 1892.)

Elle est allouée directement par les soins du conseil d'administration sur le vu de la lettre de service déterminée par le Ministre, et d'après le tarif annexé à la décision présidentielle du 22 mars 1901. (V. la circ. minist. du 1er avril 1901.)

UNIVERSITÉ, s. f. L'université est le grand corps enseignant établi par l'Etat, sous la direction du Ministre de l'instruction publique.

Les trois grandes branches de l'instruction publique : l'enseignement primaire, l'enseignement secondaire et l'enseignement supérieur sont dans les attributions de l'université.

Le territoire comprend seize académies ; à la tête de chaque académie se trouve un recteur, assisté d'un conseil académique, et ayant sous ses ordres un certain nombre d'inspecteurs d'académie et d'inspecteurs des écoles primaires.

Il existe également une académie à Alger. Il a été créé récemment, dans certaines grandes villes, des universités régionales.

USAGE, s. m. Habitude, coutume, emploi, action de se servir.

Cas où la gendarmerie doit faire usage de ses armes. (V. *Armes.*)

Dans beaucoup de villages situés dans les montagnes et qui possèdent de vastes forêts, les familles pauvres de ces villages ont des *droits d'usage* au pâturage et à la glandée, c'est-à-dire qu'il leur est permis de faire paître leurs bestiaux dans les bois en se soumettant à certaines règles tracées par les articles 72, 73, 75 et 78 du Code forestier. — Ces familles ont également droit à une certaine quantité de bois de chauffage. (V. *Affouage.*)

USINE, s. f. Ce mot s'emploie spécialement pour désigner les grands établissements industriels qui sont sur des cours d'eau. — Aucune usine ne peut s'établir sans une autorisation du préfet. — Travail des enfants dans les usines et manufactures. (V. *Enfant.*)

USTENSILE, s. m. S'emploie pour désigner toutes sortes de petits instruments servant pour le ménage ou pour d'autres usages.

Les ustensiles d'écurie et autres objets mobiliers des brigades à cheval sont de deux sortes : ceux qui appartiennent aux hommes et qu'ils entretiennent ou remplacent à leurs frais et ceux qui appartiennent à la brigade et qui sont achetés, entretenus et remplacés en commun.

L'article 136 du Service intérieur n'indique pas les objets qui font partie de ces deux catégories et l'article 153 ne parle que des poids et des balances qui doivent être achetés en commun sur le produit de la vente des fumiers. Ces petits détails doivent être réglés à l'amiable entre les hommes et le chef de brigade.

Un inventaire de ces derniers doit toujours être affiché dans un lieu apparent de l'écurie. — En cas de changement de résidence, nul n'a le droit de réclamer une partie des ustensiles payés en commun ni de prétendre à un remboursement. (Service intérieur, art. 136.)

La part contributive de dépenses d'acquisition et d'entretien des ustensiles d'écurie à l'usage commun de la brigade est payée, en ce qui concerne les chevaux d'officiers appartenant à l'Etat, par la masse d'entretien et de remonte qui fait recette du produit des fumiers des chevaux de ces officiers. Ces fumiers sont alors vendus avec celui des chevaux appartenant aux hommes de la brigade. (Note minist. du 1er décembre 1882 et annexe n° 2 du règl. du 12 avril 1893.)

USUFRUIT, s. m. L'usufruit est le droit de jouir des choses dont un autre à la propriété, comme le propriétaire lui-même, mais à la charge d'en conserver la substance. (C. C., art. 578.) — Ainsi un usufruitier jouit de la propriété d'une chose, mais ne peut ni l'aliéner, ni la vendre, ni la détruire.

USURE, s. f. Détérioration produite par l'usage ou par le frottement. — Intérêt, profit qu'on exige d'une somme prêtée, lorsque cet intérêt dépasse le taux fixé par la loi.

La loi du 7 avril 1900 fixe à quatre pour cent (4 p. 100) l'intérêt légal en matière civile, et à cinq pour cent (5 p. 100) l'intérêt légal en matière de commerce.

L'intérêt conventionnel en Algérie ne peut excéder huit pour cent (8 p. 100) en matière civile et commerciale. L'intérêt légal en matière civile et commerciale, fixé à six pour cent (6 p. 100) par la loi du 27 août 1881, est abaissé à cinq pour cent (5 p. 100). (Loi du 13 avril 1898, art. 61.)

Celui qui exigerait un intérêt supérieur pour de l'argent prêté s'exposerait à être poursuivi par la loi comme usurier.

Le délit d'habitude d'usure est puni d'une amende qui peut s'élever à la moitié des capitaux prêtés à usure et d'un emprisonnement de six jours à six mois. — En cas de nouveau délit d'usure dans l'espace de cinq ans à compter du jour de la condamnation, les peines peuvent être élevées jusqu'au double du maximum. (Loi des 19-27 décembre 1850.)

La loi du 19 décembre 1850 sur l'usure est applicable à l'Algérie. (Loi du 13 avril 1898, art. 63.)

USURPATION, s. f. Action d'usurper, de prendre illégalement un commandement, une fonction, un titre, un nom, etc.

Est puni de mort tout militaire qui prend un commandement sans ordre ou motif légitime, ou qui le retient contre l'ordre de ses chefs. (C. M., art. 228.)

Ceux qui, sans droit ou motif légitime, auront pris le commandement d'un corps d'armée, d'une troupe, d'une flotte, d'une escadre, d'un bâtiment de guerre, d'une place forte, d'un poste, d'un port, d'une ville; ceux qui auront retenu, contre l'ordre du gouvernement, un commandement militaire quelconque; les commandants qui auront tenu leur armée ou troupe rassemblée, après que le licenciement ou la séparation en auront été ordonnés, seront punis de la peine de mort. (C. P., art. 93.)

Quiconque, sans titre, se sera immiscé dans des fonctions publiques, civiles ou militaires, ou aura fait les actes d'une de ces fonctions, sera puni d'un emprisonnement de deux à cinq ans, sans préjudice de la peine de faux, si l'acte porte le caractère de ce crime. (C. P., art. 258.) — *L'usurpation* ou *anticipation* sur la largeur des chemins publics est une contravention prévue par l'article 479, n° 11, du Code pénal, et punie d'une amende de 11 à 15 francs.

V

VACANCE, s. f. Etat d'une fonction, d'une place, d'une dignité qui n'ont pas de titulaire.

Employé au pluriel, ce mot sert à désigner le temps pendant lequel les études cessent dans les écoles et le temps pendant lequel les tribunaux interrompent leurs travaux. Les vacances judiciaires ont lieu pendant les mois de septembre et d'octobre; mais les tribunaux correctionnels et les tribunaux de simple police siègent pendant toute l'année.

Lors des vacances d'emploi, et en cas d'absence ou de maladie, les remplacements provisoires ont lieu pour chaque grade d'officier, ainsi qu'il suit :

Le chef de légion, par le plus ancien chef d'escadron de la légion;

Le chef d'escadron, par le plus ancien capitaine commandant d'arrondissement de la compagnie;

Le commandant d'arrondissement, par l'adjudant ou le maréchal des logis chef de sa résidence; à défaut, par l'adjudant ou par un maréchal des logis chef de la compagnie, sur la désignation du chef de légion, qui en rend compte au Ministre;

Le trésorier, par le maréchal des logis adjoint de la compagnie, ou, à son défaut, par un maréchal des logis adjoint d'une autre compagnie de la même légion, sur la désignation du colonel, qui en rend compte immédiatement au Ministre.

Les officiers momentanément en service extraordinaire dans leurs arrondissements respectifs ou en tournée; ne sont point considérés comme absents de leur poste. Ils sont suppléés, pour le service journalier, par le militaire le plus élevé en grade de leur résidence.

En cas de vacance d'emploi, d'absence ou de maladie, le service de la brigade est dirigé par le plus ancien des gendarmes présents. Si ce gendarme n'est pas en état de tenir les écritures, elles sont confiées à un autre gendarme de la résidence, ou, au besoin, d'une résidence voisine. — Le chef de légion peut, d'ailleurs, si l'importance du service l'exige, charger de la direction momentanée de cette brigade le commandant d'une autre brigade de l'arrondissement. (Service intérieur, art. 163.)

Le cahier des modèles annexés au Service intérieur indique les formules à employer par les officiers, sous-officiers, brigadiers et gendarmes lorsqu'ils sont pourvus d'un commandement d'une façon momentanée.

En cas de vacance d'emploi (décès, retraite, démission, appel à d'autres fonctions), le remplacement a lieu *par intérim*. « Le chef d'escadron (ou capitaine ou adjudant) commandant par intérim la... légion, la compagnie ou l'arrondissement. »

Dans les autres cas (congé, permission ou maladie du titulaire) le commandement *est provisoire*. « Le chef d'escadron (ou capitaine ou adjudant) commandant provisoirement la... légion, la compagnie ou l'arrondissement. »

Enfin, si le chef de légion ou le commandant de compagnie est en tournée, comme dans cette position il conserve son commandement, les signatures données en son absence sont précédées de cette formule :

« Pour le chef de légion (ou commandant de compagnie ou commandant d'arrondissement) en tournée.

» Le chef d'escadron (capitaine, adjudant ou maréchal des logis chef). »

Un officier ou fonctionnaire remplaçant un supérieur à titre provisoire ou intérimaire, n'a droit ni au rang, ni aux honneurs attribués au titulaire qu'il remplace. (Décr. du 4 octobre 1891, art. 340.)

VACATION, s. f. Ce mot s'employait autrefois comme synonyme de vacance. Il sert surtout à désigner aujourd'hui le temps que certains officiers publics (notaires, avoués, greffiers, experts, etc.), emploient à travailler à une affaire. Le décret du 18 juin 1811 fixe le tarif des vacations qui sont allouées aux médecins, sages-femmes, experts, interprètes qui sont appelés devant la justice pour donner leur avis sur des questions ayant trait à leur profession.

Pendant les vacances, un certain nombre de juges forment dans chaque tribunal une chambre chargée de rendre la justice et qui prend le nom de *chambre des vacations*.

VAGABOND, ONDE, adj. Ce mot s'emploie presque toujours substantivement. Les vagabonds ou gens sans aveu sont ceux qui n'ont ni domicile certain, ni moyens de subsistance et qui n'exercent habituellement aucun métier, ni profession. (C. P., art. 270.)

Le vagabondage est un délit qui est puni de trois à six mois d'emprisonnement. (C. P., art. 271.)

Tout vagabond ou mendiant qui sera trouvé porteur d'armes ou de limes, crochets ou autres instruments propres à commettre des vols ou d'autres délits, sera puni de deux à cinq ans d'emprisonnement. (C. P., art. 277.)

Tout mendiant ou vagabond qui sera trouvé porteur d'un ou plusieurs effets d'une valeur supérieure à 100 francs et qui ne justifiera pas d'où ils lui proviennent, sera puni d'un emprisonnement de six mois à deux ans. (C. P., art. 278.)

La gendarmerie surveille les vagabonds et les gens sans aveu, les arrête (Décr. du 1er mars 1854, art. 333) et les conduit devant le procureur de la République, conformément à la loi du 20 mai 1863, article 1er.

Si les individus déclarés vagabonds par jugement sont étrangers, ils peuvent être expulsés du territoire. (C. P., art. 272.)

Une circulaire du Ministre de l'intérieur, en date du 29 juin 1889, insérée au *Mémorial,* recommande aux maires de signaler aux sous-préfets la présence des mendiants ou vagabonds dans les communes, et la direction par eux prise en les quittant, chaque fois qu'il aura été impossible de se saisir des délinquants et de les livrer à la gendarmerie.

Les gendarmes devront préciser dans leurs procès-verbaux les circonstances des délits et les qualités des délinquants afin de mettre les tribunaux correctionnels en état d'appliquer la loi d'une façon effective et utile.

A l'armée, la gendarmerie arrête comme vagabond tout domestique qui abandonne son maître pendant la campagne. (Instr. sur le service de la gendarmerie en campagne, art. 23.)

VAGUEMESTRE, s. m. Dans les régiments, le vaguemestre est un sous-officier chargé de faire le service de la poste aux lettres.

Aux armées, les vaguemestres sont des officiers chargés de la conduite des équipages.

Dans chaque quartier général d'armée, un capitaine de gendarmerie vaguemestre remplit les mêmes fonctions, en ce qui concerne le train régimentaire de ce quartier général.

Les officiers vaguemestres sont secondés dans leur tâche par une force publique dite de la surveillance des trains, qui se compose de maréchaux des logis, de brigadiers et de gendarmes à cheval. Les maréchaux des logis prennent le titre de vaguemestres adjoints.

Les capitaines vaguemestres sont placés respectivement sous les ordres du grand prévôt d'armée et du prévôt de corps d'armée dont ils partagent, d'ailleurs, les attributions spéciales.

Dans une division, il n'existe pas de vaguemestre spécial et de détachement de gendarmerie spécial pour le service du train régimentaire de la division ; c'est le commandant de la force publique qui y remplit les fonctions de vaguemestre.

Le prévôt du corps d'armée a le commandement et la direction de tout le train régimentaire du corps d'armée toutes les fois que le corps d'armée marche sur une seule route.

Les trains régimentaires des corps de troupe sont commandés et dirigés par les *officiers d'approvisionnement* ayant sous leurs ordres des sous-officiers spéciaux ainsi que les vaguemestres des régiments.

Les officiers d'approvisionnement, même à grade égal, sont subordonnés à l'officier de gendarmerie qui remplit les fonctions de vaguemestre de la division et qui a le commandement de tout le train régimentaire de cette division. Dans une brigade isolée où ne se trouve pas l'officier de gendarmerie vaguemestre de la division, le plus ancien officier d'approvisionnement prend le commandement des trains régimentaires. (V. le Service de la gendarmerie en campagne, art. 80 et suivants.)

Vaguemestres des régiments. Le maximum des allocations à faire aux sous-officiers vaguemestres sur la masse d'entretien, pour fourniture de registres, gratification et indemnité journalière, est déterminé par le décret du 12 avril 1893, annexe n° 2; il est de 460 francs pour la garde républicaine.

L'indemnité journalière est décomptée d'après le nombre de journées effectives des vaguemestres dans leur emploi; elle est de 0 fr. 08 centimes par jour pour la garde républicaine (0 fr. 03 par compagnie d'infanterie et 0 fr. 05 par escadron de cavalerie.) Le service du grand et du petit état-major et celui d'un détachement moindre d'une compagnie ou d'un escadron ne donnent droit à aucune allocation.

En outre, les vaguemestres de ces corps reçoivent, au moment de l'inspection générale et sur la proposition du conseil d'administration, une gratification qui est calculée de manière que la totalité de la dépense nouvelle de fourniture de registres, d'indemnité journalière et de la gratification à l'inspection n'excède pas la fixation déterminée par le Ministre.

L'indemnité allouée aux officiers employés comme vaguemestres aux armées est fixée ainsi qu'il suit :

Vaguemestre du quartier général d'une armée	2 fr. ;
Vaguemestre du quartier général d'un corps d'armée	1 fr. 70 ;
Vaguemestre d'une division	1 fr. 35 ;
Aide-vaguemestre	0 fr. 75 ;

(Tarif n° 20 du décr. du 27 décembre 1890.)

Les commissions des vaguemestres sont établies en double expédition : l'une est conservée par le titulaire, l'autre est remise au receveur des postes. (Lettre du 26 février 1883.)

VAIRON, adj. Ce mot s'emploie pour désigner un œil dont l'iris est entouré d'un cercle blanchâtre : *ce cheval a un œil vairon.*

VAISSEAU, s. m. Navire d'une grande dimension. On désignait autrefois les vaisseaux de guerre par le nombre de leurs canons. Vaisseau de 80, 90, etc, canons.

Le mot vaisseau s'emploie aussi pour désigner de grands vases destinés à renfermer des liquides.

VAR (Département). Popul., 326,384 habit., 3 arrondissements, 28 cantons (15e corps d'armée, 15e légion *bis* de gendarmerie), chef-lieu Draguignan, 9,816 habit., à 899 kil. S.-E. de Paris, sur le Pis. S.-P. : Brignolles, Toulon. — Département maritime. — Pays montagneux, surtout au nord. — Agricole et maritime. — Elève d'abeilles, de vers à soie, de mulets, peu de chevaux. — Mines de fer, de plomb, de houille, carrière de marbre.

VAUCLUSE (Département). Populat., 236,949 habit., 4 arrondissements, 22 cantons (15e corps d'armée, 15e légion de gendarmerie), chef-lieu Avignon, 46,896 habit., à 707 kil. S. de Paris, sur le Rhône. S.-P. : Apt, Carpentras, Orange. — Département méditerrané. — Pays couvert en grande partie par les ramifications des Alpes. — Agricole et manufacturier. — Elève de moutons, d'abeilles, de vers à soie, bêtes à cornes et chevaux médiocres. — Nombreuses carrières de pierres à bâtir. — Sources d'eaux minérales à Vacqueyras, Beaumes, Gigondas, Velleron. — Sources salées. — Patrie du brave Crillon, l'ami de Henri IV, et des généraux Lagarde et Mounier.

VEDETTE, s. f. Sentinelle à cheval fournie par un poste de cavalerie. Les devoirs des vedettes sont définis dans les articles 124 et suivants de l'instruction du 10 juillet 1884 sur le service de la cavalerie en campagne.

VÉLOCIPÈDE, s. m. Règlement sur l'organisation et l'emploi du service vélocipédique (5 avril 1895).

Les officiers sont autorisés à faire usage de la bicyclette en tenue militaire. (Décision du 24 mai 1895.) Ceux qui, dans l'après-midi, montent dans un but de simple promenade, peuvent monter sans sabre. Ceux qui prennent le sabre le fixent à la machine. (Serv. int., art. 223, v. *Bicyclette.*)

Les vélocipèdes (à l'exception de ceux possédés par les marchands et uniquement destinés à la vente et ceux possédés en conformité des règlements militaires ou administratifs), paient une taxe annuelle de 6 francs pour les machines à une place, 12 francs pour les machines à deux places et 6 francs pour chaque place en plus.

A partir du 1er mai 1898 tout vélocipède ou appareil analogue devra porter une plaque de contrôle. (Loi du 13 avril 1898.)

Un décret en date du 10 décembre 1898 réglemente le modèle de la plaque de contrôle à apposer sur les vélocipèdes et les conditions dans lesquelles elle sera délivrée aux intéressés.

Un arrêté du ministre des travaux publics, en date du 29 février 1896, réglementé ainsi qu'il suit la circulation des vélocipèdes sur les voies publiques :

Article premier. La circulation des vélocipèdes sur toutes les voies publiques, nationales, départementales et communales est soumise aux règles ci-après énumérées.

Art. 2. Tout vélocipède doit être muni d'un appareil sonore avertisseur dont le son puisse être entendu à 50 mètres.

Dès la chute du jour, il doit être pourvu, à l'avant, d'une lanterne allumée.

Art. 3. Tout vélocipède doit porter une plaque indiquant le nom et le domicile du propriétaire, ainsi qu'un numéro d'ordre si le propriétaire est loueur de vélocipèdes.

Art. 4. Les vélocipédistes doivent prendre une allure modérée dans la traversée des agglomérations, ainsi qu'aux croisements et aux tournants des voies publiques.

Ils ne peuvent former de groupes dans les rues.

Il leur est défendu de couper les cortèges et les troupes en marche.

En cas d'embarras, les bicyclistes sont tenus de mettre pied à terre et de conduire leurs machines à la main.

Art. 5. Les vélocipédistes doivent prendre leur droite lorsqu'ils croisent des voitures, des chevaux ou des vélocipèdes, et prendre leur gauche lorsqu'ils veulent les dépasser : dans ce dernier cas, ils sont tenus d'avertir le conducteur ou le cavalier au moyen de leur appareil sonore et de modérer leur allure.

Les conducteurs de voitures et les cavaliers devront se ranger à leur droite à l'approche d'un vélocipède, de manière à lui laisser libre un espace utilisable d'au moins 1m,50 de largeur.

Les vélocipédistes sont tenus de s'arrêter lorsque, à leur approche, un cheval manifeste des signes de frayeur.

Art. 6. La circulation des vélocipèdes est interdite sur les trottoirs et contre-allées affectés aux piétons.

Cette interdiction ne s'étend pas aux machines conduites à la main.

Toutefois, en dehors des villes et agglomérations, la circulation des vélocipèdes pourra s'exercer sur les trottoirs et contre-allées affectés aux piétons le long des routes et chemins pavés ou en état de réfection.

Sur tous les trottoirs et contre-allées affectés aux piétons où la circulation des vélocipédistes est autorisée, ceux-ci sont tenus de prendre une allure modérée à la rencontre des piétons et de réduire leur vitesse à celle d'un homme au pas, au droit des habitations isolées.

Art. 7. La circulation des vélocipédistes peut être interdite par des arrêtés municipaux, temporairement ou d'une façon permanente, sur tout ou partie d'une voie publique.

A chacune des extrémités des espaces interdits, des écriteaux placés et entretenus par la commune donnent avis de l'interdiction.

Art. 8. Sont rapportés tous arrêtés

préfectoraux ou municipaux pris antérieurement pour réglementer la circulation des vélocipèdes dans les diverses communes de la France.

Art. 9. Les contraventions au présent arrêté seront constatées par des procès-verbaux et déférées aux tribunaux compétents.

Art. 10. Les sous-préfets, maires, officiers de gendarmerie, ingénieurs et agents des ponts et chaussées, les agents voyers, les commissaires de police, les gardes-champêtres et tous officiers de police judiciaires sont chargés de veiller à l'exécution du présent arrêté.

Les contraventions à cet arrêté tombent sous le coup de l'article 471, § 15, du Code pénal, et sont punies de peines de simple police (amende de 1 franc à 5 francs; en cas de récidive dans l'année, emprisonnement de trois jours au plus.)

Il en est de même des contraventions aux arrêtés préfectoraux ou municipaux pris pour réglementer la circulation des vélocipèdes postérieurement à l'arrêté ministériel du 29 février 1896.

VENDÉE (Département). Populat., 441,311 habit., 3 arrondissements, 30 cantons (11e corps d'armée, 11e légion de gendarmerie), chef-lieu La Roche-sur-Yon, 12,215 habit., à 447 kil. O. de Paris, sur l'Yon. S.-P. : Fontenay, les Sables-d'Olonne. — Département maritime. — Pays en général plat. — Agricole. — Marais salants. — Sources d'eaux minérales à Venausault, Réaumur, Fontenay, etc. — Patrie de l'amiral Gautier et des généraux Billard et Bonamy.

VENTE, s. f. Contrat par lequel on cède une chose moyennant un prix convenu.

On appelle **vente à réméré** une vente avec faculté de rachat pendant cinq ans par le vendeur, au prix où la chose a été vendue.

La **vente par licitation** est la vente, par autorité de justice, d'une chose appartenant à plusieurs personnes indivises entre elles.

Vente à faux poids. (V. *Poids.*)

Est puni d'un an à cinq ans d'emprisonnement tout militaire qui vend son cheval, ses effets d'armement, d'équipement ou d'habillement, les munitions ou tout autre objet à lui confié pour le service; l'acheteur est puni de la même peine. (C. M., art. 244 et 247.)

La loi du 21 juillet 1881 punit d'un emprisonnement d'un mois à six mois et d'une amende de 100 à 1,000 francs ceux qui auront mis en vente des animaux qui seraient atteints ou soupçonnés d'être atteints de maladies contagieuses.

VERBALISER, v. n. Dresser procès-verbal. (V. ce mot.)

VÉRIFICATION DES POIDS ET MESURES. Les poids et mesures employés dans le commerce doivent être poinçonnés. Ils sont vérifiés tous les ans par des employés spéciaux qui se transportent dans les communes. Le fait de n'avoir pas soumis à la vérification les poids et mesures dont se sert un marchand est puni d'une amende de 1 à 5 francs et, en cas de récidive, d'un emprisonnement de trois jours. La gendarmerie n'a pas qualité pour constater ce genre d'infraction. (V. *Mesure.*)

VERSEMENTS VOLONTAIRES. Les hommes dont la masse est au-dessous du complet réglementaire peuvent en augmenter l'avoir au moyen de versements volontaires.

Dans les places où réside le conseil, les versements sont faits par les hommes directement entre les mains du trésorier.

Dans les places externes, les sous-officiers, brigadiers et gendarmes font parvenir, à leurs frais, les sommes qu'ils versent volontairement à leur masse. Ces envois sont faits par lettres chargées à l'adresse du conseil d'administration ou par mandats à l'ordre du conseil.

Le trésorier remet aux hommes qui versent des sommes directement entre ses mains, un reçu détaché d'un registre à souche. Pour les militaires stationnés en dehors de la résidence du conseil, le reçu leur est remis par le commandant de l'arrondissement; l'envoi en est fait par le trésorier dans les quarante-huit heures de la réception des lettres chargées ou des mandats. (Règl. du 12 avril 1893, art. 139.)

Les percepteurs ne peuvent recevoir les versements de fonds à effectuer par les commandants d'arrondissement. (Note minist. du 12 janvier 1893.)

VERT, E, adj. Régime du vert. On désigne sous ce nom un régime particulier que l'on fait suivre aux chevaux et qui consiste à leur faire manger, pendant un certain temps, du fourrage vert. Ce fourrage est mangé soit en liberté, soit dans les écuries, et des instructions ministérielles fixent chaque année les dispositions à prendre.

La ration à donner à l'écurie aux chevaux de gendarmerie est de 45 kilogrammes de vert, 2 kilogrammes d'avoine et 2 kilogrammes 500 de paille pour litière. (V. le règl. du 28 avril 1894 et la note minist. du 9 mars 1895.)

Pour que le régime du vert donne de bons résultats, il faut que l'herbe que l'on donne aux animaux soit arrivée à un certain degré de maturité, parce qu'elle contient alors beaucoup plus de substances nutritives et qu'elle affaiblit moins.

VESSIGON, s. m. Tumeur molle qui se forme aux parties latérales de l'articulation du jarret du cheval. Les coups, les chutes, les grandes fatigues, les arrêts trop brusques, les efforts violents développent un inflammation qui donne presque toujours naissance à une tare molle. Les vessigons sont simples quand ils n'existent que d'un côté, chevillés quand ils se montrent à la fois en dedans et en dehors. Le traitement de ces sortes de tares est difficile et très souvent infructueux.

VETÉRINAIRE, adj. Médecine qui concerne les animaux domestiques. Celui qui exerce cette médecine porte le nom de vétérinaire, et tout le monde peut l'exercer sans diplôme.

Le corps des vétérinaires militaires se recrute parmi les vétérinaires civils qui réunissent les conditions déterminées par le décret du 14 janvier 1860. Avant d'être définitivement admis dans l'armée, ils sont envoyés, pendant un an, en qualité d'aides-vétérinaires stagiaires, à l'Ecole d'application de cavalerie. Les admissions ont lieu au concours et les conditions requises pour concourir sont données dans une instruction qui porte la date du 28 juin 1884.

Les vétérinaires militaires doivent donner gratuitement leurs soins aux chevaux des gendarmes.

Les médicaments sont fournis par le corps auquel appartient le vétérinaire chargé des soins. Le prix en est remboursé par les propriétaires des chevaux. (Service intérieur, art. 60.)

La loi du 15 mars 1901 a fixé ainsi qu'il suit le cadre des vétérinaires militaires :

Principaux de 1re classe	11
Principaux de 2e classe	42
En premier	164
En second ou aides vétérinaires	250
Total	467

Le décret du 3 juin 1901 a créé un corps de vétérinaires auxiliaires qui seront appelés en cas de mobilisation. (V. l'instr. du 30 novembre 1901.)

Un décret en date du 8 juillet 1884 a assimilé ainsi qu'il suit les grades de la hiérarchie des vétérinaires militaires aux grades de la hiérarchie militaire :

	GRADES CORRESPONDANTS.
Vétérinaire principal de 1re classe	Lieutenant-colonel.
Vétérinaire principal de 2e classe	Chef d'escadron.
Vétérinaire en premier	Capitaine.
Vétérinaire en second	Lieutenant.
Aide-vétérinaire	Sous-lieutenant.

Les vétérinaires reçoivent des sentinelles les honneurs prescrits par le règlement sur le service des places et ont droit au salut de tous les militaires hiérarchiquement inférieurs.

Les vétérinaires qui donnent gratuitement leurs soins aux chevaux de la gendarmerie peuvent être proposés pour une récompense. (V. *Médaille.*)

VEUF, VE, adj. Se dit d'une personne dont le conjoint est mort et qui n'est pas remariée.

Ont droit à une pension viagère :

1° Les veuves de militaires tués sur un champ de bataille ou dans un service commandé;

2° Les veuves des militaires dont la mort a été causée soit par des événements de guerre, soit par des maladies contagieuses ou endémiques contractées à l'armée, hors d'Europe, à bord des bâtiments de l'Etat ou dans les colonies, et aux influences desquelles ils ont été soumis par les obligations de leur service, pourvu que le mariage soit antérieur auxdits événements de guerre et à l'origine desdites maladies;

3° Les veuves de militaires morts ou retraités par suite de blessures ou infirmités, pourvu que le mariage, dûment autorisé, soit antérieur auxdites blessures ou à l'origine des infirmités (Loi du 10 avril 1869, modifiée par l'art. 41 de la loi de finances du 29 décembre 1895);

4° Les veuves des militaires morts en jouissance de la pension de retraite ou dont le mari comptait 25 ans de services, tant militaires que civils, pourvu que le mariage ait été contracté deux ans avant la cessation de l'activité ou du traitement militaire du mari, ou qu'il y ait un ou plusieurs enfants issus du mariage antérieur à cette cessation. (Art. 44 de la loi de finances du 13 avril 1898.)

5° Les veuves des officiers et assimilés morts en activité, après 25 ans accomplis de service effectif. (Loi du 10 avril 1869.)

En cas de séparation de corps ou de divorce, la veuve d'un militaire ne peut prétendre à aucune pension; les enfants, s'il y en a, sont considérés comme orphelins. (Art. 19 et 20 de la loi du 11 avril 1831, modifiée par celle du 15 avril 1885.)

Les pièces à produire par les veuves pour obtenir leur pension sont les suivantes :

1° Demande de pension adressée au Ministre de la guerre et apostillée par le maire de la commune;

2° Acte de naissance de la veuve;

3° Acte de mariage;

4° Acte de décès du mari (ces trois dernières pièces doivent être légalisées par le président du tribunal de 1re instance de l'arrondissemennt du domicile);

5° L'état des services ou la lettre de pension du mari;

6° Certificat délivré par l'autorité municipale sur la déclaration de l'intéressée et l'attestation de deux témoins, et constatant qu'il n'y a eu entre les époux ni divorce, ni séparation de corps, que la veuve est en possession de ses droits civils et que le mari n'a laissé aucun enfant né d'un mariage antérieur. Toutes ces pièces sont établies sur papier libre et peuvent être adressées en franchise par les maires au sous-intendant militaire du département.

La pension des veuves et orphelins est fixée ainsi qu'il suit :

Pour les veuves et orphelins des officiers morts en combattant : la moitié du maximum de la pension du grade dont le mari ou père était pourvu;

Pour les veuves et orphelins des officiers dans tous les autres cas : le tiers du maximum de la pension du grade dont le mari ou père était pourvu (loi du 20-22 juin 1878);

Pour les veuves et orphelins des sous-officiers, brigadiers et gendarmes morts en combattant : les trois quarts du maximum de la pension du grade dont le mari ou père était pourvu;

Pour les veuves et orphelins des sous-officiers, brigadiers et gendarmes dans tous les autres cas : la moitié du maximum de la pension ou grade dont le mari ou père était pourvu. (Loi du 18 août 1879.)

Les justifications pour les droits à pension doivent être constatées suivant la procédure tracée par la loi du 15 avril 1885 et dans un délai de cinq ans.

Les veuves des militaires qui, au moment de leur décès, étaient en jouissance de leur retraite proportionnelle, *n'ont droit à aucune pension.*

La veuve titulaire d'une pension civile ou militaire peut, sans préjudicier à ses droits, convoler en seconde noce, pourvu que son mari soit Français ou naturalisé Français. Le mariage avec un étranger entraînerait la perte de sa qualité de Française et, par suite, la perte du droit à pension. (V. la circ. du 15 décembre 1883 insérée au *Mémorial.*)

La femme devenue étrangère par son mariage recouvre sa qualité de Française au décès de son mari et rentre dans la possession de sa pension. (Arrêt du Conseil d'Etat du 26 décembre 1868.)

Allocations aux veuves d'officiers. (V. *Gratification.*)

Paiement des arrérages. — Les héritiers d'une personne pensionnée par l'Etat devront, pour pouvoir toucher les arrérages, produire les pièces suivantes :

1° Le certificat d'inscription ou, à défaut, une déclaration de perte faite sur papier timbré devant le maire, en présence de deux témoins;

2° L'acte de décès du titulaire de la pension, sur papier timbré. Cet acte peut cependant être expédié sur papier libre pour les pensionnaires militaires et de veuves de militaires, les pensions à titre de récompense nationale, les pensions civiles (douanes, poudres et salpêtres), pourvu qu'il soit spécifié qu'il a été délivré pour servir à toucher les arrérages de la pension du défunt.

Cet acte doit être légalisé : en France, par le président du tribunal civil ou par le juge de paix, selon le cas, conformément à la loi du 2 mai 1861; à l'étranger, par l'autorité locale et par un agent diplomatique ou consulaire français.

On peut se dispenser de produire l'acte de décès, si le notaire donne, en tête du certificat de propriété, une copie de cet acte, en déclarant en avoir une expédition dans ses archives. (Circulaire de la direction générale de la comptabilité publique, du 1er mai 1876.)

3° Un certificat de propriété, délivré en exécution de l'article 6 de la loi du 28 floréal an VII. Cet acte est établi par le notaire détenteur de la minute de l'inventeur, ou de tout acte translatif de propriété, ou, à défaut d'inventaire, partage, etc., par le juge de paix du domicile du défunt, ou par le maire, si la somme à payer est de moins de 150 francs. Cette pièce doit être timbrée (art 12 de la loi du 13 brumaire an VII), mais elle n'est pas soumise à l'enregistrement (loi du 13 décembre 1830, et décision ministérielle du 29 octobre 1842). La signature du notaire ou du juge de paix doit être dûment légalisée.

Le paiement d'une créance inférieure à 50 francs est autorisé, sur la production des pièces ordinaires, entre les mains de celui des ayants droit qui en aura fait la demande, à la condition qu'il consente à donner acquit en se portant fort pour ses cohéritiers.

4° Une déclaration de non-cumul faite devant le maire ou le notaire par les héritiers eux-mêmes.

VIANDE, s. f. Chair des animaux qui sert à la nourriture de l'homme.

La salubrité de la viande est assurée par les règlements administratifs, et la loi du 27 mai 1851, qui proscrit la vente des viandes corrompues, punit d'un emprisonnement de trois mois à un an et d'une amende qui ne peut être au-dessous de 50 francs (C. P., art. 423), ceux qui se seront rendus coupables de délits concernant cette prescription.

Sur le pied de guerre, la viande est due aux officiers, sous-officiers, brigadiers et gendarmes dans les mêmes conditions que le pain. (V. ce mot. — Tableau 5, n° 2, du règl. du 30 décembre 1892.)

VICE, s. m. Imperfection, défaut, disposition habituelle au mal.

Vices rédhibitoires. Défauts qui entraînent la rédhibition, c'est-à-dire la rétrocession au vendeur d'un animal qui lui a été acheté. La loi du 2 août 1884, modifiée par celle du 31 juillet 1895, énumère ces vices et prescrit les règles à suivre pour exercer le droit de rédhibition. Voici le texte de cette loi :

Art. 1er. — L'action en garantie, dans les ventes ou échanges d'animaux domestiques, sera régie, à défaut de conventions contraires, par les dispositions suivantes, sans préjudice des dommages et intérêts qui peuvent être dus, s'il y a dol.

Art. 2. — Sont réputés vices rédhibitoires et donneront seuls ouverture aux actions résultant des articles 1641 et suivants du Code civil, sans distinction des localités où les ventes et échanges auront lieu, les maladies ou défauts ci-après, savoir :

Pour le cheval, l'âne et le mulet : l'immobilité, l'emphysème pulmonaire, le cornage chronique, le tic proprement dit, avec ou sans usure des dents, les boiteries anciennes intermittentes, la fluxion périodique des yeux.

Pour l'espèce porcine: la ladrerie. (V. la loi du 31 juillet 1895.)

Art. 3. — L'action en réduction de prix, autorisée par l'article 1644 du Code civil, ne pourra être exercée dans les ventes et échanges d'animaux énoncés à l'article précédent, lorsque le vendeur offrira de reprendre l'animal vendu, en restituant le prix et en remboursant à l'acquéreur les frais occasionnés par la vente.

Art. 4. — Aucune action en garantie, même en réduction de prix, ne sera admise pour les ventes ou pour les échanges d'animaux domestiques, si le prix en cas de vente, ou la valeur en cas d'échange, ne dépasse pas 100 francs.

Art. 5. — Le délai pour intenter l'action rédhibitoire sera de neuf jours francs, non compris le jour fixé pour la livraison, excepté pour la fluxion périodique pour laquelle ce délai sera toujours de trente jours francs, non compris le jour fixé pour la livraison.

Art. 6. — Si la livraison de l'animal a été effectuée hors du lieu du domicile du vendeur ou si, après la livraison et dans le délai ci-dessus, l'animal a été conduit hors du lieu du domicile du vendeur, le délai pour intenter l'action sera augmenté à raison de la distance, suivant les règles de la procédure civile.

Art. 7. — Quel que soit le délai pour intenter l'action, l'acheteur, à peine d'être non recevable, devra provoquer, dans les délais de l'article 5, la nomination d'experts chargés de dresser procès-verbal ; la requête sera présentée, verbalement ou par écrit, au juge de paix du lieu où se trouve l'animal ; ce juge constatera dans son ordonnance la date de la requête et nommera immédiatement un ou trois experts, qui devront opérer dans le plus bref délai. Ces experts vérifieront l'état de l'animal, recueilleront tous les renseignements utiles, donneront leur avis, et, à la fin de leur procès-verbal, affirmeront par serment la sincérité de leurs opérations.

Art 8. — Le vendeur sera appelé à l'expertise, à moins qu'il n'en soit autrement ordonné par le juge de paix, à raison de l'urgence et de l'éloignement. La citation à l'expertise devra être donnée au vendeur dans les délais déterminés par les articles 5 et 6 ; elle énoncera qu'il sera procédé même en son absence. Si le vendeur a été appelé à l'expertise, la demande pourra être signifiée dans les trois jours à compter de la clôture du procès-verbal dont copie sera signifiée en tête de l'exploit. Si le vendeur n'a pas été appelé à l'expertise, la demande devra être faite dans les délais fixés par les articles 5 et 6.

Art. 9. — La demande est portée devant les tribunaux compétents suivant les règles ordinaires du droit. Elle est dispensée de tout préliminaire de conciliation, et devant les tribunaux civils elle est instruite et jugée comme matière sommaire.

Art. 10. — Si l'animal vient à périr, le vendeur ne sera pas tenu de la garantie, à moins que l'acheteur n'ait intenté une action régulière dans le délai légal et ne prouve que la perte de l'animal provient de l'une des maladies spécifiées dans l'article 2.

Art. 11. — Le vendeur sera dispensé de la garantie résultant de la morve ou du farcin pour le cheval, l'âne et le mulet, et de la clavelée pour l'espèce ovine, s'il prouve que l'animal, depuis la livraison, a été mis en contact avec des animaux atteints de ces maladies.

Art. 12. — Sont abrogés tous règlements imposant une garantie exceptionnelle aux vendeurs d'animaux destinés à la boucherie ; sont également abrogées la loi du 20 mai 1838 et toutes les dispositions contraires à la présente loi.

VICE-AMIRAL, s. m. Officier de marine dont le grade répond au grade de général de division. Le vice-amiral marche immédiatement après l'amiral et avant le contre-amiral.

VIENNE (Département). Populat., 336,343 hab.; 5 arrondissements, 31 cantons (9e corps d'armée, 9e légion de gendarmerie), chef-lieu Poitiers, 37,497 habit., à 343 kil. S.-O. de Paris, au confluent de la Boivre et du Clain. S.-P. : Châtellerault, Civray, Loudun, Montmorillon. — Département méditerrané. — Pays traversé par une chaîne de collines peu élevées. — Agricole. — Elève de bestiaux, de moutons croisés, de mules et mulets, d'ânes de Mirebeau. — Mines de fer, carrières de pierres lithographiques. — Sources sulfureuses froides à Roche-Posay.

VIENNE (HAUTE-) (Département). Populat., 381,753 habit., 4 arrondissements, 27 cantons (12e corps d'armée, 12e légion de gendarmerie), chef-lieu Limoges, 72,697 habit., à 382 kil. S.-S.-O. de Paris, en amphithéâtre sur la Vienne. S.-P. : Bellac, Rochechouart, Saint-Yrieix. — Département méditerrané. Pays de montagnes, en général peu élevées. — Agricole et manufacturier. — Elève assez importante de chevaux de la belle race dite « Limousine »; mulets, bestiaux. — Carrières abondantes de kaolin et de terre à porcelaine. — Patrie du maréchal Jourdan et du maréchal Bugeaud, duc d'Isly.

VIN, s. m. Boisson faite avec du jus de raisin fermenté.

Les falsifications des boissons sont, comme celles des substances alimentaires ou médicamenteuses, punies des peines portées à l'article 423 du Code pénal.

Les dispositions de la loi du 27 mars 1851 sont applicables aux boissons. (Loi du 5-9 mai 1851.) (V. *Falsification.*)

Le vinaigre est considéré comme une substance alimentaire, et sa falsification tombe sous le coup de la loi du 27 mars 1851.

Une circulaire du Garde des sceaux, en date du 1er septembre 1879, insérée au *Mémorial*, recommande aux employés des contributions indirectes de rechercher avec soin les fraudes qui se commettent en vendant, sous le nom de vin, des boissons faites avec des marcs de raisins et des raisins secs.

La loi du 26 juillet 1890 régit la fabrication et l'imposition des vins de raisins secs.

Les militaires de la gendarmerie faisant partie des prévôtés constituées pour la durée des manœuvres ont droit aux rations de vin accordées aux autres troupes. (V. *Liquides.*)

VINDICTE, s. f. Ce mot ne s'emploie guère que dans l'expression *vindicte publique*, terme de jurisprudence qui sert à désigner la recherche et la poursuite des délits en vue de livrer les auteurs à la justice.

On dit aussi *action publique*, et cette expression est plus exacte que la première, car elle ne rappelle aucune idée de vengeance ou de représailles.

VIOL, s. m. Dernier outrage à la pudeur commis avec violence sur une personne du sexe féminin, *vierge ou non.*

Le Code pénal ne définit pas le viol et il se borne à dire, article 332, que « quiconque aura commis le crime de viol sera puni des travaux forcés à temps ».

La peine des travaux forcés à perpétuité est appliquée au coupable s'il est l'ascendant de la victime; s'il a sur elle autorité comme tuteur ou comme patron; s'il est son instituteur; s'il est fonctionnaire public ou ministre d'un culte.

Pour qu'il y ait viol, il n'est pas nécessaire que la violence physique soit employée; une violence morale, l'emploi de narcotiques ou d'autres moyens qui paralysent le libre arbitre de la personne sont suffisants pour consituer le viol. — Enfin la circonstance qu'une femme se livre notoirement à la prostitution n'enlève pas au viol son caractère de crime.

Nous ne saurions mieux faire qu'en citant *in extenso* les excellents conseils donnés par M. le président Bernède pour la constatation d'un viol; nous ferons cependant remarquer qu'aucune loi n'oblige la victime d'un viol présumé ou même dénoncé par elle à subir contre son gré les visites corporelles d'un docteur ou d'une sage-femme; on ne peut donc qu'engager la victime à subir cette visite, dans l'intérêt de la justice.

La première précaution à prendre

dès qu'un viol est dénoncé, c'est d'inviter la victime à se faire visiter par un médecin, ou, en tout cas, par une matrone ou une parente.

Saisir les linges de la victime ainsi que les vêtements, s'ils sont déchirés ou maculés. Si la lutte a eu lieu dans un champ, constater les traces laissées sur le terrain ; recueillir la déposition de la victime dans ses détails les plus intimes.

Entendre les personnes qui ont une connaissance plus ou moins directe des moindres faits se rattachant au viol, qui ont vu la victime et son agresseur, qui ont entendu des cris, etc.

Si le délit est flagrant, arrêter l'inculpé, saisir sa chemise et la présenter à un médecin si cela se peut. Prendre les renseignements les plus minutieux sur la conduite et les antécédents de la victime, si elle est adulte surtout.

Contrôler avec soin ses dires et, si l'on concevait des doutes sur leur sincérité, en faire part ; indiquer son âge exactement, en précisant la date et le lieu de sa naissance.

Circonstances aggravantes qui doivent être relatées avec soin :

1° Si la victime est âgée de moins de 15 ans ;

2° Si l'inculpé est père, aïeul ou ascendant de la victime ;

3° S'il a autorité sur elle. — Un beau-père a autorité sur sa belle-fille, — un maître sur sa domestique, — un tuteur sur sa pupille, — un contremaître de fabrique sur les ouvrières qui travaillent sous ses ordres ;

4° S'il est instituteur ;

5° S'il est serviteur à gages ;

6° S'il est ministre du culte ;

7° S'il est fonctionnaire public ;

8° S'il a été aidé dans son crime par une ou plusieurs personnes; spécifier la part active que chacune a prise au crime ;

9° Si, pour l'exécution du crime, il a été employé des tortures ou actes de barbarie.

VIOLATION, s. f. Action d'enfreindre, d'agir contre, de ne pas respecter.

Violation de domicile. Le domicile des citoyens est inviolable comme leur personne, et nul, sauf les cas déterminés par la loi, n'a le droit d'y pénétrer sans autorisation. (V. *Domicile* et *Abus d'autorité.*)

Tout fonctionnaire de l'ordre administratif ou judiciaire, tout officier de justice ou de police, tout commandant ou agent de la force publique qui, agissant en sa dite qualité, se sera introduit dans le domicile d'un citoyen, contre le gré de celui-ci, hors les cas prévus par la loi, et sans les formalités qu'elle a prescrites, sera puni d'un emprisonnement de six jours à un an, et d'une amende de 16 à 500 francs. (C. P., art. 184.)

La violation de domicile commise par de simples particuliers est prévue et punie par le second paragraphe de l'article 184 :

« Tout individu qui se sera introduit, à l'aide de menaces ou de violences, dans le domicile d'un citoyen, sera puni d'un emprisonnement de six jours à trois mois, et d'une amende de 16 francs à 200 francs. »

Il faut remarquer que cet article n'est applicable que lorsqu'il y a violation de domicile avec menaces et violences, et que le fait seul de s'introduire dans une maison ne constitue pas un délit; il n'y a d'exception que pour les mendiants, *même invalides,* qui tombent sous le coup de l'article 276 du Code pénal, lorsqu'ils se sont introduits dans une maison sans la permission du propriétaire.

Violation de sépulture. Sera puni d'un emprisonnement de trois mois à un an, et de 16 francs à 200 francs d'amende, quiconque se sera rendu coupable de violation de tombeaux ou de sépultures, sans préjudice des peines contre les crimes et délits qui seraient joints à celui-ci. (C. P., art. 360.)

La violation de sépulture n'ayant pas été définie par le Code, la jurisprudence admet que ce délit peut se commettre de différentes manières ; ainsi, il y a violation de sépulture :

1° En déterrant les cadavres sous un prétexte quelconque ;

2° En les dépouillant de leurs vêtements ou autres objets pour les voler ;

3° En détruisant les tombeaux, les épitaphes ou les ornements ;

4° En frappant ou coupant quelque membre d'un corps mort;

5° En empêchant qu'une personne morte ne soit enterrée.

Violation de consignes. Tout militaire qui viole ou force une consigne est puni :

1° De la peine de la détention si la consigne a été violée ou forcée en présence de l'ennemi ou de rebelles armés ;

2° De deux à dix ans de travaux publics, ou, si le coupable est officier, de la destitution, avec un emprisonnement de un à cinq ans, quand, hors le cas prévu par le paragraphe précédent, le fait a eu lieu sur un territoire en état de guerre ou de siège ;

D'un emprisonnement de deux mois à trois ans dans tous les autres cas. (C. M., art. 219.)

VIOLENCE, s. f. Qualité de ce qui agit avec une force brusque et considérable. Emploi violent da la force. — User de violence. — Acte de violence.

Les violences sont graves ou légères : les violences graves, c'est-à-dire celles qui ont occasionné une maladie ou des blessures, sont punies suivant le nombre de jours pendant lesquels la personne atteinte n'a pas pu travailler. (C. P., art. 300. (V. *Blessures*.)

La loi considère généralement aussi comme violence ou comme injure grave l'action de souffleter quelqu'un ou de lui cracher au visage.

Pousser une personne pour la faire tomber, lui donner un coup de poing, la secouer rudement sans la blesser, etc., sont des actes considérés comme des violences légères, qui ne sont passibles que d'un emprisonnement de six jours à deux ans et d'une amende de 16 francs à 200 francs, ou de l'une de ces deux peines seulement.

S'il y a eu préméditation ou guet-apens, l'emprisonnement sera de deux à cinq ans, et l'amende de 30 francs à 500 francs. (C. P., art. 311.)

« Il est de jurisprudence (Cass., 6 décembre 1872) que les expressions « violences et voies de fait » comprennent non seulement les voies de fait qui s'exercent sur les personnes mêmes, mais aussi celles qui, sans atteindre la personne, sont de nature à l'impressionner et à agir par la frayeur sur sa volonté et sa liberté. » Tel est le cas de tirer sur une personne, pour l'effrayer, un coup de feu dirigé de telle sorte que la charge, sans l'atteindre, passe près d'elle. (Cass., 6 décembre 1872.)

Le fait de lancer des pierres sur des gendarmes, même sans les atteindre, constitue le délit de voies de fait prévu par l'article 230 du Code pénal. (Tribunal de Saint-Quentin, 22 mars 1889.)

Lorsqu'un fonctionnaire ou un officier public, un commandant en chef ou en sous-ordre de la force publique, aura, sans motifs légitimes, usé ou fait user de violences envers les personnes, dans l'exercice ou à l'occasion de l'exercice de ses fonctions, il sera puni suivant la nature et la gravité de ces violences. (C. P., art. 186.) Dans ce cas, la peine est toujours plus élevée que s'il s'agissait d'un délit ou d'un crime commis par un simple particulier.

Les gendarmes qui commettent contre un déserteur ou insoumis des violences criminelles sont justiciables des conseils de guerre pour le fait de ces violences. (Decr. du 1er mars 1854 art. 337.) Il en serait de même s'ils commettaient des violences envers un individu qu'ils sont chargés de transférer, car les gendarmes qui opèrent un transfèrement *ne sont pas dans l'exercice de leurs fonctions relatives à la police judiciaire*; ils ne doivent être considérés, dans ce cas, que comme des militaires agents de la force publique. (C. M., art. 59.)

Le Code militaire, article 220, punit de la peine de mort tout militaire coupable de violence à main armée envers une sentinelle ou vedette ; de cinq à dix ans de travaux publics si les violences ont été exercées par un militaire assisté d'une ou de plusieurs personnes sans armes, et d'un emprisonnement d'un an à cinq ans, si les violences ont été commises par un militaire seul et sans armes.

Est punie de mort, avec dégradation militaire, toute voie de fait commise avec préméditation ou guet-apens par un militaire envers son supérieur. (C. M., art. 221.)

Est punie de mort toute voie de fait commise sous les armes par un militaire envers son supérieur. (C. M., art. 222.)

Les voies de fait exercées pendant le service ou à l'occasion du service, par un militaire envers son supérieur, sont punies de mort.

Si les voies de fait n'ont pas eu lieu pendant le service ou à l'occasion du service, le coupable est puni de la destitution avec emprisonnement de deux ans à cinq ans s'il est officier, et de cinq ans à dix ans de travaux publics s'il est sous-officier, caporal, brigadier ou soldat. (C. M., art. 223.) Les voies de fait commises sur un soldat remplissant provisoirement les fonctions de caporal, doivent être considérées comme commises envers un supérieur. (Ainsi jugé par le conseil de revision d'Alger dans sa séance du 22 avril 1886.)

Est puni d'un emprisonnement de 2 mois à 5 ans, tout militaire qui frappe son inférieur hors le cas de légitime défense de soi-même ou d'autrui, ou du ralliement des fuyards, ou de la nécessité d'arrêter le pillage ou la dévastation. (C. M., art. 229.)

VIOLON, s. m. Instrument de musique à quatre cordes que l'on fait vibrer avec un archet.

Prison de police où l'on dépose momentanément les individus arrêtés pour de légers délits. (V. *Chambre de sûreté*.)

VISA, s. m. Formule qui se met sur un acte quelconque pour attester qu'il a été lu et vérifié par celui qui le signe.

Des permissions ou congés. — La gendarmerie est chargée de faire rejoindre les sous-officiers et soldats absents de leur corps à l'expiration de leurs congés ou permissions.

Les militaires porteurs de ces congés ou permissions sont tenus de les faire viser par le commandant de la brigade de gendarmerie d'où dépend leur résidence, s'il n'y a pas de garnison.

Le commandant de brigade en fait inscription sur le registre n° 9 si les hommes de troupe sont en congé.

Les renseignements sur les hommes en permission sont seulement portés sur le carnet de tournées de communes. (V. Serv. int., art. 156.)

Le visa de la gendarmerie n'est pas exigé pour les permissions dont la durée n'est pas égale ou supérieure à huit jours. (Décret du 1er mars 1854, art. 348, et circulaire du 11 avril 1902.)

Les militaires en permission dans le département de la Seine, demeurant hors de Paris, et porteurs d'une permission ne dépassant pas huit jours, font viser leur titre par le commandant d'armes ou le commandant de la brigade de gendarmerie de leur résidence. (Note minist. du 26 mai 1891.)

Les militaires, employés ou assimilés, qui n'ont pas rang d'officier, doivent toujours présenter eux-mêmes au bureau de la place les titres dont ils sont porteurs.

Les militaires, agents ou assimilés, qui n'ont pas rang d'officier et qui se rendent en permission dans une localité du département de la Seine autre que Paris, sont, en outre, tenus de se présenter au général commandant la place de Paris lorsque leur permission est d'une durée égale ou supérieure à huit jours. Pour ceux qui sont porteurs d'une permission de moins de huit jours, les autorités militaires chargées du visa sont tenues d'adresser sans délai, au général commandant la place de Paris, un bulletin indiquant le nom du permissionnaire, la durée de sa permission et son adresse. (Décr. du 7 mars 1895.)

Les hommes qui rentrent dans leurs foyers à un titre quelconque et ceux qui sont libérés du service actif, sont tenus, dès leur arrivée à destination, de présenter leur feuille de route à la gendarmerie, qui y appose son visa. (Décret du 10 janvier 1879.)

Les militaires ou marins isolés rentrant dans leurs foyers comme passant dans la disponibilité ou la réserve ne doivent se présenter, à leur arrivée, qu'à la gendarmerie de leur résidence. (Décr. du 7 mars 1895.) Ceux qui se rendent en permission ou en congé se conforment aux prescriptions indiquées sur leur titre d'absence.

La rentrée d'un militaire en permission de plus de vingt-quatre heures ou en congé est constatée par un visa du sous-intendant militaire ou du maire. (Règlement du 30 octobre 1892, tableau 1, numéro d'ordre 25.)

De la feuille de service. — La feuille de service doit être présentée à la signature des maires, adjoints et autres personnes notables de diverses communes, à l'effet de constater officiellement les tournées et autres services faits par les gendarmes. Le cachet de la mairie doit être apposé au bas de la signature, à moins d'impossibilité absolue dont il est rendu compte sur la feuille de service. (Serv. int., art. 114.)

Lorsque les officiers de gendarmerie en tournée inspectent les brigades, ils n'apposent leur visa que sur les registres qui ont reçu de nouvelles inscriptions depuis le visa précédent et sur les feuilles de service ; ils consignent leurs observations au registre n° 2.

Dans leurs visites inopinées, les officiers n'apposent leur signature sur aucun autre registre que le registre n° 2 et la feuille de service. (V. Serv. int., art. 242 et 244.)

VISITE, s. f. Action d'aller voir quelqu'un chez lui. — Inspection, examen que l'on fait d'une personne, d'un établissement, etc.

Visite domiciliaire. La visite domiciliaire a pour but de rechercher dans le domicile d'un citoyen tous les indices des crimes ou des délits, d'en saisir les auteurs ou les complices et de les livrer à la justice.

Les visites et les perquisitions domiciliaires rentrent exclusivement, en règle générale, dans les attributions du juge d'instruction, et, en cas de flagrant délit, dans celles du procureur de la République et des officiers de police judiciaire. (V. Code d'instr. crim., art. 87 et suivants, 35 et suivants.) (V. *Violation.*) — La loi (Code d'instr. crim., art. 90) n'autorise le juge d'instruction à déléguer ses pouvoirs pour opérer des visites domiciliaires que dans le cas ou des papiers ou effets à chercher sont hors de son arrondissement. Il suit de là que le juge d'instruction *devrait toujours opérer lui-même dans sa circonscription* et qu'il ne pourrait jamais déléguer ses pouvoirs à un autre officier de police judiciaire. Dans tous les cas, les gendarmes, qui n'ont aucune qualité pour faire ces visites, ne doivent *jamais* en être chargés. *Ils ne peuvent faire de perquisition dans une maison* que dans le but tout spécial de rechercher un individu sous le coup d'un mandat d'arrêt. (V. *Mandat* et *Perquisition.*)

Les visites domiciliaires ne peuvent être commencées que pendant le jour ; elles peuvent être continuées pendant la nuit si elles n'ont pu être terminées à l'heure fixée par la loi pour marquer la fin du jour.

Dans les communes en état de siège, l'autorité militaire a le droit de faire des perquisitions de jour et de nuit dans le domicile des citoyens. (Loi du 11 août 1849, art. 9.)

Visites inopinées. Les visites inopinées sont des inspections que les officiers doivent faire, en se transportant à l'improviste dans les brigades, pour s'assurer que les différentes parties du service s'accomplissent avec régularité. Les commandants d'arrondissement doivent visiter inopinément au moins deux fois par an chacune des brigades de leur arrondissement.

Les commandants de compagnie doivent voir inopinément au moins une fois par an toutes leurs brigades et enfin les chefs de légion font au moins une fois par année une inspection inopinée dans chacune des compagnies de leur légion, soit au chef-lieu, soit sur tout autre point où ils penseraient avoir à constater des négligences ou des abus.

Les tournées et les visites inopinées peuvent être faites par les voies rapides. (Service intérieur, art. 243.)

Visite des officiers à leurs chefs et aux autorités. Ces visites sont réglementées par les articles 170 et 171 du Serv. int.

Visites de corps. Il est fait des visites de corps aux personnes qui y ont droit d'après le règlement sur le service des places de guerre et des villes de garnison.

Le chef de légion et le commandant de compagnie ont droit à une visite de corps des officiers de gendarmerie de leur résidence, en grande tenue de service, lors de leur prise de commandement ; ils en fixent l'heure ; ils sont en grande tenue de service.

Visites individuelles. En prenant

possession de leur emploi, les officiers supérieurs de gendarmerie dans les chefs-lieux de légion ou de compagnie, les officiers subalternes dans les autres résidences doivent faire en grande tenue de service une visite aux officiers généraux des armées de terre et de mer et au commandant d'armes.

En outre, dans la même circonstance, l'officier de gendarmerie doit, dans sa résidence, une visite, en grande tenue de service : 1° à ses chefs hiérarchiques ; 2° aux chefs de corps ou de service, ses supérieurs en grade ; 3° aux autorités ayant rang individuel qui, aux termes de l'article 246 du décret du 4 octobre 1891, prennent rang et séance avant le commandant d'armes d'un grade inférieur à celui de général ; 4° aux fonctionnaires ou magistrats dont il doit, suivant sa situation, seconder l'action aux termes du décret du 1er mars 1854.

Indépendamment de ces visites obligatoires, l'officier de gendarmerie ne doit pas hésiter à faire, en tenue du jour, les visites les plus propres à lui assurer, dès le début, avec tous les services, des relations courtoises et à l'aider dans l'accomplissement de la tâche difficile, délicate et complexe qui lui incombe.

Les visites reçues sont rendues dans les vingt-quatre heures.

Les officiers qui quittent une résidence font avant leur départ les mêmes visites qu'à leur arrivée, mais ils sont pour toutes en tenue du jour.

Pour les visites à faire par les officiers et chefs de brigade rentrant de permission, voir l'art. 256 du Serv. int.

Pour les visites de corps, les officiers de gendarmerie passent après le personnel de la justice militaire et avant le personnel du recrutement. (Décr. du 4 octobre 1891, art. 260.) (V. *Cérémonie.*)

En entrant en fonctions, les commandants de brigade sont tenus de se présenter devant les autorités de leur circonscription avec lesquelles ils doivent entretenir des relations de service. (Service intérieur, art. 112.)

Visite des militaires en congé ou absents de leur corps. (V. *Malade.*)

Jeunes gens visités en France au lieu de leur résidence. — Les maires ont soin de prévenir leurs administrés que les jeunes gens de la classe, ou ajournés des classes précédentes, qui sollicitent l'autorisation de se faire visiter par le conseil de revision du lieu de leur résidence, doivent en faire la demande au préfet du département où ils ont concouru au tirage au sort.

Cette demande ne sera autorisée qu'avec la plus grande réserve.

Elle sera toujours refusée :

1° Quand elle aura été faite après la date du tirage au sort dans le canton de l'intéressé;

2° Quand le réclamant invoquera son état de santé, en s'appuyant sur des infirmités mal définies, ou prêtant à la simulation;

3° Lorsque l'intéressé résidera dans le département où il a tiré au sort.

Tout homme qui, avant l'ouverture des opérations des conseils de revision, n'aurait pas été avisé que sa demande a été accueillie, doit se présenter dans le canton où il a participé au tirage au sort.

Visites des jeunes gens qui résident à l'étranger. — 1° Les jeunes gens fixés à l'étranger qui désirent être visités au lieu de leur résidence, doivent faire, à cet effet, soit directement au maire de la commune du domicile de recrutement, soit par l'intermédiaire de l'agent diplomatique ou consulaire de France de leur résidence, au préfet du département dans lequel ils sont inscrits, une demande qui doit parvenir à ces fonctionnaires le 1er février au plus tard. Cette demande doit contenir une attestation de l'agent diplomatique ou consulaire, constatant que les intéressés sont réellement fixés à l'étranger avant le 1er janvier de l'année du tirage au sort. (V. instr. du 7 décembre 1901.)

Visite médicale des gendarmes. — Les gendarmes proposés pour les colonies doivent être soumis à une visite médicale des plus attentives. Le certificat constatant cette opération est annexé au dossier. (Circ. minist. du 28 mai 1883.)

Lorsque ces militaires sont admis, ils sont également visités avant leur embarquement. (Circ. minist. du 2 novembre 1883.)

Les nouveaux admis doivent également être soumis à une nouvelle visite médicale avant d'être dirigés sur le chef-lieu de leur compagnie. (Instr. sur les inspections générales.)

VITESSE, s. f. Célérité de la marche, action de parcourir beaucoup d'espace en peu de temps. Dans l'instruction militaire, la vitesse des allures est réglée ainsi qu'il suit pour toutes les subdivisions d'armes dans la cavalerie. (Règl. du 28 mai 1900, art. 279.)

DISTANCES PARCOURUES en une minute.			TEMPS NÉCESSAIRE pour parcourir un kilomètre.		
Au pas.	Au trot.	Au galop ordinaire.	Au pas.	Au trot.	Au galop.
110	240	340	9m,5s	4m,10	2m,56

Les chevaux de course entraînés par un long travail arrivent à faire huit cents mètres dans une minute.

La vitesse maximum d'un homme marchant au pas est de 8 kilomètres à l'heure. Dans le même temps, un homme exercé peut parcourir au pas gymnastique environ 12 kilomètres.

Dans une colonne composée d'armes différentes, la vitesse est celle de l'infanterie, et pour que la marche s'effectue dans de bonnes conditions, il ne faut pas compter sur une vitesse supérieure à 3,600 mètres à l'heure (halte horaire comprise), soit un kilomètre en 13 à 14 minutes.

La vitesse d'un vent ordinaire est de 9 à 10 mètres par seconde; la vitesse d'un vent violent est de 26 mètres, et enfin la vitesse des ouragans qui déracinent les arbres est de 45 à 50 mètres par seconde.

La vitesse des projectiles actuels de l'artillerie est supérieure à celle du son aux petites distances; égale, aux moyennes; inférieure, aux grandes. On entendra, par exemple, le sifflement de l'obus avant celui de la détonation, s'il a été tiré à moins de dix-huit cents mètres: les deux bruits se confondent si la pièce est entre dix-huit cents et deux mille deux cents mètres; enfin, le bruit de la détonation sera perçu d'abord, si la distance est supérieure à deux mille deux cents mètres.

Quant à la mousqueterie, le projectile arrive avant le son pour les distances inférieures à 900 mètres; il arrive après le son pour les distances au delà de 1.300 mètres. (Gal Pierron.)

Vitesse des navires. — La vitesse des navires se mesure au moyen d'un instrument spécial appelé loch. Le loch est une corde avec planchette fixée à l'arrière du bâtiment, et qui porte des nœuds à intervalles réguliers de $15^m,43$. On lance le loch à la mer; il file à l'aide d'un sablier, on calcule la vitesse par 30 secondes. Si le navire marche à raison de 20 nœuds par demi-minute, il est dit : filer 20 nœuds soit $308^m,60$ ($20 \times 15^m,43$). Il parcourt par conséquent $617^m,20$ en une minute ou 37.032 mètres en une heure. Le nœud égale la 120e partie environ du mille marin, qui est de 1.852 mètres.

La demi-minute est également la 120e partie de l'heure, de sorte que 20 nœuds à la demi-minute correspondent à peu de chose près à 20 milles à l'heure (20×1.852) soit 37.040 mètres.

VIVANDIER, ÈRE, s. Personne qui suit les troupes en marche pour leur vendre des vivres ou des boissons.

Ces individus sont, comme les cantiniers, sous la surveillance de la gendarmerie et, à l'armée, leurs noms, signalements, professions et le numéro de la patente qui leur a été délivrée, doivent être inscrits sur des registres doivent être inscrits sur un registre spécial (nº 3). (Service de la gendarmerie en campagne, art. 22.)

VIVRES, s. m. pl. En administration militaire, on entend par vivres le pain, le biscuit, les viandes, les légumes et les liquides qui sont distribués aux troupes.

Sur le pied de paix, les sous-officiers, brigadiers et gendarmes employés concurremment avec des troupes à un service dans l'intérieur donnant droit a des distributions extraordinaires de vivres de campagne participent à ces distributions. Sur le pied de guerre, les vivres de campagne sont alloués dans la position de présence aux militaires de tous grades. Le nombre de rations attribué à chaque grade est fixé par le tarif.

Pour les militaires faisant partie d'une armée ou d'un rassemblement sur le pied de guerre ou de la garnison d'une place assiégée, ils sont dus pour toutes les journées de présence à ces armées, rassemblement ou places. Le droit commence le lendemain du passage du pied de paix au pied de guerre, le jour du passage de la frontière, le jour où la place a été déclarée en état de siège ou le jour du débarquement. Le droit cesse le jour du passage de la frontière ou de l'embarquement, si l'armée ou le rassemblement est hors du territoire, le jour de la cessation de l'état de siège et la jour où le militaire quitte son corps ou son poste, si l'armée ou le rassemblement est à l'intérieur.

Les militaires détenus ont droit aux vivres de campagne. (Tableau 5, nº 3, du règl. du 30 décembre 1892.) Le Ministre peut substituer une indemnité représentative aux distributions en nature.

Sur le pied de guerre ou de rassemblement, les indemnités en remplacement de vivres sont dues aux militaires de la gendarmerie dans toutes les positions où ils auraient droit aux prestations en nature. Elles les représentent. (Règl. du 30 décembre 1892, tableau 2, nº 23.)

Les vivres de campagne et toutes distributions extraordinaires sont dus aux officiers, sous-officiers, brigadiers et gendarmes, pendant tout le temps qu'ils sont détachés aux armées. Les enfants de troupe de la gendarmerie d'Afrique ont également droit aux vivres de campagne.

Les militaires de tous grades de la gendarmerie sont autorisés à percevoir, dans les magasins militaires les plus rapprochés de leur résidence, les denrées du service des subsistances militaires et du chauffage, dont il est constitué des approvisionnements en temps de paix. La demande est adressée au sous-intendant militaire, huit jours au moins à l'avance. Ces perceptions ont lieu à charge de remboursement au prix du tarif du service des subsistances et sont limitées à des quantités correspondant à un nombre de rations réglementaires égal au nombre des membres de la famille de chaque intéressé, y compris l'intéressé lui-même. (Décision minist. du 6 avril 1897.)

Composition des rations de vivres. (V. *Rations.*)

Cherté de vivres. L'indemnité est due pour les journées de présence à la résidence où l'indemnité est allouée. Elle est également due pour les journées de service dans la circonscription de l'arrondissement dont cette résidence fait partie. L'indemnité ne se cumule pas avec l'indemnité en marche, non plus qu'avec l'indemnité de route.

Elle n'est pas due aux hommes déplacés pour un service ne nécessitant que leur présence momentanée dans la circonscription de l'arrondissement où cette indemnité est allouée. (Règl. du 30 décembre 1892.)

Elle est fixée à 0,28 par jour (8,40 par mois) pour tous les grades (tarif nº 10 du même règl.) (V. *Secours.*)

Dans Paris, cette indemnité est de : adjudant, 0 fr. 80 par jour; maréchal des logis chef, 0 fr. 65; maréchal des logis, 0 fr. 55; brigadier, 0 fr. 50; gendarme et garde, élève gendarme et élève garde, 0 fr. 35. En ce qui concerne l'indemnité allouée aux officiers en résidence à Paris, V. le mot *Rassemblement.*

Les sous-officiers, brigadiers et gendarmes faisant partie des prévôtés constituées pour la durée des manœuvres ont droit, à titre gratuit, au pain, à une demi-ration de sucre et café et aux rations extraordinaires de liquides qui peuvent être allouées aux hommes de troupe. Ils peuvent aussi percevoir une demi-ration journalière de sucre et café, à charge de remboursement et en sus de celle accordée à titre gratuit. (Instr. sur les manœuvres.)

La quotité des rations de vivres en campagne est fixée par la circulaire du 19 mai 1890. (V. *Rations.*)

(V. le mot *Secours* pour les indemnités qui peuvent être allouées pour cherté de vivres.)

VOIE, s. f. Route, chemin que l'on suit. La *voie publique* est un endroit public préparé pour le passage des personnes. (V. *Voirie.*)

Un décret en date du 5 juillet 1890 organise la garde des voies de communication.

Le mot voie signifie encore la distance entre les roues d'un véhicule quelconque; il s'emploie aussi pour exprimer les deux lignes parallèles des rails que suivent les wagons sur les chemins de fer. *Une voie de bois* signifie une charretée de bois.

En terme de marine, on appelle *voie d'eau* une ouverture faite par accident dans la coque d'un navire. Enfin, en jurisprudence, on appelle *voie de fait* tout acte de violence exercé contre une personne et qui peut la blesser dans son corps, dans son honneur ou dans ses biens. (V. *Violence.*)

Voie hiérarchique. Dans cette expression, le mot *voie* signifie intermédiaire. Aucune demande ou réclamation ne doit être adressée au Ministre en dehors de la voie hiérarchique, c'est-à-dire que la demande ou la réclamation doit être successivement vue et apostillée par tous les chefs du postulant ou du réclamant. (Note ministérielle du 13 août 1888; service intérieur, art. 287.)

Voie lactée. En astronomie, *la voie lactée* est une immense tache blanchâtre qui s'étend dans le ciel et qu'on aperçoit pendant les nuits sereines.

La voie lactée est formée par une quantité innombrable d'étoiles, par une *véritable poussière de soleils,* suivant la belle expression du grand astronome Herschell.

On a vu au mot *Etoile* que la lumière la plus rapprochée met près de quatre ans pour arriver jusqu'à nous. — La distance des soleils qui forment à nos yeux la voie lactée est tellement grande que leur lumière doit mettre sept mille ans avant d'arriver à notre petite planète.

VOIRIE, s. f. Ensemble des services publics qui ont pour objet l'établissement et la conservation des voies publiques et des constructions qui les bordent.

La voirie se divise en grande et petite voirie.

La *grande voirie* comprend les routes nationales, départementales et stratégiques, les chemins de fer, les fleuves, rivières ou canaux qui sont navigables ou flottables et les rues des villes ou des villages qui sont le prolongement des routes nationales ou départementales.

La *petite voirie* se divise en voirie urbaine et en voirie rurale; la voirie urbaine comprend les rues, quais, places, promenades, ruelles et impasses des villes et des bourgs; la voirie rurale ou vicinale comprend tous les chemins vicinaux et les cours d'eau qui ne sont ni navigables ni flottables.

Un des devoirs principaux de la gendarmerie est de faire la police sur les grandes routes et d'y maintenir la liberté des communications; à cet effet, elle dresse des procès-verbaux de contravention en matière de grande voirie, telles qu'anticipations, dépôts de fumiers ou d'autres objets, et constate toute espèce de détérioration commise sur les grandes routes, sur les arbres qui les bordent; sur les fossés, ouvrages d'art et matériaux destinés à leur entretien. Elle dénonce à l'autorité compétente les auteurs de ces délits ou contraventions.

Elle dresse également des procès-verbaux de contravention, comme en matière de grande voirie, contre quiconque, par imprudence ou involontairement, a dégradé ou détérioré, de quelque manière que ce soit, les appareils des lignes de télégraphie électrique ou les machines aériennes. (Décr. du 1er mars 1854, art. 313.)

Elle surveille l'exécution des règlements sur la police des fleuves et des rivières navigables ou flottables, des bacs et bateaux de passage, des canaux de navigation ou d'irrigation, des dessèchements généraux ou particuliers, des plantations pour la fixation des dunes, des ports maritimes de commerce; elle dresse des procès-verbaux de contraventions à ces règlements, et en fait connaître les auteurs aux autorités compétentes. (Décr. du 1er mars 1854, art. 314.)

Elle arrête tous ceux qui sont surpris coupant ou dégradant d'une manière quelconque les arbres plantés sur les chemins, promenades publiques, fortifications et ouvrages extérieurs des places, ou détériorant les monuments qui s'y trouvent.

Elle saisit et conduit immédiatement devant l'officier de police de l'arrondissement quiconque est surpris détruisant ou déplaçant les rails d'un chemin de fer, ou déposant sur la voie des matériaux et autres objets dans le but d'entraver la circulation, ainsi que ceux qui, par la rupture des fils, par la dégradation des appareils ou par tout autre moyen, tentent d'intercepter les communications ou la correspondance télégraphique. (Décr. du 1er mars 1854, art. 315.)

A la liste des contraventions de grande voirie donnée à l'article 313, on peut ajouter les suivantes : Dépôt de matériaux à moins de 8 mètres des bords d'une rivière navigable (arrêté du Conseil d'Etat du 17 janvier 1836); ouverture, sauf autorisation, de carrières à une distance moindre de 60 mètres des routes (loi du 21 avril 1810); abatage ou élagage des arbres bordant les routes sans l'autorisation du préfet, bien que ces arbres appartiennent aux propriétaires riverains (loi du 12 mai 1825); attachage de cordages aux arbres plantés le long des routes pour faire sécher du linge (ordonnance du 2 août 1874); constructions, exhaussement, embellissement ou réparation, sans autorisation du maire, d'immeubles qui bordent des voies dépendant de la grande voirie. (Loi du 5 avril 1884, art. 98.)

Toutes les infractions aux règlements intéressant la grande voirie sont jugées par un tribunal spécial appelé *conseil de préfecture*, siégeant dans chaque chef-lieu de département et présidé par le préfet; toutes celles qui intéressent la petite voirie sont jugées par les tribunaux de simple police.

La gendarmerie dresse des procès-verbaux contre ceux qui commettent des contraventions de petite voirie dans les rues, places, quais et promenades publiques, hors du passage des grandes routes et de leur prolongement, sur les chemins vicinaux, ainsi que les canaux ou ruisseaux flottables appartenant aux communes. (Décr. du 1er mars 1854, art. 316.)

Les contraventions à constater en matière de petite voirie sont toutes celles qui intéressent la salubrité, la sûreté et la commodité de la voie publique. Ces contraventions sont prévues par le Code pénal, depuis l'article 464 jusqu'à l'article 484.

L'article 475, n° 3, s'occupe spécialement de la question des voituriers qui ne dirigent pas leurs chevaux ou qui ne laissent pas libre la moitié de la chaussée : ainsi, si des gendarmes constatent des contraventions de cette nature sur les chemins *de petite vicinalité, auxquels la loi sur la police du roulage n'est pas applicable*, ils doivent dresser les procès-verbaux en visant l'article 475, n° 3, du Code pénal.

Il doit être rendu compte par la gendarmerie de tous les travaux de voirie entrepris dans les limites de la zone frontière. (Circ. du 27 mars 1877.) (V. *Zone*.)

Amendes en matière de grande voirie. — Il est alloué aux brigadiers et gendarmes, à l'exclusion des officiers et sous-officiers, une somme de 1 fr. 25 par condamnation recouvrée en matière de contravention à la loi sur la police du roulage et des messageries publiques (loi des 30 mai 1851 et 26 décembre 1890), à moins qu'il ne s'agisse d'un conducteur qui a refusé de s'arrêter et de se soumettre aux vérifications prescrites, ou qui s'est rendu coupable d'outrages, de violences envers l'agent. (Règl. du 12 avril 1893, art. 199). — Le mode de recouvrement et de paiement de ces amendes est le même que pour les amendes en matière de roulage. (V. *Roulage*.)

VOITURE, s. f. Véhicule servant au transport des personnes et des choses.

Toutes les voitures circulant sur la voie publique sont assujetties, dans l'intérêt de la sécurité générale, à certaines obligations définies par la loi du 30 mai 1851. (V. *Roulage.*) Ainsi, elles doivent toutes avoir une plaque portant certaines indications ; leur chargement est réglementé; leur construction elle-même, surtout celle des voitures publiques, n'est pas complètement libre; enfin, depuis le coucher jusqu'au lever du soleil, elles doivent être munies d'une lanterne placée à droite et à l'avant. Cette lanterne doit rester allumée, même par le clair de lune le plus brillant, car la lune peut être voilée par moments et laisser la route dans l'obscurité.

Cependant, il y a des exceptions qu'il est important de connaître : ainsi, les chars, chariots et voitures qui servent aux travaux de l'agriculture peuvent circuler sans être éclairés, sans avoir une plaque et sans que leur chargement soit réglementé, mais seulement lorsque ces véhicules se rendent des champs à la ferme et de la ferme aux champs, où bien encore lorsqu'ils transportent les récoltes au lieu où elles doivent être conservées ou manipulées, par exemple le blé au grenier ou les vendanges au pressoir.

Sont aussi exemptes de la plaque :

1° Les voitures particulières destinées au transport des personnes, mais étrangères à un service public, ce qu'on appelle voitures de maître, coupés, cabriolets, calèches, tilburys ;

2° Les malles-postes et autres voitures appartenant à l'administration des postes;

3° Les voitures d'artillerie, chariots et fourgons appartenant aux départements de la guerre et de la marine.

Mais les charrettes ou carrioles qui vont au marché, à moins qu'elles ne soient spécialement destinées au transport des personnes, doivent porter la plaque.

Le conducteur d'une voiture servant au transport des personnes, qui ne se tient pas à portée de ses chevaux et en position de les guider, commet une contravention prévue et punie par l'article 475, n° 3, du Code pénal. La loi du 30 mai 1851 et l'article 14 du règlement du 10 août 1852, ne s'appliquent qu'aux voitures ne servant pas au transport des personnes.

Le propriétaire de la voiture est toujours responsable des amendes, dommages-intérêts, etc., prononcés contre toute personne préposée par lui à la conduite de sa voitures.

Un décret, en date du 24 février 1854, autorise les préfets à appliquer, par des arrêtés spéciaux, aux voitures particulières servant au tranport des personnes, les dispositions du premier paragraphe de l'article 15 du décret du 10 août 1852, relatives à l'éclairage des voitures.

Le même décret autorise également les préfets à restreindre, s'il y a danger pour la liberté et la sûreté de circulation, le nombre des voitures dont l'article 13 du décret du 10 août 1852 permet la réunion en convoi.

Les attaques des voitures publiques rentrent dans la catégorie des événements extraordinaires compris dans l'article 77 du décret, et qui doivent donner lieu à des rapports immédiats aux différentes autorités.

Lettre de voiture. Lettre dont un voiturier qui transporte des marchandises doit être muni; cette lettre exprime la nature, le poids ou la contenance des objets à transporter, ainsi que le délai dans lequel le transport doit avoir lieu. Elle indique le nom et le domicile de celui à qui les marchandises sont adressées, ainsi que le nom et le domicile du voiturier.

Recensement des voitures. (V. *Recensement.*)

VOITURIER, s. m. Industriel qui se charge du transport des personnes et des marchandises par terre et par eau.

La gendarmerie contraint les voituriers, charretiers et tous conducteurs de voitures de se tenir à côté de leurs chevaux pour les diriger; en cas de résistance, elle arrête ceux qui obstruent les passages et *les conduit devant le maire ou l'adjoint du lieu.* Elle constate les contraventions par procès-verbal. (Décr. du 1er mars 1854, art. 318.)

Les voituriers sont responsables des

marchandises et des voyageurs qu'ils transportent, et ils doivent être munis d'une lettre de voiture datée.

Le vol par un voiturier des choses qui lui ont été confiées est puni de la réclusion. (Art. 386 du Code pénal.) Dans le cas d'altération de marchandises à eux confiées, les voituriers sont passibles d'un emprisonnement variant entre un mois et un an, et d'une amende de 16 à 100 francs. Mais si l'altération a lieu par le mélange de matières malfaisantes, l'emprisonnement sera de 2 à 5 ans, et l'amende de 25 à 500 francs. (V. C. P., art. 387.)

Les voituriers sont responsables de tous les accidents qui peuvent arriver par suite de la mauvaise direction de leurs voitures ou de la rapidité de leurs chevaux (V. C. P., art., 319 et 320), et la loi du 30 mai 1851 sur la police du roulage les astreint à de nombreuses obligations, à l'exécution desquelles la gendarmerie est chargée de veiller. (V. *Roulage.*)

VOL, s. m. Le Code pénal, article 379, définit le vol, la soustraction frauduleuse d'une chose qui n'appartient pas à celui qui la soustrait; il faut donc, pour que le vol existe, que trois conditions soient remplies:

1° Qu'il y ait soustraction, enlèvement d'une chose;

2° Que cette soustraction soit frauduleuse, c'est-à-dire faite avec mauvaise foi;

Que l'objet soustrait soit la propriété d'autrui.

La loi distingue deux sortes de vols: le vol qualifié, qui est un crime, et le vol simple, qui est un délit.

Le **vol qualifié** est celui qui a été commis avec l'une ou plusieurs des circonstances aggravantes ci-après:

1° S'il a été commis la nuit;

2° S'il a été commis par deux ou plusieurs personnes;

3° Si les coupables ou l'un d'eux étaient porteurs d'armes apparentes ou cachées;

4° S'ils ont commis le crime soit à l'aide d'effraction extérieure, ou d'escalade, ou de fausses clefs, dans une maison, appartement, chambre ou logement habité, ou servant à l'habitation, ou leurs dépendances, soit en prenant le titre d'un fonctionnaire public ou d'un officier public ou militaire, ou après s'être revêtus de l'uniforme ou du costume du fonctionnaire, ou de l'officier, ou en alléguant un faux ordre de l'autorité civile ou militaire;

5° S'ils ont commis le crime avec violence ou menace de faire usage de leurs armes.

Le vol commis avec la réunion des cinq circonstances énumérées par l'article précédent, est puni des travaux forcés à perpétuité. (V. C. P., art. 382 et suivants.)

Les vols commis à l'aide de violence sont punis des travaux forcés à temps; si les violences ont laissé des traces de blessures, la peine des travaux forcés à perpétuité sera prononcée. (C. P., art. 382.)

Les vols commis sur les chemins publics emporteront la peine des travaux forcés à perpétuité lorsqu'ils auront été commis avec deux des circonstances prévues par l'article 381. Ils emporteront la peine des travaux forcés à temps, lorsqu'ils auront été commis avec une seule de ces circonstances; dans les autres cas, la peine sera celle de la réclusion. (C. P., art. 383.)

Sont également réputés vols qualifiés: ceux qui sont commis la nuit dans les édifices consacrés aux cultes, ceux qui sont commis par des domestiques, ouvriers, compagnons ou apprentis dans la maison, le magasin ou l'atelier de leur maître, ceux qui sont commis par un aubergiste ou hôtelier, un voiturier, un batelier ou un de leurs préposés, lorsqu'ils auront volé tout ou partie des choses qui leur étaient confiées à ce titre. (C. P., art. 386.)

Tous les vols qualifiés, constituant des crimes, sont de la compétence de la cour d'assises.

Le **vol simple** est celui qui a été commis sans aucune des circonstances indiquées ci-dessus ou qui aura été commis dans les champs, dans les carrières, dans les étangs, dans les viviers ou dans les réservoirs. Ces vols, qui sont énumérés dans les articles 388 et suivants du Code pénal, ne sont que des délits et sont de la compétence des tribunaux correctionnels.

Vol d'aliments. (V. *Aliments.*)

Enfin, le vol n'est qu'une simple contravention justiciable des tribunaux de simple police, lorsqu'il a été commis dans les circonstances suivantes :

Ceux qui, sans autres circonstances prévues par les lois, auront cueilli ou mangé, sur le lieu même, des fruits appartenant à autrui, seront punis d'une amende de 1 à 5 francs. (C. P., art. 471, nº 9.)

Ceux qui dérobent, sans aucune des circonstances prévues en l'article 388 du Code pénal, des récoltes ou productions utiles de la terre, qui, avant d'être soustraites, n'étaient pas encore détachées du sol, seront punis d'une amende depuis 6 francs jusqu'à 10 francs inclusivement. (C. P., art. 475, nº 15.)

La loi accorde l'immunité à certains parents ou alliés pour les soustractions qu'ils auraient commises vis-à-vis les uns des autres. Les soustractions commises par des maris au préjudice de leurs femmes ; par des femmes au préjudice de leurs maris ; par un veuf ou une veuve, quant aux choses qui avaient appartenu à l'époux décédé ; par des enfants ou autres descendants au préjudice de leur père et mère ou autres ascendants ; par des père et mère ou autres ascendants, au préjudice de leurs enfants ou autres descendants, ou par des alliés aux mêmes degrés, ne pourront donner lieu qu'a des réparations civiles. — A l'égard de tous autres individus qui auraient recélé ou appliqué à leur profit tout ou partie des objets volés, ils seront punis comme coupables de vol. (C. P., art. 380.)

Le Code militaire a dû se montrer très sévère pour ceux qui commettent des vols, et l'article 248 punit des travaux forcés à temps tous les militaires comptables qui volent des armes, des munitions, des deniers ou des effets quelconques appartenant à des militaires ou à l'Etat.

Si le coupable n'est pas comptable des effets volés, la peine est celle de la réclusion.

Le vol commis au préjudice de l'habitant chez lequel le militaire est logé est puni de la peine de la réclusion et, en cas de circonstances atténuantes, d'un emprisonnement d'un an à cinq ans.

L'article 249 punit de la réclusion tout militaire qui dépouille un blessé, et de la peine de mort tout militaire qui, pour dépouiller un blessé, lui fait de nouvelles blessures.

VOLAILLE, s. f. Oiseau de basse-cour, poules, canards, pigeons, dindons, etc., qu'on élève en domesticité.

Celui dont les volailles passent sur la propriété voisine et y causent des dommages est tenu de réparer ces dommages. Celui qui les a soufferts peut même tuer les volailles, mais seulement sur le lieu, au moment du dégât, et sans pouvoir se les approprier. (Loi du 4 avril 1889, art. 4.)

Les volailles et autres animaux de basse-cour qui s'enfuient dans les propriétés voisines ne cessent pas d'appartenir à leur maître, quoiqu'il les ait perdus de vue. Néanmoins, celui-ci ne pourra plus les réclamer un mois après la déclaration qui devra être faite à la mairie par les personnes chez lesquelles ces animaux se seront enfuis. (Loi du 4 avril 1889, art. 5.)

VOLCAN, s. m. Ouverture, gouffre qui s'ouvre généralement au sommet d'une montagne plus ou moins élevée et d'où s'échappent avec bruit des tourbillons de flammes, de fumée et des matières incandescentes ou à l'état de fusion.

Les principaux volcans de l'Europe sont : le mont Etna ou Gibel, en Sicile ; le Stromboli, dans les îles de Lipari, au nord de la Sicile ; le Vésuve, en Italie, près de Naples, et le mont Hécla en Islande. Les Cordillères, qui traversent l'Amérique du nord au sud renferment un grand nombre de volcans, dont les plus célèbres sont : le Popocatepelt, dans le Mexique, et l'Aconcagua, le plus haut volcan du globe, dans le Chili.

VOLONTAIRE, adj. des deux genres. Ce qui est fait sans contrainte, de bonne volonté.

Pris substantivement, cet adjectif sert à désigner en général tout individu qui, de son plein gré, s'engage pour un temps déterminé pour les armées de terre ou de mer. (V. *Engagement.*)

VOLTE, s. f. Mouvement que fait exécuter un cavalier à son cheval en le menant en rond.

La volte est un cercle une fois décrit et tangent à la piste. — La demi-volte se compose d'un demi-cercle suivi d'un changement de main. (Règl. du 2 mai 1883, nos 221 et 222.)

VOLTIGE, s. f. Terme de manège, exercice particulier fait sur un cheval. On donne aussi ce nom aux exercices que les acrobates font sur une corde attachée par les deux bouts.

VOLUME, s. m. Livre relié ou broché. Etendue, grosseur d'un objet. Nous donnons ci-après le moyen de calculer les volumes les plus simples.

Le volume d'une sphère est égal à quatre fois le tiers du produit du cube du rayon par le nombre 3,1416.

Le volume d'un prisme ou parallélipipède est égal au produit de la surface de la base par la hauteur.

Le volume d'une pyramide est égal au tiers du produit de la surface de la base par la hauteur.

Le volume d'un cylindre est égal au produit de la surface du cercle de la base par la hauteur.

Le volume d'un cône est égal au tiers du produit de la surface du cercle de la base par la hauteur. (V. *Surface.*)

VOSGES (Département). Nous avons perdu, en 1871, une partie de l'arrondissement de Saint-Dié. Population, 421,104 habitants, 5 arrondissements), 29 cantons (6e corps d'armée, 6e légion *bis* de gendarmerie), chef-lieu Epinal, 23,223 habitants, à 398 kilomètres S.-E. de Paris, divisée par la Moselle en trois parties. S.-P. : Mirecourt, Neufchâteau, Remiremont, Saint-Dié. — Département frontière. — Pays montagneux. — Agricole et manufacturier. — Richesses minérales considérables, fer, cuivre, plomb, etc. — Sources minérales à Plombières et à Contrexéville. — Patrie des généraux Haxo, Humbert et du maréchal Perrin (Claude-Victor), duc de Bellune.

VOTE, s. m. Vœu, suffrage énoncé par chacune des personnes appelées à donner leur avis. Les hommes présents au corps ne prennent part à aucun vote. Ceux qui, au moment de l'élection se trouvent en résidence libre, en non-activité ou en possession d'un congé peuvent voter dans la commune sur les listes de laquelle ils sont régulièrement inscrits. (V. l'art. 9 de la loi du 15 juillet 1889.

Cette dernière disposition s'applique également aux officiers et assimilés qui sont en disponibilité ou dans le cadre de réserve. (Loi du 15 juillet 1889, art. 9.)

VOYAGE, s. m. Trajet que l'on fait pour se rendre d'un lieu à un autre qui est éloigné.

Pour les honneurs à rendre au Président de la République, aux ministres, aux généraux et aux hauts fonctionnaires civils pendant leurs voyages, voir les articles 296 et suivants du décret du 4 octobre 1891, et le mot *Escorte.*

Voyages à l'étranger. Conditions, etc. (V. la circ. minist. du 28 janvier 1885.)

Les congés pour aller à l'étranger ne sont accordés que par le Ministre, qui en règle les conditions au point de vue de la solde. (Art. 44 du décr. du 1er mars 1890.)

Y

YACHT, s. m. Bâtiment léger employé pour faire des promenades le long des côtes.

YATAGAN, s. m. Sabre employé dans les armées turques et dont la lame est courbe dans le sens du tranchant.

YOLE, s. f. Petit canot léger et très effilé qui peut marcher à la voile et à l'aviron.

YONNE (Département). Populat., 321,062 habit., 5 arrondissements, 37 cantons (5e corps d'armée, 5e légion de gendarmerie), chef-lieu Auxerre, 14,553 habit., à 168 kil. S.-E. de Paris, au sommet et sur le penchant d'une colline. S.-P. : Avallon, Joigny, Sens, Tonnerre. — Département méditerrané. — Pays sillonné de petites collines d'une élévation médiocre. — Agricole. Elève peu remarquable de chevaux dégénérés, bestiaux de qualité inférieure, moutons de race commune. Mines de fer, carrières de pierres lithographiques. — Six sources froides ferrugineuses. — Patrie de Vauban, du maréchal Davout, duc d'Auerstaedt.

Z

ZAIN, adj. Se dit d'un cheval dont la robe est tout d'une couleur et sans aucune tache.

ZONE, s. f. Terme de géographie qui sert à désigner chacune des divisions du globe séparées par des cercles parallèles à l'équateur.

Les zones qui se trouvent près des pôles se nomment zones glaciales; puis viennent deux zones tempérées, et enfin la zone torride, qui comprend les pays situés sous l'équateur.

La cible qui sert pour les exercices de tir est divisée en trois cercles ou zones.

Toute balle ayant atteint la cible a une valeur de points déterminée par la zone touchée. La 1re zone ou zone du centre compte pour trois points dans le tir de la carabine ; la 2e, ou zone intermédiaire, pour deux points, et la 3e, ou zone extérieure, pour un point. Dans le tir du revolver, la 1re zone touchée compte deux points, la 2e un point. (Note minist. du 15 février 1891, modifiant celle du 24 mars 1886.)

Zone militaire. On désigne sous ce nom la partie du territoire située près de la frontière, ainsi que les terrains qui avoisinent les places de guerre.

Ces portions du territoire sont assujetties à certaines servitudes, nécessitées par la défense du pays, et aucune construction ne peut y être élevée sans l'autorisation du Ministre de la guerre.

Une circulaire en date du 27 mars 1877 rappelle que la gendarmerie est chargée de surveiller la zone frontière et de signaler aux officiers du génie les travaux qui s'exécutent sur les routes, sur les chemins vicinaux ou forestiers et sur les cours d'eau navigables ou flottables.

Les travaux sur lesquels doit porter la surveillance de la gendarmerie, aux termes de l'article précité du décret du 16 août 1853, comprennent généralement tous ceux qui touchent à la fois à l'intérêt public et à celui de la défense, et notamment les voies de communication de toute espèce. Mais c'est surtout en ce qui concerne la voirie vicinale pour laquelle la surveillance est très difficile à exercer, ainsi qu'à l'égard des travaux concédés à des compagnies ou à des particuliers, que le concours du service de la gendarmerie est utile.

En conséquence, dans l'étendue des territoires réservés mentionnés à l'article 2 du décret précité, la gendarmerie devra surveiller attentivement les travaux concernant :

1° Les chemins vicinaux de toute classe, les chemins forestiers et les communications de terre et d'eau, toutes les fois qu'elles ne sont pas exécutées directement par l'Etat et à ses frais ;

2° Les ponts établis sur les cours d'eau navigables ou flottables par des communes, par des compagnies ou par des concessionnaires.

Pour tous ces ouvrages, les seuls travaux d'entretien analogues à ceux qu'exécutent les cantonniers, et n'ayant d'autre but que de maintenir l'état des lieux, peuvent être faits sans l'aquiescement du service militaire ; mais tous les travaux de construction ou d'amélioration, y compris ceux qui ont pour objet de rectifier, d'élargir ou d'empierrer les communications existantes, et, à plus forte raison, de les prolonger, ne peuvent être entrepris qu'après que le Ministre de la guerre a fait délivrer l'autorisation nécessaire, par la voie du service du génie.

Rapports à fournir. Lorsque, dans leurs tournées, les gendarmes reconnaîtront qu'on exécute des travaux dont la nature a été spécifiée ci-dessus, ils en informeront leur chef de brigade, qui en fera mention sur la partie de son rapport journalier portant pour titre : « Objets divers ».

Le commandant de l'arrondissement transmettra sans retard une expédition de cette mention au chef du génie ; en outre, il signalera le fait constaté à l'autorité départementale.

Le rapport journalier fait connaître les travaux qui ont été entrepris dans la zone frontière et dont il a été rendu compte aux officiers du génie, conformément aux prescriptions de la circulaire du 10 août 1854. (Circ. du 27 mars 1877.)

La zone frontière, qui a pour limites les états voisins ou la mer, embrasse la Corse et les autres îles du littoral.

Sur la frontière du nord, la zone militaire comprend intégralement les départements du Pas-de-Calais, du Nord, des Ardennes, de la Meuse, de Meurthe-et-Moselle, et partiellement ceux de la Somme, de l'Aisne, de la Marne et de la Haute-Marne.

Sur la frontière de l'est, la zone militaire embrasse en totalité les Vosges, le territoire de Belfort, le Doubs, le Jura, l'Ain, l'Isère, les Hautes-Alpes, les Basses-Alpes, les Alpes-Maritimes et le Var. Les départements de la Haute-Saône, de la Côte-d'Or, de Saône-et-Loire, du Rhône et de la Drôme n'y sont compris qu'en partie.

Les départements des Bouches-du-Rhône et des Pyrénées-Orientales sont compris en totalité, et ceux du Gard, de l'Hérault, de l'Aude, de l'Ariège, de la Haute-Garonne, des Hautes-Pyrénées et des Basses-Pyrénées en partie, dans la frontière du sud.

Enfin, la frontière de l'ouest n'embrasse que certaines parties des départements des Landes, Gironde, Charente-Inférieure, Vendée, Loire-Inférieure, Morbihan, Finistère, Côtes-du-Nord, Ille-et-Vilaine, Manche, Calvados, Eure et Seine-Inférieure.

On donne le nom de **zone des servitudes militaires** à un espace de terrain plus ou moins grand, en dessus et en dedans des fortifications des places fortes et sur lequel il est défendu de bâtir ou de modifier le relief du sol.

ZOUAVE, s. m. Soldat appartenant à un corps d'Afrique qui, à l'origine, fut composé d'indigènes, mais qui depuis longtemps n'est composé que de Français. Il y a quatre régiments de zouaves à cinq bataillons de quatre compagnies, plus une compagnie de dépôt ; ces régiments sont toujours en Afrique.

FIN

Paris et Limoges. — Henri Charles-Lavauzelle, imprimeur de la Gendarmerie.

[illegible] l'Anc[illegible] [illegible]

[illegible] (1561) [illegible]

[illegible] Haute [illegible]

[illegible]

[illegible] de la Génér[illegible]

www.ingramcontent.com/pod-product-compliance
Lightning Source LLC
Chambersburg PA
CBHW060539280326
41932CB00011B/1341
* 9 7 8 2 0 1 4 4 9 1 9 8 2 *